제4판

국제기구의 이해

글로벌거버넌스의 정치와 과정

Margaret P. Karns · Tana Johnson · Karen A. Mingst 지음
김계동 · 김지용 · 이상현 · 이유진 · 최영미 옮김

명인문화사

국제기구의 이해

글로벌거버넌스의 정치와 과정, 제4판

제1쇄 펴낸 날 2025년 8월 26일

지은이 Margaret P. Karns, Tana Johnson, Karen A. Mingst
옮긴이 김계동, 김지용, 이상현, 이유진, 최영미
펴낸이 박선영
주　간 김계동
디자인 전수연
교　정 류 진

펴낸곳 명인문화사
등　록 제2005-77호(2005.11.10)
주　소 서울시 송파구 백제고분로 36가길 15 미주빌딩 202호
이메일 myunginbooks@hanmail.net
전　화 02)416-3059
팩　스 02)417-3095

ISBN 979-11-6193-158-6
가　격 34,000원

International Organizations: The Politics and Processes of Global Governance, 4th edtion

Margaret P. Karns, Tana Johnson, and Karen A. Mingst

제4판

국제기구의 이해

글로벌거버넌스의 정치와 과정

Margaret P. Karns · Tana Johnson · Karen A. Mingst 지음

김계동 · 김지용 · 이상현 · 이유진 · 최영미 옮김

이 책에 대하여

놀랍지만, 사실이다 …. 국제기구에 대한 이번 4판은 이전 판을 뛰어넘었다.

수상경력을 지닌 4판은 최근 10년간 글로벌거버넌스에 영향을 미친 주요 변화들을 반영하여 개정 및 업데이트했다. 코로나19 팬데믹, 러시아의 우크라이나 침공, 포퓰리즘 민족주의 대두, 지속가능발전목표(SDGs)의 이행, 초기 기후정의 운동 등 다양한 이슈를 포괄하고 있고, 인간안보를 주제로 한 새로운 장을 추가했다. 이번 개정판에서도 저자들은 국제기구 전반에 대해 포괄적이고 심층적인 분석을 제공한다.

International Organizations: The Politics and Processes of Global Governance, 4th edtion
Margaret P. Karns, Tana Johnson, and Karen A. Mingst

간략목차

1장 글로벌거버넌스의 개념과 과정 1

2장 글로벌거버넌스이론 41

3장 국제기구와 글로벌거버넌스의 기초 69

4장 유엔: 글로벌거버넌스의 중심 99

5장 지역기구 147

6장 비국가행위자의 비판적 역할 217

7장 평화와 안보 추구 243

8장 경제 번영 추구 323

9장 인권보호 381

10장 환경보존 431

11장 인간안보 증진 469

12장 글로벌거버넌스가 직면한 도전 505

세부목차

서문 _ ix

1장 글로벌거버넌스의 개념과 과정 _ 1

글로벌거버넌스는 무엇인가? _ 2

글로벌거버넌스의 필요성이 증대되는 이유 _ 4

세계화 4 / 기술의 변화 5 / 초국가주의의 확대 6 / 강대국 관계의 변화 6

글로벌거버넌스의 행위자 _ 8

국가 9 / 정부간기구 12 / 비정부기구와 시민사회 15 / 전문가와 지식공동체 16 / 네트워크와 파트너십 17 / 다국적기업 18

글로벌거버넌스의 과정: 다자주의의 중요성 _ 19

어떻게 정책결정이 이루어지는가 21 / 리더십 22 / 행위자의 전략 23

글로벌거버넌스의 다양성 _ 25

핵심 조직과 구성: 정부간기구 25 / 비정부기구 27 / 규칙에 기반한 거버넌스: 국제규칙, 국제표준, 국제법 28 / 국제규범 또는 '연성법' 29 / 국제레짐과 레짐복합체 30 / 단체와 글로벌회의 32 / 사적 거버넌스 33 / 공적-사적 파트너십 34

글로벌거버넌스의 정치와 효율성 _ 34

힘: 누가 무엇을 얻는가? 누가 이득을 보는가? 누가 손해를 보는가? 34 / 권위와 정통성: 누가 통치하고 무엇에 기초하는가? 36 / 책임: 누가 누구에게 어떻게 책임이 있는가? 37 / 효율성: 우리는 무엇이 작동하는지 어떻게 아는가? 성공과 실패는 어떻게 측정하는가? 38

2장 글로벌거버넌스이론 _ 41

자유주의 _ 42

신자유주의적 제도주의 또는 신자유주의 44 / 기능주의 46 / 국제레짐 47 / 합리적 설계 48 / 집단재 또는 공공재이론 49

현실주의 _ 51

신현실주의 또는 구조적 현실주의 52 / 전략적 또는 합리적 선택이론 53 / 패권안정이론과 강대국 협력체 54

사회적 구성주의 _ 55

비판이론 _ 57

마르크스주의와 신마르크스주의이론 57 / 종속이론 59 / 비판적 페미니즘 60 / 탈식민주의이론 61 / 안보화 연구 61

조직 간 상호작용이론 _ 62

조직 간의 과정 62 / 네트워크 63 / 주인-대리인(PA)이론 64 / 조직 내부의 과정 65

국제관계이론과 글로벌거버넌스 _ 66

3장 국제기구와 글로벌거버넌스의 기초 _ 69

국가체제와 그 약점: 국제기구의 발전 과정 _ 69

초기 거버넌스 혁신: 19세기의 유산 _ 71

유럽협조체제 71 / 공공 국제조합 및 기타 전문기구 72 / 헤이그체제 73 / 국제연맹 75 / 국제기구 공통 핵심 구조의 출현 77

유엔체제 _ 79

기능 및 전문기구의 확장 _ 80

보건문제와 세계보건기구 81 / 통신 85 / 노동문제와 ILO 86 / 식량농업기구와 국제식량레짐 91 / 표준화 운동과 ISO: 민간 국제표준 설정 93

국제재판법원 및 분쟁해결 _ 95

PCIJ에서 ICJ로 95 / 지역법원 96 / 전문 법원 및 재판소 97 / 민간국제법원 97

4장 유엔: 글로벌거버넌스의 중심 _ 99

유엔헌장과 주요 원칙 _ 100

유엔의 주요 기관 _ 102

총회 102 / 안전보장이사회 112 / 경제사회이사회 117 / 사무국 121 / 국제사법재판소 128 / 신탁통치이사회 132 / 국제회의와 정상회의 132

지속적인 조직문제와 개혁의 필요성 _ 135
안전보장이사회의 구조적 개혁 137 / 사무국 개혁 138 / 재정 141 /
비국가행위자들의 통합 144
유엔과 지역기구들과의 관계 _ 144

5장 지역기구 _ 147
지역주의의 기원과 역학 _ 148
지역의 정의 149 / 지역주의를 이끄는 정치적 요인 151 /
지역주의를 이끄는 경제적 요인 154 / 지역 비교 155
유럽의 지역기구 _ 155
북대서양조약기구 156 / 유럽안보협력기구 160 / 유럽연합 161 /
유럽이 다른 지역의 모델이 될 수 있을까? 177
아메리카의 지역기구 _ 177
아메리카 지역주의의 발전 177 / 범아메리카 지역주의와 미주기구 180 /
소지역통합 184
아시아의 지역기구 _ 186
동남아시아국가연합 190
아프리카의 지역기구 _ 196
아프리카통일기구에서 아프리카연합으로 197 / 아프리카연합 198
중동의 지역기구 _ 204
아랍연맹 205 / 걸프협력회의 208
북극 지역주의 _ 211
북극지역의 형성 212 / 북극이사회 212
지역주의의 결과를 평가하기 _ 213
지역주의를 넘어: 초지역적 기구 _ 214

6장 비국가행위자의 비판적 역할 _ 217
비국가행위자의 범위 _ 217
비정부기구 218 / 사회운동과 초국가적 옹호네트워크 220 /
인식공동체와 싱크탱크 221 / 재단 222 / 다국적기업과 기업협회 223 /
전통 미디어와 소셜미디어 223 / '악한' 비국가행위자들 224 /
다중 이해관계자 협정과 '글로벌 시민사회' 225
비국가행위자의 성장 _ 226
1700년대와 1800년대의 비국가행위자 226 /
국제연맹의 비국가행위자들 226 / 유엔의 비국가행위자들 227 /

비국가행위자와 유엔 후원회의 229 /
비국가행위자의 공급과 수요가 증가하는 이유 230 /
비국가행위자와 정책결정 _ 231
의제설정, 정책결정 및 집행 232 /
비국가행위자의 다양한 목표와 접근방식 233 /
IGO에 대한 비국가행위자 접근의 변화 233
비국가행위자와 관련된 문제들 _ 236
공익을 위한 활동인가, 정치를 위한 활동인가, 아니면 해를 끼치는 활동인가? 236 / 글로벌거버넌스의 민주화? 237 /
글로벌거버넌스에 미치는 영향? 238 / 국가주권에 대한 위협? 240

7장 평화와 안보 추구 _ 243
사례연구: 소말리아, 지속되는 도전 _ 243
안보거버넌스의 기원으로서의 전쟁 _ 247
정부간기구와 안보 249 / 비정부기구와 안보 251 /
무력사용과 관련된 규범 252
분쟁의 평화적 해결을 위한 메커니즘 _ 255
조정 256 / 예방외교 258 / 재판과 중재 259
집단안보, 강제, 그리고 제재 _ 261
무력을 동반한 집단안보 노력 262 / 강제와 제재 266
평화활동 _ 274
강제조치와 평화유지의 구분 275 / 전통적 평화유지 277 /
복합적이고 다차원적인 평화유지활동 278 /
전후 평화구축 및 국가건설 286 / 평화활동 조직화에 대한 도전 289 /
인도적 개입: R2P와 민간인보호 논쟁 293 /
평화활동의 성공과 실패 평가 296
군비통제와 군비축소 _ 300
군비통제의 의제화 300 / 핵무기 능력 확산 제한 301 /
화학 및 생물학무기금지 308 / 지뢰와 집속탄 금지: NGO의 역할 311
세계평화와 안보를 위협하는 테러에 대한 대응 _ 312
테러에 대한 국제적 대응 314
인간안보의 도전과제 _ 321

8장 경제 번영 추구 _ 323

사례연구: 세계무역기구 사무총장 오콘조-이웰라 _ 323

글로벌 경제거버넌스: 주요 견해와 사건들 _ 325

주요 견해: 중상주의, 자유주의, 사회주의 325 /
1940년대: 미국 주도의 자유주의적 경제질서 구축 326 /
1950년대에서 1980년대: 자유주의 경제질서의 변화와 도전 327 /
1990년대: 자유주의 경제질서의 '승리' 이후 부상한 세계화 330 /
2000년대부터 현재: 세계화와 세계화에 대한 반발 332

무역의 거버넌스 _ 336

관세 및 무역에 관한 일반협정 336 / 세계무역기구 337 /
특혜무역협정, 통화연합, 그리고 지역주의 341 /
무역과 기타 정책분야의 상호작용 344 / 무역거버넌스의 주요 주제 347

금융의 거버넌스 _ 347

금본위, 변동환율 및 국제결제은행 347 / 국제통화기금 348 /
G7, G8 그리고 G20 352 / 유로존과 지역 금융거버넌스 353 /
금융의 민간거버넌스 354 / 국부펀드, 디지털 화폐, 그리고 민간 금융 355 /
금융거버넌스의 주요 주제 357

개발의 거버넌스 _ 357

국가와 공적개발원조 358
세계은행그룹과 IMF를 통한 다자적 지원 359 / 지역개발은행 362 /
유엔과 개발 구상: 맞춤화, 데이터, 여성의 역할, 지속가능성 367 /
유엔과 개발목표 설정 370 /
개발 파트너들: 시민사회 단체, 자선재단, 기업 372 /
개발거버넌스의 주요 주제 375

다국적기업: 규제에서 파트너십으로 _ 375

IGO를 통한 MNC 규제 375 / 기업의 자율 규제와 NGO 감시 376 /
파트너십과 협력: 유엔 글로벌콤팩트와 유엔 이행원칙 377

경제거버넌스의 도전과제 _ 378

9장 인권보호 _ 381

사례연구: 우크라이나 전쟁범죄 기록 _ 381

인권과 인도주의 규범의 근원 _ 383

종교적 전통 384 / 철학자와 정치이론가 384 /
보편주의와 문화상대주의에 대한 논쟁 385 / 인도주의 규범의 진화 386

국가의 역할: 인권의 보호자와 남용자 _ 387

국제 인권기관 및 메커니즘 _ 388
비정부기구와 인권운동 388 / 국제연맹 390 / 유엔 392
인권 거버넌스의 과정 _ 397
인권 기준과 규범의 설정 397 / 인권 감시 402 / 인권 증진 407 / 국제인권 규범 및 법의 집행 408
글로벌인권 및 인도적 거버넌스의 실행 _ 418
집단학살과 인종청소 418 / 여성에 대한 폭력 423 / 성소수자 권리 인정 추구 426
인권의 세계화와 미국의 역할 _ 429

10장 환경보존 _ 431
사례연구: 기후변화와 기후정의를 위한 청년운동 _ 431
환경과학의 진화 _ 432
기후변화에 대한 대책과 무대책 433 / 기후정의를 위한 청년운동의 미래 437
환경거버넌스가 직면한 도전들 _ 438
유엔 환경회의, 위원회, 정상회의 439 / 1972년 스톡홀름회의 440 / 1983~1987년 브룬트란트위원회 440 / 1992년 리우회의 441 / 2002년 요하네스버그 정상회의 442 / 2012년 리우+20회의 443
글로벌 환경거버넌스의 구성 요소 _ 443
핵심 원칙들 444 / 다자간 환경협정 444 / IGO 및 관련 기구들 446 / 기타 다양한 행위자들 452 / 지속가능발전목표 457
지역 환경거버넌스 _ 457
유럽연합과 환경 458 / 미국-멕시코-캐나다 협정과 환경 460 / 동남아시아국가연합과 환경 461 / 국제법정에서의 지역 환경분쟁 462
글로벌 환경거버넌스와 환경레짐 준수 및 효력 _ 463
성공 사례: 멸종 위기종 거래 464 / 성공 사례: 오존층 파괴 465

11장 인간안보 증진 _ 469
인간안보 개념: 확장된 안보 관점 _ 470
인간안보와 보건거버넌스 _ 471
국제보건 문제에 대한 대응 개발: 세계보건기구의 역할 472 / WHO와 파트너십 473 / WHO의 활동 474
글로벌거버넌스, 국제기구 그리고 식량안보 _ 484
유엔 식량농업기구 484 / 세계식량계획과 식량 비상사태 대응 486 /

식량에 대한 인간의 권리가 존재하는가? 490
국제기구와 글로벌난민 및 이주위기 _ 491
유엔 난민고등판무관 494 / 국제이주기구 496 /
글로벌 난민/이주 위기에 대한 다른 대응들 497 /
유엔과 글로벌 대응방안 개발을 위한 노력 499 /
조정: OCHA의 역할 502
인간안보를 보호하는 데 있어 직면한 도전 _ 503

12장 글로벌거버넌스가 직면한 도전 _ 505
왜 글로벌거버넌스는 실현되기 어려운가 _ 505
글로벌거버넌스 행위자들의 기여 _ 507
의제 형성 507 / 아이디어 생성과 확산 508 /
부족한 지식을 채우고 데이터를 제공 509 /
목표의 설정, 추진, 감시평가 509 / 개혁 추진 510 /
새로운 형태의 거버넌스 개발 510
글로벌거버넌스 행위자들이 겪는 어려움 _ 511
국가의 내부 갈등 대응 511 / 국제적 규칙과 결정의 집행 512 /
다양한 행위자들 사이의 조정 513 / 위기에 대한 신속 대응 514 /
광범위한 목표를 위한 장기적 사업의 관리 514
미래의 도전들: 효과성을 넘어서 _ 515
글로벌거버넌스의 책무성에 대한 도전 515 /
글로벌거버넌스의 정통성에 대한 도전 517 /
글로벌거버넌스의 정의와 관련된 도전 518 /
글로벌거버넌스의 리더십에 대한 도전 519
글로벌거버넌스의 필요성 _ 521

약어 _ 523
참고문헌 _ 532
찾아보기 _ 567
저자소개 _ 572
역자소개 _ 574

도해목차

지도

7.1 소말리아 245
7.2 콩고민주공화국 282

표

4.1 안전보장이사회에서의 거부권 행사, 1946~2022년 114
4.2 유엔이 지원하는 국제회의와 정상회의들 133
4.3 유엔체제의 비용, 1971~2020년 142
5.1 EU 회원국 변천 164
7.1 유엔제재의 주요 유형, 1990~2022년 269
7.2 전통적인 유엔 평화유지활동 275
7.3 복합적 유엔 평화유지작전 280
7.4 지역기구와 평화활동 292
7.5 냉전 이후 주요 인도적 위기 사례 294
9.1 선별된 유엔 인권협약 399
10.1 글로벌 및 지역 다자 간 환경협정 445

도표

1.1 글로벌거버넌스의 행위자 8
1.2 정부간기구 형태의 분류 13
1.3 글로벌거버넌스의 다양성 25
1.4 정부간기구의 기능 26
3.1 20세기 IGO와 INGO의 성장 패턴 78
3.2 기능적 정부간기구 81
3.3 주요 국제 및 지역법원 96
4.1 유엔헌장의 주요 규정 101
4.2 유엔체제 104
4.3 유엔 내 코커스그룹 110
4.4 유엔 회원국의 증가, 1945~2023년 111
4.5 유엔 사무총장 123
4.6 유엔체제 내에서의 여성, 1991~2019년 128
4.7 안전보장이사회 개혁 관련 논쟁 139
4.8 유엔 정규예산 및 자본기금의 주요 기여국 평가, 2021년 143
5.1 중첩된 유럽 제도 150
5.2 유럽통합 연대표 165
5.3 유럽연합 핵심 기관 166
5.4 아시아 지역기구 187
5.5 북극이사회에 영구 참가자로 참여하는 원주민 단체 213

6.1 비국가행위자의 유형 218
6.2 유엔 회의와 정상회의에서 국가 및 NGO의 참여 229
6.3 정책결정 과정의 세 가지 주요 단계 232
7.1 국가 기반 무력충돌의 세계적 추세, 1946~2022년 248
7.2 글로벌 및 지역안보 관련 정부간기구 및 관련 단체 249
7.3 안보 관련 국제비정부기구 250
7.4 침략범죄에 대한 정의 253
7.5 반인도적 범죄 253
7.6 유엔 안전보장이사회 헌장 제7장 결의안, 1995~2022년 263
7.7 평화작전임무의 유형 276
7.8 대량살상무기 관련 군비통제 조약 306
7.9 글로벌테러리즘 대응 법적레짐 315
8.1 주요 경제그룹 335
8.2 WTO의 주요 원칙 338
8.3 무역협정의 주요 유형 341
8.4 2015년 개혁 전후의 IMF 투표권 비율 349
8.5 지속가능발전목표 371
9.1 유엔 인권조직 구조 394
9.2 집단학살방지협약의 주요 조항 419
11.1 WHO 파트너십 474
11.2 FAO의 식량 불안정 수준 측정 방법 486
11.3 글로벌이주 동향, 1990~2020년 491
11.4 강제이주된 전 세계 인구, 2000~2020년 493

서문

최근 몇 년간, 다양한 국제기구와 행위자들이 증가하고 도전이 거세지면서, 글로벌거버넌스의 정치와 과정은 점점 더 복잡해졌다. 2004년 초, 이 책의 초판에서 표현하고자 했던 수많은 아이디어가 계속해서 발전해왔다. 2015년 3판이 나온 이후, 세계는 거대하게 변화했고, 여러 분야에서 엄청난 양의 새로운 학문이 생겨났다.

이번 4판은 최근의 발전, 권력관계 변화(특히 미국과 중국 사이), 현재 학문을 고려하여 업데이트했다. 4판은 탈식민주의와 같은 새로운 이론적 접근을 포함했고, 북극이사회에 대한 새로운 소절을 통해 지역기구의 지속적인 중요성을 강조하고 있다. 우리는 인간안보 장을 추가하여, 코로나19 팬데믹을 포함한 보건, 2022~2023년 글로벌 식량위기를 포함한 식량, 이주와 난민, 인신매매 등을 다루고 있다. 2022년 러시아의 우크라이나침공은 평화와 안보 장에서 다루는데, 우크라이나에서 발생한 전쟁범죄에 대한 실시간 기록과 전쟁이 글로벌 식량안보에 미치는 영향에 대한 사례연구를 포함한다. 우리는 세계 여러 지역에서 나타나는 포퓰리즘적 민주주의 영향, 디지털 화폐와 관련한 이슈, 소셜 미디어와 전통 미디어의 역할, 초기 기후정의 운동의 중요성을 깊이 다룬다. 이 책은 국제관계 및 국제기구와 관련된 기존 이론들과 새롭게 부상하는 이론들을 계속해서 참고하고 있다.

『국제기구의 이해』 초판 서문에서 썼듯이, 린 라이너가 책 집필을 제안했을 때, 그녀의 열성, 의욕, 격려 때문에 그 제안을 거절하기 쉽지 않았다. 그녀는 초판뿐만 아니라 2판, 3판 작업을 진행하는 동안에도 인내심을 갖고 기다려 주었으며, 특히 이번 4판 작업에서는 우리에게 여러 일이 겹쳐 개정 작업이 지연되었음에도 한결같이 기다려 주었다. 린 라이너가 보내준 모든 지원에 진심으로 감사한다.

린 라이너의 격려로 우리는 이번 4판에 존슨(Tana Johnson)을 공동 저자로 맞이했고, 책의 일부 변화는 그녀의 신선한 관점을 반영한 것이다. 카렌 밍스트는 이번 작업에서 대부분 물러났다 (다행히 완전히는 아니지만). 책의 주제를 연결하면서 3명 저자 간 협업이 쉽지 않았으며, 우리는 새로운 협력 방식을 만들어야만 했다.

이전 판에서 무엇이 효과가 있었고, 없었는지에 대한 피드백을 준 학생들과 위스콘신대학교에서 타나 존슨과 함께 일한 학생들에게 특별히 감사의 인사를 드린다. 우리의 아이디어에 대한 토론에 참가했지만, 여기서 언급되지 않은 학생과 동료에게도 감사의 말씀을 전한다.

3~4장, 7~11장의 일부 내용은 카렌 A. 밍스트와 마가렛 P. 칸스, 아리나 A. 리옹이 함께 쓴 *the Unite Nations and peace and security*의 내용을 인용했다. 특히 유엔 평화와 안보 관련 내용에 기여한 리옹에게 감사드린다. 이 자료는 Routledge/Taylor & Francis의 허가를 받아 포함되었다.

이와 같은 프로젝트는 오랜 시간에 걸친 집중적인 작업을 함께 감내해 준 친구들과 가족의 지원 없이는 불가능했을 것이다. 그들에게 깊은 감사를 전한다.

– 마가렛 칸스, 타나 존슨, 카렌 밍스트

1장 글로벌거버넌스의 개념과 과정

글로벌거버넌스는 무엇인가?	2
글로벌거버넌스의 필요성이 증대되는 이유	4
글로벌거버넌스의 행위자	8
글로벌거버넌스의 과정: 다자주의의 중요성	19
글로벌거버넌스의 다양성	25
글로벌거버넌스의 정치와 효율성	34

기후변화의 근거가 증가하고, 글로벌 코로나19 팬데믹으로 인한 혼란, 세계 여러 지역의 이주문제 증가, 중국의 초강대국으로의 급부상, 2022년 러시아의 우크라이나 침공에 따른 충격으로 인해 전 세계 사람들은 오늘날 우리가 직면한 글로벌거버넌스 문제의 긴박성과 복잡성을 다시 한번 깨닫게 되었다. 이 배경에는 핵무기 확산, 글로벌 식량공급에 영향을 미치는 대규모 인도주의적 위기, 세계 여러 지역의 심각한 빈곤과 경제적 불평등, 기본 인권과 인간안보에 대한 지속적인 위협 등의 문제가 계속 남아 있다. 이와 같이 다루기 어려워 보이는 도전에 직면한 것은 우리가 한 세기 이상 글로벌거버넌스라고 부르는 것을 형성하는 다양한 행위자, 제도, 과정들이다.

이 중 어떠한 문제도 주권국가들이 독자적으로 해결할 수 있는 것은 없다. 모두 국가 간의 협력과 점점 더 많은 비국가행위자가 필요하고, 대부분 일반시민의 적극적인 참여가 필요하며, 일부는 새로운 국제규칙을 모니터링하거나 협상하기 위한 새로운 국제 메커니즘의 확립을 요구하며, 대부분 국가 및 기타 행위자들이 규정을 준수하도록 보장하기 위한 수단의 개선을 필요로 한다. 또한 현대의 많은 문제들은 새로운 형태의 파트너십을 필요로 하는데, 그 사례로는 유엔(UN)과 사헬(Sahel)**의 아프리카연합(AU) 같은 현존하는 조직들 사이의

** 역자 주) 사하라 사막과 사하라 이남 아프리카 북부 사바나 사이의 경계에 있는 점이지대로

파트너십을 필요로 하고, 다른 문제는 유엔과 빌 앤 멜린다 게이츠 재단 간의 파트너십과 같은 공공-민간 파트너십을 통해 다양한 국제보건 문제를 해결할 수 있다. 요컨대, 국경을 넘나드는 광범위하고 다양한 이슈와 문제들이 거버넌스를 필요로 하고 있다. 팬데믹 또는 기후변화와 같이 실질적으로 글로벌한 차원에서 대응해야 할 것들이 있다. 다른 경우, 국제 하천이나 지역 이주의 급증을 관리해야 할 필요는 특정 지역이나 국가그룹에만 국한되어 있는 거버넌스문제다. 또한 북극문제와 같은 것은 기후변화와 연결되어 있기 때문에 특정 국가 또는 국민들에게만 해당되는 문제가 아니라 세계 주요 지역 모두에 영향을 미치는 이슈다. 젠틀슨(Bruce Jentleson)은 "글로벌거버넌스가 필요로 하는 것은 문제의 여부를 판단하는 것보다는 문제를 어떻게 해결하는지 방법을 찾는 것이다"라고 강조했다 (Jentleson 2012: 145). 그러면 글로벌거버넌스는 무엇을 의미할까?

글로벌거버넌스는 무엇인가?

2005년 두 명의 국제관계 학자는 글로벌거버넌스 개념이 '최고의 명성'을 얻었다고 주장했지만 (Barnett and Duvall 2005:1), 이는 거의 20년이 지난 지금도 여전히 논쟁의 여지가 있다고 언급되고 있다. 때때로 글로벌거버넌스라는 용어는 국제기구와 동의어로 사용된다. 이 개념은 국가 및 다양한 비국가행위자들이 행하는 오늘날의 혼란스러운 세계의 다양한 이슈들과 문제들을 식별하고 이해하고 설명하는 집단적인 노력의 복합성과 역동성을 설명하는 데 사용되는 경우가 많다. 1995년 국제적인 유명인사들의 독립단체로 출범한 글로벌거버넌스위원회(Commission on Global Governance)는 냉전 종식 이후의 글로벌 변화들에 대응하기 위한 국제협력의 형태가 어떻게 개혁되어야 하는가를 내용으로 하는 연구결과 보고서를 발간했다. 이 위원회는 거버넌스를 다음과 같이 정의했다. 거버넌스는 "개인과 기구가 공동의 문제를 공적 또는 사적으로 해결하는 다양한 방식들을 집약한 것이다. 거버넌스는 상충되는 다양한 이익을 조화시키고 협력적 활동을 모색하는 지속적인 과정이다. 여기에는 개인들과 기구들이 합의를 했거나 그들의 이익에 합치된다고 인정하는 공식적이고 비공식적인 조치들이 포함된다" (Commission on Global Governance 1995: 2).

거버넌스와 정부(government)의 관계는 무엇인가? 이들은 분명히 관련이 있지만, 동일한 것은 아니다. 로즈나우(James Rosenau)는 다음과 같이 설명했다 (Rosenau 1992: 4).

> 둘은 모두 합목적적인 행위, 목표지향적 활동, 통치체계와 연계되어 있다. 그러나 정부는 합법적인 정책을 경찰과 같은 공식적 권위체가 집행하는 활동을 의미하는 데 반해, 거버넌스는 법적 또는 공식적으로 부과된 책임과는 큰 관련 없이 공동목표를 가지고 추진되는 활동들을 의미한다. 거버넌스는 저항을 극복하고 복종을 강요하기 위하여 경찰력에 의존할 필요가 없다. 다시 말해서 거버넌스는 정부보다 더 포괄적인 현상이다. 거버넌스는 정부기구들뿐만 아니라 비공식적,

---

서, 서쪽으로는 세네갈 북부, 동쪽으로는 수단 남부에 이르기까지 약 6,400km 폭의 사막화가 진행중인 지역이다.

비정부적 제도들도 포함하는데, 거버넌스 내의 개인과 기구들은 거버넌스 범위 내에서 활동하면서 자신들의 필요를 만족시키고 욕구를 충족시킨다.

이와 같이 글로벌거버넌스는 글로벌정부가 아니고 단일의 세계질서도 아니며 하향식의 위계적 권위체도 아니지만, 글로벌거버넌스의 권력과 권위는 다양한 방식과 다양한 수준으로 존재한다. 글로벌거버넌스 개념의 진화에 대해 바이스(Thomas Weiss)와 윌킨슨(Rorden Wilkinson)은 다음과 같이 결론을 내렸다. "우리는 글로벌거버넌스를 비공식적이고 공식적인 아이디어, 가치, 규범, 절차, 제도의 집합체로 이해하는데, 그 집합체는 국가, 정부간기구, 시민사회, 초국적 기업 등의 행위자들이 초국경문제들을 식별하고 이해하고 설명하는 데 도움을 준다" (Weiss and Wilkinson 2014: 211). 따라서 글로벌거버넌스는 국가가 만든 국제법과 국제기구를 포함하지만, 그들을 초월하기도 한다. 글로벌거버넌스는 "주권국가, 국제기구 및 기타 비국가행위자들이 국경을 초월하여 공동으로 도전하고 기회를 포착하기 위한 집단적 노력이다. … 글로벌거버넌스는 공식적이고 비공식적인 제도들의 어색한 조각들을 모아 놓은 것이다" (Patrick 2014: 59).

어떤 학자들에게 글로벌거버넌스는 냉전 이후의 국제질서와 연결되어 있을 뿐이며, 다른 학자들은 다양한 역사 질서 속에서의 거버넌스 패턴을 이야기하고, 어떤 학자들은 글로벌거버넌스를 제도, 규칙, 상호작용 패턴, 행위자, 과정의 진화하는 집합으로 인식한다. 일부 학자들은 글로벌거버넌스가 진정으로 글로벌한 범위의 기관, 과정, 정책만을 포함한다고 주장한다. 다른 학자들, 특히 아차리아(Amitav Acharya 2016a)는 글로벌거버넌스가 공식적이고 비공식적인 글로벌 정부간기구 및 정책뿐만 아니라, 국가의 지역 및 국내정치가 국가의 의지와 능력에 영향을 미치는 데 있어서 핵심적 역할을 하는 지역 및 다이해관계자를 포함한다고 주장한다.

글로벌거버넌스의 다양성, 그리고 이를 형성하는 정치와 과정의 행위자들을 분석하는 것이 이 책의 핵심적인 목적이다. 이러한 목적을 바탕으로 하여 이 연구는 '국경과 관련 없이 발생하는 문제들'을 해결하기 위해서는 집단적인 글로벌한 노력이 필요하며, 더 이상 국가들에 의해 설립된 국제기구로 해결이 충분하지 않다는 점을 보여줄 것이다. 국가는 주권을 보유하면서 강제적 권력을 아직까지 행사하고 있지만, 글로벌거버넌스는 점차로 다른 권위의 기초에 의존하고 있다. 따라서 이러한 현상을 연구하려면 글로벌거버넌스가 취할 수 있는 형태, 발전해 온 정치와 과정, 다양한 역할을 수행하는 행위자, 그리고 그들 간의 관계뿐만 아니라 권력과 권위의 형태와 패턴도 탐구해야 한다. 어떠한 책의 제목이 말해 주듯이 "누가 지구를 지배하는가"의 명제는 "누가 무엇을 획득하는가" "누가 이득을 보는가", 그리고 무슨 결과가 나오는가와 더불어서 대답이 이루어져야 할 기본적인 질문이다 (Avant, Finnemore, and Sell 2010b).

따라서 '글로벌거버넌스' 개념의 가치 중 하나는 글로벌거버넌스가 과거, 현재, 미래에 공유된 문제들을 처리하기 위한 집단적 노력 — 즉, 국제기구의 과정 — 의 장기적 조직화 과정을 우리가 살펴볼 수 있게 하는 것이다 (Claude 1964: 4).

글로벌거버넌스는 매우 복잡하기 때문에 모든

것을 다룰 수 있는 책은 없다. 관리 용이성을 위해 주로 국가 간 다양한 글로벌거버넌스, 특히 글로벌 및 지역 정부간기구(IGO)에 초점을 맞추고 있으며, 다양한 유형의 비국가행위자(NSA)가 어디에서 어떻게 중요한 역할을 하는지 보여준다. 우리는 네트워크, 민간 거버넌스 형태, 공공-민간 파트너십을 소개하지만, 이는 대부분 다른 사람들이 자세히 설명하도록 남겨 놓는다. 글로벌거버넌스는 역동적이기 때문에, 우리는 시간이 지남에 따라 변화하는 거버넌스 요구사항과 접근방식을 식별한다.

글로벌거버넌스의 필요성이 증대되는 이유

1990년대 글로벌거버넌스 개념의 등장으로 세계에서 발생하는 수많은 체제변화에 대한 인식이 증대되었고, 새로운 이슈와 행위자가 빠른 속도로 확대되면서 많은 문제들에 대해 기존의 국제기구(특히 유엔)가 적절한 해결책을 제시하지 못하는 경우도 늘어갔다. 이러한 변화는 세계화, 기술발전, 초국가주의의 성장, 강대국 간의 관계 변화, 글로벌 환경문제에 대한 인식 증가 등을 포함한다. 이들은 분리되어 또는 집단적으로 글로벌정치를 근본적으로 변화시키는 동시에 글로벌거버넌스의 필요성 증대에 기여하고 있다.

세계화

1990년대에 초기에는 국가들과 국민들 사이에 상호의존의 증대는 매우 근본적인 현상으로 나타나기 시작했는데, 이는 경제적, 문화적, 사회적 변화의 복잡한 다차원적 과정의 성격을 지녔다. 특히 변화의 빠른 속도, 시공간적인 압축성, 상호연결성의 규모와 범위가 주목을 끌었다. '세계화'에는 다양한 정의가 있다. 일부는 정치적, 사회적, 문화적 통합에 초점을 맞추고, 다른 일부는 무역, 자본 흐름, 기술 및 노동자의 흐름을 통한 시장의 경제적 통합을 보다 구체적으로 강조한다. 2000년대 초반까지 대부분의 관찰자들은 아이디어, 상품, 뉴스, 자본, 기술, 사람의 이동을 가속화한 기술, 교통, 통신의 변화 덕분에 시장, 문화, 민족, 국가가 서로 연결되는 정도에 있어서 세계화가 전례 없는 일이 되었다는 데 동의했다.

세계화는 비정부기구와 금융시장의 네트워크 확산을 촉진하여 같은 생각을 가진 사람과 투자자, 그리고 반갑지 않은 불법행위자인 테러리스트와 마약밀매업자를 연결하고 있다. 세계화는 아이디어와 대중문화의 글로벌확산과 함께 문화의 동질화에 기여하고 있다.

세계화는 또한 세계 여러 지역에서 민족성과 민족주의를 재확인하는 계기가 되고 있다. 글로벌이벤트가 지역적 결과를 초래하고 지역 이벤트가 글로벌결과를 초래할 수 있다는 사실은 한 지역의 위기가 다른 지역의 일자리, 생산, 개인저축, 투자에 영향을 미칠 수 있음을 의미한다. 예멘, 아프가니스탄, 말리 등 세계 최빈 지역의 내전과 분쟁은 망명 신청자와 이민자들이 부유한 국가로 유입되면서 외부로 파급된다.

세계화의 영향은 국경선의 중요성과 세계정치의 기본 성격을 바꾸고 있다. 이는 국가가 더 이상 권력과 권위를 독점할 수 없게 되었다는 점을 의미한다. 이에 따라 초국가적인 문제를 해결할 수 있는 글로벌한 규칙에 대한 인식이 증가하고 있다. 이 결과 1990년대 초부터 초국가적이고 지역적이며 글로벌한 형태의 공적이고 사적인 규범 설정과 규칙이 발전적으로 등장했다. 여기에는 국제해사기구와 같은 기존의 정부간기구의 관할권 확대, 돈 세탁을 막기 위해 각 정부의 전문가들을 연결하는 자금세탁방지기구(FATF: Financial Action Task Force)와 같은 정부기관들 사이의 협력 네트워크, 삼림관리협의회(Forest Stewardship Council)와 같은 표준 설정 민간기구 등이 포함된다.

세계화는 인간활동의 모든 영역에 영향을 미치지만, 모든 것이 똑같이 영향을 받는 것은 아니다. 세계화는 가진 사람과 없는 사람, 특히 유엔의 2022년 극빈층 기준인 하루 1.90달러 미만으로 살아가는 사람들 사이의 글로벌불평등을 심화시켰다. 이는 국가 간, 국가 내에서 승자와 패자를 만들어냈다. 2000년 코피 아난 유엔 사무총장이 언급했듯이 "세계화의 핵심 과제는 수십억 명을 비참한 상태에 방치하는 대신 전 세계 인류에게 긍정적인 힘이 될 수 있도록 보장하는 것이다" (Annan 2000: 6).

그러나 세계화를 증가시키는 것이 피할 수 없는 것은 아니다. 2020년대에 세계화 축소 또는 심지어 탈세계화 가능성에 대한 논의가 커지고 있다. 일부 지역에서는 전통 엘리트에 대한 거부감, 권위주의로의 전환, 국제협력에 대한 지지 감소 등 세계화에 대응하기 위한 포퓰리즘이 부상했다. 코로나19 팬데믹 기간 동안 세계 여러 지역의 사람들은 세계화가 세계 다양한 지역의 상품 생산업체, 해당 상품에 의존하는 제조업체, 소비자 간에 어떻게 복잡한 글로벌공급망을 형성했는지 알게 되었다. 국경 폐쇄로 인해 이러한 공급망이 중단되었을 때 사람들과 국가의 건강이 위태로워졌다. 2022년 러시아의 우크라이나 침공으로 우크라이나와 다른 국가간의 많은 경제 및 기타 분야의 연결이 단절되었으며, 이는 우크라이나가 세계경제에 통합됨에 따라 우크라이나의 취약성이 커지고 있음을 보여준다. 우크라이나전쟁은 또한 러시아와 우크라이나의 곡물과 비료에 대한 높은 글로벌의존도를 드러냈으며, 이로 인해 전쟁이 식량안보에 미치는 심각한 영향을 드러냈다.

세계화는 이제 예측할 수 없는 방식으로 진화하고 있는 것처럼 보이지만, 기술변화에 힘입은 글로벌통신 및 운송분야의 혁명과도 긴밀하게 연결되고 있다.

기술의 변화

사람과 상품을 먼 거리에서 빠르게 이동하고 전화, 인터넷, 텔레비전 네트워크 및 다양한 형태의 소셜미디어를 통해 정보, 이미지, 문자, 소리를 이동할 수 있는 운송 및 통신의 주요 기술 변화가 없었다면 세계화가 불가능했을 것이다. 오늘날의 컨테이너 선박과 유조선은 그 어느 때보다 빠르고 저렴한 비용으로 대규모 물자를 운송한다. 제트비행기를 이용하여 편안하고 저렴한 여행을 할 수 있게 되면서 국제관광객도 기하급수적으로 증가하고 있다. 세계관광기구에 따르면, 2012년에 전 세계 관광객 수는 처음으로 10억 명을 넘어섰고, 2019년에는 15억 명에 도달했다. 1952년에는 2,500만 명에 불과했다.

19세기 중반 전신의 발전 이후 전화, 라디오,

영화, 텔레비전, 복사, 위성통신, 팩스, 휴대폰, 인터넷, 이메일, 소셜미디어에 이르기까지 통신의 기술발전은 글로벌정치와 거버넌스에 막대한 영향을 미쳤다. 2021년 국제전기통신연합(ITU)은 전 세계 인구의 약 63%가 인터넷을 사용하고 있으며, 이는 2019년 이후 17% 증가한 수치라고 보고했다. 2021년 전 세계 휴대폰 가입 숫자는 80억 명에 달했는데, ITU는 특히 농촌 빈곤층에게 이러한 기술이 빠르게 확산되지는 않았다고 지적했다. 초국적 통신을 통해 전 세계 시민들은 아이디어와 정보를 교환하고, 특정 대의에 대해 같은 생각을 가진 사람들이 실시간으로 동원되게 되었다. 2011년 아랍의 봄 봉기 당시 튀니지에서 이집트, 예멘, 요르단, 바레인, 모로코, 리비아, 시리아에 이르기까지 일련의 사건은 사람들의 소셜미디어 사용과 권위주의정부가 이미지와 정보의 흐름을 차단하지 못한 데 힘입은 바가 크다. 2019년 미국에서 시작된 '흑인 생명의 중요성(Black Lives Matter)' 시위와 더불어 유사한 연쇄적인 사건이 전 세계적으로 발생했다. 교통과 통신의 혁명은 모두 초국적 네트워크와 사회운동의 형성에 도움이 되고 있다.

초국가주의의 확대

이슈와 기술변화에 의하여 이루어지는 세계화의 영향 중 하나는 개인과 다양한 유형의 비국가행위자가 국경을 넘어 함께 일하는 네트워크와 연결되는 초국가주의의 성장이다. 이는 글로벌시민사회, 국제 NGO, 초국가적 옹호네트워크, 초국가적 사회운동의 활동에서 드러난다.

1980년대 후반과 1990년대에 시작된 민주주의의 확산은 시민단체에 대한 제한이 해제된 국가에서 시민사회의 성장을 강화했다. 시민사회단체는 환경, 인권, 경제개발, 안보 등 광범위한 이슈에 걸쳐 지역에서 전 세계로 연합을 형성했다. 그 결과 초국가적 활동이 극적으로 증가하고 그에 따른 글로벌거버넌스 과정에서의 대표성 요구가 발생했다. 다양한 유형의 초국가적 단체는 제6장에서 더 자세히 논의되지만, 21세기 두 번째 10년 동안 민주화 추세가 반전되었으며, 이 글을 쓰는 현재 초국가주의의 결과는 아직 지켜봐야 한다는 점에 유의해야 한다.

강대국 관계의 변화

마지막으로, 국제정치체제의 변화, 특히 강대국 관계의 변화는 글로벌거버넌스에 대한 필요성 증가의 원인이 되고 있다. 1989년과 1990년 중앙유럽에서 소련이 지원하는 공산주의정부들이 붕괴되고 1991년 소련 자체가 15개의 독립국가로 해체되면서 냉전이 종식된 이후 새로운 시대가 시작되었다. 국제체제는 냉전시대의 양극화 구조에서 유일 초강대국(미국)이 지배하는 단극화, 그리고 글로벌화 하는 세계의 네트워크 시스템이 지배하는 무극화가 동시에 존재하는 탈냉전 구조로 전환되었다. 잠시 동안 미국의 패권이 재확인되었다. 그러나 그 기간 동안 아시아와 아프리카의 많은 약소국에 대한 초강대국 지원이 종료되어 구 유고슬라비아, 소말리아, 아프가니스탄 등에서 처절한 분쟁과 인도주의적 위기가 연이어 발생했다. 이에 따라 유엔 평화유지와 분쟁 후 평화구축을 포함한 새로운 형태의 분쟁 해결에 대한 요구가 증가했다. 이 체제변화는 국가와 비국가행위자를 위해 분쟁 종식, 인권규범의 범위와 수준 확대, 야심찬 개발목표 추구, 무역 및 투자 흐름 증가를 관리할 수 있는 새로운 유형의 정치공간을 열었다. 요컨대, 국제정치체제의 변화는 일련의 새로운 거버넌스 과제, 그리고 새로운 형태의 거버넌스를 개발할 수 있는 가능성을 창출했다.

냉전이 종식된 지 30년이 지난 지금, 전 세계는 미국의 지배력에 도전하는 새로운 글로벌 초강대국을 맞이하고 있다. 중국의 부상은 세계에서 두 번째로 큰 경제대국이 되기 위한 극적인 경제성장과 군사역량에 대한 투자 확대를 포함하여 경이적인 성과를 보이고 있다. 2012년 이후 시진핑 주석의 리더십 아래 더 큰 자신감을 갖게 된 중국은 훨씬 더 적극적인 국제적 역할을 수행하면서 영향력과 글로벌리더십을 놓고 미국과 경쟁하고 있다. 중국은 일대일로 구상(BRI)을 통해 많은 국가와 지역에서 주요 인프라 프로젝트를 지원하고 있다. 또한 세계은행의 라이벌로 여겨지는 아시아인프라투자은행(AIIB)을 설립했으며, 유엔시스템 내에서 보다 활발하게 활동하며 여러 유엔 기관 및 기타 국제기구에서 최고 직책을 맡기 위해 노력하고 있다. 중국은 자국을 많은 개발도상국의 모델로 생각하고 있지만, 국제기구에서 더 큰 역할을 맡아 '규칙 수용자(rule-taker)'가 아니라 '규칙 제정자(rule-maker)'가 되고자 한다 (Economy 2022: 172). 중국은 다양한 방식으로 시진핑의 "글로벌거버넌스 시스템 개혁을 주도하겠다"는 공약을 이행하기 위해 소프트 파워와 하드 파워를 모두 사용하면서, 모든 국가가 정치적, 경제적 방향을 스스로 결정할 수 있도록 하는 주권 및 불간섭 규범의 우위를 계속 주장하고 있다. 중국과 기타 신흥경제권이 국제제도와 규범에서 더 많은 발언권을 보유하기 위해 변화의 필요성을 주장하면서도, 중국은 미국이 주도하는 국제규범, 규칙, 제도 시스템 덕분에 스스로 부상할 수 있다는 점을 염두에 두고 있다 (Economy 2022: 172).

미국과 중국 사이의 경쟁 심화는 글로벌거버넌스의 미래에 큰 영향을 미칠 것이다. 그러나 상황을 복잡하게 만드는 것은 과거 초강대국이었던 러시아인데, 러시아는 미국에 대한 중국의 반감을 공유하고 있으며 2022년 우크라이나 침공은 제2차 세계대전 이후 미국이 주도하는 국제질서의 기본규칙 중 하나인 국경 변경을 위한 군사력 사용을 금지하는 원칙을 위반했다. 이러한 지정학적 변화가 새로운 냉전을 발생시키거나 원래 냉전의 부활(일부에서는 과거 냉전이 완전히 끝나지 않았다고 주장)하는 것을 의미하는지, 아니면 다른 것을 의미하는지는 의심할 여지없이 글로벌거버넌스의 미래 형태에 영향을 미칠 것이다. 이러한 지정학적 변화와 경쟁을 관리할 수 있는 거버넌스의 필요성은 중요하며, 예를 들어 러시아의 우크라이나 침공은 유엔 안보리의 근본적인 적절성과 대표성의 부족을 해결하기 위한 새로운 요구를 촉발했다. 1945년 안보리의 구성과 거부권을 가진 5개 상임이사국에 대한 조항은 미국과 소련이 유엔의 창설을 받아들일 수 있게 하는 유일한 방법으로 현실적이었다. 안보리의 구성은 오랫동안 유엔의 전체 회원국을 대표하지 못했으며, 특히 글로벌 사우스(Global South) 국가들의 요구를 대변하지 못하고 있으며, 제4장에서 구체적으로 논의된다.

글로벌거버넌스에 대한 다른 요구는 특정 이슈 및 문제와 관련하여 발생하는데, 그 사례는 예멘과 사헬 같은 인도적 위기와 국가 내 복합적인 갈등의 증가, 성 불평등과 성 관련 폭력문제 해결 요구, 세계 여러 지역에서 난민과 이민자의 급증, 6년 주기로 발생한 전염병(2014년 서아프리카 에볼라)과 글로벌 팬데믹(코로나19), 기후변화의 실존적 도전 등이다. 아차리아(Acharya 2016a: 4-5)는 "글로벌거버넌스 제도와 과정은 수요자가 만드는 것이다. 새로운 수요 영역은 … 새로운 규범과 제도의 창설을 설명할 뿐만 아니라 글로벌거버넌스의 전반적인 구조에 다양성을 추가한다." 덧붙여서 그는 회원, 범위, 의무, 의사결정 규칙을 포함한 글로벌거버넌스의 요소를 설계하는 것과 수요 간에 관계가 있다고 주장한다.

이 책의 6개 이슈 영역 챕터에서는 각 이슈 영역의 변화하는 성격, 관련 주요 글로벌 및 지역 정부간기구, 기타 유형의 거버넌스 구조, 국가 및 비국가행위자의 역할, 거버넌스의 주요 측면의 진화를 살펴본다. 글로벌거버넌스에 대한 요구와 수요 증가는 다자주의의 중요성을 국가 및 비국가행위자들에 의한 리더십과 전략의 핵심 과정과 중요성으로 확대했다. 다자주의의 주요 변화 중 하나는 참여 행위자의 수와 종류가 확대되었다는 점이다. 아방트, 피네모어, 셀(Deborah Avant, Martha Finnemore, and Susan Sell 2010c: 7)은 "글로벌적 요구를 아는 것만으로는 특정 거버넌스 결과가 어떻게 그리고 왜 선택되었는지를 설명하기에 충분하지 않다"고 지적한다. 그러나 행위자의 수와 유형이 확대되고, 상이한 거버넌스 구조와 다양한 행위자의 의제가 다양해짐에 따라 글로벌거버넌스의 복잡성을 해결하는 것이 어려워질 수 있다.

글로벌거버넌스의 행위자

글로벌거버넌스의 복잡성은 다양한 형태뿐만 아니라 다양한 행위자들에 의해서도 나타난다. 확실히 국가가 정부간기구와 다른 많은 형태의 글로벌거버넌스에서 중심적 행위자이지만, 정부간기구 관료, 조약사무국, 비정부기구, 다국적기업, 과학전문가, 시민사회단체, 국제신용평가기관, 싱크탱크, 주요 재단, 네트워크, 공공-민간 파트너십, 민간 군사 및 보안회사, 초국가 범죄 및 마약밀매 네트워크 등이 다수의 비국가행위자에 해당된다 (도표 1.1 참조). 딩워스와 팻버그(Dingwerth and Pattberg 2006: 191)는 "기본적으로 글로벌거버넌스는 세계정치에 대한 다중 행위자(multiactor)의 관점을 함축한다"고 주장한다. 그럼에도 불구하고 "새로움은 단순히 숫자의 증가뿐만 아니라 비국가행위자가 정치 시스템을 운영하는 데 참여할 수 있는 능력"(Biermann and Pattberg 2012: 6)이다. 따라서 글로벌거버넌스의 행위자들을 연구한다는 것은 다양한 이슈 영역에서 다양한 행위자들이 참여하는 성격과 정도, 그들의 상대적인 권력과 권한, 그리고 어떤 경우에는 국내정치와 제도를 조

도표 1.1 | 글로벌거버넌스의 행위자

- 국가와 하위국가와 지역 관할기구
- 정부간기구(IGO)와 관료
- 비정부기구(NGO)와 시민사회단체
- 전문가와 지식공동체
- 네트워크 및 파트너십
- 다국적기업
- 민간재단

사하는 것을 의미한다.

국가

국가는 계속해서 글로벌거버넌스의 핵심 행위자가 되어 왔다. 국가만이 주권을 가지고 있으며, 역사적으로 주권은 국가에게 자국영토와 국민, 그리고 국제기구에 대표를 파견한 국가들과의 관계에 있어서 행사할 수 있는 권위를 부여해 왔다. 확실하게 오늘날 국가의 주권은 타협의 대상이 되는 경우가 있는데, 그 이유는 많은 국가들의 취약성 때문이고, 세계화, 인터넷, 소셜미디어 때문이고, 국제원조의 조건 때문이며, 국제규범의 영향과 은행, 글로벌금융시장, 비정부기구와 같은 비국가행위자 때문이다. 전통적으로 국가는 다자간 평화유지 및 평화집행을 위한 정부간기구의 재정과 군사역량의 주요 원천이 되고 있다. 국가는 국제법과 국제규범을 제정하고 준수 여부를 통해 그 효과를 결정한다. 국가는 여전히 국민의 정체성을 형성하는 중심이 되고 있다.

그러나 국제체제에 존재하는 190개 이상의 국가들은 매우 다양한 성격을 가지고 있기 때문에 글로벌거버넌스에 있어서 상대적 중요성의 차이가 난다. 크고 강한 국가들은 작고 약한 국가들보다 중요한 역할을 하는 경향이 있다. 그러나 약소국과 중견국은 중요한 글로벌거버넌스 이니셔티브의 원천이 될 수 있으며, 이의 전통적 사례는 몰타의 경우인데, 1967년 유엔 주재 상임대표인 아르비드 파르도는 총회에서 해저 및 기타 글로벌공유지 규범을 '인류의 공동 유산'으로 채택하도록 함으로써 작은 섬나라의 이정표를 세웠다. 이제 주요 국가들의 상대적 권력에 상당한 변화가 일어나고 있기 때문에 과거에 지배했던 패턴이 변화하고 있어 미래를 예측하기가 어렵게 되었다.

역사적으로 미국은 제2차 세계대전 이후 자유주의 국제경제질서를 포함한 국제체제의 구조와 규칙을 형성하는 데 있어서 지배적인 지위를 활용했다. 미국이 다자주의의 원칙을 발전시키고 자유주의 사상을 증진시키기 위해 물질적 하드파워와 유인과 설득의 소프트파워를 사용했기 때문에, 학자들은 미국의 역할을 특성화할 때 미국의 패권을 인용하곤 했다. 정부간기구들은 미국의 정치질서에 대한 관점에 맞도록 조직을 형성했고, 이를 통해 미국의 아이디어 및 가치와 더불어 정치적이고 경제적인 이익을 증진시키는 방향으로 조직을 유지했다. 국내적으로 그러한 기구를 반드시 지지하지는 않더라도, 미국과 많은 다른 국가들에서 정부와 공적 차원에서의 참여는 대체로 적극적인 편이었다. 대개의 사무국들을 미국이 지배하고, 비교적 많은 액수의 활동기금을 미국이 출연함에 따라 많은 정부간기구들의 정책과 프로그램에 대한 미국의 영향력은 더욱 강화되었다.

그러나 미국의 역사와 국제적 관여는 복합적인 모습을 보여 주는데, 미국은 1921년의 국제연맹, 1948년에 제안된 국제무역기구, 1982년 유엔해양법협약, 1998년 국제형사재판소(ICC)와 포괄적핵실험금지조약을 거부했다. 1972년 이후 미국은 유엔 안전보장이사회에서 다른 4개의 상임이사국들 보다 거부권을 더 많이 행사했다. 미의회는 1985년부터 2000년 사이의 유엔 분담금 전액 지급을 유보했으며, 2010년부터 2015년 사이 국제통화기금(IMF)의 개혁을 지연시켰다.

냉전시대에 미국의 패권은 소련과 소련의 동맹국들, 그리고 1950년대와 1960년대에 유럽의

제국주의 국가들로부터 독립한 아프리카, 아시아, 카리브해 국가들의 민족주의 성장에 의한 도전을 받은 것이 사실이다. 또한 미국은 베트남, 이라크, 아프가니스탄에서의 준제국주의적 개입과 전쟁의 결과 자체적인 도전에 시달렸고, 테러에 대한 글로벌전쟁의 수행으로 자원을 소비했으며 우호국과 동맹국들 사이에서 미국의 정체성에 대한 대가를 치러야 했다. 그럼에도 불구하고 미국 패권이 만든 국제질서는 지속되고 있다.

그러나 오늘날 미국은 독자적으로 글로벌거버넌스를 형성할 수 없다. 2011년 한 저널리스트는 다음과 같이 말했다. "아직도 미국은 가공할만한 힘을 보유하고 있다. … 그러나 미국은 1991년 소련의 붕괴와 2008년 금융위기 사이 17년 동안 누린 글로벌지배를 다시는 경험할 수 없을 것이다. 그러한 날들은 끝났다" (Rachman 2011: 63). 트럼프 행정부 하에서 미국은 유엔에 대한 공개적인 비판, 2015년 파리기후협정, 이란 핵협정, 유네스코, 심지어 코로나19 팬데믹 기간 동안 세계보건기구(WHO)로부터의 탈퇴, 그리고 대통령의 개인적인 다자주의 경시 등으로 글로벌거버넌스에서 미국의 힘과 영향력이 심각하게 훼손되었다. 바이든 행정부는 유엔, 파리기후협정, WHO, 다자주의 전반에 대한 새로운 지지 신호를 보냈지만, 미국의 신뢰도와 확실성에 대한 다른 국가들의 믿음에 대한 심각한 손상은 그대로 유지되었다.

최근 몇 년간 세계정치에서 가장 놀라운 변화 중 하나는 중국의 부상이다. 이는 2020년 팬데믹이 시작되어 중국이 팬데믹 대응의 글로벌리더로 급속하게 자리매김하면서 더욱 두드러지는 변화다. 2012년 이후 시진핑 주석의 리더십 아래 세계에서 중국의 경제적 중요성이 빠르게 성장하고 자신감이 높아지면서 중국은 이제 많은 글로벌기관에서 미국과 서방의 지배력에 적극적으로 도전하고 있다. 예를 들어, 유엔에서 중국은 다양한 직책에 근무하는 자국민의 수를 빠르게 늘리고 있으며, 2021년 현재 중국인이 이끄는 유엔 전문기관은 4개로 안보리 5개 상임이사국(P-5) 중 어느 나라보다 많다. 2013년 이후 두 번째로 큰 경제대국인 중국은 세계은행의 주요 기부국, 일대일로 구상을 통한 아시아, 라틴아메리카, 아프리카의 주요 투자국, 유엔 정기예산 및 평화유지 비용에 두 번째로 큰 기여국, 세계 최대 이산화탄소 배출국으로 자리매김하면서 글로벌거버넌스의 핵심 행위자가 되었다.

2022년, 러시아는 과거 소련이 해체되고 1990년대 러시아경제가 붕괴되어 세력이 약화된 지 30년 만에 주요 국가로서의 위상을 회복하고자 노력했다. 어떤 유형의 행위자가 될지는 부분적으로 우크라이나전쟁의 결과에 달려 있다. 인도와 브라질은 적극적인 신흥강국이다. 중국과 함께 2008년에는 개발도상국들은 농산물의 무역자유화에 저항할 수 있는 권리문제에 대한 세계무역기구(WTO) 도하협상을 중단시켰다. 브라질과 인도는 유엔 안보리 상임이사국 후보로 적극적으로 나서고 있다. 인도는 새로운 핵무기 보유국을 차별하는 핵확산금지조약과 같은 조약에 오래전부터 참여하지 않고 있다. 마찬가지로 브라질은 미주 자유무역지대를 조성하려는 미국의 노력에 저항했다.

중견국들은 전통적으로 국제기구에서 특히 중요한 역할을 해왔으며, 종종 유엔과 기타 정부간 기구에서 협력하여 군비통제, 인권 및 기타 문제에 대한 주도권을 발휘했다. 아르헨티나, 호주, 캐나다, 네덜란드, 나이지리아, 노르웨이, 스웨덴과 같은 국가들의 다자주의에 대한 참여, 협상을 주도할 수 있는 능력, 국제체제의 개혁에 대한 의지 등은 잘 알려져 있다. 전통적으로 노르딕 국가들(덴마크, 핀란드, 아이슬란드, 노르웨이, 스웨덴)은 네덜란드와 더불어 유엔 평화유지활동에 주요 기여국들이 되어 왔다. 그들은 목표치와 같거나 초과하는 개발지원을 하고 있으며, 유엔 리더십 위상에 맞는 지원의 약 10%를 차지하고 있다. 그들은 서양의 가치를 모범적으로 구현하고 있지만, "그들의 유엔 내에서의 효율성과 명성은 나머지 서양국가들과 다르다는 관점에 의하여 명시되고 있다" (Laatikainen 2006: 77). 중견국들의 역할은 국제정치에 있어 추종자이면서 주도자로서 제2인자 역할을 한다는 점에서 중요하다. 세계의 힘과 영향력이 변화하고 있는 이 시기에 향후 협력을 강화하려면 군사력과 경제적 힘뿐만 아니라 중견국과 신흥 강대국, 소규모 개발도상국이 기여할 수 있는 외교적 기술과 정책구상에 기반을 둔 리더십이 요구된다.

저개발된 약소국들의 힘과 영향력은 일반적으로 그들이 연합을 형성할 경우에만 발휘되며, 이 연합을 통해 약소국들은 자신들의 발언권을 높이고 글로벌의제를 제기할 기회를 가지며 중요한 이슈들을 자신들과 연계시킨다. 정부간기구는 이러한 연합과 국제적 승인 및 정통성에 대한 장을 마련해 준다. 소규모의 개발도상국들은 다양한 연합을 구성하고 협력을 함으로써 정부간기구의 의제, 우선순위, 프로그램을 형성하는 노력을 기울여 왔는데, 결과적으로 성공의 정도는 다양하게 나타났다. 1960년대 중반 이후 개발도상국들은 G77을 통해 자신들의 개발과 무역관련 이익을 확보하는 데 주력했다. 이와 유사하게 군소도서국가연합(AOSIS: Alliance of Small Island States)의 39개 회원국은 글로벌기후변화 이슈에 대한 중요한 목소리를 내기 시작했다. 또한 약소국들은 자신들의 제한된 자원을 집중할 가장 우선적인 이슈를 신중하게 선택한다. 정부간기구의 수가 많기 때문에 약소국들은 자국의 특정 이익에 관련되는 이슈를 자국의 이익에 부합하는 기구에 제기할 수 있다 (포럼쇼핑으로 알려진 현상). 글로벌거버넌스에서 약소국의 역할을 분석함으로써, 다자외교, 연합, 네트워크를 능숙하게 사용하면 권력 방정식을 변화시켜, 일반적으로 강대국들이 관심을 두지 않는 사람, 집단, 국가의 이익에 부합하는 결과로 이어질 수 있는지 알 수 있게 된다.

아직까지 국가가 세계질서를 유지하는 중심이라고 간주되지만, 1990년 이후 가장 기본적인 기능을 수행할 능력이 없기 때문에 무질서의 원천이 되는 국가들이 점차 늘어나고 있다. 이에 따라 약하고 실패하고 있으며 이미 실패한 국가들로부터 발생된 문제들이 글로벌거버넌스의 주요 도전이 되고 있다. 이 문제는 내전, 기근, 분쟁에 의해 발생되는 난민, 사하라 지역 국가들의 취약함을 악용하는 마그레브의 알카에다와 같은 테러집단, 자국의 국민을 보호할 능력이 부족하고 유엔 평화유지군의 활동에 의존하여 안보를 제공하는 콩고민주공화국(DRC), 남수단, 말리와 같은 약소국들을 포함한다. 국가의 능력은 국제규칙을 준수할 수 있고, 전염병을 추적할 수 있으며, 이산화탄소 배출량 감소를 위한 효과적인 조치를 취할 수 있으며, 사람들이 더 나은 삶을 위해 다른 곳으로 이주할 필요를 느끼지 않도록 인간 복지 증진을 할 수 있는 기능도 포함된다.

그러나 국가들은 글로벌거버넌스에 있어서 모두 한 목소리를 내면서 활동하지는 않는다. 특히 연방정부 형태를 가진 민주주의 국가에서 지역, 주, 지방정부들은 국제경제협상에 참여하고, 환경규칙과 인권선언들을 집행하고 있으며, 국가정부와 독립적으로 활동하며 때로는 불화를 겪기도 한다. 현재 대도시의 시장들은 글로벌회의에서 주기적으로 만나며, 이들은 글로벌거버넌스의 하위국가 행위자가 된다. 이와 유사하게 수사경찰관, 금융감독관, 판사, 의원을 포함한 정부관료들의 초정부적 네트워크는 정보를 교환하고, 돈세탁과 테러자금조달 경로를 추적하고, 국경을 초월한 법집행을 협력하고, 환경과 식품안전규정의 범위를 확대하며, 상호 간에 훈련 프로그램과 기술지원을 제공한다 (Slaughter 2004: 2-4). 이러한 네트워크는 글로벌거버넌스의 다층적 성격의 한 부분이다. 비어맨과 패트버그는 "글로벌표준은 지역에서 적용이 되고 실행이 되어야 하고, 글로벌한 규범의 설정은 지역의 의사결정과 실행을 필요로 하며, 상이한 수준의 규제활동 사이의 충돌과 시너지 효과의 잠재성에 기반해야 한다"고 주장한다 (Biermann and Pattberg 2012: 13). 제9장과 제10장에서 일부 사례들이 탐구될 것이다.

정부간기구

정부간기구는 적어도 3개 이상의 국가가 가입하고 있으며, 여러 국가 내에서 활동을 하며, 조약, 헌장, 법령과 같은 공식적인 정부간 협정에 의해 설립된 조직이다. 정부간기구는 본부, 수장, 직원, 예산을 보유하고 있다. 260개 이상의 정부간기구가 있는데, 최소 3개국(미국-멕시코-캐나다의 NAFTA)으로 구성된 기구로부터 최대 190국 이상의 회원국을 보유한 기구(만국우편연합[UPU]) 까지 규모가 다양하다. 회원국들은 한 지역에서만 나오기도 하고(미주기구[OAS]), 지구 전 지역에서 나오기도 한다 (세계은행). 일부 정부간기구는 단일목표를 성취하기 위해 만들어졌고(석유수출국기구[OPEC]), 다른 기구는 다중적 목표를 위해 설립되었다 (유엔과 아프리카연합). 대부분의 정부간기구는 지역 또는 하위 지역기구이며, 회원국들에게 직접적으로 영향을 미치는 이슈들에 대해 회원국들이 협력하게 하는 공통적 이익을 보유한다. 대체로 정부간기구의 회원국 수는 많지 않고 특정 기능을 수행하기 위해 수립된다. 대개의 정부간기구는 제2차 세계대전 이후에 설립되었고 다른 지역보다 유럽에 많이 존재하고 있다 (도표 1.2 참조).

정부간기구는 회원국으로부터 독립된 지위를 가지는 국제법적인 실체이다. '유엔 종사 중에 당한 부상에 대한 보상'이라는 주제의 1949년 권고의견에서 국제사법재판소(ICJ)는 다음과 같이 결론을 내렸다. "(유엔) 기구는 국제적 인격에 기초해야만 설명이 가능한 기능과 권리를 행사하거나 향유하기 위해서 만들어졌고, 실제로 행사되고 향유되고 있다. 유엔은 현재 최고 형태의 국제기구이며, 국제적 인격이 없이 유엔 창설자들의 의도를 수행할 수 없다."

오랜 기간 동안 국제관계 학자들은 정부간기구가 회원국을 대리하는 기관이라 간주하면서, 기구의 조직적 특성, 의사결정과정 그리고 프로

도표 1.2 | 정부간기구 형태의 분류

지리적 범위	사례
글로벌	유엔(UN) 세계보건기구(WHO) 세계무역기구(WTO)
지역적	아세안(ASEAN) 아프리카연합(AU) 유럽연합(EU)
하위지역적	서아프리카경제공동체(ECOWAS) 걸프협력회의(GCC)

목적	사례
일반기구	미주기구(OAS) 유엔(UN)
전문기구	국제노동기구(ILO) 세계보건기구(WHO) 세계무역기구(WTO)

그램에 초점을 맞추어 왔다. 정부간기구는 결국 국가에 의하여 설립되고, 국가는 활동할 수 있는 책임과 권위를 정부간기구에 부여한다. 그러나 점차로 정부간기구는 자체적인 권한을 가진 행위자로 인식이 되는데, 그 이유는 정부간기구의 사무국 직원들이 회원국의 행동을 설득하고, 상이한 단체들이 협력하도록 하고, 합의를 이루도록 하는 외교술을 제공하고, 프로그램의 효율성을 확보하도록 하는 핵심적이지만 보이지 않는 역할을 하기 때문이다 (Mathiason 2007). 이 직원들은 유엔 사무총장, 부총장과 사무총장 특별대표, WHO와 세계무역기구(WTO)와 같은 국제기구의 의장, 세계식량계획(WFP) 사무총장, 유엔 난민고등판무관(UNHCR), 세계은행 총재, 국제통화기금 총재, 미주기구(OAS) 사무총장, 유럽집행위원회 위원장 등 고위관료들을 포함한다. 이 사람들은 "일반적으로 다른 존재들과 구별이 되는 정체성과 더불어 조직과 회원들의 안녕을 증진시키는 이익을 보유할 것이다" (Duffield 2007: 13). 국제무역협정이 체결되도록 하고, 휴전이 이루어지도록 하고, 국제지침을 준수하도록 국가정부들로 하여금 개발전략 수정에 동의하도록 하고, 기구의 개혁을 유도하며, 심지어는 새로운 정부간기구를 창설하게 하는 사무국 직원들의 활약에 대한 많은 이야기들이 있다 (Johnson 2014).

다른 관료들과 마찬가지로 정부간기구 사무직원들은 그들의 회원국이 의도했던 것보다 많은 업무를 수행하는 경우가 종종 있다. 전부는 아니지만 많은 정부간기구 직원들은 회원국정부에 의해 사무국 직원으로 임명된 것이 아니라 국제공무원들이기 때문에, 그들은 막중한 책임감을 가지고 "자신들이 생각하기에 '좋은 정책'을 진척시키며, 이 정책에 대해 대립적 이해관계를 가진 국가들로부터 보호하기 위하여" 업무에 열중하는 경향이 있다 (Barnett and Finnemore 2004: 5). 정부간기구 직원들은 자신들의 조직문화를 발전시키는 경향이 있는데, 이러한 조직문화는 많은 스태프들의 전문성(예를 들어, 공공보건, 금융)에 기초하고 있다. 이러한 조직문화는 직원들이 이슈들을 어떻게 정의하고, 어떠한 형태의 해결책을 제공하는지에 영향을 미칠 수 있다. 그들은 새로운 도전과 위기에 대응해야 하고, 회원국에게 정책적 선택권을 제공하고, 불분명하게 위임된 권한을 어떻게 수행해야 하는가 결정해야 하고, 스스로 개혁하고, 새로운 절차와 업무를 공식화해야 한다. 예를 들어, 유엔 사무국은 냉전이 고조되던 시기에 평화유지를 고안해냈으며, 분쟁 이후의 평화구축 활동을 구상해 냈는데, 평화구축 활동은 선거지원으로부터 경찰과 재판소의 개혁까지 다양한 업무를 포함한다. 정부간기구들은 자금, 식량, 무기, 전문성 등 충분한 자원을 보유하고 있다. 실제로 많은 정부간기구는 정보를 분석하고 해석하여 즉각적인 활동으로 연결될 수 있도록 판단을 제공하는 중요한 역할을 수행한다. 이와 같이 정부간기구는 "세계가 통치되는 유형을 결정하는 데 도움을 주고 글로벌거버넌스를 위한 의제를 설정한다" (Barnett and Finnemore 2004: 7).

따라서 정부간기구의 관료들은 단순히 국가들의 도구만은 아니다. 그들은 세계적인 사건에 영향을 미칠 수 있는 힘을 가진 합목적적 행위자들이다. 정부간기구와 관료들의 권위는 "일반적으로 자신이 개인의 이익에 편향되지 않고 중립적이며, 권력을 행사하지 않고 다른 사람들을 위해 봉사하는 능력에 좌우된다" (Barnett and Finnemore 2004: 21). 예를 들어, 유엔 사무국과 EU 집행위원회의 신뢰성을 유지하기 위해서는 이러한 모습을 보이는 것이 매우 중요하다. 그러나 정부간기구들은 "자신들에게 특별히 주어진 임무, 그리고 자신들에게 위임된 권한 밖의 업무"를 하는 경우가 있다 (Oestreich 2012: 11). 이러한 정부간기구의 행위에 대한 이론과 그 함의는 제2장에서 추가로 논의될 것이다.

이어지는 장들에서 분석되겠지만, 모든 정부간기구가 동일하지 않다는 점은 분명하다. 따라서 글로벌거버넌스에 있어서 정부간기구가 행위자로서 갖는 권위와 자율성은 종류와 정도에 따라 크게 다르다. 국내 관료들과 마찬가지로 국제관료들은 자신들이 반대하는 것을 하지 않는 방편으로 비활동(inaction)의 양태를 보일 수도 있다. 정부간기구는 강하거나 약한 국가의 이익과 선호에 반하는 활동을 할 수도 있다 (그 결과 사무총장이 보복을 받을 수도 있다). 정부간기구는 특정 정책을 추구하거나 보호하기 위하여 비국가행위자, 다른 정부간기구, 특정 국가와 파트너십을 형성할 수도 있다. 정부간기구는 국가의 행태를 바꾸도록 설득하기도 하는데, 그 사례로는 부패축소, 식량보조금 폐지, 전범의 기소를 위한 국제형사재판소로의 인도 등이 포함된다.

정부간기구에는 사무국이 있을 뿐만 아니라, 특히 강력한 중앙 정부간기구가 없는 글로벌 환경거버넌스에는 수많은 국제조약도 존재한다. 사무국의 규모는 다양하며, 유엔 기후변화기본협약(UNFCCC: UN Framework Convention on Climate Change)의 규모는 상당히 크며, 직원 수가 소수에 불과한 사무국도 있다. 자율적인 행위자로서의 역할에는 지식을 생성하고 전파하며, 문제의 정의를 구성하고 해결책을 식별하며, 아이디어와 전문성을 통해 협상에 영향을 미치고, 조약 이행을 위해 국가를 돕는 것이 포함된다 (Biermann and Siebenhüner 2013: 149–152). 정부간기구의 국제사무국과 조약레짐의 자율적인 영향력은 모든 관료제와 마찬가지로 매우 다양하다. 환경관료제에 대한 주요 연구는 문제의 유형이 핵심 요소이며, 사람과 절차가 다른 두 가지 중요한 요소라는 점을 발견했다 (Campe 2009: 149–152).

국제재판소들은 독특한 형태의 국제조직이지만, 반드시 정부간기구로 간주되는 것은 아니다. 1990년부터 19개의 재판소가 설립되면서 최근 몇 년 동안 확대되고 있으며, 국제관계와 글로벌거버넌스의 '사법화'가 이루어지고 있다 (Alter

2013). 이들의 역할은 분쟁해결, 헌법심사, 행정 심사, 집행, 국제사법재판소의 경우 유엔에 자문 의견 제공 등을 포함한다. 상설중재재판소와 세계은행시스템 내 투자분쟁해결센터 등 두 개의 재판소는 구체적으로 중재기관이며, 중재패널에 의해 사건이 결정된다. 정부간기구와 마찬가지로 국제재판소가 법적이고 정치적 권한뿐만 아니라 자율성을 가진 국가의 대리인인지 또는 '법의 신탁자'인지에 대한 논쟁이 있다. 많은 새로운 재판소는 비정부기구를 포함한 비국가행위자에게 접근 권한을 제공한다.

비정부기구와 시민사회

정부간기구와 마찬가지로 비정부기구(NGOs)도 글로벌거버넌스에서 다양한 역할을 수행하는 핵심적 행위자다. 1980년대 이후 비정부기구와 비정부기구 네트워크의 성장은 글로벌에서 지역까지의 모든 차원에서 거버넌스에 참여하는 기회를 증가시킨 주요 요인이 되었다. 정부간기구와 비정부기구 사이의 다양한 형태의 상호작용에 의한 글로벌거버넌스가 점차 늘어가고 있다.

비정부기구는 자발적인 민간조직이며, 회원은 개인이거나 공동목적을 달성하기 위해 함께 뭉친 결합체이다. 일부는 인권, 평화, 환경보호 등 특정 대의를 옹호하기 위하여 형성된다. 다른 단체는 재난구호, 전쟁의 참화를 겪은 지역에 대한 인도적 지원, 또는 개발지원과 같은 서비스를 제공하기 위해 설립된다. 일부 비정부기구는 실제로 정부가 조직한 단체들이다 (GONGOs로 불림). 학자들과 분석가들은 비영리단체(대부분의 비정부기구)와 영리를 목표로 하는 단체를 구분한다. 통상적으로 비정부기구의 '암흑 부분'인 테러, 범죄, 마약거래 집단들을 분리하여 다루는데, 제6장에서 구체적으로 논의할 것이다.

오늘날 시민사회단체와 더불어 비정부기구는 지역 또는 풀뿌리 공동체로부터 국내와 국제정치까지 모든 수준의 인간사회와 거버넌스에서 점차 활동의 폭을 넓혀 가고 있다. 이익단체 또는 압력단체로 불리는 국가 수준의 많은 단체는 네트워크와 연합을 통해 다른 국가의 유사 단체들과 연결되어 있다. 국제비정부기구(INGOs)는 정부간기구와 마찬가지로 하나 이상의 국가가 회원으로 가입해 있고, 그들은 특정 기능 또는 다기능을 수행한다. 지뢰금지연합과 같은 초국가적 옹호네트워크(TANs)를 포함한 대규모 국제비정부기구들은 많은 소규모의 비정부기구들을 모아서 하나의 조직으로 활동하는데, 이들은 글로벌거버넌스의 가장 활동이 적극적인 비정부기구 행위자들이다. 그들의 중요한 활동은 인권문제, 그리고 인도적이고 환경관련 법을 확산시키는 것이다.

비정부기구 숫자에 대한 통계는 다양하지만, 그 대부분인 국가 기반 비정부기구는 수백만 개에 달한다. 2020년에 유엔은 국제적 성격을 가지고 여러 나라에서 회원으로 가입되어 있거나 활동을 하는 국제비정부기구는 2만 2,000개 이상이라고 발표했다. 이 중 4,000개 이상이 유엔 내에서 협상 대상의 지위를 누리고 있다. 많은 대형 국제비정부기구는 국가그룹 간의 공식적이고 장기적인 연계를 수반하는 초국가적 연맹이다. 국제적십자 및 적신월사 연맹, 옥스팜, 국경없는 의사회, 세계야생생물기금, 국제투명성기구(범세계적으로 부패에 대해 투쟁하는 대표적 비정부기구), 휴먼라이츠워치, 국제사면위원회 등이 그 사례다. 브뤼셀에 본부를 둔 국제협회연합(UIA)은 비정부기구와 정부간기구를 포함한 모든 기구에 대한 가장 포괄적인 명부를 보유하고 있다.

세계의 수많은 국가에 존재하고 있는 수천 개의 풀뿌리 단체들은 공식적 네트워크의 일부가 아니지만, 휴먼라이츠워치와 케어(CARE) 같은 대규모의 국제인권과 개발을 위한 비정부기구들과 비공식적인 연계를 맺고 있다. 이러한 대규모 비정부기구들을 통하여 풀뿌리 단체들은 지역프로그램에 대한 재정과 훈련을 지원받는다. 풀뿌리 단체들과 국제비정부기구의 연계는 인구통제, 여성권리신장, 보건관리, 인권존중, 환경보호와 같은 활동을 하는 데 있어서 매우 중요하다. 이 관계는 선진국이 지배하는 비정부기구들과 저개발 지역의 풀뿌리 단체들이 포함되어 있기 때문에 그들 사이의 의존관계에 대한 관심이 고조되어 가고 있다. 1990년대 초 이후 인터넷, 이메일, 팩스, 그리고 최근의 다양한 형태의 소셜미디어는 비정부기구의 기동성 및 자율성을 위한 가치 있는 도구들이며, 정부와 정부간기구들이 도달하기에 어려운 분야에 쉽게 접근할 수 있게 한다.

비정부기구는 환경부터 인권과 부패에 이르기까지 광범위하고 다양한 국제 이슈들에 대한 정보와 기술적 전문성의 주요 원천이 되고 있다. 비정부기구는 기본적인 국제 이슈에 대한 경각심을 불러일으키고 해결을 위한 지원을 하는 중요 행위자가 되고 있다. 이에 관련된 사례로 지뢰가 군비통제 이슈보다는 인도적인 문제로 인식되고 있다 (Thakur and Maley 1999). 비정부기구는 국가, 정부간기구, 기업이 정책을 변경하도록 로비를 한다. 시민사회단체와 더불어 비정부기구는 글래스고에서 개최된 2021 유엔 기후변화회의와 같은 주요 국제회의장 주변에서 군중시위를 벌인다. 비정부기구들은 과거 구 유고슬라비아와 르완다문제에 대한 의견서를 국제범죄재판소에 제출하고, 무역과 투자에 관련된 재판에 대해서도 의견서를 제출하여 국제문제에 대한 판결에 기여한다. 다수의 비정부기구는 안건을 제기하고 문서를 제출하는 등 유엔이 후원하는 글로벌회의와 국제협상에 적어도 간접적으로 참여한다. 일부 경우에 비정부기구는 유엔 사막화방지협약(1996), 로마 국제형사재판소 법령(2002)과 같이 조약문구 작성에 기여해 오고 있다. 또한 비정부기구들은 국가와 기업들이 인권규범과 환경규칙을 제대로 이행하고 있는지를 감시하는 중요한 역할을 수행한다.

제6장에서 비정부기구의 다양성과 글로벌거버넌스 활동, 그리고 다른 비국가행위자들에 대해서 구체적으로 다룰 것이다.

전문가와 지식공동체

문제가 보다 복잡해져 가는 세계에서 지식과 전문성은 거버넌스의 노력에 있어 핵심적인 것이다. 정책적 대안을 강구하기 위해서는 기후변화, 오존층 파괴 또는 어획량 감소와 같은 환경문제의 뒤에 숨겨져 있는 과학을 이해할 필요가 있다. 환경문제에 있어 정책적 변화와 새로운 규율을 향한 정치적 의견을 형성하기 위해서는 이산화탄소를 배출하는 연료를 대체할 수 있는 비용 효과적인 대안이 강구되어야 한다. 따라서 세계에 산재하고 있는 다양한 정부기구, 연구소, 민간기업 및 대학의 전문가들은 다양한 이슈들을 다루기 위한 국제적인 노력을 기울여 왔다. 예를 들어, 유엔 설립

직후 통계전문가들과 경제학자들은 국민계정체계(System of National Accounts)를 개발하여, 경제 성과를 측정할 수 있는 방식으로 활용될 수 있도록 GDP와 다른 핵심 통계치들을 계산하는 표준방안을 제시했다 (Jolly, Emmerij, and Weiss 2009: 42). 예를 들어, 국제표준화기구(ISO)의 기술위원회들은 완전하게 전문가들로 구성되어 있다. 때때로 전문가들은 초국가적 네트워크의 일원으로 국제회의와 협상에 참여하여, 과학적 지식을 전파하고 토론을 위한 이슈를 마련하며 특정 해결책을 제시한다. 1988년 이래 전 세계 수백 명의 과학자들이 기후변화에 관한 정부간패널(IPCC)에 참여하고 있는데, 이 기구의 중립적인 정책보고서는 글로벌기후변화 협상을 위한 중요한 자료를 제공함으로써 급격한 기후변화의 발생과 이 변화가 가져다줄 미래에 발생가능한 영향에 대해 일깨워 주고 있다. 학자들은 지식기반 전문가들의 네트워크를 지칭하여 '지식공동체'라는 새로운 표현을 만들어 냈으며, 제10장은 이와 관련하여 환경정치의 전문가 집단과 네트워크의 다른 사례들을 제시한다.

네트워크와 파트너십

코헤인(Robert Keohane)과 나이(Joseph Nye)가 정부 및 비정부 행위자들의 국경을 초월한 정기적인 상호작용의 중요성을 지적한 이후 1970년대부터 네트워크가 확산되기 시작했다 (Keohane and Nye 1971). 그 후 다른 학자들은 다양한 유형의 네트워크의 존재와 그 힘, 역할, 정책 투입물을 탐구하고 있다. 예를 들어, 슬로터(Anne-Marie Slaughter 2004)는 다양한 형태의 글로벌거버넌스의 중심 행위자로서 경찰, 판사, 규제당국, 재무장관, 입법자의 초정부적 네트워크의 중요성을 분석했다. 일부 학자들은 주로 네트워크와 정보공유에 초점을 맞추고, 다른 학자들은 환경규제와 같은 집행에 초점을 맞추며, 또 다른 학자들은 네트워크가 규제의 조화와 관련된 문제를 어떻게 해결했는지 살펴본다. 다른 누구보다도 켁과 시킨크(Margaret Keck and Kathryn Sikkink 1998)는 초국가적 옹호네트워크를 살펴본 바 있다.

분석적으로 네트워크는 행위자와 구조의 측면에서 연구된다. 행위자로서 네트워크는 일단의 행위자들이 목적의식을 가지고 형성한 조직적 형태로 이루어지며, 이 행위자들은 상호 간에 "지속적으로 반복되는 관계를 유지하지만, 이 관계를 유지하는 동안 발생하는 분쟁을 중재하고 해결할 수 있는 정통성있는 조직적 권위는 결여하고 있다" (Kahler 2009: 5에서 인용). 네트워크의 특징은 자발적 성격을 가진다는 점, 정보와 학습의 중심 역할을 한다는 점, 참여자들 사이의 신뢰를 조성할 능력을 보유한다는 점, 계급질서가 없다는 점 등이다 (Sikkink 2009: 230). 네트워크의 성공 여부는 집단 활동을 발전시키고 유지하는 동시에 새로운 구성원을 충원하고 적응시키는 능력에 달려 있다. 카펜터의 '잃어버린 원인'에 대한 연구(Charli Carpenter 2014)에서 알 수 있듯이, 네트워크의 효과는 이슈 영역, 이슈에 대한 '중심성', 주어진 이슈의 정치성에 따라 달라진다. 앞서 언급한 바와 같이 초국가적 옹호네트워크는 글로벌거버넌스에서 활동하는 특별한 형태의 네트워크들인데, 이들은 인권의 기준을 설정하고 감시하는 역할을 한다. 초국가적 범죄조직과 같은 불법 네트워크들은 돈세탁 및 불법적인 행위들을 통제하기 위한 거버넌스 노력의 대상이 된다. 초정부적 네트워크는 정부관료들이 규제조치를 공유하고 기술지원을 제공하며 문제들에 대해 조화로운 접근을 하도록 한다.

다양한 유엔기관과 민간재단 또는 기업 간의 파트너십과 같이 공공-민간 파트너십(PPP)이라고 불리는 파트너십은 행위자로서, 그리고 글로벌거버넌스의 한 형태로서 점점 더 보편화되고 있는데, 안도노바(Liliana Andonova 2017: 6)는 글로벌거버넌스를 21세기 다자주의를 변화시키는 '구체적이고 새로운 조직 형태'라고 설명한다. 이러한 파트너십은 전문성과 자원을 한 데 모아 정부간기구의 공적 의무와 시장 또는 규범기반 운영 메커니즘을 결합함에 따라 안도노바는 국가와 비정부행위자 사이와는 질적으로 다른 형태로 간주한다. PPP는 자발적 협정이며 합법화된 협정보다 더 큰 유연성을 제공하고, 빠르게 변화할 수 있으며, 문제가 없는 것이 아니라는 점에서 네트워크와 유사하다. 유엔 글로벌콤팩트(Global Compact), 그리고 에이즈, 결핵 및 말라리아 퇴치를 위한 글로벌기금과 같은 일부 기관은 자체 사무국을 두고 있다. 그레고라티는 유엔과 기업 사이의 파트너십이 개조한 두 가지 점에 대해서 설명을 했는데, "첫째는 개발이 어떻게 달성되어야 하고 누가 이룩해야 하는지에 대한 아이디어를 개조한 것이고, 둘째는 유엔 자체의 제도적 구성을 개조한 것이다" (Catia Gregoratti 2014: 311). 유엔기관과 민간기업 및 재단이 참여하는 파트너십은 개발, 보건, 여성, 아동 분야에서 널리 퍼져 있다. 이들의 기능은 옹호, 정책개발, 행동표준개발, 비즈니스개발에서 정보, 자금, 상품 및 서비스 제공에 이르기까지 다양하다. 2015년 유엔이 지속가능발전목표(SDGs)를 채택함에 따라 야심찬 의제를 실행하기 위해 다양한 다이해관계자 파트너십이 형성되었다 (Beisheim and Simon 2018). 파트너십에 대해서 제8장과 제11장에서 자세히 논의한다.

다국적기업

다국적기업(MNCs: Multinational Corporations)은 3개 또는 그 이상 국가의 국경에 걸쳐서 영리목적의 거래와 활동을 하기 위하여 조직된 비국가행위자의 특별한 형태이다. 다국적기업은 한 국가에 본점을 두고 많은 다른 나라에 지점 또는 자회사를 두고 활동을 하는데, 그 활동의 사례는 리바이스가 네팔회사와 하청계약을 맺는 것, 로열 더치 쉘이 나이지리아에서 기업활동을 하는 것, 골드만 삭스가 글로벌활동을 하는 것 등을 포함한다. 어느 지역에 투자를 할 것인가(안 할 것인가)의 여부를 선택함으로써 다국적기업들은 오랫동안 해외투자가 거의 이루어지지 않은 아프리카와 같은 광범위한 지역의 공동체, 국가에 대한 경제개발의 기회를 획득하게 된다.

1970년대 이후 다국적기업들은 "글로벌경제의 구조와 기능을 근본적으로 변경시켜 왔다" (Gilpin 2001: 290). 그들은 국가보다 더 많은 자원을 통제하고 있으며 국제환경 의사결정에 보다 적극적이고 때로는 직접적인 역할을 수행하고 있다 (Biermann and Pattberg 2012: 8). 금융 및 자동차와 같은 산업의 시장과 생산의 세계화는 기업 경영층으로 하여금 복합적인 조직을 관리해야 하는 어려움을 주고 있고, 이러한 대기업 네트워크에 대한 연계성과 통제력 상실을 경험한 국가와 지역정부들에게도 문제점을 안겨 주고 있다. 기업의 투자 선택도 개발원조의 지평을 변경시켰다. 오늘날 개발을 위한 재정지원은 정부 대 정부의 양자원조 또는 유엔이나 정부간기구를 통한 다자원조보다는 민간투자자본에 의해 더 많이 이루어지고 있다.

요컨대, 다국적기업은 중요한 글로벌거버넌스 행위자이다. 오늘날 다국적기업의 수는 정의하는 방식에 따라 차이가 있지만 6만 개 이상으로 추정된다. 다국적기업은 전 세계 무역의 50%에 관여하며, 서방 주식시장 가치의 약 40%를 차지한다. 가장 큰 다국적기업의 약 10%가 전 세계 총 수익의 80%를 창출한다. 2020년 포춘 글로벌 500대 기업 목록에 따르면 중국이 처음으로 124개로 가장 많은 다국적기업을 보유하고, 미국은 121개로 나타났다 (Kennedy 2020). 다국적기업의 경제력을 고려할 때, 이들의 활동이 오랫동안 문제가 되어 온 것은 놀라운 일이 아니다. 새로운 형태의 국제규칙이나 행동강령을 통해, 또는 민간의 상업 개발 메커니즘을 통해 어떻게 규제할 수 있을까? 국제기관 및 비정부기구와 협력하여 경제개발에 다국적기업을 어떻게 동원할 수 있을까? 저개발국들은 강력한 다국적기업이 자국 문제에 간섭하지 않고 주권에 도전하지 않고 자원과 환경을 파괴하지 않으며 영구적으로 종속시키지 않을 것이라고 어떻게 확신할 수 있을까? 다국적기업은 무역, 노동, 오존층 파괴 및 기후변화와 같은 환경 문제를 해결하는 데 있어 특히 중요한 행위자이다. 코피 아난 유엔 사무총장이 1999년 160여 개국의 2만 1,000개 기업을 포괄하는 유엔 기업책임 글로벌협약(Global Compact on Corporate Responsibility)을 시작한 것은 기업행동을 규제하고 다국적기업을 글로벌거버넌스에 긍정적으로 기여하게 할 필요성을 인식했기 때문이며, 이 혁신은 제8장에서 구체적으로 논의된다.

* * *

글로벌거버넌스의 다양한 행위자들은 각기 분리되어 분석될 수 없다. 각 행위자들은 다양한 수준의 권력, 권위, 효율성을 가지고 다양한 역할을 수행한다. 때때로 그들은 부족한 자원, 국제적 지위, 정통성 문제로 경쟁도 하며, 어떠한 경우에는 그들의 행위는 서로 보완적이기도 하다. 대체로 그들은 복합적인 네트워크와 파트너십으로 연결되어 있다. 이어지는 장들에서 글로벌거버넌스 행위자들의 역할과 관계에 대해서 추가적으로 연구할 것이다.

글로벌거버넌스의 과정: 다자주의의 중요성

다자외교의 본질을 이해하는 것은 비정부기구와 비공식 국가그룹이 어떻게 작동하는지, 비국가행위자가 거버넌스 과정에 어떻게 관여하게 되었는지, 그리고 어떻게 다양한 종류의 결과가 나오는지를 이해하는 데 필수적이다. 그러나 다자외교의 관행은 제3장에서 살펴볼 바와 같이 깊은 역사적 뿌리를 가지고 있다. 여기서 중요한 것은 미국의 지원을 받는 라틴 아메리카 국가들이, 참여할 수 있는 국가의 범위를 확장하고, 크기와 관련 없이 국가가 동등한 지위와 투표를 인정받으며, 주권평등에 기반한 보편적 참여 규범을 만드는 데 핵심적인 역할을 했다는 점이다. 또한 19세기 후반 일련의 미주 회의 경험을 바탕으로 투표, 다수결 원칙, 정기적 회의, 지원하는 사무국 등의 관행을 도입하는 데 중요한 역할을 했다 (Finnemore and Jurkovich 2014).

다자주의는 일반적으로 특정 원칙에 따라 관계를 조정하는 국가집단을 말하며, 각 국가가 장기적으로 이익을 얻을 것으로 기대한다 (Ruggie 1993). 예를 들어, 글로벌 무역시스템의 최혜국 대우 원칙을 지배하는 비차별 원칙은 국가가 동일한 제품을 생산하는 다른 국가로부터의 수입을 차별하는 것을 금지한다. 집단안보협정에서 참여국은 한 국가에 대한 공격을 모든 국가에 대한 공격인 것처럼 대응해야 한다. 이 과정은 풀리오의 표현을 빌리자면 내재된 혜택을 가진 '포용적이고 제도화되며 원칙적인 형태의 정치적 대화'를 포함하는 것이다 (Vincent Pouliot 2011: 19). 이 과정은 "사건이 어떻게 해결되는가"에 대한 것이기 때문에 글로벌거버넌스에 매우 중요하다. 따라서 당사자의 수와 유형만이 중요한 것은 아니다. 소규모 국가, 소외된 집단, 모든 유형의 행위자를 포함하여 더 많은 참여자를 확보함으로써 '임의적 권력의 차별적 행사를 완화하는 데 도움'이 될 수 있는 것은 행동규칙, 토론의 개방성, 더 강력한 정당성이다 (Pouliot 2011: 20). 풀리오의 관점에서 다자주의는 현대문제의 초국가적 특성 때문에 '기능적으로 필수적인 것'이며, 따라서 행위자들의 '중심'이 필요하다.

다자주의의 관행이 제2차 세계대전 이후 미국의 패권과 관련이 있는지에 대한 의문은 논쟁의 여지가 있다. 예를 들어. 러기(John Ruggie 1982)는 위 주장이 맞다고 했지만, 아차리아(Amitav Acharya 2014: 54)는 약소국들이 구체적인 목표와 정체성에 맞는 다자주의 접근방식을 사용하고 있으며, 그 과정에서 강력한 강대국들을 배제하거나 지역에서 개발된 규범으로 사회화한다고 주장한다. 시진핑 주석 체제의 중국이 다자주의의 주요 지지자가 되었다는 점은 주목할 만하다.

21세기의 다자주의가 19세기와 제2차 세계대전 직후의 다자주의와 다른 점은 복잡성, 참여자 수, 목소리의 다양성이다. 우선 단순히 참여국들의 수가 다르다. 1945년에 비해 국가의 수는 거의 4배로 늘어났다. 유엔 총회의 제1회기는 지금 보면 아늑하고 가족적인 집합체인 것으로 보인다. 다른 형태의 행위자들과 국가들의 연합체들이 참여함에 따라 복합성이 증대되고 있다. 한 전문가가 말하였듯이, "국제정치에 있어서 숫자의 증가는 외교의 질적인 변화를 야기하였다. 이러한 외교의 특징은 국가 행위자 집단들과 연합체들 사이에서 외교가 이루어진다는 것이다" (Hampson 1995: 4). 이와 더불어 오늘날 수많은 정부간기구들의 중심 이슈는 어떻게 하면 글로벌거버넌스의 과정에 비정부기구, 시민사회단체, 기타의 비국가행위자들을 포함시켜 보다 나은 업무를 추진하는가이다. 왜냐하면 "정부 관리들의 동의를 받는 것만으로는 이러한 기구들을 매끄럽게 운영하는 데 충분하지 않기 때문이다" (O'Brien et al. 2000: 208). 그리고 국가의 대표인 외교관은 동료 외교관과의 소통뿐만 아니라 이러한 다양한 행위자들과 '네트워크 외교'를 시행하여, 외교 자체가 '복합적 운영'의 업무가 되도록 해야 한다 (Heine 2013: 62).

행위자들(그리고 행위자들의 연합)의 수적 증가는 지속적으로 생성되는 규칙, 이슈, 위계질서의 다자화에 따른 다자적 이익의 등장을 의미한다. 이들 모두는 다자외교와 협상의 절차를 복잡하게 하여 집단활동, 규범, 규칙에 대한 합의에 도달하기 위한 공동기반을 제공한다. 다자간 환경에서 복합성 관리는 외교관과 다른 참여자들에게 핵심적 도전이 되었다. 예를 들어, 2021년 글래스고회의(제10장에서 자세히 설명)에서 유엔이 후원하는 회의에는 193개 회원국에서 수천 명이 참여하여 영어, 프랑스어, 러시아어, 중국어, 스페인어, 아랍어 등의 통역관을 통하여 발언을 한다. 수백 개의 비정부기구와 수많은 시민들이 유엔의 공식 회의에서 어떠한 문제들이 논의되는지에 대해 관심을 가지고 회의에 참석한 대표들에게 영향을 미치려고 적극적인 활동을 하고 있다.

비록 다자외교의 세계는 복합적이지만, 실제로 대개의 정부간기구의 구조, 그리고 정책결정 체계의 유형에는 높은 수준의 유사성이 존재하고 있다. 정부간기구와 다른 다자간기구에서 어떻게 정책이 결정되는지에 대한 패턴을 살펴보도록 하겠다.

어떻게 정책결정이 이루어지는가

역사적으로 정부간기구가 국가에 의하여 설립되기 때문에 주권평등의 원칙에 따라 1국가 1투표권이 적용되었다. 실제로 20세기에 들어서기까지 국가가 다수결에 의한 의사결정을 받아들이지 않았기 때문에 모든 정책결정은 만장일치에 의하여 이루어져야 했다. 이는 국제연맹(League of Nations)의 실패 이유 중의 하나로 인용되곤 한다.

하나의 대안적 원칙으로 인구와 부의 정도에 따라 일부 국가에 가중치를 주도록 하였고, 그 결과 가중다수결제도가 탄생했다. 예를 들어, IMF와 세계은행의 투표제도는 재정기여에 따른 가중치를 부여하고 있다. EU의 각료이사회에서 회원국에 대한 초국가적 권위와 관련되는 이슈에 대하여 가중다수결제도가 적용되고 있다. 각국의 투표권 숫자는 인구에 따라 결정된다. 강대국들이 안건을 통과시키기 위해서는 일부 약소국들의 지지를 받아야 한다. 약소국들만으로 또는 3개 이하의 강대국들의 힘으로 EU의 활동을 봉쇄할 수 없다. 다른 형태의 가중다수결제도는 유엔 안전보장이사회에서 사용되는데, 상임이사국 다섯 나라가 각기 거부권을 보유하고 있으며 정책결정을 위해서는 다섯 나라 모두가 찬성해야(반대하지 말아야) 한다.**

1980년대 이후 유엔 총회, 안보리와 다른 산하 기구들, 글로벌회의들, 그리고 다른 다자체제들은 정책결정을 하는 데 있어서 만장일치를 필요로 하지 않는 합의를 원칙으로 하고 있다. 국가들이 어떠한 행위에 반대하지 않는다는 것으로 충분하며, 때로는 합의가 최소공분모(least common denominator)의 의견만을 대표하는 경우도 있다. 국가가 행위를 하도록 하는 데 있어서 보다 어려운 요구를 줄이고 일반적인 문구를 채택하는 경향이 있다. 스미스는 "현재 글로벌문제들을 해결하기 위한 다자적 노력을 하는 데 있어서 합의제를 채택하도록 압력이 가해지고 있다"고 주장한다 (Courtney Smith 1999: 173). 다양한 이해관계를 가진 여러 행위자 간의 합의 도출에 있어서 핵심적 요소는 리더십, 소규모이면서 공식적인 협상집단, 이슈의 성격(상이한 행위

** 역자 주) 이 5개국 중 어느 국가가 기권을 하거나 불참을 하여도 거부권을 행사하지 않은 것으로 간주된다.

자들에 대한 이슈의 특징), 경제력이나 군사력 또는 중재자의 역할을 할 수 있는 능력과 같은 행위자의 특질, 행위자들이 비공식적으로 접촉하는 빈도와 질, 그리고 지성, 관용, 인내, 명성, 협상 기술, 창의성, 언어적 재능과 같은 참여자들의 개인적 속성 등이다. 이중에서 리더십과 행위자 전략을 살펴보겠다.

리더십

다자외교에서 리더십은 다양한 원천에서 나온다. 강대국이거나 강대국이 아닌 국가, 국가연합, 비정부기구 또는 비정부기구의 연합, 숙련된 외교관, 정부간기구의 관료 등이 이에 포함된다. 리더십은 행동에 대한 강력한 지지를 얻는 방식으로 문제를 구성하거나, 새로운 국제무역협정에 대한 합의를 확보하는 타협안을 마련하는 것을 포함할 수 있다. 리더십은 산업체, 비정부기구, 주요정부가 수용할 수 있는 조약의 문안을 협상하는 기술을 포함하기도 한다. 리더십은 노동착취공장에 대한 이슈를 공표하고 기업의 행위를 바꾸도록 하는 비정부기구와 대학생 연합체의 노력을 포함하기도 한다. 리더십은 오바마 대통령과 시진핑 주석이 2015년 파리 유엔 기후변화 회의를 앞두고 했던 것처럼, 프로그램 또는 군대에 재정자원을 우선적으로 투입하고 무역법을 개정하거나, 상당한 이산화탄소 배출량 감축을 위해 우선적으로 행동하려는 정부(또는 다른 모든 행위자)의 의지가 포함될 수 있다. 또한 다자외교의 리더십은 유엔 사무총장이나 유엔환경계획 집행위원장 같은 저명한 관리가 다양한 행위자들에게 무언가를 제안하는 과정에서 나올 수도 있다.

정부와 정부간기구의 공식적 고위직책과 유엔 및 기타 정부간기구에서 자국의 상임대표직의 리더들 중에서 점점 더 많은 여성들이 글로벌거버넌스의 리더로 인식되고 있지만, 이를 실현하기 위해서는 정부간기구와 국가의 성평등에 대한 대대적인 추진이 필요하다. 공식 리더십 직책에 있는 여성의 수는 확실히 증가하고 있지만, 여전히 상대적으로 적더라도 다양한 이슈에 대해 비정부기구와 사회운동을 통해 리더십을 발휘하는 여성들로 인해 보완되고 있다 (Haack and Karns 2023).

역사적으로 제2차 세계대전 이후 미국이 다자주의 리더십의 많은 부분을 제공했는데, 이는 유엔, 브레턴우즈체제, 국제원자력기구(IAEA), 관세 및 무역에 관한 일반협정(GATT)과 이후의 세계무역기구(WTO)와 같은 자유주의적 국제무역레짐 등 많은 정부간기구의 설립을 하는 등 미국의 지배적이고 패권적인 강대국으로서의 지위를 통해서 이루어졌다. 그 결과 미국은 정부간기구들을 국가정책을 달성하기 위한 도구로 사용하고 미국의 이익과 가치에 상응하는 제도와 규칙을 수립하는 데 활용했다. 이러한 접근방식은 2007년 오바마 상원의원에 의해 인정되었는데, 그는 "이러한 제도들은 우리의 힘을 제한하기보다는 더 증대시킨다"고 주장했다 (Obama 2007).

지정학적 변화가 일어나고 있는 가운데, 미국은 점점 더 가늘어지고 의지도 떨어지고 동시에 주도할 수 있는 능력도 부족해졌다. 그 결과 젠틀슨(Bruce Jentleson 2012: 141)은 "미국의 선호도와 특권에 대한 존중이 훨씬 적어졌다"고 지적한다. 이제 글로벌거버넌스의 리더십은 과거보다 훨씬 더 다양해질 수 있으며, 비국가행위자를 포함한 이질적인 출처에서 나오거나 아예 부재할 수도 있다. 앞서 언급했듯이 중국은 점점 중국관리들을 정부간기구의 고위직에 배치하려고 노력하고 있다. 또한 중국은 특히 평화유지 및 평화구축과 관련한 안보와 개발에 대해 기존에 확립된 규범을 재설정하려 하고 있으며, 한 학자는 이를 '규범을 실행하는 자'에서 '규범을 만드는 자'로 전환하고 있다는 묘사를 했다 (Alden and Large 2015). 2022년 우크라이나 침공 이후 러시아가 영향력을 잃고 리더십을 발휘할 수 있는 잠재력을 잃은 것에 대한 척도는 국제민간항공기구 이사회 후보가 재선을 위한 충분한 표를 얻지 못한 것이다. 마찬가지로, 미국이 세계은행 총재직을 유지하는 것처럼 다른 주요국들이 특정 직위를 '독점'한 데 대해 도전이 증가하고 있다. 다양성이 증대되었다는 고무적인 신호로 2023년에 아프리카 여성들이 WTO, 유엔인구활동기금, 유엔글로벌콤팩트의 집행이사직, 유엔 사무차장 등 여러 고위직을 차지하고 있다.

행위자의 전략

다자주의의 본질은 행위자들이 개별적인 입장만을 주장할 수 없다는 것을 의미한다. 대표자들은 특정 이슈에 대한 다른 사람들의 입장의 유연성과 경직성을 파악하기 위한 노력을 적극적으로 해야 한다. 그들은 함께 업무를 추진하는 데 기본적으로 필요한 신뢰를 구축하기 위하여 개인적인 관계를 확립해야 한다. 일부 국가, 비정부기구 및 기타 행위자는 특정 사안에 대해 다른 행위자보다 강한 이해관계를 갖고 참여한 후 지원을 동원하기 위해 노력할 것이다. 일부는 주제에 대해 다른 사람보다 더 큰 전문성을 가지고 있거나 타협적인 언어 초안 작성에 더 능숙한 개인으로 대표될 것이며, 일부는 다자외교에 대한 경험이 거의 없거나 전혀 없는 사람들로 대표될 것이다. 다른 일부는 다자외교의 본질적인 부분인 문화 전반에 걸쳐 협상하는 데 오랜 경험과 뛰어난 기술을 가진 사람들로 대표될 것이다. 일부 행위자의 입장은 국제체제, 특정지역 또는 특정이슈에 대한 상대적인 힘을 보유하고 있기 때문에 다른 행위자의 입장보다 더 중요할 것이다. 온라인 커뮤니케이션의 시대에도 참여국가(및 단체)를 대표하는 개인들 간의 직접적인 대화는 고차원적 회의의 성격을 갖는다. 이는 유엔 총회 회의장 뒤편, 대표들의 식당, 외교 리셉션 장소, 공식적인 회의장을 둘러싼 복도에서 이루어진다. 요컨대 다자적인 무대와 다자외교의 이득을 확보하려고 사전에 심사숙고한 전략을 추구하는 행위자들은 자신들의 목적을 더욱 성공적으로 달성하게 된다.

다자외교의 핵심이 되는 행위자의 전략은 국가들의 단체 또는 연합을 형성하는 것이다. 국가들은 자신들의 투표, 권력, 자원을 공동출자하여 독자적으로 활동하여 얻을 수 있는 것보다 나은 결과를 얻으려고 노력한다. 예를 들어, 유엔 역사의 초창기에 안보리 비상임이사국과 다른 기구에서 선출되기 위해 지역단체들이 형성되었다. 냉전시대에 소련과 미국을 중심으로 대립하는 진영이 만들어졌고, 비동맹운동도 조직되었다. 1964년에 라틴아메리카, 아프리카, 아시아 국가들은 G77을 형성했다. 이 결과 유엔체제와 더불어 지역기구들과 세계무역기구를 통하여 집단외교가 확산되었다. 연합과 집단에 대해서는 제4장에서 자세히 설명한다.

집단 내의 구성국들은 공동입장에 합의하고, 결속을 유지하고, 경쟁 연합체로의 이탈을 막기 위해서 구성국들 사이에 협상을 해야 하고, 자신들을 대신해서 협상을 할 대표를 선택한다. 약소국 또는 중견국은 종종 상이한 국가집단들의 입장을 연결시키는 핵심적인 역할을 한다. 예를 들어, 1990년대 초반 우루과이라운드 국제무역협상에서 캐나다, 호주, 아르헨티나로 구성된 케언즈그룹(Cairns Group)이라 불리는 국가집단이 농업문제에 대한 미국과 EU의 심각한 의견 불일치를 해결해 주는 역할을 하였다. 앞서 논의한 바와 같이, 특히 비국가행위자들을 위한 연합을 형성하는 다양한 작업은 그들의 범위를 확대하고 공유된 관심을 가진 다양한 집단들을 연결하는 네트워크를 만드는 것인데, 이는 공동목표는 단독으로 달성될 수 없다는 인식을 바탕으로 한다. 다양한 이슈와 문제들을 해결하기 위해서 초국가적 옹호네트워크들은 네트워킹을 광범위하게 사용하고 있는데, 그 이슈와 문제들은 여성의 권리를 증진시키고 대규모 댐의 건설을 중단시키는 것들로부터 후천면역결핍증(HIV/AIDS)의 도전을 관리하는 것까지 다양하다.

국제포럼의 확산은 국가와 비국가행위자가 이슈를 다루기에 가장 적합한 포럼을 '쇼핑'할 수 있다는 것을 의미한다. 논리적으로 일부 이슈는 관련 전문 정부간기구에만 속하지만, 많은 이슈의 상호 연관성이 높아짐에 따라 이러한 정부간기구의 정돈된 구획정리는 종종 구식이 된다. 예를 들어, 노동문제는 국제노동기구(ILO), 세계무역기구, 또는 EU에서 다루어질 수 있다. 보건문제는 WHO, 세계은행, 유엔 HIV/AIDS 공동프로그램, 빌 앤 멜린다 게이츠 재단, 또는 에이즈, 결핵, 말라리아 퇴치를 위한 글로벌기금에서 제기될 수 있다. 아프리카 국가들이 AU나 서아프리카 경제공동체와 같은 아프리카조직이 지역분쟁을 해결해야 한다는 데 합의했지만, 일부 아프리카 국가들은 유엔에 분쟁을 제기하여 대의를 위해 더 많은 지원을 받기를 희망하고 있다.

현실적으로 글로벌거버넌스의 행위자 전략은 일반적인 거버넌스 및 정책결정 행동과 매우 유사하다. 여기에는 이슈 프레임 구성, 의제설정, 옹호, 연합구축을 통한 지원의 동원이 포함된다. 이러한 각 주제에 대한 풍부한 글로벌거버넌스 관련 문헌은 글로벌거버넌스의 다양한 행위자들, 그리고 다양한 제도 및 과정에서 그들이 수행하는 역할을 조명하며, 일부 이슈는 관심과 행동을 유발하고 일부 이슈는 그렇지 않으며, 일부 정책 옵션은 테이블에 오르고 일부 이슈는 그렇지 않다. 이는 다양한 거버넌스문제가 어떻게 정의되고 잠재적 해결책이 식별되는지, 이슈와 잠재적 해결책에 대한 지원과 반대가 어떻게 동원되는지를 보여준다. 예를 들어, 이 연구의 일부는 최근 초국가적 옹호네트워크에 관한 켁과 시킨크(Keck and Sikkink 1998)의 저서에서 영감을 받아 카펜터(Carpenter 2014; Carpenter et al. 2014)가 옹호, 의제설정, 게이트키퍼, 이슈 채택 및 손실 원인에 대해 연구하고 있다. 글로벌거버넌스에서 이러한 행위자 전략을 검토한다는 것은 이처럼 중요한 법, 규칙, 규범, 프로그램과 같은 거버넌스의 제도적 구조나 요소가 아닌 정책과정의 측면에서 행위자 전략을 고려하는 것을 의미한다. 우리는 이러한 과정에 대해 제6장에서 자세히 논의한다.

글로벌거버넌스의 다양성

글로벌거버넌스는 분쟁을 해결하고 공동의 목적을 달성하며, 상호 의존적으로 선택하는 상황에서 비효율성을 극복하기 위해, 국가 및 기타 행위자가 수행하는 다양한 협력적 문제해결 협약과 활동을 포함한다. 이러한 형태에는 정부간기구와 비정부기구를 포함한 다양한 국제기구, 다양한 'G'클럽(G7 등 G로 시작하는 국가집단들 – 역자 주)과 클럽 및 우방그룹을 포함하는 덜 공식적인 국가그룹/ 국제규칙, 규정, 표준과 법률, 규범 또는 '연성법'/ 특정 이슈분야의 규칙, 규범, 구조를 연결시키는 국제레짐/ 임시협약 및 회의/ 민간 거버넌스 협약/ 유엔 글로벌콤팩트 및 지속가능한 발전을 위한 파트너십과 같은 공공-민간 파트너십 (도표 1.3 참조)이 포함된다. 다양성이 확산되어 깔끔한 범주를 만들기 위한 노력이 복잡해지고 있다. 과거 학자들은 핵 비확산과 같은 이슈를 관리하는 국제레짐에 심혈을 기울였으나, 현재는 다수의 '레짐복합체(regime complexes)'가 존재하는데, 이들은 식량안보와 같이 '공동주제와 관련된 3개 이상의 국제레짐 네트워크'를 포함한다 (Orsini, Morin, Young 2013: 29). 이러한 다양한 글로벌거버넌스를 간략하게 살펴보겠다.

도표 1.3 | 글로벌거버넌스의 다양성

- 국제조직과 구성(공식적이고 비공식적)
  정부간기구: 글로벌, 지역적, 기타; 비정부기구; 네트워크와 파트너십
- 국제규칙과 법
  다자협정; 관습; 사법결정; 규제기준
- 국제규범 또는 '연성법'
  기본합의서, 선별적 유엔결의안
- 국제레짐과 레짐복합체
- 특별(ad hoc)단체, 조치, 그리고 글로벌회의
- 사적 또는 공적-사적 혼합 거버넌스

핵심 조직과 구성: 정부간기구

정부간기구는 '글로벌거버넌스의 구조'를 구성하는 공식적 다자간 기제의 핵심을 제공한다 (Cooper and Thakur 2014: 265). 19세기 후반 이후 보다 많은 과업을 수행하기 위해 많은 정부간기구가 설립되었다. 정부간기구는 정보수집과 동향감시(유엔환경계획[UNEP]의 사례), 서비스와 원조제공(UNHCR), 정부간 협상을 위한 포럼 제공(EU), 분쟁에 대한 판결(ICJ 및 기타 법원)을 포함한 다양한 기능을 수행한다. 정부간기구는 국가들이 정기적 회의, 정보수집과 분석, 분쟁해결과 더불어 운영활동을 통하여 안정적인 협력의 관습을 가질 수 있도록 도움을 준다 (도표 1.4 참조). 정부간기구는 개인과 집단적인 복지를 향상시킨다. 정부간기구는 1850년 이후 세계경제의 발전을 위한 거버넌스의 양식을 제공해 왔다 (Murphy 1994). 또한 정부간기구는 "협력과 선택이 이루어지는 사회세계를 건설하고 국가들과 다른 행위자들이 소유하게 되는 이익을 정의하는 데 도움을 준다" (Barnett and Finnemore 2005: 162). 정부간기구, 특히 유엔의 추가 기능은 안보(예: 인간안보의 개념), 경제, 사회개발(인간 및 지속가능한 발전)을 위한 핵심 아이디어와 개념을 개발하는 것이다. 유엔 지성사 프로젝트(UNIHP)의 마지막 편은 유엔이 세계와 인류 발전에 제공한 가장 큰 기여는 아이디어라고 주장한다. 유엔은 아이디어를 생산해 내고, 토

도표 1.4 | 정부간기구의 기능

- 정보: 수집, 분석, 데이터의 배포
- 포럼: 의견교환과 정책결정에 필요한 무대 제공
- 규범: 행위의 기준에 대한 정의
- 규칙 제정: 법적 구속력 있는 조약의 초안 작성
- 규칙 감시: 규칙 준수여부 감독, 분쟁의 판결, 이행조치 강구
- 운영: 자원분배, 기술지원과 구조(救助), 군대파견
- 아이디어 제공

론의 장을 마련해 주고, 정통성에 대한 아이디어를 제공하며, 정책선택 능력을 키워주며, 집행과 감시 과정을 위한 자원을 제공하며, 때로는 사장된 아이디어를 재생하는 역할도 한다 (Jolly, Emmerij, and Weiss 2009: 34-35).

정부간기구가 다양한 기능을 수행하는 방식은 조직에 따라 다르다. 조직마다 회원국들도 상이하고, 취급대상의 범위와 규칙도 다양하다. 그들이 활용할 수 있는 자원의 양도 다르고, 관료화의 수준과 정도, 그리고 효율성도 차이가 있다.

왜 국가들은 그러한 기구에 가입하는가? 왜 국가들은 공식적인 정부간기구를 통하여 활동하고 협력하는 선택을 하는가? 애보트(Kenneth Abbott)와 스나이달(Duncan Snidal)은 정부간기구들은 "견고하고 안정적인 조직의 구조와 보조적인 행정조직을 통하여 집단행위의 중앙화를 실현한다. 이는 집단행위의 효율성을 제고하며, 국가의 이해, 환경, 이익에 영향을 미치는 기구의 능력을 향상시킨다"고 주장했다 (Abbott and Snidal 1998: 4-5). 이와 같이 국가들은 안정적인 포럼에 지속적으로 참여하면서 위기 발생시 신속한 대응을 하고 있다. 그들은 개별 및 공동체의 이익을 반영하는 합의를 도출하고 이행하기 위하여 정부간기구에 참여한다. 그들은 분쟁해결을 위한 제도적 장치를 마련하기 위해 참여한다. 그들은 공동임무를 수행하는 데 있어서 중앙화된 기구의 이점을 확보하기 위하여 참여한다. 그러한 참여를 통하여 그들은 핵심 이슈에 대한 국제적 토론의 장을 마련하는 데 합의하고, 중요한 행동규범을 수립한다. 그렇더라도 국가는 스스로의 주권과 다양한 수준의 국가행위의 독립성을 유지한다.

정부간기구는 회원국들에게 기회를 제공할 뿐만 아니라, 회원국들의 정책과 과정에 영향력을 행사하는 동시에 제약도 가한다. 정부간기구는 국제 및 국가 의제를 설정하고, 정부들로 하여금 이슈들에 대하여 입장을 밝히게 함으로써 회원국들에 영향력을 행사한다. 정부간기구는 2006년 유엔 인권이사회가 만든 보편적 정기 검토 프로세스와 같은 정보 공유 및 모니터링을 통해 국가의 행동을 감시한다 (제9장에서 논의). 정부간기구는 국가들의 정부간기구 참여를 촉진하고 협력할 수 있도록 특정 의사결정과 이행과정의 개발을 고무한다. 정부간기구는 상호협력을 통한 이득을 취하고자 하는 국가들에게 정책적 제휴를 맺도록 하여, 행위의 원칙, 규범, 규칙을 제정하거나 제정하는 것을 돕는다. 예를 들어, 제8장에서 설명하듯이, 중국의 세계무역기구 가입은 정부의 광범위한 개혁을 요구했다.

대개의 국가들은 비용이 많이 들더라도 정부간기구에 참여하면 이득을 얻을 수 있을 것이라고 인식하고 있다. 남아프리카공화국은 인종차별정책 때문에 유엔에서 오랜 기간 되풀이하여 비난 받았지만 유엔에서 탈퇴하지 않았다. 이라크는 10년 이상 강력한 제재를 받았지만 이에 항의

하여 유엔을 탈퇴하지 않았다. 중국은 14년에 걸쳐서 국제무역체제에 진입하는 조건에 대하여 협상을 하였고 WTO의 규칙을 준수하는 데 필요하도록 법과 정책을 변경했다. 광범위하고 비용이 드는 변화를 필요로 하는데도 불구하고 2004년에서 2007년 사이에 12개의 국가들이 EU에 가입했다. 미국은 기구의 활동에 대한 불만을 표출하기 위해 정부간기구들로부터 탈퇴한 극소수 국가 중 하나다.

최초의 정부간기구는 19세기에 설립되었지만, 20세기 들어서 숫자가 폭발적으로 증가했다. 이에 대해서는 제3장에서 구체적으로 논의될 것이다. 1960년대 이후 정부간기구가 다른 정부간기구를 설립하는 현상이 증가하고 있다. 한 연구에 따르면 정부간기구의 탄생 비율은 '국제체제 내의 국가 숫자와 밀접한 관련이 있지만', 이 기구들의 해체율은 낮은 편이다 (Cupitt, Whitlock, and Whitlock 1997: 16). 최근 연구에 따르면 정부간기구의 약 38%가 현재 소위 좀비가 되었다. 그들은 계속 활동하고 있지만 의무를 달성하는 데 진전이 없는 것으로 나타난다. 또 다른 10%는 명목상 존재하지만 눈에 띄는 수준의 활동이 없어 사실상 사망한 것으로 나타난다 (Gray 2018).

비정부기구

비정부기구의 거버넌스 기능은 정부간기구에 의하여 제공된 기능과 많은 부분이 유사하다. 그러나 일반적으로 비정부기구는 봉사집단과 옹호집단으로 구분할 수 있다. 옹호적 성격을 가지는 비정부기구는 인권을 개선하고 환경을 보호하고 부패를 방지하고 지뢰설치를 금지하며 시리아의 내전과 같은 분쟁에 개입하도록 개인, 정부, 정부간기구, 기업 및 기타 행위자들에게 압력을 가하고 설득을 하는 다차원적인 과정을 제공한다. 제네바협정은 인도주의법에 대한 법적 책임을 국제적십자위원회에게 위임하고 있다. 국제노동기구, 세계관광기구, 유엔 HIV/AIDS 합동프로그램과 같은 일부 정부간기구는 자신들의 거버넌스를 추진하는 데 있어서 비정부기구의 역할을 제공한다. 1992년 리우데자네이루에서 열린 유엔 환경 및 개발 회의의 최종 결과는 비정부기구가 모든 수준의 이행에 참여할 것을 권고했다. 이전에는 정부에 의하여 주도되던 행위들이 민영화되어 가는 세계적인 추세에 따라, 정부나 정부간기구에 의하여 제공되던 서비스들이 비정부기구에 위임되는 경우가 자주 발생하고 있다. 비정부기구들은 재난구호를 하고, 난민캠프를 운영하고, 개발프로그램을 시행하고, 환경을 정화하는 활동을 한다. 비정부기구는 개인들이 '공적인 행위'를 하도록 하기 때문에 글로벌거버넌스의 중요한 형식으로 인식된다 (Kaldor 2003: 585). 이와 같이, 비정부기구들의 "자발적이고 지역적이며 이슈에 특화된 성격(그리고 그들이 만든 네트워크들)은 국가하위 공동체와 국가 및 국제공동체와 기구들 사이를 유용하게 연결을 해 주고 있다" (Ku and Diehl 2006: 171). 이러한 점에서 비정부기구는 다양한 수준의 거버넌스를 연결하는 벨트로서의 기능을 한다.

규칙에 기반한 거버넌스: 국제규칙, 국제표준, 국제법

국제공법의 범위는 1960년대 이후 엄청나게 확대되었다. 국제사법재판소의 법령은 다섯 가지 국제법의 원천으로 조약 또는 협정, 관습, 법학자의 저술, 판례, 법의 일반원칙을 들고 있는데, 조약법이 가장 괄목할 만한 성장을 하고 있다. 예를 들어, 20세기 말에는 조약에 관한 비엔나협정, 오존, 기후변화 및 포경에 관한 협정, 해양법, 인도주의법(제네바협정), 인권법, 무역법, 지적재산권법, 군비통제협정(Johnston 1997) 등 총 8만 2,000개의 국제협정이 체결되었다. 단연코 가장 많은 수의 새로운 다자간 협약이 경제문제를 다루고 있다. 조약 기반 법률은 특히 가치가 높지만, 관습적 관행은 특히 많은 국가가 참여하는 협정을 협상하고 비준하는 데 오랜 시간이 걸리기 때문에 새로운 법률의 중요한 원천으로 지속되고 있다.

글로벌거버넌스의 목적상 국제공법의 가장 중요한 한계는 이 법이 전쟁범죄와 반인도적 범죄를 제외하고, 국가에게만 적용이 된다는 점이다. 현재 EU조약만이 개인, 다국적기업, 비정부기구, 준군사부대, 테러범 또는 국제 범죄인들을 직접적으로 구속할 수 있다. 그러나 조약은 국가가 준수해야 하고, 가능하면 비국가행위자들에게 강제할 수도 있는 규범을 만들 수 있다.

많은 사람들의 눈에 비치는 또 다른 문제점은 국제적인 강제 집행 제도가 제한되어 있고, 국가들이 조약이나 국제규칙을 받아들여야 하는가의 여부를 결정할 때 국가이익이 너무 크게 작용한다는 점이다. 전통적으로 국제법은 국가들이 준수하는 데 있어서 '자조적(self-help)'으로 준수하게 하는 여지를 남겨 놓았다. 유엔헌장과 EU조약들은 제재의 형식을 바탕으로 한 집행제도를 마련했으나, 제재의 위협이 반드시 국가가 국제규칙을 지키도록 하는 핵심적 동기를 부여하는 것은 아니다.

집행제도가 없더라도 헨킨(Louis Henkin 1979: 47)은 "거의 모든 국가가 거의 모든 국제법 원칙과 거의 모든 의무를 준수한다"고 결론지었다. 대부분이 준수하는 행동을 설명하는 것은 무엇일까? 법률 전문가들은 국익 및 기본 효율성과의 일치(Chayes and Chayes 1995), 준법 행동에 대한 평판 보존의 가치(Brewster 2013), 상호주의의 이점의 가치 등 다양한 요인을 꼽는다. 다른 국가의 압력과 설득, 그리고 비정부기구에 의한 국내 및 초국가적 압력도 규정 준수를 유도한다(Ratner 2013).

그러나 모든 국가가 모든 국제법을 준수하는 것은 아니다. 예를 들어, 미준수는 조약 언어의 모호성으로 설명할 수 있다 (Chayes and Chayes 1995). 약소국과 개발도상국의 경우, 미준수는 규정준수에 필요한 사항을 수행할 수 있는 현지 전문지식, 자원 또는 정부역량이 부족하기 때문에 발생할 수 있다. 많은 국가에서 국내정치가 국제법 준수 의지나 능력을 결정하는 데 중요한 역할을 할 수 있다. 이는 미국 상원이 다수의 조약을 비준하지 못한 데 있어 주요 요인이 된 것이 분명하다. 그러나 폰 스타인(Jana von Stein 2013)이 지적했듯이, 미준수는 이분법이 아닌 스펙트럼이다. 그리고 시몬스(Beth Simmons 2009)가 보여주듯이, 국제인권조약 준수는 주로 국가 시민들에게 달려 있는데, 이는 국가가 국내

장치를 통해 정부로 하여금 인권공약을 구속할 유인이 가장 높기 때문이다. 또한 시몬스는 인권의 실질적인 개선이 조약에 대한 기술적, 법적 준수보다 중요하다고 강조한다.

글로벌조직과 지역 조직은 서로 다른 수준의 법적 조치들을 통합한다. EU는 전통적인 국가법 체계와 국제법 사이에 있는 자체적인 법체계를 가지고 있으며, EU 사법재판소가 이를 해석하고 회원국에 대한 판결을 집행한다. EU법은 높은 수준의 법적 의무 또는 합법성, 상대적으로 높은 수준의 정확성(규칙이 명확하게 정의되는 경향이 있음), 높은 수준의 위임(집행을 위해 제3자에게 부여된 권한)을 가지고 있으며, 이는 제5장에서 더 자세히 논의된다. 이로 인해 EU는 EU뿐만 아니라 전 세계에서 준수되는 다양한 이슈 영역에서 법적 기준을 설정하는 핵심적인 역할을 해왔다 (Bradford 2020). 다른 정부간기구와 지역통합 작업은 행위자가 결합하고 다양한 정도의 의무, 정확성, 위임을 발동하여 정치와 법을 다양하게 혼합하는 합법화의 극단 사이에 있다 (Abbott et al. 2000).

국제공법과 EU법 외에도 글로벌거버넌스의 중요한 부분을 형성하는 공공 및 민간 분야의 광범위한 국제표준설정 및 규칙제정이 이루어지고 있다. 국가, 기업, 그리고 ISO와 같은 표준설정 기관들이 표준설정을 하는데 기여하며, 제3장에서 구체적으로 논의되는데, ISO는 표준설정기관들의 네트워크로 기능한다. 다른 예로, WHO는 국제보건규칙을 관리하고 식량농업기구(FAO)는 규칙과 표준의 원천인 국제식품규격위원회(Codex Alimentarius)를 감독한다. 심지어 유엔 안전보장이사회도 반테러 및 핵확산금지에 관한 규칙 제정을 통해 기여하고 있다.

이러한 규칙과 표준 중 가장 많은 것이 철강의 강도, 너트와 볼트를 연결할 수 있는 규격부터 화물 컨테이너의 치수에 이르기까지 모든 것에 대한 국제제품 표준을 만드는 민간부문 기관의 결과물이다. 이러한 표준을 설정하고 준수하는 데 있어 가장 큰 원동력은 분명히 민간기업의 경제성과 시장접근성이다 (Büthe and Mattli 2011; Gadinis 2015). 1995년 WTO가 설립된 이후, 무역 기술장벽에 관한 WTO 협정(WTO Agreement on Technical Barriers to Trade)과 모든 WTO 회원국이 국제표준을 국내법 및 규정의 기술적 근거로 사용해야 하는 의무에서 추가적인 자극을 받았다. 또한 한 학자가 '비공식 규칙'이라고 불렀던 것(Tieku 2019)과 다른 학자들이 연성법 또는 규범이라고 부르는 것도 중요하다.

국제규범 또는 '연성법'

1980년대 후반부터 학자들은 글로벌거버넌스의 또 다른 다양성으로서 규범의 중요성을 점점 더 많이 인식하고 있다. 규범은 다양한 행위자, 특히 국가에 대한 적절한 행동기준에 관한 공통된 기대 또는 이해다. 규범은 국가가 비준하는 조약을 이행할 의무(약속의 준수[*pacta sunt servanda*])부터 전투원이 민간인을 표적으로 삼지 않을 것이라는 기대까지 다양하다. 규범의 강도는 다양하며, 규범의 존재 여부는 국가가 특정 관행이 의무적인지 또는 기대되는 것인지의 여부에 기반한다. 일부 규범은 국가 내에서 너무 내재화되어 있어 위반이 발생하지 않는 한 인식하기 어렵다. 반대로 다른 규범은 약하거나 논쟁 중이거나 '새로운' 것이다. 규범의 중요성은 인권과 인도주의 규범, 화학 및 핵무기 금지, 환경과 관련된 '오염자 부담' 원칙에 대한 초기 연구에서 드러났다. 핀모어와 시킨크가 규범이 등장하고 확산된 데 대해서 처음으로 탐구했는데, 그들의 작업은 '규범의 수명주기'와 '규범의 계층' 개념, 그리고 '규범 선도자'와 '규범 내재화'에 대한 분석을 통해서 이루어졌다 (Martha Finnemore and Kathryn Sikkink 1998). 아차리아(Acharya 2004, 2014)에게 있어서 규범은 지역적 성격을 함유하며, 초국가적 사상과 규범이 일부 지역에서 다른 지역보다 더 많이 수용되는 이유에 대한 질문을 탐구하여 규범 확산에 대한 중요한 통찰력을 제공한다. 여기서 두 가지 강조점이 파생한다. 첫째, 규범은 서로 다른 의미를 포괄하고 권력관계를 반영할 수 있는 진행 중인 작업이다. 둘째, 규범의 틀이 어떻게 형성되는지는 규범이 어떻게 유지되고 확산되는지, 세계 여러 지역에서 규범이 어떻게 수용되는지, 얼마나 중요한지, 시간이 지남에 따라 쇠퇴하는지에 따라 결정적으로 중요해질 수 있다.

많은 규범이 국제법 협약에 통합되어 연성법으로 불린다. 인권 및 노동권 규범, 공해, 우주, 극지방에 적용되는 글로벌공유재 개념, 지속가능한 발전 개념 등이 그 사례다. '보호할 책임'이라는 개념의 규범으로서의 위상에 대한 논쟁은 제7장에서 논의된다. 연성법의 다른 형태로는 행동강령, 세계회의선언, 1970년 유엔 총회 결의안 2749와 같이 공해, 우주, 극지방을 인류의 공동유산으로 인정한 특정 유엔 결의안 등이 포함된다.

환경법에서 우리는 시간이 지남에 따라 규범, 연성법, 법의 진화를 확인할 수 있다. 초기의 기본협약은 종종 국가가 동의하는 규범과 원칙을 명시하지만 구체적인 조치는 언급되지 않는다. 문제에 대한 과학적 이해가 개선됨에 따라 정치환경이 변화하고 기술은 주요 국가, 주요 기업 및 기타 이해관계자가 취할 구체적이고 구속력 있는 조치에 동의할 수 있는 새로운 해결책을 제공한다. 초기의 기본협약을 보완하고 '경성법'을 형성하는 과정이 진행된다. 국가가 탄소배출을 위해 필요한 긴급조치를 취해야 하는 의무를 확립하는 경성법을 명시하기 위한 협상이 이루어진다. 경성법은 협상이 더 쉽고 유연하며, 향후 경성법에 대해 협상을 하게 될 가능성을 열어 둔다. 경성법은 기업의 사회적 책임 실천 강령과 같이 국제법을 개인 및 다국적기업을 포함한 민간단체와 연결하는 수단이 될 수도 있다.

국제레짐과 레짐복합체

1980년대 이후 학자들은 원칙, 규범, 규칙, 의사결정 절차가 상호 연계되어 있는 특정 이슈 분야의 거버넌스를 이해하기 위해 국제레짐의 개념을 개발했다. 핵무기 확산, 포경, 보건, 식량지원을 위한 국제레짐이 존재하는 한 이에 참여하는 국가 및 기타 국제 행위자는 일정한 의무가 존재함을 인정하고, 이를 준수해야 한다는 사명감을 가지게 된다. 국제레짐은 '정부 없는 거버넌스(governance without government)'이기 때문에, 참여하는 행위자들은 규칙과 기본규범의 정당성, 그리고 의사결정 절차의 유효성에 기반하여 의무를 준수하게 된다. 그들은 다른 국가들과 행위자들도 갈등을 해소하기 위한 분쟁해결절차를 준수하고 활용하기를 기대한다.

국제레짐은 규칙과 규범을 포괄할 뿐만 아니

라, 행위자들의 기대가 어떻게 수렴되고 규칙을 어떻게 수용하고 준수하는지도 포함한다. 정부간기구가 특정 이슈 분야를 다루기 위해서 의사결정 절차, 관료체계, 예산, 본부와 법인격을 필요로 하지만, 개별적인 정부간기구 그 자체가 레짐을 구성하지는 않는다. 광범위한 방사능 유출을 야기하는 핵 원자로 사고(예: 1986년 체르노빌 참사)와 같은 이슈들은 사고발생의 여부에 관계없이 기능하는 공식적인 조직을 필요로 하지 않는다. 사건 발생시 의사결정과 조치를 위한 특별제도는 규칙 및 규범들과 연결될 수 있다. 핵무기 확산방지 레짐에는 IAEA의 검증장치와 안전체계, 원자력 공급국그룹(Nuclear Suppliers Group)의 수출통제, 핵확산금지조약(NPT), 포괄적핵실험금지조약(CTBT) (비록 완전히 효력을 발생하지는 않는 것으로 관측되지만), 유엔 안전보장이사회의 강제력, 핵무기 비보유국의 핵에너지 평화적 사용 개발에 대한 IAEA의 기술지원 등이 포함된다. 레짐이 존재하는 이슈 분야에는 핵심적인 글로벌거버넌스가 존재한다.

또한 학자들은 다수의 '레짐복합체'에 대한 언급을 하고 있다. 레짐복합체는 '특정 이슈 영역을 지배하는 부분적으로 중복되고 비계층적인 기관'으로 정의된다 (Raustiala and Victor 2004: 278-279). 이러한 복잡성은 계층구조의 부재와 멤버십, 권한, 규칙의 중복으로 인해 발생하며, 이로 인해 어떤 규칙과 규칙의 해석이 우세한지에 대한 불확실성과 한 기관의 결정이 다른 기관의 결정을 약화시키거나 영향을 미칠 가능성이 생기게 된다 (Alter and Raustiala 2018). 이는 포럼 쇼핑을 위한 기회, 즉 각 국가가 자신의 선호도에 가장 유리하고, 규칙해석과 경쟁 당국의 주장에 대한 갈등에서 가장 유리한 포럼을 모색할 수 있는 기회를 창출할 수 있다.

제11장에서 자세히 설명할 글로벌 난민 레짐복합체가 한 가지 사례다. UNHCR를 중심으로 한 난민레짐, 국제인권협약과 유엔 인권고등판무관실을 중심으로 한 인권 레짐, 유엔 인도주의 업무조정국(OCHA)를 포함한 인도주의 레짐, 국제노동기구 협약을 기반으로 한 노동이주 레짐 등이 그 요소로 포함된다. 복잡성 때문에 문제가 되는 것은 레짐들이 겹치는 것뿐만 아니라, 베츠(Betts 2013)가 지적했듯이 관련 행위자들이 권한 출처가 다른 위임, 회원자격, 의사결정 과정 및 역학관계를 가진 서로 다른 기관에 소속되어 있기 때문이다. 다른 사례로는 식량안보, 해양해적행위, 국제산림 레짐복합체가 있다.

레짐복합체 개념의 가치는 다음과 같은 현실을 포착한다는 점이다. "글로벌문제가 점점 더 중복되고 교차하고 있다. 국제의제에 새로운 문제가 등장하여 기존 제도와 협정에 침투하여 변하게 하는 경우가 많다." 이러한 상황은 "백지상태에서 발생하는 경우는 거의 없다" (Alter and Raustiala 2018: 337). 레짐복합체는 광범위한 국제관계 추세의 불가피한 결과인데, 여기에는 국제협약과 국제조직의 밀집도, 이미 존재하는 것을 개혁하는 대신 새로운 것을 만드는 것의 용이성, 권력과 선호도 변화의 불가피성, 새로운 문제의 출현, 더 확대된 대표성에 대한 요구, 어느 정도의 혼란 등이 포함된다. 실제로 레짐복합체는 일부 이슈의 글로벌거버넌스를 이해하기 어렵게 만들며, 제도와 결과가 어떻게 발전했는지, 국가와 다른 행위자들이 복합적인 상황에서 전략을 어떻게 조정했는지, 누가 승자 또는 패자가 되었는지를 알아내기 위해 복합성을 심층 분석하는 것 이상을 요구한다.

단체와 글로벌회의

다자주의가 국제문제에 있어서 지배적인 관행이 되면서, 다른 덜 공식적인 형태의 글로벌거버넌스가 등장했으며, 일부는 다른 것보다 더 제도화되었다. 여기에는 헌장이나 조약 등 공식적인 법적 기반이 결여된 정부간 제도와 단체들이 포함되는데, 그 사례로는 유엔이 지원하는 글로벌회의, 패널, 포럼, 위원회 등이 있다.

제일 처음의 'G'는 1964년 유엔 무역개발회의(UNCTAD)의 설치와 연결되어 아프리카, 아시아, 라틴아메리카 개발도상국들에 의해 결성된 G77이었다. 수년 동안 G77은 유엔 회원국의 3분의 2 이상을 포함하는 통합된 블록으로 활동했다. 오늘날에도 활동 중이지만, 회원국들의 이해관계가 다양화 되면서 결속력이 떨어졌다.

G7(Group of 7)은 정상회담이 일반화되지 않았던 1970년대 중반부터 시작되었지만, 국제경제관계가 급격하게 변화하면서 정기적이면서 비공식적인 회합의 가치가 부각되었다. 후일 이 모임은 연례 정상회담을 포함한 정기적인 제도로 정착되었으나 공식적인 정부간기구로 되지는 않았다. G7의 의제는 거시경제정책 협력 이상으로 확대되었는데, 이는 제8장에서 구체적으로 논의될 것이다. 1992년부터 2014년까지 러시아가 비경제분야의 대화에 참여하도록 초대되어 G8이 되었으며 냉전 종식에 관련된 이슈들과 테러위협의 증가에 대한 문제 등을 다루었다. 이는 2014년 러시아의 크림반도 합병으로 종식되었다.

1999년 선진국 및 신흥시장국 재무장관과 중앙은행 총재 간의 경제정책 논의를 위한 포럼으로 G20가 창설되었다. 여기에는 19개 국가와 EU가 포함되며, 세계은행과 IMF가 직권으로 참여한다. 현재 G20 회원국은 전 세계 GDP의 90%, 세계 무역의 80%, 세계인구의 3분의 2를 차지한다. 조지 W. 부시 미국 대통령이 첫 정상회의를 소집한 2008~2009년 글로벌금융위기 전까지는 잘 알려지지 않았지만, 현재는 매년 정상회의 수준으로 소집되고 있다. G7과 마찬가지로 상임사무국이 없다. G20은 2023년 아프리카연합을 받아들였으며 제8장에서 논의된다.

유엔체제 안팎에서 특정문제를 해결하기 위한 다자외교 노력을 활용하기 위해 다양한 임시다자간 '접촉(contact)' 및 '친선(friends)' 단체가 결성되었다. 최초의 접촉단체는 1970년대 후반 독일 식민지였던 남서부 아프리카의 독립성을 확보하기 위해 결성되었는데, 당시 이 지역은 남아프리카공화국이 관리하던 국제연맹의 위임통치령이었지만, 제2차 세계대전 이후 독립을 부여받지 못하고 유엔 신탁통치령으로 전환되었다(Karns 1987). 이 지역은 거의 10년간의 외교 끝에 1990년 나미비아로 독립했다. 예를 들어, 1980년대 후반에 중미지역의 평화추구를 지원하고 1990년대 초반에 구 유고슬라비아의 평화모색을 지원하며, 2022년 우크라이나 지원을 총괄하기 위해 다른 접촉단체가 결성되었다.

또 다른 유형의 거버넌스 단체는 비영리 세계경제포럼으로, 민관 협력을 촉진하는 국제기구(정부간기구 아님)이다. 이 포럼은 매년 스위스 다보스에서 정부, 기업 및 기타 엘리트들이 모이는 연례 모임을 개최한다.

1970년대가 시작되면서 유엔은 다양한 글로벌회의를 개최해 왔으며, 최근 들어서는 환경, 식량공급, 인구, 여성의 권리, 물 공급, 아동, 사막화 등의 주제에 대한 정상회담을 개최하고 있다. 이 회의들은 1970년대와 1990년대에 활발하게 개최되었으나 1980년대에는 별로 개최되지 않았고 2000년대에 들어서 다시 축소되었다. 이 회의들은 비정부기구, 과학전문가, 기업, 그리고 관련된 개인이 결과에 대해서 영향력을 행사하는 복합적 다자외교를 발전시켰다. 그러나 실망스러운 부분도 있는데, 그 이유는 회의의 결과들이 공식적 발언권을 가진 국가들만이 참여하여 이루어낸 최소 공통분모의 합의를 대표하기 때문이다.

아동을 위한 정상회담(1990년 뉴욕), 지구정상회담(1992년 리우), 네 차례의 세계여성회의(1975, 1980, 1985, 1995년) 등은 상호의존되는 이슈들을 논의하는 중요한 글로벌정치과정이다. 누적적으로 이 회의들은 환경보호, 평등권(특히 여성), 빈곤퇴치, 지역공동체의 참여와 같은 이슈들의 연결성에 대한 이해를 증진시킨다. 이는 제4장에서 추가적으로 논의될 것이다.

사적 거버넌스

사적 거버넌스는, 국가가 권한을 행사하지 않거나 행사하지 않기로 결정했거나 국가 자체가 권한 행사에 비효율적인 영역에서, 권위 있는 의사결정을 내리는 것을 포함하는 현상이다. 예를 들어, 기업, 시민사회 및 기타 부문의 행위자들이 근로자의 권리부터 기후변화에 이르는 이슈들에 대해 기업과 다른 조직이 준수해야 하는 광범위한 자발적 표준을 설정하기 위하여 다양한 사적 초국적 규제기구를 설립하고 관리한다. 이러한 단체는 또한 표준을 장려하고 감시하며 집행한다. 시장을 통해 운영되는 표준은 소비자 수요, 평판 혜택, 거래비용 감소, 의무규정 회피와 같은 인센티브에 의존한다 (Abbott, Green, and Keohane 2016: 2). 사적 거버넌스 및 운영자의 다른 사례로는 국제회계기준위원회에서 정한 국제회계기준, 국가의 등급을 하락시키겠다는 위협을 하여 정부의 행위에 영향을 미칠 수 있는 무디스신용평가회사(Moody's Investors Service)와 스탠다드앤푸어스 평가그룹(Standard & Poor's Ratings Group) 같은 사적 신용등급평가기구, 국제상공회의소의 규칙과 활동, 주요 기업들과 옹호단체들이 협력하는 국제공정무역기구(Fairtrade International)와 삼림관리협의회와 같은 특정 제품에 대한 사회 및 환경 인증을 제정하려는 이니셔티브, 그리고 나이키와 포드 같은 단일한 다국적기업의 노동기준을 포함한다.

사적 당국은 본질적으로 좋거나 나쁜 것은 아니지만, 몇 가지 장점과 단점이 있다. 예를 들어, 애보트 등(Abbott, Green, Keohane 2016)은 사적 거버넌스 구상이 거버넌스 격차를 더 빨리 파악하고 메울 수 있을 뿐만 아니라(국가간의 합의 부족으로 벌어진 틈새를 메울 수 있을 뿐만 아니라) 비국가행위자의 참여 기회를 제공하는 방법을 비교했다. 또한 그들은 이러한 구상이 정부간기구보다 복원력이 낮고 상황 변화에 취약하며 예측 가능성이 낮다는 사실도 발견했다.

그러나 때때로 글로벌기업은 '네트워크 구성원을 보다 효과적으로 제재하고 관리'하는 능력에서 일부 국제기구보다 더 강력할 수 있다 (May 2018: 348).

공적-사적 파트너십

1980년대 후반 이후 유엔과 유엔의 특별기구, 기금, 프로그램이 포함되는 공적-사적 파트너십이 적극 추진되었는데, 그 사례로는 유엔개발계획(UNDP), 세계은행, 유엔아동기금(UNICEF), 유엔환경계획(UNEP) 등이 있으며, 이러한 파트너십이 국제적으로 합의된 개발 목표를 달성하는 데 기여할 것이라는 인식 하에 크게 증가하고 있다. 1999년에 창설된 코피 아난 유엔 사무총장의 글로벌콤팩트 구상은 지속가능발전 파트너십을 요구하면서 2002년 요하네스버그에서 개최된 지속가능발전 세계정상회담과 마찬가지로 중요한 단계였다. 이러한 파트너십은 기금확보의 주요 원천이 되고 있으며, 개발을 어떻게 달성해야 하는지, 누가 제공해야 하는지에 영향을 미치고 있으며, 유엔 자체도 이러한 역할을 중시하고 있다 (Gregoratti 2014: 311). 일부는 대규모의 제도화된 다이해관계자 파트너십이며, 다른 일부는 일시적이고 수가 적은 행위자다. 모든 것이 재정 기부에 관한 것은 아니며, 정책목표를 달성하기 위해 기업의 지식, 인력, 전문성을 동원하는 것도 포함될 수 있다 (Andonova 2017). 이러한 파트너십은 탈중앙화된 거버넌스의 형태를 보이며, 네트워크화되고 유연하며 자발적인 성향을 가진다. 예를 들어, 골드만삭스 10000 여성 글로벌이니셔티브, 의사결정 직책의 성별 균형에 관한 EU 지침과 같은 공적-사적 파트너십은 기업과 정부의 성평등을 촉진하는 수단의 역할을 해왔다 (Prügl and True 2014).

앞으로 이어지는 장들에서 논의되는 바와 같이 다양한 형태의 새로운 글로벌거버넌스는 범위, 효율성, 영속성에 있어서 다양한 모습을 보이지만, 국가가 포함되지 않은 글로벌거버넌스는 정통성의 문제를 야기한다. 이는 제12장에서 구체적으로 논의될 것이다.

글로벌거버넌스의 정치와 효율성

글로벌거버넌스의 정치는 세계에서의 '부, 권력, 지식에 대한 투쟁'을 반영하며 (Murphy 2000: 798), '전 세계 행위자들의 운명과 삶의 기회를 형성하는 글로벌구조, 과정, 제도'를 반영하기도 한다 (Barnett and Duval 2005: 7–8). 따라서 국가 사이의 권력관계는 아직도 중요하지만, 국제기구를 포함한 비국가행위자들의 자원과 활동도 중요하다. 중심적인 이슈에는 누가 의사결정에 참여하는지, 누구의 목소리를 듣는지, 누가 어떠한 대가로 배제되는지, 누구의 이익에 따라서 제도적인 특권이 주어지는지에 대한 것들이 포함된다. 권위, 정당성, 책임과 마찬가지로 권력도 중요하다. 모든 유형의 거버넌스, 효율성, 또는 공공재를 전달하고 변화를 가져올 수 있는 능력도 마찬가지로 중요하다.

힘: 누가 무엇을 얻는가? 누가 이득을 보는가? 누가 손해를 보는가?

과거에는 글로벌거버넌스의 정치는 미국의 권력과 패권에 대한 것이라고 인식된 적이 있었다. 미국의 힘과 선호는 유엔과 자유주의적 국제경제체제를 포함한 글로벌거버넌스의 많은 부분들을 형성해 왔고 지속적으로 영향을 미치고 있는 것은 사실이다. 냉전의 종식과 소련의 해체 이후 미국은 유일 초강대국이 되었다. 미국경제는 세계화를 주도했고 민주주의가 전 세계로 확산되는 것처럼 보였다. 그러나 특히 2003년 이라크 침공 이후 세계에 대한 미국의 세력과 영향력은 급격하게 쇠퇴하고 있다. 그 이전에도, 부시 행정부의 일방적인 정책은 미국이 참여하지 않은 채 리더십만 가지고 약소국, 중견국 그리고 강대국들로 하여금 국제형사재판소, 교토의정서, 대인지뢰금지협약 등의 조치들을 수용하도록 하였다.

최근에는 미국이 더 이상 과거와 같이 글로벌정치의 중심에 있지 않고, "이전보다 많은 국가가 보다 광범위한 이슈에 대해 서로 관련을 가지는 경우가 많다"는 데 대한 많은 지표들이 있다 (Jentleson 2012: 135). 특히 두 가지 요인이 눈에 띈다. 하나는 구소련이 전혀 하지 못했던 방식으로, 중국이 미국과 경쟁하는 초강대국으로서 빠르게 부상하고 있다는 점이다. 다른 하나는 미국 국내정치에 뿌리를 두고 있는데, 그 내용은 동맹국, 국제기구(유엔 포함), 다자주의의 가치를 폄하하고 '미국 우선주의'를 선전하는 트럼프 행정부의 성향을 내포하고 있다. 그의 후임자인 바이든 대통령은 "미국이 돌아왔다"고 발표했지만, 특히 2021년 미국의 아프가니스탄에서의 황급한 철수 이후 피해를 입은 충격은 쉽게 복구되지 않고 있다. 점점 더 글로벌정치는 러시아, 중국, 미국으로 다극화되고 있는 것으로 인식되고 있는 반면, 인도, 브라질, 남아공과 같은 다른 국가들은 다른 길을 걷고 있다. 이 모든 것이 다양한 이슈와 거버넌스의 정치가 다원화된 세계를 만들고 있다. 또한 다자주의가 점점 더 도전받는 세계를 만들고 있다.

글로벌거버넌스 제도들이 존재하는 이유는 국가와 기타 행위자가 그 제도들을 만들었고, 세력, 권위, 정통성을 부여했으며, 특정 과업을 수행하고 특정 요구와 이익을 충족시키기에 가치가 있다고 간주하기 때문이다. 그러나 정부간기구는 소극적인 구조를 지녔거나 국가의 대리인이 아니다. 바네트와 핀모어가 주장하는 바와 같이, 정부간기구들은 자체적인 힘을 가지는데, 그 이유는 '그들의 형식(합리적-합법적 관료제)과 그들의(자유주의적) 목표' 때문이며, '광범위한 측면에서 바람직하고 정통성있는' 목표로부터 발생되는 권위도 정부간기구가 힘을 가지는 데 중요한 역할을 한다 (Barnett and Finnemore 2005: 162). 정부간기구들은 인도주의적 구호, 식량, 평화유지군, 무기, 제재 등 물질적 자원뿐만 아니라 공개와 수치심 유발, 성평등과 같은 글로벌가치와 규범의 확산, '최선의 관행' 구축 같은 규범적 자원을 사용하여 강제력을 행사할 수 있다. 정부간기구 사무국은 회합 및 회의의 의제를 설정하고 안보리 토의에 대한 옵션을 구조화하는 것과 더불어 어떠한 경제유형이 바람직한지, 대량학살이 무엇인지, 누가 난민인지에 대한 정보를 분류하고 조직한다. 세 번째 유형의 정부간기구의 권력은 '생산적 권력'인데, 이 권력은 국가 내부에서 추방된 사람들(국경을 넘은 난민과 다른)과 같은 문제의 존재를 확인하고, 정의를 내리며, 해결책을 찾은 후 다른 행위자들이 이 해결책을 수용하도록 설득하는 힘이다 (Barnett and Finnemore 2005).

비국가행위자의 힘도 다양한 물질적 자원과 더불어 상징적이고 규범적인 자원으로부터 나온다. 초국가적 옹호 단체, 시민사회조직, 모든 종류의 비정부기구는 다국적기업과 대상국의 정부들로

하여금 행태를 바꾸도록 압력을 넣기 위해서 비리를 밝혀내는 다양한 방안들을 제시하고 있다.

글로벌거버넌스 또는 지역거버넌스의 권력은 근본적으로 권위와 정통성에 연결되어 있다. 정부간기구들은 자체적인 권력을 행사하는데, 대체로 그 이유는 국가가 다른 국가에 의하여 정통성이 있고 정부간기구에 가입할 자격이 있다고 인정되는 것과 마찬가지로 정부간기구도 정통성과 권위를 갖고 있다고 인정이 되기 때문이다. 글로벌거버넌스의 권위와 정통성의 본질과 형태를 이해하는 것은 매우 어려운 과제 중의 하나다.

권위와 정통성: 누가 통치하고 무엇에 기초하는가?

역사적으로 국제정치에서 주권을 가진 국가만이 권위를 가진 유일한 존재이며, 정부간기구가 가진 유일한 권위는 국가로부터 위임된 것이기 때문에 언제든지 철수될 수 있는 것으로 생각되었다. 그러나 최근 들어 권위와 정통성의 이슈에 대한 관심이 보다 많이 늘어나면서 글로벌거버넌스가 소유한 권위와 정통성의 다양한 기초들에 대한 인식이 증대되고 있다.

많은 논평가들은 권위가 '특정 출처에서 나온 결정이나 해석의 수용에 근거하여' 타인의 동의와 존중에서 비롯된다는 데 동의한다. "권위는 소속 구성원들이 자신의 신념과 행동을 적응하도록 만드는 권위의 특정 특성에 대한 믿음이다" (Zürn 2018: 38). 그러나 추종은 자동적으로 발생하는 것이 아니다. 바네트과 핀모어는 "행위자는 권위자의 판단을 정당한 것으로 인식할 수 있지만, 다른 이유로 인해 여전히 대안적인 행동을 따를 수 있다"고 강조한다 (Barnett and Finnemore 2004: 20–21). 국제기구의 관료제에 대해 특별한 관심을 가지고 바네트 등은 "권위는 국제기구가 만들어지는 실체를 제공하고 … 관료제는 합리적이고 합법적인 권위의 구현이며 … 특별한 정통성과 선(善)이라는 현대적 관념의 형식"이라고 주장한다. 그러나 그들은 관료제가 "권력을 행사하는 것이 아니라 다른 사람을 위해 봉사하는 것으로 스스로를 인식할 수 있어야 한다"고 지적한다.

에번트, 핀모어, 셀은『누가 지구를 지배하나(*Who Governs the Globe?*)』라는 책에서 권위에 대한 다소 광범위한 관점을 제시하며, 여기에는 기관, 위임, 전문가, 원칙, 능력의 다섯 가지 기반이 있다고 주장한다 (Avant, Finnemore, and Sell 2010c). 첫째, 권위는 제도의 규칙과 목적으로부터 나오는데, 그 사례로는 IMF와 같은 정부간기구 또는 무디스(Moody's)와 같은 신용평가기관 등이 있다. 둘째, 정부간기구의 주된 권위는 평화유지와 같은 특정 임무의 수행을 위해 각 국가들이 위임한 권한에 기초한다. 셋째, WHO의 의료 및 공중 보건 전문가와 같이 일부 임무는 그 임무에 대해 전문지식을 보유한 사람들에 의해 수행되어야 한다. 전문성은 조직원들이 세계를 어떻게 보고, 이슈들을 어떻게 정의하는지, 어떠한 정책 옵션들이 고려되는지의 전문성, 그리고 제도 자체의 문화에 영향을 미친다. 넷째, 원칙적 또는 도덕적 권위는 많은 정부간기구와 비정부기구들이 평화, 여성권리, 비무장, 환경보호와 같은 일련의 원칙, 윤리, 가치들을 충족시키거나 보호하기 위해 만들어졌다는 사실을 반영한다. 다섯째, 극도로 빈곤한 상황을 개선하는 것과 같은 임무를 달성하는 능력도 권위의 기초가 된다.

그렇다면 왜 글로벌거버넌스의 과정에서 강력한 행위자와 그렇게 강력하지 못한 행위자들은 적어도 일부 정부간기구의 권위에 협력하고 수용하고 준수하기로 결정하는가? 왜 행위자들은 강제력이 없는 상황에서 규칙을 준수하고, 초국가 옹호단체에 의한 비난을 받으면 행위를 변화시키며, 국제사법재판소와 민간신용평가기관의 권위를 받아들이는가? 규칙, 규범, 법을 준수하겠다는 결정은 정통성에 달려있는데, 정통성은 "규칙과 제도가 준수되어야 한다는 행위자의 신념이다." (Hurd 2007: 30). 그러한 신념은 행위에 영향을 미치는데, 그 이유는 "준수할지의 여부에 대한 결정은 더 이상 징벌에 대한 두려움이나 자기이익의 계산에 의하여 정해지지 않고, 그 대신 공정함과 의무의 내적 감정에 의하여 이루어지기 때문"이라고 허드는 강조한다.

정통성이 갖는 핵심적인 측면은 국제공동체의 멤버십에 관한 것으로, 다자적이고 상호적인 국제체제 내에서 정통성은 회원, 제도, 규칙이 인정받을 수 있도록 도와준다. 프랭크가 주장한 바와 같이, "국가는 공동체를 구성하기 때문에 정통성은 그들의 행동에 영향을 미칠 수 있는 힘을 가지고 있다" (Thomas Franck 1990: 205). 예를 들어, 유엔과 같은 국제기구는 1국 1표라는 정당한 절차의 원칙에 따라 창설되고 기능한다는 점에서 정통성이 있는 것으로 인정되고 있다. 국제체제에 있어서 핵심기구로서 유엔 안전보장이사회의 정통성은 광범위한 지지 하에 무력의 사용을 허용 받는 권위에 의해 고취되는데, 이는 제4장에서 논의될 것이다.

오랜 기간 정치이론가들이 주장했듯이, 국기와 의식(儀式)은 정통적 권위의 중요한 상징이다. 따라서 유엔 평화유지군의 파란색 헬멧은 유엔의 권위와 행동의 정당성을 국제사회가 인정하는 것을 상징한다. 2003년 안보리가 미국의 이라크에서의 군사작전 승인을 거부했을 때, 미국은 합법성의 상징을 부인했고 전 세계가 이 임무를 어떻게 평가하는지에 영향을 미쳤다. 마찬가지로 2022년 러시아의 우크라이나 침공을 규탄하는 강력한 유엔 총회의 투표는 러시아에 세계의 비난을 분명히 알리는 신호였다. 정통성이 부여된 국제적 권위체의 최초의 상징은 적십자(red cross, 나중에는 적신월사[red crescent]) 였다. 적십자의 상징은 1863년에 최초의 인도적 비상기구로 설립된 국제적십자위원회에 의해서 채택되었다.

정통성은 비국가행위자와 시민사회가 목소리를 내고 참여할 수 있는지 여부를 포함한 다른 고려사항과도 점점 더 밀접해지고 있다. 그러나 비정부기구, 정부간기구 및 기타 행위자에게 정통성은 참여뿐만 아니라 대응력, 투명성 및 책임에 기반한다.

책임: 누가 누구에게 어떻게 책임이 있는가?

국내 민주주의 규범이 국제무대에 확산된 결과, 사실상 모든 글로벌거버넌스의 행위자들은 보다 많은 책임성과 투명성의 요구에 직면하게 되었다. 이 요구 중 일부는 비정부기구와 시민사회단체로부터 나오고, 다른 일부는 민주정부, 주요 기부자, 주요 대출자들로부터 나온다. 책임성에 대하여 광범위하게 수용된 단일 정의는 없다. 가장 핵심사항은 보고하고 조치를 강구하고 정당화하고 설명하는 행위를 포함하는 책임부여이다. 일부 사람들에게 책임성은 공공조직의 행위를 평가하기 위한 일련의 기준이 된다. 그들은 얼마나 대응적이며 책임을 지는가? 그들은 공정하고 공평한 방식으로 활동을 하는가? 다른 사람들에게 책임성은 행위를 설명하고 정당화하는 의무를 포함하는 메커니즘의 개념으로 정의된다(Schillemans and Bovens 2011: 4–5).

따라서 문제는 다양한 글로벌거버넌스 행위자가 누구에게 무엇을 위하여 어떠한 메커니즘에 의하여 책임을 가지느냐에 대한 것이다. 예를 들어, 정부간기구는 회원국에게만 책임이 있는 것인가? 주요 기부자에게? 개발원조 수혜자에게? 기부자와 수혜자 모두를 만족시키려고 노력하는 것은 아무도 만족시키지 못하는 결과를 초래할 수 있다. 예를 들어, 거트너는 유엔의 새천년개발목표와 빈곤감소에 관여하려는 IMF의 시도가 이 조직을 유지할 책임을 갖고 있는 사람들의 능력을 감소시켜 조직의 전문성을 저하시킨다고 주장했다 (Gutner 2010). 비정부기구는 누구에게 책임이 있는가? 예를 들어, 밥에 따르면, 민주주의 국가 내에서 옹호단체들은 자신들의 행위를 규제하는 국내법에 의해 책임을 지는데, 그 이유는 불만족한 회원들이 단순히 그 조직을 떠날 수 있기 때문이다 (Clifford Bob 2010: 200). 그러면 전문가집단과 사적 거버넌스 제도는 어떠한가? 대부분의 정부간기구를 포함한 많은 글로벌거버넌스 행위자들이 복합적 지지층을 보유하고 다중적 임무에 대한 책임을 지며 다양한 요구와 관점에 직면하고 있다는 사실은 일부학자들이 말하는 소위 '다중 책임의 무질서'에 놓이게 할 위험을 안겨 주고 있다 (Schillemans and Bovens 2011).

행위자에게 책임을 묻는 방법에는 계층적이고 재정적 책임부터 동료 및 공적 평판 책임에 이르기까지 다양한 방법이 있다 (Grant and Keohane 2005). 투명성도 책임을 달성하는 데 핵심적인데, 다시 말해서 조직행동에 대한 정보를 공개하는 것도 매우 중요하다 (Grigorescu 2007: 626). 정부간기구의 경우, 책임과 투명성의 문제는 종종 회의와 회합이 대중에게 개방되어 있는지, 비공개 클럽처럼 폐쇄되어 운영되고 있는지 여부에 따라 달라진다. 이것이 일부 기관이 책임 관련 장치를 확립하는 이유이며, 그 사례로 세계은행의 조사위원회나 유엔 내부감독서비스국 등이 있다. 2005년 이라크에서 유엔의 식량석유프로그램의 위법 소지를 조사한 독립 조사위원회(볼커 위원회)의 경우와 같이 특정문제를 조사하기 위해 임시기구가 설립되기도 하였다. 비정부기구와 회원국은 이러한 정부간기구의 책임과 투명성을 촉진하는 데 핵심적인 역할을 하는 경우가 많다. 그러나 국제적인 책임성 확보는 여전히 체계가 잡혀 있지 않고, 강력한 행위자를 제약할 수 있는 능력이 부족하다. 투명성이 부족하면 정당성과 규정 준수뿐만 아니라 모든 종류 기관의 효율성에도 악영향을 미칠 수 있다. 결론적으로 향후 글로벌거버넌스의 지속적인 도전은 거래와 협력을 가능하게 하는 바로 그 조건을 훼손하지 않으면서 다양한 거버넌스의 투명성과 책임성을 높이는 것이다.

효율성: 우리는 무엇이 작동하는지 어떻게 아는가? 성공과 실패는 어떻게 측정하는가?

효율성을 평가하는 작업은 공공정책 결정의 핵심 과제 중 하나다. 규칙과 행위의 결과는 무엇인가? 인류는 실제로 어떠한 영향을 받는가? 안보가 강화되는가, 보건과 복지가 증진되는가, 빈곤이 줄어드는가, 환경파괴가 늦춰지는가, 지속가능한 발전이 촉진되는가? 효율성을 평가하려면 공식적인 규정준수를 넘어서는 것이 필요하다. 실제로 "협정들 자체는 글로벌문제를 일시적 또는 피상적인 완화 이상의 것을 제공할 만큼 야심 차지 않을 수 있다" (Simmons and de Jonge Oudraat 2001: 13-14).

핵심 질문은 다음과 같다. 무엇이 작동하는가? 누구를 위해 작동하는가? 규범을 국내법에 통합하는 것을 포함하여 합의를 행동으로 전환하기 위해 누가 무엇을 하는가? 행위자가 행동을 바꾸도록 유도하는 데 가장 적합한 기술이나 메커니즘은 무엇이며, 규정준수에 대한 반응은 무엇인가? 개발도상국에 대한 어떤 유형의 인센티브 또는 기술지원이 그들로 하여금 환경규칙을 준수하게 할까? 규정준수를 유도하기 위해서 외교, 공개적 수치심, 경제제재 또는 군사력을 언제 어떻게 사용해야 할까? 특정 유형의 평화작전은 언제 지속적인 평화를 보장, 유지, 구축할 가능성이 가장 높은가? 베스트(Jacqueline Best 2017)가 언급한 '성과지표 거버넌스(measurement-driven governance)'와 핸슨과 포터(Hans Krause Hansen and Tony Porter 2017)가 언급한 '빅데이터'는 어떠한 결과를 야기할 것인가? 이는 집계할 수 있는 것으로만 초점을 좁힐 수 있을까? 인간개발지수나 양성평등지수는 실제로 전 세계 사람들의 삶의 질에 어떤 일이 일어나고 있는지 알려줄 수 있을까? 국가들은 일부 학자들이 제시하는 순위등급에 의하여 동기를 부여받고 있는가 (Davis et al. 2012; Cooly and Snyder 2015)? 거타(Nikhil Gutta 2012)가 질문하는 바와 같이, 그러한 등급의 유효성에 대해서는 누가 책임을 갖고 있는가? 우리는 제7장에서 제12장까지 이러한 문제를 다루지만, 여러 이슈 영역에 걸친 수십 년간의 글로벌거버넌스 구상에도 불구하고 여전히 이러한 질문들 중 일부에 대한 답을 얻지 못하고 있다.

* * *

따라서 글로벌거버넌스의 과제에는 거버넌스를 필요로 하는 광범위하고 다양한 국제적 정책문제와 이슈들을 포함하는데, 모두가 반드시 글로벌한 범위일 필요는 없다. 오히려, 우리가 보는 것은 다층적이고 때로는 확산된 다양한 거버넌스인데, 여기서는 국가와 더불어 수많은 다른 행위자들이 중요한 역할을 수행한다. 보다 많은 글로벌거버넌스에 대한 필요성과 요구는 분명하게 증가하고 있으며 거버넌스의 과정은 복합적이 되어가고 있다. "누가 무엇을 얻는가"와 "누가 이득을 보는가"에 영향을 미치기 위한 정치적 투쟁은 지속되고 있으며, 정통성, 책임성, 효율성은 지속적인 관심을 필요로 하고 있다. 가장 중요한 것은 모든 글로벌거버넌스가 좋은 것이라고 생각하지 말아야 한다는 점이다. 수년 전에 클로드는 다음과 같이 언급한 바 있다 (Inis Claude Jr. 1988: 142). "나는 집단적인 정책이 규범적인 우월성을 갖는다는 가설에 대해 의문이 드는데, 이 가설은 권력과 다른 자원을 사용하는 데 있어서 개별국가들이 결정하고 수행하는 정책의 수준보다는 집단적으로 결정되는 정책이 더 현명하고 윤리적이라는 믿음을 가지게 되는 시각이다."

추가 읽을거리

Acharya, Amitav, ed. (2016) *Why Govern? Rethinking Demand and Progress in Global Governance*. New York: Cambridge University Press.

Avant, Deborah D., Martha Finnemore, and Susan K. Sell, eds. (2010) *Who Governs the Globe?* New York: Cambridge University Press.

Barnett, Michael, and Raymond Duvall, eds. (2005) *Power in Global Governance*. New York: Cambridge University Press.

Grigorescu, Alexandru. (2020) *The Ebb and Flow of Global Governance: Intergovernmentalism versus Nongovernmentalism in World Politics*. Cambridge: Cambridge University Press.

Johnson, Tana. (2015) *Organizational Progeny: Why Governments Are Losing Control over the Proliferating Structures of Global Governance*. New York: Oxford University Press.

Weiss, Thomas G., and Rorden Wilkinson, eds. (2023) *International Organizations and Global Governance*, 3rd ed. New York: Routledge.

2장

글로벌거버넌스이론

자유주의	42
현실주의	51
사회적 구성주의	55
비판이론	57
조직 간 상호작용이론	62
국제관계이론과 글로벌거버넌스	66

학자들은 국제관계의 다양한 측면을 서술하고 설명하고 예측하기 위하여 이론을 사용한다. 각 이론은 국제체제에 대한 개념뿐만 아니라 개인의 본성과 역할, 국가의 개념, 주권, 국가와 다른 행위자 간의 상호작용에 관한 일련의 핵심적인 아이디어에 근거하고 있다.

이론의 주요 목표는 무엇이 가장 중요한지를 단순화하고 명확히 하는 것이다. 학자들은 무엇을 포함하고 무엇을 배제해야 하는지에 대하여 합의를 하지 못하더라도, 그들은 선택지들이 합리적인지, 현실세계의 사건들을 설명하는 데 도움을 주는지 여부에 대해서는 이론 작업의 소비자들이 결정하도록 남겨둔다.

국제관계이론의 중요한 논쟁은 두 가지의 견해 차이에서 비롯된다. 첫째 견해는 실증주의 또는 합리주의이론을 통해서 인간의 행위와 제도를 객관적으로 측정하고 설명하는 데 초점을 맞추는 것이다. 둘째 견해는 구성주의 또는 비합리주의이론을 통하여 사회적 상호작용의 언어와 상징을 해석하는 데 초점을 맞추는 것이다. 이러한 논쟁은 특히 글로벌거버넌스와 관련이 있는데, 그 이유는 글로벌거버넌스에서 경제적이고 군사적인 능력 및 이익 등 보다 전통적인 요인들과 더불어 가치, 규칙, 정체성이 중요한 역할을 하기 때문이다. 이 논쟁은 학자들을 양극화시키지만, 각 접근법과 방법론은 글로벌거버넌스를 연구할 수 있는 유용한 렌즈를 제공한다 (Fearon and Wendt 2002).

합리주의이론은 독립변수라 불리는 선례와 종속변수라 불리는 산출 사이의 연관성을 식별한다. 이론에서 논의되는 명제들은 실제 세계에서의 관찰을 통해 가정되고 실험된다. 예를 들어, 기능주의이론은 국제기구가 보다 좁고 기술적인 분야로부터 보다 광범위하고 정치적인 분야로 발전해 가는 경향이 있다고 주장한다. 이러한 통찰력은 유럽 지역주의의 발전과 유엔 전문기구 설립의 역사를 통해 검증되었으며, 특정 기관에 대한 과정과 상세한 사례 연구를 통해 검증되었다.

이에 반하여 구성주의와 대개의 비판이론들은 위와 같은 방식에 의한 검증이 불가능하다. 오히려 그들이 제시한 명제들이 내부적으로 논리적인지 또는 국제제도의 실질적인 성격에 대해서 설명을 하는 데 도움이 되는지에 대해서 비평을 받는다. 사회학자들의 연구를 바탕으로 많은 사회적 구성주의자들은 행위자의 정체성과 관심사가 논쟁과 상호작용의 산물이라고 주장한다.

이 장에서 우리는 자유주의, 현실주의, 사회적 구성주의, 비판이론, 페미니즘 및 탈식민지이론 등 다섯 가지 주요 이론에 대해 간략하게 논의하며, 특히 이 이론들이 글로벌거버넌스와 국제협력에 대해 각기 무엇을 주장하는지에 주목한다. 우리는 자유주의가 오랫동안 대부분의 국제기구 및 글로벌거버넌스 학자들의 지배적인 이론적 접근방식이었기 때문에 현실주의 이전에 자유주의를 논의하는 것으로 전통적인 접근 방식에서 벗어난다. 그러나 지속적인 수수께끼 중 하나는 모든 국제관계이론에서 다자주의를 무시하는 것이다. 이 수수께끼는 카포라소로 하여금 "국제영역에서 다자 활동의 중요성에 대한 사례가 훌륭하다는 사실이 자명한데도 왜 다자주의 개념이 두드러진 역할을 하지 못하는지" 묻도록 동기를 부여했다 (James Caporaso 1993: 51). 그는 다자간 활동과 조직이 무시되었다고 주장하는 것이 아니라는 점을 재빨리 분명히 했다. 오히려 그의 요점은 다자주의가 "이론적 범주로 널리 사용되지 않으며 설명적 개념으로 거의 사용되지 않는다"는 점이다 (James Caporaso 1993: 53). 따라서 독자들은 5대 주요 이론에 대한 논의에서 다자주의 개념이 언급될 것이라고 기대해서는 안 된다.

자유주의

고전적 자유주의이론은 인간본성이 근본적으로 선하고, 사회발전이 가능하고, 제도들을 통하여 인간의 행동이 순응적으로 되고 완전성을 가지게 된다고 한다. 자유주의자들에 따르면, 불의, 침략, 전쟁은 부적절하거나 타락한 사회제도의 산물이고 지도자 간의 오해의 산물이기도 하다. 이들은 불가피한 것이 아니기 때문에 집단적이거나 다자적인 행동과 제도개혁을 통하여 피할 수 있는 것들이다. 민주주의와 시장 자본주의를 통하여 인간의 자유가 확대될 수 있다는 것이 자유주의의 핵심적 신념이다.

자유주의의 근원은 17세기 그로티우스 사상의 전통, 18세기 계몽주의, 19세기 정치와 경제의 자유주의, 그리고 20세기 윌슨식 이상주의에서 찾아볼 수 있다. 그로티우스 사상의 전통은 네덜란드 법학자였던 그로티우스(Hugo Grotius, 1583~1645년)의 저술로부터 발전했다. 베스트팔렌조약(Peace of Westphalia, 1648년) 이후 유럽 국가들이 보편적 종교권위에 대해 도전하기 직전에, 그로티우스는 모든 국제관계가 국가의 법 혹은 자연법과 같은 법규를 따라야 한다고 주장했다. 그는 국가가 원하는 것은 모두 할 수 있고 전쟁 행위가 국가들이 보유하고 있는 최고의 권리라는 생각을 거부했다. 그로티우스는 국가가 인간들과 마찬가지로 기본적으로 합리적이고 법을 준수한다고 보았다.

자유주의 발달에 기여한 계몽주의는 개인이 이성적 존재이고, 따라서 정의로운 사회를 구축하여 자신의 상황을 개선할 수 있는 능력을 가지고 있다는 그리스 철학을 기반으로 하고 있다. 만약 정의로운 사회가 달성되지 못하면, 그 이유는 적절하지 못한 제도 때문이다. 칸트(Immanuel Kant, 1724~1804년)의 저술들은 이러한 계몽주의의 핵심 신념을 반영하고 있는데, 그는 특히 민주주의와 평화의 관계에 대하여 많은 논의를 하고 있다. 칸트는 민주주의와 평화 사이의 연관성과 민주국가들 사이의 '영구적 평화'의 가능성을 표명한 최초의 정치철학자이다. 민주적 평화에 대한 자유주의이론은 민주국가들이 비민주국가들과의 관계에서 전쟁을 자제할 것이라는 의미는 아니다. 반면에 칸트는 '평화적 연합(pacific union)' 속에서 자유롭고 민주적인 국가들이 전쟁을 피하면서 자신들의 주권을 유지할 것이라고 주장했다.

19세기 자유주의는 계몽사상의 합리주의, 그리고 과학과 산업혁명을 통하여 근대화를 이룰 수 있다는 믿음을 민주주의와 자유무역의 증진에 연결시켰다. 애덤 스미스(Adam Smith, 1790년 사망)와 벤담(Jeremy Bentham, 1748~1832년)은 자유무역이 상호의존을 창출하는데, 상호의존 하에서 전쟁을 하게 되면 비용이 증가되는 반면 공정한 협력과 경쟁을 하게 되면 평화, 번영, 정의를 구현할 수 있다고 믿었다. 이러한 형태의 자유주의는 경제적 자유주의의 근간을 형성하며, 자유주의의 핵심적인 신념은 경제성장을 촉진하고 경제적 복지를 극대화하기 위한 자유시장의 힘이다. 이를 목적으로 정부는 자유로운 경제교류를 허용해야 한다.

제1차 세계대전을 종식시킨 베르사유조약과 국제연맹헌장의 기초가 된 '14개 조항' 선언에 가장 잘 나타나 있는 미국 윌슨(Woodrow Wilson) 대통령의 신념은 20세기 자유주의의 핵심을 형성했다. 윌슨은 집단안보체제를 구축하고 시민의 자결권을 보장하고 권력정치를 없애면 전쟁을 예방할 수 있을 것이라고 생각했다. 자유주의자들이 집단적 문제해결을 위하여 국제제도를 중요시했다는 사실은 국제연맹을 보면 알 수 있다. 20세기 초 자유주의자들은 협력증진과 평화보장을 위하여 국제법, 중재, 국제재판소를 강력히 옹호했다. 인간의 이성과 진보에 대한 신념 때문에 자유주의자들은 종종 '이상주의자'로 분류되기도 하였다. 국제연맹이 제2차 세계대전과 냉전을 막는데 실패함으로써 자유주의와 이상주의는 현실주의 이론가들로부터 강력한 비판을 받게 되었다.

자유주의자들에게 국가는 가장 중요한 행위자이지만, 단일 행위자가 아닌 다원적 행위자다. 즉, 도덕적 및 윤리적 원칙, 국내 및 초국가적 집단들 간의 권력관계, 변화하는 국제환경이 국가의 이익과 정책을 형성한다. 국가이익에 관한 단일한 정의는 존재하지 않는다. 국가의 목적은 변화하고 이익도 변화한다. 자유주의자들은 국제관계에서 비국가행위자들과 초국가적이고 초정부적인 집단들의 역할도 매우 중요시한다.

자유주의자들은 국제체제를 국가간 권력분배와 고정된 국가주권 개념에 근거한 관계의 구조로 간주하는 것이 아니라, 복합적인 상호작용이 발생하고, 다양한 행위자들이 이러한 상호작용으로부터 '학습'을 하는 것으로 간주한다. 권력은 중요하지만, 그것은 규칙과 제도의 틀 내에서 행사되고 국제협력을 가능하게 한다. 둘째, 자유주의자들은 상호의존, 지식, 커뮤니케이션, 민주적 가치의 확산과 함께 상호이익이 증가할 것이라고 기대한다. 이러한 것이 협력을 증진시키고, 따라서 평화, 복지와 정의를 증진시킬 것이라고 생각한다. 셋째, 자유주의자들은 국내정치가 국가의 정책, 선호도, 행동을 형성하는 데 중요한 역할을 한다고 본다. 따라서 국가의 정치체제가 유사할 때(자유주의자들에게 이는 민주적이라는 의미), 그들의 선호도가 양립할 가능성이 높고, 또한 협력할 가능성도 높다. 마지막으로 자유주의자들은 정부간기구를 국가들이 상호작용하고 협력하여 공통문제를 해결하는 영역으로 보고 있으며, 국제법을 국제체제의 질서를 형성하고 유지하는 주요 도구로 간주한다.

자유주의자들에게 정부간기구는 협력의 습관에 기여하고 협상 및 연합구축의 장 역할을 하는 등 여러 가지 중요한 역할을 한다. 정부간기구는 전쟁의 위험을 완화하고, 공동 규범의 발전을 촉진하며, 질서를 강화하는 주요 수단이다. 정부간기구의 운영 활동은 실질적인 국제문제를 해결하는 데 도움이 되며, 제1장에서 논의한 바와 같이 국제체제의 일부를 형성할 수도 있다. 국가는 정부간기구를 외교정책의 도구, 또는 다른 국가의 행동을 제약하는 데 사용할 수 있다.

마지막으로 1990년대 이후 글로벌거버넌스에서 여성의 독립변수 또는 종속변수로서의 역할에 대한 관심이 집중되면서 자유주의이론의 새로운 영역이 개발되었다. 실증적 페미니스트 이론가들은 자유주의이론을 포함한 대개의 국제관계이론이 여성의 위상에 대해 무시해 왔다고 주장한다. 국제기구 학자들에게 있어서 이는 국제기구에서 여성의 역할을 지도자, 직원, 국가 상임대표, 비정부기구 로비스트의 차원에서 관심을 더 기울여야 한다는 점을 의미한다. 역사적으로 여성은 권력의 무대에서 제대로 대표되지 않았다. 국제연맹에서 여성들의 모습은 보이지 않았고 최근 들어서야 여성들이 유엔에서 고위직을 차지하게 되었다 (제4장).

자유주의적 페미니스트들은 또한 여성에게 영향을 미치는 조직적 정책의 개발, 특히 경제발전에서 여성의 역할에 관심을 기울일 것을 촉구하는데, 거기에는 범죄, 폭력, 차별의 피해자로서의 여성, 그리고 무력충돌 상황에서의 여성을 포함한다. 그러나 여성은 단순한 피해자가 아니라 중요한 행위자이며, 페미니스트 이론가들은 최근 몇 년 동안 이러한 견해가 수용되도록 열심히 노력해 왔다. 국제기구의 협력과 역할에 대한 핵심 자유주의 신념은 1970년대 이후 신자유주의적 제도주의자들에 의해 도전받아 왔다. 그들의 사상은 자유주의이론에 중요한 변형을 형성하고 있다.

신자유주의적 제도주의 또는 신자유주의

1970년대에 자유주의는 냉전에 의한 현실주의가 최고조로 달한 이후에 다시 부활하게 되었다. 국제적 상호의존의 증가, 그리고 상호의존을 규정하는 취약성과 민감성에 대하여 강화된 의식은 자유주의의 부활을 촉진시킨 주요 원인이었다. 코헤인(Robert Keohane)과 나이(Joseph Nye)의 1977년도 저서인 『권력과 상호의존(*Power and Interdependence*)』은 복합적 상호의존 상태에 대응하는 데 있어서 국제제도의 역할을 설명하는 것으로, 자유주의의 부활에 매우 큰 영향을 끼쳤다 (Keohane and Nye 1977). 일부 신자유주의적 제도주의자는 국가들이 국제제도를 통해 협력함으로써 효율성, 전문성 및 기타 이점에 끌린다고 제안하는데, 특히 일부 국가가 다른 국가보다 더 많은 혜택을 받는 것에 대해 큰 우려가 없을 경우 가능하다고 한다 (Snidal 1991). 그들은 국제관계에 있어서 보다 국가중심적인 관점을 수용하고, 국가가 절대적 이득의 최대화를 추구하기 때문에 협력할 수 있는 동기를 갖게 된다고 믿는다. 그 결과 협력은 (거의 예외 없이) 공통적으로 발생하는 현상이며, 국가는 제도를 통하여 집단행위의 문제들을 해결할 수 있다.

1970년대와 1980년대 초반은 신자유주의자들에게 수수께끼를 제시했다. 브레턴우즈 협정의 붕괴, 개발도상국 부채 증가, 유럽과 일본에 대한 미국 경제력의 상대적 약화로 인한 주요 국제경제 혼란을 고려할 때, 제2차 세계대전 이후 경제협력을 위한 국제통화기금(IMF)과 관세 및 무역에 관한 일반협정(GATT)과 같은 기관들은 왜 붕괴되지 않았을까? 코헤인은 자신의 매우 영향력 있는 저술인 『헤게모니, 그 이후(*After Hegemony*)』에서 국제제도를 통한 국가간의 협력 달성과 국제제도의 역할이 국가의 행위에 끼치는 영향을 강조함으로써 이 질문에 대한 답변을 하였다.

따라서 신자유주의적 제도주의자들에 의하면, 상호 지속적 관계가 있는 국가들은 협력을 선택한다. 왜냐하면 협력하는 경우 국가들은 그들이 미래에도 같은 행위자들과 상호작용할 것이라는 점을 인지하기 때문이다. 또한 지속적인 상호작용은 국가들이 국제제도를 만드는 동기로 작용된다. 이러한 국제제도는 국가의 행동을 제한하고, 협상을 위한 환경과 더불어 활동을 감시하여 부정을 줄이는 메커니즘을 제공하며, 모든 활동의 투명성을 촉진한다. 국제제도는 협력을 위한 핵심 기제의 제공 및 국가행위에 대한 기대를 구체화하여 국가들로 하여금 그 국가가 합의를 준수한다는 평판을 형성하려는 동기를 부여함으로써 국가들의 약속을 좀 더 신빙성 있게 만드는 역할을 담당한다. 국제제도는 국가의 의사결정을 돕는 정보를 제공하고, 다수의 국가 사이에서 협력을 달성하는 데 필요한 거래비용을 낮춤으로써 협력문제를 해결하는 효율적 방안이 된다 (Keohane and Martin 1995). 국제제도는 한 국가의 일방적 행동을 통해서는 할 수 없는 일들을 해주기 때문에, 국가는 국제제도를 통해 이익을 볼 수 있다. 따라서 국제제도가 국가에 정보를 제공하고 국가의 행동을 규제함으로써 국가간 상호작용에 중요하고 독립적인 영향을 미치지만, 국제제도가 반드시 국가들의 근본적인 동기에 영향을 끼치는 것은 아니다.

신자유주의자들은 협력을 달성하기 위한 모든 노력이 반드시 좋은 결과를 낳는 것은 아니라는 것을 인정한다. 협력은 다수를 희생시키면서 오직 소수에게만 도움을 줄 수도 있으며 불공정한 상황을 완화시킬 수도 있고 증대시킬 수도 있다. 일부 신자유주의자들은 이전의 자유주의자들보다 권력의 문제를 다루려는 경향이 더 크다. 전후 국제경제제도의 네트워크 형성과 무역금융거래 자유화를 위한 공통의 기준 형성을 설명하기 위하여, 코헤인(Keohane 1984)과 러기(Ruggie 1982) 같은 신자유주의적 제도주의자들은 패권국가로서의 미국의 역할과 미국이 수립한 질서의 특성(내재적 자유주의), 그리고 유럽과 일본의 협력 도출을 위하여 제공한 공동이익이 무엇인지 등에 초점을 맞추었다.

자유주의와 신자유주의는 국제관계를 더 일반적으로 설명하려는 '거대' 이론이 아니기 때문에 중간 수준의 여러 이론이 탄생되었다. 이 이론들은 국제협력 행동을 설명하기 위한 추가적인 차원을 제공한다. 여기에는 기능주의, 레짐이론, 합리적 설계, 공공재이론 등이 포함된다.

기능주의

기능주의는 정부간기구와 같은 거버넌스 구조가 사람과 국가의 기본적 혹은 기능적 '필요'로부터 발생한다는 믿음에 근거한다. 또한 기능주의자들은 무지, 빈곤, 기아, 질병으로부터 기인하는 전쟁을 없애고 정치적 협력을 달성하는 데 있어서 경제적이고 사회적인 국제협력이 선결조건이라고 주장한다.

미트라니(David Mitrany)는 자신의 저서 『평화체제의 작동(*A Working Peace System*)』에서 기능주의의 역할은 "국가들이 격리되어 평화롭게 지내도록 하는 것이 아니라 국가들을 활발히 협력하게 하는 것이다"라고 주장하고 있다 (Mitrany 1946: 7). 또 그는 '모든 국가의 이익과 생존을 점진적으로 통합하게 하는 국제적 행위와 기구들의 연결망의 확산'을 예견했다(Mitrany 1946: 14). 모든 기능주의자들이 이러한 예견에 동의하는 것은 아니지만, 기능주의자들은 국가들 간의 정치적 경쟁을 피하고 비정치 경제 분야에서의 협력습관을 구축하는 것이 가능하다는 믿음을 공유하고 있다. 이러한 국가간의 협력관계가 증가하게 되면, 협력적 상호작용도 확대되고, 이에 따라 공통가치의 기반을 구축하여 궁극적으로 정치 및 군사분야의 협력으로 파급된다. 이 과정에서 가장 중요한 것은 기술 전문가들의 역할인데, 이 전문가들은 특정 국가의 시민이라는 정체성을 점차 상실하고, 세계에 비슷한 생각을 가진 사람들과 더욱 협력하는 모습을 보일 것이라고 가정한다. 특정기능의 조직이 가지는 형태는 해결해야 할 문제에 의하여 결정된다. 즉 형태는 기능을 따르는 것이다.

기능주의는 지역적 및 글로벌 차원 모두에서 적용될 수 있고, 유럽연합의 통합과정을 설명하는 데 있어서 매우 중요한 이론이다. '유럽의 아버지'라 불리는 모네(Jean Monnet)는 궁극적으로 정치연합까지 발전되는 경제통합을 위한 실질적 조치들을 취하게 되면 장기간에 걸쳐서 민족주의가 약화되고 유럽 내 전쟁을 피할 수 있을 것이라고 믿었다. 모네가 제안한 유럽석탄철강공동체(ECSC)의 성공은 원자력의 평화적 사용을 관리하기 위한 유럽원자력공동체(Euratom)의 창설로 이어졌고, 곧 공동시장과 여러 형태의 실질적 협력을 특징으로 하는 유럽경제공동체(EEC)의 창설로 이어졌다.

국가 간의 협력이 결정론적으로 경제영역으로부터 국가안보영역으로 파급될 것이라는 기능주의의 예측은 원래 목표를 달성하지 못했다. 비록 대부분의 분석가들이 유럽통합을 통하여 유럽이 '평화지역'으로 되었다는 견해에 동의하지만,

공동외교안보정책을 수립하는 것은 유럽연합 회원국들에게는 매우 어렵다는 것이 증명되었다. 2022년 러시아의 우크라이나 침공에 직면한 EU 회원국들은 우크라이나에 무기를 제공하고 러시아 석유와 가스 사용을 중단하는 등 일련의 집단 대응에 빠르게 합의했다. 그러나 이러한 초기의 연합 대응은 전쟁이 장기화될수록 심각한 시험대에 오를 것으로 보인다. 실제로 하스(Ernst Haas 1964)와 같은 신기능주의자들은 협력의 과정과 역학이 자동적이지 않다는 이론을 수립했다. 중요한 순간에서 정치적 결단이 필요하고, 이러한 결단은 채택될 수도 채택되지 않을 수도 있다. 유럽통합의 전개과정은 이러한 이론적 논의를 뒷받침해 주고 있다.

기능주의이론은 만국우편연합(UPU)과 라인강 항해위원회(Commission for Navigation on the Rhine River)와 같은 초기 정부간기구의 발전뿐만 아니라 유엔 내의 특별기구들인 세계보건기구(WHO), 유엔아동기금(UNICEF), 식량농업기구(FAO)와 국제노동기구(ILO)의 발전을 이해하는 데 도움을 준다. 이러한 점들은 제3장과 이후 장들에서 추가로 논의될 것이다.

제이콥슨, 라이싱어, 매더스는 정부간기구의 발전을 설명하는 틀로서 기능주의의 주요 명제들을 검증해 보았고, 대부분의 정부간기구들이 기능적이라고 분류될 수 있다는 점을 발견했다(Jacobson, Reisinger, and Mathers 1986). 다시 말하면, 그러한 정부간기구들은 구체적인 과업이 주어져 있는데, 그 과업은 경제 또는 기술 문제와 연관이 있고, 종종 지역과 관련된 제한된 회원 자격을 가지고 있다. 제이콥슨 등과 존슨(Tana Johnson 2014)은 1960년대 이후 창설된 대부분의 정부간기구들이 다른 정부간기구에 의하여 설립되었고 기능분화가 증가하는 양상을 보인다는 데 동의했다.

기능주의는 전쟁의 모든 원인을 어떻게 완화할 수 있는지, 경제 및 사회 협력의 습관이 정치영역으로 전이되는지 등 여러 가지 주요 질문에 대한 답을 제시하지 못하고 있다. 사실상 1950년 이래의 유럽통합 과정은 기능주의자들이 국가주권의 힘과 민족의 충성도를 과소평가했음을 보여주고 있다. 이러한 한계에도 불구하고, 기능주의는 정부간기구, 그리고 많은 정부간기구가 경제 및 사회문제 영역에서 도모하는 협력을 이해하는 데 유용한 이론적 접근방식이라는 것이 증명되었다.

국제레짐

자유주의에서 두 번째로 중요한 중간 수준 이론은 국제법으로부터 태동된 국제레짐의 개념이다(제1장에서 소개되었음). "특정 이슈 영역에 주어진 행위자들의 기대가 수렴되는 일련의 암묵적이고 명시적인 원칙, 규범, 규칙, 의사결정과정으로 정의되는 (Krasner 1982: 1)" 레짐이론은 학자들이 특정 영역에 관련된 글로벌거버넌스의 전체성을 이론화하고 분석할 수 있게 해 주었다. 따라서 국제기구 학자들 사이에서는 국제법이 형식적 규칙뿐만 아니라 규범과 연성법으로도 구성되어 있으며, 시간이 지남에 따라 정부간기구에서 성문화되고 때로는 제도화될 수 있다는 인식이 높아졌다. 헤이젠클레버, 마이어, 릿버거(Hasenclever, Mayer, and Rittberger 2000: 3)가 간략하게 요약한 바와 같이, 레짐은 지역적 또는 글로벌규모에서 부분적 국제질서를 의도적으로 구성한 것이다.

레짐이론은 자유주의 특히 신자유주의에 의하여 형성되었을 뿐만 아니라 현실주의와 신현실주의에서도 영향을 받았다. 일부 레짐이론가들은 레짐 형성에 있어서의 국가 간 권력관계의 역할, 특히 미국(혹은 19세기 영국)과 같은 패권국가의 역할에 초점을 맞춘다. 다른 학자들은 공동의 이익이 어떻게 국가들로 하여금 그들의 환경에서 투명성을 제고시키고 불확실성을 감소시키는 데 도움을 주는가를 논의한다. 또한 레짐이론가들은 사회관계와 국제레짐에서 종종 발견되는 강력한 상호작용의 유형이 실제로 국가이익에 어떻게 영향을 미치는가에 초점을 맞추기 위하여 구성주의적 접근법을 사용해 왔다 (Hasenclever, Mayer and Rittberger 2000). 레짐이 어떻게 만들어지고 유지되는지, 그리고 그것이 어떻게, 왜, 언제 변화하는지를 설명하는 것이 레짐이론가들의 주요 임무다.

레짐이론가들은 레짐의 형성과 유지에 있어서 정부간기구의 역할을 강조해 왔지만, 레짐의 존재를 정부간기구와 일치시키지 않으려는 주의를 기울였다. 정부간기구가 그 자체로 레짐을 구성하는 것은 아니지만, 정부간기구의 헌장은 레짐을 공식화하는 원칙, 규범, 규칙, 의사결정과정과 기능을 포함하기도 한다. 정부간기구의 의사결정과정은 추가적인 규범과 규칙제정, 규칙집행과 분쟁해결, 공공재의 제공과 활동지원을 위해서 회원국들에 의해 사용될 수 있다. 따라서 정부간기구는 협력의 습관을 유지하고 확대시키는 하나의 방법이다.

다양한 이슈 영역에서의 국제레짐을 식별함으로써 학자들은 국가와 정부간기구들 간의 상호작용뿐만 아니라, 다양한 정부간기구들 간의, 그리고 정부간기구와 비정부기구 간의 상호작용, 그리고 시간이 지남에 따라 발전하는 비제도화된 규칙과 절차들의 상호작용을 논의할 수 있게 되었다. 레짐을 통하여 학자들은 국제협력을 증진시키는 비공식적 유형과 특별조직들을 조사할 수 있게 되었다.

제1장에서 논의된 바와 같이, 최근 몇 년 동안 학자들은 다양한 레짐이 중복되는 문제 영역에서 종종 상충되는 규범, 규칙 및 절차를 탐구해 왔는데, 그 사례로 식량안보와 인적 이동을 들 수 있다 (제11장에서 논의됨). 본질적인 모호성에도 불구하고, 레짐이론과 국제레짐 및 레짐복합체 연구는 거버넌스가 단순한 정부간기구 이상의 것을 포함한다는 점을 확립하여 국제제도와 거버넌스를 연결하는 데 도움을 주었다.

합리적 설계

자유주의의 또 다른 중간 수준 이론은 합리적 설계(rational design)로, 정부간기구의 구조가 다양한 (또는 유사한) 이유에 대한 통찰력을 제공한다. 1990년대에 특정한 유형의 기구들이 특별히 구분되는 성격을 가진 이유에 대해 레짐이론가들과 다른 자유주의 국제학자들 사이에 상당한 논쟁이 있었다. 이에 대한 대답은 의사결정에 대한 합리적 선택 접근법에 정통한 학자들로부터 나왔는데, 그 대답은 합의의 유형을 전망하기 위해서 행위자들의 목표와 제한사항을 단순하고 추상적으로 묘사하는 것이었다. 코레메노스, 립슨, 스나이달(Barbara Koremenos, Charles Lipson, and Duncan Snidal 2001)은 기구들의 상이한 성격을 연결시키는 제안을 했다. 예를 들어, 이익과 비용이 공정하게 배분되는 문제가 걸려 있는 이슈가 대두되는 경우 조직 구성원 수는 더 많아지기 쉽다. 미래에 다른 국가들이 어떠한 행위를 할지에 대한 의문이 있는 경우 기구의 의사결정체계는 중앙집중화되는 경향이 있다. 편협한 이슈에 대해 몇 안 되는 국가들이 협상을 할 경우 의사결정체계는 보다 분산화된다. 마찬가지로 조직이 좁게 집중되어 있다면 규칙 준수가 더 쉬워질 것이다. 유엔 안보리와 국제평화에 대한 주요 위협의 경우와 같은 위기상황에서 의사결정의 효율성이 필요하고 소규모(즉, 적은 수의 결정자)가 선호된다. 제4장에서 안보리 개혁에 대한 논의와 관련하여 자세히 설명한다.

합리적 설계 이론가들은 몇 가지 독립변수로 많은 결과를 설명할 수 있는 이론의 능력에 찬사를 보낸다. 이 이론은 실제 사건의 발생에 대비하여 실험될 때 더욱 명확한 효과를 보여준다. 예를 들어, 핵확산금지 레짐에 참여하는 국가들은 조사를 받아들여야 하는데, 이는 불확실성과 위반을 줄이기 위하여 고려된 전략이다. 합리적 설계 이론은 왜 EU의 전신인 유럽공동시장과 같은 제도들이 중앙집중화 되어 있었지만 유연했는지를 보여주기도 한다 (Oatley 2001).

그러나 합리적인 디자인을 비판하는 사람들은 많은 의문을 제기한다. 비판자들은 새로운 제도를 만드는 협상의 과정은 보다 규모가 큰 정치적 구조와 장치에 내재되어 있으며, 그 구조와 장치는 다른 결정의 산물이라고 주장한다. 어디서부터 시작을 해야 하는지, 이떠한 결정이 가장 중요한지, 권력을 어디에 적용하는 것이 중요한지를 파악하는 것은 쉽지 않다 (Duffield 2003). 요컨대 합리적 설계는 역사적 우연성, 사고, 오판, 미래의 가능성 등은 거의 고려하지 않는다.

최근에 변형된 합리적 설계는 기능주의의 요소들을 수용하고 있고, 탤버그 등(Jonas Tallberg et al. 2013)은 이를 합리적 기능주의로 부르고 있으며, 이는 국가, 국제기구, 초국가적 행위자 사이의 관계를 설명한다. 그들은 국가와 정부간 기구의 관료들은 합리적 행위자들이면서 비국가 행위자들과의 접촉을 신중하게 선택하는데, 이 선택은 비국가행위자들이 조직에 얼마만큼의 '기능적 이득'을 가져다주는가에 기초한다고 주장한다 (Tallberg et al. 2013: 29).

집단재 또는 공공재이론

자유주의 내에서 거버넌스와 협력문제를 설명하는 또 다른 접근법은 집단재 또는 공공재이론(public goods theory)을 적용하는 것이다. 생물학자인 하딘(Garrett Hardin 1968)은 자신의 "공유지의 비극"이라는 논문에서 공동의 방목지를 공유하고 있는 목축업자 집단에 대한 이야기를 하고 있다. 목축업자들은 각자가 목축지의 규모를 늘리는 것이 경제적으로 합리적인 행위라는 것을 알고 있다. 그렇게 함으로써 각 목동은 더 많은 가축을 시장에서 팔 수 있고, 따라서 더 많은 이윤을 얻을 수 있기 때문이다. 그러나 이와 같이 모든 목축업자들이 개인적으로 합리적인 행동을 취하게 되면 집단 전체로는 손해를 볼 것이다. 왜냐하면 너무 많은 수의 가축들이 방목되면 목초지의 질이 떨어지게 되고, 궁극적으로는 집단 전체의 이윤이 하락하게 될 것이기 때문이다. 각 개인이 자신의 이익을 극대화하기 위한 합리적 행동을 취하게 되면, 집단 전체로는 손해를 보게 되고 궁극적으로 모든 개인들이 고통을 받게 된다. 공동 방목지 사례에서 하딘이 기술하고 있는 것은 개인의 기여도와 상관없이 집단 내 모든 사람들에게 공공재가 이용 가능하다는 사실이다.

글로벌맥락에서 집단재 또는 공공재에는 1960년대 후반부터 인류의 공통 유산으로 인정받아 어느 국가의 주권 하에 있지 않은 공해(公海), 대기, 오존층, 남극과 같은 '자연 공유지'가 포함된다. 현대에 더 논란이 되는 것은 아마존과 인도네시아와 같은 주요 열대 우림지역에 대한 우려로, 이들은 현재 지구의 건강에 대한 큰 위협으로 인식되고 있다. 집단재에는 보편적 규범과 원칙, 인터넷과 같은 '인간이 만든 글로벌공유지' (Kaul 2000: 300)와 더불어 평화와 재정안정, 환경 지속가능성, 빈곤으로부터의 자유에 이르는 '글로벌조건'이 포함된다.

집단재의 사용은 상호의존적인 행위와 선택을 포함한다. 한 국가 또는 몇몇 국가의 선택은 다른 국가들에 영향을 끼친다. 즉 국가들은 다른 국가가 한 행동으로 비롯된 예기치 못한 부정적 결과 때문에 피해를 볼 수 있다. 예를 들어, 만약 1980년대에 선진국들이 프레온가스(염화불화탄소)의 생산과 판매를 지속한다는 결정을 했다면, 모든 국가들은 오존층의 장기적인 고갈로 고통 받았을 것이다 (제10장 참조). 이러한 집단재의 경우 시장이라는 기제는 부적절하며, 대안적인 거버넌스 형태가 필요하다. 따라서 집단재 또는 공공재이론에서의 핵심 관점은 누가 공공재를 제공하는가의 문제로 귀착된다. 어떤 형태로든지 집단행동 기제가 없다면 공공재가 적절히 공급되지 않을 위험성이 있기 때문이다. 그러나 공공재가 일단 제공되고 모든 것을 향유할 수 있게 되면 '무임승차'의 문제가 발생하게 된다.

집단재는 큰 집단보다는 작은 집단에서 제공되기가 더 쉽다. 올슨(Mancur Olson)은 『집단행동의 논리(*The Logic of Collective Action*)』에서 "집단이 크면 클수록 최적 분량의 집단재가 제공되기 어렵다"고 주장한다 (Olson 1968: 35). 무임승차와 이탈은 집단의 규모가 작아질수록 감추기 어렵고 제재가 용이하다.

또 다른 대안으로는 국가와 개인이 상호이익이 되는 방향으로 행동하도록 강제할 수 있는 효과적 경찰력을 가진 국제기구를 수립하여 집단재를 관리하도록 하는 것이다. 반면 오스트롬(Elinor Ostrom 1990)은 가장 효과적인 관리는 자율적 거버넌스라고 제시하면서, 이러한 경우 민간 대리인이 강제 집행인의 역할을 담당한다고 주장한다. 개인과 집단은 협력전략을 수용하기 위해 구속력 있는 협약을 체결하고, 집행인들로 하여금 서로 감시하게 하며 위반사항을 보고하게 하는 것이다.

요컨대, 집단재이론은 다양한 집단재와 관련하여 국제협정, 정부간기구 및 특정 국제레짐의 역할을 설명하는 데 사용될 수 있다. 또한 정책이슈를 해결하기 위한 국제적 노력의 격차를 조사하는 데에도 유용하다.

따라서 집단재 또는 공공재 이론가들은 다른 자유주의 이론가들과 마찬가지로 정부간기구, 국제법, 국제레짐이 협력을 촉진하고 공공재를 관리하는 데 있어서 다양한 역할을 담당한다고 간주한다. 여기에는 어느 정도의 공유된 이해관계를 창출하고 국제협력을 위한 포럼을 제공하는 것도 포함된다. 이들은 주로 국가의 권력 행사와 국익 추구에 관심이 있는 현실주의자들과는 대조적이다. 이러한 이해관계를 고려할 때 협력이 불가능할 수 있으며 효과적인 글로벌거버넌스가 불가능할 수도 있다.

현실주의

오랜 철학적이고 역사적 전통의 산물로서, 다양한 형태를 띤 현실주의는 개인이 자신의 이익을 보호하기 위해 합리적으로 행동한다는 가정에 기초하고 있다. 국제체제 내에서 현실주의자들은 국가를 주요 행위자로 간주하는데, 일반적으로 국가는 다른 국가에 대해 권력과 안보의 극대화로 정의되는 국가이익을 추구하는 단일 행위자로 간주된다 (즉, 국내정치는 별로 중요하지 않다). 국가는 권위적 위계의 부재로 규정되는 무정부적 국제체제 내에 공존한다. 그 결과, 국가는 자국의 안보불안을 관리하기 위해 세력균형과 억지를 통하여 스스로 노력할 수밖에 없다. 현실주의자들은 각 국가는 다른 국가보다 더 많은 권력을 획득하는 데 관심을 가지며 국가들 간의 경쟁은 격렬하게 이루어진다고 생각하기 때문에, 현실주의자들은 협력의 근거를 거의 찾지 못한다.

일반적으로 현대 현실주의의 아버지로 간주되는 모겐소(Hans J. Morgenthau)가 그의 선구적 교과서인 『국가 간의 정치(*Politics among Nations*)』에 국제윤리, 국제법, 국제정부에 대한 장들을 포함시키기는 했지만, 대부분의 현실주의자들은 국제적 권위체가 없는 상태에서 국가를 통제하는 규칙과 규범은 거의 없다고 본다. 모겐소는, "이러한 규범체계의 주요 기능은 권력 욕구를 사회적으로 용납할 수 있는 범위 내로 제한하는 것이고 … 사회가 붕괴되고 인간이 노예화되거나 멸종되는 것을 막기 위하여 도덕, 규범, 법이 개입하는 것이다"라고 그의 견해를 밝히고 있다 (Morgenthau 1967: 219-220). 그러나 모겐소는 엘리트 연대와 공동의 규범을 통하여 국제사회가 과거에는 결속되어 있었지만, 시간이 지나면서 이러한 도덕적 제약이 지속적으로 약화되었다고 설명한다. 따라서 모겐소의 견해에 따르면 국제법과 정부는 대개 미약하고 효율적이지 못하며 국제기구는 국가들이 원할 때만 사용하는 도구이다. 그리고 국제기구는 국가의 권력을 강화시킬 수도 약화시킬 수도 있지만 국제체제의 근본 성격을 바꿀 수는 없다. 국제기구가 국가 간 세력 분포를 반영하는 것이기 때문에, 국제기구는 회원국가들의 합 이상의 것은 아니다. 또 사실상 국제기구는 강대국 압력에 취약하다. 따라서 현실주의자들은 일반적으로 국제기구가 국가 행동이나 세계정치 전반에 독립적인 영향을 미치지 않는다고 믿었다. 그럼에도 불구하고 모겐소와 마찬가지로 불(Hedley Bull 1977)은 자신의 저서 『무정부사회: 세계정치의 질서에 관한 연구(*The Anarchical Society: A Study of Order in World Politics*)』에서 국제체제의 무정부상태는 질서가 전혀 없는 것은 아니라는 점을 분명히 인식했다.

따라서 대부분의 현실주의자들은 국제협력이 완전히 불가능하다고 주장하지는 않지만, 다만 국가들이 국제제도에 참여하려는 동기가 별로 없다고 강조한다. 국제제도와 협정이 집행력을 결여하고 있기 때문에, 이들은 권위와 실질적인 권력도 없다 (Gruber 2000). 현실주의자들은 일반적으로 국제정치에서 비국가행위자인 비정부기구나 다국적기업을 독립적인 행위자로 보지 않는다. 그들이 역할을 가지고 있다면 국가의 권력과 이익을 지지하는 경향이 있는 것이다. 대부분의 현실주의자들에게 억지력과 세력균형은 국제제도를 보유하는 것보다 평화를 유지하는 데 더 효과적인 것으로 입증되었다.

억지력과 세력균형은 반드시 정적인 것은 아니며, 국제체제는 많은 현실주의자들이 인식하는 것보다 더 역동적일 수 있다. 21세기에 중국의 급격한 부상으로 현실주의의 한 변형인 세력전이이론이 다시 주목을 받기 시작했다. 예를 들어, 오르간스키(Kenneth Organski 1968: 338-376)는 국가권력의 주요 결정요인, 특히 산업화의 불균등한 과정의 변동이 과거에 존재했으며, 미래에는 시스템의 권력분배에 변화를 가져올 수 있다고 주장한다. 세력전이이론은 19세기 영국이 산업화와 정치적 근대화를 이룩한 최초의 국가로서 국제체제에서 우위를 점하게 된 것을 설명하는 데 도움이 된다. 이제 중국의 부상은 1945년 이후 미국이 지배해 온 세계질서에 도전을 하고 있으며, 이코노미(Elizabeth Economy 2022: 8)가 지적했듯이, 시진핑 주석은 "국제행위자들 간의 관계를 지배하는 제도, 규범, 가치, 그리고 그 체제 내에서 중국의 위치를 변화시키는 것"을 목표로 하는 자신의 의도를 분명히 하고 있다. 세력전이이론의 권력위치성(power positionality) 강조는 구조주의 또는 신현실주의라는 보다 최근의 현실주의와 관련이 있다.

신현실주의 또는 구조적 현실주의

현실주의로부터 파생된 이론들 중에 가장 관심을 끄는 이론은 신현실주의 또는 구조적 현실주의다. 이 이론은 월츠(Kenneth Waltz)의 『국제정치이론(*Theory of International Politics*)』을 기점으로 강력한 이론으로 대두되었다 (Waltz 1979). 전통적 현실주의자와 신현실주의자 사이의 핵심적인 차이는 세계정치를 설명하는 데 있어서 국제체제의 구조를 강조하는가의 여부다. 체제의 구조는 질서의 원칙, 즉 상위권위체의 부재(무정부상태)와 국가 간 역량(세력) 분포에 의하여 결정된다. 중요한 것은 국가들의 물질적 역량이고, 반면 국가의 정체성과 이해관계는 대개 주어지고 정해진 것이다. 무정부상태는 국가행동에 상당한 제약을 가한다. 그러나 무정부상태가 어떻게 정의되고, 그것이 국제협력과 국제질서의 가능성에 얼마만큼의 제약을 가하는가의 문제는 신현실주의자들과 신자유주의자들 사이에서 논쟁의 대상이고 혼란스러운 문제 중 하나이다 (Baldwin 1993). 이는 글로벌거버넌스의 이론화에 중요한 의미를 가지는데, 왜냐하면 거의 모든 정의는 정부, 권위, 거버넌스에 관한 질문들을 포괄하고 있기 때문이다. 마찬가지로 세력균형 또는 비대칭 권력을 가진 국가간의 위계적 관계를 통하여 형성된 권력의 분포는 국가의 행동을 결정하고 국제정치의 질서를 제공하는데, 이 방식은 질서라는 것이 국가의 행동 혹은 국제제도의 결과가 아니라 체제구조의 결과라는 것을 보여준다.

신현실주의이론에서 국제협력의 가능성이 없는 것은 아니지만, 그 가능성이 매우 낮은 것은 사실이다. 이에 관하여 월츠는 다음과 같이 논의하고 있다 (Waltz 1979: 105). "상호이익 실현을 위한 협력 가능성에 직면하여, 안보불안을 느끼는 국가들은 반드시 그 이익이 어떻게 배분될 것인가를 고려해야 한다. … '누가 더 이익을 얻을 것인가?' … 양측 모두에게 상당한 절대적 이익이 기대되는 상황에서도, 다른 국가가 증진된 능력을 어떻게 사용할지 의문스러워 하는 상황에서는 협력이 달성되지 않는다." 신현실주의자들은 상대적 이익이 경제문제에서보다 안보문제에서 더욱 중요하기 때문에, 안보문제는 협력을 달성하기 어렵고 유지하기 어려우며 국가권력에 더 의존하게 된다 (Lipson 1984: 15-18). 무정부상태가 안보불안을 야기하기 때문에 국가들은 다른 국가들에의 의존을 꺼리게 되고, 대신 더 큰 통제력과 능력을 선호한다.

많은 신현실주의자들은 국제레짐과 제도가 다수 등장하고 있다는 것을 인정하고 있지만, 그들의 중요성이 과장되어 있다고 믿는다. 미어샤이머(John Mearsheimer) 같은 신현실주의자들은 국제제도에 대하여 회의적 생각을 갖고 있을 뿐만 아니라, 매우 경멸적 태도를 보이고 있다. 그에 의하면 제도는 단지 권력관계를 추구하는 영역일 뿐이다. 또 그는 제도가 "국가행동에 끼치는 영향이 거의 없고, 따라서 냉전 이후 세계에서 안정성을 증진시킬 것이라는 희망을 주지 못한다"고 생각한다. (Mearsheimer 1994-1995: 7). 모든 신현실주의자들이 미어샤이머와 같은 강한 주장을 하지는 않지만, 많은 학자들이 국제제도가 연구할 가치가 있을 만큼의 독립적 영향을 끼치지는 않는다고 믿는 것은 분명하다. 신현실주의가 체제변화를 설명하지 못하고 국제체제 구조 이외의 다른 변수들을 수용하지 못한다는 많은 비판들에도 불구하고, 신현실주의는 지속적으로 국제관계학자들에게 강한 영향력을 행사하고 있다.

전략적 또는 합리적 선택이론

국제협력 문제를 보다 직접적으로 다룬 두 가지 중간 수준 이론은 현실주의에서 파생된 전략적 또는 합리적 선택이론과 패권안정이론이다. 전략적 혹은 합리적 선택이론은 정치학과 경제학에서 광범위하게 사용된다. 이 이론은 국가의 선호가 국가의 객관적이고 물질적인 조건으로부터 도출된다고 가정한다. 시장이 인간행동의 가장 효율적인 기제라는 관점에 근거하여, 전략적 선택이론가들은 국가의 선택을 설명하기 위하여 종종 미시경제이론의 용어들을 사용한다. 그러나 그들은 또한 시장이 불완전하다는 사실을 인정한다. 정보가 불완전할 수도 있고 너무 높은 거래비용이 발생할 수도 있다. 이에 따라 기구와 제도가 핵심 역할을 담당할 수 있는 것이다. 기구와 제도는 또한 선택에 제약을 가하는 역할을 한다.

그루버(Lloyd Gruber 2000)는 국가들이 비록 원래의 협력 이전 상태를 선호하지만 곧 국제제도에 참여하는 것이 합리적이라는 것을 알게 된다는 사실에 흥미를 느꼈다. 그는 국가들이 뒤쳐지는 것을 두려워한다고 주장한다. 국가들은 제도에 편승하는 것이 이익을 극대화시키는 것이 아닐지라도 그렇게 하기를 원한다는 것이다. 국가들은 국제제도에 참여하지 않는 것이 선택사항이 아니고 결국은 게임의 규칙을 수용할 수밖에 없다고 믿게 된다는 것이다.

합리적 혹은 전략적 선택이론의 핵심은 국가

의 행동이 타인의 능력과 가능성 있는 의도에 대한 추정을 바탕으로 주관적인 기대효용에 대한 합리적 계산에 근거한다는 가정이다. 이러한 관점에서, 코헤인은 "국제제도는 불확실성을 축소하고 기대를 안정화시킴으로써 국가들의 이기적 협력을 촉진시키기 때문에 존재하는 것"이라고 주장한다 (Keohane 1993: 288). 예를 들어, 유럽 내의 합리적 국가행동을 분석하기 위해서는 유럽의 많은 국제제도를 고려해야 한다.

패권안정이론과 강대국 협력체

중범위 이론으로서 패권안정이론은 현실주의 전통에 뿌리를 두고 있지만, 개방된 세계경제가 어떻게 만들어지고 유지되는가의 질문에 답하기 위하여 1970년대와 1980년대에 개발되었다. 이 질문에 대한 패권안정이론의 대답은 자유주의 국제경제에서 자신의 지위를 특정한 방식으로 사용하는 지배국가 또는 패권국가의 권력과 리더십을 통하여 개방경제가 형성되고 유지된다는 것이다. 길핀(Robert Gilpin)은 "시장경제에 대한 자유주의적 신념이 없는 패권국가는 제국주의체제를 초래할 가능성이 크고, 이는 약한 국가들에게 정치적, 경제적 제약을 가하는 체제로 귀착될 가능성이 크다"고 지적했다 (Gilpin 1987: 72).

패권안정이론은 개방 시장경제가 패권국가의 행동 없이는 제공될 수 없는 집단재 또는 공공재라는 가정에 근거한다 (Kindleberger 1973). "원자재, 자본, 시장에 대한 통제를 할 수 있고 고부가가치 상품생산에서의 경쟁우위를 가진 강력한 국가가 있을 때, 그 국가는 다른 국가들에게 영향력을 행사하는 데 사용할 수 있는 경제력을 보유하고 있고, 다른 국가에 대한 리더십을 발휘할 수 있는 수단을 가지고 있다"는 것이다 (Keohane 1984: 32). 만약 이러한 패권국가가 비차별과 자유시장에 근거한 개방적이고 자유로운 세계경제에 대한 의지가 있다면, 그 국가는 개방무역체제와 안정된 통화체제라는 집단재의 제공을 보장하기 위하여 자신의 지위를 활용할 수 있다는 것이다. 그렇게 하는 과정에서 패권국가는 몇 가지 역할을 수행해야 하는데, 그 역할에는 규범과 규칙을 만들고, 부정행위와 무임승차를 방지하고, 다른 국가도 체제유지 비용을 분담하도록 독려하고, 통화체제를 관리하고, 스스로의 역동성을 체제 성장의 동력으로 발휘하며, 위기에의 대응 등을 포함한다. 전략적 선택이론가들이 주장하는 것처럼, 패권국은 또한 자국의 권력과 지위를 지속시킬 수 있는 행동을 하게 될지도 모른다.

현재까지 이러한 패권적 리더십을 행사한 사례가 단지 두 경우만 존재한다. 첫째는 영국이 주요 경제 강대국들 간의 자유무역 시대를 열기 위해 자국의 압도적 지위를 사용한 19세기에 발생했다. 둘째는 제2차 세계대전 이후에 발생했다. 당시 미국은 브레턴우즈체제를 설립하고 국제무역과 투자를 증진시켰다. 이러한 역할을 수행하는 데에 있어 중요한 것은 자유경제질서에 대한 자국의 비전을 실현하기 위한 비용을 지불하려는 의지였다 (제8장에서 구체적으로 논의됨).

지배국가가 왜 리더십 역할을 담당하고 자유주의 가치에 대한 공약을 하는가를 설명하기 위해 패권안정이론이 단지 이 두 가지 사례에 의존하는 것이 충분한가에 대하여 몇몇 학자들은 의문을 제기했다. 러기(Ruggie 1982)가 지적한 바와 마찬가지로, 이러한 의문은 패권국가의 '사회적 목적'과 '내재적 자유주의'에 대한 신념에 달려있는 것이다.

1970년대와 1980년대의 경제적 혼란 속에서도 자유주의 국제경제 질서가 유지되었던 현상은 코헤인으로 하여금 쇠락하는 패권의 결과를 연구하는 동기를 부여했다 (Keohane 1984). 코헤인은 자유주의적 제도주의의 입장과 양립할 수 있는 관점에서 패권국가의 세력이 약화되고 패권국가가 리더십을 발휘하지 못할지라도 협력이 지속될 수 있다는 것을 발견했다. 공동이익의 실현의지와 레짐의 규범 때문에 협력유지가 가능하다는 것이다. 왜냐하면 레짐은 설립되는 것보다 유지되는 것이 더 쉽기 때문이다 (Kindleberger 1986: 8). 그러한 견해는 국제레짐을 설립하는 데 있어서 국가가 선택하는 토대, 그리고 권력, 특히 패권의 역할을 이해하는 데 중요하게 기여했다.

대개의 현실주의자들은 글로벌거버넌스의 다양성에 대한 설명을 거의 하지 않지만, 패권안정과 강대국 행위에 대한 보다 최근의 연구결과들은 이질적인 이론들 간의 교류를 보여 주고 있다. 이러한 접근방식은 연구자들로 하여금 글로벌거버넌스의 결실에 있어서 지배적인 국가들의 역할과 더불어 다른 행위자들은 거버넌스 과정에 어떻게 영향을 미치는지를 보다 자세히 살펴보도록 한다. 상이한 이론들 간의 교차수정(cross-fertilization)의 이점은 우리가 글로벌거버넌스에 대한 구성주의의 기여에 대하여 논의하면 더욱 명확해질 것이다.

사회적 구성주의

1990년대부터 사회적 구성주의(social constructivism)는 글로벌거버넌스의 핵심내용, 특히 규범과 제도의 역할을 연구하는 데 있어서 점차 중요한 이론이 되고 있다. 사회적 구성주의에는 다양한 형태의 이론들이 있는 반면, 모든 구성주의자들은 개인, 국가 및 다른 행위자들의 행동이 공통의 신념, 사회적으로 구성된 규칙, 문화적 습관에 의해 형성된다는 데 대하여 동의한다. 구성주의자들은 행위자들이 하는 행위, 그들이 상호 연관되어 있는 방식, 다른 행위자들이 자신의 행위를 해석하는 방법 등이 규범의 의미를 형성하고 변화시킬 수 있다고 주장한다. 이 접근법은 사회학과 사회이론에 강력한 근거를 두고 있다.

구성주의 접근법의 핵심은 정체성과 이해관계, 그리고 그것들이 변하는 방식에 대한 관심이다. 그리고 아이디어, 가치, 규범, 공통의 신념이 중요하다는 믿음이 핵심이라고 할 수 있다. 또 구성주의는 세계에 대한 개인의 생각이 관습을 형성할 수 있다는 데 대한 인식, 그리고 인간이 생각의 변화를 통하여 세상을 변화시킬 수 있다는 점에 초점을 맞춘다. 현실주의자들이 국가이익과 정체성이 정해져 있는 것이라고 주장하는 반면에, 구성주의자들은 그것들이 사회적으로 구성되는 것이라고 믿는다. 즉 국가이익과 정체성은 문화, 규범, 아이디어와 국내외적 상호작용의 영향을 받는다는 것이다. 따라서 제2차 세계대전 이후 독일은 미국의 지원 하에 북대서양조약기구(NATO) 및 유럽 기구들에 가입하는 등 자국의 정체성을 다자주의로 재조정하는 모습을 보였다. 구성주의자들은 국가들이 다른 국가와 상호작용을 하기 이전에 정체성 또는 국가이익을 가지지 않는다고 생각한다. 웬트(Alexander Wendt)가 설명하듯이, "국제정치의 사회적 구성주의는 상호작용의 과정이 협력적 또는 갈등적인 사회구조들을 어떻게 생산하고 재생산해 내는지를 분석하는 것이며, 이 사회구조들은 행위자들의 정체성 및 이익과 더불어 물질적 환경을 형성한다" (Wendt 1995: 81).

구성주의자들은 규범, 관습, 공식기구에 구현된 제도의 중요성을 매우 강조한다. 국제사회에서 가장 중요한 제도는 주권이다. 왜냐하면 주권이 국가의 정체성을 결정하기 때문이다. 구성주의자들은 주권이 변하지 않는 것으로 보는 사람들을 비판하면서, 주권을 이해하는 데 있어서 다양한 변동이 있었음을 지적한다. 그러나 주권이 어떻게 국가의 정체성을 결정하는가를 이해하기 위해서는 소말리아와 같은 국가가 국경을 통제하고 국민을 통치하는 능력을 상실하여 '실패'한 것으로 널리 인식됨에도 불구하고 어떻게 국가성을 유지하고 있으며 정부간기구 회원국 자격을 유지하고 있는가를 고려해 보면 충분하다.

국가 행동에 영향을 끼치는 핵심 규범 중 하나는 다자주의다. 러기와 다른 학자들은 『다자주의의 중요성(*Multilateralism Matters*)』이라는 저서에서 이 규범에 대한 공동의 기대가 어떻게 국가행동에 영향을 미치는가를 분석했다 (Ruggie 1993). 몇몇 다른 연구들은 규범과 원칙화된 신념이 국제문제의 해결에 미치는 영향을 분석했는데 그들은 국제인권레짐의 진화 (Risse, Ropp, and Sikkink 1999), 금지무기의 확산 (Tannenwald 2007), 그리고 인도적 개입 (Finnemore 2003) 문제들을 포함했다.

국제기구를 분석하는 데 있어서 구성주의자들은 행동을 지배하고 이익을 형성하는 지배 규범인 국제기구의 사회적 내용을 발견하려고 노력하고 있으며, 또한 이러한 이익이 다시 어떻게 국가들의 행동에 영향을 미치는가를 알아내려고 노력한다. 국제기구는 사회구성의 대리인으로서의 역할, 그리고 사회적 이해를 변경시킬 수 있는 규범의 기업가로서의 역할을 수행할 수도 있다 (Finnemore and Sikkink 2001). 이에 국제기구는 규범의 창설자이면서 규범의 교육자가 될 수도 있으며 국가들이 새로운 가치와 정치적 목표를 받아들이도록 사회화하기도 한다 (Finnemore 1996b). 예를 들어, 유엔 교육과학문화기구(UNESCO)는 개발도상국이 현대국가가 되기 위한 핵심조건으로 과학 관련 부처를 설립하는 것이 중요하다는 점을 '가르쳐' 왔다. 세계은행은 1960년대 말에 빈곤퇴치의 개념을 국가적이고 국제적 의제로 채택하게 하였다. 세계은행이 설득과 강요를 섞어가며 회원국들에게 빈곤퇴치를 '판매했기' 때문에 담론의 변화가 발생했는데, 그 과정 속에서 국가들이 빈곤을 퇴치하기 위하여 무엇을 해야 하는가를 재규정했다.

구성주의자들에게 있어서 특히 정부간기구들은 실질적 권력을 가진 것으로 이해된다. 예를 들어, 바네트와 핀모어는 정부간기구들은 "그 내부에서 협력과 선택이 이루어지는 사회적 세계를 구성한다. 정부간기구들은 국가들과 다른 행위자들이 갖게 되는 이익들을 규정하는 데 기여하고, 특히 자유주의 및 자유주의적 글로벌질서와 조화되는 방식으로 규정한다. 이들은 권력의 중요한 행사이다"라고 주장한다 (Barnett and Finnemore 2005: 162). 정부간기구 관료제의 역할과 관련하여 바넷과 핀모어는 이러한 조직과 사무국의 권한이 "권력을 행사하는 것이 아니라 다른 사람들에게 봉사하는 등 비인격적이고 중립적인 존재로 자신을 표현하는 능력에 있다"고 지적했다 (2004: 21).

일부 구성주의자들은 개별정책 입안자들과 국가를 사회화하기 위한 유럽연합 같은 국제기구의 잠재성에 초점을 맞췄다. 예를 들어, 체켈(Jeffrey Checkel)은 기구들을 사회화의 결과와 연결시키는 상이한 기제들을 탐구하는데, 그 기제들에는 전략적 계산, 역할수행, 규범적 설계 등이 포함된다 (Checkel 2005). 제도의 규범들이 깊숙이 뿌리내리고 이에 따라 내면화 되었을 때, 행위자의 정체성이 변경되고 이해관계가 변할 수 있다.

따라서 구성주의자들에게 국제기구는 국제관계에 독립적 영향을 끼칠 수 있는 목적을 가진 행위자이다. 국제기구들은 빈곤, 인도주의, 식민주의, 노예제도, 환경 분야의 지속가능한 발전 및 다른 문제들에 대한 이해와 행동을 변화시키는 과정에서 중요해지고 있다. 대부분의 구성주의자들이 탈식민지화, 인권규범, 빈곤경감 등과 같은 긍정적인 결과에 주목하지만, 일부 구성주의자들은 국제기구가 종종 역기능적이고 구성인들의 이익에 반할 수도 있다는 점을 상기시킨다. 국제기구들은 전문영역, 재정, 사무직 문제 등을 놓고 경쟁을 하는 등 특수한 목적을 추구하기도 한다. 그러한 역기능적 행위는 비효율적 업무수행, 책임성의 결여, 임무 불이행 등도 관용하는 관료문화를 만들어낼 수도 있다 (Barnett and Finnemore 1999).

비판이론

전통적인 통념에 도전하고 세상을 이해하기 위한 대안적 틀을 제공하는 또 다른 국제관계이론 세트가 있다. 이 이론들은 '비판이론'이라는 무정형 범주에 속한다. 비판이론가들은 역사의 형성, 즉 역사를 변화시키는 힘을 이해하려고 한다. 그 중 가장 눈에 띄는 이론들은 마르크스주의와 신마르크스주의이론, 그리고 그 파생이론인 종속이론이다. 마르크스주의에 뿌리를 둔 이론들은 현재의 국제질서가 어떻게 형성되었는지, 그리고 이를 변화시키기 위해 어떤 힘이 작용하고 있는지에 대한 질문을 불러일으키는 역사주의를 공유한다. 다른 비판이론들은 세계에서 여성의 역할의 중요성과 사회적(및 정치적) 구조가 깊게 자리 잡은 남성지배를 어떻게 반영할 수 있는지에 대한 페미니스트 관점의 부상을 반영한다. 또 다른 비판이론은 식민주의와 탈식민주의가 현대의 구조와 제도에 어떤 영향을 미치는지 강조하는 탈식민지이론가들로 식별된다. 비판이론들은 구조적 변화가 어떻게 발생하고 사회적 동력의 역할이 무엇인가를 이해하는 것이 핵심 사안이다.

마르크스주의와 신마르크스주의이론

마르크스주의는 소련의 붕괴와 자본주의의 승리로 인해 불신을 받았지만, 여전히 국제체제의 위계질서를 설명하고 그 위계질서를 결정하는 경제학의 역할을 설명하는 데 중요한 관점이다. 마르크스주의는 여전히 가난과 경제적 불리함으로 특징지어지는 개발도상국의 많은 사람들의 사고에 영향을 미친다. 마르크스주의와 신마르크스주의 비판이론은 정치적, 경제적, 사회적 힘, 그리고 질서구조를 연결하는 틀을 통해 국제관계와 글로벌거버넌스를 이해하는 데 중요한 관점을 제공한다.

현실주의 및 자유주의와 마찬가지로, 마르크스주의는 다양한 형태의 이론들을 통합하는 일련의 핵심 사상들을 포함하고 있다. 이 핵심 사상들은 역사분석의 기초, 정치사회 현상을 설명하는 데 있어서 경제동력의 중요성, 생산과정의 핵심 역할, 글로벌 생산방식으로서 자본주의의 특성, 행위자들을 규정하는 데 있어서 사회적 또는 경제적 계급의 중요성 등을 포함한다. 생산과정의 진화는 생산, 사회적 관계, 권력 간의 관계를 설명하는 기초가 된다. 마르크스(Karl Marx, 1818~1883년)에 의하면, 자본가 계급(부르주아)과 노동자(프롤레타리아) 간의 충돌은 불가피하게 발생하는데, 이러한 계급투쟁으로부터 새로운 사회질서가 형성된다. 콕스(Robert Cox)는 국제관계의 맥락에서 이를 해석하며 "생산조직의 변화는 새로운 사회동력을 형성하고, 이것이 다시 국가구조의 변화를 일으키고 … 다시 문제가 있는 세계질서를 (변화)시킨다"고 지적한다 (Cox 1986: 220).

글로벌체제의 구조와 글로벌거버넌스에 대한 마르크스주의 견해는 계급, 자본주의 생산방식, 권력의 관계에 대한 일련의 생각에 뿌리를 두고 있다. 계층구조는 일부 국가, 기구, 집단, 개인들에게만 특권을 주고, 다른 이들에게는 상당한 제약을 가하는 글로벌자본주의 확산의 부산물이다. 따라서 선진국들은 경제적으로(그리고 초기시대에는 제국주의를 통하여 정치적으로도) 성장하여 상품을 팔고, 국내에서 소비되지 않는 잉여의 부를 수출하는 것을 가능하게 하였다. 동시에 개발도상국들은 더욱 제약받게 되고 선진국들의 행동에 의존하게 된다.

마르크스주의의 몇몇 이론들은 자본주의체제 고유의 불균등한 경제발전으로부터 발생하는 지배와 억압의 기술을 강조한다. 그러나 이탈리아 마르크스주의자인 그람시(Antonio Gramsci, 1891~1937년)는 패권을 힘에 의한 지배가 아닌 정치적, 이념적 리더십에 대한 동의의 관계로 보았는데, 이러한 그의 독특한 해석 방식은 비판이론가들과 몇몇 신자유주의적 제도주의자들에게 상당한 영향을 미쳤다. 또한 콕스는 패권질서의 근간은 "지배국(들)의 지배적 사회계층이 생각하고 행동하는 방식으로부터 도출되고, … 이는 다른 국가의 지배적 사회계층의 동의하에 이루어진다"고 주장한다 (Cox 1992b: 140).

이러한 시각은 신마르크스주의자들이 현재의 글로벌거버넌스를 이론화하는 데 있어서도 큰 영향을 끼쳤다. 예를 들면, 머피(Craig Murphy)는 글로벌거버넌스를 "완전히 형성된 계층이익이 아니라 산업자본주의의 전반적 논리에 대응하는 예측 가능한 제도적 대응"으로 본다 (Murphy 2000: 799). 콕스와 길은 글로벌정치경제와 글로벌거버넌스를 재구조화하는 데 있어서 '글로벌화하는 엘리트'들의 중요성을 강조해 왔다 (Gill 1994; Cox 1986). 이러한 엘리트들은 주요 경제제도(IMF, WTO, 세계은행), G7 국가들의 재무부, 다국적기업들의 본부, 민간 국제관계위원회(예를 들면, 미국에 본부를 둔 외교관계위원회)와 주요 경영대학원에서 찾아볼 수 있다. 그러나 고전적 마르크스주의의 변증법적 과정이 예측하는 것처럼, 신자유주의를 지탱하고 있는 초국가적 사회동력은 환경, 페미니즘과 기타 사회운동뿐만 아니라 세계화를 거부하는 사람들에 의하여 점점 더 도전받고 있다. 머피의 시각에 따르면, 마르크스이론은 계층 분석과 미래 변화의 잠재적 근원을 찾아내는 새로운 구심점을 형성하고 있다 (Murphy 2000).

마르크스주의자들과 신마르크스주의자들은 국제법과 국제기구를 지배국가, 지배사상, 자본가 계급의 이익 추구의 결과로 간주한다. 일부 학자들은 국제법과 국제기구를 다른 이들에 대한 자본주의 지배의 수단으로 간주한다. 그람시적인 시각에서 보면 국제기구는 공유된 아이디어를 통하여 다른 사람들이 지배에 동의하게 하려는 수단이다. 머피는 국제기구가 산업변화와 자유주의 이데올로기의 발전을 촉진함으로써 현대 자본주의 국가의 발전에 공헌하였다고 주장한다 (Murphy 1994). 콕스 또한 국제기구가 "글로벌 구조 변화라는 장기적 문제에 대해서, 그리고 어떻게 하면 그 변화가 바람직한 방향으로 이루어지도록 할 수 있는지"에 관심을 두고 있다고 지적한다 (Cox 1992a: 3).

마르크스주의자들과 신마르크스주의자들의 성향은 거의 모두가 일관되게 규범적이다. 그들은 자본주의를 '나쁜 것'으로 간주하고, 자본주의 구조와 생산양식이 착취적이라고 생각한다. 때문에 그들은 불균등을 개선하기 위해 무엇이 행해져야 하는가에 대해 분명한 입장을 가지고 있다. 결국 그들은 국제관계에서의 주요 구조적 변화를 지지한다.

종속이론

종속이론가들, 특히 프레비쉬(Raul Prebisch), 팔레토(Enzo Faletto), 카르도소(Fernando Henrique Cardoso)와 프랑크(Andre Gunder Frank) 같이 1950년대에 저술활동을 했던 라틴아메리카 출신의 종속이론가들은 개발이 왜 빈곤한 사우스보다는 더 부유한 노스 국가들에 도움이 되고, 왜 격차가 점점 더 벌어지는지 이해하려고 노력했다. 그들은 그 질문에 대한 답으로 부분적으로는 식민주의와 신식민주의 역사의 결과 때문에, 또 부분적으로는 선진국에 기반을 둔 다국적기업들과 국제은행들이 종속국가들을 제약하여 선진국과 저개발국 간의 기본적 교역조건이 불평등하기 때문이라고 가정했다. 다국적기업들과 국제은행들은 종속관계를 만들고 유지하는 데 도움을 준다고 인식되었다. 다국적기업들과 국제은행들은 (자유주의자들이 주장하듯이) 자비로운 행위자가 아니고 또한 현실주의자들이 생각하는 것처럼 중요하지 않은 행위자가 아니라, 침투의 대리인으로 간주되었다. 종속이론가들은 공공 및 민간 국제기구들이 개발도상국들의 엘리트('매판계급')와 초국가적 관계를 형성하여, 착취하는 국가와 착취당하는 국가 모두의 국내 엘리트 집단을 공생관계로 묶어줄 수 있다고 주장한다.

많은 종속이론가들은 이러한 문제에 대한 해결방안은 국가경제를 국제경제로부터 분리하고, 수입대체제도를 통하여 사우스의 산업성장을 촉진하고, 국내시장을 경쟁으로부터 보호하며, 국제경제제도의 주요 변화를 추구하는 것이라고 주장했다. 저개발국들이 일정 수준의 경제발전에 도달해야만 국제경제에 완전히 참여할 수 있었다. 이러한 시각은 매우 큰 반향을 일으켜 1960년대와 1970년대에는 유엔에서 개발도상국의 의제를 형성하기도 했다. 근본적으로 종속이론가들은 권력과 부의 불균등을 시정하기 위한 국제경제관계의 근본적인 변화 없이는 발전이 이루어질 수 없다고 주장했다.

종속이론가들은 일반적으로 국제기구가 자본주의 계급과 국가의 도구라는 인식을 하고 있는 마르크스주의로부터 파생된 다른 이론들의 견해와 공감대를 가지고 있다. 이와 같이 다국적기업은 자본주의의 착취 수단이고 저개발을 지속시키는 지배의 기제다.

1990년대 소련의 해체에도 불구하고 마르크스주의와 파생이론들은 사라지지 않았다. 이러한 비판이론의 일부 견해는 세계화에 대한 논쟁 중에 다시 부상했는데, 특히 세계화를 반대하는 사람들이 문제를 제기했다. 그들 중에는 경제에 대한 기업의 막강한 영향력을 반대하는 사람들이 포함되었고, 노동자, 소농작인, 빈곤층, 여성에 대한 보호를 강화하기 위하여 노력하는 사람들도 포함되었다. 경제적이고 사회적인 조건의 악화와 글로벌 차원에서 불평등의 확대는 비판이론이 제시하는 관점에 대한 관심을 더욱 불러일으키고 있다. 또한 중국의 정책들이 마르크스주의이론의 영향을 많이 받는다는 강력한 증거도 있다.

비판적 페미니즘

비판이론의 중요한 분야 중의 하나는 페미니즘인데, 페미니스트들은 젠더에 대한 연구는 단순히 여성들을 엘리트의 지위로 생각하고 여성들을 대상으로 하는 프로그램을 수행하는 것 이상을 포함한다고 주장한다. 젠더는 모든 국제적 조직에 확산되고 있다. 외교와 전쟁을 수행하는 국가와 국제기구를 강조하는 국제관계에서 가정, 가족, 공동체, 일반인, 여성은 소홀하게 취급된다. 국제관계를 연구할 때 공공영역에만 배타적으로 집중을 하게 되면, 개발, 인권, 인간안보, 정체성의 중심에 있더라도 개인의 활동을 무시하게 된다 (Peterson 2003).

비판적 페미니스트들은 현대의 국제경제 규칙들이 여성들에게 특별한 부담을 안기는 데 대해서 강조하고 있다. 이 규칙들은 가장 부유한 국가들, IMF, 스탠다드앤푸어스(Standard & Poor's)와 같은 민간 신용평가기관, 개인 투자자 등에 의하여 제정된 것들이다. 코로나19 팬데믹 기간 동안, 페미니즘 학자들은 봉쇄, 어린이를 위한 온라인 교육 등으로 인해 여성들이 겪는 과도한 부담에 주목했다. 페미니스트들은 경제거버넌스의 신자유주의적 자본주의 모델이 국가들로 하여금 사회복지 지출을 줄이고 지역상품에 대한 외국 경쟁으로부터의 보호를 축소하도록 압력을 가하고 있으며, 그 결과 글로벌경쟁에서 황폐화에 노출될 수밖에 없다고 주장한다.

비판 이론가들은 공공영역이 필수 서비스를 제공하지 못하거나 세계화에 의해 부정적인 영향을 받을 때 여성들이 착취의 위험에 놓이게 된다고 주장한다. 그들은 대개의 인신매매 대상이 여성이라는 점을 지적한다. 여성은 세계경제가 정의되고 운영되는 방식에 따라 이중적인 착취를 경험한다. 자유주의적 페미니스트들의 성원에 의하여 '여성의 주류화'가 이루어지더라도, 이는 경제적 자유화와 긴축을 위한 대전략에 의해서 압도되는 경우가 종종 발생한다고 페미니스트들은 주장한다 (True 2011).

다른 페미니스들을 포함한 회의론자들은 일부 비판적 페미니스트들의 저술에 도전을 하면서, 비판적 페미니스트들이 설명하는 착취적 구조는 남성들의 잘못만이 아니라 여성과 남성 모두가 문제의 부분이면서 해결책의 일부라고 주장한다. 특히 신자유주의 경제학자들은 낭비적인 국가들을 길들이고 자원을 효과적으로 사용하도록 하기 위한 수단으로서 시장의 힘의 중요성을 강조하면서, 이는 여성들을 포함한 모든 시민들에게 이득이 된다고 주장한다.

탈식민주의이론

또 다른 비판이론인 탈식민주의는 1950년대와 1960년대에 전 세계 대부분의 탈식민지화로부터 시작된 것으로, 어떤 면에서는 다른 국제관계 이론을 비판하는 도구가 된다. 탈식민주의는 세계를 이해하고 식민지화와 탈식민지화의 영향을 조명하는 수단이다. 탈식민주의 학자들은 오늘날의 국제기구가 식민지 시대의 반영이라고 주장한다 (Hanchey 2018). 예를 들어, 유엔은 창립국들이 당시 주요 식민지 강대국이었다는 점을 고려할 때, 글로벌 노스의 이전 식민지 강대국들을 위한 지배, 개입, 착취가 지속되는 장소로 여겨진다. 유엔뿐만 아니라 다른 국제기구들의 활동도 신식민주의로 간주되고 있다 (Wickens and Sandline 2007). 탈식민주의자들은 여전히 주로 유럽중심적인 국제체제를 비판적으로 검토하기 위해서는 이전의 식민지 강대국들이 유엔과 다른 많은 정부간기구 및 비정부기구들을 어떻게 계속 지배하고 있는지에 대한 인식이 필요하다고 제안한다 (Seth 2011).

안보화 연구

또 다른 비판이론인 안보화(securitization) 연구는 공공정책에서 안보의 역할이 증가하고 있다는 비판에 초점을 맞추고 있다. 이는 1940년대의 '군산(軍産)복합체'로부터 시작되었는데, 그 논리는 국가들이 무기를 생산하는 사람들의 재정적 요구에 대한 지원을 하기 위해서 안보위협을 과장한다는 것이었다 (Lasswell 1941). 2001년 9월 11일 미국에 대한 테러공격 이후, 이주와 안보를 연결하는 학문이 확산되었고, 이주가 테러의 통로가 될 수 있다는 우려가 제기되었다 (Rudolph 2003; Tirman 2004). 특정 이슈에는 분명히 안보 차원이 존재하지만, 안보화 학자들은 국가와 국제기구가 특정 이슈(예: 건강, 식량, 이주)를 안보문제로 정의하여 정치환경에 대한 통제력을 강화하려고 한다고 주장한다. 이를 통해 그들은 전통적인 정치적 제약에서 대상을 제거하고 그 방어에 특별한 권력을 행사한다 (Buzan, Waever, and de Wilde 1998).

이주와 관련하여, 머레이는 비판적 안보학이 "어떻게 인간안보의 문제가 안보적 위협으로써 이주의 사회적 구성과 연결되는지를 설명한다. 이는 안보가 객관적이고 식별 가능하며, 이주가 일부 학자들이 '존재론적 안보(ontological security)'라고 부르는 것에 내재된 위협이 된다는 가정을 거부함으로써 이주-안보의 연계성을 문제화한다"라고 지적한다 (Murray 2022: 20). 이러한 연구는 두 가지 접근 방식 중 하나로 군집하는 경향이 있다. 코펜하겐학파는 주로 위협 구축의 담론적 과정으로 안보화를 강조하며(Buzan, Waever, and de Wilde 1998), 파리학파는 이러한 담론적 과정을 제도적 관행과 연결시키는데, 제도적 관행은 정부 관료들이 이민자를 분류하고 명칭을 부여하여 안보상의 이유로 채택한 국경통제와 같은 특정정책을 정당화하는 경향을 의미한다 (Squire and Huysman 2017).

안보화 연구는 기아(식량 불안)부터 건강, 기후변화, 인신매매, 이주에 이르기까지 다양한 문제를 분류하기 위한 포괄적인 개념으로서 '인간안보' 개념이 등장하게 되면서 글로벌거버넌스와 국제기구에 중요하게 되었다. 이를 보여주는 한 가지 예가 이 책에서 인간안보 문제를 다룬 장(제11장)이다.

어떤 문제를 인간안보 문제로 선언하려면 법적 또는 도덕적 권위와 그 선언을 이행할 수 있는 역량을 갖춘 개인이나 조직이 필요하다. 유엔, 유엔 마약범죄국, EU를 포함한 정부와 정부간기구들은 세계 특정지역에서 인신매매와 마약거래를 중지시키기 위한 노력을 안보를 증진하기 위한 방법이라고 주장하지만, 지역 당국들은 그러한 수사를 항상 받아들이지는 않는다 (Jackson 2006).

안보에 대한 위협이 무엇인지 판단하려면 무엇이 위협받는지(국가? 지역? 지구? 많은 사람?)를 정의하는 것을 포함한다. 또한 사회, 국가, 정부간기구, 비정부기구 또는 기타 기관이 이러한 위협에 어떻게 대응해야 하는지도 다루어야 한다. 특히 정부간기구가 어떻게 대응하는지는 이러한 조직의 과정, 문화, 역학의 특성에 따라 결정될 가능성이 높다. 우리는 이러한 과정을 분석하고 설명하는 것을 목표로 하는 일련의 이론들을 살펴본다.

조직 간 상호작용이론

국가간의 관계는 국제협력과 글로벌거버넌스를 이해하는 데 있어서 유일하게 중요한 상호작용은 아니다. 다양한 글로벌거버넌스 행위자들 사이의, 그리고 특정 기구들 사이의 상호작용을 연구하는 데 필요한 통찰력을 제공하는 중범위 이론들은 사회학이나 경제학에서도 발견할 수 있다. 이러한 이론들은 조직을 관료적인 일상과 문화의 영향을 받는 선택을 하고, 다른 조직과 회원국을 포함한 환경에서 상호작용하는 행위자로 간주한다.

조직 간의 과정

글로벌거버넌스에서 행위자들의 확산은 조직 간의 관계를 연구할 필요성을 야기했다. 사회학자들은 모든 유형의 조직에 있어서 가장 중요한 환경은 다른 조직들과의 협력과 갈등 관계라고 오랜 기간 주장을 해 왔다. 조직 간 상호의존은 자원 공유의 필요성(자금, 전문기술, 시장), 중첩되는 임무 또는 저렴한 비용으로 새로운 전문성을 확보하려는 욕망으로부터 발생한다. 이를 위하여 조직들은 경쟁대상을 배제하거나 조정과 협력을 강화하는 개혁을 모색한다. 이와 같이 조직 간 이론가들은 조직들이 같은 환경하에서 같은 문제점을 안고 있으면서 어떻게 그리고 무슨 이유로 충돌하고 협력하는지를 탐구한다.

조직 간 관계에 대한 이론가들은 한 조직의 다른 조직에 대한 의존성에 대해서도 관심을 가진다. 예를 들어, 유엔 안전보장이사회는 임무를 수행하기 위한 자료와 정보를 필요로 하는데, 이러한 의존은 안보리의 자율성을 제한한다. 이와 유사하게 지역개발은행들은 대형 프로젝트를 공동으로 재정지원하고, 개발 우선순위를 결정하고, 전문기술을 확보하기 위하여 세계은행에 의존하게 된다. 1980년대에 아프리카개발은행은 경제자원이 부족하였고 존재가 부각되지도 않는 조직이었으며 부채상환에 대한 기대도 거의 받지 못하는 상황에서 세계은행에 종속되어 있었다. 이러한 종속은 아프리카 국가들 자체의 태도와도 연관이 있었다 (Mingst 1987: 291).

유엔체제 내의 경제 및 사회기관 간의 관계와 같은 정부간기구들 간의 협력문제, 혹은 인도적 지원단체 같은 비정부기구 간의 협력문제 등은 다른 형태의 조직 간 문제를 형성한다. 제4장에서는 유엔 경제사회이사회가 유엔체제를 위한 핵심적 조정역할을 담당하려 했지만, 자원과 영향력의 부족으로 효과적으로 그렇게 하지 못한 사례를 분석할 것이다. 1990년대의 인도적 위기의 범람과 인도적 지원을 하려는 단체들이 넘쳐 나는 문제들 때문에 1998년에 유엔 인도주의 업무조정국(OCHA: Office for Coordination of Humanitarian Affairs)이 창설되었다. 예멘, 우크라이나, 말리의 분쟁부터 미주 및 지중해의 지속적인 이민자 홍수에 이르기까지 현대 인도주의 위기의 수와 규모는 유엔체제, 유엔 관련 조직과 EU, 그리고 다수의 인도주의 비정부기구와의 막대한 조정 노력을 필요로 하고 있다.

네트워크

조직들이 어떻게 상호작용을 하는지를 이해하는 것은 각 조직들이 보다 폭 넓은 네트워크 내에서 상호작용을 하는 것이라는 점을 인식하는 것이다. 네트워크라는 개념은 사회학에서 나왔지만, 글로벌거버넌스에 대한 사고에 어울리는 개념이다. 제이콥슨은 『상호의존의 네트워크: 국제기구와 글로벌 정치체제(*Networks of Interdependence: International Organizations and the Global Political System*)』(1984)라는 제목의 책에서 이 분야에서의 네트워크의 관련성을 밝혀낸 최초의 학자였다 (Harold Jacobson 1984). 네트워크에 관한 사회학 문헌들은 국내외 조직과 개인 간의 다양한 연계(민간 및 공공)를 분석하고 있다. 네트워크 내에는 종종 연결핀의 역할을 하는 조직이 존재하는데, 이 조직은 특정 사안에 있어서 연합을 구축하게 하기도 하고 협상과정을 통제하기도 한다. 이러한 조직들에게 그러한 권한이 위임된 경우는 거의 없지만, 특정 이슈 영역에 대해 자신의 행동을 정당화할 수 있다 (Jönsson 1986).

이 책은 다양한 유형의 네트워크들을 분석한다 (제1장에서 소개한 바와 같이). 예를 들어, 슬로터(Anne-Marie Slaughter 2004)는 정부관료, 판사, 의원, 경찰의 네트워크를 연구하는데, 그녀는 이들이 '새로운 세계질서'를 만든다고 주장한다. 칼러(Miles Kahler 2009: 3)는 네트워크를 글로벌거버넌스의 구조와 행위자로 분석하고, 네트워크화된 정치를 '국제관계에서의 새로운 거버넌스의 형식'으로 연구한다. 오하냔(Anna Ohanyan 2012: 372, 377)은 비정부기구, 그리고 비정부기구의 긍정적 또는 부정적 역할을 연구하기 위한 이론적 접근에 있어서 네트워크이론과 사회학적 제도주의를 연결하며, 그녀는 이를 '네트워크 제도주의'로 부른다. 그녀는 네트워크 접근법이 "비정부기구 연구와 비정부기구를 세계정치에서 비논리적이고 주변부적인 것으로 인식하는 지배적 국제관계이론 사이의 유용한 다리가 되어 준다"고 주장한다 (372). 그녀는 네트워크의 구조가 "비정부기구의 자율성과 대리역할을 형성한다는 점에서 중요하다. 네트워크 제도주의는 비정부기구의 네트워크에서의 지위를 비정부기구의 세계정치에서의 역할을 설명할 수 있는 중요한 변수로 생각한다"고 주장한다 (377).

초국가적 옹호네트워크는 글로벌거버넌스에서 점점 더 중요하게 되고 있다 (제6장). 이러한 네트워크는 '핵심가치 혹은 원칙적인 생각, 개인이 차이를 만들 수 있다는 믿음, 정보의 창의적 사용, 그리고 선거 캠페인을 대상으로 한 비정부 행위자들의 정교한 정치전략 활용'등을 공유한다 (Keck and Sikkink 1998: 2). 이러한 네트워크는 또한 국제 및 국내 토론의 조건을 설정하고, 국제 및 국가 수준의 정책 결과에 영향을 미치며, 국가, 국제기구 및 기타 이해 당사자들의 행동을 변화시키려고 노력한다. 1990년대 후반부터 국제지뢰금지운동(ICBL)이 초국가적 옹호 네트워크의 대표적 사례이며, 현대적인 예로는 핵무기 폐기를 위한 국제 캠페인이 있다. 두 가지 모두 제7장에서 논의된다. 인권, 환경, 여성운동들 역시 이러한 현실을 입증하는 것들이다. 네트워크 분석은 국내외 행위자와 과정을 포괄하고, 또한 개인과 집단이 어떻게 연결되는가를 분석하며, 그들의 목적을 달성하기 위하여 어떤 전략을 채택하는가를 분석한다.

주인-대리인(PA)이론

주인-대리인(PA: Principal-Agent)이론은 정부간기구와 회원국 간의 관계뿐만 아니라 정부간기구의 의사결정 조직과 사무국 또는 관료 간의 관계를 분석하는 데 특히 중요하다. 이 이론은 미국정부 관료제를 연구하는 사람들이 채택한 기업이론에 대한 경제학자들의 연구에서 시작되었으며, 최근에는 정부간기구와 비정부기구 연구에 적용된다. 주인-대리인 이론가들(principal-agent theorists)은 주인(정책결정자)이 대리인(관료 등)에게 권위를 위임하고, 대리인이 주인을 대리하여 활동할 수 있는 권한을 부여받고 있다는 점을 가정한다. 주인은 여러 가지 이유로 그러한 권한을 위임하는데, 거기에는 대리인이 보유한 전문지식의 혜택을 보는 것, 확신감을 증대시키는 것, 갈등을 해결하는 것, 또는 자신의 신뢰감을 증진시키는 것 등이 포함된다. 그러나 주인은 자신이 원하지 않는 행동을 대리인이 독자적으로 할지도 모르는 대리인 자율성에 대해 주의를 기울여야 한다. 많은 주인-대리인 관련 문헌은 주인이 대리인을 다루는 방법(규칙제정, 감독과 보고, 견제와 균형유지)과 대리인이 독립적이고 자율적 행위자가 되는 방법들에 대하여 논의하고 있다.

정부간기구와 비정부기구를 연구하는 학자들은 주인-대리인이론으로 관심을 돌리고 있는데, 이는 집단적 주인으로서 국가가 권위와 통제력을 정부간기구에게 위임하는 방식, 그리고 대리인들(정부간기구들과 비정부기구들)이 자율성을 행사하는 방식을 조사하기 위해서이다 (Hawkins et al. 2006; Oestreich 2012). 이 이론은 대리인들이 위임사항을 어떻게 해석하는지, 규칙을 어떻게 재해석하는지, 제3자에 대한 침투를 어떻게 확대하는지, 그리고 주인들의 감독에 대한 장벽을 어떻게 쌓는지를 보여주고 있다. 오늘날까지 기록된 문헌의 많은 부분은 유엔 사무총장, IMF, 세계은행, EU 등 몇 개 안되는 정부간기구에 초점을 맞추고 있다.

주인-대리인이론을 활용하여, 일부 학자들은 비정부기구가 국가와 정부간기구 사이의 중요한 조정자이지만, 선호도를 변경시킬 수 있을 정도의 독립된 행위자는 아니라는 점을 발견했다 (Lake and McCubbins 2006: 341, 368). 일부 다른 학자들은 비정부기구가 대리인을 갖는 방식을 제시했다. 이는 상이한 행위과정들 중에서 선택할 수 있는 능력, 경험으로부터 학습할 수 있는 능력, 변화의 효력을 발휘할 수 있는 능력을 포함하는데, 이 능력들은 국가로부터 독립적일 수도 있고, 역기능적일 수도 있다 (Cooley and Ron 2002).

사회적 구성주의자들과 마찬가지로 주인-대리인 이론가들은 국제기구와 그 관료들의 독립성과 자율성의 정도에 대해 관심을 표명하고 있다. 사회적 구성주의자들은 관료제의 권위와 전문성을 언급하면서 정부간기구의 자율성의 일부 사례를 설명하지만, 주인-대리인 이론가들은 주인이 대리인의 자율성을 제한하려고 노력할 것이며, 대리인은 자신의 권위를 확장하려고 할 때 합리적이고 전략적으로 행동한다는 점을 발견한다. 주인-대리인이론은 조직 내부 과정을 연구하는 또 다른 이론 집단과 밀접하게 연관되어 있다.

조직 내부의 과정

이 중간 수준 이론그룹은 조직 자체 내에서 어떠한 일들이 일어나는가에 초점을 맞춘다. 그중에서 두 가지가 글로벌거버넌스 행위자들의 연구에 관련이 되는데, 그들 중 하나는 조직문화이론이고, 다른 하나는 조직의 적응과 학습이론이다.

조직문화. 시간이 지남에 따라서 조직은 개별 구성원들의 문화와는 독립적이고 다른 자체적인 문화를 만들어가는 경향이 있다. 1970년대에 사회학자와 인류학자는 조직을 단순히 기술적이고 합리적이며 비인격적 기제로 간주하지 않고 그들의 문화를 연구하기 시작했다. 1980년대에는 조직이 스스로 고유한 문화, 규범, 가치를 가진 자발적 권력의 근원지라고 생각하는 것이 보편화되었다. 따라서 조직은 행위자들이 활동하는 단순한 구조가 아니라 행위자 그 자체가 될 수 있다는 것이다. 조직이론가들은 조직문화의 유형을 개발하고, 이것들이 시간이 지남에 따라 어떻게 변화하는가를 보여주었다 (Hawkins 1997).

국제기구 학자들, 특히 구성주의 학자들은 조직문화의 개념에 대하여 "조직(그리고 하부조직)에 내재된 규칙, 관습, 신념은 그 조직에 속한 사람들이 세상을 바라보는 방식에 상당한 영향을 미친다"고 믿는다 (Barnett and Finnemore 1999: 719). 예를 들어, 유엔의 평화유지활동은 성공의 가능성을 최대화하기 위하여 고안된 일련의 규칙에 의하여 수행된다. 동의와 공정성을 필요로 하는 그 규칙들은 유엔의 평화유지 문화에 뿌리내렸고, 왜 유엔 사무국이 1994년 르완다에서 발생한 대량학살에 대해 오판을 했는지를 설명하고 있다 (Barnett and Finnemore 2004). 세계은행도 독특한 조직문화를 보이고 있는데, 그 문화는 많은 전문 직원이 미국이나 영국 대학의 경제학 또는 금융학 석사 학위를 받았기 때문에 만들어진 것이다 (Weaver 2008: 77). 이와 같이 조직문화는 일부 조직행동을 설명하며, 그 문화도 점진적으로 변화하고 있다.

조직 적응과 학습. 조직 이론가들은 조직이 어떻게 진화하는가를 조사하는 데에도 특별한 관심을 보여 왔다. 하스(Ernst Haas 1990)는 두 가지 과정을 설명하고 있다. 첫 번째 유형은 조직이 근본적인 기반과 가치를 실제로 조사하거나 변화시키지 않으면서 자신의 의제에 새로운 활동을 부과시키며 적응해 간다는 것이다. 조직은 혼란 상황을 타개해 나가면서 점진적으로 변화해 간다. 유엔이 1990년대 초에 평화유지 임무를 부여받은 것이 이런 경우인데, 평화유지 임무는 선거감시, 인도적 지원의 전달, 인종청소와 대량학살에 위협받는 사람들의 보호 등을 포함한다. 소말리아와 보스니아에서의 임무가 실패하면서(제7장에서 논의) 유엔 사무국과 회원국들은 점진적이고 계획되지 않은 변화로부터 얻게 된 교훈에 대해 심각하게 고려하기 시작했다.

두 번째 유형의 변화 과정은 조직이 실제로 학습할 능력이 있다는 가정에 근거하고 있다. 학습과 더불어, 조직 구성원들과 실무자들은 기존 신념에 의문을 제기하고 새로운 과정을 개발한다. 따라서 학습은 조직 목적의 재정의, 문제의 재개념화, 새로운 목적의 구체화, 그리고 새롭게 합의된 지식에 근거한 조직 변화 등을 포함한다. 이러한 사례는 세계은행 프로그램의 변화에서 찾아볼 수 있는데, 초기에는 경제기반시설 사업에 중점을 두다가 점차 빈곤 경감과 '굿 거버넌스'로 중요성이 옮겨가고 있다 (제8장). 2001년 유엔 안전보장이사회가 여성, 평화, 안보에 관한 결의안 1325호를 채택한 것은 '여성, 평화, 안보 의제'(제7장)를 이행하기 위한 상당한 조직 학습과 적응을 필요로 했다. 마찬가지로, 2014~2015년 서아프리카 에볼라 전염병에 대한 글로벌 대응문제(제11장)에 이어 WHO는 국제적으로 우려되고 있는 보건 위기를 선언하는 절차를 변경하려고 노력했다. 다른 사례들도 많이 있다.

사회학과 경제학의 조직 이론가들 모두가 조직 사이의 그리고 조직 내부의 과정을 이해하도록 도움으로써 우리들이 국제기구를 보다 깊숙이 탐구할 수 있게 해준다. 점점 더 많은 학자들이 다양한 이론적 관점을 사용하여 새로운 방식으로 지식을 향상시키고 있다.

국제관계이론과 글로벌거버넌스

후속 장들에서는 이러한 다양한 이론들을 적절히 사용할 것이다. 제3장과 제5장에서는 유엔 전문기관과 EU의 역사를 기능주의를 통해 설명할 것이다. 제7장부터 제11장까지는 몇몇 특정 국제레짐들을 분석할 것인데, 국제레짐의 주요 원칙, 규칙, 의사결정과정, 그리고 관련 정부간기구의 문화, 다양한 네트워크, 조직 내 과정이 분석될 것이다. 제7장은 현실주의이론이 국가의 평화와 안보, 특히 2022년 러시아의 우크라이나 침공에 대한 위협을 해결하는 데 있어 국제제도가 겪는 어려움을 이해하는 데 도움을 준다. 제8장은 패권안정이론과 비판이론이 경제거버넌스 문제 분석에 어떤 영향을 미쳤는지 살펴본다. 제9장은 자유주의이론과 구성주의가 인권규범, 그리고 이 규범에 대한 존중을 제고하기 위한 노력을 이해하는 데 기여하는 바를 분석한다. 제10장에서는 집단재이론이 환경문제를 해결하기 위한 국제적 노력을 분석하는 데 중심적인 초점을 형성한다. 제11장에서는 구성주의와 안보화이론이 인간안보 거버넌스를 분석하는 데 핵심적인 역할을 한다. 이 책 전체에 걸쳐서, 조직 간의 관계와 조직 내부에 대한 이론들은 상이한 여러 기구들이 어떻게 기능하고, 서로 다른 행위자들과 그 역할들 간의 고리가 어떻게 연결되는가를 이해하는 데 도움을 줄 것이다.

또한 이 이론들은 학자들이 국제기구와 글로벌거버넌스를 연구하는 데 사용하는 다양한 연구방법과도 연결되어 있다. 우리는 이러한 방법들에 대해 자세히 논의하지 않았지만, 우리가 나열하는 책과 기사들은 사회과학과 인문학에서 오랫동안 확립되어 온 새로운 방법들을 모두 활용하고 있다. 국제기구에 대한 연구방법론을 처음으로 저술한 학자들이 언급한 바와 같이 "최근 많은 국제기구 학자들이 국제기구에 대해 접근하는 방식의 갱신을 요구하며, 정부 간 및 초국가적 세계를 포착하기 위한 혁신적인 도구의 필요성을 강조하고 있다. … 이 학자들은 '재량성'의 요구와 접근장벽 때문에 국제기구 연구를 수행하는 데 어려움이 있다고 강조한다" (Badache, Kimber, Maertens 2023: ix). 잠재적인 방법들은 전통적인 아카이브 작업, 참여자 관찰, 유엔 호명(roll call) 투표 분석에서 포커스그룹, 가상 인터뷰, 인포그래픽, 소셜미디어 분석과 같은 새로운 방식으로 크게 확장되었다. 따라서 우리는 독자에게 국제기구와 글로벌거버넌스에 대해 '이론적으로 생각'할 뿐만 아니라, 연구 방법을 고안하는 창의적인 방식을 제안하고자 한다.

추가 읽을거리

Badache, Fanny, Leah R. Kimber, and Lucile Maertens, eds. (2023) *International Organizations and Research Methods: An Introduction*. Ann Arbor, MI: University of Michigan Press.

Barkin, J. Samuel. (2013) *International Organization: Theories and Institutions*, 2nd edition. New York: Palgrave Macmillan.

Barnett, Michael, and Martha Finnemore. (2004) *Rules for the World: International Organizations in Global Politics*. Ithaca, NY: Cornell University Press.

Hawkins, Darren G., David A. Lake, Daniel L. Nielson, and Michael J. Tierney, eds. (2006) *Delegation and Agency in International Organizations*. Cambridge: Cambridge University Press.

Rai, Shirin M., and Georgina Waylen, eds. (2008) *Global Governance: Feminist Perspectives*. New York: Palgrave Macmillan.

Rittberger, Volker, ed., with Peter Mayer. (1993) *Regime Theory and International Relations*. Oxford: Clarendon.

Young, Robert J. C. (2001) *Postcolonialism: An Historical Introduction*. London: Blackwell.

Wendt, Alexander. (1999) *Social Theory of International Politics*. Cambridge: Cambridge University Press.

3장

국제기구와 글로벌거버넌스의 기초

국가체제와 그 약점: 국제기구의 발전 과정	69
초기 거버넌스 혁신: 19세기의 유산	71
유엔체제	79
기능 및 전문기구의 확장	80
국제재판법원 및 분쟁해결	95

현대 국제기구와 글로벌거버넌스의 초기 형태는 이웃과의 상호작용을 위한 규범과 규칙을 확립하려는 정치 공동체의 초기 노력에서 찾아볼 수 있다. 그리스 도시 국가들은 분쟁문제를 해결하고 확립된 규칙을 따르기 위해 영구적인 보호 동맹을 구축하려고 노력했다. 한자동맹(1200년대~1400년대)은 발트해와 북해의 북유럽 도시들 간의 무역과 상호작용을 촉진하기 위해 결성되었다. 마찬가지로 나폴리 왕국과 시칠리아, 교황령, 피렌체, 베니스, 밀라노의 도시 국가들은 14세기와 15세기에 외교와 상업적 상호작용을 정례화하는 시스템을 구축했다. 이러한 초기 관행 중 상당수는 현대 국가체제가 발전함에 따라 지속되었으며, 이후보다 제도화된 형태의 거버넌스를 발전시키는데 어느 정도의 기반을 제공했다.

국가체제와 그 약점: 국제기구의 발전 과정

국제관계학(IR) 학자들은 현대 국가체제의 기원을 30년 전쟁을 종결지은 1648년 베스트팔렌조약으로 보고 있다. 100개가 넘는 동 조약의 조항 중 대부분은 전쟁 전리품 배분에 관한 것이었지만, 다른 조항들은 당시로서는 획기적인 것이었다. 조약의 64조, 65조, 67조는 영토 주권, 국가(왕 또는 통치자)가 종교를 선택하고 국내 정책을 결정할 권리, 가톨릭 교회나 신성로마 제국과 같은 초국가적 기관의 간섭 금지 등 새로운 국가체제의 몇 가지 핵심 원칙을 확립했다. 이 조약은 유럽에서 종교적 권위에 의한 통치가 종식되고 세속 국가가 출현하는 계기가 되었다. 세속적 권위와 함께 국제체제에서 법적으로 평등하고 주권을 행사하는 국가의 영토보전 원칙이 등장했다.

주권은 이 국가체제에서 핵심 개념이었으며, 지금도 여전히 그렇다. 프랑스 철학자 보댕(Jean Bodin, 1530~1596년)이 말했듯이 주권은 "주권자가 어떤 식으로든 다른 사람의 명령에 종속될 수 없고, 국민을 위해 법을 만들고, 이미 있는 법을 개정하거나 쓸모없는 법을 폐지하는" (Bodin 1967: 25) 것이 뚜렷한 특징이다. 비록 국가들 사이에 상위의 중재자는 없지만, 보댕은 주권이 신법이나 자연법, 정권의 유형에 따라, 심지어 국민과의 약속에 의해서도 제한될 수 있음을 인정했다.

이 시기에 이 책의 제2장에서 소개한 초기 네덜란드 법학자 그로티우스(Hugo Grotius)는 국가가 원하는 건 무엇이든 할 수 있는 완전한 자유를 가진다는 개념을 거부했다. 따라서 17세기에도 국가 주권의 의미를 둘러싼 논쟁은 계속되었다. 최근에는 크라스너(Stephen Krasner 1993: 235)가 다음과 같이 주장했다. "주권의 실제 내용, 즉 국가가 행사할 수 있는 권한의 범위는 항상 논쟁의 대상이 되어왔다. 주권의 기본 구성 원칙인 영토에 대한 배타적 통제는 특정 국가의 필요에 더 잘 부합하는 새로운 제도적 형태의 창출로 인해 지속적인 도전을 받아왔다." 크라스너는 조약, 계약, 강제, 부과를 통해 주권 침해가 지속적으로 발생하지만 국제체제에 대한 대안적인 개념은 없다고 주장한다. 로즈노(James Rosenau 1997: 217–236)와 같은 다른 학자들은 국가가 국내 선거구 및 비국가행위자를 포함한 아래로부터의 분권화 경향과 세계화 과정 및 국제기구를 포함한 위로부터의 요구에 취약한 것으로 보고 있다. 국가는 권위를 제한하고 국가 주권 개념과 그에 기반한 국가 시스템에 도전하는 다양한 새로운 행위자와 프로세스에 맞서 싸워야 하며, 이는 국가를 혼란스럽게 하고 제약을 가한다. 코피 아난 유엔 사무총장은 1990년대 주권에 대한 해석의 변화에 주목하면서 1999년 유엔 총회연설에서 "가장 기본적인 의미에서 국가 주권은 세계화와 국제협력의 힘에 의해 재정의되고 있다"고 말했다 (Annan 1999). 그러나 홀스티(Kalevi Holsti 2004: 138)는 "오늘날 국가의 역량은 약한 국가부터 강한 국가까지 매우 다양하다. 하지만 그렇다고 해서 국가가 덜 주권적이거나 더 주권적인 것은 아니다"라고 지적한 바 있다.

시몬스(Beth Simmons 2019: 257)에 따르면 주권의 지속적인 중요성을 보여주는 중요한 지표 중 하나는 국가가 국경을 단순히 '관할 구역'이 아닌 '거버넌스 제도'로서 중요하게 여긴다는 점이다. 시몬스는 세계 도처에서 국경 보안과 국경에서 국가 공권력의 물리적 존재가 얼마나 중요해졌는지를 주목한다. 현재 전 세계 인구의 많은 수가 국경 근처에 살고 있다. 상품과 사람, 테러리스트와 인신매매범들의 합법적 및 불법적 이동으로 인해 국경이 얼마나 중요한지를 설명한다. 간단히 말해, 시몬스는 "국경을 관리하는 것은 관련된 국제법은 제한적이고 국가의 관행은 더욱 늘어난 복잡한 문제가 되었다"고 주장한다

(Simmons 2019: 266).

주권과 국경에 대한 국가의 애착은 더욱 강해졌지만 19세기에는 국제무역, 이주, 민주화, 기술 혁신 및 기타 발전으로 상호의존성이 증가하고 국가 주권의 한계가 부각되면서 국가체제의 약점도 점점 더 분명해졌다. 이러한 변화는 "인간이 살기 좋은 세상을 만들기 위해 정치적 수단을 체계적으로 활용하려는 장기적 추세를 대변하는" 국제기구의 발전으로 이어졌다 (Claude 1964: 405). 오늘날에도 계속되고 있는 이 과정의 구체적인 표현은 정부 간 및 비정부 간 조직을 포함한 국제기구의 창설이다.

이 장에서는 19세기 중반 이후 국제기구의 발전 과정을 역사적으로 개괄한다. 이 과정은 국가체제의 약점과 주요 전쟁, 기술 변화, 유럽 제국주의, 산업 자본주의 및 세계화와 관련된 경제발전과 상호의존성 증가 등에 의해 형성되고 추진되었다. 또한 라틴아메리카, 아시아, 아프리카에서 유럽과 미국의 제국주의 통치를 종식시킨 탈식민화 과정과 20세기 말과 21세기 초에 등장한 여러 거버넌스 과제의 도전에 의해 형성되었다. 이후 장에서는 유엔체제, 지역기구, 비정부기구(NGO)에 대해 더 깊이 있게 다룬다.

초기 거버넌스 혁신: 19세기의 유산

19세기에 국제기구의 발전 과정은 몇 가지 주요 흐름에 의해 자극을 받았다. 1815년 나폴레옹의 패배로 프랑스 혁명과 유럽에서 프랑스 제국을 건설하려는 나폴레옹의 노력에 따른 격변이 끝났다. 오스트리아-헝가리, 영국, 프랑스, 프로이센, 러시아 등 유럽 5대 강국의 출현으로 거의 1세기 동안 지속된 상대적으로 평화로운 시대가 열렸다. 영국에서 시작된 산업화는 유럽 대륙 전역으로 확산되어 유럽 국가 간, 그리고 유럽과 식민지 간의 상업과 무역이 크게 확대되었다. 전신과 같은 기술 혁신으로 인해 국가 간 관계에서 여러 가지 문제가 발생했고, 공통의 표준을 수립해야 할 필요성이 대두되었다. 국가 간 교류는 더욱 빈번하고 왕성해졌으며, 민주주의 이념의 확산으로 사람들은 인도주의적 필요, 노동자의 권리, 민간기업의 이해관계를 다루기 위해 비정부 단체를 조직할 수 있게 되었다.

클로드(Inis Claude 1964)는 국제기구에 관한 선구적 저서인 『칼을 쟁기로(*Swords into Plowshares*)』에서 19세기에 등장한 거버넌스의 세 가지 주요 혁신, 즉 유럽협조체제(Concert of Europe), 공공 국제조합, 헤이그회의에 대해 설명했다. IR 연구를 '세계화'하려는 노력으로 인해 관련된 논의는 더욱 복잡해졌다 (Acharya 2016a; Acharya and Buzan 2017). 이제 우리는 글로벌 사우스 행위자들의 기여, IO와 결부된 국제시민사회와 초국적 운동의 발전, 그리고 일종의 이념적 틀로서 국제주의 개념의 중요성에 대해 좀 더 잘 알게 되었다 (Helleiner 2014; Herren 2016).

유럽협조체제

클로드(Inis Claude 1964)는 IO 관련 최초의 혁신으로 1815년 유럽 주요 강대국들이 협상과 합의를 통해 중요한 결정을 내리는 그룹으로 결성한 유럽협조체제를 꼽는다. 이 체제의 회원국들은 포괄적 상호주의(diffuse reciprocity)의 기대하에 특정 권리와 책임에 따라 행동을 조정하기로 합의했다. 회원국들은 여전히 별도의 국가와 사회를 유지했지만 공식적인 조직 없이 규칙과 협의의 틀 안에서 활동했다.

유럽협조체제는 주요 강대국들이 문제를 해결하고 행동을 조율하기 위해 정기적으로 다자간회의를 개최했다. 제1차 세계대전 전 한 세기 동안 30회 이상 모인 주요 강대국들은 유사 입장 국가들의 클럽을 구성해 신규 참가국들의 가입 조건을 규정했다. 1820년대에는 벨기에와 그리스 등 새로운 유럽 국가들의 독립을 승인하기도 했다. 1878년 베를린에서 열린 마지막 회의에서 이들은 이전에 식민지배를 받지 않았던 아프리카지역을 분할하여 유럽 제국주의의 영역을 확장했다.

협조체제의 회의는 제도화되지 않았고 집단행동을 이행하기 위한 명시적인 메커니즘을 포함하지도 않았지만, 이후 IO가 대부분 수용한 중요한 관행을 확립했다. 여기에는 다자간협의, 집단 외교, '강대국'에 대한 특별 지위 부여 등이 포함되었다. 클로드(Claude 1964: 22)는 "유럽협조체제는 유럽 국가들 사이에서 초보적이지만 점점 커져가는 상호의존성과 이익공동체 의식의 표현"이라고 요약한다. 이러한 이익공동체는 현대 국제기구와 더 광범위한 글로벌거버넌스가 존재하기 위한 필수 전제 조건이었다.

점점 더 커지는 이익공동체의 필요에 따라 주요 강대국 간의 상호협의와 특별한 책임이라는 아이디어가 등장했고, 이는 국제연맹 이사회, 유엔 안전보장이사회, 거부권이라는 특권을 가진 상임이사국 개념의 바탕이 되었다. 1970년대에 주요 선진 7개국 거시경제 정책을 조율하기 위해 설립된 G7(Group of 7)에서도 이러한 개념을 찾아볼 수 있다.

공공 국제조합 및 기타 전문기구

공공 국제조합은 19세기에 등장한 두 번째로 중요한 조직 혁신이었다. 유럽 국가들은 산업혁명으로 초래된 상업, 통신, 기술 혁신의 확대에 따른 문제를 해결하기 위해 여러 기관을 설립했다. 여기에는 여행자의 건강 기준, 라인강 및 기타 강에서의 운송 규칙, 항구 접근, 우편물 이동량의 증가, 새로 발명된 전신의 국경 간 사용 등의 문제가 포함되었다.

국가 간 국제관계 확대에 따른 이러한 현실적인 문제 중 상당수는 정부 간 협력을 통해 해결할 수 있는 것으로 판명되었다. 1865년에 국제전기통신연합(ITU)이, 1874년에 만국우편연합(UPU)이 각각 결성되어 통신, 교통, 무역, 산업 발전을 촉진하는 데 중요한 역할을 했다. 상호 의존도가 높아지면서 유럽 국가들은 비정치적 업무를 수행하기 위해 자발적으로 협력해야 할 필요성을 깨달았다. 거의 즉시 이런 움직임에 비유럽 국가들(그리고 당시 식민지였던 인도와 이집트 등)도 참여하기 시작했다.

ITU와 UPU는 최초로 설립된 정부간기구(IGO) 중 하나였기 때문에 여러 가지 선례를 남겼다. 두 기구 모두 협약 당사국들의 정기적인 회의를 요구하는 국제협약에 기반을 두고 있었다. 그러나 여기에 참여하는 대표단은 외교부가 아닌 당사국의 전신 및 우편 행정을 담당하는 부서에서 파견되었고, 이에 따라 기술문제를 다룰 때 기술 전문가가 참여하는 관례가 확립되었다. 따라서 다자외교는 더 이상 전통적인 외교관들의 전유물이 아니게 되었다. 두 조직은 이후 설립된 공공 국제조합과 함께 다양한 국가에서 채용한 정규 직원으로 구성된 국제사무국을 설립했다. 또한 일부 회원국 대표로 구성된 위원회를 만들어 총회 사이 기간에 조직을 대신하여 정책 집행부 역할을 수행했다. 클로드(Claude 1964: 32)가 지적했듯이, "이렇게 사무국, 위원회, 회의체로 구성되는 구조적 패턴이 확립되었으며, 이는 약간의 편차가 있긴 하지만 오늘날 국제기구의 청사진이 되었다." 또한 공공 조합은 주기적인 규정 개정을 통해 다자간 협약(법률 제정 또는 규칙 제정 조약)을 위한 기능을 제공했다. 따라서 제2장에서 논의한 것처럼, 비정치적 성격의 업무를 전담하는 공공 국제조합과 조직은 기능주의와 전문 국제기구를 탄생시켜 국가가 국제관계의 실질적인 문제를 처리하는 데 도움을 주었다.

공공 국제조합과 함께 정기적인 정보 흐름을 포함하여 다국간 전문가들의 협력을 촉진하기 위해 다른 기관들이 설립되었다. 1864년 베를린에서 열린 회의 결과 측량과 지도 제작을 담당하는 측지 전문가들을 연결하기 위해 설립된 국제측지위원회(International Geodetic Commission)가 그 예이다. 국제공중위생국(International Office of Public Hygiène)은 1907년 인간, 동물, 식물 질병의 확산과 관련된 최초의 보건 관련 국제기구로 설립되었다.

헤이그체제

19세기의 세 번째 거버넌스 혁신은 모든 국가가 문제해결에 참여하도록 초대하는 일반화된 회의 개념이었다. 1899년과 1907년 러시아의 차르 니콜라스 2세(Czar Nicholas II)는 네덜란드 헤이그에서 유럽 및 비유럽 국가가 모두 참여하는 두 차례의 회의를 소집하여 전쟁을 방지하기 위해 국가가 어떤 방법을 사용할 수 있어야 하는지, 어떤 조건에서 중재, 협상, 법적 대응이 적절한지에 대해 전향적으로 검토했다 (Aldrich and Chinkin 2000). 위기가 아닌 상황에서 이러한 문제를 탐구한 것은 참신한 일이었다. 사실, 국가들의 보편적인 참여는 아직 규범이 아니었다.

핀모어와 유르코비치(Finnemore and Jurkovich 2014: 362)의 설명에 따르면 "헤이그회의는 … 참여와 공유된 거버넌스에 대한 기대가 진화하는 중요한 변곡점이 되었다 … 특히 중요한 것은 제1차 헤이그회의와 제2차 헤이그회의 사이에 유럽 대표단의 수는 거의 동일하게 유지되었지만, 글로벌 사우스(특히 라틴아메리카)의 참여가 극적으로 확대되었다는 사실이다." 1907년에는 모든 라틴아메리카 국가가 초청을 받아 19개국이 참석했다. 그 후 핀모어와 유르코비치는 1826년 첫 회의 이후 라틴아메리카 국가들의 관행이었던 광범위한 참여가 표준이 되었다고 지적한다. 이와 함께 국가 간 주권 평등에 대한 기대, 정기적인 회의, 결의안에 대한 다수결의 관행, 정보수집 및 배포를 위한 사무국 및 총회 간 회의를 위한 관리위원회의 설립, 국가가 동의해야만 법적으로 구속된다는 원칙이 확립되었다. 오늘날 우리는 이러한 것들을 국제기구와 다자주의의 핵심 요소로 당연하게 여기지만, 아메리카 대륙에 뿌리를 두고 변화를 가능하게 한 포용에 대한 요구가 기여한 바를 인정할 필요가 있다 (Finnemore and Jurkovich 2014: 369).

헤이그회의에 의해 국제분쟁의 평화적 해결을

위한 협약, 임시 국제조사위원회 및 상설중재재판소(PCA)가 창설되었다. 상설중재재판소는 당사자 간에 분쟁이 발생할 경우 중재를 요청하는 조항을 조약에 삽입하는 일반적 관행에서 비롯된 것이다. 각국이 중재재판소 구성을 위해 선출한 법학자로 구성된 PCA는 여전히 국가, 기업 및 기타 비국가행위자가 관련된 경계, 투자 및 기타 분쟁을 처리하는 데 광범위하게 활용되고 있으며, 최근에는 남중국해 영유권을 둘러싼 필리핀과 중국 간의 분쟁을 다룬 바 있다.

헤이그회의는 몇 가지 주요한 절차적 혁신도 만들어냈다. 미국의 지원을 받은 라틴 아메리카 국가들의 압력으로 중국, 시암, 오스만제국, 멕시코, 일본을 포함한 26개국이 1차회의에 참석했다. 두 번째 회의에는 45개국이 참석했다. 따라서 19세기 말까지 주로 유럽 국가들 간의 체제였던 회의는 20세기 초에 진정한 국제적 체제가 되었다. 참가국들은 처음으로 의장국을 선출하고, 위원회를 조직하고, 기명 투표를 실시했으며, 이 모든 것이 20세기 국제조직의 항구적인 특징이 되었다. 또한 헤이그회의는 인류의 공동이익과 국제법의 성문화라는 새로운 아이디어를 촉진했다.

1914년 제1차 세계대전이 발발하면서 세 번째 헤이그회의는 개최되지 못했다. 그러나 처음 두 회의는 19세기에 개최된 수많은 다른 회의와 함께 전쟁, 비상사태, 신기술과 상업의 발달로 인해 발생하는 문제를 정기적으로, 보편적 기반 위에서 해결하기 위한 최초의 집단적 노력을 대표했다.

따라서 19세기의 혁신은 20세기 국제기구의 발전과 21세기 글로벌거버넌스라는 광범위한 개념에 중요한 토대를 제공했다. 국가들은 유럽협조체제의 강대국 다자주의, 기능적이고 전문적인 공공 국제조합, 헤이그체제의 광범위한 참여와 법적 제도 등을 포함하여 공동의 관심사를 다루는 새로운 접근법을 확립했다.

이러한 국제기구의 발전과 더불어 국제적인 평화운동 단체, 국제적십자위원회(International Committee of the Red Cross), 국제노동운동, 국제상공회의소 등 중요한 비정부 차원의 진전도 이뤄졌다. 이러한 역사는 제6장에서 자세히 설명한다. 너트와 볼트부터 통신 주파수, 선적 컨테이너 규격에 이르기까지 모든 것에 대한 국제표준을 확립하려는 비정부 차원의 노력은 1946년 국제표준화기구(ISO: International Organization for Standardization)의 설립으로 이어졌으며, 이 장의 뒷부분에서 다루고 있다. 19세기 후반의 또 다른 IO 발전은 1889년 국제의원연맹의 창설이었다. 이 연맹은 오늘날에도 179개국 국회의원이 모여 국제법의 발전을 지원하고, 민주적 거버넌스와 투명성을 증진하며, 입법부의 성평등을 촉진하기 위해 정기회의를 개최하고 있다.

머피(Craig Murphy)는 19세기의 교통, 통신, 표준, 화폐, 무역 조직에 대해 클로드 및 다른 학자들과는 다소 다른 주장을 펼친다. 그는 국제정치경제의 관점에서 볼 때, 이러한 전문화된 국제기구는 경제발전에 대한 대응이라기보다는 산업생산품을 판매할 수 있는 더 큰 시장을 창출하기 위해 고안되었다고 주장한다. 이 단체의 창설자들은 현재 우리가 경제적 세계화라고 부르는 것이 모두에게 이익이 될 것이라고 믿었다 (Murphy 1994).

그러나 19세기의 제도적 조치는 20세기 유럽 주요 열강들 간의 전쟁을 예방하기에는 부적절한 것으로 판명되었다. 수많은 이해관계 분야에서 높은 수준의 상호의존과 협력에도 제1차 세계대전을 막지 못했고, 이는 협약과 국가체제의 약점과 단점을 잘 보여주었다. 그러나 전쟁이 막 시작되었을 때 유럽과 미국의 민간단체와 저명한 인사들이 미래의 전쟁을 예방하기 위한 보다 영구적인 틀을 계획하기 시작했다. 미국의 평화집행연맹(League to Enforce Peace in the United States), 영국의 국제연맹협회(League of Nations Society), 파비안스(Fabians)와 같은 NGO는 새로운 국제기구의 설립을 추진하고 계획 초안을 작성하는 데 적극적인 역할을 수행했다. 프랑스와 영국정부는 새로운 기구의 형태를 검토하기 위한 위원회를 임명했다. 윌슨(Woodrow Wilson) 미국 대통령은 이러한 계획 중 일부를 바탕으로 영구적인 IGO를 제안했다. 그 결과 탄생한 국제연맹(League of Nations)은 19세기에 마련된 토대를 바탕으로 확장되었고 많은 중요한 선례를 남겼다.

국제연맹

연맹의 원칙. 국제연맹은 무엇보다도 연맹이 탄생한 당시의 환경을 반영했다. 국제연맹 규약의 26개 조항은 전쟁 방지에 중점을 두었다. 여기에서는 두 가지 기본 원칙이 가장 중요했다. 즉, 회원국들은 국가의 영토 보전과 정치적 독립을 존중하고 보존하기로 합의했으며, 또한 다양한 분쟁 해결 방법을 시도하기로 합의한 것이다. 그럼에도 불구하고 합의가 이루어지지 않을 경우 국제연맹은 제16조에 따라 제재를 통해 합의를 강제할 수 있는 권한을 부여받았다. 두 번째 원칙은 집단안보라는 명제에 확고하게 반영됐는데, 한 국가의 침략은 모든 국가가 '국가 연맹'으로서 함께 행동하여 대응한다는 것이었다.

이 규약의 주된 초점은 평화유지에 있었지만, 경제 및 사회 협력의 필요성도 인정했다. 다만 규약은 "남성, 여성 및 아동을 위한 공정하고 인도적인 노동 조건"(제23조)을 보장하기 위해 하나 이상의 조직을 제공하는 것 외에는 그러한 활동을 수행하기 위한 어떠한 장치도 마련하지 않았다. 이 규약은 또한 모든 공공 국제조합을 연맹의 규제 아래 두는 것이 바람직하다고 구상했지만 실현되지는 않았다.

연맹 기관. 국제연맹 규약은 이사회, 총회, 사무국 등 세 개의 상설 기구와 두 개의 자치 기구인 상설국제사법재판소(PCIJ)와 국제노동기구(ILO)를 설립했다. 이사회는 4개의 상임이사국(영국, 프랑스, 이탈리아, 일본)과 4개의 선출직 이사국으로 구성되었다. 협약에 따라 이사회와 총회가 두 범주의 회원국을 변경할 수 있었기 때문에 이사국 수는 8개국에서 15개국까지 다양했다. 예를 들어 독일은 1926년 연맹에 가입하면서 상임이사국 자격을 얻었고, 1934년에는 소련이 상임이사국 자격을 얻었다. 미국은 제1차 세계대전 후 베르사유조약을 비준하지 않았기 때문에 상임이사국 자리를 얻지 못했다.

이사회는 분쟁을 해결하고, 제재를 집행하고, 의무를 감독하고, 군축 계획을 수립하고, 사무국 임명을 승인하고, 평화적 합의를 이행하는 역할을 맡았다. 연맹 회원국들은 협상 합의에 이르지 못할 경우 분쟁을 중재, 판결 또는 이사회에 회부하기로 합의했다. 또한 모든 조약을 연맹 사무국에 등록하여 비밀 타협을 없애기로 합의했다. 국가가 전쟁을 일으킬 경우 이사회는 제16조에 따라 외교적, 경제적 제재를 가할 수 있는 권한을 가졌지만 만장일치라는 요건 때문에 이를 행동으로 옮기기는 매우 어려웠다. 연맹 이사회는 분명히 유럽협조체제의 잔재였다고 할 수 있다.

연맹총회는 매년 열리는 준입법 기관으로, 모든 회원국 대표(최대일 때 60명)로 구성되어 각 회원국이 한 표씩을 행사했다. 총회는 신규 회원국 가입, 예산 승인, 비상임 이사국 선출, 이사회에서 회부된 사안에 대한 조치 등의 권한을 가졌다. 1919년 첫 회기를 시작으로 총회는 연맹 사무총장에게 연맹 활동에 대한 연례 보고서를 제출하도록 하고, 각국 대표단의 연설을 포함한 일반 토론을 진행하며, 연례 회기 사이에 중요한 사안을 심의하기 위해 6개 위원회를 구성하는 등 여러 선례를 확립했다 (여기서 확립된 모든 관행은 유엔 총회로 계승됨). 위원회에서의 결정은 만장일치가 필요한 총회의 결정과 달리 다수결로 이루어졌다. 엄격한 만장일치 제도는 과반수 미만의 표를 요구하는 특별 절차에 의해 완화되었다. 실제로 각국은 일반적으로 어떤 안건에 반대하기보다는 기권하는 것을 선호했다. 총회는 주요 위원회 외에도 보건, 마약 거래, 노예제, 여성 인신매매, 아동 복지, 교통, 경제 및 금융, 지적 협력을 다루는 다양한 자문위원회를 설치했다. 당시 연맹의 총회는 상당히 혁신적인 것으로 여겨졌고, 시간이 지나면서 그 활동은 이사회보다 더 많은 주목을 받았다.

규약은 사무국을 설립했지만 사무국의 책임에 대한 지침은 거의 제공하지 않았다. 관련 정보를 제공하는 교환소에 가까웠던 사무국은 독립적인 권한이 거의 없었다. 그럼에도 불구하고 사무국은 회원국으로부터 독립된 구성원으로 이루어진 최초의 진정한 국제 공무원조직이 되었다. 초대 연맹 사무총장인 에릭 드러먼드 경(Sir Eric Drummond, 1919~1933년 재임)은 정치적 이니셔티브를 취하지 않고 제한된 역할을 수행함으로써 후대 유엔 사무총장들이 겪었던 정치적 압박을 피한 탁월한 행정가로 평가받았다. 사무국은 국제연맹에 소속된 약 20개의 조직을 조정하는 역할을 수행했는데, 여기에는 국제보건기구, 위임위원회(Mandates Commission), ILO, PCIJ 등이 포함되었다.

성공과 실패. 국제연맹은 유럽의 영토문제와 관련하여 많은 성공을 거두었다. 연맹은 실레지아(Silesia)와 자르(Saar)에서 국민투표를 실시한 후 독일-폴란드 국경의 경계를 획정했다. 핀란드와 러시아, 불가리아와 그리스 간의 분쟁을 비롯한 여러 영토분쟁을 해결했다. 불가리아와 그리스의 경우 이사회는 휴전과 병력 철수를 감독하기 위해 군사 옵서버를 파견하기로 합의하고 조사위원회를 설립하여 합의 조건을 권고했으며, 이는 나중에 유엔이 모두 채택한 선례가 되었다.

국제연맹은 아프리카와 태평양의 옛 독일 식민지와 오스만제국의 비 터키지역 영토를 영국, 프랑스, 남아프리카공화국, 벨기에, 호주, 뉴질랜드, 일본이 연맹의 감독하에 관리하는 위임 제도를 확립했다. 비정부 대표들로 구성된 연맹의 위임 위원회는 식민지 강대국들이 제출한 위임 상황에 관한 연례 보고서를 검토했다.

가장 중요한 것은 국제연맹이 정치, 경제, 사회, 사법, 행정 기구가 지속적으로 작동하는 일반 성격의 최초의 상설 국제기구였다는 점이다. 국제연맹은 국제사회가 국제법 위반에 대항하여 행동하고 다양한 문제에 대한 협력을 증진할 수 있고 또 그렇게 해야 한다는 생각을 구체화했다.

그러나 전반적으로 국제연맹은 기대에 훨씬 못 미쳤다. 베넷(LeRoy Bennett 1995: 41)은 "모든 회원국이 협력을 통해 상호이익을 실현하는 한, 연맹은 공동의 목표를 달성하는 데 유용한 수단을 제공했다"고 평가했다. 하지만 일본, 이탈리아, 독일이 현상타파를 위해 도전했을 때 "국제연맹은 회원국 간의 협동 의지가 부족하다는 점을 드러냈다"고 지적했다. 1931년 일본이 만주를 침공했을 때 아무런 조치를 취하지 않은 것은 국제연맹이 결정적인 조치를 거부했고 영국이나 프랑스가 군사 행동이나 경제 제재에 미온적이었음을 드러냈다. 1935년 국제연맹 회원국이었던 이탈리아의 에티오피아 침공에 대한 이사회의 늑장 대응은 국제연맹의 정당성을 더욱 약화시켰다. 연맹 총회의 54개 회원국 중 50개국이 이탈리아 경제에 대한 신용을 차단하고 무기 판매를 중단하는 데 동의했지만 이러한 조치는 이탈리아를 막기에는 불충분했고 결국 1936년 이탈리아에 대한 모든 제재는 철회되었다. 국제연맹은 스페인 내전에 개입하지 않았고 히틀러의 라인란트 재군사화나 오스트리아와 체코슬로바키아 점령에도 반대하지 않았다. 강대국들부터 연맹의 원칙을 지키지 않으면서 연맹의 힘과 정당성은 약화되었다.

국제연맹은 1930년대의 대공황에도 대응하지 못했다. 인권을 포함한 경제 및 사회문제를 다루는 국제연맹의 구조를 개편하자는 제안은 실현되지는 않았지만 10년 후 유엔헌장 초안 작성에 영향을 미쳤다.

요컨대, 국제연맹은 제1차 세계대전 및 베르사유조약이라는 불공정한 평화와 밀접하게 연관되어 있었기 때문에 시작부터 활동에 제동이 걸렸다. 미국이 연맹 회원국에서 빠진 것도 치명적인 약점이었지만, 다른 주요 강대국, 특히 영국과 프랑스가 연맹의 원칙을 고수하고 일본, 이탈리아, 독일의 노골적인 침략에 대응하지 않은 것이 집단안보의 도구가 되어야 할 연맹을 파멸로 몰고 간 가장 큰 이유였다. 일부 학자들은 집단안보라는 개념 자체가 주권 국가로 구성된 세계에서 지나치게 이상주의적이었다고 주장하기도 한다. 비록 치명적인 결함이라고 할 수는 없었지만, 연맹 규약 자체에는 여러 가지 허점이 있었다.

1935년부터 1939년 사이에 많은 회원국이 탈퇴했고, 1939년부터 1945년까지 제2차 세계대전 6년 동안 국제연맹은 침묵했다. 1946년 4월, 회원국들은 마지막으로 모여 연맹을 해산하고 그 역할을 새로운 유엔으로 이관했다.

국제기구 공통 핵심 구조의 출현

여러 단점에도 불구하고 국제연맹은 국제기구와 글로벌거버넌스의 발전에서 중요한 진전을 이루었다. 제2차 세계대전 초기에 많은 사람들이 국제연맹보다 더 큰 범위의 새로운 조직을 계획해야 할 필요성을 인식했다. 이 계획은 1941년 미국이 참전한 직후부터 시작되었고, 국제연맹의 교훈을 바탕으로 유엔의 토대가 마련되었다(Grigorescu 2005). 전쟁이 끝나기도 전에 식량농업기구(FAO), 유엔 구제부흥사업국(UN Relief and Rehabilitation Agency), 세계은행(World Bank), 국제통화기금(IMF) 등 여러 전문 국제기구가 신설되었다. 제2차 세계대전 직후에도 전 세계 여러 지역에 다양한 국제기구들이 설립되었다.

시간이 지나면서 20세기의 분명한 주요 트렌드 중 하나는 도표 3.1과 같이 서로 다른 목표를 달성하고 다양한 요구를 관리하기 위해 크고 작은, 범용 및 전문기구로서, 정부 간 및 비정부 차원, 글로벌, 지역 및 지역 간 수많은 IO가 등장했다는 점이다.

유럽협조체제, 공공 국제조합, 헤이그회의, 미주 국가들, 국제연맹이 세운 선례들이 축적되어 대부분의 국제기구, 특히 IGO의 기본 구조적 형태를 확립했다. 여기에는 제한된 회원국이 참여하는 이사회, 모든 회원국이 한 표를 갖는 총회(회원국의 규모, 부 또는 영향력에 관계없이 모든 회원국을 동등하게 대표한다는 민주주의 원칙의 국제화를 상징), 행정 서비스를 제공하고 프로그램을 실행하며 제도적 연속성 역할을 하는 사무국 등이 포함된다. 그러나 유엔 안전보장이사회, 유럽연합이사회, 세계은행 및 IMF 집행이사회 등 일부 국제기구의 이사회는 5개 안보리 상임이사국의 거부권처럼 가중 투표 또는 자격 투표를 통해 운영된다. 또한 '총회' 또는 '회의'라는 명칭이 붙은 정회원 단체라고 해서 모두 같은 것은 아니다. 국제연맹 총회와 같이 모든 회원국 대표로 구성되는 경우도 많지만, 아프리카 연합의 국가원수 및 정부수반 회의와 같이 국가정상들만 참여하는 기구도 있다. 지역기구 중에서는 미주기구만이 국제연맹과 유엔 총회를 모델로 한 총회를 운영하고 있다. 북대서양조약기구, 유럽연합, 아프리카 연합과 같은 여러 지역 조직에는 근본적으로 방식이 다른 의회 기구가 있다. 또한 일부 기구는 이 장의 뒷부분에서 설명하는 것처럼 사법 기관도 있다.

이러한 IGO의 사무국은 일반적인 관료제와 마찬가지로 특정 속성을 공유하는 경향이 있다. 사무국은 합리적이고 합법적인 성격과 전문성에

도표 3.1 | 20세기 IGO와 INGO의 성장 패턴

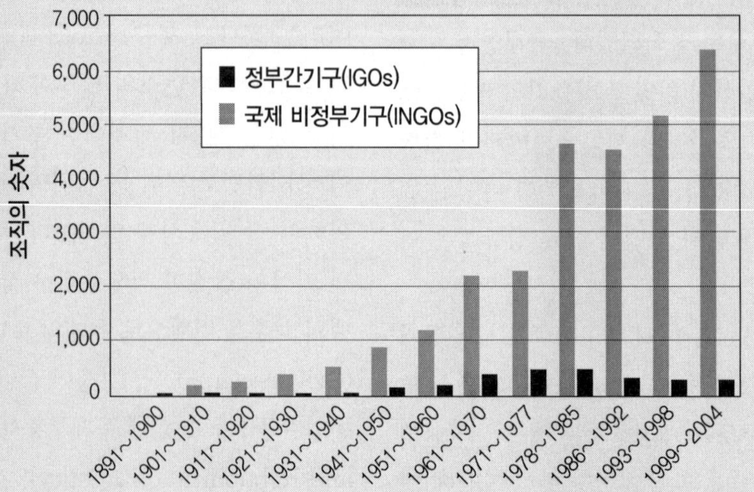

출처: 『국제기구연람(*Yearbook of International Organizations*)』, 다년간 자료 참고 (브뤼셀: 국제협회연맹).

서 '직무'를 수행할 때 권위를 얻고, 조직의 도덕적 목적과 중립성, 공정성, 객관성에 대한 주장에서 정당성을 얻으며, 타인에게 봉사한다는 사명에서 힘을 얻는다. 많은 국제기구의 사무국에는 전문 교육과 지식을 갖추고 이에 근거해 정책 대안을 수립하는 기술 관료들이 근무하고 있다. 이러한 전문적 훈련과 규범 및 직업 문화는 그들이 세상을 보는 방식을 형성하고 "직원들에게 보이는 문제와 해결책의 범위에 영향을 미치는" 경향이 있다 (Barnett and Finnemore 2005: 174; Piiparinen 2016).

따라서 다양한 국제기구를 연구하다 보면 구조, 의사결정 과정, 조직 예산 승인 및 임원 선출 총회와 같은 일부 기능에서 공통점을 발견할 수 있다. 하지만 여러 조직과 특정 단체들 간의 차이점을 잘 파악하고 있어야 한다. 앞서 설명한 것처럼 '총회'라는 단어를 사용한다고 해서 서로 다른 조직에서 같은 이름을 가진 두 단체의 구성이나 기능이 반드시 동일하다는 의미는 아니다.

이 장의 다음 섹션에서는 유엔의 설립, 유엔체제 안팎의 기능 및 전문기구의 확장, 국제재판소의 성장에 대해 간략하게 살펴본다. 제4장에서는 유엔에 대해 더 자세히 살펴보고, 지역 및 초지역 기구는 제5장에서 다룬다.

유엔체제

제2차 세계대전 막바지에 유엔이 설립된 것은 전쟁에 지친 국가들이 미래의 분쟁을 피하고 국제 경제 및 사회 협력을 촉진할 수 있는 국제기구에 대한 열망이 반영된 것이었다. 여러 가지 중요한 면에서 유엔의 구조는 국제연맹을 본떠서 만들어졌으며, 연맹을 통해 얻은 교훈은 변화에 반영되었다. 예를 들면 국제연맹 이사회는 만장일치 동의가 있어야만 행동할 수 있었지만, 유엔 안전보장이사회는 5개 상임이사국 모두의 지지에다 비상임이사국 과반수만 동의하면 행동을 취할 수 있다. 유엔헌장은 또한 공공 국제조합, 회의외교, 헤이그회의 분쟁해결 메커니즘에서 얻은 교훈을 바탕으로 만들어졌다.

1941년 8월 14일 프랭클린 루스벨트 미국 대통령과 윈스턴 처칠 영국 총리가 경제문제에 대한 협력과 영구적인 안보체제를 촉구한 대서양헌장(Atlantic Charter)은 1942년 1월 '유엔선언'의 토대가 되었다. 26개국이 대서양헌장의 원칙을 확인하고 국제연맹을 대체할 새로운 보편적 기구를 창설하기로 합의했다. 유엔헌장은 1944년 8월부터 10월까지 워싱턴 D.C.의 덤바튼 오크스에서 열린 두 차례의 회의에서 초안이 작성되었다. 참가자들은 이 기구가 회원국의 주권 평등 원칙에 기초하여 모든 '평화를 사랑하는' 국가가 회원국이 될 수 있으며, 따라서 추축국(독일, 이탈리아, 일본, 스페인)은 제외한다는 데 동의했다. 또한 안보문제에 대한 결정은 일부 강한 이견에도 불구하고 강대국인 안보리 상임이사국들의 만장일치가 필요하다는 데 합의했다. 새로운 조직의 범위를 국제연맹 이상으로 확대하자는 공감대가 형성되었고, 루스벨트 대통령은 일찍부터 미국의 참여에 대한 국내 지지를 확보하기 위해 노력했다.

1945년 4월 25일 샌프란시스코에서 열린 유엔 국제기구회의에서 50개 참가국 대표들은 강대국들 사이에서 이미 합의된 내용을 수정하고 최종 확정했다. 그중에는 유엔헌장에 인권과 여성의 권리에 관한 조항을 넣는 데 성공한 7명의 라틴아메리카 여성을 포함한 소수의 여성도 있었다(Dietrichson and Sator 2022). 1945년 7월 28일, 상원의 승인으로 미국은 헌장을 비준한 최초의 국가가 되었다. 충분한 수의 국가가 헌장을 비준하는 데는 불과 3개월밖에 걸리지 않았다. 헌장에 서명한 후 한 회의 참가자는 다음과 같이 언급했다. "가장 중요한 특징 중 하나는 처음부터 50개국 사이에 광범위한 합의가 존재했음을 보여준 것이다 … 헌장이 채택될 때 단 하나의 이의도 제기되지 않았다 … 이 회의는 오랫동안 국제외교의 이정표 중 하나로 기록될 것이다" (Padelford 1945). 역사적으로 유엔 창립에 대한 설명에서 강조되는 것은 주요 강대국과 글로벌 사우스들의 역할이었다. 최근 연구에 따르면 가장 큰 투표권을 가진 19개 독립 라틴아메리카 국가와 아프리카 3개국, 중동 7개국, 아시아 3개국 등 글로벌 사우스 대표단의 영향력이 중요했다는 점이 밝혀졌다 (Weiss and Roy 2016; Dietrichson and Sator 2022).

유엔의 주요 기관 중 안전보장이사회, 총회, 사무국, 그리고 국제사법재판소(ICJ) 등 네 곳은 국제연맹의 기관을 본떠 만들어졌다. 유엔헌장은 경제사회이사회(ECOSOC)를 창설하여 연맹 규약의 큰 공백을 해결하고 신탁통치이사회(Trusteeship Council) 산하에 위임 제도를 운영했다. 제4장에서 자세히 살펴보듯이, 유엔은 많은 부서와 기능을 갖춘 복잡한 시스템으로, 여러 약점에도 불구하고 설립 이래 글로벌거버넌스의 중심이 되었다. 유엔 무역개발회의(UNCTAD), 유엔아동기금(UNICEF), 국제원자력기구(IAEA) 등 유엔체제 내에서 수많은 프로그램, 기금, 위원회 등 다양한 IGO가 설립되었다. 유엔은 글로벌컨퍼런스와 정상회의를 후원해 왔으며, 글로벌 정책네트워크의 촉매제 역할을 하고 있으며 비국가행위자들과의 파트너십도 점점 더 확대되고 있다.

유엔체제의 핵심 요소 중에는 초기 두 개의 공공 국제조합인 ITU와 UPU를 포함한 여러 전문기관이 있다. 지금은 세계무역기구(WTO)와 국제이주기구(IOM)를 비롯해 여러 관련 기관들이 속해 있다.

기능 및 전문기구의 확장

보건, 경제, 무역, 노동문제, 환경 위협과 같은 특정 문제를 해결하기 위한 단일 기능 IGO의 설립은 국가 정부로부터 이어져 온 패턴을 반영한다. 시간이 지남에 따라 새로운 문제와 충족되지 않은 요구에 대응하여 보다 전문화된 문제를 해결하기 위한 새로운 조직이 만들어졌다. 이에 따라 19세기 중반 이후 기능적이고 전문화된 IGO의 수는 기하급수적으로 증가했다.

기능주의이론에 따라 전문기구는 한때 비정치적인 조직으로 인식되었으며, 기술 전문가들이 회원국 간의 문제에 대한 해결책을 제시하는 기능을 담당했다. 그러나 이러한 IGO가 다루는 문제는 단순한 기술적 문제가 아니라 국가 주권의 핵심과 깊은 정치적 관심사들, 특히 규칙과 규정이 확장됨에 따른 문제들이기 때문에 정치와 동떨어져 있는 것이 항상 가능한 것은 아니다. 그럼에도 불구하고 IGO는 기능적이고 전문화된 특성을 유지하며 글로벌거버넌스의 중요한 요소로서 특정 이슈에 대한 거버넌스 활동의 제도적 핵심을 형성한다.

유엔 창립자들은 전문기구들이 경제 및 사회 발전을 목표로 하는 활동에서 핵심적인 역할을 할 것으로 예상했다. 이에 따라 유엔헌장 제57조와 제63조는 경제, 보건, 식량, 교육, 문화 분야에서 '광범위한 국제적 책임'을 지는 별도의 정부 간 협정에 의해 설립된 전문기구들이 유엔과 긴밀한 연관하에 활동하도록 요구하고 있다. 오늘날 17개 전문기관은 ECOSOC 및 총회와의 협정을 통해 공식적으로 유엔에 가입되어 있다. 이들 기관은 유엔과 마찬가지로 지역보다는 글로벌 차원의 책임을 가지고 있지만, 별도의 헌장, 회원국, 예산, 사무국은 물론 자체의 이익과 고객층도 가지고 있다 (추가 논의는 제4장을, 그리고 관련 전문기관의 전체 목록은 도표 4.2를 참조하라). 유엔체제에는 유엔 자체에서 설립하고 안전보장이사회 또는 총회에 보고하기 때문에 전문기관으로 분류되지 않는 기능 조직이 상당수 존재한다. 또한 유엔체제 밖에도 다양한 전문 기능 기관들이 있다. 일부는 지역적 기관이며, 다른 기관은 특정 사안에 대해 공통의 이해관계를 가진 국가들에 의해 형성되었다. 도표 3.2는 다양한 기능 전문기관들을 나열하고 있다.

여기서는 네 가지 활동 영역에서 거버넌스와 핵심 기능적 IGO의 진화에 대해 논의하며, 다른 활동들은 후속 장에서 논의한다. 건강, 통신, 노동문제를 해결하기 위한 노력은 19세기에 시작되었고, 경제, 농업, 식량문제는 20세기에 등장했다. 또한 19세기에 시작된 표준화 운동과 제2차 세계대전 이후 IGO가 아니라 IO로 탄생한 국제표준화기구(ISO)의 창설에 대해서도 살펴본다.

보건문제와 세계보건기구

가장 오래된 기능 활동 영역 중 하나는 국경을 초월한 보건문제이다. 중세 시대에는 유럽과 동아시아 간의 무역이 확대되면서 전염병도 무역 경로를 따라 퍼졌다. 유럽의 아메리카 대륙 발견은

도표 3.2 | 기능적 정부간기구 (선별)

유엔체제 내부의 기능 조직
- 식량농업기구
- 국제원자력기구
- 국제민간항공기구
- 국제노동기구
- 국제해사기구
- 국제통신연합
- 유엔 난민고등판무관
- 만국우편연합
- 세계보건기구
- 세계기상기구

기타 기능 조직
- 국제커피기구
- 국세포경위원회
- 북서대서양어업기구
- 석유수출국기구

지역 기능 조직
- 아프리카개발은행
- 아랍통화기금
- 서아프리카경제공동체
- 유럽중앙은행
- 메콩강위원회
- 범미주보건기구

천연두, 홍역, 황열병과 같은 질병을 서반구로 확산시켰다. 19세기 유럽에서 무역과 여행이 증가하면서 치명적인 질병이 국경과 인구를 넘어 확산이 가속화되었다. 분명히 어떤 국가도 단독으로 보건문제를 해결할 수는 없었고, 그래서 협력이 필요했다.

유럽에서 콜레라가 발생하자 1851년 파리에서 공중 보건 및 의학에 대한 지식 증가와 위생 개선을 바탕으로 공동 대응을 발전시키기 위한 첫 번째 국제위생회의가 소집되었다. 1851년부터 1903년까지 전염병 및 전염병의 확산을 방지하기 위한 절차를 개발하기 위해 이와 유사한 11개의 회의가 개최되었다.

1907년 콜레라, 페스트, 황열병 등 전염성 질병에 대한 정보를 전파하기 위해 국제공공위생사무소(Office International d'Hygiène Publique)가 설립되었다. 10여 년 후, 국제연맹 이사회의 요청에 따라 상설 국제보건기구를 준비하기 위한 국제회의가 열렸다. 이 사무소는 이 새로운 보건기구의 일원이 되지는 않았지만, 자체 사무국을 가진 별개의 기관으로 남았다.

1948년 세계보건기구(WHO)는 유엔의 유일한 보건 전문기관으로 탄생했다. 이 기구의 주요 의사결정 기관은 194개 회원국의 대표단으로 구성된 세계보건총회(WHA)로, 구성원은 대부분 의사이거나 보건 또는 관련 정부 부처 출신들이다. 이는 ITU와 UPU가 최초의 공공 국제조합으로 설정한 형식을 반영하며, 유엔 총회와는 크게 다른 전문적인 분위기를 조성한다. 각 국가는 한 표를 행사하며, 단순 과반수 또는 중요한 이슈에 대해서는 3분의 2 이상 과반수로 결정한다. WHA는 다른 많은 기능 기구의 총회나 회의와 달리 매년 회의를 개최한다. WHA는 WHO의 입법 기관으로서 생물학적, 의약품 및 기타 제품에 대한 위생 및 검역 조건과 표준에 관한 국제규정을 승인하며, WHO의 예산을 통제한다. 또한 사무총장을 임명하고, 집행이사회 위원을 선출하고, 협정을 채택하고, 목표와 정책을 설정한다.

WHO 집행이사회는 WHA가 3년 임기로 선출한 34명의 전문 자격을 갖춘 사람들로 구성된 소규모 그룹이다. '신사협정'에 따라 유엔 안전보장이사회 회원국 중 최소 3개국이 대표되어야 한다. 이사회는 WHA 의제와 결의안을 검토하고 WHA 결정 및 정책의 실행을 감독한다. 제네바에 위치한 WHO 사무국은 여러 주요 역할을 맡고 있다. WHA가 승인한 프로그램을 수행하고(종종 각국 보건부, 비정부기구, 연구 기관 등과 협력하여), 과학 및 기술 전문 지식의 글로벌허브로서 기술 지침과 지원을 제공하며, 국제보건 비상사태에 대한 대응을 조정하는 것 등이다. WHO는 1998년부터 2003년까지 사무총장으로 여성인 전 노르웨이 총리 브룬틀란트(Gro Harlem Brundtland)를 임명한 최초의 유엔 전문기관이라는 점에서 특이하다.

WHO는 전형적인 기능주의 조직으로, 회원 수(194개 회원국), 직원 수(150개국 7,000명), 예산(2020~2021년 기준 58억 4,000만 달러) 측면에서 유엔 전문기구 중 가장 큰 기관 중 하나로, 보건문제에 대한 보편적 관심을 잘 보여준다. 많은 유엔 기관들과 달리, 기금의 상당 부분은 국가의 자발적인 기부(정규분담금 외에도)와 빌 앤 멜린다 게이츠 재단 같은 민간 기부자들로부터 나온다. 이러한 기부금은 예산 외 기금으로 알려져 있으며, 일반적으로 소아마비 퇴치나 HIV/AIDS 프로그램과 같은 특정 목적을 위해 사용된다. 세계은행은 1980년대 후반부터 WHO의 예산과 프로그램의 주된 후원자였다. WHO는 또한 6개의 지역 사무소(아프리카, 아메리카, 동남아시아, 유럽, 동지중해, 서태평양)를 두고 있으며, 자체의 프로그램을 채택하고 이사를 선출하며, 자체 예산을 통제할 수 있는 상당한 자율성을 가지고 있다. 사무총장과 WHO 관계자들, 그리고 많은 WHA 대표들이 의사와 공중보건 전문가로 활동하면서, 이들은 기술적 전문 지식과 훈련을 바탕으로 강력한 인식 공동체를 형성하고 있다. WHO는 유니세프나 세계은행과 같은 다른 IGO들뿐만 아니라 게이츠 재단 및 NGO 등 민간 파트너들과도 협력관계를 맺고 있다. 여기에는 세계백신면역연합(GAVI)과 에이즈, 결핵 및 말라리아 퇴치를 위한 글로벌기금(Global Fund to Fight AIDS, Tuberculosis and Malaria)이 포함된다.

오늘날 WHO의 활동은 네 가지 주요 분야를 포함한다. 전염성 질병의 확산 억제, 질병 박멸, 보건 표준 설정 및 규범 제정, 그리고 종종 생활 방식과 관련된 건강문제라고 불리는 비전염성 질병 관리 등이 있는데, 이 중 질병 박멸은 여전히 가장 중요한 활동이다.

1951년, WHO는 국제위생규정(International Sanitary Regulations)을 승인했으며, 이 규정은 1969년 개정판에서 국제보건규정(IHR)으로 이름이 변경되었다. 이 규정은 "전염병 확산과 관련된 국가의 국제사회에 대한 의무를 명시적으로 규제하는" 유일한 국제조약이다. 또한 WHO를 '모든 필수 질병 감시 정보의 보고소'로 지정했다(Youde 2012: 147). 처음에 IHR은 국가들이 황열병, 콜레라, 페스트, 천연두 등 네 가지 전염성 질병의 발병을 보고하고 국제여행과 상업에 지장을 주지 않으면서 발병을 억제하기 위한 적절한 조치를 취할 것을 요구했다. 시간이 지남에 따라 정부는 종종 적시에 발병을 보고하지 않거나 관광 수입 손실 같은 경제적 피해를 우려하여 사례 수를 축소 보고하기도 했지만, 일부 실패는 결국 제한된 정책 자원의 결과였다. 천연두는 1981년에 성공적으로 박멸되었다.

그러나 세계화는 이주, 항공 운송, 무역, 유엔평화유지군을 포함한 군대 이동을 통해 개인과 지역사회의 질병 전파, 발병률, 취약성에 심각한 영향을 미쳤다. 1980년대와 1990년대에는 에볼라, 웨스트 나일 바이러스, HIV/AIDS와 같이 IHR의 적용을 받지 않는 새로운 질병이 등장했다. 결핵과 같이 통제되고 있다고 생각되던 오래된 질병도 종종 약물에 내성이 있는 다양한 형태로 다시 나타났다. 1995년 도쿄 사린 신경가스 공격과 2001년 미국 탄저균 공포와 같은 생물학 테러 사건으로 인해 보건에 대한 새로운 위협이 발생했다. 동시에 인터넷, 휴대폰 및 기타 기술은 한때 국가들이 숨기는 게 가능했던 발병에 대한 더 빠르고 나은 정보를 제공했다. 이를 통해 WHO가 정부 외의 비국가행위자로부터 발병 보고를 받고 사건이 국제적으로 우려되는 공중보건 비상사태에 해당하는지 여부를 결정하는 역량이 매우 중요해졌다.

1995년, 세계보건총회는 현대 보건 위협에 더 적합하고 효과적으로 대응하기 위해 IHR을 대대적으로 개정하도록 사무총장에게 요청했다. 협상은 거의 10년이 걸려 2005년에 마무리되었고, 개정된 IHR은 2007년에 발효되었다. 주요 개정사항에는 보고해야 할 특정 공중보건 위험을 나열하는 대신 이제 '인류의 보건에 심각하고 직접적인 위협을 가하는' 모든 사건이 포함되도록 변경되었다 (제1조 1항). 이로 인해 IHR은 더 유연하게 미래의 공중보건 위협에 대응할 수 있게 되었다. 특히 중요한 것은 WHO가 비정부 출처로부터 정보를 얻고 행동할 수 있게 됐다는 점이다. IHR은 회원국(2020년 말 기준 194개국 및 2개 지역)이 자체 감시 및 대응 시스템을 평가하고 핵심 역량을 보장하기 위한 계획을 실행하도록 요구한다. 또한 공중보건 비상사태와 관련하여 인간의 건강권을 명시적으로 인정하고 있다. 그러나 이 규정에는 실행을 지원하기 위한 재정자원이 포함되지 않았으며, 그래서 일부 비평가들은 IHR이 보다 넓은 의미에서 보건과 지원 요소라는 개념 대신 단순히 보건과 '질병의 부재'를 연결하는 틀을 영구화한다고 비판한다 (Youde 2012: 128-129). 또한 개정된 IHR은 국가의 투명성 문제를 근본적으로 제거하지는 못했으며, 이는 2020년 중국 정부가 코로나바이러스 발생에 대한 초기 정보를 제한한 사례에서 분명히 드러났다 (제11장에서 자세히 논의됨).

WHO의 가장 큰 업적 중 하나는 1980년 천연두를 성공적으로 박멸한 것으로, 천연두는 지금까지 완전히 박멸된 유일한 인간 질병이다. 말라리아와 소아마비 퇴치 캠페인은 이러한 성공을 바탕으로 WHO의 현재 활동에서 파트너십의 중요한 역할을 잘 보여주고 있다. 국제로타리(Rotary International)와 빌 앤 멜린다 게이츠 재단은 유니세프, 글로벌백신연합, 미국 질병통제예방센터와 함께 이 캠페인에서 특히 중요한 역할을 해왔다. 소아마비 퇴치의 목표는 2006년에 실현될 뻔했지만 나이지리아의 백신 접종에 대한 현지 저항으로 인해 발병이 발생하여 이후 이웃 국가, 남아시아, 시리아 등으로 확산되었다.

WHO는 세 번째 주요 활동 분야인 표준 설정 및 규범 제정에서는 대기오염과 식수에 대한 기준을 설정했다. 1970년 초, WHA는 수입 의약품의 품질과 저급한 제약회사의 의약품 수출에 대해 우려하는 개발도상국들의 촉구에 따라 라벨링, 효능, 순도, 안전성 등의 문제를 다루는 의약품 제조 지침을 승인했다. WHO는 또한 가난한 국가의 항레트로바이러스 에이즈 치료제 가격문제와 코로나19 팬데믹 기간 동안 백신배포 문제에 대해 제약 업계와 논의해 왔다. 개발도상국에서 의약품의 접근성, 품질, 경제성 문제는 WTO 관련 지적 재산권 및 제네릭 의약품 문제와 겹치는 지속적인 문제이다. WHO의 표준 설정 및 규범 제정의 또 다른 분야는 보건을 공공재로 인정하고 필수 의약품에 대한 보편적 접근성을 보장하며 의료 제공에 차별을 금지하는 1978년 알마아타선언(Alma Ata Declaration)으로 시작된 '2000년까지 모든 사람을 위한 건강(Health for All by 2000)' 프로그램이었다.

2003년, WHA는 담배 규제에 관한 기본협약(Framework Convention on Tobacco Control)을 승인했다. 이는 비감염성 질병 또는 생활 방식 관련 건강문제와 같은 네 번째 활동 영역에서 중요한 진전이었다. 그중 중요한 것은 2003년 "세계보건보고서(*World Health Report 2003*)"가 예방 가능한 사망 원인으로 지목한 흡연과 담배 반대 캠페인으로, 약 500만 명에 달하는 흡연 관련 사망자는 선진국에서 소비가 크게 감소한 이후 주로 개발도상국에서 발생했다 (Youde 2012: 41-42). 당연히 이 캠페인은 대형 담배 회사들과 초기 미국의 강력한 반대에 부딪혔다. 기본협약을 협상하기로 한 결정과 이 문제에 대한 광범위한 비정부기구 활동에 대한 이야기는 제6장에서 논의된다. 이 협약은 담배 제품의 광고를 금지하고, 포장지에 건강 경고문을 삽입하며, 담배 제조업체에 더 넓은 책임을 부과한다. 2005년에 발효되어 2023년 기준으로 182개 당사국(미국, 인도네시아, 아르헨티나는 3대 비비준국이다)이 이를 비준했다.

기본협약은 WHO가 규정 제19조에 의해 부여된 권한을 사용하여 글로벌 보건조약을 채택한 최초의 사례이며, 2012년에 체결된 담배 제품 불법거래 근절의정서(Protocol to Eliminate Illicit Trade in Tobacco Products)에 의해 보완되었다. 그러나 협약의 이행은 더디고 개발도상국에서 흡연율이 계속 증가하고 있다. 판매 제한 조치는 시행되지 않았으며 전반적으로 이 문제는 추진력을 잃고 있다.

WHO는 여전히 글로벌 보건거버넌스의 핵심 IGO이다. 우리는 제11장에서 WHO의 중요한 역할을 더 자세히 살펴볼 것이다. 여기에는 2014년 서아프리카의 에볼라와 전 세계적인 코로나19 팬데믹과 같은 주요 전염병 발생에 어떻게 대처했는지도 포함된다.

통신

건강문제와 마찬가지로 통신 서비스도 19세기 전신과 전화의 발명에서 20세기에는 라디오, 컴퓨터, 위성, 인터넷, 21세기 초에는 다양한 소셜미디어로 급격히 변화했다. 1865년 국제전기통신연합(ITU)이 설립되면서 사람들은 하나의 국제네트워크를 통해 소통할 수 있게 되었다. 하지만 이러한 네트워크가 변화하고 새로운 유형의 통신 장치가 개발되면서 1932년 국제전파연합(International Radio Union)과 합병한 후속 조직인 ITU는 공식적인 법령보다는 비공식적인 합의에 기반을 두고 있었다. 여기에는 우주 공간과 영공의 전파 스펙트럼에 대한 개방적 접근과 선사용(prior use) 원칙이 포함된다. 국가는 특정 주파수를 사용하거나 사용하지 않을 권리를 존중해야 하며, 또한 외국 기업을 자국의 통신 산업에서 배제하고 법적 독점의 기반을 마련할 권리가 있다. 대부분의 통신 관련 규범은 다양한 협정, 성명서, 국가 및 업계 관계자의 행위에서 도출되어야 한다.

다중적인 거버넌스 구조가 상호 작용하는 보건 분야와 마찬가지로 ITU는 통신에 중점을 둔 수많은 공공 및 민간기관 중 하나이다. ITU는 다양한 기술에 대한 기술표준을 보장하고 무선 전송에 대한 간섭을 방지하는 데 상당한 관심을 기울이고 있다. ITU는 비정부기구인 ISO 및 국제전기기술위원회와 협력하고 있으며, 이러한 기술표준을 설정할 때 글로벌 표준협력그룹산하의 지역기구들과도 함께 한다.

ITU는 UPU와 함께 전문적이고 기능적인 IGO를 위한 여러 구조를 정립하는 데 신구자직 역할을 했다. 예를 들면 정기회의와 사무국에서 회원국 대표단은 압도적으로 기술 전문가를 우선시한다. 3~4년마다 개최되는 ITU 행정회의에서는 기술적인 문제를 다루는 반면, 전권대사회의는 4년마다 열려 예산을 수립하고 행정위원회 위원, 사무총장 및 사무차장, 부문 국장, 전파규제위원회(Radio Regulations Board) 위원을 선출한다. 또한 ITU 협약을 개정하고 전략계획을 승인하며,

기타 현안들을 다룬다.

인터넷의 폭발적 성장은 세계화와 아이디어, 문화, 기술의 확산에 중요한 역할을 해왔다. 인터넷은 또한 여러 가지 거버넌스문제와 새로운 규칙 및 이러한 규칙을 시행하기 위한 새로운 유형의 권한의 필요성을 제기했다. 글로벌거버넌스에서 눈에 띄는 특징은 ITU 같은 정부간기관이 아닌 민간 권위와 거버넌스 방식이 지배적이라는 점이다. 인터넷 초창기에는 이 규칙이 기술적으로 정교한 소수의 인식론적 사용자 커뮤니티의 산물이었으며, 오랫동안 인터넷 거버넌스에는 국제인터넷주소관리기구(ICAAN)라는 단 하나의 주요 행위자만 참여했다. 이 회사는 캘리포니아에 본사를 둔 비영리 단체로, 인터넷 주소 시스템을 관리하고 도메인 이름을 할당하며, 이름 재할당 규칙을 설정하고, 도메인 이름을 판매하기 위한 규정을 설정했다.

당연히 인터넷 사용이 확산되면서 그 거버넌스에 누가 포함되어야 하는지, 그것이 정부의 책임인지 민간 부문, 기술 커뮤니티, 시민사회, 정부 등 여러 이해관계자가 공유해야 하는지 등에 대한 다양한 견해가 등장했다. ITU가 역할을 하고 있었지만 다중이해관계자 모델이 대부분 지배적이었기 때문에 ITU가 중심 역할을 한 건 아니었다. 2003년과 2005년에 유엔은 정보사회 세계정상회의(WSIS)를 소집하여 모든 주요 이해관계자들을 모아 다양한 인터넷 관련 문제를 논의했다.

WSIS는 인터넷을 누가 관리해야 하는지에 대한 논쟁을 주도했다. 시민사회 행위자들은 인터넷 인프라와 거버넌스문제를 개발도상국의 발전과 형평성 문제로 확장하고, 개인의 이익이 정부나 기업의 이익과 동등한 목소리를 낼 수 있도록 하기 위해 투쟁했다 (Carr 2018: 747-748). 당연히 일부 국가는 인터넷 거버넌스가 정부의 책임이라는 이유로 외국 민간 행위자(특히 미국에 기반을 둔 민간 행위자), 기술 커뮤니티 또는 시민사회에 권한을 부여하는 것에 반대했다. 최종 결과는 유엔체제 내 다중이해관계자 무대인 인터넷 거버넌스 포럼의 창설이었다. 이 포럼에는 인터넷 거버넌스문제 논의를 위해 정부, 상업 민간 부문, 공공 시민사회 단체의 회원들로 구성된 자문그룹이 포함된다. 포럼은 유엔 사무총장이 소집하고 매년 회의를 개최한다. 2015년에는 그 임무가 10년 더 연장되었다.

ITU는 정보통신기술 데이터베이스 유지 관리를 포함한 여러 가지 WSIS 후속 활동을 조율한다. 또한 도메인 이름과 주소 관리에 대한 논의를 위한 플랫폼이기도 하다. 초기 통신 표준화 역할의 연장선상에서 광대역 표준화 및 케이블 네트워크, 그리고 다양한 유형의 네트워크의 상호 운용성과 관련된 작업을 수행한다. ITU는 또한 인터넷이 전 세계 공공 인프라의 핵심 형태가 됐음을 감안해 개발도상국에서 인터넷 접근성을 개선하기 위해 노력하고 있다.

이 외에 다른 기능 조직의 기원, 기능, 성격은 그들이 해결하기 위해 노력한 문제의 성격을 반영하는 경향이 있다. 그런 점에서 ILO의 역사는 WHO나 ITU의 역사와는 상당히 다르다.

노동문제와 ILO

ILO의 기원은 19세기 웨일스 출신 오웬(Robert Owen)과 프랑스 출신 르그랑(Daniel Legrand)이라는 두 명의 기업가가 노동자들을 학대로부터 보호하기 위한 조직을 제안하게 된 시기로 거슬러 올라간다. 긴 공장 근무 시간, 열악한 노동 조건, 낮은 임금은 노동자의 권리를 증진시키기 위한 노동조합의 결성으로 이어졌다. 1913년, 이러한 불만을 해결하기 위해 초국가적 조직인 국제노동조합연맹이 결성되었다. 많은 유럽 국가에서 투표권이 확대되면서 노동계는 점점 더 정치적 중요성을 인식하게 되었고, 오웬과 르그랑의 사상은 1919년 파리평화회의에서 세계평화는 사회정의에 대한 관심을 통해서만 달성될 수 있다는 믿음을 바탕으로 ILO 헌법이 채택되었다 (Murphy 1994 참조). 이처럼 ILO는 국제연맹 구조 내에서 자율적인 조직으로 탄생했고, 후일 유엔과 관련된 다른 기능 조직에도 제도적 모델로 적용되었다.

ILO 헌법 서문에 명시된 중요한 원칙들은 설립의 인도주의적, 정치적, 경제적 동기를 자세히 설명하고 있다. 첫 번째 원칙은 "노동 조건은 … 부당함, 고난, 다수 사람들의 궁핍과 관련이 있다"는 인도주의적 인식에 기반을 두고 있다. 이러한 부당함이 지속되면 국제평화 및 조화를 깨뜨릴 수 있는 정치적 위협을 제기한다. 둘째, "어떤 국가가 인도적인 노동 조건을 채택하지 못하는 것은 자국의 노동 조건을 개선하고자 하는 다른 국가들의 방식을 방해한다"는 경제적 합의가 있다. 아이러니하게도 노동계는 ILO의 일반적인 목표에 동의하면서도 제안된 조직이 너무 약하고 노동 기준을 설정할 능력이 부족하다고 생각하여 실제로는 설립에 반대했다.

ILO의 주요 활동은 국제협약을 통해 근로자 처우의 기준을 설정하는 것이다. 1919년부터 1939년까지 ILO는 근로 시간, 모성 보호, 최저 연령, 노령 보험 등과 관련된 67개의 협약을 승인했다. 1926년에는 각국의 인권, 특히 근로자의 권리를 모니터링하는 절차를 마련한 최초의 국제기구였다. 1926년에는 조약 이행에 관한 국가 보고서를 검토하기 위해 전문가 위원회의 연례회의 시스템도 도입했다.

ILO는 190개 이상의 협약과 보완 프로토콜을 체결했으며, 그 중 155개는 2023년부터 발효에 충분한 비준을 받았다. 또한 구속력은 없지만 200개 이상의 권고를 제안했다. '기본협약'으로 지정된 11개의 협약과 프로토콜 중에는 강압 및 강제 노동의 철폐, 결사의 자유와 단체 교섭권, 고용 차별 철폐, 산업 보건 및 안전, 아동 노동의 폐지에 관한 내용이 포함되어 있다. 2023년 기준으로 120개국이 이러한 기본협약을 모두 비준했으며, 미국은 단 2개(강제 노동과 아동 노동 금지 협약)를, 중국은 7개를 비준했다. 영국과 독일은 10개, 일본은 8개, 러시아는 11개 모두를 비준했다. 네 개의 협약은 국제노동기준체제에서의 중요성 때문에 '우선협약'으로 지정되어 '거버넌스'협약이라고도 불린다. 가장 최근의 협약(제190호)은 코로나19 팬데믹 기간 동안 많은 의료 종사자들이 직장 내에서, 심지어 환자들로부터도 괴롭힘과 폭력을 경험하면서 강조된 문제인 근로자의 직장 내 존중받을 권리를 다루고 있다. 많은 국가에서 단결권 및 교섭권, 노예제 및 강제 노동 금지, 근로 시간 규제, 임금에 관한 합의, 근로자의 보상 및 안전과 같은 문제에 대한 국제노동규약이 국내법으로 직접 적용된다.

스위스 제네바에 본부를 둔 ILO는 1946년 유엔 전문기관이 되었다. ILO는 국제노동회의, 관리기구, 국제노동사무소 등 세 개의 주요 기관을 통해 업무를 수행하며, 각 기관은 정부 관료, 고용주,

근로자가 참여하는 삼자대표제 구조를 포함하고 있다. 이처럼 정부 대표와 비정부 대표의 통합은 다른 어떤 IGO에서도 볼 수 없는 독특한 접근 방식이다. 냉전 시대에는 공산주의 국가에서 정부, 경영자, 노동자 간의 명확한 구분이 없었기 때문에 삼자대표제 구조는 논란의 여지가 있었다. 1990년대 이후 노동조합의 조합원 수가 감소하고 비노조 근로자를 대신해 정책 자문을 제공하고 주요 모니터링 역할을 수행하는 비정부기구가 늘어나면서 삼자대표제 구조는 다시 논란에 휩싸였다. 그러나 비정부기구는 이 구조에서 공식적인 입장을 취하지 않고 있으며, 노동조합 또한 권한을 공유하고 싶어하지 않는다. 따라서 삼자대표제 구조는 더 큰 대표성을 제공하지만, 시민사회의 다양한 성원 사이에는 긴장이 존재한다.

국제노동회의는 ILO의 주요 의사결정 기구이다. 매년 187개 회원국이 모여 회의를 개최하며, 각 회원국은 정부 관료 2명과 노사 관계자 1명씩 총 4명으로 구성된다. 각 개인이 독립적으로 투표하여 국제노동기준을 설정하고, 예산을 채택하며, 전문가 위원회에서 작성한 준수 보고서를 청취한다.

집행 기관인 관리기구는 프로그램과 예산을 수립하고 사무총장을 선출한다. 관리기구는 28개 정부, 14개 고용주, 14개 노동자그룹을 대표하는 56명의 회원으로 구성된다. 10대 '핵심 산업국가'(브라질, 중국, 프랑스, 독일, 인도, 이탈리아, 일본, 러시아, 영국, 미국)는 정부 의석을 보장받는다. 나머지 정부 회원들은 3년마다 국제노동회의에서 선출된다. 고용주와 노동자 회원들은 구성원그룹에 의해 선출된다.

국제노동사무소는 사무총장의 지휘 아래 5년 임기의 상설 사무국을 구성하고 있으며 사무총장은 연임 가능하다. ILO는 약 3,300명의 직원을 고용하고 있지만, 5개 지역 사무소와 107개 현장 사무소는 대부분 제네바 외 지역에 소재해 있다.

기능 기구 중에서 ILO는 국가의 협약 준수를 모니터링하는 가장 효과적인 시스템으로 간주되며, 이는 다른 기관의 인권 모니터링에서 모범이 되어 왔다. 정부는 다양한 ILO 협약이 적용되는 노동 관행에 대해 보고해야 하며, ILO 직원들은 전문가 위원회에 대한 의견을 준비하고 정부 보고서를 보완하기 위해 직접 접촉하거나, 다른 유엔기구의 보고서, 고용주 및 근로자그룹의 보고서를 사용할 수 있다. 전문가 위원회의 조사 결과는 국가에 구속력은 없지만 최종 보고서 작성을 위해 회의 위원회로 전달된다. 경우에 따라 ILO는 지속적인 미준수 불만에 대한 조사를 수행하고 문제해결을 위한 조치를 권고하기 위해 세 명의 독립적인 위원으로 구성된 조사위원회를 구성할 수 있다. ILO의 역사를 통해 총 13개의 위원회가 설립되었다. 1998년 조사위원회에서는 미얀마가 강제노동 협약을 준수하지 않았다는 사실이 밝혀져 비난과 함께 ILO 개발기금을 거부당한 사례가 있다. 2000년에는 국제노동위원회에 미얀마에 대한 조치를 취하도록 촉구하기 위해 처음으로 헌장 제33조가 발동되었다. 그러나 통상적인 방식은 강제조치 대신 해당 국가와 협력하여 규정 준수를 촉진하기 위한 기술지원 프로그램을 제공하는 것이다. 예를 들어, 2015년에 제기된 불만 사항은 베네수엘라의 최저임금, 결사의 자유 및 조직권, 국제노동기준 위반 등과 관련된 것이었다. 2022~2023년의 또 다른 사례는 카타르 월드컵 축구 시설 근로자의 노동규칙 위반과 관련이 있다.

ILO 업무는 시간이 지남에 따라 크게 변하지 않았지만 조직의 관할권은 더욱 넓어졌다. 처음에 가장 관심을 가진 것은 남성 임금 노동자의 근로 조건을 개선하기 위한 기준이었다. 기준은 산업 건강과 안전을 포함하도록 확장되었다. 최근 몇 년 동안 ILO는 여성, 이주자 및 가사 노동자, 원주민 및 부족민 등 이전에 대표되지 않거나 노조화되지 않은 근로자에 대한 협약을 승인했다. '품위있는 일(Decent Work)'이라는 이름의 행동 플랫폼은 일자리 창출, 직장 내 권리, 사회 보호 및 대화, 성평등에 중점을 두어 세계화로 인한 불평등을 해결하는 것을 목표로 한다.

ILO는 노동문제와 표준에 전념하는 핵심 전문 기능 조직이다. 아동 노동과 재택근무를 포함한 임금 및 고용 동향에 대한 주요 데이터 출처이기도 하다. 점점 더 노동문제가 무역문제 및 WTO의 업무와 중첩된다. 여러 국가와 비정부기구들이 무역 규칙과 노동기준이 연계되어야 한다고 주장해왔다. 그러나 많은 개발도상국은 값싼 노동력과 같은 경쟁 우위를 약화시키고 싶어 하지 않는다. 이들에게 노동문제를 해결하기 위한 적절한 포럼이 바로 ILO이다. 그럼에도 불구하고 두 개의 지역 조직은 무역과 노동문제를 연계해왔다. 공동시장과 단일시장을 확장하면서 노동권 문제를 해결한 오랜 성공적인 역사를 가진 유럽연합, 그리고 북미자유무역협정(NAFTA)과 부수적 합의인 북미노동협력협정(North American Agreement on Labor Cooperation)이다.

노동문제에 대해서는 국제거버넌스 노력의 오랜 역사가 있지만, 다른 경제 활동 분야는 제2차 세계대전이 끝난 이후에야 국제협력의 대상으로 등장했다. 여기서는 1940년대에 마련된 국제경제 거버넌스의 기초를 살펴보기로 한다.

산업혁명이 확대됨에 따라 무역 증가, 자본 흐름, 원자재 가격 변동을 관리할 필요성이 커졌다. 일부 구상은 비공개로, 일부는 공개적으로 진행되었다. 1920년대와 1930년대 초에는 주석과 천연고무와 같은 일부 산업 제품과 원자재를 위한 산업별 카르텔이 만들어져 제품 생산량을 조정하고 가격을 통제했으며, 많은 기업이 가격 담합 및 시장 배분 제도에서 성공을 거두었다.

1930년대에는 민간 카르텔은 물론 정부도 대공황의 영향을 통제할 수 없었다. 미국과 유럽에서는 수백만 명의 사람들이 실직하고 빈곤으로 추락했을 뿐만 아니라 대부분의 원자재 가격이 급락하여 유럽의 아프리카 및 아시아 식민지와 라틴아메리카 독립 국가들이 큰 고통을 겪었다. 1930년 스무트-할리 관세법(Smoot-Hawley Tariff Act)에서 미국을 시작으로 각국 정부는 '근린궁핍화(beggar thy neighbor)' 정책을 채택하여 수입 장벽을 높이고 세계 무역을 붕괴시켰다. 앞의 장에서 언급했듯이 국제연맹은 경제 문제를 해결하기 위해 탄생한 기구가 아니었다. 불황이 전개되면서 국제협력을 시작하려는 노력은 적어도 부분적으로는 미국이 참여를 꺼렸기 때문에 실패로 끝났다.

경제가 붕괴하자 다수의 미국과 영국의 경제학자들은 1930년대에 국제기구가 국제수지 문제를 겪고 있는 국가들을 돕고, 안정적인 환율과 경제적 지원을 제공하며, 차별을 없애고 무역 장벽을 상호적으로 낮추는 역할을 해야 한다는 것을 깨달았다. 그러나 최근 연구에 따르면 빈곤 국가의 경제 발전을 지원하기 위해 외국의 지원을 동원하는 국제기구가 필요하다는 발상은 다양한 출처에서 제기됐다. 그 중 하나는 1930년대 미국 대통령 루스벨트의 라틴 아메리카에 대한 굿네이버정책(Good Neighbor Policy)과 그 지역의 경제발전을 촉진하기 위한 미주은행 설립 협상이었다. 중국의 1911년 혁명 지도자인 쑨원은 1918년 국제개발기구(International Development Organization)를 제안했으며, 브레턴우즈회의에 참석한 중국 대표단은 그의 구상을 홍보했다. 이러한 발상에서 국제기구가 빈곤 국가의 경제발전을 지원해야 한다는 규범이 탄생했다 (Helleiner 2014). 세계은행이 지향한 이중의 역할은 여전히 국제부흥개발은행(IBRD: International Bank for Reconstruction and Development)이라는 공식 명칭과 약어에 반영되어 있다.

상품과 자본의 흐름에 대한 장벽을 줄이고 자국의 복지를 위한 국제경제협력의 가치를 인식한 미국은 개방형 국제경제의 비전과 제도를 설립하는 리더십, 다른 나라들을 도울 수 있는 자금을 제공했다. 1942년부터 1944년까지 미국 재무부의 수석 국제경제학자였던 화이트(Henry Dexter White)와 영국 경제학자 케인스(John Maynard Keynes)는 1944년 뉴햄프셔주 브레턴우즈에서 열린 컨퍼런스에서 경제거버넌스에 대한 계획을 경쟁적으로 발표했다. 케인스는 미국 경제력에 독립적이고 균형 잡힌 대항력을 제공하기 위해 신용 흐름을 조절할 수 있는 세계 중앙은행을 제안했고, 유동성 문제를 겪고 있는 국가에 대한 대출을 용이하게 하기 위해 새로운 국제통화를 만드는 방안을 선호했다. 이에 비해 화이트는 국제무역의 성장을 촉진하면서도 국제경제에서 미국 달러가 핵심 역할을 유지할 수 있는 더 약한 기관을 선호했다.

이 두 가지 구상 중 화이트의 계획이 승리했다. 새로 설립된 국제통화기금(IMF)은 세계 중앙은행이 아니라 단기 국제수지 어려움에 직면한 국가에 금융 안정을 제공하여 국제무역을 촉진함으로써 경제 성장을 촉진하는 역할을 부여받았다. 시간이 지남에 따라 지원 조건에 대한 미국의 견해도 반영되어 1980년대에 크게 강화되었다(제8장 참조).

무역의 거버넌스가 어떻게 진행되어야 하는지에 대한 아이디어도 다양했다. 브레턴우즈회의에서 무역 규칙에 대한 일반적인 틀과 지속적인 무역 논의의 장을 마련하기 위해 포괄적인 기구인 국제무역기구(ITO)가 제안되었다. 한 가지 논란의 여지가 있는 이슈는 상품 관련 특별한 문제였다. 케인스의 영향력 아래 영국은 해로운 가격 변동성을 줄이기 위해 국제정부가 통제하는 상품 완충재를 주장했다. 미국은 이러한 모든 계획에 반대했다. 관련된 자세한 내용은 1948년 아바나회의에서 승인된 국제무역기구 헌장에 반영되었다.

아바나회의에서는 다른 주요 이견들도 드러났다. 미국은 광범위한 무역 자유화를 선호한 반면, 영국을 포함한 유럽 국가들은 식민지 및 이전 식민지와의 특별우대협정을 유지하는 데 더 관심이 많았다. 이전 협상에 불참한 많은 개발도상국들은 상품 수출업체를 보호하는 제도에 강력히 찬성하는 입장을 취했다. 쿠바, 콜롬비아, 엘살바도르는 일방적인 생산자 행동과 같은 정책을 옹호하며 중요한 역할을 했다. 그러나 개발도상국들의 노력은 실패했고, 선진국들의 선호대로 생산자 및 소비자에게 제한적 특권만을 부여하고 투표권이 동등하게 균형을 이루는 제도로 귀착되었다. 또한 부유한 국가에서 가난한 국가로 경제 자원을 이전하는 데 무역 제도를 활용해야 한다는 논의도 없었다.

이러한 주요 차이점은 미국 의회에서 보호주의자와 자유무역주의자 연합 간의 충돌을 초래했고 다른 선진국들의 열의 부족과 맞물려 ITO는 설립되기도 전에 실패로 끝났다. 아바나 헌장은 결국 비준되지 않았다. 대신 ITO 협상 참가자 중 23명이 관세 및 무역에 관한 일반협정(GATT)을 제안했다. 제8장에서 설명하는 것처럼 GATT는 1949년부터 1995년까지 무역협상의 주요 무대가 되었으며, 1940년대에 예상했던 것을 훨씬 뛰어넘는 분쟁 해결 인프라를 갖춘 WTO의 탄생으로 이어졌다.

브레턴우즈체제를 구성하는 세 기관은 경제거버넌스의 시스템적 약점을 해결하고 자유주의 경제질서를 촉진하기 위해 설계되었다. 세계은행과 IMF는 국제금융공사(IFC)나 국제개발협회(IDA)와 마찬가지로 유엔 전문기관이지만 1990년대 후반까지 대부분 유엔체제와는 독립적으로 운영되었다. WTO는 전문기관이 아니라 유엔 관련 조직이므로 그 사무총장은 유엔체제 내 다양한 기관을 조정하는 기관인 유엔 최고경영자이사회(UN Chief Executives Board)에 참석한다. 세계은행, IMF, GATT/WTO의 거버넌스 역할과 그 제도적 구조는 제8장에서 글로벌 경제거버넌스의 다른 요소들과 함께 심도 있게 논의될 것이다.

식량농업기구와 국제식량레짐

식량과 농업을 위한 국제기구를 설립하려는 노력은 19세기 후반에 처음 시작되었다. 1905년 로마에서 국제회의가 열렸으며, 그 결과 국제농업연구소(International Institute for Agriculture)가 탄생했다. 이 연구소는 회원국 총회(40개), 사무국, 사무총장, 농업 정보 및 식물 질병, 일반 통계 및 경제 및 사회기관 부서 등 초기 IGO를 본떠 설립되었다. 연구소는 1930년에 최초의 농업 인구조사를 발표하고, 가격에 영향을 미치는 주요 작물 보고서와 수출입 통계를 제공했다. 제2차 세계대전이 끝난 후 농업과 식량 공급 재건의 중요성을 인식한 미국은 유엔이 창설되기도 전인 1943년 유엔 식량농업회의(UN Food and Agricultural Conference)를 개최했고, 이를 계기로 1945년 최초의 유엔 전문기관 중 하나로 식량농업기구(FAO)가 설립되었다.

FAO의 목적은 기아를 없애고 영양을 개선하기 위해 농업 생산성을 높이고, 농산물 잉여 및 부족문제를 해결하며, 공통 표준을 설정하고, 자유무역 원칙과 국가의 농업 정책을 조화시키는 것 등이다. 로마에 본부를 두고 전 세계 여러 연구센터를 통해 기초 연구를 수행하며, 어업과 임업을 포함한 농업 활동을 위한 정보센터 역할도 한다. 농업 전문가, 영양사, 경제학자, 사회과학자 등 전문가들은 농업과 식량 공급을 개선하고, 기아와 식량 불안정을 제거하며, 농업을 더 생산적이고 지속가능하게 하고, 농촌 빈곤을 줄이며, 자연 및 기타 재해로부터 생계를 보호하기 위한 정책 및 기술지원을 제공한다. FAO는 전 세계 식량 및 농업 시스템을 모니터링하여 2020년 메뚜기 전염병과 같은 질병과 해충에 대한 조기경고를 제공하고, 적절한 영양 공급을 촉진한다.

1950년대부터 1970년대까지 FAO는 비료, 살충제 및 기술 지원과 함께 쌀과 기타 곡물의 고수확 품종 개발 및 보급을 지원하여 특히 멕시코와 인도에서 수확량이 크게 증가한 것처럼 개발도상국을 위한 녹색혁명(Green Revolution)을 주도했다. 이러한 성과에도 불구하고 1970년대에 발생한 대규모 식량 위기는 FAO의 명성을 훼손했다. 이에 유엔은 1974년 제1차 세계식량회의(World Food Conference)를 개최하여 농업생산과 유통을 강화하기 위한 여러 개혁을 이끌어냈다. 국가별 지소 설립을 통해 FAO의 상당한 분권화가 이루어졌고, 1977년에는 농촌 극빈층에 초점을 맞춘 국제농업개발기금(IFAD)이 설립되었다. 이 기금은 금융 서비스 및 농장 외 고용과 같은 중요한 부수 활동을 포함하여 농촌 지역의 영농 방식을 개선하기 위해 보조금과 저금리 대출을 제공하는 다자개발은행과 같은 역할을 수행한다. 이 또한 유엔 전문기관이기도 하다.

FAO와 IFAD는 국제식량레짐의 세 번째 기관인 세계식량계획(WFP)에 의해 보완된다. 이 기구는 재난 지역, 난민, 이주민, 전쟁 지역뿐만 아니라 심각한 빈곤 및 영양실조 인구에게 식량 지원을 제공하기 위해 1963년에 설립되었다. 이 또한 유엔 전문기관이다. 1980년대부터 유엔의 식량 및 농업 기관의 프로그램 중점은 지속가능한 기아 퇴치에 주어졌다. 이 모든 것은 2000년 이후 유엔이 수립한 두 가지 개발 관련 목표 시리즈인 새천년개발목표(2000~2015년)와 지속가능발전목표(2015~2030년)에 반영되어 있다. 이러한 목표와 식량 관련 기관들은 제8장에서 논의될 예정이다.

유엔의 식량 지원 전담 부서인 WFP는 전 세계 자연재해, 전쟁, 기근에 수반되는 식량 비상사태에 대한 주요 대응 기관이다. 일부에서는 이를 세계 최대의 인도주의 지원단체라고 부르기도 한다. WFP의 임무에는 단기 원조와 장기적인 상황에서의 원조, 그리고 개발을 위한 원조가 포함된다. 코로나19 팬데믹이 본격화되기 전인 2020년 초, 전세계적으로 약 6억 9,000만 명이 굶주리는 것으로 추정되었으며, 55개국(절반 이상은 아프리카)에서 1억 3,500만 명이 기아 위기에 처한 것으로 알려졌다. 2022년에는 51개국에서 약 4,330만 명이 식량 비상사태에 직면했으며, 그중 상위 국가는 아프가니스탄, 소말리아, 에티오피아, 콩고민주공화국, 예멘, 남수단 등이 있다. WFP는 식량안보 문제를 해결하는 데 핵심 역할을 하며, 제11장에서 다시 자세히 설명할 것이다.

WFP는 WHO와 마찬가지로 유엔 회원국, 기타 유엔기금 및 기관, 민간 재단 및 자발적인 기부금과 잉여 식량 기부에 크게 의존하고 있다. 예산의 80%는 미국, 독일, 영국, EU, 스칸디나비아 국가를 포함한 10대 주요 기부국에서 조달된다. 2020년에는 90개국 이상에서 1만 7,000명 이상의 직원이 현장 활동에 참여했으며, 이들은 종종 분쟁지역에서 생명의 위협을 받기도 한다. 이 단체는 식량 배분을 관리하기 위해 자체의 선박, 비행기, 트럭을 보유하고 있다 (World Food Programme 2020). WFP는 3,000개 이상의 지역 및 국제비정부기구, 지역사회 기반 조직과 협력하여 식량을 배급하고 있다. WFP는 인도주의적 위기 상황에서 식량 지원을 제공하는 일이 많기 때문에 유엔 난민고등판무관실(UNHCR: UN High Commissioner for Refugees) 및 유엔 인도주의 업무조정국(OCHA: UN Office for the Coordination of Humanitarian Affairs) 및 기타 식량 관련 기관들과 긴밀히 협력하고 있다.

FAO, IFAD, WFP는 일부 글로벌, 지역 조직은 물론, 범용 조직, 매우 전문화된 조직, 민간 조직과도 연결되어 있다. 여기에는 경제협력개발기구(OECD)의 농업 및 개발지원 위원회(Agriculture and Development Assistance Committee)뿐만 아니라 WTO와 WHO도 포함되며, 이들은 모두 식량체제와 관련된 특정 이해관계와 책임을 공유하고 있다. 1961년 FAO에 의해 설립된 국제식품규격위원회(Codex Alimentarius Commission)는 소비자의 건강을 보호하고 국제농업무역에서 공정한 관행을 보장하기 위해 식품 안전 및 농약 잔류물과 관련된 지침, 국제표준 및 실천 강령을 설정한다.

또한 국제 및 국가 연구기관과 재단, 다양한 NGO 등 민간 행위자들도 있다. 1972년에 설립된 국제농업연구 자문그룹(Consultative Group on International Agricultural Research)은 필리핀에 본부를 둔 국제 쌀연구소와 같은 15개 연구센터의 업무를 조정하고 감독한다. 빌 앤 멜린다 게이츠 재단과 하워드 G. 버핏 재단은 아프리카와 중미의 가난한 농부들로부터 잉여 작물을 구입하여 기아와 굶주림에 직면한 수혜자들에게 식량을 공급하기 위해 WFP에 자금을 지원하고 있다. 이 '진보를 위한 구매(purchase for progress)' 프로젝트는 개발도상국 농부들이 더 많은 식량을 생산하고 세계 최빈국 일부 지역에서 판매할 수 있도록 돕기 위한 것이다 (Wroughton 2008).

식량레짐에서 조직의 다양성으로 인해 책임이 중복되고 혼란이 발생하게 되자 식량안보를 위한 글로벌거버넌스를 개선해야 한다는 요구가 제기되고 있다. 그 결과 제11장에서 논의될 '레짐복합체(regime complex)'가 탄생했다. 이제 우리는 ISO, 즉 IGO가 아닌 민간국제기구라는 매우 다른 전문 조직에 대해 살펴보기로 한다.

표준화 운동과 ISO: 민간 국제표준 설정

제1장에서 논의한 바와 같이, 규칙 제정은 국제공법이 중요한 부분을 차지하고 유엔이 1945년 설립 이후부터 핵심 역할을 해온 글로벌거버넌스의 중요한 부분이다. 그러나 나사나 너트, 볼트 규격부터 선적 컨테이너에 이르기까지 모든 것에 대해 국제적으로 합의된 표준이 없었다면 1990년대부터 우리가 알고 있던 국제경제 활동, 특히 무역과 세계화의 많은 부분이 발생하지 않았을 것이다. 이러한 작업은 유엔 및 그 기능적 및 전문기관과는 상당히 다른 형태의 국제기구인 민간 표준설정기관 및 기술위원회의 글로벌네트워크 작업에 의해 가능해졌다. 여기에는 국제회계기준위원회, 국제증권위원회, 국제재무보고기준위원회, 국제전기기술위원회, 국제사회 환경인증 및 라벨링 연합, 그리고 ISO 등이 포함된다.

산업의 기본(즉, 무게와 측정) 표준 설정은 19세기 중반, 산업화로 인해 강철 레일, 증기 보일러, 철근 콘크리트와 같은 공통 측정 단위, 철도 게이지, 전신기, 전화 및 전력망, 너트, 볼트, 나사와 같은 국가 및 국가 간 상호 운용성에 대한 필요성 때문에 이뤄졌다. 예이츠와 머피(Yates and Murphy 2019: 105-106)가 지적했듯이, 특히 민주정부는 공공 안전에 심각한 위협이 없는 한 산업표준을 다루기를 꺼렸다. 주요 추진력은 자신들이 인류 전체에 이익이 되는 더 큰 공익을 위해 봉사하는 것으로 여긴 다양한 분야의 엔지니어링 협회와 기술 전문가 위원회에서 나왔다. 1880년부터 시작된 이 과정은 사적이고 자발적이며, 숙고적이며, 합의에 기반하며, 대부분 겉으로 드러나지는 않지만 예이츠와 머피(Yates and Murphy 2019: 2)가 '세계경제의 핵심 인프라'라고 부르는 것을 만들어냈다. 그들은 글로벌 표준설정의 역사가 관련된 사람들의 기술적 전문성뿐만 아니라 그들의 헌신에 의해서 특징지어졌다고 결론짓는다. 이는 "19세기 후반부터 성쇠를 되풀이한 표준화 운동인 사회운동의 역사"이다 (Yates and Murphy 2019: 11). 이 운동이 만들어낸 '인프라'는 "제품의 특정 품질, 기술 프로세스 또는 (더 최근에는) 조직 관행"을 정의하는 문서들로 구성되어 있다 (Yates and Murphy 2019: 9).

표준화 운동 초기의 초점은 국가표준과 산업화된 국가들의 표준설정 기구의 설립에 맞춰져 있었다. 제2차 세계대전 이후 두 번째 시기는 국제표준화에 초점을 맞춰 1947년 ISO가 설립됐고 개발도상국들에게 자체 기구를 설립하도록 권고되었다. 1980년대 후반부터 컴퓨터와 인터넷의 사용이 증가하면서 새로운 유형의 다중이해관계자 표준설정 기구가 등장했고, 환경 관리 시스템, 품질 보증 기준, 사회적 책임 등 새로운 분야로 업무가 확산되었다.

마조워(Mark Mazower)는 ISO를 "현대 세계에서 가장 영향력 있는 민간 조직으로, 가전제품의 모양부터 우리를 둘러싼 색상과 냄새에 이르기까지 우리 삶의 대부분의 측면에 광대하고 눈에 보이지 않게 영향을 미치고 있다"고 말한다 (Mazower 2012: 102). 사실상, ISO는 회원국의 국가 표준설정 기관을 포함한 여러 기관들의 조직이며, 그 자체로 더 많은 조직과 위원회로 이루어져 있다. 그런 이유로 ISO를 네트워크의 네트워크이자 공공부문과 민간부문을 연결하는 교량이라고 생각할 수도 있다 (Mazower 2012: 44).

ISO 회원국은 모두 165개국이다. 스위스 제네바에 본부를 둔 ISO는 산업 무역 협회, 전문 및 기술 협회, 정부 및 규제 기관, 관련 비정부기구(NGO)의 국가 대표들로 구성된 수많은 기술 위원회의 작업을 통해 약 2만 개의 표준을 설정했다. 사무총장, 이사회, 회장, 두 명의 부회장, 소규모 사무국, 연례 기관회원 회의 등이 있기 때문에 일부 측면은 다른 국제기구와 비슷하다. 위원회의 사무국은 ISO 회원 기관 중 한 곳이 돌아가면서 맡는다. 회의는 종종 가상으로 진행되거나 대면 회의일 경우 전 세계에 분산되어 개최된다. 산업 부문 전반의 조정문제를 해결하기 위한 자문그룹과 의제설정 권한을 가진 10개의 가장 영향력 있는 표준설정 기관으로 구성된 기술관리 이사회가 있다. ISO 운영의 핵심은 국제표준 채택을 요구하는 국내 법률에 의해 강화된 집행 및 준수의 기준으로 합의와 자발적 협력의 필요성을 수용하는 데 있다. ISO 표준을 수용함에 있어 추가적인 동기는 일부 표준을 WTO 규칙에 통합하고 국제적으로 통용되는 표준을 충족하는 상품에 대한 수요이다. 1960년대 이후 유럽공동시장과 1990년 이후 EU 단일시장의 창설 및 확대는 또 다른 동기가 되었다. 머피와 예이츠(Murphy and Yates 2009: 29)가 언급했듯이 "대부분 유럽뿐만 아니라 일본과 미국에서도 소수의 ISO 회원 기관이 조직 내에서 두드러진 역할을 하고 있다."

국제재판법원 및 분쟁해결

앞서 언급한 ITU, WHO, ILO, 브레턴우즈 기관, FAO 및 국제식량레짐, ISO 등의 개괄에서 알 수 있듯이, 전문적이고 기능적인 조직의 발전은 글로벌거버넌스의 진화에 있어 중요한 추세였다. 마찬가지로, 국제재판을 위한 기관은 1899년과 1907년 헤이그회의에서 처음 설립되어 분쟁 해결을 위한 다양한 국제법원의 창설로 이어졌다.

1907년 제2차 헤이그회의는 앞서 논의한 바와 같이 국제법에 근거한 구속력 있는 결정을 통해 국제분쟁을 해결한 최초의 상설중재재판소를 설립했다. 이를 통해 국제연맹 산하의 PCIJ와 그 후속 기관인 국제사법재판소(ICJ)의 기반이 마련되었다. 설립 이후 한 세기 동안 국제문제 관련 소송이 증가하고 이에 따라 국제법원이 증가했으며, 개발도상국과 비국가행위자들(특히 냉전 종식 이후)이 국제사법기구를 사용하려는 의지가 커졌다. 현재 20개 이상의 상설 사법기관과 사법 또는 준사법적 기능을 행사하는 약 70개의 기타 국제기관이 있다 (Project on International Courts and Tribunals, www.pict-pcti.org). 이는 알터(Karen Alter 2014: 4–5)가 '새로운 국제사법 아키텍처'라고 부르는 것에서 상당한 변화를 반영한다. 법원은 국가 간 분쟁을 해결할 뿐만 아니라 국가가 국제법을 준수하는지 평가하고 국가 및 국제입법 및 행정 행위의 법적 타당성을 검토하기에 이르렀다. 알터가 새로운 스타일의 법원이라고 부르는 많은 법원들이 강제 관할권을 가지며, 비국가행위자들도 소송을 시작할 수 있도록 허용한다. 이로 인해 그들은 '국내 및 국제무대에서 새로운 정치적 행위자'가 되고, 국제적 특성으로 인해 "국내 법적 및 정치적 장벽을 우회하고 국경을 넘어 법적 변화를 일으킬 수 있다." 알터는 이들 기관의 법적 성격으로 인해 "법의 재해석을 통해 정치적 변화를 유도하고 … 다자간 자원을 활용하여 더 광범위한 지지를 형성할 수 있다"고 덧붙인다. 못지않게 중요한 것은 늘어가는 국제법원이 내리는 구속력 있는 판결의 수로, 약 3만 7,000건에 달하는 판결 중 90% 이상이 1990년 이후에 내려졌다.

구시대 국제법원과 신시대 국제법원은 모두 국제법 해석 권한에서 비롯된 판사의 독립성을 특징으로 한다. 이들은 확립된 절차 규칙을 사용하여 국가 또는 IGO를 포함한 두 개 이상의 기관 간의 분쟁을 판결하고 법적 구속력이 있는 판결을 제공한다 (Alter 2014: 70). 도표 3.3은 현대 국제법원의 수와 다양성을 보여준다.

PCIJ에서 ICJ로

국제연맹 규약 제14조에 따라 PCIJ가 설립되었다. 주요 세계 법률체제를 대표하는 판사들은 연맹의 이사회와 의회에 의해 선출되었다. 중재재판소와 달리 PCIJ는 상설화되어 있었고, 규칙이 사전에 고정되어 있었으며, 판결은 당사자들에게 구속력이 있었고, 절차는 공개되었다. PCIJ는 자문 의견뿐만 아니라 구속력 있는 결정도 제공할 수 있었다. 그러나 PCIJ는 결코 연맹에 통합되지 않았다. 그래서 국가들은 연맹에는 참여하지만 PCIJ에는 참여할 수 없는 경우도 있었다. 1931년부터 미국은 PCIJ의 당사국이었지만 연맹 회원국은 아니었다. 1922년부터 1940년까지 PCIJ는 국가들 간에 29건의 분쟁 사건을 결정하고 27

도표 3.3 | 주요 국제 및 지역법원 (활동 기간)

보편적 범위의 법원
- 국제사법재판소 (1946년~)
- 국제형사재판소 (2002년~)
- 국제해양법재판소 (1982년~)
- 상설중재재판소 (1899년~)
- 세계은행 투자분쟁조정센터 (1966년~)
- 세계무역기구 분쟁조정기구(분쟁조정기구와 항소기구 포함) (1995년~)

임시 형사재판소
- 르완다 국제형사재판소 (1995~2012년)
- 구 유고슬라비아 국제형사재판소 (1995~2017년)

지역 법원
- 아프리카 사법 및 인권재판소 (2004년~)
- 안데스공동체 사법재판소 (1996년~)
- 유럽연합 사법재판소 (1952년~)
- 서아프리카 경제공동체 사법재판소 (1991년~)

전문 지역 법원
- 동아프리카 및 남부 아프리카 공동시장 사법재판소 (1994년~)
- 유럽인권재판소 (1959년~)
- 미주인권재판소 (1979년~)

민간 국제중재재판소
- 국제상공회의소 국제중재재판소 (1923년~)
- 런던 국제중재재판소 (1883년~)

건의 자문 의견을 제출했다. 수백 건의 조약과 협약이 당사자 간 분쟁을 해결하는 관할권의 근거가 되었다. 많은 PCIJ 판결은 국제법의 주요 쟁점을 명확히 하는 데 도움이 되었으며, 후속기관인 ICJ가 PCIJ의 결정과 절차를 직접적으로 인용하는 등 업무를 수행할 수 있는 탄탄한 기반을 제공했다.

네덜란드 헤이그에 본부를 두고 15명의 판사가 재직하고 있는 ICJ는 유엔의 주요기관이다. 따라서 모든 유엔 회원국은 ICJ 법령의 당사자이다. ICJ는 유엔의 사법기관으로서 유엔헌장의 원칙을 준수하기 위한 책임을 다른 주요 기관들과 공유한다. PCIJ와 마찬가지로 ICJ는 회원국에게 법적 분쟁을 해결하기 위한 공정한 기회를 제공하고 국제기관에서 문의한 법적문제에 대한 자문 의견을 제공한다. ICJ는 제4장에서 더 자세히 설명한다.

지역법원

지역기구(제5장 참조)의 성장과 함께 대부분 경제 또는 인권문제를 다루는 지역법원과 사법 유사기관도 확산됐다. 유럽연합 사법재판소는 유럽연합의 핵심 부분으로, 모든 IGO 중 가장 합법화된 기관이며 거의 60년에 걸친 유럽통합 과정에서 중요한 역할을 수행했다. 사법재판소는 다양한 EU 조약과 2차 법률을 해석하고 개인, 기업, 국가 및 EU 기관 간의 분쟁을 판결할 수 있는 권한을 가지고 있다. 사법재판소는 또한 매년 수백 건의 구속력 있는 판결을 내리는 가장 활발한 국제법원 중 하나이다. 이에 대해서는 제5장에서 자세히 설명한다.

도표 3.2에서 알 수 있듯이 아프리카, 라틴아메리카, 유럽은 모두 다양한 지역법원을 보유하고 있다. 세 지역 모두 인권법원을 보유하고 있으며 모두 여러 개의 경제법원을 보유하고 있다. 중

동과 아시아에는 그런 법원이 없다는 점이 주목할 만하다.

많은 지역법원들은 새로운 스타일의 국제법원에 대한 설명에 부합한다. 이 법원들은 강제 관할권을 가지고 있으며, 민간 소송인이나 초국가적 검찰 기관과 같은 비국가행위자들에게도 접근 권한을 제공한다 (Alter 2014: 82). 강제 관할권은 ICJ의 경우처럼 관할권을 선택적 권한이 아닌 공동체 회원의 조건으로 설정함으로써 달성되었다. 알터(Alter 2014: 86)가 지적한 바와 같이, 이러한 법원들 중 다수가 1990년 이후로 상당한 조직의 변화를 겪었다. 예를 들어, 서아프리카 경제공동체 사법재판소는 원래 경제문제를 해결하기 위해 설립되었지만, 2005년에 인권침해에 대한 관할권을 획득하여 현재 민간 소송인들에게 직접 접근 권한을 제공하고 있다.

전문 법원 및 재판소

전문 국제법원 중에는 1990년대에 유엔 안전보장이사회에 의해 설립된 구 유고슬라비아와 르완다의 임시 형사재판소와 2002년에 설립된 국제형사재판소(둘 다 제9장에서 논의됨)가 있다. 일부 특별법원과 재판소는 ILO의 행정재판소와 세계은행의 국제투자분쟁해결센터(ICSID)와 같은 유엔 전문기관과 연계되어 있다. 국제해양법재판소는 해당 협약과 관련된 분쟁을 판결하기 위해 유엔해양법협약에 의해 설립되었다. 이 협약의 당사국 및 IGO, 국영 및 민간기업과 같은 비국가 기관에도 개방되어 있다. 2014년, 국제상설중재재판소는 중국이 법적 절차에 참여하지 않았음에도 불구하고 필리핀이 남중국해에 대한 중국의 영유권 주장을 해양법재판소에 제소할 수 있다고 판결했다.

ICSID와 WTO 분쟁조정기구는 특히 주목할 만하다. 전자는 회원국과 다른 회원국 국민인 투자자 간에 분쟁 중재를 위한 지원을 제공하는 세계은행의 자율기관이다. 분쟁 제소는 자발적이지만 당사자가 중재에 동의하면 어느 쪽도 동의를 철회할 수 없다. 주최국과 투자자 간의 합의에는 분쟁을 ICSID로 보내도록 규정하는 조항이 포함되는 경우가 흔하다. 최근 몇 년 동안 ICSID에 제출되는 사건 수가 크게 증가했으며, 투자 및 중재법에 관한 정부와의 협의를 포함하여 그 활동이 확대되고 있다. WTO의 분쟁해결 절차는 제8장에서 설명한다.

민간국제법원

경제의 세계화가 확대되고 심화됨에 따라 국경 간 무역 및 투자 분쟁이 더 흔해졌다. 이러한 분쟁을 해결하기 위한 ICSID와 같은 정부간기관이 있지만, 이러한 분쟁의 증가로 인해 민간 합의 접근 방식이 확립되었다. 매년 사례 수가 두 배로 증가함에 따라 100개 이상의 포럼이 만들어졌다.

일반적으로 민간 중재 절차는 유연하며 각 사례에 대한 규칙이 정해져 있다. 당연히 절차는 비공개로 진행되며 판결은 비밀이 유지된다. 런던 국제중재재판소는 1892년에 설립된 가장 오래된 기관 중 하나이다. 주요 기능은 중재를 요청하는 민간 당사자를 위한 중재인을 선정하는 것이다. 이러한 그룹 중 가장 활발한 기관은 1923년부터 시작된 국제상공회의소의 국제중재재판소(International Court of Arbitration)이다. 창립 이래 1만 9,000건 이상의 사건을 처리했으며, 여기에는 180개국에서 온 당사자와 중재인이 참여했다. 2012년에는 76개국에서 온 중재인이 약 500건의 사건을 판결했다. 국제 및 지역 판결의 증가는 여러 추세를 반영한다. (1) 이전에는 국가 관할권에만 해당되던 곳으로 국제법 영역의 확장, (2) 법원 및 재판소의 가용성과 관할권을 확대하려는 국가 및 비국가행위자의 의지 증가, (3) 판결이 필요한 지역경제 협정 및 거래의 성장, (4) 냉전 이후 분쟁에서 발생한 대규모 인권침해로 인한 전쟁 범죄 및 반인도 범죄 처리 협정의 창설 등이다. 이러한 변화에 대해 국제법 전문가인 로마노(Cesare Romano) 는 "국제사법부의 엄청난 확장과 변화는 냉전 이후 시대의 가장 중요한 한 가지 발전"이라고 결론지었다 (Romano 1999: 709).

* * *

현대 글로벌거버넌스의 기초는 시간이 지남에 따라 국가와 일련의 초보적인 국제규칙에서 점점 더 복잡한 국제조직의 네트워크로 발전해 왔다. 이 장에서 살펴본 바와 같이, 19세기는 IGO의 발전을 위한 일련의 선례를 확립했다. 20세기는 IGO와 국제심판기관의 급속한 확산으로 특징지어졌다. 21세기는 이미 글로벌거버넌스에 대한 증가하는 요구를 충족하기 위해 새로운 유형의 기관의 추가적인 진화와 확산이 두드러진다. 이러한 활동의 중심은 여전히 유엔체제에 있으며, 제4장에서 이를 살펴볼 것이다.

추가 읽을거리

Claude, Inis L., Jr. (1964) *Swords into Plowshares: The Problems and Progress of International Organization*, 3rd ed. New York: Random House.

Cogan, Jacob Katz, Ian Hurd, and Ian Johnstone, eds. (2016) *The Oxford Handbook of International Organizations*. New York: Oxford University Press.

Northledge, F. S. (1986) *The League of Nations: Its Life and Times, 1920–1946*. New York: Holmes and Meier.

Reinalda, Bob. (2021) *International Secretariats: Two Centuries of International Civil Servants and Secretariats*. New York: Routledge.

Squatrito, Theresa, Oran R. Young, Andreas Follesdal, and Geir Ulfstein. (2018) *The Performance of International Courts and Tribunals*. New York: Cambridge University Press.

Yates, JoAnn, and Craig Murphy. (2019) *Engineering Rules: Global Standard-Setting Since 1880*. Baltimore, MD: Johns Hopkins University Press.

4장 유엔: 글로벌거버넌스의 중심

유엔헌장과 주요 원칙	100
유엔의 주요 기관	102
지속적인 조직문제와 개혁의 필요성	135
유엔과 지역기구들과의 관계	144

제2차 세계대전 이후 유엔은 글로벌거버넌스의 중심 역할을 해왔다. 유엔은 전 지구적 범위를 가진, 세계 거의 모든 국가가 회원국으로 참여하는 유일한 정부간기구(IGO: Intergovernmental Organization)이고, 글로벌거버넌스 사안에 대한 가장 광범위한 의제를 포괄한다. 사실상 유엔은 많은 산하 기구들을 가진 복잡한 체제이다. 유엔의 역할 중 하나는 국제법과 규범들, 그리고 원칙들을 수립하는 것이다. 유엔은 그 체제 내에 유엔환경계획(UNEP: UN Environment Programme)과 같은 다른 정부간기구들을 창설해왔고, 또한 수많은 다른 기금, 위원회와 프로그램도 만들어 왔으며 다양한 국제회의와 정상회담들을 지원해 왔다. 또한 다른 국제기구들과 함께 글로벌 정책네트워크와 파트너십을 위한 촉매 역할도 담당한다. 간단히 말하면 유엔은 다자외교를 위한 핵심 장이고, 그 중심 무대는 유엔 총회다. 매년 가을 개최되는 총회 개회 시기에 일반 토론이 이루어지는 3주 동안, 크고 작은 국가들의 외무장관들과 국가 원수들이 세계 모든 국가들과 의사소통을 하고 집중적 외교에 참여하기 위하여 유엔 회의에 참여한다.

유엔 안전보장이사회(Security Council)는 글로벌 안보체제의 핵심이고, 평화와 안보에 대한 위협을 다루는 행위에 정당성을 부여하는 주된 기관이다. 이것이 2002~2003년에 이라크와의 전쟁을 두고 벌어진 논의를 그렇게 중요하게 만든 이유 중의 하나이다. 안전보장이사회는 미국 주도의 예방전쟁을 승인해야 하는가 말아야 하는가? 냉전 종식 후 안전보장이사회는 안보위협의 개념을 새롭게 정의해 인권침해, 대량학살, 대량난민 발생, HIV/AIDS 등이 포함되도록 했다. 안전보장이사회는 국제제재의 부과, 전범재판소 설치, 테러리즘 및 핵확산 대처 등 분야에서 새로운 의무를 부과함으로써 모든 회원국들을 위한 국제적 통제와 입법기관으로서 기능해왔다. 2011년에 안전보장이사회가 리비아 시민들을 보호하기 위한 무력사용을 승인했을 때, 이는 인권위기에 적극적으로 개입하고자 하는 안보리의 의지로 해석되어 환호를 받았다. 그러나 시리아 내전 첫 3년 동안 수많은 민간인들이 죽고 엄청난 숫자의 난민들이 이웃국가들로 밀려오는 상황에서도 안보리가 그 어떠한 결의안도 채택하지 못하면서 안보리가 여전히 개입에 관해서는 일관성이 없다는 것을 여실히 보여주었다. 마찬가지로 2022년 러시아의 우크라이나 침공에 대한 안보리의 무기력은 그 한계를 잘 드러냈다.

유엔의 중요성, 특히 안전보장이사회와 총회의 상대적 중요성은 세계정치 상황이 유엔에 영향을 끼치면서 부침을 거듭해 왔다. 2015년 야심차게 출범한 지속가능발전목표(SDGs)와 파리기후협약 승인은 글로벌거버넌스에 있어서 유엔의 지속적인 역할을 재확인해 주는 것처럼 보였다. 하지만 2020년 창립 75주년을 맞이한 지금, 유엔은 평화와 안보에 대한 위협, 개발 지연, 인권 및 환경문제와 같은 지속적인 도전에 맞서기 위해 여전히 분투 중이다.

유엔헌장과 주요 원칙

유엔헌장은 더 나은 세상을 위한 유엔 설립자들의 희망과 열망, 국제연맹(League of Nations)에서 배운 교훈들, 그리고 50개 국가들이 1945년에 합의할 수 있었던 현실을 반영하고 있다. 제3장에서 언급한 바와 같이, 몇몇 주요 원칙들이 유엔의 구조와 운영을 뒷받침하고 있으며, 모든 회원국들의 기본적인 법적 의무를 나타내고 있다. 이러한 것들은 헌장 제2조와 다른 조항들에 포함되어 있다 (도표 4.1 참고).

가장 기본적인 원칙은 회원국가들의 주권평등의 원칙인데, 이것은 국가들이 어떠한 형태의 상위 권위도 인정하지 않는다는 것을 의미한다. 평등은 국가들의 법적 지위에 있어서의 평등일 뿐, 그들의 크기, 군사력 혹은 부의 평등을 의미하는 것은 아니다. 따라서 러시아, 리투아니아, 중국과 싱가포르는 모두 법적으로 동등하다. 이 원칙은 모든 국가들이 총회에서 한 표를 행사하는 근거가 된다. 불평등 또한 유엔 틀의 한 부분인데, 안전보장이사회에서 다섯 국가에게만 상임이사국 지위와 거부권을 인정한 것에서 나타난다.

평화와 안보 유지라는 유엔의 주요 목적과 관련된 두 가지의 원칙이 있는데, 모든 회원국들은 (1) 어떤 국가의 영토 보전과 정치적 독립에 반하여, 혹은 유엔의 목적에 위배되는 방식으로 폭력을 사용하거나 폭력 사용의 위협을 삼가야 하며, (2) 평화적 방식으로 회원국들 간의 국제분쟁을 해결해야 한다. 유엔 창설 이후 많은 국가들이 이러한 원칙을 준수하지 않았고, 심지어는 분쟁해결을 유엔에 의뢰하지 않는 경우도 많았다. 유엔 회원국들은 경제제재와 같은 강제행위를 준수

도표 4.1 | 유엔헌장의 주요 규정

제1장: 목적과 원칙
제2조(3): 모든 회원국들은 국제분쟁을 평화적 방법으로 해결해야 한다.
제2조(4): 모든 회원국들은 국제관계에서 타국의 영토적 보전이나 정치적 독립에 반하여 무력사용이나 위협을 삼가야 한다.
제2조(7): 이 헌장에 규정된 어떠한 내용도 기본적으로 일국의 국내정치 문제에 대한 유엔의 간섭을 허락하지 않는다.

제6장: 분쟁의 평화로운 해결
제33조(1):분쟁의 당사자는 … 우선적으로 협상, 문의, 중재 조정, 중재, 사법적 합의, 지역기관 또는 합의, 기타 평화적인 수단을 통해 해결책을 모색해야 한다.

제7장: 평화를 위협하는 행위, 평화 침해, 공격 행위에 대한 결의
제39조: 안전보장이사회는 평화에 대한 어떠한 위협이나 위반, 또는 공격행위가 있는지에 대해 판단해야 한다.
제41조: 안전보장이사회는 무력을 제외한 방법 중 어떠한 방법을 사용할 것인지를 결정해야 한다 … 이 방법들 중에 전체적이거나 부분적인 경제 제재조치와 … 기타 커뮤니케이션 수단들, 그리고 외교관계의 단절이 포함될 수 있다.
제42조: 안전보장이사회는 제41조에서 고려한 방법들이 부적절한지 또는 이미 부적절하다고 판명되었는지에 대해서 숙고하고, 국제평화와 안전을 유지하고 회복시키기 위해 필요한 공군, 해군, 육군 병력에 의한 활동을 취할 수 있다.
제51조: 이 헌장에 규정된 어떠한 내용도 유엔 회원국에 대한 무력 공격이 일어날 경우에 자국의 방위를 위한 개별적 또는 집단적 행동에 대한 고유한 권리를 손상시킬 수 없다.

제8장: 지역기구
제52조: 이 헌장에 규정된 어떠한 내용도 국제평화와 안보 유지에 관계된 문제를 다루기 위한 지역기구 또는 사무소의 존재를 배제할 수 없다.
제53조: 안전보장이사회는 고유 권한으로 강제조치를 위해 이러한 지역 조정기구 또는 사무소를 이용할 수 있다. 그러나 지역 조정기구나 지역 사무소는 안전보장이사회의 승인 없이 어떠한 강제조치도 취할 수 없다.

할 의무가 있으며, 유엔의 예방 혹은 강제 행위의 대상이 되는 국가들을 지원하지 말아야 한다. 또 회원국들은 비회원국들이 국제평화와 안보유지를 위하여 필요한 이러한 원칙들에 부합하여 행동하게 하는 공동의 의무를 가지고 있다. 또 하나의 주요 원칙은 회원국들이 유엔헌장에 근거하여 그들에게 부과된 의무를 성실히 이행해야 한다는 것이다. 이 원칙은 모든 국제법과 조약에서의 근본적 규범인 신의성실의 원칙, 즉 조약은 이행되어야 한다는 것이다. 이러한 의무들 중 하나는 유엔에 매년 분담금을 지불하는 것이다.

제2조의 마지막 원칙은 유엔의 관할권이 가진 한계에 대해서 언급하고 있으며 국가 내정에 대한 불간섭이라는 오랜 규범을 강조하지만, 강제조치에 대한 주요 예외를 규정하고 있다. 무엇이 국제문제이고 무엇이 국내문제인지 누가 결정할 것인가? 1945년 유엔이 설립된 이래 인권, 개발, 인도주의적 위기, 환경 파괴 및 광범위한 인간안보 문제에 대한 유엔의 개입으로 '국제적'이라고 간주되는 범위는 확대되어 왔다. 1991년 냉전 종식 이후 수행된 많은 유엔 평화유지활동은 국가 간 분쟁이 아닌 국가 내 분쟁과 관련이 있었다. 유엔의 창설자들은 한 회원국에 대해 집단적으로 행동하겠다는 약속과 회원국에 대한 불간섭 원칙으로 대표되는 국가 주권의 확립 사이의 모순이 있음을 인지했다. 그들은 안보, 민족 갈등, 인도

주의적 위기, 실패한 국가, 테러리즘에 대한 정의의 변화가 초래할 딜레마를 예견하지 못했다. 인권은 국내 관할권의 문제로 여겨질 수 있지만, 유엔헌장 전문과 제1조는 모두 인권에 대한 언급을 담고 있으며 국가는 "민족의 평등권과 자결권 원칙에 대한 존중"을 보여줄 의무를 지고 있다. 따라서 인권에 대한 논의는 항상 국내만의 문제가 아닌 정당한 국제적 관심사로 간주되어 왔다. 인권규범을 증진하거나 강제하려는 조치는 훨씬 더 많은 논란을 불러일으켰다.

유엔헌장 제51조는 군사적 공격에 대한 국가들의 '독자적 혹은 집단적 자위권'을 인정하고 있다. 따라서 국가들은 자위를 위한 조치들을 취하기 전에 유엔이 행동을 취하는 것을 기다릴 필요는 없다. 제8장 52조의 규정에 의해 국가들은 그들의 대응을 보고할 의무가 있고, 지역안보체제와 같은 것을 설립할 수도 있다. 이러한 자위의 원칙은 누가 적대적 행위를 시작했고 누가 공격의 희생자인가에 대한 많은 논란을 야기했다. 예를 들면 아랍-이스라엘 분쟁에 있어서, 폭력을 처음 사용한 국가는 이스라엘인가 아니면 아랍 국가들인가? 2003년 이라크전쟁에 관한 논쟁에 있어서, 이라크가 대량살상무기(WMD)를 보유했다는 것이 미국과 다른 국가들의 전쟁을 충분히 정당화시킬만한 위협이었는가? 수년에 걸쳐서 특별위원회가 침략을 정의하는 문제로 활동한 이후, 결국 유엔 안전보장이사회가 침략행위를 규정하는 궁극적 권한을 가지고 있다는 결론을 내렸다. 2010년 개정된 국제형사재판소 로마규정에 따르면, 국제형사재판소에서는 침략 범죄를 다음과 같이 정의했다. "다른 국가의 주권, 영토, 정치적 독립에 대한 무력사용, 또는 어떤 방식으로든 유엔헌장에 위배되는 무력사용"이라고 정의했다.

유엔의 주요 기관

헌장에 명시된 유엔의 구조는 총회, 안전보장이사회, 경제사회이사회(ECOSOC), 사무국, 국제사법재판소(ICJ), 신탁통치위원회 등 6개의 주요 기구로 구성되어 있다. 각 기관은 시간이 지남에 따라 외부 현실, 내부 압력, 다른 기관과의 상호작용에 대응하면서 변화해 왔다. 복잡한 조직체계인 유엔은 이 6개 기구를 훨씬 뛰어넘는 조직으로 확장되었다. 산하 기구 중에는 제3장에서 설명한 바와 같이 세계보건기구(WHO), 식량농업기구(FAO), 국제노동기구(ILO)부터 국제통화기금(IMF), 세계은행(세계무역기구 WTO는 유엔 관련기구로서 여기에서 제외)에 이르기까지 독립적으로 설립된 17개의 전문기관이 있다. 또한 총회, 안전보장이사회, 경제사회이사회는 자신들의 권한을 이용해 수많은 산하 기구, 프로그램, 기금을 만들었으며, 이는 "IGO가 다른 IGO를 만드는" 현상을 보여주는 것이다 (Jacobson 1984: 39). 도표 4.2는 유엔시스템의 복잡성을 잘 보여준다. 다음 절에서는 6개의 주요 유엔 기구가 실제로 어떻게 발전해 왔는지, 그리고 그들의 정치적 역학 관계에 대해 논의할 것이다.

총회

국제연맹 총회처럼 유엔 총회는 모든 국가들이 일국일표의 원칙에 따라서 동등하게 대표되는 일반 논의의 장으로 구성되었다. 유엔 총회는 유엔의 중심으로서 다양한 의제를 설정하고 부속기구들을 조율하고 감독하는 책임을 가지고 있지만, 선거와 예산 같은 유엔 내부문제를 제외하고는 회원국들에게 권고만 할 수 있는 제한적 권력을 가지고 있다. 유엔 총회는 예산문제에 관해서는 배타적 권한을 가지고 있어서, 모든 유엔 프로그램들과 부속기관들을 감시 감독할 수 있는 수단을 확보하고 있다. 총회는 또한 몇몇 중요한 선거 기능도 가지고 있다. 예를 들면 국가들을 유엔 회원국으로 승인하고, 안전보장이사회, 경제사회이사회와 신탁통치이사회의 비상임이사국을 선출하고, 국제사법재판소의 재판관들을 임명하고, 안전보장이사회의 권고를 바탕으로 사무총장을 임명하는 일 등이다. 총회는 또한 다수의 지역 및 기타 IGO들, 그리고 바티칸이나 국제적십자사 같은 국제기구들에게 옵서버 지위를 수여한다. 2012년에는 이스라엘-팔레스타인 분쟁을 종식시키고 팔레스타인을 독립국으로 만들기 위한 협상 노력이 실패한 것에 대한 팔레스타인 시민들과 대다수 유엔 회원국들의 실망감을 반영하여 총회가 팔레스타인 자치정부(Palestine Authority)의 지위를 '비회원 옵서버 조직(nonmember observer entity)'에서 '비회원 옵서버 국가(nonmember observer state)'로 격상시켰는데 이는 팔레스타인을 사실상(de facto)의 주권국가로 인정했음을 의미한다.

여러 의미에서, 총회는 다른 어떤 국제기구보다도 소위 말하는 '국제 공동체'를 구현한 것에 가깝다. 셰익스피어의 말을 인용하면, "전 세계가 하나의 무대라면" 유엔 총회는 중심 무대로서, 특히 코스타리카, 피지, 몰타, 싱가포르, 잠비아 같은 작은 국가들에게는 매우 중요한 무대이다.

총회는 유엔헌장(제10조)의 권한 내에 있는 모든 문제들을 검토할 수 있다. 비록 그 권고는 구속력이 없지만, 총회의 의제로 채택되는 사안의 수는 1946년 46개에서 최근에는 150개 이상으로 지속적으로 증가하고 있다. 그러나 많은 의제들이 검토 노력 없이 매년 반복되고 있다. 이러한 사안들에는 이스라엘-팔레스타인 갈등과 같은 여러 형태의 분쟁 상황으로부터 군비통제, 개발, 빈곤퇴치, 지구자원 관리, 인권, 여성지위 향상, 국제 사법 및 법률 사안, 유엔 다른 기관들의 보고서, 유엔이 후원했던 회의들에 대한 후속 보고, 행정 사항, 유엔의 재정 등이 포함되어 있다. 유엔 총회 결의안은 개별 회원국, 비회원국, 안전보장이사회 혹은 다른 기관, 사무국 그리고 심지어는 총회 그 자체를 대상으로 할 수도 있다.

안전보장이사회가 국제평화와 안보에 대한 위협문제를 다루는 주요 기관이라면, 총회는 분쟁과 관련된 조사와 연구를 할 수 있는 기관이다 (제13조~14조). 만약 안전보장이사회가 그 기능을 제대로 수행하지 못하면, 총회가 그 상황에 대해 토의하고 조언을 할 수 있다 (제11~12조). 그리고 총회는 안전보장이사회와 사무국으로부터 보고를 받을 수 있는 권한을 가지고 있다 (제10~12조). 그러나 1950년 한국전쟁 중 통과된 '평화를 위한 연합(Uniting for Peace)' 결의안은 두 기구 각각의 역할에 대한 논쟁을 촉발시켰다. 이 결의안에 따르면 안전보장이사회가 거부권 때문에 교착상태에 빠졌을 때는 총회가 집단조치를 권고할 수 있는 권한을 가지고 있다. 이 권한은 수에즈와 헝가리에서의 위기(1956년), 중동문제(1958년, 1967년, 1980년, 1982년), 콩고문제(1960년),

도표 4.2 | 유엔체제

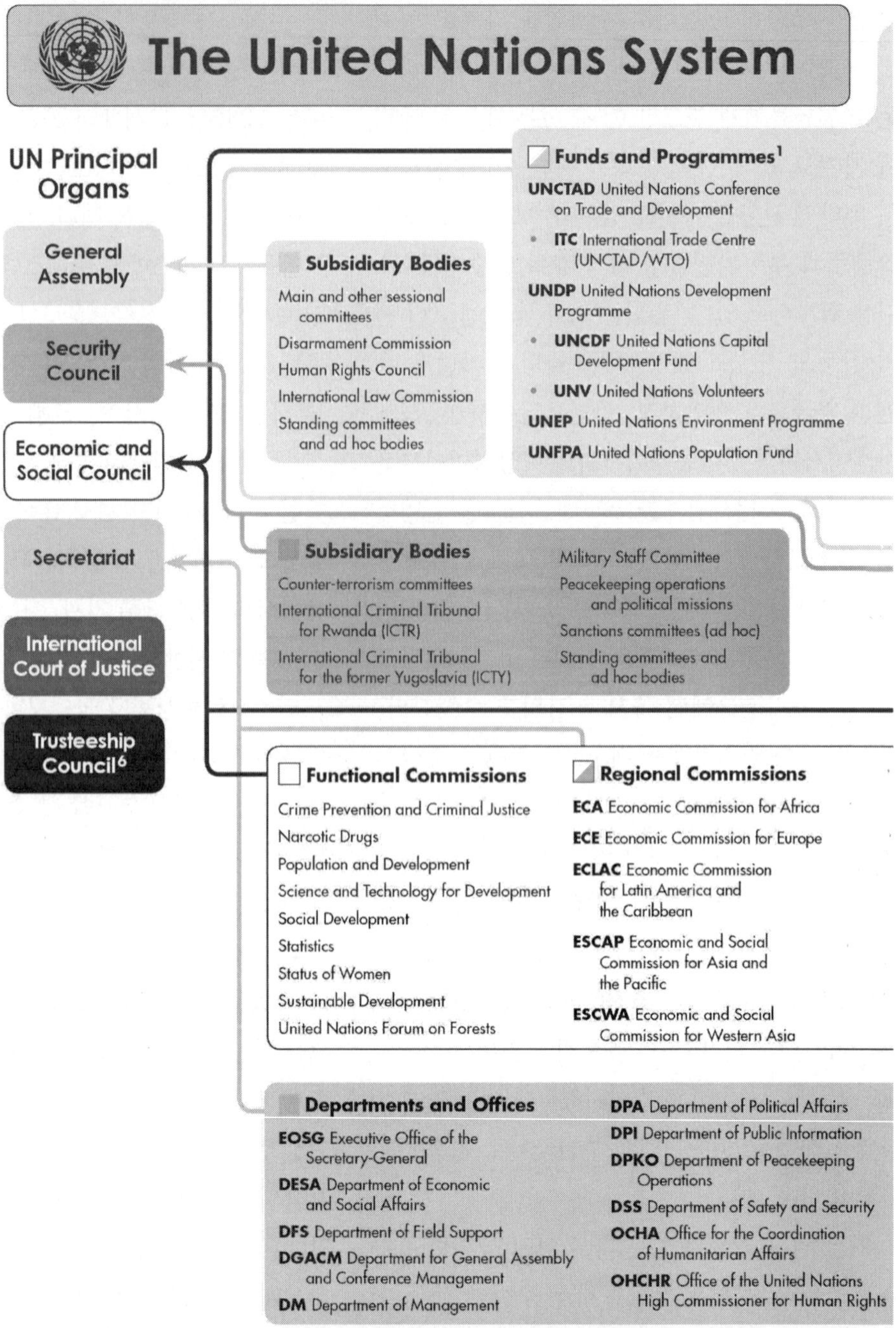

주:

1. 유엔과 그에 속한 모든 재원과 프로그램, 전문기구, IAEA, WTO 등은 모두 유엔체제 고위급 조정위원회(CEB: Chief Executives Board for Coordination)에 소속되어 있다.
2. UNRWA와 UNIDIR은 오직 총회에만 보고한다.
3. IAEA는 안전보장이사회와 총회에 보고한다.
4. WTO는 총회에 보고할 의무는 없으나 특별한 경우 총회와 경제사회이사회(ECOSOC) 중 금융과 개발에 관한 이슈들에는 기여한다.

UN-HABITAT United Nations Human Settlements Programme

UNHCR Office of the United Nations High Commissioner for Refugees

UNICEF United Nations Children's Fund

UNODC United Nations Office on Drugs and Crime

UNRWA[2] United Nations Relief and Works Agency for Palestine Refugees in the Near East

UN-Women United Nations Entity for Gender Equality and the Empowerment of Women

WFP World Food Programme

Research and Training Institutes

UNICRI United Nations Interregional Crime and Justice Research Institute

UNIDIR[2] United Nations Institute for Disarmament Research

UNITAR United Nations Institute for Training and Research

UNRISD United Nations Research Institute for Social Development

UNSSC United Nations System Staff College

UNU United Nations University

Other Entities

UNAIDS Joint United Nations Programme on HIV/AIDS

UNISDR United Nations International Strategy for Disaster Reduction

UNOPS United Nations Office for Project Services

Related Organizations

CTBTO Preparatory Commission Preparatory Commission for the Comprehensive Nuclear-Test-Ban Treaty Organization

IAEA[1,3] International Atomic Energy Agency

OPCW Organisation for the Prohibition of Chemical Weapons

WTO[1,4] World Trade Organization

Advisory Subsidiary Body

Peacebuilding Commission

Specialized Agencies[1,5]

FAO Food and Agriculture Organization of the United Nations

ICAO International Civil Aviation Organization

IFAD International Fund for Agricultural Development

ILO International Labour Organization

IMF International Monetary Fund

IMO International Maritime Organization

ITU International Telecommunication Union

UNESCO United Nations Educational, Scientific and Cultural Organization

UNIDO United Nations Industrial Development Organization

UNWTO World Tourism Organization

UPU Universal Postal Union

WHO World Health Organization

WIPO World Intellectual Property Organization

WMO World Meteorological Organization

World Bank Group

- **IBRD** International Bank for Reconstruction and Development
- **ICSID** International Centre for Settlement of Investment Disputes
- **IDA** International Development Association
- **IFC** International Finance Corporation
- **MIGA** Multilateral Investment Guarantee Agency

Other Bodies

Committee for Development Policy

Committee of Experts on Public Administration

Committee on Non-Governmental Organizations

Permanent Forum on Indigenous Issues

United Nations Group of Experts on Geographical Names

Other sessional and standing committees and expert, ad hoc and related bodies

OIOS Office of Internal Oversight Services

OLA Office of Legal Affairs

OSAA Office of the Special Adviser on Africa

SRSG/CAAC Office of the Special Representative of the Secretary-General for Children and Armed Conflict

SRSG/SVC Office of the Special Representative of the Secretary-General on Sexual Violence in Conflict

UNODA Office for Disarmament Affairs

UNOG United Nations Office at Geneva

UN-OHRLLS Office of the High Representative for the Least Developed Countries, Landlocked Developing Countries and Small Island Developing States

UNON United Nations Office at Nairobi

UNOV United Nations Office at Vienna

5. 전문기구들은 정부간 차원에서는 ECOSOC, 사무국간 차원에서는 CEB를 통해 조율되는 자율적 기관들이다.
6. 신탁통치이사회(Trustee Council)는 1994년 10월 1일 유엔의 마지막 신탁통치 지역이었던 팔라우가 독립하면서 1994년 11월 1일에 업무가 중지되었다.

이는 유엔의 공식문서가 아니며 모든 내용을 포함하지도 않는다.

우크라이나전쟁(2022년)을 다루기 위하여 사용되었다. 안보리가 교착 상태에 빠졌을 때 국제평화에 대한 위협에 대처해 소집된 긴급 특별회기는 총 11회이다. 11번째 회기는 러시아의 우크라이나 침공 이후 2022년에 소집되었다.

1962년 '유엔의 특정비용 사건(Certain Expenses of the United Nations, ICJ 자문 의견 1962)'에서 ICJ는 총회가 평화유지활동을 승인할 권한이 있는지에 대한 자문 의견을 제시하도록 요청받았다 (그 의견은 긍정적이었다). 그러나 1990년대 초부터 안보리 상임이사국들은 암묵적으로 안보리만이 무력사용을 승인할 권한이 있다는 데 동의해 왔다. 그럼에도 불구하고 안보리가 하나 이상의 상임이사국(P-5) 거부권 행사로 인해 행동을 못할 경우, 총회는 2014년 러시아의 크림반도 점령, 2016년 시리아 국제법 위반에 대해, 2021년 미얀마 군대가 평화 시위대에 대해 사용한 치명적인 폭력을 규탄하는 결의안, 2022년 러시아의 우크라이나 일부 합병을 규탄하는 결의안을 제출한 것처럼 국제정서에 부응해 목소리를 낼 수 있다. 일반적으로 총회는 평화와 안보의 미묘한 상황을 처리하기에는 번거로운 기구이다. 그럼에도 총회는 의제 설정의 상징적 정치에 가장 유용하며 결의안을 지지하는 다수결을 확보하는 데 효과적이다.

유엔헌장은 또한 총회에 국제법을 발전시킬 중요한 역할을 부여했다 (제13조). 비록 유엔 총회가 세계의 입법부는 아니지만 유엔결의안은 새로운 원칙을 표명함으로써 새로운 국제법의 토대를 만드는 역할을 한다. 바다를 '인류의 공동유산'으로 설정한 것과 '지속가능한 발전' 같은 새로운 개념을 만든 것을 예로 들 수 있다. 이러한 것들은 흔히 '연성법(soft law) — 국제적으로 광범위하게 합의된 것이지만 아직 '경성(hard)'으로 구체화되거나 조약의 형식을 갖추지는 않은 규범들 — 의 근간이 되며 후에 유엔 총회의 위임하에 만들어지는 다자간 규범 혹은 국제법의 근간이 되는 규범과 조약으로 구체화될 수 있다. 예를 들어 '공동유산' 원칙은 1967년 우주공간조약과 1982년 해양법으로 구체화되었다. 2005년 세계 정상회의는 자국민 보호에 대한 국가의 책임과 정부가 취약한 사람들을 보호하지 못할 때 행동해야 할 국제사회의 책임이라는 새로운 규범을 승인했다. 알려진 바와 같이 이러한 보호할 책임(R2P: Responsibility to Protect) 규범은 2011년에 안전보장이사회가 리비아 시민들을 보호하기 위하여 무력사용을 승인한 결정의 근거가 되었고 이 장 뒷부분에서 더 자세히 논의된다. 시간이 지남에 따라 총회는 1961년 비엔나 외교관계협약, 1969년 비엔나 조약법협약, 1968년 핵무기비확산조약, 1994년 유엔 및 관련 인력 안전협약, 2017년 핵무기금지조약 등 많은 다자간 입법조약을 체결했다. 총회 결의안은 비록 대부분 구 인권위원회(Commission on Human Right)에서 만들어진 것이었으나, 국제인권에 대한 모든 중요한 협약들을 승인했다. 인권위원회는 2006년에 총회에 보고하는 인권이사회(Human Right Council)로 대체되었다.

마지막으로, 총회는 안전보장이사회와 유엔헌장 개정에 관한 책임을 공유한다. 총회는 2/3 이상의 찬성으로 헌장 개정을 제안할 수 있다. 안전보장이사회의 모든 상임이사국을 포함한 이사국 2/3 이상의 동의가 있으면 개정이 비준된다. 총회와 안전보장이사회는 공동으로 헌장 개정을 목적으로 하는 총회를 소집할 수 있다. 현재까지 단 두 번의 헌장 개정 사례가 있었는데, 둘 다 안전보장이사회와 ECOSOC의 회원국 수를 늘리기 위한 것이었다.

총회는 어떻게 기능하는가. 총회의 기능 방식. 정기 연례총회는 매년 가을 3개월(또는 그 이상) 동안 개최되며, 각국 정상, 총리, 외교장관이 뉴욕을 방문하여 총회에서 연설하는 '일반 토의' 기간과 함께 시작된다. 또한 1963년의 재정 및 예산문제, 1975년의 개발 및 국제경제 협력, 1978년의 군축, 2001년의 HIV/AIDS, 2020년의 코로나19, 2021년의 부패 예방 및 퇴치 과제 등 특정 문제를 해결하기 위해 32개의 특별회의가 소집되었다. 이러한 특별회의는 '평화를 위한 연합' 결의안에 따라 소집된 긴급특별회의와 혼동되어서는 안 된다.

유엔 총회의 많은 일들은 6개의 기능위원회에서 이루어진다. 그 위원회들은 제1위원회인 군축과 국제안보위원회, 제2위원회인 경제와 재정위원회, 제3위원회인 사회·인도·문화위원회, 제4위원회인 특별정치 탈식민지 위원회, 제5위원회인 행정예산위원회와 마지막으로 제6위원회인 법률위원회이다. 이 여섯 개의 위원회는 모두 회원국들이 참여하는 위원회로서, 전체 총회의 복제판이라고 할 수 있다. 총회는 또한 다른 소위원회들도 만들어 왔는데, 이 소위원회들은 어떤 특성 사안을 연구하거나(예를 들면, 국제테러 임시위원회), 혹은 제안을 하고 감시를 하는(예를 들면, 우주공간의 평화적 사용위원회, 군비축소위원회) 등 특별한 임무를 수행하기 위하여 만들어진 것이다. 여섯 번째 위원회인 법률위원회와 국제법위원회는 유엔 회원국들에 의해 추천된 34명의 법학자들로 구성되는데, '국제법의 점진적 발전과 성문화(成文化)를 증진하는' 유엔 총회의 임무를 수행하기 위하여 국제협약의 초안을 작성하는 임무를 맡고 있다 (제13조).

매년 총회는 그 해의 회의를 주재하기 위한 한 명의 의장과 17명의 부의장을 선출한다. 전통적으로 의장은 약소국 혹은 중진국에서 배출되고, 종종 개발도상국에서 배출되기도 했다. 여성이 의장으로 선출된 것은 1963년, 1969년, 2006년, 2018년 단 네 번뿐이었다. 의장의 권한은 제한적이기는 하지만 총회의 업무를 이끌고, 위기를 피하고, 합의를 도출하고, 절차가 준수되도록 하고, 다루기 어려운 의제를 설정하는 등 개인적 역량과 정치적 기술을 발휘하여 많은 일이 이루어지게 할 수 있다.

총회의 기능에서 핵심은 회원국들의 대표부이다. 유엔헌장에 따르면 각 회원국은 총회에 다섯 명 이상을 파견할 수 없다. 그러나 총회 규칙에 따르면 각 회원국은 5명의 대리인과 무제한의 고문 및 기술전문가를 파견할 수 있다. 상주 대표부를 만들고 대사를 두는 관행은 국제연맹부터 시작되었다. 대표부 설치는 긴급상황 발생 시 즉각적으로 회의를 해야만 하는 안전보장이사회 회원국들에게는 의무사항이지만, 이러한 관행은 1948년 뉴욕에 유엔 본부가 설립되면서 거의 모든 회원국들에게 보편화되었다. 대표부의 규모는 미국처럼 150여명의 규모를 가진 국가도 있고, 단 한 명의 외교관을 파견하는 국가도 있다. 작고 가난한 국가들은 종종 비용을 절약하기 위하여 그들의 유엔 대표부를 워싱턴 D.C.의 대사관과 겸임하기도 한다. 대부분 국가들의 대표부는 가을 총회 기간에는 매우 큰 폭으로 증가하는데, 때때로 의원들을 포함하기도 한다 (미국의 경우 하원과 상원이 격년으로 총회 대표단에 참여한다).

각 국가의 대표부는 총회와 위원회에 참석하여, 의제를 설정하고 논쟁을 하며, 이를 통하여 국가의 이익을 대표한다. 이러한 과정에서는 다자적 외교문제에 대한 전문성과 실력이 매우 중요하여, 몇몇 대표부는 다른 대표부들보다 더 강한 영향력을 행사한다. 세계 거의 모든 국가들이 연례총회에 참석하기 때문에, 비공식적인 양자 간 혹은 다자 간 접촉을 할 기회가 많이 있고, 국가들은 총회에서 채택된 의제 이외의 사안들을 다루기 위하여 이러한 기회를 활용한다. 유엔 외교관들은 광범위한 논제들과 다양한 견해와 정책들을 다루어야 한다. 정기총회 기간 동안 끊임없이 이어지는 리셉션에 참석하는 일은 매우 힘든 일이며, 이에 불참한다는 것은 정치적으로 관례상 어긋나는 일이다. 새로운 대표단이 요령을 배우고 역량을 발휘하는 데 오랜 시간이 걸릴 수 있기 때문에 일부 대표단이 수년간 근무하는 경우도 드물지 않다. 그러나 미국은 유엔 대표부에서 외교관을 자주 순환 배치하는 경향이 있어 다자외교 경험을 크게 중요시하지는 않는다는 것을 보여준다.

유엔 대표부와 본국 정부 간의 관계는 매우 다양하게 나타난다. 몇몇 대표부는 총회 의제로 상정된 많은 다양한 사안을 다루고 자국의 이익을 증진시키기 위하여 어떤 것이 가장 좋은 방안인가를 결정하는 데 있어서 상당한 자율권을 가지고 있다. 다른 대표부는 '강한 속박' 속에서 임무를 수행하는데, 이들은 어떤 전략을 채택하고 특정 결의안에 대하여 어떻게 투표할 것인가에 대하여 본국 정부로부터 훈령을 받아야만 한다.

총회에서의 의사결정. 유엔 설립 초기에, 같은 지역 국가들 혹은 정치·경제적 이익을 공유하는 국가들은 연합을 형성하여 특정 사안에 대하여 공동의 입장을 표명하고 일련의 투표를 통제하기도 하였다. 몇 가지 요인들이 이러한 연대의 발전을 촉진했는데 첫째, 유엔헌장에 의하면 안전보장이사회의 비상임이사국 선출시 총회는 '동등한 지역적 분포'를 고려해야 한다고 했지만 이를 어떻게 고려하며 무엇이 적절한 지역적 집단인지 등에 관해서는 어떠한 지침도 주지 않았다. 널리 알려진 다섯 개의 지역국가그룹은 서유럽과 그 외의 국가들(미국, 이스라엘, 일본, 캐나다 포함), 동유럽, 아프리카, 라틴아메리카와 아시아이다. 이들 지역그룹 회원국들은 안전보장이사회 후보와 ECOSOC 이사국 후보, 그리고 국제사법재판소와 사무총장 후보를 선택하기 위한 규칙과 절차를 결정해야 한다.

코커스그룹이 출현한 두 번째 이유는 일국일표 원칙에 기인한다. 총회의 결정은 다수결로 이루어진다 (단순다수제 혹은 선거문제와 평화안보문제와 같은 특별한 상황하에서는 2/3 다수제). 그 결과 다수 회원국들을 포함하는 안정된 국가연합은, 의회의 다수정당 혹은 정당연합과 마찬가지로 대부분의 의사결정 권한을 갖게 된다. 유엔 내의 이러한 연합은 상당기간 지속되는 경향을 보이며, 이는 총회 내 주요 실질적 분열과 일치한다. 오래된 연합 구분의 기준 중 두 가지는 대개 냉전 이슈로 규정되는 동서 균열이고, 다른 하나는 발전 이슈와 관련된 남북 균열이다.

냉전기 동안, 동유럽 국가들과 다수의 명목상

비동맹국가들은 지속적으로 소련에 동조하는 투표를 하였다. 서유럽, 라틴아메리카와 영연방 국가들 또한 냉전과 관련된 이슈들과 인권 및 유엔 내부 행정문제 등에 대해서 미국에 동조하는 투표행태를 보였다. 그러나 식민지와 관련된 사안과 경제 사안은 이러한 미국 중심 연합 내에 분열을 만들기도 하였다. 1960년에 이르러 새로운 아프리카와 아시아 국가들의 유입으로 인해 미국은 더 이상 단순 다수를 확보할 수 없게 되었다. 냉전이 종식된 이후, 러시아와 다른 동유럽 국가들은 서유럽 국가들 혹은 좀 더 넓은 의미에서 '북부'그룹에 동조하는 경향을 보였다.

남북 간의 균열 축은 경제 불균등과 개발, 식민주의와 탈식민화, 그리고 강대국 군사력 등에 초점을 맞추고 있다. 1950년대에 개발도상국들은 아프리카-아시아그룹, 라틴아메리카그룹, 그리고 비동맹운동(NAM: Non-Aligned Movement)그룹으로 나뉘어 있었다. 1964년 유엔 무역개발회의(UNCTAD: United Nations Conference on Trade and Development)의 창설과 더불어 라틴아메리카, 아프리카와 아시아 국가들은 그룹 77(G77)을 형성했고, UNCTAD 자체의 집단협상 방식으로 인해 이들은 유엔 회원국의 2/3 이상을 차지하는 결합된 집단으로서 활동하는 경향이 강화되었다. 1970년대 초에 시작한 G77은 "그들이 원하는 대로 유엔을 조종할 수 있었고 실제로 그러했으며 그들이 원하는 원칙들이 채택되도록 했고 그들의 이익에 도움이 되는 국제적 행동들을 요구했다. G77은 궁극적으로 자신들의 요구에 부합하는 행동을 강제할 수는 없었지만, 이러한 요구에 관심을 가지게 하고 자신들의 행동이 옳다는 것을 강력하게 주장할 수 있었다" (Puchala and Coate 1989: 53).

남북 간의 균열은 여전히 지속됐지만, 1980년대 후반부터 G77의 결속력은 약화되기 시작했다. 사우스는 이제 브라질, 중국, 인도, 말레이시아, 멕시코, 남아프리카공화국 등 여러 선진국과 다수의 매우 가난한 국가, 그 중간에 있는 다른 국가들로 분열되어 있다. 그러나 선진국들은 사우스 국가들만큼 결속력이 강했던 적이 한 번도 없었다. 많은 유럽 국가들은 미국보다 저개발국가들의 관심사항을 지지하는 편이었고, 이로 인하여 저개발국들에 대항하는 선진국 연합체로서의 능력은 약화되었다.

유엔 내 다른 코커스그룹으로는 아프리카-아시아그룹, 불어권 아프리카그룹, 영어권 아프리카그룹, 동남아시아국가연합(ASEAN: Association of Southeast Asian Nations), 비동맹운동국가군, 이슬람협력기구(OIC: Organization of Islamic Cooperation), 군소도서국가연합(Alliance of Small Island States)과 EU 등이 있다(도표 4.3 참고). 이러한 연합세력 내에서의 행동과 결속 수준은 특정 사안과 공동의 입장을 형성하는 방식에 달려있다. EU는 27개 회원국 간의 지속적인 협의와 공동정책 시행에 대한 책임 위임 절차를 공식화했다. 다른 연합들은 내표단 간 공식, 비공식 회의에 의존한다. 군소도서국가연합은 39개의 작은 도서국가들과 저지대 연안 개도국들의 연합으로서 서로 개발 수준이 비슷하고 기후변화에 많은 관심을 가진 국가들의 연합이다. 이들은 연구와 로비를 지원하기 위하여 그들만의 비정부기구(Islands First)를 만들었고 의장이 임명하는 상주대표부를 운영한다.

연합그룹들은 유엔의 선거와 투표 규정에 대

도표 4.3 | 유엔 내 코커스그룹 (회원국 수)

지역 선출그룹
- 아프리카그룹 (54)
- 아시아-태평양그룹 (55)
- 동유럽국가그룹 (23)
- 라틴아메리카 및 카리브연안 국가그룹 (33)
- 서유럽 및 기타 국가그룹 (28)

기타 지역 및 다자 코커스그룹[a]
- 아프리카연합 (55)
- 군소도서국가연합 (39)
- ASEAN (10)
- 브라질, 러시아, 인도, 중국, 남아프리카공화국 (5)
- 케언즈(Cairns)그룹 (20)
- 카리브해 공동체 (15)
- 유럽연합 (27)
- G77과 중국 (~134)
- 신 어젠다 연대그룹 (6)
- 비동맹운동 (ca. 120)
- 노르딕그룹 (5)
- 이슬람협력기구 (57)

출처: 선출그룹에 관해서는 https://www.un.org/dgacm/en/content/regional-groups 참조. 코커스그룹에 관해서는 다양한 자료 참조.

주: a. 여기 열거된 그룹 외에도 보호할 책임 관심그룹(R2P: Responsibility to Protect)과 여성·평화·안보 관심그룹(Friends of Women, Peace, and Security) 같은 여러 가지 '관심그룹'들이 있음.

응하여 발생한 것이지만, 총회의 의사결정은 공식 투표 없이 박수나 묵인 등 합의에 의해 이루어진다. 이 경우에는 총회 의장이 대표부와 의논하여 의결안이 채택되었음을 공포한다. 그러므로 합의는 '모든 관련 당사자가 지지하거나 적어도 반대하지 않는' 것을 뜻하게 된다 (Smith 2006: 218). 총회가 투표를 할 경우에는 유엔헌장 제18조 2항에 의해 평화와 안보, 선거, 예산, 회원의 입회나 자격 정지와 같은 '중요한 문제' 외의 모든 다른 문제들에 대하여 참여국의 '다수결 출석투표'를 하게 된다. 그러나 첫 회기 이래 64회기가 되는 동안 총회 결정의 겨우 3분의 1만이 기록 표결에 의해 이뤄졌다. 이 중에서 가장 투표율이 높았을 때는 1980년대 중동문제가 일어나던 시기였다 (Hug 2012). 연합그룹들은 투표에서 승리하는 것만큼이나 합의를 도출하기 위하여 노력한다. 합의제에서는 각 국가들의 입장이 출석투표에서만큼 분명하게 드러나지 않기 때문에 결과에 대한 불화가 적다.

총회의 의제 변화와 적실성. 유엔 총회 내의 정치가 세계정치를 반영하지만, 일국일표의 평등원칙 때문에 권력의 현실을 항상 정확히 반영하는 것은 아니다. 총회는 세계정치의 의제를 설정하고, 제안된 아이디어를 수용하거나 거부하고, 행동을 취하거나 거부하는 유일한 장소이다. 모든 국가가 의제를 제안할 수 있다. 1960년대에 아프리카와 아시아에 대한 유럽의 식민지 통치가 끝나면서 유엔 회원국이 급속하게 증가했고 (도표 4.4 참고) 그 과정에서 유엔은 중요한 역할을 하였다. 회원국 변경은 총회의 의제와 투표 패턴에 특히 영향을 미쳤다. 1960년대 초부터 1980년대 중반까지 G77은 총회에서 3분의 2 이상의 과반수를 차지하여 여러 목표, 특히 신국제경제질서(제8장)를 달성하기 위해 노력했다. 이러한 패턴은 1980년대 중반 G77의 합의 약화, 안전보장이사회의 역할을 증대시킨 소련 및 미국정책의 변화, 부채 및 개발문제를 다루는 데 있어 IMF와 세계은행의 중요성이 높아지면서 변화했다. 그 결과 총회의 역할은 꾸준히 약화됐다.

오늘날, 남북갈등은 경제적 불평등과 개발, 자

도표 4.4 | 유엔 회원국의 증가, 1945~2023년

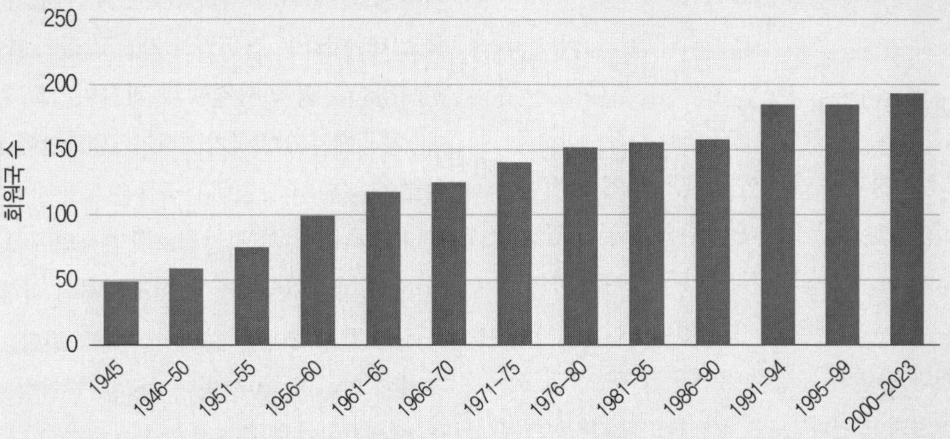

출처: Robert E. Riggs and Jack C. Plano, *The United Nations: International Organization of World Politics*, 2nd ed. (Belmont, Calif.: Wadsworth, 1994), p. 45 및 최신자료 참조하여 작성.

결권(특히 팔레스타인 지역), 그리고 강대국의 군사능력에 대한 사안들을 둘러싸고 지속되고 있다. 인권, 개발, 국제안보와 환경 등의 분야를 포함하는 인간안보에 대한 이슈들은 정치적 권리와 국가 주권, 그리고 유엔의 개입에 대한 논쟁들을 일으키며 심각한 갈등의 요소가 되는 경우가 많다. 이러한 이슈들에는 아직도 남북갈등이 가장 큰 문제가 되고 있기는 하지만 그보다 포괄적인 문제들이 산적해 있다.

유엔에 대한 수많은 비판들은 실제로는 총회에 대한 비판이다. 총회에서 통과된 결의안의 수는 유엔 첫 5년 동안에는 연간 평균 119건이었다가 그 후 꾸준히 증가해서 2001~2002년 기간 동안 연간 360건까지 늘어나자 결의안 숫자를 줄이기 위한 노력이 시작되었다. 2020년에 열린 75차 총회에서는 269개의 결의안이 처리되었다. 그중 많은 안건들이 실행가능성에 대해서 고려하지도 않은 채 통과되었다. 상당수의 결의안들이 해마다 의제로 등장하는 '의례적 결의안'인데 개발권이나 팔레스타인 상황 등이 그 예다. 의결안 중의 상당수가 보편적 용어로 되어 있는데 만약 용어들이 더 구체적이었더라면 훨씬 더 반대가 많았을 것이다.

냉전 종식 이후, 유엔 활동의 중심이 안전보장이사회와 사무국으로 이전되면서 총회의 역할은 상당히 축소되었고, 평화와 안보문제에 있어서 총회와 안전보장이사회의 더 많은 협의를 선호하는 저개발국들은 크게 실망했다. 그러나 미국, 러시아, 중국 등 주요 강대국들 간의 긴장이 고조되고 유엔 안보리가 P-5 국가들의 거부권으로 인해 무력화되면서 총회는 다시 한 번 국제적인 반대 여론을 해소하는 중요한 장이 되었다.

의심할 여지 없이 총회는 개혁과 활성화를 필요로 한다. 1980년대 중반 이후에는 의제와 결의안의 수를 줄이고, 적절성과 효율성을 바탕으로 프로그램과 기금의 개정을 결정하는 등의 몇몇

개선이 이루어졌다. 그러나 변화를 위해서는 대다수 국가들의 동의가 필요하다.

안전보장이사회

안전보장이사회는 유엔헌장 제24조에 근거하여 국제평화와 안보를 유지하는 주요 책임을 담당하고 있으며, 또 유엔의 모든 국가들을 대신하여 행동할 수 있는 권한을 가지고 있다. 이러한 역할의 수행과 관련된 조항은 유엔헌장 제6장과 제7장에 열거되어 있다 (도표 4.1 참고). 제6장은 분쟁을 조사하고 당사국들로 하여금 분쟁을 평화롭게 해결하도록 돕는 여러 형태의 기술적 내용들을 제시하고 있다. 제7장은 모든 유엔 회원국들이 군사력이나 제재 등의 실행조치를 행할 수 있다는 내용의 안전보장이사회의 권한에 대해 명시하고 있다. 1990년 이전, 안전보장이사회는 단지 두 사건에 있어서만 유엔헌장 제7장에 근거한 강제 권력을 사용했고, 대부분의 냉전시대 분쟁에 대응하기 위해서는 제6장의 절차에 근거했다. 예를 들면, 1992년 이전에 모든 유엔 평화유지군은 제6장에 근거하여 권한이 주어졌다. 이 책의 제7장에서 논의된 바와 같이, 그 이후 안전보장이사회는 경제제재와 군사조치를 포함하는 내용의 제7장을 상당히 빈번하게 활용하게 되었고 근래의 모든 평화유지활동은 제7장의 권한에 근거해서 이루어지고 있다.

안전보장이사회는 국제평화와 안보에 대한 위협을 다루는 데 있어서 좀 더 효율적인 의사결정을 촉진하기 위해 소규모로 유지되었다. 안전보장이사회는 또 상임이사국과 비상임이사국 모두를 가진 유일한 유엔 기구이다. 5개 상임이사국은 미국, 영국, 프랑스, 러시아(1992년 소련의 의석을 승계)와 중국(1971년 대만의 의석을 대체)인데, 이들은 거부권을 가지고 있기 때문에 안전보장이사회 의사결정의 핵심이라고 할 수 있다. 처음에는 6개 국가였다가 1965년에 10개 국가로 확대된 비상임이사국들은 5개 지역그룹 중 하나의 추천에 의해 안전보장이사회에서 선출되는데 임기는 2년이다. 적어도 4개의 비상임이사국들이 찬성해야만 결의안이 통과된다. 현재의 규칙에 의하면, 비상임이사국은 연임할 수 없으며 비상임이사국 중 5석은 아프리카와 아시아 국가가 차지하고, 라틴아메리카와 서유럽 국가들이 각각 2석을, 동유럽 국가들이 한 자리를 차지한다. 2020년 현재 63개국은 단 한 번도 비상임이사국으로 선출된 적이 없다. 여기에는 이스라엘, 아이슬란드, 아프가니스탄 등 대부분 소국들이 포함된다. 안보리 활동을 위해서는 뉴욕에 대표부를 유지해야 하는데 이는 약소국들에게는 경제적으로 부담스러울 수 있다.

상임이사국 선정은 1945년 당시의 군사력 분포를 반영한 것이고, 또한 어떤 침략에도 신속하고 단호하게 대응할 수 있는 유엔의 능력을 확보하려는 열망을 반영한 것이다. 거부권을 가질 수 없었다면 미국이나 소련은 유엔 회원국으로 가입하지 않았을 것이다. 거부권은 또한 유엔이 강대국들의 의사에 반하는 강제적 행동을 취할 수 없을 것이고, 또한 그들의 동의 없이 강제적 행동을 취할 수도 없을 것이라는 다른 국가들의 현실적 인식을 반영한 것이기도 하다. 그러나 거부권은 약소국가들과 중위권 국가들 사이에서 항상 논쟁거리가 되었다. 안전보장이사회는 전체 유엔 회원국 중 8% 밖에 되지 않으므로 그 구성은 명확하게 시대에 뒤떨어진 것이며 '형평성 있는 대표성'에 대한 논의가 핵심적인 개혁 이슈로 등장했다.

안전보장이사회는 총회와 경제사회이사회와는 달리 정기적으로 열리지 않고 특별한 갈등이나 위기가 있을 때에만 회의를 소집하고 행동해 왔다. 이사회가 반드시 행동을 취한다는 보장은 없지만, 유엔 비회원국을 포함해 모든 국가들은 안전보장이사회에 문제를 제기할 수 있다. 유엔 사무총장 역시 안전보장이사회에 논의 사안을 제기할 수 있다. 2000년 안보리 의장국들은 평화를 위협하는 HIV/AIDS, 소년병, 헌장 제8장에 따른 유엔과 지역기구 간의 협력, 평화와 안보에서 여성의 역할, 민간인보호, 소형 무기, 가봉 대통령 임기 중인 2022년 10월 아프리카 천연자원의 불법 밀매를 통한 무장단체 및 테러리스트 자금 조달 등의 문제를 다루기 위해 이른바 주제별 회의(thematic meetings)를 시작했다. 다뤄진 주제에서 알 수 있듯이, 이러한 접근 방식은 국가뿐만 아니라 인간안보의 광범위한 문제를 해결하는 데 중요해졌다.

비회원국도 특정 사안에 관심이 있는 경우 요청에 따라 안보리 공식 회의에 참석하고 연설할 수 있다. 평화유지군을 파견하는 국가들은 국제적십자위원회, 기타 비정부기구, 관련 전문성을 갖춘 개인들과 마찬가지로 1992년 처음 이 공식을 적용한 아리아(Diego Arria) 베네수엘라 대사의 이름을 딴 아리아 공식(Arria Formula)에 따라 안보리와 정기적으로 비공식 협의에 참여하고 있다. 2021년에는 기록적인 32회의 회의가 소집되었다. 안보리 이사국들은 사실 조사, 평화협정 지원, 중재 노력을 위해 국가와 분쟁지역을 방문했다. 요컨대, "안보리는 목소리에 귀를 막고 벽 너머의 압력에 면역이 된 밀실이 아니다" (Johnstone 2008: 88–89).

안전보장이사회의 업무와 관련된 외교와 협상 중의 상당 부분은 5개 상임이사국들과 평화유지군 파견국, 사무국 관료, 비국가행위자들과의 회의 등과 같은 다양한 비공식 회의에서 일어난다. 안보리의 업무 방식에 대한 불만이 오랫동안 제기되어 왔지만, 실제로 안보리는 "가장 적응력이 뛰어난 국제기구로, 때로는 말 그대로 현장에서 업무 방식을 수정할 수 있는" (*Security Council Report* 2014) 역할을 해왔다. 안보리 의장단은 15개 회원국 중 매월(국가명 알파벳순) 순번제로 돌아가며 의장국을 맡으며, 의장국은 토론과 합의 도출을 촉진하고 회원국들이 결정에 도달할 준비가 된 시점을 결정하여 공식 회의를 소집하고 사무총장과 협의하는 등 적극적인 역할을 수행한다. 또한 의장들이 임기 중 한 달을 공개 토론에서 특정 주제를 강조하기 위해 사용하는 것이 일반화되었으며, 때때로 의장국의 대통령이나 총리가 회의의 의장을 맡기도 한다.

1990년대 이후 테러, 핵무기 확산, 표적제재에 대한 조치와 관련하여 안보리의 업무는 대테러위원회(Counter-Terrorism Committee), 비확산위원회(Non-Proliferation Committee), 실무그룹, 제재위원회에서 이루어지며, 보고서 모니터링, 제재 면제 관리, 지정 명단 관리 등의 업무를 수행한다. 위원회는 사무국이 관리하는 명단에서 모집한 전문가 패널과 모니터링그룹의 도움을 받는 경우가 많으며, 10개 비상임 회원국 중 한 나라가 의장을 맡고 합의를 바탕으로 운영된다. 이 위원회의 업무에는 모든 유엔 평화유지활동과 정치 임무를 감독하는 것도 포함된다.

안전보장이사회는 헌장에 따른 국제안보 유지 책임 외에도 유엔 총회와 협력하여 사무총장, 국제사법재판소 재판관, 신규 유엔 회원국 선출에 참여한다. 1940년대에 안전보장이사회는 1년에 약 130회의 회의를 개최했다. 냉전 시기에는 회의 개최 빈도가 감소하여 1959년에는 단 5회만 열렸다. 1990년대 초부터 회의 빈도는 꾸준히 증가하여 2022년에는 291회에 달했고, 비공개 회의와 비공식 협의의 횟수는 훨씬 더 많았다. 2022년 중반 현재, 이사회는 출범 이후 2,600건이 넘는 결의안을 승인했으며 결의안이 도출되지 않은 회의의 결과를 요약한 수백 건의 의장성명을 발표했다. 이 중 대부분은 1990년 이후에 나온 것들이다. 그러나 P-5 국가 간의 긴장이 고조되면서 결의안과 의장성명의 수가 감소하여 2022년의 경우 연말까지 승인된 결의안은 6건에 불과하다. 회원국들은 코로나19 팬데믹과 시리아에 대한 인도주의적 접근에 관한 결의안을 통과시키지 못했다. P-5 간의 합의 결여로 인해 영국은 더 많은 협의를 장려하기 위해 비공식적인 '소파 회담(sofa talks)'을 시작했다.

P-5의 거부권은 오랫동안 논란이 되어 왔다. 특히 냉전 시기에는 소련이 여러 평화 및 안보 문제에 대한 조치를 차단하고 서방의 지지를 받는 신규 회원국과 사무총장 후보의 입후보를 막기 위해 자주 사용하면서 문제가 되었다. 미국은 1970년대까지 거부권을 행사하지 않았는데, 이는 유엔 초기 미국의 패권적 지위와 많은 우방의 지원을 반영하는 것이었다. 그 후 미국은 2012년까지 다른 상임이사국보다 거부권을 더 많이 행사했다 (거부권 행사 요약은 표 4.1 참조). 미국의 거부권 행사 대부분은 아랍-이스라엘-팔레스

표 4.1 안전보장이사회에서의 거부권 행사, 1946~2022년

기간	중국[a]	프랑스	영국	미국	소련/러시아	합계
1946~1955	1	2	–	–	80	83
1956~1965	0	2	3	–	26	31
1966~1975	2	2	10	12	7	33
1976~1985	0	9	11	34	6	60
1986~1995	0	3	8	24	2	37
1996~2005	2	0	0	10	1	13
2006~2011	2	0	0	3	3	8
2012~2022	11	0	0	3	25	39
합계	18	18	32	86	150	304

출처: 다음의 여러 자료에서 취합. www.globalpolicy.org/images/pdfs/Z/Tables_and_Charts/useofveto.pdf; www.un.org/Depts/dhl/resguide/scact2011.htm; http://research.un.org/en/docs/sc/quick; 및 https://www.securitycouncilreport.org/atf/cf/%7B65BFCF9B-6D27-4E9C-8CD3-CF6E4FF96FF9%7D/working_methods_theveto-6.pdf.

주: a. 1946년부터 1971년까지 중화민국(대만)이 중국의 안전보장이사회 의석을 차지했으며, 중화민국은 1955년 몽골의 가입 신청을 막기 위해 단 한 번 거부권을 행사했다. 따라서 현재 안보리 상임이사국인 중화인민공화국이 행사한 첫 번째 거부권은 1972년 8월 25일에 처음 행사되었다.

타인 분쟁과 관련된 결의안과 이스라엘을 지지하는 결의안에 사용되었다. 중국은 기권은 반대표(즉, 거부권)로 집계되지 않는다는 선례를 이용하여 1990년부터 1996년까지 총 27차례에 걸쳐 일련의 강제조치(이라크에 대한 조치 포함)에 기권함으로써 행동으로 저지하지는 않지만 동의하지 않는다는 태도를 표명했다. 2011년부터 2020년까지 러시아와 중국은 주권, 비개입, 미국의 지배에 대한 공동의 우려를 반영하여 인도적 접근을 포함한 시리아 내전에 대한 안보리의 조치를 차단하기 위해 9차례에 걸쳐 공동으로 거부권을 행사했다.

당연히 러시아는 2014년 크림반도를 점령한 이후 우크라이나 사태에 대해 거부권을 행사했고, 2022년 우크라이나 침공 이후에도 네 차례에 걸쳐 거부권을 행사했다. 거부권은 P-5 회원국이 반대하고 거부권을 행사할 가능성이 있는 결의안 초안에 대해 다른 회원국이 표결을 고집하는 경우에만 행사된다는 점을 이해하는 것이 중요하다 (Luck 2016: 202). 2022년에 변경된 사항은 총회가 P-5 중 한 국가가 거부권을 행사한 후 10일 이내에 총회를 열도록 하는 절차를 승인했다는 점이다 (결의 76/262). 이는 러시아가 네 차례에 걸쳐 총회에서 압도적인 표차로 러시아 조치에 반대하는 표결에 직면했음을 의미한다.

유엔 관련 문헌에서는 오랫동안 P-5 회원국의 거부권이 안보리 의사결정의 중요한 부분이라고 강조해 왔지만, 최근 몇 년 동안 안보리는 일부 사안에 대해서만 의견이 나뉘고 그 외에는 대부분 합의에 의해 운영되고 있는 것이 현실이다. 의장성명과 언론성명은 안보리 합의를 반영하고, 제재위원회와 실무그룹은 합의에 의해 운영되며, 대부분의 결의안도 합의에 의해 채택된다. 2014년 "안보리 보고서"(2014b)는 합의에 대한 프리미엄이 있을 수 있지만 "엄격한 합의를 통한 결의안을 추구할 경우 … 강력한 표현이 사라진다는 단점이 있다"고 결론지었다.

냉전 시대에는 평화와 안보 위협에 대한 안보리의 조치가 매우 어려웠다. 프랑스와 미국의 베트남전쟁, 체코슬로바키아와 헝가리에 대한 소련의 개입과 같은 일부 분쟁은 유엔에 제기조차 되지 않았다. 1950년 북한의 남침에 대한 유엔의 대응은 당시 소련이 안보리를 보이콧하면서 거부권을 행사할 수 없었고 총회가 평화를 위한 연합 결의를 통해 행동에 나섰기 때문에 가능했다. 냉전시대의 정치는 종종 안보리를 외면했지만, 적어도 1960년대 중반부터 안보리가 국제사회의 많은 부분을 대표하여 '집단적 정당화'의 힘을 가지고 있다는 사실이 인정되었다 (Claude 1967; Voeten 2005).

1980년대 후반, 안전보장이사회의 활동과 권한, 위상은 급격히 강화되었다. 소련 외교정책의 주요 변화로 P-5의 협력이 더욱 긴밀해졌고 이란-이라크전쟁과 아프가니스탄, 중앙 아메리카, 나미비아, 캄보디아 분쟁을 비롯한 여러 지역분쟁에서 잇달아 돌파구가 마련되었다. 연간 안보리 회의 횟수가 증가했고, 안보리는 비공식적인 비공개 협의를 통해 합의를 도출하기 시작했다. 1990년 쿠웨이트 침공 이후 이라크와의 대결에서 안보리 상임이사국과 비상임이사국 간의 합의는 전례가 없을 정도로 강력했다.

1990년부터 유엔 안전보장이사회는 그 어느 때보다 많은 무력 분쟁(특히 국가 내 분쟁)에 대해 조치를 취하고, 유엔헌장 제7장에 따라 더 많은 결정을 내리고, 더 많은 평화유지작전을 승인하고, 다양한 상황에서 여러 유형의 제재를 부과했다. 르완다, 구 유고슬라비아, 시에라리온에서 대량학살과 전쟁범죄에 책임이 있는 개인을 기소하기 위해 임시 전쟁범죄재판소를 설립하고 2002년에 설립된 국제형사재판소에 회부하는 전례 없는 조치를 취했다. 1995년에는 보스니아에서 보스니아 세르비아군에 대한 NATO의 폭격과 코소보와 동티모르에서 유엔 관리하에 있던 보호지역에 대한 폭격을 승인했다. 2001년 9월 11일 테러 공격 이전에도 평화에 대한 위협의 정의를 확대하여 테러를 포함시켰으며, 이후 모든 회원국이 테러자금 조달 억제를 위한 국제협약에 명시된 반테러 조치를 채택하도록 하는 결의안 1373호를 승인했다. 이란, 북한 및 기타 행위자들의 핵무기 획득을 막기 위해 노력해 왔으며, 국가 또는 비국가 행위자에 의한 대량살상무기 확산을 방지하기 위해 국가가 국내 통제를 수립하도록 의무화하는 결의안 1540호(2004년)를 승인했다.

2000년, 여성단체와 유엔여성개발기금 직원들의 강력한 로비 끝에 안보리는 평화작전, 중재, 평화 협상에서 여성과 여성의 역할을 통합하는 방향으로 나아가는 주요 조치인 여성, 평화 및 안보(WPS: women, peace, and security) 결의안 1325호를 채택했다. 또한 평화작전 임무 초안을 작성할 때 민간인보호에 보다 적극적인 접근 방식을 채택했다. 리비아에서 이런 목적을 위한 군사행동과 시리아에서 국경을 넘는 인도주의적 지원을 승인했다. 그러나 안보리 회원국들이 시리아 분쟁을 중단하기 위한 조치에 합의하지 못하거나 인도적 지원 임무에 장기간 합의하지 못한 것은 강대국의 반대 앞에서 안보리가 무력하다는 것을 보여주었다.

1990년 이후 다양한 모니터링 기구의 설립은 안보리의 초기 조치와는 확연히 다른 것으로, 예를 들어 제재의 틀과 목표, 제재의 효과를 개선하는 방법에 대해 어느 정도 학습이 이루어졌음을 보여주었다. 유엔 회원국에 대한 이러한 규제 및 입법 권한의 사용과 이라크에 대한 안보리의 강제 제재 및 무기사찰 레짐(제7장에서 논의)을 두고 캐나다 외교관 말론(David Malone 2006: 173)은 이를 '국제평화와 안보에 대한 규제적 접근을 향한 움직임'이라고 불렀다. 마찬가지로 1990년 이라크의 쿠웨이트 침공 이후 안보리의 전반적인 활동은 안보리가 '국제전쟁에 대한 집단적 정당성을 부여하거나 보류하는 데 가장 적절한 국제기구'이며, 보다 일반적으로 무력사용에 대한 정당성을 부여하는 기구라는 점을 보여준다(Hurd 2007: 124). 또한 허드(Ian Hurd 2008b: 35)는 2003년 미국의 이라크전쟁 사례를 통해 "강력한 국가들조차도 안보리의 존재를 중심으로 정책을 수립할 수밖에 없었다는 것을 보여줬다 … 침공에 찬성하는 국가와 반대하는 국가연합 모두 … 안전보장이사회의 승인이 국가에 강력한 자원이라는 것을 인정했기 때문에 이를 얻기 위해 싸우거나 상대방에 대한 승인을 보류했다"고 주장한다. 당시에는 안보리가 실패한 기구라는 우려에도 불구하고 양측 모두 안보리 권한의 정당성에 의문을 제기했다.

헌장은 국제평화와 안보문제에 대해 안전보장이사회에 막강한 공식적인 권한과 권위를 부여하고 있다. 그러나 학자들은 '국제적 약속과 국가주권 사이의 모순', 특히 국제적 의무는 국가의 동의가 있어야만 구속력이 있다는 전통적인 가정을 고려할 때 이러한 권한의 사용에 문제가 있다고 지적한다 (Hurd 2007: 5). 예를 들어, 크로닌(Bruce Cronin)과 허드는 결의안 1373호에 명시된 9·11 테러 이후 반테러 조치에 대한 안보리의 권한에 대한 증거를 찾아보면서 다음과 같이 주장한다. "권한 강화의 증거를 제공하는 것은 이러한 의무적 선언을 발표하는 행위가 아니라 대부분의 회원국이 그렇게 할 수 있는 이사회의 권한을 받아들였다는 사실이다" (Cronin and Hurd 2008: 201).

2003년 미국의 대 이라크전쟁에 대한 안보리의 승인 거부는 안보리의 권위를 더욱 공고히 했다. 그러나 안보리가 리비아에 대한 NATO의 개입을 승인했을 때, 민간인보호가 아닌 정권 교체로 변질된 러시아의 태도와 시리아에서의 행동을 막기 위해 거부권을 사용한 러시아와 중국의 태도는 국내 평화와 안보에 대한 위협을 해결하는 것이 얼마나 어려운 일인지 잘 보여준다. 요컨대, P-5의 합의가 있을 때 조치를 취할 수 있지만 안보리가 분열되면 그 결과는 정체뿐이다. 미국, 중국, 러시아 간의 긴장이 고조되면서 P-5는 점점 더 분열되고 있으며 일부 전문가들은 이를 새로운 '냉전'으로 묘사하고 있다. 2022년 우크라이나 침공 이후 러시아가 안보리에 복귀하고 2023년 4월 안보리 의장국을 맡게 되면서 안보리의 효율성에 대한 논쟁이 다시 불거지고 있다.

요컨대, 유엔헌장은 안보리에 막강한 공식 권한을 부여하지만 그 권한을 사용할 수단을 직접 통제할 수 있는 권한은 부여하지 않는다. 안보리는 국가들의 자발적인 협력과 평화유지 임무에 기여하고, 제재를 집행하고, 회비를 납부하고, 유엔의 지휘하에 또는 고도로 훈련된 군 인력과 물자를 충분히 갖춘 연대에 의해 집행 조치를 지원하려는 의지에 의존한다. 가장 중요하게는 국가들의 자발적 준수는 안보리의 정당성과 안보리의 행동, 즉 상징적 힘에 대한 인식에 달려 있다 (Hurd 2002: 35). 2003년 미국과 이라크의 사례에서 알 수 있듯이, 강력한 국가조차도 그 상징적 권력을 사용하여 자국의 이익을 위해 노력할 수 있다.

1990년 이후 안전보장이사회 활동이 증가하면서 많은 유엔 회원국들이 더 이상 1945년의 세계가 아닌 21세기의 실상을 좀 더 잘 반영하기 위하여 안전보장이사회 회원국 자격에 대한 개혁을 강력하게 주장하고 있다. 나중에 다시 언급하겠지만 이 논의는 안전보장이사회의 기능을 어떻게 더 효과적으로 만들 수 있는가와 그 정당성과 권한을 어떻게 지속적으로 보장할 것인가에 대한 논의다.

경제사회이사회

유엔헌장에서 경제사회이사회(ECOSOC)를 다루고 있는 부분(제9장과 제10장)은 짧고 매우 일반적이지만, 경제사회이사회는 유엔체제에서 가장 복잡한 기관이다. ECOSOC는 국제경제와 사회적 이슈들을 다루는 유엔의 중심 회의체이며, 그 목적은 삶의 수준 향상을 도모하는 것에서부터 경제적, 사회적 해결책을 찾아내는 일, 건강문제와 '인권과 기본적 자유에 대한 보편적 존중심'을 도모하는 영역까지 포함한다. ECOSOC에서 주관하는 활동에 유엔체제 내의 인적 자원과 재원의 70% 이상이 사용되고 있다. 유엔 설립자들은 ILO, WHO, FAO, 세계은행, IMF와 같은 많은 전문기구들이 경제사회적 개선과 관련된 활동에서 주도적 역할을 하고, ECOSOC는 이러한 활동을 조율하는 임무를 가져야 한다고 생각했다. 따라서 유엔헌장은 ECOSOC의 주요 임무로서 이러한 조율에 관한 기능을 언급하고 있으며 경제·사회적 사안들에 대해 연구하고 보고서를 준비하고 권고하며, 조약을 준비하고 회의를 소집하고 비정부기관들과 협의하는 일 등의 역할에 대해서도 언급하고 있다. 이러한 임무 중 조율임무가 가장 문제라는 것이 입증되었다. 왜냐하면 많은 활동들이 ECOSOC의 권한 밖에 있기 때문이다. 2022년 현재 6,000개 이상의 NGO가 ECOSOC와의 협의 지위를 통해 유엔 및 유엔의 활동과 공식적인 관계를 맺고 있다 (제6장에서 자세히 논의).

ECOSOC의 회원자격은 두 번의 유엔헌장 개정을 통하여 확대되었다. 처음 18개 회원국이었던 것이 1965년 27개 회원국으로 확대되었고, 1973년에 54개 회원국으로 다시 확대되었다. 회원국은 지역그룹의 추천에 따라 3년 임기로 총회에서 선출된다. 유엔에 대한 재정적 지원을 할 수 있는 국가들이 지속적으로 대표로 선발되어야 한다는 인식에 근거하여, 안보리 상임이사국 5개국과 독일, 일본 같은 주요 선진국들은 정기적으로 재선되었다. ECOSOC는 판결과 결의안을 통해 행동하는데 대부분 합의나 다수결을 통해 승인된 것들이다. 그러나 어떠한 것도 회원국이나 특별기관에 대해 구속력을 갖지 않는다. ECOSOC에서 도출된 건의안이나 다자협정은 총회의 승인을 받아야 한다 (협정의 경우 회원국들의 비준을 받아야 한다).

ECOSOC는 매년 한 차례 4주간의 회의를 개최하며, 뉴욕의 유엔 본부와 여러 전문기관 및 기타 프로그램의 본부가 있는 제네바를 번갈아 가며 개최한다. 또한 세계은행과 IMF의 주요 위원회를 이끄는 재무장관과의 연례 회의와 여러 단기 세션, 패널 토론, 준비 회의 등 다양한 회의도 개최한다. 연례회의는 현재 고위급, 조정, 운영활동, 인도주의 업무, 일반 분야 등 5개 부문으로 나뉘어 진행된다. 고위급 회의에는 지속가능한 발전의 다양한 차원을 통합하고 2015년에 승인된 SDG를 이행하는 데 중점을 둔 다자간 포럼으로 2012년에 설립된 지속가능발전 고위급 정치포럼(HLPF: High-Level Political Forum on Sustainable Development)이 포함된다. HLPF는 새천년개발목표와 2015년부터는 SDG를 포함한 국제개발 목표의 이행 현황을 평가하기 위해 2007년에 만들어진 연례 장관급 검토회의를 담당하고 있다. 또한 격년으로 개최되는 개발협력포럼에서는 모든 관련 주체들이 모여 재원 조달, 다양한 유형의 파트너십, 책임성 등 개발협력과 관련된 이슈에 대해 대화를 나눈다. 회의에는 회원국, 모든 관련 유엔 기관, 시민사회 단체, 민간 부문이 참여한다.

ECOSOC가 조정해야 할 활동은 독립적인 전문가와 컨설턴트로 구성된 전문가 및 실무그룹, 8개의 기능위원회, 5개의 지역위원회, 17개의 전문기관 등 여러 하부 기관에 분산되어 있다. 유엔개발계획(UNDP), 유엔인구기금(UNFPA), 유엔아동기금(UNICEF), 세계식량계획(WFP) 등 총회가 만든 여러 기관이 총회와 ECOSOC에 모두 보고하기 때문에 복잡성이 더욱 가중된다. ECOSOC의 의제 범위에는 주택, 문해력, 환경부터 마약 통제, 난민, 통계, 원주민의 권리까지 다양한 주제가 포함된다. 이들 중 개발은 가장 큰 주제 분야이다.

전문기구와 ECOSOC의 관계. ILO, 만국우편연합(UPU)과 세계기상기구(WMO)를 포함한 몇몇 전문기구들은 제3장에서 논의한 것과 마찬가지로 유엔보다도 먼저 설립되었다. 유엔헌장 제57조는 이러한 기관들이 유엔과 관계를 맺는 데 필요한 광범위한 조건을 제시했다. 브레턴우즈 기관의 가중투표 제도가 다른 기관과 차별화되기는 했지만, ILO와의 첫 번째 협약은 다른 기관에 모델이 되었다. 이 협정에는 정보 및 문서 교환, 유엔기관의 권고에 대한 기관의 처우, 인사, 통계 서비스 및 예산 조달에 대한 협력 등이 포함된다. 전문기관과 ECOSOC의 관계를 복잡하게 만드는 요인 중 하나는 지역적 분산이다. 국제노동기구, 국제전기통신연합(ITU), 세계지적재산권기구, WHO는 제네바에 본부를 두고 있지만 FAO는 로마, 유엔 교육과학문화기구(UNESCO)는 파리, 국제민간항공기구(ICAO)는 몬트리올, IMF와 세계은행은 워싱턴 D.C., 국제해사기구(IMO)는 런던에 본부를 두고 있다. 현장에서는 각 기관마다 별도의 건물과 직원이 있는 경우가 많다. 이러한 분산은 효율성, 예산 및 조정에 영향을 미친다.

역사적으로 전문기구들, 특히 브레턴우즈 기관들은 ECOSOC와 그 외의 유엔체제와는 상당히 독립적으로 활동해 왔다. 이러한 기구들의 책임자들은 유엔 사무총장과 비슷한 외교적 지위를 가지고 있기 때문에, 그들은 종종 그들이 자신만의 영역을 운용하고 있다고 생각한다. 각각의 조직과 목적을 지닌 여러 다른 기구들이 비슷한 활동을 하고 있을 때 어떻게 통합된 국제프로그램을 운영하는 것이 가능할까? 이는 ILO의 사례를 보면 분명해진다. ILO의 활동은 고용증진, 직업교육, 사회안전망, 안전과 보건, 노동법과 노사관계, 그리고 농업조직 등을 포함한다. 이러한 활동은 토지개혁 문제에 있어서 FAO의 활동과 중복되고, 교육부분에서는 UNESCO와, 보건 기준에 대하여는 WHO와, 소규모 산업에서의 노동문제는 유엔 산업개발기구(UNIDO: UN Industrial Development Organization)의 활동과 중복된다. 그 결과 지속적으로 조율의 문제가 발생하기도 한다. 1998년부터 ECOSOC는 각국 재무장관들과 세계은행, IMF, WTO, UNCTAD의 관리들과 기관 간 활발한 상호작용과 개발을 위한 재정협력을 도모하기 위해 연례회의를 개최해왔다. 마찬가지로 1990년대 후반에 세계은행과 IMF의 지역담당자들이 개발도상국에서 다른 유엔 기구들의 직원들과 협력을 확대하기 시작했다. 2008년에는 고위급 유엔개발그룹이 고위급 조정위원회에 병합되었는데 이는 뒤에서 논의하기로 하겠다.

기능위원회. ECOSOC 활동의 일부분은 8개의 기능위원회들에 의해서 이루어지는데, 이들은 사회개발, 마약, 여성 지위, 개발을 위한 과학과 기술, 인구와 개발, 범죄예방과 사법적 정의, 통계와 산림 관련 위원회들이다. 통계위원회는 경제사회 프로그램에 있어서 통계적 연구와 분석의 중요성을 반영하고, 이를 통하여 유엔체제는 매년 세계의 많은 정부, 연구자, 학자들에게 큰 기여를 하고 있다. 수년간 수집된 사회경제 상황에 대한 광범위한 자료는 여러 세계문제들을 다루는 데 있어서 매우 중요하다. 예를 들면, 유엔총회가 1961년에 제1차 개발10년계획을 시작할 당시 여성의 경제적 지위에 관한 어떤 데이터도 존재하지 않았지만, 여성은 개발기금을 할당받는 한 집단이 되었다. 여성지위위원회(CSW: Commission on the Status of Women)의 감독하에 제1호 『세계의 여성(*The World's Women*)』이 1991년에 발간되면서 세계 도처의 여성과 관련된 사안들에 대한 의사결정에 도움을 줄 자료가 제시되기 시작했다. 워드(Michael Ward)가 그의 저서 *Quantifying the World*에서 결론지었듯이 "국제적으로나 국내적으로 보편적으로 인정된 통계 시스템과 인증된 전문가적 기준에 따라 데이터를 수집하고 편집하게 도와주는 전반적인 준거틀의 탄생은 비록 널리 알려지지는 않았으나 유엔기구가 이룬 가장 훌륭한 성공 중의 하나이다" (Ward 2004: 2).

CSW는 여성의 정치적, 경제적, 사회적, 교육적 권리의 증진, 그리고 당장의 관심을 요하는 모든 문제들에 관한 권고와 보고서를 작성하기 위하여 1946년 설립되었다. 이 위원회는 여성의 정치적 권리와 결혼 권리에 관한 몇몇 초기 협약들의 초안을 작성하였고, 1967년 총회에서 채택된 여성차별철폐선언, 1979년에 승인되고 1981년에 발효된 여성차별철폐협약(CEDAW)의 초안을 마련했다. 1995년 베이징에서 열린 제4차 세계여성회의는 성평등과 여성 권한 부여라는 광범위한 임무 하에 베이징 행동 플랫폼의 실행을 모니터링하는 데 있어 CSW에 중심적인 역할을 부여했다. 이 임무는 총회의 후속 특별 세션에서 확대되었으며, 가장 최근에는 2020년 베이징+25 세션에서 이루어졌다. CSW 세션은 성평등, 여아에 대한 폭력, 교육·과학·기술에 대한 여성과 소녀의 접근, 농촌여성 권한 부여와 같은 특정 주제에 중점을 둔다. CSW는 45개국의 회원을 보유하고 있으며, 이들은 4년 임기로 ECOSOC에 의해 선출되며, 매년 NGO 대표들의 적극적인 참여로 회의를 개최한다.

2006년까지는 이들 위원회 중 가장 활발한 것이 인권위원회였다. 그때까지 유엔이 선포한 인권에 관한 모든 선언문과 협정이 이 기관의 작품이었다. 2005년 세계정상회의의 개혁 건의에 따라 총회가 2006년에 인권이사회를 창립했는데 이 사회의 업무는 예전과 거의 비슷하지만 ECOSOC가 아닌 총회에 보고를 하게 되어 있다 (자세한 내용은 제10장 참조).

지역위원회. 1947년 이래 ECOSOC는 다섯 개의 지역위원회를 설립했다. 이 위원회는 특정 지역의 국가 간 협력이 모두에게 이익이 될 것이라는 논리에 따라 프로젝트를 추진하기 위한 연구와 이니셔티브를 통해 개발에 대한 지역적 접근을 촉진하기 위해 설계되었다. 현재 유엔체제 전반에 걸친 지속가능발전목표(SDGs)에 초점을 맞추고 있는 이 위원회는 특정 지역에서 글로벌목표에 대한 논의를 실행하고 조정할 수 있는 장을 제공하고 있다. 이 위원회는 제8장에서 자세히 논의된다.

현장 활동. 유엔 경제사회활동의 확산을 초래한 여러 주요 요인들 중 하나는 현장 활동, 특히 기술적 지원이 많아졌기 때문이다. 유엔은 1965년에 설립된 UNDP를 포함하는 다양한 프로그램과 WHO, FAO, UNESCO와 같은 전문기구들을 통하여 개발도상국에 자금과 전문가를 보급하여 사람들을 훈련시키고 새로운 기술을 전파한다. 이러한 활동들을 현장에서 조율하는 일은 ECOSOC이 감당해야 할 도전 중 상당 부분을 차지한다.

복잡한 조직 내에서 조율은 근본적으로 어려운 일이고, 각국 정부는 이와 관련된 자신들만의 문제를 가지고 있다. 한 분석자는 ECOSOC의 문제는 부분적으로 '국제정책과 프로그램에 관련된 국가 수준의 조율의 부재'에 기인하는 것이라고 주장한다 (Taylor 2000: 108). 지난 75년간 유엔의 경제사회적 활동이 꾸준히 증가함으로써 ECOSOC의 임무를 완수하기는 거의 불가능할 정도가 되었고, 나중에 논의하겠지만 이러한 이유 때문에 개혁에 대한 요구가 지속적이었음에도 불구하고 막상 개혁은 별로 성공적이지 못하였다.

사무국

2019년, 유엔 사무국은 뉴욕, 제네바, 비엔나, 나이로비에 본부를 둔 약 3만 7,000명의 전문 및 사무직 직원들로 구성되었으며, 이는 유엔 평화작전에 참여하는 전문기관의 비서관이나 군 및 민간 인력은 포함되지 않은 숫자이다. 이 국제공무원들은 회원국 국적이지만 국제사회를 대표하는 개인들이다. 또한 이들 중 상당수는 전문 교육과 지식을 갖춘 기술관료들이다. 바넷과 핀모어(Barnett and Finnemore 2005: 174)는 "전문 교육, 규범, 그리고 직업문화는 전문가들이 세상을 바라보는 방식을 강하게 형성한다. 이들은 유엔 직원들에게 보이는 문제와 다양한 해결책에 영향을 미친다"라고 지적한다.

최초의 IGO 사무국은 1860년대와 1870년대에 만국우편연합과 국제전신연합에 의해 설립되었지만, 그 구성원들이 자국 정부로부터 독립적이지는 않았다. 국제연맹은 최초의 진정한 국제 사무국을 설립하고 사무국 직원들이 연맹 전체에 대해 공정하고 중립적인 태도를 유지해야 한다는 선례를 마련했다. 회원국들은 국적에 관계없이 직원들의 국제적 성격과 책임을 존중해야 했다. 이러한 관행은 유엔과 전문기관으로 이어졌으며, 유엔 사무국 직원들은 회원국이 확대됨에 따라 점점 더 넓은 지리적 고려하에 모집되었다. 사무국 직원들은 자국에 대한 충성심을 포기하지 않으면서도 국익 증진을 자제해야 할 것이 기대되었고, 이는 민족주의가 강한 세계에서 때로는 어려운 과제이기도 하였다. 헌장 제100조와 제101조는 사무국의 국제주의와 독립성을 다룬다. 최고위직을 제외한 모든 인원은 광범위한 유엔 회원국에서 모집되며, 공로와 연공서열에 따라 시간이 지남에 따라 승진하며, 지리적 분포를 염두에 두고 최근에는 성별 균형에 대한 관심도 증가하고 있다.

총회, 안전보장이사회, ECOSOC는 회원국들이 이슈를 논의하고 권고와 결정을 내리는 장을 제공하는 반면, 사무총장과 고위 지도부를 포함한 유엔 사무국은 '제2의' 유엔을 구성한다. 이들은 유엔 자체 내에서, 때로는 회원국들에게 상당한 영향력을 행사한다. 특히 사무총장은 유엔이 글로벌거버넌스와 세계정치에서 자율적인 행위자로 부상하는 데 기여해 왔다.

사무총장. 유엔 사무총장(UNSG: UN Secretary-General)의 지위에 관하여 다음과 같은 언급이 있다. "사무총장은 가장 잘못 알려진 지위 중 하나이다. 이는 유엔의 최고 행정직이라는 지위와 텅 빈 서류들로 가득 찬 뚱뚱한 서류 가방을 가지고 다니는 글로벌외교관이라는 지위의 조합이다" (Hall 1994: 2). 유엔 사무총장은 조직의 관리자로서 사무국에 리더십을 제공하고, 유엔 예산을 준비하며, 연례보고서를 총회에 제출하고, 다른 주요 기관의 요청에 따라 수행된 연구를 감독하는 책임을 맡고 있다. 유엔헌장 제99조는 사무총장이 국제평화를 위협하는 문제를 안보리에 제출할 수 있는 권한을 부여하고 있다. 이는 유엔 사무총장이 독립적인 행위자가 될 수 있는 권한과 능력의 법적 근거를 제공한다. 유엔 사무총장은 또한 "공동체의 이익을 대표하거나 국제사회의 가치를 수호하는 사람"으로서 도덕적 권위를 부여받는다 (Barnett and Finnemore 2004: 23).

시간이 가면서 사무총장은 종종 (항상 그렇지는 않지만) 유엔의 대변인으로서 중요한 정치적 역할을 하게 되었다. 사무총장은 전문가그룹, 위원회, 패널의 소집자로서 문제를 해결하고 연구를 총괄하며 선택의 개요를 설명하고, 헌장의 정신에 입각하여 행동하는 중재자로서, 그리고 '헌장의 수호자'로서 역할을 하게 되었다 (Ravndal 2020). 그러나 사무총장은 자신의 주 고객인 회원국들과 사무국의 요구를 동시에 충족시켜야만 한다. 회원국들은 유엔의 최고관리자인 사무총장을 선출하지만 자신들이 선출한 사무총장에 의해 무시당하거나 혹은 공개적으로 반대 당하기를 원하지 않는다. 이는 P-5 국가들에게 특히 그렇다. 최고경영자로서 사무총장은 또한 인력과 예산을 관리하는 능력을 갖추어야 한다. 균형을 맞추는 행위가 항상 쉬운 것은 아니다.

사무총장은 안전보장이사회의 추천과 총회에서 2/3의 득표를 통하여 5년 임기로 임명되며 연임될 수 있다. 지명 과정은 매우 정치적이고 비밀스러우며, P-5가 거부권을 행사하기 때문에 중요한 역할을 한다. 실제로 체스터먼(Chesterman 2015: 507–508)이 지적한 바와 같이, P-5는 "명령을 내리는 것보다는 명령을 받는 것에 익숙한, 즉 '장군'보다는 '비서'에 가까운 인물"을 선호하는 뚜렷한 성향을 보였다. 예를 들면, 1996년, 미국은 부트로스-갈리(Boutros Boutros-Ghali)의 재선에 강력히 반대했으며, 회원국들이 코피 아난(Kofi Annan)을 대체 후보로 합의하도록 압박했다. 글로벌리더를 더 잘 선출하기 위한 노력은 지금까지 성공적이지 못했지만, 2015년 총회는 모든 회원국이 후보자에 대한 정보를 검토하고 후보자를 만나고 질문할 수 있도록 보다 개방적이고 투명한 선출 절차를 요구하는 결의안(A/RES/69/321)을 만장일치로 통과시키는 이례적인 조치를 취했다. 사무총장에 여성을 지명하려는 노력은 '가능한 한 최고의 요건을 충족하면서 성별과 지리적 균형'을 고려해야 한다는 필요성 때문에 힘을 얻고 있다. 이는 2016년 최종 후보자 13명 중 7명이 여성이었던 선발과정을 시작하기 위한 70억 시민사회 캠페인에 이어 나온 것이다. 사무총장 선발이 지역그룹 간에 순환돼야 한다는 규칙은 없지만, 선출된 사람들은 비교적 작은 국가 출신인 경향이 뚜렷했다 (도표 4.5 참조).

유엔 사무총장들은 유엔 자체가 세계정치에서 독립적 행위자로 등장하는 데 중요한 역할을 담당함으로써 유엔을 단순한 다자외교 포럼 이상의 장으로 만드는 데 기여했다. 사무국의 효율성은 상당 부분 총장의 리더십, 특히 "사무총장의 역량, 능력, 그리고 전반적 품성에 달려 있다" (Jonah

도표 4.5 | 유엔 사무총장 (1946년~현재)

사무총장	국적	재임기간
트리그브 리(Trygve Lie)	노르웨이	1946~1953년
대그 하마숄드(Dag Hammarskjöld)	스웨덴	1953~1961년
우 탄트(U Thant)	버마	1961~1971년
쿠르트 발트하임(Kurt Waldheim)	오스트리아	1972~1981년
하비에르 페레스 데 케아르(Javier Pérez de Cuéllar)	페루	1982~1991년
부트로스 부트로스-갈리(Boutros Boutros-Ghali)	이집트	1992~1996년
코피 아난(Kofi Annan)	가나	1997~2006년
반기문	대한민국	2007~2016년
안토니오 구테흐스(António Guterres)	포르투갈	2017년~

2007: 170). 그러므로 사무총장의 인품, 경험, 그리고 실력이 중요하다. 예를 들어 킬(Kent Kille 2006)은 사무총장의 일반적인 세 가지 리더십이 관리자, 전략가, 선구자라고 하였다. 국제관계 이론의 관점에서 보면, 유엔 사무총장은 일반적으로 대리인으로 이해되며, 회원국들(때로는 사무국 자체)이 더 중요한 주체가 되기도 한다. 그들의 자율성이 때때로 제한되기도 하지만 자율적인 행위자로서 존재한다는 증거도 충분하다.

1945년 이후 사무총장들은 다양한 이니셔티브의 기회를 활용하고 헌장 조항에 대한 유연한 해석을 적용하며 필요에 따라 유엔 정책기관들로부터 권한을 위임받는 등의 방식으로 활동해 왔다. 사무총장들은 스스로의 정치적 역할과 유엔의 역할을 발전시켜 왔다. 그들의 성품과 헌장에 대한 해석, 그리고 세계 도처에서 발생하는 사건들은 언제든지 그 직책의 권력, 자원, 중요성에 영향을 미친다. 최초의 유엔 사무총장인 트리그브 리는 유엔 총회에 제출된 연례 보고서를 통해 세계 정세에 대해 논평하고 이슈에 대한 자신의 의견을 공유하는 선례를 만들었다. 그의 후임자 중 대그 하마숄드는 '예방 외교(preventive diplomacy)'라는 용어를 도입했으며, 코피 아난은 국가 주권에 대한 변화하는 해석에 대해 언급했다. 안티니오 구테흐스는 특히 성평등 전략(아래에서 논의됨)으로 유명하다.

유엔 사무총장은 글로벌공동체를 위한 중립적인 소통 채널이자 중개자 역할을 하기에 적임자다. 기관을 대표하는 동안, 비록 결의안은 분쟁 당사자를 비난하더라도, 사무총장은 의사소통 경로를 유지하며, 평화적 해결과 인간 고통 완화를 위한 기관의 헌신을 대변함으로써 정책기관으로부터 독립적으로 행동할 수 있다. 시간이 지남에 따라 사무총장은 사실 조사와 '중재' 사용에서부터 '우호그룹'을 활용하는 것까지 평화를 유지하기 위해 다양한 방법을 사용해 왔다 (Whitfield 2007). 예를 들어, 대그 하마숄드는 유엔의 평화유지 및 국제 공무원 관련 원칙을 명확히 확립했다. 하비에르 페레즈 드 케아르는 포클랜드/말비나스전쟁, 이란-이라크전쟁, 키프로스, 나미비아, 아프가니스탄, 중앙아메리카 분쟁에 대한 지속적이고 조용한 접근 방식을 통해 이상적인 중개자 역할을 전형화했다. 사무총장들은 유엔 평화유지활동과 연계하여 다양한 역할을 수행하고 다양한 분야의 문제에 대한 행동을 촉진하기 위해 특별대표(SRSG)를 점점 더 많이 임명하고 있으며, 프뢰리히(Manuel Fröhlich 2013: 232)가 지적한 바와 같이, 이는 "국제기구가 때때로 그 본연의 권한을 갖고 행동한다는 사실을 부각시키는" 발전이다.

사무총장은 또한 규범주창자(norm entrepreneur)의 역할도 하고 있다. 예를 들면, 부트로스 부트로스-갈리와 코피 아난은 유엔이 민주적 거버넌스를 도모하는 역할을 강화하는 것에 대해 고무적이었다 (Johnstone 2007; Haack and Kille 2012). 1999년에 NATO가 비록 안전보장이사회의 승인은 못 받았으나 인도주의적 개입이라는 새로운 규범에 힘입어 코소보에 개입한 이후 아난은 국가주권의 의미에 대하여 직설적으로 "국경선을 넘어선 권리"라는 발언을 하였다 (UN 1999a).

유엔 사무총장의 중요한 자원은 설득력이다. 결의안을 지지하는 다수의 '힘'이 특정 활동에 대한 정당성을 부여하지만, 그렇다고 해서 성공이 보장되는 것은 아니다. 사무총장의 영향력을 구성하는 다른 중요한 요소는 독립성이다. 예를 들어, 2002~2003년 이라크의 무장해제 및 유엔 사찰 협력 실패와 미국 주도의 전쟁 승인 여부에 대한 유엔 안전보장이사회의 토론에서 코피 아난은 이라크의 결의안 준수, 유엔 안전보장이사회의 단결, 평화를 추진하며 중립적인 중재자로서의 역할을 유지함으로써 독립적인 길을 개척했다.

유 탄트(U Thant)는 "사무총장은 평화와 전쟁의 차이를 만들 수 있다고 진심으로 믿는다면, 자신이나 직무에 초래될 결과에 상관없이 항상 행동을 개시할 준비가 되어 있어야 한다"고 언급했다 (Young 1967: 284에서 인용). 부트로스-갈리 사무총장은 자율성의 한계도 잘 보여주었다. 한 평론가가 지적했듯이 "그는 냉전 이후 혼란 속에서 유엔의 역할을 발견하고 이에 뛰어들었다. 그는 미국이 소말리아인을 기근에서 구출하기 위해 수천 명의 미군을 파견하도록 촉구하고, 유엔을 캄보디아, 보스니아, 아이티의 새로운 환경에 개입하도록 이끌었다" (Preston 1994: 10–11). 그러나 그의 행동주의와 미국 사이의 적대적인 관계는 1996년에 두 번째 임기에서 그를 패배하게 만들었다.

코피 아난은 유엔 관료 출신으로서 첫 번째 사무총장이자 아프리카 출신의 첫 번째 사무총장이었다. 그는 전임자보다 훨씬 더 활동가임을 증명하여 2001년 자신과 유엔이 노벨평화상을 수상하는 데 기여했다. 그는 사무차장 사무실을 신설하고 유엔에서 고위직을 맡은 최초의 여성인 캐나다의 프레셰트(Louise Fréchette)를 임명하는 등 광범위한 행정 및 예산 개혁을 단행했다. 그는 비정부기구 및 지역 IGO와의 연락을 강화하고 주요 비즈니스 리더들과 대화하며 미국 의회를 대상으로 한 활동을 시작했는데, 이는 1990년대 대부분 기간 유엔 분담금을 지불하기를 거부한 미국 의회의 행동을 고려할 때 중요한 조치였다.

아난 사무총장은 폭넓은 존경을 받는 인물이었고, 환호 속에 2001년 재선되었다. 그는 유엔 수장으로서의 발언권을 활용해 HIV/AIDS 문제, 새천년개발목표에서부터 기업의 책임에 대한 지구협약 체결까지 다양한 사안들을 주도했다. 그는 유엔이 선포한 안전지역인 스레브레니차에서 1995년에 일어난 집단학살, 1994년 르완다에서의 인종청소, 그리고 2003년 이라크 주둔 유엔 직원들에 대한 공격 등 유엔의 실패 사례들에 대한 독립 보고서를 출간하기도 하였다. 그가 이러한 보고서를 출간하고 공개적 비난을 감수한 것은 '유엔 입장에서는 가히 혁명적인' 것이었다 (Crossette 1999: A8에서 인용).

그럼에도 불구하고 아난의 임기 후반부는 이라크와의 석유식량계획(Oil-for-Food Programme)과 콩고민주공화국 평화유지군의 성추문 스캔들로 얼룩졌다. 그는 유엔 창립 60주년을 맞은 2005년 당시 개혁을 확보하기 위해 상당한 에너지를 쏟았는데, 대개 그런 요구는 회원국들이 먼저 제기하는 것이 보통이었다 (Luck 2005). 그러나 활동가인 유엔 사무총장조차도 그 영향력이 제한되기 마련이다. 전 UNDP 행정관이자 나중에 코피 아난의 핵심 측근이었던 브라운(Mark Malloch Brown 2008: 10)은 "운영 및 예산문제에 관해서는 사무총장의 영향력이 UNDP 행정관보다 낮다는 것을 깨달았다. 극렬한 정치적 대립에 영향을 받지 않는 협력적인 이사회가 있었지만, 사무총장은 정부 간 전쟁에 인질로 잡혀 있다"고 말했다.

대한민국의 전직 외무부 장관이자 직업 외교관이었던 반기문이 아난의 후임자로 2007년 선출되었는데 그는 아시아인으로서는 두 번째 유엔 지도자이다. 경영 개혁을 추진하면서 그는 여러 직책에 상당수의 여성을 임명하고 2010년 4개의 소규모 유엔 프로그램에서 유엔 여성기구(UN Women) 창설을 주도했다. 그는 평화유지군 작전 및 정무 부서를 재편성했다. 그러나 시리아 내전의 잔학 행위에 대해 오랫동안 침묵한 것 때문에 비판을 받았다. 또한 유엔 평화유지군과 연계된 아이티 콜레라 전염병에 대한 기관의 책임을 거부했다. 그는 2012년 재선에 성공했지만 "반 총장은 여러 면에서 실망스러웠지만 적어도 시리아에서는 과연 누가 더 잘 할 수 있었겠는가 물어볼 가치가 있다 … 사실 강대국들이 다투고 있을 때는 능력이 있고 없고를 떠나 조직 내 누구라도 성취할 수 있는 것은 거의 없다 … 아난과 맞서 싸우다 지친 강대국들은 아난을 대신할 사람으로 온화하고 부드러운 사람을 원했고 이 중립적인 한국인이 그에 딱 들어맞았다" (Tepperman 2013). 반 총장은 재임 마지막 해인 2015년 파리 기후회의를 성공적으로 이끈 리더십으로 찬사를 받았다.

2016년 여성 사무총장 선출을 위한 활발한 캠페인을 고려할 때 제9대 유엔 사무총장이자 포르투갈 전 총리인 안토니오 구테흐스가 개회사에서 성평등의 중요성에 대해 언급한 것은 놀라운 일이 아니다. 그는 2017년에 여성으로만 구성된 최고 자문단을 임명하고, 2018년 초 유엔 고위직에서 완전한 성평등이라는 이정표를 달성했으며, 사무국의 성별 격차를 줄이기 위해 다른 사무국 직책에 남성보다 여성을 동등하거나 더 많이 임명하는 방안을 추진했다. 구테흐스는 또한 분쟁 예방과 민간인보호를 위한 유엔의 역량을 강화하기 위한 개혁도 추진했다. 그는 기후변화, 코로나19 팬데믹, 전 세계 7,000만 명 이상의 난민과 강제 이주자에 대한 지원, 러시아의 우크라이나 침공 등 강대국 간 긴장이 고조되는 상황에서 국가 및 기타 행위자를 동원하는 데 있어 어려운 도전에 직면해 있다. 구테흐스는 2021년 재선 과정에서 별반 심각한 반대에 직면하지 않았다.

국제분쟁과 관련된 특별대표들은 모두 유엔의 평화유지활동과 연관되어 임명된다. 임명 초기부터 특별대표들은 상당히 독자적인 영향력을 행사하면서 중재자로서 역할했다. 그중 가장 두드러진 인물로는 레바논, 코소보, 동티모르, 이라크 등에서 연이어 활동한 비에라 드 멜로(Sérgio Viera de Mello)를 들 수 있다. 그는 2003년 바그다드 유엔 본부 건물 폭탄테러로 사망했다. 그 외에 2008년 노벨평화상 수상자로 나미비아와 코소보 특별대표로 활약한 아티사리(Martti Ahtisaari), 아이티와 남아공, 아프가니스탄, 이라크, 시리아 등에서 13번이나 특별대표로 임명된 브라히미(Lakhdar Brahimi) 등도 대표적 예이다.

특정 분야와 관련되는 특별대표들은 아프리카의 아동 및 HIV/AIDS에 대한 무력분쟁의 영향부터 밀레니엄 개발목표, 기업책임에 관한 글로벌협약, 이주, 분쟁 시기 성폭력에 이르기까지 다양한 주제를 다루었다. 이들은 "뉴욕의 사무실 공간뿐만 아니라 외교관, 언론, 정부, 관련 기관, 전 세계 비정부기구(NGO)와의 직접적인 협의를 통해 자신의 존재감을 드러냄으로써" 유엔 사무총장을 대변한다 (Fröhlich 2014: 186). 간단히 말해, 특별대표들은 리더십을 발휘하고 사무총장을 대변하며, 해당 기구의 행사에 도움을 줄 수 있는 어느 정도 행동의 여지를 갖고 있다.

사무국의 구성과 기능. 유엔 사무국과 특수기관들의 사무국은 일반적인 관료적 특성을 공유한다. 그들은 합리적이고 법적인 특성과 전문성으로 인해 권위를 얻으며 조직의 윤리적 목적과 중립성, 공평성, 객관성으로 인해 정당성을 부여받는다. 그들은 또한 다른 사람들을 돕는 임무로 인해 권위를 얻는다. 그들의 활동은 대개 총회의 상징적 정치와 거의 관계가 없고, 안전보장이사회에서 이루어지는 상위 정치적 논쟁과도 상관이 없다. 그들의 임무는 유엔헌장 이념의 실현을 위하여 유엔이 구체적으로 공헌하는 평화유지 임무뿐만 아니라 경제, 인도주의, 사회 프로그램들을 실행하는 일이다. 사무국은 또한 통계자료를 수집하고, 회의를 돕고, 연구서와 보고서를 준비하고, 서류를 준비하고, 유엔의 여섯 개 공식 언어로 연설, 토의 내용과 문서를 번역하는 책임을 지고 있다.

유엔 사무국에는 전문인력 및 일반 직원과 사무차장, 부총장 등 고위직들이 근무한다. 또한 정무, 평화유지, 총회 및 회의 관리 등의 부서, 난민 및 인권 고등판무관실과 인도주의 업무 조정관, UNDP, 유니세프, 유엔 여성기구 같은 다양한 프로그램 및 기금이 포함된다 (사무국 조직에 대한 자세한 내용은 도표 4.1 참조). 사무국의 고위직은 회원국 정부의 지명과 정치적 압력에 따라 사무총장이 임명한다. 이러한 임명에는 세 가지 기준이 적용된다. 최고위직을 글로벌 노스 출신들이 독점하지 못하게 하고 글로벌 사우스 국가들이 최고위직에 진출할 수 있도록 보장하는 공평한 지리적 대표성, 개인이 적절한 자격을 갖추도록 보장하는 전문 자격, 그리고 가장 최근에는 유엔 고위직 여성 비율을 늘리기 위한 성평등 등이다.

과거 사무국 개혁 중 하나는 1997년에 사무차장(DSG) 직책을 신설한 것과 2005년에 좀 더 내각 스타일의 관리 방식을 도입한 것이다. 유엔 사무총장이 의장을 맡은 고위관리그룹(Senior Management Group)은 전 세계 유엔 사무소와의 화상 회의를 포함한 정기 회의를 통해 유엔 부서, 사무소, 기금 및 프로그램의 리더들을 한자리에 모은다. 이 그룹은 또한 정책 관련 사항, 계획, 정보공유를 위한 포럼으로서, 새로운 도전과제와 연관된 문제에 대해 논의하고 있다. 사무차장은 다양한 행정 책임과 사무국 운영 관리를 담당하고 있다. 구테흐스 사무총장은 특히 모하메드(Amina Mohammed) 사무차장에게 SDGs의 실행을 감독하는 임무를 부여했다. 31개의 유엔 전문기관, 기금 및 프로그램의 집행 책임자를 포함하는 최고경영자 이사회는 사무총장의 주재하에 연 2회(가상으로) 회의를 열어 유엔체제 전반에 걸친 조정을 용이하게 한다.

유엔의 관료들은 회의의 의제를 형성하고 대규모 다자 및 다국어 조직에 필요한 기술 및 지원 기능을 관리하는 데 중요한 역할을 한다. 전문직 직원들이 특정 분쟁상황을 이해하는 방식은 회원국들이 이를 바라보는 방식에도 영향을 미칠 수 있다. 예를 들어, 바넷과 핀모어(Barnett and Finnemore 2004: 151-152)는 1994년 유엔 직원들이 르완다 상황을 왜 내전으로 규정했는지, 그로 인해 르완다에서 전개되는 대량학살이 다른 민족 분쟁에서 민간인에 대한 폭력과 상당히 다르다는 것을 인지하는 데 실패했는지를 보여준다. 그들은 "[당시의] 평화유지 규칙은 내전 혹은 안정적인 휴전이 합의되지 못한 상황에서 평화유지활동을 금지했다"고 지적했다. 따라서 르완다에서 대량학살을 막지 못한 유엔의 실패는 "유엔이 폭력적인 위기를 평가하고 대응하는 방식을 형성한 조직문화의 예측 가능한 결과"였다. 사무국이 문제를 정의하는 데 영향을 미친 사례는 다른 유엔 기관에서도 찾아볼 수 있다. IMF와 세계은행의 자유주의 경제학자들의 영향력은 오랫동안 이러한 기관의 관료들이 개발문제와 금융위기에 대해 어떻게 생각하고 대처하는지를 결정하는 주요 요인으로 주목받아 왔다.

제3장에서 논의한 바와 같이, 유엔을 포함한 국제기구(IGO)는 다른 IGO를 창설해온 역사가 있는데, 새로운 기관을 창설하는 원동력은 종종 유엔 사무국 내에서 제기되어 왔으며, 전문관료들이 기관의 설계에 큰 영향력을 행사했다. 예를 들면, 유엔환경계획(UNEP) 관료들이 주요 회원국들의 반대를 피하기 위해 설계한 기후변화에 관한 정부간패널(Intergovernmental Panel on Climate Change), UNDP, WFP 등이 있다 (Johnson 2014). 요약하자면, 유엔 사무국과 기타 기관, 기금, 프로그램의 전문 직원들은 유엔체제 내에서 독립적인 행위자로서 의제에 영향을 미치고 구체적인 정책 제안을 수립하며 새로운 기관 설립을 추진하는 경우가 있다는 증거가 많이 있다.

여성은 항상 유엔의 일반 직원(통역사, 비서 등) 중 대부분을 차지해 왔지만, 유엔의 전문직 성별 구성은 1970년대부터 사무국 내의 요구로 인해 사무총장이 매년 유엔체제 내에서 여성의 고용에 대한 정보를 제공해야 하는 상황에서 문제가 되어 왔다. 조사 결과 여성이 배제되었다는 명확한 증거가 나왔다. 또한 여성은 안보, 무역, 금융, 농업과 같은 '경성' 상위정치 문제보다는 사회복지, 인권, 환경, 건강과 같은 하위정치와 '연성' 문제와 관련된 직책을 주로 맡아왔다 (Haack 2014). 특히 주목할 만한 예외 중 하나는 IMF로, 2011년부터 2019년까지 라가르드(Christine Lagarde)가 처음으로 전무이사로 임명되었고, 게오르기에바(Kristalina Georgieva)가 뒤를 이었다. 도표 4.6에서 볼 수 있듯이, 유엔 직원과

CSW, 시민사회 운동가, 여성계, 그리고 가장 최근의 두 사무총장이 이러한 상황을 바꾸기 위해 광범위한 노력을 기울였다 (Haack, Karns, Murray 2022).

앞서 언급했듯이, 구테흐스 사무총장은 2017년 성평등 전략(Gender Parity Strategy)을 발표한 후 높은 평가를 받았으며, 2018년 초 고위관리그룹에서 최고위급 여성 3명을 포함해 이 목표를 달성했을 때 더욱 많은 찬사를 받았다. 그러나 2022년 말 기준으로 유엔체제 내에서 전반적인 고위직 임명은 여전히 남성 중심으로 유지되고 있으며, 최고 경영진 이사 31인 중 여성은 3명의 전문기구 수장(유네스코, ICAO, IMF)을 포함해 10인에 불과하다.

시간이 지나면서 유엔 사무국은 중립성의 결여, 업무 중복, 부실한 관리 관행으로 인해 비판을 받아왔다. 회원국들은 이러한 문제의 확산에 대해 유엔 사무총장 및 사무국 직원들과 책임을 공유하고 있다. 총회 및 안전보장이사회 결의안은 모호하고 비현실적일 수 있으며, 목표는 종종 회원국 정부의 행동 및 이행해야 할 기타 요인에 따라 달라진다. 유엔은 정치 조직이기 때문에 사무국은 회원국의 간섭을 받을 수 있다. 실제로 많은 회원국이 유엔의 활동에 대한 자국의 통제 능력이 약화되는 것을 우려해 유엔이 효과적인 사무국과 유능한 사무총장을 갖는 것을 반드시 원하지는 않는다. 우리는 장 뒷부분에서 사무국 개혁의 다른 측면에 대해 논의할 것이다.

국제사법재판소

유엔의 사법기관으로서 국제사법재판소(ICJ: International Court of Justice)는 유엔헌장의 원칙을 준수한다는 책임을 다른 주요 기관들과 공유하고 있다. 국제사법재판소에 주어진 특별한 역할은 국제법에 따라서 회원국들 간 법적 분쟁(소

도표 4.6 | 유엔체제 내에서의 여성, 1991~2019년

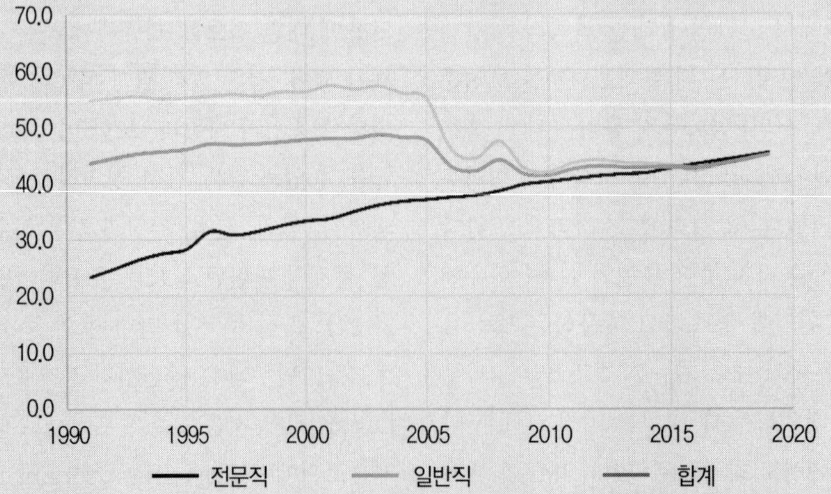

출처: UN Chief Executives Board, *Annual Human Resources Statistics Reports 1990–2019*.

위 논쟁의 여지가 있는 사례들)을 해결하는 공정한 기관이 되어야 한다는 것과, 총회와 안전보장이사회, 그리고 전문기구들이 재판소에 의뢰한 법적 문제들에 대하여 권고 의견을 제공하는 것이다.

총회와 안전보장이사회는 공동으로 9년의 임기를 가진 15명의 판사들을 선출(3년마다 5명씩)한다. 판사들은 그들의 자국 내 사법부에서 가장 높은 지위에 임명될 수 있는 자격을 갖추어야 하고 국제법 분야에서 뛰어난 경쟁력을 가진 인물이어야 한다. 그들은 세계 주요 법체계를 대표하지만 재판의 근거로서 ICJ 법령 제38조에 있는 다양한 근거의 법을 활용하여 소속국가와는 관계없이 활동한다. 그들은 심의는 개인적으로 하지만 판결은 다수결 투표로 도출하는데 결론(반대도 포함해서)에는 그 근거가 되는 논거도 포함되어 있다.

ICJ는 비강제적 관할권(noncompulsory jurisdiction)을 가지는데 이는 분쟁 당사국들(국가들만 해당)이 반드시 해당 소송사건을 재판소에 제소하기로 동의한다는 전제하에 관할권을 갖는다는 의미이다. 당사국을 재판에 참석하게 강요할 방법은 없지만 일단 해당 국가들이 국제사법재판소의 관할권에 대해서 동의하면 판결에 따라야 한다는 법적 의무가 주어진다. 그러나 판결을 집행할 행정기관이 없기 때문에 판결의 집행은 국가의 자발적인 준수, 법원 조치의 정당성 인식, 국가가 판결을 준수하지 않을 경우 발생하는 '수치심의 힘(power of shame)'에 달려 있다.

재판소의 관할권문제는 특히 골치 아픈 문제였다. ICJ 규정 제36조 2항(선택 조항)은 국가가 ICJ 관할권을 강제적으로 인정한다고 공표할 수 있는 기회를 제공한다. 이 조항에 서명하는 국가는 모든 법적 분쟁에서 법원의 관할권을 수락하는 데 동의하거나 강제 관할권을 수락한 다른 국가와의 분쟁에 대해서만 법원의 관할권을 강제적으로 수락하는 데 동의할 수 있다. 이 조항은 1984년 니카라과가 자국 항구를 채굴하고 정부 및 경제를 약화시킨 미국을 상대로 소송을 제기한 사건(ICJ Contentious Case 1984b)에서 시험대에 올랐던 조항이다. 미국은 니카라과가 ICJ의 강제 관할권을 수락하지 않았고, 설사 수락했다 하더라도 이는 법적문제가 아니라 정치적 문제라는 이유로 법원의 관할권에 이의를 제기했다. ICJ는 미국에 패소 판결을 내렸다. 이에 따라 레이건(Ronald Reagan) 대통령은 1985년 10월에 미국이 재판소의 강제적 관할권을 수용한다는 입장을 철회했다.

ICJ는 1946년부터 2022년까지 182건의 분쟁을 다루었다. 과거에는 재판소의 업무 부담이 크지 않았지만 사건 수는 크게 증가했다. 1970년대에는 평균 1~2건의 사건이 계류 중이었으나 1990년과 1997년 사이에는 9건, 그 후 13건으로 증가했고, 2022년에는 18건의 사건이 계류 중이었다. 또한 1946년부터 2022년 사이에 법원은 27건의 자문 의견을 발표했다. 사건의 증가는 1986년 니카라과 사건에서 소규모 개발도상국이 강대국(미국)을 상대로 사법적 승리를 거둘 수 있음을 보여준 이후 개발도상국들이 법원에 대한 신뢰가 높아진 결과이다. 또한 5명의 판사로 구성된 재판부가 약식 절차에 따라 사건을 심리하고 판결하는 옵션이 추가되어 매우 오랜 시간이 걸리는 절차를 단축할 수 있었던 것도 도움이 되었다. 메릴스(Merrills 2011: 139)는 이 옵

셔이 메인만 사건(Gulf of Maine, ICJ 분쟁 사건 1984a)과 같은 여러 복잡한 영토분쟁 사건에 사용되었음을 언급하면서, "각국은 또한 고도의 기술적 문제를 제기하는 사건을 전문성으로 선정된 소규모 재판부가 심리하도록 하는 방법을 선호하고 있다"고 지적한다.

우크라이나가 2022년에 러시아를 상대로 집단학살 협약 위반으로 제소했지만, 대부분 정치적 사안의 해결에 있어서 법적 판결을 신뢰하는 국가는 거의 없기 때문에 ICJ에서 당대의 주요 정치적 사안을 다룬 사례는 거의 없다. 나미비아와 서사하라를 포함한 여러 사건에서 탈식민지화 문제가 다루어졌다 (ICJ Advisory Opinions 1971, 1975). 북해 대륙붕의 경계, 앞서 언급한 메인만에서의 어업 관할권, 카메룬과 나이지리아 사이의 해상 경계 등 영토분쟁과 관련된 사건도 증가하고 있다 (ICJ Contentious Cases 1969, 1984a, 2002). 계류 중인 다수의 사건은 카리브해와 태평양의 해양 경계에 관한 것이다. 또한 법원은 핵실험의 합법성(ICJ Contentious Case 1974[핵실험 사건]), 인질 납치(ICJ Contentious Case 1980[테헤란 주재 미국 외교 및 영사 직원 관련 사건]), 환경보호(ICJ Contentious Case 1997 [가브치코보-나기마로스 프로젝트(Gabcikovo-Nagymaros Project) 관련 사건]), 집단 학살(ICJ Contentious Case 2007[보스니아-헤르체고비나와 구 유고슬라비아 분쟁에서의 집단학살 협약 적용]) 등에 대한 판결을 내린 적이 있다. 감비아가 미얀마를 상대로 제기한 집단학살 관련 사건은 제9장에서 설명한다.

ICJ의 자문의견 중에는 유엔의 기능과 관련된 법적문제에 대한 몇 가지 사안이 있다. 여기에는 유엔의 국제법적 성격을 명확히 한 유엔 근무 중 입은 부상 관련 배상에 관한 의견, 다자조약 유보 문제에 대한 의견, 평화유지 비용을 회원국의 재정 의무의 일부로 선언한 의견, 인권위원회 특별보고관의 법적 절차 면책 등이 포함된다 (각각 ICJ Advisory Opinions 1949, 1951, 1962, 1999 참조). 첫 번째 사건에서 유엔은 유엔 직원의 부상 또는 사망에 대해 책임이 있는 국가에게 배상금을 청구할 권리를 부여받았다. 이 사건을 통해 ICJ는 헌장이나 법원 자체 법령 또는 규칙에서 명시적으로 부여하지 않은 사안에 있어서도 유엔헌장을 해석할 수 있는 권한이 있음을 확인했다. 최근에 나온 두 건의 자문의견은 점령된 팔레스타인 영토에 장벽을 건설한 행위의 법적 결과와 코소보의 일방적인 독립선언의 국제법 준수 여부에 관한 것이었다 (ICJ Advisory Opinions 2004, 2010). 두 사건 모두 정치적 이슈를 다루고 있으며 총회의 요청에 의한 것이다. 2019년, 법원은 1965년 차고스제도(Chagos Archipelago)가 모리셔스로부터 독립할 당시 독립의 법적 결과에 대한 자문의견을 총회에 제출했다. 2023년 태평양 섬나라 바누아투는 총회에 정부가 기후위험으로부터 국민을 보호할 '법적 의무'가 있는지 여부와 이러한 의무를 이행하지 않을 경우 '법적 결과'가 발생할 수 있는지에 대한 자문 의견을 요청했다 (Birnbaum 2023). ICJ의 의견은 기후변화 대응 노력에 중요한 의미를 갖는다.

유엔헌장과 다른 유엔 기관의 행위의 적법성을 다룰 때 ICJ는 벳자위(Mohammed Bedjaoui) 판사의 말을 따르자면 "재량, 신중, 겸손, 자제, 주의, 심지어는 굴욕"을 보여 왔다 (Ramcharan 2000: 183에서 인용). 1949년 '상해 배상(Reparation for Injury)' 사건에서 ICJ는 스스로의 권한에 대해 적극적인 접근 방식을 취했지만 1971년 나미비아에 대한 자문 의견에서는 총회와 안전보장이사회의 조치를 검토할 권한이 없다는 더 좁은 소극적인 입장을 취했다. 1992년 리비아가 팬암 103편 로커비 폭파 사건에 가담한 혐의로 기소된 자국민을 인도하지 않으면 제재를 가하겠다고 안보리가 위협한 후 리비아가 임시조치를 승인해 달라고 요청했을 때 재판소는 자신의 역할에 대해 소극적 입장을 취했다 (ICJ Contentious Case 1992).

ICJ는 오직 국가만이 분쟁 소송을 제기할 수 있다는 한계를 지닌다. 이는 국가와 테러리스트 및 준군사 단체, NGO, 사기업 등 비국가행위자와 관련된 현대 분쟁을 다루는 데 있어 법원이 배제되며, 알터(Alter 2014)가 제3장에서 논의한 최신 법원과 달리 ICJ를 '구식' 법원이라고 부르는 이유를 설명해 준다. 또한 그녀가 '신식' 국제법원이라고 부르는 법원은 광범위한 강제관할권을 가지며 행정심판, 집행, 헌법 검토 등 분쟁 해결 이외의 사법적 역할도 수행할 수 있다. 또한 국제사법재판소 법령에 따라 사법적 결정은 국제법의 원천이 되지만, 제38조 1항(d)는 "법원의 결정은 당사자 간 및 해당 특정 사건에 관한 경우를 제외하고는 구속력이 없다"고 규정하고 있다. 다시 말하면, 국가의 국내 법원이 이전 사건의 선례를 바탕으로 판결을 내리고 법의 실체와 해석을 형성하는 것과는 달리 국가주권은 ICJ 판결의 적용 가능성을 제한한다. 하지만 현실에서 ICJ는 이전 사건의 많은 원칙을 이후 사건의 판결에 활용하고 있다. 이는 결정의 일관성을 높이고 국제법의 진보적 발전에 기여할 수 있다는 점에서 더 많은 존중을 받고 있다. 또한 ICJ는 국제법체계가 통합되어 있다는 인상을 주기 위해 국가 및 지역법원에서 내린 판결을 활용하는 경우도 점점 늘고 있다.

국제사법재판소에 대한 과거의 평가는 비교적 가벼운 사건 처리와 느린 절차로 인해 그다지 좋지 않았지만, 다른 사람들은 '국제법을 체계화, 통합, 성문화 및 점진적으로 발전시키는 과정'에 대한 기여를 강조하기도 한다 (Ramcharan 2000: 177). 알터(Alter 2014: 177)는 카타르와 바레인 간의 영토분쟁과 관련된 논쟁적인 사건을 예로 들며, 오랜 절차에도 불구하고 ICJ가 어떻게 '법적 해결책이라는 명목으로 구속력 있는 타협안'을 제시하여 오랜 기간 해결되지 않았던 분쟁을 해결할 수 있었는지에 대해 언급했다. 그 결과는 양측 모두의 경제발전에 도움이 되었다. 이처럼 ICJ는 글로벌거버넌스의 법적 발전에 중요한 역할을 해왔으며 유엔의 정치 기관을 보완하는 역할을 해왔다.

제3장에서 간략하게 설명한 것처럼 유엔체제 내에는 다른 여러 국제재판소가 있다는 점에 유의하는 것이 중요하다. 일부는 ILO 행정재판소 및 세계은행의 투자분쟁 해결을 위한 국제센터와 같은 전문기관과 연계되어 있다. 1982년에 체결된 유엔해양법협약은 해양법재판소(Law of the Sea Tribunal)를 설립했다. 제9장에서는 1990년대 유엔 안전보장이사회가 만든 임시 기구인 유엔 전범재판소와 유엔의 관련 기구인 국제형사재판소에 대해 살펴본다.

신탁통치이사회

유엔 신탁통치이사회(Trusteeship Council)는 국제연맹의 위임체제로부터 이전된 신탁통치 지역들에 대한 행정을 감독하기 위하여 설립되었다. 이러한 지역들은 대부분 이전에 독일 식민지였던 아프리카 국가들로서, 자립과 독립이 아직 준비되어 있지 않았기 때문에 다른 강대국들(영국, 프랑스, 벨기에, 남아프리카공화국과 일본)에 의해 국제연맹의 감독 및 통제하에 놓여 있었다. 제2차 세계대전 이후 레바논, 시리아, 요르단과 이라크에 대한 위임은 종식되었고, 이들 국가는 독립을 획득했다. 영국은 더 이상 아랍 국가들과 유대인들 간의 갈등에 대처할 수 없었기 때문에, 1947년 팔레스타인에 대한 위임권을 유엔에 반환했다. 11개의 유엔 신탁통치 지역들에는 미국이 제2차 세계대전 중 일본으로부터 해방시킨 태평양 도서국가들도 포함되었다. 신탁통치이사회의 감독 활동으로는 신탁통치 지역 내 시민들의 지위 보고와 주기적인 신탁통치 지역 방문 등을 들 수 있다.

1947년 첫 신탁통치이사회 회의에서 리(Trygve Lie) 사무총장은 이사회의 목표는 신탁통치 지역의 완전한 국가 수립이라고 말했다. 따라서 1993년 태평양 신탁통치협정이 종료되었을 때 신탁통치이사회는 그 임무를 완수했다. 거의 50년 동안 신탁통치이사회와 그 감독 체제는 다른 식민지 및 종속지역 주민들에게 평화로운 독립으로의 전환을 위한 모델을 제공함으로써 1950년대와 1960년대의 놀라운 탈식민지화 과정에서 중요한 역할을 했다.

신탁통치이사회는 더 이상 연례회의를 개최하지 않는다. 신탁통치이사회를 폐지하는 유엔헌장 개정안이 제기되지 않으면서 새로운 기능, 예를 들면 지구 공동자원(해양, 해저와 우주)에 영향을 미치는 요인들을 감독하는 책임을 부여하자는 제안도 있다. 다른 이들은 이사회가 '실패한 국가'를 지원하게 하자고 제안했다.

국제회의와 정상회의

다자간 국제회의가 시작된 시점은 국제연맹이 경제적 사안과 군비축소 사안에 대한 회의를 소집했던 제1차 세계대전 직후로 거슬러 올라간다. 1960년대 후반부터 유엔은 국제회의와 국가와 정부들의 수장들이 모이는 정상회의를 후원했는데 회의의 주제들은 표 4.2에서 보듯이 환경, 식량공급, 인구와 여성의 권리에서부터 아동, 식수공급과 인종차별, 기후변화에 이르기까지 다양하다. 회의들은 기존의 문제나 새로운 문제들에 대한 국제적 관심을 일으키고, 활동 프로그램을 개발하기 위해 필요한 다양한 후원자들을 불러 모으는 데 초점을 두고 있다. 이 회의들은 주로 특별회의 형태로 하나 혹은 다수 국가들의 요청에 의해 소집되고, 총회 또는 ECOSOC의 승인 아래 자격이 있는 모든 국가들이 회의에 참가한다. 정상회담이라는 명칭은 약간 혼동스러울 수도 있는데, 특히 1990년 이후에 열린 '정상회담'이라고 이름 붙여진 회의들은 국가와 정부의 수장들이 모인 하루나 이틀간의 회의인데 2~6주 동안 열리는 일반 회의가 동반되지 않는 경우도 있었다. 1970년대와 1990년대에 특히 많은 대규모 회의들이 개최되었고 1980년대에는 뜸하다가 2000년 이후에 다시 횟수를 늘리려는 노력이 있었다.

표 4.2 유엔이 지원하는 국제회의와 정상회의들

주제	국제회의	정상회의
노령화	1982, 2002	
토지개혁과 농촌개발	1989, 2006	
생물다양성	2021	
아동		1990
기후	1979, 1990, 2007, 2010	2009, 2015, 2019
지속가능한 발전을 위한 교육	2009	
환경	1972, 2013	
환경과 지속가능한 발전	1992, 2012	
개발금융		2002, 2008, 2019
식량	1974, 2002	1996, 2009, 2021
거주문제 (Habitat)	1976, 1996, 2016	
인권	1968, 1993	
해양법	1958, 1973~1982	
극빈국	1981, 1990, 2001, 2011	
인구	1974, 1984, 1994, 2014	
인종차별	1987, 2001, 2009	
난민, 이주민		2016
지속가능한 발전		2002, 2015, 2019
소규모 도서국가의 지속가능한 발전	1994, 2005, 2014	
해양	2017, 2022	
유엔개혁, 새천년 과제		2000, 2005
여성	1975, 1980, 1985, 1995	2015

유엔이 후원하는 국제회의와 정상회의는 다양한 목적을 가지고 있다. 그중 하나는 특정 문제에 대한 전 세계적인 인식을 제고하고, 그 문제를 어떻게 정의하며, 이를 어떻게 다룰 수 있는지에 대한 노력을 모으는 일이다. 이는 공공 및 정부 공무원을 교육하고, 새로운 정보를 생성하며, 연성법과 새로운 규범, 원칙 및 국제표준을 개발하는 것을 포함한다. 이는 기존 국제기구의 격차를 강조하고, 토론과 합의 구축을 위한 새로운 포럼을 만들고, "정부가 약속하고 책임을 질 수 있는 프로세스를 마련하기 위한 노력을 의미할 수도 있다" (Schechter 2005: 9). 초기 환경 및 여성 관

련 국제회의는, 특히 각국 정부에게 이 문제를 해결하기 위한 국가기구를 설립하도록 촉구했다.

이러한 행사들 중 상당수가 과학계 및 기타 전문가그룹, 비정부기구(NGO)와 민간기업의 참여와 의견 수렴의 기회를 제공한다. 국제회의(반드시 정상회담은 아니지만)는 종종 같은 장소에서 두 번의 컨퍼런스를 개최한다. 하나는 유엔 회원국과의 공식 회의이고, 다른 하나는 NGO가 조직한 병행 회의이다. 1972년 스톡홀름에서 열린 유엔 인간환경회의에는 114개 유엔 회원국과 250개 이상의 비정부기구가 병행 환경포럼에 참여했다. 2002년 요하네스버그 지속가능한 발전 정상회의에는 191개국 대표와 약 3,200개의 비정부기구 및 기타 그룹 대표를 포함하여 약 2만 1,000명의 저명한 인사들이 참석했다. 2017년 해양회의(Ocean Conference)에는 연구자, 기업계 대표 회원, 레오나르도 디카프리오와 같은 유명인들이 참여하여 행사의 인지도를 높였다. 이러한 병행 회의는 글로벌거버넌스의 참여자로서 비정부기구와 시민사회의 성장에 크게 기여했으며, 환경보호, 인권(특히 여성을 위한), 빈곤 완화, 개발 및 무역과 같이 서로 무관해 보이는 문제들 간의 연관성에 대한 이해를 높이는 데도 기여했다. 우리는 제6장에서 국제회의에 대한 비정부기구의 참여를 살펴볼 것이다.

국제회의는 일반적으로 전문가들의 심층 연구와 준비 회의를 포함, 광범위한 준비 과정을 포함하며, 이 과정은 '프렙콤(prepcoms)'으로 알려진 위원회가 소집하고 비정부기구와 국가가 참여한다. 여기서 주요 의제를 결정하고 참여할 전문가들이 선정되며 회의에서 비정부기구(NGO)의 역할이 결정된다. 또한 제안된 회의 결과에 대한 합의를 구축하기 위한 지역 회의도 있을 수 있다. 1982년 세계고령화회의(World Assembly on Aging) 이전에 진행된 연구에서 개발도상국들이 50년 이내에 인구 고령화문제에 직면할 것이라는 사실이 밝혀졌을 때처럼 배경 연구는 경각심을 불러일으키는 계기가 될 수도 있다.

국제회의의 결과들은 일반적으로 선언문과 행동계획으로 구성된다. 1970년대의 몇몇 회의의 결과 회의 목표를 이루기 위해 새로운 기관들이 탄생했는데 그 중에는 유엔환경계획과 유엔여성개발기금(UNIFEM)이 있다. 1992년에 리우데자이네로에서 개최된 유엔 환경개발회의(UNCED)는 회의 목표 실행의 핵심 역할을 비정부기구에 부여했다. 1995년 베이징에서 열린 제4차 세계여성회의에서는 경제적 자원 접근성을 통한 '여성 권익 향상'을 요구하는 행동강령이 승인되었다. 2017년 해양회의의 행동계획은 해양 보존, 일회용 플라스틱 감소, 어류 자원 복원, 감조습지 및 산호초 보호를 지원하기 위한 신탁기금 설치를 촉구했다. 이후 장에서는 특정 이슈 분야에서 유엔 회의의 결과를 분석하지만, 한 평가에 따르면 "회의는 새로운 아이디어를 창출, 육성, 조형하고 정부, 국제사무국, 국제공무원이 생각과 정책을 바꾸도록 유도하는 주요 장치 중 하나이다" (Emmerij, Jolly, and Weiss 2001: 89).

여러 가지 정치적 성향에서 나온 비판들에 따르면 대규모 글로벌회의는 다루기 어렵고 다른 기관의 업무와 중복되며 문제와 해결책을 식별하는 데도 비효율적이다. 2003년, 총회는 이 관행을 종식시키기로 결정했다. 그 결과, 이후 유엔이 후원하는 많은 주요 회의가 글로벌회의가 아닌 정상회의로 진행되었으며, 가을 총회 직전에 하루나 이틀 동안만 소집되는 경우가 많았다. 예를 들어, 2000년 밀레니엄 정상회의는 8개의 밀레니엄 개발목표에 대한 합의를 동원하는 데 중점을 두었기 때문에 개발 관련 여러 개별 회의의 목표를 통합해야 할 필요성을 의도적으로 해결했다. 2005년 세계정상회의는 다양한 유엔 개혁 제안에 초점을 맞췄다. 지도자들은 안보리 개혁에 대한 행동에는 실패했지만, 인권위원회를 대체할 평화구축위원회와 인권이사회의 설립을 승인하고, 보호 책임을 승인했으며, '모든 형태와 표현에 있어서' 테러리즘을 비난하고, 기후변화로 인한 심각한 도전을 인정했다 (Annan 2005). 반기문 유엔 사무총장은 기후변화 문제에 대한 행동을 촉진하기 위해 2014년에 기후정상회의를 소집했다. 2019년에 열린 청년기후행동 정상회의(Youth Climate Action Summit)는 140개국 이상의 젊은이들이 정상회의를 앞두고 기후변화에 대한 자신들의 견해를 논의했다. 2020년 쿠테흐스 사무총장은 베이징 여성회의 25주년을 맞아 유엔 기후행동 정상회의를 소집했다.

유엔이 후원하는 두 번째 유형의 글로벌회의는 주요 법률제정 조약을 협상하는 데 활용되었다. 그 첫 번째 회의는 1973년부터 1982년까지 160개국 이상의 정부가 복잡한 협상에 참여한 유엔해양법협약(UNCLOS) 회의였다. 1982년에 체결된 해양법협약은 1994년에 발효되었으며, 이후 168개국에서 비준되었다. 1992년 유엔 기후변화기본협약(UNFCCC)과 1997년 교토의정서의 후속 협정에 대해서도 2007년에 유사한 절차가 시작되었다. 이 협상에는 UNFCCC에 가입한 국가들만 포함되었으며, 제10장에서 논의된다.

요컨대, 유엔이 후원하는 회의와 정상회의는 유엔과 연계된 독립적인 행사뿐만 아니라 글로벌거버넌스의 필수적인 부분이다. 광범위한 정치적 과정으로서 회의는 기존 기관이 할 수 없는 방식으로 지지와 관심을 동원해 왔다. 이들은 유엔체제의 다양한 부분을 변화시키기 위해 노력해 왔지만, 이행 실적은 고르지 않고 정부가 약속을 이행하도록 압력을 가하는 비정부기구(NGO)의 능력에 크게 좌우된다. 정상회의는 지도자들이 서로 자국의 협력을 약속하도록 압력을 줌으로써 이행을 촉진할 수 있다. 그럼에도 불구하고 일부에서는 대규모 회의가 여전히 다른 기관의 업무와 중복되고 문제 발견과 해결책을 식별하는 데는 비효율적인 방법이라고 지적한다.

지속적인 조직문제와 개혁의 필요성

70년이 넘는 유엔의 역사에서 이를 개혁하고자 하는 많은 노력이 있었다. 이에 대하여 유엔을 오랫동안 주시해온 관찰자는 이를 "절대 끝나지도, 완벽하지도 않은 … 끊임없는 반복"이라고 했다 (Luck 2007: 653). 1970년대에는 유엔체제의 경제적·사회적 소율 능력을 향상시키는 데 초점을 두었으며, 1980년대에는 재정개혁에 대한 요구가 주를 이루었다. 그리고 1990년대 초 이후로는 경영상의 개혁, 다양한 평화유지 임무에 관한 유엔의 지원 능력 향상, 사무국 내 성평등이 중요한 개혁 이슈였다. 안보리 개혁은 반복되는 주요 이슈이다. 2018년 구테흐스 사무총장은 연례 사무총장 보고서를 통해 "회원국과 그 국민에게 서비스를 제공하기 위해 조직을 보다 효과적이고 민첩하며 현장에 집중하고 효율적으로 만드는 것을 목표로 하는 개혁 노력"을 촉구했다. 그는 "유엔이 이러한 규모의 개혁 의제에 착수한 것은 이번이 처음"이라고 언급했다 (UN 2018: 72).

어느 정도 유엔은 여전히 냉전 이전의 구조, 중복되는 기관, 부적절한 인사정책, 책임성과 투명성 부족, 제한된 자원, 변화하는 세계의 요구를 충족하지 못하는 등 어려움을 겪고 있다. 안보리의 구성은 오늘날의 세계가 아닌 1945년의 세계를 반영하기 때문에 특히 문제가 많다. 한 전직 유엔 관계자는 "세계는 유엔을 더 많이 원하고 있지만, 유엔이 제공할 수 있는 건 그에 못 미친다"고 지적했다 (Brown 2008: 3).

유엔은 어떻게 개혁될 수 있는가? 첫째, 주요 기구의 변화를 위해서는 헌장을 개정해야 한다. 국가의 헌법과 마찬가지로 유엔헌장도 개정하기 어렵게 설계되었다. 헌장 제108조와 제109조에 따라 개정은 P-5를 포함한 회원국 3분의 2의 승인과 비준을 받아야 한다. 가장 중요한 개혁은 안보리의 규모와 구성을 변경하는 것이다. 안보리 개혁은 또한 가장 논란이 많은 개혁이기도 하다. 안보리와 관련한 개혁은 지금까지 단 두 번만 일어났다. 1963년 안보리 회원국이 11개국에서 15개국으로, 투표 과반수는 7개국에서 9개국으로, ECOSOC는 18개국에서 27개국으로 확대되었다. 그리고 1971년 ECOSOC는 54개국으로 확대되었다.

그러나 유엔헌장을 개정하지 않고도 많은 변화를 이룰 수 있고 또 그렇게 되어왔다. 여기에는 새로운 요구를 충족시키기 위해 평화구축위원회(2006년)와 유엔환경보호회의(2013년)와 같은 새로운 기관을 설립하거나, 조정·관리·투명성 및 책임문제를 해결하며, 지속가능발전위원회(2012년)와 같이 그 효용을 다한 기관을 종료하는 것이 포함된다. 1997년, 코피 아난 사무총장은 세 개의 부서를 하나의 경제 및 사회 부서로 통합하고 제네바에 기반을 둔 모든 인권 프로그램을 유엔 인권고등판무관실의 단일 사무실로 통합했다. 그는 유엔 사무국의 인원 규모를 거의 4,000명이나 줄이고 사무차장 직책을 신설했으며 중앙 사무소를 5개의 실무그룹으로 묶어 그 대표자들로 내각을 구성했다. 개발도상국에 유엔 '지부'를 설립하여 유엔 개발기구와 프로그램을 하나로 모으는 아이디어를 추진했다. 반기문은 평화 운영부의 기획 및 전략 기능을 유지하면서 현장 지원부를 신설하여 평화유지 운영에 대한 지원을 재구성했다. 또한 젠더문제를 다루는 4개 기관을 유엔 여성기구로 통합했다.

그러나 유엔개혁의 주요 장애물은 절차적인 것이기보다는 주로 정치적인 것이다. 유엔 회원국들 사이에는 깊은 의견 불일치가 있다. 회원국들은 유엔이 자국의 목표에 부합하는 방향으로 조직을 이끌거나 자국의 이익을 침해하지 않도록 하고 싶어 한다. 유엔개혁이 필요하다는 데는 모두가 동의하지만, 필요한 개혁의 종류와 목적에 대해서는 의견이 분분하다. 선진국들은 유엔 사무국의 생산성과 효율성 향상, 프로그램과 활동의 축소, 중복 제거, 관리 개선, 조정 개선을 원한다. 개발도상국들은 자원 재분배와 주요 의사결정 참여 강화를 통한 더 큰 경제적, 정치적 형평성에 관심이 있다. 그들은 유엔체제에 더 많은 권한을 부여하고 개발 지향적인 프로그램을 원한다. 그들은 사무국 일자리를 잃고 선호하는 프로그램을 잃게 되는 경영 개혁을 꺼려한다. 비정부기구는 유엔이 시민사회에 더 개방적이고 투명해지기를 원하며, 그들에게 더 많은 참여와 기여가 허용되기를 원한다. 요컨대, 대부분의 개혁 제안에는 정치적 의제와 정책 목표가 숨겨져 있다. 우리는 안보리 개혁, 사무국 개혁, 재정 조달, 비국가행위자 통합 등 네 가지 개혁문제에 초점을 맞춘다.

안전보장이사회의 구조적 개혁

어떤 형태로든 유엔개혁을 위해서는, 한 전직 유엔 관리가 말했듯이 "강대국과 약소국 모두의 주요 양보가 필요"하며 "현재의 확고한 권리와 특권의식을 뛰어넘어 그랜드바겐을 찾으려는" 의지가 중요하다 (Brown 2008: 6, 8). 특히 안보리 개혁이 그렇다. 1995년, 2005년, 2015년 등 유엔의 창립 기념일을 기해 주요 변화를 시도한 노력은 대부분 실패했다. 러시아의 2022년 우크라이나 침공은 유엔헌장을 노골적으로 위반한 것이었기 때문에 안보리 회원국과 상임이사국의 거부권을 포함한 수많은 유엔개혁 요구를 불러일으켰다.

안전보장이사회에 더 많은 국가들이 참여해야 한다는 사실에는 모두가 동의한다. 상임이사국은 전 세계 인구의 대부분을 과소 대표하고 있으며, 유럽은 라틴아메리카, 아프리카, 아시아가 희생한 대가로 과도하게 대표되고 있다. 중국은 유일한 개발도상국이자 아시아 국가이지만, 현재 경제 규모가 미국에 이어 두 번째라는 점에서 정체성에 대한 의구심이 점점 커지고 있다. 독일과 일본은 러시아, 영국, 프랑스보다 재정적으로 더 많은 기여를 하고 있지만 아직 확실한 역할이 없다. 인도의 경제는 이제 영국을 넘어섰다. 지정학적 및 국제체제적 변화 외에도 오늘날에는 1945년보다 다양성, 형평성, 대표성에 더 큰 규범적 가치가 부여되고 있다. 허드(Hurd 2008a: 201)는 "안보리의 공식 회원국을 변경하는 것은 안보리 정당성과 결의안의 합법성을 향상시키거나 또는 그 합법성이 상실되는 것을 막기 위해 필요한 절차이다"라고 지적한다 (Ryder, Baisch, Eguegu 2020). 따라서 첫 번째 핵심문제는 안보리 규모와 구성이다. 대표성을 높이기 위해 회원국 규모를 늘리면서도 어떻게 효율성을 보장할 수 있을 만큼 작게 유지할 수 있을 것인가?

두 번째 문제는 상임이사국과 비상임이사국 사이의 구분을 지속해야 하는가에 대한 것이다. 이 문제는 새로운 상임이사국도 거부권을 행사할 수 있는가 하는 문제와 밀접하게 관련되어 있다. 신규 상임이사국들에게는 거부권을 주지 말자는 제안이 있는 반면, 모든 상임이사국들의 거부권을 유엔헌장 제7장에 관련된 사항으로 제한하자는 의견도 있고, 5개 상임이사국이 누리는 거부권을 새로운 회원국들에게도 주어야 한다는 제안도 있으며, 거부권이라는 것이 비민주적이므로 아예 거부권 자체를 없애자는 의견도 있다. 거부권을 폐지하자는 의견은 현 상임이사국들에게는 있을 수 없는 제안이고 영국과 프랑스는 자신들의 지위를 포기하려고 하지 않을 것이다. 그러나 거부권을 가진 회원국이 늘어나면 잠재적인 장애물도 증가하게 된다.

대표성과 상임이사국 관련 문제는 지금까지는 거의 해결 불가능한 것으로 판명되고 있다. 새로운 상임이사국을 결정하는 데 어떤 과정과 방식을 사용해야 하는가에 대해서도 합의된 바가 없다. 아프리카에는 나이지리아, 이집트, 남아프리카공화국 등 3개 후보국이 있다. 이탈리아와 파키스탄 경우, 경쟁국들(독일과 인도)이 후보가 될 승산이 있다는 것을 알게 되면 상임이사국을 늘리는 것에 반대할 것이다. 중국은 일본과 인도가 상임이사국이 되는 것에 반대하고 안보리 규모를 작게 하면서 거부권을 유지하기를 원한다. 2005년에 열린 60주년 세계정상회의에 앞서 브라질, 인도, 독일, 그리고 일본이 상임이사국을 위한 캠페인을 벌였고 사무총장 코피 아난도 이를 강력하게 지지하였으나 지금까지는 이러한 노력이 아무런 결실을 보지 못하고 있다. 일부 옵서버들은 안전보장이사회의 새 회원은 국가가 아니라 지역연합이어야 한다고 주장한다. 이는 프랑스의 자리를 EU 회원국들이 번갈아 가며 맡는 것을 의미하며 (유럽의회가 이미 승인했음) 그 대상에는 아프리카연합(African Union)과 그 외의 지역연합들도 포함된다. 안전보장이사회 구조 개혁에 관한 논쟁 이슈들은 도표 4.7에 정리되어 있다.

요약하자면, 안보리 대표성 문제에 관한 정확한 합의가 이루어지지 않은 이유는 이 문제가 그만큼 중요하기 때문이다. 또한 이러한 주요 개혁은 아주 천천히, 세계적인 사건이 변화에 대한 합의 동기와 정치적 의지를 창출할 때만 이루어질 가능성이 높다는 교훈도 준다. 러시아의 우크라이나 침공은 노골적인 헌장 위반으로, 거부권 행사 후 10일 이내에 회의를 소집한다는 규정에 따라 총회에서 이 문제에 대한 안보리의 조치 관련 논의가 재개됐다.

안전보장이사회 업무의 투명성과 효율성을 높이는 것과 관련하여, 앞서 논의한 바와 같이 여러 변화가 있었다. 여기에는 평화유지군 활동에 병력과 물자를 지원하는 국가들과의 협의와 아리아 공식(Arria formula) 회의를 통한 비정부기구와의 협의가 포함된다. 특히 초기 심의 단계에서는 더 많은 회의가 열려 있으며, 이제 안보리는 논의의 성격과 결과에 대해 더 많은 정보를 제공하고 있다.

비록 대표성 문제가 아직 해결되지 않았으나 안보리는 여전히 높은 수준의 정당성을 유지하고 있다. 안보리가 시리아 위기와 이란 핵문제 해결에 실패한 데 대한 항의로 2013년에 사우디아라비아가 비상임이사국 지위를 거부한 유일한 경우를 제외하고 모든 국가들은 비상임이사국이 되고자 한다. 이사국이 된다는 것은 국가와 그들 외교관들의 지위와 명예를 높이는 일이 된다. 그리고 안보리는 집행 권한을 포함한 새로운 평화유지활동을 승인했으며, 새로운 유형의 안보 위협에 대응할 것을 요청받아 왔다 (제7장에서 이 문제를 다룰 것이다). 안전보장이사회는 여전히 유엔에서 가장 권위 있는 기구로 존속할 것이다. 안전보장이사회의 구성에 변화가 생기더라도 그 외의 지속적인 문제들, 즉 유엔체제 내부의 다른 기관들과 프로그램들을 조율하고 그 운영능력을 향상시키는 문제들은 계속하여 제기될 것이다.

사무국 개혁

사무국 개혁에는 세 가지 주요 이슈가 있다. 하나는 규모의 문제이고, 두 번째는 관리와 효율성에 관한 문제이며, 세 번째는 여러 기관이 부적절한 조정으로 유사한 업무에 중복 종사하는 문제이다. 세 번째 이슈는 유엔 창설자들이 정쟁화 가능성을 최소화하면서 다양한 그룹의 참여 능력을 높이기 위해 조직을 분권화하도록 설계했기 때문

도표 4.7 | 안전보장이사회 개혁 관련 논쟁

이슈:

회원 및 자격

- 아프리카, 아시아, 라틴아메리카의 대표성이 확대되어야 한다.
- 상임이사국은 지정학적 및 경제적 현실을 좀 더 잘 반영해야 한다.

제안

- 상임이사국 수를 확대한다 (3개국~11개국까지).
- 비상임이사국 수를 확대한다 (1개국~13개국까지)
- 비상임이사국의 두 번째 임기 출마를 허용한다.

거부권

- 결의안 저지를 위해서는 거부권 2표가 있어야 한다.
- 상임이사국 5개국(P-5)의 거부권을 완전히 폐지한다.
- 유엔헌장 제7장과 관련된 의사결정에서만 사용하도록 제한한다.
- 대규모 학살과 관련될 경우 거부권 행사를 제한한다.
- 현재의 5대 상임이사국은 유지하되 신규 선출될 상임이사국에게는 불허한다.
- 모든 상임이사국들에게 거부권을 부여한다.

효율성

- 대표성 제고를 위한 이사국 수의 확대가 필요하나, 효율적 활동을 위하여 그 수를 제한할 필요가 있다. 제안된 이사국 수는 20~25개국이다.

누가 결정하나:

- 안보리 구성원의 개혁을 위해서는 헌장 개정이 필요하며, 이를 위해서는 유엔 회원국 3분의 2의 찬성과, 상임이사국 모두를 포함, 각 회원국의 헌법 절차에 따라 3분의 2 이상의 "비준"이 있어야 한다 (헌장 제18장, 108조).

업무 방식의 개혁은 안전보장이사회 자체에서 이루어질 수 있다.

에 거의 처음부터 유엔을 괴롭혀온 문제였다.

유엔 사무국은 창립 이래 거의 지속적으로 성장하여 2014년에는 4만 1,400명으로 최고치를 기록했다. 그 숫자는 2020년에는 약 3만 7,000명으로 감소했다. 이러한 성장은 유엔 회원국의 확대와 평화유지 임무부터 기술 지원에 이르기까지 프로그램과 활동의 확산에서 비롯된 것이다. 유엔의 관료제가 확대되면서 정치적 편향과 행정 비효율성에 대한 비난이 제기되었으며, 특히 미국이 유엔의 최대 기여국으로서 목소리를 높였다. 유엔과 일부 회원국에서 실시한 연구에서도 재정적 약속이나 조정에 대한 고려가 거의 없고 기존 프로그램에 대한 평가 없이 프로그램을 확장해왔다는 비슷한 결론에 도달했다.

초기 다섯 명의 유엔 사무총장들은 사무국의 내부 운영에 거의 관심이 없었고, 개혁을 할 동기도 거의 없었다. 1990년대에 와서야 유엔은 프로그램 검토, 내부 감사, 직원에 대한 업무수행 평가와 효과적 충원과 승진 체제 도입 등과 같은 관리체제를 이행하기 시작했다. 그때에는 선진국들이 개발도상국들보다 효율적 관리, 재정 통제와 명확한 목표설정 등에 더 많은 관심을 보였다. 실상 선진국들이 가장 많은 분담금을 내기는 했다.

코피 아난이 1997년에 사무총장으로 선출되었을 때, 그는 미국으로부터 사무국의 규모를 25% 감축하고 다른 개혁을 실행하라는 압력을 받았다. 그의 '조용한 혁명'에 따라 30개 부서가 4개의 영역(평화와 안보, 인도적 사업, 개발, 경제사회사업)으로 분류되었다. 일부 부서는 통합되고 행정비용은 절감되었으며, 직원들에 대한 행동규범이 만들어졌다. 2002년, 코피 아난 사무총장은 임기나 선례보다는 능력, 역량, 책임감을 강조하는 새로운 직원 채용, 배치 및 승진 시스템을 도입했다. 또한 평화유지활동을 지원하기 위한 여러 개혁이 이루어졌다.

코피 아난 사무총장의 임기 후반부는 부실경영과 책임성에 대한 의혹을 일으킨 일련의 스캔들로 얼룩졌고, 더 많은 개혁 요구가 이어졌다. 그 결과, 사무국은 사기, 부패, 재무 공개, 조달계약에 관한 개별 성과 및 정책 모니터링을 포함하여 고위 경영진의 성과를 개선하기 위한 조치를 도입했다. 또한 운영의 독립성을 갖춘 유엔 사무국감사실(Internal Oversight Services)을 신설했다.

사무국 개혁은 유엔 관료제의 역량을 키우고 관리 및 업무 절차를 조정하며 효과성, 책임성, 정당성을 유지하기 위해 필요한 지속적인 과정임이 분명하다. 이러한 개혁의 중요한 측면 중 하나는 1990년대 후반부터 전문직, 특히 고위직에 여성의 진출을 늘리려는 노력이다.

여러 기관이 유사한 업무를 수행하는 문제는 처음부터 유엔시스템을 괴롭혀온 문제였다. 유엔의 창립자들은 다양한 그룹의 참여 역량을 높이고 정치화를 최소화하기 위해 조직이 분권화되도록 설계했다. 그러나 경제 및 사회 개발과 인도주의적 위기 대응 분야에서 다양한 기관, 프로그램, 기금 간의 조정 부족은 특히 문제가 되어 왔다. 지난 수년간 수많은 보고서가 조정 기관으로서 ECOSOC의 효율성을 개선하기 위한 권고안을 제시했지만, 이를 달성하기 위한 도전은 여전히 계속되고 있다.

인도주의적 위기 상황에서 조정과 관리의 문제는 좋은 예다. 역사적으로 유엔 난민고등판무관(UNHCR)은 난민캠프를 설치하고 관리하며, 유니세프는 식수와 위생을, WFP는 식량 공급과 물류를, WHO는 보건 수요를 담당하는 등 유엔 기관들 간에 기능적인 책임을 분담해 왔다. 위기 상황에서는 규모와 자원이 다양하고 문화와 철학이 다른 수많은 NGO가 개입하며, 이들은 종종 활동을 조율하려는 노력에 저항하기도 한다. 일부 상황에서는 유엔 평화유지군이 파견되기도 한다. 유엔 인도주의업무 조정사무소(UN Office for the Coordination of Humanitarian Affairs)는 1990년대의 여러 복잡한 인도주의적 위기 상황에서 조정문제를 해결하기 위해 1998년에 설립되었다. 유엔 사무차장이 조정사무소를 이끌며 유엔 시스템 안팎의 모든 긴급 구호를 조정하는 책임을 맡고 있다. 조정을 위한 유엔 사무소를 만든다고 해서 모든 행위자들의 협력이 보장되는 것은 아니다. 다른 유엔기구와 비정부기구는 독립성 포기를 거부하고 활동의 지분을 차지하기 위해 경쟁할 수도 있다.

유엔의 개발체제 내에서 활동은 주요 기부자들의 영향을 많이 받으며, 특히 UNDP의 경우 기부금의 상당 부분을 기부자들의 의제를 반영하기 위해 할당하는 경향이 있다. 스티븐 브라운(Browne 2022)이 지적했듯이, 이는 기관과 직원들이 단순히 기존 프로그램을 지원하기 위해 대기업을 포함한 다양한 출처로부터 자금을 조달하게 되고, 또한 "자금 조달에 대한 끊임없는 집착을 갖게 되기 때문에 시스템을 더욱 약화"시킨다. 그 결과 "유엔의 타 조직들은 잠재적 협력자가 아니라 경쟁자로 간주된다"고 그는 지적한다.

2017년 취임한 구테흐스 총장은 개발, 관리, 평화와 안보라는 세 가지 기둥을 포함하는 '개혁을 위한 연합(United to Reform)'이라는 야심찬 의제를 제안했다. 이 구상에는 성평등 전략 외에도 일관성, 프로그램 이행, 투명성, 책임성을 개선하기 위해 일부 부서를 구조조정하고 운영지원 및 관리전략, 정책 및 규정준수 부서를 신설하는 것이 포함되었다. 또한 이 개혁은 국제 금융기관, 시민사회, 민간 부문 및 지역 조직과의 파트너십을 강화할 것을 촉구했다.

크고 복잡한 관료조직이나 집단이 다 그렇듯이, 변화는 어렵고 근본적이기보다는 점진적으로 이루어질 가능성이 크다. 유엔 사무국도 마찬가지지만, 유엔이 역량을 키우고 관리 및 업무 절차를 조정하며 효과성과 정당성을 유지하려면 이러한 변화가 필수적이다.

자금 조달은 유엔의 또 다른 고질적인 문제이다. 한 관측통은 '단순한 집안일'을 넘어 "조직을 괴롭히고 때로는 위태롭게 한 가장 논쟁적인 정치적 갈등 중 일부는 자금 조달을 둘러싼 소용돌이였다"고 지적한다 (Laurenti 2007 : 675).

재정

유엔은 독립적인 재원이 없고 회원국의 분담금 및 자발적 기부에 거의 전적으로 의존하고 있기 때문에 오랫동안 재정문제를 겪어 왔다. 최근 몇 년 동안 빌 앤 멜린다 게이츠 재단과 같은 주요 자선단체 및 일부 기업과의 파트너십을 통해 보건 및 식량 구호와 같은 특정 분야에 대한 자금이 강화되었지만, 이는 유엔의 전체 예산과 소요에 비하면 상대적으로 적은 수준이다. 안보리 개혁과 마찬가지로 재원 조달 구조와 방법을 바꾸고 감독을 강화하며 자원을 효율적으로 사용하기 위한 제안이 끊이지 않고 있다. 유엔 재정개혁을 위해서는 헌장 개정이 필요하지는 않지만 대다수 회원국의 지지가 필요하며, 무엇보다도 유엔의 주요 기여국의 지지가 필수적이다. 1980년대와 1990년대, 그리고 2005년에 있었던 것처럼 유엔의 최대 공여국인 미국이 개혁이 미진하다는 이유로 유엔 예산채택에 반대하여 타협점을 찾지 못하면 유엔의 재정 위기를 초래할 수도 있다.

유엔체제 자체와 마찬가지로 유엔의 예산 구조는 매우 복잡하다. 정규 예산은 행정운영, 주요 기관, 보조기관 및 프로그램을 포함한다. 1946년 2,000만 달러 미만이었던 예산은 2020년에는 30억 달러 이상으로 증가했다. 평화유지활동 비용은 별도의 예산(2020년 65억 달러)으로 구성되며, 각 전문기관은 모두 별도의 예산을 가지고 있다. 세 가지 유형의 예산 지출은 지불 능력을 고려한 공식에 따라 계산된 회원국의 분담금에 의해 지원된다. 유니세프, UNDP, WFP, WHO, 유엔 난민기구를 포함한 많은 전문기관, 기금 및 프로그램은 국가와 민간 기부자의 자발적인 기부금에 의존한다. 표 4.3은 1986년부터 2020년까지 이 세 가지 예산 지출 범주 각각에 대한 정규 분담금과 자발적 기부금의 상대적 규모를 보여준다. 1990년 이후에는 평화유지 비용의 변동이 특히 두드러진다. 1990년대 후반 강대국들이 유엔의 정규 예산의 '증액 금지'를 주장한 영향도 분명하게 드러난다. 그 이전까지 유엔 예산은 회원국 증가, 새로운 프로그램 및 기관, 인플레이션, 환율 변동에 따라 증가해 왔다.

정규 분담금과 평화유지활동을 위한 회원국의 분담금을 정하는 공식은 매 3년마다 재작성된다. 총회의 분담금위원회는 국가소득, 일인당 소득, 경제적 혼란(예를 들면 전쟁으로 인한 경제혼란), 그리고 회원국들의 외환 확보 능력 등을 고려한다. 처음에 가장 높은 분담금 비율은 (미국의 경우) 40%로 정해졌었다. 가장 제한적 자원만을 가진 국가들에 대한 최소한의 분담금 비율은 0.04%였다. 시간이 지나면서 이러한 비율들은 재조정되어 미국의 분담금은 1972년에 25%로 하락하였고, 1995년에는 22%만을 담당하고 있다. 최소비율 역시 1978년에는 0.01%로 하락하였고, 1997년에 다시 0.0001%로 재하락했다. 1985년과 2000년 사이에 일본의 분담금 비율은 11.82%에서 20.57%로 가파르게 상승했던 반면에, 소련/러시아의 분담금 비율은 러시아의 규모 축소와 경제적 어려움을 반영하여 11.98%에서 1.15%로 하락했다. 1995년과 2005년 사이에 중국은 0.72%에서 2.05%로 세 배가 되었고, 2020년에는 12%로 증가했다. 도표 4.8은 2021년 주요 기부국들과 대다수 유엔 회원국들의 분담금 비율을 나타낸 것이다. 10개국이 일반 예산의 69%를 부담하고 나머지 183개국이 31%의 분

표 4.3 유엔체제의 비용(억 달러), 1971~2020년

	정규 분담금				자발적 기부		
	일반	평화유지	기관	총 분담금	프로그램 및 기금	전문기관	총 기부금
1971	1.57	0.24	2.13	3.94	5.84	1.82	7.66
1980	5.34	1.41	7.92	14.67	25.58	7.34	47.59
1990	7.91	4.64	13.78	26.33	37.9	13.47	53.17
2000	10.89	18	17.66	46.55	56.81	14.06	70.87
2010	21.67	75.94	25.87	123.48	171.7	36.53	208.23
2015	27.71	81.58	25.37	134.66	211.77	42.49	254.26
2017[a]	25.78	73	25.17	123.95	239.05	41.71	280.76
2020	30.73	65.8	NA	NA	NA	NA	NA

출처: "Total UN System Contributions, 1971–2017," https://archive.globalpolicy.org/images/pdfs/Total_UN_System_Contributions.pdf, "Budgetary and financial situation of the organizations of the United Nations system," https://digitallibrary.un.org/record/3887718?ln=en. 총회결의안 72/266 A에 따라 2020년 프로그램 예산부터 예산주기가 시범적으로 매년 단위로 변경되었다.

주: a. 모든 자발적 기부금의 가장 최근 데이터가 있는 연도이다.

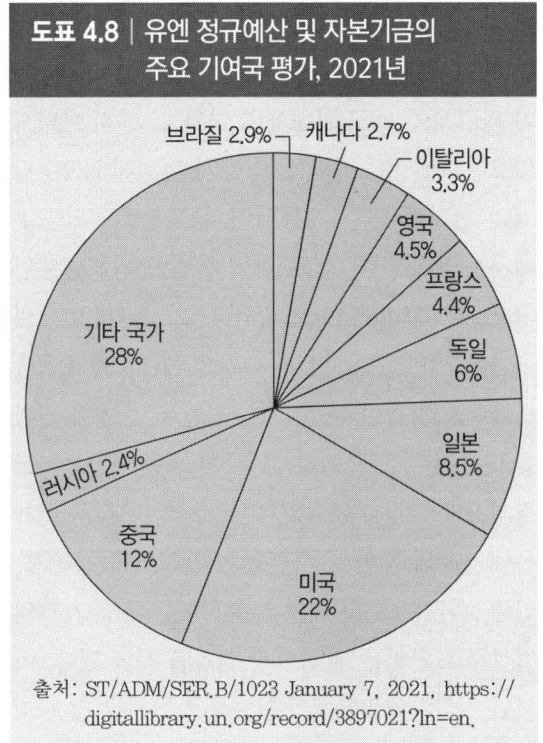

도표 4.8 | 유엔 정규예산 및 자본기금의 주요 기여국 평가, 2021년

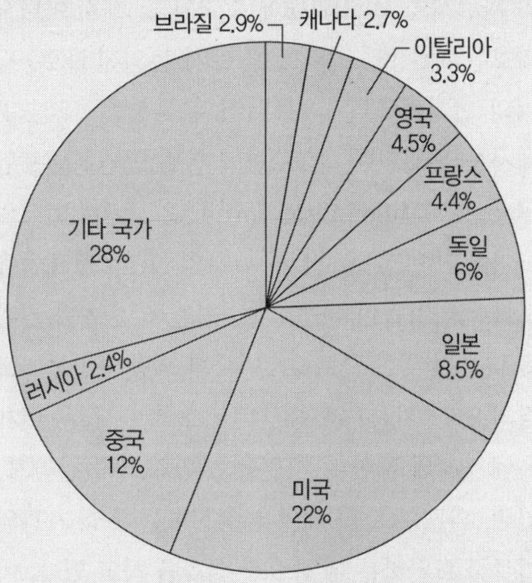

출처: ST/ADM/SER.B/1023 January 7, 2021, https://digitallibrary.un.org/record/3897021?ln=en.

담금을 내고 있다.

놀라운 일은 아니지만, 종종 유엔 회원국은 분담금을 지불하지 않는데, 그 이유는 예산 관련 기술적 문제나 해당국의 빈곤, 정치나 유엔 전체 혹은 특정 프로그램과 활동에 대한 불만 등 다양하다. 그 결과는 주기적인 재정난이다. 2019년 유엔 사무총장은 회원국들이 총분담금의 70%만 지급하여 13억 달러가 부족하다는 이유로 "거의 10년 만에 유엔은 최악의 재정 위기에 직면했다"는 성명을 발표했다. 유엔헌장 제19조에서 규정한 유일한 제재는 회원국이 2년 이상 분담금을 연체할 경우 총회에서 의결권을 박탈하는 것 뿐이다.

1960년대 초에 발생한 첫 번째 재정위기는 콩고와 중동에서의 유엔 평화유지활동과 관련되어 발생했는데, 이는 소련과 다른 공산주의 국가들, 그리고 프랑스가 총회에서 승인된 평화유지활동이 불법이라는 이유로 지불을 거부했기 때문이었다. 1962년 국제사법재판소의 '특별지출(Certain Expenses)' 의견은 총회 행동의 합법성과 회원국들의 납부 의무를 재확인했다 (ICJ Advisory Opinion 1962). 두 번째 위기는 1980년대에 발생했는데, 당시 미 의회는 많은 유엔 기관의 정치화, 유엔 행정 및 관리 전반, 그리고 다른 부국들에 비해 미국의 분담금 규모에 대한 불만으로 인해 미국 분담금 일부의 납부를 보류했다. 이에 따라 주요 기부국들이 프로그램을 검토하고 재정자원 사용에 대한 우선순위를 설정할 수 있는 권한을 강화하는 합의가 도출되었다.

1990년대 후반에 유엔은 또 다른 일련의 심각한 재정위기에 봉착하게 되는데, 회원국들은 정규예산과 평화유지활동 비용에 대한 현재와 과거 분담금을 합쳐 25억 달러가 넘는 돈을 미납했다. 미국의 미납금은 16억 달러로서 전체 미납금의 2/3에 달하는 금액이었다. 이러한 미납금(지불되지 않은 분담금과 채무)은 회원국들이 분담금 지불을 꺼리는 경우(미국의 경우)와 지불할 능력이 없는 경우(경제위기를 겪고 있는 많은 국가들의 경우)에 발생할 수 있는 거버넌스에 대한 요구와 제도적 취약성 간의 긴장을 보여주있다. 위기는 2003년까지 정규 예산과 평화유지 및 모든 체납액에 대한 미국의 분담금을 줄이기로 합의함으로써 부분적으로 해결되었다 (Karns and Mingst 2002). 그러나 자금조달 문제와 미국의 미납금 문제는 여전히 남아 있다. 2020년 중반, 미국은 다시 총 37억 4,000만 달러를 체납했고, 이로 인해 유엔은 일시적인 고용 동결 조치를 취했다.

유엔의 고질적인 재정문제를 해소하기 위한

무수한 개혁 제안들이 쏟아지고 있다. 모든 제안들은 평화유지활동과 경제사회 활동을 위하여 지속적이고 예상가능한 자원의 흐름을 제공하는 것을 목표로 하고 있으며, 그렇게 되면 세입을 특정 국가들에 의존하지 않아도 될 것이다. 바이스(Thomas Weiss)가 언급한 바와 같이 "유엔이 독립적 재원을 갖게 되면 회원국들의 관대함에 의지하는 의존성이 줄어들게 되고, 보다 합리적으로 될 것이며, 우선순위와 재원 가용 여부를 기준으로 어젠다를 설정해야 하는 어려움이 완화될 것이다" (Weiss 2009: 196). 이들 제안 중에는 무기 거래, 국제항공여행, 국제석유거래(탄소세), 그리고 통화거래(토빈세, Tobin tax)에 대하여 국제세금을 부과하는 것 등이 있다. 빈터투어(Winterthur)나 화이자(Pfizer) 같은 기업들과 빌 게이츠와 테드 터너 같은 개인 박애주의자들이 서약을 통해 아동 건강에 관한 프로그램이나 AIDS, 결핵, 말라리아를 퇴치하기 위한 국제기금(Global Fund to Fight AIDS, Tuberculosis, and Malaria)과 같은 기구에서 필요한 재원을 공급하지만 그러한 기금들이 정규 예산으로 지원되는 업무들을 위해 사용되지는 않는다. 그러나 회원국들은 근본적으로 유엔이 자신들의 분담금을 지나치게 줄이는 것을 원하지는 않는데, 분담금을 너무 적게 내면 유엔에서 하는 일에 대한 통제 능력 또한 축소될 것이기 때문이다.

비국가행위자들의 통합

유엔 프로그램과 활동에 비정부기구와 민간기업들의 참여 증대, 그리고 유엔이 관련된 다양한 형태의 민관 파트너십은 개혁이 필요한 네 번째 영역, 곧 어떻게 유엔체제에 비국가행위자들을 더 잘 통합시킬 수 있을까 하는 문제를 제기한다. 이와 관련하여 1990년대에 수행된 몇 가지 이니셔티브는 제6장과 제8~11장에서 논의된 NGO 참여의 변화와 민관 파트너십의 성장 등 다른 곳에서도 논의된다. 2000년에 열린 인민천년포럼(People's Millennium Forum)은 100개 이상의 국가에 기반을 둔 천 개 이상의 NGO 대표들을 모아 참가자들이 유엔 기관, 회원국 및 기타 기관을 다루기 위한 글로벌시민사회 포럼을 만들기로 결의했다 (Alger 2007). 비국가행위자들은 이제 유엔체제의 제한된 재원을 보완하고 인간안보, 인권, 환경보호 및 개발을 촉진하는 유엔 기관의 업무를 보완하는 데 중요한 역할을 하고 있다. 이처럼 비국가행위자들의 참여를 강화하는 것은 제6장에서 살펴본 바와 같이 유엔과 글로벌거버넌스의 지속적인 과제이다.

유엔과 지역기구들과의 관계

유엔이 글로벌거버넌스의 핵심이지만, 그 외에도 여러 조직들이 있으며, 그중에는 지역기구도 있다. 그렇다면 글로벌IGO로서의 유엔과 다양한 지역 IGO의 관계는 무엇인가? 1945년 유엔이 창설되었을 당시에는 사실상 지역 IGO가 존재하지 않았다. 미주기구, 유럽평의회, NATO, 아랍연맹은 모두 1945년부터 1950년 사이에 설립되었다. 그럼에도 불구하고 유엔의 창설자들 사이에서는 세계주의와 지역주의 원칙 사이에 긴장감이 존재했다. 영국 외무부는 지역의 영향력과 질서에 더 많은 관심을 보였고, 프랭클린 루스벨트 미국 대통령은 보편적 또는 글로벌조직을 옹호했다. 이 논쟁은 거의 전적으로 안보 측면에서만 이루어졌으며, 그 결과 유엔헌장 제8장의 조항은 지역안보 체제를 언급하고 있다. 헌장은 경제 및 사회 협력 증진과 같은 지역기구의 광범위한 역할과 이러한 역할이 유엔 활동과 어떻게 연결될 수 있는지에 대해서는 언급하지 않고 있다.

유엔헌장 제52조는 지역동맹의 존재와 기능을 인정하고 있고, 또한 지역분쟁을 평화적으로 해결하기 위한 지역적 노력을 독려하고 있기는 하지만, 헌장은(제24조, 제34조, 제35조) 국제평화와 안보를 유지하는 데 있어서 안전보장이사회가 우선적 책임을 진다는 점을 분명히 하고 있다. 회원국들이 자기방어권을 단독으로 혹은 공동으로 행사하는 경우를 제외하고, 안전보장이사회만이 무력의 사용을 승인할 유일한 권한을 가지고 있고, 또한 제재를 가하기 위하여 회원국들을 강제할 수 있는 권한도 가지고 있다 (제51조). 안전보장이사회는 또한 그 승인하에 이루어지는 강압적 군사행동을 위하여 지역안보기구들을 활용할 수 있으나, "안전보장이사회의 승인 없이 지역기구들에 의한 강압적 군사행동이 이루어져서는 안 된다" (제53조). 지역기구들은 국제평화와 안보를 유지하기 위하여 계획되거나 행해지는 모든 행동에 대하여 안전보장이사회에 보고해야 한다.

유엔헌장은 제8장에서 언급하고 있는 지역기구들에 대한 정의를 내리고 있지 않고, 또한 이러한 기구들이 어떻게 유엔과 연관되는가에 대한 언급도 하고 있지 않음으로써 책임과 정당성 문제를 해결하지 못하고 있다. 냉전기 대부분 기간 동안 이러한 문제는 별로 중요한 것이 아니었으나 1990년대 들어 탈냉전 시대의 지역적, 국가내, 그리고 인종 간의 갈등뿐만 아니라 국가들의 붕괴와 평화활동에 대한 요구사항으로 인해 과부하가 걸리면서 상황은 극적으로 변했다. 그 이후 평화와 안보문제를 해결하기 위해 다양한 지역기구들과 광범위한 관계가 발전해 왔는데, 여기에는 몇몇 공동 평화유지활동(제7장에서 논의됨)뿐만 아니라 코로나19 팬데믹을 포함한 인도주의적 위기 대응도 포함된다. 예를 들어, 지역 개발은행의 업무를 유엔 개발기구 및 세계은행과 조정하기 위한 협정도 있다. 많은 경제 및 사회문제를 지역적 맥락에서 접근해야 할 필요성을 인식한 ECOSOC는 초기에 다른 프로그램의 업무와 연계하기 위해 다섯 개의 지역경제위원회를 설립했다. 이러한 협정 중 일부는 제8장에서 논의된다.

오늘날 안보영역을 제외한 부분들에서는 지역주의와 글로벌리즘이 별 마찰 없이 공존하고 있고, 지역기구들은 글로벌거버넌스라는 퍼즐에서 점점 더 중요한 부분을 차지하고 있다.

추가 읽을거리

Chesterman, Simon, ed. (2007) *Secretary or General? The UN Secretary-General in World Politics*. New York: Cambridge University Press.

Cronin, Bruce, and Ian Hurd, eds. (2008) *The UN Security Council and the Politics of International Authority*. New York: Routledge.

Jolly, Richard, Louis Emmerij, and Thomas G. Weiss. (2009) *The United Nations: A History of Ideas and Their Future*. Bloomington: Indiana University Press.

Mingst, Karen A., Margaret P. Karns, and Alynna J. Lyon. (2022) *The United Nations in the 21st Century*, 6th ed. New York: Taylor & Francis.

von Einsiedel, Sebastian, David M. Malone, and Bruno Stagno Ugarte, eds. (2016) *The UN Security Council in the 21st Century*. Boulder, CO: Lynne Rienner.

Weiss, Thomas G., and Sam Daws, eds. (2020) *The Oxford Handbook on the United Nations*, 2nd ed. New York: Oxford University Press.

Weiss, Thomas G., and Ramesh Thakur. (2010) *Global Governance and the UN: An Unfinished Journey*. Bloomington: Indiana University Press.

5장 지역기구

지역주의의 기원과 역학	148
유럽의 지역기구	155
아메리카의 지역기구	177
아시아의 지역기구	186
아프리카의 지역기구	196
중동의 지역기구	204
북극 지역주의	211
지역주의의 결과를 평가하기	213
지역주의를 넘어: 초지역적 기구	214

지역과 지역기구는 국제정치의 주요 부분으로 부상했다. 따라서 국제기구와 글로벌거버넌스에 대한 연구는 유럽, 아시아, 아프리카, 중동, 아메리카, 북극에 있는 다양한 지역 및 하위 지역기구, 이들이 안보, 경제, 환경, 인권, 인간안보 문제를 해결하기 위해 노력하는 방식, 그리고 글로벌기구와 지역기구간 또는 지역기구들 간의 상호작용을 포함한다. 지역주의 비교 연구는 지역기구의 설립 과정, 상호작용, 설계와 운영을 둘러싼 과정을 연구하는 하나의 독립된 학문 분야로 자리 잡았다.

초기 정치 및 경제공동체는 무역과 통신의 한계로 인해 지역적 성격을 띠었다. 유엔헌장 제8장은 지역 안보체제를 구상하고 있었으며, 제2차 세계대전 직후 초기 몇 년 동안 이러한 체제 중 일부가 설립되었다. 지역경제 및 사회협력과 관련해서는 유사한 헌장 조항이 없었지만, 유엔 경제사회이사회(ECOSOC)는 설립 초기부터 지역 경제위원회를 창설했으며, 1950년대, 1960년대, 그리고 1990년대에는 지역개발은행이 설립되었다. 오늘날에는 세계가 글로벌 및 지역 수준의 거버넌스뿐만 아니라 지역주의를 강하게 인식하고 있으며, 이러한 다양한 수준 간, 그리고 서로 다른 지역 및 지역기구 간의 '생산적인 협력 가능성'(Hurrell 2007: 141)도 강조되고 있다.

지역기구는 글로벌기구와 마찬가지로 일반 목적, 평화와 안보, 경제적, 기능적, 기술적 범주로 분류할 수 있다. 많은 지역기구는 경제적인 성격이 강하며, 상품과 서비스 무역 및 자본 흐름의 장벽을 낮춤으로써 경제성장, 개발, 복지를 개선하기 위해 설립되었다. 특히, 지역 무역협정은 최근 몇 년 동안 급격히 증가하고 있다 (제8장 참조). 또한 지역 인권 및 환경 기관도 존재하며, 이들 중 일부는 제9장과 제10장에서 다룬다.

지역들은 지역주의와 지역기구의 범위, 제도적 형태, 회원국 구성, 정체성 측면에서 크게 다르다. 가장 뚜렷한 대조는 유럽(특히 유럽연합)과 아시아 간의 차이다. 유럽은 집행 권한이 있는 법원, 가중(加重) 다수결 절차, 광범위한 투명성과 모니터링체계, 밀집된 규칙과 규제의 법적 시스템, 그리고 회원국의 주권에 상당한 영향을 미치는 공식적이고 관료적-법적 제도를 발전시켜 왔다. 아시아 지역주의는 보다 비공식적이고 비법률적인 특징을 가지며, 합의에 기반을 둔 의사결정, 비공식적 합의, 국가들의 제한적인 약속, 내정 불간섭 원칙을 강하게 고수한다. 아프리카는 광범위한 제도들을 보유하고 있지만, 회원국들의 제한된 자원과 주권 침해에 대한 거부감 때문에 상대적으로 약한 편이다. 또한 지역별로 회원국들이 공유하는 정체성의 정도도 다르다. 비교 지역주의 연구는 이러한 차이의 원인, 지역이 부상하거나 쇠퇴하는 과정의 역학, 그리고 지역거버넌스체제의 맥락, 범위, 구조, 공유 정체성의 차이가 효과성과 어떻게 연관되는지를 분석한다.

합리주의이론, 특히 현실주의와 자유주의(특히 기능주의적 변형)는 오랫동안 지역주의에 대한 이론적 논의에서 주도적인 역할을 해왔다. 그러나 1990년대 중반 이후 구성주의는 규범, 아이디어, 정체성이 지역주의를 형성하는 데 미치는 역할을 규명하고, 지역주의의 결과를 측정하는 방법으로 중요한 영향을 미쳤다. 바(Alice Ba 2014: 312)는 "이론은 일반적으로 세계의 다양한 경험과 조건, 이러한 차이가 유럽-미국 이외의 지역기구의 형태와 목적에 어떤 영향을 미칠 수 있는지, 그리고 이를 이해하고 설명하기 위해 이론가들이 사용하고 강조하는 분석 범주, 개념, 과정에 어떤 영향을 미칠지 충분히 포괄하지 못했다"고 지적했다. 마찬가지로, 아차리아(Amitav Acharya 2016b)는 비서구권에서의 지역주의 간에 나타나는 큰 차이점들을 지적하며, 이전 시기(특히 유럽 중심의 맥락에서) 개발된 이론과 접근법이 현대 세계 정치의 변화에 적용될 수 있는지 의문을 제기했다.

이 장에서는 지역주의의 근원과 역학에 관한 주요 요인들과 이론을 살펴보고, 전 세계 여섯 개 지역(유럽, 라틴아메리카, 아시아, 아프리카, 중동, 북극)의 주요 제도와 역학을 검토한다. 또한 각 지역그룹의 활동이 안보, 경제적 복지와 발전, 인권, 환경과 관련하여 어떻게 이루어지는지를 해당 주제를 다루는 장에서 논의할 것이다.

지역주의의 기원과 역학

특정 지리적 지역에 위치한 국가들이 어떤 문제를 바라보는 인식이 더 가깝고, 일부 공통된 배경과 접근 방식을 공유한다고 여겨지기 때문에 공통의 경제 및 안보문제를 더 쉽고 효과적으로 해결할 수 있다는 생각은, 지역주의가 발전하는 데 있어 하나의 동기에 불과하며, 유일한 이유는 아니다. 지역주의는 역동적인 과정으로, 지역 내 상호 의존성을 발전시키고, 지역 규범을 형성하며, 지역 기관을 구축하고, 특정 지역 내 국가와 국민들 사이에 일정 수준의 지역 정체성을 육성하는 것을 포함한다 (Acharya 2012: 26). 제2차 세계대전 직후 초기의 지역적 이니셔티브는 주로 무역 자유화와 국가 간 갈등 관리를 중심으로 이루어졌으나, 이후 특히 비서구 지역주의는 국가 주권을 보호하고, 외부 강대국과 지역 내 강대국의 영향력을 제한하는 데 더 초점을 맞추었다. 이는 또한 덜 공식적인 제도와 절차, 소규모 관료 조직, 합의에 기반을 둔 의사결정, 공식적인 분쟁해결 메커니즘의 부재 속에서 경제발전을 우선시했다 (Acharya 2016b: 117).

지역주의는 반드시 일방적인 과정이 아니며, 지역 정체성, 공동정책에 대한 헌신 수준, 제도의 효과성이 시간이 지남에 따라 약화될 수 있다. 지역주의는 역동적이기 때문에, 새로운 도전과제와 이슈가 등장하면서 지역 제도에 중대한 변화를 가져올 수 있다. 학자들은 지역 간 확산이 얼마나 이루어졌는지에 대해 논쟁해왔다. 특정 지역기구, 특히 글로벌 노스에 있는 기구들이 의도적으로 확산시키려고 했는지, 즉 제도적 설계와 특정 정책 영역의 거버넌스를 포함한 지역주의가 세계 다른 지역으로 확산되는 과정이 어느 정도 있었는가에 대한 논의다. 리세(Thomas Risse 2016: 3)는 이러한 역학이 "주로 간접적인 모방 메커니즘에 의해 결정되며, 직접적이고 '발신자 중심'의 영향 메커니즘에 의해 결정되는 것은 아니다"라고 주장했다. 리세의 관점에 따르면, EU는 지역주의와 지역 협력 개념의 확산에서 중요한 원천(비록 직접적인 자극제는 아닐지라도) 역할을 했으며, 지역 법원이나 의회와 같은 지역기구의 구체적인 설계, 그리고 특정 정책 분야와 관련된 지역거버넌스의 확립에 있어 일부 교훈 도출과 규범적 모방이 이루어졌다. 논의를 진행하기 전에, 지역이 어떻게 정의되는지에 대한 질문을 먼저 다룰 필요가 있다.

지역의 정의

전통적인 지역주의 정의는 참여국들이 지리적 인접성, 일부 문화적, 언어적, 역사적 유산, 그리고 일정 수준의 상호 의존성을 공유한다고 가정했다. 그러나 구성주의적 접근은 지역을 사회적이고 정치적인 구성물로 간주하며, 다양한 개념, 은유, 관행이 지역을 어떻게 정의하고 누가 포함되거나 배제되는지를 결정한다고 본다 (Acharya 1997). 이 관점은 지역이 만들어지는 것임을 강조하며, 정체성, 규범, 의미가 시간이 지나면서 변화할 수 있음을 인정하는 만큼 덜 고정적이다. 또 다른 접근법은 지역을 초국가적 자본주의 과정, 환경문제(예: 산성비), 정체성 집단과 같은 비영토적이고 기능적인 요인에 따라 정의한다 (Väyrynen 2003: 27).

지역 정의에 대한 합의가 부족하다는 것은 지역의 경계를 식별하는 단일한 기준이 없음을 의미한다. 대신, 특정 지역을 구성하는 요소에 대한 결정은 지역적 구상의 핵심그룹을 형성하는 국가들의 인식, 편견, 또는 열망을 반영한다. 이 국가들은 사실상 '내집단(in-group)'을 형성하며, 이후 '외부인(outsider)'을 받아들일지 여부를 결정한다. 당초 EU는 서유럽의 6개 회원국으로 시작했으나, 현재는 대륙 전역에 걸쳐 27개 회원국으로 구성되어 있다. 그러나 튀르키예의 가입 신청은 '유럽'에 대한 정의에 도전해왔다. 튀르키예는 대부분이 이슬람교를 믿는 국가로, 유럽과 서아시아에 걸쳐 있는 지리적 위치와 약한 민주주의체제를 가지고 있기 때문이다. 범아시아 기구가 부재한 상황에서 인도는 주로 동남아시아와 동아시아 중심의 지역 이니셔티브인 동남아시아국가연합(ASEAN)과 아시아·태평양경제협력체(APEC)에서 배제되었다.

오늘날 대부분의 지역은 회원국이 중복되는 여러 기구들로 구성되어 있다. 여러 기구가 동일한 지리적 및 정치적 공간에서 공존할 경우, 이들은 동심원 구조 또는 중첩된 체제로 간주될 수 있다 (도표 5.1 참조).

'신지역주의(new regionalism)'의 또 다른 특징은 지역 내에서 비국가행위자와 시민사회 활동이 점점 더 활발해지고 있다는 점이다. 예를 들어, 라틴아메리카와 유럽에서의 반미 운동, 아시아에서의 반일·반중 시위, 그리고 중국의 생산 네트워크와 같은 현상이 그것이다. 아차리야(Acharya 2007a: 649)는 이러한 "지역 강대국에 대한 사회적 저항이 경제적 및 정치적 지배에 대한 현지의 반감에서 비롯될 수 있다"고 언급하며, 이는 또한 "세계화(및 그 지역적 변형인 지역

도표 5.1 | 중첩된 유럽 제도

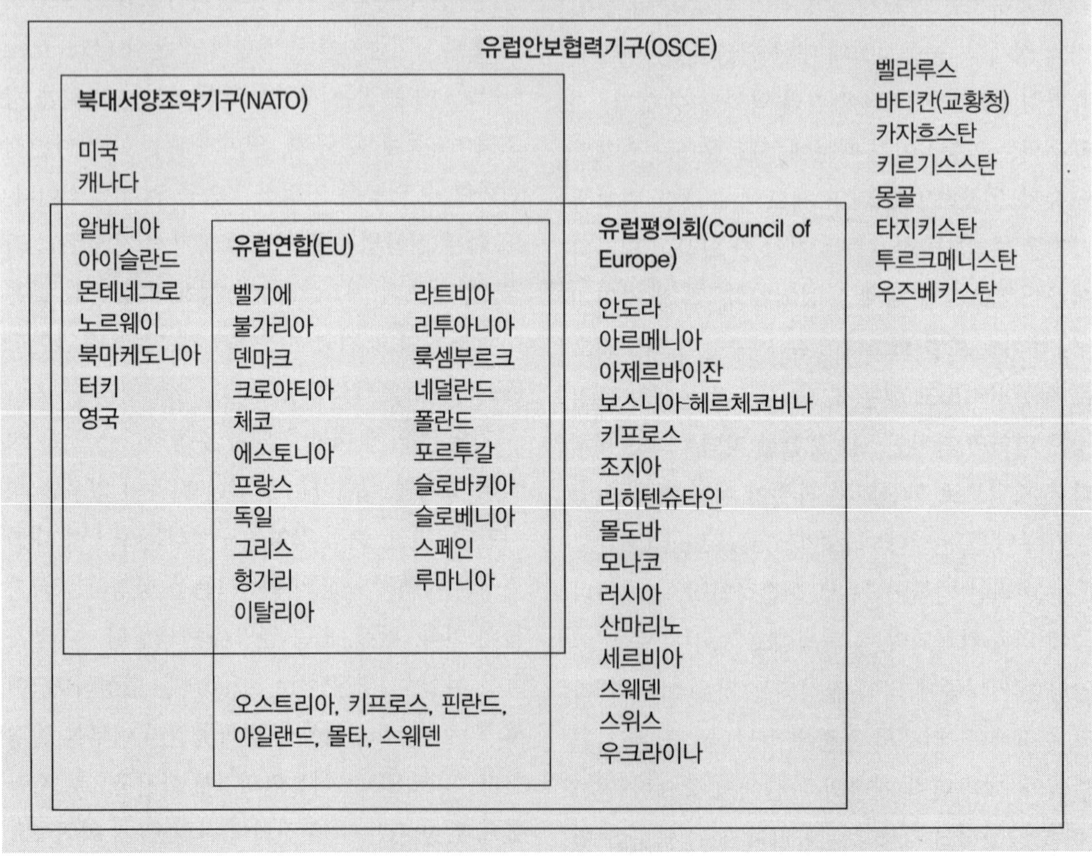

화)에 대항하는 시민사회 행위자들의 주도적인 반응을 나타낼 수도 있다"고 덧붙였다.

지역주의를 이끄는 정치적 요인

이론적 접근 방식과 관계없이, 지역주의는 저절로 발생하지 않는다. 국가 지도자들, 또는 보다 정확히는 정책 엘리트들의 의도적인 정책 선택이, 예상되는 이익을 얻기 위해 국가 간 경제 또는 정치 활동을 확대하는 데 핵심 역할을 한다. 지역주의의 발전과 관련된 정치적 요인에는 권력 역학, 정체성(또는 정의 가능한 지역에 대한 공유된 인식), 이념, 내부 및 외부 위협, 국내정치, 그리고 리더십이 포함된다. 민주주의체제에서는 대중의 지지가 중요한 역할을 할 수도 있다.

권력 역학. 권력 역학은 ASEAN에서의 인도네시아나 아랍연맹에서의 이집트와 같은 중심적인 지역 강대국을 통해, 혹은 강대국이나 패권국이 지역 질서를 만들고 형성하려는 노력으로 인해 중요한 역할을 할 수 있다. 예를 들어, 유럽, 라틴아메리카, 아시아의 지역주의는 미국의 선호에 의해 강하게 영향을 받았다. 유럽의 경우, 미국은 냉전 시기에 공산주의에 저항하는 데 필수적이라는 이유로 초기 지역적 이니셔티브를 지지했다. 라틴아메리카 국가들은 지역주의를 미국의 영향력을 견제하는 방법으로 보았다. 아시아에서는 미국이 다자간 지역주의보다 양자 관계를 선호했다 (Katzenstein 2005). 1990년대에 동남아시아 국가들이 아세안지역안보포럼(ARF)을 설립한 것은 중국과 미국을 모두 '지역질서체제'에 참여시키고, 이를 통해 양국 간 경쟁뿐만 아니라 지역 내 약소국들에 대한 지배력을 완화시키려는 노력의 일환이었다 (Acharya 2007a: 648). 미래 아시아 지역주의는 분명히 중국의 부상과 관련된 지정학적 경쟁과 인도의 선택에 의해 영향을 받을 것이다. 권력 역학이 중요하긴 하지만, 지역 내 정체성과 이념 또한 중요한 요인이다.

정체성과 이념. 많은 연구는 지역 정의와 지역주의 발전의 핵심 요소로서 정체성, 즉 정의 가능한 지역의 일부라는 공유된 인식에 초점을 맞추었다. 아차리아는 "국가와 마찬가지로, 지역도 '상상된' 것이거나 '사회적으로 구성된' 것일 수 있다"고 주장한다 (Acharya 2012: 23). 그는 또한 "지역의 개념이 내부에서든 외부에서든 형성되지 않는다면, 단순히 지리적으로 가깝거나 기능적으로 상호작용한다고 해서 그것만으로 지역을 구성하기에는 불충분하다"고 강조한다. 다시 말해, "지역의 일관성과 정체성은 주어진 것이 아니라, 주로 지역 지도자와 국민들 간의 자발적인 사회화에서 비롯된다." 그의 연구와 다른 연구들은 ASEAN 국가들이 '아세안 방식(ASEAN Way)'이라고 불리는 주요 아이디어와 과정을 통해 자신들의 지역 정체성을 어떻게 구축했는지를 분석했다. 구성주의자들이 주장하듯이, 국가적 정체성과 지역적 정체성은 재해석과 변화의 가능성이 있으며, 이를 통해 "과거의 적이 친구가 되고, 안보공동체가 역사적 무정부 상태와 혼란의 패턴을 대체할 수 있다" (Acharya 2007a: 636)고 본다. 이 현상의 대표적인 예는 독일이 적대국에서 여러 유럽기구의 핵심 회원국으로 변화한 것이다.

이념은 지역기구에서 국가들을 하나로 묶는

요인이 될 수 있다. 북대서양조약기구(NATO)와 EU는 자유주의 이념에 기반을 두고 있는 반면, 많은 비서구 지역기구들은 반식민주의, 불간섭, 그리고 범아랍주의(아랍연맹)와 범아프리카주의(아프리카통일기구[OAU], 현재의 아프리카연합[AU])와 같은 이념에 기반을 두고 있었다. 정체성과 마찬가지로, 이념도 변화할 수 있다. 예를 들어, 1990년대에 미주기구(OAS)는 자유민주주의를 수용하며 불간섭에서 민주주의 촉진과 보호로 전환했고, 많은 지역에서 지역 무역협정은 자유주의 경제학을 받아들였다. 뵈르첼과 리세(Börzel and Risse 2016)는 러시아와 중국이 1990년대 후반에 결성한 상하이협력기구(SCO)에서 드러난 '권위주의적 지역주의'를 설명할 필요성을 언급했다. 그러나 공유된 정체성이나 이념만으로는 지역안보공동체를 형성할 수 없다. 이러한 공동체와 다른 유형의 지역기구는 주로 외부 또는 내부 위협에서 비롯되는 경향이 있다.

내부 및 외부 위협. 공유된 외부 또는 내부 위협에 대한 인식은 국가들을 더 긴밀한 지역 협력으로 이끄는 핵심 정치적 요인이 될 수 있다. 냉전 시기 공산주의, 특히 소련 확장의 위협은 1950~1960년대 서유럽에서 지역주의를 촉진한 강력한 원동력이었다. 이는 NATO 설립(1949년)에 직접적인 영향을 미쳤으며, 유럽공동체(European Community) 형성의 근거 중 일부가 되었다. 냉전 시기의 다른 지역 동맹으로는 리우조약(1947년), 동남아시아조약기구(1954년), 그리고 바르샤바조약기구(1955년)가 포함된다. 유럽통합은 또한 독일 민족주의를 억제하고 독일을 프랑스 및 이웃 국가들과 긴밀히 연결하려는 열망에 의해 추진되었다. 한편, 냉전 시기 미국과 소련이 비서구 국가들에서 영향력을 놓고 경쟁하면서, 국가의 주권과 자율성을 강화하려는 지역주의의 부상을 촉진했다. 예를 들어, 베트남전쟁 당시 동남아시아에서의 미국의 존재는 ASEAN 형성에 중요한 역할을 했다. 중동에서는 1979년 이란혁명과 1980년대 이란-이라크전쟁이 작은 페르시아만 국가들에게 위협으로 인식되었고, 이는 1981년 걸프협력회의(GCC: Gulf Cooperation Council)의 설립으로 이어졌다.

1990년 냉전의 종식은 많은 지역기구의 형태를 변화시켰다. 소련의 지배하에 있던 기구들이 사라졌을 뿐만 아니라, 소련이라는 위협의 상실은 NATO의 목적을 근본적으로 재검토할 필요성을 가져왔고, 다른 유럽 기구들의 회원국 구성과 활동도 재정의되었다. 위협의 존재 또는 부재는 분명히 권력 역학과 맞물려 있으며, 외부 또는 지역 강대국에 대한 저항이 지역주의에서 중요한 역할을 하는 경우가 많다. 예를 들어, 일본의 부활에 대한 두려움은 아시아 지역주의를 억제하는 요인 중 하나였으며, 이스라엘에 대한 공동의 적대감은 아랍연맹의 단결을 이루는 주요 원인이 되었다. 반미주의는 미국의 지배력에 대한 반감에서 비롯되었으며, 라틴아메리카, 아시아, 중동, 유럽에서 미국의 역할에 대한 도전에 기여했다. 이는 NATO와 별도로 독자적인 방위군을 창설하려는 EU의 노력과, 미국이 지배하는 것으로 여겨지는 미주개발은행, 국제통화기금, 세계은행의 대안으로 '남미은행(Bank of the South)'을 설립하려는 베네수엘라의 시도에서 분명히 드러난다. 중국의 점점 더 공격적인 태도는 ASEAN에 상당한 영향을 미치고 있다. 마찬가지로, 2022년 러시아의 우크라이나 침공은 NATO의 결속을 강화했으며, EU 회원국들이 이전에는 반대했던 여러 조치에 동의하도록 이끌었다.

경제위기는 국가들이 더 긴밀한 지역 협력의 필요성을 인식하게 만드는 또 다른 형태의 위협이다. 예를 들어, 1997~1998년 아시아 금융위기와 중국의 외국인직접투자(FDI) 점유율 증가로 인해 ASEAN이 금융 및 통화 취약성에 대응할 수 있는 역량을 강화해야 한다는 인식이 더욱 뚜렷해졌다. 1990년대 후반 이후 세계무역기구(WTO)에서 무역 자유화가 진전되지 못한 장기적인 실패와 이에 따른 경쟁 무역 블록이 시장접근을 제한할 것이라는 우려는 지역 및 양자 자유무역협정의 확산으로 이어졌다 (제8장 참조). 아프리카에서는 갈등, 인도주의적 재앙, 팬데믹, 정치적·경제적 실패가 2002년 OAU를 AU로 재조직하는 계기가 되었으며, 이는 지역 협력을 강화하려는 노력의 일환이었다. 오늘날에는 테러, 환경악화와 기후변화, 이주 및 난민 유입, 마약 밀매, 범죄와 같은 복잡한 초국가적 위협이 지역 및 안보에 대한 전통적인 정의 자체에 도전하고 있다 (제11장에서 자세히 다룸).

국내정치. 국가 구조와 정권 유형은 지역거버넌스 구상와 밀접한 관련이 있다. 한 지역 내 국가들이 유사한 정치적·경제적 제도를 가지고 있다면, 지역협정에 합의하기가 더 쉬워지며, 이러한 협정은 더 효과적으로 작동할 가능성이 높다. EU는 모든 회원국이 민주주의 국가라는 점에서 이를 잘 보여주는 대표적인 예이다. 반면, ASEAN은 회원국들의 정치체제가 공산주의 정권(베트남, 라오스)부터 권위주의정부(미얀마, 캄보디아), 간헐적인 군부통치로 특징지어지는 민주주의 국가(태국)까지 다양하다는 점에서 지역기구가 직면하는 어려움을 보여준다. 아프리카와 라틴아메리카 두 지역에서는 비헌법적인 정부교체 문제를 해결하려는 열망이 AU와 OAS로 하여금 군사 쿠데타 및 정치 지도자들이 임기 연장 시도에 대응하기 위한 지역적 메커니즘을 만들도록 이끌었다. 이들 메커니즘은 이 장에서 더 자세히 논의된다.

또한 국내 연합의 특징과 다른 국가들에 대한 전략은 지역 질서의 구조에 영향을 미친다. 예를 들어, 졸링겐(Solingen 1998)은 강력한 수출 지향 제조업을 포함한 강력한 국내 정치연합이 더 긴밀한 경제통합과 무역을 위해 국경을 개방하는 어려운 결정을 이끌어내는 데 필수적이라고 주장한다. 이는 남미공동시장(Mercosur)의 경우에서 나타난다. 마찬가지로, EU 단일 시장을 완성하는 데 있어 유럽 기업들로 구성된 초국적 연합의 압력은 1992년에 중요한 역할을 했다. 또한 공동체를 형성하고 더 긴밀한 지역통합을 위한 대중의 지지를 끌어내기 위해 노력한 엘리트들의 강력한 '친(親)지역주의' 정체성은 많은 EU 국가에서 중요한 요인이었다 (Börzel and Risse 2016). 반면, 아프리카, 아시아, 중동에서는 주권과 국내 체세를 보호하는 것이 국내 연합, 엘리트, 개별 지도자들의 주요 관심사가 되는 경우가 많았으며, 이는 해당 지역기구들이 더 취약하고 종종 덜 효과적으로 작동하게 만드는 요인이 되었다.

지역협정은 국내정치에도 영향을 미칠 수 있으며, 정부가 국내 집단의 요구를 저지하는 데 유용한 공약(commitments)을 만들어낼 수 있다. 예를 들어, 특혜무역협정은 정부가 자유주의 경제개혁을 고정화하는 데 도움을 줄 수 있다 (Mansfield and Milner 1999: 605). 또한 북미자유무역협정(NAFTA: North American Free Trade Agreement)이 캐나다와 미국에서 그러했듯이, 연방정부가 주나 지방정부에 대한 권한을 강화할 수도 있다.

리더십. 지역주의는 자연히 이루어지지 않는다. 국가와 그 지도자들의 의도적인 정책 선택이 경제 및 정치 활동의 흐름을 증대시키는 데 핵심적인 역할을 한다. 예를 들어, 모네(Jean Monnet)와 슈만(Robert Schuman)은 제2차 세계대전 이후 통합된 유럽을 구상한 선구적인 유럽 인사들로, 프랑스와 서독의 지도자들과 함께 전후 유럽 지역주의의 탄생에 중요한 역할을 했다. ASEAN에서는 인도네시아가 주도적인 역할을 했으며, APEC에서는 호주와 일본이, 아랍연맹에서는 이집트와 가말 압델 나세르가, 안데스 협정에서는 베네수엘라와 콜롬비아가 각각 리더십을 발휘했다. 미국은 NATO와 OAS에서 리더십을 제공했지만, NAFTA의 전신인 캐나다-미국 자유무역협정을 제안한 것은 캐나다였다.

지역주의를 이끄는 경제적 요인

높은 수준의 경제적 상호의존, 특히 무역과 투자 흐름, 경제와 정책의 상호 보완성, 개발도상국을 통합으로 유도하기 위한 보상체계의 활용, 더 큰 시장을 형성하여 무역을 활성화하고 외국인 투자를 유치하려는 열망은 일반적으로 지역 경제 구상과 연결된다. 비교 지역주의 연구 학자들 사이에서는 지역 내 경제적 상호의존성이 얼마나 중요한지에 대한 논쟁이 있다 (Ravenhill 2001; Börzel and Risse 2016). 상호의존성이 증가하면 국가 간 정책이 조율되지 않을 경우 발생하는 비용이 증가하는데, 이는 한 국가의 경제적 상황이 교역 상대국에서 발생하는 일에 더욱 민감해지기 때문이다. 이러한 상호의존성은 기능주의 이론이 주장하는 지역통합의 토대로, 이는 주로 서유럽과 EU 초기 발전에 적용된 것으로 간주된다. 그러나 뵈르첼과 리세(Börzel and Risse 2016)는 국가들이 권한을 통합하거나 위임하는 지역 제도는 단순한 지역 내 경제적 상호의존성뿐만 아니라 안보 상호의존성과 같은 다른 요인들의 결과라고 주장한다. 이들은 ASEAN과 남미공동시장이 중간 수준의 경제적 상호의존성을 보이지만, 권한 위임은 제한적이라고 지적한다. 반면, 사하라 사막 이남 아프리카와 라틴아메리카 및 카리브해지역은 권한 공유와 위임 수준은 높지만 지역 내 무역 규모는 낮은 것으로 평가한다. 이에 비해, 북아메리카는 높은 경제적 상호의존성을 보이지만 NAFTA에 대한 권한 공유와 위임은 낮은 수준으로 특징짓는다.

1990년 이후, 경제 세계화는 다양한 방식으로 지역통합을 촉진했다. 유럽에서는 외국인직접투자의 세계화가 지역통합을 심화시켰다. 다른 지역에서는 국가들이 세계화의 부정적인 영향을 상쇄하기 위한 전략으로 지역주의를 채택했다. 예를 들어, 아프리카 개발을 위한 신파트너십(NEPAD: The New Partnership for Africa's Development)은 세계화 시대에 아프리카가 점점 더 주변화되는 문제를 해결하려는 시도를 대표한다. 논의에서 볼 수 있듯이, 경제적 요인과 더 나은 생활수준에 대한 전망만으로는 성공적인 지역

협력을 이루기에 충분하지 않은 경우가 많았다.

요약하자면, 경제적 상호연결성이 반드시 특정 지리적 지역의 국가들이 자신들을 같은 지역의 일부로 인식하거나 지역 협력을 고려하게 만드는 것은 아니다. 레이븐힐(John Ravenhill 2001: 14-15)은 다음과 같이 결론지었다. "특정 경제 간 상호의존 수준(양자 무역 흐름의 상대적 중요성으로 측정됨)과 경제적 지역주의의 출현 사이에는 명확한 상관관계가 없다 … [또한], 지역 경제적 상호의존성의 임계치가 있어, 그 이하에서는 지역주의가 결코 발생하지 않고 그 이상에서는 항상 협력이 이루어지는 것도 아니다."

지역 비교

주요 지역기구들을 살펴보면, 역사, 문화, 국내정치 및 기타 요인들이 지역기구의 성장을 어떻게 촉진하거나 저해했는지 더 명확히 알 수 있다. 이러한 기구들을 비교하면, 그들의 설계에서 나타나는 유사점과 차이점, 그리고 회원국들이 일부 권한을 지역기구에 이양하기로 동의한 정도(이를 권한 통합 또는 위임이라고도 표현함)를 알 수 있다. 주요 지표로는 다수결 의사결정과 합의 또는 만장일치의 사용 여부, 그리고 법원과 같은 초국가적 기구에 일부 권한을 위임했는지가 포함된다. 특정 지역기구들 사이에 유사성이 있는 경우, 이는 제도 설계의 확산을 반영할 가능성이 크다. 예를 들어, 유럽사법재판소의 사례가 10개 이상 복제된 사례(Alter and Hooghe 2016)와 지역 의회 기구의 확산(Rüland and Bechle 2014)이 그 예이다. 뵈르첼과 리세(Börzel and Risse 2019: 1244)는 경제적 상호의존성이 낮았던 라틴아메리카와 사하라 이남 아프리카에서 엘리트들의 역할과 함께 제도적 설계의 확산이 '지역통합 공급의 강력한 설명'이라고 묘사했다.

* * *

다음 여섯 개 절에서는 각 지리적 지역의 기구에 대한 간략한 개요와 주요 지역기구 하나에 대한 심층적인 분석을 제공한다. 지역주의가 가장 발전했고, 다른 지역기구들의 모델로 여겨지기도 했던 유럽부터 시작한다.

유럽의 지역기구

제2차 세계대전 이후, 유럽 국가들은 안보, 경제, 기타 다양한 요구를 해결하기 위해 촘촘한 지역기구 네트워크를 구축했다. 냉전 시기에는 철의 장막이 두 그룹의 기구들을 명확히 나누는 경계선 역할을 했다. 동유럽에서는 소련의 지배하에 있던 국가들이 바르샤바조약기구(Warsaw Pact)에 가입해 공동 방위를 담당했으며, 상호경제원조회의(Council of Mutual Economic Assistance)를 통해 경제 관계를 관리했다. 반면 서유럽에서는 미국의 강력한 지원 아래 1948년에 유럽 경제협력기구(OEEC: Organisation for European Economic Cooperation)가 설립되어 미국의 마셜 플랜 원조를 관리하고 무역 및 통화 장벽을 낮추는 역할을 했다. 1949년에는 미국과 캐나다가 참여한 군사 동맹인 NATO가 설립되어 소련으로부터의 위협에 대응하기 위한 방어체계를 마련했다. 같은 해, 유럽 국가들은 유럽평의회(Council of Europe)를 창설했다. 이는 '회원국 간의 더 큰 단결을 이루어 그들의 공통 유산인 이상과 원칙을 보호하고 실현하며, 경제적·사회적 진보를 촉진하기 위한' 다목적 기구였다 (유럽평의회 헌장 2, 제1조).

곧 OEEC와 유럽평의회의 한계가 인식되면서, 프랑스, 서독, 네덜란드, 벨기에, 룩셈부르크, 이탈리아 등 6개국이 새로운 제도를 통해 더 깊은 통합 과정을 시작했다. 이 과정은 1952년 유럽석탄철강공동체(ECSC)로 시작되었고, 1958년 유럽원자력공동체(Euratom)와 유럽경제공동체(EEC, 유럽공동체 또는 공동시장으로도 알려짐)로 이어졌다. 이 통합 과정은 현재의 유럽연합으로 이어지고 있다. 또한 1954년에는 독일의 재무장을 위한 틀을 제공하기 위해 서유럽연합(Western European Union)이 설립되었고, 유럽자유무역연합(European Free Trade Association)은 공동시장(Common Market)에 가입하지 않기로 선택한 국가들을 위해 1960년에 설립되었다.

1970년대 동서 냉전 완화 기간 동안, 동유럽과 서유럽(그리고 미국과 소련 포함)의 국가들을 한데 모으는 유럽안보협력회의(CSCE, 헬싱키 회의)가 설립되었다. 이 기구는 1990년에 유럽안보협력기구(OSCE)로 계승되었다.

바르샤바조약기구와 상호경제원조회의는 1991년 중앙 및 동유럽의 공산주의정부가 붕괴하고 소련이 붕괴되면서 해체되었다. 이들 기구의 전 회원국 중 11개국은 현재 NATO와 EU의 회원국이 되었다. 냉전의 종식은 유럽의 정치 지형과 그 촘촘히 얽힌 중첩된 제도들(도표 5.1 참조)을 변화시켰다. 최근 러시아가 옛 소련의 일부 지역과의 연결을 재구축하려는 노력과 2022년 우크라이나 침공은 이러한 지형에 계속 영향을 미치고 있다. 이 절에서는 유럽의 주요 기구 세 곳인 NATO, OSCE, EU를 살펴본다.

북대서양조약기구

북대서양조약기구(NATO)는 세계에서 가장 조직화된 지역 안보기구이다. 이는 냉전 시기 군사 동맹으로 시작되었으며, 초대 사무총장 이스메이(Hastings Ismay) 경의 표현대로 "미국을 끌어들이고, 러시아를 배제하며, 독일을 억제하기 위해" 설계되었다 (Schimmelfennig 2007: 145). NATO는 단순한 동맹 조약 이상의 역할을 오랫동안 수행해왔다. 1991년 이후 NATO는 회원국을 30개국으로 확대했으며(도표 5.1 참조), 러시아를 포함한 지중해 및 유라시아 국가들과의 파트너십도 구축했다. 냉전 이후의 임무를 놓고 논의하던 와중에도 NATO는 유럽 주변 지역에서의 작전에 관여하게 되었는데, 보스니아-헤르체고비나, 코소보, 아프가니스탄, 이라크, 수단, 리비아, 소말리아 해안에서의 반(反)해적 작전 등이 그 사례이다. 2014년 러시아의 크림반도 합병, 푸틴(Vladimir Putin) 대통령의 러시아어 사용자를 보호할 권리 주장, 그리고 2022년 우크라이나 침공으로 인해 NATO는 유럽 회원국들의 영토 방어라는 집단방위 우선순위로 복귀하게 되었으며, 러시아를 주요 위협으로 간주하게 되었다. 핀란드는 2023년에 NATO에 가입했으며, 스웨덴의 가입 신청은 튀르키예와 헝가리의 반대에 의해 지연되었지만, 두 나라는 모두 2022년 러시아의 침공을 이유로 오랜 중립정책을 포기했다.

1948년 북대서양조약의 핵심은 제5조에 명

시된 내용으로, "[조약 당사국들 중] 한 곳 이상에 대한 무력 공격은 모두에 대한 공격으로 간주한다"는 합의이다. 이를 통해 공격받은 회원국이 동의하면 모든 회원국이 지원할 의무를 가진다. 그러나 이 조항이 50년만에 처음으로 발동된 것은 2001년 9월 11일 미국에서 발생한 테러공격 이후였다. NATO는 또한 자유주의적 평화 이론에 확고히 기반을 두고 있다. 조약의 전문에서 회원국들은 자신들의 국민이 가진 "민주주의, 개인의 자유, 그리고 법치의 원칙에 기반한 자유, 공통의 유산, 그리고 문명을 보호할 결의"가 있음을 명시하고 있다.

구조. NATO의 주요 기구는 북대서양이사회로, 연간 최소 두 차례 외교 또는 국방 장관급 회의를 열고, 매주 브뤼셀 본부에서 대사급 회의를 개최한다. 이사회는 주기적으로 정상회의(정부 및 국가 원수)로 소집되어 전략적 방향을 설정하고, 새로운 이니셔티브를 발족하며, 비회원국들과의 파트너십을 구축한다. 결정은 주로 합의를 바탕으로 이루어지며, 회원국은 실질적으로 거부권을 행사할 수 있다. NATO 사무총장은 이사회를 주재하며, 예산 준비, 회의 의제 조정, 사무국 감독, 정부 및 기타 국제기구와의 관계에서 기구를 대표하는 역할을 수행한다. 다수의 위원회가 방위 계획, 정치문제, 군비, 항공우주, 통신 등을 담당하고 있다. 또한 269명의 회원국 및 파트너국 입법부 의원들로 구성된 NATO 의회는 동맹을 각국 입법부와 연결하며, 이를 통해 시민들과의 연계를 강화한다.

NATO 군사위원회는 회원국의 참모총장 또는 그 대표들로 구성되며, NATO의 정교한 통합 군사 지휘 구조와 임무를 감독한다. 유럽 연합군 최고사령관(SACEUR) 직책은 전통적으로 미국의 고위 군사 장교가 맡아왔다. 벨기에 몽스에 위치한 연합군 최고사령부(SHAPE)는 모든 동맹 작전을 책임진다. 러시아를 적대국으로 인식하는 분위기가 다시 강화되면서, 독일을 포함한 NATO 회원국들은 오랫동안 논의되어 온 국방예산 확대를 비롯한 동맹에 대한 공약을 늘리고 있다. NATO의 통합 군사 지휘 구조와 더불어, 민간 및 군사 차원의 복잡한 협의, 협력, 조정체계와 함께 회원국의 병력 수준과 국방 지출에 대한 합의도 존재한다. 병력은 서유럽, 대서양, 지중해에 배치되어 있으며 — 예를 들면, 네덜란드, 프랑스, 독일의 포병이 미국의 탄약을 사용할 수 있도록 — 장비 규격과 훈련을 조정하여 상호 운용성을 확보하기 위한 노력이 오랜 기간 지속되어 왔다. 그러나 통합 지휘 구조에도 불구하고, 군병력은 여전히 각국의 장교 지휘 아래에 있다.

핵심 쟁점. 오랜 쟁점 중 하나는 미국의 유럽 방위 공약과 미국과 유럽이 안보 우선순위에 대해 얼마나 동의하는지에 관한 문제였다. 미국이 정책 변경을 결정하기 전에 동맹국들과 협의하지 않고, 결정 후에 통보하는 경향은 지속적으로 갈등을 초래하는 원인이 되고 있다. 두 번째 주요 쟁점은 분담문제이다. 미국은 유럽 국가들이 방위 능력을 유지하기 위해 충분한 비용을 지불하거나 역할을 다하지 않는다고 자주 불만을 제기해 왔다 (전형적인 무임승차 문제). 이에 2014년, 회원국들은 10년 내에 각국의 국방비 지출을 국내총생산(GDP)의 2% 목표에 도달하도록 하겠다고 약속했으며, 2022년까지 8년 연속 국방비 지출 증가가 이루어졌다.

이미 언급했듯이, 냉전의 종식은 NATO를 새로운 역할을 모색하는 기구로 만들었다. 논쟁의 초점은 동유럽과 중앙유럽의 구소련 진영 국가들을 포함하기 위한 확대, 유럽 내외에서의 임무 범위와 성격, 그리고 러시아와의 관계였다. 확대문제의 배경에는 50년 넘게 동맹을 결속시켜온 가치들 — 민주주의, 법치, 개인의 자유 — 이 유럽-대서양지역의 지속적인 평화와 안보를 위한 핵심 요소라는 믿음이 있었다. NATO 회원국들은 확대가 러시아에 대한 위협이 아님을 설득하기 위해 노력했지만, 러시아는 확대에 강력히 반대했다. 그럼에도 불구하고, 1997년부터 2020년 사이에 NATO는 폴란드, 체코, 헝가리를 시작으로 북마케도니아까지 총 14개국을 회원국으로 받아들였다. 그러나 이 확장이 군사 역량 강화나 새로운 안보 비전의 공유로 이어지지 않았다.

1994년부터 2014년 사이, NATO는 러시아와 건설적인 관계를 구축하기 위해 다양한 노력을 기울였다. 여기에는 군사 교리의 투명성, 핵 안전과 같은 광범위한 문제에 대한 정기적인 협의와 협력을 위한 장치를 마련하는 것도 포함되었다. 그럼에도 불구하고 러시아는 NATO를 반러시아적 군사 동맹으로 인식하는 태도를 유지했다. 1999년 NATO가 유엔 안전보장이사회의 승인을 받지 않고 코소보에 개입한 것은 러시아의 두려움을 더욱 증폭시켰고, 2011년 유엔이 리비아에 취한 제재와 개입 역시 마찬가지였다. 특히, 2008년 러시아의 조지아 침공 이후, 조지아와 우크라이나가 NATO 가입을 신청한 것은 긴장을 더욱 고조시켰으며, 이는 2014년과 2022년 우크라이나 위기로 이어지는 데 기여했다.

냉전 이후 NATO의 새로운 역할: 구 유고슬라비아와 발칸지역. 1990년대 초반 구 유고슬라비아의 분쟁은 NATO를 첫 번째 군사작전에 끌어들였다. NATO는 유엔 안전보장이사회가 승인한 무기금수조치와 비행금지구역을 시행하고 보스니아 내 세르비아군 시설에 대한 폭격을 수행했다. 이러한 군사작전은 보스니아에서 군사 균형을 변화시키는 데 기여했고, 평화 협상을 이끄는 계기가 되었다. 1995년 데이턴협정에 따라 NATO는 주요 평화유지 및 평화구축 임무를 맡아 대다수의 이행군(IFOR) 병력을 제공했다. 이 병력은 1996년부터 2004년까지 활동한 안정화군(SFOR)으로 대체되었으며, 이후 임무는 EU로 이양되었다. 1999년에는 NATO가 유고연방공화국(세르비아)에 대해 78일간의 폭격 작전을 수행했으며, 이후 현재까지 유엔이 승인한 코소보군(KFOR)의 병력 대부분을 제공했다. 이러한 활동은 제7장에서 더 자세히 다룬다.

아프가니스탄과 테러와의 전쟁. 2001년 9월 11일 미국에서 발생한 테러공격 이후, NATO 회원국들은 북대서양조약 제5조를 최초로 발동하며 연대를 표명했다. 미국이 테러와의 전 세계적인 전쟁을 선언함에 따라, NATO는 새로운 안보환경에 적응하고 작전 능력을 강화하기 위해 움직였다. 2003년, NATO는 유엔이 승인한 국제안보지원군(ISAF)의 지휘를 맡았으며, 이는 NATO의 첫 번째 유럽 외부 작전이었다. 2008년 말까지 NATO는 5만 명 이상의 병력을 아프가니스탄에 파견해 아프가니스탄정부가 국가 전역에서 권위를 확장할 수 있도록 지원하고, 부활한 탈레반과 알카에다에 대항하는 작전을 수행하며, 아프가니스탄 군을 지원했다. 그러나 이 임무는 유럽 동맹국들 사이에서 논란이 되었고, 미국 관료들은 아프가니스탄 안정화에서 NATO의 성공이 유럽의 안보와 어떻게 연결되는지를 반복적으로 설득해야 했다. 2014년 ISAF 임무 종료 이후에도, NATO와 미군은 미국-아프가니스탄 양자 안보협정 및 NATO 주둔군 지위 협정에 따라 아프가니스탄 국가안보군을 지원했으나, 2021년 미국의 갑작스러운 철수로 종료되었다. 그럼에도 불구하고, 다양한 형태의 테러는 여전히 NATO의 주요 관심사로 남아 있다.

이라크, 다르푸르, 소말리아, 리비아. 2003년 이후 NATO는 유럽 외부의 네 가지 상황에서 다양한 수준으로 관여해 왔다. 2003년 이라크전쟁은 NATO 동맹국들 간에 심각한 분열을 일으키며 동맹 위기를 초래했다. 유럽 회원국들은 미국의 제한적 지원 요청을 거부했으며, 특히 세 국가는 NATO의 작전에 튀르키예를 간접적으로 활용하려는 계획과 이라크 내 NATO 공식 주둔을 저지했다. 하지만, NATO는 2004년부터 2011년까지 이라크군 훈련과 지원에서 나름의 역할을 했다. 또한 NATO는 수단 다르푸르 지역과 소말리아에서 AU의 평화유지 임무를 지원했는데, 주로 평화유지군의 항공 수송을 제공했다. 이와 함께, NATO 함대는 아프리카의 뿔(Horn of Africa) 근해를 순찰하며 해적 행위를 방지하는 임무를 수행했다.

2011년 리비아에서 카다피 정권을 전복시키는 과정에서 NATO의 역할은 더 광범위했고 논란이 많았다. 두 개의 유엔 안전보장이사회 결의에 따라 NATO는 비행금지구역 설정과 무기금수 조치를 시행했으며, 민간인과 민간인 거주 지역을 공격하는 리비아 군대에 대한 공중 및 해상 공격을 수행했다. 어떤 평가에 따르면, 이 작전은 수만 명의 생명을 구했으며, “세계에서 가장 오랜 기간 집권한 독재자 중 한 명을 리비아 반군이 전복시키도록 도왔다 … 동맹국의 사상자는 한 명도 없이” (Daalder and Stavridis 2012: 2) 이루어졌다. 그러나 다른 평가에 따르면, NATO의 작전은 인도주의적 개입이 아니라 전쟁으로 간주되었으며, 많은 이들에게 논란의 여지를 남겼다(자세한 내용은 제7장에서 다룸).

리비아 작전은 18개국(14개 NATO 회원국과 4개 파트너 국가)이 참여한 가운데, 통합 지휘 구조와 복잡한 작전을 계획하고 실행할 수 있는 능력을 바탕으로 위기에 신속하고 효과적으로 대응할 수 있는 NATO의 탁월한 역량을 보여주었다. 하지만 이 작전은 나머지 14개 회원국이 참여하지 않았다는 점에서 동맹 내부의 긴장을 보여주는 사례이기도 했다. 또한 방위 능력에 대한 유럽의 투자부족 문제를 부각시켰는데, 미국이 정보 및 감시 데이터의 75%, 공중급유기의 75%, 그리고 대부분의 탄약을 제공했기 때문이다 (Daalder and Stavridis 2012: 6).

NATO와 2022년 러시아의 우크라이나 침공. 1990년대 중반 이후 NATO의 동진 확장이 러시아 국경에 바로 다다랐다. 우크라이나의 NATO 가입 가능성은 푸틴 러시아 대통령이 2022년 초 우크라이나를 침공하게 된 요인 중 하나로 여겨졌다. 이로 인해 NATO는 상당한 영향을 받았다. 첫째, 러시아의 침공은 냉전 절정기 이후 유럽-대서양 안보에 가장 큰 위협을 제기했다. 둘째, 이

전쟁으로 NATO 지도자들은 동유럽의 4개국(불가리아, 헝가리, 루마니아, 슬로바키아)에 새로운 전투그룹을 배치하고, 이미 폴란드, 에스토니아, 라트비아, 리투아니아에 주둔한 전력을 강화하기로 합의했다. 셋째, 오랜 기간 중립을 유지했던 스웨덴과 핀란드가 NATO 가입 신청을 하게 되었다. 핀란드는 유럽 국가 중 러시아와 가장 긴 국경을 공유하고 있다. 독일을 포함한 여러 국가들은 새로운 위협에 대응하여 국방비 지출과 NATO에 대한 공약을 확대했다. 독일은 또한 외교정책 전반을 재검토하게 되었는데, 여기에는 러시아에 대한 에너지 의존, 무기 수출정책, 유럽 방위 공약 등이 포함되었다. NATO 동맹국들은 러시아에 대해 다양한 경제제재를 채택했으며, 우크라이나에 광범위한 군사적 지원과 재정 및 인도적 지원을 제공했다.

* * *

NATO는 설립 당시의 원래 목적이 한때 사라졌다가 30년** 후 변형된 형태로 다시 나타난 특이한 국제기구의 사례를 보여준다. 2014년 크림반도와 우크라이나에서의 사건이 2022년 러시아의 침공으로 확대된 상황에서 동맹 공약문제가 다시 주요한 이슈가 되었으며, NATO 회원국들은 복잡한 안보환경에 직면해 있다. 우크라이나 침공은 러시아를 다시 한 번 유럽 안보에 대한 주요 위협으로 만들었는데, 이러한 위협 인식은 중앙 및 동유럽 회원국들 사이에서 특히 강하다. 테러는 여전히 주요 안보위협으로 남아 있으며, 중국의 부상은 동맹에 중요한 영향을 미친다. 또한 점점 더 정교해지는 사이버 및 하이브리드 위협, 기술 변화, 인공지능(AI)의 발전은 새로운 사고방식을 요구한다. NATO는 단순한 유럽기구가 아니라는 점도 중요하다. 캐나다와 미국이 회원국이며, 특히 미국은 NATO의 역사 전반에서 핵심적인 역할을 해왔고, 유럽은 리더십, 전략 핵무기 능력, 그리고 유럽 내 미군 주둔에 근본적으로 의존해 왔다. 미국의 역할이 없이는 유럽 국가들이 안보문제에서 공통된 행동 방침을 형성하기 어려웠으며, 이는 무임승차를 더 쉬운 선택지로 만들었다. 이러한 점은 NATO와 유럽안보협력기구 같은 다른 유럽 안보 관련 기구가 공존하는 이유를 부분적으로 설명한다.

유럽안보협력기구

유럽안보협력기구(OSCE)는 유럽 안보구조에서 가장 광범위한 기구로, 유럽과 중앙아시아의 57개 회원국과 함께 미국과 캐나다도 포함되어 있다. OSCE는 1990년 유럽안보협력회의를 대체한 이후, 폭넓게 정의된 안보협력과 조정, 분쟁 예방 및 해결을 위한 도구로 발전해 왔다. OSCE 기반 안보체제의 규범적 핵심은 1975년 헬싱키 최종 의정서에서 확립되었으며, 여기에는 힘의 위협 또는 사용 금지, 국경 불가침, 분쟁의 평화적 해결, 인권과 기본적 자유의 존중, 민족 자결권, 국가 간 협력을 비롯한 10가지 원칙이 포함되어 있다. 1990년 냉전의 종식과 옛 소련 및 유고슬라비아에서 독립을 요구하는 집단과 지역의 압력은 신뢰 구축 조치, 투명성, 민주화, 소수민

** 역자 주) 탈냉전으로 집단방위라는 목적이 상실된 1990년부터 러시아의 우크라이나 침공으로 그러한 목적이 되살아난 2020년대 초까지를 의미다.

족 권리 보호를 강화하고, 더 공식적인 정부간기구(IGO)를 창설하는 계기가 되었다.

1990년에 사무국, 의회, 상설 이사회가 설립되었으며, 인권과 민주주의, 소수민족, 군비통제, 테러 방지뿐만 아니라 초국가적 범죄, 마약, 무기, 인신매매를 다루는 다양한 센터와 사무소도 함께 만들어졌다. OSCE는 선거과정의 조직, 감독, 모니터링과 인권 및 소수민족 권리 보호를 위한 노력으로 특히 주목받고 있다. OSCE는 크로아티아, 세르비아, 키르기스스탄, 아제르바이잔에서 경찰을 훈련했으며, 체첸에서 휴전협정을 협상하고, 몰도바, 아제르바이잔, 조지아, 타지키스탄의 정부와 분리주의 지역 간의 합의를 중재했다. 또한 2014년부터 2022년까지 우크라이나에서 갈등 예방, 선거 및 휴전 모니터링을 수행했다. OSCE는 코소보에서 유엔 임무의 주요 파트너로서, 시민사회 발전, 인권보호, 사법체계 구축과 같은 책임을 수행해왔다.

그러나 OSCE는 '비엔나 동쪽' 국가들에 지나치게 관여한다는 비판과 선거 모니터링 및 인권 촉진에서 기준을 일관되게 적용하지 못한다는 이유로 러시아 및 다른 국가들로부터 자주 비난을 받아왔다 (Ghébali 2005: 14). 그 결과, 러시아와 일부 중앙아시아 국가들은 OSCE의 선거 관찰 활동을 제한했다.

OSCE의 활동은 NATO, 유럽평의회, EU와 중복되는 부분이 있지만, 폭넓은 회원국 구성과 구소련 및 유고슬라비아 일부 지역에서의 장기 현장 임무 덕분에 독자적인 역할을 수행하고 있다. 가장 강력한 지역기구인 EU와는 협력과 경쟁 관계가 공존한다.

유럽연합

유럽연합(EU)은 다른 어떤 정부간기구보다도 회원국들의 더 큰 헌신과 주권의 일부 상실을 요구하며, 깊이 제도화되고 법제화된 독특한 국제기구이다. 초기에는 서유럽 6개국만 참여했지만, 2022년 기준으로 27개국이 정회원국이다. EU의 발전은 통합 과정을 보여주며, 한 영역에서의 조치가 시간이 지나면서 다른 영역으로 확산되는 특징을 지닌다. 이는 기능주의와 신기능주의의 사례로 평가된다. EU는 초국가주의(때로는 연방주의로 불림)와 회원국이 주요 결정권을 유지하는 정부간주의(intergovernmentalism)를 모두 포함한다. 따라서 EU의 발전은 회원국 확대와 회원국 간의 유대 강화, 경제와 사회의 긴밀한 통합, 그리고 회원국에 대한 공동체 기관의 권한 확대를 포함해 왔다. 오늘날 유럽의 정책결정 대부분은 EU 기관을 통해 브뤼셀에서 이루어지는 EU 공동정책이다. EU는 4억 4,700만 명이 넘는 시민들의 일상생활에 영향을 미치며, 이들 대부분은 현재 회원국 간 자유롭게 이동할 수 있고 EU 여권을 소지할 수 있다. EU는 2022년 세계 GDP의 14.9%를 차지했으며, 19개 회원국 시민들은 유로화를 통화로 사용하고 있다.

EU의 발전은 유럽의 거버넌스를 변화시켜, 새들의 서식지 규제에서부터 WTO 투표에 이르기까지 다양한 영역에 영향을 미쳤다. EU는 자체 법체계, 의회, 관료제, 통화, 법원을 보유하고 있으며, 이러한 복잡한 제도는 국가의 구조와 유사하다. 또한 EU 회원국들의 공동 행동과 공동정책을 통해 글로벌정치와 거버넌스에도 변화를 가져왔다. 유럽통합 과정은 다양한 복합적인 요인들에 의해 이루어졌지만, 반드시 되돌릴 수 없는 것은 아니다. 2020년 영국의 EU 탈퇴는 이를 분명히 보여주는 사례다. 또한 EU가 동유럽 회원국들의 민주주의를 강화하려는 노력 역시 폴란드와 헝가리에서 나타난 권위주의적 움직임으로 인해 도전을 받고 있다.

유럽통합의 역사적 개요. (서)유럽의 역내 정치적, 경제적 통합은 여러 요인의 결과이다. 우선, 제2차 세계대전 이후 유럽 지도자들은 20세기 전반기에 두 차례의 파괴적인 전쟁을 초래했던 국가 간 경쟁을 극복할 방안을 모색했다. 또한 미국은 보호주의, 경쟁적인 통화 평가절하, 그리고 유럽 강대국 간의 경쟁(그리고 미국 기업이 유럽 시장에서 배제되는 결과를 초래한 정책)을 대체하기 위해 민주주의와 개방적인 국제 경제체제를 촉진하려는 의지를 가지고 있었다. 소련의 위협은 전쟁으로 약화된 국가들을 강화하려는 노력에 추가적인 동력을 제공했으며, 프랑스와 이탈리아에서 강력했던 공산주의 정당들로부터의 내부 위협도 이러한 동력을 뒷받침했다. 독일이 유럽 안보에 대한 미래의 위협이 되지 못하도록 독일을 국제 협정에 깊이 연계시키려는 열망도 중요한 동기 중 하나였다. 미국은 마셜 플랜의 조건을 통해 유럽정부들 간의 협력을 촉진하는 유인책을 추가했다. 이러한 조건에는 지원을 활용하기 위한 계획을 공동으로 개발하고, 개별적인 국가별 요청 대신 공동의 노력을 기울이며, 16개 참여국에 대한 지원을 관리할 국제기구를 설립하는 내용이 포함되어 있었다.

모네와 가스페리(Alcide De Gasperi)와 같은 유럽의 선구자들은 '유럽 합중국'이라는 꿈을 꾸며 유럽통합에 기여했다. 따라서 안보위협, 경제적 유인, 그리고 이러한 비전들이 모두 통합 과정에 중요한 역할을 했다. 여기에 프랑스와 독일 경제의 강력한 부문(특히 중공업과 농업)의 경제적 이익과 더불어, 제2차 세계대전 이후 국제 경제에서 나타난 동향(특히 선진국 간 무역과 자본 흐름의 증가)도 영향을 미쳤다. 이는 각국 정부가 경제적 이익을 증진할 새로운 기회를 활용할 방안을 모색하도록 이끌었다.

유럽석탄철강공동체(ECSC). 유럽통합의 시작은 1950년 5월 프랑스 외무장관 슈만이 프랑스와 독일의 석탄과 철강 생산을 공동 '고등 기구' 아래에 두자는 제안을 하면서 이루어졌다. 이는 최근에 패배한 독일을 경제적으로 동등한 위치로 받아들이고, 양국의 주요 석탄 및 철강 산업에 대한 권한을 초국가적 기구에 넘기는 것을 의미했다. 슈만은 막연한 꿈을 현실로 바꾸기 위한 구체적인 단계를 제시했는데, 이는 전쟁 수행 능력을 지원하는 주요 경제 부문(무기 산업)에 초점을 맞춘 전략으로, 신기능주의 이론에 잘 부합하는 접근이었다. 그 결과 1951년에 프랑스, 독일, 이탈리아, 벨기에, 룩셈부르크, 네덜란드 등 6개국이 회원국으로 참여한 ECSC가 설립되었다. 그러나 영국은 주권 상실과 석탄 및 철강에 대한 국가적 통제 상실에 대한 두 주요 정당의 강한 반대 정서로 인해 가입을 거절했다.

기능주의의 고전적 역학을 보여주는 사례인 ECSC는 석탄과 철강 생산을 증대시키는 데 성공했다. 그 결과 1958년 6개 회원국은 유럽원자력공동체와 EEC 또는 공동시장 아래에서 협력을 확대하는 데 동의하게 되었다. 이 세 기구의 설립

문서는 이후 유럽연합의 헌법적 기반을 형성했다. 세 기구의 운영 기관은 이후 통합되었다. 1950년대에는 유럽방위공동체(European Defence Community)와 유럽정치공동체(European Political Community)라는 두 개의 통합 기구가 추가로 제안되었지만, 채택되지는 못했다.

로마조약: 유럽원자력공동체(Euratom)과 공동시장. 1958년의 로마조약은 석탄과 철강 부문만을 별도로 발전시키는 것이 공동체 발전에 충분하지 않다는 인식을 반영했다. 첫 번째 조약은 12년 동안 회원국들이 내부 무역의 모든 제약을 제거하고, 공동 외부 관세를 도입하며, 사람, 서비스, 자본의 자유로운 이동에 대한 장벽을 줄이고, 공동 농업 및 교통정책을 개발하며, 유럽사회기금(European Social Fund)과 유럽투자은행(European Investment Bank)을 설립할 것을 약속했다. 두 번째 조약은 원자력 에너지의 공동시장을 설립하기 위해 유럽원자력공동체를 창설했다.

회원국들 간, 그리고 각국 정부와 공동체 기관 간에 긴장이 존재했음에도 불구하고, 공동시장 달성을 향한 중요한 단계들이 놀라울 만큼 빠르게 진전되었다. 1962년에는 농산물 단일 시장과 농민을 위한 가격 보장을 포함한 공동농업정책(CAP)이 도입되었다. 1960년대에는 다양한 보건, 안전, 소비자 보호 기준 및 규정을 조화시키고, 회원국 간 노동자의 이동 장벽을 완화하는 고된 과정이 시작되었다. 1968년에는 예정보다 2년 앞서 산업 관세동맹을 완성했으며, 무역에 대한 내부 장벽을 충분히 제거하여 비회원국들에 대한 공동 외부 관세를 합의하고 국제무역협상에서 단일 협상 주체를 형성할 수 있었다. 1969년, 각국 정부는 정치적 통합을 이루기 위해 필수적이라 여겨진 경제 및 통화 연합의 원칙에 합의했다. 그러나 당시에는 이로 인해 상실하게 될 주권을 감내하는 것이 쉽지 않은 문제였다. 경제통합과 통화통합 중 무엇이 우선되어야 하는지에 대한 이견이 있었음에도 불구하고, 회원국들은 환율 변동을 통제하고 각국의 경제정책을 조율하기 위한 노력을 시작하기로 합의했다.

확대. 1970년대의 경제성장 둔화로 인해 유럽통합의 심화는 주춤했지만, 1973년에는 영국, 아일랜드, 덴마크의 가입으로 공동체의 첫 번째 확대가 이루어졌다 (노르웨이 유권자들은 정부가 체결한 가입 협정을 거부했다). 이후 1970년대 후반에는 그리스, 스페인, 포르투갈의 신생 민주주의를 강화하려는 강한 열망이 이들 국가의 가입 동기로 작용했다. 그러나 아일랜드와 세 개의 남유럽 국가가 추가되면서, 원래의 6개국이나 영국과 덴마크와 비교했을 때, 회원국들 간의 경제발전 수준 차이는 훨씬 더 커졌다.

1994년, 핀란드, 스웨덴, 오스트리아를 EU 회원국으로 받아들이기로 결정되었다. 이후, 동유럽의 구소련권 국가들로의 추가 확대를 예상하며, 유럽이사회는 신규 회원국이 갖추어야 할 조건들을 명확히 규정했다. 이러한 조건에는 민주주의, 법치, 인권, 소수민족 보호, 기능하는 시장경제, 그리고 EU의 기존 및 향후 규칙과 법률을 실행할 수 있는 역량이 포함되었다. 이른바 코펜하겐 기준은 후보국들에게 경제, 정치 시스템, 법률을 변화시키기 위한 기준과 동기를 제공했다. 이후 2004년, 2007년, 2013년의 세 차례 추가 확대를 통해 11개의 동유럽 국가와 두 개의 지중해 국가가 EU에 가입했다. 7차례 확대의 결과에 대한 세부 내용은 표 5.1에서 확인할 수 있다.

EU는 이제 유럽 대륙의 대부분을 포함하며, 그 어느 때보다 훨씬 더 다양한 회원국들로 구성되어 있다. 새로운 13개 회원국에게 EU 가입은 50년간의 통합 과정에서 축적된 약 8만 페이지의 EU 법률과 규정을 준수하는 것을 의미했다. 모든 회원국이 광범위한 환경 법규를 단계적으로 도입하기 위해 특별한 양보와 추가 시간을 부여받았지만, 노동의 자유로운 이동과 농업 보조금과 같은 완전한 혜택을 누리기까지는 7~10년을 기다려야 했다. 그럼에도 불구하고, 가입 요건은 각국 정부가 변화를 이루도록 하는 강력한 동기를 제공했다. 그러나 기존 회원국과 신규 회원국 간의 격차와 긴장은 제도적 구조 개혁의 필요성을 포함한 여러 문제를 야기했다. 또한 영국의 브렉시트로 인해 실제로 EU는 축소되었으며, 후보국들이 다수 존재하긴 하지만, 향후 EU 확대가 이루어질지에 대한 심각한 의문이 제기되고 있다. 아래에서는 브렉시트 과정과 그것이 EU에 미치는 영향을 살펴보는 동시에, 폴란드와 헝가리가 민주적 규범에서 벗어나면서 발생하는 도전과제들에 대해서도 다룬다.

통합 심화. 유럽통합의 심화 과정은 단일 시장의 완성을 포함해 공동정책 범위의 확대, EU 자체의 설립, 통화 통합 및 단일 통화 도입을 수반했다. 이는 네 개의 추가 조약과 여러 제도적 변화를 통해 이루어졌으며, 여전히 엘리트 주도의 과정으로 널리 인식되고 있으며, 점점 더 논란이 되고 있는 상황이다.

1987년 유럽공동체(EC) 회원국들은 단일유럽의정서(SEA)을 채택하고 1992년 말까지 단일 시

표 5.1 EU 회원국 변천

구분	원래 회원국 (1958년)	1차 (1973년)	2차 (1981년)	3차 (1986년)	4차 (1995년)	5차 (2004년)	6차 (2007년)	7차 (2013년)
회원국	벨기에 프랑스 독일 이탈리아 룩셈부르크 네덜란드	영국 아일랜드 덴마크	그리스	스페인 포르투갈	오스트리아 핀란드 스웨덴	키프로스 체코공화국 에스토니아 헝가리 라트비아 리투아니아 몰타 폴란드 슬로바키아 슬로베니아	불가리아 루마니아	크로아티아
인구(만)	1억 8,500만	2억 7,300만	2억 8,700만	3억 3,800만	3억 7,000만	4억 5,000만	4억 9,300만	5억 600만
유럽의회 의석수	142	273	287	338	370	732	785	766
회원국 수	6	9	10	12	15	25	27	28

장을 완성하겠다는 목표를 세웠다. 이는 남아 있는 물리적, 재정적, 기술적 무역 장벽을 제거하고, 각국의 다양한 보건, 식품 가공, 기타 기준을 조화시키며, 부가가치세와 같은 간접세의 차이를 줄이고, 전문 자격 요건과 같은 인적 이동의 장벽을 제거하는 복잡한 과정을 의미했다. 이러한 변화는 은행과 기업이 공동체 전역에서 사업을 할 수 있도록 허용하고, 유럽공동체 거주자들이 유럽공동체 내 어디에서나 거주, 근무, 연금을 받을 수 있게 했으며, 전기와 통신 같은 분야에서 독점을 종식시켰다. 또한 유럽의회(EP)에 더 많은 권한을 부여하는 등 제도적 변화도 포함되었다.

단일시장 완성을 위한 단일유럽의정서의 1992년 기한이 도래하기도 전에, 당시 12개 회원국은 EU에 관한 마스트리히트조약을 체결하며 '유럽 국민들 간의 더욱 긴밀한 연합'을 목표로 제시했다. 기존의 유럽공동체는 새로운 EU의 세 가지 기둥 중 하나가 되었다. 두 번째 기둥은 공동외교안보정책(CFSP: common foreign and security policy)으로 구성되며, 세 번째 기둥은 법무와 내무라는 새로운 공동정책 영역을 포함한다. 그러나 두 번째와 세 번째 기둥은 주로 개별 정부나 정부 간 합의에 의해 이루어진다. 마스트리히트 조약에는 1999년에 단일 유럽 통화를 도입하겠다는 합의도 포함되어 있었다.

마스트리히트조약 비준 과정에서, 유럽 시민들 모두가 통합 심화를 받아들이는 것은 아니라는 점이 드러났다. 덴마크 유권자들은 국민투표에서 이를 거부했으며, 조약의 특정 조항에서 덴마크가 예외를 적용받을 수 있다는 합의가 이루어진 후에야 조약이 통과되었다. 프랑스에서도 조약은 국민투표에 부쳐졌고, 가까스로 통과되었다.

세 개의 후속 조약은 확대와 제도 개혁을 다루었다. 1997년 암스테르담조약은 1999년에 발효되었으며, 추가 확대에 대한 신호를 보냈고, 사회정책, 이민, 망명, 환경, 소비자보호와 같은 문제를 다루었다. 2003년의 니스조약은 유럽의회 의석 수 증가, EU의 가중다수결 투표제도 수정, 각 회원국에 한 명의 유럽집행위원회 위원만 배정하는 등 확대되고 더욱 민주적인 EU에 중요한 변화를 가져왔다. 2007년의 리스본 조약은 EU 기관의 효율성을 개선하고, EU에 국제법적 인격을 부여하여 국제조약에 서명하거나 다른 국제기구의 회원이 될 수 있도록 설계되었다. 또한 EU 권리헌장을 회원국들에게 법적으로 구속력 있는 문서로 만들었다. 리스본 조약은 2008년 아일랜드 국민투표에서 거부되었으나, 일부 수정 후 2009년에 승인되었다. 도표 5.2는 유럽통합 과정의 주요 단계를 요약하고 이를 시간 순으로 보여준다.

도표 5.2 | 유럽통합 연대표

연도	이벤트
1951	유럽석탄철강공동체 창설 (6개 회원국)
1957	로마조약으로 유럽경제공동체와 유럽원자력공동체 설립 (6개 회원국)
1962	공동농업정책 도입
1968	관세동맹 완성
1970	유럽정치 협력 시작
1979	유럽의회 첫 직선제 선거 시행
1986	단일유럽의정서로 단일시장 출범
1992	EU에 관한 마스트리히트조약 체결 (세 가지 기둥 포함)
1997	암스테르담조약으로 추가 확대 승인
2002	단일통화(유로) 도입
2003	니스조약으로 제도 개혁 시행
2009	리스본조약으로 헌법 개정 승인

구조. EU의 현재 구조는 유럽이사회(European Council), 유럽집행위원회(European Commission), 유럽연합이사회(Council of the European Union), 유럽의회(European Parliament), 유럽사법재판소(European Court of Justice)를 포함하며, 도표 5.3에 나타나 있다. 일부 기관은 회원국들이 더 많은 발언권을 가지는 정부간주의를 반영하며, 일부는 회원국에 규칙과 판결을 강제할 권한을 가진 초국가주의를 구현한다.

유럽집행위원회. 유럽집행위원회는 EU의 초국가적, 집행적, 관료적 기구로, 통합을 추진하는 중심 역할을 한다. 유럽집행위원회는 새로운 공동체 법률을 발의하고 조약의 목표를 진전시키는 독점적 책임을 가지고 있다. 이러한 점에서 유럽집행위원회는 '유럽연합의 양심'으로 간주되며, 이는 어느 한 정부나 정부그룹이 단독으로 수행할 수 없는 전체의 이익을 돌보는 역할을 위해 설계되었다 (Ginsberg 2007: 165). 위원회는 국가 관료 조직과 협력하여 회원국이 정책과 법률을 이행하도록 보장하고, 국제무역협상과 유엔에서 EU를 대표하며, 예산을 작성하고 승인된 자금을 집행하며, 회원국에 구속력이 있는 기술적 문제에 관한 규정을 제정할 수 있다. 또한 EU 법 집행에서 중요한 역할을 하며, 조약 의무를 위반한 회원국에 경고하고, EU 법을 이행하지 않은 회원국의 실패를 공개하며, 사법재판소에 법적 조치를 제기하거나 법률이 이행되지 않을 경우 제재나 벌금을 부과할 권한을 가진다.

집행위원회는 27명의 집행위원으로 구성되며, 이들은 각 회원국 정부에 의해 지명되고(회원국당 1명), 집행위원회 위원장과의 협의를 통해 5년 임기의 재임 가능 조건으로 임명된다. 이들은 자국을 대표하는 것이 아니며, 자국 정부

도표 5.3 | 유럽연합 핵심 기관

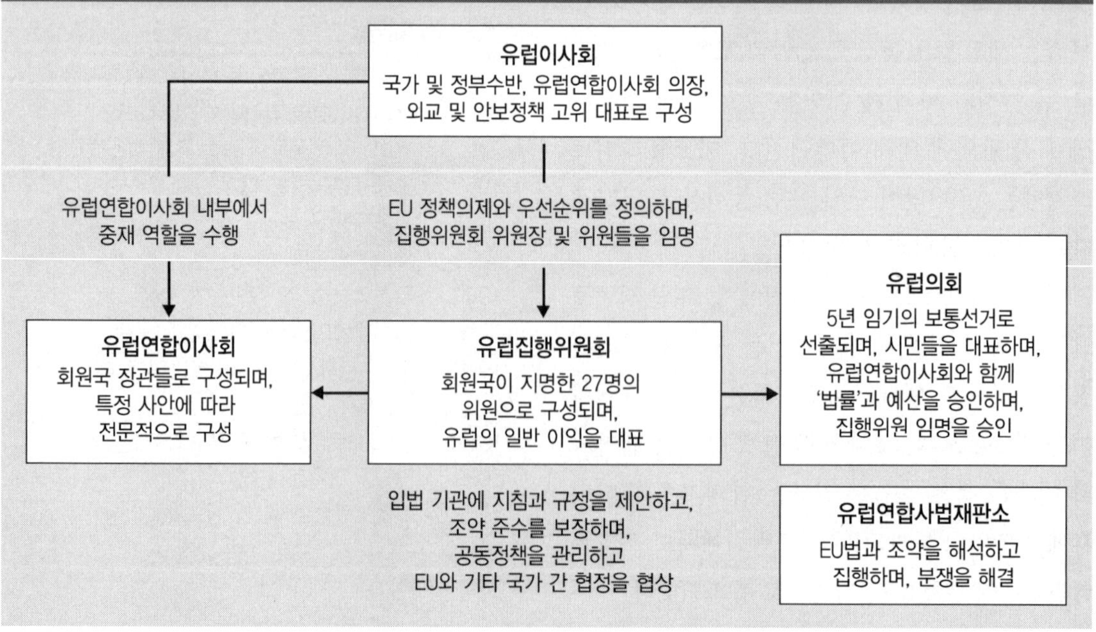

에 의해 해임될 수도 없다. 대신, EU 전체의 이익을 위해 행동하고, 창립 조약의 정신과 조항에 따라야 한다. 집행위원회 전체는 유럽의회(EP)의 승인을 받으며, EP에 대해 책임을 진다. EP는 집행위원회 전체에 대해 불신임 결의를 내리고 해임할 수 있지만, 개별 집행위원을 해임할 수는 없다. 대부분의 집행위원은 하나 이상의 특정 정책 분야(총국이라고 불림)를 담당하며, 약 3만 3,000명의 공무원(일명 '유로크라트')의 업무를 감독한다. 이 과정에서 각 집행위원은 각자의 비서실 또는 보좌진의 지원을 받는다. 총국은 농업, 내부 시장, 경쟁정책, 정의와 내무, 외교 관계, 지역정책, 무역, 환경 및 에너지 등 EU의 모든 주요 정책 분야를 포함한다. 집행위원회는 국가 내각과 유사하게 집단적 책임을 기반으로 운영되며, 합의 또는 단순 과반수로 결정을 내린다.

집행위원회 위원장은 EU의 최고 행정 책임자로서 역할을 한다. 위원장은 다른 집행위원들의 담당 분야를 배정하며, 집행위원 후보에 대해 거부권을 행사할 수 있다. 위원장은 각국 정부와의 회의나 G7과 같은 정상 회의에서 집행위원회를 대표한다. 집행위원들과 마찬가지로, 위원장은 재임 가능한 5년 임기로 임명되며, 회원국 정부 수반들로 구성된 유럽이사회에서 지명되고 유럽의회(EP)의 승인을 받는다. 많은 집행위원회 위원장들은 전직 총리 출신이다. 2019~2024년 임기의 위원장인 독일의 우르줄라 폰 데어 라이엔(Ursula von der Leyen)은 이 직위를 맡은 최초의 여성이다.

유럽연합이사회. 유럽연합이사회는 회원국 정부의 각료들로 구성되어 법과 정책에 대한 결정을 내리며, 과거에는 각료이사회(Council of Ministers)로 불렸다. 이 기구는 정부간주의를 대표한다. 유럽이사회는 유럽의회와 함께 새로운 법률에 대한 집행위원회의 제안을 승인해야 한다. 역사적으로, 이사회는 유럽의회(EP)보다 훨씬 더 강력했지만, 마스트리히트 조약 이후 EP의 권한이 확대되어 두 기관이 새로운 법률 제안의 승인, 수정 또는 거부와 EU 예산 승인에 대한 책임을 공유하게 되었다. 또한 유럽연합이사회는 공동 외교, 안보, 국방정책, 정책 조정, 사법협력, 그리고 EU를 대표하는 조약 체결과 관련하여 집행 기능을 수행한다. 이사회는 집행위원회에 연구를 수행하거나 제안을 발의하도록 요청할 수도 있다.

유럽연합이사회는 회원국별로 한 명의 정부 장관으로 구성되며, 논의되는 주제(외교, 경제, 농업, 경쟁정책 등)에 따라 구성원이 변경된다. 사실상, 이사회는 특정 정책 분야를 담당하는 10개의 개별 이사회로 구성된다. 회의의 빈도와 중요성은 회원국들이 정책 결정 권한을 EU에 얼마나 이양했는지에 따라 달라진다. 예를 들어, 농업 및 수산 장관들은 상품 가격과 보조금 수준과 같은 문제를 다루기 위해 매월 회의를 열지만, 교통, 교육, 환경 장관들은 여전히 대부분의 권한이 각국 정부에 남아 있기 때문에 연간 몇 차례만 회의를 연다. 1992년 이후 공동 외교, 안보, 국방정책을 강화하려는 노력으로 외교 장관들의 회의가 더 빈번해졌다.

유럽연합이사회 의장직은 회원국 간에 6개월마다 순환하며, 이사회 의장과 집행위원회 위원장은 주요 국제회의에서 유럽연합을 대표한다. 이 두 역할은 공동 집행부를 형성하는 경향이 있다. 의장직 간의 연속성과 이사회에 대한 지원은 회원국들의 브뤼셀 주재 대사들과 기타 고위 관리들로 구성된 상임대표위원회(COREPER)를 통해 이루어진다. 상임대표위원회는 가장 논란이 많은 문제를 제외한 모든 정책 구상에 대해 실질적인 협상을 진행하는 역할을 맡고 있다.

이사회는 정책 영역과 주제의 정치적 민감도에 따라 다양한 투표 시스템을 사용한다. 외교, 안보 및 국방정책, 조약 변경, 회원국 확대, 과세 등에는 만장일치가 필요하다. 약 50개의 정책 영역은 적어도 55%의 회원국과 EU 인구의 최소 65%를 대표하는 회원국들이 찬성하는 이중 다수제를 요구하는 가중 다수결로 결정된다. 실제로 대부분의 이사회 결정은 공식적인 투표 없이 합의에 의해 이루어진다.

유럽연합이사회 구성원들이 각국의 정치인들이기 때문에, 이사회의 역학 관계는 각국의 이익, 국가 정부의 안정성, 회원들의 이념, 그리고 그들의 상대적 권위에 의해 필연적으로 영향을 받는다.

유럽이사회 또는 EU 정상회의. 1974년, 유럽이사회는 회원국의 국가원수 및 정부수반(대통령과 수상)들이 정책 방향과 우선 순위를 제시하기 위해 정기적인 정상회의를 개최하기로 합의하면서 탄생했다. 유럽이사회는 매년 4회 이상 열리며, 주요 정치적 결정을 내리는 데 중요한 역할을 한다. 주로 법안 세부 사항에는 관여하지 않지만, 단일 시장 완성, 통화 연합, 회원국 확대, 외교정책, 헌법 개혁, 이주문제 등 중요한 EU 정책 구상을 결정하는 핵심 기구이다.

1987년 단일유럽의정서는 유럽이사회에 법적 지위를 부여했다. 이후 리스본 조약은 유럽이사회 의장직을 신설하였으며, 이 의장은 이사회에 의해 선출되고 임기는 2년 6개월로, 한 차례 연임할 수 있다. 의장의 주요 역할은 이사회 정상회의를 조직하고 주최하며, 회원국 간의 합의를 도출하는 것이다. 유럽이사회는 회원국의 국가 원수 및 정부 수반, 유럽연합이사회 의장, 유럽집행위원회 위원장으로 구성된다. 외교·안보정책 고위대표와 유럽중앙은행 총재도 회의에 참여할 수 있으나, 정식 회원은 아니다. 유럽이사회의 장점으로는 별도의 규칙이나 독립적인 관료조직이 없는 유연성, 형식적인 의제나 절차의 부재로 인한 비공식성, 다른 기관에 업무를 위임하고 전체적인 큰 그림에 집중할 수 있는 능력 등이 있다 (McCormick and Olsen 2014: 179).

유럽의회. 유럽의회(EP)는 1979년부터 회원국 유권자들에 의해 직접 선출되는 유일한 EU 기관으로, EU 시민들의 목소리를 대변하는 역할을 한다. 그러나 유럽의회에 대해선 알려진 것이 거의 없다. 유럽의회는 5년 임기로 선출되며 재선이 가능한 705**명의 의원들로 구성되어 있고, 의석은 회원국 인구에 따라 배정된다. 이는 유럽의회를 세계에서 가장 큰 입법 기관 중 하나로 만들며, 그 규모, 23개의 공식 언어, 그리고 세 개의 장소(스트라스부르의 제1의사당, 브뤼셀의 제2의사당, 룩셈부르크의 사무국) 때문에 다루기 어려운 기구로 여겨지게 한다.

회원들은 국가별 대표단이 아니라 정파별로 배치되며, 이는 초국가적 정치그룹의 형성을 강력히 권장하는 절차 규정에 따른 것이다. 여덟 개의 정당그룹은 친유럽에서 반유럽에 이르는 유럽정치의 좌우 이념 스펙트럼을 아우른다. 2019년

** 역자 주) 표 5.1에서는 2013년 의원 수가 766명으로 되어 있으나 2025년 8월 현재 의원 수는 720명이다.

유럽의회 선거 기준으로, 가장 큰 세 그룹은 좌파의 사회주의그룹, 우파의 유럽 국민당그룹, 그리고 중앙의 자유주의적이고 친유럽적인 입장을 가진 리뉴 유럽그룹(Renew Euro)이다. 다양한 유럽 국가에서 녹색당, 민족주의, 포퓰리스트, 그리고 유럽회의론 정당의 성장 또한 유럽의회에서 두드러진다. 이념적 차이에도 불구하고, 정당그룹들은 특정 이슈에서 공통된 이해관계를 공유하거나 유럽의회의 EU 내 영향력을 증대시키기 위해 협력하는 경우가 많다.

유럽의회의 역할은 시간이 지나면서 확대되어 왔으며, 의원들은 민주적 책임성에 대한 주장을 통해 더 큰 입법 및 감독 책임을 확보해왔다. 단일유럽의정서, 마스트리히트조약, 암스테르담조약, 리스본조약 등을 통해 법 제정 과정에서 의회의 역할이 점진적으로 확대되었으며, 이제는 유럽연합이사회와 입법 및 예산 권한을 공유하게 되어 집행위원회가 의회의 의견을 더욱 진지하게 고려하도록 요구받고 있다. 그러나 새로운 법과 정책을 제안할 수 있는 권한은 집행위원회만 가지고 있다. 이로 인해 과거에는 집행위원회를 주요 대상으로 삼던 이익 단체들이 이제는 법안의 형태에 영향을 미치기 위해 유럽의회에 더 많은 관심을 기울이고 있다. 하지만 유럽의회 직접 선거에서의 낮은 투표율은 유권자들이 여전히 유럽의회가 자신들의 삶에 큰 영향을 미치지 않는다고 느끼고 있음을 보여준다.

유럽연합사법재판소, 전 유럽사법재판소.** 국제사법 기관들 중에서 유럽연합사법재판소(CJEU: Court of Justice of the European Union)의 역할이 독특한 이유는 EU 조약이 법적 구속력을 가진 문서로, 유엔헌장과 차별화된다는 점에 있다. 이러한 조약은 법적 의무를 수반하며, CJEU는 이를 해석하고 집행할 책임을 가지고 룩셈부르크에 위치한 본부에서 활동한다. 재판소는 모든 EU 법률의 헌법적 타당성에 대해 판결할 수 있는 권한을 가지며, 국내 법과 EU법의 정합성에 의문이 제기될 경우 이를 해결하기 위해 각국 법원에 자문 의견을 제공하고, EU 기관, 회원국, 개인, 또는 기업 간의 분쟁을 해결하는 역할을 한다. 따라서 집행위원회와 함께 초국가적 기관으로 간주된다. 회원국은 유럽 법을 준수하고 CJEU의 판결을 집행할 의무를 가진다.

유럽사법재판소(ECJ: European Court of Justice)는 1952년에 설립되었으며, 회원국들이 임명하는 27명의 판사가 6년 임기로 재임이 가능한 구조로 운영된다. 또한 재판소에는 서기관과 11명의 법무관이 포함되어 있으며, 이들은 재판소에 접수된 사건을 검토하고 사실상 사전 의견을 제공하여 재판소의 업무 부담을 덜어주는 역할을 한다. 이러한 의견은 전체 재판소(en banc)에서 수용되거나 거부될 수 있다. 재판소는 전체 재판부로 구성되거나, 2022년 기준으로 10개의 소법정으로 나뉘어 심리를 진행할 수 있다. 재판소 규칙에 따라 회원국이 제기한 사건은 반드시 전체 재판부에서 심리되어야 한다. 민법 전통에 따라 판결은 일반적으로 반대 의견을 표기하지 않고 발표되며, 항소는 불가능하다. 1989년에는 증가하는 사건 수에 대응하고 판사들이 본질적인 업무에 집중할 수 있도록 하기 위해 제1심 법원(현재는 일반법원으로 불림)이 설립되었다. 이 법

** 역자 주) 보다 정확히 말하면, 유럽연합사법재판소 산하에 유럽사법재판소와 일반법원이 있다.

원은 반덤핑과 같은 무역방어 문제를 다루는 사건을 제외한 개인 및 기업이 제기한 모든 사건을 처리하며, 주로 경쟁 관련사건, 기술적 법률에 대한 분쟁, 사실 관계에 대한 문제를 다룬다. 2005년에는 EU 공무원 재판소가 설립되어 성차별문제나 직원 규정 적용과 같은 EU 기관과 직원 간의 분쟁을 다루는 모든 사건을 담당하게 되었다.

ECJ/CJEU 사건은 크게 두 가지 범주로 나뉜다. 첫 번째는 국가 법원이 EU 법과의 관련성을 판단하는 데 있어 조언을 제공하는 예비 판결이고, 두 번째는 개인, 기업, 회원국, 또는 EU 기관이 제기하는 직접 소송이다. 직접 소송에는 회원국이 의무를 이행하지 않은 경우 유럽연합 집행위원회가 해당 회원국을 상대로 제기하는 소송, EU 법이 불법이라는 이유로 무효화를 요구하거나 EU 기관이 조약에 따라 행동하지 않은 것에 대해 조치를 요구하는 개인, 기업, 회원국 또는 EU 기관이 제기하는 소송이 포함된다. 사실상 모든 회원국은 의무를 이행하지 않은 이유로 최소 한 번, 일부는 수백 번 이상 재판소에 회부된 적이 있다. 1964년의 획기적인 사건인 '플라미니오 코스타 대 에넬(Flaminio Costa v. Enel)' 사건에서 EU 법이 국가법보다 우선한다는 원칙이 수립되었으며, 이는 두 법이 충돌할 경우에도 적용된다 (ECJ 1964). 2020년에는 CJEU가 '유럽 집행위원회(Commission) 대 헝가리' 사건에서 헝가리가 자국에서 활동하는 외국대학에 새로운 요구사항을 부과함으로써 서비스 무역에 관한 일반협정(GATS)과 EU 기본권 헌장을 위반했다고 판결했다 (CJEU 2020).

ECJ/CJEU는 유럽 지역통합과 거버넌스를 촉진하는 데 중요한 역할을 해왔으며, EU의 성격을 규정하고 EU 법의 적용 범위를 확장하는 데 기여해왔다. 특히 단일 시장과 관련된 사건에서 두드러졌는데, 예를 들어, '카시스 드 디종(Cassis de Dijon)' 사건에서는 한 국가의 기준을 충족하는 제품은 다른 국가에서 판매가 금지될 수 없다고 판결했다 (ECJ 1979). 1954년 이후 재판소는 4만 2,000건 이상의 판결을 내렸다. 사건들은 무역문제, 농업정책, 환경법, 소비자 안전 규정, 노동자의 이동의 자유, 여성의 평등 대우 등 다양한 주제를 다루었다. ECJ/CJEU는 EU의 사회적 권리와 법률, 그리고 회원국의 세금정책에 대한 EU 권한의 발전에 특히 강한 역할을 해왔다. 1995년 재판소는 벨기에 축구 규정을 뒤집으며 노동자의 이동의 자유를 인정했다. 이 규정은 벨기에 선수가 프랑스 클럽으로 이적하는 것을 어렵게 만들고 있었다 (ECJ 1995). 2022년에는 CJEU가 처음으로 가사 노동자와 관련된 사건에서 판결을 내렸으며, 이들을 사회보장 혜택 접근에서 제외하는 것이 간접적인 성차별에 해당한다고 판단했다. 이는 거의 전적으로 여성에게 영향을 미쳤기 때문이다 (CJEU 2022).

ECJ/CJEU의 성공과 EU 법의 발전은 국가 법원들이 예비 판결을 요청하고 이를 따르려는 의지, 그리고 재판소가 직접 소송을 통해 회원국들이 조약에 따른 법적 의무를 이행하도록 하는 노력에 달려 있다. 주요 ECJ 판결을 거부한 회원국은 없었지만, 판결 이행이 지연된 사례는 많았다. 재판소는 판결을 이행하지 않는 국가에 대해 벌금을 부과할 권한을 가지며, 집행위원회는 CJEU와 함께 강제 절차에 들어갈 수 있다. 이러한 절차는 벌금이나 제재로 이어질 수 있으며, 이는 다른 국제 재판소가 수행할 수 없는 조치이다. 회원국들은 자국의 이익에 반한다고 여겨지는 판결을 비판하기도 하지만, 재판소의 성공과 권력은 다른 EU 기관들과의 관계에서도 기인한다. ECJ는 유럽의회가 공동체 법안을 사법 심사 대상으로 가져갈 수 있다고 판결함으로써 의회의 권한을 확장하는 데 기여했다. 유럽연합이사회의 정부간주의와 대비되는 초국가주의를 대표하는 ECJ는 유럽 지역주의와 EU 법체계 발전에 중요한 역할을 해왔다.

EU 법은 ECJ/CJEU의 판결 이상을 포함한다. 법에는 유럽연합이사회가 단독으로, 이사회와 의회가 공동으로, 또는 집행위원회가 단독으로 결정하는 규정이 있다. 이는 조약의 관련 조항과 시기에 따라 달라진다. 또한 경쟁정책이나 대기오염 기준과 같이 달성해야 할 결과를 명시하되 그 실행 방법은 회원국에 맡기는 집행위원회의 지침도 있다. 특정 당사자에게 발행되어 두 기업 간의 합병을 저지하는 것과 같은 구속력 있는 조치도 있다. EU 법은 전통적인 국가(또는 지방) 법체계와 국제법 사이에 위치한 독특한 법체계를 형성하며, 이를 해석하고 회원국에 판결을 집행할 강력한 재판소를 보유하고 있다. 펠런(William Phelan 2012: 375)은 "모든 회원국은 자신들에게 부과된 모든 강제적이고 자동으로 적용되는 EU의 의무를 반드시 준수해야 한다. … 이러한 의무는 다른 국가들의 행동에 따라 달라지는 것이 아니라, 조건 없이 독립적으로 이행되어야 한다"라고 지적한다. 요컨대, EU 법은 공동주권(pooled sovereignty)을 반영하며, 이는 EU를 다른 국제기구와 근본적으로 차별화하는 중요한 요소이다.

기타 EU 기관들. 집행위원회, 유럽연합이사회, 유럽이사회, 유럽의회, 그리고 유럽연합사법재판소 외에도, 유럽통합의 범위가 확대되고 필요성이 증가함에 따라 여러 전문기관과 기구들이 설립되어 왔다. 이러한 기관들에는 회원국 간 국경 개방 이후 경찰 협력을 촉진하기 위해 설립된 유럽경찰청(Europol), 1998년 단일 통화 도입과 함께 설립되어 2008년 유로존 위기 이후 더욱 주목받게 된 유럽중앙은행(제8장 참조), 그리고 1958년에 설립되어 자본 개발 프로젝트에 장기 자금을 제공하기 위해 설립된 유럽투자은행이 포함된다.

EU 공동정책. EU는 무역과 농업에서 시작하여 점진적으로 어업, 식품안전, 교통, 경쟁, 사회정책, 지역개발, 통화정책 및 단일 통화, 환경, 사법 및 내부문제, 대외관계, 인권, 이주 등 다양한 정책 영역으로 확대되어 왔다. 공동정책을 발전시키기 위해 세 가지 접근 방식이 사용되어 왔다. 첫째, 각국의 서로 다른 기준을 상호 인정하는 방식, 둘째, 기준의 틀을 설정하는 공동 지침을 도입하는 방식, 그리고 셋째, 기준의 조화를 이루는 방식이다. 이 중 기준의 조화는 새로운 공동 기준을 합의해야 하므로 가장 어려운 접근 방식으로 간주된다. 제8장에서는 단일 시장, 농업, 통화 연합, 그리고 2008년에서 2012년까지의 유로존 위기와 관련된 정책을 다루며, 제10장에서는 EU 환경정책, 제11장에서는 사법 및 내무, 2015년 난민 위기, 그리고 계속되는 이주문제를 다룬다(Ceccorulli 2021). 여기에서는 사회정책과 공동외교안보정책(CFSP)에 간단히 초점을 맞춘다. 사회정책은 EU의 초국가적 권한이 두드러지는 분야를 보여주며, EU CFSP는 정부간주의를 보여준다.

사회정책. EU 사회정책은 지역개발정책과 함께 회원국 내외의 사회적·경제적 불평등을 해결하는 것을 목표로 하며, 이를 위해 시장 및 노동조건에 대한 규제, 현금 이전, 서비스 제공 등을 활용한다. 이러한 정책은 대부분의 EU 회원국에서 오랜 사회복지정책의 역사를 바탕으로 하며, 노동자의 권리, 남녀 동일 임금, EU 내 노동자의 이동의 자유, 근로 및 생활 조건을 포함한다. 가장 적극적인 지지자들은 유럽 노동조합, 사회민주당, 집행위원회, 유럽사법재판소이며, 반대자들로는 높은 노동 비용이 유럽 기업의 경쟁력을 저하시킨다고 주장하는 기업 및 보수 정당이 있다.

ECJ는 1971년, 1976년, 1978년에 걸쳐 진행된 '데펜느(Defenne)' 사건 판결에서 동일 임금과 사회보장제도의 조정을 확인했다. 집행위원회는 이후 1980년대부터 단일 시장의 사회적 차원에 대한 우려, 예를 들어 노동자 이동성과 사회보장 혜택 및 임금의 차이와 같은 문제를 해결하기 위해 공동사회정책을 적극적으로 추진했다. 사회정책은 1986년 단일유럽의정서의 핵심 요소였으며, 1989년 12개 회원국 중 11개국이 채택한 별도의 사회권 헌장에도 포함되었다. 이 헌장은 이후 마스트리히트조약과 암스테르담조약에 통합되었으며, 나이, 성별, 장애, 민족, 신념, 인종, 성적 지향에 기반을 둔 차별에 대해 EU가 조치를 취할 수 있는 조항이 추가되었다. 1987년 이후 유럽의 대학 교육체계를 더 호환 가능하게 만들고, 에라스무스 프로그램을 통해 교육 교류와 학점 인정을 촉진하려는 노력도 진행되었다. 이러한 변화는 유럽 대학생들의 이동성을 크게 증가시켰다. 지속적인 사회정책 문제 중 하나는 부유한 중심 및 북부 국가들과 그리스, 이탈리아, 포르투갈, 스페인 등 남부 국가의 빈곤한 지역들, 그리고 사회적 보호가 거의 없는 동유럽의 구 공산주의 국가들 간의 격차이다.

공동외교안보정책. 1968년에 초기 관세동맹과 공동대외관세를 달성한 후, 유럽공동체는 관세 및 무역에 관한 일반협정(GATT) 하에서 국제무역협상을 단일 주체로서 진행하기 시작했다. 1970년에는 유럽정치협력이라는 이름으로 외교정책 조정을 시작했으며, 이 과정에서 이스라엘과 팔레스타인 간의 중동 상황이 특히 공동의 관심사가 되었다. 이는 현재까지도 이어지고 있으며, EU는 팔레스타인의 권리와 이스라엘-팔레스타인분쟁의 해법으로 두 국가론을 지지하고 있다.

냉전 종식과 1992년 마스트리히트조약은 공동 외교정책을 EU 통합 과정의 일부로 만들고, EU가 글로벌 행위자로서의 역할을 강화하는 데 동력을 제공하고 법적 기반을 마련했다. 이를 바탕으로 1997년 암스테르담조약은 공동외교안보정책(CFSP)을 위한 고위대표 직책과 분쟁 관리 및 인도적 지원을 다룰 법적 기반을 마련했다. 2003년 니스조약은 추가적으로 공동안보방위정책(CSDP: Common Security and Defense Policy)을 별도의 정책 분야로 설정하고, 회원국 외교장관들로 구성된 정치·안보위원회를 설립하여 민간 및 군사적 위기 상황을 다루도록 했다. 2009년 리스본조약은 CFSP의 제도적 기반을 더욱 강화했다. 이를 통해 EU의 외교기구인 유럽대외관계청(EEAS)가 설립되었으며, EU에 국제법적 지위를 부여하여 조약 체결 권한을 갖게 했다. 또한 외교안보정책 고위대표에게 비회원국 및 단체와 협상을 진행하고, 이사회에 정책 제안을 하며, 긴급회의를 소집할 수 있는 권한을 부여했다.

그럼에도 불구하고 EU는 1990년대 구 유고슬라비아전쟁, 2003년 이라크전쟁, 2011년 시리아 및 리비아 위기, 그리고 2014년 러시아의 우크라이나 합병과 같은 위기 상황에서 신속하고 효과적으로, 그리고 한목소리로 대응하는 데 어려움을 겪어왔다. 주요 문제는 CFSP이 여전히 철저히 정부 간 협력에 의존하며, 행동을 위해 만장일치가 요구된다는 점이다. 가중다수결 투표(qualified majority voting)를 도입하면 특히 위기 상황에서 EU의 대응 능력이 강화될 수 있다. 그러나 이러한 변화를 시도하려는 노력은 저항에 부딪혀 왔다. 특히, 소규모 국가들은 거부권이 없을 경우 자국의 이익이 보호받지 못할 것을 우려하고 있으며, 일부 주요 인사들은 통합을 이루기 위한 노력 자체가 EU를 강화하는 것이라고 보고 있어 이러한 변화에 반대하고 있다. 실제로 회원국들은 여전히 독자적인 외교정책을 운영하며 공동 행동에 항상 헌신적이지는 않다 (Lehne 2022). 각 회원국은 서로 다른 역사적 배경, 지리적 위치, 기타 정부간기구 가입 상태, 그리고 안보위협에 대한 상이한 인식을 가지고 있어 공동 외교정책에 대한 합의 도출을 복잡하게 만든다. 2022년 러시아의 우크라이나 침공이 이러한 상황을 다소 바꾸기는 했지만, 그전까지는 러시아의 행동과 정책이 더 큰 위협인지, 혹은 중동 분쟁과 난민 및 이민자 유입이 더 심각한 문제인지를 두고 서유럽과 동유럽 회원국 간 논쟁이 있었다 (Paats 2021: 53).

CFSP의 주요 결정기구는 유럽이사회이다. 리스본 조약은 이사회 의장에게 비회원국과의 공동정책 문제에 있어 EU를 대표할 권한을 부여했다. 예를 들면, G7에서 EU를 대표하는 역할이 그것이다. 일상적인 업무는 고위대표가 주도하며, 유럽대외관계청과 집행위원회의 일부 부서들의 지원을 받는다. 고위대표는 집행위원회의 부위원장 역할도 겸한다. CFSP에서 유럽사법재판소(CJEU)와 유럽의회(EP)의 역할은 제한적이다. 재판소의 역할은 제재 조치를 명령하는 결정의 합법성에 관련되며, 의회는 비구속적 결의안과 직원 및 다양한 활동에 대한 예산 할당을 포함한 역할을 한다. 고위대표 외에도 확대 협상, 무역, 국제 협력 및 개발, 인도적 지원 및 위기관리에 책임을 지는 네 명의 집행위원이 있다.

1980년대 후반 이후 EU 외교정책의 주요 목표에는 다자주의 강화, 국제평화와 안보유지, 민주주의, 인권, 선진적 거버넌스의 강화, 그리고 분쟁 예방 및 해결에 기여하는 것이 포함되었다 (GLOBSEC Policy Institute 2019). 2003년 미국의 이라크 침공이 EU 회원국들을 분열시켰지만, 이사회는 첫 번째 유럽 안보전략에서 세 가지 핵심 목표를 설정했다. 이는 안보위협에 대응, EU 주변 지역의 안보 강화, 그리고 다자주의의 촉진이었다 (GLOBSEC Policy Institute 2019: 6). 2016년에는 이를 더욱 구체화한 EU 글로벌 전략(EU Global Strategy)이 도입되었다. 이 전략의 우선순위에는 테러 방지, 사이버안보, 에너지 안보, 'EU의 동쪽과 남쪽 지역에서 국가 및 사회적 회복력 구축', 분쟁의 모든 단계에 대한 통합적 접근, '협력적 지역 질서'의 촉진 및 지원,

그리고 지속가능한 발전 및 기후변화에 대한 EU 약속 이행, 유엔 평화구축 투자, 그리고 유엔 개혁을 포함한 글로벌거버넌스에 기여하는 것이 포함되었다.

2022년 기준, EU는 말리, 소말리아, 중앙아프리카공화국에서의 군사훈련, 이라크와 우크라이나에서의 안보 부문 개혁 임무, 콩고민주공화국에서의 평화집행, 지중해에서의 이민문제 대응 해군 작전, 소말리아 인근 해역에서의 해적 방지 활동, 그리고 팔레스타인 지역에서의 두 가지 임무를 포함하여 21개의 CSDP 임무를 지원했다. 또한 EU는 보스니아, 중앙아시아, 아프리카의 뿔 지역, 코소보, 사헬 지역, 그리고 조지아에 CFSP 특별 대표를 파견하고 있다. EU는 개별 국가와의 관계를 강화하기 위해 이웃정책(Neighborhood Policy)을 통해 협력하고, ASEAN과 AU 같은 지역기구와도 광범위한 협력망을 구축하고 있다. 집행위원회는 여러 수도와 유엔에 대표부를 두고 있으며, 다른 국가들은 브뤼셀에 외교 대표부를 유지하고 있다.

그렇다면 EU의 CFSP와 CSDP의 성과는 어떠한가? 1991~1992년 유고슬라비아전쟁을 막는 데 실패했는데, 이는 유엔과 미국의 승인하에 상황을 다룰 주요 책임을 맡았음에도 불구하고 벌어진 일이다. 그러나 그 이후로 인도주의, 평화유지, 평화집행, 해적 방지 작전과 같은 분야에서 역량을 강화하며 다양한 문제에 점점 더 적극적으로 관여하게 되었다. 회원국들의 개별 기여와 EU 차원의 기여를 합치면, EU는 유엔에 가장 많은 기여를 하는 주체이며 전 세계 개발 원조의 대다수를 담당하고 있다. EU는 또한 유엔기구와 비정부기구(NGO)를 통해 주요 인도적 지원을 제공하며, 국제형사재판소(ICC)를 강력히 지지해 왔으며, 글로벌 환경협력, 민주주의 증진, 인권 보호, 대량살상무기 확산 방지, 그리고 반테러 노력의 선도적 지지자이기도 하다. 첫 번째 고위대표였던 애슈턴(Catherine Ashton)은 이란 핵 프로그램을 둘러싼 6자 협상을 주도하여 2015년 합의에 도달하기도 했다. 또한 EU는 다양한 종류의 제재를 활용했으며, 이는 특히 2014년 러시아의 크림반도 합병과 2022년 우크라이나 침공에 대한 대응으로 두드러졌다. 이러한 내용은 제7장에서 더욱 자세히 다루어진다.

독자들은 EU와 NATO 간의 관계에 대해 궁금해 할 수 있다. 두 기구의 회원국이 상당 부분 중복된다는 점은 도표 5.1에서 확인할 수 있다. CSDP는 NATO를 보완하는 역할을 하도록 설계되었으며, 낮은 수준의 위기 관리, 경찰 활동, 훈련, 그리고 글로벌 사우스(Global South)에서의 보안 부문 개혁과 같은 다양한 기능을 포함한다. 미국이 유럽에 대한 헌신을 유지하는 한, NATO는 여전히 유럽 방위의 주요 책임을 지고 있다. 물론, 이 관계와 변화 가능성에 대한 논의도 있다. 예를 들어, 유럽 국가들이 NATO 내에서 더 큰 책임을 맡고, CSDP를 NATO와 통합하여 미국이 세계의 다른 지역에 더 집중할 수 있도록 하자는 제안이 있다 (Howarth 2020: 326). 그러나 지금까지 두 기구를 체계적으로 통합하려는 노력은 거의 이루어지지 않았다.

러시아의 우크라이나 침공은 EU 회원국들에게 경종을 울린 사건이었다. 한 저자가 언급했듯이, "처음에는 지적 충격이었다. 러시아의 위협은 종종 간과되거나, 무시되거나, 과소평가되었다. 적어도 서유럽에서는 말이다. 위협의 정도를 가장 높게 쳐주더라도, 러시아는 GDP가 베네룩스(Benelux) 국가보다도 낮은, 약간의 혼란만 초래할 수 있는 지역 강국에 불과할 것으로 여겨졌다" (Cirbirski 2022). EU의 대응은 신속하고 단합된 것이었다. 여기에는 전례 없는 제재 조치, 유럽 평화기금을 통해 우크라이나군에 제공된 5억 유로 규모의 무기 지원, 그리고 난민 지원을 위한 자금 제공이 포함되었다. 독일은 처음으로 국방 예산을 NATO가 요구하는 GDP의 2% 이상으로 증가시키겠다고 발표했으며, 자국 군대 현대화를 위해 1,000억 유로를 투입하겠다고 약속했다. 그 직후, 앞서 언급된 바와 같이, 오랫동안 중립국이었던 핀란드와 스웨덴이 NATO 가입 신청 의사를 발표했다.

2022년 3월 11일 유럽연합이사회 의장으로서 프랑스 대통령 마크롱(Emmanuel Macron)이 소집한 정상회의에서 EU 지도자들은 "우크라이나는 우리의 유럽 가족의 일부"라고 선언하며, 러시아의 '도발적이고 정당화되지 않은' 행동을 규탄하고, 모든 군대의 즉각적이고 무조건적인 철수를 포함한 여러 조치를 요구했다. 이 조치에는 난민보호와 우크라이나의 EU 회원국 가입 신청에 대한 신속한 검토가 포함되었다 (EU Council 2022). 이 선언은 유럽이 러시아산 석유, 가스, 석탄에 의존하는 데서 발생하는 문제들도 인정했으며, 이러한 문제는 앞으로 EU와 회원국 정부에 지속적으로 도전과제가 될 것임을 시사했다. 그럼에도 불구하고 이사회는 2014년 러시아의 크림반도 합병 이후 적용된 제재를 연장하고, 금융, 무역, 에너지, 교통, 기술, 방위 부문에 영향을 미치는 추가 조치를 도입했다. 이러한 조치는 러시아 국적의 선박과 항공기에 대한 EU 영공 및 항구 폐쇄, 외교 및 비자 조치, 그리고 1,000명 이상의 개인 및 단체에 대한 제재를 포함했다.

시간이 지나면서 EU 외교정책의 발전은 회원국 간 협력 습관의 진화, 과거 실수(예: 1990년대 구 유고슬라비아에서의 대응 및 2014년 이후 러시아의 행동에 대한 대응)로부터의 학습, 그리고 정책을 더 효과적으로 만들기 위한 새로운 역량과 절차를 마련하려는 의지를 반영해왔다.

유럽통합에 대한 현대적 도전과제. 1950년대 이후 유럽 지역주의는 EU에 가입한 국가들 간 통합이 확대와 심화를 동시에 이루는 형태로 발전해 왔다. 2022년 기준으로 알바니아, 몰도바, 북마케도니아공화국, 몬테네그로, 세르비아, 튀르키예, 우크라이나 등 7개국이 후보국으로 남아있는 것을 보면, EU 가입의 매력은 여전히 강력하다고 할 수 있다. 물론, 확대와 심화의 특정 측면에 대해 각국의 입장 차이가 항상 존재해왔다. 덴마크와 영국은 오랫동안 초국가주의나 연방주의에 반대했으며, 유럽통화동맹(EMU)에도 참여하지 않았다. 2009~2013년 유로존 위기는 가장 부채가 많은 국가들(그리스, 스페인, 포르투갈, 키프로스, 아일랜드)과 유럽중앙은행 및 독일 정부 간에 긴축정책 요구를 둘러싼 갈등을 초래했다 (제8장 참고). 2015년 난민 이주 위기 또한 EU 회원국들 간에 상당한 긴장을 초래했다.

2014년 유럽의회 선거는 네덜란드를 제외한 모든 회원국에서 EU에 대한 반대 여론이 증가하고 있음을 보여주었다. 그러나 회원국 시민들이 정부의 EU 탈퇴를 직접 투표로 결정한 것은 2016년 영국의 브렉시트 국민투표가 처음이었다. 이후 4년에 걸친 탈퇴 조건 협상 과정은 EU와의 법적,

경제적, 사회적 통합의 깊이를 보여주었고, 이를 분리하는 데 따르는 힘든 과제를 드러냈다.

브렉시트 과정에서 주요 EU 기관들은 영국과의 협상을 위한 지침을 마련해야 했으며, 이는 유럽이사회와 유럽의회의 승인을 받아야 했다. 실제 협상은 집행위원회가 맡았다. 중요한 고려 사항 중 하나는 영국과의 합의 조건을 충분히 엄격하게 설정하여 다른 회원국들이 탈퇴를 고려하지 않도록 하는 것이었다. 주요 논점으로는 영국의 EU에 대한 재정적 의무, EU와 영국 간의 미래 관계, 영국 내 EU 거주민의 권리와 법적 지위, 그리고 아일랜드와 영국 간 국경문제(영국의 일부인 북아일랜드와 EU 회원국인 아일랜드 공화국 간의 국경)가 포함되었다. 영국 측의 어려움으로 인해 협상이 세 차례 연장되었으며, 최종적으로 2020년 1월 31일에 공식적인 탈퇴가 이루어졌다.

브렉시트의 결과는 여전히 진행 중이다. 즉각적인 결과로 관세 및 쿼터 금지는 물론 영국-EU 간 무역에 새로운 비관세 장벽이 생겼다. 이는 통관 절차 요구, 높은 운송비, 국경 통과의 어려움 등을 포함한다. 영국과 EU 시민들은 이제 여가 활동, 근로, 정착을 위해 자유롭게 이동할 수 있는 권리를 상실했다. 영국은 유럽 대륙에서 온 노동자들이 자유롭게 입국할 수 없게 되면서 심각한 노동력 부족을 겪고 있다. EU는 경제력의 6분의 1과 영국의 글로벌 영향력 덕분에 누리던 외교 및 안보정책의 중요한 '무게'를 잃었다. 또한 예산 재정에 공백이 생김에 따라 남은 27개 회원국의 분담금이 증가하게 되었다. 양측의 무역은 감소했으며, 북아일랜드와 아일랜드 간의 국경 문제는 2023년 3월이 되어서야 해결되면서 양측 관계는 여전히 긴장 상태에 있다. 그러나 양측은 사회정책, 특히 노동자 권리 및 환경정책과 관련된 여러 분야에서 공동 기준을 유지하기로 합의했다 (브렉시트 과정과 결과에 대한 자세한 내용은 Fabbrini 2020; De Ville and Siles-Brügge 2019를 참조).

영국의 탈퇴는 유럽통합에 대한 한 가지 형태의 도전이었다. 이에 반해, 2010년 이후 폴란드와 헝가리에서, 그리고 비교적 덜하지만 체코, 루마니아, 슬로베니아에서 나타난 변화는 또 다른 유형의 도전으로 부각되었다. 이들 국가에서 민주적 제도가 약화되고 법치주의가 훼손되면서, EU의 기본 가치이자 회원국으로서 반드시 준수해야 할 원칙들이 위협받고 있다. 헝가리는 2010년 집권한 우익 총리 오르반(Viktor Orbán)하에서 더 권위주의적으로 변했다는 평가를 받고 있다. 그는 사법부를 포함한 주요 기관과 언론의 자유를 약화시키는 조치를 취해왔다. 폴란드에서는 인권 옹호관의 해임, 판사들의 독립성 축소, 그리고 2021년 폴란드 헌법이 EU 법보다 우선한다는 폴란드 헌법재판소의 판결이 의도적인 불이행과 '민주주의 퇴보'로 간주되었다 (Priebus 2022: 4).

한 학자의 견해에 따르면, "EU의 1차 및 2차 법률을 준수하지 않는 것은 EU 거버넌스의 일반적인 특징이지만, EU의 기본 가치를 지속적이고 체계적으로 위반하는 것은 질적으로 다른 문제"이다 (Priebus 2022: 3). 1997년 암스테르담 조약은 EU의 확대를 허용하는 한편, 법치주의와 개인의 자유에 대한 존중과 같은 민주적 거버넌스의 원칙(제2조)을 포함하는 조항을 명시했으며, 이를 위반한 회원국의 특정 권리를 유럽이사회가 정지시킬 수 있는 절차(제7조)도 마련했다. 그러나 이 조항을 활용하는 것은 '핵 옵션'으로 간주되며, 실행하기 어렵고 최후의 수단으로만 사용되어야 한다고 평가되고 있다 (Zamęcki and Glied 2020: 62).

헝가리와 폴란드에 대한 우려의 결과로, 집행위원회는 2013년과 2014년에 정의 점수판(Justice Scoreboard)과 연례 법치주의 검토 메커니즘(Annual Rule of Law Review Mechanism)을 도입하는 등 여러 새로운 도구를 만들어 회원국들의 준수를 회복하고 유사한 사태가 다른 회원국에서 발생하지 않도록 예방하려 했다. 폴란드와 헝가리가 유럽연합사법재판소(CJEU)의 판결을 무시하자, 2017년 이사회는 폴란드 상황이 심각한 위반에 해당한다고 판단했으며, 이는 폴란드가 제7조 절차의 대상이 된 첫 번째 국가가 되는 결과를 낳았다. 2018년에는 헝가리에 대해서도 유사한 판단이 내려졌다. 2020년, 유럽의회는 이사회에 제7조 절차를 계속 진행할 것을 요청하며, 폴란드와 헝가리에 대한 구체적인 권고안을 마련하고, 준수를 위한 시한을 설정하며, 미래 EU 기금을 법치주의 준수와 연계하는 방안을 검토할 것을 요구하는 결의안을 채택했다. 2021년, CJEU는 폴란드와 헝가리에 수십억 유로의 EU 기금을 삭감했으며, 이후 폴란드가 불법적인 판사 징계 제도를 철회하지 않은 것에 대해 7천만 유로의 벌금을 부과했다. 2023년, CJEU는 폴란드의 2019년 사법 개혁이 EU 법을 위반했다고 판결했으며, 폴란드 대법원이 독립성과 공정성을 결여했다는 이전 유럽집행위원회의 결정을 지지했다. 이러한 문제들은 빠르게 해결되기 어려울 것으로 보인다.

유럽이 다른 지역의 모델이 될 수 있을까?

지역기구에 관한 이론은 오랫동안 유럽의 경험과 유럽통합 이론의 영향을 받아왔다. 모라브칙(Andrew Moravcsik 1998: 500)은 EU가 "전 세계 다른 지역보다 유럽에서 더 발전한 일련의 공통된 정치 현상을 연구할 수 있는 실험실 역할을 해왔다"고 지적한 바 있다. 다른 지역의 국가들이 유럽에서의 발전을 잠재적으로 따라야 할 모델로 간주해온 것은 분명하며, 이는 이 장의 후반부에서 더 자세히 다룰 것이다. 그러나 유럽의 지역거버넌스, 특히 유럽석탄철강공동체(ECSC)에서 EU로 발전해 온 유럽통합을 가능하게 했던 여건은 다른 곳에서 복제될 수 없었으며, 실제로 복제되지 않았다. 많은 아시아 지도자들은 유럽 모델이 적합하지 않다고 강하게 거부해 왔다. 그럼에도 불구하고, 다른 지역의 사람들은 유럽의 경험을 지역거버넌스의 모델로 삼아 기준 및 지침으로 활용하고 있다. 비록 유럽 내에서도 이러한 모델에 대한 도전이 존재하지만, 여전히 이를 참고하고 있다.

아메리카의 지역기구

아메리카 지역주의의 발전

가장 초기의 지역적 이니셔티브 중 일부는 19세기 서반구에서 이루어졌다. 1889년, 아메리카 국가들의 첫 번째 국제회의(총 9차례)에서 아메리카공화국국제연합(1910년에 범아메리카연합으로 개칭)이 설립되었다. 이러한 회의의 마지막인

1948년에는 미주기구(OAS)가 설립되어 미주지역 협력을 위한 주요 포럼 역할을 하게 되었다. 별도로, 1947년에는 미주상호원조조약(Inter-American Treaty of Reciprocal Assistance, 리우조약)이 체결되었다. 이 조약은 NATO에 비해 훨씬 제한적인 집단방위 협정인데, 이는 라틴아메리카정부들이 군사력의 공동 지휘나 무력사용에 대한 구속력 있는 의무를 거부했기 때문이다(제20조). 1990년대에 시작된 아메리카 정상회의(Summit of the Americas)는 이 지역의 국가 원수 및 정부 수반을 2~4년마다 한자리에 모아 미주지역 문제를 논의하는 자리이다 (여러 해 동안 쿠바는 제외됨). 1950년대 이후, 북아메리카, 중앙아메리카, 남아메리카, 그리고 카리브해 지역의 여러 국가들 사이에서 지역 및 하위 지역 협력, 그리고 일부 경우에는 통합을 위한 다양한 구상들이 추진되어 왔다.

따라서 아메리카 대륙에서는 두 가지 접근 방식이 나타났다. 하나는 서반구 전체를 포괄하는 범아메리카주의 또는 반구적 지역주의이며, 다른 하나는 여러 국가그룹 간에 이루어진 지역 및 하위 지역 협력과 경제통합 구상이다. 결과적으로, 지역의 정의는 서반구 전체를 대상으로 하는지, 아니면 라틴아메리카와 카리브해를 중심으로 바라보는지에 따라 달라진다. 두 접근 방식 모두 EU식 초국가주의를 지양하고, 정부 간 협력을 선호해왔다. 두 방식은 미국과 라틴아메리카 국가들 간의 상이한 비전으로 특징지어진다. 미국은 역사적으로 지역의 안보에 관심을 가져왔던 반면, 라틴아메리카는 미국의 지배로부터 벗어나는 것을 포함해 자국의 이익을 추구하는 가장 효과적인 방법으로 통합을 강조해왔다. 많은 라틴아메리카 국가들은 과거에 미국이 회원국으로 포함된 기구에 어떠한 권한도 양도하는 것을 반대했다. 이러한 접근 방식의 공존은 아메리카 대륙의 가장 두드러진 특징, 즉 미국과 다른 모든 국가들 간의 크기, 권력, 경제적 부의 엄청난 격차를 반영한다.

시간이 흐르면서 아메리카 지역의 다양한 지역주의를 이끈 몇 가지 정치적 요인이 있었다. 이러한 노력에는 북반구 및 세계 시장에 대한 접근 확보, 보다 민주적인 정권의 촉진, 특히 라틴아메리카 대통령들에 의한 정상외교, 그리고 지역 리더십을 두고 국가 간에 벌어지는 경쟁 등이 포함된다. 때때로 지역적 구상은 각국의 국내 구조개혁을 지원하는 도구로 활용되었으며, 1990년대 이후에는 미국 주도의 신자유주의 의제에 대한 반응으로 나타나기도 했다. EU는 종종 개발, 협력, 무역의 모델로 간주되었으며, 일부 구상들을 지원하기 위한 EU의 적극적인 노력이 있었다는 증거도 있다 (Bianculli 2016).

제2차 세계대전 이후 아메리카 지역주의는 종종 네 가지 시기 또는 물결로 구분된다. 첫 번째 시기(1945~1980년)는 OAS가 "경제적 의도나 통합주의적 특권 없이 미주 국가 간 대화를 촉진하는 데 중요한 역할을 했던" 시기로 묘사된다 (Mariano, Bressan, and Luciano 2021: 2). 이 시기 동안 라틴아메리카와 카리브해의 이니셔티브는 유럽에서의 발전에 영감을 받아 지역통합의 기능주의 모델을 채택하고, 여러 지역적 실험을 통해 무역 및 산업 발전을 촉진하기 위한 수입 대체 정책을 추진했다.

1990년대에는 냉전의 종식, 1980년대 중앙아메리카 분쟁의 해결 그리고 이념적 갈등의 종료로 인해 지역 정치 및 경제협력이 특히 활발했던 두 번째 시기가 시작되었다 (Nolte 2021: 183–184). 여기에 기여한 다른 요인으로는 쿠바를 제외한 모든 라틴아메리카 국가가 권위주의 정권에서 민주주의로 전환된 점, 대부분의 정부가 신자유주의적 시장 자본주의를 수용한 점, 라틴아메리카 국가들이 세계경제에서 소외될 것이라는 두려움을 포함한 글로벌화의 영향, 그리고 마약 밀매와 환경문제와 같은 초국가적 문제를 포함한 새로운 안보의제의 부상 등이 있었다. 이 시기에는 여러 새로운 라틴아메리카 소지역 경제블록이 설립되었으며, 여기에는 북미자유무역협정(NAFTA), 남미공동시장(Mercosur), 그리고 미주 차원의 미국이 주도한 미주자유무역협정(FTAA: Free Trade Agreement of the Americas)이 포함된다.

2000년대 첫 번째 10년은 세 번째 시기로 접어들었으며, 이는 라틴아메리카에서 신자유주의에 대한 거부와 좌파 정부의 부상으로 인한 변화를 포함했다. 특히 1998년 베네수엘라에서 선출된 차베스(Hugo Chávez) 대통령은 신자유주의와 미국의 개입을 거부했다 (Petersen and Schulz 2018: 106). 또한 지역 차원에서 NGO와 시민 사회의 활동이 증가했으며, 학자들이 '탈패권적' 또는 '탈자유주의적' 지역주의라고 부르는 새로운 형태가 등장했다 (Tussie and Riggirozzi 2012). 이는 브라질이 주도한 남미국가연합(UNASUR), 베네수엘라가 주도한 미주볼리바르동맹(ALBA), 그리고 라틴아메리카 및 카리브해 국가공동체(CELAC)의 창설을 포함했다. 이러한 기구들은 남미와 라틴아메리카의 정치적 및 기능적 협력을 위한 새로운 '공간'을 제공했으며, 경제통합, 빈곤, 불평등, 지역 안정성에 초점을 맞춘 구상들을 추진했다 (Briceño-Ruiz 2018). 이들은 통합주의적이기보다는 정부 간 협력에 기반을 두었고, 더 분산적이며 제도화에 덜 중점을 두었는데, 이를 한 학자는 '가벼운 지역주의'라고 표현했다 (Nolte 2021: 185). 2000년 이후 추가적인 요인으로는 미국이 이 지역을 전반적으로 등한시했다는 점이 있었다. 그 결과 남미, 더 넓게는 라틴아메리카 및 카리브해 지역에서 협력이 강화되었으며, 이는 브리세뇨-루이스(José Briceño-Ruiz)가 "남미를 국제 지역으로 구축하는 점진적 과정"이라고 부른 현상으로 이어졌다 (Briceño-Ruiz 2018: 576).

2010년 이후 시작된 네 번째 시기는 라틴아메리카 지역주의의 후퇴와 분열로 특징지어진다. 비자유주의적 정부들이 민주주의, 지역주의, 그리고 더 나아가 다자주의에 도전해왔다. 이 기간 동안 협의와 합의가 이루어지기는 했지만, 기존 제도들의 강화는 거의 이루어지지 않았다. 실제로, 2004년부터 2012년 사이, 즉 세 번째와 네 번째 시기가 겹치는 기간의 한 가지 특징은 라틴아메리카 대통령들 간의 많은 정상회의가 개최되었다는 점이다. 이 기간 동안 총 144회의 정상회의가 열렸으며, 이 중 29회는 남미 지도자들, 18회는 카리브해 지도자들, 그리고 52회는 중앙아메리카 지도자들 간에 이루어졌다 (Nolte 2021: 181). 이것이 긍정적이고 생산적인 것이었는지는 논쟁의 여지가 있다. 일부 학자들은 정상회의 외교가 신뢰와 정치적 합의를 촉진했다고 보고, 다른 이들은 이것이 위기관리에 기여했다고 평가한다. 반면, 또 다른 의견에서는 이것이 지역주의의 비효율성을 나타낸다고 본다 (Mace et al. 2016). 2012년 이후 정상회의의 극적인 감소는 일부 사람들에게 라틴아메리카 지역주의의 위기를 나타내는 것으로 간주된다. 놀테(Nolte 2021: 182)가 지적했듯이, "라틴아메리카 지역주의의 구조적 제약을 극복하기 위해 대통령의 적극적인 활동이 필요했다." 이 위기는 지역 경제위기에 이어 발생한 코로나19 팬데믹으로 더욱 심화되었다.

아메리카 지역주의에 영향을 미치는 또 다른 발전은 중국의 투자, 무역, 그리고 지역 내 영향력의 증가이다. 중국은 이 지역에서 미국과 EU의 영향력에 도전하고 있다. 그 결과 일부 라틴아메리카 국가들은 미국과 중국 간의 강대국 경쟁이 심화되는 가운데 더 비동맹적인 입장을 취하려는 움직임을 보이고 있다. 중국이 제안한 대부분의 이니셔티브가 특정 국가들과의 무역 관계를 개선하기 위한 양자적 노력에 집중되어 있기 때문에, 중국이 지역주의 자체를 촉진하려 한다는 증거는 거의 없거나 전혀 없다.

이제 OAS에 구현된 범아메리카 접근 방식을 주로 살펴보고, 라틴아메리카 지역주의와 하위 지역주의와 관련된 접근 방식도 간략히 다루겠다.

범아메리카 지역주의와 미주기구

남북아메리카 지역주의에서 핵심은 오랫동안 미국이 라틴아메리카에 얼마나 많은 관심을 기울였는지, 그리고 그 관심이 어떤 방식으로 이루어졌는지에 달려 있었다. 역사적으로, 미국의 라틴아메리카에 대한 관심은 글로벌한 이익을 라틴아메리카보다 더 우선시하게 되면 무관심으로 바뀌곤 했다. 미국의 패권은 1950~1960년대에 가장 강력했으며, 이 시기 미국은 라틴아메리카 국가들로 하여금 반공산주의 의제를 받아들이도록 했고, 리우조약을 이용해 과테말라, 쿠바, 도미니카공화국에서의 행동을 정당화했다. 냉전 기간 동안 미국은 1960~1970년대 라틴아메리카의 많은 군사 정권을 지지했다. 1980년대 미국은 라틴아메리카와 카리브해 지역에서의 정치적·경제적 변화를 긍정적인 발전으로 보았고, 이에 따라 1990년대에는 민주주의 증진과 연결된 새로운 범아메리카 구상들이 등장했다. 그러나 2000년 이후 미국의 관심은 다른 곳으로 분산되었고, 라틴아메리카와 관련된 범아메리카문제는 높은 수준의 관심을 거의 받지 못했다.

1948년, 서반구의 21개국은 미주기구(OAS) 헌장을 채택하고 동시에 인간의 권리 및 의무에 관한 미주 선언에 서명했다. 이는 인권 원칙을 다룬 최초의 국제 문서였다. 이후 카리브해 섬 국가들과 캐나다를 포함한 14개국이 추가로 가입했다. 쿠바는 1962년부터 2009년까지 마르크스-레닌주의에 대한 지지와 공산권과의 동맹으로 인해 OAS에서 제외되었다. 2022년 쿠바는 OAS에 재가입하지 않기로 결정했다. 세계의 다른 지역기구 중 OAS만큼 강력한 노스-사우스 협력을 포함한 기구는 없다. OAS 헌장은 지역 평화와 안보 강화를 위한 조항, 초국가적 범죄 위협 대응, 대의 민주주의 증진, 그리고 경제적, 사회적, 문화적 협력을 위한 조항들을 포함하고 있다.

OAS는 에콰도르와 페루 간의 1995년 국경전쟁, 벨리즈와 과테말라 간의 2003년 분쟁, 그리고 콜롬비아와 에콰도르 간의 2008년 분쟁과 같은 여러 지역 국경분쟁에서 역할을 해왔다. 콜롬비아에서 발생한 장기간의 무력 분쟁은 내부적 갈등이었기 때문에, OAS는 인도적 지원을 제공하는 것 외에 할 수 있는 일이 거의 없었다. 1980

년대 중앙아메리카 분쟁 해결에 도움을 준 콘타도라그룹(멕시코, 베네수엘라, 파나마, 콜롬비아)과 리우그룹(멕시코, 베네수엘라, 파나마, 콜롬비아, 브라질, 아르헨티나, 페루, 우루과이)과 같은 임시변통적인 그룹들은 종종 OAS보다 더 효과적이었다. OAS는 아이티, 엘살바도르, 니카라과에서 유엔과 공동 평화유지 임무를 수행했으며, 콜롬비아, 과테말라, 아이티, 니카라과, 수리남에서 무장해제, 병력 해체, 재통합, 진실 및 화해, 선거 지원과 같은 다양한 평화구축 활동에 참여해 왔다.

OAS의 주요 기관에는 총회, 상임이사회, 사무국, 그리고 통합개발을 위한 미주 이사회가 포함된다. OAS는 미주인권위원회, 미주인권재판소, 범아메리카 보건기구, 미주통신위원회 등 여러 자율적인 기구들을 포함하는 미주 시스템의 중심이다. 1928년에 설립된 미주여성위원회는 전 세계 최초로 여성의 정치적·시민적 권리를 위해 일하고, 여성의 거버넌스 참여를 지원한 국제기구였다.

총회는 매년 정기적으로, 그리고 요청 시 특별회기로 개최되며, OAS의 최고 의사 결정 기구로 간주된다. 각 회원국은 한 표씩의 투표권을 가진다. 유엔 총회와 마찬가지로, 미주 국가 간의 관계와 관련된 모든 문제를 논의할 수 있다. 대부분의 결정은 합의로 이루어지며, 필요할 경우 다수결로 결정된다. 그러나 예산 승인과 같은 특정 사안은 3분의 2 이상의 찬성을 필요로 한다.

OAS 상임이사회는 워싱턴 D.C. 본부에서 정기적으로 회의를 열며 일상적인 업무의 대부분을 수행한다. 이사회의 활동에는 분쟁의 평화적 해결을 지원하고, 정부의 비헌법적 변화가 발생할 경우 미주 민주 헌장에 따라 외교적 구상들을 수행하는 것이 포함된다. 상임이사회 결정은 3분의 2 이상의 찬성이 필요하지만, 대부분의 결정은 합의로 이루어진다.

OAS 사무국은 기술 지원 프로젝트를 포함하여 기구의 업무를 지원한다. 사무총장은 전통적으로 라틴아메리카 국가 출신으로 임명되며, 이는 미국의 묵시적 승인을 받아왔다. 2005년, 칠레 출신의 인술사(José Miguel Insulza)는 미국의 지지를 받지 않고 임명된 첫 번째 사무총장이었다. 미국은 2015년 선출되어 2020년 재선된 우루과이 출신의 알마그로(Luis Almagro)에 대해서도 초기에는 회의적이었다. 그러나 알마그로는 이후 베네수엘라의 마두로(Nicolás Maduro)에 대한 강경한 반대로 미국의 지지를 얻었다. OAS는 광범위한 의제 때문에 인적, 물적 압박에 처했 있다. 즉, 지속적인 예산 부족, 직원 감축, 그리고 적격 인력을 채용하고 유지하는 데 어려움을 겪고 있다 (Meyer 2014: 25).

미국은 역사적으로 OAS를 아메리카 대륙 내에서 자국의 이익을 증진시키는 도구로 간주해 왔으며, 이 기구의 최대 재정 기여국이다 (2022년 기준 56% 이상). 냉전 기간 동안 미국은 OAS를 이용해 공산주의 전복 활동에 대처하고, 1960년 이후에는 쿠바 공산주의 혁명의 확산을 막기 위해 노력했다. 쿠바정부는 1962년부터 2009년까지 OAS 참여에서 제외되었으며, 제재가 부과되었다 (1975년 결의안은 OAS 회원국들을 이러한 제재 집행의무에서 해방시켰다). 1960년대 중반 이후, OAS가 미국의 도미니카공화국 개입을 지지한 후, 라틴아메리카 국가들의 미국 반공주의 의제에 대한 지지는 약화되었다. 1979년 미국은 니카라과에서 평화군을 구성하려고 시도했으나 OAS의 지지를 얻는 데 실패했으며, 1983년에는 OAS와 협의 없이 그레나다를 침공했고, 1989년에는 파나마를 침공했다. 이러한 일방적 행동과 더불어 1982년의 포클랜드/말비나스섬을 둘러싼 영국과의 전쟁에서 아르헨티나를 지지하지 않은 것은 라틴아메리카 국가들에게 리우조약 제5조에 따른 미국의 의무를 거부하는 것으로 간주되었다 (Einaudi 2020: 38).

미국과 이웃 국가들 간의 권력 비대칭은 항상 일정한 긴장을 초래한다. 미국이 얼마나 적극적으로 역할을 수행하고 지역 및 OAS의 활동에 관심을 보이는지가 범아메리카 협력의 성격과 정도에 영향을 미친다. OAS의 전 미국 대사이자 사무총장 대행을 역임한 에이나우디(Luigi Einaudi)는 다음과 같이 말했다. "아메리카 대륙의 많은 사람들은 미국을 자기 이익만을 추구하고 신뢰할 수 없는 존재로 여기며, 자신의 권력을 확대하고 정당화하는 데 집중하는 걸리버로 보고 있다. 반면, 미국 지도자들은 이웃 국가들을 다자주의를 약자의 연대 형태로 사용하는 릴리퍼트인들로 보는 경향이 있다" (Einaudi 2020: 41).

OAS와 민주주의의 증진 및 수호. 민주주의정부는 아메리카 대륙의 국민들에게 독립 이후 거의 지속적인 목표였다. 이는 1936년부터 시작된 미주 회의 선언에서 지지되었고, OAS 헌장과 미주인권협약에 포함되었다. 그럼에도 불구하고 OAS는 1960년대와 1970년대 대부분의 국가에서 우익 독재가 만연했을 때 대체로 침묵을 지켰다. 1980년대 후반과 1990년대에 이 지역에서 일어난 민주화 물결은 회원국들이 '정부의 비헌법적 변화인 쿠데타뿐만 아니라 권위주의적 퇴보도 금지한다는 기준을 확립'하려는 노력에 기여했으며, OAS가 민주주의를 수호하고 증진하는 데 중요한 역할을 맡게 되었다 (Stapel 2022: 199).

이 새로운 역할로의 첫걸음은 1979년 니카라과의 소모사(Anastasio Somoza) 정권의 인권 실태를 규탄하는 결의안에서 시작되었다. 1980년대 중반부터 2001년까지 OAS는 민주주의를 수호하기 위한 일련의 법적 규범과 절차를 승인했다. 1985년 카르타헤나 데 인디아스 의정서(OAS 헌장 개정안)에서는 민주주의 증진이 '지역의 안정, 평화, 그리고 발전을 위한 필수 조건'으로 선언되었다. 1989년, 총회는 회원국 요청 시 OAS 선거감시단의 파견을 승인했다. 1990년에는 선거 지원을 위해 민주주의 증진 부서(The Unit for the Promotion of Democracy) — 현재 명칭으로는, 정치 업무 사무국(Secretariat for Political Affairs)이 설립되었다. 1991년 총회는 결의안 1080을 승인하여 어떤 회원국에서든 '민주적 제도 과정의 갑작스럽거나 비정상적인 중단'이 발생할 경우 즉각적인 조치를 취할 것을 요구했다. 민주주의에 대한 이러한 위협은 군사 쿠데타, 헌법상 임기를 초과해 권력을 유지하려는 지도자의 시도, 부정선거, 헌법 위기 등을 포함한다.

스태펠(Sören Stapel 2022: 207)은 이 결의안이 "OAS가 지역 내 민주주의와 법치주의 기준을 증진하고 보호하기 위한 노력에서 중대한 전환점을 나타냈으며, 지역적 민주주의와 법치주의 제도의 설계를 더욱 발전시키고 변화시키는 길을 열었다"고 평가한다. 6년 후, 1997년 워싱턴 의정서는 OAS에 민주적으로 선출된 정부가 강제로 전복될 경우 해당국의 회원자격을 정지시킬 권리를 부여했다. 이 결정은 OAS 회원국의 3분의 2 이상 찬성으로 이루어졌다. 2001년 총회는 미주 민주헌장을 채택하여 국민의 민주주의에 대한 권리와 이를 증진하고 보호할 정부의 의무(제12조)를 선언했다. 이 의무를 준수하지 못하는 정부는 OAS에 참여할 자격을 정지당할 수 있다. 이 헌장은 느린 결정 과정을 보이는 OAS의 전례를 고려할 때, 놀랍게도 9개월이라는 짧은 기간 안에 초안 작성과 승인이 이루어졌다 (Cooper 2004: 96-97).

민주주의 의무에 따라 OAS는 여러 차례 쿠데타와 권력 장악 시도에 대응해 왔다. 이에 해당하는 사례로는 수리남(1990년), 아이티(1991~1993년, 2004년), 페루(1992년), 과테말라(1993년), 파라과이(1996년, 2000년), 에콰도르(2000년), 베네수엘라(1992년, 2002년)가 있다. 또한 도미니카공화국(1994년), 페루(2000년), 아이티(2001년), 온두라스(2009년)에서의 선거 실패에 대응하기도 했다. OAS의 대응 조치는 외교적, 재정적, 경제적, 군사적 제재(아이티 사례), OAS 사무총장이 주도한 베네수엘라에 대한 임무 수행, 그리고 2009년 쿠데타가 발생한 온두라스의 회원국 자격 정지(2011년 해제)를 포함한다.

전반적으로, OAS의 민주주의 수호 기록은 특히 2002년 이후로 엇갈린 평가를 받고 있다. 민주주의 보호에 대한 주요 동력은 미국과의 관계에서 지역 자율성을 확대하려는 공통된 목표를 가진 남아메리카 국가들로 이동했다. 이들은 여러 남아메리카 지역기구를 통해 지역의 정치적 안정화를 모색했다 (Ramazini, Mariano, and Gonçalves 2021: 309). 이러한 기구는 2008년에 설립된 남미국가연합과 1991년에 설립된 남미공동시장이다. 이들 기구는 회원국 자격 정지와 제재를 포함하는 민주주의 조항을 승인했다. 그 결과, 2012년에서 2015년 사이 베네수엘라의 정치적 위기에 대한 주요 논의는 남미국가연합에서 이루어졌으며, 파나마를 제외한 라틴아메리카 국가들은 OAS를 통한 조치를 지지하지 않았다. 그러나 2016년 이후, 남미기구들 내의 갈등과 분열이 증가하면서 OAS가 정치적 위기를 다루는 관련 포럼으로 다시 부상하기 시작했다 (Ramazini, Mariano, and Gonçalves 2021: 312-316). 이러한 변화의 일환으로 OAS는 2019년 리우조약을 발동하며 베네수엘라 위기가 서반구의 평화와 안보에 대한 위협이라고 선언했다.

민주주의가 위기에 처한 상황을 정의하고, 이를 기반으로 지역기구가 민주주의 조항을 발동하는 것은 어려울 수 있다 (Ramazini, Mariano, and Gonçalves 2021: 316-317). 다시 말해, 지역기구는 언제 민주주의를 보호하기 위해 행동해야 하는가? 실질적인 강제력을 지닌 제도적 메커니즘이 존재하지 않아 정부가 행동을 변경하도록 정치적·경제적 비용을 부과하지 못한다면, 이러한 기구는 효과적일 수 있을까?

OAS와 개발. OAS는 항상 부족한 재정과 인적 자원으로 인해 경제 및 사회발전을 촉진하는 데 한계가 있었다. 라틴아메리카 국가들은 오랫동안 개발 필요성에 대한 더 많은 관심과 무역 및 금융에서의 우대 대우를 요구해 왔으나, 미국은 OAS가 개발 활동에 깊이 관여하는 것을 선호하지 않았다. 그 결과, 유엔 라틴아메리카 및 카리브 경제위원회(ECLAC)와 다른 포럼들이 지역 개발에서 중요한 역할을 해왔다 (제8장에서 논의). 1980년대에 대부분의 라틴아메리카 국가들이 경제정책을 자유화하면서 빈곤 극복, 디지털 혁명의 혜택 활용, 사회 및 경제발전을 촉진하기 위해 OAS 내에서 통합개발이사회(Council for Integral Development)와 기타 구상들이 설립되었다. 그러나 대안적인 소지역통합 접근 방식이 개발을 촉진하고 세계화된 경제에서 각국의 경쟁력을 향상시키는 데 있어 지배적인 방식이 되어왔다. 하위 지역기구들은 미국과 캐나다 없이도 경제 통합과 정치 협력을 촉진할 수 있는 장점을 가지고 있다. 그럼에도 불구하고, OAS는 "신규 다자 메커니즘들이 수년이 지나서야 적절히 다룰 수 있는 문제들을 처리할 역량을 여전히 갖추고 있다" (Shifter 2012: 61).

소지역통합

아메리카 대륙의 소지역들이 지닌 다양성과 다수 국가들의 소규모 경제 및 낮은 경제개발 수준은 오랫동안 개발을 촉진하고 미국의 지배에 효과적으로 대응하기 위한 방안으로 소지역통합 노력을 이끌어 왔다. '통합을 통한 개발' 접근법은 유엔 산하 라틴아메리카 경제위원회(카리브 국가들을 포함하면서 ECLAC로 개칭)의 이니셔티브와 첫 번째 사무총장인 아르헨티나 경제학자 프레비시(Raúl Prebisch)의 주도로 등장했다. 이들은 모두 종속이론과 밀접한 관련이 있는데, 이는 개발 부족의 원인을 국제 시스템의 구조적 요인, 특히 제조업 생산에서 '중심'의 지배와 제조업 제품과 원자재 간의 불평등한 교환에 있다고 보았다. 많은 국가 시장이 작고, 수입 대체를 통한 산업화 전략에 한계가 있기 때문에, 소지역통합은 산업화를 위한 더 큰 시장과 규모의 경제를 제공할 수 있는 수단으로 간주되었다. 이러한 아이디어를 바탕으로 1950년대와 1960년대 중미와 남미에서 여러 소지역통합 노력이 이루어졌다. 이른바 1차 물결로 불리는 이러한 계획들은 느슨한 무역협정(라틴아메리카 자유무역연합과 같은)부터 보다 개입적인 통합 시스템(안데스공동체와 같은)까지 매우 다양했지만, 대부분은 실질적인 내용이 없는 껍데기에 불과했다. 1973~1974년 오일쇼크와 라틴아메리카 대부분 국가들의 심각한 경제적 어려움(막대한 부채 포함)은 지역통합 노력을 대부분 종식시켰으며, 1970년대 초부터 1990년대까지 내향적인 태도를 강화시켰다.

카리브 공동체를 제외하고는 첫 번째 물결의 구상은 대부분 실패로 끝났지만, 1990년대에 시작된 두 번째 물결은 학습, 국내정치 및 경제 변화, 그리고 글로벌환경의 변화로 인해 더 성공적이었다. 이 시기에는 새로운 다섯 가지 소지역통합 노력이 포함되었다. 여기에는 NAFTA(미국, 캐나다, 멕시코로 구성), 남미공동시장(아르헨티나, 브라질, 우루과이, 파라과이로 구성), 안데스공동체(베네수엘라, 에콰도르, 페루, 콜롬비아, 볼리비아로 구성), 중미공동시장(Central American Common Market), 그리고 카리브공동체(Caribbean Community)가 포함되었다. 이들 공동체에서 나타난 공통된 이익은 '취약성에 대한 공통된 인식'에서 비롯되었다. 이는 여전히 불안정한 민주주의와 소규모 경제를 가진 많은 국가들이 금융 위기, 불안정성, 반란, 그리고 마약 밀매와 같은 문제들에 취약하다는 점을 반영한다 (Hurrell 1995: 257).

2004년, 베네수엘라와 9개의 좌파 성향 국가

들은 미국 주도의 미주자유무역협정에 맞서기 위해 미주볼리바르동맹과 그 산하의 인민무역조약을 출범시켰다. 2008년 브라질의 주도로 남아메리카 국가들은 12개 회원국으로 구성된 남미국가연합을 설립하고 공식적인 조직 구조를 개발하려고 시도했다. 그러나 2020년까지 사실상 모든 회원국이 탈퇴했다. 이처럼 지역통합 구상이 확산되었음에도 불구하고, 남미, 중미, 카리브해 지역 내 무역 비중은 세계의 다른 거의 모든 지역보다 뒤처지고 있다. 2018년 기준으로 지역 내 무역이 차지하는 비중은 15%에 불과했다. 남미공동시장의 경우 이 비율은 12%에 불과했는데, 이는 브라질과 아르헨티나가 세계에서 가장 폐쇄적인 경제 중 하나로, 무역이 GDP에서 차지하는 비중이 단 30%에 그치기 때문이다. 이에 비해 EU의 지역 내 무역 비율은 55%, 북미는 38%에 달한다 (O'Neil 2022). 분명히, 경제적 상호의존은 라틴아메리카 소지역통합에서 여전히 주요 요인이 아니다. 여기서는 남미공동시장에 대해 간략히 살펴본다.

남아메리카: 남미공동시장. 남미공동시장은 오랜 국가 간 경쟁이 줄어들었을 때 지역에서 어떤 일이 발생할 수 있는지를 보여주는 사례이다. 1980년대 브라질과 아르헨티나 간의 화해는 핵문제, 에너지 협력, 군비통제, 무역, 통합, 개발에 관한 일련의 양자협정으로 이어졌다. 1991년, 두 국가는 파라과이, 우루과이와 함께 아순시온조약을 체결하여 남미공동시장을 설립했다. 이 조약은 '권위주의, 지역 간 적대감, 경제위기, 국제적 소외라는 암흑기를 뒤집기 위해' 설계되었다 (Hirst 1999: 36). 남미공동시장은 EU 단일시장과 NAFTA의 창설에 대응하기 위한 정부 지도자들의 반응이기도 했다. 이들은 이러한 경제블록 때문에 시장 및 영향력 상실을 우려했다.

베네수엘라는 2012년에 남미공동시장의 정회원국이 되었으나, 2017년에 무기한 정지되었다. 볼리비아는 몇 년째 가입 절차를 진행 중이며, 현재는 칠레, 콜롬비아, 에콰도르, 가이아나, 페루, 수리남과 함께 준회원국으로 활동하고 있다. 남미공동시장의 여러 기구는 주로 합의에 따라 운영되며, 전반적으로 "제도적 측면에서 '가벼운' 성격"으로 간주된다. 실행은 주로 회원국 대통령들 간의 관계에 크게 의존하며, 이들은 동시에 '결정권자이자 분쟁 해결사' 역할을 한다 (Dominguez 2007: 109).

1990년대 동안 회원국 간의 무역은 5배 증가했고 지역 내 투자도 성장했지만, 2000년 이후 지역 내 무역은 비회원국과의 무역에 비해 감소했다. 특히 남미공동시장과 EU는 남미공동시장의 EU 수출에 대한 관세를 없애고 투자 및 조달 규정을 더 유리하게 만드는 것을 목표로 하는 포괄적인 협정을 협상 중이다. 그러나 EU가 더 유리한 노동 및 환경 규정을 요구하면서 이 협상은 지연되고 있다.

민주주의와 관련하여, 파라과이는 가장 많은 문제를 제기해왔다. 1996년과 1999년에 발생한 파라과이의 정치적 위기에 개입한 이후, 남미공동시장은 1997년에 모든 회원국이 헌정 민주주의체제를 유지해야 한다는 조건을 요구하는 OAS와 유사한 조항을 채택했다. 이는 2012년 파라과이 대통령이 축출된 이후 파라과이의 회원국 자격을 정지시킨 근거이자, 2017년에는 베네수엘라가 남미공동시장의 핵심 무역 및 인권 규칙을 국내법에 통합하지 못한 것에 대해 회원국 자격을 정지시킨 근거가 되었다.

남미공동시장의 전체적인 성과 평가는 분명히 엇갈린다. 긍정적인 면으로는, 상품에 대한 관세 장벽이 낮아졌고, 지역 내 무역이 증가했으며, 민주주의가 수호되었고, 특히 브라질과 아르헨티나라는 전통적인 경쟁국들 간에 공동의 이해관계가 형성되었다. 반면, 20년 이상 지난 지금까지도 공동외부관세에 대한 합의가 이루어지지 않았으며, 지역 내 무역보다 지역 외 국가로의 수출이 훨씬 빠르게 증가했다. 이는 2008년 글로벌 금융위기 이후 지역 내 무역이 상당히 회복되었음에도 불구하고 나타난 현상이다. 남미공동시장은 남쪽의 공동시장이라는 핵심 경제 목표를 달성하지 못했으며, 회원국들이 역외 및 국제무역협상에서 반드시 단결된 블록을 형성한 것도 아니다. 다른 문제들에 대해서는 정책 조화가 거의 이루어지지 않았고, 다수의 결정이 제대로 이행되지 않았다 (Arnold 2016). 또한 브라질이 글로벌 강대국이 되고자 하는 야망은 남미공동시장의 중요성을 약화시키는 경향이 있었다.

유럽의 경험은 지역통합이 '파도와 저류로 특징지어지는 장기적인 과정'임을 보여준다. "지역주의 학자들이 주로 주목하는 것은 파도이지만, 종종 간과되는 것은 파도에 대응하는 저류, 즉 프로젝트를 전진시키는 수많은 작은 행위자들의 일상적인 활동이다" (Mace et al. 1999: 36). 이는 미주지역의 범아메리카 접근 방식과 다양한 라틴아메리카 지역 이니셔티브의 기저에서 분명히 나타나는 현상이다. 미국의 영향력이 감소하고, 지역 내 세력 구도와 구조가 변화하며, 중국의 존재감이 증가함에 따라 아메리카 대륙의 지역주의가 상당한 변화를 겪고 있다는 것은 의심의 여지가 없다. 라틴아메리카와 카리브해 지역통합의 주요 과제는 포괄적인 지역 프로젝트의 부재이다. 대신, 역할이 중복되거나 겹치는 지역 및 소지역기구들의 난립이 나타나고 있다. 기존 기구의 문제를 해결하려는 노력을 기울이기보다는, 각국 정부는 새로운 기구를 만드는 쪽을 선택해 왔다. 또한 관계를 심화하기 위한 정치적 의지를 발휘하기보다는, 더 많은 분야에서 제한된 정부 간 협력에 의존하는 경향을 보이고 있다 (Murray 2023).

아시아의 지역기구

유럽, 아메리카, 아프리카와 달리, 아시아에는 아시아개발은행(ADB: Asian Development Bank)을 제외하고는 범아시아 기구가 없다. 이는 아차리아(Acharya 2007b: 24)가 '다양성, 이념적 양극화, 그리고 상충하는 국가적 및 소지역적 정체성'이라고 부르는 요인 때문이다. 대신, 아시아에는 다양한 지역에서 활동하는 여러 기구들이 있으며, 제한적이나마 맴버십이 중첩되어 있다 (도표 5.4 참조). 예를 들어, 펨펠(Pempel 2005)과 그 외 저자들은 동아시아를 하나의 지역으로, 혹은 일부를 소지역(sub-region)이라고 부를 수 있게 되는 '구성' 과정을 분석한다. 아시아 각 지역의 발전은 점점 더 글로벌 및 지역강국으로 부상중인 중국 그리고 지역 내 미국의 다양한 양자동맹 공약의 영향을 받고 있다. 또한 제2차 세계대전 이전 일본 제국주의의 기억, 지속적인 영토분쟁, 미국과 중국 간의 불신과 경쟁, 인도와 중국

도표 5.4 | 아시아 지역기구

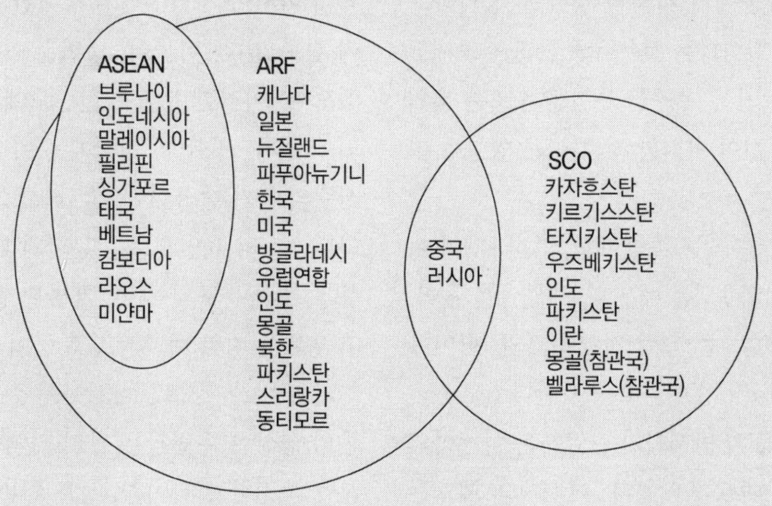

간의 갈등 역시 아시아 지역주의에 영향을 미치는 주요 요인들로 꼽힌다 (Wang and Stevens 2021: 578).

아시아 지역기구 중 가장 오래되고 활발히 활동하는 기구는 1967년 다섯 개 동남아시아 국가들에 의해 설립된 동남아시아국가연합(ASEAN)이다. ASEAN은 동아시아정상회의(EAS)와 아세안지역안보포럼(ARF)을 포함하여 여러 지역 포럼 및 대화그룹을 설립하는 데 중요한 역할을 해왔다. 특히 ARF는 대부분의 아시아 국가들을 포괄하는 데 가장 근접한 기구로 평가된다.

2001년에는 최초의 중앙아시아 또는 유라시아 기구인 상하이협력기구(SCO)가 중국과 러시아의 주도로 설립되었다. 2023년 기준으로 SCO에는 9개의 정회원국(인도와 파키스탄 포함)과 2개의 참관국이 참여하고 있으며, 이란도 최근에 정회원국으로 가입했다. SCO는 테러리즘, 민족분리주의, 이슬람 근본주의와 같은 안보문제뿐만 아니라 무역과 경제협력에 중점을 두고 있다 (Yuan 2010; Aris 2013). 비록 군사 동맹은 아니지만, 일부는 이를 '반(反) NATO'라고 부르기도 한다.

1989년에 설립된 아시아·태평양경제협력체(APEC)는 독특한 특징을 가지고 있다. 아시아에서 아메리카에 이르는 태평양 연안을 아우르며, ASEAN 회원국 7개국, 북미와 남미의 여러 국가, 그리고 호주, 뉴질랜드, 중국, 러시아, 일본, 한국, 홍콩, 대만을 포함한다 (홍콩과 대만의 포함은 APEC 회원이 '국가'가 아니라 '경제체'인 이유를 설명한다). APEC은 주로 개방적 지역주의와 지역 무역을 촉진하기 위해 만들어졌으며, 미국을 포함한 모든 태평양 연안 국가의 정부 수반들이 참여할 수 있는 포럼을 제공했다. 그러나 2005년 ASEAN이 EAS를 시작하면서 APEC의 중요성은 점차 감소했다. 아시아의 지역기구들 중 어떤 것도 OAS나 NATO와 같은 집단방위 또는 안보 기능을 갖추고 있지는 않다.

아시아 국가들에게 지역의 경계를 정의하고 지역 정체성을 형성하는 것은 주요한 도전과제였다. 시간이 흐르면서, 누구를 포함할지 또는 제외할지에 대한 결정이 이러한 정의에 큰 영향을 미쳤다.

아시아의 지역주의는 종종 유럽, 특히 EU와 비교되지만, 두 지역주의는 매우 다르다. 예를 들어, 한 저자는 ASEAN을 유럽 지역주의의 '희미한 모방(pale imitation)'이라고 묘사한다 (Beeson 2019: 247). EU의 법제화와 관료화는 아시아의 제도와 뚜렷한 대조를 이룬다. 아시아의 제도는 대체로 더 비공식적이며, 구체적인 규칙이나 구속력 있는 약속이 거의 없고, 소규모 사무국, 합의에 의한 의사결정, 그리고 결과나 성과보다는 과정에 더 중점을 두는 경향이 있다. 비공식적 과정에는 광범위한 회의, 협의, 대화가 포함되며, 비공식적 결과는 일반 원칙에 대한 합의와 구속력이 없는 행동 강령을 의미하는 경우가 많다. EU 회원국들이 주권을 양도할 의지를 보여온 반면, 아시아 국가들은 일반적으로 '주권 보호주의자'라는 평가를 받을 만큼 주권 보호를 중시해왔다. 그럼에도 불구하고 비이슨(Beeson 2019: 249)은 "매년 수많은 회의가 열리고 있으며, 이 지역이 세계에서 가장 시급하고 폭발적인 전략적 과제의 중심지임에도 불구하고, 이 지역의 기구들은 전략적, 경제적, 정치적 문제에 놀라울 정도로 직접적인 영향을 미치지 못하고 있다"고 지적했다.

대부분의 아시아 국가들이 제2차 세계대전 이후에 독립을 얻었기 때문에, 이들은 국가 주권을 강하게 보호하며, 다른 형태의 종속이나 지배로 여겨질 수 있는 것들에 대해 의심을 품는 경향이 있다. 그 결과, 국가 내부 문제에 대한 불간섭 원칙이 아시아 지역주의의 강력한 구성 요소로 자리 잡고 있다. 더불어, 냉전은 이 지역을 분열시켰으며, 이러한 분열은 한반도에서 여전히 지속되고 있다. 또한 이 지역에는 여전히 네 개의 공산주의 국가(중국, 베트남, 라오스, 북한)가 존재한다. 그 외 요인으로는 문화의 다양성, 발전 수준과 부의 분포의 차이, 제한된 협력 경험, 그리고 명확한 지역 개념의 부재 등이 있다. 라틴아메리카와 마찬가지로, 아시아에 존재하는 상호 의존의 양상은 유럽과는 달리 지역통합이 상호 의존을 촉진한 결과이지, 상호 의존이 지역통합을 촉진한 동력이 된 것은 아니다.

동아시아 지역주의에 영향을 미치는 중요한 요인은 미국, 중국, 일본이라는 세 주요 강대국(그리고 아시아 강대국으로 자처하는 러시아와 인도까지 포함)의 존재이다. 미국은 오랫동안 이 지역에서 경제적, 군사적으로 지배적인 역할을 해왔으며, 지역관계와 역학을 형성하는 데 주요한 역할을 계속하고 있다. 그러나 제2차 세계대전 이후 미국이 NATO와 EU를 통해 유럽 지역협력을 장려했던 것과 달리, 미국은 아시아·태평양지역에서 다자주의를 촉진하지 않았다. 대신, 미국은 일본과 한국 같은 주요 동맹국들과의 양자 관계를 중심으로 한 '바퀴축과 바퀴살 시스템(Hub and spokes system)'을 선호했으며, 동남아시아조약기구(SEATO)를 NATO에 버금가는 아시아판 집단방위체제로 운영하려는 의도도 없었다 (Hemmer and Katzenstein 2002).

중국은 1990년대 후반이 되어서야 비로소 지역 활동에 관여하기 시작했는데, 이는 주로 ASEAN의 이니셔티브에 따른 것이다 (Johnston 2003;

Ba 2006). 그러나 현재 중국의 정치적, 군사적, 경제적 영향력이 점점 더 강해지면서 새로운 긴장과 지역 정렬의 변화를 초래하고 있다. 일본은 일관되게 미국과의 양자 관계를 우선시해왔으며, '자신이 실제로 아시아의 일부인지에 대해 이중적인 태도'를 유지해왔다 (Ravenhill 2007a: 390).

21세기 초반까지 동남아시아의 소국 및 중견국들은 공유된 불안정성과 취약성을 바탕으로 지역 구상을 주도했다. ASEAN은 인도네시아의 리더십 아래 약소국 연합으로 시작했으며, 이는 중국 및 다른 행위자들과 신뢰를 구축하는 데 기여했다. ASEAN은 ARF, 동아시아정상회의, 다양한 자유무역협정(FTA)을 설립함으로써 동아시아 및 인도-태평양 지역주의로 묘사되는 지역 협력을 촉진하는 데 있어 '중심성(centrality)'을 자랑한다 (Acharya 2017; Caballero-Anthony 2022). 한 가지 주요 예외는 APEC으로, 이는 1990년대 호주와 일본의 주도로 설립되었다. 현재 ASEAN은 물질적 힘의 부족에도 불구하고 동아시아 지역기구 네트워크의 중심 연결점 역할과 이러한 네트워크를 연결하는 교량 역할을 통해 중심성을 유지하고 있다.

국내정치 또한 아시아 지역주의의 진화에 영향을 미친 요인 중 하나이다. 각국의 집권 연합은 ASEAN을 자국의 정권을 유지하고 수출 시장 및 외국인 투자에 접근할 수 있는 수단으로 보았다 (Solingen 1998, 2008). 그러나 이 지역 대부분의 국가들이 어느 시점에 정치적 정당성이 부족한 권위주의정부를 경험했던 사실은 강력한 지역기구 설립에 대한 소극적인 태도를 설명한다 (Narine 2004: 424). 또한 이러한 국내 정치체제의 특성은 아시아 지역주의에서 비국가행위자들의 역할이 매우 제한적인 이유를 보여준다. 예를 들어, 유럽에 비해 아시아에서는 비국가행위자들의 참여가 훨씬 적은 편이다.

그럼에도 불구하고, 기업 리더, 경제학자, 대학 연구소 및 싱크탱크 출신의 안보 전문가로 구성된 네트워크와, 비공식적으로 활동하는 정부 관료들로 구성된 초국적 연결망은 역사적으로 아시아 지역주의를 촉진하는 요인 중 하나였다 (Woods 1993; Evans 2005). ASEAN과 SCO처럼 정부 간 협력이 먼저 이루어진 경우를 제외하면, 이른바 트랙II(Track Two) 상호작용과 일본 및 미국 중심의 상업 네트워크는 정부 간 협력의 역사가 거의 없는 국가들 간의 신뢰를 구축하는 데 중요한 역할을 했다. 또한 이러한 네트워크는 지식공동체를 형성할 수 있는 장소를 제공했으며, 이러한 공동체는 아이디어를 제공하는 중요한 원천이 되어왔다. 다양한 트랙II 대화는 무역, 범죄, 해상 항로, 보건 및 환경 위협, 그리고 북한의 핵 프로그램을 포함한 안보위협과 같은 문제들에 대해 합의된 지역적 해결책을 도출하려고 노력했다. 이러한 네트워크는 특히 동아시아와 동남아시아의 국가들과 엘리트들을 점점 더 긴밀한 연결망으로 엮는 지역화 과정을 점진적으로 촉진했다 (Katzenstein 2005; Ravenhill 2007b). 전문가 협회 및 기업 협회와 같은 NGO, 시민사회 단체들도 이 과정에 참여했으나, 일반적으로 기업 및 트랙II 네트워크보다는 덜 중요한 역할을 했다.

마지막으로, 아시아 지역주의에 큰 영향을 미친 네 가지 충격이 있다. 냉전의 종식, 1997~1998년 아시아 금융위기, 2001년 9월 11일 미국 테러공격, 그리고 중국의 급격한 부상과 공세적 태도가 그것이다. 첫 번째 충격인 냉전의 종식은

ASEAN과 APEC을 통해 지역 경제 및 안보관계를 발전시킬 수 있는 정치적 공간을 열어주었다. 두 번째 충격인 아시아 금융위기는 동아시아와 동남아시아 경제가 세계화에 얼마나 취약한지와 ASEAN 및 APEC의 약점을 드러냈다. 세 번째 충격인 2001년 9·11 테러는 새로운 형태의 비전통적 안보위협을 부각시켰고, APEC의 초점이 확대되고 SCO 같은 기구들이 창설되는 계기가 되었다. 네 번째 충격인 중국의 부상과 공세적 태도, 그리고 미국과 중국 간의 긴장 증가는 지역주의에 중요한 영향을 미쳤다. 더 나아가, 미국의 아시아 방위 능력과 헌신에 대한 불확실성은 아시아 지역주의에 미래의 충격 요인이 될 가능성이 있다. 이제 ASEAN과 관련 기구들에 대해 더 자세히 살펴보겠다.

동남아시아국가연합

동남아시아국가연합(ASEAN)은 1967년 인도네시아, 싱가포르, 말레이시아, 필리핀, 태국에 의해 설립되었으며, 정치적 안정, 정권안보, 경제성장을 촉진하기 위해 만들어졌다. 이들 국가들은 깊은 역사적, 문화적, 경제적 차이로 나뉘어 있었으나, 미국의 베트남전쟁, 지역안보에 대한 미국 공약의 불확실한 미래, 중국이 지원하는 공산주의 세력의 반란 및 분리주의 운동에 대한 우려로 결속되었다. 따라서 외부 위협은 ASEAN 설립의 주요 동력이었다. 창립 국가들은 미국과 중국의 개입 및 지배 가능성을 최소화하고, '지역문제에 대한 지역적 해결책'을 찾고자 했다 (Acharya 2012: 173에서 인용).

ASEAN의 핵심 규범은 불간섭 원칙으로, 국제적 규범과 1947년부터 1955년까지 반둥에서 열린 아시아-아프리카 회의에서 태동한 제3세계와 비동맹 운동의 아이디어에서 비롯되었다. 다른 중요한 규범으로는 분쟁의 평화적 해결, 군사동맹 회피, 협의, 공동 문제에 대한 공동 대응 모색이 있다. ASEAN의 규범은 회원국 간의 상호작용 지침을 제공하며, 권위주의 정권을 보호하고 외부 세력의 개입을 막기 위해 고안되었다. 그러나 이러한 규범은 특히 1990년대 중반 이후 많은 문제에 대한 공동 대응을 저해하기도 했다.

소위 '아세안 방식'은 이러한 핵심 규범과 결정을 내리는 과정에서 사용되는 비공식적 협의와 합의 형성을 포함하며, 이는 말레이 문화에서 유래한 것이다. 이는 법적 절차와 투표를 피하고, 구속력 없는 결의안을 선호하며, '성과보다는 과정'을 중시하는 특징이 있다 (Acharya 2001). 합의가 이루어지지 않을 경우, 회원국들은 '합의하지 않기로 합의'한다. 해결 불가능한 분쟁이 있을 경우, 이를 제쳐두고 다른 분야의 협력에 초점을 맞춘다. 아세안 방식은 APEC을 포함한 다른 지역기구에서도 채택되었다. 아세안 방식과 ASEAN의 독특한 특성에 대한 이해는 주로 규범과 아이디어에 초점을 맞춘 구성주의자들의 분석 덕분에 이루어졌다. 이들은 현실주의자와 자유주의자 이론가들이 중요하지 않다고 여긴 과정과 안보 기여를 조명했다. 이에 반해, 현실주의자들은 아세안 방식을 '쟁점 회피'의 메커니즘으로 비판해 왔다고 존스와 스미스(Jones and Smith 2007)는 지적한다.

ASEAN의 주요 과제 중 하나는 동남아시아 지역의 정체성을 정의하는 정체성 구축 작업이었다. 이 작업은 부분적으로 회원국 문제에 중점을 두었다. 1967년부터 1995년까지 ASEAN은 1984년 브루나이 단 한 국가만을 신규 회원국으로 받아들였다. 인도, 스리랑카, 호주, 파푸아뉴기니의 가입은 거부되었으며, 이후 베트남(1995년), 라오스와 미얀마(버마, 1997년), 캄보디아(1999년)를 받아들여 'ASEAN 10개국'을 완성했다. 이러한 확대는 ASEAN의 정치적·경제적 다양성을 높이는 동시에 합의 기반 의사결정을 더욱 어렵게 만들었다. 새롭게 가입한 4개국 모두 기존 회원국들보다 경제적으로 덜 발전했으며, 그 중 두 국가는 공산주의체제(라오스와 베트남)를 가지고 있다. 캄보디아는 매우 불안정한 상황에 놓여 있었고, 중국과 점점 더 가까워지고 있었으며, 미얀마(가입 당시의 2021년 이후 군사 독재)는 미국, EU, 인권 NGO의 반대에도 불구하고 가입이 승인되었다. 새로운 회원국들을 통합하는 데 따른 어려움 때문에 동티모르 같은 다른 국가들에 대한 가입승인 여부는 불확실하다.

구조. ASEAN은 많은 정부간기구에서 볼 수 있는 조직 구조를 개발하는 데 느린 편이었다. 중앙집중식 의사결정 기구를 두기보다 아세안 방식은 회원국 정부의 장관, 정부 수반, 고위 관료 및 외교관들 간의 매우 밀도 높은 공식 및 비공식 회의를 중심에 둔다. 이러한 회의는 협의를 위한 정기적 절차를 제공하고 타협점을 모색하는 동시에 수많은 임시 및 상설 위원회를 통해 운영된다.

초기에는 외교 장관들만 회의를 가졌다. 그러나 1975년 베트남에서의 공산주의 승리와 미국의 철수는 1976년 첫 정상회의를 열게 된 계기가 되었다. 1997~1998년 아시아 금융위기 이후엔 회원국 재무 장관들도 정기적으로 회의를 열기 시작했다. 마찬가지로, 1990년대 후반 인도네시아 산불로 인한 연무문제는 환경 장관 회의의 출범을 촉발시켰다 (제10장에서 논의됨). 1976년 인도네시아 자카르타에 소규모 상설 사무국이 설립되어 활동을 조정하기 시작했고, 1993년에는 사무총장 직위가 추가되었다. 하지만 이 직위는 권한과 역량이 제한적이었다.

ASEAN은 많은 회의, 포럼, 전략 계획, 회원국들의 약속에도 불구하고, 다른 지역기구들과 비교했을 때 상대적으로 낮은 수준의 제도화로 특징지어진다. 스텁스(Richard Stubbs 2019: 938)가 지적했듯이, ASEAN 사무국은 여전히 규모가 작고 약한 상태이다 (2018년 기준 직원 수가 300명으로, EU의 7만 명과 큰 차이를 보인다). 이는 회원국들이 사무국에 지나치게 많은 권한을 양도하는 데 소극적이기 때문이다. 또한 ASEAN의 회비 납부액은 가장 빈곤한 회원국들의 지불 능력에 맞춰 매우 낮은 수준으로 설정되어 있으며, 2018년 총액은 단 2,000만 달러에 불과했다 (비교적으로, EU의 같은 해 회비는 100억 달러였다). 이러한 자원의 부족은 ASEAN의 주요 제약 요인으로 작용하고 있다. 실제로 ASEAN은 일본, 한국, 미국, 호주, 인도 등 외부 행위자들과 아시아개발은행, EU 같은 국제기구로부터 제공받는 자원에 크게 의존하고 있다 (Mueller 2021).

1990년대 중반 이후 ASEAN은 지역기구로서의 성격을 변화시키기 위한 몇 가지 중요한 조치를 취했다. 첫 번째는 1992년 아세안자유무역지대(AFTA) 창설에 대한 합의였고, 두 번째는 1997~1998년 아시아 금융위기 이후 자본 흐름과 지역 경제발전을 모니터링하기 위해 만들어진 ASEAN 감시 절차였다. 또 다른 조치로는 2003

년 발리 선언 II와 2007년 ASEAN 헌장이 있다. 발리 선언 II는 ASEAN 공동체를 구성하기 위한 과정을 시작했으며, 이는 아세안경제공동체, 아세안안보공동체, 아세안사회문화공동체라는 세 가지 '기둥'을 기반으로 한다. 2007년 ASEAN 헌장은 2008년에 10개 회원국 모두의 비준을 받았다.

이 세 가지 제안된 공동체는 ASEAN 회원국들이 단순히 선의의 표현에 그치지 않고 실질적인 행동으로 나아갈 수 있다면, 협력을 위한 구조를 강화하는 것을 목표로 한다 (Narine 2008; Ravenhill 2008). 예를 들어, 여전히 규모가 매우 작지만, ASEAN 사무국은 회원국의 규정 준수 모니터링과 무역 분쟁 해결에 더 많은 권한을 부여받았다. 헌장은 처음으로 ASEAN에 국제적 법적 지위를 부여했으며, 제도적 책임과 준수 체계를 위한 틀을 마련하고, 민주주의, 인권, 인간안보를 증진하겠다는 약속을 포함했다. 그러나 이러한 용어들에 대한 명확한 정의는 없었다. 또한 지역 인권기구 설립을 촉구했으나, 중대한 인권침해 발생 시 회원국 문제에 개입할 수 있는 조항은 포함하지 않았다. 그 결과, 2009년 ASEAN 정부 간 인권위원회가 설립되었다 (제9장에서 추가 논의). 도쉬(Jörn Dosch 2008: 542)는 "40년 동안 정치적 질서에 대한 담론을 철저히 회피해온 조직으로서, 민주주의 핵심 규범과 가치를 최소한이라도 수용한 것은 중요한 진전"이라고 평가했다. 헌장은 또한 ASEAN 의회 간 회의의 명칭을 변경하고 그 역할을 다소 강화했는데, 이 기구의 회원들은 각국 의회 대표들로 구성된다.

ASEAN의 목표는 야심차지만, 일정은 계속 지연되고 있다. EU와 달리 ASEAN의 사무총장은 기구를 대표해 협상하거나 제도적 발전 과정을 주도할 권한이 없다. 보수적인 성향의 4개 신규 회원국들은 불간섭 원칙의 변화에 저항하고, 새로운 협력 형태에 동참할 능력과 의지가 부족한 모습을 보였다. 특히 캄보디아에 대한 중국의 영향력 증가는 문제가 되고 있다.

ASEAN의 지역평화와 안보유지 역할. ASEAN은 설립 초기부터 20년 동안 지역 평화와 안정에 초점을 맞췄다. 1967년 ASEAN 선언은 회원국들이 서로의 정권에 개입하는 것을 중단하는 것을 목표로 했다. 1971년, 회원국들은 냉전의 외부 압력에 저항하기 위해 평화와 중립 지대를 설립했다. 1975년 베트남에서 공산주의가 승리하고 미국이 철수한 이후, 회원국들은 1976년 우호협력조약을 체결했다. 이 조약은 정치적 협력을 ASEAN 의제의 공식적인 일부로 만들고, 무력사용 금지, 분쟁의 평화적 해결(또는 지연), 그리고 지역문제에 대한 공동 대응을 포함한 행동 규범을 규정했다. 1978년 베트남의 캄보디아 침공은 ASEAN의 불간섭 규범에 대한 중대한 위협으로 간주되었다. ASEAN은 10년 이상 베트남의 꼭두각시인 캄보디아 정권이 유엔에서 캄보디아 의석을 차지하는 것을 성공적으로 저지했다. 캄보디아문제는 1980년대 ASEAN 회원국 간 더 큰 단결을 발전시키는 데 기여했으며, 이들은 또한 캄보디아 분쟁을 종식시킨 1991년 파리평화협정의 핵심 요소들을 고안해냈다.

냉전의 종식, 세계화, 그리고 1990년대의 기타 변화들은 ASEAN 회원국들에게 불확실성을 가져왔고, 이로 인해 그룹의 목적을 재정의할 필요가 생겼다. 이에 대한 대응으로, 1994년 다자

간 안보 대화를 촉진하기 위해 ARF가 설립되었고, AFTA 설립 합의, 네 개의 새로운 회원국 가입 승인, 외부 강대국들과의 대화 개시, 그리고 동남아시아 비핵지대를 창설한 1995년 방콕 조약 체결 등이 이루어졌다.

이 지역에는 수많은 영토분쟁이 존재해 왔는데 대부분의 경우 이는 ASEAN의 약점을 부각시켰다. 태국과 캄보디아 간 프레아 비헤아르 사원을 둘러싼 오랜 국경분쟁에서, ASEAN은 2011년 폭력적 충돌을 막지 못했다. 이는 무력사용 없이 갈등을 해결하기로 약속한 우호협력조약과 두 번의 국제사법재판소(ICJ) 판결, 충분한 사전 경고에도 불구하고 발생했다. 당시 ASEAN 의장국이었던 인도네시아가 휴전 감시를 위해 참관단을 파견하려는 합의를 이끌어내려 했으나, 태국이 허가를 철회하면서 그 시도가 무산되었다. 이는 회원국 간 갈등에 직면한 ASEAN의 약점을 여실히 드러냈다.

남중국해의 배타적 경제수역 경계와 여러 섬들에 대한 경쟁적 영유권 주장을 둘러싼 분쟁은 ASEAN 회원국 4개국과 중국이 관련되어 있다. 이에 대해 1992년, 당시 ASEAN 회원국 6개국은 분쟁의 평화적 해결과 행동 강령 개발을 촉구하는 남중국해 선언에 합의했다. 2002년에는 ASEAN 10개국과 중국이 남중국해 당사국 행동 강령을 체결했지만, 이 강령은 구속력이 없었으며 분쟁 해결 기제도 포함하지 않아 대부분 실질적인 효과를 발휘하지 못했다.

2012년부터 중국은 해당 선언과 강령에 구속되지 않는다는 입장을 명확히 했으며, 영토분쟁 해결에 ASEAN이 관여하는 것을 거부하고 양자회담만을 고집했다. 2014년, 중국과 베트남 간, 그리고 중국과 필리핀 간의 분쟁이 격화되었고, 필리핀은 유엔해양법협약(UNCLOS)에 따라 상설중재재판소(Permanent Court of Arbitration)에 소송을 제기했다 (제3장에서 자세히 논의). 그러나 ASEAN 회원국들은 10개국 중 단 4개국만이 직접적인 영향을 받고 있는 데다, 특히 캄보디아에 대한 중국의 점증하는 영향력과 공세적인 태도 때문에 그 이후로 통일된 전략에 합의하지 못했다. 영유권을 주장하지 않는 국가들은 이 문제와 관련해 중국과의 협상에 관심이 적었고, 이는 결국 ASEAN 회원국들이 단일 전선을 형성하지 못하는 결과를 초래했다.

2012년, ASEAN은 캄보디아가 의장국을 맡았던 해에 역사상 처음으로 연례 장관회의에서 남중국해분쟁에 대해 합의된 언급을 도출하지 못했다. 2014년의 공동성명에서는 중국의 활동에 대한 우려를 표명하고 행동 강령의 완성을 촉구했다. 2016년에는 중국이 상설중재재판소의 판결을 지지하지 말라는 경고를 ASEAN에 보냈다는 보도가 있었다 (Xie 2016). 2020년의 공동성명에서는 중국과 ASEAN 간 협력적 관계의 중요성을 강조하고 행동 강령에 대한 지속적인 작업을 촉구했다.

ASEAN의 남중국해분쟁 대응은 중국의 공세적인 영유권 주장과 인공섬을 통한 군사적 확장뿐만 아니라 스프래틀리 군도(Spratly Islands)에 대한 회원국 세 나라(베트남, 말레이시아, 필리핀)의 영유권 주장까지 더해져 지역기구로서의 주요 약점을 부각시켰다 (Koga 2018). 이러한 약점에는 합의 기반 의사결정에 대한 의존, 회원국을 대신해 협상할 권한을 ASEAN 사무국에 위임하려 하지 않는 태도, 그리고 개별 회원국을 대상으로 한 중국의 '분할 지배(divide and conquer)' 접근법에 대한 취약성이 포함된다 (Jaknanihan 2022). 비이슨(Beeson 2020)에 따르면, 중국의 영유권 주장과 공세적인 행동은 ASEAN 회원국 네 나라의 주권을 직접적으로 위협한다.

비전통적 안보위협, 특히 전염병, 초국가적 범죄, 환경 악화, 자연재해로 인한 인간안보 위협에 대한 ASEAN의 대응은 불간섭 원칙과 모든 결정을 합의로 이루어야 하는 규정으로 인해 제한되어 왔다. 예를 들어, 1990년대 후반 이후 벌목과 개간으로 인해 거의 매년 인도네시아에서 산불이 발생하고 있다. 그럼에도 불구하고 스모그와 연무에 대해 ASEAN 회원국들은 협력적인 전략을 수립하지 못하고 있다.

2003년 중증급성호흡기증후군(SARS) 사태는 공중보건정책에서 지역적 협력이 얼마나 제도화되지 않았는지를 드러냈다. 2005년 조류 인플루엔자 팬데믹과 그 당시의 위기는 질병 모니터링 및 보고체계 강화와 더불어, ASEAN 창립 5개국 간에 백신 접종 절차, 긴급 대비, 대중 인식 제고, 감시 시스템에 대한 책임 분담을 이끌어냈다. 그러나 이는 ASEAN의 보건시스템이 취약한 4개의 저개발 회원국을 제외한 채 이루어졌다. 코로나19 팬데믹은 훨씬 더 장기화되었으며, 대부분의 ASEAN 회원국들의 공중보건 시스템에 큰 부담을 주었다. ASEAN 정상회의에서는 필수 의약품 및 장비 비축, 신속한 정보 공유, 회복 기금 및 공중보건 비상사태, 질병 대응 센터 설립에 대한 합의가 이루어졌다. 그러나 공동의 보건 및 여행 프로토콜에 대한 합의에 도달하는 것은 훨씬 더 어려웠다 (Cabellero-Anthony 2022).

2021년 미얀마 쿠데타는 전통적인 평화와 안보위협은 아니지만, 독재적 정치체제와 민주적 정치체제가 공존하고, 하나의 군주제(브루나이)가 포함되어 있으며, 불간섭 원칙을 강하게 고수하는 ASEAN이 직면한 어려움을 부각시켰다. 미얀마 군부의 쿠데타 반대 세력에 대한 잔혹한 탄압과 대규모 인권침해, 경제와 보건문제에 대한 심각한 관리 부실은 지역 전체에 파급 효과를 미쳤다. 2022년 중반까지 미얀마에서는 군부와 다양한 민족 무장 단체, 그리고 인민방위군(People's Defence Force)으로 알려진 세력 간의 전투가 도시 지역을 포함한 미얀마 전역으로 확산되었다. 이에 ASEAN은 군부 지도자들을 ASEAN 회의에서 배제하고, 활동가 4명의 처형을 규탄하긴 했지만, "보다 강력한 조치를 취할 수 있다"는 모호한 위협을 발언하는 것 이상의 조치를 취하지 않았다 (Kurlantzick 2022). ASEAN이 지역문제를 스스로 해결하려는 의지를 존중하는 모습을 보여준 사례로, 다른 주요 역외 국가들은 개입을 자제했다.

ASEAN과 경제협력. 라틴아메리카의 지역그룹들과는 달리, ASEAN 회원국들은 성장 전략으로써 역내 통합보다는 글로벌경제에 통합되려는 외향적 전략을 채택했다. 이들은 수출 주도 성장과 무역 및 투자 자유화를 가장 먼저 수용한 개발도상국들 중 하나였다. 인도네시아, 말레이시아, 싱가포르, 태국 등 4개국은 경제적, 사회적 측면에서 큰 발전을 이루었으며, ASEAN 자체도 성공적인 소지역기구로 평가받았다.

1990년대 세계화와 중국의 급격한 투자 유치 능력 증가는 ASEAN 지도자들로 하여금 경제성장을 촉진하기 위해 지역 무역 통합이 적절한 접근법이라는 것을 인식하게 했다. 그럼에도 불구하고, ASEAN이 경제 협력을 촉진하는 기구로서의 능력은 대부분의 회원국 경제가 외향적으로 지향된 구조와 회원국 간 낮은 무역 의존도, 협정 이행을 모니터링하거나 강제할 메커니즘에 대한 저항, 그리고 신규 4개국과 기존 6개국 간의 격차로 인해 제한되었다.

1997~1998년 아시아 금융위기는 ASEAN의 이러한 약점들과 회원국들이 글로벌 경제동향에 얼마나 취약한지를 여실히 드러냈다. ASEAN은 금융 및 통화관계를 다루기 위해 설립된 기구가 아니었음에도 불구하고, 언론과 학술지는 ASEAN의 실패, 혼란, 방향 상실을 한탄했고, 그 결과 신뢰가 크게 손상되었다. 이러한 위기를 계기로, 재무장관들이 정기적으로 회의를 열기 시작했고, ASEAN 감시 절차가 만들어졌으며, 일본, 중국, 한국과의 ASEAN+3 회의가 여러 수준에서 시작되었다.

금융위기 이후 여러 변화가 이루어졌는데, 무역 자유화를 위한 규정, 분쟁 해결 메커니즘(1996년), 그리고 기존에 합의된 약속 변경 시 통보를 위한 프로토콜(1998년과 2000년)이 포함되었다. 초기 목표는 하향 조정되었지만, 상대적으로 더 발전된 6개 회원국들 간에 AFTA는 2002년 말 성공적으로 마무리되었으며, 나머지 4개 회원국은 절차를 완료할 수 있도록 더 긴 기간이 부여되었다.

AFTA의 중요성에 대해서는 여전히 논란이 있지만, 상품, 서비스, 투자, 숙련 노동력의 자유로운 흐름을 목표로 한 아세안경제공동체 창설 계획은 AFTA의 기반 위에 세워졌다. 그러나 여러 연구에 따르면 2020년이나 2025년까지 ASEAN이 단일 시장으로 발전할 가능성은 없다고 평가되었다. ASEAN은 2018년까지 역내 무역에서 대부분의 상품에 대한 관세를 철폐하는 데 성공했으나, 비관세 장벽은 여전히 큰 문제로 남아 있다. 회원국 간 격차는 다른 지역기구의 회원국들 간 불평등보다 훨씬 크며, 이는 경제협력과 통합을 촉진하려는 노력에 중요한 변수로 작용한다. 그럼에도 불구하고 ASEAN은 2020년 중국, 일본, 한국이 포함된 메가 자유무역협정인 역내포괄적경제동반자협정(RCEP) 체결을 통해 '중심성'에 대한 강한 의지를 보여주었다 (Shimizu 2021).

ASEAN의 대화 파트너와 지역 협력 메커니즘. ASEAN은 관계 형성과 유지, 그리고 '중심성'을 강조하며, 역외 국가들과의 공동 관심사에 대한 광범위한 대화와 협의 기구를 운영하는 점이 특징이다. 이는 글로벌 사우스의 지역기구 중에서 독특한 사례로 평가된다 (Mueller 2021: 750). ASEAN+3회의는 경제, 무역, 금융 협력에서부터 안보, 테러, 환경, 인신매매, 해적 행위, 보건, 에너지문제에 이르기까지 다양한 관심사를 다룬다. 2005년에는 ASEAN+3가 첫 동아시아정상회의를 개최했으며, 현재는 러시아와 미국을 포함한 16개국이 참여하고 있다. 2022년에는 미얀마 위기, 인도-대평양지역에서의 중국의 세력 확장, 코로나19, 기후변화 등의 문제를 다룬 미국-ASEAN 정상회의가 개최되었다.

ARF는 신뢰 구축, 예방외교, 남중국해분쟁, 비핵화, 해양안보, 불법 이주, 마약 밀매, 대테러 등 안보문제를 다룬다. 그러나 ARF는 동중국해와 남중국해에서 발생하는 위기를 해결하는 데 있어 큰 영향을 미치지 못하고 있다. 그럼에도 불구하고, 카발레로-앤소니(Mely Caballero-

Anthony 2014: 569-570)는 "중국, 인도, 일본, 미국과 같은 주요 강대국들은 그들 중 하나가, 혹은 다른 강대국이 이 지역에서 주도권을 잡는 것을 용납하지 않을 것이다. 유일한 실현 가능한 대안은 당시에도, 그리고 지금도 ASEAN이었다"고 평가했다.

결론적으로, ASEAN은 아시아 지역주의를 육성하는 데 여러 측면에서 기여해왔다. 매년 수백 건의 ASEAN 관련 회의가 이루어지는 것은 인간관계를 중시하는 이 지역에서 ASEAN의 중요성을 강화하고 지역 정체성 형성에 기여하고 있다. 합의 기반 다자주의라는 ASEAN의 접근법은 아시아 지역주의 전반에 걸쳐 지배적인 특징이다. 스텁스(Richard Stubbs 2019: 941-942)는 "전체적으로 보면, ASEAN 지지자들의 기대치는 회의론자들의 기대치보다 낮지만, 대체로 충족되거나 초과 달성되는 경향이 있다"고 평가했다. 그는 "장기적인 관점에서 ASEAN은 대체로 글로벌 사우스에서 가장 성공적인 지역기구로 간주된다"며, "가장 중요한 점은 ASEAN이 매우 낮은 비용으로 회원국들에게 분명한 혜택을 제공했다는 점이다. 특히, 과거에는 분쟁과 폭력으로 특징지어졌던 이 지역에 평화와 안정을 가져다주었다"고 결론지었다.

예츠케와 타이너(Anja Jetschke and Patrick Theiner 2020)는 비교 지역기구 프로젝트를 바탕으로 ASEAN을 EU가 종종 제공하는 모델과는 다르지만, 다른 지역기구들과 유사한 지역 모델로 묘사했다. 또 다른 평가는 ASEAN의 가장 큰 성과를 '계속해서 존재하고 있다는 점'이라고 언급한다 (Beeson 2020). 그러나 여전히 약한 제도와 초기 회원국과 새로운 회원국 간의 분열로 인해 ASEAN은 여러 문제에 직면해 있다. 비이슨(Beeson 2020: 578)에 따르면, 그중에서도 "중국의 부상이 ASEAN 설립 이래 가장 큰 도전일 가능성이 있다"고 평가한다.

* * *

전반적으로 아시아 지역주의 경험은 지역 정체성 구축과 공동체 형성과 깊은 관련이 있으며, 이러한 과정은 여전히 진화 중에 있고, 지역의 명확한 정의는 불확실한 상태이다. 아시아 지역주의의 미래는 기존 강대국과 신흥 강대국, 특히 중국과의 역학 관계에 크게 좌우될 가능성이 있으며, ASEAN이 중심성을 유지할 수 있을지도 중요한 관건이 될 것이다.

아프리카의 지역기구

아프리카 대륙에서 정체성 구축은 큰 문제가 아니었기 때문에, 지역거버넌스와 협력 노력에 있어 정체성과 공동체 형성은 중요한 이슈로 간주되지 않는다. 이는 아프리카에 주요 강대국이 없다는 점도 영향을 미친다. 그러나 효과적인 협력을 방해하는 여러 요인이 존재해왔다.

아프리카 국가들은 지역통합, 자립, 경제통합, 그리고 협력을 서구 유럽 열강에 의한 노예화, 제국주의, 식민지화를 종식시키기 위한 수단으로 오랫동안 인식해왔다. 예를 들어, 1945년 영국 맨체스터에서 열린 범아프리카회의에서 참가자들은 식민지 민족 선언을 통해 정치적 자유와 자치권을 지지했다. 그러나 아프리카인들은 미래에 대한 비전에 있어 서로 의견이 갈렸다. 범아프리카주의자들은 독립국가 간 대륙적 단합을 주장했지만, 하위 지역 접근 방식을 지지하는 이들은 국가 간 협력에 그치는 최소주의적 접근을 선호했다.

1964년, 31개 국가가 독립을 달성한 가운데, 최소주의 접근법(minimalist approach)을 지지하는 입장이 우세를 점하며 아프리카통일기구가 설립되었다.

아프리카통일기구에서 아프리카연합으로

아프리카통일기구(OAU: Organization of African Unity)는 자발적 협력을 바탕으로 하는 느슨한 연합체로 구상되었으며, 그 결의안은 법적 구속력보다는 도덕적 의무를 지니는 것이었다. 이 기구는 세 가지 주요 원칙을 바탕으로 운영되었다. 첫째, 모든 국가는 주권적 평등을 가지며, 큰 국가나 강대국에 더 큰 영향력이 주어지지 않는다. 둘째, 회원국들은 상호 국내문제에 간섭하지 않는다. 셋째, 유럽 식민 열강이 19세기 후반에 무분별하게 설정한 경계선이라 할지라도, 영토 경계는 신성불가침으로 간주되어 현 상태를 유지한다. 독립한 아프리카 국가들은 외부 세력에 의해 다시 지배당하거나, 국경 변경으로 인해 민족 간 갈등이 촉발되고 외부 개입을 초래하거나, 독립 지도자들이 특권적 지위를 잃는 등의 위험을 피하고자 했다. 당시에도 지금도 이들은 아프리카 문제에 대한 아프리카식 해결책을 찾는 것을 원하고 있다 (Ayangafac and Cilliers 2011).

시간이 지나면서 OAU의 세 가지 원칙은 점차 퇴색되었다. 모든 국가가 법적으로 동등하다고 규정되었지만, 나이지리아, 가나, 케냐, 알제리, 이집트, 남아프리카공화국과 같은 국가들이 더 강력한 리더십을 제공할 수 있다는 암묵적 인식이 있었다. 국내문제에 대한 불간섭 원칙도 위반되었다. 가령, 타국이 인권침해를 비난하는 경우도 있었고, 1990년대 후반 콩고민주공화국 내전에 여러 국가가 개입하는 사례도 있었다. 또한 OAU는 몇 차례 국경 변경을 지지했는데, 1993년 에리트레아가 에티오피아로부터 독립한 것이 대표적이다.

OAU는 몇 가지 주목할 만한 성과를 거두었다. 특히 회원국들은 국가원수회의를 국가 간 분쟁 중재를 위한 포럼으로 활용했다. 1981년에는 OAU가 차드에서 법과 질서를 확립하기 위해 아프리카 전역에서 동원된 임시 군사력을 후원하기도 했다. 1990년대 라이베리아와 시에라리온 내전에서는 유엔이나 서아프리카경제공동체(ECOWAS)와 같은 하위 지역기구에 의존하여 분쟁을 해결하거나 지역 군사력을 조직했다. OAU의 중심 목표 중 하나는 남아프리카공화국의 백인 소수 통치와 아파르트헤이트의 종식을 이루는 것이었으며, 이는 1994년에 달성되었다. OAU는 이를 위해 지속적으로 지원했지만 결정적인 요인은 아니었다. 경제 및 개발문제에 있어 OAU는 1980년까지는 대부분 침묵했지만, 그해 회원국들이 아프리카의 자급자족을 증대하고 서구 국가들과의 연계를 최소화하는 데 초점을 맞춘 라고스 행동 계획을 채택하면서 목소리를 내기 시작했다.

OAU가 설립되었던 조건이 변화하고, 기구의 약점이 국제정치에서 아프리카의 주변화에 기여했기 때문에, 2년간의 협상 끝에 2002년 OAU는 아프리카연합(AU)로 대체되었다. 통합은 여전히 하나의 목표로 남아 있지만, AU는 주로 경제 세계화와 민주화로 특징지어지는 세계에서 아프리카문제를 해결하기 위해 아프리카 지도자들에게 더 강력한 제도를 제공하도록 설계되었다(Makinda and Okumu 2008).

OAU와 현재의 AU는 여러 하위 지역 구상들로 보완되어 왔다. 서로 다른 식민지 역사, 다양한 지역적 조건, OAU와 AU의 약점, 그리고 지역과 하위 지역 간 관계에 대한 변화하는 시각이 이러한 다수의 구상들을 설명한다. 이러한 하위 지역 체제가 더 넓은 지역통합으로 가는 발판이 되는지 아니면 대륙 전체의 합의체를 저해하는지는 논란이 있지만, 이것이 '심각한 비효율, 중복, 의도치 않은 중첩, 그리고 심지어 노력의 분산'을 초래했다는 점에는 의문의 여지가 없다(Makinda and Okumu 2008: 53).

1975년에 설립된 서아프리카경제공동체는 15개 회원국으로 구성된 가장 크고 활발한 하위 지역그룹 중 하나로 남아 있다. 남아프리카공화국의 아파르트헤이트 종식 이후, 남아프리카개발공동체(SADC)는 15개 회원국과 함께 2008년 자유무역지대를 창설했지만, 남아프리카 관세동맹, 동남아프리카 공동시장, 동아프리카 공동체와 같은 다른 하위 지역그룹과 중복된 회원국 문제로 인해 다른 이니셔티브들은 진전을 이루지 못했다. ECOWAS와 마찬가지로 SADC는 짐바브웨, 레소토, 마다가스카르의 쿠데타와 콩고민주공화국의 장기 분쟁과 같은 안보문제에 관여해왔다. 이 두 기구는 지역 평화작전에도 참여했으며, 이에 대한 내용은 제7장에서 더 논의된다. 그러나 여기에서는 AU에 초점을 맞추겠다.

아프리카연합

아프리카연합(AU)은 주권 국가의 평등과 기존 영토 경계 존중 등 OAU의 주요 원칙을 이어받았다. 그러나 AU의 설립 헌장에는 아프리카문제에 보다 효과적으로 대응하기 위한 추가적인 원칙들이 포함되었다. 첫째, AU 회원국은 '중대한 상황, 즉 전쟁범죄, 집단 학살, 인도에 반한 범죄'의 경우 다른 국가의 내부 문제에 개입할 수 있다. 이는 OAU와 크게 다른 접근 방식이며, 다소 모호한 표현이 다양한 해석의 여지를 남긴다. 둘째, 민주화를 지원하기 위해 AU 회원국들은 선거후보자에 대한 암살과 비헌법적 정부 교체를 명시적으로 거부하며, 굿거버넌스, 민주적 원칙, 인권 존중을 지지할 것을 약속한다. OAU와 달리 AU는 비합법적 정부의 회원국 자격을 정지 또는 제명할 수 있으며, 정부가 안정되면 회원국 자격을 회복시킨 사례가 여러 번 있다. 셋째, 분쟁의 평화적 해결과 무력사용 금지는 핵심 원칙이다. AU헌장은 평화와 안보를 경제발전과 연결시키며, 경제발전이 국가와 국민의 안보에 달려 있음을 강조한다. 넷째, 균형 잡힌 사회적, 경제적 발전을 이루는 것이 중요한 원칙이다. 그러나 헌장에서 AU의 역할은 모호하게 정의되어 있다.

이로 인해 AU의 원칙은 회원국 행동에 영향을 미치는 결정적인 행동을 더 지지하게 되었다. 지도자들은 자유선거를 실시하고 야당이 자유롭게 선거 운동을 할 수 있도록 허용하겠다고 서약했다. 그 결과, 심각한 부정행위를 숨기는 방패가 사라졌고, 이러한 원칙을 지키지 않는 것은 더 이상 가능하지 않게 되었다. 다만, 한 학자는 이러한 원칙들이 "AU 회원국들에 의해 일관되게 받아들여지지 않았다"고 설명하면서 비개입(nonintervention)의 원칙에서 '비무관심(non-indifference) 원칙'으로의 전환이 더디게 진행되고 있다고 지적한다 (Williams 2007: 256). 이 변화(즉, 국가들이 신경을 쓰고 행동할 수 있음을 의미)는 AU의 반쿠데타 노력에서 가장 뚜렷이 나타난다 (아래에서 논의됨).

AU는 강화된 목표를 달성하기 위해 여러 새로운 기구를 설립했다. 주권 평등의 원칙에 따라 연례 아프리카연합 총회는 각국의 국가원수와 정부 수반으로 구성된다. 이 기구는 정책을 설정하고, 취할 행동을 결정하며, 회원국 자격문제를 검토하고, 정책 및 결정의 이행을 감시한다. 이는 OAU와 마찬가지로 비공식적 분쟁 해결을 위한 포럼이지만, AU의 안보 접근 방식은 훨씬 더 광범위하다. 2004년 아프리카 공동방위정책에서 정의된 바와 같이, 안보에는 인권, 교육, 보건, 빈곤으로부터의 보호권이 포함된다. 결정은 일반적으로 합의에 의해 이루어진다. AU의 개입은 총회의 승인을 받아야 하며, 승인 시 총회는 폭력 발생 및 기타 긴급 상황에 대한 결정을 집행하는 집행이사회에 지시를 내린다.

AU 의장은 에티오피아 아디스아바바에 본부를 둔 AU 집행위원회를 이끌며, 여러 기관의 업무를 관리, 조율한다. OAU보다 더 많은 직원과 자원을 가진 AU 집행위원회는 기구를 대표하여 이니셔티브를 취할 권한이 있지만, EU 집행위원회와 달리 조약을 시행하거나 규정을 초안할 권한은 없다. 집행위원회는 다양한 정책 분야를 담당하는 위원들로 구성된다. 예를 들어 평화 및 안보문제와 관련하여 가장 중요한 부서는 정치국(인권, 민주화, 선거감시)과 그보다 더 큰 규모의 평화 및 안보국이다. 별도의 사무국은 남아프리카에 위치하며, AU의 개발기구인 아프리카 개발을 위한 신파트너십(NEPAD)이 수행중인 아젠다 2063을 감독한다.

범아프리카 의회는 2004년에 설립되었다. 회원국 의회에서 선출된 265명의 대표들은 특히 민주화, 굿거버넌스, 법치주의 분야에 중점을 두고 활동한다. 이 의회가 처음으로 취한 조치 중 하나는 수단 다르푸르 지역에 진상조사단을 파견한 것으로, 당시 그 지역에서는 집단학살에 가까운 폭력이 발생하고 있었다. 2005년에는 종교 및 사회단체를 포함한 시민 사회의 목소리를 반영하기 위해 자문 기구인 경제사회문화이사회가 설립되었는데, 이는 대륙의 점진적인 민주화를 반영하는 조치였다. AU의 사법 부문인 아프리카 사법재판소는 완전히 기능을 발휘하지 못한 채, 2004년에 아프리카 인권 및 민족권리 재판소와 통합되어 아프리카 사법 및 인권재판소가 되었다.

아프리카 평화 및 안보체제는 AU의 평화유지 및 분쟁 해결 메커니즘을 총괄하는 기구이다. 이 체제는 다음과 같은 포괄적인 의제를 다룬다. (1) 조기경보 및 분쟁 예방, (2) 평화구축, 평화 지원 작전, 분쟁 이후 재건 및 개발, (3) 민주적 관행, 굿거버넌스 및 인권 증진, (4) 인도적 활동 및 재난 관리. 2003년, 평화안보이사회가 평화 및 안보체제 내에 설립되었다. 이 상설 의사결정 기구는 AU 총회에서 순환제로 선출된 15명의 회원국 대표들로 구성되며, 집단안보를 증진하고 비헌법적인 정부 변화 상황에서 조치를 취할 권한을 가지고 있다. 예를 들어, 회원국의 자격을 정지시키는 제재를 부과할 수 있다. 평화안보이사회는 전통적인 평화적 해결 메커니즘(중재 및 조정 등)을 사용할 뿐만 아니라, 평화 지원 작전 및 인도적 활동도 수행할 수 있다. 그러나 이러한 조치를 실행하는 평화안보이사회의 능력은 제한적이다. 특히 독립적인 재정 및 물적 자원의 부족이 주요 제약 요인이다.

AU의 반쿠데타 구상. 1950년부터 2018년까지 전 세계적으로 발생한 486건의 쿠데타 시도 또는 성공 사례 중, 214건이 아프리카에서 발생했으며, 이는 어떤 지역보다도 많은 수치로, 그중 106건은 성공했다 (Schiel, Powell, and Faulkner 2021). 1990년 이전까지 쿠데타는 아프리카에서 흔한 일이었지만, OAU의 불간섭 원칙으로 인해 이 문제에 대해 거의 아무런 조치도 취해지지 않았다. 그러나 2000년 로메 선언의 채택으로 상황이 변하기 시작했다. 이 선언은 선거를 통한 정치적 변화를 지원하여 아프리카 대륙에서 민주주의를 공고히 하려는 목표를 담고 있다. 그리고 군대, 용병, 반군에 의한 선출 정부의 교체나 자유롭고 공정한 선거 후 권력을 이양하지 않는 행위를 비헌법적 정부변화(UCG: unconstitutional changes of government)로 규정했다. 이 선언은 냉전 이후 민주주의가 확산되는 환경 속에서 UCG를 용납할 수 없고 시대착오적이며 바람직하지 않은 것으로 간주하면서 시작되었다.

두 번째 주요 도구는 2001년 AU의 설립 헌장으로, UCG에 대한 무관용 원칙을 선언하고, 회원국들에게 '민주적 원칙과 제도, 대중의 참여, 그리고 굿거버넌스의 증진(제3조[g])'을 요구하며, 모든 형태의 UCG를 금지(제4조[p])한다.

세 번째 도구는 2007년에 채택되고 2012년에 발효된 아프리카 민주주의, 선거 및 거버넌스 헌장이다. 이 헌장은 민주적 변화를 저해하는 헌법 개정을 UCG로 규정하고 이를 불법으로 선언하는 아프리카의 정치적 전환에 관한 포괄적인 지침이다. 그러나 헌법 질서의 성공적인 복원이 정확히 무엇인지에 대한 명확한 정의가 없으며, 대중 봉기로 권위주의 정부가 전복된 상황을 어떻게 다룰 것인지에 대한 합의도 없다.

AU는 ECOWAS와 같은 하위 지역기구 및 유엔, EU와 같은 국제 파트너들과 협력하여 UCG의 발생을 줄이기 위해 노력했지만, 그 결과는 엇갈린 평가를 받았다. 2021년 말 기준으로, AU는 15개 회원국에 대해 22번의 제재를 가했다 (Hellquist 2021).

비판가들은 AU가 비헌법적 정부변화(UCG)에 대해 충분히 적극적으로 대응하지 못한다고 종종 비판해왔다 (Prakathi 2018; Ani 2021). 예를 들어, 2015년 부르키나파소의 쿠데타에 대해서는 AU가 신속히 이를 비난했으나, 2017년 짐바브웨의 경우에는 이를 쿠데타로 규정조차 하지 않았다. 2019년 수단에서 오마르 알바시르 대통령이 군에 의해 축출되었을 때, AU는 군의 역할을 비난했지만, 일부 학자들은 이를 UCG가 아닌 군의 도움을 받은 시민 주도 혁명으로 보았다 (Tossell 2020; Ani 2021). 2021년에는 네 건의 쿠데타가 성공했는데, AU는 말리, 기니, 수단의 회원국 자격을 정지시켰으나 차드는 정지시키지 않았다. 2022년 부르키나파소 쿠데타 경우엔 회원국 자격을 정지시켰고, 2023년 니제르 쿠데타 경우엔 제재를 가할 것을 경고하는데 그쳤다. 이러한 일관성 없는 대응은 AU가 "약하고 편향된 독재자들의 클럽에 불과하다"는 비판을 받는 이유다 (MacLean 2022). 다른 한편, AU가 효과적으로 대응하지 못하는 이유를 제재의 실효성을 확보하기 위해 EU와 같은 외부행위자의 지원에 과도하게 의존하기 때문이라고 보는 시각도 있다 (Souaré 2014). 분명히 AU는 이러한 현상을 억제하는 데 제한적인 성과를 보이고 있다.

AU와 평화 및 안보위협. AU가 수행한 많은 반쿠데타 구상은 평화와 안보에 대한 위협으로 간주된 상황에서 이루어진 것으로, 평화유지, 중재, 그리고 분쟁 당사자들과 협력하기 위한 연락그룹 창설과 같은 외교적 구상을 촉발했다. 이러한 노력 중 일부는 ECOWAS와 같은 다른 지역 파트너들과 AU 간의 협력을 포함하기도 했으며, 한 학자는 이를 '역할 분담'으로 설명했다 (Suzuki 2020: 184). 예를 들어, 2012년 말리에서 발생한 쿠데타 경우, AU와 ECOWAS는 공동 평화유지군을 파견했으며, 이는 2013년 유엔이 승인한 다차원 통합 안정화 임무(MINUSMA)와 통합되었다. 이는 제7장에서 더 자세히 다루고 있다. 그러나 2012년 기니비사우 쿠데타 경우, AU는 ECOWAS의 군사력과 연락그룹을 지원하는 데 그쳤다. 2023년 니제르 쿠데타는 말리, 기니, 부르키나파소에서 발생한 쿠데타 이후 일어났는데 이들 네 국가 모두 약한 정부와 빈곤, 알카에다와 관련된 단체들, 그리고 러시아의 바그너그룹의 존재를 고려할 때 사헬(사하라 사막 남쪽 지역 – 역자 주)지역 전체에 심각한 위협으로 여겨졌다 (Walsh 2023).

이러한 지역 및 소지역 협력은 평화 및 안보위협을 해결하기 위한 AU의 '우선적 역할'과 2002년 평화안보이사회(PSC)를 설립한 의정서 제16조를 반영한다. 이는 또한 분쟁에 개입할 권한이 있는 대륙 경제위원회의 '보조성'도 포함한다. 하지만 스즈키(Sanae Suzuki 2020: 174)가 지적했듯이, 이러한 협력에는 조정, 보조성, 위계 구조, 그리고 중복된 기능과 같은 중요한 문제가 있다. 개입 중에 명확한 역할 분담이 설정되지 않는 경우도 흔하다. 특히 유엔 및 EU와의 파트너십을 포함한 AU 평화유지활동의 조정과 관련하여 유사한 문제가 있었다. 이러한 노력 중 가장 큰 규모의 사례는 소말리아와 수단 다르푸르 지역에서 이루어진 작전이었다.

아프리카연합 소말리아임무단(AMISOM: AU Mission in Somalia)은 2008년에 시작되어 2022년에 종료되었으며, AU가 수행한 협력적 노력의 모델로 간주되기도 한다. AU의 다섯 번째 평화작전으로 시작된 AMISOM은 소말리아에서 대화와 화해를 지원하는 임무를 맡았으나, 국가 전역에서 알샤바브 테러 세력을 격퇴하는 광범위한 임무로 확대되었다. 1,600명의 우간다 군인으로 시작된 AMISOM은 2017년에는 여러 아프리카 국가에서 파견된 2만 2,000명이 넘는 인원으로 세계 최대 평화작전을 수행했다. 그러나 AU의 AMISOM에 대한 권한은 명목상이었으며, 실제로는 유엔 안보리가 임무를 설정하고, 유엔과 EU가 자금의 대부분을 제공했다. 윌리엄스(Paul D. Williams 2018: 98)에 따르면, "실제로, AMISOM의 군대를 파견한 국가들은 높은 수준의 자율성을 발휘했으며, 주로 임무에 할당된 구역 내에서 단독 작전을 수행했다"고 지적했다.

AMISOM은 여러 측면에서 결함을 드러냈으며, 이는 부분적으로 유엔, 주요 국가들, EU 등 파트너들이 충분한 자원을 제공하지 않았기 때문이었다. 이로 인해 AMISOM의 역량은 지정된 임무를 수행하기에 충분하지 않았으며, 파트너들

간에 우선순위와 책임에 대한 경쟁이 존재했다. 또한 부패문제와 소말리아인들이 자신들의 국가 성격에 대해 합의하지 못한 문제로 어려움을 겪었다. 이는 군사적으로 해결할 수 없는 문제였다(Williams 2018: 104–107). 그럼에도 불구하고, AMISOM은 말리, 콩고민주공화국, 중앙아프리카공화국, 남수단, 차드호 분지에서 수행된 AU의 다른 평화작전의 모델로 어느 정도 역할을 했다.

AU의 의제 2063과 무역 및 개발촉진 노력. 1980년 OAU가 승인한 라고스 행동 계획은 아프리카 내 무역을 촉진하고 선진국에 대한 의존도를 줄이는 것을 목표로 했다. 1991년에는 아부자 조약이 체결되어 아프리카 경제공동체가 설립되었다. 이 경제공동체는 아프리카 중앙은행과 공동 통화 연합을 형성하여 자유 무역을 촉진하려 했다. 그러나 그 성과는 제한적이었다. 곧이어 제정된 AU의 설립법(Constitutive Act)은 '대륙의 경제 통합'이라는 목표와 함께 '기존 및 미래 지역 경제공동체 간 정책을 조정하고 조화시키는 것'을 목표로 설정했다.

2013년, AU의 국가원수와 정부수반들은 '통합되고 번영하며 평화로운 아프리카, 자체 시민들이 주도하고 국제 무대에서 역동적인 힘을 대표하는 대륙'이라는 범아프리카 비전을 달성하기 위해 다시 매진하자는 취지의 선언문에 서명했다. 이를 기반으로 2015년, 아프리카 대륙의 향후 50년 동안 발전을 이끌어갈 야심찬 구조적 틀인 의제 2063(Agenda 2063)이 탄생했다 (AU 2015). 의제 2063에는 20개의 목표와 관련 우선순위가 포함되어 있으며, 이는 2015년에 승인된 유엔의 지속가능발전목표(SDGs)와 밀접하게 연계되어 있다. 의제의 목표는 높은 생활 수준과 잘 교육받은 시민들, 환경 지속가능성, 건강하고 영양 상태가 좋은 시민들에서부터 대륙을 포괄하는 금융 및 통화 기관 설립, 통합된 아프리카, 민주적 가치, 안정적이고 평화로운 대륙, 그리고 자립적으로 발전목표를 달성할 수 있는 글로벌 주요 파트너로서의 아프리카에 이르기까지 다양하다. 유엔의 SDGs와 마찬가지로, AU는 각 국가가 목표에 대한 진전을 평가할 수 있는 시스템과 10년 단위 실행 계획을 마련했다.

의제 2063의 목표에 따라, 2018년 AU 국가원수 및 정부 수반 회의는 아프리카대륙자유무역지대(AfCTA: African Continental Free Trade Area)를 창설하기로 합의했다. 이는 전통적으로 규모가 작은 아프리카 시장을 확장하려는 목표를 가지고 있었다. 2022년 말 기준으로 54개국이 협정에 서명했으며(에리트레아는 유일하게 서명하지 않음), 44개국이 이를 비준했다. 유엔 아프리카 경제위원회와 세계은행은 AfCTA가 아프리카 내 무역을 증진하고 수백만 명을 극심한 빈곤에서 벗어나게 할 가능성을 높이 평가했다(World Bank 2022b). 이 협정은 상품 및 서비스 무역, 분쟁 해결, 투자정책, 지적재산권 등을 다루는 일련의 의정서를 포함하고 있다. 2022년에는 아프리카 내 여러 국가의 기업들 간의 거래를 현지 통화로 결제할 수 있도록 하는 범아프리카 결제 및 정산 시스템(Pan-African Payments and Settlements System)도 설립되었다.

AU의 설립 문서에 명시된 경제개발의 필요성과 일치하지만, 이러한 대부분의 구상들은 뚜렷한 성과를 내지 못했다. 아프리카 국가들은 여전히 역내 국가들보다 역외 국가들과 더 많이 교역하며, 2022년 아프리카 수출의 70%는 1차 상품이었고, 그중 단 18%만이 대륙 내에서 교역되었다. 학계와 정치계 모두 AU의 경험이 "경제적 변혁을 달성하기 위한 전략으로서, 그리고 개발의 틀로서 실패했다"고 평가하고 있다 (Aniche 2020: 83). 르완다 대통령 카가메(Paul Kagame)는 이를 '집행의 위기'라고 언급했다 (*The Economist* 2022a에서 인용).

AU 접근 방식의 약점은 경제개발을 다루는 많은 다른 행위자들과, 경제적 목적을 위해 설립된 중복적인 지역 및 지역적 기구들의 존재와 관련이 있을 수 있다. AU의 경제적 목표는 대륙 차원의 아프리카개발은행(AfDB: African Development Bank)과도 겹친다. AfDB는 AU, NEPAD, AfCTA, 그리고 아젠다 2063의 일반적인 목표와 일치하면서도, 다양한 다자적 자원과 부유한 기부국들로부터 외부 자금을 활용하는 데 훨씬 더 유능한 모습을 보여주었다 (Nyadera et al. 2022). 우선, AfDB는 보다 맞춤형 접근 방식을 취하고 있다. 이는 적재적소에 자금 지원과 기술 지원을 동시에 제공하며, 기존 인프라와 새로운 인프라에 대한 투자도 포함한다. AfDB는 지역 데이터를 제공하고 유엔 지속가능발전목표를 적극적으로 시원하는 데 있어 선도적인 역할을 하고 있다. 또한 지역통합의 선도자로 자리 잡고 있으며, NEPAD의 인프라 프로젝트를 위한 제도적 기반을 제공하고, 지역 인프라 프로젝트 설계를 지원하기 위해 보조금을 제공하는 역할을 하고 있다 (Mingst 2015).

AU와 환경문제. 환경문제는 AU의 주요 의제에서 높은 우선순위를 차지하지 않았지만, 완전히 배제된 것도 아니다. 아젠다 2063의 목표 7은 '환경적으로 지속가능하고 기후 회복력이 있는 경제와 공동체'를 추구한다고 명시하고 있다. 아젠다 2063이 채택되기 이전인 2007년에 AU는 사헬지역의 황폐화된 경관문제를 해결하기 위해 그레이트 그린 월(Great Green Wall) 이니셔티브를 시작했으며, 2009년에는 아프리카 공동 기후변화 입장을 개발했다. 2014년, AU 집행이사회는 아프리카 야생 동식물의 불법 거래를 겨냥하고, 관련 파트너들과의 협력을 강화하기 위한 전략을 개발하기로 결정했다. 2015년 파리 기후회의를 앞두고 AU는 기후변화에 대한 초안 전략을 수립했으며, 2021년 글래스고회의 이후 이를 개정하여 2022년부터 2032년까지 대륙의 대응을 이끌어갈 실행 계획을 마련했다.

AU와 미래. AU는 일정한 성과를 거두었다고 평가할 수 있다. 특히, 선출된 정부를 전복한 국가들에 대해 제재를 가하려는 노력과 다르푸르와 소말리아의 분쟁을 해결하려는 광범위한 노력에서 두드러진 성과를 보였다. 이러한 난제에도 AU는 파트너들과 협력하면서, 시행착오를 경험하고, 다양한 접근 방식을 시도하면서 진화했다. 2022년 말에는 AU가 에티오피아와 티그라이 지역 간의 분쟁에서 휴전 합의를 이끌어냈다. 그러나 에티오피아, 수단, 이집트 간의 그랜드 에티오피아 르네상스 댐을 둘러싼 지속적인 분쟁은 AU가 지역분쟁을 해결할 능력을 갖추고 있다는 낙관적인 전망을 약화시키고 있다. 이 분쟁은 10년 이상 물 분배 협정을 놓고 이어져 왔다. 유엔, EU, 미국, AU 등이 협상을 주도했지만, 2021년

4월 AU가 후원한 협상은 돌파구 없이 종료되었다. 이후 이집트가 이 문제를 유엔 안전보장이사회에 회부했으며, 안보리는 당사국들에게 합의에 이를 것을 촉구하는 성명을 발표했다. 그러나 에티오피아는 2022년 초 댐의 전력 생산 실험을 강행했다. 협상된 합의가 부재한 상황에서, 이 분쟁은 나일강 유역 전체의 지역 안정성과 경제성장뿐만 아니라, 당사국들이 기후변화에 더욱 취약해질 가능성을 위협하고 있다. 한 관찰자는 이 상황에서 외교적 성공을 거두는 것이 AU에 긍정적인 영향을 미칠 것이라고 평가했다 (Floyd 2022).

AU의 강화가 정치적, 안보적, 경제적으로 야심찬 목표를 달성하는 데 더 큰 성공을 가져올지는 아직 두고 볼 일이다. 이러한 성공이 없다면 AU가 효과적으로 기능하고 세계무대에서 더 큰 영향력을 발휘하기는 어려울 것으로 보인다. 실제로 AU는 전임 기구였던 OAU에 비해 모든 면에서 더 많은 권한을 가지고 있지만, 복잡하고 도전적인 환경 속에서 여전히 어려운 과제들에 직면해 있다.

중동의 지역기구

2002년 유엔개발계획이 발간한 첫 번째 『아랍 인간개발 보고서』(UNDP 2002: 121)는 "아랍 국가들만큼 협력 또는 통합의 잠재력을 가진 국가 집단은 거의 없다"고 지적했다. 아랍 국가들은 공통의 언어, 역사, 종교, 문화로 묶여 있지만, 최근 몇 년간 더욱 분명히 드러난 여러 차이점이 그들을 갈라놓고 있다. 특히, 수니파와 시아파 무슬림 간의 갈등이 주요한 분열 요인으로 작용한다. 신학적으로 수니파와 시아파는 무함마드 예언자의 정당한 후계자에 대한 견해가 다르다. 양측은 서로를 이단으로 간주하며 두 가지 요인에 의해 이러한 차이가 정치적으로 격화되었다. 첫 번째 요인은 1980년대 소련과 싸운 아프가니스탄 및 이슬람 지지자들의 투쟁으로 촉발된 극단적 이슬람 근본주의의 부상이며, 이는 최근 시리아 및 이라크 이슬람 국가(ISIS: Islamic State of Syria and Iraq)의 등장으로 더욱 강화되었다. 두 번째 요인은 1979년 비아랍 국가인 이란(이란은 페르시아다 – 역자 주)에서 일어난 시아파 혁명과 2003년 미국의 이라크 침공이었다. 이로 인해 이라크에서 다수파인 시아파가 소수파인 수니파를 지배하게 되었다. 최근 들어, 이란은 시아파의 지도자로 자리 잡았으며, 사우디아라비아는 수니파 무슬림의 지도자로 스스로 간주하며 지역 내 강대국 간 경쟁을 벌이고 있다. 시아파는 이란, 이라크, 바레인에서 다수를 차지하고 있으며, 레바논에서는 가장 큰 정파를 형성한다. 반면, 수니파는 이집트, 요르단, 수단, 시리아 및 팔레스타인 지역에서 다수를 이루고 있다.

종교적 분열 외에도 중동 지역의 지역적 구상에 영향을 미친 요인들에는 서로 다른 정권 형태(보수적 군주제, 권위주의 정권, 혁명적 정권, 준(準)민주주의체제)와 각기 다른 정치적 의제가 포함된다. 이 지역에는 부유한 소국 카타르와 인구밀도가 높은 빈곤국 예멘 간의 막대한 부의 격차가 존재한다. 또한 지역 내 무역 수준이 낮고, 국가 간 수출입 품목이 유사하며, 특히 석유가 주요 상품인 점은 상호보완성이 부족함을 의미한다. 이 지역은 양자동맹과 경제 및 안보 의존성을 포함한 외부 강대국들의 광범위한 개입이 두드러진 특징으로 나타난다 (Legrenzi and Calculli, 2013: 2-5).

이 지역에는 두 개의 주요 지역기구가 있지만, 여러 차이점으로 인해 수년간 지역 협력이 상당히 지체되어 왔다. 2022년 기준으로 중동과 북아프리카의 22개국이 아랍연맹에 가입되어 있으며, 시리아는 2011년부터 2023년까지 회원 자격이 정지되었다. 이 가운데 6개 국가는 1979년 이란혁명과 1980~1988년 이란-이라크 전쟁에 대한 반응으로 1981년에 설립된 걸프협력회의(GCC)의 회원국이다. 그 외에도 아랍산유국기구(Organization of Arab Petroleum Exporting Countries)와 다양한 개발 기금 등의 이니셔티브가 진행되어 왔다. GCC와 아랍연맹은 튀르키예, 이란, 이스라엘과 같은 비아랍 국가들을 배제하고 있다.

아랍연맹

아랍연맹(League of Arab States)은 1945년 3월에 창설되었으며, 이는 유엔 설립 7개월 전의 일로 중동에서 중요한 역할을 해왔다. 연맹은 성취한 것만큼이나 하지 않은 일로도 주목받아 왔다. 아랍연맹은 범아랍주의(pan-Arabism) ― 모든 아랍인을 하나의 아랍 민족으로 통합하고, 여러 아랍 국가들이 독립을 얻고 있던 시기에 정치적, 경제적 협력을 촉진하기 위한 이념적·정치적 프로젝트 ― 의 구현으로 만들어졌다. 그러나 연맹의 헌장은 식민지배의 기억과 정권(대부분 권위주의체제) 안보에 대한 우려를 반영하여 국가 주권을 강조하고 있다. 아랍 국가 내부 및 상호 간의 분열과 경쟁에도 불구하고, 연맹은 오랫동안 특히 팔레스타인 지위를 둘러싼 이스라엘과의 갈등에서 아랍의 단결을 촉진해왔다. 그러나 아랍연맹은 오랜 역사 동안 이집트 외교정책의 도구로 사용되었기 때문에 회원국 간의 임시적인 협력을 제외하면 많은 성과를 이루지 못했다(Maddy-Weitzman, 2012: 71).

아랍연맹은 광범위하지만 다소 약한 제도화를 이루고 있으며, 두 개의 주요 핵심 기구로는 카이로에 본부를 둔 이사회와 상임 사무국이 있다. 또한 아랍연맹 교육·문화·과학기구와 같은 다양한 상설 위원회와 관련 기관들도 포함되어 있다. 2005년에 설립된 아랍 의회는 국가 의회에서 선출된 대표들로 구성되지만, 이들은 자국 의회나 정부를 대표하지 않고 아랍 국가 전체를 대표한다. 아랍연맹의 주요 의사결정 기구는 각 회원국 외무장관들로 구성된 이사회로, 연 2회 정기적으로 회의를 개최하며, 두 개 이상의 국가가 요청할 경우 특별 회의를 소집할 수 있다. 모든 회원국은 아랍연맹 기구에서 동등한 발언권을 가지지만, 결의안은 단순 과반수로 통과될 수 있다. 그러나 소위 권위적인 결정은 만장일치를 요구하며, 이러한 결정은 이를 수락한 국가에만 구속력을 갖는다. 이는 연맹이 회원국들에 미치는 권한을 실질적으로 제한하는 결과를 낳는다. 또한 헌장에 명시되어 있지 않은 국가 정상들의 정상회의 관행이 이사회와 다른 기구들의 역할을 약화시키는 결과를 가져왔다.

아랍연맹에서는 정치 및 안보협력이 더 부각됨에도 불구하고, 경제, 사회, 문화 협력이 더 성공적인 것으로 평가된다. 아랍연맹의 경제적 이니셔티브로는 아랍경제연합(Arab Economic Union), 아랍개발은행(Arab Development Bank), 대(大)

아랍 자유무역지대(Greater Arab Free Trade Area) 설립을 위한 조치들이 포함된다. 그러나 아랍 경제는 오랫동안 높은 보호를 받아왔고 생산 패턴도 유사했기 때문에 역내 무역은 여전히 낮은 수준에 머물러 있다.

아랍연맹의 주요 초점은 역사적으로 이스라엘 국가에 대한 적대감과 팔레스타인문제에 대한 지지였다. 회원국들은 유엔에서 한 목소리를 냈으며, 이스라엘을 인정하지 않음으로써 연대를 표명한 비아랍 국가들의 지지를 얻었다. 연맹은 1948년에 이스라엘 제품에 대한 보이콧을 단행했으며, 이는 오늘날까지도 유지되고 있는 가장 강력한 조치 중 하나이다. 그러나 회원국 간 내부 갈등으로 인해 1948년, 1967년, 1973년 이스라엘과의 전쟁에서 연맹은 협력을 이끌어내지 못했다. 아랍연맹은 1964년 팔레스타인해방기구(PLO: Palestine Liberation Organization)를 설립하고, 1974년 이를 팔레스타인 국민을 대표하는 합법적 기구로 인정받도록 추진했다. 또한 1979년 이스라엘과의 캠프 데이비드 협정을 체결한 이집트를 연맹에서 제명하기도 했다.

1989년 이집트와의 관계 복원은 1990년대 이스라엘과의 외교적 접촉 금지를 약화시키는 시작점이 되었고, 이는 1994년 요르단과 이스라엘의 평화 조약 및 모로코, 카타르, 이스라엘 간의 접촉으로 이어졌다. 2002년, 아랍연맹은 이스라엘의 팔레스타인 점령지로부터의 완전철수와 그에 상응한 관계정상화를 제안한 사우디아라비아를 지지했다. 이를 통해 이스라엘과 팔레스타인 간 협상을 촉진하고 독립적인 팔레스타인 국가가 수립되기를 희망했다. 그러나 양측이 충돌하는 가운데 이스라엘의 광범위한 폭격과 팔레스타인 민간인의 사망에 대한 국제적 비난이 들끓던 2014년, 2021년, 2022년 아랍연맹은 침묵했다. 이는 이슬람 극단주의 확산에 대한 우려가 팔레스타인에 대한 동정심보다 컸기 때문에 나타난 결과였다.

2020년 미국이 주도한 아브라함협정의 결실인 아랍에미리트(UAE)와 이스라엘 간의 관계 정상화는 이스라엘과의 정상화를 금기시하던 관행을 깨뜨리며 지역 내 주요 변화의 신호탄이 되었다. 아랍연맹은 UAE의 결정을 비난하는 팔레스타인의 결의안 초안을 승인하지 않았다. 이후 바레인, 모로코, 수단도 이스라엘과 관계를 정상화했다. 갬빌(Gary Gambill)은 “아랍 세계에서 이스라엘에 대한 대중의 적대감은 여전히 강하기 때문에 모든 조건이 동등하다면, 중동 지역의 독재적 지도자들은 이스라엘과의 관계를 정상화할 유인이 없다. 다만 이란으로부터의 위협과 역내 문제에 대한 미국의 손떼기에 대처하기 위한 협력의 이점이 점점 더 커졌다”고 평가했다. 이러한 아랍연맹 회원국 간 분열은 2021년과 2022년 하마스와 가자에 대한 이스라엘의 공격을 아랍연맹이 비난하지 못한 이유이기도 하다. 반면 아랍의회와 사무총장은 폭력을 비난하며 국제적 개입을 요구했다. 한 작가는 “팔레스타인문제에 대한 공동의 의지를 포기함으로써 아랍연맹은 분명히 존재 이유를 상실했다”고 평가했다 (Jahshan 2020). 요컨대, 『이코노미스트(*Economist*)』(2021)의 기고자는 팔레스타인문제가 “더 이상 아랍 세계를 결속시키지 못한다”고 지적했다.

아랍연맹은 지역 내 다른 갈등과 안보위협에 대처하는 데 있어 매우 엇갈린 기록을 보여 왔다. 1961년, 쿠웨이트 독립 당시 이라크의 점령을 막기 위해, 그리고 1976년 레바논 내전 때 공동 군사작전을 수행한 적이 있다. 그러나 1960년대, 1990년대, 그리고 최근의 예멘 내전과 1980년대 이란-이라크전쟁에서는 아무런 조치를 취하지 못했다. 하지만 1990년 이라크의 쿠웨이트 침공은 비난했다. 아랍연맹 회원국들은 2003년 미국의 이라크전쟁을 어떻게 막을 것인가에 대해 의견이 분열되었으나, 이라크 분쟁을 종식시키거나 이라크를 아랍 세계로 다시 통합하는 데는 아무런 기여도 하지 못했다. 연맹은 2000년대 초 다르푸르 지역에서 발생한 대량학살과 관련하여 수단 정부를 지지하며, 유엔제재와 인도에 반한 범죄로 기소된 수단 관료들에 대한 국제형사재판소(ICC)의 소추에 반대했다.

2011년과 2012년에 일어난 아랍의 봄 동안, 민주화를 요구하는 시위가 튀니지와 이집트에서 독재 정권을 무너뜨리고 지역 전반으로 확산되었을 때, 아랍연맹은 제한적인 역할만을 수행했다. 리비아에서 발생한 봉기에 대응하여, 연맹은 리비아정부의 시위대에 대한 폭력적인 탄압을 비난했으며, 리비아를 연맹회의에서 제명시키는 조치를 취했다. 이는 회원국 내정에 대한 전례 없는 개입이었다.

이후 아랍연맹은 리비아 민간인을 보호하기 위해 유엔 안전보장이사회에 비행금지구역 설정을 요청했다. 이는 안보리의 조치와 미국 및 NATO의 군사개입에 정당성을 부여했지만, 아랍 국가들의 지지는 만장일치가 아니었다. 개입이 단순히 인도적 보호가 아니라 정권교체를 목표로 한다는 것이 명확해지자, 아랍연맹의 사무총장인 무사(Amr Moussa)는 이전 결정을 철회했다. 리비아 지도자 카다피(Muammar Qaddafi)가 축출된 후 혼란이 뒤따랐고, 이후 정치적 교착 상태가 이어지면서 아랍연맹 회원국들은 두 경쟁세력 중 누구를 지지할지를 두고 분열되었다. 한 분석가는 이를 두고 "연맹이 분열하게 된 근본원인은 자국민에게 정치적 안정을 제공하지 못하는 리비아 정부를 지원할 수 없었다는 점에 있다"고 평가했다 (Harb 2020).

2011년에 시작된 시리아내전의 경우, 아랍연맹은 초기에는 시리아 대통령 알아사드(Bashar al-Assad)에게 위기를 완화하기 위한 조치를 취하도록 요구했고, 여기에는 연맹의 감시 임무를 수용하는 것도 포함되었다. 그러나 이러한 시도가 실패하자, 시리아의 연맹 자격이 정지되었으며, 시리아 관료들의 다른 아랍 국가로의 여행금지, 아랍 국가 내 시리아 자산동결, 은행 거래중단을 포함한 제재가 부과되었다. 아랍연맹은 분쟁종식을 중재하기 위한 여러 노력을 지원했으며, 2012년에는 전 유엔 사무총장 코피 아난을 유엔-아랍연맹 공동특별대표로 임명했다 (아난이 사임한 후 브라히미[Lakhdar Brahimi]가 뒤를 이었고, 2014년에는 미스투라[(Staffan de Mistura]가 임명됨).

결국, 아랍연맹은 시리아에 대해 거의 영향력을 발휘하지 못했으며, 일부 걸프협력회의 회원국들이 직접 관여하고 있는 예멘 내전에도 사실상 관여하지 못했다.

요약하자면, 70년이 넘는 아랍연맹의 역사 속에서 회원국들은 이스라엘/팔레스타인 문제와 관련된 초창기의 협력을 제외하고는 강력한 지역협력을 지지할 의지를 거의 보이지 않았다. 워싱턴 D.C.에 기반을 둔 아랍 센터에 따르면, 아랍연맹은 "아랍 세계의 만연한 분열을 반영하는 비효율적인 기관의 단순한 외관으로 전락했다." 그리고 "각 아랍 국가 엘리트들이 자신들의 이념을 우선시하고 이익을 추구하며 불화를 심화시킨 결과로, 아랍연맹은 4억 이상의 아랍인들의 이익을 지역적, 국제적으로 대변할 능력을 상실했다" (Al-Qassab et al. 2020). 사회적 및 경제적 발전에 관한 수많은 수사와 이니셔티브에도 불구하고, 아랍 국민들의 삶은 거의 개선되지 않았다. 아랍연맹의 역할은 주로 정치적인 것에 국한되었다. 대신, 중동 지역주의의 더 성공적인 사례로 평가되는 것은 바로 하위 지역기구인 걸프협력회의이다.

걸프협력회의

경제적, 정치적, 문화적으로 바레인, 쿠웨이트, 오만, 카타르, 사우디아라비아, 아랍에미리트는 세계에서 가장 동질성이 높은 국가들이다. 이들 모두는 군주제 국가이자 석유 생산국이다. 협력을 위한 상이한 비전에도 불구하고, 걸프협력회의(GCC)는 중동에서 가장 성공적인 시도 중 하나로 간주된다 (Fawcett 2013).

GCC는 1981년 이란혁명(1979년)으로 인한 위협, 소련의 아프가니스탄 침공(1979년), 이란-이라크전쟁(1980~1988년) 등 여러 위협에 대응하기 위해 설립되었다. GCC 헌장은 '회원국 간 모든 분야에서의 조정, 통합 및 협력'을 목표로 한다. 초기 주요 활동은 회원국 경제통합을 위한 합의를 체결한 것이다. 여기에는 통합 관세 제도, 자본 및 노동 이동의 비차별적 적용, 산업 개발 프로그램 조화, 공동 투자정책, 석유 산업정책 조정이 포함되었다 (Lawson, 2012: 6). 1984년에는 페닌슐라 쉴드(Peninsula Shield Force)라는 공동 신속대응군을 창설했으며, 시간이 지나면서 특히 내부 위협에 대해 회원국들이 협력하고 때로는 통합된 대응을 보여주는 능력을 발휘했다 (Valbjorn, 2016: 259). GCC의 활동은 경제와 안보 우려를 모두 다루는 것으로 발전했다. 역사적으로 사우디아라비아는 6개 회원국 중 지배적인 강국으로 자리해 왔지만, 2011년 아랍의 봄 이후 카타르는 사우디아라비아와 경쟁하며 활동적인 회원국으로 부상했다.

제도적으로, GCC의 주요 기관은 연간 회의를 여는 최고위원회(Supreme Council)로, 6개 회원국의 국가 원수들로 구성된다. 최고위원회는 GCC의 최종 결정을 내리지만, 대부분의 업무는 외교부 장관들로 이루어진 장관급 위원회(Ministerial Council)와 리야드에 본부를 둔 사무국에서 처리된다. 초기에는 결정이 만장일치를 기반으로 이루어졌으나, 실질적으로는 사우디아라비아가 더 큰 역량을 지녔기에 사실상의 거부권을 행사하고 있다 (Valbjorn, 2016: 259).

비록 GCC가 초기의 실패 예상을 극복하고 지속되어 왔지만, 지역기구로서의 효과성은 시간에 따라 변동을 겪어왔다. 정치적으로, GCC는 1980년대 이란-이라크전쟁과 1990년 이라크의 쿠웨이트 침공에 대해 효과적으로 대응하지 못했으며, 후자의 경우 미국의 도움을 공식적으로 요청하는 데 그쳤다. 회원국 시민들 사이에 존재하는 강한 반미 감정 및 높은 군사비 지출에도 불구하고, GCC 회원국들은 안보를 위해 공동 노력보다는 미국과의 양자 협정에 의존해왔다. 6개 회원국 중 5개국은 미군이 지역에 주둔할 수 있는 주요 기지를 제공하고 있다. 예를 들어, 사우디아라비아의 기지는 1990~1991년 걸프전 동안 사용되었고, 쿠웨이트와 카타르의 기지는 2003년

이라크전쟁에서 사용되었다. 예외적으로, 사우디아라비아는 2003년 미국에 자국 공군 기지에서 철수할 것을 요청했다. 바레인과 카타르에는 미국 지휘 본부가 상주하고 있으며, 이는 이란 위협에 대응하는 데 점점 더 중요한 역할을 하고 있다. GCC 국가들은 아랍의 봄, 시리아 내전, 이라크의 지속적인 불안정, 테러리즘, 이란의 핵 프로그램, 그리고 걸프 국가들과 중동 전역에 걸친 이란의 무장 단체 지원 및 내정 간섭으로 인해 야기된 다양한 위협에 직면해 왔다.

아랍연맹과 GCC 모두 점점 더 많은 회원국들에게 위협이 되고 있는 이란의 위협에 초점을 맞추고 있다. 2020년 아랍연맹은 시아파 민병대와 정치 정당 같은 대리인을 통해 아랍 국가들의 내정에 개입하는 이란을 비난하고, 국제법 준수, 국가 주권 존중, 그리고 위협이나 무력사용 자제 등을 요구했다. 2022년 연맹 이사회 결의안은 이란의 위협에 대응하기 위해 아랍 위원회를 설립했다. 『북아프리카 포스트(*North African Post*)』(2022)는 "이란은 이라크, 시리아, 레바논, 예멘에서 무장 대리인을 조종하여 주권을 가진 아랍 국가의 토대를 약화시키고 아랍 내 분열을 심화시키는 해로운 역할을 해왔다"고 지적했다. 연맹은 이란의 위협에 맞서는 모로코에 연대 의사를 표명했다. 두 기구의 회원국들은 이란의 미사일 및 핵 프로그램과 이스라엘-팔레스타인 평화 프로세스에 대한 이란의 반대를 우려하고 있다. 걸프 국가들은 또한 이란이 호르무즈 해협을 통제할 가능성에 대해 걱정하고 있다. 하지만 걸프 국가들에 있는 미군 기지와 미국과의 긴밀한 관계 때문에 이란은 오래전부터 이들 국가를 서방의 종속 국가로 비난해왔다.

이 지역에서의 핵무기문제는 특히 복잡하다. 이스라엘이 핵무기 능력을 보유하고 있다는 사실은 공공연한 비밀이다. 미국이 2017년 이란 핵 합의에서 탈퇴한 이후 이란이 핵무기 개발을 지속하는 것은 이스라엘이 미국의 지원 여부와 관계없이 이란의 핵무기 개발을 저지하기 위해 행동할 가능성을 높이고 있다. 또한 이란이 핵무기 개발에 성공할 경우 사우디아라비아가 동일한 능력을 추구하면서 이 지역에서 잠재적인 핵무기 경쟁이 시작될 가능성도 있다. 2023년 초 중국의 중재로 체결된 이란과 사우디아라비아 간의 협정은 이 지역과 GCC의 역학을 뒤바꿀 가능성이 있다.

GCC 국가들은 경제적으로 회원국 간의 연계를 강화하기 위해 몇 가지 구체적인 조치를 취했다. 1983년부터 회원국 간 관세 면제 무역을 시행했으며, 2008년부터 공동시장을 도입했고, 2015년 1월에는 관세 동맹이 발효되었다. 공동 시민권 제도에 따라 여섯 국가의 시민들은 자유롭게 이동할 수 있지만, 외국인 노동자의 대다수는 그러한 권리를 부여받지 못했다. 역내 주요 인프라 프로젝트로는 천연가스를 위한 통합 파이프라인 네트워크, 통합된 지역 철도 시스템, 통합 전력망 등이 포함된다. 로슨(Fred Lawson 2012: 17)의 결론에 따르면, "21세기 두 번째 10년에 이르면, GCC는 1981년이나 1990년대 중반과는 매우 다른 유형의 지역주의 프로젝트로 변화했다."

2011년 아랍의 봄이 전개되면서, 여섯 왕국이 가진 취약성을 고려할 때, GCC는 아랍연맹보다 더욱 응집력 있고 적극적인 모습을 보였다. 이들의 대응은 자국 및 다른 국가의 잠재적 소요를 무마하기 위해 수십억 달러를 투입하는 데 초점을 맞췄다. 2011년 3월에는 소외된 시아파 시위대를 진압하기 위해 바레인에 페닌슐라 쉴드(대부분 사우디 군대)를 배치했다. 예멘에서는 장기간의 중재를 통해 2011년 11월에 살레(Ali Abdullah Saleh) 대통령의 권력 퇴진을 이끌어냈다. 리비아에서는 카다피의 독재를 종식시키기 위해 아랍연맹과 함께 봉기를 지지했다. 시리아에서는 사우디아라비아와 카타르가 각각 서로 다른 반군 단체를 지원했는데, 이는 이란의 시리아에 대한 영향력을 종식시키려는 의도와 더불어 양국 간의 점점 심화되는 경쟁을 반영한 것이었다 (Maddy-Weitzman 2012). 이슬람주의 단체의 부상, 2014년 강력한 세력으로 떠오른 ISIS, 시리아와 예멘의 내전, 리비아의 혼란 속에서 일부 GCC 국가는 이라크와 시리아에서 ISIS에 공습을 가하기 위해 미국과 연합군에 참여했으며, 일부는 사우디아라비아와 함께 예멘에서 군사작전에 참여했다.

아랍 국가들 간의 또 다른 분열은 카타르를 중심으로 발생했다. 카타르는 인기 있는 뉴스 매체인 『알자지라(*Al Jazeera*)』의 본거지로, 혁명과 무슬림 형제단을 지지했는데 이는 사우디아라비아를 포함한 다른 많은 아랍 국가들이 반대하던 것이었다. 사우디아라비아와 카타르가 시리아에서 바샤르 알아사드 대통령의 축출을 지원하고 예멘에서 후티 반군과 싸운 것은 동일했지만, 리비아에서는 서로 다른 세력을 지원했다. 2017년 6월, 사우디아라비아, 이집트, 요르단을 포함한 6개 이상의 주요 국가가 카타르와 외교 관계를 단절하고, 카타르의 항공, 육상, 해상 경로를 차단하는 봉쇄를 시작했다. 이들 국가의 요구사항 중 하나는 카타르가 알자지라를 폐쇄하는 것이었다. 2021년, GCC 정상회의를 통해 이 분쟁과 봉쇄가 종료되었고, GCC 회원국 간의 관계가 회복되었지만, 카타르는 큰 변화를 이루지 않았다. 그러나 이러한 결과는 GCC의 조치가 아니라 미국의 영향력 때문이었다고 평가된다 (Ramani 2021).

가장 중요한 GCC의 안보 관련 이니셔티브 중 하나는 국경 간 정보협력을 개선하는 것이었다. 이는 '국내외에서 초국가적 테러 위협을 예측, 억제, 대응하기 위한 방법'으로 제시되었다 (Miller 2022: 436). 밀러(Rory Miller 2022: 438)에 따르면, 이러한 발전에서 중요한 요인은 GCC 회원국들과 미국 간의 양자 정보 파트너십, 2003년부터 사우디를 겨냥한 알카에다 네트워크의 공격, 그리고 이슬람국가(IS)의 성장에 대한 공통된 두려움이었다. GCC 회원국들은 2006년 상설 대테러 안보위원회를 설립하기로 합의했으나, 지역적 위협에 대응하기 위해 정보 공유와 공동 대응을 조정할 책임을 지닌 공동 대테러 센터와 같은 조직은 설립하지 않았다 (Miller 2022: 446).

2015년, 사우디아라비아-아랍에미리트 연합군이 지원하는 예멘 정부군과 이란의 지원을 받는 시아파 반군 후티 간에 전면적인 전쟁이 발발했다. 아랍연맹은 2023년까지도 계속된 이 전쟁을 종식시키기 위한 중재를 제안하지 않았고, 사우디아라비아의 입장을 반영하여 이란과 후티 반군이 계속되는 분쟁의 원인이라고 비난했다. 이 분쟁은 유엔이 세계 최악의 인도주의적 위기라고 부르는 상황을 초래했다 (제11장 참고).

* * *

요약하자면, 중동 지역주의는 아랍연맹과 GCC에서 나타난 것처럼 공통된 문화, 언어, 정체성 등의 요소때문에 지역 협력에서 더 큰 성공 가능성을 시사했음에도 효과성 면에서 매우 엇갈린 기록을 보여주고 있다. 두 기구 모두 회원국들 간의 심각한 분열 시기를 경험했으며, GCC는 회원국 간의 더 큰 동질성과 미국의 영향력 덕분에 경제적 측면에서, 그리고 어느 정도는 안보 측면에서도 더 많은 성공을 거두었다. 특히 아랍연맹에 있어 팔레스타인문제의 중요성이 감소한 것은 명백히 중요한 변화로 보인다.

북극 지역주의

다른 지역과 마찬가지로, 북극의 정확한 정의는 다양할 수 있다. 더피와 존스톤(Mary Durfee and Rachael Johnstone 2019: 23)에 따르면, "이 지역에 대한 단일한 정의는 없으며, 오히려 경계는 무엇을 연구하느냐에 따라 달라진다"고 한다. 북극이사회 작업그룹은 여러 다른 기준선을 사용한다. 하나는 북극권으로, 적도로부터 북위 66도에 위치하며, 북반구에서 한겨울에 태양이 뜨지 않거나 한여름에 태양이 지지 않는 가장 남쪽 지점이다. 또 다른 기준은 나무가 자랄 수 있는 가장 북쪽 지점으로 형성된 생물 지리학적 경계이며, 이 안에는 독특한 식물군과 동물군이 존재한다. 경계를 어떻게 설정하든, 북극은 천연자원과 경제적 잠재력으로 풍부하다. 기후변화로 인해 가속화되고 있는 해빙 현상은 아시아와 유럽 간의 새로운 해상 항로를 빠르게 열고 있으며, 이는 사고와 오염 같은 위험을 외딴 지역으로 확산시킬 가능성을 동반한다. 이러한 상황은 비북극권 국가들의 관심을 점점 더 끌고 있다. 해저에는 수십억 달러 가치의 석유와 가스, 그리고 귀중한 광물 자원이 매장되어 있을 가능성이 크다. 2007년, 러시아가 북극점 해저에 자국의 국기를 꽂은 과감한 행동은 대륙붕 경계 획정에 관한 경쟁적인 주장들을 부각시켰다. 이 움직임은 캐나다에 의해 '15세기식 영토 탈취'로 비유되었다(Proffit 2007).

여기서 다루는 지역들 중 북극은 '지구 공유지(global commons)'로 간주되는 육지와 해양 지역을 포함한다는 점에서 독특하다. 또한 북극은 일부 육지와 해양 지역이 국제법적 협약에 의해 규율되는 '관리된 공간(governed space)'으로 간주된다. 이러한 법적 협약에는 유엔해양법협약(UNCLOS)과 국제해사기구(IMO)의 극지방 선박 운항에 관한 국제규약(Polar Code)이 포함된다. 그 외에도 국제포경규제협약과 선박으로 인한 오염 방지를 위한 국제협약 및 의정서와 같은 관련 국제법도 있다. 북극은 또한 유엔 대륙붕한계위원회의 작업에 의해 규율되는데, 이 위원회는 대륙붕과 북극 해저에 대한 주권적 권리 주장과 관련하여 권고를 제공하는 기술-과학적 기구이다. 북극 어업문제를 다루기 위한 첫 번째 단계로는 2015년 중앙 북극해 공해에서의 비규제 어업 방지에 관한 오슬로선언이 체결되었다. 이 선언은 북극해 중앙과 접해 있는 5개국(노르웨이, 러시아, 캐나다, 덴마크/그린란드, 미국), 소위 북극 5(A5)로 불리는 국가들에 의해 이루어졌다.

이러한 거버넌스 요소들 외에도, 북극은 1996년에 설립된 북극이사회(Arctic Council)의 작업을 통해 관리된다. 북극이사회는 북극 해안에 위치한 5개국(미국, 러시아, 캐나다, 노르웨이, 덴마크 [그린란드])과 3개의 비해안국(스웨덴, 아이슬란드, 핀란드)이 설립한 정부 간 고위급 포럼이다. 북극이사회는 여러 면에서 독특한데, 특히 북극에 거주하는 50만 명의 원주민을 대표하는 6개의 원주민 단체가 이사회에 영구적으로 참여한다는 점이 독특하다.

북극지역의 형성

북극이 하나의 지역으로 형성되는 과정을 이해하는 것은 북극이사회를 자세히 살펴보기에 앞서 유용하다. 역사적으로 북극을 이루는 지역은 외딴 지역으로 주로 무시되거나 방치된 영토였다. 냉전 기간 동안에는 두 주요 북극 국가인 미국과 러시아(구소련) 및 일부 북부 동맹국들이 첩보 활동 및 방위를 위해 서로의 영토 근처에 군사시설과 주둔지를 구축하면서 일부 지역이 주목받았다.

1989년, 냉전이 막 끝나가던 시점에 취약해지는 북극의 환경에 대한 우려가 커지면서 이를 해결하기 위한 공동 노력이 필요하다는 인식이 확산되었고, 북극에 속한 8개국이 핀란드 로바니에미에서 첫 번째 회의를 개최했다. 이후 2년간의 협의 끝에 이들 8개국은 1991년에 북극 환경보호 전략을 수립했다. 이 전략은 과학 연구 협력, 오염 영향에 대한 데이터 공유, 개발 활동의 잠재적 환경 영향을 평가하는 활동에 중점을 두었다. 이를 위해 북극 모니터링 및 평가, 북극 해양환경보호, 북극 내 응급 예방 및 대응, 그리고 북극 동식물 보존과 같은 구체적 조치들이 마련되었다. 또한 이 환경보호 전략의 중요한 부분 중 하나는 원주민들을 작업에 포함한 것이었다. 1996년, 이들 8개국은 추가적으로 북극이사회를 설립했다. 이 이사회는 정부 간 고위급 포럼으로, 6개의 원주민 단체들이 상설 참여자로 활동하고 있다.

북극지역의 형성은 구성주의적 관점에서 가장 잘 이해할 수 있다. 북극지역에 대한 명확한 권리를 주장하는 국가들뿐만 아니라 외부 국가들의 활동, 그리고 다양한 거버넌스 요소와 정체성의 발전은 1980년대 후반 이후 북극이 독특한 지역으로 점차 인정받게 되는 데 기여했다. 이와 함께, 원주민 단체들의 참여는 이들이 북극 정체성을 발전시키는 데 중요한 역할을 했다. 동시에, 체제 이론은 북극 거버넌스를 이해하는 데 탁월한 접근 방식을 제공한다. 이는 관련 국제법 문서, 관습법적 관행, 그리고 북극이사회의 활동에서 비롯된 결과물로 볼 수 있다.

북극이사회

북극이사회의 회원국에는 8개의 북극 국가들과 함께 6개의 원주민 영구 참여단체가 포함되어 있으며(도표 5.5 참조), 6개의 작업그룹이 활동하고 있다. 8개의 유럽 국가는 오랜 기간 동안 옵서버로 활동해 왔으며, 2013년에는 5개의 아시아 국가(중국, 대한민국, 일본, 싱가포르, 인도)가 옵서버 지위를 부여받았다. 2022년 기준으로는 유엔개발계획(UNDP), 국제해사기구, 세계기상기구(WMO), 국제자연보전연맹(IUCN), 세계자연기금(WWF) 등 25개의 국제기구 및 비정부기구도 옵서버로 참여하고 있다. 옵서버는 회의에 참석할 수 있으나, 의장의 허가를 받아야만 문서 제출이나 준비된 발언을 할 수 있다. 또한 옵서버로서 북극 국가의 주권과 주권적 권리를 인정하고, 원주민그룹인 영구 참가자들의 특별한 지위를 인정하며, 북극이사회의 활동을 지지해야 한다. 작

도표 5.5 | 북극이사회에 영구 참가자로 참여하는 원주민 단체

- 알류트 국제협회
- 북극 아타바스카협의회
- 그위친 국제협의회
- 이누이트 순환 극지협의회
- 러시아 북극 원주민단체
- 사미협의회

업그룹은 특정 문제를 다루는 상설 기구로, 모니터링 및 평가, 식물과 동물 보존, 비상 예방, 준비 및 대응, 해양환경보호, 오염물질 행동 프로그램, 지속가능발전 등을 다룬다.

북극이사회는 연 2회 열리는 고위급 북극 관료회의와 2년마다 열리는 장관급 회의를 통해 운영된다. 의장직은 8개의 북극 국가들 간에 2년마다 순환하며 돌아간다. 이사회의 상설 사무국은 노르웨이 트롬쇠에 위치하고 있으며, 의장국, 영구 참가자, 작업그룹에 행정적 지원을 제공한다. 또한 원주민 비서국도 존재하며, 자체 이사회, 예산, 작업 계획을 보유하고 있지만, 북극이사회 사무국 내에서 기능한다.

북극이사회는 정의상 정부간포럼(intergovernmental forum)이지, IGO가 아니다. 유엔이나 대부분의 국제기구가 가진 법적 성격을 가지지 않으며, 별도의 '권한(powers)'도 없다. 다만, 장관급 회의와 작업그룹에서 이루어지는 논의가 A5(5개의 북극 연안국)나 A8(8개의 북극권 국가)이 취할 행동에 영향을 미친다. 북극이사회의 주요 활동 중에는 2015년 중앙 북극해의 지역 수산 관리 기구 설립에 중요한 발판이 된 오슬로선언과 2018년 중국, 일본, 한국 등 비북극권 서명국으로 참여한 중앙 북극해 공해에서의 비규제 어업 방지를 위한 협정이 있다. 북극이사회는 해양 기름 오염 대비, 항공 및 해양 수색·구조, 과학 협력과 관련된 법적 구속력이 있는 협정을 촉진했다. 취약한 환경에 노출된 원주민 단체들의 적극적인 참여가 이루어지는 만큼, 논의 주제는 종종 국가안보보다는 인간안보에 초점이 맞춰지고 있으며, 이는 유엔의 지속가능발전목표(SDGs)와 밀접하게 연결되어 있다. 대륙붕의 경계획정 문제는 북극이사회에서 논의될 수 있지만, 최종 해결은 유엔 대륙붕한계위원회가 담당한다.

북극에 관심을 가진 국가들의 수가 점차 증가하면서 2010년 이후로 '글로벌 북극'이라는 표현이 등장하게 되었다. 2013년, 5개의 아시아 국가가 북극이사회에 참관국으로 가입하면서 이사회의 초점이 크게 확대되었고, 기후변화로 점점 개방되고 있는 북극해의 정치적 복잡성이 더욱 심화되었다. 핀란드 국제문제연구소(Finnish Institute of International Affairs)는 2013년에 "북극은 더 이상 공간적이거나 행정적으로 국한된 지역이 아니며, 현대 글로벌정치의 중심에서 새로운 형태로 자리 잡고 있다"고 언급했다 (Dodds and Woon 2020: 17).

지역주의의 결과를 평가하기

지역기구는 글로벌거버넌스의 핵심 요소이며, 1990년대 이후 글로벌한 지역화는 뚜렷한 추세로 자리 잡았다. 지역주의가 문제해결을 위한 글로벌노력과 경쟁 관계에 있다고 보는 경향이 있지만, 대부분의 거버넌스 영역에서는 지역기구와 활동이 공유된 또는 중복된 책임을 통해 글로벌노력을 보완하는 경우가 많다. 물론, 지역 자유무역 구상이나 무역 블록(trade blocs)이 더 넓은 무역 흐름을 저해하는 장벽이다라는 우려가 있다. 실제로, EU는 회원국 간 무역 장벽을 제거하고 특정 파트너를 우대했지만, 다른 국가들과의 무역에 대해서는 장벽을 높였다. 특히 농업 분야에서의 EU의 공동정책은 미국과의 무역전쟁을 촉발시키는 등 격렬한 갈등을 일으켰으며, 글로벌 농업무역 개방 노력을 방해하기도 했다. 마찬가지로, 지역적 인권체제가 여성의 권리에 대해 더 제한적인 관점을 채택한다고 가정할 때, 이는 보편적 인권의 규범을 훼손할 가능성이 있다.

이 장에서 보여주었듯이, 지역기구는 조직 구조, 회원국에 부과되는 의무의 유형, 자원, 활동 범위 등에서 크게 다양하다. EU의 공식적이고 초국가적인 구조에서부터 ASEAN에서 찾아볼 수 있는 느슨하고 비공식적인 정책협력까지 그 형태가 다르다. 일반적으로, 개발도상국의 기구들은 '주권을 약화시키기보다는 보존하는 경향'을 보인다 (Acharya and Johnston 2007: 262). 그럼에도 불구하고, 확장하는 지역기구의 발전은 "거버넌스가 어떤 방향으로 나아가고 있는지, 직면한 딜레마의 범위, 그리고 지역 정치가 취할 수 있는 다양한 형태를 이해하는 데 중요하다" (Hurrell 2007: 146).

지역주의를 넘어: 초지역적 기구

많은 문제와 과제는 지역적 협력만으로 해결하기 어렵다. 따라서 EU-ASEAN 대화와 아시아 정상회의와 같은 다양한 초지역적 이니셔티브가 존재한다. 이러한 연결 가운데 일부는 정상외교의 의례적 활동에 불과할 수 있지만, 이는 서로 다른 지역의 국가들 간 상호작용의 가치를 인식하고 의미 있는 협력의 가능성을 보여준다.

초지역적 기구는 오랜 역사를 가지고 있지만, 테러리즘, 마약 밀매, 이주문제, 특정 유형의 환경파괴, 비전통적 안보위협 등과 같은 문제를 해결하기 위해 점점 더 중요한 역할을 하게 되었다. 일부 기구, 예를 들어 영연방과 프랑코포니는 유럽 식민주의의 산물로, 영연방은 영국과 많은 과거 영국 식민지를, 프랑코포니는 프랑스와 많은 과거 프랑스 식민지를 회원국으로 포함하고 있다. 또 다른 그룹으로는 군소도서국가연합(AOSIS), 비동맹운동(Non-Aligned Movement), 이슬람협력기구(OIC)와 같은, 공통의 목표를 공유하는 국가들로 이루어진 연합체가 있다.

OIC는 여러 지역의 57개 국가를 하나로 묶는 기구다. 1972년에 채택된 헌장은 "성지 보호와 팔레스타인 국민의 투쟁을 지원하며 그들의 권리를 되찾고 땅을 해방시키기 위한 노력의 조율"이 OIC의 주요 목표 중 하나라고 명시하고 있다. 또한 자결권 존중과 회원국 내정 불간섭을 주요 원칙으로 포함하고 있다. 다만, 정치적 통합을 위한 조항은 포함하고 있지 않다.

OIC는 설립 이후 주로 이스라엘에 대한 반대, 팔레스타인 지지, 그리고 이슬람의 단결을 촉진하는 데 초점을 맞춰왔다. 그러나 미국이 이슬람 세계에서 수행한 역할(1990~1991년 걸프전과 2003년 이라크 침공 포함)은 OIC 내 분열의 주요 원인이 되었다. 이는 OIC 회원국들 중 일부는 미국을 '악의 축(The Great Satan)'으로 간주하는 반면, 일부는 미군을 주둔시키고 있기 때문이다 (Akbarzadeh and Connor 2005: 82–83).

OIC는 주요 문제를 해결하는 데 실패했을 뿐만 아니라, 테러문제에서도 분열된 입장을 보이고 있다. OIC는 테러를 비이슬람적이라며 비난했지만, 동시에 팔레스타인 테러와 자살 공격에 대해서는 비난을 유보했다. 1990년 OIC가 테러 퇴치 협약을 채택했지만, 테러의 정의는 여전히 논란이 많다. 이는 팔레스타인의 자결권 투쟁이 정당한 정치적 표현으로 간주되는 경우가 많기 때문이다.

2011년 아랍의 봄은 OIC를 당황하게 만들었다. 이집트, 예멘, 바레인, 오만, 요르단, 시리아를 포함한 많은 회원국들이 민주화 운동과 독재 지도자들의 축출에 직면했다. 그러나 OIC는 이러한 문제를 직접 다루기보다는, 리비아정부의 폭력적인 시위 진압을 비난하고, 리비아 민간인보호를 위한 유엔 안보리의 비행금지구역 설정 조치를 촉구하는 데 초점을 맞췄다. 호세인 (Ishtiaq Hossain 2012: 308)은 "정치, 안보, 국방 측면에서 OIC는 성공하지 못했다. 비록 어려운 일이겠지만 OIC는 경제, 정치, 안보 분야에서 GCC, ASEAN, APEC이 거둔 성공을 본받으려 노력해야 한다"고 결론지었다.

결론적으로, 지역 및 초지역기구는 매우 많지만 이 중 일부는 글로벌거버넌스에서 다른 기구들보다 훨씬 더 중요한 역할을 한다. 지역화 과정은 각 지역 내 역동성에 따라 분명히 계속 진화할 것이다. 이러한 과정들 중 일부는 적어도 부분적으로 비국가행위자들에 의해 형성되었으며, 이에 대한 논의는 제6장에서 다룰 것이다.

추가 읽을거리

Acharya, Amitav. (2021) *ASEAN and Regional Order: Revisiting Security Community in Southeast Asia*. New York: Routledge.

Bach, Daniel C. (2015) *Regionalism in Africa: Genealogies, Institutions and Trans-State Networks*. New York: Routledge.

Börzel, Tanja A., and Thomas Risse, eds. (2016) *The Oxford Handbook on Comparative Regionalism*. New York: Oxford University Press.

Olsen, Jonathan. (2020) *The European Union: Politics and Policies*, 7th ed. New York: Routledge.

Stapel, Sören. (2022) *Regional Organizations and Democracy, Human Rights, and the Rule of Law: The African Union, Organization of American States and the Diffusion of Institutions*. Cham: Palgrave Macmillan.

Valbjorn, Morten. (2016) "North Africa and the Middle East." In *The Oxford Handbook of Comparative Regionalism*, edited by Tanja A. Börzel and Thomas Risse. New York: Oxford University Press, pp. 249–270.

6장 비국가행위자의 비판적 역할

비국가행위자의 범위	217
비국가행위자의 성장	226
비국가행위자와 정책결정	231
비국가행위자와 관련된 문제들	236

주권국가가 국제체제의 주요 구성 요소이기는 하지만, 수많은 비국가행위자(NSAs: nonstate actors)도 글로벌거버넌스의 일부이다. 비국가행위자를 이해하는 것은 그 수와 다양성뿐만 아니라 국제문제에 미치는 영향력 때문에 중요하다. 비정부기구(국제앰네스티, 국경없는 의사회, 국제적십자위원회 등의 NGO), 사회운동 및 초국가적 옹호네트워크(핵무기폐기 국제 캠페인, 지뢰금지 국제캠페인), 인식공동체(국제법 연구소, 기후변화 정부간패널, 핵전쟁 방지 국제 의사회) 등 여러 유형의 비국가행위자에게 수여되는 노벨평화상이 그 중요성을 나타내는 한 가지 지표이다.

비국가행위자의 범위

도표 6.1에서 볼 수 있듯이 대표적인 비국가행위자 유형은 NGO이지만, '비국가행위자'는 사회운동과 초국가적 옹호네트워크, 인식공동체, 재단, 다국적 기업, 언론, 심지어 초국가적 테러리스트와 범죄자까지 포함하는 광범위한 범주이다. 이러한 비국가행위자들의 공통점은 이들이 주권국가가 아니고 동일한 종류의 권력을 갖고 있지도 않으며 일반적으로 영토를 통제하지는 않지만 여전히 국가 중심의 시스

도표 6.1 | 비국가행위자의 유형

비정부기구(NGO)
- 지방, 전국, 국제 차원에서 공익과 정책적 목표를 추구하기 위해 개인들이 자발적으로 조직하고 창설한 단체들
- 예: 자연보호협회, 국제투명성기구, 국경없는 의사회 등

사회운동과 초국가적 옹호네트워크(TAN)
- 특정 이슈나 대의를 위해 활동하는 시민사회그룹의 연대
- 예: 흑인 생명도 소중하다(Black Lives Matter), 국제지뢰금지운동, 집속탄금지운동

인식공동체와 싱크탱크
- 다양한 정부 또는 비정부 기관에서 온 전문가들로 정책 관련 지식, 연구 또는 조언에 헌신
- 기후변화에 관한 정부간패널, 국제 지속가능한 발전 연구소, 채텀 하우스

재단
- 개인, 가족 또는 기업이 후원하는 비영리 자선 또는 공익 목적 단체
- 예: 포드 재단, 빌 앤 멜린다 게이츠 재단, 록펠러 재단

다국적기업과 기업 협회
- 영리를 목적으로 일국의 경계를 넘어 활동하는 민간 기업들
- 예: 몬산토, 쉘, 국제상공회의소

전통 미디어 및 소셜미디어
- 인쇄물, 라디오, 텔레비전, 인터넷 등 뉴스 소스
- 예: 뉴욕타임즈, BBC, 페이스북

'악한' 비국가행위자들
- 예: 테러 세포조직, 마약 딜러, 해적

템 내에서 활동한다는 점이다.

비정부기구

비정부기구(NGO)는 가장 눈에 띄는 비국가행위자로 함께 활동할 때 더 많은 주목을 받곤 한다. NGO는 정당과 달리 정부로부터 권한을 위임받지도 않고 정부권력을 공유하려고 하지도 않는다. 제1장에서 정의한 바와 같이 NGO는 공동의 목적을 달성하기 위해 사람들이 자발적으로 결성한 조직이다. 그러나 그 공동의 목적이 반드시 이타적으로 '공공의 이익'을 지향해야 하는지는 불분명하다. 유엔 가이드라인에서는 이러한 지향성을 NGO 정의의 일부로 제시하고 있지만, 다른 맥락에서는 공동의 목적만으로도 충분하다고 간주되기도 한다. 현실적으로 모든 NGO가 이타적이거나 공익에 도움이 되는 것은 아니다.

NGO는 매우 다양하다. 광범위한 문제를 다루기도 하고(예: 환경의 여러 측면을 보호하는 자연보호협회), 좁은 주제(예: 조류 보호를 위한 오듀본 협회[Audubon Society]의 활동)를 다루기도 한다. 정보 제공(예: 국제투명성기구)이나 서비스 제공(예: 그라민 은행) 또는 특정 명분(예: 휴먼라이츠워치)을 주창하는 데 주력할 수도 있다. 여성과 아동과 관련된 지역사회 차원의 문제를 해결하는 아프리카 NGO인 토스탄(Tostan)처럼 소규모의 지역 단위 단체일 수도 있고, 전 세계 빈곤문제를 해결하는 국제 NGO인 옥스팜처럼 대규모의 글로벌단체일 수도 있다. 많은 주요 NGO는 북반구 및 서구 선진국에 본부를 두고 있으며, 민간 기부자, 정부, IGO로부터 막대한 자금을 글로벌 사우스의 단체 및 활동에 제공하고

있다.

재원이 충분하든 그렇지 않든 모든 NGO는 한 가지 중요한 공통점을 공유하는데, 그것은 국가나 국제기구와 달리 전통적인 국제법상 독립적인 국제법인 자격이 없다는 점이다. 때로는 특정 재판 환경에서 소송을 제기하거나 국제 규칙을 집행하는 것이 허용되기도 한다. 그럼에도 불구하고 NGO는 여전히 그들이 활동하는 국가의 법률과 규칙을 준수해야 한다. 방글라데시나 아이티와 같은 국가는 오랜 기간 동안 활기차고 거의 제한이 없는 NGO 커뮤니티의 역사를 가지고 있으며, 일본과 같은 국가는 시간이 지나면서 NGO에 대한 법적, 재정적 제약을 점차 완화해 왔다. 중국, 이집트, 러시아 등 다른 국가에서는 여전히 NGO를 엄격하게 규제하고 있다. 실상 NGO의 정부와의 다양한 관계와 자금 출처로 인해 정부나 기업에 의해 탄생한 조직이 생겨나면서 NGO의 정의가 더욱 모호해지기도 한다.

NGO는 한 국가에서 독자적으로 활동할 수도 있지만 국경을 넘어 다른 단체와 다양한 방식으로 연계하여 활동하기도 한다. 한 가지 방식은 세계자연기금, 세이브더칠드런 등과 같이 연맹을 결성하는 것이다. 연맹에는 개별 국가의 지부와 주요 '국제' 사무소가 있다. 국제사무소는 일반적으로 공동의 목표를 전파하지만 지부를 통제하거나 조정하는 정도는 차이가 있어서, 특히 지부가 강대국에 있고 자체 로비나 기금 모금을 하는 경우는 지부 자체가 큰 영향력을 행사할 수도 있다(Wong 2012). 옥스팜 인터내셔널은 한때 영국 NGO였지만 현재는 벨기에, 캐나다, 뉴질랜드, 스페인, 미국 등에 지부를 둔 다국적 연합 단체의 한 예이다.

또 다른 방식은 NGO가 국경을 넘어 서로 연대하는 방식이다. 연대는 직접적인 '직계조직'을 넘어 조직을 연결하기 때문에 연맹보다 덜 위계적인 경향이 있다. 예를 들어, 크고 작은 NGO가 협력하여 단기 긴급구호 및 장기 개발지원을 제공하는 경우가 있다.

1980년대와 1990년대에 코끼리 보호와 상아거래 금지문제를 둘러싸고 결성된 두 개의 사례에서 볼 수 있듯이 연대의 공식화 수준은 다양하다 (Princen 1995). 하나는 휴메인 소사이어티와 동물의 친구들(Friends of Animals) 등 동물권 보호 NGO처럼 느슨하게 구성된 단체로, 미디어 캠페인을 통해 대중의 인식을 제고함으로써 정부의 결정에 영향을 미치는 데 중점을 두었다. 활동자금은 전적으로 회원들로부터만 조달했으며, 장기적인 해결책을 실행하는 데 전념하는 조직 구조는 갖추지 않았다. 이는 훨씬 더 공식화된 두 번째 연대와 대조적이다 (제10장에서 자세히 설명한다). 세계자연보호기금(WWF International), 국제자연보전연맹 등 주요 환경단체로 구성된 두 번째 연대는 정부정책을 바꾸는 것뿐만 아니라 동식물 무역거래 기록 분석(TRAFFIC) 이니셔티브처럼 장기적으로 정책을 시행하는 데 관심을 기울였다. 많은 회원들이 선진국에 기반을 둔 이 통합 연대는 여러 아프리카 국가에서 연구를 수행하고, 현지에서 활동하며 정부를 교육하고, 외부로부터 자금을 모금하고, 유엔환경계획(UNEP) 및 멸종위기에 처한 야생동식물종의 국제거래에 관한 협약(CITES) 사무국과 파트너십을 맺었다.

드문 경우이긴 하지만 무능하거나 부패한 국가가 방치한 서비스를 제공하거나 실패한 국가를 대신해 NGO가 정부를 대신하는 특이한 사례도 몇 가지 있다. 예를 들어, 아이티는 다른 어떤 나라보다 많은 수천 개의 NGO들이 활동하고 있으며, 이들 NGO가 의료 및 위생과 같은 기본 서비스를 제공하는 아이티의 최대 제공자이기 때문에 'NGO 공화국'이라고 불리기도 한다 (Kristoff and Panarelli 2010). 수년 동안 방글라데시는 세계에서 가장 대규모의 NGO 부문(일부 집계에 따르면 2만 개 이상)을 보유하고 있었으며, NGO는 농업, 교육, 금융, 보건 분야 등 전통적인 정부 기능을 수행해 왔다. 방글라데시의 빈곤율은 1970년대 이후 급격히 감소했으며, 정부는 NGO가 수행하던 일부 기능을 재개할 수 있는 역량을 향상시켰다.

사회운동과 초국가적 옹호네트워크

NGO에 비해 사회운동은 현 상황을 유지하거나 혹은 변화시키기 위해 결성된 개인과 단체의 느슨한 대중 기반 연합이라고 할 수 있다. 사회운동은 보수적이거나 진보적일 수 있으며, 특정 이슈(예: 가족계획, 핵무기, 인종 차별)에 반대하거나 반대로 특정 이슈(예: 환경보호, 이민, 여성 인권)를 옹호할 수도 있다. 이러한 연합은 계급, 젠더, 종교, 언어 또는 민족과 같은 주요 사회적 분열선을 중심으로 형성될 수 있다. 구성주의자들이 주장하듯이 사회운동은 원주민, 빈곤층 등의 새로운 정체성이나 공동체를 형성하는 데에도 도움이 될 수 있다.

전 세계는 2020년 수백만 명의 사람들이 '흑인의 생명도 소중하다' 운동의 일환으로 거리로 쏟아져 나오면서 사회운동의 힘을 목격했다. 이 운동은 소셜미디어에서는 몇 년 전부터 존재해 왔으며 유색인종이 겪는 차별, 인종적 동기에 의한 폭력, 경찰의 폭력에 대한 관심을 불러일으켰다. 미니애폴리스 백인 경찰이 경범죄로 체포하던 흑인 남성 조지 플로이드를 사살한 사건 이후 더욱 널리 알려지면서 그해 여름 미국과 여러 나라의 수백 개 도시에서 시위를 촉발시켰다.

사회운동은 지속성, 효과성, 지원을 동원하는 데 사용하는 공식적 또는 비공식적 구조의 유형이 매우 다양하다 (Tilly 2004). 때때로 사회운동은 대중을 위해 이슈를 구성하거나 제도와 자원을 활용하는 데 도움을 주는 NGO의 도움을 받기도 한다 (Smith and Wiest 2012: 5장). 그러나 NGO는 때때로 국가나 국제기구가 사회운동을 정부 산하기관과 연결하여 사회운동을 '길들이는' 데 관여하기 때문에, 사회운동의 일부 주체들은 공식 NGO와 협력하는 것을 꺼린다.

사회운동은 '초국가적 옹호네트워크(TAN: transnational advocacy networks)'와 관련이 있다. TAN은 특정 대의나 명제를 옹호하기 위해 국경을 넘어 활동하는 자발적이고 호혜적이며 수평적인 그룹의 네트워크이다 (Keck and Sikkink 1998: 8). NGO는 TAN의 주요 운영자가 될 수 있지만, 사회운동과 마찬가지로 TAN은 NGO에만 국한되지는 않는다 (Ohanyan 2012: 377–378). 때때로 비국가행위자로 구성된 초국가적 네트워크는 시장, 지역 공무원, 판사, 경찰과 같은 하위 행위자로 구성된 초정부적 네트워크와 연결되며, 그 결과 중앙정부의 직접적인 참여나 지식 없이도 정책 조정이 이루어지기도 한다 (Slaughter 2004).

참여그룹 간의 공식적, 비공식적 연결은 TAN의 중추적인 역할을 하며, 이러한 네트워킹은 커뮤니케이션의 발전으로 인해 크게 촉진되었다. 통신 혁명, 특히 인터넷과 소셜미디어의 성장은 비국가행위자들을 국가는 물론 다른 비국가행위자들과 연결해 주었다. 시간이 지남에 따라 TAN은 다양한 그룹 간에 다층적인 연결망을 구축했다. 예를 들어, 소규모 지역그룹은 특정 인권침해나 환경 재난에 대해 직접 피해를 입은 사람들의 이야기를 포함하여 자세한 일차적 정보를 제공할 수 있다. 대규모 글로벌그룹은 이러한 정보를 받아 사례를 홍보하고, 자원이나 노하우를 제공하며, 국가 또는 국제정책의 변화를 촉구할 수 있다. 이러한 연결은 영향력, 정보 공유 및 도달 범위를 강화하는 동시에 연결된 그룹이 고유한 성격과 공동체를 유지할 수 있도록 해준다.

TAN은 정책 토론에 새로운 정보나 아이디어를 제공할 뿐만 아니라, 문제를 보다 이해하기 쉽고 동기를 부여할 수 있는 새로운 방식의 프레임을 제시하기도 한다. 예를 들어, 국제지뢰금지운동(ICBL)은 한때 주소도 없고, 공식적인 조직 정체성이나 은행 계좌조차 없는 느슨한 초국적 네트워크였다. 시간이 지나면서 과거 분쟁에서 살포된 지뢰로 인해 민간인과 어린이가 상해를 입는 경우가 빈발하자 지뢰를 군축문제가 아닌 인도주의적 문제로 재구성했다. 1990년대 후반까지 ICBL은 대인 지뢰를 금지하는 국제법 협약을 지지하는 광범위한 세력을 구축했다 (Thakur and Maley 1999). 그러나 ICBL의 성과가 TAN이 항상 목표를 달성하거나 지지세력을 동원할 수 있다는 것을 의미하지는 않는다. 일부 이슈는 진전을 이루었지만 킬러로봇이나 남아 할례 금지와 같은 이슈는 여전히 잠재적인 '잊혀진 명분'으로 남아있다 (Carpenter 2014).

정보와 자금, 인력의 교환을 통해 TAN은 서로에게서 배울 수 있다. 예를 들어, 2008년 집속탄금지협약을 체결하기 위해 집속탄금지연합은 이전에 ICBL에서 사용했던 여러 전략을 채택했다. 학습은 다른 문제 영역에 걸쳐서도 일어난다. 예를 들어, 인권과 여성 인권을 위해 활동하는 단체들 간의 긴밀한 관계는 여성 인권을 인권운동의 근간으로 끌어올리는 데 기여했다. 환경운동가들도 공적 영역의 보호를 위해 인권운동의 언어를 채택했다.

인식공동체와 싱크탱크

전문가는 글로벌거버넌스에서 또 다른 중요한 유형의 비국가행위자다. 정부 기관, 연구소, 민간기업, 대학 등에서 모인 전문가들은 특정 문제를 이해하고 틀을 짜고 해결하는 데 중요한 지식을 가진 사람들의 네트워크인 이른바 인식공동체를 형성하는 경우가 많다. 이러한 지식기반 공동체는 관련된 전문영역 내에서 정책 관련 지식에 대한 권위 있는 주장을 제기한다. 이들은 다양한 연구 분야와 기관에서 왔지만 일련의 인과적 신념, 규범적 견해, 상충되는 증거를 평가하는 기준, 정책적 해결책을 모색하려는 노력 등을 공유한다 (Haas 1992: 3).

공유된 지식이 가치를 갖는 곳이라면 어디에서나 그러한 인식공동체를 찾을 수 있다. 이들은 지적 재산권에서부터 팬데믹 대응, 핵 비확산에 이르기까지 다양한 이슈에서 영향력을 발휘해 왔다. 뒤의 장에서 몇 가지 인식공동체에 대해 설명할 것이다.

인식공동체는 특히 환경문제에서 흔히 찾아

볼 수 있다. 오랜 사례 중 하나는 기후변화에 관한 정부간패널(IPCC)로서 최신 기후과학을 종합하여 주기적으로 대중에게 널리 알려진 보고서를 작성하고 있다. 또 다른 예로는 지역 해양 분야를 들 수 있다. 1980년대에 지중해가 죽어가고 있다는 우려가 커지자 이 지역의 18개 정부는 UNEP의 후원 아래 '지중해계획(Med Plan)'을 협상하기 위해 노력했다. UNEP, 식량농업기구(FAO), 여러 국가로 구성된 생태학자들의 네트워크는 각국 정부가 만나 문제해결 방법에 합의하도록 하는 데 결정적인 역할을 했다. 오염 통제를 위한 가장 강력한 조치는 이 인식공동체의 구성원이 정부기관에 가장 큰 영향력을 행사하는 국가들이 주도했다 (Haas 1990). 지중해계획은 다른 여러 지역 해양에 관한 협약의 모델이 되었다.

싱크탱크는 인식공동체의 사촌격이다. 인식공동체와 마찬가지로 정책 관련 지식에 전념하는 이 기관들은 국내 및 국제 정책문제에 대한 연구를 수행한다. 일부 기관은 연구 그 이상의 역할을 수행하기도 한다. 예를 들어, 국제평화연구소(International Peace Institute)는 평화유지 역할을 수행할 군인과 민간인을 교육하고 평화유지 관련 이슈에 대한 분석 보고서를 작성한다.

다른 비국가행위자와 마찬가지로 싱크탱크는 다양한 형태를 띤다. 싱크탱크는 당파적 성향이 다양하며, 일부는 보수적 성향을 띠고 다른 일부는 진보적 성향을 띠기도 한다. 또한 활동의 범위도 다양하다. 일부 싱크탱크(예: 국제 지속가능발전연구소 또는 피터슨 국제경제연구소)는 특정 이슈에 대해 조언하고, 다른 싱크탱크(예: 채텀하우스 또는 브루킹스연구소)는 좀 더 광범위한 이슈를 연구한다. 카네기국제평화연구소 같은 싱크탱크는 더 이상 단일 국가에 초점을 맞추지 않고 다양한 지부에 직원을 두고 여러 정부와 IGO에 정책을 제언한다. NGO와 마찬가지로 가장 잘 알려진 싱크탱크 중 상당수는 글로벌 사우스에 관해 연구하더라도 글로벌 노스에 본부를 두고 있다.

재단

민간재단은 또 다른 유형의 비국가행위자이다. 이들은 자선이나 공동체 목적을 위해 활동하는 비영리 단체로, 특정 개인, 가족 또는 기업에 의해 자금을 지원받거나 이름을 붙이는 경우가 많다. 대부분의 선진국에서 재단은 지위와 특권을 유지하기 위해 특정 규칙을 준수해야 하는 법인이다.

자선 기부의 전통과 유리한 세금 혜택 때문에 미국은 재단을 운영해온 오랜 역사를 가지고 있다. 이들 중에는 포드(자동차), 록펠러(석유), 존슨(제약), 게이츠(컴퓨터), 블룸버그(미디어) 등 영향력 있는 기업가나 경제 부문에서 비롯된 것이 많다. 제11장에서는 다중 이해관계자 보건이니셔티브에 자금을 지원하고 동원하는 데 중요한 역할을 해온 빌 앤 멜린다 게이츠 재단에 대해 설명한다.

일부 재단은 그들의 자선 활동을 기부자가 사업을 수행하는 경제 분야와 연계시키기도 하지만, 대다수의 재단은 그렇지 않다. 예를 들어 록펠러재단은 석유 수익으로 설립되었지만 오랫동안 의료 및 농업 프로그램에 자금을 지원해 왔다. 그러나 기부자의 부의 원천과 밀접한 관련이 없더라도 특정 기업이나 사업가와 관련된 민간재단이 국제 정책문제를 형성할 수 있도록 허용하는 것이 현명한지에 대한 의문은 여전히 남아 있다.

다국적기업과 기업협회

또 다른 유형의 비국가행위자는 다국적기업(MNC: Multinational Corporation)으로, 이들은 국경을 넘어 영리를 목적으로 비즈니스 거래와 운영에 종사한다. MNC 또한 다양한 형태로 존재한다. 일부(예: 몬산토)는 개인 소유로 운영되며, 다른 일부(예: 중국석유공사)는 적어도 부분적으로는 정부 소유와 통제하에 있다. 정부의 개입은 특히 에너지나 국방 같이 정치적으로 민감한 부문에서 흔히 발생한다. 정부의 개입 여부와 관계없이 MNC는 세계 경제의 중요한 부분이다 (제8장에서 논의).

다른 비국가행위자와 마찬가지로 MNC는 때때로 연합을 통해 활동을 확대하려고 한다. 기업협회는 MNC를 연결하여 정보 공유, 표준 설정 및 정책 영향력을 촉진하는 연합이다. 일부 기업협회는 특정 주제에 초점을 맞추고 있다. 예를 들어, 지속가능한 발전을 위한 세계 기업협의회의 회원 자격은 지속가능한 발전을 약속하는 대기업으로 제한된다. 다른 기업협회는 훨씬 더 광범위하다. 예를 들어, 국제상공회의소는 100개국에 4,500만 명의 회원을 보유하고 있으며, 이는 세계 경제의 거의 모든 상상할 수 있는 부문에 걸쳐 있다.

MNC와 기업협회는 오랫동안 반발을 받아왔다. 부패, 환경 피해 또는 인권침해 혐의로 기소된 애플, 맥도날드, 나이키, 쉘, 스타벅스, 월마트 등의 MNC는 특히 소비자가 특정 제품을 보이콧할 경우 관행을 바꿔야 한다는 압박을 받아왔고 일부 성공을 거두기도 했다. 예를 들어, 2010년 그린피스는 네슬레사(Nestlé Corporation)를 공개적으로 비난해 산림파괴에 참여하지 않는 공급업체로부터만 팜유를 공급받겠다는 약속을 받아내기도 했다.

때로는 MNC와 기업협회가 더 협력적으로 보이기도 한다. 예를 들어, 일부 비정부기구(NGO)는 기업과 협력하여 자발적인 행동 강령, 모니터링 메커니즘 또는 안전한 노동 관행이나 지속가능한 목재 수확 같은 기준에 대한 인증을 제안하기도 했다. 제8장에서 언급했듯이, 유엔은 1990년대 후반부터 MNC와 기업협회를 잠재적 파트너로 간주하는 방향으로 전환했다 (Gregoratti 2014: 310). 1999년 글로벌콤팩트를 시작으로, 2011년 비즈니스 및 인권에 관한 지침 원칙과 2015년 지속가능발전목표를 발표하면서 유엔은 MNC와 기업협회가 국제정책을 수행하거나 자금을 조달하는 데 가치가 있을 수 있음을 인정했다. MNC는 특히 발전에 대해 생각하고 전달하는 방식에 큰 영향을 미쳤다. '기업의 사회적 책임'이라는 기치 아래, 기업들은 불과 몇십 년 전만 해도 상상할 수 없었던 양보를 해왔다.

전통 미디어와 소셜미디어

미디어는 여러 형태로 존재하는 비국가행위자이기도 하다. 신문, 잡지, 라디오, 텔레비전과 같은 전통적인 미디어 매체를 통해 홍보되는 것 외에도 웹사이트, 블로그, 팟캐스트, 스마트폰 애플리케이션 또는 문자 메시지와 같은 최신 소셜미디어 매체를 통해 시사 정보를 홍보할 수 있다. 2010년부터 2012년까지 중동과 북아프리카에서 확산된 일련의 반정부 시위인 아랍의 봄은 종종 전환점으로 언급된다. 이는 페이스북, 유튜브, 트위터 및 기타 소셜미디어 플랫폼이 어떻게 혁명을 일으키고 정부가 국민의 불만에 취약한지를 드러낼 수 있는지를 보여주었다.

미디어의 힘은 새로운 것이 아니다. 다양한 유형의 미디어는 오랫동안 시민을 교육하고 정부를 모니터링하며 공공 영역을 공고히 하는 데 중심이 되어 왔다 (McNair 2005). 미디어는 정책 엘리트로부터 정보를 대중에게 전달하고 여론을 엘리트에게 전달하는 양방향 컨베이어 벨트다 (Baum and Potter 2008). 또한 미디어는 어떤 정보가 전파할 가치가 있는지, 스토리가 어떻게 구성되는지, 대중이 다양한 뉴스 소스를 얼마나 신뢰하는지를 결정하기 때문에 영향력이 있다.

소셜미디어의 등장으로 미디어는 엄청난 변화를 겪었다. 많은 국가의 정치 지도자들은 전통적인 미디어 매체나 기존의 외교적 검증을 거치지 않고도 소셜미디어에서 자신의 생각을 쉽게 방송할 수 있다. 페이스북과 기타 소셜미디어 플랫폼에서 시사에 대한 이야기를 제공함으로써 일반인들은 자신의 개인적인 견해와 정체성에 맞는 뉴스 소스를 더 쉽게 찾을 수 있다. 다양한 목소리를 듣는 것은 성찰하지 않는 집단사고를 방지할 수도 있지만, 가장 기본적인 사실에 대해서도 사회가 동의하지 못하게 만들 수도 있다. 인터넷의 보편화, 전통 미디어의 소멸 또는 통합, '시민 저널리즘'의 급증은 전문 기자들이 독점해온 기준과 자격을 약화시킨다.

이러한 변화는 미디어를 보다 평등하게 만드는 유익을 가져올 수도 있다 (Kreps 2020). 반대로 해로울 수도 있다. 현재의 사건은 출처를 거듭 확인하고 중립을 유지하려는 전문가들에 의해 전달되는 것이 아니라, 결과에 개인적인 이해관계를 가진 아마추어들에 의해 보도되고 프레임이 짜여진다 (Adler-Nissen and Eggeling 2022). 국제 여론조사에 따르면 많은 응답자들이 소셜미디어가 정치 과정에서 일반 대중에게 더 많은 발언권을 제공하고 옹호 단체가 자신의 대의를 홍보하는 데 도움을 준다고 칭찬했지만, 다른 많은 응답자들은 소셜미디어가 국내 지도자의 조작이나 외국 권력의 선거 개입을 허용할 위험이 있다고 지적했다 (Smith et al. 2019).

이러한 위험은 실재한다. 제9장에서 논의한 바와 같이, 미얀마의 군인들이 페이스북을 이용해 소수민족인 로힝야족에 대한 국내의 적대감을 조장하고 강제이주와 공격을 선동했다는 증거가 있다 (Mozur 2018). 마찬가지로, 페이스북의 일부 후원 뉴스피드와 광고는 2016년 미국 대통령 선거(Kim et al. 2018)와 2019년 유럽연합 의회 선거(Santariano 2019)를 방해하기 위해 지리적 및 인구학적 미세 타겟팅 기법을 사용한 러시아 관련 단체들과 연계되어 있는 것으로 밝혀졌다. 소셜미디어 매체들은 가짜 뉴스, 잘못된 정보, 혐오 발언 및 문제 사용자를 줄이기 위한 방법을 모색하고 있지만, 콘텐츠를 조정하거나 플랫폼을 통해 퍼진 정보에 대해 법적 책임을 지는 것에 대해서는 여전히 경계하고 있다.

'악한' 비국가행위자들

비국가행위자에는 테러조직, 해커 네트워크, 범죄조직, 마약상, 해적 단체, 인신매매 조직, 다크웹 사용자, 준군사 조직 등도 포함된다. 사회운동과 마찬가지로 이러한 비국가행위자 중 일부는 가족, 이웃, 민족, 언어, 종교 또는 기타 요인에 기반한 관계를 활용하여 네트워크에서 활동한다

(Madsen 2014: 401). 예를 들어, 테러 단체 알카에다는 이라크와 아라비아 반도의 알카에다부터 소말리아의 알샤바브(al-Shabaab), 인도네시아의 제마 이슬라미야(Jemaah Islamiyah), 나이지리아의 보코하람(Boko Haram), 이슬람 국가(Islamic State)의 파생조직에 이르기까지 다양한 무슬림 국가에 지부와 협조 세력을 두고 있다.

MNC와 마찬가지로 일부 '악한' 비국가행위자는 조직적이고 탄력적이며 교체가능한 링크를 활용하여 공급망을 활용한다. 예를 들어 범죄 조직은 합작 투자와 하도급을 통해 저위험 지역에서 불법 상품을 생산하고 고소득 지역에서 판매한다. 마약에서 인간으로, 무기에서 상아로, 거래되는 품목은 변경될 수 있다.

통신과 교통이 더 저렴해지고 접근하기 쉬워지면서 '악한' 비국가행위자들은 메시지와 요원들을 더 쉽게 전개할 수 있게 되었다. 결국 2001년 9월 11일 미국에 대한 테러 공격의 사우디 가해자 중 일부는 관광객으로 위장하여 리야드 주재 미국 영사관에서 비자를 발급받을 수 있었고, 1995년 솅겐 협정 이후 많은 인신매매범들이 서유럽에 입국하는 것이 더 수월해졌다. 국가와 IGO는 이러한 분산되고 유연한 비국가행위자를 차단하는 데 어려움을 겪고 있는데, 이는 부분적으로 국가와 IGO가 더 위계적이고 경직된 경향이 있기 때문이다.

다중 이해관계자 협정과 '글로벌 시민사회'

비국가행위자의 범위가 광범위하기 때문에 이러한 행위자들은 구체적인 형태가 무엇이든 국제 정책결정에 이해관계가 있다는 인식이 널리 퍼져 있다 (Reincke 1999-2000: 47). 이러한 인식은 제8장에서 자세히 설명하는 유엔의 지속가능발전목표(SDG)와 같은 다중 이해관계자 협정에서 잘 드러난다. 주로 유엔 사무국에서 일하는 사람들이 만든 초기 새천년개발목표와는 달리, SDG 개발 과정에는 처음부터 국가, 국제기구, 비국가행위자가 포함되었다. 다양한 이해관계자들이 2015년에 17개의 SDG를 확정하는 협상에 참여했으며, 2030년 목표가 마무리될 때까지 계속해서 목표 이행과 측정에 참여할 것이다.

SDG와 기타 다중 이해관계자 협약은 '국가'와 '시장' 외부에 존재하는 협회 및 조직인 시민사회의 중요성을 지적하고 있다. 시민사회에는 공공정책에 대한 이해관계가 분명한 단체(예: 노동조합) 외에도 공공 정책에 대한 이해관계가 덜 분명한 단체(예: 스포츠 협회)도 포함된다. 시민사회는 시민 개개인을 연결한다 (Wapner 1995: 5).

개인과 그룹은 국경을 넘어 시민사회가 글로벌화되었다고 말할 수 있을 정도로 충분히 연결되어 있는가? 사람들은 국민국가를 넘어설 정도로 연결된 생활을 하고 있는가? 개인적 규범과 가치가 초국가적으로 공유되고 있는가?

이에 동의하는 일부 관찰자들은 글로벌거버넌스가 더욱 투명하고 포용적이 되면서 민주주의 가치가 전 세계적으로 수용되었고, 웨스트팔리아 국가체제와 분리된 시민 영역이 확장되고 있다고 주장한다. 반면, 글로벌거버넌스가 전 세계 인구를 대표하지 못하고, 민주적 가치가 보편적이지 않으며, 많은 비국가행위자들이 국가 권력에 도전하기보다는 오히려 이를 확대하고 있다고 주장하는 의견도 있다. 글로벌 시민사회의 실제 존재 여부와 관계없이 대부분의 관찰자들은 비국가행위자의 수와 그 중요성이 엄청나게 커졌다는 데 동의한다.

비국가행위자의 성장

비국가행위자는 1700년대와 1800년대에 발전하고 확산되었으며, 그 이후 글로벌거버넌스에서 중요한 역할을 수행해 왔다 (Johnson 근간). 탈버그 등(Tallberg et al. 2013)에 따르면, 비국가행위자의 수와 활동의 폭발적인 증가는 "글로벌거버넌스에서 가장 심대한 변화 중 하나"이다. 이는 또한 수요 증가(정부 및 IGO의 필요성 증가)와 공급 증가(비국가행위자의 가용성 증가)의 결과이기도 하다.

1700년대와 1800년대의 비국가행위자

노예제 반대 캠페인은 도덕적으로 용납할 수 없는 사회적, 경제적 관행을 금지하기 위해 비국가행위자가 주도하고 초국가적으로 조직된 초기의 활동이다. 1787년과 1788년 펜실베니아, 영국, 프랑스에서 노예제 폐지를 위한 단체가 설립되면서 그 기원을 찾을 수 있다. 19세기 대부분에 걸친 이 캠페인의 역사는 제9장에서 자세히 검토한다. 19세기에는 유럽과 미국에서도 평화협회가 등장했다. 1849년 몇몇 평화단체가 첫 회의를 소집하여 훗날 상설중재재판소(제3장에서 논의) 탄생으로 이어질 계획을 수립했다. 평화단체들은 분쟁 해결을 위한 비강제적 수단을 찾겠다는 약속을 포함해 헤이그 회의에서 나온 많은 아이디어를 집단적으로 지지했다. 1800년대 말에는 전 세계에 425개의 평화협회가 존재했다 (Charnovitz 1997).

또한 19세기에는 초국적 노동조합, 자유무역을 촉진하는 협회, 국제법 관련 단체가 설립되었다. 1910년 비국가행위자는 132개 단체가 참여한 세계 국제협회 총회를 소집했다. 이를 통해 국제협회연합(UIA: Union of International Associations)이 생겨났고, 이후 국제기구의 인구 통계와 활동을 추적하여 정부간 및 비정부기구에 대한 주요 정보의 원천이 되었다 (UIA 2023). 또한 비국가행위자들은 19세기 후반 교통, 노동자 권리, 종 보존, 위생과 같은 기능적 영역에서 정부간 협력과 레짐 탄생을 촉진하는 데 크게 관여했다.

다양한 비국가행위자들 속에서 NGO가 형성되기 시작했다. 19세기에 설립된 단체 중에는 1860년대에 스위스 국적의 앙리 뒤낭과 전쟁 중 인명 보호에 관심을 가진 사람들이 설립한 영향력 있는 국제적십자위원회(ICRC)가 있다. 뒤낭은 부상자 치료, 전쟁포로의 권리, 의료진의 중립성에 관한 원칙을 모색하는 여러 회의에 참여했다. 1864년 야전군 부상자 상태 개선을 위한 제네바협약은 국제 인도주의법의 토대를 마련했으며, ICRC와 그 국가 산하 단체는 전쟁에서 중립적인 중개자가 되었다. ICRC의 특별하고 오랫동안 지속되어 온 국제기구에 대한 접근 권한은 이 장의 뒷부분에서 설명한다.

국제연맹의 비국가행위자들

20세기 초, 런던 국제연맹협회(League of Nations Society)와 평화집행연맹(League to Enforce Peace)

과 같은 평화단체는 주요 국제기구인 국제연맹과 그 후신인 유엔 탄생으로 이어지는 아이디어를 발전시켰다. 국제연맹은 1920년에 활동을 시작했으며, 국제연맹 규약 25조는 회원국에게 국가 적십자 조직과 추가적인 비국가행위자의 설립을 장려할 것을 촉구했다. 국제연맹은 1920년 브뤼셀에서 열린 금융회의(Financial Conference), 1927년 세계경제회의(World Economic Conference), 1932년 군축회의(Disarmament Conference)와 같은 회의에 비국가행위자들을 초청했다. 비국가행위자는 아동 복지 또는 여성과 아동의 인신매매를 전담하는 위원회와 같은 국제연맹 위원회에 대표로 참여했으며, 국가 대표만 투표할 수 있다는 점을 제외하고는 일반적으로 국제연맹 위원회의 정회원으로 간주되었다.

투표권이 없었음에도 불구하고 비국가행위자들은 종종 조약 초안에 자신들의 제안을 반영하는 데 성공했다. 많은 비국가행위자들이 국제연맹과의 접촉을 용이하게 하기 위해 제네바에 사무소를 설립했고, 제네바가 유엔의 유럽 본부이기 때문에 제네바에 계속 남아 있게 되었다. 소수자 권리에 대한 연맹의 활동에서 비국가행위자들은 특히 청원서를 제출하는 데 매우 적극적이었다. 1920년 영국 NGO 세이브더칠드런의 공동 창립자는 1924년 연맹 총회에서 승인된 아동권리선언(Declaration of the Rights of the Child)의 초안을 작성했다.

1930년과 1945년 사이에 각국 정부가 경제 및 안보 위기에 몰두하면서 비국가행위자의 영향력은 줄어들었고, 국제연맹 자체도 쇠퇴했다. 하지만 1940년대 초 미국과 동맹국들이 제2차 세계대전 이후의 질서를 계획하면서 비국가행위자들은 다시 영향력을 발휘하기 시작했다. 비국가행위자의 아이디어는 유엔헌장의 첫 문구인 '우리 유엔의 인민'을 포함하여 유엔헌장의 일부를 형성했으며, 유엔을 설립한 1945년 샌프란시스코 회의에는 1,200개의 자발적 단체 대표들이 참석했다.

유엔의 비국가행위자들

유엔의 회원국은 국가이지만, 유엔은 오랫동안 비국가행위자, 특히 NGO의 중요성을 인식해 왔다. 헌장 제71조는 유엔 경제사회이사회(ECOSOC)가 국제 NGO에 자문 지위를 부여하고 인증할 수 있는 권한을 부여했다. 국제이슈와 관련된 활동을 하는 국내 NGO도 ECOSOC의 인가를 받을 수 있었지만, 국내 NGO가 소재한 유엔 회원국과 먼저 협의해야 했다.

1948년까지 ECOSOC는 40개 이상의 단체를 인증했다. 많은 NGO가 뉴욕과 제네바의 유엔 주요 시설뿐만 아니라 유엔 전문기관, 기금 및 프로그램 본부 근처에 연락사무소를 설치했다. 이러한 사무소를 통해 NGO, 정부 관계자, 유엔 직원 간의 비공식적인 상호 작용을 통해 정보를 공유하고, 특정 이슈나 활동을 홍보하고, 프로그램을 모니터링할 수 있었다.

이러한 비공식적인 상호작용과 함께 수년에 걸쳐 유엔은 NGO에 관한 규정을 변경해 왔다. 처음에 NGO는 인권, 여성 지위, 인구 관련 위원회와 같은 ECOSOC와 그 산하 기구를 통해 소통했다. 1960년대에는 더 많은 수의 다양한 NGO가 협의 지위를 얻기 위해 노력했고, 1968년 ECOSOC는 결의안 1296호를 채택하여 인증 절차 및 기준의 여러 부분을 공식화했다. 1980년대 후반부터 NGO는 제2위원회(경제 및 재정)와 제3위원회(인도주의 및 문화)와 같은 총회 위원회에 진출할 수 있게 되었다.

그 후 1996년 ECOSOC는 결의안 31호을 채택하여 국내 NGO의 인가를 보다 쉽게 하고 협의 지위 유형에 대한 명칭을 변경했다. '명단' 지위를 가진 NGO는 가장 제약이 많았는데, ECOSOC 또는 그 산하 기관의 초청을 받아야 회의에 참석하고 전문 분야와 관련된 성명서를 제출할 수 있었다. '특별(special)' 지위를 가진 NGO는 회의 참석, 성명서 제출, 유엔 직원과의 상담, 허용되는 경우 구두 발표 등 더 많은 권한이 주어졌다. '일반(general)' 지위를 가진 NGO는 가장 광범위한 접근 권한이 부여되어 특별 지위에 부여되는 모든 권한 외에도 ECOSOC 및 관련 기관에 안건을 상정할 수 있었다.

유엔 협의 지위를 가진 NGO의 수는 급증했다. 최상위 등급은 여전히 상대적으로 드물며, 대부분의 증가는 나머지 두 등급에서 이루어졌다. 2022년까지 6,000개 이상의 NGO가 유엔에서 명단, 특별 또는 일반 협의 지위를 부여받았다.

ECOSOC 외에도 일부 NGO는 유엔 안전보장이사회 및 유엔 총회와 교류해 왔다. 국제앰네스티(Amnesty International), 글로벌 정책포럼(Global Policy Forum), 지구행동(EarthAction), 세계교회협의회(World Council of Churches) 등은 안보리 NGO 실무그룹을 조직하여 유엔 관리와 회원국들에게 비공개 정책 의견을 제공했다(Alger 2002: 100-103). 1997년 이후, 안보리는 아리아 공식(Arria formula, 제4장에서 논의)에 따라 NGO와 선별적인 협의를 시작했다. 특히 인도주의적 위기에 대한 전문성을 갖춘 NGO는 전염병이나 기후변화와 같은 문제의 안보 차원에 대한 안보리 논의에 참여해 왔다. 2023년 초 현재 국제적십자위원회, 국제적십자사연맹(IFRC), 몰타 주권군(Sovereign Military Order of Malta), 국제의회연맹(Inter-Parliamentary Union), 국제올림픽위원회, 국제상공회의소 등 6개 NGO가 총회 회의에서 참관인으로서 특별한 권한을 얻었다.

1990년대 이후 NGO는 인도주의적 구호 및 경제개발과 관련된 유엔 활동의 중심이 되었다. 이들은 위기에 처한 현장에서 활동하는 것 외에도 유엔의 기관 간 상임위원회(Inter-Agency Standing Committee)의 위원으로서 기획 및 정책결정 역할을 맡고 있다. 뉴욕과 제네바에서 정기적으로 열리는 이 위원회에는 유엔 인도주의 업무조정국, FAO, 국제이주기구(IOM), 세계보건기구(WHO)를 비롯한 여러 유엔 기구와 주요 NGO(예: ICRC, IFRC, 세이브더칠드런, 월드비전 인터내셔널), 그리고 여러 NGO 연합(예: 인터액션, 국제자원봉사협의회)의 집행 책임자들이 모인다. 이 위원회의 임무는 우선순위 설정과 자원 배분을 포함한 고위급 인도주의적 활동의 조율이다.

유엔의 초기 관심은 대부분 비정부기구에 집중되었지만, 점차 다른 비국가행위자들에게도 개방되었다. 코피 아난 유엔 사무총장의 의뢰로 작성된 2004년 카르도소 보고서(Cardoso Report)는 유엔 본부와 국가 차원에서 유엔 업무의 모든 측면에서 시민사회의 폭넓은 참여를 강력히 지지했다 (Willetts 2006). 유엔 경제사회이사회와 협의 지위에 있는 비정부기구 회의를 통해 NGO는 더 많은 참여권을 위해 지속적으로 로비를 벌여 왔다. 이러한 로비 활동 중 일부는 정책결정 과정 전반에 참여할 수 있게 함으로써 비국가행위자들에게 더 많은 혜택을 가져다주었다.

비국가행위자와 유엔 후원회의

1970년대 이후 유엔이 후원하는 비정기 및 글로벌회의에는 제4장에서 설명한 것처럼 비국가행위자들도 포함되었다. 1972년 스톡홀름에서 개최된 유엔 인간환경회의는 약 250개의 NGO가 병행 포럼에 참여한 선례가 되었다. 도표 6.2에서 볼 수 있듯이 이 모델은 이후 회의에서도 계속 이어졌다.

환경보호, 아동, 개발, 인권, 여성 등 유엔이 후원하는 이러한 회의는 여러 측면에서 촉매제 역할을 해왔다. 이러한 회의는 각국 정부와 비국가행위자가 정부 혼자서는 해결할 수 없는 문제를 논의하는 포럼이 되었다. 또한 이러한 회의를 통해 비국가행위자들은 정책 논의에 참여할 수 있었다. 또한 비국가행위자를 위한 병행 포럼을 통해 컨퍼런스는 그들 간의 네트워킹을 촉진했다.

각 유엔 회의마다 비국가행위자 참여에 대한 자체 규칙을 채택했다. 1972년 스톡홀름에 참석한 비국가행위자는 제한 없이 공식 발언을 할 수 있었지만, 1980년 제2차 세계여성회의에서는 비국가행위자/NGO에게 총 15분간만 발언 시간이 허용되었다. 1993년 인권회의에서는 주로 아시아와 아랍 국가들의 요청에 따라 비국가행위자를 공식 절차에서 제외했다. 그러나 1994년 인구와 개발에 관한 카이로 회의에서는 각국 정부에 비국가행위자를 대표단에 포함할 것을 촉구했고, 1996년 해비타트 II 회의에서는 비국가행위자 대표들이 정부와 함께 회의에 참석해 문안 수정을 제안할 수 있도록 허용했다. 따라서 비국가행위자의 참여는 회의마다 크게 달라졌다.

도표 6.2 | 유엔 회의와 정상회의에서 국가 및 NGO의 참여

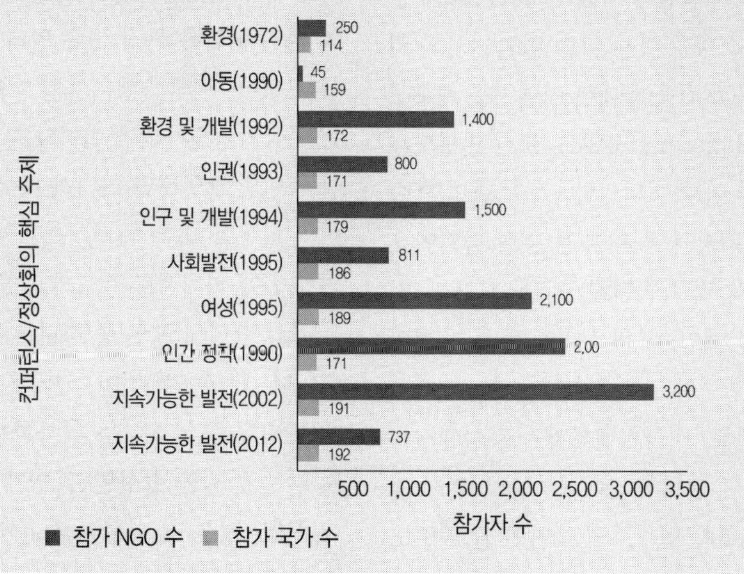

유엔이 후원하는 회의에 대한 비국가행위자의 참여가 결국 유엔체제와 그 너머에 대한 접근성 향상으로 이어질지는 아직 미지수이다. 1950~2010년 사이에 50개의 IGO를 조사한 한 연구에서는 회의 참여와 IGO에 대한 접근성 사이에 명확한 인과관계를 발견하지 못했다 (Tallberg et al. 2013: 241). 최근 대규모 유엔 회의에 대한 국가들의 반발(제4장에서 논의)로 인해 회의에 참여할 기회가 더 드물어지고 때로는 더 제한되어 IGO에 대한 비국가행위자의 접근성이 더 약화될 수도 있다.

1992년 유엔 환경개발회의에서 나온 하나의 혁신이 지금도 지속되고 있다. 회의 결과 문서 중 하나인 "의제 21(Agenda 21)"은 국제 정책결정에 기업과 산업, 어린이와 청소년, 농부, 원주민, 지방 당국, NGO, 과학 및 기술 커뮤니티, 여성, 노동자 및 노동조합 등 사회의 9개 부문을 포함해야 한다고 공식적으로 명시했다. 유엔 내에서 이러한 범주는 '주요 그룹'으로 알려져 있다. 원래는 지속가능한 발전에 관한 것이었지만, 이 9개 부분으로 구성된 시스템은 다른 이슈 영역에서의 비국가행위자 포용과 접근에 대한 기대치를 재구성했다 (Sénit and Bierman 2021). 또한 인정되는 이해관계자 목록이 확대되었다. 2012년의 후속 회의에서 결과 문서와 후속 유엔 총회 결의안은 주요 그룹이 교육 및 학술단체, 재단, 지역 사회, 이주민, 노인, 장애인, 자원봉사 단체 등 사회의 더 많은 부분과 협력하고 대표할 것을 촉구했다.

국가, 유엔 관료, 비국가행위자들 사이에서는 비국가행위자의 유엔체제 참여에 대한 의견이 엇갈리고 있다. 대부분 민주주의 국가인 글로벌 노스 국가들은 국내 차원에서 시민사회가 탄탄하고 국제적 차원에서 비국가행위자의 포용을 장려하는 경향이 있다. 그러나 글로벌 사우스의 국가들은 이를 위협적으로 여길 수 있으며, 심지어 글로벌 노스의 국가들조차도 비국가행위자가 경제 정의와 같은 주제를 홍보할 때는 이를 불편해한다. 유엔 관료들은 정책을 실행하는 데 있어 비국가행위자의 도움을 환영하지만, 유엔의 의제를 재구성하거나 회원국의 결정을 변경하려는 비국가행위자의 시도를 항상 좋아하는 것은 아니다. 또한 특히 유엔이 지리적으로나 이념적으로 더 다양한 비국가행위자에 계속 개방적인 태도를 취함에 따라 비국가행위자들은 서로를 동맹이 아닌 경쟁자로 보는 경우도 있다 (McKeon 2009).

비국가행위자의 공급과 수요가 증가하는 이유

1940년대 제2차 세계대전이 끝나고 1990년대 냉전이 종식된 시기와 같이 특정 시기에는 비국가행위자의 성장이 특히 두드러졌다. 특히 인권 및 환경과 같은 특정 이슈 영역에서 높은 성장세를 보였다. 비국가행위자의 수와 다양성의 증가는 비국가행위자의 설립이나 운영을 지원하는 공급 측면의 요인뿐만 아니라 비국가행위자의 성격이나 활동을 더욱 매력적으로 만드는 수요 측면의 요인에 의해서도 주도되고 있다.

공급 측면의 요인 중 하나는 통신과 교통의 혁명이다. 전신에서 전화, 인터넷에 이르기까지 통신의 발달로 국경없는 의사회는 장소에 구애받지 않는 관계를 형성할 수 있게 되었다. 이를 통해 직원, 기부자, 파트너를 유치하고, 회원을 위한 서비스를 개선하고, 외부 세계에 정보를 전파하고, 대중의 인식을 형성하고, 정치적 참여를 높일 수 있게 되었다. 동시에 고속도로나 공항과 같은 물리적 인프라뿐만 아니라 일부 단기 체류에 대한 비자 요건 면제와 같은 물류적 고려 사항 등 교통의 혁명은 전 세계의 동맹, 자금 제공자, 정책 입안자들과 직접 대면할 수 있는 모임을 가능하게 했다. 더 저렴하면서도 빠르고, 더 안정적이며 접근하기 쉬운 교통수단 또한 비국가행위자의 등장과 운영을 용이하게 한다.

수요 측면에서 중요한 요인은 일부 국가에서 학교, 병원 및 기타 서비스 제공을 중단하는 사태이다. 이러한 서비스 중단은 여러 가지 이유로 발생한다. 역량이 부족하거나 부패로 고통받는 정부는 일부 서비스를 소홀히 할 수 있다. 역량이 높은 국가도 리더십, 이념, 우선순위의 변화 또는 '패권세력에 대한 피로감(hegemonic fatigue)'으로 인해 국내 또는 국제 활동을 축소하기도 한다. 그 결과 비국가행위자에 대한 수요가 증가한다. 다양한 이해관계를 대변하고, 현장 정보를 수집하고, 특정 자원을 목표로 삼을 수 있는 능력을 갖춘 비국가행위자는 국가의 공백을 메울 수 있다.

어떤 힘은 수요와 공급 모두에 영향을 미친다. 한 가지 예로 유럽 통합을 들 수 있다. 유럽 통합의 다양한 측면을 담당하는 기관들은 비국가행위자가 제공하는 지원과 정당성을 중요하게 생각하며 비국가행위자의 등장과 활동을 촉진해 왔다. 이미 1950년대에 유럽공동체의 경제사회위원회는 기업, 근로자 및 기타 비국가행위자들의 의견을 구했다. 시간이 지남에 따라 유럽위원회와 의회도 비국가행위자의 전문성, 동의, 참여의 정당성을 장려했다. EU는 비국가행위자가 정책결정 과정에 참여할 수 있는 다양한 공식 및 비공식 경로를 제공할 뿐만 아니라 비국가행위자들에게 보조금과 기타 지원을 제공한다.

1991년 냉전의 종식은 비국가행위자의 수요와 공급에 막대한 영향을 미쳤다. 1990년대에 민주적 정치체제와 규범이 확산되면서 개인이 사회적으로나 정치적으로 더 적극적으로 활동할 수 있게 되었다 (Heins 2008: 44-45). 동시에 동서양 간의 장벽이 해체되면서 새로운 독립국가들이 생겨나고 추가적인 IGO들이 생겨났다 (Reimann 2006: 48). 이러한 변화로 인해 비국가행위자의 수요는 더 많아지고 공급은 더 쉬워졌다. 또한 세계화로 인해 국가 간 상호 의존성이 심화되어 비국가행위자 없이 정책을 추진할 수 있는 능력은 더욱 제한되었다.

비국가행위자와 정책결정

비국가행위자가 관여하는 수많은 활동은 정책결정 과정의 세 가지 주요 단계인 의제설정, 정책결정, 집행으로 분류할 수 있다. 의제설정은 어떤 문제를 논의할 것인지, 어떤 방식으로 의제를 설정할 것인지를 결정한다. 정책결정은 어떤 구체적인 조치를 취할지 여부와 방법을 결정한다. 실행은 결정된 사항을 실행에 옮기고 의도한 대로 작동하는지 평가한다. 도표 6.3에 표시된 것처럼 이 세 단계는 선형적이지만 순환적으로 진행되기도 한다. 행위자는 의제설정에서 정책결정, 실행으로 진행하며, 실행은 다시 향후 정책결정을 위한 의제설정에 피드백된다.

도표 6.3 | 정책결정 과정의 세 가지 주요 단계

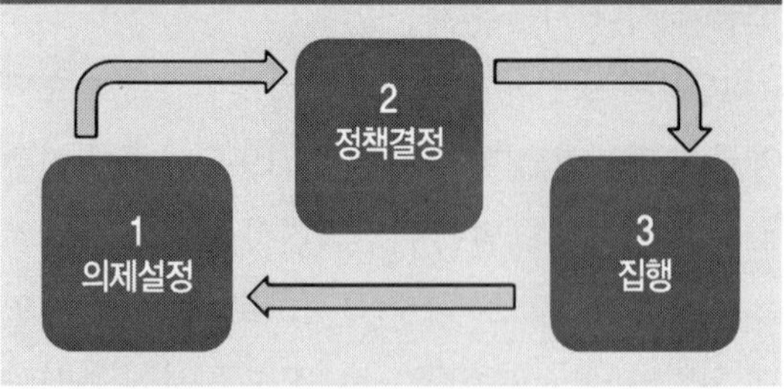

의제설정, 정책결정 및 집행

각 단계에서 비국가행위자가 할 수 있는 역할을 알아보기 위해 담배 사용을 통제하기 위한 노력을 살펴보자. 1990년대에는 선진국의 정부 규제 강화와 법적 분쟁으로 인해 담배 판매가 감소하고 담배 회사들이 규제가 느슨한 개발도상국으로 마케팅을 통합하고 재편하는 등 담배 시장의 판도가 바뀌었다. 단 4개의 담배 회사가 전 세계 담배 판매량의 70%를 차지하게 되었고, 개발도상국의 흡연자 수가 선진국의 흡연자 수를 넘어서게 되었다.

이로 인해 의제설정을 위한 싸움이 시작되었고, 각기 다른 입장을 취하는 비국가행위자들이 등장했다. 금연 연구자, NGO 및 기타 단체들은 각국 정부와 WHO에 구속력 있는 국제조약을 통해 담배를 규제할 것을 촉구했다 (Roemer, Taylor, Lariviere 2005). 담배 회사들은 조약은 세계무역기구(WTO) 규정을 무시하는 것이며, 글로벌 사우스는 글로벌 노스의 규제를 준수할 필요가 없다고 주장하며 반발했다. 이러한 반발에도 불구하고 1998년 신임 WHO 사무총장인 그로 브룬틀란트(Gro Harlem Brundtland) 박사가 담배 규제가 WHO의 우선 순위라고 발표하면서 의제는 정해졌다.

다음 단계는 정책결정으로, 다양한 사회집단(예: 연구자, 농부)을 대표하는 비정부기구가 WHO 회의에서 투표권을 가진 회원국을 대상으로 로비를 펼쳤다. 담배규제를 찬성하는 비국가행위자들은 담배의 중독성과 다양한 건강 문제와의 연관성을 강조했고, 담배규제 반대 비국가행위자는 일자리, 자유무역, 소비자 선택권을 위해 담배가 중요하다는 점을 강조했다. 수년간의 심의 끝에 2003년 WHO 회원국들은 구속력 있는 조약인 담배규제기본협약(Framework Convention on Tobacco Control)을 승인했다.

그다음은 집행 단계였다. 조약이 발효될 만큼 충분한 정부가 조약을 비준하기까지 거의 2년이 지났다. 당시에도 담배 농가와 기업이 집중되어 있는 미국처럼 국제 규제에 반대하는 국가들이 있었다. 조약 이행을 모니터링한 NGO와 다른 비국가행위자에 따르면 조약을 비준한 많은 국가들이 조약을 준수하지 않았다.

이 조약의 부분적인 집행은 새로운 의제설정, 정책결정 및 이행에 영향을 미쳤다. 2002년에는 WHO 헌장을 개정하여 조직 내에서 비국가행위자의 권리와 책임을 공식화했다. 더 엄격한 규제를 지지하는 비국가행위자들은 2018년에 발효된 담배제품 불법거래 근절을 위한 보충의정서를 작성하는 데 기여했다.

담배 사례는 정책결정 과정이 어떻게 선형적이고 순환적일 수 있는지를 보여줄 뿐만 아니라, 일반적으로 투표는 국가의 몫이기 때문에 비국가행위자는 IGO 정책결정보다는 의제설정이나 집행에서 더 중심적인 역할을 한다는 점을 보여준다 (Steffek 2013; Tallberg et al. 2013).

비국가행위자의 다양한 목표와 접근방식

비국가행위자가 정책결정 과정에 참여할지, 그리고 언제 어떻게 참여할지는 그들의 목표와 접근 방식에 따라 달라질 수 있다. 비국가행위자의 목표를 분류하는 전통적인 방법은 서비스(예: 긴급 식량, 이동식 보건소, 밀렵 방지 순찰대)와 옹호(예: 고수익 농업, 어린이 예방 접종, 멸종 위기종 거래 제한)에 중점을 두는 목표를 구분하는 것이다. 서비스에 집중하는 비국가행위자는 특히 실행 단계에서 활발히 활동한다. 시스템적인 문제를 완화하는 것을 목표로 하는 옹호 비국가행위자는 의제설정의 초기 단계에서 더 활발하게 활동한다.

목표에 따라 필요한 자원의 종류도 달라진다. 서비스 중심의 비국가행위자는 강력한 기부자 기반, 위기 지역 간 신속한 직원 이동을 위한 유연성, 외딴 지역에서의 운영을 가능하게 하는 풀뿌리 연계와 같은 자원의 이점을 누릴 수 있다. 한편, 옹호 비국가행위자는 신뢰할 수 있는 데이터, 수도나 기타 주요 거점에서의 활동을 유지하기 위한 자금, 일반인과 엘리트에게 다가갈 수 있는 홍보 담당자 등의 자원을 활용할 수 있다.

그러나 시간이 지남에 따라 서비스와 옹호 활동의 구분은 무너졌다. 봉사단체들은 그들이 완화하기 위해 노력한 많은 즉각적인 문제들이 시스템적인 문제가 해결되지 않으면 재발할 수 있다는 것을 깨닫게 되었다. 또한 봉사단체들이 '현장에서' 활동하면서 더 광범위하거나 더 깊은 문제에 대한 귀중한 통찰력을 얻게 되었고, 이를 바탕으로 옹호 활동을 전개할 수 있었다. 오늘날 CARE, 가톨릭 구호 서비스, 국경없는 의사회, 옥스팜, 세이브더칠드런, 월드비전 등 많은 구호 단체가 봉사와 옹호 활동을 병행하고 있다.

옹호 활동의 목표가 커짐에 따라 비국가행위자들은 크게 '내부자(insider)' 또는 '외부자(outsider)' 접근방식으로 분류할 수 있는 압력단체 전술을 채택해 왔다 (Dellmuth and Bloodgood 2019). 내부자 접근 방식은 세 가지 정책결정 단계 모두에 참여하고자 한다. 반면, 외부자 접근 방식은 어느 한 단계 내에 집중하면서 비국가행위자를 부패시킬 정도로 잘못되거나 불법적인 것으로 인식되는 정책결정 과정 방향을 바꾸거나 저지시키려고 시도한다 (Smith et al. 2018). 내부자 접근 방식은 정보나 인력과 같은 자원을 제공하여 프로세스를 촉진하는 반면, 외부자 접근 방식은 거리 시위나 미디어 캠페인과 같은 파괴적인 활동을 통해 프로세스를 방해한다.

두 접근 방식 간의 긴장으로 인해 하나의 비국가행위자가 두 가지 방식을 모두 사용하기가 어렵다. 정책결정 과정에 반대하는 비국가행위자는 그 안에서 원활하게 활동할 가능성이 낮다. 반대로, 정책결정 과정에 대한 접근성을 키운 비국가행위자는 정책결정 과정에 대한 개혁을 요구할 가능성이 낮다 (Stroup and Wong 2017).

IGO에 대한 비국가행위자 접근의 변화

1980년대 중반부터 많은 비국가행위자와 일부 국가들은 비국가행위자에 대한 접근 권한을 확대하도록 IGO를 압박했다. 이들은 비국가행위자가 IGO의 업무를 수행하고, IGO의 권위나 정당성을 위협하는 대중의 반대를 완화하며, 참여 민주주의의 규범을 구현할 수 있다고 주장했다

(Tallberg et al. 2013: 22, 139). 일부 IGO는 협의 또는 참여 관행을 확립했지만, 다른 IGO는 비국가행위자의 개입을 거의 수용하지 않았다. 이러한 차이점이 존재하는 이유는 무엇인가? 이 패턴은 특히 다양한 유엔 전문기구에서 혼재되어 있다.

정책분야가 한 가지 설명이 될 수 있다. 비국가행위자의 접근은 금융이나 보안을 다루는 국제기구에 비해 인권이나 환경을 다루는 국제기구에서 더 많은 경향이 있다 (Tallberg et al. 2013). 특히 인도주의적 IGO의 경우 ICRC의 고유한 역할 덕분에 접근이 더욱 활발하게 이루어지고 있다. 1949년 제네바협약과 관련 협약을 통해 각국은 난민, 부상당한 군인, 포로 및 기타 무력 분쟁의 피해자를 보호하는 임무를 가진 '통제 기관'으로 ICRC를 창설했다. ICRC는 중립성, 독립성, 모든 편에서 사람들을 돕는 것으로 유명하다. 예를 들어, 2022년 러시아군이 우크라이나에 진입한 후 ICRC는 현지 활동을 강화하고 몰도바, 폴란드, 러시아 등 주변 국가에 팀을 파견했으며 분쟁의 모든 측과 비밀리에 대화를 나누고 물, 의약품 및 기타 지원을 난민에게 제공했다. 제4장에서 논의한 바와 같이, ICRC의 오랜 명성은 유엔총회 옵서버 자격과 안보리 회원국과의 비공식 협의를 정당화했다. ICRC 외에도 많은 다른 비국가행위자들이 인도주의적 문제를 해결하기 위해 IGO와 함께 활동하고 있다 (Barnett 2011).

유사한 정책 영역이더라도 IGO가 비국가행위자에 반응하는 방식은 다양하기 때문에 접근 방식은 정책 영역 전체뿐만 아니라 정책 영역 내에서도 차이가 있다. 제3장과 제8장에서 설명한 브레턴우즈기구를 생각해 보자. 국제통화기금(IMF), 관세 및 무역에 관한 일반협정(GATT), 세계은행 등 세 기관은 모두 경제 정책에 관한 업무를 수행한다. 처음에는 이러한 기관에 대한 비국가행위자의 접근에 관한 공식적인 규정이 없었다. 시간이 지나면서 이 세 기관은 서로 다른 입장을 취하게 되었다.

IMF는 특히 많은 비국가행위자에 공식적인 접근을 제공하는 데 소극적이었다. 1990년대부터 부채 위기로 인한 압박이 심해지자 IMF는 워싱턴 D.C. 본부에서 반기별로 열리는 포럼에 시민사회 단체를 초청하는 관행을 채택했다. 그럼에도 불구하고 IMF는 상대적으로 비국가행위자들이 결여한 전문성을 필요로 하는 업무와 주권을 침해하는 통화정책에 대한 국가들의 경계심 때문에 비국가행위자 접근에 있어 후발주자로 널리 알려져 있다.

브레턴우즈체제의 두 번째 기관인 GATT는 수십 년간 국가 간 무역협상을 둘러싼 '비밀주의 문화'에 빠져 있었다. 그러나 1994년 GATT를 새로운 세계무역기구로 통합한 협정에 따라 분쟁해결 패널이 전문가와 대화할 수 있게 되었고, WTO 일반이사회가 무역 정책과 관련된 다른 비국가행위자와 소통할 수 있는 권한이 부여되었다. 비국가행위자와의 관계에 대한 일차적 책임이 있는 WTO 사무국은 정기적으로 브리핑을 개최하고 대부분의 문서를 제한 없이 배포한다. 그러나 각국 정부와 사무국 직원들은 비국가행위자에 더 큰 역할을 보장하는 것에 대해 여전히 양면적인 태도를 보이고 있으며, WTO는 비국가행위자에 어떠한 형태의 협의 지위도 부여하지 않았다. 1999년 시애틀에서 열린 WTO 회의에서 노동조합, 환경단체 및 기타 비국가행위자들이 회의장에 접근하려는 정부 관계자들을 물리적으로 막고 대치했던 불법 행위는 잊혀지지 않고 있다. 또한 가장 목소리를 높이는 비국가행위자 중 일부는 자유주의 경제이론에 의문을 제기하기 때문에 접근성이 높아지면 반세계화 세력에 힘을 실어주고 제도적 구조, 정책 및 프로그램의 급진적 변화에 대한 요구를 증폭시킬 수 있다 (Murphy 2010).

브레턴우즈의 세 번째 기관인 세계은행은 개발정책이 일반적으로 금융이나 무역만큼 기술적이거나 비밀스럽지 않기 때문에 비국가행위자의 참여에 대해 WTO나 IMF보다 훨씬 더 개방적이었다. 여성 개발 의제와 향후 프로젝트의 환경영향 평가 절차에 대한 비국가행위자의 요구에 따라 세계은행은 1977년에 여성 자문부서를, 1987년에 환경부서를 설립했다. 더 많은 정보와 진출을 원하는 비국가행위자의 열망은 NGO가 만든 은행정보센터를 통해 문서에 대한 대중의 접근성을 높이기로 합의하면서 더욱 힘을 얻었다. 유엔개발계획 및 개발정책을 다루는 다른 국제기구와 마찬가지로 세계은행도 현지 지식과 참여 민주주의의 중요성을 점점 더 수용하면서 비국가행위자를 현장의 효과성과 조직의 정당성을 강화하는 단체로 간주하고 있다. 지역개발은행은 세계은행의 선례를 따르는 경향을 보였다.

비국가행위자의 접근을 지지하는 사람들은 비국가행위자와 IGO가 어떻게 서로를 도울 수 있는지를 강조한다 (Lall 2023). 예를 들어, 연구자들은 IGO의 국제 규제 목표를 달성하기 위해 IGO 직원이 비국가행위자를 동원하고 협력하는 프로세스인 '오케스트레이션(orchestration)'에 주목한다 (Abbott et al. 2015; Andonova 2017). 마찬가지로 연구자들은 비국가행위자가 인권침해 국가의 정부를 우회하여 해당 국가의 방식을 바꾸도록 압력을 가할 수 있는 IGO와 연계하는 인권 '부메랑'을 강조한다 (Keck and Sikkink 1998).

그러나 비국가행위자와 IGO 관계가 협력적이라는 보장이 없기 때문에 비국가행위자의 접근은 양날의 검이 될 수도 있다. 협력 관계는 공유 가치와 서로 다른 자원을 가진 비국가행위자와 IGO가 광범위한 목표를 향한 공동의 노력에 참여할 때 발생한다 (Johnson 2014). 그러나 관계는 포섭(한 행위자가 다른 행위자를 압도하는 경우), 경쟁(행위자가 서로 경쟁하는 경우) 또는 갈등(행위자가 서로 반대하는 경우)으로 나타날 수도 있다 (Johnson 2016). 예를 들어, FAO는 1960년대에 자선재단과 다국적기업이 기아에 시달리는 개발도상국에 화학 농약, 다수확 종자 및 기타 농업 기술을 도입하도록 설득하기 위해 다양한 비국가행위자에 개방되었다. 그러나 이후 수십 년 동안 환경 NGO와 과학 전문가들이 자연을 희생시키면서까지 농업을 장려하는 것을 중단하라고 촉구하면서 FAO는 비국가행위자에 대한 개방성을 후회하게 되었다.

일부 IGO가 비국가행위자에 개방된 이후 어려움을 겪은 것을 지켜보면서 회원국과 IGO 직원들은 조직이 이러한 어려움에 노출되는 것을 경계하게 되었다. 따라서 IGO의 비국가행위자 접근은 계속해서 변화하고 있다. 그러나 NGO와 다른 비국가행위자들이 자신들이 공익을 대변할 수 있는 유일한 단체라고 계속 주장하고 있기 때문에 접근성 확대에 대한 요구는 멈추지 않고 있다.

비국가행위자와 관련된 문제들

글로벌거버넌스에서 비국가행위자의 접근은 몇 가지 문제를 제기한다. 국가나 IGO와 비교했을 때 비국가행위자가 공공의 이익을 추구하는 데 더 적합한가? 비국가행위자가 실제로 글로벌거버넌스를 '민주화'할 수 있는가? 비국가행위자의 영향은 다른 요인의 영향과 어떻게 구분할 수 있나? 비국가행위자는 강력한 국가의 도구인가, 아니면 국가에 대한 위협인가?

공익을 위한 활동인가, 정치를 위한 활동인가, 아니면 해를 끼치는 활동인가?

특히 NGO에 초점을 맞춘 일부 비국가행위자 관련 초기 연구자들은 인권 옹호, 질병 퇴치, 인도주의적 구호, 환경보호와 같은 NGO 활동을 강조했다. 국가와 달리 많은 NGO는 특정 인종, 사회경제적 계층 또는 국적을 선호하지 않는다. 국제기구와 달리 많은 NGO는 거의 모든 국가에서 기꺼이 활동하며, 심지어 영향력 있는 국가가 '왕따(pariah)'로 간주하거나 징벌적 제재를 가한 국가에서도 활동한다. 게다가 많은 NGO 직원들은 자원봉사자이거나 시장 평균 이하의 급여를 받는다. 따라서 초기 연구에서는 NGO와 기타 비국가행위자는 일반적으로 이타적이고 공익에 관심이 있는 것으로 묘사되었다 (Keck and Sikkink 1998: 1; Clark 2001; Forsythe 2005).

후속 연구는 이러한 낙관적인 견해에 이의를 제기하며 NGO와 다른 비국가행위자도 다른 정치 행위자와 매우 유사하게 행동한다고 주장했다. 다양한 형태로 존재하지만 스스로 임명하고, 위계적이며, 자신의 생존이나 평판에 관심을 갖고, 자신의 의제를 발전시키는 데 집중한다는 것이다 (Heins 2008: 41). 다국적기업과 언론은 전통적인 정치 행위자로 보기 쉽지만, NGO도 이 설명에 부합한다. 서비스 NGO는 재정 지원의 주요 원천인 인도주의 또는 개발 프로젝트에서 협력단체를 찾고, 단기 계약을 따내기 위해 경쟁적으로 비용을 절감하거나 성과를 과장하여 장기적인 프로젝트 실행 가능성과 규범적 목표를 위태롭게 할 수 있다 (Cooley and Ron 2002). 옹호 NGO는 다른 가치 있는 정책 분야를 희생해서라도 특정 정책 분야에 대한 관심을 끌기 위해 노력한다 (Bob 2005). 기부자를 유치하고 만족시키기 위해 NGO는 공격적으로 마케팅하고 활동을 신중하게 선택한다. 요컨대, 모든 유형의 비국가행위자는 나름대로 정치를 하고 있는 것이다.

다국적기업은 분기별 수익을 추구하고, 민간재단은 억만장자 후원자를 만족시키며, 언론 매체는 선정적인 헤드라인을 찾고, 인식공동체는 집단사고의 희생양이 되고, 사회운동은 여러 문제 중 한 가지 문제에 집착하는 등 때때로 비국가행위자가 해를 끼치기도 한다. 특히 비극적인 사례는 1994년 국경없는 의사회와 기타 NGO가 운영하던 유엔 난민수용소가 대량학살의 진원지가 된 르완다의 경우에서 볼 수 있다. 당시 르완다 대량학살의 가해자들이 난민수용소를 피난처로 사용하고 (Uvin 1998), 심지어 일부 난민수용소 자원을 추가 유혈사태의 자금으로 전용하기도 했다 (Terry 2002: 2). 국제구조위원회와 국경없는 의사회 프랑스 지부는 원조를 철회하여 가해자와 일반 난민 모두에 대한 자원을 차단했다. 국경없는 의사회의 다른 지부를 포함한 다른 NGO들은 계속해서 수용소에 봉사하며 가해자와 피해자 모두를 돕는 위험을 감수했다. 그러나 그 어떤 대응도 피해를 피할 수는 없었다.

일부 비국가행위자는 고의로 피해를 초래할 수도 있다. 결국 비국가행위자에는 테러 조직, 해커 네트워크, 범죄조직, 마약상, 해적단, 인신매매 조직, 다크웹 사용자, 준군사조직 등이 포함된다. 모든 비국가행위자가 공익을 위해 활동한다고 가정하는 대신, 이 광범위한 범주에 속하는 행위자들이 때로는 공익을 위해 활동하기도 하지만 정치를 하거나 해를 끼칠 수도 있다는 점을 인정할 필요가 있다.

글로벌거버넌스의 민주화?

비국가행위자를 지지하는 사람들은 이들이 투명성, 대표성, 책임성을 높여 글로벌거버넌스를 '민주화'한다고 주장해 왔다. 투명성은 공개적인 정보와 소통을 의미하며, 대표성은 글로벌거버넌스에 직접 참여하지 않는 사람들의 집단을 대변하는 것을 의미하고, 책임성은 그들이 대변하는 사람들이 알고 있고 그들에 대해 책임지는 것을 의미한다. 이 세 가지 모두에 대해 비국가행위자의 성적표는 엇갈리고 있다.

많은 비국가행위자, 특히 초국가적 옹호네트워크, 인식공동체, 미디어는 투명성을 요구하며 국가와 IGO가 비밀로 하려는 정보를 공개할 것을 요구한다. 그러나 모든 비국가행위자들이 내부 업무에 대해 많은 것을 공개하려는 경향이 있거나 공개해야 하는 것은 아니며, 이러한 투명성을 위해 투자할 자원을 가지고 있는 것도 아니다. 많은 비국가행위자의 경우 인력, 운영, 자금, 지출 또는 관계에 대해 알려진 것이 상대적으로 거의 없다.

투명성 외에도 민주화의 또 다른 차원은 대표성이다. 민주주의 국가에서 선출된 정부의 경우, 시민의 대표성을 확보하는 것이 정당성을 주장하는 데 있어 핵심적인 부분이다. 그러나 NGO, 사회운동, 초국가적 옹호네트워크, 인식공동체, 재단, 다국적기업, 언론, 초국가적 테러리스트나 범죄자들은 이와 유사한 선거 절차를 갖고 있지 않다 (Gourevitch and Lake 2012). 대표성을 확보하는 또 다른 방법은 어느 한 그룹이 모든 사람을 대변하는 것이 아니라 다양한 이해관계자가 참여하여 다양한 그룹을 대변할 수 있도록 장벽을 낮추는 것이다. 그러나 글로벌거버넌스 참여의 장벽이 낮지 않은 경우가 많기 때문에 사회 전반에서 소외된 목소리는 글로벌거버넌스에서도 소외될 가능성이 크다.

역사적으로 글로벌 노스의 비국가행위자는 글로벌 사우스의 목소리를 압도하거나 그들을 대변한다고 주장하면서 글로벌거버넌스에서 불균형적으로 활동해 왔다. 이러한 현상은 개발도상국에서 비국가행위자가 확산되고, 북부의 비국가행위자들이 이들을 동등하게 대하는 법을 배우고, IGO가 전통적으로 소외된 사람들을 위해 더 많은 공간을 할애하면서 감소하고 있다. 그럼에도 불구하고 불균형은 사라지지 않았다. 예를 들어, 유엔의 지속가능발전목표 심의에서 주요 그룹 체제를 연구한 결과, 세계에서 가장 빈곤한 사람들이 지속적으로 소외되고 있는 것으로 나타났다. 공식적으로 인정된 9개 그룹 중 절차, 담론 또는 지리적 기원을 통해 이 '최하위 10억 명'과 진정한 관계를 맺은 그룹은 거의 없었다 (Sénit and

Bierman 2021). 가장 소외된 사람들은 종종 외딴 지역에 살고, 교통이나 통신 연결이 부족하고, 유엔의 공식 언어 중 하나를 사용하지 않기 때문에 접근하고 대변하기 어려울 수 있다.

투명성과 대표성은 비국가행위자의 책임성에 영향을 미친다. 책임성에 수반되는 정당성이 없다면 비국가행위자는 글로벌거버넌스의 민주적 결함을 완화하는 데 거의 역할을 하지 못한다. 비국가행위자는 종종 좁은 권한과 범위에서 활동하며, 비국가행위자의 지도자들은 일반적으로 어떤 정책을 어떻게 추진할지 결정할 때 상당한 재량권을 누린다. 이들은 일반적으로 국가와 같은 방식으로 이슈 간의 절충에 직면하지 않기 때문에 지뢰반대 캠페인, 최신 기후과학 홍보, 어린이 백신 강조, 불안정한 지역의 공급망 운영 등을 자유롭게 추진할 수 있다.

지난 몇 년 동안 원월드트러스트(One World Trust)라는 단체는 IGO, NGO, 다국적기업의 책임성을 비교하는 연례보고서를 발표했다. 일반적으로 이 보고서에서는 IGO가 NGO보다 더 책임감 있고 투명한 반면, NGO는 MNC와 IGO보다 더 대표성이 있는 것으로 나타났다. 특정 주체는 때때로 지배적인 추세를 거스르는 경우도 있었다. 그러나 민주주의 결핍을 해소하기 위해 비국가행위자들이 투명하고 대표성을 가지며 책임감을 가져야 한다면, 글로벌거버넌스는 아직 이 문제를 극복하지 못한 것으로 보인다. 지금까지 비국가행위자의 투명성, 대표성, 책임성을 보장하는 것은 그들 자신의 청렴성이며, 실수가 대가를 치를 수 있다는 사실을 인지하는 것 외에는 거의 없다.

글로벌거버넌스에 미치는 영향?

비국가행위자는 일반적으로 국가와 관련된 권한이 부족하다. 이들은 돈을 찍어내고 군대를 동원할 수 있는 정부의 소비력이나 강압적인 힘을 갖고 있지 않다. 대신 비국가행위자는 소프트파워와 비국가행위자의 활동을 허용하려는 의사를 가진 정부나 국제기구에 의존할 수 밖에 없다. 이러한 한계를 고려할 때, 글로벌거버넌스에 가장 큰 영향을 미치는 비국가행위자가 무엇인지, 그리고 그 방법은 무엇인지 궁금해하는 것은 당연한 일이다.

이는 적어도 다섯 가지 이유로 측정하기 어렵다. 첫째, 비국가행위자는 수없이 많고 다양하며, 하위 유형 내에서도 비국가행위자들은 동일하지 않다. 두 번째 어려움은 실현가능하고 일반화할 수 있는 방식으로 비국가행위자의 영향을 평가하는 것이다. 조사 범위를 줄이면 비국가행위자의 영향을 추적하고 측정하기는 쉬워지지만 다른 상황에서도 그 결과가 적용될 수 있는지 말하기는 더 어려워진다. 예를 들어, 한 가지 분석틀은 유엔환경계획이 주도한 조약 협상에 초점을 맞추고 NGO가 의제 항목을 변경하거나 정부를 설득하여 투표를 변경하거나 최종 텍스트의 구절 초안을 작성했다는 증거를 찾는다 (Betsill and Corell 2008). 이러한 표적 연구는 특정 유형의 상황에서 특정 종류의 비국가행위자가 미치는 영향에 대해 조명하지만, 비국가행위자의 영향에 대해 더 일반적으로는 많은 것을 말해주지는 않는다.

세 번째 어려움은 한 시점의 영향력이 장기적으로 의미 있는 변화를 가져왔는지를 식별하는 데서 발생한다. 비국가행위자가 조약체결에 기여했지만 조약이 국가들의 행동을 변화시키지 않았다면 비국가행위자는 실제로 큰 영향을 미치지 않은 것이다. 연구자들은 장기적인 결과와 반대되는 질문, 즉 비국가행위자가 개입하지 않았다면 상황은 어땠을지 비교해야 하기 때문에 이 문제를 풀기가 더 어려워진다. 긍정적인 효과를 입증하려면 연구자들은 어차피 일어났을 일이지만 '더 나빴거나' 혹은 '덜 좋았을' 결과를 찾아내야 한다. 더 어려운 점은 일어날 수도 있었지만 결국 일어나지 않은 비극을 찾아내야 한다는 데 있다.

가설에 근거한 반론의 중요성은 네 번째 어려움, 즉 비국가행위자가 부정적이거나 반대되는 영향을 미칠 수 있다는 점을 인정해야 한다는 점이다. 비국가행위자가 개입하지 않았다면 결과가 더 좋았을 수도 있다. 예를 들어, 인도주의 NGO는 때때로 현지 문화를 무시하고 여론을 무시하며 자급자족 대신 의존성을 키우는 가부장적 행동을 한다는 비난을 받기도 했다 (Barnett 2011). 또는 특정 이슈에 대해 비국가행위자들이 양측에 서서 서로 대립하여 덜 야심찬 결과를 낳았을 수도 있는데, 이러한 현상을 미국 국내정치에서는 상쇄 압력(countervailing pressures)이라고 부른다. 탄소배출이 기후변화와 관련이 있는 석유와 석탄과 같은 화석 연료의 예가 이를 잘 보여준다. 기후 과학자들은 기후변화 완화가 화석연료로부터의 대규모 전환에 달려 있다고 주장하지만, 석유와 석탄에 의존하는 기업들은 이러한 전환에 저항해 왔다. 이 문제의 양측에 있는 비국가행위자들로 인해 화석연료에서 벗어나는 움직임은 더디게 진행되고 있다. 비국가행위자가 특정 정책을 추진하기 위해 같은 편에 서더라도 기존의 불평등과 권력 격차를 반영하고 강화하는 문제가 있을 수 있다 (Dany 2014: 425, 433).

마지막 어려움은 비국가행위자의 영향력이 외부 사건이나 다른 행위자의 행동과 같은 상황적 요인에 영향을 받는다는 점이다. 예를 들어, 국가 간 분쟁이 발생하면 국가들은 비국가행위자를 방관하는 경향이 있지만 평화로운 시기에는 더 많은 여유를 준다. 이는 비국가행위자의 수요(정부 및 국제기구의 요구)와 공급(비국가행위자의 가용성 및 역량)이 주기적이고 시간에 따라 달라지는 특성을 시사한다 (Charnovitz 1997: 268-270). 따라서 비국가행위자의 내부적 특성, 다른 행위자와의 상호작용, 비국가행위자 활동의 경계를 정의하는 전반적인 제도적 환경이라는 세 가지 수준에서의 데이터와 분석 없이는 비국가행위자의 전체적인 영향을 제대로 이해할 수 없다 (Heiss and Johnson 2016). 비국가행위자는 특정 시간이나 특정 조건에서만 영향을 미칠 수 있으며, 정책이나 행동의 변화는 비국가행위자 이외의 요인으로 설명될 수 있다.

비국가행위자와 관련된 다섯 가지 문제점 — 비국가행위자 수와 다양성, 실현가능한 연구와 일반화 가능한 연구 사이의 균형, 시간적 범위의 차이, 부정적 또는 상충적 효과의 가능성, 다른 요인의 간섭 등 — 으로 인해 비국가행위자의 영향을 평가하기는 어렵다. 전체 범주에 대한 일반화는 말할 것도 없고 단일 비국가행위자의 효과를 정확히 파악하는 것조차도 어렵다. 비국가행위자들이 글로벌거버넌스에서 어느 정도 권력과 권한을 행사하고 있는 건 사실이지만, 국가는 여전히 주권을 지키고 중추적인 역할을 하고 있다.

국가주권에 대한 위협?

국가와 비국가행위자는 글로벌거버넌스에서 서로 다른 역할과 강점을 가지고 있지만 국가만이 주권, 즉 영토, 국민, 정책결정에 대한 궁극적인 권한을 주장할 수 있다. 국제관계 이론가들은 비국가행위자가 단순히 국가의 도구인지 아니면 국가 주권에 대한 실질적인 위협인지에 대해 의견이 분분하다.

많은 현실주의자들에게 비국가행위자는 부차적 존재다. 강력한 국가가 그들을 유용하다고 생각하기 때문에(또는 적어도 무해하다고 생각하기 때문에) 존재하며, 따라서 주권에 위협이 되지 않고 오히려 주권을 더 탄력적으로 만들 수도 있다(Heins 2008: 102-104). 반면에 구성주의와 자유주의 진영의 학자들은 글로벌 시민사회의 성장으로 인해 국가 주권이 경쟁, 타협, 심지어 빼앗길 수도 있다고 주장한다. 비국가행위자는 국가의 이익과 능력을 형성하거나 재정의할 수 있는 규범과 아이디어의 중요한 원천이자 전달자이다(Keck and Sikkink 1998: 212). 이러한 관점에서 볼 때 주권의 침식은 아직 널리 퍼져 있지는 않지만 국제적인 것과 국내적인 것 사이의 경계가 모호해진 것은 분명하다.

현실주의자, 자유주의자, 구성주의자 모두 비국가행위자가 제약에 직면해 있다는 사실을 인정한다. 본격적인 조직을 통해 운영할수록 잘 알려진 조직적 한계에 직면하게 된다. 많은 NGO가 자원봉사자들이 운영하는 느슨한 조직으로 시작하지만 시간이 지나면서 표준화된 절차, 연례 보고서, 예산, 고도로 전문화된 직원을 갖춘 관료화된 조직으로 변모할 수 있다. 이러한 관료화는 예측 가능성과 전문성에 대한 기부자나 대중의 요구를 충족시킬 수 있지만, 유연성과 대응력을 약화시키고, 위험 감수를 방해하며, NGO 직원이 실패를 은폐하도록 유도하고, 이윤 추구를 조장할 수도 있다.

또 다른 제약 조건은 재원이다. 국가와는 달리 비국가행위자는 세금을 징수하여 활동 자금을 조달할 수 없다. 기부금, 회비 또는 서비스 이용료를 통해 자금을 모을 수는 있지만, 기부하는 사람들이 대중을 대표하거나 대규모의 표본이 아닐 가능성이 크다. 따라서 비국가행위자는 자원을 제공하는 소수의 주요 민간 자금 제공자에게 의존하게 될 수 있다. 또는 국가 정부로부터 다양한 방식으로 자금을 지원받게 될 수도 있다. 어떤 경우에는 정부가 민간 기부를 장려하고 모금된 기부금에 대해 비국가행위자가 납부해야 하는 세금을 감면해주는 우호적인 세제 혜택을 제공하기도 한다. 다른 경우에는 정부가 서비스 계약 등을 통해 비국가행위자에게 더 직접적으로 자금을 지원하기도 한다. 자금의 출처가 민간이든 공공이든 위험은 동일하다. 비국가행위자는 자신의 정체성, 독립성, '자신을 지원하는 자에 맞서는' 능력을 훼손할 위험이 있다(Spiro 1996: 966).

비국가행위자가 국가에 대한 재정적 의존을 피한다고 해도, 그들의 모든 활동을 어느 정도 국가에 의존하고 있다. 각국 정부는 비국가행위자가 국경 내에서 또는 국제적으로 활동하는 것을 매우 어렵게 만들 수 있다. 이집트와 러시아는 엄격한 국내 등록 및 신고 요건을 통해 외국 NGO, 재단, 미디어를 몰아냈다(Heiss and Kelley 2017). 또한 중국, 남아프리카공화국, 인도, 쿠바, 러시아 등 국가들은 유엔과 같은 국제포럼에서 비국가행위자의 참여를 확대하는 것을 반대해왔으며, 특히 중국, 남아프리카공화국, 인도, 쿠바, 러시아는 ECOSOC에 대한 NGO의 협의 지위 신청을 지연시키는 데 능숙한 것으로 드러났다 (Inboden 2021). 일부 정부는 비국가행위자를 자신의 권위에 대한 도전이자 신식민주의의 한 형태로 간주하기도 한다 (Bush 2016).

비국가행위자에 대한 경계심은 권위주의정부나 글로벌 사우스에만 국한된 것은 아니다. 많은 국가에서 외국 기업이 에너지, 통신, 생명공학 등 민감한 산업에 투자하는 것을 차단하고 있다. 비국가행위자는 개별 국가는 물론 더 넓은 국제적 맥락을 고려해야 하는 다층게임 환경 속에서 활동하기 때문에 정부가 적극적으로 반대하거나 심지어 소극적으로(예: 물리적 안전을 보장하지 않는 등) 반대하면 활동이 어려워질 수 있다. 요컨대, 비국가행위자는 국내 및 국제무대에 접근하기 위해 국가의 도움 또는 최소한 묵인에 의존한다.

마지막 제약 조건은 비국가행위자의 수와 다양성에서 비롯된다. 다양성이란 공통의 의제가 없다는 것을 의미한다. 서로 다른 이슈에 우선순위를 둘 수도 있다. 또는 같은 사안에 우선순위를 두더라도 서로 다른 해결책을 요구하고 영향력을 확보하기 위해 경쟁할 수도 있다.

요컨대, 비국가행위자가 항상 국가주권에 중대하고 일관된 위협을 가하는 것은 아니다 (Friedman, Hochstetler, Clark 2005: 130). 그럼에도 불구하고 이들은 글로벌거버넌스에서 중요한 역할을 하고 있다. 다음 장에서는 평화와 안보의 거버넌스, 즉 국가가 일차적인 권한을 갖고 있지만 비국가행위자들이 오랫동안 평화를 위해 활동하면서 동시에 평화와 안보에 위협을 가하기도 하는(테러단체와 같은 비국가행위자의 경우) 문제 영역에 대해 살펴볼 것이다.

추가 읽을거리

Abbott, Kenneth, Philipp Genschel, Duncan Snidal, and Bernhard Zangl. (2015) *International Organizations as Orchestrators*. New York: Cambridge University Press.

Andonova, Liliana. (2017) *Governance Entrepreneurs: International Organizations and the Rise of Global Public-Private Partnerships*. London: Cambridge University Press.

Johnson, Tana. (2016) "Cooperation, Co-optation, Competition, Conflict: International Bureaucracies and Non-Governmental Organizations in an Interdependent World." *Review of International Political Economy* 23(5): 737–767.

Keck, Margaret E., and Kathryn Sikkink. (1998) *Activists beyond Borders: Advocacy Networks in International Politics*. Ithaca, NY: Cornell University Press.

Stroup, Sarah, and Wendy Wong. (2017) *The Authority Trap: Strategic Choices of International NGOs*. Ithaca, NY: Cornell University Press.

Tallberg, Jonas, Thomas Sommerer, Theresa Squatrito, and Christer Jönsson. (2013) *The Opening Up of International Organizations: Transnational Access in Global Governance*. London: Cambridge University Press.

7장 평화와 안보 추구

사례연구: 소말리아, 지속되는 도전	243
안보거버넌스의 기원으로서의 전쟁	247
분쟁의 평화적 해결을 위한 메커니즘	255
집단안보, 강제, 그리고 제재	261
평화활동	274
군비통제와 군비축소	300
세계평화와 안보를 위협하는 테러에 대한 대응	312
인간안보의 도전과제	321

사례연구: 소말리아, 지속되는 도전

1990년대 초, 탈냉전 이후 현재까지 30여 년이 넘는 기간 동안, 아프리카 뿔 지역의 핵심 국가인 소말리아는 국제평화와 안보거버넌스의 주요 도전과제를 보여주는 상징적인 국가로 여겨져 왔다. 1991년과 1992년 내전으로 인해 소말리아의 민간질서가 붕괴되었고, 전투를 벌이는 부족들이 나라의 각 지역을 장악했다. 이 과정에서 광범위한 기근과 혼란이 발생하여 수십만 명의 민간인이 굶주림의 위기에 내몰렸다. 식량은 소말리아 군벌들에게 중요한 정치적 자원이자, 용병 무장단체를 유지하기 위한 수단으로 사용되었다. 1992년 11월 매일 약 1,000명의 소말리아인이 사망하고, 5세 미만 소말리아 어린이의 4분의 3이 이미 사망한 상황에서, 당시 유엔 사무총장 부트로스-갈리(Boutros Boutros-Ghali)는 유엔 안전보장이사회에 "상황이 평화유지활동으로 다룰 수 있는 수준을 넘어섰다. 안보리는 이제 더 강력한 조치를 채택하는 것 외에 선택의 여지가 없다"고 보고했다 (UN 1992: 2).

마침내 소말리아는 국가 정부수립과 기능하는 경제체제 구축에서 일부 진전을 이루었지만, 여전히 아프리카 6개국으로 구

계속

성된 아프리카연합(AU) 평화유지군이 주둔하고 있다. 갈등과 가뭄으로 인한 기근은 여전히 큰 위협으로 남아 있으며, 100만 명 이상의 소말리아인이 국내에서 실향민으로 떠돌고 있고, 약 100만 명은 인접 국가인 우간다와 케냐에서 난민으로 생활하고 있다. 더욱이, 알카에다와 연계된 이슬람 무장 단체 알샤바브(al-Shabaab)가 여전히 활동하고 있다. 2023년 초 기준으로 이 단체는 소말리아 중부와 남부의 광범위한 영토를 통제하고 있으며, 우간다와 케냐에 폭탄공격과 습격을 감행했고, 2022년에는 에티오피아 침공을 시도했다. 또한 알샤바브가 소말리아계 미국인을 모집하는 데 성공한 이후 미국은 알샤바브를 잠재적 위협을 간주하기 시작했다. 그 이유는 알샤바브가 소말리아를 테러단체의 피난처로 만들 가능성 때문이다. 따라서 소말리아는 현대 무장 분쟁, 국가 실패, 복합적 인도주의 위기, 국제적으로 연계된 테러단체, 비국가행위자와 범죄 활동 간의 연관성을 포함한 국제평화와 안보에 대한 위협과 거버넌스 딜레마를 잘 보여주는 사례연구를 제공한다.

1992년, 소말리아에서 질서가 붕괴되고 기근이 광범위하게 퍼지자, 유엔의 초기 대응은 느리게 진행되었다. 이는 전통적인 유엔 평화유지 활동과 마찬가지로 소말리아 군벌들의 동의를 받아야 인도적 지원을 제공할 수 있다는 전제가 유엔 안전보장이사회에 있었기 때문이다. 1992년 8월, 구호 활동 종사자들을 보호하는 임무를 부여받은 유엔 소말리아 활동(UNOSOM I)의 일환으로 500명의 경무장한 파키스탄 평화유지군이 배치되었으나, 이들은 당시 상황에 적절히 대응하기에는 너무 역부족이었다.

1992년 12월, 유엔 안전보장이사회는 결의안 794호를 통해 미국 주도의 대규모 군사 및 인도주의 개입인 소말리아 통합특별군(UNITAF)을 승인했으며, 이는 미국 대중에게 희망회복작전으로 알려져 있었다. 이 작전의 목표는 항구와 공항을 확보하고, 구호물자와 구호 활동 종사자들을 보호하며, 인도적 구호 활동을 지원하는 것이었다. 그러나 목표에 대한 유엔 관계자들과의 의견 차이로 인해 미국과 유엔의 소말리아 파견 부대 간 관계가 복잡해졌다. 이러한 갈등은 작전의 조정과 협력을 어렵게 만드는 요인으로 작용했다.

미국 주도의 작전은 필요한 사람들에게 식량을 공급하고, 배치된 지역에서 사실상의 휴전을 이끌어내는 인도적 목표를 대부분 달성했지만, 소말리아에서의 평화구축이라는 더 큰 과제는 이루어지지 못했다. 1993년, UNITAF는 규모가 축소된 유엔군(UNOSOM II)으로 대체되었고, 소말리아 부족들과의 관계에서 중립 유지를 포기했다. 그 결과, 유엔의 역할은 중립적인 평화유지군에서 적극적으로 싸우는 교전 당사자로 전환되었고, 남아 있던 미국 병력도 공격 대상이 되었다. 이러한 일련의 상황속에서 한 미군 병사의 시신이 모가디슈 거리에서 끌려 다니는 장면이 전 세계로 보도되었고, 이는 대중의 격렬한 반발을 불러일으켰다. 이에 빌 클린턴 대통령은 미군 파병 병력을 일시적으로 증강한 뒤 1994년 3월까지 철수하겠다고 발표했다.

미국이 병력을 철수한 후, 유엔군 전체가 철수하는 것은 시간 문제였다. 유엔의 소말리아 작전은 기근을 종식시키는 데는 성공했지만, 소말리아 국민이 국가정부를 재건하거나 내부

계속

분쟁을 종식시키는 데는 도움을 주지 못했다.

1990년대 후반, 소말리아 군벌과 부족들이 전투를 종식하고 과도정부를 수립하도록 도와주는 여러 지역적 노력이 있었지만, 대부분 실패로 끝났다. 한편 소말리아 북부지역의 부족들이 독립을 선언하며 소말릴란드 공화국을 세웠고, 동북부지역의 지도자들은 푼틀란드 주(Puntland State)라는 자치정부를 형성했다. 그러나 이들 모두 국제적으로 인정받지 못했다. 이와 동시에, 이슬람법원연합(Islamic Courts Union, 알샤바브의 전신 – 역자 주)이 점점 더 활발히 활동하며 소말리아에 이슬람 국가를 세우려고 시도했다. 특히 2001년 9월 11일 미국 테러공격 이후, 소말리아는 국제 테러리스트들의 피난처가 될 가능성이 있다는 우려를 낳았다. 2006년, 이슬람법원연합과 과도정부를 지지하는 부족 민병대 간에 격렬한 전투가 벌어졌고, 이는 대규모 기근과 100만 명 이상의 실향민을 포함한 새로운 인도적 및 안보위기를 촉발시켰다.

2007년, 유엔 안전보장이사회는 아프리카연합 소말리아임무단(AMISOM: AU Mission in Somalia)을 승인하여 소말리아 과도정부를 보호하도록 했다. 이와 함께 물류 지원, 유엔 지원 사무소, 소말리아 국가군 재건을 위한 EU 훈련 임무도 승인했다. AMISOM 병력은 새로 훈련된 소말리아 군대와 함께 2012년까지 소말리아 대부분의 지역에 대한 통제력을 크게 확장할 수 있었다. 같은 해 새 연방 의회가 설립되었고, 대통령 선거도 치러졌다. 2013년 초, 17

지도 7.1 소말리아

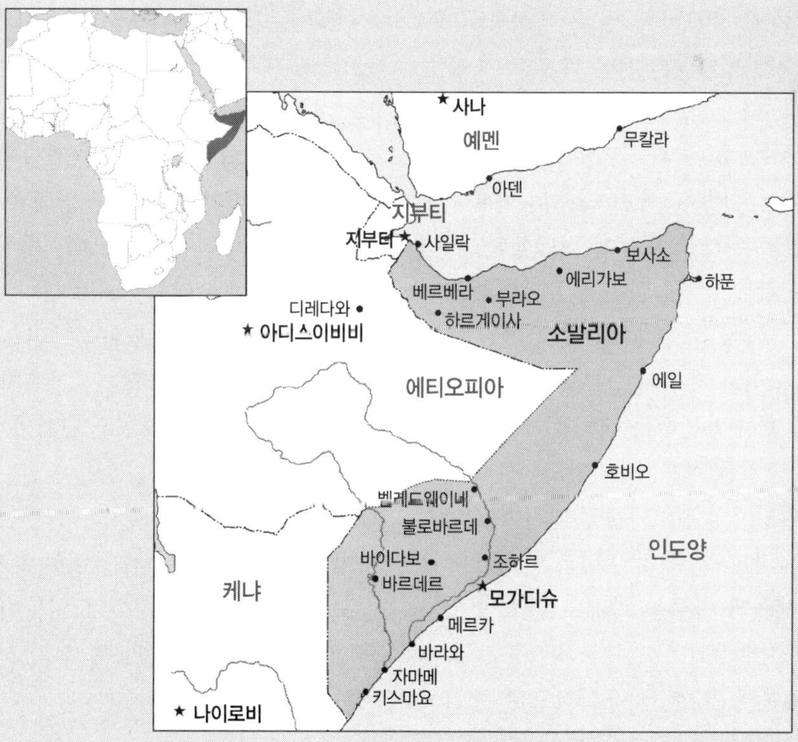

계속

년 동안 케냐 나이로비에 있었던 유엔의 소말리아 정치 임무 본부가 소말리아 수도 모가디슈로 이전했는데, 이는 보안 상황이 개선되었음을 보여주는 조치였다. 2017년까지 AMISOM은 2만 2,000명 이상의 인원이 동원된 당시 세계에서 가장 큰 평화유지작전이 되었다.

AMISOM은 혼재된 결과를 가져왔다. 2010년과 2011년에 소말리아의 초기 정부를 보호하고 인도적 지원 및 구호 활동을 확대하는 데 일정한 성공을 거두었지만, '심각한 구조적, 정치적, 운영적 문제'로 인해 그 성공은 제한적이었다. 가장 큰 문제는, 윌리엄스(Paul Williams 2018)에 따르면, "알샤바브를 패배시키지 못했다는 점"이며, AMISOM이 "통합된 임무로 작전하는 데 어려움을 겪었다"는 것이다. 실제로, 알샤바브는 2013년, 2014년, 2015년, 그리고 2022년에 케냐와 에티오피아에서 공격을 감행했으며, 2017년, 2019년, 2022년에는 모가디슈에서 발생한 트럭 폭탄테러의 책임이 있는 것으로 여겨진다.

따라서 AMISOM은 최근까지 세계 도처에서 수행된 평화강제임무, 특히 아프리카에서 수행된 임무들과 유사한 문제에 직면했다. 이러한 문제에는 제대로 기능하는 중앙정부와 평화 프로세스의 부재, 능력, 자원 및 부여된 임무 간의 괴리, 그리고 다수의 정부간기구 및 국가들과의 협력에서 발생하는 어려움이 포함되었다. 이러한 국가들(예: 미국, 영국, EU, 튀르키예)은 소말리아의 정부군을 훈련시키고 있었다. 또한 AMISOM은 현지 주민과 연계된 초국적 무장 단체들과 싸우는 과제도 안고 있었다(Williams 2018, 2019).

AMISOM은 2022년에 공식적으로 종료되었고, 아프리카연합 소말리아과도임무단(AU Transition Mission in Somalia)이 거의 동일한 임무를 부여받았다. 다만 병력규모는 축소되었다. 윌리엄스(Williams 2019: 1)에 따르면, AMISOM은 AU에 있어 '가장 길고, 가장 규모가 크며, 가장 비용이 많이 들고, 가장 많은 희생자를 낸 평화작전'이었다. 또한 유엔에게 있어 AMISOM은 '전쟁 지역에서의 물류 지원뿐만 아니라 정치적 협력을 통해 수행된 가장 중요한 실험'으로 남아있다.

2022년 말, 소말리아는 지속적인 불안과 폭력에 더해, 1991년 위기의 주요 특징이었던 기근이라는 동일한 위협에 직면했다. 40년 만에 최악이자 가장 긴 가뭄이 발생하면서 유엔이 '재앙적인' 수준이라고 표현한 식량 불안정이 소말리아 인구의 거의 절반에 해당하는 780만 명에게 영향을 미쳤다 (UN News 2022). 기후변화는 소말리아와 아프리카의 뿔(Horn of Africa) 대부분에 영향을 미치는 주요 요인으로, 수십 년간의 분쟁, 약한 정부, 그리고 이들이 식량 생산에 미친 복합적 영향과 더불어 위기를 악화시켰다. 약 150만 명의 소말리아인이 국내에서 실향민이 되었으며, 세계 최대 규모의 난민캠프 중 하나인 케냐 다다브(Dadaab) 캠프의 인구는 주로 소말리아인으로 주당 약 3,000명씩 증가하고 있다. 인도적 상황을 더욱 복잡하게 만드는 요인은 알샤바브가 소말리아 일부 지역을 통제하고 있어 인도적 지원 단체의 접근이 제한된다는 점이다. 또한 알샤바브가 케냐 국경지역에서 감행한 공격으로 인해 인도적 지원 단체의 구호 요원들이 무장 경찰의 호위를 받아야만 활동할 수 있는 상황이 발생하고 있다.

계속

국제기구와 글로벌거버넌스를 연구하는 이들에게 소말리아 사례는 1991년 냉전 종식 이후 국제평화와 안보거버넌스가 직면한 많은 도전과제들을 보여준다. 이러한 과제들 중 일부는 변화했지만, 일부는 여전히 변하지 않고 있다. 1990년대 소말리아에서의 유엔 경험은 냉전 이후 실패한 노력의 상징으로 남아 있으며, 국가 실패, 내전, 복잡한 인도적 재난 상황에서 평화유지활동이 참고해야 할 많은 교훈을 남겼다. 한편, AU의 경험은 지역기구가 국제평화와 안보에 기여할 가능성과 어려운 환경에서 직면할 수 있는 도전과제를 잘 보여준다.

안보거버넌스의 기원으로서의 전쟁

전쟁은 역사적으로 국제정치에서 가장 근본적인 문제로 여겨져 왔으며, 동시에 19세기의 유럽협조체제(Concert of Europe)에서 20세기의 국제연맹(League of Nations)과 유엔에 이르기까지 정부간기구(IGO)의 설립을 촉진하는 주요 요인이기도 했다. 기능주의이론의 근본적인 전제는, 국가들이 국제관계의 실질적 문제를 해결하기 위해 협력하도록 만드는 것이 지속적인 평화를 구축하는 조건을 형성할 것이라는 것이다. 국제법은 전통적으로 국가 간 관계에서 질서를 창출하는 규칙을 제공하고, 국제법원이나 중재 절차는 법적 분쟁을 평화적으로 해결할 수단을 제공한다고 여겨져 왔다. 20세기는 인류 역사상 가장 파괴적인 세기였지만, 동시에 전쟁을 예방하기 위한 다양한 거버넌스 접근법이 발전한 시기이기도 했다.

이러한 접근법 중 다수는 국제관계이론에서 발전했다. 자유주의자들은 전통적으로 평화를 위한 접근법으로 국제법과 국제기구를 지지해 왔다. IGO, 비정부기구(NGO), 개별 국가들, 그리고 임시그룹들 또한 제3자로서 분쟁을 해결하고 협상된 평화를 확보하는 역할을 할 수 있다. 한편, '유연한 현실주의자(soft realists)'들은 갈등을 해결하고 힘의 사용을 다루는 데 있어 외교와 조정의 가치를 인정해 왔다.

평화와 안보에 대한 거버넌스 접근법은 시간이 지나도 극적으로 변화하지 않았지만, 전쟁과 갈등의 성격, 그리고 안보의 개념은 상당히 변화했다. 1950년대 이후, 국가 간 전쟁(참전국이 둘 이상인 국가 간 전쟁)의 발생은 급격히 감소했지만, 다른 유형의 갈등은 증가했다. 예를 들어, 2022년 러시아의 우크라이나 침공은 이웃 국가에 대한 주요 강대국의 공격이 부활했음을 보여주었으며, 북대서양조약기구(NATO)가 우크라이나를 지원하면서 전쟁 확대의 가능성을 높였다. 그 이전까지의 무력충돌 연구에 따르면, 2020년에는 56건의 분쟁과 전쟁이 진행중인 것으로 보고되었는데, 이는 1946년 이후 최고 기록이었다 (Strand and Hegre 2021). 이 중 이슬람국가(IS)는 16건의 분쟁에 연루되어 분쟁의 복잡성을 보여주었다. 1980년 이래의 국가 간 갈등에는 이란-이라크전쟁(1980~1988년), 에티오피아-에리트레아전쟁(1999~2000년), 러시아-조지아전쟁(2008년)이 포함된다. 중국의 부상과 미국-중국 간 긴장, 그리고 러시아의 우크라이나 침공은 주요 강대국 간 갈등 가능성을 다시 부각시키고 있다. 이에 반해, 국가 내부의 무력 갈등(내전)은 1950년대 중반에서 1990년대 중반 사이에 급격히 증가했으며, 이후 감소하는 추세를 보였다 (도표 7.1 참조). 이러한 추세는 스리랑카의 타밀족과 동파키스탄의 벵골인들처럼 자결권을 위한 투쟁, 소말리아와 같은 취약국가 문제, 구유고슬라비아와 르완다에서 나타난 민족 갈등, 그리고 수단의 남북내전(1983~2005년)과 같이 정부와 반군 간의 내전에서 비롯되었다. 콩고민주공화국(1996년 이후), 리비아(2011년 이후), 예멘(2015년 이후)에서의 내전의 경우엔, 정부나 반군을 지원하기 위한 다른 국가들의 개입으로 인해 국제화되었다. 이들 모두에서 이슬람국가와 다른 지하드 단체들이 적극적으로 활동하고 있으며, 특히 콩고민주공화국에서는 범죄 조직도 개입하고 있다.

1990년대와 2000년대 초반에는 상당수의 분쟁이 종식되었고, 이로 인해 연구자들은 분쟁 해결 노력이 더 효과적이 되었다고 결론내렸다 (Hewitt 2008: 24). 그러나 특히 문제가 되는 것은 주요 내전이 종료되거나 일정 기간 동안 비활성 상태가 되었다가 다시 발생하는 사례가 늘어나고 있다는 점이다. 유엔대학 정책연구센터 연구에 따르면, 이러한 재발문제는 과거보다 심각하며 정치적 합의로 해결되기 어렵다는 점이 확인되었다 (von Einsiedel 2017). 또한 민간인에 대한 폭력은 증가하고 있으며, 실향민의 수 역시 급증했다. 세계은행의 2022년 고강도 분쟁 상황 목록에는 아프가니스탄, 시리아, 예멘, 소말리아, 아르메니아, 아제르바이잔이 포함되었으며, 중강도 분쟁 상황으로 분류된 16개국 목록에는 대부분 아프리카국가가 포함되었다. 즉, 미얀마, 아이티, 이라크를 제외한 나머지는 모두 아프리

도표 7.1 | 국가 기반 무력충돌의 세계적 추세, 1946~2022년

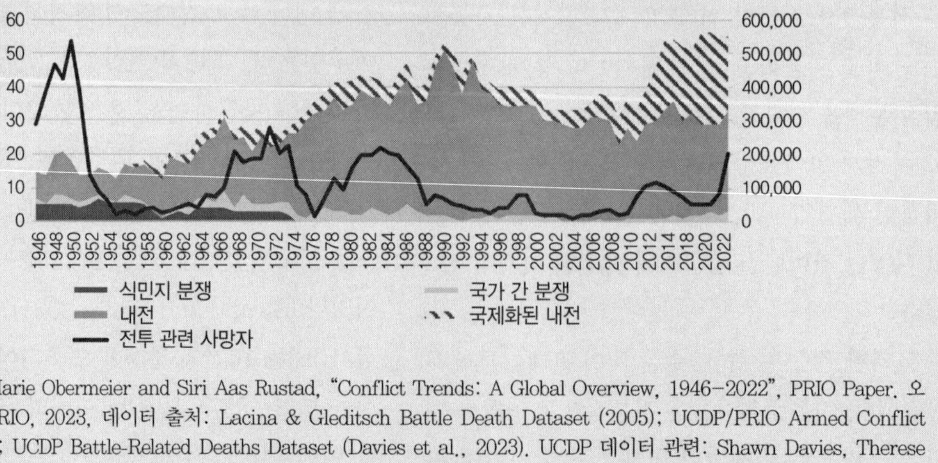

출처: Anna Marie Obermeier and Siri Aas Rustad, "Conflict Trends: A Global Overview, 1946–2022", PRIO Paper. 오슬로: PRIO, 2023. 데이터 출처: Lacina & Gleditsch Battle Death Dataset (2005); UCDP/PRIO Armed Conflict Dataset; UCDP Battle-Related Deaths Dataset (Davies et al., 2023). UCDP 데이터 관련: Shawn Davies, Therese Pettersson, Magnus Öberg (2023). "Organized Violence 1989–2022, and the Return of Conflict Between States". *Journal of Peace Research*, 60(4): 691–708.

카국가였다 (World Bank 2022a).

냉전 이후 많은 국가 내 갈등은 전투로 인해 발생한 인도주의적 재앙을 동반했다. 전통적으로 베스트팔렌체제의 안보는 국경보호, 인구통제, 그리고 내정간섭 배제를 의미하는 국가안보를 뜻했다. 그러나 제2차 세계대전 이후 국제적으로 인정된 인권규범이 꾸준히 확대되면서 주권국가의 권리와 개인의 권리 간의 균형이 변화했다. 점점 더 많은 논의에서 인간안보가 정부나 국가의 안보보다 우선시되어야 한다고 주장되었다. 이러한 변화는 보호할 책임(R2P) 개념, 즉 정부, 준군사 조직, 민병대, 경찰의 폭력으로부터 인간을 보호하기 위한 무력 개입을 지지하는 기반이 되었다. 이 변화는 유엔 안전보장이사회에서 인간안보 문제에 할애된 회의의 증가를 통해 가장 명확히 드러나며, 이는 후속 장에서 논의할 것이다.

분쟁의 성격 변화와 복잡한 인도주의적 재앙은 21세기 평화에 대한 두 가지 주요 도전과제다. 그 외에도 화학, 생물학, 핵무기를 포함한 대량살상무기(WMD), 사이버전 위협, 비대칭적 분쟁에서 나타나는 테러단체의 전술 등이 추가적인 도전과제로 꼽힌다. 러시아의 바그너그룹(Wagner Group)이 우크라이나와 말리 갈등에 개입하면서, 비국가 용병 조직의 활동도 다시 주목받고 있다.

유엔은 안보문제를 다루기 위한 글로벌 구조를 제공하며, 전 세계 주요 다섯 지역에는 각각 최소 하나 이상의 안보문제를 다루는 IGO가 존재한다 (도표 7.2 참고). 이와 더불어, 다수의 국제 NGOs는 오랜 기간 동안 분쟁의 평화적 해결, 군축, 인도적 지원을 촉진하기 위해 적극적으로 활동해왔다 (도표 7.3 참고).

도표 7.2 | 글로벌 및 지역안보 관련 정부간기구 및 관련 단체

유엔
- 안전보장이사회
- 총회
- 사무총장실
- 국제사법재판소
- 포괄적핵실험금지조약기구
- 난민고등판무관
- 국제원자력기구
- 인도주의 업무조정국
- 화학무기금지기구
- 평화작전국
- 현장지원국
- 평화구축위원회
- 상설중재재판소

지역안보 관련 IGO
- 아프리카: 아프리카연합, 서아프리카국가경제공동체, 남아프리카개발공동체
- 아시아: ASEAN 지역안보포럼, 동남아시아국가연합, 상하이협력기구
- 유럽: EU, NATO, 유럽안보협력기구
- 라틴아메리카: 리우조약(Rio Pact)
- 중동: 아랍연맹, 걸프협력회의

정부간기구와 안보

국가 간 안보를 촉진하기 위한 글로벌기구의 개념은 20세기 초에 탄생했으며, 제1차 및 제2차 세계대전 동안 저명한 정치인들과 평화단체들의 지지를 받았다. 이러한 노력의 역사는 제3장에서 다루어진다. 특히 제1차 세계대전 이후, 많은 정치인들과 시민들은 국제 갈등을 다루는 기존의 세력균형 접근법을 거부했다.

국제연맹과 유엔은 평화를 사랑하는 모든 국가들로 구성된 상설 국제기구가 미래의 전쟁을

도표 7.3 | 안보 관련 국제비정부기구

평화단체
- 국제위기그룹
- 국제평화연구소
- 스톡홀름 국제평화연구소
- 국제여성평화자유연맹

군축단체
- 집속탄금지연합
- 그린피스 인터내셔널
- 국제지뢰금지운동
- 핵전쟁 방지를 위한 국제의사회

인도적 구호단체
- 케어
- 가톨릭 구호 서비스
- 국경없는 의사회
- 국제적십자위원회
- 루터교세계연맹
- 옥스팜
- 세이브더칠드런연맹
- 월드비전

예방할 수 있다는 신념이 반영된 기구다. 국제연맹규약과 유엔헌장은 전쟁 방지를 위한 기본 원칙, 분쟁의 평화적 해결을 위한 메커니즘, 그리고 강제조치를 위한 규정을 광범위하게 다루고 있다. 두 기구 모두 평화 및 안보와 관련하여 주요 강대국들의 특별한 권한을 인정했으며, 모든 회원국을 대신해 행동할 수 있는 권한을 가진 소규모 의사결정 기구의 필요성을 인식했다. 주요 차이점은 국제연맹이 이사회 구성원 간의 만장일치를 요구했던 반면, 유엔 안전보장이사회는 비상임이사국의 과반수 찬성과 상임이사국 중 어느 누구의 반대도 없는 경우(거부권 없음)를 의사결정 요건으로 했다는 점이다.

유엔과 국제연맹 모두 미국 대통령 우드로 윌슨이 제시한 집단안보 개념에 기반을 두고 있다. 이는 전통적인 세력균형 정치가 자주 전쟁을 초래한 데 대한 대안으로 제안된 것이다. 냉전기간 동안 설립된 지역안보체제는 전통적인 동맹(공격 시 상호 원조를 위한 공식 또는 비공식 약속, 예: 미주상호원조조약 또는 리우조약)이나 집단방위기구(회원국들이 더 많은 제도적 발전을 이루고, 더 많은 의무를 감수하도록 요구하는 NATO)의 형태를 띠었다. EU의 신속대응군은 2003년 이후 여러 분쟁지역에 배치되었으며, 서아프리카경제공동체(ECOWAS)와 남아프리카개발공동체(SADC)는 유엔이나 아프리카통일기구(OAU), 아프리카연합(AU)이 행동할 수 없을 때 안보의무를 맡아왔다. 1994년에 창설된 동남아시아국가연합(ASEAN) 지역안보포럼(ARF)은 27개 참가국과 안보 전문가들 간의 아시아안보 관련 일반적인 대화를 위한 포럼 역할을 하고 있으며, 상하이협력기구(SCO)는 2000년 설립 이후 중앙아시아에서의 테러위협에 보다 구체적으로 초점을 맞추어 활동하고 있다.

유엔헌장은 안전보장이사회가 무력사용을 승인하고 회원국들에게 제재를 이행하도록 의무화할 수 있는 유일한 권한을 가진다고 명시하고 있다. 다만, 개별적 또는 집단적 자위권(제51조)을 행사할 수 있는 경우는 예외로 두고 있다. 이는 지역기구가 집단방위를 위해 무력을 사용할 수 있는 여지를 열어주며, 유엔이 강제조치를 위해 지역안보기구를 활용할 수 있는 근거를 제공한다. 그러나 제53조는 "지역적 협정이나 지역기구에 의한 강제조치는 안전보장이사회의 승인을 받지 않고는 실행되어서는 안 된다"라고 명확히 규정하고 있다. 또한 제54조는 지역기구가 국제평화와 안보를 유지하기 위해 계획하거나 수행한 모든 활동을 안전보장이사회에 보고하도록 요구하고 있다. 1999년 NATO가 전 유고슬라비아와 코소보에 대해 감행한 폭격은 안전보장이사회의 승인을 받지 않았기 때문에, 해당 행동의 정당성을 둘러싸고 큰 논란이 일었다. 반면, 2011년 리비아 개입(추후에 논의)은 안전보장이사회로부터 간접적으로 승인을 받았다.

유엔헌장의 조항들은 유엔과 지역기구 간의 공동 책임을 암시했지만, 명확한 역할 분담은 규정되지 않았다. 이 문제는 냉전 종식 후 중요해졌는데, 유엔이 이전보다 더 많은 평화작전을 수행하게 되었고, 지역기구들이 폭력적인 분쟁의 급증에 대응하기 위한 여러 이니셔티브를 취했기 때문이다. 1992년 이후, 지역 및 소지역기구들이 평화유지 및 강제조치를 수행한 사례가 다수 있었으며, 이는 때로는 유엔 안전보장이사회의 위임하에 이루어졌고(이 장에서 후술), 때로는 사후 승인을 받거나 협력 또는 파트너십 형태로 이루어지기도 했으며, 때로는 유엔 작전으로 전환되기도 했다.

유엔과 지역 IGOs는 평화와 안보문제를 해결하기 위해 다양한 거버넌스 접근법을 사용한다. 유엔의 노력에는 조정과 사무총장 특사를 통한 협력과 같은 다양한 평화적 해결 방식이 포함되며, 평화유지작전 및 분쟁 이후 평화구축 같은 개념도 도입되었다. 유엔은 1990년 이후 광범위하게 제재를 적용했으며, 군축문제에 대한 오랜 경험을 가지고 있고, 국제법 제정과 제재 부과를 통해 주로 테러문제를 해결하려고 노력해왔다. ASEAN, OAU/AU, OAS(미주기구)는 예방외교와 중재를 자주 활용해왔다. 아랍연맹, ECOWAS, OAS, EU는 제재를 사용했으며, NATO, AU, ECOWAS, SADC, EU는 평화작전을 수행해왔다.

비정부기구와 안보

안보와 관련된 국제비정부기구(INGOs)는 매우 다양하다. 일부는 싱크탱크로, 연구를 통해 다른 단체들을 지원한다. 예를 들어, 스톡홀름 국제평화연구소(SIPRI)는 분쟁, 무기이전, 국방비에 관한 연구를 통해 안정적인 평화조건에 대한 이해를 돕는다. 국제평화연구소(IPI)는 뉴욕에 본부를 두고 있으며, 유엔에 정책 연구와 전문가 조언을 제공한다. 1995년에 설립된 국제위기그룹(ICG)은 분쟁예방과 해결에 대해 정부 및 IGOs, 특히 유엔과 EU에 독립적 분석과 조언을 제공하는 주요 기관으로 자리 잡았다. SIPRI와 IPI와는 달리, ICG는 저명한 전직 정부 관료들을 동원해, 각국 정부와 국제기구의 최고위급에서 효과적인 국제적 조치를 이끌어내려고 노력한다. ICG는 특히 '위기 경보'를 통해 평화협상을 조언하고, 상세한 분석을 제공하며, 정책 입안자들과 협력하여 분쟁을 예방, 관리, 해결하는 데 중점을 둔다.

일부 INGOs는 군비통제와 군비축소 문제에 초점을 맞춘다. 예를 들어, 그린피스는 핵실험 반대와 모든 핵무기 제거를 촉구하는 활동을 오랫동안 이어왔다. 국제지뢰금지운동과 집속탄금지연합은 이후 장에서 다루듯이, 국제적인 군비통제조약을 이끌어낸 NGO 옹호 연합의 사례로 손꼽힌다.

또 다른 안보 관련 INGO들은 인도주의 구호

활동에도 참여하고 있다. 도표 7.3의 구호단체들은 구호 중심 NGO 중 극히 일부다. 이들 가운데, 국제적십자위원회(ICRC)는 특별한 책임 때문에 독특한 지위를 지닌다. 즉, 제네바협약에 의거 인도주의 법을 위반한 국가의 책임을 묻고, 군인과 민간인 피해자를 보호하고 지원하는 임무를 수행하기 때문이다. 이러한 독특한 역할로 인해 ICRC는 유엔 총회에서 옵서버 지위를 갖는다. 국가, 정부간기구, 비정부 행위자 간의 협력관계는 이제 흔한 일이 되었다.

무력사용과 관련된 규범

역사 초창기부터 부족과 국가의 지도자들은 대규모 조직적 폭력을 행사할 권리, 심지어 의무가 있다고 주장해 왔다. 전쟁은 허용될 뿐만 아니라 고귀한 행위로 간주되었다. 그러나 이러한 인식은 20세기 초에 변화하기 시작했으며, 무력사용을 제한하는 새로운 규범들이 발전했다. 구성주의 전통의 국제이론가들은 이러한 진화와 규범의 역할을 이해하고, 안보개념을 재구성하는 데 중요한 기여를 했다.

전쟁의 금지. 국제연맹 규약은 회원국들에게 국가의 영토보전과 정치적 독립을 존중하고, 분쟁해결을 위해 다양한 방법을 시도할 것을 요구했지만, 분쟁해결 수단으로 무력사용을 명시적으로 금지하지는 않았다. 1928년, 대부분의 국가들이 켈로그-브리앙조약(Kellogg-Briand Pact)에 서명하며, '국제분쟁 해결 수단으로서의 전쟁 사용을 비난하고, 이를 국가정책의 도구로 사용하는 것을 포기'할 것을 약속했다. 이 조약은 유엔 헌장 제2조 3항과 4항의 근간이 되었으며, 이 조항은 모든 회원국이 평화적인 방법으로 분쟁을 해결하고, 어떠한 국가의 영토보전이나 정치적 독립에 대해 무력사용 또는 무력위협을 삼갈 것을 의무화하고 있다.

현실은 더 복잡하다. 영토병합을 위한 무력사용은 이제 정당하지 않은 행위로 널리 받아들여지고 있다. 1990년 이라크의 쿠웨이트 침공에 대한 전 세계의 강력한 비난과, 이를 되돌리기 위해 미국 주도로 이루어진 다자간 군사개입에 많은 국가들이 동참한 것이 그 예이다. 마찬가지로, 2014년 러시아의 크림반도 병합과 2022년 우크라이나 침공은 국제적으로 유엔헌장을 근본적으로 위반한 침략 행위로 간주되며 강하게 비난받았다.

무력사용은 무장공격에 대한 자위권의 일환일 경우엔 인정된다. 이는 2001년 9월 테러공격 이후 아프가니스탄에서의 미국 군사행동을 유엔 안전보장이사회가 승인한 근거이기도 했다. 그러나 국제규범에 따르면, 대응은 도발에 비례해야 한다. 이런 맥락에서, 2006년, 2009년, 2014년 헤즈볼라와 하마스가 각각 레바논과 가자지구에서 발사한 로켓에 대응하여 이스라엘이 대규모 군사작전을 벌인 것은 과도한 대응으로 간주되며 국제적으로 널리 비난받았다.

대다수의 국가는 자기결정권을 증진하고, 부정한 정권을 교체하며, 과거의 불의를 바로잡기 위한 무력사용의 정당성을 일정 부분 수용하고 있다. 하지만 2003년, 유엔 안전보장이사회는 사담 후세인을 축출하고 이라크의 대량살상무기를 파괴하기 위한 미국의 무력사용 요청을 승인하지 않았다. 테러리즘 용어 정의에 대한 합의의 부재는 테러리즘을 금지하는 국제규범을 마련하려는 노력을 복잡하게 만들었다. 오랜 기간 동안 공격성에 대한 명확한 정의에 합의하지 못했으나, 1974년 유엔 총회에서 이를 승인했다 (결의안 3314호). 이후 2010년, 국제형사재판소(ICC) 로마규정에 대한 개정을 통해 침략 범죄에 대한 정의가 확립되었다 (도표 7.4 참조).

인간안보와 인도주의 촉진. 전쟁이 사람들, 특히 민간인, 부상병, 전쟁포로, 난민에게 미치는 영향을 고려한 150여 년의 고민 끝에, 무력사용과 관련된 여러 중요한 규범들이 등장했다. 이들 규범에는 196개국이 비준한 1949년 제네바협약 4개와 그에 따른 3개의 추가 의정서에 명시된 인도주의 규범, 국제 난민법(특히 1951년 유엔 난민지위에 관한 협약 및 1967년 의정서), 화학 및 핵무기 사용 금지에 관한 규범, 2017년 핵무기금지조약, 그리고 향후 논의될 대인지뢰 및 집속탄 관련 협약 등이 포함된다.

제네바협약은 민간인, 전쟁포로, 부상병을 보호하고 병원 폭격과 같은 특정 전쟁 수단을 금지하기 위해 설계된 국제 인도법의 핵심을 이룬다. 이 협약은 전쟁범죄와 반인도적 범죄의 법적 근거도 제공한다. 전쟁범죄와 반인도적 범죄(도표 7.5 참고)는 로마규정의 제7조와 제8조에 집단학살와 함께 명시되어 있으며, 이는 제9장에서 더 자세히 논의된다. 무력충돌에 관한 대부분의 규범은 국가 간 전쟁과 국가에만 적용되며, 비국가 행위자에게는 적용되지 않는다. 다만, 1977년에 승인된 제네바협약의 제2의정서만이 비국제적 무력충돌의 피해자에게 특별히 적용된다.

전쟁범죄, 반인도적 범죄, 집단학살 행위의 범위는 점차 확장되어, 성폭력 및 강간, 그리고 전쟁 전술로서 민간인을 대상으로 하는 행위를 포함하게 되었다. 2000년과 2008년의 획기적인 조치를 통해, 유엔 안전보장이사회는 평화유지활동에서의 성평등 교육, 여성과 여아에 대한 보호, 그리고 평화와 안보 관련 유엔의 보고 및 이행 체계 전반에 성 주류화(정책 및 프로그램에 성평등 관점을 통합하는 것 – 역자 주)를 의무화했다 (결의안 1325호). 또한 안전보장이사회는 전시에 민간

도표 7.4 | 침략범죄에 대한 정의

침략범죄란 다음과 같이 정의된다. "국가의 정치적 또는 군사적 행위를 실실석으로 통제하거나 지시할 수 있는 위치에 있는 개인이, 유엔헌장을 명백히 위반하는 행위로 간주될 정도로 그 성격, 중대성, 규모 면에서 중대한 '침략행위'를 기획, 준비, 개시 또는 수행하는 것"을 말한다. 여기서 침략행위란, "한 국가가 다른 국가의 수권, 영토보전 또는 정치적 독립에 대해 무력을 사용하는 행위, 혹은 유엔헌장과 양립하지 않는 방식으로 행해지는 무력사용"으로 규정된다.

이 정의는 2010년 6월 11일에 채택된 로마규정의 개정안에 의해 정립되었으며, 2012년 9월 26일에 발효되었다.

도표 7.5 | 반인도적 범죄

민간인을 대상으로 한 공격 또는 민간인 집단을 박멸하려는 시도

- 노예화
- 인구의 강제추방 또는 강제이전
- 구금 또는 신체적 자유를 심각하게 박탈하는 기타 형태의 행위
- 고문
- 강간, 성적 노예화, 강제매춘, 임신, 불임 시술
- 정치적, 인종적, 국가적, 민족적, 문화적, 종교적, 성별 등의 이유에 기반하여 특정 집단이나 공동체를 박해
- 사람의 강제실종

인을 의도적으로 목표로 삼는 성폭력을 강력히 규탄했다 (결의안 1820호). 이러한 새로운 규범을 촉진하기 위해, 이제 평화유지활동에 민간인보호와 여성 및 성평등문제를 다루는 내용을 포함하는 것이 일반화되었으며, 성평등 자문관을 배치하고 성인지 감수성 교육 프로그램을 운영하고 있다.

인권과 인도주의 규범의 확산은 유엔, 기타 IGO, 그리고 국제 행위자들에게 새로운 요구를 제기했다. 즉, 대규모 기아, 민족청소, 집단학살, 성폭력, 화학무기 사용 등과 같은 잔혹행위들이 언론과 NGO의 글로벌네트워크를 통해 공개되면서, 이러한 인권유린을 억제해야 한다는 압력이 커졌다. 이로 인해 인도적 개입을 둘러싼 논쟁이 촉발되었으며, 이는 국가주권에 대한 상이한 견해와 '정당한 전쟁' 전통에서 비롯된 정당한 사유 및 권한에 대한 우려를 불러일으켰다. 1948년 집단학살방지협약은 유엔헌장에 따라 인류에 반한 범죄를 예방하거나 억제하기 위한 유엔 행동의 가능성을 규정하고 있다. 국제형사재판소는 이러한 범죄로 기소된 사람들을 처벌할 수 있는 수단을 제공한다 (제9장에서 논의).

강제로 순응을 이끌어내기 위한 군사 개입은 또 다른 문제다. 세계인권선언(1948년)은 권리를 침해당한 사람들이 "최후의 수단으로 폭정과 억압에 맞서 반란을 일으킬 수밖에 없게 될지도 모른다"고 경고하고 있다. 하지만, 정부가 인권유린의 주체일 수 있는 상황일지라도, 대규모 인도적 고통이 과연 타국의 무력개입 — 즉 타인을 구하기 위한 무력사용 — 을 정당화할 수 있을까?

1990년대 후반 이후, NGO, 시민사회활동가, 저명한 인사들, 그리고 독립적인 국제위원회는 국가 및 국제적 차원의 책임성 수용, 국가의 행위를 인권규범에 따라 판단하는 기준의 확립, 그리고 주권에 대한 새로운 해석을 요구해 왔다. 유엔과 국제사회가 1994년 르완다 집단학살을 막지 못하고, 1999년 세르비아군의 대규모 인종청소를 저지하기 위한 NATO의 코소보 개입이 논란을 불러일으키자, 당시 유엔 사무총장이었던 코피 아난은 1999년 보고서에서 국가 주권이 어떻게 재정의되고 있는지 설명했다. 그는 이후 개입이 언제 이루어져야 하는지, 누구의 권한으로 이루어져야 하는지, 그리고 그 방식은 어떠해야 하는지에 대한 합의를 도출하기 위한 노력을 촉구했다.

이에 대응하여 캐나다정부는 개입과 국가주권에 관한 국제위원회(ICISS)를 설립했다. 이 위원회는 호주의 전 외무장관 에반스(Gareth Evans)와 알제리의 사흐노운(Mohamed Sahnoun)이 이끌었으며, 인간보호를 위한 군사개입의 여섯 가지 기준을 제안했다. 이 기준은 정당한 권한, 정당한 이유, 올바른 의도, 최후의 수단, 비례적 수단, 합리적인 전망이다. '기준선(threshold)' 조건에는 다음과 같은 상황들이 포함된다. 집단학살 의도가 있든 없든 간에, 대규모의 생명 손실이 실제로 발생했거나 발생할 우려가 있으며, 그것이 고의적인 국가의 행위, 국가의 방치 또는 무능력, 혹은 국가 기능 상실(실패국가)의 결과인 경우, 혹은 대규모 '인종청소'가 실제로 발생했거나 발생할 우려가 있는 경우가 그것이다. 이때 인종청소는 살해, 강제추방, 테러행위, 강간 등의 방식으로 이루어진 것을 의미한다 (ICISS 2001: 32). 위원회의 보고서는 보호할 책임(R2P)을 국가와 국제사회의 의무로 명확히 규정했으며, 개입문제를 다룰 권한을 가진 유일한 기관으로 유엔 안전보장이사회를 지정했다.

국제법에서는 새로운 관습적 관행의 존재를 입증하기 위해 여러 사례가 필요하다. 새로운 규범이 등장하는 과정에서는 종종 새로운 규범을 지지하는 사람들과 기존 규범을 옹호하는 사람들 간의 갈등이 발생한다 (Finnemore and Sikkink 1998; Sandholtz and Stiles 2009). 충분히 많은 국가들이 새로운 규범을 채택할 준비가 되어 있다면, 새로운 규범이 기존 규범을 대체할 수 있다. 기존 규범을 위반하는 행위의 증가는 '규범의 급격한 변화(norm cascades)'를 촉발시켜 새로운 규범이 기존 규범을 대체하는 결과를 가져올 수 있다. 그러나 구성주의자들이 지적하듯, 새로운 규범이 기존 규범을 대체하기 위해서는 상당한 논쟁이 동반되는 것이 일반적이다. 따라서 인도적 개입에 대한 규범이 존재하는지에 대한 논쟁은 여전히 진행 중이다. 가령, 2005년 유엔 세계 정상회의에서 R2P가 승인되었지만, 유엔 안전보장이사회는 다르푸르 집단학살을 막기 위한 충분한 군사력을 승인하지 않았다 (제9장에서 논의). 2011년 리비아에서는 군사개입이 승인되었지만, 시리아에서는 승인되지 않았다 (이 장의 후반부에서 논의). 일부 분석가들은 유엔 안전보장이사회가 앞으로 인도적 개입을 승인할 가능성에 대해 회의적인 견해를 보이고 있다.

R2P가 논란의 여지가 있더라도, 규범은 중요한 역할을 한다. 일례로, 규범은 핵무기가 '불균형적으로 치명적'이라는 인식을 낳았고 (Price and Tannenwald 1996: 138), 그 사용은 용납될 수 없다는 관점을 형성했다 (Thakur 2006: 162). 이와 유사하게, 화학무기 사용에 반대하는 규범은 이러한 무기가 '문명화된 행동기준'에 반한다고 보았다 (Price and Tannenwald 1996: 131). 최근에는 생물학적 무기, 대인지뢰, 집속탄의 제조, 비축, 사용을 금지하는 규범도 확립되었다.

무력사용, 인도적 개입, 특정 무기에 관한 규범은 구성주의적 사고의 영향을 크게 받는다. 한편, 분쟁 해결에 관한 많은 문헌은 자유주의적 원칙에 기반을 두고 있다. 그러나 전쟁이 발생하거나 평화가 유지될 명확한 조건과 그 주체를 규정하는 결정적인 이론은 존재하지 않는다. 인간의 선택 — 전쟁 혹은 평화로운 분쟁 해결 — 에 영향을 미치는 맥락적 요인들은 단순한 이론화로 설명하기 어렵다. 우리는 이 두 가지에 대해 많은 것을 알고 있지만, 국제평화와 안보를 유지하기 위한 단일이론을 제시하기에는 여전히 충분하지 않다.

분쟁의 평화적 해결을 위한 메커니즘

가장 광범위하게 활용되는 안보거버넌스 접근방식은 역사가 가장 오래된 것이기도 하다. 그리스 도시국가 시절부터 이미 분쟁을 평화적으로 해결하는 것이 바람직하다는 합의가 있었다. 1899년과 1907년에 열린 헤이그회의는 국제분쟁의 평화적 해결을 위한 협약을 제정하며, 오늘날에도 사용되고 있는 메커니즘의 기초를 마련했다 (제3장에서 논의). 이 협약들은 전쟁이 분쟁을 해결하기 위한 의도적인 선택이며, 행위자들의 선택에 영향을 미칠 수 있는 메커니즘을 만드는 것이 가능하다는 전제에 기반을 두고 있다. 하나의 가정은 전쟁이 무지(정보부족 – 역자 주)에서 비롯될 수 있으며, 독립적인 조사위원회를 통해 정보가 제공되면 그 선택이 바뀔 수 있다는 것이다. 또 다른 가정은 국가들이 종종 스스로를 '막다른 골목'에 빠트리는 경우가 발생하는데, 이때 제3자의 조정자가 그 상황에서 국가들이 빠져나올 수 있도록 도와줄 수 있다는 것이다. 헤이그협약은 전쟁을 방지하는 데 있어 국제사회가 이해관계를 가지고 있음을 명확히 했다. 이 협약은 제3자의 역할을 위한 메커니즘들을 마련했는데, 그것은 친선적 지원, 조사, 조정, 판결, 중재 등 다양한 이름으로 불린다. 이러한 절차들은 국제연맹 규약과 유엔헌장 제6장에 통합되었다. 유엔헌장 제6장은 분쟁의 평화적 해결을 촉진하기 위해 안전보장이사회가 취할 수 있는 절차들을 조사에서 중재에 이르기까지 일련의 단계로 명시하고 있다.

유엔, 지역 정부간기구, NGO, 개인, 국가 또는 국가연합, 임시그룹이 분쟁의 평화적 해결을 모색하는 노력에 참여하는 것은 제3자 개입으로 간주된다. 유엔 사무총장들은 종종 안전보장이사회의 위임 여부와 관계없이 평화구축 이니셔티브를 위해 '특사 역할'을 제안해왔다. 이러한 노력은 단순히 분쟁 당사자들을 한자리에 모으는 것에서부터 사무총장이나 지정된 특별 대표가 직접 중재를 하는 것까지 다양하다. EU, OAS, OAU/AU의 관계자들도 가끔 비슷한 역할을 수행했다. 예를 들어, 아랍-이스라엘-팔레스타인 분쟁이나 시리아내전과 같은 주목받는 상황에서는 시간이 지나면서 여러 차례 제3자 개입 노력이 이루어졌다. 이러한 노력은 때로는 순차적으로, 때로는 동시에 이루어지지만, 종종 혼란스럽고 누가 언제 어디서 무엇을 해야 하는지에 대한 많은 의문이 뒤따른다.

평화적 해결 메커니즘을 사용하는 것이 반드시 무력사용을 배제한다는 의미는 아니다. 일부 상황에서는 무력이 평화적 결과를 확보하는 데 중요한 역할을 할 수 있으며, 이는 당사자들이 계속해서 싸울 경우의 비용과 이익에 대한 인식을 변화시키는 데 도움을 줄 수 있다. 특히 내전 상황에서 자금과 무기의 공급을 차단하거나 지도부의 변화를 유도하는 것이 비용과 이익을 재평가하도록 만들어 평화적 해결로 이어질 수도 있다. 그러나 각 상황은 고유하며, 동일한 접근법이 항상 동일한 결과를 보장하지는 않는다.

누가 가장 효과적으로 개입할 수 있는지, 어떤 수단이 필요한지, 어떤 정치적 목표를 설정해야 하는지는 핵심적인 문제이다. 성공이란 무엇을 의미하는가? 그것은 분쟁의 영구적인 종식(라이베리아 내전), 진행중인 전투의 잠정중단(키프로스의 교착상태, 우크라이나에서의 잠재적 휴전), 단기 또는 중기적인 폭력의 종식(남수단의 독립), 이전에 대화를 거부했던 당사자들이 직접 대면하도록 만드는 것(이스라엘-팔레스타인 오슬로 평화 프로세스), 혹은 장기적인 평화를 위한 기초를 구축하는 것(보스니아와 동티모르)을 의미할 수 있다. 누가, 무엇을, 언제 해야 하는지에 대한 많은 답은 개입이 이루어지는 분쟁의 단계에 따라 달라진다. 스리랑카정부와 반군조직인 타밀족 호랑이 간의 갈등처럼 일부 분쟁은 국제사회에 의해 방치되거나 잊혀지기도 한다 (Crocker, Hampson, and Aall 2004).

조정

조정은 분쟁의 평화적 해결을 위한 핵심 도구로, '제3자가 당사자들이 스스로 찾을 수 없는 해결책을 찾도록 돕는 협상의 한 형태'이다 (Zartman and Touval 1996: 446). 조정은 우선 당사자들이 조정을 수용하도록 설득하거나, 분쟁의 단계별로 여러 조정자가 개입하여 해결책을 모색하는 과정을 포함할 수 있다. 조정이 효과를 발휘하려면 분쟁이 '고통스러운 교착상태' 또는 '성숙' 단계에 있어야 한다. 이 단계는 당사자들이 분쟁을 계속하는 데 드는 비용이 얻을 수 있는 이익보다 크다고 인식하게 되어, 어떤 형태로든 해결책을 고려할 가능성이 높아지는 시점이다.

평화적 분쟁해결 방식들 중에서, 유엔은 사무총장이 주도하는 '친선적 지원'과 조정을 활용해 왔으며, 사무총장의 특별대표, '접촉그룹', 또는 '사무총장의 친구들'이 이러한 역할을 수행해 왔다. 예를 들어, 케야르(Javier Pérez de Cuéllar) 유엔 사무총장은 1989년 소련의 아프가니스탄 철수를 위한 합의를 이끌어냈고, 그의 특별대표였던 소토(Álvaro de Soto)는 1980년대 후반 중앙아메리카 분쟁을 조정했다. 이탈리아 가톨릭 NGO인 산테지디오 공동체는 모잠비크에서 평화구축과 평화조성을 적극적으로 이끌며, NGO가 조정 역할을 할 수 있음을 보여주었다. 프란치스코 교황은 2014년 미국과 쿠바 간 협상에서 중요한 역할을 했다. 평화조성을 돕기 위해 여러 임시그룹이 결성되기도 했다. 첫 번째 임시그룹은 1978년 미국, 캐나다, 영국, 프랑스, 독일로 구성된 서방 접촉그룹이었다. 당시 모두 유엔 안전보장이사회 회원국이었던 이 그룹은 남서아프리카인민기구(SWAPO: South West Africa People's Organisation)를 포함한 여러 당사자들과의 관계 덕분에 나미비아가 남아프리카공화국으로부터 독립을 이룰 수 있는 합의를 조정할 수 있었다 (Karns 1987). 또한 아이티, 앙골라, 이라크 등지에서 유엔 사무총장이 분쟁을 해결하도록 돕기 위해 수많은 '친구들'그룹이 결성되었다 (Whitfield 2007). 2002년 이후, 유엔, EU, 미국, 러시아 고위 관계자로 구성된 중동 4자 회담은 이스라엘-팔레스타인 평화 프로세스를 지원하기 위해 노력해왔다.

조정자는 다양한 역할을 수행할 수 있다. 조직자, 교육자, 비전 제시자, 해석자, 조정자, 도발자, 위험 감수자, 변화의 촉진자, 그리고 정책결정자의 역할을 맡을 수 있다 (Crocker, Hampson, and Aall 1999: 686). 정치적 권력이나 경제적 자원이 없더라도, 전 미국 대통령 지미 카터나 제네바의 인도주의 대화 센터와 같은 비공식 조정자는 특히 비국가 무장세력이 관련된 경우 평화 프로세스의 사전 협상 단계에서 당사자들을 한자리에 모으는 데 도움을 줄 수 있다 (Whitfield 2007: 42). 그러나 일부 상황에서는 '힘을 동반한 조정'이 필요할 수 있다. 이는 미국이 때때로 맡아온 역할로, 공식적인 합의를 이끌어내기 위해 인센티브와 보장을 제공하는 것이다.

조정은 조정자가 적합하고 능숙하며 상황이 '적기'라고 여겨지더라도 모든 상황에서 효과를 발휘하는 것은 아니다. 실패한 시도들은 전 세계적으로 수없이 많다. 조정은 최근 수년간 폭력적 분쟁을 예방하기 위한 여러 수단 중 하나로 활용되어 왔지만, 탈식민주의 이론가들은 그 한계를 경고하고 있다. 즉, 조정자들이 실제로는 패권국가의 도구에 불과할 수 있으며, '문제를 바로잡는다'는 명분 아래 실은 자국의 국익에 부합하는 방식으로 약소국에게 합의를 강요하고 그 합의를 정당화할 수 있다는 것이다 (Richmond 2001).

예방외교

예방외교라는 혁신적인 평화적 해결 접근법은 1950년대 후반 유엔 사무총장 함마르셸드(Dag Hammarskjöld)에 의해 도입되었다. 그의 후임자인 부트로스-갈리(Boutros Boutros-Ghali)는 1992년에 이를 "당사자 간의 분쟁이 발생하는 것을 예방하고, 기존의 분쟁이 충돌로 확대되는 것을 막으며, 분쟁이 발생했을 경우 그 확산을 제한하기 위한 조치"라고 정의했다. 예방외교는 주로 외교적 노력을 통해 이루어지며, 때로는 제재와 결합되기도 한다. 평화유지군의 예방적 배치는 분쟁의 확산을 방지하고 무력사용에 대한 당사자들의 계산을 변화시키기 위한 것이다. 예를 들어, 유엔이 1995년 마케도니아에 평화유지군을 파견한 것은 구 유고슬라비아지역에서 발생한 전쟁이 마케도니아로 확산되는 것을 방지하기 위한 것이었다.

예방활동에 참여하는 행위자들에는 현재 유럽안보협력기구(OSCE), EU, OAS, ASEAN, AU, ECOWAS, 걸프협력회의(GCC) 및 기타 지역적 예방 조치를 마련한 여러 기구들이 포함된다. 이들 기구는 주로 지속가능한 해결책을 모색하기 위한 임무를 가진 국제 민간 관료 및 전문가들로 구성되어 있다. 유엔 자체적으로 중앙아시아, 서아프리카, 중앙아프리카에 분쟁예방을 위한 지역 사무소를 설립했으며, 2022년에는 24개의 정치 임무를 현장에서 수행하며 분쟁예방을 포함한 임무를 수행했다. NGO들은 무력분쟁 예방을 위한 글로벌파트너십을 설립했으며, 국제위기그룹을 포함한 다양한 민간 및 지역 단체들이 예방활동에서 중요한 역할을 하고 있다. 국제위기그룹은 주요 행위자로 부상했다. 유엔 난민고등판무관(UNHCR)도 예방외교에 참여했으며, 유엔 사무총장과 사무총장 특별대표들도 이러한 활동을 수행하고 있다 (UNHCR 2011).

예방을 위한 수단에는 조기경보, 진상규명 임무, 정치적 임무, 특별사절, 조기 대응체계, 선의의 중재, 조정, 그리고 지역 기반 접근 방식이 포함된다. 유엔의 정치적 임무를 수행하는 일부 직원들은 인권이나 법적문제에 초점을 맞출 수 있으며, 다른 이들은 헌법 전문가이거나 선거관리를 위한 기술 지원을 제공하기도 한다. 이러한 임무는 종종 분쟁을 예방하려는 사람들을 지원하기 위한 것이다. 정치적 임무 외에도, 유엔은 2008년에 조정 전문가 상시 대기팀을 설립했다. 이 팀은 조정과 평화구축에 경험이 있는 개인들로 구성되었으며, 과정 설계, 과도기 정의, 안보 조치, 성평등, 헌법제정 등 전문 기술을 제공한다. 2017년엔 여성 전문가들이 조정 전문가 상시 대기팀에 추가되면서 이러한 접근법의 내용도 확대되었는데, 이는 여성들이 조정자로 참여할 때 여성과 기타 소외된 공동체의 필요와 관점이 반영될 수 있다는 페미니스트의 신념을 반영하는 것이다.

예방외교의 정확한 성격은 분쟁의 단계에 따라 달라지는 경향이 있다. 예를 들어, 냉전 이후 동유럽과 중앙아시아의 잠재적 긴장 상황에서는 OSCE가 소수민족 권리, 특히 새롭게 독립한 구소련 공화국 내 러시아계 소수민족 문제를 해결하는 데 적극적으로 나섰다. 또한 OSCE는 2014년부터 2022년까지 동우크라이나에서 친러시아 분리주의자들과 정부 간 폭력을 모니터링하는 데도 역할을 했다. 2007년 케냐 대통령 선거 이후처럼 전면적인 충돌이 발생할 위기에 처했을 때도,

집중적이고 잘 지원된 외교적 노력이 상황을 '구할 수' 있다. 실제로 당시에는 AU의 위임을 받은 전 유엔 사무총장 코피 아난의 주도로 조정이 이루어졌으며, 이는 유엔 직원들과 NGO인 인도주의 대화를 위한 센터(Center for Humanitarian Dialogue) 자문단의 지원을 받아 성공적으로 진행되었다 (Gowan 2011).

성공적인 예방외교는 시의적절성에 달려 있으며, 이는 조기경보 시스템을 둘러싼 유엔 내부의 논쟁을 촉발시켰다. 국제위기그룹은 이러한 역할을 수행하기 위해 노력하고 있다. 2022년에는 유엔이나 다른 IGO와는 별도로, 13개국의 전직 외교관들과 전문가들로 구성된 새로운 단체인 국경없는 외교관이라는 단체가 설립되었다. 이 단체는 전통적인 외교가 효과를 발휘하지 못하는 분쟁 상황에서 해결책을 찾기 위해 구성원들의 전문성을 총동원하는 것을 목표로 한다 (Rade 2022). 그러나 분쟁을 예방하고 혁신적인 해결책을 모색하는 일은 쉽지 않으며, 종종 기회를 놓치기도 한다.

재판과 중재

평화적 해결을 위한 두 가지 도구인 재판과 중재는 법적 성격을 가지며, 분쟁을 공정한 제3자 재판소에 회부하여 구속력 있는 결정을 내리는 과정을 포함한다. 이 방법들은 국제법에 기반을 둔 해결책을 찾는 데 중점을 두며, 정치적 거래나 외교적 방정식에 의존하지 않는다. 다만, 이 도구들은 국가들이 분쟁을 제3자에게 회부하고 그 결과에 따르겠다는 동의가 있을 때만 사용할 수 있다. 재판과 중재는 재판소의 영속성, 관할권의 범위, 그리고 당사자들이 중재자나 판사를 선정하는 과정에서 어느 정도까지 통제할 수 있는지에 따라 차이가 있다.

중재는 법적 기준에 기반을 두어 분쟁을 해결하는 방식으로, 중재자들은 분쟁 당사자들에 의해 임시로 지정된다. 문제가 해결되면 중재자들은 그 임무에서 해제된다. 중재의 역사는 최소한 고대 그리스 도시국가 시대로 거슬러 올라간다. 제3장에서 논의했듯이, 1899년 헤이그평화회의에서 설립된 상설중재재판소(PCA: Permanent Court of Arbitration)는 중재의 대표적 사례로, 이는 122개 당사국이 참여하는 정부간기구이며, 사무국은 헤이그에 위치해 있다. 그러나 PCA의 '법원'은 변호사, 판사, 외교관, 학자, 전직 정부관료 등 잠재적인 국제 중재자들의 명단으로 구성되어 있다. 중재 재판부는 다양한 방식으로 구성될 수 있다. 유엔 사무총장처럼 중립적인 단 한 명의 인물로 구성될 수도 있고, 또는 세 명으로 구성된 재판부일 수도 있는데, 이 경우 분쟁 당사자들이 각각 한 명씩 선택하고, 세 번째 인물은 서로 합의하여 정한 중립적인 인물이 된다. 또는 국제사법재판소(ICJ) 소장처럼 공정한 제3자가 재판을 담당할 수도 있다. 중재 재판부는 경우에 따라 최대 9명까지 구성될 수 있다. 예를 들어, 이란-미국 청구권 중재 재판부가 그러한 사례인데, 이 재판부는 1979년 이란이 미국인을 인질로 억류한 사건에서 발생한 수천 건의 청구문제를 해결하기 위해 수년에 걸쳐 활동했다. 중재를 선택하기로 한 당사자 간의 합의는 중재 대상의 범위, 중재자 선정 방법, 중재의 절차와 구조, 비용분담 방식 등의 내용을 포함한다.

PCA는 수년에 걸쳐 국경분쟁은 물론 국가와

민간기업 간의 분쟁도 처리해왔다. 예로는 에티오피아와 에리트레아 간의 국경분쟁(2009년), 북수단과 남수단 간의 아비에이 경계 지역분쟁(2009년), 셰브론과 텍사코 대 에콰도르정부 간의 분쟁(2011년), 흑해 연안국 권리에 관한 분쟁(우크라이나 대 러시아, 2017년), 그리고 2010년에 시작되어 2023년까지 이어지고 있는 파키스탄과 인도 간의 인더스수로조약(Indus Waters Treaty) 분쟁이 있다.

특히 큰 관심을 받은 사건 중 하나는 필리핀이 유엔해양법협약(UNCLOS)에 따라 중국을 상대로 제기한 사건이었다. 이 사건은 남중국해 내 여러 해양 지형물의 법적 지위와 중국의 특정 행동의 적법성을 다루었으며, 2016년에 결론이 났다. 중국은 중재 절차 동안 대리인을 임명하지 않았고, 3년간의 절차 내내 중재를 수용하지 않는다는 입장을 고수했다. 판결은 필리핀의 주장의 적법성을 인정했지만, 중국의 광범위한 영유권 주장과 공격적인 행동으로 인한 분쟁은 해결되지 않았다. 이는 중재가 법적문제를 해결할 수는 있지만, 특히 한쪽 당사자가 PCA의 관할권을 인정하지 않을 경우, 분쟁을 반드시 종식시키는 것은 아님을 보여주었다.

PCA와 비교해서 ICJ와 다른 국제법원들이 갖는 주요 장점은 이미 상설기관으로 존재하고 있으며,** 재판 절차에 드는 비용을 국제사회가 부담한다는 점이다. 그러나 법적 분쟁(재판 가능)과 정치적 분쟁(재판 불가능)을 구분하는 것은 어려운 과제이며, 재판을 피하고자 하는 국가들은 특정 분쟁이 본질적으로 재판에 부적합하다고 주장하기도 한다. 예를 들어, 이란은 테헤란 인질사건에서 미국외교 및 영사직원 문제와 관련하여 이러한 주장을 펼쳤고(ICJ 판례 1980), 미국 역시 니카라과 사건에서 비슷한 논리를 주장했다 (ICJ 판례 1984b, 1986). 하지만 두 사례 모두 이러한 주장은 설득력을 얻지 못했고, 재판은 계속 진행되었다. 또한 ICJ가 해당 사건을 심리할 관할권이 있는지 여부에 대해 의문이 제기될 수도 있다. ICJ는 강제 관할권이 없기 때문에 (제4장에서 자세히 다룸), 이런 문제가 발생한다. 재판을 원하지 않는 피소국은 아예 법정에 출석조차 하지 않는 경우도 있다. 예를 들어, 1974년 호주와 뉴질랜드가 프랑스를 상대로 제기한 핵실험 관련 사건에서 프랑스는 출석을 거부했고(ICJ 판례 1974), 앞서 언급한 이란과 미국도 자신들이 관련된 사건에서 각각 출석을 거부한 바 있다.

니카라과 사건은 평화와 안보문제를 다루는 데 있어 재판의 한계를 보여준다. 이 사건은 1979년 좌익 산디니스타가 오랜 니카라과의 독재자 아나스타시오 소모사 장군을 축출하면서 시작되었으며, 산디니스타와 쿠바 및 소련의 연계에 대한 미국의 우려에서 비롯되었다. 1984년 니카라과는 ICJ에 소송을 제기하며, 미국이 불법적으로 군사력을 사용하고 내정에 간섭하고 있다고 주장했다. 이 사건은 초강대국 중 하나가 연루된 만큼 많은 개발도상국들이 주목했다. 미국은 ICJ가 이 사건에 대한 관할권이 없다고 주장했으며, 법원이 관할권이 있다고 판결하자 재판에 참여하기를 거부했다. 더 나아가, 미국은 중앙아메리카와 관련된 모든 사건에서 ICJ의 관할권을 인정하지 않겠다고 선언했으며, ICJ의 강제 관할권에 대한 사전

** 역자 주) 명칭과 달리 PCA는 사건이 발생할 때마다 별도로 재판부를 구성해야 하지만, ICJ 같은 국제법원은 상설기관이라는 의미이다.

동의를 철회했다.

1986년 ICJ의 판결은 미국에게는 충격적인 패배였고, 니카라과에게는 도덕적 승리를 안겨주었다. ICJ는 (미국이 주도한) 니카라과 항구 기뢰 매설, 항만 시설에 대한 공격, 그리고 콘트라 반군에 대한 지원이 무력사용 금지 원칙을 위반했다고 판결했고, 엘살바도르를 대신한 집단적 자위권 행사라는 미국의 주장도 기각했다. 또한 ICJ는 국제법상 어떤 국가의 정부에 반대하는 세력을 지원하기 위해 개입할 일반적인 권리는 존재하지 않는다고 판시했다. 그 명분이 아무리 정당해 보일지라도, 타국 정부에 반대하는 세력을 돕기 위해 개입하는 것은 국제법적 근거가 없다는 입장이었다.

이 사건이 중앙아메리카분쟁에 큰 영향을 미치지 못했지만, 개발도상국들 사이에서 ICJ의 신뢰도가 크게 상승하는 결과를 가져왔다. 이후 많은 개발도상국들이 ICJ의 관할권을 수용하고, 기존에 제기했던 관할권에 대한 유보를 철회하며, 재판소에 사건을 제소하게 되었다. 한편, 이 사건은 국제제도에 대한 미국의 의심을 강화했으나, 이후 미국은 ICJ에 새로운 소송을 제기하고 다른 소송에도 참여했다.

국가들은 영토 및 해양경계분쟁, 하천 이용문제, 어업구역과 같은 잠재적 무력충돌 요인을 해결하기 위해 재판과 중재를 활용해 왔다. 제4장에서 논의된 바와 같이, ICJ는 핵실험, 구 유고슬라비아에서의 집단학살, 그리고 자문 의견을 통해 이스라엘이 점령한 팔레스타인 지역 내 장벽 건설 문제, 2008년 코소보의 일방적인 독립선언에 대한 법적 지위 등 다양한 평화와 안보 관련 사안들에 대해 판결을 내린 바 있다.

시먼스(Beth Simmons 2002)를 포함한 여러 학자들은 영토분쟁과 관련해 국가들이 중재나 재판을 선택하게 되는 요인이 무엇인지에 대해 탐구해 왔으며, 현실주의이론은 영토분쟁을 제로섬 문제로 간주한다는 점을 지적했다. 그녀는 영토분쟁을 해결함으로써 민간투자 안정성 강화, 무역 기회 확대, 군사비 지출 감소와 같은 공동 이익을 얻을 수 있다고 주장했다. 예를 들어, 미국과 캐나다는 ICJ의 해양 경계 설정 판결을 수용했는데, 두 국가 모두 법원의 논리에 반대했음에도 불구하고, 분쟁 해결이 승패보다 우선시되었기 때문이다. 국내 집단은 협상을 통해 도출된 결과보다 중재나 ICJ 판결을 더 쉽게 받아들일 수 있다. 일부 경우에는 양자 조약이 분쟁 해결을 위해 중재나 재판을 명시적으로 요구하기도 한다. 그러나 결과에 따르기로 동의했음에도 불구하고, 어느 한쪽 당사자가 합의를 이행하지 않기로 결정하면 준수 및 집행문제가 발생할 수 있다. 니카라과 사례에서처럼, 한쪽 당사자는 안전보장이사회의 도움을 요청하거나, 다른 '자구책'을 사용해 상대 당사자의 준수를 확보하려고 할 수 있다. 한쪽 당사자가 판결을 거부하고 에티오피아와 에리트레아의 사례에서처럼 PCA의 판결 이후 전쟁이 발발할 수도 있다. 이 경우, 분쟁을 종식시키려면 다른 형태의 조치가 필요하게 된다.

집단안보, 강제, 그리고 제재

집단안보는 평화가 나눠질 수 없는 가치이며, 어디에서든 침략이 발생할 경우 모든 국가가 이에 공동 대응해야 할 집단적 이해관계를 가진다는 신념에 기반을 둔다. 국가들은 집단안보체제의 회원국 중 어느 한 국가가 다른 국가, 심지어 체제 내 다른 회원국의 공격을 받을 경우 이를 방어할 것을 약속한다. 이 체제는 잠재적 공격자가 국제연맹이나 유엔 같은 IGO를 통해 결집된 반격의 위협에 의해 억제될 것이라는 가정을 바탕으로 한다. 집행이 필요할 경우, 광범위한 경제적 및 외교적 제재뿐 아니라 무력사용도 포함될 수 있다.

국제연맹은 1931년 일본의 만주 침공에 대응하지 못했으며, 1935년 이탈리아의 에티오피아 침공에는 뒤늦게 자발적인(강제력이 없는 – 역자주) 제재로 대응했다. 유엔헌장 제7장은 유엔의 집단안보 역할과 모든 회원국을 구속하는 집행 결정을 위한 법적 기반을 제공하며, 평화에 대한 위협, 평화의 파괴, 공격 행위와 관련하여 유엔이 취할 수 있는 행동을 명시하고 있다. 그러나 유엔 안전보장이사회 상임이사국(P-5)의 거부권 때문에, 유엔은 제한적인 집단안보기구로 기능한다. 냉전기간 동안 안전보장이사회의 합의는 거의 불가능했으며, 제7장은 단 두 차례만 적용되었다. 이로 인해 유엔은 주로 국지적인 분쟁을 다루며, 다양한 형태의 평화유지활동과 분쟁의 평화적 해결 메커니즘을 활용했다. 냉전의 종식과 함께 상황은 극적으로 변했으며, P-5 간 전례 없는 협력과 1990년 걸프전의 성공이 이를 뒷받침했다.

1989년 이후, 유엔 안전보장이사회는 여러 차례에 걸쳐 유엔헌장 제7장을 근거로 무력사용과 다양한 형태의 제재를 승인해왔다. 이는 유엔 단독으로 수행되기도 하고, NATO(보스니아와 아프가니스탄처럼)와 같은 지역기구나, 군사력을 투입할 의사가 있는 국가가 주도하는 '의지의 연합' 형식으로 이뤄지기도 했다. 예를 들어, 미국(아이티), 호주(동티모르), 프랑스(르완다, 코트디부아르, 말리), 영국(시에라리온) 등이 그런 사례에 해당한다. 최근 들어 대부분의 평화유지활동이 제7장 하에서의 임무를 부여받는 것이 일반화되었으며, 이로 인해 제7장을 언급한 안보리 결의안의 수가 급격히 증가했다는 점은 도표 7.6에서 확인할 수 있다. 이는 결과적으로, 집행과 평화유지의 경계를 모호하게 만드는 결과를 낳았으며, 이에 대해서는 이 장 후반에서 더 자세히 논의된다.

유엔과 국제사회가 인간안보에 대한 다양한 위협을 관리하면서, 집단안보와 제7장 집행의 개념은 확장되었다. 2004년 유엔이 임명한 위협, 도전, 변화에 관한 고위급 위원회의 보고서는 다양한 위협에 대한 공동의 취약성을 유엔 주도의 집단안보의 새로운 기반으로 재개념화했다 (UN 2004). 또한 2005년 세계 정상회의는 새로운 도전에 대응하기 위해 유엔과 지역 및 하위 지역기구 간의 관계 강화를 촉구했다.

무력을 동반한 집단안보 노력

한국. 1950년 북한의 남침에 대응하기 위해 미국 주도의 유엔군을 승인할 수 있었던 것은, 유엔이 신생 공산정부인 중화인민공화국을 합법적인 중국의 대표로 인정하지 않은 것에 항의하여 소련이 안전보장이사회에 참여하지 않았던 일시적인 부재 상황 덕분이었다. 이후 소련이 안전보장이사회로 돌아와 거부권을 행사하자, '평화를 위한 연합' 결의안을 통해 유엔 총회는 유엔군의 활동을 지속적으로 승인했다. 이로써 유엔은 미국이 대한민국을 방어하고 다른 국가들의 지원

도표 7.6 | 유엔 안전보장이사회 헌장 제7장 결의안, 1995~2022년

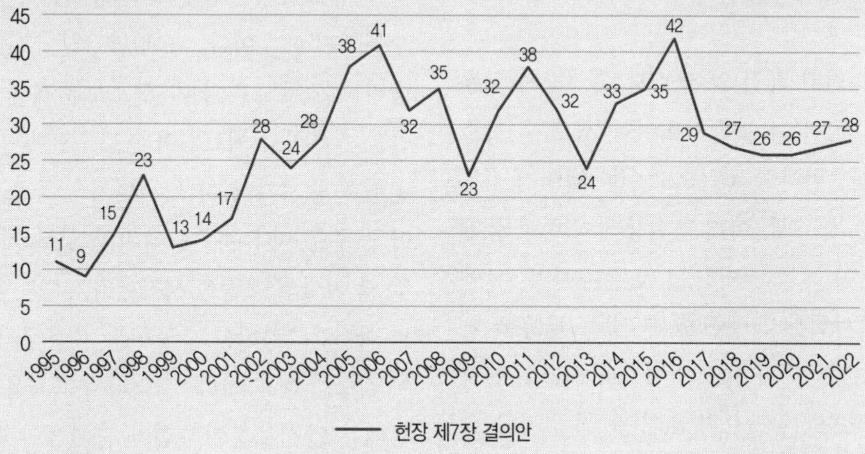

출처: 데이터는 다음에서 가져옴. https://www.un.org/securitycouncil/sites/www.un.org.securitycouncil/files/chapter_vii_resolutions.pdf.

을 동원하는 데 정당성을 부여하는 틀을 제공했다. 미국 장군이 유엔군 사령관으로 지정되었으나, 그는 직접 워싱턴의 지시를 받았다. 3년간의 전쟁 동안 약 15개국이 병력을 파견했다. 1953년 정전 이후 미국은 한국에 강력한 군사적 주둔을 유지해왔으며, 유엔은 상징적인 수준의 존재를 유지하고 있다.

걸프전. 냉전의 종식은 유엔 안전보장이사회가 집단안보기구로서 마침내 제대로 기능할 수 있을 것이라는 기대를 불러일으켰다. 그 믿음에 대한 첫 번째 시험은 1990년 여름 이라크의 쿠웨이트 침공으로 시작되었으며, 이는 유엔 회원국에 대한 침략 행위에 대응해 선례 없는 조치를 촉발했다. P-5 간의 단결, 특히 이라크와 오랜 관계를 유지했던 소련의 협력은 4개월 동안 12개의 결의안을 통과시키는 데 기여했으며, 유엔헌장 제7장을 발동할 수 있게 했다. 여기에는 1990년 11월 채택된 결의안 678호가 가장 중요했는데, 이는 회원국들에게 쿠웨이트를 해방시키고 '지역의 평화와 안보를 회복'하기 위해 '필요한 모든 수단을 사용'할 권한을 부여했다.

미군이 주도한 군사작전은 유엔을 대신한 하청계약과 유사한 다국적 노력으로 진행되었다. 미국 지휘관들은 유엔 사무총장에게 정기적으로 보고하지 않았으며, 고위 유엔 관계자들도 군사적 의사결정에 참여하지 않았다. 연합군은 유엔의 깃발이나 휘장을 사용하지 않았다. 전투가 1991년 2월에 종료된 이후, 이라크와 쿠웨이트 간의 비무장지대를 감시하기 위해 경무장한 전통적인 평화유지군이 조직되었다.

걸프전에서 미국이 주도한 군사행동은 냉전 이후 유엔이 강화된 모습을 보여준 사례로 널리 간주되었다. 그러나 많은 개발도상국들은 이 작전을 지지하면서도, 미국 주도의 작전이 유엔과 독립적으로 수행된 점에 대해 우려를 표했다. 걸프전은 이라크의 지역 평화 위협을 해결하기 위한 노력의 시작에 불과했다.

보스니아(승인된 작전)와 코소보(승인받지 않은 작전). 1992년, 유고슬라비아 해체 이후 보스니아-헤르체고비나의 독립으로 인해 벌어진 전투가 격화되는 가운데, 여러 평화중재 노력과 유엔 평화유지군이 이를 저지하는 데 실패하자, 유엔 안전보장이사회는 유엔헌장 제7장을 발동했다. 안보리는 회원국들이 인도적 지원을 원활히 전달할 수 있도록 '모든 필요한 조치'를 취할 것을 요구했으며, 이는 각국의 독자적 행동이나 지역기구를 통해 이루어질 수 있도록 했다. 안보리는 보스니아 내 6개 도시를 유엔 안전지역으로 지정하고, 비행금지구역을 설정하며, 도시 중심부에서 중화기를 제거하고, 세르비아와 몬테네그로에 경제제재를 부과하며, 안전지역을 공격하던 보스니아계 세르비아군에 대한 공습을 승인했다. 미국과 유럽은 NATO의 지원하에 보스니아에 대한 경제제재 이행을 감시하고, 비행금지구역을 설정했으며, 1995년 8월에는 보스니아계 세르비아군의 진지를 공습하여 평화협정 협상을 위한 조건을 마련하는 데 기여했다. 이는 유엔이 처음으로 지역 군사 동맹과 협력한 사례일 뿐만 아니라, NATO가 처음으로 강제조치를 수행한 사례이기도 하다. 이는 냉전 이후 NATO의 역할에 대한 논의(제5장에서 논의됨) 속에서, 발칸반도 및 유럽 너머의 지역에서 NATO가 훨씬 더 적극적인 역할을 하게 되는 선례를 제공한 사건이었다.

NATO의 두 번째 집행 작전은 유고슬라비아의 코소보주에서 발생했다. 이곳에서 알바니아계 다수가 독립을 요구하고 있었으며, 작전은 매우 논란이 많았다. 이는 러시아와 중국의 반대로 유엔 안전보장이사회의 사전 승인을 받지 않고 이루어졌기 때문이다. 1999년 3월, NATO는 유고슬라비아(세르비아)가 코소보문제에 대한 협상안을 거부하고 세르비아가 코소보에서 저지른 인종청소 증거가 점차 드러나자 코소보 내 세르비아군 주둔지와 유고슬라비아 일부 지역에 대해 두 달 이상의 공습을 시작했다. 유엔 사무총장 코피 아난은 "평화를 추구하는 과정에서 무력사용이 정당할 때도 있다. 그러나 무력사용에 대한 결정에는 안전보장이사회가 관여해야 한다"고 언급하며 이 딜레마를 설명했다 (UN 1999c). 러시아, 중국 및 기타 국가들은 NATO 개입의 불법성을 강력히 항의했으나, 영국은 "압도적인 인도적 필요성이 있을 경우, [안전보장이사회 결의 없이도] 무력사용이 정당화될 수 있다"고 주장했으며 (Roberts 1999: 106), NATO의 행동을 규탄하려는 러시아의 결의안 초안은 압도적으로 부결되었다. 그러나 일부는 NATO의 군사작전이 대규모 난민 유출, 공습으로 인한 민간인 사상자, 그리고 다뉴브강의 발전소와 다리 같은 기반 시설의 파괴를 초래하면서 오히려 인도적 위기를 악화시켰다고 지적했다.

코소보에서 NATO가 주도한 행동은 유엔의 집단안보와 집행 역할과 관련된 주요 문제를 부각시켰다. 즉, NATO와 같은 지역기구나 미국과 같은 주요 강대국을 포함한 개별 회원국이 무력사용을 위해 안전보장이사회의 승인을 반드시 받아야 하는지 여부와 시점에 대한 문제였다. 이 문제에 대한 논쟁은 2002년과 2003년에 다시 재점화되었다. 당시 미국은 이라크가 과거 유엔 안보리 결의안을 이행하지 않았고, 유엔 무기사찰단을 추방했으며, 대량살상무기를 개발하고 있다는 이유로 제재 조치를 취하기 위해 안보리의 승인을 받으려 했기 때문이다.

이라크: 승인 거부. 걸프전 이후 1990년대 내내 이라크에 대한 우려는 지속되었다. 이라크에 부과된 엄격하고 포괄적인 제재와 군축레짐은 인도주의적 관점에서 점점 더 논란이 되었지만, 동시에 이라크가 비밀리에 핵무기를 개발하려는 것이 아닌지에 대한 우려도 있었다. 특히 유엔 무기사찰을 차단한 이후 이러한 의문은 더 커졌다.

이러한 우려의 결과로, 2002년 가을부터 2003년 겨울까지 미국은 이라크가 모든 대량살상무기를 평화적으로 폐기하고 유엔 무기 사찰단의 복귀를 수용하지 않을 경우, 유엔헌장 제7장에 따른 군사작전을 안전보장이사회가 승인하도록 하기 위해 막대한 외교적 노력을 기울였다. 11월, 안전보장이사회는 만장일치로 결의안 1441호를 통과시켜 사찰레짐을 강화하고 이라크가 무기와 미사일 프로그램에 대한 완전한 정보를 제출할 마지막 기회를 부여했다. 그리고 유엔과 국제원자력기구(IAEA)의 보고서는 이라크가 사찰 체제에 협조하고 있다고 평가했다. 그럼에도 불구하고 2003년 초, 미국과 영국은 이라크를 무장해제시키기 위한 군사 행동을 승인받고자 했다. 그러나 안보리는 승인을 거부했다.

2003년 미국, 영국, 그리고 그들의 연합군이 유엔 안전보장이사회 다수 회원국의 반대에도 불구하고 이라크전쟁을 감행하면서, 무력사용 승인권을 보유한 안전보장이사회의 권위가 심각한 도전을 받았다. 군사행동의 주요 논거가 예방적 자위권에 기반한 것이었기 때문에, 원칙과 관행에 대한 의문이 제기되었으며, 유엔의 존속에 관한 근본적인 의문도 제기되었다. 일부가 주장한 것처럼, 안보리가 미국의 군사행동을 저지하지 못한 것은 유엔이 초강대국의 압도적인 군사력 앞에서 무력하고 정당성을 상실해 가고 있음을 보여주는 것인가? 아니면, 안보리는 상임이사국(P-5)과 비상임이사국 다수의 동의 없이는 유엔의 군사개입이 이루어지지 않도록 설계한 창립자들의 의도대로 제대로 기능한 것인가? 이 문제를 둘러싼 논쟁은 매우 치열했다 (Glennon 2003). 그러나 논란에도 불구하고, 유엔은 이후 이라크 지원을 위한 유엔 지원단(UNAMI)을 통해 평화구축 활동을 시작했다.

리비아와 인도적 개입. 2011년 리비아에서의 '필요한 모든 조치'를 승인한 안전보장이사회의 사례는, 집행 조치의 결과가 드러날 때 태도가 어떻게 변할 수 있는지를 보여준다. 2011년 아랍의 봄으로 촉발된 대규모 시위는 리비아에서 내전으로 발전했다. 국가의 동부지역이 자치를 선언하고, 군대와 정부 내 일부 세력이 40년 이상 리비아를 통치한 카다피(Muammar Qaddafi) 정권을 이탈하면서 이런 상황이 벌어졌다. 카다피는 공공연히 '피의 강'과 '수십만의 사상자'를 예고하며, '리비아를 집집마다 청소하기 위해 가능한 모든 무기를 사용할 것'이라고 위협했다. 그는 시위자들을 '바퀴벌레'라고 언급했는데, 이는 1994년 르완다 집단학살 당시 후투족이 투치족을 비인간적으로 묘사하기 위해 사용했던 표현과 동일했다. 국제사회는 리비아 국민과 그곳에 있는 많은 외국인을 위협하는 인도적 위기가 발생할 것을 우려했다.

안전보장이사회는 처음에 리비아에 대한 자산동결, 무기금수조치, 국제형사재판소에 사건을 회부하는 등 표적제재를 부과했다. 안전보장이사회는 '광범위하고 체계적인 공격'을 언급하는 리비아정부의 행동이 "인도에 반한 범죄에 해당할 수 있다"고 선언했고, 리비아 당국에 국민을 보호할 책임이 있다고 강조했다. 폭력이 격화되자, 안전보장이사회는 결의안 1973호를 통과시켰다. 즉, 안전보장이사회는 유엔 회원국들이 민간인을 보호하고, 비행금지구역을 설정하며, 무기금수조치를 시행하고, 병력을 상륙시키지 않는 선에서 공습과 군사행동을 포함한 '필요한 모든 조치'를 취할 수 있도록 승인했다. 이는 R2P를 집행하려는 최초의 시도였다. 이 결의안은 10표의 찬성과 5표의 기권(러시아, 중국, 인도, 독일, 브라질)으로 통과되었다. 이슬람협력기구(OIC), GCC, 아랍연맹의 지지와 카다피가 국제적으로 거의 지지 세력이 없었다는 사실도 결의안 통과에 한 몫을 했다.

강력한 군사력이 필요한 다른 유엔 승인 작전과 마찬가지로, 이 작전도 미국, 프랑스, 이탈리아, 캐나다, 영국의 공습으로 시작되었다. 이 공습은 분리주의 세력을 지지하는 민간인을 보호하고 비행금지구역을 설정하기 위한 것이었다. 이후 NATO가 대부분의 군사작전을 맡았고, 카타르, 요르단, 아랍에미리트, 스웨덴이 이를 지원했다. 그러나 2011년 개입이 장기화되면서, R2P를 지지했던 이들 사이에서도 이 작전이 전쟁을 정당화하는 수단으로 변질되었다는 우려가 커졌다. 이 장의 후반부에서 논의하겠지만, 리비아 사태는 이후 시리아에서 발생한 인도적 위기에 대해 유엔이 강제조치를 승인하는 선례가 되지 못했다. 개입 이후 리비아는 내전에 빠졌고 외국 전투원들이 각각의 편에 가담하면서 정치적, 인도적 위기가 심화되었다. 2023년 초 현재까지도 리비아는 국제적으로 인정받는 정부를 가지지 못한 상태에 있다.

강제와 제재

제재는 국가들이 다른 국가를 자신들의 의도에 따라 행동하도록 유도하기 위한 오랜 도구로 사용되어 왔다. 그러나 일방적으로 부과된 제재는 문제를 야기할 수 있는데, 이는 제재대상 국가가 다른 시장이나 공급처를 통해 대안을 찾을 수 있기 때문이다.그래서 여러 나라가 함께 참여하는 다자 제재가 필요하지만, 이를 추진하려면 다른 나라들의 협조를 얻는 데 따르는 외교적 거래비용이 크다. 다자간 협의체나 국제기구가 그러한 거래비용을 줄여줄 수 있다.

국제연맹의 등장 이후, 제재는 단순한 압박 수단을 넘어서 안보를 관리하고 조율하는 '안보거버넌스'의 중요한 도구로 활용될 수 있는 가능성이 크게 높아졌다. 그러나 다자간 제재는 1990년대 이전에는 거의 사용되지 않았다. 국제연맹은 단 한 차례(이탈리아에 대해) 자발적(강제력이 없는 – 역자 주) 제재를 부과했다. 1990년 이전까지 유엔은 유엔헌장 제7장에 따라 두 번만 의무적 제재를 부과했는데, 이는 남로디지아(현재의 짐바브웨)의 백인 소수 정권과 남아프리카공화국에 대한 것이었다. 아랍연맹은 1948년에 이스라엘에 제재를 부과했으며, OAS는 1964년부터 1975년까지 쿠바에 제재를 가했다.

제재는 이제 특히 유엔의 주요 집행 수단이 되었으며, 다음과 같은 목적을 수행한다. 즉, 행동

변화를 강요하거나, 중요한 물자 및 자금에 대한 접근을 제한하여 비용을 증가시킴으로써 대상의 행동 변화를 유도하거나, 국제규범을 지지하기 위한 신호를 보내고 낙인을 찍는 것이다 (Biersteker et al. 2016). 1990년 이라크에 부과된 포괄적 제재를 시작으로, 안전보장이사회는 이후 11년 동안 14건의 상황에서 다양한 형태의 제재를 사용했다. 이로 인해 어떤 연구는 1990년대를 '제재의 10년'으로 부르기도 했다 (Cortright and Lopez 2000). 1992년부터 2012년까지 20년 동안, 안전보장이사회는 22건의 상황에서 제재를 부과했다. 14건은 평화집행과 관련되었으며, 그중 13건은 내전 등 국내분쟁에서 발생한 것이었다. 4건은 테러와 관련되었고, 3건은 대량살상무기, 특히 핵무기의 확산과 관련되었다 (이라크, 이란, 북한). 4건은 민주적으로 선출된 정부를 지지하는 것과 관련되었으며(아이티, 기니비사우, 코트디부아르), 1건은 R2P에 따라 민간인을 보호하기 위한 것이었다 (리비아). 표적제재에 관한 주요 프로젝트의 저자들은 "모든 제재조치에는 국제규범을 드러내고 알리는 '신호'의 의미가 담겨 있기 때문에, 제재는 국제규범을 강화하거나 재조정하는 핵심적인 수단 역할을 한다"고 설명한다 (Biersteker et al. 2013). 이는 제재가 사용되는 목적이 점점 더 다양해지고 있음을 분명히 보여준다.

2023년 초 기준으로, 유엔 안전보장이사회는 15개의 활성화된 제재 위원회를 운영하고 있으며, 이 위원회들은 안보리가 승인한 제재의 이행 및 준수를 감독하고 있다. 이러한 위원회 활동은 안보리 회원국들의 업무 중 큰 비중을 차지하며, 제재와 관련된 보고나 브리핑은 거의 매달 안보리 의제에 오를 만큼 중요한 사안으로 다뤄지고 있다.

지역 정부간기구와 제재. 지역 정부간기구도 유엔과 유사한 상황에서 제재를 가했으며, 일부 경우에는 유엔보다 앞서 제재를 가하기도 했다. 예를 들어, ECOWAS는 1997년 시에라리온에 처음으로 제재를 부과했고, EU는 1990년 유고슬라비아에 무기금수조치를 내렸다. EU와 미국은 1980년대 리비아와 시리아에 대해 대테러제재를 유엔보다 훨씬 먼저 시행했다.

OAS와 AU는 최근 몇 년간 군사 쿠데타와 같은 비헌법적 정권 교체를 처벌하고 민주적 통치를 촉진하기 위해 회원국 자격 정지 조치를 사용해 왔다. ECOWAS와 SADC도 코트디부아르, 기니, 말리, 시에라리온, 마다가스카르 등 특정 국가들에서의 비헌법적 정권 교체에 대해 지역제재를 부과했다. 인권침해, 비헌법적 정권 교체, 또는 선거 결과를 인정하지 않는 경우 EU, ECOWAS, AU가 제재를 사용했지만, 유엔 안전보장이사회는 일반적으로 이러한 제재를 시행하지 않았다. 이러한 이유로, 샤론과 포르텔라(Andrea Charron and Clara Portela 2016: 116)는 지역 IGOs를 "민주주의 지원과 인권 제재의 '개척자'"로 간주했다.

유엔과 지역 IGO 간의 역할 분담은 명확하지 않다. EU는 종종 미국의 선례를 따라 안전보장이사회가 승인한 범위를 넘어서 제재를 가하기도 한다. 아프리카기구들이 지역안보 문제를 해결하기 위해 자국 회원국들에게 제재를 사용하는 반면, EU는 민주주의, 법치, 인권의 문제로 비회원국들에게 제재를 더 자주 부과한다. 2014년, 미국, EU, 그리고 여러 다른 국가들은 크림반도를 합병하고 우크라이나 분리주의자들을 지원한 러시아에 제재를 부과했다. 이러한 제재는 2022년 러시아의 우크라이나 침공 이후 확대되었다. 두 경우 모두 러시아의 거부권과 중국의 지지 가능성 때문에 유엔 안전보장이사회가 행동할 수 없었다.

제재는 일반적으로 무력사용보다 더 저렴하고 간단한 강제와 처벌 도구로 간주된다. 포괄적인 무역제재는 문제를 일으킨 국가의 정부와 국민에게 경제적 비용 및 기타 결핍의 비용을 부과함으로써 정치적 효과를 기대한다. 제재는 행동 변화, 또는 정부 변화까지도 유도하며, 기대하는 방향으로 행동을 바꾸면 제재가 해제될 것이라는 암시를 준다. 제재의 또 다른 접근법은 당근과 채찍 모델로, 대상 국가가 기대된 모든 것을 충족하지 않더라도 점진적으로 원하는 방향으로 나아갈 때 보상을 제공하는 방식이다. 제재의 범위에는 포괄적인 경제 및 무역 제한뿐 아니라 무기 금수, 특정 개인에 대한 여행 제한, 특정 상품의 수출입 금지와 같은 보다 구체적인 조치도 포함된다. 네 가지 사례연구는 유엔과 EU의 제재 활용 방식을 보여준다. 표 7.1은 1990년 이후 유엔이 사용한 다양한 제재 유형을 개괄적으로 보여준다.

이라크와 포괄적 제재의 문제. 1990년 8월 이라크가 쿠웨이트를 침공했을 때, 유엔 안전보장이사회는 즉시 헌장 제7장을 발동하여 침공을 규탄하고 철수를 요구했다. 이어진 결의안들은 이라크에 의무적인 경제 및 운송제재를 부과했으며, 제재 이행을 감독할 제재 위원회가 설립되었다. 1991년 4월 걸프전 종전 후,유엔 안보리는 결의안 687호를 통해 정전협정의 조건과 함께 이라크의 대량살상무기 제거를 위한 광범위한 계획을 제시했다. 이 계획에는 국제감시 아래 이라크의 화학·생물학 무기와 탄도미사일을 폐기하고, 핵무기를 포기하며, 원자력 발전 등에 사용될 수 있는 핵물질을 국제 관리하에 두는 것이 포함되었다. 안보리는 이러한 모든 조건들이 충족될 때까지 기존의 포괄적 제재를 계속 유지하기로 했다. 다만 예외적으로, 1995년에 도입된 석유-식량 프로그램에 따라 승인된 석유 판매 수익은 식량과 의약품 구매에 사용할 수 있도록 허용되었다.

하지만 이라크제재는 일반 이라크 국민들에게 인도적 위기를 초래하면서 큰 논란이 되었다. 제재로 인해 발생한 영양실조, 오염된 수자원, 전염병 증가, 유아 및 아동 사망률 상승은 국제적인 동정심을 불러일으켰고, 제재 해제를 요구하는 목소리가 커졌다. 이러한 위기는 이라크정부가 석유-식량 프로그램의 자금을 유용하면서 더욱 악화되었으며, 정부는 정치적 목적을 위해 위기를 의도적으로 조장하고, 이를 완화하려는 제안을 거부했다. 이라크와의 무역에 의존하던 국가들 사이에서는 제재 피로감이 커졌고, 불법무역이 증가하고 운송경로가 다변화되면서 제재 준수율은 낮아졌다. 그러나 미국과 영국은 제재를 해제하기 전에 이라크의 완전한 준수를 요구했다. 심지어 이라크의 부분적 협조에 보상하면서 추가적인 진전을 유도하기 위해 제재를 부분적으로 해제하자는 제안도 거부했다. 결과적으로, 사담 후세인은 협조할 동기를 거의 가지지 않았기 때문에 교착 상태가 지속되었다 (Thakur 2006: 145).

제재는 2003년 미국의 이라크 침공 이후 마침내 해제되었다. 이를 회고하며, 전 캐나다 유엔대사 말론(David Malone)은 이렇게 결론지었다

표 7.1 유엔제재의 주요 유형, 1990~2022년

제재 유형	대상 국가 또는 단체	시기	제재 유형	대상 국가 또는 단체	시기
포괄적 제재	이라크	1990~2003	자산동결	리비아	1993~1999
	유고슬라비아	1992~1995		앙골라(UNITA만 해당)	1998~2002
	아이티	1993~1994		알카에다와 탈레반(표적제재)	2000~
무기 수출금지	앙골라와 UNITA	1993~2002		DRC(민병대, 표적제재)	2003~
	리비아	1992~2003, 2011~		코트디부아르(표적제재)	2004~
	소말리아	1992~		수단(표적제재)	2004~
	아프가니스탄	1990~2000		이란(표적제재)	2006~
	시에라리온(RUF만 해당)	1998~		북한(표적제재)	2006~
	알카에다와 탈레반	1999~		ISIS와 알누스라 전선	2014~
	라이베리아(민병대)	2003~		중앙아프리카공화국	2014~
	콩고민주공화국(민병대)	2003~2008, 2008~		남수단	2015~
	코트디부아르	2004~		말리(표적제재)	2017~2020
	수단(민병대)	2004~	비자제한 (여행 금지)	리비아	1992~1999
	이란	2006~		앙골라(UNITA만 해당)	1997~2002
	북한	2006~		수단(표적제재)	2004~
	알샤바브	2010~		알카에다와 탈레반(표적제재)	1999~
	ISIS와 알누스라 전선	2014~		DRC(민병대, 표적제재)	2005~
	중앙아프리카공화국	2018~		코트디부아르(표적제재)	2003~
	예멘 (표적제재)	2020~		이란(표적제재)	2004~
	ISIL-튀니지	2021~		북한 (표적제재)	2006~
수출 및 수입제한 (특정 기술, 다이아몬드, 목재 등의 수출 금지 또는 석유 등 일부 품목의 수입금지)	캄보디아(통나무, 석유)	1992~1994		알샤바브	2010~
	앙골라(다이아몬드)	1993, 1998~2002		ISIS와 알누스라 전선	2014~
	시에라리온(석유, 다이아몬드)	1997~1998, 2000~2003		남수단(표적제재)	2015~
	라이베리아(다이아몬드, 목재)	2001~2007		말리(표적제재)	2017~
	코트디부아르(다이아몬드)	2004~		후티족, 예멘	2022~
	소말리아(숯)	2012~	항공 운항중단	리비아	1992~1999
	북한(석탄, 철광석, 섬유)	2017~		아프가니스탄	1999~2001

주: '표적제재'는 해당 유엔제재위원회가 제재의 대상이 되는 특정 개인 및 단체의 목록을 유지하고 있음을 의미함.
DRC: 콩고민주공화국, ISIL: 이라크 레반트 이슬람국가, ISIS: 이라크 시리아 이슬람국가, RUF: 혁명통일전선(시에라리온), UNITA: 앙골라 완전독립민족연합

(Malone 2006: 135). "여러 측면에서 이 제재는 효과가 있었다. 이는 많은 생명을 구했을 뿐만 아니라, 군축 과정을 촉진하고, 이라크의 석유 자원과 수입 대부분이 사담 후세인의 손에 들어가지 않도록 막아 대량살상무기 생산에 사용하는 것을 방지했다." 그러나 제재는 제재의 주요 지지자로 간주된 미국과 그 동맹국들에 대한 광범위한 반감을 초래했으며, 이는 의도치 않게 이라크와 그 지역에서 급진 이슬람주의와 반서구주의를 부추기는 결과를 가져왔다.

앙골라: 경험에서 얻은 교훈. 앙골라에 대한 제재 경험은 중요한 교훈을 제공했다. 1993년에 시작된 앙골라 제재는 격렬한 내전을 종식시키기 위한 노력의 일환으로 부과되었다. 그러나 1999년까지 제재 이행 여부를 제대로 감시하는 체계가 거의 없었다. 2001년, 안전보장이사회가 독립적인 감시단을 설립한 이후, 상황이 눈에 띄게 달라졌다. 무기 반입이 크게 줄었고, 각국은 반군 조직인 앙골라 완전독립 민족연합(UNITA) 지도자들에게 더 이상 피신처를 제공하지 않게 되었으며, 제재 대상이었던 다이아몬드 수출 수익도 감소했다. 이러한 일련의 변화 덕분에 앙골라 사례는 코트라이트와 로페즈(David Cortright and George Lopez 2002: 71)가 "최근 제재 정책에서 가장 중요한 진전 중 하나"라고 평가할 정도로 제재 효과의 모범사례로 꼽히게 되었다.

안전보장이사회는 이라크와 앙골라의 제재 경험에서 네 가지 중요한 교훈을 얻었다. 첫째, 전면적인 무역제재는 일반 국민들에게 큰 고통을 안겼고, 이로 인해 많은 사람들이 제재의 고통 대비 효과에 대한 인식을 바꾸게 되었다. 둘째, 대상 국가의 경제를 마비시킨다고 해서 정부 지도자들과 그들의 개인적 부가 타격받는 것은 아니었다. 제재가 이들 지도자에게 구체적으로 영향을 미치지 않는 한 제재에 순응할 가능성은 낮았다. 셋째, 내전 중이거나 국가 기능이 무너진 상황에서는 일반적인 제재 조치가 거의 효과를 발휘하지 못했다. 이런 국가들에선 세금 징수나 국경 무역 관리 같은 정부의 기본 기능이 제대로 작동하지 않기 때문이다. 넷째, 제재가 효과적이려면 이를 감시할 수 있는 능력이 필수적이라는 점이다.

요약하자면, 주요 교훈은 제재가 효과적이려면 특정 상황에 맞게 조정되어야 한다는 것이다. 1994년 이후, 안전보장이사회나 지역기구 모두 포괄적인 제재를 새로 부과하지 않았다. 대신, 이제는 무엇을 제재할 것인가 뿐만 아니라 누구를 제재할 것인가에 초점을 맞추게 되었다. 대상에는 전체 정부, 정부 지도자, 반군 세력, 테러리스트 단체, 지도자의 가족 구성원, 특정 개인 등이 포함되었다. 또한 제재로 인한 인도주의적 영향(일반 국민에게 어떠한 피해가 가는지 – 역자 주)을 평가하는 것도 이제는 제재 과정의 기본 절차로 자리 잡았다. 다만, 이런 평가는 실제로 수행하기가 쉽지 않다는 어려움도 있다.

2000년대 초반 이후, 안전보장이사회는 제재를 관리하는 유엔의 역량을 강화해왔다. 여기에는 제재 위원회 설립이 포함되며, 이 위원회에는 제재 위반자, 공급 경로, 네트워크, 거래 내역 등을 조사하고 분석하는 독립적인 전문가들이 포함되어 있다. 또한 안전보장이사회는 제재에 대해 일반적으로 12개월이라는 기한을 설정함으로써, 일정 기간이 지나면 제재를 다시 검토하고 연장하거나 변경할지를 결정하도록 만들었다.

제재를 감시하고 집행하는 데는 많은 다른 주체들도 관여하고 있다. 여기에는 각국의 재무 및 통상부, 국경통제 기관, 미국 재무부, 핵 규제 기관 등이 포함된다. 예를 들어, 1989년 G7에 의해 설립된 자금세탁방지기구(FATF)는 자금세탁방지 조치를 시행하며, 해외은행감독기구는 해외 금융기관을 감시한다. 또한 NGO들도 제재의 이행, 감시 및 평가에서 중요한 역할을 하고 있으며, 분쟁지역에서의 다이아몬드의 불법거래를 감시하고 문서화하는 데 기여하고 있다.

이러한 어려움에도 불구하고, 이행 여부를 더 신중하게 감시하는 표적제재가 표준으로 자리 잡았다. 그러나 글로벌거버넌스 도구로서의 표적제재의 효과는 여전히 논란의 여지가 있다. 유엔 표적제재 프로젝트에 따르면, 제재는 주로 강제와 제한을 목적으로 사용되었지만, 메시지를 전달하는 효과도 중요했다. 특히 그 신호효과는 종종 '안보리가 제재 결정을 내리는 그 행위 자체'를 통해 이루어진다는 평가가 있다 (Giumelli 2016: 52; 원문 강조). 제재는 다른 정책 수단들과 함께 복합적으로 사용되기 때문에, 어떤 결과가 특정 수단 덕분인지 명확히 결정하기 어려운 경우가 많다.

1990년대에 제재를 표적화하고 감시하는 방법에 대해 얻은 교훈은 테러에 대응하고 이란의 핵무기 프로그램을 저지하려는 유엔의 노력에 분명한 영향을 미쳤다.

국제테러리즘 대응을 위한 제재 활용. 1990년대 초부터 유엔과 EU는 테러지원에 관여한 리비아, 수단, 아프가니스탄 탈레반 정권에 대해 외교적 제재 및 항공 금지 조치를 포함한 다양한 형태의 제재를 부과했다. 일반적으로, 군사적 수단은 테러리즘(국가 지원 테러리즘 포함)을 해결하기 위한 선택지가 아니다.

테러자금원의 차단을 목표로 한 제재는 매우 중요하며, 이를 효과적으로 시행하기 위해선 미국 재무부, 은행 규제 기관, 민간 금융기관의 역할이 핵심적이다. 또한 조세피난처가 되고 있는 카리브해와 태평양 섬나라들(예: 바베이도스, 앤티가, 나우루, 바누아투)의 협조도 필수적이다. 이러한 제재를 제대로 실행하려면, 각국 정부와 민간기관이 금융 거래를 감시할 수 있는 법적·기술적 능력을 갖추고, 이를 실제로 수행하려는 의지도 필요하다. 특히 테러리스트나 테러를 지원하는 국가가 자금을 다른 곳으로 옮기기 전에 신속하게 특정 인물의 자산을 동결하고 자금 이동을 차단하는 것이 핵심이다. 1999년 유엔이 탈레반이 통제하던 아프가니스탄에 부과한 제재(결의안 1267호)는 알카에다 지원에 대한 대응으로 모든 금융 자산동결, 무기금수조치, 여행금지를 포함했다. 2001년 이후, 이 제재는 아프가니스탄 국가 자체가 아닌 탈레반과 알카에다 관련 인물과 단체 500개를 대상으로 확대되었다 (Boucher and Clemont 2016: 125). 안전보장이사회의 1267 위원회는 국제 금융 거래, 국경강화, 마약밀매, 무기금수, 테러방지 법률 분야 전문가의 도움을 받아 제재이행 여부를 감시했다.

가장 광범위한 조치는 2001년 9월 테러공격 이후 안전보장이사회가 결의안 1373호를 채택하면서 이루어졌다. 이 결의안은 모든 국가가 테러단체의 자금조달 및 인력모집을 차단하고, 자산을 동결하며, 안전한 은신처를 제공하지 않도록 요구했다. 또한 국가의 행동을 감시하기 위한 테러방지위원회(CTC: Counter-Terrorism Committee)와 위원회의 실행을 지원하는 독립 전문가그룹도 설립되었다.

표 7.1에서 알 수 있듯이, 표적제재는 국가가 지원하는 테러리즘을 포함하여 테러를 방지하는 주요 수단으로 활용되어 왔다. 이러한 제재의 상당수는 20년 넘게 유지되고 있으며 종료될 기미는 보이지 않지만, 그 의도와 구체적인 대상에는 변화가 있어 왔다. 특히 알카에다와 연관된 개인들을 대상으로 한 표적제재는 개인의 권리가 무기한 박탈되는 문제 때문에 심각한 우려를 불러일으켰다. 이는 유럽사법재판소에 제기된 법적 도전으로 이어졌으며, 일부는 성공을 거두었다. 또한 비어슈티커 등(Biersteker et al. 2016: 273)이 언급했듯, "문제의 범위가 넓어지고 제재 대상 지정의 적용 지역이 확대되면서, 나이지리아의 보코하람, 소말리아와 케냐의 알샤바브, 그리고 이라크와 시리아에서 활동하는 이슬람국가(ISIL)와 관련된 인물이나 단체들도 제재 목록에 포함되었다." 제재 종료 시점과 방법에 대해 충분한 고민이 부족하다는 비판은 핵무기 확산 대응 노력에서도 제기되었다. 요컨대, 제재를 어떻게, 언제 종료할지에 대한 논의가 부족하다.

이란의 핵무기 프로그램을 중단시키기 위한 제재의 사용. 2006년부터 유엔제재와 더불어 EU와 미국의 조치가 이란의 핵무기 개발을 저지하기 위해 사용되어 왔다. 2006년 유엔 안전보장이사회는 첫 번째 제재 결의안(1737호)을 통해 이란이 IAEA와 완전히 협력하고 모든 우라늄 농축 및 재처리 활동의 중단을 요구했다. 이 결의안은 또한 각국이 이란의 농축 및 재처리 활동과 탄도미사일 프로그램에 기여할 수 있는 모든 물품, 자재, 상품, 기술의 직접적 또는 간접적 공급, 판매, 이전을 자국 영토에서, 자국 국민에 의해, 또는 자국 선박 및 항공기를 이용해 차단할 것을 촉구했다. 이 결의안은 금융제재를 부과하고 1737 위원회라는 감시기구를 설립했다. 동시에 인도적 목적의 예외 조항과 함께, 이란이 제재 해제 또는 중단을 위해 취해야 할 구체적인 조치들을 명시했다. 2007년에는 두 번째 결의안이 채택되어, 이란을 오가는 해상 및 항공 화물에 대한 검사를 허용하고, 이란 금융기관에 대한 감시를 강화했으며, 여행금지와 자산동결을 확대하고 표적제재의 대상이 된 개인 및 기업 목록을 늘렸다.

2008년과 2010년의 결의안은 이슬람혁명수비대(IRGC) 소유 기업, 해운산업, 상업 및 금융 부문으로까지 표적제재의 대상을 확대했다. 2012년, EU는 이란산 석유 구매를 금지하는 조치를 추가했다. 유엔, EU, 그리고 광범위한 미국의 제재는 이란을 국제금융시스템에서 고립시켰고, 에너지 부문에 대한 투자와 지원을 금지했으며, 미국과 유럽 기업이 이란과 거래하는 것을 차단했다. 또한 자산동결 대상에 포함되는 단체를 점진적으로 확대했다.

2012년, P-5+1(안보리 5개 상임이사국과 독일) 및 EU 고위 관료들은 이란 제재 완화 가능성을 논의하기 위한 협상을 시작했다. 이는 이란 경제를 회복하고 제재를 해제하겠다고 공약한 로하니(Hassan Rouhani) 대통령이 당선된 2012년 이란 대선과 맞물려 진행되었다. 2015년, 협정(이른바 JCPOA라고 불리는 이란핵합의 – 역자 주)이 체결되고 유엔 안전보장이사회의 승인을 받은 후, 2016년 1월부로 모든 유엔제재(무기금수조치는 제외)가 종료되었다. 하지만 시간이 지나 이란이 합의를 위반하고 있음이 명확해지자, 미국은 2015년 합의에 따라 2020년에 만료되는 무기금수조치를 연장하자고 제안했으나, 유엔 안보리는 이를 거부했다 (Hansler and Roth 2020). 이에 따라 미국은 2018년에 이란에 대한 일방적인 제재를 다시 부과했고, 2019년과 2020년에 그 제재를 더욱 확대했다. EU 역시 2022년에 제재를 재개했다.

이와 같은 제제 방식은 2022년 러시아의 우크라이나 침공에 대응하기 위한 방식에 활용되었다. 비록 유엔 자체가 직접 관여하지는 않았지만, 이란에 대한 제재와 같은 방식의 압박이 여러 방면에서 실행되었다.

러시아의 우크라이나 침공과 제재 사용. 러시아의 2022년 우크라이나 침공은 2014년 크림반도 점령과 우크라이나 일부 지역에 대한 주장과 비교할 수 없을 만큼 세계평화와 안보거버넌스에 더 큰 도전을 제기했다. 이번 침공은 영토 합병을 위한 무력사용금지, 민족 자결권, 분쟁의 평화적 해결 약속 같은 근본적인 규범을 위협했다. 과거에도 P-5(유엔 안전보장이사회 상임이사국)가 직·간접적으로 침략 주체와 연관된 상황에서 안보리의 조치가 무력화된 사례가 있었지만, 이번에는 그로 인한 분노와 좌절감이 더욱 두드러졌다. 러시아의 고립은 우크라이나문제에 대한 유엔 총회의 세 차례 긴급 특별회의에서 명백히 드러났다. 2022년 3월, 유엔 193개 회원국 중 140개국 이상이 러시아의 침공을 규탄했으며, 2022년 10월에는 우크라이나 4개 지역에 대한 불법 합병을 규탄했고, 2023년 2월에는 러시아군의 철수를 요구했다. EU의 유엔 대사는 이를 두고 "오늘 가장 열정적이고 중요한 발언은 우크라이나에서 멀리 떨어진 소국들로부터 나왔으며, 러시아의 행위에 대해 모든 대륙과 국가가 우려를 표명하고 있다"고 언급했다 (Banjo 2022).

분명히, 유엔 안전보장이사회가 러시아에 대한 제재를 승인하는 것은 불가능했다. 대신, EU, 미국, 그리고 전 세계의 많은 국가들이 러시아에 제재를 부과했고, 그럼에도 전쟁이 지속되자 제재를 확대해 나갔다. 멀더(Nicholas Mulder 2022)는 "1930년대 이후 러시아처럼 큰 경제가 이렇게 광범위한 상업적 제한을 받은 적은 없었다"고 평가했다. 그러면서, 1930년대 국제사회의 제제 대상이었던 이탈리아와 일본의 사례와 달리, "현재의 러시아는 석유, 곡물, 기타 주요 상품의 주요 수출국으로서 세계경제에서 구조적으로 중요한 위치를 차지하고 있으며, 글로벌경제는 훨씬 더 통합되어 있다"고 덧붙였다. 이로 인해 글로벌 식량공급, 이주 및 난민문제와 같은 인간안보 문제도 훨씬 광범위하게 영향을 받았다.

우크라이나의 지정학적 위치와 러시아의 침공을 당했던 과거 동유럽의 경험 때문에 EU는 우크라이나에 무기를 제공하고 전례 없는 수준의 제재를 시행했다. 여기에는 러시아 석탄 및 석유 수입금지, 여행금지와 자산동결 대상자 목록 작성(푸틴 대통령과 라브로프 외무장관 포함), 러시아 은행과의 금융 거래 제한, 항공 여행 중단, 러시아 기술과 사치품 금수 조치, 러시아로의 EU 수출 금지, 비자 승인 절차를 용이하게 하던 협정의 중단 등이 포함되었다 (Lefebvre 2023: 2). 헝가리만이 제재에 이의를 제기했지만, 제재 결정을 저지하지는 않았다. 제재에 대해 회원국의 만장일치를 유지하기 위해 일부 상품과 분야는 면제되었다. 여기에는 러시아산 다이아몬드 무역, 러시아 석유를 운반하는 그리스 선박, 원자력 발전용 러시아산 우라늄 수입 등이 포함되었다 (Stevis-Gridneff 2022: A7). 한편, 러시아산 가스 수입은 사실상 의미가 없어졌는데, 이는 노르드스트림 가스관이 먼저 러시아에 의해 차단되었고, 이어서 원인을 알 수 없는 폭발로 완전히 중단되었기 때문이다.

EU의 제재는 미국과 그 파트너 및 동맹국, 특히 NATO 회원국, G7 회원국 및 기타 국가들이 부과한 광범위한 제재와 많은 면에서 유사했다. 이러한 제재는 에너지, 국방, 원자재, 서비스, 운송, 은행 및 투자와 관련된 다양한 개인 및 단체를 대상으로 했다. 러시아 금융기관은 국제은행간통신협회(SWIFT: Society for Worldwide Interbank Financial Telecommunication) 시스템에 대한 접근이 차단되었으며, 러시아의 침공에 관여한 벨라루스와 러시아에 드론을 제공한 이란도 제재 대상으로 지정되었다. 이 제재의 명백한 목적은 러시아의 경제 기반과 전쟁 수행 능력을 약화시키고, 그들의 침략 행위를 처벌하는 것이었다 (Welt et al. 2022). 그러나 대부분의 관찰자들은 이러한 제재의 효과에 대해 낙관적이지 않았다. 이는 제재가 러시아 같은 주요 강대국의 행동을 강제적으로 변화시키는 데 한계가 있음을 보여준다. 그럼에도 불구하고, 제재의 규모와 성격은 러시아의 침략에 대해 많은 국가들이 강력하게 반대하고 있음을 보여주는 명확한 신호였다.

분명히, 제재는 유엔, 일부 지역기구, 주요 국가들이 국제평화와 안보에 대한 위협에 대응하기 위해 사용하는 주요 수단이 되었다. 하지만 여러 사례들을 보면, 제재가 제재 대상국에 비용을 부과하는 것 이상의 효과를 거둘 수 있는지에 대해서는 회의적이거나 불확실한 면이 있다. 제재는 "외교정책 목표를 달성하기 위한 만능 해결책이 아니다" (Hufbauer et al. 2007: 141).

그렇기 때문에, 우리는 유엔과 일부 지역기구가 광범위하게 활용하고 있는 대안적 수단인 평화작전의 다양한 유형을 살펴볼 것이다.

평화활동

유엔의 최초 평화활동은 1940년대 후반 카슈미르와 팔레스타인에 파견된 휴전 감시단을 통해 수행되었으며, 그 감시단은 여전히 그곳에 있다 (표 7.2 참조). 1956년 수에즈 위기가 최고조에 달했을 때, 캐나다 외무부 장관 피어슨(Lester B. Pearson)은 영국, 프랑스, 이스라엘 군대가 이집트에서 철수하도록 하기 위한 방안으로, 훗날 '평화유지'라고 불리게 되는 개념을 공식적으로 제안했다. 이는 정치적 해결이 성사될 때까지 상황을 안정시키기 위함이었다. 동서 간 적대감으로 인해 제재와 집단안보에 관한 유엔헌장 제7장의 조항이 활용되기 어렵던 시기에 이 개념은 유엔이 지역분쟁을 다룰 수 있도록 하는 데 긍정적인 역할을 했다.

유엔과 일부 지역 정부간기구들은 다양한 유형의 평화작전을 수행해 왔다. 그 목적은 휴전협정을 유지하고, 분쟁 상황을 안정시키며, 평화적 해결을 위한 환경을 조성하고, 평화협정을 이행하며, 인도적 위기 속에서 위험에 처한 민간인을 보

표 7.2 전통적인 유엔 평화유지활동(대표 사례)

활동	명칭	위치	기간	최대 병력
UNEF I 긴급군	제1차 유엔 긴급군	수에즈 운하, 시나이 반도	1956년 11월~ 1967년 6월	3,378명의 병력
UNFICYP	유엔 키프로스 평화유지군	키프로스	1964년 3월~현재	6,411명의 군사 감시관
UNIFIL	유엔 레바논 임시주둔군	레바논 남부	1978년 3월~현재	11,790명의 병력, 1,004명의 민간인
UNIIMOG	유엔 이란-이라크군사감시단	이란-이라크 국경	1988년 8월~ 1991년 2월	400명의 군사 감시관
UNMEE	유엔 에티오피아-에리트리아 임무단	에티오피아-에리트레아 국경	2000년 9월~ 2008년 7월	3,940명의 병력, 214명의 경찰

호하고, 지속가능한 평화의 기초를 마련하는 데 도움을 주기 위해서다. 1948년 이후 70번 이상의 작전이 수행되었고, 그 중 대부분은 1990년 이후 시작되었다. 2022년 말 기준으로 12번의 작전이 현장에서 진행 중이다. 군사 및 민간 인원을 포함해 15만 명 이상이 참여하고 있고, 2023년 예산은 유엔으로만 한정해도 70억 달러 이상이었다. 요컨대, 다양한 형태의 평화유지는 '국제평화와 안보에서 유엔 역할을 보여주는 가장 가시적인 상징 중 하나'로 여겨지고 있다 (Thakur 2006: 37). 또한 평화유지는 AU, ECOWAS, EU를 비롯한 여러 지역기구들의 주요 활동이 되었다. 현대의 평화작전 대부분은 아프리카에서 이루어지고 있으며, 많은 경우 유엔과 ECOWAS, AU와 같은 여러 기구가 서로 다른 임무를 수행하며 협력하고 있다. 이 때문에 아프리카는 '세계평하 유지의 거대한 실험실'이 되었다 (Adebajo 2014: 183). 하지만 "두 개의 평화작전이 동일한 경우는 없으며, 따라서 각각의 개별 작전은 고유한 도전과제를 마주하게 된다" (Williams 2011: 192).

강제조치와 평화유지의 구분

유엔은 평화유지를 "군사력을 포함하지만 강제조치 권한이 없는 작전으로, 분쟁지역에서 국제평화와 안보를 유지하거나 복원하기 위해 유엔이 수행하는 활동"으로 정의해왔다 (UN 1996: 4). 유엔헌장에 명시된 조항이 없는 평화유지는 제6장의 평화적 해결 조항과 제7장의 군사적 강제조치 조항 사이의 회색 지대에 위치하며, 종종 '제6.5장'이라고 불리기도 한다. 그러나 일부 작전은 이 회색지대를 넘어 강제조치에 더 가까운 모습을 보였으며, 이로 인해 논란과 운영상의 문제가 발생하기도 했다.

냉전 종식 이후, "평화유지는 국가 간 전쟁 이후 휴전 감시 및 교전세력의 분리를 주로 다루는 군사적 모델에서 벗어나, 군사, 경찰, 민간 요소가 함께 지속가능한 평화의 기초를 마련하기 위해 협력하는 복합 모델로 발전해왔다" (UN 2008: 18). 이러한 변화로 인해 전통적 평화유지와 다차원적인 복합 평화유지 및 평화구축 작전을 구분하는 것이 일반화되었다. 따라서 평화유지군의 임무는 시간이 지나면서 크게 변화해왔으며, 안전보장이사회의 명령에 따라 다양한 유형의 평화작전이 수행되었다. 도표 7.7은 이러한 임무의 변화를 설명한다.

평화유지는 가해자를 특정할 필요가 없기 때문에, 분쟁의 어느 한 당사자를 비난 대상으로 지목하지 않아도 되어 작전에 대한 승인을 얻기가 강제조치보다 훨씬 수월하다. 이 때문에 유엔 평화유지군이 중립적이고 공정한 군대로서 신뢰를 유지하는 것이 중요하다. 그렇지 않을 경우 소말리아, 말리, 중앙아프리카공화국에서처럼 평화유지군이 공격 대상이 될 수 있다. 강제조치와 비교했을 때 평화유지가 갖는 또 다른 장점은 대부분의 작전이 상대적으로 적은 병력이나 경찰력만을 필요로 한다는 점이다. 이는 매우 중요한 요소인데, 유엔은 자체 군대를 보유하지 않고 임시로 구성된 부대나, 여러 국가나 지역 정부간기구의 연합체에 작전을 위탁하기 때문이다. 유엔 평화유지군의 규모는 100명 미만의 소규모 감시 임무부터 2만 명 이상의 병력이 필요한 대규모 작전에 이르기까지 다양하게 운영되고 있다.

이론적으로 볼 때, 평화유지 활동은 강제조치보다 몇 가지 핵심 원칙 덕분에 추가적인 장점을 가진다. 첫 번째 원칙은 분쟁 당사자들의 동의로, 이는 유엔이 초청을 받아야만 개입할 수 있음을 의미한다. 두 번째는 엄격한 공정성 유지를 목표로 한다는 점이다. 세 번째 원칙에 따르면, 유엔군은 경무장 상태로 배치되며, 무력사용은 자기

도표 7.7 | 평화작전임무의 유형

전통적 작전

관찰, 감시 및 보고
- 휴전 및 군대 철수
- 위반사항에 대한 불만 조사

교전세력 분리
- 완충지대 설정
- 오직 자기방어를 위한 무력사용

복잡하고 다차원적인 작전

위의 임무에 추가로 다음과 같은 임무 수행:

관찰 및 감시
- 민주선거
- 인권
- 군비통제

제한된 무력사용
- 민간 법과 질서 유지 또는 복원
- 교전 세력 무장해제
- 지뢰 제거

인도적 지원 및 개입
- 식량 및 의료 물자 공급망을 개방하고, 물자를 보호
- 구호활동가 보호
- 난민보호
- 안전지대 조성

평화구축
- 경찰과 사법부를 재건하고 훈련
- 선거를 실시하고 시민사회를 촉진
- 난민의 본국 송환

국가 건설
- 안보 부문 개혁(군대 및 경찰)
- 법치 강화 및 사법부 재건
- 관료제 개혁 및 부패 감소
- 시장 주도형 개발 촉진
- 임시 민간 행정 제공

방어나 임무 수행 방어의 경우에만 허용된다.

평화유지의 세 가지 핵심 원칙 모두가 다양한 작전 유형에서 문제가 되기도 한다. 동의를 얻는 것은 콩고민주공화국에서처럼 무장 반군, 준군사 조직, 민병대가 연루된 분쟁이나, 말리와 소말리아에서처럼 테러단체가 포함된 경우엔 특히 어렵다. 심지어 유엔의 주둔에 동의한 국가조차도 특정 활동을 금지할 수 있다. 에리트레아와 에티오피아의 휴전을 감시하기 위해 파견된 유엔 평화유지군의 헬리콥터와 지상 순찰을 에리트레아가 거부한 사례가 그 예다. 또한 어떤 정부는 임무가 완료되기 전에(즉, 유엔의 위임사항이 충족되기 전에) 평화유지군의 철수를 요구하기도 하는데, 이는 1967년 이집트의 사례에서 볼 수 있다. 요컨대, "평화유지작전은 점점 악화되는 당사국들의 동의문제로 인해 점점 더 시험대에 오르고 있다. … 하지만 동의라는 개념이 반드시 분쟁 당사자의 모든 요구에 무조건 따르는 것을 의미하는 것은 아니다" (Johnstone 2011: 172).

보다 '강경한' 작전에서는, 전통적인 평화유지군보다 병력이 더 중무장하고 있으며, 이 경우 유엔 안보리의 임무 명령에는 유엔헌장 제7장을 근거로 무력 사용이 명시되어 있는 경우가 많다. 이는 전통적인 평화유지작전과 강제집행작전 사이의 경계를 흐리게 만든다. 최근 유엔 작전 중 일부는 '안정화 작전'으로, 반란 진압과 대테러활동의 요소를 포함하고 있다 (예: 말리, 콩고민주공화국, 남수단). 이런 상황에서는 평화가 이미 존재하지 않기 때문에 지켜야 할 평화가 없고, 감시할 휴전도 없으며, 임무에 대한 지역 당사자들(국가가 아닐 수도 있고, 심지어 붕괴된 국가일 수도 있음)의 동의가 존재하지 않는 경우가 많다.

오늘날의 유엔 평화유지활동은 현장과 유엔 본부 모두에서 많은 진화가 거듭되고 있다. 아래에서 논의할 오랜 역사의 전통적 작전과는 달리, 대부분의 평화작전은 전쟁에 더 가까운 형태를 띠며, 상당수의 작전에 지역기구가 참여하고 있다. 먼저, 전통적 평화유지활동에 대해 살펴본다 (Karlsrud 2015).

전통적 평화유지

1948년 팔레스타인과 카슈미르에서 처음 평화유지활동이 수행되었을 때, 몇 명의 군사 관찰단이 배치되어 이스라엘과 아랍 국가들 간, 그리고 인도와 파키스탄 간의 교전을 중지시키는 휴전협정을 감시했다. 1956년부터 유엔은 평화유지작전을 중동 지역 분쟁 해결의 중요한 수단으로 활용했다 (아랍-이스라엘분쟁에서만 4건의 전통적 평화유지 작전이 있었음). 이러한 작전은 특히 미소 양 초강대국의 이해관계가 직접적으로 걸려 있지는 않지만, 냉전으로 인한 긴장 때문에 유엔이 집단안보체제나 강제조치를 사용할 수 없었던 지역에서 유용하게 쓰였다.

표 7.2에서 설명된 것처럼, 전통적 평화유지는 여전히 중동에서 중요한 역할을 하고 있다. 1980년대 후반, 평화유지는 소련군의 아프가니스탄 철수를 촉진하고 이란과 이라크 간의 휴전협정을 감독하는 데 사용되었다. 1991년 걸프전 이후 이라크와 쿠웨이트 간, 2001년 에티오피아와 에리트레아 간의 휴전을 감시하기 위해 다시 활용되었다. 이러한 분쟁은 모두 국가 간 분쟁이었다. 평화유지군의 임무는 전투를 억제하고 휴전을 감시하며, 협상이 지속가능한 평화협정이 도출될

때까지 지원하는 것이었다. 평화유지군은 무장하지 않거나 경무장을 했으며, 종종 적대 세력 간의 완충지대에 배치되어 휴전과 군대 철수를 감시하고, 위반사항을 보고하며, 자위 상황에서만 무력을 사용할 수 있도록 권한을 부여받았다. 그러나 전통적 평화유지군은 규모와 역량이 제한적이기 때문에, 공격의지를 가진 세력을 막을 수는 없었다. 이스라엘이 유엔 레바논 임시주둔군(UNIFIL)의 존재에도 불구하고 레바논을 반복적으로 공격한 것이 명징한 예다. 또한 평화유지군에 대한 분쟁 당사국의 동의가 철회될 경우, 유엔군은 철수해야 했다. 가령, 1967년 아랍-이스라엘전쟁이 발발하기 직전에 이집트가 유엔 긴급군(UNEF I)에 대한 동의를 철회한 적이 있었다.

냉전기간 동안 베트남전쟁과 같은 중요한 평화 및 안보문제가 유엔의 평화유지 의제로 채택되지는 못했다. 하지만 유엔 평화유지활동이라는 혁신적인 방식은 초강대국의 지역분쟁 개입을 제한하고, 신생 국가들의 등장으로 인한 국경분쟁, 카슈미르, 중동, 키프로스 등에서 발생한 해결이 어려운 분쟁들로부터 평화를 지키기 위한 수단으로서 중요한 역할을 했다. 이 과정에서 유엔과 국제사회는 평화유지에 관한 경험을 축적했으며, 이는 냉전이 끝나고 정치적 여건이 변하면서 더욱 빛을 발하게 된다. 특히 1980년대 후반과 1990년대에 들어서면서 평화유지 임무는 점차 확대되었고, 새롭게 등장한 위협들에 창의적으로 대응해야 할 필요성도 커졌다. 1980년대 후반 유엔 평화유지활동이 보여준 성공은 1988년 유엔이 노벨평화상을 수상하는 계기가 되었고, 이후 다수의 새로운 평화유지 임무로 이어졌다.

하지만 1990년 이후 평화유지활동의 성격이 바뀌고, 특히 국내 분쟁(내전 등)과 같이 더 복잡하고 강도 높은 개입이 요구되는 상황들이 늘어나면서, 전통적인 평화유지 원칙들만으로는 더 이상 충분하지 않게 되었다. 이로 인해 유엔은 더 '강경하고' 다차원적인 접근이 요구되는 새로운 유형의 작전을 강구해야 했다.

복합적이고 다차원적인 평화유지활동

유엔은 다차원적 평화유지작전을 "지속가능한 평화의 토대를 마련하기 위해 군사, 경찰 및 민간 구성요소가 함께 작업하는 작전"으로 정의한다 (UN 2008: 97). 이러한 작전은 전통적인 평화유지작전보다 더 많은 병력과 종종 더 강력한 장비를 보유한 채, 자기방어를 넘어선 무력을 행사하는 임무를 수행하기 때문에 강제조치와의 경계가 모호해질 수 있다. 이러한 작전에 배치된 병력은 전통적인 작전의 특징인 관찰 활동에 참여할 수도 있지만, 병력 집결, 무장해제, 병력 해산을 감시하거나 지뢰를 제거하는 활동에 참여할 가능성이 더 높다. 또한 기타 군사 요원, 민간인, 경찰뿐만 아니라 NGO와 유엔 난민고등판무관(UNHCR), 유엔아동기금(UNICEF), 유엔개발계획(UNDP)과 같은 유엔 기관들이 법과 질서를 복원하고, 난민을 본국으로 송환하거나 재정착시키며, 민주 선거를 조직 및 감독하고, 인권을 감시하고 증진하며, 경찰과 사법부를 재건하는 작업에 참여한다. 이러한 작업들은 대개 분쟁 이후 평화구축 또는 국가 재건으로 묘사된다. 다양한 행위자가 관여하는 만큼 군사와 민간 구성요소를 조정하는 것은 중요한 도전과제다. 냉전 이후의 네 가지 상황(나미비아, 캄보디아, 코소보, 동티모르)에서는 유엔이 임시 또는 과도기적 민사 행정을 제공하기도 했다. 종종 이러한 경우에는 유지할 평화도, 감시할 휴전도 없었다. 심지어 교전당사자가 소말리아나 콩고민주공화국처럼 국가가 아니거나 실패국가인 경우도 있어서 임무에 대한 동의를 구할 수도 없었다. 앞서 논의한 바와 같이, 대부분의 평화작전 관련 결의안은 행동의 법적 근거를 제공하고, 안전보장이사회의 정치적 결의를 보여주며, 이사회 결정 사항 이행에 대한 회원국들의 의무를 상기시키기 위해 제7장을 언급한다. 표 7.3은 다양한 작업이 수행된 복합적 유엔 평화유지작전의 예를 보여준다.

1990년 이후 유엔 사무총장들은 평화유지에 관한 아이디어와 구상을 제시해 왔다. 또한 평화작전의 관리와 계획을 강화하는 데 기여한 주요 검토 보고서도 있었다. 여기에는 브라히미 보고서로 알려진 2000년 유엔 평화유지 개혁에 관한 유엔 평화작전위원회의 보고서와 평화작전에 관한 고위급 위원회의 2014~2015년 검토 보고서(HIPPO 보고서)가 포함된다. HIPPO 보고서는 유엔 본부가 '현장 임무의 뚜렷하고 중요한 필요성'을 인식하고 '순차적이고 우선순위화한 임무'와 '강화된 글로벌 및 지역 파트너십'에 대해 각성할 것을 촉구했다 (UN General Assembly 2015).

구 유고슬라비아, 콩고민주공화국, 말리의 사례들은 대규모 인도적 위기가 있었지만 유지할 평화는 없었던 상황에서 유엔이 직면한 어려움과 복잡한 임무들이 시간이 지나며 어떻게 변화, 진화해 왔는지를 잘 보여준다.

구 유고슬라비아와 보스니아-헤르체고비나. 1990년대 초 유고슬라비아가 다섯 개의 독립국가로 분열되는 와중에 보스니아-헤르체고비나에서 가장 격렬한 전투가 발생했다. 이 지역에 크로아티아인, 세르비아인, 보스니아 무슬림들이 섞여 살았다. 냉전과 유고슬라비아가 동시에 해체되면서 각 집단의 민족주의 지도자들이 오랜 불신과 적대감을 부추겼다. 각 집단의 군대와 준군사 조직은 자신들의 영토를 확장하고 민족 청소를 시도했고, 이로 인해 20만 명 이상이 사망하고, 수백만 명의 난민이 발생했으며, 수천 명이 강제 수용소에 갇히거나 성폭행, 고문, 집단 학살을 당했다.

1991년부터 1996년까지 유엔 안전보장이사회는 유례없이 많은 회의를 열어 개입 여부, 목표, 그리고 수단에 대해 논의했다. 유엔은 1992년 2월 유고슬라비아 보호군(UNPROFOR)을 승인하였으며, 초기에는 크로아티아 내 세르비아계가 밀집한 지역에서 휴전 유지, 정규군 및 준군사 조직의 해체와 비무장화, 인도적 지원 제공이 주요 임무였다. 그러나 이후 보스니아 내 난민을 위한 안전지대 설치, 사라예보 포위 해제, 기본적인 인권보호, 나아가 NATO를 동원한 제재 집행, 비행금지구역 설정, 안전지대 보호, 세르비아군에 대한 공습 수행 등으로 확대되었다. 결국 전통적인 평화유지 임무로 시작된 것이 강제력 사용에 가까운 훨씬 더 복잡한 임무로 전환되었다. 경미한 무장 상태의 유엔 평화유지군은 대규모 인권침해를 목도했고, 더 강력한 군사 조치가 요구되었으며, 분쟁 당사자들은 평화에 거의 관심을 보이지 않았다.

1992년 말, 휴전이 없는 상황에서 유엔 안전보장이사회는 헌장 제7장을 발동하여 회원국들에게 '필요한 모든 조치를 취할 것'을 요구했다.

표 7.3 복합적 유엔 평화유지작전 (대표 사례)

국가	소말리아	캄보디아	동티모르	보스니아/ 크로아티아	콩고민주 공화국	수단- 다르푸르	콩고민주 공화국	말리
임무	UNOSOM II	UNTAC	UNTAET	UNPROFOR	MONUC	UNAMID	MONUSCO	MINUSMA
기간	1993년 5월~ 1995년 5월	1991년 7월~ 1995년 4월	1999년 10월~ 2002년 5월	1992년 2월~ 1995년 12월	1999년 11월~ 2010년 7월	2007년 7월~ 2020년 12월	2010년 5월~ 현재	2013년 4월~ 2023년 12월
최대 병력								
군대	28,000	15,900	6,281	38,599	19,815	17,711	19,815	11,726
경찰		3,600	1,288	803	1,229	5,109	1,665	1,744
관찰단			118	684	760	235	760	
민간인	2,800	2,400	2,482	4,632	3,756	3,876	3,769	3,384
제7장 권한								
군사 임무	✓		✓	✓	✓	✓	✓	✓
휴전 감시	✓	✓	✓	✓	✓	✓		✓
평화 집행	✓	✓	✓	✓	✓	✓		
무장해제	✓	✓			✓		✓	✓
지뢰 제거	✓	✓			✓			
난민 및 인도적 지원								
난민 귀환	✓	✓	✓	✓	✓			✓
민간인 지원	✓	✓	✓	✓	✓	✓	✓	✓
국제 구호 활동가 보호					✓	✓		✓
민간 치안 유지								
경찰 재교육			✓		✓		✓	
선거 지원								✓
선거 감시		✓	✓		✓			✓
법률 업무								
헌법/사법 개혁	✓	✓	✓		✓		✓	✓
인권 감시		✓	✓		✓	✓	✓	✓
행정 권한		✓	✓					

이로 인해 UNPROFOR은 강제조치 작전에 더 가까운 역할을 맡게 되었다. 안전보장이사회는 거의 끊임없이 회의를 열고 연이어 결의안을 통과시켰으나, 확대된 임무를 수행하기에 충분한 인력, 물류, 재정, 군사 자원을 확보하지 못하였다. 유엔 관계자들은 NATO 공습을 요청할 권한이 있었음에도 이를 실행에 옮기는 데 주저했다. 모든 분쟁당사자들이 구호 활동을 방해하고 유엔 평화유지군과 국제 구호 인력을 공격 대상으로 삼았다. 유엔이 지정한 안전지대는 난민들에게 전혀 안전하지 않았으며, 특히 스레브레니차에서는 1995년 7월 보스니아계 세르비아군이 보스니아 무슬림 남성과 소년 7,000명 이상을 학살하는 일이 발생했다. 이는 유엔 평화유지군에게 굴욕적인 패배로 남았다 (UN 1999a).

보스니아에서의 유엔 평화유지활동은 1995년 11월 미국이 주도한 데이턴협정으로 종료되었다. UNPROFOR은 6만 명의 전투 준비 상태의 병력으로 구성된 NATO의 평화이행부대(IFOR)로 교체되었으며, 이 병력에는 러시아를 포함한 약 20개국의 NATO 비회원국 병력도 포함되었다. 이는 NATO의 첫 평화유지 임무였다. 많은 정부간 기구와 비정부기구가 데이턴협정의 일부를 이행하는 데 관여하였다. 유엔은 보스니아 경찰의 감시 및 개혁을 담당했고, 유럽안보협력기구는 선거 감독과 인권 및 시민사회 단체 증진을 맡았다. UNHCR은 난민과 국내 실향민의 귀환, 재정착, 재활을 감독했다. 세계은행, 유럽부흥개발은행, 그리고 NGOs는 경제개발을 촉진했다.

1996년 말, NATO의 IFOR은 규모가 더 작은 NATO 안정화군으로 대체되었으며, 2004년에는 EU가 NATO로부터 임무를 인수해 현재까지 유엔 안보리의 승인하에 소규모 병력을 운영하고 있다. 2023년 기준으로, 21개국이 파병했고, 주요 목적은 안전하고 안정적인 환경을 유지하고 보스니아 병력을 훈련시키는 것이다.

데이턴협정 체결 이후 25년이 넘었지만, 보스니아는 여전히 '고위 대표(high representative)'라는 준(準)식민지적 권한을 가진 국제 관리 아래 일종의 국제 보호령 상태에 놓여 있다. 이 나라는 여전히 국제 원조에 의존하고 있으며, 경제는 심각하게 범죄화되어 동유럽의 유사 경제들과 비교해 뒤처지고 있다. 국가는 여전히 보스니아계, 크로아티아계, 세르비아계 영토로 사실상 분할된 상태이며, 민족주의 정당들이 여전히 정부를 지배하고 있다.

보스니아에서 국제사회가 겪은 경험은 다차원적인 복합적 평화작전이 얼마나 어려운 것인지를 잘 보여준다. 약 400만 명의 인구를 가진 나라에 6만 명의 병력과 50억 달러 이상의 원조가 투입되었지만, 데이턴협정 10주년 즈음 발표된 한 연구는 그 결과를 "현저히 개선되었으나 여전히 실망스러운 결과"라고 평가했다 (Cousens and Harland 2006: 121). 이 연구의 저자들은 이러한 수준의 국제적 개입이 "주요 국가와 국제기구의 전략적 이해관계가 크게 걸려 있지 않은 대부분의 상황에서는 반복되기 어려울 것"이라고 덧붙였다.

콩고민주공화국: '끝없는 위기'. 콩고민주공화국(DRC)의 상황은 보스니아와 비교할 때 유용한 대조 사례를 제공한다. 콩고민주공화국은 보스니아보다 인구는 10배, 영토는 50배 더 크고, 분쟁의 양상도 훨씬 더 폭력적이고 복잡했다. 평화

유지군의 규모가 IFOR의 6분의 1 수준에 도달하고 유엔헌장 제7장의 권한을 부여받기까지, 5년 이상의 전쟁과 평화협정을 거쳐야 했다. 25년이 넘는 시간이 흐른 지금도, 콩고민주공화국에서의 평화작전 사례는 국제화된 내전, 다수의 교전 세력, 대규모 인도주의 위기, 약탈 가능한 자원, 실패국가 등이 혼재된 상황에서 수행되는 다차원적 평화임무의 전형이 되었다. 540만 명 이상이 사망하고, 500만 명이상이 난민이 되었으며, 2,000만 명 이상이 식량 불안정에 시달리는 등 콩고민주공화국분쟁은 세계에서 가장 치명적인 분쟁 중 하나로 꼽힌다.

콩고민주공화국 위기는 세 차례에 걸쳐 국제평화와 안보를 위협했다. 첫 번째는 1960년 벨기에로부터 독립한 직후 시민 질서가 붕괴하면서 발생했고, 이는 안정성을 거의 가져오지 못한 4년간의 유엔 평화작전으로 이어졌다. 두 번째는 1994년 르완다 집단학살 이후 발생했는데, 당시 집단학살을 주도했던 후투족 극단주의자들이 패퇴한 직후 당시 자이르(현재 콩고민주공화국) 동부에 마련된 유엔 운영 난민 캠프로 도피한 것이 발단이 되었다. 이들을 무장해제하거나 이들의 르완다 공격을 방어하기 위한 어떤 평화유지군도 파견되지 않았다. 세 번째는 1996년 자이르의 독재자 모부투(Joseph Mobutu)를 상대로 한 반란으로 시작되었으며, 이 반란은 우간다와 르완다의 지원을 받았다. 이후 이 두 나라를 포함해 6개 아프리카국가가 개입하면서, 1998년부터 2002년까지 이어진 '아프리카의 제1차 세계대전'으로 불리는 전쟁으로 확대되었고, 이는 민간인들에게 막대한 피해를

지도 7.2 콩고민주공화국

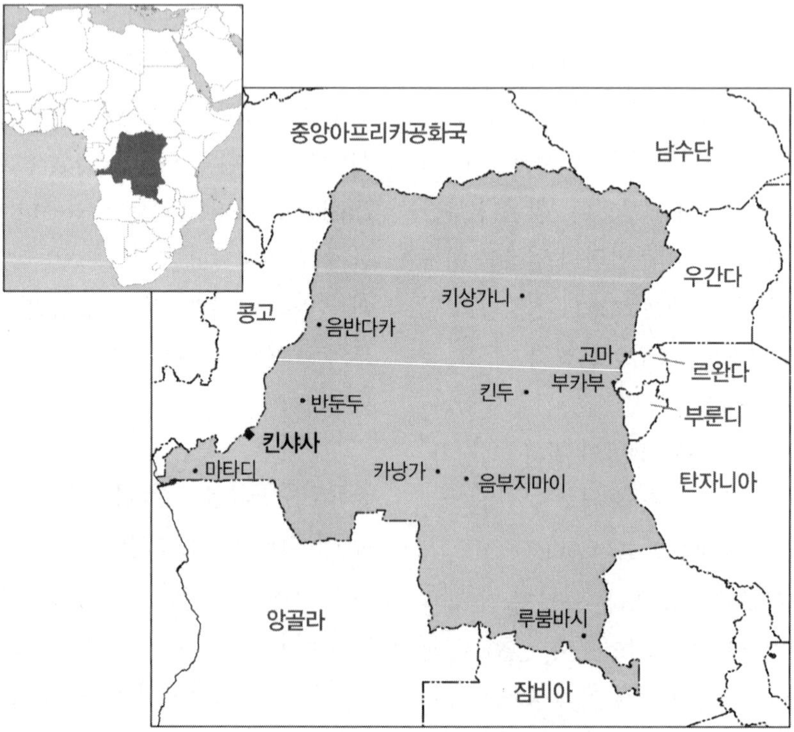

안겼다.

2002년 말 평화협정이 체결되었음에도 폭력은 계속되었으며, 대규모 인도적 위기, 대규모 인구 이주, 폭력적인 조직적 강간, 보건 및 식량체계의 붕괴 등이 지속되었다. 콩고민주공화국의 풍부한 자원을 약탈하려는 인접국과 여러 민병대의 경제적 이해관계는 평화구축 노력을 저해했다. 유엔 평화유지군은 민간인을 적절히 보호하지 못한 데 다, 평화유지군에 의한 광범위한 성적 착취 및 학대 사건으로 인해 평판이 크게 손상되었다.

콩고민주공화국에서 벌어진 전투를 중단시키기 위한 초기 노력은 남아프리카개발공동체(SADC) 국가들뿐 아니라 아프리카통일기구(OAU)와 프랑코포니(구 프랑스어권 식민지 국가들의 연합체)가 주도했다. 1999년 SADC의 조정으로 체결된 루사카협정은 유엔이 콩고민주공화국에 처음으로 평화유지군을 파견하는 근거가 되었으며, 이에 따라 4,900명 규모의 비교적 소규모 병력이 콩고민주공화국 유엔 임무단(MONUC)에 배치되었다. 그러나 이 병력은 수도 외 지역에는 파견이 허용되지 않았고, 그 결과 여러 차례 휴전 협정이 위반되었다. 2003년 동부지역에서 민족 간 폭력이 다시 격하되자, 안보리는 유엔헌장 제7장에 따라 임시 긴급 다국적군의 파병을 승인했다. 프랑스가 주도한 EU 작전(Operation Artemis)은 EU의 첫 번째 군사작전으로, MONUC를 지원하고 부니아 시에서 급속히 악화되던 인도주의적 위기를 막는 것이 주요 임무였다. EU 소속 5개국 병력은 일주일 만에 현지에 도착했지만, 작전의 기간은 3개월로 제한되었고 활동 범위도 제한적이었다. 2004년, 안보리는 MONUC 병력을 증강하고 이들에게 무력 사용 권한을 부여해 민간인 보호, 과도정부 지원, 치안 공백 해소, 무장세력(르완다 후투족 집단학살 책임자 포함)의 무장 해제 및 본국 송환 등의 임무를 수행하게 했다. 그러나 MONUC은 이러한 광범위한 임무에 비해 인력이 턱없이 부족했고, 보다 공격적인 전술을 취하게 되면서 소말리아에서와 마찬가지로 유엔 평화유지군 자체가 공격의 표적이 되기도 했다.

2006년 MONUC의 임무가 다시 확대되었고, EU의 신속대응군 및 EU 자금 지원으로 콩고민주공화국은 40년 만에 첫 다당제 대통령 및 국회의원 선거를 실시했다. 놀랍게도 이 선거는 상당히 공정하고 자유롭게 진행되었다고 평가받았다. 이는 유엔 주도의 평화작전이 성공했음을 나타내는 신호로 보였다. 콩고민주공화국 국민의 생활조건이 개선되고, 민간인에 대한 폭력이 감소했으며, 이주민들이 마을로 돌아갔고, 인도주의 단체들이 국가 대부분의 지역에 접근할 수 있게 되었다 (Autesserre 2010).

진전의 징후에도 불구하고, 콩고민주공화국의 동부지역에서는 폭력이 계속되었으며, 2008년 이후로 상황은 더욱 악화되었다. 후투족 민병대를 포함해 여러 콩고 민병대, 르완다 및 우간다 정부군, 우간다 기반의 신의 저항군(Lord's Resistance Army)이 여전히 활동하고 있었다. 콩고민주공화국의 풍부한 천연자원에 대한 약탈은 지속되었고, 인도적 위기와 함께 전 세계 최악의 성폭력이 민병대와 콩고민주공화국 정부군에 의해 자행되었다. 안보리는 만연한 폭력을 억제하고 평화 구축 활동을 지속하기 위해 3년 동안 유엔 병력의 규모와 임무를 연이어 확대했다. 그러나 2009년 콩고민주공화국정부와의 긴장이 고조되면서 콩고민주공화국은 2011년 중반까지 모든 유엔 평화유지군의 철수를 요청하게 된다.

이후 유엔과 콩고민주공화국정부는 기존의 유엔 작전을 보다 소규모의 안정화 임무로 재편하기로 합의했으며, 이에 따라 프랑스어 명칭을 따 콩고민주공화국 유엔 안정화 임무단(MONUSCO)이 출범했다. 임무는 민간인보호와 콩고민주공화국 동부지역의 군사작전에 중점을 두고 수행되었다.

2012년, 르완다와 우간다의 지원을 받은 새로운 반군그룹 M23이 등장하여 심각한 안보문제를 야기했다. M23 군대는 주요 도시를 점령했고, 정부군은 도망쳤으며 MONUSCO 병력은 민간인보호는 물론 실질적인 저항도 거의 하지 못했다. 이로 인해 안보리는 M23에 대해 무기금수 조치를 부과하고 지도부에 대해 표적제재를 가했다. 또한 유엔, AU, SADC, 아프리카 대호수 지역 국제회의 및 인접 11개국이 체결한 '평화의 틀 협정'을 통해 르완다와 우간다는 콩고민주공화국 내정에 간섭하지 않겠다고 공식 약속했다. 아울러 유엔 안보리는 특별 개입군의 파견과 국경 감시를 위한 무인정찰기의 사용도 승인했다.

남아프리카공화국, 탄자니아, 말라위에서 온 3,000명의 병력으로 구성된 개입여단(Force Intervention Brigade)은 전차와 무장 헬리콥터를 갖춘 채 2013년 중반 MONUSCO 휘하에서 콩고민주공화국 정부군과 함께 최초로 배치되었으며, 교전 중인 민병대들을 무력화하고 무장해제하는 임무를 수행했다. 그러나 이 여단의 투입은 인도주의 단체 현장 관계자들의 안전에 대한 우려는 물론 향후 평화유지 작전의 방향성과 병력 제공국들의 병력 희생 감수 의지에 대한 우려를 불러일으켰다. 안보리는 이 여단이 '평화유지의 합의된 원칙'에 대한 선례를 만들지 않는다는 점을 명확히 했지만, 일부에서는 이를 '평화유지작전에 더 큰 힘을 실어줄 강력한 접근 방식'으로 보았다 (Kulish and Sengupta 2013: A10). 여단의 임무와 관련된 법적 쟁점에 대한 분석에 따르면, MONUSCO 자체가 분쟁 당사자로 간주될 수 있으며, 이는 특히 '고위험 환경'에서 활동하는 다른 유엔 작전에도 영향을 미칠 수 있다. 이러한 상황에서는 유엔군이 '편을 드는 존재'로 인식될 수 있기 때문이다 (Sheeran and Case 2014: 19).

성폭력을 포함한 여러 차례의 폭력 사태는 여전히 콩고민주공화국에서 계속되고 있으며, 이 나라는 실패 직전의 상태에 놓인 극히 취약한 국가로 남아 있다. 2021년 초, 유엔 안보리는 극단주의 무장단체인 이슬람국가(IS)와 연계된 세력을 포함한 민병대들의 극심한 폭력 수준을 공식적으로 언급했다. 콩고민주공화국의 문제들은 그 복잡성이 너무 커서 쉽게 분류하거나 이해하기조차 어려우며, 유엔 평화유지군은 민간인을 성폭력과 학대로부터 보호하지 못했을 뿐만 아니라, 부패에도 연루되며 오히려 문제를 악화시켰다. MONUSCO 내에는 면책의 문화가 깊게 뿌리내려 있다. 요약하자면, 콩고민주공화국분쟁은 소말리아나 유고슬라비아보다 훨씬 더 복합적인 분쟁이다.

콩고민주공화국의 방대한 국토와 아프리카 중심부라는 지리적 위치는 평화작전에 막대한 물류적, 작전적 어려움을 초래해왔다. 도로와 철도 기반 시설이 거의 마비된 상황에서 평화작전 비용은 더욱 불어날 수밖에 없었다. SADC나 AU 모두 실질적인 강제 개입을 수행할 자원이 부족했다. 국제사회와 유엔은 폭력의 국가적, 지역적 원인에 주로 초점을 맞췄지만, 실제로는 토지, 천연 자원, 정치권력을 둘러싼 오래된 지역 갈등들이 여전히 해결되지 않은 채 남아 있다.

콩고민주공화국 사례는 복잡한 분쟁에 대해 유엔 안보리가 일관된 전략을 수립하는 것이 얼마나 어려운 일인지를 여실히 보여준다. 동시에, 강력한 작전을 수행할 정치적 의지가 없을 경우, 차라리 미약한 개입이라도 해야 하는지 아니면 아무것도 하지 않는 것이 나은지를 묻는 근본적인 질문도 제기한다. 미약한 평화작전은 민간인이 보호받고 평화가 유지될 것이라는 기대를 불러일으키지만, 실제로는 수십만 명이 목숨을 잃고 인권유린을 당했으며, 그중 상당수는 유엔 평화유지군의 존재 때문에 오히려 고통을 겪기도 했다. 하지만 평화작전 효과성 네트워크(EON)에 따르면 MONUSCO는 광범위한 분쟁의 재발을 방지하고 국가를 재통합했으며, 지역경제를 활성화시키고 보다 강력한 시민사회를 구축하는 데 기여했다. 또한 유엔은 민간인보호를 위한 전략도 개발했으며, 이는 현재 다른 유엔 평화작전 전반에 걸쳐 활용되고 있다.

말리: 테러리스트와 만난 평화유지군. 복잡하고 다차원적인 평화유지활동 세 번째 사례는 말리다. 이 사례에서도 아프리카 지역기구들의 개입이 두드러졌으며, 최근 몇 년간의 소말리아 사례와 마찬가지로 테러집단인 알카에다 이슬람 마그레브(AQIM)가 주요 행위자 중 하나였다. 말리의 사례는 유엔 평화유지군이 지역기구들과 협력하며 강제조치에 가까운 활동을 수행해야 했던 작전환경을 보여주는 대표적인 예다.

프랑스의 전 식민지였던 말리는 1960년 독립 이후, 북부지역 투아레그족이 자결권을 요구하며 지속적인 갈등을 겪어왔다. 2012년 초, 투아레그족은 AQIM과 손잡고 북부 말리를 장악했다. 이들은 초국가적 조직범죄와 연계되어 있었고, 특히 몸값을 노린 납치가 심각한 문제였다. 2012년 말, 유엔 안보리는 ECOWAS와 AU가 주도하는 말리 국제지원 임무를 승인했다. 그 직후 프랑스는 반군이 수도를 포함한 말리 남부지역까지 장악하는 것을 막기 위해 개입했다. 2013년 4월, 안보리는 민간인에 대한 공격, 아동 병사의 동원, 실종, 강간, 강제 결혼, 50만 명의 난민발생에 대응하여 말리 다차원 통합 안정화 임무단(MINUSMA)을 승인했다.

유엔이 반군이나 이슬람 무장세력과의 교전에 연루되는 것에 대한 우려가 있었음에도 불구하고, 안보리는 MINUSMA에 강력한 제7장 권한을 부여했다. 이를 바탕으로 MINUSMA는 말리 전역에 정부 권한을 확립하고 민간인을 보호하며 인도적 지원의 길을 여는 임무를 수행했다. 다만 AQIM에 대한 공격 작전은 명시적으로 승인하지 않았지만, 안보리는 프랑스군이 AU/ECOWAS 임무를 대신하여 '필요한 모든 수단'을 동원해 MINUSMA를 지원하도록 허용했다. 이러한 다양한 요소를 조율하는 것은 큰 도전이었다. 2014년, 아프리카 국가들은 콩고민주공화국에서와 유사한 신속대응군을 구성하여 테러리스트 및 범죄집단과 싸우고 MINUSMA의 안정화 능력을 강화했으며, 스웨덴과 네덜란드 요원들로 구성된 정보부대를 배치했다.

AQIM 외에도 다른 이슬람 극단주의 조직들과 범죄 조직들이 말리에서 활동하고 있었으며, 이들에 의한 폭력은 사헬지역 전반으로 확산되고 있었다. 말리 군부는 8년만인 2020년에 두 번째 쿠데타를 일으켜 권력을 장악했고, 프랑스 대사를 추방했다. 프랑스는 2022년에 완전히 철수했으며, 2023년에는 유엔도 철수 요청을 받았다. 이후 러시아 용병단 와그너그룹이 말리에 남아 지하디스트들과 싸우는 역할을 맡았다.

콩고민주공화국과 마찬가지로 말리는 다차원적 유엔 작전의 성격에 대한 근본적인 의문을 제기한다. AU, ECOWAS, 말리군, 프랑스 특수부대가 사실상 AQIM과 다른 무장단체들을 상대로 전쟁을 수행함에 따라, MINUSMA는 평화유지보다 강제조치에 훨씬 가까운 역할을 수행했다. MONUSCO 다음으로 두 번째로 큰 유엔 작전이었음에도 불구하고, MINUSMA는 테러공격을 진압하거나 인질 납치를 방지하거나 말리 수도에서조차 안보를 유지하는 데 실패했다. 한 분석가는 초기부터 MINUSMA를 '결함이 있는 평화작전'이라 평가하며, "유지할 평화가 부재한 상황에서 유엔 안보리가 평화유지 임무를 만들어냈다"고 비판했다 (Gowan 2013). 10년 후에도 상황은 거의 개선되지 않았다.

콩고민주공화국과 말리 사례는 평화유지와 평화강제 사이의 경계가 무엇인지 그리고 유엔 평화유지군이 전쟁 당사자가 되어도 괜찮은 것인지에 대한 중대한 우려를 제기한다 (Karlsrud 2015). 민간인보호라는 목적을 위해 한정된 기간 동안만 허용되는 것을 넘어선 무력사용은 평화를 유지한다기보다는 전쟁에 가까운 모습이며, 이는 평화유지군뿐만 아니라 민간인 및 유엔 인도주의 활동가들의 안전까지 위협하는 결과를 초래한다. 이러한 현상이 '기존 원칙을 새롭게 갱신해야 할 필요성을 의미하는 것인지, 아니면 여전히 유효한 원칙들이 현실 속 실천에서 점차 무시되고 있는 것인지'는 분명치 않다 (Karlsrud 2015: 50).

이와 같은 최근의 다차원적 유엔 임무와 과거 임무 간의 차이는 특히 평화구축 및 국가건설 임무를 포함하는 작전에서 두드러진다. 여기에서는 1990년대 초반의 전후 평화구축 사례 두 가지와 세계에서 가장 최근에 독립한 국가인 남수단에서의 국가건설 사례를 살펴본다.

전후 평화구축 및 국가건설

오늘날 복합적이고 다차원적인 유엔 평화작전 대부분에는 다양한 형태와 수준으로 전후 평화구축 활동이 필수적으로 포함되어 있으며, 이는 유엔 산하 여러 기구뿐 아니라 다양한 정부간기구 및 비정부기구들과의 협력을 통해 이루어진다. 평화구축이라는 개념은 부트로스-갈리 전 유엔 사무총장이 1992년에 발표한 『평화를 위한 의제(*An Agenda for Peace*)』에서 처음 제안되었지만, 그 뿌리는 유엔이 탈식민화 과정에 개입했던 경험과 1980년대 후반에서 1990년대 초반에 걸쳐 나미비아, 캄보디아, 중미지역의 분쟁에 대응했던 활동들로 거슬러 올라간다 (Karns 2012). 자유주의 이론에서 유래한 평화구축 개념은 경제발전이 이루어지고, 민주주의가 확산되며, 인권이 존중될 때 무력충돌이 감소하고 장기적인 안정이 보장될 것이라는 믿음에 기반하고 있다. 이러한 이른바 자유민주적 평화 개념이 오늘날 전후 평화구축의 이론적 토대가 된 셈이다 (Paris 2004).

유엔이 처음으로 이러한 광범위한 목표를 추진하기 시작했을 때, 유엔이 그런 권한을 과연 가지고 있는가에 대한 진지한 의문이 제기되었다. 특히 유엔헌장 제2조 7항(내정불간섭의 원칙 – 역자 주)은 오랫동안 국가 주권과 유엔 권한 사이의 경계선으로 인식되어 왔기 때문이다. 그러나 1990년대 초반, 안보리는 이 경계를 넘어서는 여러 임무를 승인했으며, 『평화를 위한 의제』에 대한 안보리의 지지는 그러한 변화된 입장을 공식화한 것이었다.

평화구축의 핵심에는 "예방과 재건은 불가분의 관계이며, 내전을 끝내는 공식적인 합의는 그것이 상처받은 사회를 치유하기 위한 장기 프로그램과 결합되지 않으면 무의미하다"는 인식이 자리잡고 있다 (Weinberger 2002: 248). 따라서 평화구축 작전은 매우 다면적이며, 군사적·민간적 과업이 복합적으로 얽힌 긴 과업 목록을 포함하는 경우가 많다 (도표 7.6 참조). 바넷과 동료들(Barnett et al. 2007: 44)은 "평화구축은 단순히 안정성을 촉진하는 것이 아니라, 적극적인 평화를 창출하고, 분쟁의 근본 원인을 제거하며, 국가와 사회가 평화로운 변화에 대한 안정적인 기대를 가질 수 있도록 설계하는 데 목적이 있다"라는 광의의 개념이 가장 적합하다는 결론에 합의했다. 그러나 평화구축 개념이 지나치게 포괄적이라는 점에서 문제를 제기하는 분석가들도 있다. 합의된 명확한 정의가 존재하지 않고, 폭력이 끝나는 시점과 전후 활동이 시작되는 시점 사이의 경계가 불분명하기 때문에, 콩고민주공화국 사례에서 보듯 평화구축 활동은 종종 폭력 종식을 위한 노력과 동시에 이루어지기도 한다. 그리고 코소보, 동티모르, 남수단의 경우에는 유엔이 평화구축을 넘어 국가건설 활동까지 수행했다. 즉, 현지 행위자들과 협력하여 정부의 기초와 제도를 구축하는 작업을 수행한 것이다. 평화구축 및 국가건설 작전을 살펴보기 위해 우리는 나미비아, 캄보디아, 그리고 남수단의 유엔 임무 사례들을 중심으로 분석해볼 것이다.

나미비아: 평화구축과 국가건설의 첫 실험. 과거 독일 식민지였던 나미비아(당시 남서아프리카)는 제1차 세계대전 이후 남아프리카공화국이 국제연맹의 위임통치를 맡으면서 관리대상이 되었다. 이후 수십 년간 유엔을 중심으로 한 국제사회의 끈질긴 노력의 대상이 되었고, 결국 독립을 향한 길이 열리게 되었다.** 1970년대 후반, 유엔 안전보장이사회는 남아프리카공화국과 주요 나미비아 해방 단체의 동의를 얻어 독립을 위한 조건을 정리한 계획을 승인했다 (Karns 1987). 그러나 이 계획의 실행은 이후 10년간 지체되었다. 그 이유는 인접국인 앙골라에서 쿠바군과 남아프리카공화국 군대가 철수하기로 합의하기까지 시간이 걸렸기 때문이다.

1989년 4월에 배치된 유엔 나미비아 과도기 지원단(UNTAG)은 당시까지의 유엔 임무 중 가장 야심차고 다양한 임무를 수행했다. 이 임무는 남아프리카공화국군과 남서아프리카인민기구(SWAPO) 병력 간의 휴전감시, 남아프리카공화국군 철수와 SWAPO 병력의 기지 복귀 감시, 민간 경찰 부대의 감독, 차별적 법률 폐지 유도, 정치범 석방 및 망명자 귀환 주선, 새 헌법 초안 작성 지원, 자유롭고 공정한 선거를 위한 환경 조성 등을 포함했다. 109개국에서 파견된 군사 및 민간인력이 참여한 UNTAG는 나미비아가 남아프

** 역자 주) 국제연맹이 해체된 이후에도 남아프리카공화국이 계속 위임통치를 맡는 수임국 역할을 고수하자 나미비아인들은 이에 저항하는 무대로 유엔을 선택하여 수십년간 투쟁했다.

리카공화국의 통치에서 벗어나 휴전, 완전 독립, 정치적 안정으로 단계별 전환하는 과정을 성공적으로 관리했다 (Howard 2008).

UNTAG는 유엔의 가장 성공적인 평화유지작전 중 하나로 널리 평가받고 있다. 그러나 이 성공은 다른 상황에서는 찾아볼 수 없었던 여러 요인들 덕분이었다. 예를 들어, 남아프리카공화국이 비교적 효율적인 행정 및 치안시스템을 갖추고 있었고, 나미비아 독립을 향한 구체적인 실행방안에 대해 주요 당사자들 간의 합의가 있었으며, 필요한 자원을 지원하겠다는 강한 책임 의식이 국제사회에 존재했다 (Dobbins et al. 2005: 42). 나미비아에서의 경험은 유엔이 다른 복합적 평화작전에 나서는 계기가 되었지만, 그 모든 작전이 나미비아처럼 성공적이지는 않았다. 그중 하나가 캄보디아 평화작전이었다.

캄보디아: 임시 행정의 실험. 1991년, 20년에 걸친 캄보디아내전 이후, 캄보디아분쟁의 포괄적 정치적 해결에 관한 협정이 파리에서 체결되었다. 이 협정은 미국, 소련, 중국, 베트남의 지지와 ASEAN의 핵심 역할에 기인했다. 이 협정은 "역사상 처음으로 회원국의 정치적 및 경제적 구조 개편을 평화구축의 일환으로 보고, 당사자들간의 화해를 제도화하는 임무"를 유엔에 부여했다 (Doyle 1995: 26).

소규모 선발 임무단이 먼저 파견되어 캄보디아 내의 4개 정파가 휴전 합의를 이행하도록 지원했다. 1992년, 유엔 캄보디아 과도통치기구(UNTAC)가 배치되었는데, 이 임무는 최대 2만 2,000명의 군사 및 민간 인력을 포함하는 규모가 매우 큰 작전이었다. UNTAC의 군사 인력은 휴전을 감독하고 군대의 무장해제 및 해체를 담당했으며, 민간 인력은 캄보디아의 외교, 국방, 재정, 공공 안전을 관할했다. 또한 이들은 경찰을 감시하고, 인권 존중을 촉진하며, 37만 명의 캄보디아 난민이 태국의 난민캠프에서 본국으로 돌아오도록 지원했다. 유엔은 1993년 총선을 조직해 캄보디아인들에게 민간 통치를 반환하고, 기본적인 인프라 및 공공시설을 재건했다. 부트로스-갈리 사무총장은 "유엔이 수행한 그 어떤 임무도 이 작전과 비교할 수 없다"고 평가했다 (UN 1993: 26).

UNTAC의 존재는 캄보디아 내전을 종식시키고 국가 대부분에 어느 정도의 평화를 가져왔다. 그러나 UNTAC는 완전한 휴전 및 군대 해체를 이루지 못했으며, 민간 임무도 완수하지 못했다. 1992년부터 1993년까지 UNTAC를 지휘했던 호주 출신 사령관 존 샌더슨 장군은 "UNTAC는 평화유지 임무로서 그 목표를 어느 정도 달성했지만 평화 과정 설계자가 의도한 점진적인 민주주의 국가로 캄보디아를 유도하는 데에는 실패한 평화유지 임무였다"고 평가했다 (Sanderson 2001: 159). 그는 그 이유로 효과적인 법치 및 사법 시스템 구축에 대한 관심 부족과 헌법 제정 과정에서 유엔의 제한적인 역할을 지적했다. 이와 관련하여, 유엔의 임무도 충분히 야심차지 못했다. 1993년 총선이 성공적으로 치러진 후 UNTAC는 갑작스럽게 철수했지만, 1997년에 발생한 군사 쿠데타는 그간 이루어낸 많은 성과들을 무너뜨렸다. 결국, 캄보디아는 복합적인 평화유지, 평화구축, 그리고 국가건설 임무의 모든 측면을 수행하는 것이 얼마나 어려운지를 보여주는 사례로 남게 되었다.

남수단: 국가건설의 도전. 유엔은 나미비아와 캄보디아에서의 경험을 바탕으로 2011년부터 남수단 상황에 대응하기 위한 다차원적인 임무에 착수했다. 이 임무는 이전보다 더 광범위한 평화구축 및 국가건설 책임을 동반했다. 남수단은 수십 년간 이어진 수단 내전 종식을 위한 2005년 포괄적 평화협정과 2011년 남부지역에서의 국민투표를 통해 독립을 얻었다. 유엔 남수단 임무단(UNMISS)은 국가기관의 발전을 지원하기 위해 승인되었으며, 민간인을 보호하기 위해 무력을 사용할 수 있는 제7장 권한도 부여받았다. 또한 분쟁지역인 아비에이(Abyei)에는 별도의 유엔 임시안보군이 배치되었다. 남수단은 나미비아와 마찬가지로 독립국가로 인정받았지만, 수단과의 국경분쟁과 석유 분배문제는 여전히 해결되지 않은 채 남아 있었다. 캄보디아와 유사하게, UNMISS 요원들은 남수단정부 내에 파견되었지만, 유엔은 부대와 장비 확보에 큰 어려움을 겪었다. EU, AU, 정부간개발기구(IGAD), 평화협상에서 주요 역할을 한 미국, 그리고 남수단의 풍부한 석유 자원에 높은 이해관계를 가진 중국 등이 주요 국제 행위자로 참여하고 있었다.

독립한 지 2년도 채 되지 않아, 신생 국가는 게릴라 지도자 출신 대통령 기르(Salva Kiir)와 부통령 마차르(Riek Machar) 간의 권력다툼으로 인해 내전으로 빠져들었다. 2014년 초까지 100만 명 이상이 난민이 되었고 1만 명 이상이 사망했으며, 딩카족과 누에르족 간에는 집단학살에 가까운 잔혹한 학살과 성폭력이 만연했다. 수만 명이 유엔 기지로 피신했지만, 그 기지와 유엔 평화유지군도 중무장한 민병대의 공격을 받았다. 2015년 안보리는 표 7.1에 명시된 대로 남수단 고위 관계자들에 대한 표적제재를 부과했다. 그러나 네 차례의 평화협정과 2016년까지 파병된 최대 1만 7,000명의 평화유지군에도 불구하고, 남수단은 여전히 혼란 속에 있다. 수년 동안 남수단정부 내 일부 세력은 UNMISS의 민간인보호 및 폭력 완화 시도를 조직적으로 방해하기도 했다. 이러한 면에서 남수단의 상황은 나미비아나 캄보디아보다는 콩고민주공화국과 더 비슷하며, 이는 부분적으로 남수단에서 국제 사회 주도의 과도정부나 국제 관리 체제를 수립하려는 의지가 전혀 없었기 때문이었다.

UNMISS의 효과성에 대해서는 분명 논란의 여지가 있다. 2019년 한 연구는 "UNMISS가 없었다면 여기서 대량학살이 일어났을 것"이라고 결론지었다 (Day 2019). 그러나 UNMISS는 이 나라를 안정화시키는 지역 및 국제적 노력 중 하나일 뿐이므로, 유엔 임무의 효과를 독립적으로 평가하기는 어렵다.

평화활동 조직화에 대한 도전

전통적인 평화유지활동에서 복합적이고 다차원적인 평화유지, 평화구축, 그리고 국가건설로 발전함에 따라, 평화작전을 조직하는 일은 점점 더 어려워지고 있다. 새로운 유엔 임무가 안전보장이사회에서 승인되거나 기존 임무의 권한이 확대될 경우, 유엔 평화유지국(DPKO)과 현장지원국(DFS)은 작전의 구체적인 요구사항을 파악하고, 필요한 군사 및 민간 인력을 모집하며, 물류 지원을 제공하고, 작전을 지원하는 주요 역할을 맡는다. 유엔 사무총장은 회원국의 고위 군 장교 중 한 명을 사령관으로 임명하며, 주요 작전의 경우 사무총장 특별대표(SRSG)를 추가로 임명하여 임무를 총괄하도록 한다. 특히, 평화작전의 권한에 평화구축 요소가 포함될 경우, 유엔 정치·평화구축국(DPPA)이 이러한 과정에 함께 참여한다.

권한과 역량의 조화. 1990년대 초반 이후 유엔은 평화작전을 지원하기 위한 역량을 강화하고, 권한과 역량을 보다 효과적으로 일치시키기 위해 여러 주요 개혁을 추진해 왔다. 과거 전통적인 임무의 경우, 예를 들어 키프로스 유엔 평화유지군의 권한은 단락 하나로 요약되었던 반면, 2014년에 시작된 중앙아프리카공화국 작전의 권한은 14페이지에 달했다. 종종 특정 상황에 맞춘 권한보다는 동일한 일반적 권한이 여러 작전에 적용되기도 한다 (Campbell 2018: 150). 작전 개혁의 일환으로 더 많은 인력을 포함하는 대규모 조직이 구성되었으며, 여기에는 군사 요원, 지뢰 제거 전문가, 훈련 전문가, 민간 경찰이 포함된다. 구조적 개혁으로는 2006년 평화구축위원회의 설립, 2007년 현장지원국의 신설, 그리고 2014~2015년 여러 기구를 통합하여 정치·평화구축국(DPPA)을 설립한 사례가 있다.

인력모집의 도전과 변화. 유엔 평화작전에 배치된 군대와 경찰 인력은 종종 안보리에서 승인한 인원보다 현저히 적은 경우가 많다. 이는 유엔 회원국들이 충분한 인력을 제공하지 않기 때문이다. 특히 민간 경찰 부대는 국제 임무를 수행하거나 다른 환경에 적응할 능력이 큰 인력을 제공하기가 어려워 모집이 특히 힘들다. 또한 어떤 국가의 군대는 다른 국가보다 더 효과적이라는 평가를 받아 선호되는 경우도 있다.

유엔헌장에서 구상된 유엔 상비군(헌장 제43조~제45조)은 창설된 적이 없기에, 유엔은 회원국들이 제공한 임시 군대, 민간 또는 경찰 부대로 다국적 작전을 구성하고 있다. 냉전 동안에는 주로 캐나다, 인도, 스웨덴, 가나, 네팔과 같은 중진국과 비동맹국가의 군대가 동원되었으며, 이는 초강대국의 지역 분쟁 개입을 막고 구 식민지 열강의 재진입을 방지하기 위함이었다.

냉전 이후, 미국, 영국, 프랑스, 러시아와 같은 주요 강대국들도 대규모 평화작전에 병력을 기여하며, 과거의 원칙(안보리 상임이사국 병력 배제)에서 벗어났다. 2022년 기준으로 유엔 임무에 가장 많은 병력과 경찰을 기여한 국가는 파키스탄, 방글라데시, 인도, 르완다, 네팔이었다. 중국은 2004년 아이티 유엔 임무에서 처음으로 민간 경찰을 제공한 이후, 2022년 기준으로 약 2,128명의 군사 및 경찰 인력을 배치했다.

평화유지군의 성적 비행문제(sexual misconduct)는 유엔 평화유지국, 유엔 현장지원국 및 기여국가에게 난제를 제기해왔다. 이 문제는 1990년대부터 존재했지만, 특히 콩고민주공화국과 최근 중앙아프리카공화국에서 심각해졌다. 유엔은 무관용 원칙을 채택하고 훈련 및 강제조치를 강화했으나, 병력 징계 권한은 병력을 제공한 회원국들에게만 있어 효과적인 조치에 한계가 있었다. 2016년, 안보리는 신뢰할 만한 증거가 있을 경우 사무총장이 성적 착취 및 학대가 만연한 군대 또는 경찰 부대를 귀국시키고, 책임을 다하지 않는 국가의 군대를 교체하며, 피해자를 지원하고 불만 처리 절차를 강화할 수 있도록 하는 조치를 승인했다.

2000년 유엔 안보리가 여성의 평화 및 안보

거버넌스 참여를 촉구하는 결의안을 통과시키면서 중요한 변화가 이루어졌다. 2021년 기준으로 유엔 평화작전에 약 4,000명의 여성이 참여했으며, 이는 2005년 이후 네 배 증가한 수치다. 그러나 여전히 전체 인력의 약 6%에 불과하다. 이 작은 비율조차도 여성 대표성을 확대해야 한다는 NGO의 주장과 분쟁에서 발생하는 성폭력을 방지하려는 노력이 빚어낸 결과다.

안보리 결의 1325호와 여성, 평화 및 안보(WPS: Women, Peace, and Security) 의제에 따라, 유엔은 2028년까지 여성 평화유지군의 수를 대폭 늘리는 것을 목표로 하고 있다. 여성 평화유지군은 지역 여성들의 롤모델 역할을 할 수 있고, 내전에서 전투원으로 활약했던 현지 여성들의 요구사항을 식별할 수 있으며, 평화유지군을 현지 여성들에게 더 친근하게 만들 수 있다는 점에서 매우 중요하다. 이것은 페미니스트 이론가들이 주장했던 내용이다. 그러나 2022년 기준으로 평화작전에 고위 지도자로 임명된 여성은 세 명에 불과하며, 많은 국가에서 군이나 경찰에 복무하는 여성 인력이 부족해 목표 달성이 어려운 실정이다.

여러 국가에게 평화유지활동 참여는 중요한 이점을 제공한다. 빈곤국의 경우 유엔이 제공하는 급여가 자국 군인 급여보다 높아 병력 기여가 경제적으로 매력적이다. 피지와 네팔 같은 소규모 국가는 평화유지활동을 통해 국제적 위상을 높이고 귀중한 훈련과 현장 경험을 습득한다. 캐나다와 북유럽 국가들은 다자주의에 대한 헌신을 강조하는 수단으로 평화유지활동에 기여해왔다. 브라질, 일본, 독일은 안보리 상임이사국 자리를 노리고 병력을 기여했다. 중국의 참여는 글로벌거버넌스에서 주요 강대국으로서의 역할을 반영한다. 그러나 유엔이 아프리카와 남아시아 국가들의 인력에 크게 의존하는 것은, 개발도상국들이 불공평하고 과도한 부담을 느끼게 하여 미래의 평화유지활동을 저해할 가능성이 있다. 특히 평화유지군의 사망자가 계속 늘어날 경우 이러한 문제는 더욱 심각해질 수 있다. 하지만 서방 국가들로부터의 평화유지군 감소는 탈식민주의 학자들이 제기하는 비판, 즉 유엔과 평화활동이 강대국의 패권 유지를 위한 도구에 불과하다는 주장을 약화시키는 효과도 있다 (Ayoob 2020: 251-261).

지역 및 하위 지역기구와 평화활동. 평화유지활동은 유엔이 발명한 개념이지만, 지역 및 하위 지역기구도 유엔 작전에 참여하거나 독자적으로 다양한 평화작전을 수행해 왔다 (Karns 2009). 1990년대 초, 유엔이 새롭게 맡은 작전의 수가 폭발적으로 증가하면서 유엔의 조직 및 감독 역량이 한계에 다다르자, 지역기구가 부담을 더 나누어야 한다는 요구가 제기되었다. 이에 따라 두 아프리카 기구인 ECOWAS와 SADC가 이를 수용했다. ECOWAS는 라이베리아, 시에라리온, 이후 기니비사우, 코트디부아르, 말리에서 평화작전을 수행했으며, SADC는 1998년 콩고민주공화국과 레소토에 평화유지군을 파견했다. 2002년 창설된 AU는 다르푸르에서의 유엔-아프리카연합 공동 작전과 2007년 소말리아에서 AMISOM을 통해 수행한 작전을 포함해 여러 작전에 참여하거나 이를 주도해왔다.

표 7.4에 나타난 바와 같이, 여러 다른 지역기구도 다양한 형태의 평화작전을 수행했다. 많은 작전이 소규모 관찰 임무였지만, 때로는 유엔이나 다른 지역그룹 또는 국가들의 임시 연합과

표 7.4 지역기구와 평화활동 (선택된 사례)

지역 IGO	분쟁지역	유엔과의 협력여부	기간
ASEAN	인도네시아/아체	아니요	2005~2006
AU	콩고민주공화국	예	1999~
	부룬디	아니요	2001~2004
			2006~2009
	수단/다르푸르	예	2004~2020
	남수단	예	2005~2011
	중앙아프리카공화국	아니요	2014
	소말리아	아니요	2008~
	말리	예	2012~2013
ECOWAS	라이베리아	아니요	1990~1997
	기니비사우	아니요	1998~1999
		예	2012~2020
	시에라리온	아니요	1998~1999
	코트디부아르	아니요	2003~2004
	말리	예	2012~
EU	보스니아	예	2003~
	콩고민주공화국	예	2003, 2006, 2007~
	코소보	예	2008~
	남수단	해당 없음	2012~
	중앙아프리카공화국	아니요	2014
	말리	해당 없음	2013~
	인도네시아/아체	아니오	2005~2006
	소말리아	아니요	2008~
NATO	보스니아	예	1995~2003
	코소보	예	1999~2008
	이라크	아니오	2018~
OAS	아이티	예	1993
OSCE	보스니아	예	1995~
	코소보	예	1999~
SADC	콩고민주공화국	예	1998~2002
	모잠비크	아니요	2021~

협력하여 이루어졌다. 2021년 스톡홀름 국제평화연구소의 다자 평화작전 연구에 따르면, 2021년 다자간 평화작전 63개 중 37개가 지역기구와 동맹에 의해 수행되었으며, 이 중 22개가 사하라 사막 이남 아프리카에서 이루어졌다 (SIPRI 2021). 콩고민주공화국 사례연구에서 알 수 있듯이, 유엔 평화유지군이 대규모로 배치된 국가들에서는 다른 작전도 병행될 수 있다. 2021년 말 기준으로 중앙아프리카공화국에서는 5개의 작전, 말리에서는 4개, 남수단에서는 2개, 코소보에서는 4개의 작전이 있었다 (SIPRI 2021).

지역 IGO의 평화작전 참여증가는 권한과 정당성 문제를 제기한다. 일부 경우(예: 소말리아의 AMISOM)에서는 유엔 안보리가 AU와 같은 지역 IGO에 책임을 위임하거나 사후 승인을 부여했다. 다른 경우에는 다르푸르 사례처럼 유엔과 협력하거나 파트너십을 맺어 작전을 수행하기도 하며, 시에라리온과 라이베리아의 경우처럼 ECOWAS 임무가 유엔 작전으로 전환되기도 했다. 이 경우 병사들은 유엔의 파란 베레모를 착용하게 되며, 사무총장이 새로운 지휘관을 임명한다. 2010년 이후 다양한 지역기구들이 성과 저조와 책임부족 문제를 해결하기 위해 중요한 조치를 취했으나, 여전히 상당한 도전과제가 남아 있다. 가령, 부정행위, 밀수, 성 착취 같은 문제나, 2010년 아이티에서 네팔 출신 유엔 평화유지군이 콜레라를 본의 아니게 유입시킨 사건처럼 개인 차원과 집단 차원의 책임소재를 명확히 따지는 일은 특히 어렵다.

지역 및 소지역 IGOs는 조직적 역량 면에서 큰 차이를 보인다. 가용한 인적, 물적 자원의 부족은 특히 모든 아프리카 기구들에 큰 영향을 미친다. 소말리아의 AMISOM 작전이 보여주는 어려움이 이러한 한계를 잘 보여준다. 이로 인해, 유엔, EU, 미국이 AU 평화작전을 위한 자금 대부분을 지원하는 경우가 많다. 또한 훈련, 운송, 물류, 통신 등 다양한 분야에서 민간 계약업체의 역할도 중요하다. 역량이 제한적이기 때문에 다양한 파트너십을 활용한 작전이 수행되는 것이다.

평화구축 지원. 이미 언급된 것처럼, 평화구축 활동은 현재 여러 유엔 기관과 기타 조직들의 활동 일부로 자리 잡고 있다. 특히 비유엔 행위자들이 관련될 경우, 더 나은 조정이 필요하다는 요구가 꾸준히 제기되어 왔다. 이에 대응하기 위해 2006년에 설립된 유엔 평화구축위원회(PBC: Peacebuilding Commission)는 모든 관련 행위자들을 모아 통합된 전략을 개발하고, 전후 평화구축과 복구를 위한 지속적인 관심을 도모하는 것을 목표로 한다.

PBC는 유엔 안전보장이사회의 상임이사국 5개국을 포함한 31개 유엔 회원국으로 구성되며, 각 평화구축 대상국가별로 '국가별 구성체'를 형성한다. 이러한 구성체는 PBC 회원국, 세계은행, 국제통화기금(IMF), 지역 은행의 대표, 해당 국가에 재정지원, 군사 인력, 민간 경찰을 제공하는 주요 국가, 관련 지역 및 하위 지역기구, 현장에 파견된 유엔 최고 대표, 기타 관련 유엔 직원 등으로 구성된다. 간단히 말해, PBC는 자원을 동원하고 전략에 대해 조언하는 자문 기구로서, 회원국의 상임대표가 해당 국가의 대변인 역할을 한다. 또한 유엔 총회는 전후 복구를 위한 평화구축 기금을 창설했으며, 이 기금은 자발적인 기여로 재정을 충당한다.

2015년 PBC는 재검토 과정을 거쳤고, 그 결과 평화구축 활동이 여전히 분쟁 이후 활동으로만 인식되고 있다는 점이 밝혀졌다. 이에 평화구축은 분쟁 주기의 모든 단계에서 이루어질 수 있는 활동으로 이해되어야 한다는 필요성이 제기되었다. 여전히 필요한 것은 더 나은 재원 조달, 분쟁 상황에 대한 장기적인 약속, 그리고 유엔 및 기타 행위자들과의 보다 통합된 접근 방식이다.

인도적 개입: R2P와 민간인보호 논쟁

1990년 이후의 많은 유엔 평화작전은 주요 인도적 위기를 포함하고 있다. 내정불간섭이라는 오래된 규범에도 불구하고, 이러한 인도적 위기는 2000년대 초 인도적 개입이라는 새로운 규범과 R2P, 민간인보호(POC), 그리고 인간안보와 같은 개념들에 대한 논쟁을 촉발시켰다. 지금부터는 유엔이 인도적 위기에 어떻게 대응했는지 살펴본다.

20세기 초반의 분쟁도 끔찍했지만, 1990년 이

후의 분쟁은 집단학살, 인도주의에 반한 범죄, 광범위한 인권침해, 대규모 난민 및 국내 실향민(IDPs), 그리고 민간인에 대한 의도적 공격을 포함한 심각한 인도적 위기로 특징지어진다 (표 7.5 참조). 이러한 위기는 자연재해와 연관된 인도적 위기와는 다른 유형이라는 점에 주목할 필요가 있다. 유엔 평화작전, UNHCR, 유엔 인도주의 업무조정국(OCHA), 그리고 인도적 비정부기구는 이러한 인도적 위기를 유엔헌장 제7장에 따른 국제평화와 안전에 대한 위협으로 다루어야 한다는 세간의 강한 압박에 직면해 있다.

표 7.5 냉전 이후 주요 인도적 위기 사례

위기 기간	국가	위기에 처한 사람들
1991~1995	보스니아	25만 명 사망 140만 명 난민 270만 명 국내 실향민
1992~1993	소말리아	30만 명 사망 100만 명 난민 인구의 95% 영양실조
1994	르완다	85만 명 사망 200만 명 난민 150만 명 국내 실향민
1998~	콩고민주공화국	540만 명 사망 (2008년 추정) 100만 명 난민 (2022년) 560만 명 국내 실향민 (2022년)
2003~2005	수단/다르푸르	30만 명 사망 (2014년 추정) 37만 명 난민 (2014년 추정) 200만 명 국내 실향민 (2014년 추정)
2011~	시리아	30만 6,887명 사망 (2022년) 660만 명 난민 (2022년) 670만 명 국내 실향민 (2022년)
2011~2012	리비아	1,000~3만 명 사망 (추정) 63만 명 난민 (2022년) 43만 5,000명 국내 실향민 (2022년)

국제사회의 이러한 위기에 대한 대응은 일관성이 없고 선택적이었다. 예를 들어, 걸프전 이후인 1991년 4월, 미국, 영국, 프랑스는 유엔이나 이라크정부의 동의 없이 이라크 북부 및 남부 지역의 쿠르드족과 시아파를 보호하기 위해 안전구역과 비행금지구역을 설정했다. 마찬가지로, 1999년 NATO는 유엔의 승인 없이 코소보 알바니아인을 보호하기 위해 코소보에 개입했다. 이와 달리 보스니아, 르완다, 다르푸르에서도 인도적 위기가 유엔의 작전을 촉발했지만, 위와 같은 대응이 나오기까지 많은 시간이 지체되었다. 2011년 리비아 사태에서는 유엔의 NATO 개입 승인이 일사천리로 진행되었지만, 더욱 심각한 내전이 발생한 시리아에서는 그러지 않았다. 이와 같은 대응 여부는 안전보장이사회의 주요 강대국들의 이해관계와 정치적 의지, 그리고 미디어와 NGO의 주목도에 따라 결정되었다.

1990년대의 인도적 위기가 초래한 주요 결과 중 두 가지는 R2P라는 새로운 규범(또는 원칙으로 주장되기도 한다)에 대한 논쟁과 현재 많은 평화작전에 포함된 POC 임무다. R2P와 POC는 서로 관련이 있지만, 한 학자가 표현했듯이 "자매 관계이지만 쌍둥이는 아니다." R2P는 집단학살을 포함한 대규모 잔혹행위와 모든 유형의 전쟁범죄에 적용된다. 다만 적용 범위에서는 POC보다 좁다. 반면, POC는 민간인을 대상으로 하는 전쟁범죄 및 무력충돌의 영향을 포함하며, 분쟁 당사자 모두(국가와 비국가행위자)에 적용된다. R2P는 국가에만 적용된다. 2006년부터 2022년 말까지 안전보장이사회는 R2P 또는 POC를 언급한 결의안 88개와 의장 성명서 14개를 승인했다. 여기서 주목할 점은, R2P를 언급할 때 사용되는 표현에서 책임소재인 '당국'은 국가정부를 의미한다.

R2P에 대한 많은 논쟁에서 간과된 중요한 점은 이 새롭게 떠오른 규범이 단지 군사적 개입만을 의미하지 않는다는 점이다. R2P의 초기 옹호자 중 한 사람은 "R2P는 외교적 설득에서 압력, 제재 및 국제형사재판소 절차와 같은 비군사적 조치에 이르기까지 일련의 대응 수단 전체를 아우르는 개념이며, 군사적 개입은 오직 극단적이고 예외적이며 최후의 수단일 경우에만 고려된다"고 설명했다. 주요 책임은 자국민을 보호할 의무가 있는 국가에 있으며, 예방이 실패하고 국가가 자국민을 보호하지 못할 경우, 유엔헌장에 따라 유엔이 행동할 책임이 있다는 것이다. 이 책임을 수행할지의 여부와 수행하는 방법은 더 깊이 고민해야 한다.

간단히 말해, 웰시(Welsh 2014: 123)가 지적하듯, R2P 행동이 언제, 어떤 상황에서, 어떤 방식으로 이루어져야 하는지에 대한 '지속적인 실질적 논쟁'이 존재한다. 그녀는 R2P를 '복합적인 규범'이라고 부르는데, 그 이유는 이 개념이 단일한 처방이 아니라 여러 가지 규범적 지침들을 포함하고 있기 때문이다. 이때 핵심은 '고려할 책임'이며, 실제 어떤 일이 일어날지는 해당 상황에 대한 사실적 합의 여부나, 군사적 조치의 경우 그것이 긍정적인 효과를 낼 가능성이 있는지 등 다양한 요소에 따라 달라진다고 한다 (Welsh 2014: 126; 원문 강조).

왜 리비아는 되고 시리아는 안되는가? 2011년 리비아 개입 이후, 학계와 정책 결정권자들 사이에서 "왜 리비아는 되고 시리아는 안되는가?"라는 질문과 더불어, 유엔과 국제사회가 시리아에 개입하지 못한 것이 R2P의 종말을 의미하느냐는 질문이 세간의 화두였다. 그러나 두 상황을 직접적으로 비교할 수 없다는 데에는 대체로 의견이 일치한다. 유엔이 승인한 리비아 개입은 아랍연맹, GCC, OIC 그리고 AU 등 네 개의 지역기구로부터 강력한 지지를 받았으며, 카다피는 국제적으로 거의 우군이 없었다. 또한 미국, 영국, 프랑스는 행동에 나설 준비가 되어 있었고, 카다피의 대량학살 위협을 비교적 신속하고 쉽게 저지할 수 있을 것이라고 믿었다. 안보리 논의에는 R2P에 대한 명시적인 언급이 없었지만, 분석가들은 "국가들이 [리비아에서의] 개입을 방해하지 않거나 개입에 동의하게 된 것은 R2P와 연관된 인간보호 규범과 사상의 힘 때문"이었다고 결론지었다 (Glanville 2014).

그러나 NATO의 개입이 정권교체로 확대됨에 따라, 러시아, 중국, 브라질, 인도 등이 신속히 반대로 돌아섰고, 이것은 몇 년 후 안보리가 시리아 사태를 논의할 때 '리비아의 그림자' 효과로 나타났다. 실제로 전쟁이 시작된 지 10년이 넘은 지금, 시리아의 인도적 위기는 리비아 상황보다 훨씬 심각하다 (표 7.5 참조). 이러한 문제는 아사드정부뿐만 아니라 다양한 반군, 이라크-시리아 이슬람국가(ISIS), 쿠르드 민병대, 튀르키예 및 러시아의 개입 등 여러 요인에 기인한다. 아랍연맹, GCC, OIC의 개입 요청도 없었고 아랍국가들은 분열된 상태에 있었다. 바샤르 알-아사드 대통령은 러시아와 중국의 안보리 거부권에 고무되었고, 미국은 개입을 꺼렸다. 2014년 이후, 안보리는 매년 시리아 당국이 자국민을 보호할 주요 책임이 있다는 점을 재확인하고, 분쟁 당사자들에게 '민간인을 보호하기 위한 모든 실질적인 조치를 취할 것'을 촉구하는 결의안을 채택했다. 이는 R2P가 완전히 규범으로 자리 잡지는 못했지만 완전히 잊히지도 않았다는 점을 보여준다.

유엔 안전보장이사회가 시리아 위기에서조차 행동하지 못하고, 심지어 시리아정부의 민간인에 대한 무력사용과 인도적 위기를 규탄하지 못한 것은 분명히 부끄러운 일이다. 2012년 이후 여러 유엔 기관과 기구들이 안전보장이사회의 위기 대응 실패를 개탄하며 인권침해를 규탄했다. 2019년부터 러시아는 안전보장이사회에서 거부권을 행사해 유엔 인도적 지원을 위한 시리아 국경 통과 지점을 제한했으며, 이는 인도적 위기를 더욱 악화시켰다.

이 두 사례에서 분명하게 드러나는 중요한 교훈은, 많은 국가들이 해당 국가의 동의 없이, 그리고 여러 강대국들의 이해가 개입 반대 쪽에 있을 경우, 내전에 외부가 개입하는 것을 여전히 경계하고 있다는 점이다. 마찬가지로 분명한 것은, 리비아의 경우에는 지역기구들의 지지, 국제사회 다수의 리비아 지도자에 대한 반감, 그리고 일부 주요 강대국들의 군사 개입 의지가 결정적인 역할을 했지만, 이러한 요소들이 시리아에는 부재했다는 점이다.

R2P와 인도적 개입에 대한 논쟁은 앞으로도 계속될 가능성이 크다. 규범이라는 것은 그 본질상, "사용되는 과정에서 규범에 대한 이견이 생기고, 그 이견 때문에 규범이 진화하게 된다" (Welsh 2014: 135; 원문 강조). 인도적 개입의 규범으로서 R2P가 궁극적으로 확립된다면, 리비아에서 지속되는 혼란이 보여주듯, 조기 경고, 예방적 조치, 그리고 개입 이후의 평화구축이 더욱 필요하게 될 것이다. 한편, POC는 평화유지군의 성공과 정당성의 핵심으로 간주되고 있다 (Gilder 2023). 그러나 이를 위해서는 POC 임무의 더 큰 일관성과 명확성이 요구된다. 앞으로 유엔과 지역 IGO가 협력하고, 강대국들의 연합으로 보강된 파트너십이 국제적 인도적 개입의 특징을 이루게 될 가능성이 높다.

평화활동의 성공과 실패 평가

현대 평화작전에서 나타나는 다양한 어려움을 고려할 때, 평화작전의 성공과 실패에 관한 학술 문헌이 양적, 질적으로 풍부하다는 것은 놀라운 일이 아니다. 그렇다면 평화작전에서 성공이란 무엇을 의미하는가? 무력충돌의 부재인가? 인도적 위기의 종식인가? 평화협정이라는 형태의 정치적 해결인가? 갈등의 근본 원인을 해결하는 '적극적 평화'인가? 안정적이고 자유민주적인 국가의 수립인가? 몇 년(2년, 5년, 10년) 동안 재충돌이 없는 상태인가? 자유선거의 성공적 개최인가? 임무의 완료인가? 민간인보호의 성공인가?

평화작전의 유형별 임무가 크게 다르기 때문에, 이러한 질문에 대한 답변은 각 작전의 임무와 연결되어야 한다는 점이 중요하다 (Diehl and Druckman 2010). 또한 평화작전의 다양한 이해관계자들간에 성공을 판단하는 기준이 다를 수 있다 (Diehl 2008: 119; Autesserre 2014: chap. 1). 예를 들어, 지역 주민들은 집으로 돌아가는 것을 성공으로 정의할 수 있고, 병력을 제공하는 국가들은 작전 종료를 성공으로 볼 수 있으며, 유엔 사무국은 임무 완료(예: 유엔 주관 선거의 성공적 개최)를 성공으로 여길 수 있다. 반면,

안전보장이사회는 장기적인 안정성을 성공으로 간주할 수 있다.

성공과 실패를 평가할 때 평화유지군이 배치되는 장소도 고려해야 한다. 평화유지군이 배치되는 지역은 대개 평화를 유지하기 가장 어려운 지역이라는 점을 기억해야 한다. 평화유지군은 '어느 한쪽도 확실히 승리하지 못한 지역, 난민 유입으로 인해 분쟁이 국경을 넘어 지역 평화를 위협하는 지역, 교전 당사자들 간의 불신 수준이 특히 높은 지역'에 배치되는 경향이 있다(Fortna 2008: 75). 따라서 "[가장 어려운 분쟁 상황에서의 평화유지 임무가] 적대적인 당사자들의 행동에 큰 변화를 만들 수 있다고 기대하는 것은 과도할 수 있다"는 지적이 있다 (Diehl and Balas 2014: 154).

1990년대 후반 이후, 작전 유형, 분쟁 유형, 시기를 각기 다른 기준으로 설정한 평화작전에 대한 경험적 연구가 많이 이루어졌다. 그 결과 비교를 어렵게 만드는 방법론적 문제와 데이터의 차이가 존재하지만, 이러한 연구들로부터 상당한 합의와 중요한 차이점이 도출되었다. 2020년 기준으로 14개 이상의 연구는 유엔 평화유지작전이 민간인의 생명을 구하고, 내전의 재발을 방지하며, 분쟁의 국경 간 확산을 줄이고, 시민사회 활동을 증가시키며, 제도 구축을 돕는다는 증거를 실증적으로 보여주었다 (Howard 2020).

국가 간 전쟁과 관련해서는 휴전 감시단의 존재 또는 전통적 평화유지 작전만으로도 전투 재개 위험을 줄인다는 강력한 증거가 있다 (Diehl 2000). 예를 들어, 키프로스 작전은 그리스계와 터키계 키프로스인들 간의 공개적인 적대 행위를 약 60년 동안 방지해왔다. 또한 인도와 파키스탄 간의 카슈미르에서의 적대 행위도 75년 이상 간헐적인 충돌로 제한되어 왔다. 그러나 유엔의 휴전 감시단이 교전 당사자들을 분리하고 무력충돌을 억제할 수는 있지만, 분쟁의 근본적인 문제까지는 해결하지는 못한다.

내전에서는 교전세력의 수와 결속력, 분쟁의 치명성, 인접 국가들의 역할, 방해 세력의 존재, 강제된 평화, 그리고 약탈 가능한 천연자원의 존재 등이 평화작전의 결과에 영향을 미칠 수 있다 (Stedman, Rothchild, and Cousens 2002). 그런데 이러한 요소들 대부분이 1990년대와 2000년대 초 시에라리온과 라이베리아에서 존재했지만, 그 후 20년 이상이 지난 지금 두 나라 모두 다시 분쟁 상태로 돌아가지 않았다. 물론, 이러한 성공이 유엔작전에만 전적으로 기인한 것은 아니지만, 무장해제, 전투원 해체, 그리고 무장단체의 재통합과 같은 유엔작전의 역할은 중요한 요소였다 (Doss 2023).

복합적이고 다차원적인 작전에서는 일부 임무는 달성될 수 있지만, 다른 일부는 달성되지 않을 수도 있으며, 작전이 진행되는 동안 임무가 자주 변경되어 평가를 복잡하게 만든다. 코닝(Cedric de Coning 2019)에 따르면, 콩고민주공화국과 말리에서의 유엔작전은 대규모 폭력적 분쟁을 예방했으며, 유엔 평화유지군이 억제효과를 발휘한 것으로 보인다. 하지만 두 경우 모두 분쟁은 끝나지 않았으며, 분쟁의 근본원인을 해소하기 위한 정치적 프로젝트는 진행되지 않았다. UNMISS도 유사한 문제들에 시달렸으나, 분쟁을 종식시키기 위한 중요한 외교적 노력이 이루어졌다. 그러나 이러한 임무들 중 어느 것도 민간인을 보호하거나 광범위한 성적 학대와 착취를 방지하지는 못했다.

분쟁환경의 특수성 외에도 성공(또는 실패)과 연관된 여러 요인이 있다. 예를 들어, 평화를 원하는 교전 당사자의 의지, 협상된 평화 합의, 당사자들의 동의와 협력이 중요하다. 또한 평화작전의 임무와 그 난이도, 국제적 지원의 정도(특히 P-5 국가들의 지원), 자금 지원의 일관성, 리더십, 지휘체계, 그리고 임무를 구체적인 실행 과제로 전환할 수 있는 인력의 질도 중요한 변수이다. 실제로, 현장에서든 뉴욕 유엔 본부에서든 유엔 직원들의 학습과 적응 능력이 매우 큰 차이를 만들어낸다는 것을 발견한 여러 연구도 있다 (Dobbins et al. 2005; Howard 2008).

배치와 철수 시점도 매우 중요하다. 캄보디아에서의 UNTAC와 남수단에서의 UNMISS 배치 지연은 평화 프로세스에 대한 당사자들의 신뢰를 잃게 만들었다. 유엔 평화작전에 관한 브라히미보고서(UN 2000)는 휴전이나 협정 이후 처음 12주가 가장 중요한 시기라고 결론지었다. 평화작전에 참여한 네 개의 지역기구를 연구한 결과, EU의 대응 시간이 가장 길었으며(6개월), OSCE, OAS, AU는 평균적으로 약 4개월 내외였다. 이러한 차이는 조직의 의사결정 과정과 비공식적 상호작용 수준의 차이로 설명된다 (Hardt 2013: 379).

다차원적 작전에서 성공에 기여할 수 있는 다른 요인으로는 전투원의 해체, 무장해제 및 비군사화, 경찰 및 사법 개혁, 경찰 감시원의 광범위한 배치, 선거감시원 훈련, 성폭력이 분쟁의 특징이었던 작전에 여성 보호 자문위원을 파견하는 것 그리고 가장 중요한 지속적인 정치적 지원, 인내심, 충분한 자원 확보 등이 있다.

다차원적 작전, 특히 평화구축과 관련된 작전에 복잡성을 더하는 요인으로는 지역주민과 지역 상황에 대한 유엔 및 NGO 현장 요원들의 이해도 부족이 있다 (Autesserre 2014: 23; Campbell 2018). 사실, 이러한 임무에서는 현지 지역주민의 참여와 관점이 분명히 중요하며, 지역 공동체 역시 평화구축 과정에서 더 많은 주도권을 갖기를 원한다. 탈식민주의 이론가들은 특히 현지 문화를 억누르고 인종적 불평등이라는 뿌리 깊은 전제를 내포한 평화작전을 비판한다.

군비통제 검증, 인권 감시, 선거 감독을 포함하는 다차원적 작전은 전통적인 평화유지작전과 가장 유사하기 때문에 성공하는 경우가 많다. 이러한 작전은 일반적으로 평화협정과 연계되어 있어 당사자들의 동의를 포함하기도 한다. 유엔 평화유지군은 나미비아, 캄보디아, 모잠비크, 동부 슬라보니아, 동티모르, 심지어 콩고민주공화국에서도 선거를 촉진하는 데 있어 훌륭한 기록을 세워왔다. 그러나 포트나(Page Fortna 2004b: 193)가 지적했듯이, "평화유지가 분쟁을 억제하거나, 재발을 방지하거나, 지속가능한 평화의 조건을 만드는 만병통치약은 아니다."

평화구축 노력과 관련된 작전의 경우, 상대적 성공 여부를 판단하는 것은 적용되는 기준(최소한의 사회적 요구를 충족하는 합법적 정치 제도, 분쟁의 근본 원인 해결, 대규모 폭력 재발 방지, 개선된 통치)과 시간 범위에 따라 달라진다 (Dobbins et al. 2005; Doyle and Sambanis 2006; Coll 2008). 맥캔들리스(McCandless 2013: 228)는 "평화구축과 국가 재건을 측정할 수 있는 개념, 지표, 절차에 대한 합의가 충분하지 않다"고 결론지었다. 다른 연구자들이 이를 측정하려 시도한 결과, 평화구축의 성공률은 31%에서

85%까지 다양하며, 이러한 차이는 명확한 결론을 어렵게 만든다 (Autesserre 2014: 22에서 인용). 한 차원에서의 성공이 반드시 다른 차원에서의 성공으로 이어지는 것은 아니다.

평화구축과 국가건설을 대의민주주의, 법치주의, 시장경제를 포함한 서구식 자유주의적 평화와 자유주의적 거버넌스 개념에 비추어 평가해야 하는가? 이는 1990년대 후반부터 널리 공유된 가정이었으며, 초기 평화구축 노력의 많은 부분에서 청사진과 점검표로 사용되었다. 그러나 바넷, 팡, 그리고 취르허(Barnett, Fang, and Zürcher 2014: 608)는 "만약 민주주의가 성공적 결과의 기준이라면, 평화구축은 그다지 좋은 실적을 가지고 있지 않다. 이러한 결론을 뒷받침하는 증거는 차고 넘친다"고 지적한다. 이들의 연구에 따르면, 평화구축이 자유주의적 평화에 영향을 미칠 수 있는지는 지역적 조건에 따라 달라진다. 어떤 지역은 (캄보디아처럼) 평화구축에 불리하고, 어떤 지역은 (나미비아처럼) 유리하다. 그들이 '타협된 평화구축'이라고 부르는 사례에서는 자유주의적 결과와 비자유주의적 결과가 혼재되어 나타날 수 있으며, 이는 자유민주주의의 상징적 요소들('형식적인 민주주의')을 포함할 수 있다. 이러한 요소들은 장기적으로 자유주의적 평화의 가능성을 높일 수 있다 (Barnett, Fang, and Zürcher 2014: 617).

국가건설과 관련하여, 주요 가정은 국가를 비교적 짧은 시간 안에 재건할 수 있다는 것이다. 그러나 역사적으로 국가 건설은 피로 얼룩진 과정이었으며 거의 또는 전혀 민주적인 과정이 아니었다 (von der Schulenburg 2014: 7; Tansey 2014). 국가건설 노력을 지원하는 데 관여하는 OECD, 세계은행, UNDP와 같은 다양한 국제기구들은 서로 다른 접근법, 전제, 그리고 정의를 가지고 있다. 이러한 차이는 "증거에 의한 것이라기보다는 이념과 기관의 임무에 의해 좌우되는 경우가 많다"고 평가된다 (McCandless 2013: 235). 현실적으로 평화구축과 국가 건설은 비용이 많이 들고 장기적인 과정이며, 많은 이해관계자들이 관여하기 때문에 성공과 실패를 평가할 지표를 설정하기도 어렵다. 간단히 말해, 월터, 하워드, 포트나 (Barbara Walter, Lise Morjé Howard, and V. Page Fortna 2020)는 서로 다른 데이터를 사용하고 평화유지를 다양한 방식으로 측정한 다수의 경험적 연구를 비교검토한 후, "수십 명의 연구자들 모두 평화유지가 모든 종류의 폭력을 줄이는 데 있어 크고 긍정적이며 통계적으로 유의미한 효과를 가진다는 것을 발견했다. 유엔 평화유지와 관련된 여러 현실적 문제에도 불구하고, 이는 평화를 가져오는 데 놀라울 정도로 효과적"이라고 결론내렸다.

* * *

군비통제와 군비축소는 종종 다양한 유형의 평화작전에 통합되었으며, 분쟁 완화를 위한 오래된 접근 방식으로 자리 잡았다. 이제 우리는 국제평화와 안보를 관리하는 데 있어 이 두 가지 접근 방식을 사용하는 국제기구들의 역할을 살펴보고자 한다.

군비통제와 군비축소

전쟁 수행에 사용되는 무기의 제한, 통제, 감축을 포함하는 군비축소 개념은 오랜 기간 평화를 증진하기 위한 여러 구상에서 중요한 위치를 차지해왔다. 투키디데스는 스파르타가 아테네에게 성벽 건설 중단을 요구했다고 기록했다. 칸트(Immanuel Kant)는 '국가 간 영구평화의 예비조항'에서 상비군의 철폐를 주장했으며, 벤담(Jeremy Bentham)은 평화로 나아가는 전초로서 군비통제 제안을 발표했다. 19세기에 들어 많은 국가 수반들과 새로 형성된 평화단체들이 수많은 구상을 제안했지만, 20세기에 이르러서야 비로소 그 결실을 맺기 시작했다.

군비축소와 군비통제를 지지하는 사람들은 이를 통해 전쟁의 폭력 수준을 낮추고, 군비 경쟁 욕구를 줄이며, 자원을 사회적으로 더 유익한 활동에 재분배하고 우발적인 전쟁 가능성을 줄일 수 있다고 믿는다. 또한 협력과 신뢰의 습관을 형성하여 분쟁을 완화하고 평화를 증진할 수 있다고 주장한다.

군비축소와 군비통제 노력의 역사는 사실 엇갈린 결과를 보여준다. 군비축소와 군비통제를 향한 여러 움직임은 IGO 의제에서 두 가지 주제가 영구적인 자리를 잡게 했다. 그러나 클로드(Inis Claude 1964: 267)가 지적했듯이, "국제사회의 끝없는 토론, 산더미처럼 쌓인 문서들, 복잡하게 짜인 기관 조직도 같은 것들을 실질적인 성과로 착각하지 않는 것이 중요하다." 그럼에도 불구하고 1960년대 초반 이후부터 화학무기, 생물학무기, 핵무기와 같은 대량살상무기뿐만 아니라 지뢰, 집속탄, 소형 무기에 대한 통제와 관련하여 주목할 만한 성과가 있었다.

군비통제의 의제화

군비를 제한하는 국제적 규칙과 협정을 만들려는 노력은 1899년 제1차 헤이그회의에서 시작되었다. 이 회의에서는 국가들에게 국방예산을 줄일 것을 촉구하는 결의안과 질식성 포탄 사용을 금지하는 선언이 채택되었는데, 후자가 바로 화학무기에 대한 금기를 형성한 첫 번째 조치였다. 19세기 후반의 평화단체들은 20세기 후반의 NGO들이 사용하게 되는 여러 전략들을 선구적으로 개척했다. 이러한 전략에는 청원서 제출, 대표단 로비, 사건 일지 발간 등이 포함되었다. 1919년 파리평화회의에서는 국제여성평화자유연맹과 같은 단체들이 군비통제를 추진했다. 국제연맹규약 제8조는 군축협정 초안을 작성할 책임을 연맹 이사회에 부여했으나, 군축을 안전보장 및 국력의 상대적 지위와 어떻게 연계할 것인가를 둘러싸고 심각한 국가 간 이견이 발생했다. 그 결과 전간기 동안 주요 군축 협정은 대체로 연맹 외부에서 협상되었다. 이러한 협정에는 1922년 워싱턴 해군 군축회의가 포함되었는데, 여기서 미국, 영국, 일본, 프랑스, 이탈리아는 전함 수를 제한하고 10년 동안 신규 건조를 중단하기로 합의했다. 1930년 런던 해군 조약은 이 모라토리엄을 연장하고 구축함 및 잠수함의 크기를 제한했다. 가장 지속적인 군축 협정은 1925년에 체결된 제네바의정서로, 질식성, 유독성 또는 기타 가스와 세균전 전술의 사용을 금지했으며, 1928년에 발효되어 오늘날까지 유지되고 있다.

유엔헌장을 협상하는 과정에서 유엔이 군비통

제 및 군비축소에서 주요 역할을 할 것이라고 기대하지 않았으나, 헌장 제26조는 안보리에게 군비 규제 계획을 수립할 책임을 부여했다. 평화를 위한 접근 방식으로서의 군비축소는 전간기에 제2차 세계대전을 막지 못했기 때문에 신뢰를 잃었다. 그러나 1945년 8월 6일과 10일 일본에 투하된 두 개의 원자폭탄은 전쟁에서 과학적, 기술적 혁명을 불러일으켰고, 즉각적으로 군비축소와 군비통제를 유엔 의제에 올려놓았다. 유엔 총회의 첫 번째 결의안은 원자 에너지가 평화적 목적으로만 사용되도록 보장할 방안을 연구하는 원자력위원회의 설립을 요청했다. 따라서 핵 위협은 유엔을 군축과 군비통제 협정을 추구하는 핵심 장소로 만들었다. 모든 국제 조약과 마찬가지로 유엔은 이러한 협정의 관리 기관 역할을 한다.

군축과 군비통제 노력은 다양한 범주의 무기를 제한하거나 금지하는 국제협약 체결, 무기의 지출·이전·판매 축소, 국가의 준수 여부를 감시하고 집행하는 메커니즘 구축, 특히 대량살상무기에 대한 비국가행위자의 접근 제한 등에 초점이 맞춰져 있다. 유엔 총회는 1967년 핵확산금지조약(NPT), 1996년 포괄적핵실험금지조약(CTBT), 2014년 무기거래조약, 2017년 핵무기금지조약(TPNW)을 포함하여 규범과 국제법을 개발하는 데 핵심적인 역할을 했다.

총회는 1952년에 원자력위원회와 재래식 군비위원회를 대체하는 군축위원회를 설립했으며, 1978년 군축 특별회의 이후 주요 협상 포럼으로서 1979년에 군축회의를 창설했다. 시간이 흐르면서 군축 협상에 어떤 국가들이 참여해야 하는지를 둘러싼 논쟁이 있었고 이를 반영한 조직 재편과 명칭 변경이 이루어졌다. 그러나 실제로 핵문제와 관련된 가장 성과 있는 협상은 종종 유엔 외부에서 주요 관련 강대국들 간에 이루어졌으며, 1970년대의 전략무기제한협정(SALT I과 II) 및 1990년대의 전략무기감축협정(START) 등 여러 협정으로 이어졌다. 지뢰, 집속탄, 그리고 핵무기금지조약의 사례는 중견국들과 NGO 연합이 주요 강대국의 참여 없이도 군비통제 구상을 주도할 수 있다는 것을 보여주었다. 이는 타쿠르(Ramesh Thakur 2017: 181)가 "오늘날 유엔이 군비통제 및 군비축소 조약을 협상하는 장으로서 제 기능을 하지 못하고 사실상 무력화되었다는 인식이 광범위하게 퍼져 있다"라고 표현한 상황을 반영한다. 한편, 지역기구들은 주로 지역 비핵지대 창설 노력을 통해 군비통제 문제를 다루어왔다.

핵무기 능력 확산 제한

핵무기 확산을 억제하려는 노력은 규범, 조약, 강제라는 세 가지 축에 기반을 두고 있다 (Thakur 2006: 161). 미국과 소련 간의 예비 협정은 핵 비확산을 위한 국제체제를 만드는 데 중요한 역할을 했다. 1954년 아이젠하워(Dwight Eisenhower) 대통령의 '평화를 위한 원자력(Atoms for Peace)' 제안에 따라, 두 초강대국은 (놀랍게도) 1957년에 IAEA를 설립하는 데 협력했다. 이 기구는 원자력의 평화적 이용에 대한 정부를 전파하고 핵분열 물질의 전용을 방지하기 위한 안전조치체계를 제공하는 것을 목적으로 했다. 1959년부터 시작된 유엔 총회의 결의안들은 NPT의 체결을 촉구했으며, 1965년에는 비동맹 국가들이 핵비확산의 다섯 가지 원칙을 제시했다. 1967년, 소련,

미국, 영국이 NPT에 서명했고, 이후 다른 국가들에게 서명을 개방해 1970년에 발효되었다. 현재 NPT 당사국은 191개국에 달한다.

NPT는 핵보유국과 비보유국 간의 협약으로, 비보유국은 핵무기를 개발하지 않겠다고 약속하고, 핵보유국은 장차 자국의 핵무기를 포기하며 비보유국이 평화적 핵 기술에 접근할 수 있도록 돕겠다고 약속하는 것을 주요 골자로 한다. 이는 사실상 두 계급 체계를 만들어낸다. 하나는 공인된 다섯 개의 핵보유국(미국, 소련/러시아, 영국, 프랑스, 중국)이고, 다른 하나는 비보유국으로 구성된 계급이다. 인도는 1974년에 평화적 핵실험, 1998년에는 다섯 차례의 무기용 핵실험을 진행했다. 인도, 파키스탄, 쿠바, 북한, 이스라엘은 NPT 당사국이 아니며, 이들 중 쿠바를 제외한 모든 국가가 핵무기를 보유하고 있다. 과거에 핵무기 개발 프로그램을 가동했다가 포기한 남아프리카공화국, 브라질, 아르헨티나는 1990년대에 NPT에 가입했으며, 소련 붕괴 후 자국 영토에 남아 있던 핵무기를 포기한 벨라루스, 카자흐스탄, 우크라이나도 NPT에 가입했다.

1995년 유엔이 주관한 NPT 검토회의는 조약의 무기한 연장을 승인했다. 다만 이는 군축을 향한 노력을 재개할 것, 핵보유국들의 CTBT 체결을 약속할 것, 그리고 5년마다 검토회의를 개최할 것이라는 조건을 전제로 한 것이었다. 2010년 검토회의에서는 핵군축에 대한 당사국들의 약속이 다시 한번 확인되었고, 전 세계 핵무기 비축량이 냉전 시기의 정점에서 크게 감소한 것도 사실이다. 그러나 다섯 개의 공인 핵보유국 중 그 어느 나라도 진지한 군축계획을 가지고 있지 않으며, 대부분이 자국의 무기체계를 현대화하는 데 주력하고 있다. 특히 중국은 현재 핵무기 보유량을 증가시키고 있다.

유엔체계 내 관련 기구인 IAEA는 핵확산방지 체제에서 중요한 역할을 한다. 특히, 비보유국의 원자력 발전소가 평화적 목적에서 핵무기 개발 목적으로 전용되지 않도록 보장하는 안전조치 체계를 통해 투명성을 제공한다. IAEA체계는 44개 회원국으로 구성된 핵공급국그룹(NSG: Nuclear Suppliers Group)의 수출 통제 협정으로 보완되고 있다.

IAEA체계는 수년간 신뢰할 만한 것으로 여겨졌으나, 1991년 이라크의 비밀 핵무기 프로그램이 발견되면서(이라크가 IAEA 안전조치 협정과 NPT 의무를 직접적으로 위반한 사례) 그 신뢰성에 의문이 제기되었다. 이는 처음으로 유엔 안전보장이사회가 군비통제 문제를 논의하게 만든 계기가 되었다. 걸프전 휴전 결의안(안보리 결의안 687호)은 이라크 군축체제를 수립했으며, 이는 지금까지 가장 강력한 국제적 사찰체제로 평가받는다. 이 체제는 이라크의 화학 및 생물학 무기와 미사일, 그리고 생산 및 저장 시설의 파괴를 감독하고 장기적인 준수를 감시하기 위해 유엔 이라크 군축 특별위원회(UNSCOM, 결의안 699호)를 설립했다. IAEA는 이라크의 핵무기를 사찰하고 파괴하는 책임을 맡았다. 대량살상무기와 탄도 미사일에 대한 초점은 이라크가 이란과 자국 내 쿠르드인들에게 화학무기를 사용하고, 이란, 미국(미국 본토가 아닌 중동에 산재해 있는 미군 기지를 의미 – 역자 주), 이스라엘에 탄도 미사일을 사용한 사례, 그리고 인근 국가(특히 이스라엘)에 대한 잠재적 위협 및 확산문제에 대한 우려에서 비롯되었다.

1991년부터 1998년 사이에 UNSCOM과 IAEA 조사관들은 이라크 전역을 다니며, 의심되는 저장 및 생산 시설에 대해 기습 점검을 실시하고, 관련 물질을 파괴하며, 문서를 확인했다. 이라크는 조사관들을 지속적으로 방해하며 장비를 제거하거나 파괴하고, 일부 지역은 접근 금지라고 주장했다. 결국 1998년에 모든 협력이 중단되었다. 2002년에는 UNSCOM의 후속 기관인 유엔 감시검증사찰위원회(UN Monitoring, Verification, and Inspection Commission)가 IAEA와 함께 조사를 재개하여, 이라크가 해당 프로그램의 재건을 시도했는지를 검증했다. 그러나 이 작업은 2003년 미국의 이라크 침공으로 중단되었다.

IAEA와 UNSCOM이 이라크에서 겪었던 문제들은 국제사회의 강제력 행사가 갖는 한계들을 잘 보여준다. 이러한 문제는 북한과 이란의 사례에서도 마찬가지였다. 1991년 이라크의 핵 프로그램이 드러난 이후, IAEA 이사회는 정보, 시설, 현장에 대한 접근 권한을 확대함으로써 핵안전조치를 강화했다. IAEA와 유엔 안전보장이사회는 북한과 이란의 NPT 준수를 강제하기 위한 조치에 관여하고 있으며, 일부 국가들로 구성된 비공식 그룹들은 두 나라를 대상으로 외교적 해법을 모색해 왔다.

북한과 이란. 1993년, 북한은 IAEA 사찰관들의 의심 시설 방문을 거부하고 NPT 탈퇴를 위협했다. 2002년에는 핵 프로그램을 동결하고 두 개의 확산저항형 원자로(경수로 – 역자 주)와 중유를 제공받는 조건으로 사찰을 재개한 1994년 합의(제네바합의 – 역자 주)를 파기했다. 2003년부터 북한은 NPT에서 공식적으로 탈퇴하고 추가적인 플루토늄을 생산하여 핵폭탄 제조를 시작했다. 또한 2006년 첫 번째 핵실험을 실시하고 스스로를 핵보유국으로 선언하며 미사일 기술을 고도화했다. 이에 대응하여 유엔 안전보장이사회는 북한에 대한 표적제재를 승인했다 (표 7.1 참조). 다른 한편, 2006년부터 2009년까지 북한은 미국, 중국, 한국, 러시아, 일본과 함께 이른바 6자 회담에 참여하기도 했다. 그러나 2009년 두 번째 핵실험 이후 회담이 중단되었다. 이후 안보리는 북한을 오가는 군사 물품을 실은 것으로 의심되는 화물선과 비행기를 사찰할 수 있도록 제재를 강화했다. 추가 핵실험, 장거리 미사일 발사, 미국과 한국에 대한 선제 핵공격 위협등에 대응하여 2012년과 2013년 제재는 더욱 강화되었다. 2017년에는 석탄, 철광석, 섬유, 수산물 등 북한의 주요 수출 품목 전반을 겨냥한 제재가 추가되었다.

무기개발 외에도 북한은 대륙간탄도미사일(ICBM)을 포함한 미사일체계를 지속적으로 확장했으며, 북미지역이 자국의 핵타격 대상이 될 수 있다고 주장하고 있다. 2018년 트럼프(Donald Trump) 미국 대통령이 개인 외교를 시도했음에도 불구하고, 2023년 현재까지 북한의 핵무기 프로그램을 중단시키는 데에는 아무런 진전이 없었다. 다만, 새로운 핵무기 실험도 추가로 진행되지는 않았다. 중국과 러시아는 제재 집행에 있어 중요한 역할을 한다고 평가되지만, 두 국가 모두 북한에 대한 결정적인 영향력을 발휘하지 못했으며, 제재를 회피할 수 있도록 북한을 돕고 있다는 의심까지 받고 있다. 북한은 국제사회로부터 고립되어 있고, 정권 스스로 핵무기 프로그램을 체제 생존의 핵심 요소로 여기고 있기 때문에, 해당 프로그램을 폐기해야 하는 어떤 합의에도 응할 유인이 거의 없다. 따라서 가까운 미래에 할 수 있는 일은 제재를 유지하며 외교적 기회가 생기기를 기다리는 것 외에는 할 수 있는 일이 거의 없다.

이란은 핵 능력을 오직 평화적 목적으로 개발할 것이라 의사를 밝혔음에도 불구하고 여전히 주요 우려 사항으로 남아 있다. 2023년 중반 기준으로, IAEA는 이란이 핵무기 제작에 필요한 수준에 근접한 농축 우라늄을 보유하고 있다고 추정했다. 2003년 이전까지 이란의 핵 프로그램은 IAEA 사찰관들의 감시를 피해왔다. 많은 활동이 NPT하에서 허용 가능한 것이었지만, 은밀히 수행되었기 때문에 이란이 핵무기를 제조하고 투발할 능력을 개발하려 한다는 우려가 제기되어 왔다. 2004~2005년 동안 EU(특히 독일, 영국, 프랑스)는 이란이 핵 농축 프로그램을 중단하는 대가로 경수로 건설 지원과 저농축 연료의 보장을 제안했다. 그러나 2005년 IAEA 이사회는 이란이 NPT 의무를 위반한 사실을 유엔 안전보장이사회에 보고했다. 이란은 제재가 부과될 경우 NPT에서 탈퇴하겠다고 위협했지만, 2006년 안전보장이사회는 제재를 승인하고 이후 주기적으로 이를 연장해왔다 (표 7.1 참조). 예를 들어, 2008년 결의안(1747호)은 이란을 오가는 해상 및 항공 화물의 사찰을 승인하고, 이란 금융기관에 대한 모니터링을 강화했으며, 여행금지와 자산동결을 확대하고 제재 대상 개인 및 기업 목록을 확대했다. 또한 이 결의안은 이란이 우라늄 농축 프로그램을 영구적으로 포기할 경우, P-5+1(유엔 안보리 상임이사국 5개국과 독일)이 경제적 인센티브와 민간 핵 분야의 기술 이전을 제공하겠다는 제안을 환영한다는 내용을 담고 있다.

유엔 외부에서도 2012년부터 2015년 사이, 제네바, 뉴욕, 빈, 오만 등을 무대로 이란, EU, P-5+1 협상단 간의 치열한 비공개 협상이 진행되었다. 이 기간 동안 이란은 NPT 당사국으로 남아 있었고 IAEA 사찰을 허용했지만 일부 시설에 대한 접근은 제한했다. 또한 제재 해제를 위한 합의에 관심이 있다는 신호를 보냈다. 협상은 이란이 유지할 수 있는 핵 능력, 합의의 유효 기간, 그리고 유엔 및 기타 제재 해제의 속도와 조건을 해결하는 데 초점을 맞추었다. 2015년 7월, 포괄적 공동행동계획(JCPOA) 합의가 도출되었고, 유엔 안전보장이사회가 이를 만장일치로 승인했다 (결의안 2231호). 이 계획은 IAEA가 '이란 내 모든 핵물질이 평화적 활동으로 남아 있음을 확인'하는 검증 절차와 유엔제재 해제를 연동시켰다. 2016년, IAEA는 이란이 합의를 이행하고 있음을 공식적으로 인증했고, 이를 계기로 유엔제재 중 상당수가 해제되었다. 다만 모든 제재가 해제된 것은 아니었다.

트럼프 행정부가 2018년에 JCPOA에서 일방적으로 탈퇴한 이후에도 이란은 초기에는 여전히 합의를 준수했다. 그러나 미국이 강도 높은 일방적 제재를 다시 가하자, 이란은 2019년부터 합의의 일부 조항들을 위반하기 시작했다. 2021년 새 행정부(바이든 행정부)가 출범한 후, 미국은 재가입 의사를 밝혔지만, 이란의 지속적인 위반활동에 대한 증거가 늘어나고 IAEA의 사찰이 거부되면서 미국의 JCPOA 재가입은 점점 어려워졌다. 유엔은 당사자들에게 합의에 도달할 것을 촉구하는 것 이외에 이 과정에서 직접적인 역할을 하지 않았다. 2023년 초, 이란은 IAEA 사찰을 다시 허용하고, 2022년에 제거했던 핵 시설의 카메라와 감시 장비를 복원하는 데 동의했다. 그러나 실제로 사찰과 감시 장비의 복원이 허용될지는 여전히 불확실했다. 이 시점에 IAEA는 이란이 핵무기를 만드는 데 걸리는 시간이 12일에 불과하다고 추정했는데, 이는 2015년 JCPOA 체결 당시 12개월로 추정되었던 것과 큰 차이가 있었다. 그러나 우크라이나를 침공한 러시아의 이란산 드론에 대한 의존도가 증가하면서, 러시아와 중국이 미국과 이란의 합의를 지지할 가능성은 희박해졌고, 결과적으로 합의가 갱신될 가능성도 거의 없어 보였다.

북한과 이란의 핵 프로그램을 저지하지 못할 경우 발생할 위험은 세 가지로 요약된다. 첫째, 핵무기 사용 위험이 증가한다. 둘째, 양 지역(동북아시아의 한국과 일본, 중동의 사우디아라비아와 이집트)의 다른 국가들이 자신들의 비보유국 지위를 재고해야 한다고 압박을 느낄 가능성이 있다. 셋째, 북한과 이란이 핵무기를 ISIS 또는 다른 비국가 단체에 공급할 가능성이 있다. 또한 북한이 이란에 핵무기 부품을 공급할 수 있다는 우려도 있다. 이러한 위험들은 NPT체제 전체를 심각하게 위협한다.

2004년 초 파키스탄의 핵 과학자인 칸(A. Q. Khan) 박사가 비밀리에 전 세계 핵공급망을 운영해왔다는 사실이 밝혀지면서, 확산을 방지하고 비국가 단체가 핵물질에 접근하지 못하도록 하는 새로운 전략이 필요하다는 것이 분명해졌다. 이러한 배경 속에서 유엔 안보리는 결의안 1540호를 채택했다. 이는 유엔헌장 제7장을 근거로 대량살상무기 확산을 국제평화에 대한 위협으로 규정하고, 모든 국가가 핵물질을 보호하고 불법 거래를 차단하기 위한 실질적이고 효과적인 조치를 취하고 이를 집행하도록 요구하는 내용을 담고 있다. 이 결의안은 1980년 핵물질의 물리적 보호에 관한 협약과 2005년 핵테러행위 억제에 관한 국제협약에 의해 보완된다. 2010년, 미국의 버락 오바마 대통령은 핵물질 통제를 목표로 첫 번째 핵안보정상회의를 소집했다. 이후 두 차례의 핵안보정상회의에서는 각국의 핵안보 개선 노력이 검토되었다. 네 번째 정상회의는 2014년 러시아의 크림반도 합병으로 인해 취소되었다.

핵실험 금지. NPT체제에는 핵실험 금지도 포함된다. 1962년 쿠바 미사일 위기 이후, 미국, 소련, 영국은 부분 핵실험 금지조약(Partial Test Ban Treaty)을 체결하여 첫 발걸음을 내디뎠다. 1990년대에는 아시아·태평양 국가들의 압력과 뉴질랜드가 국제사법재판소에 제기한 법적 도전으로 인해 프랑스와 중국은 핵실험을 중단하는 데 동의했다. 1996년에는 유엔 주도로 CTBT가 체결되었다. 그러나 1998년 인도와 파키스탄의 핵실험은 CTBT 발효 노력을 좌절시켰으며, 가장 큰 타격은 1999년 미국 상원이 조약 비준에 실패한 것이었다.

CTBT는 두 가지 주요 목적을 가진다. 첫째, 핵보유국과 조약 당사국이 새로운 핵무기 설계를 개발하지 못하도록 방지하는 것이다. 둘째, 핵 확산에 반대하는 규범을 재확인하는 것이다. CTBT는 국제 감시체계, 부정행위가 의심될 경우 강제사찰을 실시할 권한, 그리고 검증 절차를 이행하기 위한 포괄적핵실험금지조약기구(CTBTO) 설립을 통해 NPT체제를 강화한다. 2023년 기준으로 177개국이 CTBT를 비준했지만, 1996년 당시 핵 연구 프로그램이나 원자력 발전소를 보유했던 44개국의 비준이 있어야만 조약이 발효될 수 있다. 이 그룹에는 핵무기를 보유했거나 보유한 것으로 의심되는 모든 국가들, 그리고 이란이 포함된다. 미국 외에도 중국과 이스라엘은 서명했으나 비준하지 않았으며, 인도, 파키스탄, 북한은 아직 조약에 서명조차 하지 않았다. 그럼에도 불구하고, 1998년 이후(북한 제외) 전 세계적으로 핵실험 일시 중단이 사실상 유지되고 있으며, CTBTO 준비위원회가 CTBTO 자체의 역할을 대신 수행하고 있다. 이는 조약의 검증체계를 감독하는 것으로, 세계 337곳에 설치된 지진파, 음향, 기타 센서를 포함한 광범위한 글로벌 감시체계를 통해 핵폭발 징후를 탐지하고 있다.

지역 비핵지대. 핵 비확산체제의 마지막 구성요소는 조약 기반의 지역 비핵지대이다. 현재 다섯 개의 비핵지대가 존재하며, 이는 라틴아메리카, 동남아시아, 남태평양, 아프리카, 중앙아시아에 위치해 있다 (도표 7.8 참조). 이 조약들은 핵보유국이 해당 지역 내 국가 영토에 핵무기를 배치하는 것을 금지하며, 해당 지역 내 국가들이 핵무기의 획득, 실험, 제조, 사용도 금지한다. 각 조약에 첨부된 의정서는 핵보유국들에게 비핵화를 존중하고, 당사국에 대해 핵무기를 사용하거나 사용을 위협하지 않도록 법적 구속력을 부여한다. 이러한 지대는 이미 핵무기를 보유했거나 이를 획득하려는 비교적 소수의 국가들을 제외한 세계 다수 국가들이 핵 군축을 지지하고 있음을 보여준다. 추가적으로, 해저, 남극, 우주 공간에 핵무기 배치를 금지하는 조약들과 몽골이 선언한 핵무기 없는 지대가 있다. 이는 1992년 유엔 총회에서 공식적으로 지지받은 바 있다.

도표 7.8 | 대량살상무기 관련 군비통제 조약

1925년	화학 및 생물학무기 사용에 관한 제네바 의정서 (1928)
1959년	남극조약 (1961)
1963년	부분핵실험금지조약
1967년	우주조약 (1967)
1967년	틀라텔롤코조약(라틴아메리카 핵무기금지조약) (1968)
1968년	핵확산방지조약(NPT) (1970)
1971년	심해저조약 (1972)
1972년	생물무기금지협약 (1974)
1979년	전략무기제한협정(SALT)조약(미국, 소련)
1980년	핵물질 물리적 보호에 관한 협약 (1987)
1985년	라로통가 조약(남태평양 비핵지대) (1986)
1991년	START Ⅰ 조약(미국, 러시아)
1992년	몽골 비핵지대 선언
1993년	화학무기금지협약 (1997)
1993년	START Ⅱ 조약(미국, 러시아, 구소련 3개 공화국) (2000)
1995년	방콕조약(동남아시아 비핵지대) (2002)
1996년	포괄적핵실험금지조약 및 포괄적핵실험금지조약기구 준비위원회
1996년	핵확산방지조약(NPT) 무기한 연장
1996년	펠린다바조약(아프리카 비핵지대) (2009)
2006년	중앙아시아 비핵지대조약 (2009)
2017년	핵무기금지조약 (2021)

참고: 괄호 안의 연도는 필요한 최소한의 비준 수를 충족하여 조약이 발효된 해를 나타냄.

핵무기금지조약. 핵무기문제를 해결하기 위한 가장 최근의 구상은 2017년 유엔 총회에서 승인된 핵무기금지조약(TPNW: Treaty on the Prohibition of Nuclear Weapons) 이다. 122표의 찬성으로 승인된 것은 대다수의 국가들이 핵무기를 용납할 수 없는 것으로 간주하고 있음을 분명히 보여주었다. 2021년 초 기준으로 51개국이 조약을 비준하면서 TPNW는 발효되었다. 이 조약과 관련된 세 가지 중요한 점은 다음과 같다. 첫째, 이 조약은 2007년에 설립된 시민사회 주도의 연합 운동인 핵무기폐기 국제캠페인(ICAN)의 결과물이다. ICAN은 젊은 스웨덴 여성 지도자인 핀(Beatrice Fihn)이 이끌었으며, 그녀는 이 조약을 "핵무기가 초강대국의 전유물로 간주되고 세계를 그들의 '놀이터'로 여기는 기존 질서를 무너뜨릴 방법"으로 보았다 (Banjo 2023). 이 캠페인은 뜻을 함께하는 국가들과 협력하여 조약을 추진하기 위한 글로벌연합을 구축했다. 둘째, 옹호자들은 핵무기문제를 인도주의적 문제로 재구성했다. 즉, 핵무기는 본질적으로 무차별적이고 비인간적이며 용납할 수 없다는 것이다. 이러한 재구성은 앞서 논의된 대인지뢰 및 집속탄을 금지한 조약의 선례를 따른 것이다. ICAN은 이 조약의 제정 과정에서의 역할로 2017년 노벨 평화상을 수상했다. 셋째, 핵무기금지조약의 발효는 새로운 핵질서를 의미한다. 타쿠르 (Ramesh Thakur 2022)에 따르면, 이는 '핵무기의 윤리성, 합법성, 정당성에 대한 새로운 규범적 기준점'을 제시한 것이다. 또 다른 지지자는 이를 '법적 게임체인저'라고 표현했다 (Pretorius, 2020).

TPNW을 추진한 주요 동력 중 하나는 1995년 NPT의 무기한 연장이었다. 이 연장은 핵보유국들에게 군축에 대한 압박을 사실상 제거했다. TPNW 지지자는 이를 다음과 같이 설명했다. "NPT체제 아래에서 일부 국가들이 핵무기를 보유할 수 있는 한, 다른 국가들도 핵무기가 필요하다고 느낄 수 있다. 이로 인해 NPT는 비확산 수단이라는 통념이 무색할 정도로 허약하고 위험한 것이 되고 말았다" (Pretorius 2020).

핵확산과 군비통제는 가까운 미래에도 여전히 최우선 과제로 남아 있을 것이다. 이는 핵보유국들이 NPT에 따른 군축 약속을 진지하게 이행하려는 증거가 부족하고, 이란과 북한이 NPT에 가하는 위협, 그리고 테러단체나 다른 국가들이 핵무기를 확보할 가능성에 대한 우려 때문이다.

러시아의 2022년 우크라이나 침공 이후, 전장에서 전술 핵무기를 사용할 것이라는 위협과 원자력발전소에 대한 의도적 혹은 우발적 공격 위험은 세계적으로 엄청난 경고음을 울렸다. 이러한 상황은 치명적인 방사능 낙진과 재앙적 피해 가능성을 제기했으며, 냉전 시기에 형성된 핵무기 사용 금기를 위협했다. 탄넨월드(Nina Tannenwald 2022: 37-38)는 이를 다음과 같이 표현했다. "러시아-우크라이나전쟁은 핵무기에 대한 오래된 진실들을 가혹하게 상기시킨다. 핵 억제력에는 한계가 있다. 언제나 실패할 가능성이 존재한다." 그리고 "핵무기가 실제로 사용될 경우 어떤 일이 일어날지 우리는 전혀 알지 못한다. 전쟁은 또한 규범이 결국 깨질 수 있음을 상기시킨다"라고 덧붙였다.

요약하자면, 많은 사람들은 2003년에 세계가 훨씬 더 위험한 곳이 되었으며 "세계 핵질서가 붕괴 상태에 있다" (Diaz-Maurin 2022)고 느끼게 되었다. 유엔 사무총장 안토니우 구테흐스는 세계가 "핵 전멸까지 단 한 번의 잘못된 계산을 남겨두고 있다"고 경고했다 (Lederer 2022). 『핵과학자회보』는 '심판의 날' 시계를 자정 90초 전으로 설정했는데, 이는 역사상 가장 가까운 시간이다. 2023년 2월 러시아의 블라디미르 푸틴 대통령이 2010년에 체결된 뉴스타트조약(New START Treaty)의 이행을 중단하겠다고 발표하면서 이러한 비관적인 분위기에 더욱 불을 지폈다. 이 조약은 미국과 러시아 간에 남아 있는 마지막 군비통제

협정으로, 상호 사찰 조항이 중요한 부분을 차지하고 있었다.

핵무기만이 전 세계적인 군축과 군비통제 노력의 대상이 되는 것은 아니다. 화학 및 생물학무기와 같은 다른 유형의 대량살상무기에 대한 우려도 지속되고 있다.

화학 및 생물학무기금지

1899년 헤이그회의에서 질식성 포탄 사용을 금지하는 선언이 채택되었을 때, 이러한 무기는 존재하지 않았다. 이후 1925년 제네바의정서를 포함한 화학무기 금지 조치는 제1차 세계대전 당시 화학무기 사용에 대한 반발을 기반으로 한 헤이그 규범을 재확인하는 것이었다. 가스전과 화학산업에 반대하는 캠페인은 화학무기 사용을 '문명국가라면 결코 용납할 수 없는 행위'로 정의하면서, 이를 '특히 비인도적인 전쟁 수단'으로 간주했다 (Price and Tannenwald 1996: 129). 1920년대 이후 화학무기의 사용은 극히 드문 사례를 제외하고는 금지되었는데, 예외로는 1980년대 이란-이라크전쟁, 1995년 도쿄 지하철에서의 옴진리교 테러사건, 2013년 시리아 내전사태 등에서 사용된 적이 있다.

1969년부터 화학 및 생물학무기 문제가 유엔 총회 의제에 정기적으로 등장했지만, 냉전 시기 정치적 요인, 특히 미국의 반대 때문에 실질적인 이행조치가 이루어지지 못했다. 이러한 무기에 대한 통제 요구는 여러 국가가 대규모로 보유하고 있다는 사실에서 기인했다. 핵무기의 파괴력은 널리 알려져 있지만, 화학 및 생물학 무기의 파괴력은 덜 알려져 있다. 화학무기는 효과적으로 사용될 경우 수만 명을 살상할 수 있으며, 생물학 무기는 수십만 명에 이르는 피해를 초래할 수 있다. 따라서 지난 한 세기 동안 화학 및 생물학 무기를 전쟁 수단으로 사용하는 것을 억제하려는 노력이 계속된 것은 놀라운 일이 아니다. 특히 국제조약에 구속되지 않는 테러 단체들이 이러한 무기를 획득해 사용할 수 있다는 위협이 대두되면서, 이러한 노력들에 더욱 박차가 가해졌다.

1969년 미국이 생물학 무기의 사용과 생산을 일방적으로 포기한 후, 1972년 생물학 및 독소무기의 개발, 생산 및 비축금지와 폐기에 관한 협약(생물무기금지협정[BWC])이 체결되었다. 이 조약은 1975년에 발효되었으며, 2023년 기준으로 183개국이 당사국이다. BWC는 기존 비축 무기의 폐기와 연구 목적으로만 물질을 제한하는 진정한 군축 조약이다. 그러나 이 조약의 주요 약점은 검증이나 사찰 메커니즘이 없다는 점이다. 이란, 북한, 러시아 등 일부 국가는 여전히 이러한 무기를 보유하고 있는 것으로 간주되며, 시리아는 BWC에 가입하지 않았으며, 내전에서 화학무기를 사용한 것으로 확인되었다. 1994년, 전문가그룹은 BWC를 강화하기 위한 의정서 초안을 작성하도록 승인받았다. 그러나 미국은 2001년, 해당 초안에 검증 조치가 없고, 그 초안이 미국의 생물 방어 보안과 바이오 기술 산업의 기밀 비즈니스 정보를 위협할 수 있다는 우려를 이유로 이를 거부했다. 이로 인해 BWC 의정서에 대한 협상이 사실상 종료되었다. 현재 진행 중인 생명공학 혁명은 미래에 화학 및 생물학 무기의 확산 위험을 증가시킬 가능성을 내포하고 있다.

2001년 9월 미국에서 발생한 테러공격과 이후 발생한 탄저균 공포는 미국이 새로운 접근 방식을 추진하도록 만들었다. 그 방식 가운데 하나는 2002년 G8에 의해 제안된 대량살상무기와 그 관련 물질의 확산 방지를 위한 글로벌파트너십 창설 구상이다. 이외에도 WHO는 생물학 무기 공격 가능성에 대비한 감시체계를 강화했다. 또한 화학 및 생물학무기기술의 확산을 통제하기 위해 1985년 33개국이 설립한 호주그룹은 2002년에 수출 통제 조치를 강화해 테러단체가 화학 및 생물학 무기를 확보하지 못하도록 했다. 현재 이 그룹에는 42개국과 EU가 포함되어 있다. 그러나 여전히 많은 유럽 국가와 개발도상국들은 미국이 BWC개정 과정을 거부한 데 대해 깊은 우려를 표했다. 20여 년이 지난 지금까지도 BWC를 강화하기 위한 추가적인 조치가 이루어지지 않고 있다.

화학무기 사용에 대한 금기는 100년 이상 지속되어 왔다. 1899년 헤이그회의에서 처음으로 질식성 포탄 사용 금지 규범이 명문화되었다. 제1차 세계대전 중 화학무기가 사용된 이후, 1925년 제네바의정서는 이 금지를 재확인했고, 후속 캠페인은 화학무기 사용을 '문명국가라면 결코 용납할 수 없는 행위'이자 '특히 비인도적인 전쟁 수단'으로 정의하는 데 성공했다 (Price and Tannenwald 1996: 129). 냉전 시기 동안 협약 협상이 지연되었으나, 1993년 화학무기금지협약(CWC)이 최종적으로 서명되었다. 이 협약은 화학무기의 생산, 획득, 비축, 보유, 사용을 금지하고 있다. CWC는 BWC와 마찬가지로 모든 무기와 생산 시설의 완전한 파괴를 요구하며, 원래 2012년까지 이를 완료할 예정이었으나, 미국과 몇몇 다른 국가들은 2023년 말까지 유예받았다. BWC와 달리 CWC는 현장 검증 조항을 포함하고 있으며, 조약에 서명하지 않은 국가를 포함한 위반국에 대해 제재를 가할 수 있는 조치도 명시하고 있다. 이 협약은 1997년에 발효되었으며, 2023년 초 기준으로 193개국이 당사국이다. 이스라엘은 서명했지만 비준하지 않았으며, 북한, 이집트, 남수단은 서명 및 비준을 모두 하지 않았다.

화학무기금지기구(OPCW: Organization for the Prohibition of Chemical Weapons)는 1997년 초에 활동을 시작했으며, 그 이후로 군사 및 산업 시설에서 수백 건의 사찰을 수행해 왔다. 2023년 초 기준, OPCW는 미국과 시리아만이 모든 시설과 비축된 화학무기를 폐기하지 않았다고 보고했으며, 미국은 2023년 말까지 이를 완료할 예정이다. 이는 군축 분야에서 상당한 성과로 평가된다. 그러나 복잡한 문제는 화학무기의 많은 성분이 핵무기와 달리 일반 산업 및 농업 생산에 사용된다는 점이다. 따라서 이러한 물질의 제조를 완전히 제거하는 것은 비현실적이다. 따라서 초점은 화학무기 비축분의 폐기와 함께, 화학무기 또는 그 생산 장비시설, 실험실, 이전 또는 반입에 관한 보고에 맞춰져 있다.

화학 및 생물학무기협약과 NPT의 주요 차이점은 모든 당사국이 이러한 대량살상무기의 보유, 개발, 사용을 전면 금지하는 것을 수용했다는 점이다. 여기에는 두 계급 체제가 존재하지 않으며, 전면적 군축과 사용 금기가 핵심 체제 규범으로 자리 잡고 있다. 화학 및 생물학 무기 관련 조약은 당사국들이 조약 조항을 위반한 개인이나 기업을 형사 처벌할 수 있도록 국내법을 제정할 것을 요구한다. 이 세 조약의 공통점은 미국과 소련/러시아 간의 초기 합의에서 시작되었다는 점이다. CTBT의 경우, 프랑스와 중국의 참여가 핵심적이었다. 이러한 주요 강대국들의 동의 없이는 유엔이 조약 초안을 작성하는 데 나설 수 없었다. CTBT와 BWC의 사례는 미국의 다자간 군축 조약에 대한 지지가 상실될 때 초래되는 피해를 잘 보여준다. 1990년대 이라크에서 진행된 대량살상무기 강제군축 프로그램은 국제 감시가 군축 도구로 작용할 가능성을 보여줬지만, 화학 및 생물학 무기에 대한 국제규범을 강제하는 데 따르는 어려움도 드러냈다. IAEA는 이라크의 기존 핵무기 물질과 생산 시설을 파괴하는 데 성공했지만, UNSCOM은 이라크의 화학 및 생물학 무기 생산 시설의 전체 규모를 완전히 파악했다고 확신할 수 없었다. 이는 해당 물질이 쉽게 은폐될 수 있기 때문이다. 그럼에도 불구하고 관련 검증 및 조치 과정은 2007년에 종료되었다.

2013년에서 2014년 사이 시리아의 화학무기 사용사례는 이러한 무기의 사용에 대한 금기를 명확히 강화했으며, 동시에 화학무기 규제 체제를 더욱 공고히 했다. 2012년 7월, 시리아는 화학무기를 보유하고 있다고 인정했으나, 외부 침략자가 아닌 다른 경우에는 이를 사용하지 않을 것이라고 밝혔다. 그러나 6개월 동안 최소 6건의 보고서에서 시리아 정부군이 다양한 유형의 화학무기를 사용한 것으로 나타났다. 이에 따라 반기문 유엔 사무총장은 WHO 및 OPCW와 함께 유엔이 조사를 수행할 것이라고 발표했다.

2013년 여름, 시리아정부는 유엔 사찰팀이 화학무기가 사용되었을 가능성이 있는 세 곳을 조사하도록 허용했으나, 무기를 사용한 주체를 규명하는 것은 허용하지 않았다. 며칠 후, 다마스쿠스 교외에서 비전투원 수천 명이 대규모 화학무기 공격에 피해를 입었다는 보고가 나왔다. 이 사건은 유엔 안전보장이사회의 긴급회의와 미국의 군사 공격 위협을 촉발시켰다. 프랑스 정부보고서에 따르면, 아사드 정권이 이 공격에서 사린가스를 사용했으며, 이는 1925년 제네바의정서를 명백히 위반한 것이었다. 군사개입 대신, 놀라운 외교적 타결이 이루어졌다. 미국과 러시아 간 합의의 결과로 시리아는 CWC에 가입하며 1년 내에 자국의 화학무기 비축 물자와 생산 시설을 신고, 사찰, 통제, 파괴하는 계획을 수립했다. 이 합의는 유엔 안전보장이사회에서 만장일치로 승인되었으며, OPCW는 이를 실행하기 위한 절차를 마련했다. 합의 직후, 시리아는 자국의 화학무기 비축량을 신고했고, OPCW와 유엔이 파괴 작업을 시작했다. 2014년 1월, 첫 번째 화학무기 물자가 덴마크 선박에 적재되었으며, 6개월 후 마지막 8%가 선적되었다. 무기는 여러 국가에서 파괴되었으며, 시리아의 화학무기 생산 시설은 파괴되거나 영구적으로 봉인되었다. 이 작업에 대한 공로로 OPCW는 2013년 노벨 평화상을 수상했다.

그러나 시리아가 모든 화학무기 비축량을 완전히 신고했는지에 대한 우려가 지속되었다. 실제로, 2015년에는 교전당사자인 시리아정부와 이슬람국가(IS) 모두가 염소가스와 머스타드가스를 사용했다는 보고가 있었다. 2017년과 2018년에도 추가적인 공격이 이어졌으며, 2020년 OPCW 보고서는 이러한 공격에서 염소가스와 사린가스가 민간인에게 사용되었다는 반박 불가능한 증거가 있다고 발표했다 (Barber 2019). 안보리는 시리아에 대한 새로운 제재 조치를 취하려 했으나, 러시아는 2017년에 관련 결의안을 네 차례나 거부권으로 막았고, 이 중에는 OPCW

의 임무를 연장하는 결의안도 포함되어 있었다. 2023년 기준으로 OPCW는 시리아가 여전히 신고하지 않은 화학 물질을 보유하고 있으며, 해당 물질의 파괴를 위한 명확한 일정도 제시하지 않았다고 지적했다.

전반적으로, BWC과 CWC는 군비축소 및 군비통제 분야에서 비교적 성공 사례로 평가받고 있다. 물론, 모든 대량살상무기와 관련된 지속적인 과제 및 기술 혁신과 관련된 새로운 문제들이 남아 있다. 여기에는 러시아-우크라이나전쟁에서 광범위하게 사용된 자율무기, 극초음속 무기, 우주무기의 잠재적 사용과 같은 문제가 포함된다. 이제부터는 앞서 언급한 ICAN과 핵무기금지조약의 모범이 된 두 가지 성공적인 NGO 주도 군축 이니셔티브를 간략히 살펴볼 것이다.

지뢰와 집속탄 금지: NGO의 역할

군비통제를 향한 매우 다른 접근 방식은, 전통적인 무기로서 널리 사용되며 치명적인 손상을 입히는 지뢰와 그 뒤를 잇는 집속탄을 대상으로 한 이니셔티브에서 나타났다. 핵무기금지조약처럼, 이 접근 방식은 대량살상무기가 가하는 안보위협보다 인도적 우려에 더 초점을 맞췄다. 냉전 시대의 상징이 핵무기였다면, 대인지뢰는 냉전 이후 분쟁의 상징이었다. 대인지뢰는 앙골라, 아프가니스탄, 캄보디아, 보스니아, 스리랑카, 콩고민주공화국, 카슈미르, 우크라이나에서 정규군과 비정규군에 의해 널리 사용되었다. 이 무기는 무차별적으로 영향을 미치며, 지뢰 매설 지역에 들어간 민간인들에게 큰 피해를 입힌다. 지뢰의 생산 단가는 개당 약 3달러지만, 이를 제거하는 비용은 개당300~500달러가 든다. 이러한 문제는 인간안보 대상으로 간주되어 많은 NGO들의 주목을 받았다.

1993년, 60개국의 천여 개 단체로 구성된 국제지뢰금지운동(ICBL: International Campaign to Ban Landmines)이 결성되었다. 이 네트워크는 대인지뢰의 사용, 생산, 비축, 판매, 이전, 수출을 금지하기 위한 캠페인을 벌였다. ICBL의 주요 목표는 지뢰조약을 체결하고 이를 실행 및 감시하며, 지뢰 제거, 지뢰에 대한 인식 프로그램 개발, 피해자 재활 및 지원 등을 위한 자원을 제공하는 것이었다. 1996년 10월부터 1997년 12월까지 14개월 동안, 캐나다 외무장관 액스워시(Lloyd Axworthy)의 주도 아래 지뢰금지조약을 지지하는 국가들이 유엔 군축회의를 우회하여 오타와 협상 과정에 참여했다. 100개 이상의 국가가 대인지뢰의 사용, 비축, 생산, 이전 금지 및 그 파괴에 관한 협약에 서명했으며, 이 조약은 1999년에 발효되었다. 이러한 성공을 인정받아 ICBL과 ICBL의 창립자 윌리엄스(Jody Williams)는 1997년 노벨 평화상을 수상했다.

이 협약의 독특한 특징 중 하나는 문제의 범위를 평가하고 실행을 위한 재정적, 기술적 자원을 제공하는 데 있어 NGO, 특히 국제적십자위원회(ICRC)의 역할이 상세히 규정되어 있다는 점이다. NGO 감시단은 유엔 사무총장을 통해 관련 정부 및 비정부 단체가 참석하는 당사국 회의에 보고한다. 2023년 기준으로 유엔은 19개국 및 여러 지역에서 지뢰 제거 활동 프로그램을 운영하고 있으며, 지뢰 제거 작업과 지뢰 위험 교육의 대부분은 NGO들이 수행하고 있다.

ICBL은 조약의 보편화를 촉진하고 지뢰 제거,

생존자 지원, 비축 지뢰 파괴를 계속 추진하고 있다. 2022년 기준으로 팔레스타인을 포함한 164개국 및 여러 지역이 이 조약을 비준했으며, 지뢰 사용이 만연했던 여러 국가에서 사용이 중단되었고, 지뢰 비축량이 대폭 감소했으며, 지뢰로 인한 사상자 수도 크게 줄어들었다. 그러나 미얀마, 중국, 인도, 북한, 한국, 파키스탄, 러시아, 이란을 포함한 12개국은 여전히 지뢰를 생산하고 있다. 2022년에는 러시아와 미얀마가 지뢰를 사용했으며, 콩고민주공화국, 중앙아프리카공화국, 미얀마, 콜롬비아, 말리, 니제르 등의 여러 분쟁에서 비국가행위자들이 지뢰를 사용했다. 미국은 2014년에 한국에서 사용하는 지뢰를 제외하고는 조약을 준수하며, 조약 가입을 목표로 한다고 발표했다. 그러나 트럼프 행정부는 이 정책을 철회했다. 곧이어 등장한 바이든 행정부는 2022년에 트럼프 행정부 이전으로 회귀한다고 발표했다.

ICBL의 지원을 받아, 2003년에 결성된 집속탄금지연합은 80여 개국 약 300개의 NGO로 구성되어 ICBL과 동일한 접근 방식으로 집속탄 사용금지에 나섰다. 노르웨이는 오슬로 프로세스를 주도했으며, 이를 통해 핵심그룹 국가들과 집속탄금지연합, ICRC, 유엔이 함께 집속탄금지조약 협상을 추진했다. 2008년 12월 94개국이 서명한 집속탄금지협약은 지뢰금지조약과 마찬가지로 단 18개월이라는 짧은 기간 동안 체결되었으며, 2023년 기준으로 110개국이 이를 비준했다. 이러한 군비통제 노력이 성공한 이유는 이 무기가 초래하는 인도적 문제에 캠페인의 초점을 맞췄기 때문이다. 지뢰와 마찬가지로 피해자의 대다수는 민간인이다. 조약은 집속탄 사용금지, 제거 노력, 비축 파괴, 피해자 지원을 명시하고 있으며, 여기에 전 세계 시민사회가 광범위하게 참여하고 있다. 2011년, ICBL과 집속탄금지연합은 조직 효율성을 높이기 위해 하나의 구조로 통합되었으나, 각각의 캠페인은 계속해서 진행되고 있다.

세계평화와 안보를 위협하는 테러에 대한 대응

테러는 개인, 국가, 그리고 지역안보에 대한 오래된 위협이었으며, 오늘날에는 전 세계적으로 국제평화와 안보, 그리고 다자기구에 대한 위협으로 인식되고 있다. 역사적으로 테러 행위는 종종 통치자를 겨냥한 개인적 폭력 행위이거나, 독립국가의 수립 또는 정권교체를 추구하는 분리주의자 및 기타 집단들의 도구로 사용되었다. 조직적인 국가 테러리즘은 나치 독일과 요제프 스탈린 시기의 소련에서 절정을 이루었다.

1970년대 이후, 대부분의 테러활동은 중동에서 발생했으며, 팔레스타인의 자결권 추구, 다양한 이슬람 집단 간의 경쟁, 이슬람 근본주의의 부상이 주요 원인으로 작용했다. 1980년대 이후에는 종교를 기반으로 한 집단(이슬람 집단뿐만 아니라 힌두 민족주의자 같은 집단 포함)이 크게 증가했다. 이들 중 상당수가 1980년대 소련의 아프가니스탄 침공에 대항하기 위해 아프가니탄에서 훈련받았던 무자헤딘이었다. 소련의 철군 이후 이들은 1990년대의 주요 테러 행위자가 되었다. 특히 알카에다의 등장은 중요한 사건으로, 알카에다는 여러 국가에 걸쳐 존재하는 이슬람 근본주의 단체들의 은밀한 네트워크로 구성된 조직이었다. 라틴아메리카 및 다른 지역에서는 테러

집단이 조직범죄 집단과 점점 더 연계되어 마약, 무기, 골동품, 장기 밀매 및 납치에서 나오는 이익을 활용하고 있다. 국제 여행과 통신이 점점 더 용이해지면서 초국적 테러리즘은 특정 지리적 영역에 국한되지 않게 되었다. 즉, 테러 조직이 글로벌네트워크를 형성하고 자금, 무기, 사람을 한 지역에서 다른 지역으로 이동시키는 일이 가능해졌다. 소말리아, 리비아, 아프가니스탄, 시리아와 같은 약한 국가, 실패국가, 또는 분쟁에 휘말린 국가들은 국경 통제나 사람·자금·무기의 이동 관리에 허점을 만들며, 테러리스트들에게 훈련 캠프나 작전 거점으로 활용할 수 있는 피난처를 제공하게 된다.

테러리스트들의 전술과 행동이 지역적인지 또는 세계적인지가 국제적 대응을 결정하는 데 중요한 역할을 해왔다. 1960년대 후반부터 1970년대까지 항공기 납치는 테러리스트들이 자주 사용하는 수법이었다. 인질극 또한 또 다른 대표적인 전술이었다. 가장 일반적인 테러 행위는 항공기, 트럭, 자동차, 선박 등에 폭탄을 설치하거나 자살 폭탄 공격을 감행하는 것이다. 주요 사례로는 1988년 스코틀랜드 로커비 상공에서 폭발한 팬아메리칸 항공 103편, 1998년 케냐와 탄자니아 주재 미국 대사관 공격, 그리고 2000년 예멘에서 발생한 미국군함 '콜 호'에 대한 보트 폭탄 공격이 있다. 2001년 9월 11일 테러에 사용된 네 대의 비행기는 처음에는 단순히 납치된 것이었지만, 기존의 차량 폭탄 전략을 변형한 새로운 방식에 의해 치명적인 대량살상무기가 되었다. 자살 폭탄 공격은 스리랑카의 타밀 호랑이 젊은 대원들에 의해 처음 시작되었으며, 이후 팔레스타인 주민들도 제2차 인티파다 기간에 자살 폭탄 공격을 감행했다. 이어서 9·11 납치범, 이라크의 수니파 반군과 알카에다, 아프가니스탄과 파키스탄 및 기타 지역의 이슬람 무장 세력들도 이를 활용했다. 테러리스트 단체가 대량살상무기 또는 이를 생산할 수 있는 물질을 확보할 가능성이 높다는 점에서 특히 핵물질을 통제하는 것은 너무나 중요하다. 이는 앞서 논의된 내용에서도 강조된 바 있다.

2014년 이슬람국가(IS)의 급속한 부상은 테러리즘의 양상에 새로운 차원을 더했다. 즉, 영토를 장악하고 샤리아법에 기반한 단일 초국가적 이슬람 국가인 칼리프 국가를 선포한 것이었다. IS는 비이슬람교도, 비아랍 소수민족, 시아파, 그리고 자신들에게 반대하는 모든 사람들에 대해 참수, 대량학살, 특히 여성과 어린이를 대상으로 한 노예화 등 잔혹한 행위를 저질렀다. 이라크와 시리아에서 세금을 징수하고 공공서비스를 제공하며 영토와 도시를 통제하고 관리한 IS는 다른 테러 조직과는 명확히 차별화되었다. IS는 아프가니스탄, 이집트, 리비아, 나이지리아, 예멘 등 여러 지역의 다른 지하디스트 단체들로부터 충성 맹세를 받았으며, 중동과 아프리카 전역에 걸쳐 이슬람 국가를 건설하겠다는 야망을 선언했다.

2014년 유엔 안전보장이사회 특별회의에서 반기문 유엔 사무총장은 "세계는 테러 위협의 성격이 극적으로 변화하고 있는 것을 목도하고 있다"고 말했다 (UN 2014). 이러한 변화의 일부로, 2011년에서 2014년 사이 테러공격과 사망자의 수가 크게 증가했다. 그러나 이후 글로벌테러리즘 지수는 2015년에서 2022년 사이 사망자 수와 공격 횟수가 크게 감소했다고 보고했다 (Institute for Economics and Peace 2023). 테러공격이 발생하는 지역에도 큰 변화가 있었다.

공격은 현재 정치적 불안정과 갈등이 심한 지역과 국가, 예를 들어 사헬지역, 아프가니스탄, 소말리아, 콩고민주공화국, 모잠비크, 이라크에 더 집중되고 있다. 2021년 가장 많은 공격과 사망자를 초래한 단체는 서아프리카 이슬람국가(ISWA)와 자마아트 나스르 알이슬람 왈무슬리민(Jama'at Nasr al-Islam wal Muslimin)이었다. 글로벌테러리즘 지수는 이슬람국가가 여전히 세계에서 가장 치명적인 테러 조직이긴 하지만 점차 쇠퇴하고 있으며, 테러 공격의 동기 역시 종교보다는 정치적 동기에 기반한 경우가 더 많아지고 있다고 보고했다. 놀랍게도 중동과 북아프리카에서의 테러공격은 감소했지만, 남아시아, 특히 파키스탄에서는 증가했다. 유럽과 서방 지역에서의 급격한 감소는 2021년까지 유지된 팬데믹 관련 이동 제한 조치와 연관된 것으로 보인다. 또 하나 주목할 만한 점은, 휴대전화로 조종되는 드론과 미사일 등 새로운 기술의 사용이 테러에 활용되고 있다는 사실이다.

최근 몇 년 사이 테러 위협의 성격에서 또 다른 변화는, 알카에다와 기타 단체들이 이라크, 말리, 나이지리아, 소말리아에서 유엔 관계자들을 더욱 집중적으로 표적 공격하고 있다는 점이다. 예를 들어, 2019년 1월 말리에서 발생한 테러공격으로 유엔 평화유지군 10명이 사망했다.

국제사회의 테러 대응 노력이 지지부진한 것은 오랫동안 테러라는 용어의 정의에 합의하지 못한 것에 기인한다. 문제는 "억압적인 정권에 대한 무장 저항을 모두 범죄화하지 않으면서, 어떻게 테러라는 용어를 정의할 것인가, 정당한 무장 투쟁과 테러리즘을 어떻게 구분할 것인가, 그리고 개인이나 집단이 테러 수단을 선택하게 되는 불만의 근본 원인을 얼마나 비중 있게 다룰 것인가"에 있다 (Peterson 2004: 178). 이는 종종 '자유 투사'와 테러리스트를 구분하는 문제로 표현된다.

테러에 대한 국제적 대응

유엔체제는 글로벌영향력, 정당성, 그리고 안보리와 총회의 법적 권한 덕분에 오랜 시간 동안 테러리즘에 대응하는 노력을 주도해 왔다 (테러라는 용어의 정의를 정립하려는 노력도 포함). 그러나 유엔의 제한된 자원과 운영 능력으로 인해 테러 대응 활동의 상당수가 유엔 이외의 기구들에 의해 이뤄지고 있다. 2021년 기준으로 유엔체제 내 38개 기관이 테러리즘 대응에 관여하고 있으며, 이들은 국제 경찰기구인 인터폴, EU 산하 여러 기관, G8, APEC, OAS, ECOWAS, AU, SCO등의 테러리즘 대응 기구, 그리고 유엔체제 외부의 여러 기능별 IGO와 다양한 방식으로 협력하고 있다. 국가들 또한 적극적인 역할을 하지만, 테러리즘을 다루는 방식에서 차이를 보이고 있다. 예를 들어, 미국은 종종 군사적 접근을 우선시해 왔으며(예: 예멘의 알카에다 및 소말리아의 알샤바브에 대한 드론 공격, 시리아와 이라크의 ISIS에 대한 공습), 법 집행과 초국가적 협력을 두 번째로 고려하고 있다. 반면, 유럽을 포함한 여러 지역은 법 집행, 지역 협력, 범죄 대응 조치를 강조해 왔다.

IGO와 국가들이 테러리즘에 대응하기 위해 마련한 국제적 거버넌스 조치에는 다양한 유형의 테러 행위를 불법화하는 글로벌 법적레짐을 구축하는 것, 테러단체의 자금, 금융거래 및 자금세탁을 차단하는 제재와 집행 수단을 실행하는 것, 테러리스트의 추적, 정보수집, 체포를 위한 국가 및 국제 경찰기구의 역량을 강화하는 것, 국경통제를 강화하는 것 등이 포함된다. 또한, 이러한 대응에는 앞서 논의한 대로, 테러리스트들이 무기나 그 재료를 확보하는 것을 방지하기 위한 대량살상무기 통제 조치도 포함된다.

글로벌 법적레짐의 개발. 1963년부터 2020년까지 유엔 총회와 국제민간항공기구(ICAO)는 테러리즘에 대응하는 글로벌 법적레짐의 핵심을 이루는 19개의 국제협약과 4개의 부속 의정서 체결을 주도해왔다. 이러한 협약들은 민간 항공, 공항, 선박, 외교관, 핵물질에 대한 테러행위를 금지하고 있다 (도표 7.9 참조). 또한 폭탄 테러, 테러자금 조달, 핵테러문제도 다루고 있다. 2001년 9월 테러 이후, 모든 국가가 이 협약들에 보편적으로 비준하도록 하기 위한 공동 노력이 이어졌으며, 법률체계가 취약한 국가들에는 기술 지원도 제공되었다.

테러에 대한 정의를 둘러싼 오랜 논쟁으로 인해 여전히 테러리즘에 대한 포괄적인 협약은 마련되지 못하고 있다. 테러리즘은 본질적으로 정치적인 성격을 띠고 있어, 테러리스트의 목적과 그 정당성에 대한 인식에 따라 각국의 반응이 다르게 나타난다. 이 논의에서 두 가지 쟁점이 핵심 역할을 해왔다. 첫째, 국가 무장 세력의 공식적인 행위를 테러리즘 정의에 포함할 것인지에 대한 문제, 둘째, 외세의 점령에 맞선 투쟁에서 발생한 폭력 행위를 테러리즘으로 간주할 것인지에 대한 문제이다. 테러리즘에 대한 합의된 정의와 포괄적인 협약으로 나아가는 주요 진전은 2005년 유엔 세계정상회의 결과문에서 이루어졌다. 이 문서는 "누가, 어디에서, 어떠한 목적을 위해 저질렀든 간에 모든 형태와 양상의 테러는 국제평화와 안보에 대한 가장 심각한 위협 중 하나"라며 테러를 규탄했다. (UN 2005). 그럼에도 불구하고 포괄적인 협약의 체결을 추동할 만큼의 충분한 합의를 이끌어내지 못했다. 따라서 국가들은 여전히 상충된 정의에 따라 행동하고 있다.

글로벌테러리즘 대응 법적레짐에는 유엔헌장 제7장 권한에 따라 채택된 여러 건의 유엔 안보

도표 7.9 | 글로벌테러리즘 대응 법적레짐 (선별적인 협약과 의정서)

운송 분야에서의 테러리즘 관련 협약	
1969년	항공기 내에서 발생한 범죄 및 특정 행위에 관한 협약
1971년	항공기 불법 점유 억제 협약
1989년	국제 민간 항공을 위한 공항에서의 불법 폭력 행위 억제에 관한 의정서
1992년	해상 항해 안전에 대한 불법 행위 억제 협약
2010년	민간 항공 관련 불법 행위 억제 협약
군비통제 관련 협약	
1987년	핵물질의 물리적 보호에 관한 협약
1998년	탐지를 목적으로 한 플라스틱 폭발물 표시 협약
2007년	핵 테러 행위 억제를 위한 국제협약
일반 협약	
1977년	국제적으로 보호받는 인물, 외교관을 대상으로 한 범죄의 예방 및 처벌에 관한 협약
1983년	인질 억류에 반대하는 국제협약
2001년	테러리스트 폭탄 테러 억제에 관한 국제협약
2002년	테러리즘 자금조달 억제에 관한 국제협약

참고: 연도는 필요한 최소 비준 수에 의해 결정된 협약 발효 연도를 나타냄.

리 결의안들도 포함된다. 이들 결의안은 유엔 회원국들에게 법적 의무를 부과한다. 그중 가장 중요한 결의안은 2001년 9월 테러 직후에 채택된 안보리 결의안 1373호이다. 이 결의안은 모든 국가가 테러단체의 자금 조달과 무기 공급을 차단하고 자산을 동결하며 테러 조직원 모집을 방지하고 은신처 제공을 금지하며 정보 공유와 형사 기소에서 협력할 것을 의무화하고 있다. 결의안 1373호에 따라 테러방지위원회(CTC)가 설립되었는데 이는 제4장에서 논의된 바와 같이 유엔 안보리 전체 구성원으로 이루어져 있다. 이 위원회는 테러리스트에게 자금이나 은신처를 제공하지 못하도록 막을 수 있는 각국의 능력을 감시하며, 그러한 능력이 부족하다고 판단될 경우엔 제재를 가할 수 있다는 점에서 강제력을 지닌다. 2004년 유엔 안전보장이사회는 보다 전문적인 인력을 갖춘 상설 조직인 대테러사무국(CTED: Counter-Terrorism Executive Directorate)을 설립했다.

결의안 1373호의 핵심 요소 중 하나는 보고 의무다. CTED는 각국이 제출하는 테러 대응 관련 보고서를 CTC가 검토하고 분석하는 것을 지원한다. 첫 번째 보고 주기에는 모든 유엔 회원국이 보고서를 제출하면서 이례적인 수준의 이행률을 보였지만, 이후에는 보고 빈도가 들쭉날쭉해지며 이른바 보고 피로감이 나타나고 있다. 또한 제재의 위협은 점차 사라지고, 대신 CTED의 역할은 보다 조력적인 방향으로 전환되었다. 보고서들은 대부분의 유엔 회원국의 테러 대응 역량에 대한 방대한 정보를 제공하지만, 이를 처리하는 데에는 막대한 행정적 부담이 따른다. 2005년부터 2022년 사이, CTED는 112개 유엔 회원국에서 182건의 현장 방문을 통해 각국의 테러 대응 조치 및 기술적 지원 필요성을 평가했다. 이와 더불어 20건 이상의 추가적인 안보리 결의안이 채택되었다. 그 결과 테러 위협의 진화와 CTC 및 CTED의 임무 확대에 따라 회원국들이 이행해야 할 조치도 확장되고 있다.

초기에는 결의안 1373호를 활용하여 유엔 안보리가 전통적인 유엔헌장의 권한 범위를 넘어서 국가 전체에 입법적 규범을 부과하는 것이 과연 정당한가에 대한 의문도 제기되었다. 당시 캐나다 유엔 대사였던 말론(David Malone 2006: 265)은 이를 안보리의 "글로벌 법·규제 체계, 즉 테러 및 대량살상무기와 같은 새로운 안보 위협에 대해 전 세계 모든 국가에 입법하는 행위"라고 표현했다. 하지만 시간이 흐르면서 이러한 우려는 대부분 사라지게 되었다.

2004년, 유엔 안보리는 결의안 1540호를 승인하며 비슷한 접근 방식을 취했다. 이 결의안은 모든 유엔 회원국이 비국가행위자(테러단체를 포함)가 대량살상무기 및 관련 물질에 접근하지 못하도록 입법 및 기타 조치를 취하고, 그 이행 상황을 정기적으로 보고할 것을 요구했다. 이에 대해 레흐만과 카지(Rehman and Qazi 2019: 53)는 이 결의안이 "테러 대응 결의안과 비확산 결의안을 이어주는 안보리 결의안 간의 연결고리"라고 평가했다. 특히 생물무기 확산 방지 측면에서 중요한 역할을 한다고 언급했는데, 이는 BWC가 이행 및 검증을 전담할 국제기구가 부재하기 때문이다 (Rehman and Qazi 2019: 54). 안보리는 1540 위원회를 설립하여 회원국의 이행 상황을 감시하도록 했으며, 8명의 전문가그룹이 위원회의 활동을 지원하고 각국이 테러리스트의 대량살상무기 획득을 막기 위한 대책을 수립하는 데 도움을 주고 있다. 2006년 4월까지 129개국이 보고서를 제출했는데, 이는 결의안의 초기 성공을 보여주는 지표로 전문가들 사이에서 받아들여졌다 (Bosch and van Ham 2007: 212), 그러나 결의안 1373호와 마찬가지로 이들 보고서는 회원국의 이행 사례는 강조하는 반면, 불이행 사례는 은폐하는 경향이 있다. 또한 보고 및 이행을 위한 각국의 인적·재정적 자원 수준이 크게 다름에도 불구하고, 이러한 차이를 충분히 고려하지 않은 채 동일한 보고 의무를 부과한다는 점에서 한계가 지적된다. 2022년, 안보리는 결의안 2663호를 통해 1540 위원회의 임기를 2032년까지 연장했으나, 확산 위협의 변화하는 현실을 반영하지는 못했다 (Rehman and Qazi 2019: 58–63).

2014년, 이슬람국가, 알카에다 연계단체, 그리고 세계 각지에서 이들에 합류하는 외국인 테러 전투원들에 대한 우려가 커지면서, 안보리는 제7장 권한에 따라 만장일치로 두 개의 결의안을 통과시켰다. 첫 번째인 결의안 2070호는 이라크 및 레반트 이슬람국가와 관련 단체들, 폭력적 극단주의 이념, 국제인도법의 심각하고 조직적인 위반, 외국 전투원 모집을 규탄했다. 또한 각국이 자금 흐름을 차단할 조치를 취할 것을 촉구하며, 외국인 테러 전투원 자금조달에도 결의안 1373호가 적용된다는 점을 재확인했다. 두 번째인 결의안 2178호는 '외국인 테러 전투원'이라는 용어를 정의하고, 테러와 관련된 목적으로 여행할 가능성이 있는 개인의 모집, 입국, 또는 통과를 방지하기 위해 각국이 적절한 조치를 취할 것을 요청했다. 이 결의안은 CTED의 임무도 확장하여 각국이 외국인 테러 전투원에 대한 자금조달을 방지하고, 그와 관련된 여행을 시도하는 자국민 및 기타 인물들을 처벌할 수 있도록 법적체계를 마련할 것을 의무화했다.

이러한 글로벌 법적레짐은 아랍연맹, OIC, 유럽평의회, OAS, 남아시아지역협력연합(SAARC), 영연방, OAU/AU, SCO 등 8개의 지역 및 다지역 기구가 체결한 협약들로 보완되고 있다. 또한 선박 및 항만 보안을 관할하는 국제해사기구(IMO), 여권 등 여행 문서의 안정성을 다루는 국제민간항공기구, 자금세탁방지기구(FATF)와 같은 특화된 법적레짐도 존재한다.

집행. 테러지원국들과 알카에다에 대응하기 위한 제재 조치의 활용은 앞서 논의된 바 있으며, 2001년 9월 11일 공격 이후 미국이 아프가니스탄 탈레반 정권과 알카에다를 상대로 취한 군사행동도 그 일환이다. 2011년, 유엔 안보리는 알카에다와 탈레반을 대상으로 한 제재체계를 분리하여 알카에다와 관련된 개인, 단체, 조직을 별도로 지정한 제재 명단을 신설했다. 이후 알카에다의 위협이 변화하고 IS가 새롭게 등장함에 따라, 안보리는 2014년 결의안 2161호를 통해 제재체계를 더욱 강화했다. 이 결의안은 알카에다를 능가하는 IS의 등장 및 외국인 테러 전투원 문제에 대응하기 위한 조치로, IS와 알누스라 선선을 주요 제재 대상으로 삼았다 (표 7.1 참조).

지금까지의 경험에 따르면, 테러지원국에 대한 제재가 알카에다 등 비국가행위자들에 대한 제재보다 상대적으로 더 효과적이었다. 특히 리비아 사례는 의미 있는 교훈을 제공한다. 리비아는 수십 년간 테러 단체들을 지원하고 핵 프로그램을 추진했으나, 결국 이를 포기하게 만든 건 국제사회의 제재였다. 그러나 이 과정은 약 30년에 걸친 장기적인 노력의 결과였다. 1978년 미국의 리비아에 대한 군수장비 수출 금지를 시작으로, 1979년에는 리비아를 미국 국무부의 테러지원국 리스트에 등재했고, 1981년에는 국제 테러 지원에 대한 외교적·경제적 제재가 가해졌으며, 1986년에는 리비아 자산을 동결하고 무역 및 금융 전반에 걸친 포괄적 제재가 시행되었다. 이후, 팬암항공 103편 및 UTA항공 772편 폭파 사건과 리비아의 연관성을 입증하는 결정적인 증거가 제시되면서, 미국, 프랑스, 영국은 이 사안을 유엔 안보리로 가져갔고, 안보리는 1992년 결의안 731호를 통해 처음으로 유엔 헌장 제7장에 따라 테러 행위를 규탄하고 리비아의 역할을 명시적으로 비판했다. 이후 연속된 결의안들은 민간항공, 무기 거래, 외교 관계를 제한하는 표적제재를 부과했고, 이는 결국 리비아를 국제사회에서 고립시키는 결과로 이어졌다. 다만 시간이 지나면서 제재에 대한 국제적 지지가 약화되었고, 외교적 협상과 1998년 국제사법재판소의 판결이 전환점을 마련했다. 리비아는 결국 폭파 사건의 용의자들을 네덜란드에서 재판받도록 인도하고, 유족들에게 보상금을 지급하는 데 동의하게 되었다. 유엔의 제재는 2003년에 해제되었으며, 미국은 2006년에야 자국의 제재를 철회하고, 리비아를 테러지원국 명단에서 제외했다.

한편, SCO는 테러에 대응하기 위해 정기적인 합동 군사훈련을 실시함으로써, 군사적 집행 수단을 준비해 둔 유일한 지역기구라는 점에서 독특하다. NATO는 2001년부터 아프가니스탄에서 이슬람 무장세력과 탈레반에 맞서 군사작전을 전개했으며, 동시에 아프간 정부와 군대의 역량 강화를 위한 노력도 병행했다. 그 밖에도 지역기구의 테러 대응 활동 사례로는, AU가 소말리아에서 알샤바브에 맞서 수행한 AMISOM 작전 및 2012년부터 말리에서 알카에다 이슬람 마그레브와 극단주의 단체들에 대항해 ECOWAS, 유엔, 프랑스군과 협력한 활동, 2015년에 나이지리아 내 보코하람에 대응하기 위해 카메룬, 차드, 니제르가 AU 및 ECOWAS의 승인하에 군사개입에 나선 것 등이 있다.

테러리즘 방지 및 대응을 위한 국가역량 강화. 국가가 국경을 통제하고, 법률 및 은행 시스템을 개선하며, 테러리즘에 대응하기 위해 필요한 조치를 강화할 수 있는 역량을 구축하는 것은 글로벌거버넌스 노력에 있어 매우 중요하다. 마찬가지로, 폭력적 극단주의에 대응하거나 예방하는 것은 "자체적인 대테러활동에서 가장 중요한 발전 중 하나로 여겨지며, 9·11 이후 국내외적으로 선호되던 강압적이고 직접적인 대테러 도구에서 의식적으로 벗어난 것을 의미한다" (Romaniuk 2018: 505).

기술지원은 다양한 국제기구들에 의해 제공되며, 특히 CTED가 중요한 역할을 하고 있다. CTED는 회원국들이 법안을 작성하고, 자금세탁 방지법 및 비공식 은행시스템에 대한 통제를 적응시키며, 대테러 기준에 관한 교육을 제공하는 데 도움을 주었다. 그러나 이러한 지원의 수요는 공급보다 훨씬 크다. 유엔 마약범죄사무소(UNODC)의 테러 예방 부서는 협약의 비준 및 이행, 국가 형사 사법 시스템 강화, 법안 작성 등을 지원하고 있다. IMF는 테러자금 조달 방지를 위한 법안 마련에 기술지원을 제공한다. 2000년대 초반, EU는 독특한 '쌍둥이 프로그램'을 도입하여 기존 회원국이 후보국과 짝을 이루어 대테러 전문지식을 공유하고 국경통제, 법적, 사법적, 행정적 절차에 대한 EU 기준을 준수하도록 지원했다. 2015년, 유엔 사무총장은 폭력적 극단주의 방지 행동 계획을 발표하며 회원국들에게 국가 차원의 계획을 수립할 것을 권장했다. 이어 2017년에는 안보리 결의안 2354호가 채택되어, 테러리즘에 대응하기 위한 포괄적 프레임워크, 국가를 위한 지침, 그리고 CTED의 임무를 포함했다.

테러자금 조달차단. 테러 대응 노력의 핵심은 테러활동의 자금 출처와 관련된 자금세탁 및 금융 범죄를 차단하는 것이다. 대부분의 국가는 자금세탁에 관한 법률이 불충분하며, 금융거래나 테러조직이 널리 사용하는 비공식 은행 네트워크를 감시할 능력이 부족하다. 테러단체는 무기 및 마약 밀매, 납치, 천연자원 착취 등 다양한 불법 활동을 통해 자금을 마련한다. 예를 들어, 이슬람국가는 자신이 직접 통제하는 유정의 석유와 가스를 판매했고 점령 지역 주민들에게 세금을 부과했으며, 탈레반은 헤로인 판매에 의존했고, 알샤바브는 숯 판매를 통해 자금을 조달했다.

표적제재는 테러자금 조달문제를 해결하기 위한 한 가지 방법이지만, 은행 비밀 유지(스위스은행 포함)와 카리브해 및 태평양 섬 국가들의 역외 금융 피난처 규제 등 몇 가지 중요한 거버넌스문제를 해결해야 제재가 효과적일 수 있다. 각국은 금융 거래를 감시하고 특정 개인의 계좌를 차단하며, 테러리스트가 자금을 이동할 시간을 주지 않도록 신속히 대응할 수 있는 법적·기술적 역량을 개발해야 한다.

2002년에 발효된 테러자금조달방지 국제협약은 이러한 활동을 위한 규범적 및 법적 근거를 제공한다. 주요 행위자로는 미국 재무부, 각국 재무부, 주요 은행, IMF, FATF, 아시아/태평양 자금세탁방지기구(APG), 중동 및 북아프리카 금융행동특별기구(MENAFATF), 카리브 금융행동특별기구(CFATF) 등이 포함된다. 그러나 테러자금 조달문제를 해결하기 위한 글로벌 노력을 조정할 권한과 전문성을 가진 중앙 국제기구는 존재하지 않는다.

이러한 기구가 없는 상황에서 FATF는 국가 및 국제 수준에서 자금세탁과 테러자금 조달을 방지하기 위한 정책을 개발하고 촉진한다. FATF는 마약 밀매와 기타 초국가적 범죄와 관련된 자금세탁을 단속하는 데 중요한 역할을 하며, 테러자금 조달 방지 기준을 주기적으로 갱신해왔다. FATF는 국가의 테러자금 조달 방지, 탐지, 기소 능력을 평가하며, 유엔 안보리 결의안의 자금조달 관련 조항 이행을 지원한다. 또한 글로벌 기준을 설정하고 회원국의 진행 상황과 추세를 감시한다. 2023년 기준으로 36개국이 FATF 회원국이며(러시아는 2023년 정지됨), 지역 금융행동태스크포스를 포함한 10개의 단체가 FATF 글로벌 네트워크에 속해 있다. 회원국이 되기 위해서는 자금세탁 방지 법안을 채택하고 FATF 평가를 받아야 한다.

FATF의 주요 도전과제 중 하나는 테러자금 조달이 끊임없이 변화한다는 점이다. 자금세탁 방식이 계속 진화하고 있으며, 자선 단체, 비공식 은행 시스템, 다이아몬드, 헤로인, 숯, 가스, 석유, 금속과 같은 상품을 통한 비현금 거래가 증가하면서 이러한 자금 흐름을 추적하기가 어려워지고 있다. 더욱이 대부분의 테러활동에 필요한 자금은 다른 범죄 활동에 비해 적은 금액이기 때문에 탐지와 대응이 더 어렵다. FATF는 동료 검토(peer review) 프로세스와 자체 보고(self-reporting)를 활용하여 기술 지원과 지원이 집중되어야 할 분야를 식별하고 있다 (Gardner 2007).

형사 사법 접근법. 테러리즘을 다루기 위한 국제규칙 체계를 구축하고, 테러단체에 자금이 흘러가는 것을 차단하며, 국가역량을 강화하는 것 외에도, 국가와 다자 간 노력은 보안을 강화하고 국경통제를 엄격히 하며, 대공작 활동을 확대하고, 법 집행 기관 간 협력을 개선하는 데 초점을 맞추고 있다. 특히, 국제 경찰기구인 인터폴과 유로폴은 테러리스트를 추적하고 체포하는 데 매우 중요한 역할을 하고 있다.

EU는 사법 및 내무라는 체계 하에 형사 사법 접근법을 통해 대테러 활동에 매우 적극적으로 임하고 있다. 주요 발전 중에는 유럽 체포 영장, 유로폴을 통한 강화된 법 집행 및 정보 협력, 유럽 사법협력기구를 통한 사법 협력, 그리고 추정되는 테러단체의 식별 등이 포함된다. 2004년 마드리드 열차 폭탄 테러는 이러한 조치들에 박차를 가하는 계기가 되었으며, 이는 'EU 회원국들에게 대테러 조치 이행을 지나치게 늦추는 데 따르는 대가를 상기시키는 암울한 경고'로 작용했다 (Bures and Ahern 2007: 216). 2014년부터는 외국인 테러 전투원의 귀환에 대한 우려가 커지면서 이라크, 소말리아, 시리아, 예멘 등 이슬람 극단주의 단체가 활동했던 지역으로 여행한 사람들을 구체적으로 감시하기 시작했으며 국경 보안 문제가 새롭게 주목받았다. 2015년, 유럽이사회는 시민들의 안전을 보장하고, 급진화를 방지하며, 가치를 보호하고, 국제 파트너와의 협력을 강화하기 위한 구체적인 조치를 촉구하는 성명을 발표했다. 2020년 프랑스, 독일, 오스트리아에서 발생한 테러 공격은 급진화, 테러, 폭력적 극단주의에 대처하기 위한 추가적인 조치를 이끄는 계기가 되었다. 2021년, EU 이사회는 테러리스트 온라인 콘텐츠 문제를 해결하기 위한 규정을 채택함으로써 디지털 영역에서도 테러 대응 노력을 강화했다.

전략 및 행동 조정. 2000년대 초반부터 유엔, 지역 정부간기구, 새로운 다자간 기구들은 테러 대응 노력을 개선하고 조정 및 협력을 강화하기 위해 다양한 조치를 취해왔다. 2006년 유엔 총회는 유엔 글로벌대테러전략(A/RES/60/288)을 채택했는데, 이는 테러를 다루기 위한 포괄적인 글로벌 프레임워크를 처음으로 제시한 시도였다. 이 전략은 네 가지 축으로 구성되어 있다: 테러 확산을 조장하는 조건 해결, 테러 방지 및 대응, 국가역량 강화, 그리고 테러 대응 중 인권 수호. 대테러 이행 태스크포스는 다양한 유엔 전문기구, 평화작전국, CTED, 1540위원회, 유엔 내 다른 사무소들, 그리고 인터폴의 대표들로 구성되어 유엔 체제 전반의 활동을 조정하는 역할을 한다.

EU는 행동 계획 외에도 대테러 조정관 직책을 신설했고, ECOWAS와 ASEAN은 대테러 태스크포스를 설립했다. AU는 아프리카 테러 연구센터와 2010년에 신설된 대테러 협력 특별대표직을 운영하고 있다. OAS는 미주대륙 대테러위원회(Inter-American Committee Against Terrorism)를 설립했으며, 이를 지원하는 별도의 사무국도 운영 중이다. SCO는 2002년에 설립된 지역 대테러 구조(RATS)를 통해 조직 활동의 중요한 부분을 차지하고 있다. 그러나 EU를 제외하면 대부분의 기구들은 유엔 및 기타 지역 프로그램과의 조정은 물론, 효과적인 대테러 활동을 추진하기 위한 역량, 자금, 정치적 의지가 부족하다.

협력을 개선하기 위한 추가적인 노력으로는 2011년에 창설된 비공식 기구인 글로벌 대테러 포럼이 있다. 이 포럼은 30개 회원국과 유엔, 유럽평의회, ASEAN, AU, OSCE, 인터폴, 연구 기관 등 여러 파트너 기관들로 구성되어 있으며, 전문가들이 전략과 모범 사례를 공유할 수 있는 플랫폼 역할을 한다. 주요 초점은 테러리스트 모집 감소, 테러 위협에 대응하기 위한 민간 역량 강화, 그리고 유엔 글로벌 대테러전략 이행이다. 2014년에 설립된 또 다른 기관으로는 다에시(Daesh, IS)에 맞선 글로벌연합이 있다. 이 연합은 85개 회원국으로 구성되어 있으며, 이슬람 국가의 네트워크를 해체하고 그 패배를 보장하기 위해 만들어졌다.

많은 예방외교, 판결, 중재, 평화유지, 군비통제와 같은 전통적인 안보거버넌스 접근법은 테러리즘을 다루는 데 효과적이지 않다. 동시에 지속적으로 변화하는 위협은 세계 여러 지역의 평화와 안보에 심각한 도전을 제기하고 있다. 이는 위협과 그 근본 원인을 해결하기 위한 노력을 더욱 시급하게 만든다. 예를 들어, 하마스, 이슬람 지하드, 보코하람과 같은 단체 내 청년들 사이에서 자살 폭탄 공격의 매력을 제거하려는 노력이 필요하다. 팔레스타인문제와 같이 명확한 불만 사항이 있는 경우, 평화롭고 공정한 해결책을 모색하려는 노력이 재개되어야 한다. 반면, 알카에다와 IS의 분파처럼 구체적인 정치적 목표가 없고, 반서구적 정서, 근본주의적 종교 관심사, 사우디아라비아나 이집트와 같은 정체된 사회에서 체감하게 되는 깊은 소외감이 있는 경우, 적절한 거버넌스 대응 방안을 찾는 것은 훨씬 더 어려운 과제가 된다.

인간안보의 도전과제

이 장의 서두에서는 소말리아분쟁과 기근이라는 인도주의적 위기를 통해 냉전 이후의 안보문제를 소개했다. 오늘날엔 약한 국가, 테러, 대규모 인도주의 위기가 혼재되어 있다. 장의 말미에서는 테러가 개인, 국가, 지역에 제기하는 복합적 위협과 이에 대한 다양한 거버넌스 대응 전략을 조명했다. 오늘날 국제평화와 안보에 대한 위협은 이례적으로 다양하고 복잡하다. 이에 대응하기 위해 새로운 거버넌스 이니셔티브가 시도되는 한편, 기존의 전통적 접근방식도 여전히 유효한 측면이 있다.

과거에는 국가의 영토 보전과 외부 침략으로부터의 보호가 안보개념의 핵심이었다. 그러나 R2P와 POC 같은 규범들이 확산되면서, 이제는 인간안보가 주목받고 있다. 인간안보가 점점 더 중요해지는 이유는 향후 지속적으로 논의하게 될 주제들이 빈곤 퇴치, 세계화가 초래한 불평등 완화, 환경적으로 지속가능한 발전, 인권 존중(특히 여성과 아동), 전쟁범죄 및 반인도 범죄 처벌, 기후변화가 초래하는 안보 위협 대응 등이라는 것에서 확인된다. 이번 개정판은 이러한 맥락에서 건강, 식량, 난민, 이주, 인신매매 등 인간안보 문제에 대응하는 국제기구와 글로벌거버넌스의 역할을 집중적으로 다룬 제11장을 새롭게 추가했다.

추가 읽을거리

Biersteker, Thomas, Sue Eckert, and Marcos Tourinho, eds. (2016) *Targeting Sanctions: The Impacts and Effectiveness of UN Action*. New York: Cambridge University Press.

Campbell, Susanna P. (2018) *Global Governance and Local Peace: Accountability and Performance in International Peacebuilding*. New York: Cambridge University Press.

Fortna, Virginia Page. (2008) *Does Peacekeeping Work: Shaping Belligerents' Choices after Civil War*. Princeton, NJ: Princeton University Press.

Howard, Lise Morjé. (2019) *Power in Peacekeeping*. New York: Cambridge University Press.

Koops, Joachim A., Norrie MacQueen, Thierry Tardy, and Paul D. Williams, eds. (2015) *The Oxford Handbook of UN Peacekeeping Operations*. New York: Oxford University Press.

Thakur, Ramesh. (2018) *The United Nations, Peace and Security: From Collective Security to the Responsibility to Protect*, 2nd ed. New York: Cambridge University Press.

8장

경제 번영 추구

사례연구: 세계무역기구 사무총장 오콘조-이웰라	323
글로벌 경제거버넌스: 주요 견해와 사건들	325
무역의 거버넌스	336
금융의 거버넌스	347
개발의 거버넌스	357
다국적기업: 규제에서 파트너십으로	375
경제거버넌스의 도전과제	378

사례연구: 세계무역기구 사무총장 오콘조-이웰라

코로나 팬데믹 발발 초기인 2020년 5월, 브라질의 외교관 아제베도(Roberto Azevêdo)가 세계무역기구(WTO) 사무총장직을 사임한다는 뉴스는 매우 놀라웠다. 1947년 관세 및 무역에 관한 일반협정(GATT)의 무역 촉진 및 규제 업무를 이어받으며 1995년에 설립된 WTO는 한때, 특히 국가의 무역 분쟁을 조정하는 데 있어 효과적인 경제거버넌스로 알려져 있었다. 그러나 아제베도의 갑작스러운 사임 무렵, 이 조직은 미중경쟁 그리고 글로벌 노스과 글로벌 사우스 간 더 벌어진 분열로 인해 약화되었다. 분쟁 해결 기구는 인력이 부족하고, 지식재산 또는 농업 보조금과 같은 논란이 되는 문제들을 해결할 수 없었다. 그 WTO 사무총장은 각국 정부들이 산소호흡기, 개인 보호 장비, 그리고 여타 팬데믹 대응 장비의 무역을 제한하는 것을 속수무책으로 지켜봤다.

아제베도를 대체하는 일은 복잡했다. 당시 그 조직은 164개의 회원국을 보유했다. 많은 WTO 활동들과 마찬가지로, 새로운 사무총장의 임명 과정은 합의를 요구했고, 심지어 단 한 국가의 반대로도 좌절될 수 있었다. 이집트, 케냐, 멕시코, 몰도

계속

바, 나이지리아, 사우디아라비아, 대한민국, 영국 등 8개국은 자국 출신의 차기 사무총장을 원했다. 9개월, 세 번의 결정 라운드, 그리고 상당한 내부 투쟁을 거쳐 후보군이 좁혀졌다. 아프리카국가들은 세 명의 후보를 내세웠다. 중국은 미국과 연대하는 것으로 보이는 후보들에 반대했으며, 미국도 유사한 방식으로 행동했다. 오직 두 명의 GATT/WTO 사무총장만이 글로벌 사우스 출신임을 불평하며, 개발도상국은 새로운 지도자는 그들 중에서 나와야 한다고 주장했다.

WTO의 회원국 외에도, 무역에는 비정부기구(NGO), 노동조합, 기업 협회 등과 같은 이해관계자들이 존재한다. 이러한 비국가행위자들 역시 의견을 제시했다. 예를 들어, 19개 시민사회 단체들의 한 무리가 사우디아라비아 후보의 인권유린 연루를 폭로하여 그의 탈락을 거들었다.

2020년 10월 무렵, 오직 두 명의 후보만 남았으며, 두 후보 모두 여성으로 한국의 유명희와 나이지리아의 오콘조-이웰라(Ngozi Okonjo-Iweala)였다. GATT와 WTO 역사상 최초의 여성 사무총장을 보장했기에, 이것만으로도 중요한 일이었다. 이 두 여성은 또한 WTO가 주로 무역정책에 관한 것인지, 아니면 개발정책에 관한 것인지에 대한 오랜 논쟁을 구체화했다(Johnson and Urpelainen 2020). 유명희는 오랜 기간 정부에서 근무했으며, 당시 한국의 통상교섭본부장으로 재직 중이었다. 반면, 오콘조-이웰라는 세계은행에서 25년간 근무했으며, 개발도상국에 백신을 보급하는 공공-민간 파트너십인 세계백신면역연합(GAVI)의 의장을 역임했다. 미국은 그녀를 '무역 경험이 없는', '개발만 하는 세계은행 출신'이라는 미국 무역대표부의 일축 아래 오콘조-이웰라의 출마에 반대했다 (Campbell 2021).

사무총장 자리가 이미 공석이었고 개별 WTO 회원국이 결정을 무기한으로 막을 수 있었기 때문에, 상황은 교착 상태에 빠졌다. WTO의 선정위원회는 단순 다수결 투표라는 '극단적 선택(nuclear option)' 대신 2020년 미국 대통령 선거 이후 상황을 점검하는 데 합의했다. 바이든(Joseph Biden)이 미국의 새로운 대통령이 되었을 때, 그는 오콘조-이웰라를 지지했고, 그녀는 WTO를 이끄는 최초의 여성이자 최초의 아프리카인이 되었다. 그녀의 당선은 유럽중앙은행, 국제통화기금, 국제무역센터, 유엔무역개발회의 등 여성들이 이끄는 주요 국제경제 기관들의 증가에 일조했다.

오콘조-이웰라가 WTO 사무총장이 되는 과정은 노스와 사우스 간의 긴장, 경제정책의 다른 영역들과 불가분의 관계에 있는 개발정책, 그리고 국가와 비국가행위자 간의 상호작용 등의 글로벌 경제거버넌스의 핵심 주제를 보여준다. 첫째, 오콘조-이웰라가 무역보다 개발에 더 헌신적이라는 트럼프(Donald Trump) 행정부의 우려와 사무총장 자리가 '자신들의 차례'라는 개발도상국들의 주장은 선진국과 개발도상국 간의 긴장이 글로벌 경제거버넌스에서 어떠한 영향을 미칠 것인가를 보여준다. 오콘조-이웰라는 나이지리아와 미국의 이중 국적을 가진 미국에서 교육받은 경제학자로서 노스와 사우스 간의 긴장을 해소하는 데 특히 적합하다. 둘째, 국제무역 혹은 금융 관리는 개발에 관한 고민이 필요하며, 반대의 경우도 마찬가지다. WTO의 창립 문서는 서문에서 무역

계속

의 핵심 목적 중 하나가 '완전 고용 보장'과 '생활 수준 향상'과 같은 개선을 통해 개발을 촉진하는 것이라고 선언하며, 이러한 연관성을 명확히 하고 있다. 셋째, 글로벌 경제거버넌스의 이해관계자는 국가뿐만 아니라 비국가행위자도 포함한다. WTO 사무총장 선출 과정에서 NGO와 여타 비국가행위자들은 그들의 선호를 명확히 알렸다. 아마도 오콘조-이웰라가 공공과 민간영역의 경계를 허문 저명한 공공-민간 파트너십인 세계백신면역연합의 의장을 역임한 것이 도움이 되었을 것이다. 2025년 그녀의 연임 여부와 관계없이, WTO 리더십을 향한 그녀의 길은 글로벌 경제거버넌스의 핵심 주제를 보여주며, 여성과 아프리카에 주목할 만한 최초의 사례이다.

글로벌 경제거버넌스: 주요 견해와 사건들

이 장에서는 무역, 금융, 개발에 대한 거버넌스를 다룬다. 각각에 대한 자세한 논의에 앞서, 글로벌 경제거버넌스의 진화를 형성해 온 주요 견해들과 사건들을 강조하는 것은 중요하다. 21세기 초기 20년간의 국제경제 관계는 그 이전 시대는 차치하고, 브레턴우즈체제가 형성된 제2차 세계대전의 종결 무렵과는 크게 다르다.

주요 견해: 중상주의, 자유주의, 사회주의

1700년대 말, 오늘날 우리가 알고 있는 민족국가(nation-states)체제는 초기 단계였다. 유럽은 서로 경쟁하거나 협력하는 몇몇 국가들의 본거지였으며, 여러 국가는 아프리카, 아메리카, 아시아, 그리고 오세아니아 등의 광범위한 지역의 식민지배를 통해 경제적 권력의 신장을 추구했다. 북미의 13개 영국 식민지는 독립을 쟁취하고 미국이라는 새로운 국가를 세우는 중이었다.

당시 영국과 다른 식민 열강들은 국가의 역할과 국가건설 목표에 대한 경제적 활동의 종속을 강조하는 초기 형태의 중상주의를 따르는 경향이 있었다. 식민통치를 통해 천연자원, 노동자, 영토, 그리고 특정 산업을 통제함으로써 경쟁국들은 자신들의 경제적 잠재력을 향상하기 위해 노력했다. 식민 열강들은 이러한 목표를 달성하기 위해 허드슨 베이(Hudson Bay) 회사나 네덜란드 동인도(Dutch East India) 회사와 같은 혼합형 공공-민간 기관에 의존하곤 했다.

그러나 중상주의는 경제적 자유주의로부터의 도전에 직면했다. 1776년은 미국 식민지들이 그들의 독립을 선언한 해일뿐만 아니라, 스코틀랜드 경제학자 애덤 스미스(Adam Smith)가 그의 유명한 저서 『국부론(*The Wealth of Nations*)』을 발표한 해이기도 했다. 스미스와 그의 계승자들은 국가와 경제 간의 다른 관계를 구상했다. 자유주의에 따르면, 인간은 합리적이고 자기 이익을 추구하는 방식으로 행동한다. 그 결과, 시장은 상품을 생산하고, 분배하며, 소비하도록 발전한다. 시장은 특화, 경쟁, 노동 분화, 그리고 자원의 효율적 분배를 통해 개별적 그리고 집단적 경제성장을 가속한다. 정부 기관은 시장이 작동할 수 있는 질서, 인프라, 그리고 안정성을 제공하는 중요한 기능을 수행한다. 명확히 말하자면, 중상주의는 국가에 봉사하는 시장을 다루는 반면, 자유주의는 시장에 봉사하는 국가를 다룬다. 첫 번째는 정치적 목적을 위한 경제적 수단의 사용을, 그리고 두 번째는 경제적 목적을 위한 정치적 수단의 사용을 다룬다. 이상적으로, 만약 국내 정부와 국제기관이 시장이 자원을 효율적으로 배분하도록 허용한다면, 경제권 간 상호의존성이 커져 관련된 모든 국가의 더 나은 경제발전을 이끌 것이다.

결국, 중상주의와 자유주의는 세 번째 견해인 사회주의로부터의 도전에 직면했다. 1800년대 중반 그리고 1900년대 초반, 마르크스(Karl Marx)와 같은 저자들 그리고 레닌(Vladimir Lenin)과 같은 정치적 지도자들은 토지, 공장, 그리고 다른 생산 수단의 사적 소유를 반대했다. 그들은 노동자들에 의해 집단으로 소유되거나 혹은 국가에 위탁하는 방식으로 소유권이 사회화되어야 한다고 믿었다. 사회주의자들은 그들의 해외 식민지와 국내 노동자를 착취한다는 이유로 자유주의자들과 중상주의자들을 비난했다.

다양한 강대국은 사회주의, 경제적 자유주의 혹은 중상주의를 지지해왔다. 제2차 세계대전의 교전국 중, 세 가지 견해가 모두 제시되었다. 영국, 미국, 그리고 많은 다른 연합국들은 자유주의를 지지했던 반면, 소련은 사회주의를 지지했다. 일본과 독일은 국가건설, 경제적 도약, 그리고 군사력 강화를 위해 중상주의를 채택했다. 제2차 세계대전 후, 미국과 소련 간의 냉전은 자유주의 경제체제와 사회주의 경제체제 간의 경쟁을 증폭시켰다. 비록 일본과 독일은 패배했지만, 중상주의를 통한 그들의 앞선 성공은 특히 아시아의 다른 후발 산업 국가들에 본보기가 되었다.

1940년대: 미국 주도의 자유주의적 경제질서 구축

자유주의, 사회주의, 그리고 중상주의 견해들은 20세기에 영향을 지속했지만 제2차 세계대전은 식민주의에 중요한 전환점이었다. 전쟁으로 피폐해진 프랑스, 영국, 그리고 다른 식민 열강들은 재건에 집중해야 했고, 시간이 지나면서 그들은 먼 지역의 사람들과 영토를 통치할 의지나 능력을 상실했다. 다음 20년간의 탈식민지화 과정에서 대부분의 유럽 식민지들은 독립 국가가 되었고, 이후 독립 국가들의 정부는 자국의 경제 접근 방식을 중상주의, 자유주의 또는 사회주의 중에서 선택하게 되었다.

이러한 경제적 모델들의 혼합 역시 가능했다. 영국의 저명한 경제학자 케인스(John Maynard Keynes)는 자유주의의 시장 중시, 중상주의의 국가 개입 중시, 그리고 사회주의의 사회 안전망 제공 중시를 결합했다. 케인스주의로 알려진 그의 혼합 접근 방식은 개별 국가들과 새로운 국제경제 IGO들에 의해 채택되었다.

케인스는 1944년 브레턴우즈 회의에 참석하여 국제통화기금(IMF), 국제부흥개발은행(IBRD 또는 세계은행), 국제무역기구(ITO)라는 세 개의 새로운 기관을 제안한 회의 결과에 강력한 영향을 미쳤다. 제3장에서도 논의된 바와 같이, IMF는 무역수지 적자 보완과 안정적인 금융 시스템의 보장을 위한 단기 원조를 제공하기 위해, 세계은행은 전쟁의 피해를 입은 경제를 회복하고 개발을 위한 자본을 제공하기 위해, ITO는 국제무역에 대한 장벽을 낮춰 경제성장을 촉진하기 위해 제안되었다. IMF와 세계은행은 그 회의 직후 운영을 시작했지만, ITO는 결실을 맺지 못하고, 대신 그 목표는 1947년 GATT에 의해 부분적으로 달성되었다.

세계은행의 초기 업무는 제2차 세계대전 이후 유럽의 재건을 촉진하는 것이었다. 그러나 미국은 유럽과 소련의 공산당으로부터의 점증하는 위협에 맞서 유럽의 정치 및 경제체제를 강화하기 위해 1948년 세워진 마셜플랜을 통해 미국의 기여금 대부분을 지급했다. 미국과 캐나다는 또한 서유럽에 원조를 제공하고 그들의 회복을 계획하는 데 유럽정부들의 협력을 장려하기 위한 유럽경제협력기구(OEEC)를 설립했다.

브레턴우즈 기관들과 OEEC는 미국 주도의 전후 '자유주의 질서'로 알려진 체제의 중요한 요소였다 (Ikenberry 2001). 그러나 그들은 자유주의만을 기반으로 세워진 것은 아니었다. 그 기관들은 또한 경기 위축 기간 동안 성장을 자극하고, 무역과 투자를 촉진하는 데 있어 정부의 강력한 역할을 강조한 케인스주의적 접근 방식을 반영했다. 목표는 지속적으로 확장되는 세계 시장과 국제 세력의 위험을 완화하기 위해 국가들이 지원을 제공할 것이라는 보장이었다. 완전 고용, 소득 균등화, 그리고 강력한 안전망은 미국의 패권에 의해 지지 되었으며 '내재된 자유주의(embedded liberalism)'라고 불린 이 사회적 계약의 핵심 부분이었다 (Ruggie 1982).

1950년대에서 1980년대: 자유주의 경제질서의 변화와 도전

1950년대 경, 냉전의 적대감이 확고해졌다. 미국은 주로 서유럽 또는 북미 국가들의 연합인 '제1세계'를 이끌었고, 소련은 주로 동유럽 국가들의 연합인 '제2세계'를 이끌었다. 다수가 새롭게 독립하면서 하나의 초강대국과 긴밀히 협력함으로써 다른 편의 초강대국을 적대하게 되는 것을 꺼리는 개발도상국들은 '제3세계'로 알려지게 되었다.

이러한 분열은 글로벌 경제거버넌스를 지배했다. 소련은 유엔에서 활동적이었지만, 세 개의 브레턴우즈 기관에 가입하는 것은 거절했고, 그의 동맹국들에도 동일하게 행동하도록 압력을 가했다. 미국 주도의 북대서양조약기구(NATO)를 반영한 소련 주도의 바르샤바조약기구의 안보정책과는 달리, 소련은 세계은행, IMF, 그리고 GATT에 대한 완전한 경제적 대응 기구를 절대 창설하지 않았다. 아래에서 논의된 바와 같이, 일부 개발도상국들은 브레턴우즈 기관에 가입했으나 대부분은 이 기관들을 선진국들의 도구로 간주했다.

1950년대부터 1970년대 사이, 세 가지 주요 변화가 세계 경제를 재편했다. 하나는 제5장에서 논의된 유럽 경제통합 과정이었다. 이 과정은 1951년 프랑스, 서독, 이탈리아, 벨기에, 네덜란드, 그리고 룩셈부르크 등 6개국이 유럽석탄철강공동체(ECSC)를, 이후 유럽경제공동체(EEC)를 설립하면서 시작되었다. 점진적으로, 이 국가들은 역내 무역에 대한 다양한 장벽을 제거하고, 역외 관세를 표준화했으며, 공동농업정책(CAP: Common Agricultural Policy)에 합의했다. 1970년대까지 유럽통합은 크게 심화되지 않았지만, EEC는 덴마크, 아일랜드, 영국을 포함하여 그 회원 수를 확장했다.

두 번째 변화는 다국적기업(MNC)의 폭발적인 성장이었다. 경제적 자유주의에 따르면, MNC는 경제성장과 번영을 산출하기 위해 규모의 경제를 활용한다. 이들은 전 세계에 자본을 투자하고, 새로운 기술을 도입하며, 시장을 개방하고, 일자리를 제공하며, 산업 및 농업 개선을 위한 자금을 지원한다. 외국인직접투자(FDI)를 제공함으로써, MNC는 자본, 아이디어, 그리고 경제성장을 위한 통로 역할을 한다. 어찌 되었든, 초기 전신들은 허드슨만 회사와 같은 식민지 시대 기관들을 포함하기에 MNC의 존재 자체는 새롭지 않다. 그러나 MNC의 확산은 새롭다. 부분적으로는 유럽 경제통합으로 촉진되어, MNC의 수는 급격히 증가했다. 쉘, 제너럴 모터스 그리고 히타치와 같은 기업들은 글로벌 세력이자 누구나 아는 이름이 되었다.

세 번째 변화는 선진국과 개발도상국 간의 고조된 긴장이었다. 1960년, OEEC는 경제협력개발기구(OECD)로 재편되었다. 유럽의 전후 복구가 완료되면서, 새로운 조직은 마셜플랜 기금을 관리하는 것에서 벗어나 군사문제를 제외하고 거의 모든 문제로 확장되었다. 고위급 관료들의 합의 기반 회의를 통한 운영으로, OECD는 선진국들이 거시경제정책과 개발도상국에 대한 재정 지원을 조율하는 데 좋은 수단이 되었다. 호주와 일본과 같은 소수의 비유럽 국가들에게도 회원 자격을 확장함으로써, OECD는 곧 부유한 국가들을 위한 클럽으로 알려지게 되었다. OECD와 다른 경제 포럼을 통해, 선진국들은 '원조가 아닌, 무역(trade, not aid)'의 개념을 장려했다. 그것은 만약 빈곤국들이 중상주의적 산업정책이나 개발원조에 의존하기보다는 국제시장에 개방적이었다면 경제성장이 더욱 단단했을 것이라는 생각이었다.

그러나 개발도상국은 매우 다른 시각을 가지고 있었는데, 그러한 시각은 신생 독립국의 수가 증가함에 따라 점점 큰 영향력을 지니게 되었다. 이미 1950년대에, 유엔 라틴아메리카 경제위원회(ECLA)의 경제학자들은 미국이 지지하는 경제적 자유주의에 도전하기 시작했다. ECLA는 제2장에서 논의했듯이 개발도상국은 영구적으로 빈곤에 빠져 성장할 수 없다고 주장한 종속학파(dependency school)와 의견을 같이했다. 종속의 굴레에서 벗어나기 위해, ECLA는 수입대체 산업화(ISI: import-substitution industrialization)를 권장했는데, 이는 정부가 자동차와 같이 수입 의존적인 전략적이거나 고부가가치 산업을 지정하고, 내부 인센티브와 외부 무역장벽을 결합해 국내 대체품을 육성하는 방식이다. 이 접근 방식은 개발도상국들이 충분한 시간과 자원 아래, 그들의 노하우를 증진하고, 부유해지며, 그리고 국제경제 문제에 더욱 큰 영향력을 획득할 수 있기를 희망했다.

1964년, 유엔에서 G77을 결성한 개발도상국들은 ECLA의 지원과 함께, 유엔 무역개발회의(UNCTAD)를 설립하기 위해 그들이 가진 다수의 표를 활용했다. 그 이름에 '회의(conference)'라는 용어에도 불구하고, UNCTAD는 유엔체계 내 영구적 정부 간 기구이다. 많은 신생 독립 정부들의 제한적인 전문성으로 인해, UNCTAD 사무국은 기술적 지원을 제공하고, 개발에 관한 주류 자유주의적 사고에 도전하는 데 매우 중요한 역할을 하게 되었다. 1974년, G77은 다시 유엔 총회에서 다수의 표를 활용해, 신국제경제질서 수립 선언과 국가의 경제적 권리 및 의무에 관한 헌장을 채택하도록 했다. 이들을 통해, G77은 원자재 가격, MNC의 규제, 기술이전, 해외 원조, 무역 등 주요 5개 분야에서 변화를 요구했다. 그 결과 노스와 사우스 간의 격렬한 대립이 이어졌고, 이는 수년간 모든 유엔 기구에 영향을 미쳤다 (제4장 참조). 대부분의 문제에 대해 노스는 협상을 거절했다. 그러나 GATT의 개발도상국 수출에 대한 특혜대우 원칙을 인정받는 등 G77은 무역에서 몇 가지 양보를 얻어냈다.

1960년대와 1970년대, 많은 개발도상국은 또한 상품 카르텔과 같은 더욱 좁은 범위의 협정을 통해 협력하기 시작했다. 가장 잘 알려진 것은 1960년 현지 정부에 고정 사용료를 대가로 대부분의 세계 무역용 석유의 생산과 판매를 통제했던 국제 석유회사를 견제하기 위해, 이란, 이라크, 쿠웨이트, 사우디아라비아, 그리고 베네수엘라 등에 의해 설립된 석유수출국기구(OPEC)다. OPEC은 산유국들이 더욱 높은 가격과 영향력 확보를 목표로 하는 경제적 행위자이자, 정치적 행위자다. 1973년 이스라엘과 아랍 연합 간의 욤기푸르전쟁(Yom Kippur War) 동안, 아랍석유수출국기구(Organization of Arab Petroleum Exporting Countries)라 자칭한 OPEC의 일부 회원국은 미국, 네덜란드, 그리고 이스라엘 편에 섰던 다른 국가들에 대항하여 석유 금수 조치를 시행했다. 비록 금수 조치는 몇 달 후 공식적으로 종료되었지만, 산유국은 기억에 남을 정도로 그들의 힘을 증명했다. 표적이 된 국가들은 취약성을 쉽게 잊지 않았고, 다른 개발도상국들은 주석, 커피 등 다른 상품에 대한 카르텔을 형성하도록 고무되었다. 석유는 소수의 생산국과 가까운 대체재가 없는 필수품인 반면, 다른 많은 상품들은 가격이 탄력적이고 서로 가격을 낮추려는 다수의 공급자가 있었기에, 모든 카르텔이 성공한 것은 아니었다. 그럼에도 불구하고 상품 카르텔은 개발도상국이 선진국에 대해 자신들을 내세울 수 있는 또 다른 수단이 되었다.

유럽의 경제통합, MNC의 폭발적인 성장, 그리고 선진국과 개발도상국 간 증가한 긴장이라는 세 가지 변화는 1970년대의 세계 경제가 1945년의 그것과는 상당히 달랐음을 의미했다. 심지어 제2차 세계대전 이후 자유주의 경제질서의 주요 지지자였던 미국도 체제의 변화를 추구했다. 1971년, 미국정부는 1944년 브레턴우즈 회의의 주요 합의를 폐기했는데, 이는 미국이 '금 창구를 닫음'으로써, 외국 정부가 더 이상 미국 달러를 고정된 양의 금으로 태환할 수 없었다. 비록 금으로 뒷받침된 미국 달러가 국제적인 안정성을 제공하고, 미국에 세계 선호 기축통화를 제공했지만, 국내 인플레이션과 대외 경쟁은 이 합의를 미국에 해롭게 만들었다. 1973년경, 고정 환율 제도는 통화 가치가 합의된 범위 내에서 변동할 수 있는 반(半)변동 환율 제도로 대체되었다. 원래의 목적이 상당 부분 무너진 상태에서, IMF는 다음 10년 동안 높은 부채와 국제수지 불균형을 포함한 장기적인 구조적 경제문제를 겪는 개발도상국에 재정 지원을 제공하는 방향으로 전환했다.

미국이 금본위제 폐지와 함께 주도적인 역할을 축소하면서, 경제적으로 앞선 국가 간 경제정책 조율에 대한 필요성이 더욱 커졌다. 이로 인해 OECD는 더욱 중요해졌으며, 1970년대 중반 캐나다, 프랑스, 독일, 이탈리아, 일본, 영국 그리고 미국 등 7개 선진국이 재무장관과 정부 수반들이 참여하는 연례회의를 시작하며 G7을 결성했다. G7은 정식 국제기구가 된 적은 없고, 대신 회원국이 돌아가며 의장국을 맡아, 그 해의 정책의제를 설정하고 연례 정상회의를 주최한다. G7은 정상 간 개인적 관계를 형성하고 서로의 경험을 배우는 데 있어 그 가치를 증명해왔다.

1970년대 또 다른 혁신은 이 역시 엘리트 포럼이었지만, 민간부문에 근간한 세계경제포럼(WEF)이었다. 원래 유럽경영포럼(European Management Forum)으로 불렸던, 1971년의 첫 번째 회의는 경영학 교수 슈밥(Klaus Schwab)에 의해 스위스 다보스로 초청된 수백 명의 유럽 기업인들로 구성되었다. 몇 년 안에, 연례회의는 글로벌 문제에 대한 광범위한 논의를 위해 정부 관계자와 다른 '영향력 있는 인사'들을 포함했다. 경제 및 기타 정책결정에 대한 WEF의 영향력은 논란의 대상이지만, 다보스에서 해마다 열리는 모임은 잠재적으로 영향력 있는 인사들을 여전히 불러들이고 있다.

1980년대, 자유주의 경제질서는 두 가지 방향에서 도전을 받았다. 첫 번째는 아시아로, 일본, 그 이후 한국, 홍콩, 싱가포르, 대만 등이 전자, 플라스틱, 철강과 같은 전략적 부문에서 주요 수출국으로 빠르게 성장했다. 이러한 아시아정부에게는 국가의 개입이 핵심이었는데, 공공 교육 및 인프라에 투자하고, 몇몇은 심지어 통화 가치를 조작하거나, 특정 기업에 특혜 자금 제공을 시도하기도 했다. 사회주의에 입각한 ISI를 채택한 남미와 달리, 동아시아는 중상주의적 목표 달성을 위해 자유주의 국제체제를 활용한 수출 주도 성장을 채택했다. 두 번째 도전들은 개발도상국과 부채문제의 심화에서 비롯되었는데, 앞서 얘기했듯이 IMF는 이로 인해 구조조정과 부채탕감에 더욱 집중하게 되었다.

1990년대: 자유주의 경제질서의 '승리' 이후 부상한 세계화

1990년대 초 냉전의 갑작스러운 종식은 경제거버넌스의 전환점이었다. 시장 지향적인 서독과 사회주의 동독이 단일국가가 되면서 거대한 추진력을 얻었다. 독일의 통일로, 1992년 EEC의 12개국은 그들의 경제통합을 확대하고 궁극적으로 유로라 불리는 새로운 공유 통화를 기반으로 완전한 통화 동맹 창설을 위한 유럽연합(EU)으로 그들을 단결시키는 마스트리히트조약에 합의했다.

냉전의 종식은 또한 글로벌 수준에서의 경제거버넌스를 변화시켰다. 1950년대부터 1980년대까지, 자유주의 경제질서는 소련 주도의 동구권, 글로벌 사우스, 동아시아의 중상주의 산업국들, 그리고 심지어는 미국으로부터의 도전을 견뎌 내왔다. 1990년대 초, 경제적 자유주의는 승리한 것처럼 보였다. 소련이 빠르게 해체되면서, 많은 사회주의 국가들은 시장경제로 전환했다. 브라질, 인도, 그리고 글로벌 사우스의 다른 중요한 국가들 역시 더욱 경제적 자유화를 택하며, 사회주의에 대한 열의를 식혀갔다. 점점 더 부유해지며 국제시장에 통합되었던 일본과 '아시아의 네 마리 용(홍콩, 싱가포르, 한국, 대만)'은 국가 주도 중상주의에서 벗어나기 시작했다. 유일한 초강대국으로 남아 더욱 많은 국가를 포괄하는 자유주의 경제질서의 리더로서, 미국은 세계화를 통한 더 높은 수준의 경제와 시장 개방을 촉진했다.

미국이 지지한 경제정책 처방은 1990년대에 워싱턴 컨센서스로 알려진 신자유주의 이념으로 결집되었다. 워싱턴 컨센서스는 국가들은 오직 브레턴우즈체제의 기관들과 미국정부가 제시한 정책을 의미하는 '올바른(correct)' 경제정책을 따라야지만 경제발전을 달성할 수 있다고 주장했다. 워싱턴 컨센서스의 구성 요소들은 경제 활동의 규제 완화, 국유 기업의 민영화, 정부예산 긴축, 무역 및 투자 시장에서의 더 높은 수준의 경쟁, 그리고 세제 개혁 등을 포함했다. 이들은 세계은행의 개발자금 지원과 IMF의 긴급 지원을 뒷받침하는 지배적인 방식이 되었다. '조건부 지원'을 통해, 이러한 조직들은 국가들이 자유주의 경제 개혁을 약속하는 경우에만 자금지원이 가능하며, 비록 그 개혁이 때로는 사회적 불안, 사회복지 지출 감소, 소득 불평등 심화, 혹은 빈곤 증가를 초래할 수 있다는 점을 명시했다.

브레턴우즈 기관들의 이러한 움직임은 더욱 광범위하게 시장을 개방하고 연결하려는 현상의 일부였다. 결과는 멀리 있는 공동체들을 연결하고 권력관계의 범위를 전 세계로 확장하는 인간 조직 규모의 변화를 의미하는, 더 높은 수준의 세계화였다 (Held 2004: 1). 경제적, 정치적, 사회적 영역에 걸쳐, 세계화는 많은 사람을 불안하게 하는 혼란과 상호의존을 수반한다.

1990년대 후반, 세계화 반대운동은 노동자, 환경운동가, 농민, 종교 활동가, 여성, 인권 옹호자, 그리고 경제적, 사회적 정의를 추구하는 다른 집단들의 폭넓은 움직임을 형성했다. 이러한 집단들은 서로 다른 의제를 가지고 있었지만, 세계화를 비난하고 지역 또는 국가 차원의 거버넌스로의 회귀를 추구하는 데는 단결했다. 많은 사람에게, 경제적 효율성과 가장 저렴한 상품을 구매할 수 있다는 신자유주의적 목표는 지역 고용, 공정한 노동 조건, 그리고 환경적으로 지속가능한 관행에 대한 지지로 대체되어야만 한다. 많은 활동가는 WTO와 IMF와 같은 국제경제 기관들의 회의에 맞춰 대규모 시위를 벌이며, 거리에서 공통된 대의명분을 찾았다. 반세계화 노력은 또한 소비자들이 지역 농업을 지원하고 공정무역 제품을 구매하거나 MNC들이 노동 관행을 개혁하도록 압박함에 따라 시장에서도 나타났다.

1997~1998년 금융위기가 아시아를 강타했을 때, 세계화와 워싱턴 컨센서스의 위험이 여실히 드러났다. 위기는 태국에서 시작되어 다른 동남아시아 국가들뿐만 아니라 한국, 심지어 러시아까지 확산되었다. 환율이 급락하고, 주식시장은 무너졌으며, 실질 소득이 감소했고, 수백만 명의 사람들은 빈곤으로 내몰렸다. 그 위기는 기업-정부 관계에 있어 부패한 '정실 자본주의(crony capitalism)'와 함께 심각한 수준의 단기 부채와 경상수지 적자와 같은 많은 국가의 은행 시스템이 가진 약점을 드러냈다. 빠른 발전을 부채질했던 민간 투자 자본의 거대한 유입이 멈추었고, 이는 아시아 국가들뿐만 아니라 보다 일반적으로 신흥 시장에 대한 신뢰 위기를 의미했다.

IMF는 사회적, 정치적 혼란에 대응하여 태국, 인도네시아, 한국 등에 대규모이면서도 논란이 많은 긴급 구제 금융을 제공했으며, 이는 엄격한 조건과 이행 모니터링을 수반했다. 정부들은 반(半)중상주의적에서 더욱 시장 지향적으로 그들의 경제를 전환하는 광범위한 구조조정을 이행하는 것에 동의해야 했다. 예를 들어, 한국에서는 정부가 금융 기관을 재편하고, 자본 이동 및 외국인 소유 제한을 해제하며, 기업이 노동자를 해고할 수 있도록 허용했다. 이러한 조정은 대중의 반발과 외국 제품에 대한 불매 운동, 그리고 어떻게 외국인들이 한국인의 비용으로 혜택을 얻는지에 대한 폭로를 불러일으켰다 (Moon and Mo 2000).

IMF의 많은 조치들은 중남미의 과거 위기에 대한 접근 방식을 모방한 것이었다. 그러나 아시아 금융위기는 달랐다. 근본적인 문제 일부를 잘못 진단한 IMF는 자신이 처방한 해결책 중 일부가 적절하지 않다는 것을 곧 발견했다. 높은 금리는 부채가 있는 기업들을 파산에 이르게 했다. 예산 삭감은 복지 서비스를 없애고 더욱 많은 가정이 빈곤선 아래로 떨어졌으며, 이는 정부와 IMF에 대한 반발을 불러일으켰다. 브레턴우즈 기관과 주요 공여국들이 일률적 접근 방식이 지역 맞춤 해결책에 열등하다고 판단을 내림에 따라, 점차 워싱턴 컨센서스의 정책 처방은 영향력을 상실했다.

IMF의 한계를 드러낸 것 외에도, 아시아 금융위기는 G7의 단점도 부각시켰다. G7은 이 위기를 단독으로 다룰 수 없었는데, 그 회원국들은 개발도상국, 여타 산업국들, 그리고 EU의 참여가 필요했다. 따라서, 1999년 12월 G7 국가들과 아르헨티나, 호주, 브라질, 중국, 인도, 인도네시아, 멕시코, 러시아, 사우디아라비아, 남아프리카공화국, 한국, 튀르키예, EU의 재무장관 회의에서 G20이 창설되었다. 재무장관들은 매년 회의를 개최하기 시작했으며, G20은 창립 헌장이나 상설 사무국 없이 의장직을 교대로 맡는 G7의 비격식성을 반영했다.

아시아 금융위기는 투자자뿐만 아니라 수혜국가들에 FDI의 불확실성과 변동성에 주목하게 했다. 그러나 포괄적인 다자간 구조를 통해 투자를 관리하는 대신, 세상은 양자 간 투자협정(BIT)의 급증을 목격했다. BIT란 일국의 민간 투자자가 타국에 투자할 때 지니는 권리와 의무를 규정하는 양국 간 법적 합의다. 이러한 조약은 수혜국 정부가 외국인 투자자를 공정하고 공평하게 대우하고, 국유화된 자산에도 적정한 보상을 제공하며, 분쟁을 국내 법원으로 보내지 않을 것을 보장하는 내용을 포함하고 있어, 투자자들에게 유리한 편이다. 일부 BIT는 또한 수혜국 정부가 기술 이전, 작업자 훈련, 또는 현지 조달을 요구하는 것을 금지한다.

부유한 두 국가 사이의 BIT는 양국 모두 이익을 얻는 투자자를 가질 수 있다. 그러나 발전수준이 매우 다른 국가 사이 BIT의 상황은 매우 편향되는데, 더 부유한 국가가 더 많은 투자자를 보유하는 경향이 있기에, 투자자 편향은 더 가난한 국가의 손을 묶고, 더 부유한 국가에 특혜를 준다. 미국, 캐나다 및 대규모 투자 유출을 가진 다른 국가들은 '표준 투자협정(model BITs)'으로 알려지게 되었는데, 이 협정에서는 상대 서명국은 다를 수 있지만, 조약 내용의 많은 부분은 동일하다. 개발도상국들은 FDI 유치에 대한 기대로 그러한 협정 체결을 지속한다.

2000년대부터 현재: 세계화와 세계화에 대한 반발

FDI와 여타 경제적 수단을 통해, 많은 개발도상국은 세계화를 더욱 부추기며, 국제적 경제 연계를 구축해왔다. 중국, 인도, 멕시코, 나이지리아 등과 같은 글로벌 사우스의 일부는 다른 나라들보다 더욱 빠르게 발전해왔다. 그러나 이러한 신흥 강국들이 같은 수준이나 같은 방식으로 자유주의 경제 개혁을 받아들이지는 않았다. 예를 들어, 중국은 점진적으로 사회주의체제에서 더욱 시장 지향적인 체제로 전환했고, 심지어 WTO에 가입했지만, 국가 소유 기업과 은행이 경제의 중요한 부분에 대한 통제를 지속하고 있다. 워싱턴 컨센서스의 처방으로부터의 이러한 일탈은 베이징 컨센서스로 알려졌다. 자유주의 경제 이념을 일부 수용하지만 다른 부분은 거부하면서, 역동적 개발도상국들은 국제경제질서의 핵심 부분에 도전하고 그것을 변화시켰다. 또한 그들은 일본과 한국 같은 과거 급속한 발전국들과 달리, 글로벌 노스 대열에 적극적으로 합류하는 대신, 글로벌 사우스의 더욱 빈곤한 국가들과의 일체감을 지속했다. 그들은 또한 스스로 전체적인 개발도상국의 대표이자 지도자로서 입지를 다지기 시작했다 (Johnson and Urpelainen 2020).

2008년에서 2009년 글로벌 금융시스템이 거의 붕괴할 뻔한 이후로, 이러한 리더십은 확고해졌다. 글로벌 주식시장이 급락했고, 세계 최대 은행 중 하나인 리먼 브라더스(Lehman Brothers)가 파산했다. 산업 생산량과 세계 무역량은 급격히 감소했고, 글로벌FDI와 이주 노동자들의 송금도 급락했으며, 전 세계적으로 실업률이 급증했다. 그 위기는 미국과 유럽의 무책임한 대출, 오랜 기간의 낮은 인플레이션과 안정적 성장으로 인한 과신, 글로벌금리를 낮춘 아시아의 저축 과잉, 그리고 위험한 관행을 용인한 중앙은행과 여타 규제 기관들과 같은 많은 원인을 가지고 있었다.

경제적 상호의존은 그 위기를 전 세계적으로 확산시켰으나, 고통은 고르게 퍼지지 않았다. 미국과 유럽은 가장 심각하게 영향을 받았지만, 많은 개발도상국에서 그 여파는 더욱 가벼웠다. 그러므로, 그 금융위기에 대한 초기 대응은 대부분 국가 차원에서 이루어졌는데, 미국과 다양한 EU 회원국 정부들은 신용 시장과 투자자 신뢰를 자극하기 위해 은행과 보험회사를 구제하는 전례 없는 조치를 취했다. 이후에도 미국 연방준비제도, 영국 중앙은행, 유럽 중앙은행과 같은 중앙은행들은 공동대응에 착수했다.

그러나 이러한 기관 중 그 어느 기관도 필요한 모든 단기 및 장기 대응을 감독할 준비가 되어 있지 않았다 (Cooper and Thakur 2013). 10년 전의 아시아 위기 때와 마찬가지로, G7 국가들만으로는 이 글로벌금융위기를 해결할 수 없었다. 그 결과, 2008년 11월 미국의 부시(George W. Bush) 대통령은 G20을 소집했는데, 재무장관 대신, 최초로 정부 수반들을 초청했다. 10개월 기간 동안, G20은 세 차례 만나면서, 위기 시 첫 번째 응답자로서 모임의 명성을 확립했다. G20은 대규모 국내 부양책, 그리고 IMF와 세계은행에 대한 새로운 재원 마련을 위한 지원 등을 포함하는 많은 주요 이니셔티브를 도출했다. G20에 포함되어, 주요 개발도상국들은 세계의 지도자가 되어갔다.

중국의 부상은 특히 극적이었다. 2004년 중국의 GDP는 세계 5위를 차지했고, 2010년에는 일본을 제치고 2위를 차지했다. 2021년 IMF는 1년간 한 국가에서 생산된 모든 재화와 서비스의 시장 가치를 의미하는 명목 GPD 면에서는 미국이 세계 최대 경제 규모이지만, 만약 GDP가 중국의 더 낮은 생활비를 고려하여 조정될 경우, 중국이 세계 최대 경제 규모라고 보고했다. 14억 명이 넘는 인구로, 중국의 1인당 소득은 여전히 뒤처져 있지만, 둔화에도 불구하고 중국의 GDP 성장률은 선진국의 그것을 꾸준히 초월해왔다.

국가 주도 수출을 강조하는 중국의 경제 전략은 브레턴우즈 모델에 직접적인 도전을 제기해왔다. 수입보다 훨씬 많이 수출함으로써, 중국은 막대한 무역 흑자를 축적했고, 이를 통해 전 세계에 신용을 제공할 수 있었다. 비록 여전히 일본이 최대 해외 보유국이지만, 2022년 기준 중국은 외국인이 보유한 미국정부 부채의 15% 이상을 단독으로 차지하게 되었다. 만약 중국이 보유하고 있는 미국 국채, 어음, 그리고 채권을 대량으로 매도할 경우, 미국은 극적으로 세금을 올리고 지출을 줄여야 할 것이다.

시진핑이 중국의 주석이 된 2013년 이래, 중국정부는 정치적이고 안보적 문제에 대한 긴장을 고조시킨 더욱 적극적인 외교정책을 추구해왔다. 특히, 시 주석 아래, 중국은 중국과 중앙아시아, 유럽, 아프리카 그리고 그 너머까지 연결하는 해상과 육상 경로 구축을 목표로 하는 일대일로와 같은 프로젝트를 시작했다. 최근 몇 년 동안 중국은 아르헨티나, 스리랑카, 튀르키예, 그리고 여타국에 대한 긴급 대출의 주요 출처가 되었다. 비록 그 대출 규모가 아직은 IMF의 그것에 미치지 못하나, 중국은 2010년에는 전혀 없었던 대출이 2014년에는 100억 달러를, 그리고 2021년에는 405억 달러의 긴급 대출을 제공했다 (Bradsher 2023). IMF와 미국보다 높은 금리를 부과할 뿐만 아니라, 중국은 대출을 다른 통화보다는 위안화로 제공한다. 중국은 또한 상환을 상품으로 받아 왔다. 2020년 중국을 공동체제에 합류시키려는 G20의 시도는 실패했다. 단독으로 작업하고 다른 대출 기관과 정보를 공유하지 않는 것을 선호하는 중국은 2023년까지 71개국의 재정을 재구조화했다 (*The Economist* 2023).

국제경제에서 중국의 증가한 중요도는 브레턴우즈 기관들의 투표 구조 변화에 대한 압박을 끌어냈으며, 이에 실패할 경우 권력 분포의 변화를 반영하는 조직으로 그러한 기관에 대한 도전을 이끌었다. 2014년 중국은 두 개의 새로운 금융기관 설립에 일조했다. 하나는 도로, 댐, 철도, 여타 인프라 건설에 대한 중국의 노하우을 활용하고 세계은행 대출과 같은 조건을 따를 수 없는 개발도상국에 대출을 제공하는 아시아인프라투자은행(AIIB)이었다. 브라질, 러시아, 인도, 남아프리카공화국 등 브릭스(BRICS) 동료 국가들과 함께, 중국은 또한 신개발은행(NDB)을 설립하여 글로벌 사우스의 더 많은 기부국으로부터 자금을 조달하여, 전통적인 노스에서 사우스로의 대출을 보완해왔다. 두 기관 모두 중국에 기반을 두고 있어, AIIB와 NDB가 미국 주도의 세계은행과 그것의 지역 상대인 일본 주도의 아시아개발은행(ADB)에 대한 중국 주도의 경쟁자라는 인식을 강화했다. 도표 8.1은 주요 경제그룹인 OECD, G7, G20, 그리고 BRICS가 서로 어떻게 연관되어 있으며, 회원이 중첩되는지를 보여준다.

역설적으로, 자유주의 경제질서의 표면적인 승리는 그것의 미래를 위협한다 (Johnson and Heiss 2022). 서유럽은 제2차 세계대전 이후 빠르게 회복하였고, 이후 전례 없는 경제 및 정치 통합에 착수했다. 다수의 개발도상국과 이전에 사회주의 국가들은 국제시장과 경제 기관에 연결되었지만, 근본적인 이념과 미국의 지배는 거부

도표 8.1 | 주요 경제그룹

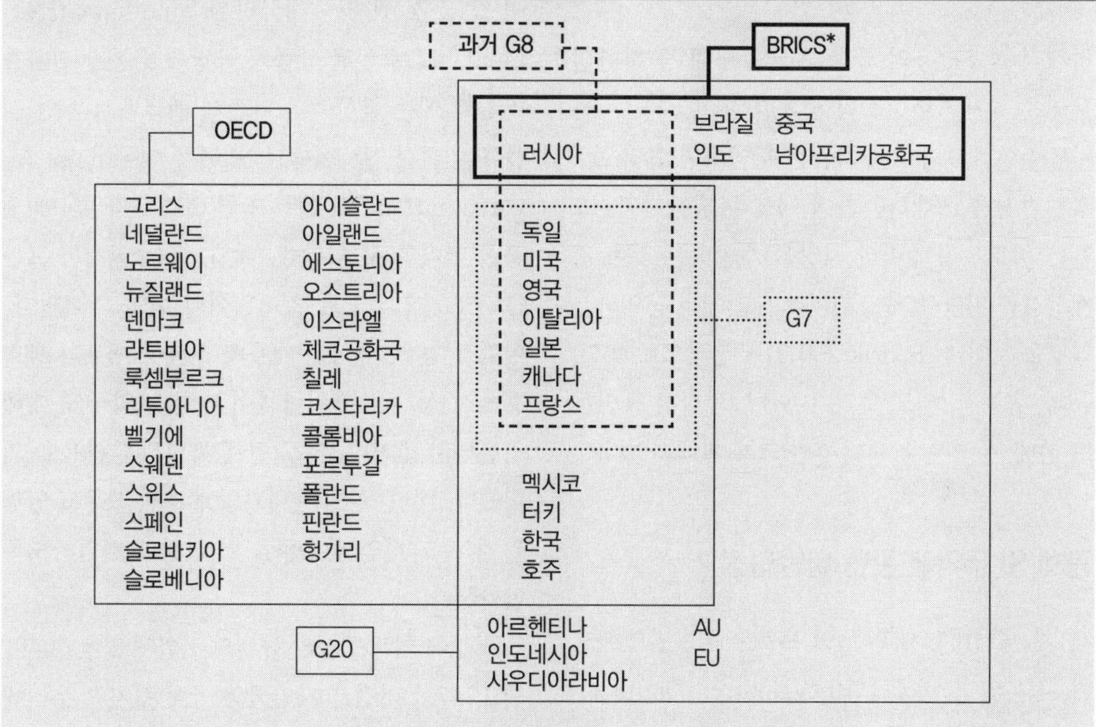

* 2024년 BRICS에 추가된 국가: 아르헨티나, 이집트, 에티오피아, 이란, 사우디아라비아, 아랍에미리트

했다. 중국과 다른 신흥 강대국들은 전통적인 사상과 리더에게 도전할 수 있는 경제강국이 되면서, 자유화된 시장에 선별적으로 관여했다.

글로벌 경제거버넌스의 불안정은 제5장에서 논의된 2016년 영국의 EU 탈퇴 결정을 의미하는 브렉시트, 강대국 간 경쟁 심화, 그리고 코로나19 팬데믹으로 더욱 심화되었다. 예를 들어, 미국에서 더욱 많은 사람은 '보통 사람들'이 세계화와 패권적 리더십의 부담으로 손해를 입었다고 불평했다 (Copelovitch and Pevehouse 2019). 일부는 중상주의와 유사한 보호주의적 또는 전략적 경제 접근 방식을 요구했고, 다른 누군가는 사회주의와 유사한 재분배와 사회 안전망을 요구했다. 그러나 그들의 매우 다른 처방에도 불구하고, 양측은 지속된 세계화가 심각한 위험을 제기한다는 데에 동의했다.

따라서 중상주의, 자유주의, 사회주의 등의 주요 경제사상과 제2차 세계대전, 냉전, 탈식민지화, 아시아의 부상, 세계화 및 세계화에 대한 반발 등의 사건들은 세계 경제를 형성해 왔다. 이러한 기저가 되는 역사는 세계 경제의 세 가지 측면, 즉 무역, 금융, 개발의 거버넌스를 이해하는 데 도움이 된다. 첫 번째로 무역의 거버넌스에 대해 살펴보겠다.

무역의 거버넌스

경제적 상호작용의 가장 오래된 형태 중 하나인 무역은 경제거버넌스의 중요한 분야이다. 비록 자유주의적 경제 사상가들은 무역이 필연적으로 경제발전을 초래하는가에 대해 논쟁하지만, 그들은 비교우위에 따라 시장을 개방하는 것이 경제성장을 위한 전제 조건이라는 점에는 동의하는 경향을 보인다 (Rodrik 2007). 부분적으로 제도, 규칙, 규범, 그리고 무역거버넌스의 다른 요인들로 인해, 무역은 20세기 후반 크게 확대되었다.

관세 및 무역에 관한 일반협정

제1차 세계대전 이후 무역 보호주의가 만연했으며, 정부의 '근린궁핍화(beggar-thy-neighbor)' 정책은 대공황과 제2차 세계대전 발발에 원인이 되었다. 1944년 브레턴우즈 회의에서 참여자들은 정부의 보호주의 성향을 고심하고 시장 자유화를 촉진하기 위해 국제무역기구(ITO)를 제안했다. 그러나 미국 상원은 23개국 정부가 대신 '임시' 관세 및 무역에 관한 일반협정(GATT)를 협상하도록 유도하면서, 해당 기구의 헌장 초안을 비준하지 않았다.

참여자와 규칙. GATT는 유엔체제와 오직 느슨하게 연결되어 있었다. 소련, 대부분의 동구권, 그리고 많은 개발도상국은 참여하지 않았었다. 그럼에도 불구하고, 한정된 가입국들이 세계무역의 상당 부분을 차지했기 때문에, GATT는 반세기 동안 무역거버넌스의 중심 역할을 했다.

GATT의 광범위한 목적은 가입국 간의 차별을 방지하는 것이었으며, 두 가지 핵심 규칙이 도움이 됐다. 첫 번째는 '내국민 대우(national treatment)'로, 수입된 상품이 국경에서 통관 절차를 마친 후에는 국산품과 다르게 취급돼서는 안 됨을 의미한다. 두 번째는 '최혜국 대우(most favored nation)'로, 정부가 한 GATT 가입국에 제공한 어떠한 무역 특혜, 혜택, 또는 면제는 모든 GATT 가입국으로 확대되어야 함을 의미한다. 이행될 경우, 내국민 대우와 최혜국 대우의 상호 호혜적 성격은 가입국들이 다른 가입국에 대해 차별하지 않거나, 서로 간에 차별하지 않음을 의미했다. 대신, 차별은 비가입에 초점을 두고 있었기에, 추가적인 정부들을 이 그룹에 가입하도록 압박했다.

정부에 의해 협상된 규칙의 집합체로서, GATT의 1947년 버전은 가입국의 국내 정치적 우려에 매우 민감했다. 그것은 무역자유화를 옹호했으나, 또한 정부가 보건, 국가안보, 공공 도덕, 환경 보호 등 무역장벽 유지를 정당화할 수 있는 다양한 이유도 인정했다. GATT는 또한 가입국 정부를 넘어서는 강제력이나 인프라를 설립하지 않음으로써 정부의 주권을 보호했다. 비록 제네바에 사무총장과 수백 명의 직원이 사무국의 임무를 수행했지만, 그들은 정부를 감시가 아닌, 지원하는 데 주력했다. GATT는 무역 분쟁을 판정하는 기제를 보유했지만, 집행은 가입국 정부에 의존했다. 정부들은 합의를 통해 결정을 내렸으며, 이는 사실상 각 회원국에게 거부권을 부여하는 셈이었다. 합의 의사결정 방식은 때로 문제가 되었다. 예를 들어 무역 분쟁에 대한 판결은 모든 가입국이 수용할 때까지 구속력이 없었기에, 분쟁에서 '패배한(lost)' 정부가 판결 수용을 단순히 거절했다.

협상 라운드. GATT 기반 무역체제의 핵심은 무역장벽을 점진적으로 줄여나가는 8차례의 협상 라운드였다. 1947년 첫 라운드 이후, 관세 인하에 초점을 두고 십여 개의 정부만이 참여한 1949년, 1951년, 1956년, 그리고 1960~1961년, 4번의 라운드가 빠르게 이어졌다. GATT는 완전한 조직이 아니었기 때문에, 이러한 라운드에서는 대게 공식적인 투표가 이루어지지 않았다. 대신, 많은 규칙이 주요 무역국 간에 먼저 협상된 이후, 나머지 가입국들에 채택을 위해 제시되었다.

1960년대 중반 6차 라운드 경, 가입국 수가 증가했고, 자유주의 경제원칙에 관한 생각들이 다양해졌다. 60개 이상의 정부가 협상에 참여했으며, 많은 신규 가입국은 식민주의, 중상주의, 사회주의와 같은 경험으로 무역정책이 형성된 개발도상국들이었다. 게다가, EEC는 글로벌무역의 가장 중요한 행위자 중 하나가 되었으나, 전통적인 국가가 아닌 새로운 독립체였다.

1970년대 7차 라운드 경, 상황은 더욱 복잡해졌다. EEC가 공동농업정책(CAP)를 시행하면서, 세계 무역협상에서 단일 협상 주체가 되었다. GATT 협상은 처음으로 보조금, 기술 표준, 또는 정부 조달에 관한 규칙과 같은 비관세 장벽을 겨냥했다. 가입국의 수는 100개를 넘어섰고, 개발도상국이 대부분이었다. 그 라운드는 세계 최빈국에 시장접근 특혜에 대한 약속과 더불어 다양한 비관세 장벽을 줄이기 위한 '규칙(codes)' 꾸러미를 도출했다. 모든 GATT 가입국에 대한 공통의 규칙에서 벗어나 이례적으로, 그 규칙은 자발적이었는데, 정부는 특정 규칙에만 구속되거나 아예 구속되지 않는 것을 선택할 수 있었다. 일부 부유한 국가들은 모든 규칙을 채택한 반면, 많은 저소득 국가들은 참여하지 않았음으로 그 결과 GATT체제 내에 이중 구조가 형성되었다.

8차 라운드, 즉 1986년부터 1994년까지의 우루과이라운드는 훨씬 더 중요했다. 120개 이상 정부들의 협상으로, 그것은 사상 가장 포괄적인, 400페이지에 달하는 무역협정을 만들어냈다. 그 라운드는 보험, 관광, 은행 업무와 같은 서비스 및 저작권, 특허, 상표권과 같은 지식재산권과 같은 새로운 항목들을 포함했다. 심지어 이전 라운드에서는 유럽과 미국에게 정치적으로 너무도 민감했던 농업과 섬유의 오랜 문제에도 접근했다. 가장 중요한 성과는 무역을 관리하는 필요한 자격을 갖춘 국제기구를 설립하기로 한 합의였다. 마침내 1940년대의 비전을 이행함으로써, 새로운 WTO는 더욱 견고한 분쟁 해결 시스템을 제공하고, GATT체제 안팎에서 구축된 무역협정을 감독하는 거의 전지구적 기구가 되었다.

세계무역기구

세계무역기구(WTO)의 창립 문서는 123개의 초기 서명국이 함께 한, 1994년 마라케시협정이다. 새로운 조직은 GATT의 정부 전용 회원정책, 합의에 기반한 의사결성 방식, 그리고 사무총장 기능을 유지했다. 도표 8.2에 요약된 것처럼, WTO는 또한 내국민 대우 및 최혜국 대우와 같은 GATT의 주요 원칙을 계승했다.

거버넌스 혁신. WTO는 여러 면에서 GATT와 다르다. 먼저, 지배 절차가 다르다. 회원 정부들은 스위스 제네바에 있는 사무국에 의해 지원받는다. 약 600명의 직원이 있는 사무국은 IMF와 같은 경제기구들의 그것에 비하면 작지만, GATT 시대에 비해서는 크다. WTO 사무총장은 공식적인 권한은 제한적이지만, 의제를 설정하고 거래를 중재할 기회를 가지며, 또한 이 장에서 WTO를 이끈 최초의 여성이자 최초의 아프리카 출신이 된 오콘조-이웰라의 사례연구에서 언급된 바와 같이, 중요한 상징이기도 하다. 회원국 정부들은 매년 여러 차례 일반이사회에서, 그리고 최소한 2년에 한 번은 WTO의 최고 의사결정기구인 각료회의에서 만난다. 고위급 관료의 정기적인 회의는 GATT가 결여했던 정치적 중요성을 WTO에 부여한다.

WTO의 범위는 또한 더욱 광범위하다. 약 60개의 협정, 결정, 부속서, 그리고 이해사항 등이 그것의 핵심문서에 포함되어 있다. WTO는 1994년 GATT 업데이트를 포함했으며, 모든 회원이 수용한 서비스, 지식재산권, 기술 지침, 그리고 농업 등과 같은 이슈에 대한 다른 여러 협정을 포괄한다. 이 중, 무역 관련 지식재산권에 관한 협정(Agreement on Trade-Related Aspects of Intellectual Property Rights)은 지식재산 규칙을 무역체제에 공식적으로 도입했기 때문에 특히 주목할 만하며, 이는 종종 의약품, 청정에너지, 개량종 및 기타 발명품에 접근을 시도하는 개발도상국에게 장애물로 여겨진다. 전체 회원에게 법적 구속력이 있는 협정 외에도, WTO는 민간 항공기와 정부 조달과 같은 문제 관련 일부 회원에게 적용되는 '복수국간' 협정을 포함한다. 일부 규칙은 의무적이고 보편적인 반면, 다른 규칙은 자발적이고 선택적인, 이러한 이중 체계는 이미 GATT체제에서 나타난 남북 간 긴장을 심화시킨다.

또 다른 차이점은 GATT에 속하지 않았던 정부들도 WTO에 가입하면서 WTO의 회원 수가 거의 보편적 수준이 되었다는 점이다. 예를 들어, 중국은 2002년, 사우디아라비아는 2005년, 베트남은 2007년, 그리고 러시아는 2012년에 회원국이 되었다. 가입 과정은 복잡한데, 새로운 회원국은 모든 GATT/WTO 규정을 수용해야 하며, 가입 과정을 단독으로 저지할 수 있는 기존 WTO 회원국들이 추가로 요구하는 조건들을 충족해야 한다. 중국의 가입을 둘러싼 협상은 15년이 걸렸다. 러시아를 위한 협상은 더욱 오래 걸렸는데 미국 의회가 러시아의 인권침해를 비난했고, 러시아 기업과 정부 부처들이 경제 경쟁 증가에 대해 우려했으며, 조지아 분리주의 운동의 러시아 지원에 대한 보복으로 조지아가 승인을 보류했기

도표 8.2 | WTO의 주요 원칙

비차별

a. 최혜국 대우: 한 회원국에서 생산된 제품은 다른 회원국에서 생산된 제품과 동등하게 대우받아야 한다.
b. 내국민 대우: 외국산 제품은 국내에서 생산된 제품과 동등하게 대우받아야 한다.

상호주의: 회원국들은 정책에 있어 동등한 변화를 이루기 위해 노력한다. 보호 조치는 오직 관세를 통해 이뤄진다. 회원국들은 할당량(quota)을 사용할 수 없다.

투명성: 회원국은 그들의 무역규제를 공개해야 하며, 행정규제의 검토를 위한 절차를 마련해야 한다.

회원국의 비경제적 목표 달성을 위한 안전장치

a. 공중보건과 국가안보 보호
b. 심각한 피해로부터 자국 산업 보호

의무 이행: 회원국이 분쟁 해결을 위해 WTO에 사건을 제기할 수 있는 장치

때문이었다. 그럼에도 불구하고, 2023년 WTO는 164개 회원국으로 성장했으며, 추가로 25개 정부가 옵서버 지위를 보유하고 회원국이 되기 위해 노력하고 있다.

아마도 WTO와 이전 GATT체제의 가장 큰 차이점은 어떻게 회원국 정부가 새로운 형태의 검토를 수용해왔느냐는 점일 것이다. 각 회원국은 무역정책검토제도를 통해 검토를 받으며, 세계무역에서 가장 큰 비중을 차지하는 회원국들은 가장 자주 검토를 받는다. 사무국 직원들은 해당 회원국의 무역정책, 관행, 목표, 제도, 그리고 거시경제적 맥락을 설명하는 보고서를 마련한다. 이후, 모든 회원국으로 구성되었으며 특별한 지침 아래 운영되는 WTO 일반이사회는 조사대상 회원국이 동료 회원국의 질문과 의견에 답하는 검토회의를 개최한다.

더욱 현저한 검토 형태는 WTO의 분쟁 해결 절차를 통해 일어난다. 이 절차는 분쟁해결기구(DSB: Dispute Settlement Body)와 상소기구(AB: Appellate Body)라는 별개의 두 메커니즘을 이용한다. DSB는 원고와 피고 간의 무역분쟁 해결을 위한 외교적 수단 마련을 시도하는 일반이사회를 통한 전 회원국의 특별한 모임이다. 이러한 방법이 작동하지 않을 경우, DSB는 세 명의 전문가로 구성된 임시 패널을 설립하며, 패널 보고서는 일반적으로 6개월 이내 당사국들에 제출된다. 이전 GATT체제와 대조적으로, 패널 보고서는 '역 합의(reverse consensus)'로 강화되었는데, 보고서가 채택되기 위해 모든 WTO 회원국의 동의가 필요한 대신, 보고서를 거부하기 위해 모든 WTO 회원국은 동의해야 한다. 패널 보고서에 불만스러운 원고나 피고는 AB에 분쟁 검토를 요청할 수 있다. AB의 7명의 전문가는 재임 가능 4년의 임기를 수행하고 어떠한 특정 정부와도 무관하다. 심지어 분쟁이 상소 단계로 넘어가더라도, 그 과정은 종종 18개월을 넘지 않는다. 이후 당사국은 전문가들의 권고를 이행해야 하며, 이행 패널이 당사국의 진행 상황을 관찰하고, 만약 이행이 충분하지 않을 경우, 보복적 무역 조치를 결국 승인할 수도 있다. WTO 회원으로서, 정부는 이러한 절차가 그들이 WTO 관할권을 회피할 수 없기에 강제적이고, WTO 무역규칙에 따른 분쟁을 WTO 이외의 장소로 가져갈 수 없기에 배타적임을 인정한다.

1995년부터 2022년까지, WTO의 시스템은 600건 이상의 협의 요청을 처리하고 350건 이상의 패널 판결을 발부했으며, 나머지 분쟁은 철회되거나 '법정 밖(out of court)'에서 해결되었다. 비록 많은 분쟁은 미국, 중국, EU 및 다른 경제대국과 관련되어 있지만, WTO 회원 중 110개국 이상이 원고, 피고, 또는 제3자로 분쟁에 참여해 왔다. 역사적으로 약 60%의 패널 판결이 상소 되었다 (Hopewell 2021). 분쟁해결 절차는 정부를 상당한 검토 아래 두지만, 또한 불확실성을 줄이고 무역이 지속되도록 돕는다.

도전들. 앞서 언급된 차이점들, 즉 정치적 중요성, 포괄적 범위, 거의 전 세계적인 회원국 분포 외에도 정부의 무역 활동을 감시할 수 있는 권한은 WTO를 GATT보다 훨씬 더 강력하게 보이게 만든다. 특히 1990년대 후반과 2000년대 초반, WTO는 노동권, 환경보호, 또는 보건에 대한 타당한 우려에도 불구하고 비자발적 국가들에 경제적 세계화를 강제할 수 있는 기관이라는 평판을 얻었다 (Johnson 2015). 예를 들어, 많은 정부와 이익 집단은 생산 과정에 기반한 제품 금지에 대한 WTO의 금지 규정을 비난했다. 이러한 '제품 vs. 과정(product versus process)' 문제는 여러 논란의 핵심에 있었는데, 호르몬 처리된 소고기에 대한 EU의 금지 조치나 거북이 보호 장치 없이 잡은 새우에 대한 미국의 금지 조치 관련 WTO의 판결을 포함한다. 이러한 판결은 정부가 정책을 변경하거나 WTO가 승인한 경제적 제재를 직면하도록 압박했다. 그러나 시간이 지나면서 WTO에 대한 불만은 변형되었는데, 지나치게 강압적이라는 인식 대신 그 조직이 너무 약하다고 여겨진다는 점이다.

이러한 인식의 한 가지 이유는 추가 대규모 무역협상 완료를 실패한 데에 있다. WTO의 지원 아래 첫 라운드로서 2001년 시작된 도하 개발 라운드(Doha Development Round)는 개발도상국의 이익을 대변하는 것을 겨냥했다. 그러나 선진국 대 개발도상국 그리고 선진국 간 다툼을 초래한 농업보조금 문제가 난제였다. 식량은 국가안보에 필수적이기에, 정부는 해외 시장에 대한 의존을 경계한다. EU는 CAP를 통해 농가로부터 생산된 잉여 상품을 보장된 가격으로 구매한 후 이를 저장, 기부, 또는 그러한 제품으로부터의 손실을 흡수하는 복잡하고 비용이 많이 드는 구조를 유지하고 있다. EU는 CPA에 깊은 애착을 보이며, 식품 수입에 매우 엄격한 규제를 채택하고 있으며, 이는 많은 부분 미국으로부터의 유전자 변형 식품(GMF)에 대한 금지를 포함한다. 2013년 발리 회담에서, 글로벌 노스의 일부로서 미국과 글로벌 사우스의 일부로서 인도는 식량안보, 비축량, 그리고 가난한 국가의 농민 보호 조치에 대한 임시 해결책에 합의했다. 그러나 발리 패키지는 완전히 이행되지 않았다. WTO 회원국들은 2015년 정보기술협정(ITA: Information Technology Agreement)의 확대 및 2022년 어업 보조금에 관한 합의와 같은 일부 성과를 거두었다. 그러나 도하 개발 라운드의 야심 찬 의제는 공식적으로 종료되지는 않았으나, 일반적으로 작동하지 않는 것으로 여겨진다.

2011년 이후, WTO는 새로운 약점을 경험하고 있는데, 바로 망가진 상소기구(AB)다. 2000년대 초반 이후, 특히 중국이 WTO에 가입하고, 빈번히 원고와 피고가 됨에 따라, 미국정부는 분쟁해결 시스템에 대해 불만을 제기해 왔다. 미국의 불만은 중국의 WTO 판결 불복종, 자칭 개발도상국으로 더 높은 관세를 유지하는 것, 지식재산권 및 법치의 다른 요인에 대한 불완전한 채택, 그리고 경제 분야에 있어 높은 수준의 정부 역할 등에 초점을 두고 있다 (US Trade Representative 2013). 특정 AB 전문가들의 '사법권 남용'에 대한 불만을 표명하기 위해, 미국의 오바마 대통령은 AB 재임명을 차단하기 시작했다. 오바마 행정부는 2011년에 한 미국인 전문가를, 그 후 2016년에는 한국인 전문가의 재임명을 차단했다. 후임 대통령인 트럼프도 이 전략을 이어갔다. 2019년 12월, AB는 상소 심리를 위한 3명의 판사를 더는 소집할 수 없었고, 2020년 11월 마지막 전문가의 임기가 만료되면서 AB는 완전히 공석상태다. 밀린 상소를 해결하기 위한 임시방편으로, EU는 모든 WTO 회원국 정부에 열려있고, 중재 절차에 관한 WTO의 지침을 따르고, 많은 AB의 관행을 모방한 임시 중재 합의의 선봉에 섰다. WTO가 강제력을 지닌 효율적 판결 기제를 제공하는 데 있어 휘청거리기에, 이러한 임시방편적 수단은 필수적이었다.

WTO가 회원국 정부들이 백신과 개인 보호 장비의 수출을 제한하는 것을 막지 못함에 따라, 코로나19 팬데믹은 또 다른 장애물로 나타났다(Johnson 2020). 이 위기는 특히 빈곤 완화에 있어 어렵게 얻은 성과를 무너뜨리고 남북 간 긴장을 악화시켜, 일부 개발도상국에 특히 심한 타격을 입혔다. 가난한 국가의 제품에 낮은 관세를 적용하는 일반특혜관세제도(Generalized System of Preferences), 또는 국제무역센터를 통해 개발도상국 공무원들에게 교육을 제공하기 위한 UNCTAD와의 협력, 그리고 구조적 제약의 완화를 위해 기부자들을 동원하는 무역을 통한 원조(Aid for Trade) 이니셔티브 등과 같이 많은 WTO 장치들이 국제무역 레짐이 글로벌 사우스에 불리하다는 우려를 가라앉히기 위해 설계되었다. 그러나 도하 개발 라운드의 붕괴와 결부된, 코로나19 팬데믹의 혼란은 WTO의 개발 협의가 마음을 따뜻하게 할지 몰라도 배는 채우지 않는다는 부정적 인상을 강화했다 (Christy 2008: 24).

창설 이래, WTO는 국가 주권의 강탈자, 국내 이익의 침입자, 그리고 세계화의 부정적 결과를 초래한 주범이라고 믿는 사람들에게 비난의 대상이 되어 왔다. 글로벌 사우스는 WTO가 글로벌 노스에 의해 장악되었다고 비난해왔고, 글로벌 노스는 WTO가 글로벌 사우스를 따른다고 비판해왔다. 과거 그러한 비난은 WTO가 회원국 정부들을 위해 이룩한 것에 의해 상쇄될 수 있었다. 그러나 새로운 협정을 체결하고, 분쟁을 해결하며, 그리고 위기를 완화하지 못할 경우, 그러한 상쇄는 더욱 어려워진다.

특혜무역협정, 통화연합, 그리고 지역주의

비록 WTO는 무역 질서를 확립하고 지역 경제거버넌스를 글로벌조직에 통합할 것으로 기대되었지만, 다양한 다른 무역협정과 지역 이니셔티브들이 여전히 남아 있다. 도표 8.3에서 제시된 바와 같이, 무역협정은 통합 수준과 국가들이 정책을

도표 8.3 | 무역협정의 주요 유형

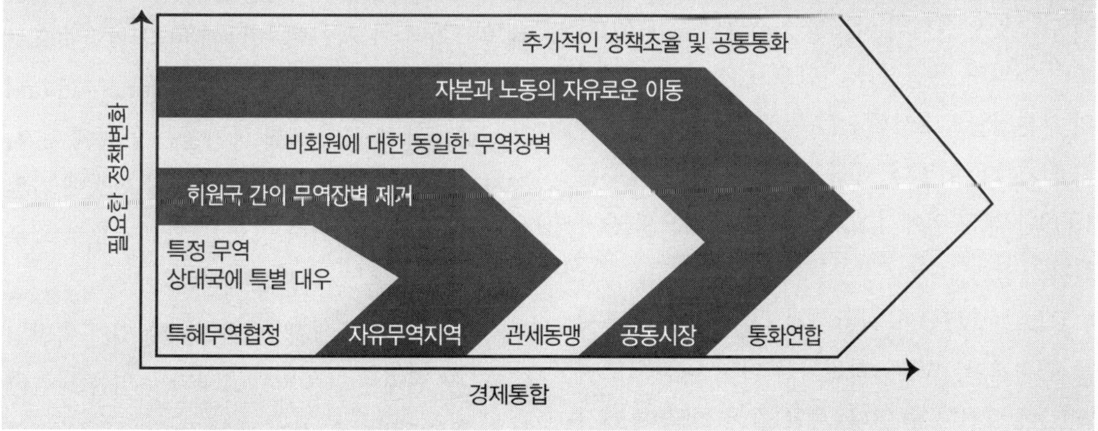

변화시켜야 하는 정도에 따라 다양하다. 상대적으로 낮은 수준의 협정에는 특혜무역협정(PTA: Preferential Trade Agreement)과 자유무역지대(FTA: Free Trade Area)가 포함된다. PTA는 특정 무역 상대국에게 특별한 혜택을 부여하며, 자유무역지대는 더 나아가 각국의 비회원국에 대한 무역장벽은 유지하나 회원국 간 무역장벽은 제거한다.

조금 더 깊이 있는 협정은 관세동맹(customs union)으로, 회원국들이 외부 국가에 대해 동일한 무역장벽을 적용하면서 회원국 간에는 자유무역을 허용한다. 이보다 더 깊이 있는 경제협정은 관세동맹에 자본과 노동의 자유로운 이동을 추가한 공동시장(common market)과 공동시장에 추가적인 정책 조율과 공동 통화를 추가한 통화연합(monetary union) 등을 포함한다. 통합이 깊어질수록, 국가정책결정에서 주권에 미치는 영향이 커진다. 따라서 통화연합은 PTA보다 훨씬 드물다.

PTA에 대한 논쟁. PTA는 양자 간 협정일 수도 있고, 지리적 근접성이나 여타 다른 속성을 공유하는 몇몇 국가들을 결합할 수도 있으며, 전 세계 다수의 이질적인 국가들을 포괄할 수도 있다. 특히 지리적 근접성을 기반으로 지역 무역협정의 부분집합으로서의 PTA는 냉전 종식 이후 특히 인기를 끌어왔다. 예를 들어, 지역협정의 수는 1990년 약 50건에서 2022년 약 350건으로 증가했다.

PTA는 WTO가 지금까지 다루지 않은 문제를 따지거나, WTO 회원국을 다시 나눔으로써 WTO에 도전할 수 있다. 예를 들어, 미국이 이전의 초안 합의를 포기한 후 호주, 브루나이, 캐나다, 칠레, 일본, 말레이시아, 멕시코, 뉴질랜드, 페루, 싱가포르, 베트남 등 11개 환태평양 국가에 의해 협상된 포괄적·점진적 환태평양경제동반자협정(CPTPP)은 2018년 발효되어, 지식재산권에 대한 신기원을 열고 있다. 2020년에 북미자유무역협정(NAFTA)의 후속 협정으로 공식화된 미국-멕시코-캐나다협정(USMCA)은 환경 및 노동 규정을 강화하고 원산지 규정을 엄격히 하며, 환율 조작 및 디지털 무역과 같은 새로운 문제로 이동했다. 동남아시아국가연합(ASEAN) 10개국 및 호주, 중국, 일본, 뉴질랜드, 한국을 포함한 역내포괄적경제동반자협정(RCEP)은 2022년에 발효되어 아시아에서 중첩된 많은 무역협정을 통합하기 시작했다. 글로벌협정 생산 능력과 각국의 특정 요구에 대응할 수 있는 WTO의 능력에 회의적인 정부들은 PTA를 보다 간소한 협상, 더욱 맞춤화된 약속, 그리고 더욱 빠른 제정을 포함한 실용적인 대안으로 간주한다.

그러나 PTA는 운영보다 설립이 쉬울 수 있다. 결국, 실제 실행은 체결국이 경제적으로 긴밀하게 연결되어 있는지, 그리고 규칙을 강제할 수 있는 자원을 가졌는지에 달려있다. 더욱이 PTA는 체결국의 수가 시간이 지남에 따라 일반적으로 증가하기 때문에 다루기 어렵다 (Mansfield and Pevehouse 2013). 또한 국가들은 동시에 다자, 양자, 소지역, 지역, 그리고 대륙 간 협정에 가입할 수 있거나 가입되어 있으며, 결과적으로 의무의 '스파게티 볼' 현상을 초래한다.

이로 인해 PTA에 관한 두 가지 논의가 촉발되었다. 첫 번째는 그들의 순효과가 무역을 창출하는지 혹은 전환하는지에 관한 것이다. PTA로 인해 일부 무역은 세계 다른 지역에 비해 효율적으로 생산된 상품에서 창출되지만, 어떤 무역은 국가가 서로에게 부여한 특혜로 인해 효율적인 비회원국으로부터 전환된다. 만약 무역 전환이 무역 창출을 초과할 경우, PTA는 실제로 경제적 후생을 감소시킬 수 있다.

두 번째 논쟁은 PTA가 글로벌 수준의 협정을 촉진하는지, 아니면 방해하는지에 관한 것이다. 일부 관찰자들은 PTA를 디딤돌로 간주하는데, 이는 세계 국가의 오직 일부만 참여시켜 회원국이 점진적으로 그들의 경쟁력을 향상시킬 수 있어, PTA는 더욱 강도 있는 자유화의 길을 열기 때문이다. 다른 관찰자들은 PTA가 걸림돌이라 주장하는데, 규모가 큰 경제국은 더욱 자유롭게 그들의 의지를 관철할 수 있고, 이익 단체들은 자신들의 이익을 위한 로비를 쉽게 할 수 있기에 더욱 자유로운 글로벌무역을 저해한다. 만약 사실이라면, PTA의 확산은 실제로 글로벌 무역체제의 '흰개미(termites)'와 같은 존재가 될 수 있다 (Bhagwati 2008).

통화연합과 지역주의. 이러한 논쟁은 많은 무역협정과 관련되지만, 특히 EU와 그러하다. EU는 아직 '유럽연방(Unitcd States of Europe)'과 같은 완전한 정치 연합은 아니지만, 거의 모든 내부 무역장벽을 제거하고, 회원국의 외부 경제정책을 조율하며, 회원국 전역의 노동 시장 및 정치적 참여에 대한 접근이 가능하고, 공동 통화를 운영하는 지역 통화연합이다. 수십 년에 걸쳐 진화해온 방식에서, EU는 PTA를 넘어서는 무역협정을 강조하면서, 또한 왜 많은 정부가 더 느슨한 무역 연계를 지속적으로 선호하는지를 보여준다.

제5장에서 언급된 바와 같이, 관세동맹에서 통화연합으로의 EU의 진화는 여러 단계를 거쳐 일어났다. 첫째, 1958년부터 1968년까지 창립회원 6개국은 내부 관세를 철폐하고, 양적 수입 제한을 해제했으며, 공통 대외관세와 CAP를 수립하고, 국제무역협상에서 단일 주체로서 협상하기로 결의했다. 1970년대와 1980년대 초반, 회원국은 확대되었으나, 더 깊은 통합은 지체되었다. 1980년대 후반부터 2000년대 초반까지 회원국들은 로마조약을 개정하고 유로라 불리는 공통 통화로 귀결된 유럽통합법안을 시행했다.

세 번째 단계는 특히 복잡했다. 비록 관세 장벽은 1992년 철폐되었지만, 노동의 자유로운 이동은 더 오래 걸렸다. 1993년 이래로 약간의 예외는 있지만, EU 회원국의 거주자들은 다른 EU 국가에서 거주하고 일할 수 있는 권리를 갖게 되었다. 대부분의 국가는 여권 심사를 폐지하고 공동 비자 규정을 채택했지만, 덴마크, 아일랜드, 영국은 이를 거부했다. 심지어 노동의 자유로운 이동을 수용한 국가들도 서로의 교육 및 전문 자격을 인정하는 시스템을 구축하는 데 수년이 걸렸다.

무역에 대한 기술적 장벽은 논쟁적이었다. 예를 들어, 정부는 내부적으로 무역 제한을 정당화하기 위해 보건 및 안전 표준을 지속적으로 인용했다. 기술적 장벽 중, 경쟁정책은 특히 도전적이었다. 마스트리히트 조약은 회원국들이 정부 계약에서 국내 기업을 우대하는 것을 금지했지만, 오래된 독점을 해체하거나 특정 산업에 대한 국가 보조금을 중단하는 것은 정치적으로 어려운 일임이 증명되었다. 이에 대응하여, EU 집행위원회는 더욱 적극적으로 위법 행위를 조사했고,

유럽이사회는 기업 합병을 더 철저히 검토하게 되었다.

또 다른 도전은 새로운 공통 통화인 유로의 개발이었다. 1992년 마스트리흐트조약은 유로의 특징과 일정을 설계했고, 유로는 1998년 기업 대상, 그리고 2002년 소비자 대상으로 운영되었다. 무역과 투자의 거래 비용을 줄임으로써, 유로는 EU 국가들의 경제성장을 촉진했고, 전 세계적으로 사용 가능한 안전한 통화로 입지를 굳혔다. 단일 통화는 지역통합과 동시에 국가주권의 상실을 상징했는데, 참여국들이 국내 경제적 수단으로서의 환율과 금리를 포기하는 데 동의했기 때문이다. 이러한 점은 왜 덴마크, 스웨덴, 영국 등을 포함한 여러 EU 회원국들이 유로를 채택하는 대신 그들의 자국 통화를 유지했는지를 설명하는 데 도움이 된다.

유럽의 깊고 폭넓은 경제통합은 다른 어떤 지역과도 비교되지 않는다. 제5장에서 논의한 바와 같이, 아프리카 국가들은 통화연합을 궁극적으로 창설하는 데 관심을 표명했으나, 아직 공동시장이나 단일 통화를 보유하고 있지 않다. 여러 남아메리카 국가는 남미공동시장으로 해석되는 메르코수르(Mercosur)를 통해 협력하고 있지만, 그곳에는 아직 노동과 자본의 자유로운 이동이 존재하지 않기에, 메르코수르는 관세동맹으로 남아있다. 다른 지역들은 더욱 보통의 방식인 자유무역지대에 만족해 왔다. 예를 들어, ASEAN은 1992년 자유무역지대를 결성했다. 그 자유무역지대는 브루나이, 인도네시아, 말레이시아, 필리핀, 싱가포르, 태국 등의 초기 회원국으로부터 캄보디아, 라오스, 미얀마, 그리고 베트남까지 확대되었다. 또 다른 사례로는 캐나다, 멕시코, 미국이 참여하는 (과거 NAFTA였던) USMCA가 있다.

무역과 기타 정책분야의 상호작용

무역은 다른 거버넌스체제에서 다루는 노동, 건강, 환경, 지식재산권 그리고 다른 정책 영역들과 관련되어 있다. 예를 들어, 1919년 이래 국제노동기구(ILO)는 강제노동, 아동 노동자, 이주자, 고용차별, 단체 교섭 등 무역을 뒷받침하는 여타 고용 문제에 관한 규정들을 다뤄왔다. 세계보건기구(WHO), 국제식품규격위원회(Codex Alimentarius), 세계동물보건기구(World Organization for Animal Health)와 같은 기구들은 국제무역이 인간, 식물, 또는 동물의 건강을 위협하지 않음을 보장하기 위해 노력하고 있다. 유엔환경계획(UNEP)과 그것의 관련 조약들은 무역 상품의 생산과 운송에서 발생하는 환경 악화를 다룬다. 세계지식재산권기구(WIPO)는 의약품, 미디어, 기술 등에서 거래되는 지식재산권 문제를 다루는 중요한 기관이다.

요컨대, WTO와 기타 무역거버넌스 기구들은 중첩되고 때로는 충돌하는 여러 레짐의 집합을 의미하는 '레짐복합체(regime complexes)' 속에 존재한다 (Johnson and Urpelainen 2012). 레짐복합체의 주요 특징은 다른 기관들에 의해 지지받는 규칙이나 결정이 충돌할 때 위계를 확고히 하는 합의된 방법이 없다는 점이다. 이를 알기에 행위자들은 한 포럼이 다른 포럼에서의 결정과 정치에 의해 영향을 받고, 수정되거나 약화되는 것을 목적으로 전략적으로 행동할 수 있다 (Alter and Raustiala 2018: 331).

무역 촉진. 일부 레짐복합체는 무역을 촉진한다. 무역은 상품의 이동과 그 상품들이 어떻게 작동할 것인가에 대한 공유된 기대에 의존한다. 그러므로 오직 무역에 관한 것은 아니지만 해상 운송, 항공 운수, 그리고 제품 표준을 위한 레짐들이 그럼에도 불구하고 무역 활동을 어떻게 더욱 쉽게 만드는지를 숙고하는 것은 유용하다.

해상 운송은 무역 대부분을 차지하는데, 가치 기준으로 약 60%, 무게 기준으로 90% 이상이다. 많은 중요한 해운 규범들은 19세기 또는 그 이전으로 거슬러 올라간다. 이러한 규범들은 공해의 자유, 영해를 통한 무고한 통행, 국제 해역에서 운항하는 선박에 대한 기국 관할권(flag-state jurisdiction), 그리고 외국 선박의 입항을 통제할 수 있는 국가의 권리를 포함한다. 시간이 지남에 따라, 공적 및 사적 국제기구를 통해 다른 관행들도 생겨났다.

해상 운송 관련 유엔 전문기구는 런던에 본부를 둔 국제해사기구(IMO: International Maritime Organization)다. 1959년 첫 회의 이후 IMO는 안전, 보안, 효율성, 오염, 보상과 같은 문제에 대한 기준을 승인하는 정부 간 위원회 시스템을 통해 운영되어 왔다. IMO는 주로 표준 설정 기구로, 집행은 일반적으로 각 국가에 맡겨지며, 때로는 보험업자나 경제적 이해관계를 가진 기타 민간 행위자들에 의해 지원을 받는다. 그러나 집행을 기국(flag states)에 의존하는 데에는 문제가 있는데, 많은 선박이 라이베리아나 파나마와 같이 세금과 규제를 최소화하겠다고 약속하는 국가들이 제공하는 '편의치적(flag of convenience)' 하에 운항하기 때문이다. 그러므로 영국, 미국 등 전통적인 해양 강국들이 더 큰 집행 역할을 맡고, IMO는 여타 국가들을 위해 역량강화 프로그램을 제공한다. 민간 차원의 이니셔티브도 중요하다. 예를 들어, 국제상공회의소의 한 전문 부서는 해적 공격, 위조, 납치, 사기 등 무역을 위협하는 여타 범죄를 추적하고 감소시키기 위해 노력하고 있다.

항공 운송은 해상 운송의 일부 규범을 채택했으며, 자체적인 관행도 발전시켜왔다. 국가들은 사고, 손상, 환경 피해 및 범죄 등의 예방을 통치하는 규범을 수용한다. 또한 해양 상공에서의 항공 자유를 인정하지만, 주권 영토 상공의 통과를 위해서는 국가의 동의를 요구한다. 그러한 규범과 관행은 1945년 항공사들에 의해 설립된 민간 기구인 국제항공운송협회(IATA: International Air Transport Association)와 1947년 설립된 유엔의 전문기구인 국제민간항공기구(ICAO: International Civil Aviation Organization)를 통해 발전해왔다.

원래 IATA가 안전 기준을 설정하기로 되어 있었으나, 미국 기반의 기업인 보잉이 수십 년간 항공기 생산을 지배해 옴에 따라, 미국정부가 안전과 관련된 많은 업무를 맡아왔다. 대신 IATA는 운임 책정, 항공권 교환, 여행객 및 수하물의 원활한 흐름 등을 촉진하는 데 주력하고 있다. 한편, ICAO는 항공 인프라, 운항, 점검, 국경 통과 및 사고 조사와 관련된 기준과 관행을 권고한다. ICAO는 이러한 권고를 강제할 규제 권한은 없지만, 정부 간 논의를 촉진하고, 공개 '채점표(scorecard)'를 통해 국가들에 은밀히 압력을 가할 수 있다.

해상 및 항공 운송을 넘어, 또 다른 국제무역의 근본적인 요소는 제품 표준이다. 여기서, 국제표준화기구(ISO: International Organization for

Standardization)가 중심적 역할을 한다 (Yates and Murphy 2019). 제3장에서 논의했듯이, ISO는 165개 이상 국가로부터 국가 표준 기구들로 구성된 비정부 통솔 기구다. 1946년에 설립되어 스위스에 본부를 두고 있는, ISO는 제품 안전과 호환성에 대한 표준을 개발하고 보급하기 위해 전 세계 전문가들과 협력한다. ISO는 카메라 필름이나 '친환경' 건축과 같은 ISO라는 이름의 기준으로 가장 잘 알려져 있다. 그 활동 범위는 굴뚝 솔부터 신용카드 단말기, 유아용 좌석에 이르기까지 넓게 걸쳐있다. 2021년 한 해 동안, 1,619개의 표준을 발표했다. ISO는 파트너인 국제전기기술위원회에 의해 다뤄지는 전기 및 전자공학을 제외한 모든 분야에서 작동한다. 이 두 기관은 함께 세계 제품 표준의 약 85%를 공표하며, 많은 부분이 기업의 행동을 변화시키거나 (Prakash and Potoski 2014) 심지어 국내법이 된다 (Büthe and Mattli 2011).

이러한 점은 무역을 촉진한다. 상품과 서비스의 ISO 인증은 안전과 호환성에 관하여 소비자를 안심시키고, 그렇게 함으로써 준수 기업들은 전 세계적으로 사업할 기회가 증가한다. 그러나 표준 설정은 단지 기술적인 과정만이 아니라 정치적이기도 하다. 표준 결정에 참여하는 기업, 정부 및 기타 행위자들은 종종 그것을 가장 잘 준수할 수 있는 위치에 있다. 그러므로 제품 표준을 개발하는 것 외에도, 그 조직은 특히 지원 및 교육프로그램을 통해 노하우와 경영 관행을 전파한다.

무역 억제. 해상 운송, 항공 운송, 그리고 제품 표준에 대한 기존 방식은 무역을 촉진하지만, 무역레짐은 무역을 억제하는 것이 목표인 일부 정책분야와도 교차한다. 한가지 예시는 식량안보를 위한 레짐복합체(regime complex)다. 식량안보는 1996년 세계 식량 정상회의에서 인권으로 묘사되었으며, 2008년 세계 식량 가격이 사상 최고치를 기록한 후 2011년 아랍의 봄 시위에 일조했을 때 더 큰 주목을 받았다. 제11장에서 언급된 바와 같이, 식량안보를 위한 레짐복합체는 무역레짐뿐만 아니라 농업과 인권을 위한 레짐도 포함한다.

식량안보의 개념은 생산과 무역의 실질적 질문에서 벗어나, 대신 공정한 분배와 안정적인 접근에 관한 규범적 질문을 제기한다. 국가와 시민들은 식량에 대한 근본적이고 지속적인 수요를 충족하기 위해 해외 공급자에 의존하는 것에 대해 경계심을 갖고 있다. 결국, 국제시장에서의 식량의 공급량과 가격은 날씨, 자연재해, 유전자 변형, 에너지 비용, 전염병, 그리고 러시아-우크라이나전쟁에서 드러났듯이 전쟁이나 많은 기타 요인으로 인해 극심하게 변동할 수 있다. 정부가 식량 공급을 보장하기 위해 농업 분야에서 더욱 자급자족하려 할 때, 그들은 또한 국제무역의 효율성을 일부 포기하게 된다.

제재는 다른 정책목표를 추구하기 위해 무역을 억제하는 더욱 극명한 사례다. 특정 제품, 산업, 또는 국가에 대한 무역을 제한하는 것은 유엔 안전보장이사회가 안보위협을 다루기 위해 사용하는 주요 도구다. 유엔 안전보장이사회는 아프가니스탄의 테러리즘, 이란과 북한의 핵무기 개발, 유고슬라비아 내전 등에 대응하기 위해 제재를 부과해 왔다. 2022년 러시아의 우크라이나 침공에 대한 대응으로, 미국, EU, 일본 및 기타 국가들은 유엔 안전보장이사회에서 러시아에 대한 제재를 조정했다. 또한 벨기에에 기반을 둔 국제은행간통신협회(SWIFT)는 여러 러시아 은행이 국제적으로 자금을 이동시키는 데 사용되는 네트워크를 사용할 수 없도록 금지했다.

무역거버넌스의 주요 주제

세계경제의 한 양상으로서, 무역은 경제거버넌스의 더욱 광범위한 양식을 반영한다. PTA, GATT와 WTO체제, 그리고 국제무역과 관련된 더 광범위한 레짐복합체에서, 글로벌 사우스는 종종 불리하다. 무역거버넌스의 지도자들은 여전히 주로 대규모 시장경제를 가진 글로벌 노스들이다. 브라질, 중국, 인도, 남아프리카공화국, 그리고 여타 개발도상국들이 부유해지고 목소리를 높임에 따라, 이 체제의 일부 변화를 확보했다. 그러나 정부와 대중은 무역이 그 자체로 가치가 있는지, 아니면 개발과 같은 목적을 위한 수단으로서만 정당화되는지에 대해 논의를 지속하고 있다. 기업, 노동자, 시민사회 단체, 그리고 소비자 모두 국제무역에서 이해관계를 가지고 있기 때문에, 그 논쟁은 단지 부유한 국가와 가난한 국가 간 문제뿐만 아니라, 다양한 비국가행위자 간에도 해당한다. 새로운 무역협정을 위한 WTO의 협상이 재개될 수 있을지의 여부는 미국, EU, 그리고 중국을 포함한 주요 무역 세력들이 합의를 추진할 것인지와, 응고지의 리더십 하의 WTO가 모든 이해당사자 간의 의견 차이를 해소할 수 있을 것인지에 달려있다.

금융의 거버넌스

금융은 경제거버넌스에서 두 번째로 중요한 분야이다. 오늘날의 금융거버넌스는 국제결제은행(BIS: Bank for International Settlements)과 IMF와 같은 오래된 국제기구들, G20과 같은 새로운 기관들, 그리고 디지털 화폐와 같은 새로운 과제들을 포함한다. 오늘날 금융거버넌스가 어떻게 작동하는지를 이해하기 위해서는, 과거 금본위제가 중심이었던 시절에 금융거버넌스가 어떻게 운영되었는지 이해할 필요가 있다.

금본위, 변동환율 및 국제결제은행

앞서 언급했듯이, 1971년 미국 달러는 금본위제에서 벗어나 가치의 '변동(float)'을 허락했다. 사람들은 그 반대의 경우보다 크고 관리가 잘된 경제를 가진 국가의 화폐에 더 많이 지급할 것이며, 한 국가의 경제가 한 방향이나 다른 방향으로 움직임에 따라, 그 화폐의 가치는 일반적으로 상승하거나 하락한다. 금본위제 없이, 이러한 시장의 힘은 화폐를 변동적으로 만들었고, 정부들이 환율에 개입하도록 부추겼다. 어떤 정부는 더욱 안정적인 투자자를 유치하고 그것의 가치를 유지할 것 같은 '강한(strong)' 통화를 선호한다. 반면에 다른 정부는 외국 제품 소비를 억제하고 외국 시장에서 국가의 수출품을 더욱 저렴하게 만드는 '약한(weak)' 통화를 선호한다. 그 가치를 조정하기 위해, 정부는 그것의 시장 가격을 올리거나 내리기 위해 전략적으로 대량의 화폐를 사거나 팔 수 있다.

비록 정부는 그들의 통화를 강하거나 약하게

만드는 데 관심이 있을 수 있지만, 기업과 다른 행위자들은 종종 안정성을 선호한다. 금융 안정성을 위해 가장 중요한 국제기구 중 하나는 오랫동안 BIS였다. 1930년에 설립된 BIS는 세계 최초의 공공 국제 금융기관이었다. 미국, 일본, 그리고 여러 유럽국가의 중앙은행을 조정하기 위해 설립된 이 기관은 대공황이 전 세계로 확산됨에 따라 곧 붕괴하는 여러 통화를 구제하는 임무를 맡게 되었다. 이후 최근 설립된 IMF의 대출 능력에 의해 약화된 1950년대까지 다양한 유럽 중앙은행 간의 금융 거래를 촉진했다.

그러나 BIS는 특히 지불 능력을 보장하기 위해 설계된 은행 준비금과 관련한 은행 지침의 근원으로서 여전히 중요하게 남아있다. 이러한 점에서 지원을 위해 바젤은행감독위원회(Basel Committee on Banking Supervision)가 10개국의 중앙은행가들에 의해 1974년 BIS 내에 설립되었다. 2023년 이 위원회는 여전히 30개국 미만의 국가들을 포함했다. 그러나 이러한 국가들과 그들의 중앙은행들이 세계 금융에 중요하기에, 다른 정부와 기관들은 위원회의 지침을 따르려는 강력한 유인을 가지고 있다 (Young 2011: 39).

국제통화기금

비록 BIS가 그 분야에서 영향력이 있지만, IMF의 세계적인 회원국 수와 다각적인 영향력에 비하면 무색하다. IMF의 본래 목적은 통화 환율의 단기 변동을 극복하기 위해 국가에 자금을 빌려주는 것이었다. 회원국들은 5년마다 협상된 할당량에 따라 금과 자국 통화로 기여금을 납부했다. 이후 이른바 특별인출권(SDR: Special Drawing Rights)이 추가적인 유동성을 제공하기 위해 만들어졌다. 일시적인 국제수지 문제 해결을 위해, 회원국들은 각 거래에 대해 서비스 수수료와 추가로 대출 기간에 기반한 수수료와 함께 납부 금액에 따라 자금을 인출할 수 있었다. 이러한 방식은 일반적으로 약 12개월에서 18개월 정도의 단기간으로 기획되었다. 1971년 미국이 금본위제를 폐지하고 브레턴우즈체제의 통화 안정화를 위한 노력 지속을 거부한 이후, IMF는 개발과 장기 지원에 더 많은 일을 하며 그 범위를 확대했다.

IMF의 구조. IMF는 기업과 유사한 구조를 가진 점에서 다소 색다르다. 각 회원국은 IMF의 총회(Board of Governors)에 자국 대표를 두고 있지만, 총회는 업무 대부분을 24명의 이사로 구성된 소규모의 집행이사회(Executive Board)에 위임한다. 집행이사회 의석과 투표권은 '할당량'으로 알려진 국가별 재정 기여도에 따라 배분된다. 미국, 일본, 중국, 독일, 프랑스, 영국, 사우디아라비아 등의 7개국은 개별 상임이사를 두고 있으며, 이들은 총 투표권의 40% 이상을 차지한다. 나머지 회원국들은 여러 그룹으로 묶여 남은 투표권과 집행이사회 의석을 공유해야만 한다.

재정 기여의 장려를 목적으로 한 이 구조는 가난한 국가들보다 부유한 국가들에 특권을 부여하는 경향이 있다. 도표 8.4는 어떻게 2015년의 개혁이 할당량을 바꿨는지, 그러나 여전히 특정 국가에 특권을 부여했는지를 보여준다. 비록 중국의 투표권 비중은 증가했으나, 미국은 가장 큰 투표권 비중 유지와 일부 주요 결정에 대해 거부권을 행사할 수 있는 권한을 유지했다. 가장 큰 투

도표 8.4 | 2015년 개혁 전후의 IMF 투표권 비율

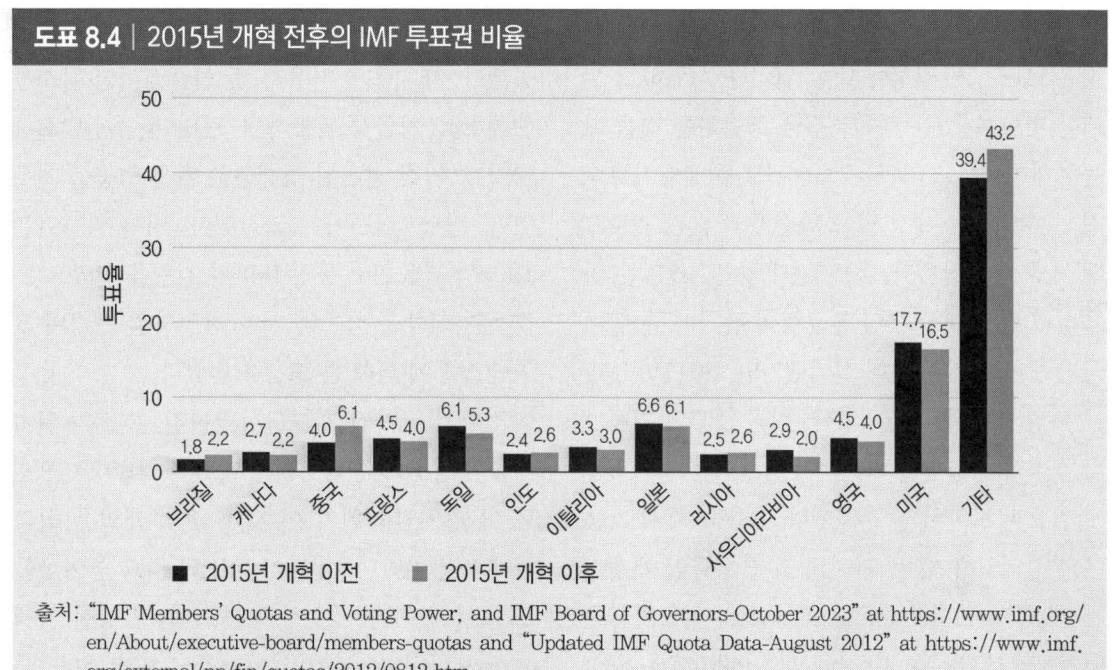

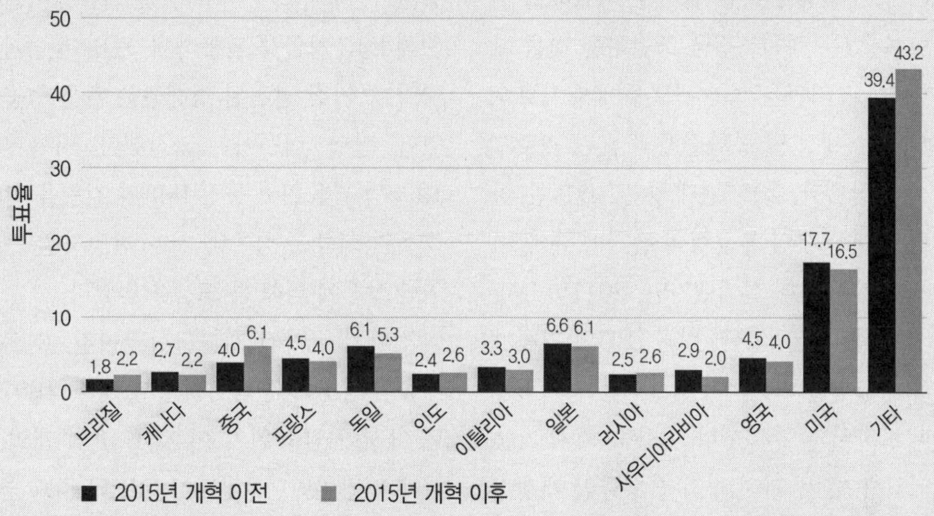

출처: "IMF Members' Quotas and Voting Power, and IMF Board of Governors-October 2023" at https://www.imf.org/en/About/executive-board/members-quotas and "Updated IMF Quota Data-August 2012" at https://www.imf.org/external/np/fin/quotas/2012/0812.htm.

표권을 가진 국가들은 IMF의 정책방향과 특정 대출까지 결정할 수 있다. 예를 들어, 한 국가의 금융문제가 개별 집행이사회 회원국 중 하나에 피해를 줄 것 같은 경우, 자금은 더 빠르게, 더 많이, 그리고 더 적은 조건으로 지급되는 경향이 있다 (Copelovitch 2010). 이러한 공식적인 권력 외에도, 미국은 워싱턴 D.C.에 있는 IMF의 위치와 미국 재무부 인사들과 그 조직의 밀접한 관계에서 기인하는 비공식적인 영향력을 행사한다 (Stone 2011).

많은 회원국은 미국과 IMF 직원에 비해 발언권이 부족하다는 점에 불만을 제기해 왔다. IMF는 약 2,500명의 강력하고 높은 전문성을 가진 직원을 보유하고 있으며, 이들 중 다수는 유럽이나 북미의 명문 대학에서 경제학 분야의 상위 학위를 가지고 있다. 이 직원들은 상임이사회의 회의를 종종 주재하는 전무이사의 지휘를 받는다. 전통적으로 전무이사직은 항상 유럽인이 맡아왔다. 그 직원들의 전문성, 자격, 그리고 부유한 국가들로부터의 지지는 특히 IMF 직원들이 개발도상국 관료들과 대면할 때 그들의 분석과 조언에 특별한 무게를 실어준다 (Nelson 2017). 비록 상임이사회는 일반 정책문제에 관해서는 매우 활동적이나, 개별 국가에 대한 내출 프로그램에 관한 많은 결정은 IMF 직원과 해당 정부 간의 비밀 협상을 통해 이뤄진다.

IMF의 감시 및 위기 대응. IMF의 목적이 금본위제 폐지와 함께 급격히 변화한 이후, 이 기관은 훨씬 더 금융 감시와 위기 대응의 중심이 되었다. 1970년대 후반, IMF는 일반적인 경제 및 정책전략의 틀 내에서 환율을 평가하는 회원국 정부와

의 연례 협의를 수반한 감시 과정을 도입했다. 이것은 IMF가 안정성에 대한 위기를 식별하고 위기를 피할 수 있는 정책조정을 조언하는 것을 가능하게 했다. 그 기관은 정부 관료들에게 자료수집, 은행 관리, 재정 및 통화정책의 훈련 프로그램 제공을 시작했다. 2000년대 중반, IMF는 환율정책 및 막대한 무역 불균형의 결과에 대해 미국과 중국에 맞서는 데 실패했지만, 2011년 IMF는 어떻게 중국, 일본, 영국, 미국, EU의 경제가 다른 국가에 영향을 미치는지를 알리는 정기적인 '스필오버 보고서'를 추가했다. IMF의 감시 기능은 향상되었으며, 세 가지 정기 간행물인 세계경제전망(World Economic Outlook), 글로벌금융안정보고서(Global Financial Stability Report), 그리고 재정점검보고서(Fiscal Monitor)는 계속해서 이 과정의 중요한 부분이 되고 있다.

비록 IMF의 감시 기능이 때로는 더욱 부유한 국가를 대상으로 했지만, 금융위기에 대응하려는 이 조직의 노력은 종종 더 가난한 국가들에 가장 큰 영향을 미쳤다. 1982년 멕시코 부채 위기를 시작으로, IMF는 채권국과 채무국 간 협상의 중재자 역할을 맡았으며, 이후 구제금융과 구조조정 대출에 관여하기 시작했다. 구조조정 대출은 수혜국이 재정 지원을 받는 대가로 경제정책 개혁을 시행하거나 조건부라 불리는 특정 조건을 달성하도록 요구했다. 국가의 국내 경제와 정부 정책의 구조적 병목을 극복하는 것 이외에도, 그 조건은 무역자유화 및 민간부문의 참여를 촉진하는 것을 목표로 했다.

IMF는 또한 1990년대 러시아와 다른 기존 사회주의 국가들이 시장경제로 전환할 때도 중요한 역할을 했다. 이 기관은 외부 조정을 보다 체계적으로 만들기 위한 금융 자원과 기술 자문을 제공했다. 대외무역 자유화 및 인플레이션 감소를 위해 IMF 자금을 활용하여, 중앙 유럽과 발트해 국가 중 가장 발전된 경제권은 빠른 성공을 거두었다. 반면, 러시아는 고전했다. 비록 러시아는 1998년 금융위기 동안 IMF의 지원을 받았으나, 그것의 회복은 석유와 기타 천연자원 가격의 우연한 상승에 의해 큰 도움을 받았다.

전환기 국가건 개발도상국이건, IMF의 위기 대응이 항상 성공적이지는 않았다. 1997~1998년 아시아 금융위기 이후, IMF의 개입은 심각하게 비판받았다. 심지어 IMF의 주요 공여국들도 모든 위기가 비슷하지 않으며, 워싱턴 컨센서스가 항상 옳은 것은 아니라고 인정했다. 부정적인 결과들은 IMF와 그것의 자유주의적 경제 해결책에 대한 신뢰를 흔들었으며, 이는 왜 2008~2009년 글로벌금융위기에 대한 IMF의 대응이 처음에는 냉담했는지를 설명하는 데 도움이 된다. 이 기관은 신용한도로 약 2,500억 달러를 사용할 수 있도록 했으나, 이후 2009년 7,500억 달러로 세 배가 되었다. 아이슬란드는 1976년 이래 IMF로부터 차관을 제공받은 첫 번째 서방 국가가 되었고, 상당한 규모의 긴급 대출이 우크라이나, 헝가리, 파키스탄에도 이뤄졌다.

결국, 2008~2009년 위기는 IMF를 재활성화시켰으며, 그 후 차후의 '유로존' 위기에서 적극적인 역할을 맡게 되었다. IMF는 EU, 유럽중앙은행, 그리고 민간은행들과 함께 유로를 그들의 공동 통화로 채택해 온 여러 국가에서 정상회의와 구제금융 패키지에 참여했다 (Henning 2017). IMF는 일부 정치적 위기에도 개입했는데, 예를 들어 친러 야누코비치(Viktor Yanukovych) 대통령의 축출 후, IMF는 2014년 교전 중인 우크라이나의 친서방 정부에 170억 달러를 제공했다. 일부는 IMF가 편을 든다고 비판했지만, 다른 이들은 그 수단이 우크라이나의 경제와 주권을 지속하는 데 필수적이라 주장했다. 2022년과 2023년, 집행이사회는 우크라이나에 14억 달러의 긴급자금과, 이후 특히 에너지 부문 및 다수의 개혁 요구와 함께 150억 달러 이상의 장기 기금을 승인했다.

코로나19 팬데믹 동안, IMF의 감시 기능과 위기대응 노력이 합쳐졌다. 2020년, 글로벌경제의 더욱 심한 위축을 예상하고 가장 심하게 타격을 받을 것 같은 국가들의 유형을 주목한 IMF는 개발도상국에 부채탕감과 신용한도 확대에 집중하기 시작했다. 2021년 세계의 가장 부유한 국가들이 백신을 생산하고 그들의 시민들에게 접종을 시작함에 따라, IMF 총재는 세계은행, WHO, WTO 수장들과 함께 더 가난한 국가들에 백신 접근 확대를 촉구했다. 이와 더불어, IMF는 국가들이 팬데믹과 기후 관련 재난에 더욱 잘 대처할 수 있도록 '복원력 구축(resilience-building)'의 필요성을 강조하며, 기후변화를 재정적 조언에 점점 더 통합하고 있다.

IMF 개혁. IMF 개혁은 주로 위기 상황 뒤에 이뤄지는 경향이 있다. 예를 들어, 1990년대 후반 아시아 금융위기 이후, 그 기관은 국제 금융 시스템의 감시를 개선하고 금융 붕괴를 더욱 잘 예측하기 위해 '화재 경보'를 수립했다. 비록 IMF는 국가에 대한 구체적인 신용 점수를 제공하라는 요구에는 저항했지만, 만약 어려움을 겪는 정부가 이전에 기밀이었던 국가 계정의 세부 정보를 공개할 경우 인출할 수 있는 추가 신용 한도를 마련했다 (de Beaufort Wijnholds 2011: 125).

10년 후인 2008~2009년 글로벌금융위기 이후, IMF는 저소득 국가들을 위한 외생충격기금(Exogenous Shocks Facility)을 재조직하고, 신흥시장국가들을 위한 단기유동성기금(Short-Term Liquidity Facility)을 설립했다. 2010년에는 글로벌 경제거버넌스의 핵심 부분으로서의 G20의 부상 아래, IMF 회원국들은 IMF 집행이사회에서 충분히 대표되지 못했던 G20 국가의 할당과 투표권 대폭 확대를 모색했다. 2015년 개혁의 결과는 도표 8.4에 나타나 있다.

어떤 면에서, IMF는 자신 스스로 개혁하는 데 상대적으로 빠르게 움직여왔다. 예를 들어, 성희롱 스캔들 이후, 2011년 IMF는 전체 남성 전무이사라는 오래된 전통을 갑작스럽게 깨뜨렸다. 프랑스의 전 재무장관 라가르드(Christine Lagarde)가 첫 여성 전무이사가 되었다. 2019년 그녀가 유럽중앙은행의 총재로 떠나면서, 전 세계은행 총재 대행이었던 불가리아의 게오르기에바(Kristalina Georgieva)가 또 다른 여성으로 뒤를 이었다. 여성이 실권을 잡은 것은 여성 노동력 참여에 정부가 더 많은 주의를 기울이도록 압력을 가하는 등의 실질적 효과를 가질 수 있다(Blackmon 2021). 라가르드와 게오르기에바 모두 경제 전문지식이 필수적인 국제기구 또는 정부 관료 조직에서의 과거 경험을 바탕으로 그들의 직책을 맡았다. 그리고 라가르드의 경우, 유로존 위기 동안 그리고 2011년 프랑스가 G20 의장을 맡았을 때 프랑스의 재무장관이었다. 국제통화체제의 개혁은 이후 그녀가 IMF로 옮긴 이후에도 그녀의 의제 중 최우선에 있었다.

그럼에도 불구하고, 개혁 전망은 제한적이다. 일부 비평가들은 IMF가 수혜국에 조건을 부과하는 것이 너무 불투명하고 과도하다고 비판한다. 반면, 다른 사람들은 그 기관이 충분히 엄격하지 않아 정부와 투자자들이 IMF 구제금융이 곧 마련될 것이라 믿기에 점점 더 무모한 행동에 관여하는 도덕적 해이 문제를 자초한다고 말한다. 일부에서는 IMF가 개발 혹은 소득 불평등에 더 많은 일을 해야 한다고 주장하는 반면, 다른 편에서는 그 기관이 위기관리와 국제수지 문제에만 집중해야 한다고 주장한다. 이처럼 상충되고 모순된 외부 요구 아래, IMF가 실질적인 변화를 만드는 것은 어렵다.

G7, G8 그리고 G20

IMF는 글로벌 노스의 전통적인 지배와 경제적 자유주의의 이념적 권력을 반영하는 유일한 금융 관련 기구가 아니다. 두 가지 모두 G7에서도 명확한데, G7은 캐나다, 프랑스, 독일, 이탈리아, 일본, 영국, 그리고 미국이 종종 글로벌 경제 거버넌스에서 자칭 리더로서 기능하는 비공식 기구다. 처음에는 국가원수와 정부 수반들이 모였으나, 몇 년 지나지 않아, 그들은 재무, 무역, 그리고 외무장관을 포함하여 확대된 연례 정상회의 준비를 담당하는, 히말라야의 산악 가이드를 연상시키는, 소위 셰르파(sherpa)를 임명했다. 국제기구의 대표 및 비 G7 국가들도 종종 손님으로 초청을 받는다.

그 결과, 연중 내내 진행되는 소통 과정이 형성되어 지도자들이 개인적인 관계를 형성하고 서로에게서 배우는 데 도움이 된다 (Gstöhl 2007: 2). 이러한 특징들은 위기관리, 새로운 문제 해결, 다른 기구의 행동 촉구, 그리고 심지어 새로운 기구 설립에 있어 가치가 있다고 입증되었다. 예를 들어, G7은 선진국의 관행을 기반으로 한 금융규범의 집합을 만들기 위한 금융안정화포럼(Financial Stability Forum)을 설립하는 데 기여했다 (Drezner 2007: 136–145). 1989년, G7은 제7장에서 논의했듯이, 권고안, 동료 평가, 비준수 국가 목록을 작성함으로써 자금세탁, 테러자금 조달, 그리고 부패를 방지하는 국제자금세탁방지기구(Financial Action Task Force)를 설립했다 (Roberge 2011). 파리 OECD 본부에 위치한 36개 회원국으로 구성된 독립 기구인, 자금세탁방지기구는 작고 유연하여 신속하게 행동할 수 있으며, 금융 분야에서 그것의 기준은 잘 알려져 있다 (Findley, Nielson, and Sharman 2014).

그러므로 서면 헌장이나 상설 사무국이 없는 비공식 기구임에도 불구하고, G7은 글로벌 경제 거버넌스에서 영향을 미쳐왔는데, 7개의 부유한 민주주의 국가의 엘리트 집단에 의해 행사되는 그러한 큰 영향력의 적절함에 대한 우려도 제기되었다. 1997년, G7은 러시아를 추가하여 G8로 운영되기 시작했으나, 2014년 러시아의 우크라이나 침공 이후 러시아의 회원 자격은 유예되었다.

세 번째이자 더 큰 기구는 G7 회원국, EU, 아프리카연합, 그리고 12개의 추가적인 선진국 및 개발도상국을 포함하는 G20이다. 앞서 언급했듯이, 이 그룹은 1999년에 처음 소집되었으나 2008~2009년 금융위기까지는 활동이 활발하지 않았다. 그 이후, G20은 주요 포럼으로 자리매김했고, 금융안정화포럼과 같은 G7 기구를 흡수했다. 금융안정화포럼은 더 광범위한 권한, 더 제도화된 구조, 더 다양한 회원국을 가진 금융안정위원회(Financial Stability Board)로 개편되었다. 2008년 이후 G20은 위기, 경제성장, 무역, 그리고 고용문제를 다루기 위해 최소 연 1회 회의를 개최하고 있다.

개발도상국의 더욱 커진 목소리와 함께, G20은 단지 시장 규율의 엄격함을 따르기보다, 성장을 촉진하기 위한 국가의 재량권을 일관적으로 옹호해왔다. G20의 비공식적 구조는 그것의 정당성을 강화하는 더욱 크고 다양한 국가그룹 간의 순환 리더십을 포함한다. 그러나 방글라데시, 나이지리아, 파키스탄 등과 같이 인구가 많거나 경제적으로 영향력 있는 국가들은 여전히 제외되어 있다. 그리고 심지어 회원국의 상한선이 20개국임에도 불구하고, 그룹의 규모와 다양성은 합의를 어렵게 만들 수 있다 (Cooper and Thakur 2013: 16).

유로존과 지역 금융거버넌스

G20이 세계의 다른 부분에 위치한 주요 국가들의 거시경제정책 조율을 시도하는 반면, 금융거버넌스의 또 다른 접근은 특정 지리적 지역 내에서 그것을 조율하는 것이다. 제5장에서 논의된 바와 같이, 지역 금융거버넌스에 대한 가장 심화된 실험은 19개의 EU 회원국들이 자국의 통화를 단일 공동 통화인 유로로 대체한 유로존에서 일어났다. 이 통화연합은 불가리아, 크로아티아, 체코, 덴마크, 헝가리, 폴란드, 루마니아, 스웨덴, 그리고 이전의 EU 회원국인 영국 등이 자국 통화 사용 지속을 결정했기에 EU 회원국 일부만을 포함한다.

유로존 회원국들은 규모, 경제적 명성, 그리고 자본주의 민주주의에 대한 경험의 깊이에서 서로 다르다. 독일은 비공식적으로 유로존을 이끌며, 각국 중앙은행을 대표하는 이사회에 의해 통제되는 유럽중앙은행이 위치한다. 그들의 자국 통화를 포기함으로써, 유로존 회원국들은 상당한 통화 권한을 양도했으며 자국 통화가치를 조정할 수 있는 능력을 포기했다. EU의 가장 큰 경제국으로서 독일은 금융정책에 있어 상당한 영향력을 행사하지만, 실업보다 인플레이션에 대한 더욱 깊은 우려와 같은 독일의 선호는 많은 동료 회원국들의 선호와 때때로 상충한다.

이러한 균열은 2008~2009년 글로벌금융위기가 닥쳤을 때 문제가 있음이 증명되었다. 국제시장에서 차입에 의존하던 유로존 정부들은 부채 의무를 이행할 수 없었는데, 취약하고 느슨하게 규제되었던 은행들은 부채를 감당할 수 없었고, 개인은 실업, 임금 하락, 그리고 투자 축소를 직면하게 되었다. 한편, 독일은 높은 생산성과 임금 억제로 인해 무역흑자를 계속 유지했다. 유로의 가치 하락은 독일의 수출을 더욱 경쟁력 있게 만들었으나 동시에 다른 유로존 국가들의 국제수지 상태를 악화시켰다. 독일, 프랑스, 스칸디나비아 은행들이 곤경에 빠진 국가들에 상당한 대출을 제공했기 때문에 다른 지역에서 발생하는 상황에 취약했다.

결과는 유로존의 장기간에 걸친 위기였다. 2013년경, 주요 지도자들뿐만 아니라 유럽중앙은행, EU 집행위원회, IMF, 그리고 민간 은행의 대표들을 포함하여 20회 이상의 정상회의가 위기 해결을 위해 소집되었다. 그리스는 막대한 구제금융을 요구했다. 키프로스, 아일랜드, 포르투갈, 스페인 역시 매우 가시적인 격변을 경험했으며 긴축정책을 수용하라고 지시받았다.

독일은 긴축정책에 대한 그 엄격한 고수와 다른 국가들도 이같이 할 것에 대한 압박으로 비판의 특별 대상이 되었다. 유럽중앙은행과 IMF는 시간이 지나면서 긴장을 풀고, 성장에 대한 투자와 많은 EU 국가들의 높은 실업 수준을 뒤바꿀 수 있는 부양 조치를 촉구했다. 심지어 경제적으로 많은 고통을 받지 않은 유로존 국가들에서도 격분한 시민들이 더욱 민족주의적이거나 포퓰리즘적 지도자들에게 열중함에 따라 정치적 반향이 있었다. 요컨대, EU에는 내부적 분열이 존재한다.

유로존 위기로 인해 여러 주요 개혁들이 시행되었다. 2012년, 유럽중앙은행은 국가 프로그램을 확대한 예금 보험 프로그램과 은행 대차대조표를 조사할 권한을 가진 은행 규제기관으로 재편되었다. 2014년 첫 번째 검토 이후, 유럽중앙은행은 25개의 부실 은행과 강화할 필요가 있는 13개의 다른 은행을 식별했다.

개혁에도 불구하고, 유로존은 여전히 불안정한 분기점에 머물러 있다. 유로존은 활동을 강화하고 초국가적 권위에 의한 과세 권한을 가진 진정한 재정연합이 됨으로써 국가주권을 더욱 축소할 수 있을 것이다. 그렇지 않으면, 더욱 선택적인 회원국을 가진 통화연합으로 남을 수도 있다. 마스트리흐트 조약은 어떻게 국가들이 통화연합에서 탈퇴할 수 있는지를 명시하지 않았으나, 가입을 위한 자격요건은 포함하고 있기에, 최소한 제명을 위한 이론적 기반이 존재한다. 재정 및 통화정책 설정을 위한 권한은 고사하고, 강화할 것인지 축소할 것인지에 대한 합의가 부재하기에, 유로존은 평탄치 않은 과거와 불확실한 미래를 지닌 통화연합으로 남아있다.

금융의 민간거버넌스

모든 금융거버넌스가 정부 간 기구를 통해 이루어지는 것은 아니며, 일부는 민간부문에서 이루어진다. 시장을 관리하기 위해 민간 기업이나 협회들은 산업 전반에 걸친 표준이나 적절한 행동규범을 세우기 위해 협력해 왔다. 이러한 협력은 많은 글로벌 노스들이 보험, 증권, 통신 및 기타 산업을 민영화하고 규제하기 시작했던 1980년대 이후 증가해왔다. 민간거버넌스의 사례는 1983년에 설립된 국제증권감독기구, 1994년에 창립된 국제보험감독자협회, 2001년에 창설된 국제회계기준위원회 등을 포함한다.

금융 분야에서 민간거버넌스의 장점 중에는 무디스(Moody's)와 스탠더드 앤드 푸어스(S&P: Standard and Poor's)와 같은 채권평가 기관들이 있다. 그들은 다양한 기관의 신용도를 평가한 후, 그러한 평가들을 투자자들에게 판매한다. AAA, AA, B 등과 같은 그들의 등급은 민간 투자자와 정부 당국을 위한 초국가적 감시 시스템을 구성한다. 제대로 작동할 때, 채권평가 기관은 보고 규칙 수립, 투명성 상승, 중립적인 전문지식 제공 등과 같은 필수적인 거버넌스 기능을 수행한다.

그러나 그 등급이 항상 신뢰할 수 있는 것은 아니다. 2007년에 높은 등급을 받았던 여러 대형 금융기관들이 2008년 금융위기 동안 파산했고, 이는 정부로 하여금 채권평가 기관에 대한 새로운 규제를 마련하도록 유도했다. 문제를 충분히 빠르게 경고하지 못했던 등급을 우려한 미국정부는 2010년 평가 방법론, 이해관계 충돌, 그리고 시간에 따른 정확성에 대한 투명성을 강화하도록 요구했던 도드-프랭크법(Dodd-Frank Act)을 통과시켰다. 반면, 너무 성급하게 신용도를 의심했던 등급에 관해 우려한 EU는 여러 국가의 국가부채 등급을 강등한 주요 채권평가 기관들에 법적 조치를 경고했다. 이는 비록 민간 금융거버넌스가 지배적이고 영향력이 있으나, 문제가 없지는 않음을 보여준다.

국부펀드, 디지털 화폐, 그리고 민간 금융

금융거버넌스와 관련하여, 다른 도전과제들이 대두되고 있다. 그중 하나가 국부펀드(sovereign wealth funds)로, 주식, 채권, 부동산, 귀금속과 같은 시장 상품으로 구성된 정부 소유 투자 수단이다. 국부펀드는 일반적으로 주요 세계 통화로 보유한 외화보유액으로 자금을 조달하며, 정기적으로 자국 외의 금융 자산에 투자한다. 국부펀드는 수십 년간 존재해 왔으나, 중국, 싱가포르 등과 같이 높은 무역흑자나 저축률을 보유한 국가, 그리고 캐나다, 쿠웨이트, 노르웨이, 러시아, 사우디아라비아, 아랍에미리트 등과 같이 대규모 석유 혹은 가스 수출국들의 활용 증가로 인해 더욱 강화된 국제적 감시를 받고 있다. 1조 달러 이상의 자산을 운용하는 노르웨이 정부연금기금은 세계 최대 규모의 국부펀드로, 가장 투명하고 공공 책임을 지는 것으로 널리 알려져 있다. 이 기금은 또한 환경적으로 해롭거나 다른 문제를 일으키는 투자를 제한함으로써 사회적 자각을 위해 노력하고 있다.

그러나 대부분의 국부펀드는 거버넌스와 위험 관리 방식이 불투명하다. 지지자들은 국내 경제 성장과 안정에 중요한 역할을 할 뿐 아니라, 정부가 장기적인 관점을 취할 수 있고 경기 변동을 견딜 수 있으므로, 국부펀드는 국제시장에도 긍정적이라 주장한다. 비평가들은 국부펀드가 공공투자와 민간투자의 경계를 모호하게 하고, 그들의 투명성 부족이 자본을 정치적이거나 전략적 목적으로 사용되게 만들어, 그 기금을 민간 투자보다 수용국에 더욱 예측 불가하고 위험하게 만든다고 반론한다.

지금까지 국부펀드의 거버넌스는 미약하다. 2009년에 운영을 시작하고 2023년 30개 이상의 국가들을 포함한 자발적인 정부 간 기구인 국부펀드 국제포럼(International Forum of Sovereign Wealth Funds)이 있다. 이 기구는 국부펀드 간의 거버넌스와 위험 관리를 조율하기 위해 산티아고 원칙(Santiago Principles)으로 알려진 일반적으로 수용되는 원칙과 관행의 채택을 권장하고 있다. 그러나 이 기구는 단지 자문 및 자발적 기구로, 정부에 대한 권력은 거의 없다. 때때로 아마도 IMF나 다른 주요 기구 내에서 국부펀드를 보다 직접적이고 의무적인 방식으로 통제하자는 논의는 있지만 아직 실현되지 않았다.

국부펀드 외에도, 디지털 화폐는 금융거버넌스에 대한 두 번째 도전을 제시한다. 디지털 화폐는 물리적이라기보다 컴퓨터상에 존재하는 교환 수단이다. 종종 암호기술이 거래를 보호하고 사기를 방지하기에 '암호화폐'라는 용어도 사용된다. 비트코인과 같은 많은 디지털 화폐가 분산되어 있다는 것은 중앙 권력이 아닌 많은 행위자에 의해 화폐가 발행되고 규제됨을 의미한다. 분산화된 디지털 화폐는 단일 기관이 모든 거래 기록을 가질 수 없음을 보장하기 위해 블록체인이나 기타 분산 원장(ledger) 기술을 활용한다. 분산화, 가명성, 그리고 빠른 국제송금은 국제 규제와 감독을 기피하는 국가, 국가 지원 행위자 그리고 비국가행위자에게 디지털 화폐를 매력적인 방법으로 만든다 (Prasad 2021).

2019년 6월, 국제자금세탁방지기구는 어떻게 그것의 필수조건이 디지털 화폐에 적용되어야 하는지에 관한 권고를 최신화했다. 한편, 국가들은 다양한 접근 방식을 취해왔다. 일부는 전면 금지를 도입해 왔지만 다른 국가들은 금융 기관이 디지털 화폐를 포함한 거래를 촉진하는 방식을 제한하는 등 제약들을 시행하였고, 그리고 또 다른 국가들은 더욱 엄격한 관할구역으로부터의 사업 유치를 희망하며 완화된 규제 레짐을 설립해왔다. 몇몇 국가는 심지어 자체 디지털 화폐를 개발하고 있다. 비록 스웨덴, 바하마 그리고 몇몇 다른 정부들이 보통 수준에서 디지털 화폐를 시험하고 있지만, 중국이 가장 앞서 있다. 2014년, 중국정부는 기존 위안화의 디지털 버전인 e-CNY 개발을 위해 내부 그룹을 출범시켰다. 7년 후, 중국 중앙은행과 산하의 디지털화폐협회가 상해 및 주요 도시에서 새로운 디지털 화폐를 시범 운영했다. 비트코인이나 다른 분산화된 암호화폐와 달리, e-CNY는 명확하게 중국정부의 통제하에 있다.

비평가들은 e-CNY와 같은 혁신이 부당한 통화 수단이라 비난한다. 예를 들어 중앙은행이 디지털 화폐의 가치를 서서히 감소하도록 설계할 수 있어, 사람들이 저축보다 소비를 더 하도록 촉진할 수 있다. 많은 관찰자는 또한 디지털 화폐가 정부에게 그들의 국민을 추적하고 통제할 수 있는 힘을 주어, 정치적 억압을 위한 도구로 사용될 수 있음을 우려한다. 지지자들은 디지털화된 국가 화폐가 거래를 간소화하고, 그렇지 않았더라면 제도화된 은행 업무에 접근할 수 없는 사람들을 연결하며, 정부가 탈세와 같은 불법 행위를 적발하는 데 도움을 줄 수 있기 때문에 이를 막아서는 안 된다고 반박한다. 이 경쟁적 시각들은 글로벌거버넌스 구조가 집중된 혹은 분산된 디지털 화폐를 어떻게 취급을 시도해야 하는지, 혹은 심지어 취급을 시도할 수 있는지조차 불명확하게 만든다.

디지털 통화와 국부펀드 외에, 세 번째 도전과제는 민간 금융이다. 여기에는 기업, 개인 혹은 정부 관련 예금과 대출 같은 은행 거래, 한 국가에서 번 돈의 일부를 다른 국가의 가족이나 친구를 돕기 위해 사용하는 거래를 의미하는 국제송금, 그리고 중개회사, 헤지펀드와 같은 기관 관련 투자와 같은 주식시장 거래 등이 포함된다. 전 세계적으로 자금을 움직이는 다른 민간 행위자들은 보험사, 주택 담보 대출 회사, 재무 상담사, 신용평가 기관, 환전 회사 등이다. 금액의 규모와 참여하는 금융 기관의 수 모두 방대하다.

수십 년 전, 민간 금융은 대게 글로벌 노스에서 글로벌 사우스로 이동했다. 하지만 시간이 지나면서, 대출, 투자, 투기 자금의 더 많은 부분이 사우스에서 노스로 이동하거나, 사우스 내 머물고 있다. 브라질, 러시아, 인도, 중국, 남아프리카공화국 등은 특히 개발도상국에 대한 대출, 투기, 투자 활동에 적극적이다. 그들은 그들의 놀라운 성장과 연결된 개발 혹은 경제 전환과 같은 그들의 최신 경험이 어떤 자원이나 방식이 개발도상국을 가장 잘 도울 수 있을지를 더욱 조율할 것이라 주장해 왔다.

특히 중국은 민간 금융과 공공 금융간 구분을

모호하게 한다. 최근 몇 년 동안, 정부와 연결된 은행들이 금융 부문을 지배해 왔다. 2022년 세계 최대 은행 목록에서, 중국의 '빅4' 은행인 중국공상은행, 중국건설은행, 중국농업은행, 그리고 중국은행이 여전히 세계 4대 은행 자리를 유지했다. 정부가 자국 통화를 발행하고 조작할 수 있는 능력을 지니고 있어, 진정한 민간 은행들이 정부와 연결된 은행과 경쟁하는 것은 어렵다. 많은 관찰자는 또한 중국의 은행들이 충분히 엄격한 규제 메커니즘, 회계 기준, 투명성 요건을 따르지 않는다고 우려하고 있다. 이 분야의 글로벌거버넌스가 대부분 자발적이라는 점 아래, 중국 혹은 다른 어느 정부에게 금융 시스템을 대폭 변경하도록 강제하는 것은 어려울 것이다.

금융거버넌스의 주요 주제

무역거버넌스와 마찬가지로, 금융거버넌스는 이 장의 도입 사례에서 설명된 경제거버넌스의 더 광범위한 패턴을 보인다. 노스와 사우스 간의 긴장, 경제정책의 다른 분야와의 연계, 국가와 비국가행위자 간의 상호작용 등이 있다. 1940년대 이후 세계는 크게 변화했으며, 어떤 점에서는 금융거버넌스도 변화했다. 예를 들어, 여성과 개발도상국이 더 큰 리더십 역할을 맡게 되었다. 그러나 현 체계의 비평가들은 기존 금융거버넌스 구조가 여전히 글로벌 사우스를 충분히 포괄하지 못하며, 새로운 도전을 다루기에 부족하다고 경고한다.

개발의 거버넌스

복잡한 문제는 금융거버넌스뿐만 아니라 개발거버넌스에서도 존재한다. 전통적으로 개발은 사회적 그리고 정치적 변화의 더욱 광범위한 과정을 포괄하기보다 주로 경제적인 것으로 여겨졌다. 이 분야는 경제성장을 위한 방법을 처방하고 GDP를 한 국가의 인구로 나눈 1인당 GDP와 같은 지표로 개발을 측정하는 경제학자들에 의해 지배되었다. 시간이 지나면서 사회학, 정치학, 그리고 역사학 같은 학문으로부터의 조언들이 인권, 성(gender), 그리고 환경 지속가능성(Jolly et al. 2004)뿐만 아니라 제도적 우수함(Acemoglu and Robinson 2012)을 포함하는 개발의 개념으로 확대되었다. 이러한 다양한 관점들은 종종 유엔에서 국가와 비국가행위자 간의 적절한 분업, 개발을 촉진하고 지속하는 최고의 방법, 그리고 무역이 원조보다 더 나은 개발 도구인지에 관한 논쟁을 촉발해왔다. 경제개발은 '인간개발(human development)'로 확장되었다.

인간개발을 촉진하는 데 관여하는 행위자들은 다양하다. 냉전 시기 개발도상국에 대한 많은 지원은 정부 간 양자 원조였고 이러한 패턴은 냉전 이후에도 지속되었기에, 국가는 명백하게 중요한 행위자다. 세계은행, IMF, 지역개발은행들, OECD, 많은 유엔 산하기관 같은 정부 간 기구들도 매우 유의미하다. 또한 NGO, 시민사회 단체, 재단, 다국적기업, 그리고 심지어 빌 게이츠(Bill Gates)나 안젤리나 졸리(Angelina Jolie) 같은 개인 유명인과 같은 많은 비국가행위자들도 핵심적인 역할을 한다. 먼저 정부로부터 직접 제공되는 개발원조를 살펴보고, 이후 국제기관을 통해 이루어지는 다자간 개발원조를 살펴본다.

국가와 공적개발원조

원조의 가장 오래된 형태 중 하나는 경제개발과 복지를 위해 개발도상국에 제공되는 정부 간 양허성 재정 지원을 의미하는 공적개발원조(ODA: Official Development Assistance)다. '양허' 조건이란 최소한 일부 지원이 보상금 혹은 시중 금리보다 낮은 대출의 형태로 제공됨을 의미한다. 제2차 세계대전 이후, ODA 대부분은 OECD 개발원조위원회(DAC: Development Assistance Committee)에 속한 주로 서방인 30개의 국가로부터 왔다. 예를 들어, 코로나19 백신만을 위해 2021년 DAC 회원국으로부터 60억 달러 이상이 개발도상국에 투입되었다 (OECD 2022).

비평가들은 이 거액의 원조가 정말로 관대하거나 효과적인지 의문을 제기한다. 우선 한가지 이유는, 심지어 코로나19 팬데믹 동안의 사상 최고 수준의 지원조차 부유한 국가들의 경제 규모에 비하면 소규모다. 1960년대 G77의 압박에 응답하여, 유엔은 원조국의 연간 ODA가 그 나라 연간 국민총소득(GNI)의 1%가 되어야 한다는 목표를 설정했다. 이것이 달성되지 않자, 유엔은 목표를 0.7%로 낮췄다. 그러나 2020년, 30개의 DAC 회원국 중 스웨덴, 노르웨이, 룩셈부르크, 덴마크, 독일 단 5개국만이 이 목표를 달성했다. 절대적인 금액으로 보면, 미국이 350억 달러로 가장 큰 지원국이었으나, 이는 미국 GNI의 0.2%보다 적은 금액이었다 (OECD 2022).

더욱이 원조국들은 원조가 어떻게 사용될지를 규정하거나, 자국의 정책목표에 따라 원조를 투입하기도 한다. 예를 들어, 미국은 2020년 전체 원조의 4분의 1을 이스라엘, 요르단, 이집트, 탄자니아, 케냐, 우간다, 모잠비크, 남아프리카공화국, 잠비아, 이라크 등 오직 10개국에 할애했다. 이스라엘이 목록의 상위를 차지한 것을 보면, 미국의 원조가 오직 개발에 관한 것만이 아닌 다른 우려와 관련한 것임이 명백하다. 많은 정책목표의 달성을 위해 재정 지원을 활용하는 것은 미국만이 아니다. OECD 회원국이 아니면서 중요한 원조국으로 떠오른 중국은 정책적 이익을 위해 원조와 직접투자, 서비스 계약, 노동협력 협정, 장기대출 및 기타 수단과 종종 혼용한다.

학자들과 실무자들은 원조의 효과에 대해 오랫동안 논쟁해 왔다 (Dietrich 2021). 삭스(Jeffrey Sachs 2005)와 같은 지지자들은 원조국이 충분한 '대대적 지원(big push)'을 할 수 있다면, 사람들이 빈곤에서 벗어날 수 있다고 믿는다. 반면 이스털리(William Easterly 2006) 같은 비판자들은 원조가 종속, 시장 왜곡, 그리고 더 많은 빈곤을 초래한다고 반박한다. 다른 관찰자들은 전적으로 긍정적 혹은 부정적이라기보다는, 원조의 효과는 목표 설정을 얼마나 잘하느냐에 달려있다고 지적한다. 아마도 원조는 실제 측정 가능한 목표를 가진 좁은 프로젝트에 투입되거나, '가장 빈곤한 10억 인구(bottom billion)'의 국가에 제공될 때 가장 효과적일 수 있다 (Collier 2007). 다년간의 실증 연구는 원조가 경제성장을 촉진하지 않는다고 시사하지만, 모든 연구에도 불구하고 상대적 비용 혹은 원조가 어떻게 더 광범위한 인간개발을 이끄는지에 대한 합의는 거의 없다.

세계은행그룹과 IMF를 통한 다자적 지원

개발원조가 충분히 관대하거나 효과적인지에 대한 우려에도 불구하고, 각국 정부들은 개발도상국에 대한 지원을 양자 간뿐 아니라 다자 간으로도 지속하고 있다. 다자간 개발 노력의 핵심 행위자는 제2차 세계대전 이후 설립된 국제부흥개발은행(IBRD)과 그 후 창설된 4개의 기구를 포함한 세계은행그룹이다. 이 다섯 개 기관은 개발도상국의 정부와 기업에 다양한 형태의 지원을 제공한다.

세계은행그룹. 비록 IBRD는 초기에는 유럽의 전후 재건에 주력했으나, 1950년대부터 다른 지역의 개발로 초점을 전환했다. 부유한 회원국으로부터의 기여금과 국제 금융시장에서 조달한 자본을 활용함으로써, IBRD는 주요 개발 프로젝트를 위해 국가에 저금리 대출을 확장한다. 그러한 대출은 의료, 교육, 주택과 같은 사회 서비스, 고속도로, 전력 시설, 통신 등의 인프라 및 정부 구조조정과 같이 민간은행에 의한 재정 지원의 가능성이 적은 프로젝트에 자주 자금을 지원한다. 그러나 민간 기관과는 달리, IBRD는 수혜국 정부가 대출을 지속적으로 받기 위해 요구되는 정책변화 조건을 정기적으로 부여한다.

IBRD는 국제금융공사(IFC: International Finance Corporation)가 세계은행그룹의 첫 번째 산하 기구가 된 1956년까지 단독으로 운영되었다. 750개 이상의 금융 기관을 통해, IBRD는 개발도상국의 민간 기업 성장을 촉진하기 위한 대출과 서비스를 제공한다. IFC는 180개 이상의 회원국 정부가 납입 자본에 비례하는 의결권을 가진 주주로 있는 '법인(corporation)'으로 운영된다. 시간이 흐르면서, 세계은행그룹 내 IFC의 재정적 자율성은 성장해왔다.

세계은행그룹의 또 다른 기관은 1960년 설립된 국제개발협회(IDA: International Development Association)이다. IDA는 1인당 소득이 낮고 민간자본시장에 접근할 수 없어 무이자 및 수십 년에 거쳐 상환할 수 있는 IDA 대출의 자격을 갖춘 세계 최빈국에 주력한다. 2023년 경, 40개 이상의 국가가 성공적으로 IDA 지원 자격으로부터 '졸업(graduated)'했으며, 오직 소수의 국가만이 되돌아갔다. IDA는 약 70개국에 대출을 지속하고 있으며, 그중 약 절반은 아프리카 국가들이다. 세계은행그룹의 다른 부문과 달리, IDA는 몇 년마다 자금을 보충하는 주요 원조국에 의존한다.

또 다른 산하 기구인 국제투자분쟁해결센터(ICSID: International Center for Settlement of Investment Disputes)는 1966년에 운영을 시작했다. ICSID는 국가 간 분쟁을 국내 법원보다 다자간 포럼으로 유도하는 경향이 있는 양자 간 투자협정에서 자주 언급된다. ICSID는 중재나 조정 절차를 지원할 뿐만 아니라, 연구, 출판 및 자문 서비스를 제공한다.

세계은행그룹의 다섯 번째이자 마지막 기관은 1988년에 설립된 국제투자보증기구(MIGA: Multilateral Investment Guarantee Agency)다. 개발도상국에 대한 민간부문의 투자를 더욱 장려하기 위해, MIGA는 손실에 대한 보험을 제공한다. 보장 범위는 몰수, 정부의 통화 제한, 민족 분쟁, 혹은 내전과 같은 정치적 위험으로 인한 손실까지 포함한다.

시간이 지나면서 세계은행그룹의 활동은 개발에 대한 사고의 더욱 광범위한 변화를 반영하여 변화했다. 초기 수십 년간은 대규모 인프라 프로젝트에 중점을 두었다. 이후, 1970년대 맥나마라(Robert McNamara)의 리더십 아래, 세계은행그룹은 대중을 위한 보건, 교육, 주택 관련 프로젝트에 더 많은 자금을 지원하는 '기본적 필요' 접근을 채택했다. 1980년대에는 민간부문 참여가, 뒤이어 1990년대에는 '올바른 통치(good governance)'가 주요 목표가 되었다. 울펀슨(James Wolfensohn)의 지도하, 세계은행그룹은 개발의 저해요인으로서의 정부 부패에 관한 정치적으로 무게가 실린 토론을 감행했다. 이는 위험한 영역이었는데, 세계은행그룹의 자체 거버넌스 구조의 투명성이나 공정성, 그리고 그 자체 프로젝트에 부패 증거가 있었음에도 지출을 실행한 과거에 관해 의문을 제기할 수 있었기 때문이다 (Weaver 2008: 108–113).

2000년대 초 경, 세계은행그룹은 다른 자금처와 차별화되는 데이터, 전문 지식, 그리고 자문 능력의 '지식은행(knowledge bank)'으로 스스로를 재정립했다. 시민사회로부터의 압력에 따라, 세계은행그룹은 사회적으로 파괴적이고 환경적으로 유해하다고 비판을 받았던 대부분의 대규모 인프라 프로젝트에서 벗어났다. 세계은행그룹은 환경 지속가능성, 원조 조정, 지역사회 주도 개발을 점점 더 강조하게 되었다.

개발에 대한 사고만 변화한 것이 아니라, 그 규모 역시 변화했다. 2023년경 IBRD는 189개 회원국, 170개 국가로부터의 직원들, 그리고 130개 지사를 포함할 정도로 성장했다. 1947년부터 2023년까지, 세계은행그룹은 1만 2,000개 이상의 프로젝트에 자금을 지원했다. 코로나19 팬데믹 첫해 동안, 그룹 내 다섯 개 기관은 600억 달러 이상을 지출했다. 회원국 수, 프로젝트 수, 자금 규모 등 어떤 기준으로 측정하든, 세계은행그룹은 개발거버넌스의 중심이 되었다.

IMF. IMF는 주로 금융에 관여하지만, 재정난을 겪는 국가는 경제성장과 안정을 이루기 어렵기 때문에 개발에도 중요한 역할을 한다. 앞서 논의한 바와 같이, 수십 년 전 IMF는 통화 교환성을 넘어 만성적인 경상수지 문제와 막대한 부채를 가진 국가들을 돕기 위해 확대되었다. 구조조정 프로그램(SAP: structural adjustment programs)을 통해, 이러한 지원은 종종 그러한 문제가 되풀이되는 것을 방지하는 정책변화를 조건으로 제공된다.

연구는 구조조정과 조건부 지원의 효과에 대해 의견이 나뉘어 있다. 구조조정 프로그램이 인플레이션 압력을 완화하고 국가들의 경상수지를 개선했다는 증거가 있지만, 구조조정 프로그램이 국가의 경제성장을 도왔는지는 여전히 불확실하다. 많은 시민사회 단체들은 구조조정 프로그램이 공공 지출을 삭감하고, 식량 보조금을 감소시키며, 통화를 평가절하하고, 자연환경을 해침으로 가난한 사람들에게 불균형적으로 피해를 준다고 주장해 왔다. 이러한 주장들은 강력한 비판과 심지어 일부 대규모 시위를 이끌었다.

개발도상국의 막대한 부채는 오랫동안의 문제였다. 1980년대 초, 상업 은행들은 서방 은행을 안전한 예금처로 여겨지는 번창하는 OPEC 국가들의 자금에 힘입어 적극적으로 대출에 나섰다. IMF와 세계은행은 종종 부정적 경제 결과를 유발한 구조조정 프로그램과 조건부 지원으로 개발도상국의 부채 부담을 증가시켰다. 1980년대 급격한 금리 상승과 결합한 원자재 가격 하락은 일부 국가들이 다른 의무들을 이행하면서 부채를 상환하거나 차환하는 것을 불가능하게 만들었다. 상환은 경제 투자 기회를 몰아냈다. 인프라는 악화되고, 보건과 교육에 대한 지출은 감소했으며, 빈곤은 증가했다.

높은 부채 수준과 금융위기의 결과는 많은 개발도상국에 매우 중요했다. 1980년, 모든 개발도상국의 부채는 5,670억 달러였고, 1992년에는 1조 6,000억 달러, 2000년에는 2조 2,000억 달러에 달했다. 중국을 제외하고, 부채는 팬데믹 동안 정부 차입으로 악화되어 2021년에는 11조 5,000억 달러에 달했다. '부채 함정'에 빠진 국가에는 아시아와 남미의 중소득 국가들과 함께 세계에서 가장 가난한 아프리카 국가들이 포함된다. 1982년, 멕시코는 외채의 이자나 원금을 갚을 수 없다고 발표했고, 2001년에는 아르헨티나가 채무 불이행을 선언했으며, 그 직후 브라질과 튀르키예는 금융위기를 겪었다. 일부 최빈국 아프리카 국가들은 사회복지 및 교육보다 채무변제에 네 배 더 많은 지출을 했다.

개별위기에 대한 임시 대응을 중단하고 대신 근본적인 공통 문제를 해결하라는 시민사회 단체로부터의 압력 아래, 1996년 IMF는 악성채무빈국 계획을 시작하기 위해 세계은행과 협력했다. 다양한 공공 및 민간 채권자들을 함께 모아, 부채 재조정 혹은 취소를 제안했다. 이 문제는 새 천년이 시작될 때 개발도상국의 부채를 탕감할 것을 요구한 개발지향적 NGO, 노동 단체, 교회 지도자들의 연대인 주빌리 2000(Jubilee 2000)을 통해 탄력을 받았다. 이 연대는 2000년 이후 해체되었지만, 그 비전은 시간이 지나면서 자격 조건이 완화된 악성채무빈국 계획을 통해 지속되었다. 국가들은 지속 불가능한 부채 상황에 직면하고, 저소득국으로 분류되며, 개혁과 건전한 정책의 실적을 보유하고, 빈곤 감소 전략을 세우기 위해 국내 시민사회 단체들과 협력할 경우, 부채 재조정 또는 취소의 자격이 있다. 2023년까지 주로 아프리카의 약 40개국이 악성채무빈국 계획의 완료 지점에 도달했고, 그들의 부채는 상당 부분 재조정 혹은 완전히 취소되었다.

부채 탕감 협력 외에도, IMF는 가장 빈곤한 개발도상국을 겨냥한 여러 내부 기구를 설립했다. 1999년에는 저금리 대출을 제공하기 위해 빈곤 감소 및 성장시설을 설립했으며, 2015년에는 자연재해나 공중보건 위기에 처한 빈곤국에 보조금을 제공하기 위해 재난방지 및 구제신탁을 설립했다. IMF의 주된 임무는 모든 소득 수준의 국가에 대한 금융 안정을 보장하는 것이지만, 개발도상국의 특별한 과제들을 점점 더 인식하고 있다.

비판과 개혁. 세계은행그룹과 IMF는 거버넌스 구조의 공정성에 대한 의문에 직면해왔다. 두 기관 모두에서의 가중 투표제는 수혜국보다 원조국에 더욱 공식적인 영향력을 부여한다. 주요 원조국은 개별 의석을 보유하지만, 다른 회원국들은 의석을 공유한다. 예를 들어, IMF 집행이사회에서는 사하라 사막 이남 아프리카의 모든 국가는 오직 두 개의 의석에 의해 대표된다. 비록 세계은행과 IMF의 투표 지분은 특히 중국의 기여 증가에 대한 응답으로 조정되었으나, 여전히 미국이 단연 최대 주주이며, 85% 압도적 다수 의결을 요구하는 중요한 결정을 단독으로 저지할 수 있는 유일한 국가이다. 앞서 언급했듯이, IMF의 총재는 항상 유럽인이었고, 세계은행그룹의 총재는 항상 미국인이었다. 비록 IMF의 약 2,500명, 세계은행그룹의 약 1만 2,000명의 직원은 전 세계에서 왔지만, 다수는 서방 대학에서 교육을 받은 경제학자들이다 (Nelson 2017).

비평가들은 기관 책임자의 선출 과정이 구식이고, 신흥 경제국들의 공식적인 영향력이 글로벌경제에 대한 그들의 경제적 기여에 상응하지 않으며, 미국은 지나치게 많은 공식 권력을 가져서는 안 되는 쇠퇴하는 패권국이라 비난한다. 실제로, 비록 IMF와 세계은행그룹은 경제 기관임에도 불구하고, 정치는 누가 언제 자금을 지원받을지에 관한 결정에 개입한다. 예를 들어, 냉전 동안 미국은 아프가니스탄, 칠레, 쿠바, 그레나다, 라오스, 니카라과, 베트남에 대한 자금지원을 차단했다.

공정성을 넘어, 두 기관은 모두 효과성에 대한 의문에 직면해 있다. 외부 비평가들은 조건부 지원과 구조조정 프로그램은 이미 소외된 사람들에게 지나치게 피해를 준다고 주장한다 (Foster et al. 2019). 세계은행그룹의 내부 평가자들조차도 직원들이 수혜국의 복지를 보장하는 것보다 자금 집행에 집중하게 하는 '자금 집행 필수성' (Weaver 2007)과 '위험 회피 성향' (Lowrey 2013)을 인정해왔다. 이에 따라 IMF와 세계은행 그룹은 그들의 관행을 수정해왔다. IMF는 점점 더 사회 안전망을 권장하고, 자본 흐름 규제의 타당성을 인정하며, 때로는 정부가 경제발전 조율에 있어 주도적 역할을 취해야 한다는 것을 인정한다. 세계은행그룹은 획일적인 처방을 지양하고, 대신 현지화된 접근과 실험을 지지한다. 그럼에도 불구하고 비판은 계속되고 있다 (Humphrey 2023).

지역개발은행

1950년대 이후, 특정 지역의 필요에 더 민감하게 대응하기 위해 여러 추가 개발은행들이 설립되었다. 이러한 지역개발은행들은 글로벌국제기구보다 회원국들과 더 긴밀한 관계를 즐기는 경향이 있다. 더 적은 수의 회원국과 종종 더욱 유사한 수요와 함께, 개발 프로그램은 이론적으로 국가 및 지역의 상황에 더욱 밀접하게 조정될 수 있다. 아메리카, 아시아, 아프리카, 유럽의 네 개 지역개발은행을 다룬 후, 중국이 주도하는 두 개의 신생 은행에 대해 알아본다.

미주개발은행. 미주개발은행(IDB: Inter-American Development Bank)은 가장 오래된 지역개발은행으로, 1959년에 설립되어 워싱턴 D.C.에 본부를 두고 있다. 48개 회원국 중 26개국은 차입국으로 전체 투표권의 50% 이상을 보유하고 있으며, 나머지는 공여국으로 단결할 때만 결정을 저지할 수 있다. 모든 공여국이 아메리카 대륙에 있는 것은 아니며, 미국이 단일 최대 주주이나, 중국, 이스라엘, 일본, 한국, 여러 유럽국가도 포함된다. 세계은행그룹과 대조적으로, 공여국이 명확하게 미주개발은행의 의사결정을 지배하지 않는다.

세계은행과 마찬가지로, IDB도 대출의 다른 요소를 강조하는 다른 기관들과 함께 집단으로 운영된다. 다자투자기금(Multilateral Investment Fund)은 민간부문의 참여를 활성화하기 위해 투자 관행 개혁을 촉진하고, 미주투자공사(Inter-American Investment Corporation)는 민간부문의 중소 규모 프로젝트에 자금을 제공하며, 특별운영기금(Fund for Special Operations)은 최빈국에 대해 양허 조건으로 대출을 제공한다. IDB그룹 내 기관들은 함께 매년 110억 달러 이상을 대출한다.

1960년대와 1970년대 동안, IDB그룹은 보건 및 교육 프로젝트와 더 작은 빈곤국에 대한 대출을 통해 사회 부문에 앞장섰다. 1980년대와 1990년대에는, 세계은행그룹의 경제 자유화정책을 일부 수용했다. 보다 최근에, IDB는 여전히 소규모 기업가와 영세 농민을 지원함으로써 빈곤과 불평등을 줄이는 폭넓은 접근 방식을 따르면서도, 또한 민주주의와 지역통합 촉진을 위해 시민단체와 협력하여 거버넌스 개선을 위해 노력하고 있다.

IDB그룹은 항상 국가들과 긴밀한 관계를 가져왔다. 각 차입국에 상주대표를 유지함으로써, IDB그룹은 지역의 최신 상황과 필요에 관한 전문적인 정보를 얻고 있다. 그러나 국가들과 긴밀하게 협력하는 것은 몇몇 도전과제도 직면한다. 예를 들어, 항상 남미 출신인 은행총재는 국제 금융 공동체의 면밀한 감시를 받으며, 일반적으로 최대 주주인 미국이 수용할 수 있어야 한다.

아시아개발은행. 아시아개발은행(ADB: Asian Development Bank)은 아시아에 중심을 둔다. 1966년 설립되어 필리핀에 본부를 두고 있는, ADB는 68개 회원국을 보유하고 있으며, 이 중 49개국은 아시아 국가이고 19개국은 역외 국가이다. 약 3,000명의 ADB 직원들이 프랑크푸르트, 런던과 같은 주요 금융 중심지를 포함한 전세계 사무소에서 근무하고 있다. 설립 이래 ADB는 대부분 공공 부문을 대상으로 총 200억 달러 이상의 대출을 제공해 왔다.

ADB 내에서 일본은 특별한 영향력을 행사한다. 세계은행과 마찬가지로, ADB도 각국의 자본기여도에 따라 가중 투표제를 사용한다. 일본과 미국은 각각 12.75%의 투표권을 장악한 양대 주주국이다. 또한 그 조직의 수장은 항상 일본 출신이다.

일본은 또한 최빈 회원국에 보조금 또는 저금리 대출을 제공하는 2000년에 설립된 아시아개발기금(Asian Development Fund)과 같은 새로운 구조의 창안자이자 주요 자금 제공원이다. 이 기금은 포용적 성장, 사회 지출, 지역통합, 그리고 환경 지속가능성을 촉진한다. 많은 프로젝트는 시민사회 단체와 공동으로 자금을 조달한다. 최빈국 및 시민사회와의 협력에 대한 강조는 대규모 국가 주도 인프라 프로젝트로부터의 중요한 변화다.

그러나 ADB에서의 일본의 지배력은 점점 도전에 직면하고 있다. 중국은 ADB에 대한 기여를 증가시켜 왔으며, 댐, 도로, 철도와 같은 전통적 인프라에 대한 더 많은 자금지원을 요구하고 있다. ADB는 인프라에 더 많은 관심을 기울이면서도, 빈곤 감소의 전반적인 필요성을 강조하는 방식으로 대응해왔다. 전략 2030(Strategy 2030) 아래, ADB는 '번영하고, 포용적이며, 회복력 있고, 지속가능한 아시아·태평양'을 실현하겠다는 그 공약을 명확히 했다.

아프리카개발은행. 특정 단일국가의 지배 방지를 위해, 아프리카개발은행(AfDB: African Development Bank)은 아시아와 미주의 개발은행들과는 다른 방식을 취하고 있다. 코트디부아르에 본부를 둔, AfDB는 1966년에 운영을 시작했으며, 초기 회원국은 아프리카 국가들로 한정되었다. 1982년부터 경제적 자원의 확대를 위해 비지역 회원국들을 받아들이기 시작했다. 2023년경, 54개의 아프리카 회원국은 60%의 투표권을, 27개의 비지역 회원국은 약 40%를 보유하고 있다. 최대 주주는 약 9%를 보유하고 있는 나이지리아다. 그 어떤 국가 혹은 심지어 국가의 작은 집합도 거부권을 행사할 수 없다.

AfDB는 개발문제에 독특한 아프리카의 관점을 반영하려 노력해왔다. 총재와 약 1,800명의 직원 거의 모두가 아프리카 출신이다. 스스로를 순수한 경제기관으로 간주함으로써, AfDB는 정치적 기준의 부과는 국가 내정에 부적절한 간섭을 이룬다고 믿으며, 처음부터 대출에 대한 경제적 조건만을 설정했다. 그러나 1980년대에, AfDB는 시장경제체제로 나아가지 않는 정부는 향후 대출을 받기 어려울 것이라 시사하며, 더 많은 조건을 부여하기 시작했다 (Mingst 1990). 시간이 지나면서, 프로젝트 기반 대출은 정부뿐만 아니라 민간 기업에 대한 대출과 함께, 특정 프로그램과 부문에 대한 대출과 병행되었다. 다른 지역개발은행들과 마찬가지로, AfDB는 점점 더 지식 전파자로 자리매김하고 있으며, 기후변화 문제를 대출 결정에 통합하고 있다 (Mingst 2015).

AfDB는 다른 지역의 개발은행들이 경험하지 않은 몇몇 도전에 직면했다. 예를 들어, 1990년대 아프리카 대륙이 경제적 침체를 겪으며 AfDB는 신용 등급을 잃었다. 이는 위기를 초래했다. AfDB는 최고 경영진을 강화하고, 고객의 요구에 더욱 반응하는 기관으로, 그리고 개발 공동체에 다른 행위자에 대한 지원 증가를 목표로 하는 여러 구조개편으로 응답했다. 또 다른 도전으로, 2003년부터 2014년까지 코트디부아르에서 발생한 내전은 AfDB가 튀니지에 임시 본부를 두고 운영하게 했다. 비록 신용 등급이 회복되었고, 직원들이 코트디부아르 시설로 돌아왔지만, AfDB는 부분적으로는 더욱 적은 자원으로 인한 한계로 인해 다른 지역개발은행들과 비교하여 상대적으로 작은 규모로 운영을 지속하고 있다.

유럽부흥개발은행. 유럽부흥개발은행(EBRD: European Bank for Reconstruction and Development)은 구 동구권 국가들이 공산주의에서 자본주의로 전환하는 과정을 지원하기 위해 1991년에 설립되었다. 시간이 지나면서, 지리적 초점은 동유럽을 넘어 중부유럽과 중앙아시아로 확대되었다. EBRD는 수혜국들의 가격 및 무역자유화, 경쟁정책, 기업 재구조, 새로운 법적 틀 수립에서의 진전을 추적 관찰한다. EBRD는 환경보호와 지속가능한 에너지에 대한 책임을 촉진하는 동시에 국가들이 완전한 시장경제로 전환할 수 있도록 도왔다.

EBRD는 71개 회원국과 EU 그리고 유럽투자은행을 포함하고 있다. 민간 파트너 기관들과 협력하여, 매년 총 90억 유로에 이르는 약 350~400개의 프로젝트를 관리한다. 프로젝트는 몰도바와 조지아의 농업 및 농업 비즈니스 지원부터 세르비아와 카자흐스탄의 소규모 기업에 대한 신용 제공에 이른다.

몇 가지 특징들은 EBRD를 다른 지역개발은행들과 구별해 준다. 첫째, 국제 자본시장으로부터의 차입은 EBRD가 더욱 다양한 금융 상품을 운영하도록 허락한다. 둘째, EBRD는 민간부문을 적극적으로 지원한다. 셋째, 은행 자금 사용과 관련한 부조리를 개인이나 단체가 신고할 수 있는 규정 준수 경로뿐만 아니라 웹사이트상의 문서에 광범위한 접근을 제공할 정도로 매우 투명하다. 넷째, 2011년 아랍의 봄 봉기 이래, 중동과 북아프리카 일부 지역에서 민간투자를 촉진하기 위한 프로그램을 개발해 왔다. 아마도 가장 중요한 점은 EBRD가 명확하게 정치적 기준을 도입한 최초의 지역개발은행이었다는 점으로, 차입국은 자본주의적 경제 발전을 수용할 뿐만 아니라 다원주의와 다당제 민주주의 원칙도 적용해야 한다.

아시아인프라투자은행. 비록 IDB, ADB, AfDB, EBRD는 중요한 차이점이 있지만, 모두 자유주의적 경제 패러다임에 대한 책임을 공유하는 경향이 있다. 중국은 두 개의 더욱 새로운 개발은행의 창설을 지지해왔는데, 일부 관찰자들은 이들이 미국, 자유주의적 경제질서, 그리고 더욱 오래된 개발은행에 대한 도전을 제기한다고 믿었다. 그중 하나가 아시아인프라투자은행(AIIB: Asian Infrastructure Investment Bank)으로, 아시아와 오세아니아의 인프라 프로젝트에 대한 자금지원을 위해 창설되었다. 중국은 최근 인프라 프로젝트를 경시하고 중국의 투표권 비율 확대에 주저한 미국 주도의 세계은행, 그리고 일본 주도의 ADB에 대한 불만에 의해 부분적으로 동기를 부여받았다.

2014년, 22개의 아시아 국가들이 AIIB의 창립 회원국이 되었다. 미국 오바마(Barack Obama) 대통령의 공개적인 압박에도 불구하고, 2015년 영국은 AIIB에 가입한 첫 번째 G7 국가가 되었고, 프랑스, 독일, 이탈리아가 뒤를 이었다. 2015년 12월, 창립 협정이 발효되었을 때, AIIB는 한국과 호주를 포함해 57개 회원국을 보유하고 있었다. 베이징에 본부를 둔 AIIB는 2016년 운영을 시작했다. 중국은 단독으로 그 은행의 초기 자본 1,000억 달러 중 절반을 기여했다. 당시 이는 ADB의 자본금인 1,750억 달러보다는 약간 적고, 세계은행의 2,200억 달러보다는 훨씬 적었다.

비록 AIIB의 거버넌스 구조는 세계은행과 다소 비슷해 보이지만 주목할 만한 차이점이 있다. 예를 들어, 여러 가난한 국가들이 단일 대표를 공유하는 세계은행의 시스템 대신, AIIB는 각 회원국이 자체 대표를 두는 이사회를 운영한다. 또한 세계은행의 상주 집행이사회 대신, AIIB는 간헐적으로 회의하고 베이징에 기반을 두고 있지 않은 비상주 이사회를 두고 있다. 하위 수준의 활동에 대한 의사결정은 은행 직원에게 위임된다. 지지자들은 이것이 효율성을 높인다고 말하지만, 비판자들은 투명성을 감소시킨다고 주장한다. 중국은 AIIB가 세계은행과 ADB에 대해 경쟁자가 아니라 보완물이라 주장했다. 새로운 은행은 중국의 지역적 및 글로벌 영향력을 강화할 수 있지만, 동시에 아시아의 인프라 프로젝트를 위한 실제적인 자금부족 문제를 해결한다.

2023년까지 AIIB는 106개 회원국을 보유하고 있으며, 30개국 이상에서 약 140개의 프로젝트에 자금을 지원했다. 인도는 가장 많은 프로젝트가 진행된 국가지만, 은행의 주력 프로젝트는 바다와 육상을 통해 중국과 먼 나라들을 연결하는 기반시설에 자금을 지원하는 중국의 일대일로(Belt and Road Initiative)다. 에콰도르, 이집트, 헝가리, 르완다, 튀르키예 등에서와 같이 몇몇 프로젝트는 아시아와 오세아니아 밖에 있으며, AIIB는 2015년 파리협정에 대한 지지로 기후 금융에 대한 그것의 책임을 홍보한다. 기반시설 투자로부터 기대되는 안정적인 현금 흐름은 보험사와 연기금 같은 장기 투자자들에게 매력적이기 때문에, AIIB는 2030년까지 프로젝트 절반이 민간부문에 의해 주도되는 것을 목표로 하고 있다. 비록 AIIB는 중국과 미국 간의 경쟁을 반영하지만, 세계 대부분의 국가들에 의해 받아들여졌으며 2018년에는 유엔에서 영구적인 옵서버 지위를 획득했다.

신개발은행. 최근의 또 다른 추가는 신개발은행(NDB: New Development Bank)으로, 브라질, 러시아, 인도, 중국, 남아프리카공화국의 BRICS 초기 국가들을 포함한 2012~2016년 일련의 BRICS 정상 회담 동안 제안되고 설계되었기에 이전에는 BRICS 개발은행으로 불렸다. 몇 가지 특징들은 다른 지역개발은행으로부터 NDB를 구별한다. 첫째, 환경 지속가능성은 은행의 명시된 임무에서 명확하다. 둘째, 회원국들의 자본시장을 지원하고 차입자들을 환율 변동으로부터 보호하기 위해, NDB는 대출 대부분을 유로화나 미국 달러보다는 현지 통화로 발행하는 것을 목표로 한다. 셋째, 5개의 창립 회원국은 모두 동일한 납입 자본과 동일한 투표 권한을 가지고 있다. 대부분의 결정은 다수의 동의로 이루어지며, 어떤 국가도 거부권을 행사할 수 없다. 넷째, NDB는 신흥 경제국들에 의해 전적으로 소유되고 운영된다. 지금까지 창립 회원국들은 차입자뿐만 아니라 대출자였으며, 이는 부유한 원조국과 가난한 수혜국 간의 역사적 구분에 있어 중요한 변화다.

NDB는 2016년에 운영을 시작하여, 즉시 자신을 녹색금융의 선두주자로 자리매김했다. 은행의 2017~2021년 전략 계획은 주요 운영 부문으로 청정에너지, 교통시설, 수자원 관리, 회원국 간 경제 협력 및 통합, 지속가능한 도시개발을 규정했다. 첫 3년이 끝날 무렵, NDB는 중국과 인도에 가장 많은 대출과 함께, 총 150억 달러에 달하는 53개의 프로젝트를 승인했다. 러시아의 여러 대규모 기반시설 대출 수령은 새로운 은행이 러시아에 대한 서방의 제재를 약화시킨다는 우려가 제기되었다. 비평가들은 또한 브라질의 열대 우림을 관통하는 트랜스 아마존 고속도로 건설과 같은 일부 NDB 프로젝트의 '친환경성'에 대한 의문을 제기했다. 2023년 초까지 96개의 프로젝트를 승인한 NDB는 대출이 단 6개월 만에 승인됨을 자랑해왔다. 그러나 비평가들은 자금 지급은 훨씬 더 오래 걸리고 지급된 금액은 승인된 금액에 비해 상당히 적다고 비판한다.

AIIB는 분명하게 중국에 의해 지배되는 반면, NDB의 거버넌스 구조는 중국의 지배에 대한 우려를 가라앉히는 데 도움이 된다. 은행은 상하이에 본부가 있지만, 총재는 창립 회원국 중 한 국가에서 5년 임기의 순번제로 선출된다. 창립 회원국들은 동등한 투표권을 가지고 있으며, 새로운 회원국들이 가입할 때에는 최소 11%에 도달할 때까지 그들의 지분을 균등하게 나눠 그들이 최소 55%의 투표권을 집단으로 유지할 수 있도록 한다. 선진국들은 각각 최대 7%의 투표권을 가진 비차입(nonborrowing) 회원국으로만 가입할 수 있다. 2023년 초, 3개의 신규 회원국, 1개의 예비 회원국이 있지만, 선진국인 회원국은 없다.

유엔과 개발 구상: 맞춤화, 데이터, 여성의 역할, 지속가능성

다자 개발은행 외에도, 유엔체제는 개발거버넌스에서 중요한 행위자다. 비록 유엔헌장은 경제적, 사회적 복지 증진에 관한 언급을 포함하지만, 이를 추구하는 방법에 대해서는 거의 언급하지 않았으며, 역사적으로 개발을 위한 유엔의 예산 할당은 양자적 공여국이나 세계은행그룹과 비교하여 그다지 대단하지 않았다. 그 결과, 유엔의 개발에 대한 가장 큰 기여는 물질적 자원보다는 구상(idea)의 형태로 나타났다. 네 가지 세부 기여는 개발 접근 방식의 맞춤화, 데이터 수집 및 보고서 발행, 개발에 있어 여성의 역할 촉진, 그리고 지속가능성의 개념 도입 등이다.

개발에 대한 맞춤화된 접근 방식. 제2차 세계대전 직후 몇십 년 동안, 유엔은 훈련 프로그램 제공과 전문가 조언 등의 기술 지원을 그것의 개발에 대한 주요 기여로 삼으며, 스스로를 세계은행과 차별화했다. 유엔의 역할은 총회가 1964년 유엔 무역개발회의(UNCTAD)와 1965년 유엔개발계획(UNDP: UN Development Programme)을 설립했을 때 다소 공식화되었다. UNCTAD는 개발도상국이 그들의 도전과제를 논의할 수 있는 전용 포럼을 제공해 왔고, UNDP는 어떻게 그러한 도전들을 극복할 수 있는지에 집중해왔다.

기술원조확대계획(Expanded Program of Technical Assistance)과 유엔 경제개발특별기금(Special United Nations Fund for Economic Development)을 병합하여 형성된 UNDP는 기술 지원을 공급하는 유엔의 주요 기관으로 간주된다. UNDP의 현지 거주 대표들은 지역의 필요와 우선순위를 평가하고, 프로그램을 조정하며, 유엔과 수혜국 정부 간의 연락을 제공하고, 유엔 전문기관의 일부를 대표하며, 시민사회 단체 및 다른 지역 이해관계자들과 협력한다 (Johnson 2014). UNDP의 자원은 세계은행이나 주요 양자간 원조 기부자들의 자원에 비해 왜소하다. 이러한 기관들과 달리, UNDP는 대출보다는 보조금을 강조하며, 따라서 가난한 국가들의 부채 부담을 증가시키지 않는다.

머피(Craig Murphy 2006: 200−207)는 UNDP의 이력에서 개발에서의 여성의 중심적 역할, 소액신용의 가치와 여성의 권한, 인권과 개발 간의 연계, 경제적 지속가능성을 위한 민주주의의 중요성, 구조조정 프로그램과 부채부담의 문제와 관련하여 UNDP를 '학습하는 조직'으로 묘사한다. 머피는 UNDP가 아이디어를 지속적으로 개선하고 확산시킨 점을 칭찬한다. 그는 "증거는 오직 인간개발 개념의 인기 혹은 UNDP가 유엔 개혁의 선두에 있다는 인용 빈도만이 아니며, 그것은 또한 세계은행과 같은 다른 조직들이 그들의 학습에 관한 이야기에 UNDP가 자주 등장함에 있다"라고 덧붙인다 (Murphy 2006: 347).

UNDP 외에도, 유엔 경제사회이사회 산하 다섯 개의 지역 위원회는 세계 각 지역에 맞는 개발 접근을 맞춤화하는 것을 목표로 한다. 그 위원회는 각국 정부에 의해 사용되는 고품질의 지역 조사와 국가 계획을 생산해왔다. 아프리카나 서아시아 위원회와 같은 일부 위원회는 회원국 간 분쟁이나 자원 부족으로 인해 어려움을 겪어왔다. 다른 위원회는 매우 큰 영향력이 있었다. 예를 들어, 앞서 언급한 바와 같이 유엔 라틴아메리카 경제위원회(ECLA)는 자유주의적 경제사상에 도전하고 종속학파를 촉진하며, IDB 설립에 중요한 역할을 했다. 1950년대부터 ECLA 경제학자들은 남북간 불평등 아래, 개발도상국은 영구적으로 빈곤에 빠져 있으며 성장할 수 없다고 주장했다. 그들의 견해에 따르면 근본적인 변화가 필요했다.

제3장에 소개된 거의 모든 유엔의 전문적, 기능적 기관들은 본래의 임무에 포함되지 않았더라도 일종의 개발 의제를 채택해 왔다. 예를 들어, 국제전기통신연합(ITU)과 세계기상기구(World Meteorological Organization)는 각각의 전문 분야에서 개발도상국을 위한 역량 강화 프로그램을 제공한다. 제3장과 제11장에서 다루듯이, WHO와 유엔 식량농업기구(FAO: Food and Agriculture Organization of the United Nations)는 특히 세계 더욱 빈곤한 지역의 인간개발과 관련하여 중요한 임무를 수행한다. 유엔 산업개발기구(UNIDO: UN Industrial Development Organization)는 산업화를 촉진하며, 유엔 교육과학문화기구(UNESCO: UN Educational, Scientific and Cultural Organization)는 개발도상국에 초점을 맞춘 다양한 프로그램을 지원한다.

개발 관련 데이터와 보고서. 유엔체제는 개발계획을 알리는 데이터를 수집하고 배포하는 데 필수적 역할을 해왔다 (Ward 2004). 기술 전문성과 충분한 재원을 가진 통계 기관이 부족한 개발도상국에서의 데이터 수집은 어렵기로 악명높다. 유엔의 개입이 이러한 문제를 완전히 해결할 수는 없지만, 데이터가 전혀 없는 것에 비해 상당한 개선을 제공한다 (Jerven 2021). 유엔은 사회통계를 표준화하고, 성 개발 지수(Gender Development Index), 다차원 빈곤 지수(Multidimensional Poverty Index), 세계 소득 불평등 지수(World Income Inequality Index)와 같은 다양한 개발 관련 지표를 만들어왔다. 유엔의 인간개발보고서(Human Development Reports)는 1990년대 초 UNDP에 의해 소개된 지금은 잘 알려진 인간개발지수(HDI: Human Development Index)에 대한 업데이트와 주요 결과에 대한 분석을 제공한다. 주로 인도 경제학자 센(Amartya Sen)에 의해 형성된 HDI는 1인당 소득, 기대 수명, 교육을 추적하는 복합 지수다. 이 세 가지 지표는 개발이 단지 경제성장에 관한 것이 아니라 사람들의 전반적인 삶의 질과 그들 스스로 선택할 수 있는 자유에 관한 것임을 강조한다 (Sen 1999).

개발에서의 여성 역할 증진. 유엔 여성지위위원회(CSW: UN Commission on the Status of Women)의 초기 활동은 여성의 참정권과 공직 진출권 등을 포함한 여성의 정치적 권리를 포함했다. 이후 1960년와 1970년대, CSW는 여성의 경제적·사회적 권리로 초점을 전환했다. 이 전환의 주요 주창자는 덴마크 경제학자이자 활동가, 그리고 유엔 자문관이었던 보서럽(Esther Boserup)이었는데, 그녀의 기념비적인 저서 『경제개발에서 여성의 역할(*Woman's Role in Economic Development*)』에서 그녀는 기술이 발전할수록 남성은 경제적으로 이익을 얻지만, 여성은 점점 소외된다고 주장했다 (Boserup 1970). 그녀의 연구는 개발에서 여성의 필수적인 역할에 대한 유엔 아프리카경제위원회의 데이터에 의해 보완되었다. 1975년 멕시코시티에서 열린 첫 번째 유엔 주최 세계여성회의(World Conference on Women)에서는 유엔이 개발에서의 여성의 역할 강화를 위한 연구, 교육, 자금지원 프로그램을 시작할 것을 촉구했다. 세계여성회의는 여성 주도의 프로젝트를 지원하는 유엔여성개발기금(UNIFEM: UN Development Fund for Women)과 개발에 대한 여성의 완전한 참여를 돕기 위한 국제여성연구훈련원(INSTRAW: International Research and Training Institute for the Advancement of Women)의 창설을 이끌었다. 1976년부터 1985년까지 여성을 위한 10년의 과정 동안, 다양한 유엔 전문기구와 국제 개발 행위자들이 그들의 프로그램에 여성문제를 통합했다. 여성의 노동 참여는 지역 위원회, 그리고 ILO, UNDP, FAO 등의 주요 연구 분야가 되었다. 1975년 국제 여성의 해와 1980년, 1985년, 1995년에 개최된 세 차례의 여성 회의를 계기로 유엔은 여성을 중심으로 한 개발의제를 재정립했다.

수년간, 여성의 경제적 지위를 추적한 데이터가 없었으나, 유엔은 북유럽의 주요 원조국의 지원으로 1980년대 그러한 데이터를 수집하기 시작했다. 1990년, 유엔은 다양한 분야에서 남성에 비한 여성의 상황 분석을 분석한 첫 번째 데이터 편찬인 『세계여성보고서(*The World's Women*)』를 발간했다. 유엔은 농업, 산업, 소규모 사업, 소액 신용 분야에서 여성을 지원할 수 있는 프로그램을 마련했다. 활동가들은 사회보장 최소 기준, 모성 보호, 직장 내 비차별 등을 유엔 의제에 추가했다.

2010년, 유엔여성개발기금, 국제여성연구훈련원 및 유엔 내 여성문제를 다루던 다른 부서들이 통합되어 간단히 유엔 여성기구로 알려진, 유엔 양성평등 및 여성역량강화기구(United Nations Entity for Gender Equality and the Empowerment of Women)가 설립되었다. 유엔 여성기구는 기본권으로서의 양성평등 등과 같은 인권, 의사결정에서 여성의 과소대표 등과 같은 정치, 여성의 경제력 강화 등과 같은 경제 등의 다각적 측면을 아우른다. 유엔 여성기구와 다른 이니셔티브의 지원으로, 개발에서의 여성의 역할 개발 관련 프로그램들은 유엔체제 전반에 걸쳐 주류에 편입됐다.

지속가능한 발전. 성평등의 주류화와 더불어, 유엔은 제10장에서 추가 논의될 '지속가능한 발전'의 개념을 개선했다. 이 개념은 1970년대 『성장의 한계(*Limits to Growth*)』라는 책과 함께 주목받았다 (Meadows et al. 1972). 지구의 한정된 자원과 기하급수적인 인구 증가를 대비시키며, 이 책은 경제성장이 얼마나 오랫동안 지속할 것인가에 대한 의문을 제기했다.

1980년대 초, '지속가능한 발전'의 의미는 여전히 모호했다. 1983년, 유엔 총회는 노르웨이의 브룬틀란(Gro Harlem Brundtland) 총리가 이끌고, 세계의 저명인사로 구성된 세계환경개발위원회(World Commission on Environment and Development)를 설립했다. 개발이 환경에 중대한 영향을 미치고, 경제성장 이상의 것임을 인식함으로써, 위원회는 지속가능한 발전의 초기 개념을 바탕으로 새로운 접근 방식을 형성하는 임무를 부여받았다.

1987년 보고서 『우리 공동의 미래(*Our Common Future*)』에서, 그 브룬틀란 위원회는 "미래 세대가 그들의 필요를 충족시킬 수 있는 능력을 훼손하지 않으면서 현재의 필요를 충족하는 개발"을 촉구했다 (World Commission on Environment and Development 1987: 8). 이후, 생태적 문제와 빈곤 감소에 필요한 경제성장을 조화시키는 그 접근 방식은 많은 국제기구와 더불어 시민사회 단체, 국가 개발 기관에 의해 채택되었다. 제10장에서 논의된 바와 같이, 이 접근 방식은 또한 1992년 유엔 환경개발회의(UNCED: UN Conference on the Environment and Development)의 근원적 주제가 되었다.

유엔과 개발목표 설정

유엔은 맞춤형 접근 방식, 데이터와 보고서, 성평등, 지속가능성에 대한 활동을 통해 개발거버넌스를 형성해 왔으나, 가장 광범위한 영향은 목표 설정에서 비롯되었다. 유엔 총회가 1960년대를 '유엔 개발 10년(United Nations Development Decade)'으로 설계한 1961년 유엔은 개발 공동체를 위한 목표를 처음으로 수립했다. 이후 세 차례의 개발 10년 동안 유엔은 개발원조, 국내 저축, 국민소득, 농업 생산과 같은 다양한 경제활동에 대한 목표를 발표했다. 또한 교육 확대, 아동 사망률 감소, 천연두 박멸, 기대수명 증가 등 더 광범위한 인간개발과 관련된 목표도 설정했으며, 이는 UNESCO, UNICEF, WHO와 같은 전문기구들의 운영 책임이 되었다.

새천년개발목표. 이러한 목표 중 다수가 2000년 밀레니엄 정상회의(Millennium Summit)에서 채택된 새천년개발목표(MDGs: Millennium Development Goals)에 포함되었다. 2015년을 목표로, 8개의 MDGs는 정부, 국제기구, 비국가행위자를 포함하여 상호 보완적이고 서로 얽혀 있다. 8개의 목표는 세계 빈곤과 기아를 절반으로 줄이고, 유아 사망률을 3분의 2로 줄이며, 보편적인 기초교육을 달성하는 것 등을 포함했다. 이 목표들은 21개의 세부 목표와 60개의 성과지표로 세분되었다. 정교한 실행계획은 10개의 글로벌 대책위원회, 각각의 개발도상국의 성과 보고서, 정기적인 모니터링, 그리고 정부와 국제기관에 압력을 유지하는 공공 정보 캠페인이 포함되었다. 이는 유엔기구와 브레턴우즈 기관들이 "통합된 구체적 틀에 맞춰 운영 활동을 조정했던" 전례 없는 일이었다 (Ruggie 2003: 305).

MDGs는 원조 노력을 집중시키고 새로운 접근 방식을 촉진하는 데 기여했다. 그중 하나가 밀레니엄 빌리지 프로젝트다. 공공 및 민간행위자들이 혼재되어 운영하고 자금을 지원한, 그 프로젝트는 14개의 아프리카 마을에 개발원조를 투입했다. MDG는 또한 미국정부에 의해 설립된 밀레니엄 챌린지 공사에 영감을 주었는데, 이 공사는 부패 근절, 법치 강화, 인권 지원, 보건 및 교육 투자, 민간 기업 육성 등과 같은 '올바른 통치' 정책을 채택한 개발도상국에 보조금을 전달했다.

MDGs의 기간이 2015년 종료되었을 때, 여러 주요 목표가 달성되었다. 사하라 이남 아프리카를 포함한, 모든 개발도상 지역에서 빈곤율과 극빈층 인구가 감소했다. 1990년 수준에 비해, 초등 교육을 이수한 인구 비율은 98% 증가했으며, 유아 사망률은 50% 감소했다.

그러나 심지어 MDGs가 명확해지기 전 많은 개선이 시작되었기에, 목표를 향한 진전이 반드시 MDGs로 인한 진전임을 의미하는 것은 아니었다 (McArthur 2014: 1). 또한 일부 진전은 식량 생산 증가를 위한 비료 의존과 같은 의도하지 않은 부작용을 초래했다 (Hinchberger 2011). 아마도 가장 중요한 점은, 많은 개선이 중국과 인도의 주요 발전으로 인한 것이었다는 점이다 (Liese and Beisheim 2011). 한편, 사하라 이남 아프리카는 아동 및 모성 건강, 도시와 농촌 간 불평등, 청년 실업 등 많은 지표에서 여전히 뒤처져 있었다. 기후변화는 아프리카 대륙에 특히 심각한 타격을 줄 것으로 예상되었다. 따라서 아프리카의 MDGs 경험은 개발이 빈곤 완화 이상의 의미가 있다는 것을 입증했다.

지속가능발전목표. 2012년, 외교관들과 전문가들은 2015~2030년 동안 MDGs의 뒤를 잇는 새로운 목표인 지속가능발전목표(SDGs: Sustainable Development Goals)의 작업을 시작했다. 2014년, MDGs가 만료되기 일 년 전, UNCTAD 보고서는 2030년까지 새로운 목표를 달성하려면 매년 대략 2조 5,000억 달러가 필요할 것으로 추정했다. 특히 유엔 사무국 내에서 엘리트 중심의 MDGs 개발 과정을 포함한 MDGs의 몇 가지 약점을 염두에 두어, 유엔 개방형 실무그룹(UN Open Working Group)은 복합적인 다중 관계자 과정으로 국가 대표들, 60개 유엔 기구 및 다른 국제기구, 비국가행위자들의 대책 위원회와 함께 일했다 (Kamau, Chasek, and O'Connor 2018). 결과는 도표 8.5에서 볼 수 있듯이 17개 목표로 크게 확장되었다.

'아젠다 2030(Agenda 2030)'으로 알려진, 이러한 17개의 SDGs는 2015년 9월 유엔 정상회의에서 모든 유엔 회원국에 의해 채택되었다. '사람, 지구, 번영, 평화, 파트너십'은 2030년까지 사회 개발, 성평등, 환경 지속가능성을 증진하겠다는 공약과 경제발전 목표가 결합된 약속의 핵심이다. SDGs를 더욱 실행 가능하게 만들기 위해, 2017년에 후속적인 결의안은 232개의 세부적인 데이터 지표와 더불어 성과 혹은 실행수단을 위한 169개의 목표를 채택했다. 그러나 MDGs와 SDGs의 주요 차이점은 목표와 대상의 수만이 아니라, 선진국과 개발도상국의 모든 국가가 SDGs를 향해 노력해야 한다는 점이다. 예를 들어, 글로벌 노스는 불평등과 싸우고 환경적으로 지속가능한 소비와 생산을 촉진하는 약속을 포함하고 있다.

처음부터, SDGs의 광범위함은 논쟁을 불러일으켰다. 이코노미스트(*Economist* 2015: 63)는 "모두를 위한 무언가는 누구도 받아들일 수 없는 많은 결과를 낳았다"라고 비판했다. 일부 관찰자

도표 8.5 | 지속가능발전목표

1. 빈곤 종식
2. 기아 해소
3. 건강과 웰빙
4. 양질의 교육
5. 성평등
6. 깨끗한 물과 위생
7. 저렴하고 청정한 에너지
8. 양질의 일자리와 경제성장
9. 산업, 혁신, 사회 기반시설
10. 불평등 완화
11. 지속가능한 도시와 공동체
12. 책임 있는 소비와 생산
13. 기후 행동
14. 수중 생태계
15. 육상 생태계
16. 평화와 정의, 강력한 제도
17. 목표를 위한 파트너십 강화

들에게 SDGs는 지나치게 방대하고 우선순위가 모호하며, 특히 가난한 국가의 데이터 불가용으로 인해 추적이 어렵고, 심지어 모순되기도 한다. 예를 들어, 말라리아와 싸우기 위해 배포된 모기장이 때때로 개발도상국에서 매우 작은 생물을 포획하는 어망으로 재사용되면서 SDGs 2의 기아 해소, SDGs 3의 건강 증진, 그리고 SDG 14의 수중 생태계 보호 간의 갈등이 드러났다. 지지자들은 SDGs가 MDGs보다 복잡할 수밖에 없는데, 왜냐하면 SDGs가 더욱 다양한 이해관계자들의 집합에 의해 협상되었고 개발도상국에 대한 배타적 집중을 넘어서는 것이었기 때문이라고 반박한다.

유엔 기구들은 SDGs를 회원국과 유엔체제 전반에 합류시키기 위해 상당한 노력을 기울여왔다. 이러한 노력은 여러 유엔 기관의 수장들로 구성된 지속가능발전그룹을 통해 조율되며, 2017년 이후 유엔 사무부총장 모하메드(Amina Mohammed)가 의장을 맡고 있고, 그녀는 반기문 전 사무총장의 특별 보좌관으로 SDGs 과정을 구체화했으며, 그녀의 임기는 2022년에 5년 연장되었다. 다양한 유엔 자료에 인쇄된 짧은 설명과 직관적인 아이콘과 함께 SDGs를 '글로벌목표(Global Goals)'로 재포장하여 일반 대중을 목표로 광범위한 소통 노력을 해왔다. 2019년에는 구테흐스(António Guterres) 유엔 사무총장은 미국 배우 휘태커(Forest Whitaker), 벨기에의 마틸드(Mathilde) 왕비, 중국 기업가 마윈(Jack Ma) 등을 포함한 최초의 SDGs 옹호그룹을 임명했다. 이러한 유명 인사들의 노력을 통해, 변화를 위한 국제적 그리고 국내적 요구가 촉구될 것으로 기대되었다.

SDGs를 향한 노력은 특히 여성, 빈곤층, 기타 소외된 사람들에게 타격을 가한 코로나19 팬데믹으로 인해 심각한 도전에 직면했다. SDGs 기간의 중간 지점인 2023년, 매우 소수의 목표만이 제대로 진행되고 있다. 유엔 사무부총장 모하메드는 "아젠다 2030을 달성하기 위한 우리의 능력은 위기에 처해 있다"고 경고하며, "지속가능발전목표는 … 개발 진전을 가속하고 목표를 다시 궤도에 올리기 위해 필수적인 전환에 투자하는 강력한 민간부문 파트너십 없이는 실패할 것"이라 덧붙였다 (UN 2023).

개발 파트너들: 시민사회 단체, 자선재단, 기업

SDGs가 보여주듯 개발은 많은 파트너를 필요로 한다. 정부와 국제기구 외에도, 많은 행위자가 중요하다. 실제로, 많은 개발 활동은 시민사회 단체, 자선재단, 기업과 같은 비국가행위자들과의 파트너십을 통해 일어난다 (Jönsson 2013).

시민사회 단체. 제6장에서 언급한 바와 같이, '시민사회'는 때때로 비정부기구의 약칭으로 사용되지만 실제로는 신앙 기반 단체, 원주민 공동체, 청년운동 등 반드시 공식적으로 조직된 것이 아닌 다양한 단체들을 포함한다. 시민사회 단체들은 정책 실행자와 감시자로서의 그들의 역할로 많은 주목을 받지만, 그들은 또한 새로운 개념과 실천의 전파자다. 예를 들어, 시민사회 단체는 지속가능한 발전의 개념을 구체화하고 확산하는데 도움을 주었으며, 또한 여성과 일반 은행 대출의 자격을 얻기 어려운 여타 사람들에게 제공되는 소액 대출인 마이크로-크레딧(micro-credit)을 개척했다. 요약하자면, 시민사회 단체는 종종 개발거버넌스에서의 혁신자이다.

개발거버넌스에 관여하는 국제기구들 사이에서, 브레턴우즈 기구들보다 훨씬 개방적인 유엔체제와 함께, 시민사회의 관여 속도와 범위는 매우 다양하다. 1980년대 이후, 원조국 정부와 시민사회로부터 세계은행과 IMF가 더욱 개방적이어야 한다는 강한 압박이 있었다 (O'Brien et al. 2000). 제12장에서 추가 논의될 바와 같이, 그 이유 중 하나는 시민사회 참여가 국제기구의 효율성과 책임성을 향상하는 데 있다.

세계은행그룹은 1980년대 초 이래 점진적으로 개방되어 왔다. 은행정보센터, 브레턴우즈 프로젝트, 시민사회 정책포럼을 통해, 시민사회 단체들과의 교류 및 파트너십을 촉진해왔다. 2001년을 시작으로, 세계은행그룹의 현지 사무소는 프로그램 설계, 실행, 감독을 도울 수 있는 시민사회 전문가를 고용했다. 1990년대에, 시민사회는 오직 약 20%의 세계은행 프로젝트에 참여했으나, 20년 만에 그 비율은 80% 이상으로 증가했다. 시민사회로부터의 압박은 또한 지속가능성, 성평등, 독립적 검토 등을 세계은행그룹으로 통합히도록 도왔다. 비록 정부들은 여선히 세계은행 프로젝트 실행에 있어 공식적으로 책임을 지나, 시민사회 참여를 위한 많은 경로가 존재한다.

IMF는 시민사회 단체들과 더욱 험난한 관계를 유지해왔다. 1990년대 압박 아래, IMF는 세계은행과 공동으로 주최하고, 그들의 봄 및 연례회의 기간에 개최하는 시민사회 정책포럼 등을 포함하여 더욱 정기적인 회의와 협의를 시작했다. 그럼에도 불구하고, IMF는 여전히 시민사회가 실질적으로 접근하기에는 그 활동이 지나치게 불투명하고 기술적인 조직으로 알려져 있다. 실제로 사하라 이남 아프리카 6개국에서의 IMF 활동에 관한 연구는 IMF의 국내 대중과의 접촉은 "도시, 전문직, 유산계급, 남성, 그리고 서구 문화권에 치우쳐 있다"고 지적했다 (Scholte 2012: 187). 비록 IMF가 최근 수십 년 동안 더욱 개방적으로 변해왔지만, 시민사회와의 연계는 특별히 폭넓거나 깊지 않다 (Tallberg et al. 2013).

자선재단. 개발거버넌스에서 또 다른 중요한 행위자 집단은 민간 자선재단이다. 국제 자선기금의 가장 큰 단일 출처는 미국인데, 국내 정부의 공적개발원조(ODA)보다 민간 자선기금이 더 큰 비중을 차지한다. 제6장에서 논의한 바와 같이, 자선재단의 통합 주제는 그들의 주요 수혜자가 기부자가 아닌 다른 사람이라는 점이다. 그러나 이러한 핵심적인 유사성 외에도 자선 기관들은 매우 다양하다.

자선 활동은 오랫동안 종교 또는 사회단체와 연관되어 왔다. 그러나 지난 세기 동안, 세계에서 가장 유명한 자선재단 중 다수는 록펠러(John D. Rockefeller), 포드(Henry Ford), 빌 게이츠(Bill Gates) 등과 같은 개별 사업가들의 막대한 재산을 기반으로 설립되었다. 그 결과, 개발 자금은 소수의 부유한 국가뿐만 아니라 소수의 부유한 개인들에 의해서도 영향을 받는다.

개발도상국에 직접 재정 지원을 제공하는 것 외에도, 자선재단은 보건이나 농업과 같은 관련 정책분야를 통해 개발을 형성한다. 예를 들어, 록펠러재단은 국제연맹의 보건 기구 자금을 지원하여 WHO 설립의 토대를 마련했다. 1960년대에는 포드재단이 고수확 농업 연구에 상당한 자원을 투자하여 인도 등에서 '녹색혁명'을 촉진했다. 1990년대 이래, 빌 앤 멜린다 게이츠 재단은 대규모 예방 접종 프로그램, 교육 강화, 개발도상국의 정수(clean water) 접근성 개선에 있어 중요한 역할을 해 왔다.

자선재단은 그 영향력 때문에 감시와 비판의 대상이 된다 (Youde 2019). 자선재단들이 부유한 사람 혹은 부유한 국가들과 연관되어 있기에, 기존의 불평등을 심화시키고 글로벌 노스의 행위자들을 위한 추가적인 도구로 작용할 수 있다. 자선재단들은 막대한 자원을 휘두르기에, 그들은 국가에 국가적 우선순위가 아닌 활동을 수행하거나 국가에 의해 제공되어야 하는 상품 제공을 회피하도록 유도할 수 있다. 그리고, 그들은 공공정책을 형성하지만 직접 일반 대중에 책임을 지지 않기에, 민주적 절차나 지역적 선호를 훼손할 수 있다. 이러한 이유로, 자선재단은 개발에 중요하지만, 또한 논란이 많다.

기업. 민간 부문 기업은 또 다른 중요한 행위자지만, 논란이 되는 행위자 집단이다. 1980년대 이후, 정부의 ODA 수준은 상당히 꾸준한 반면, 개발도상국에 대한 민간자본의 흐름은 급격히 증가해왔다. 주요 수혜자 중 일부는 '아시아의 용(Asian Tigers)'으로, 1980년대와 1990년대 그들의 인상적인 발전은 정부의 중상주의정책과 기업의 대규모 투자 유입에 의해 촉진되었다.

최근 몇 년간, 아프리카는 정부 및 민간 부문 채널을 통해 대규모 중국 투자를 유치하는 데 성공했다. 투자의 많은 부분은 주로 천연자원 추출과 사회기반 시설 건설을 향해왔다. 일부 비평가들은 이것을 준(準)식민주의로 간주하는데, 왜냐하면 중국 기업들이 자국의 관리자와 노동자에 주로 의존하고, 환경 관리와 노동권을 경시하며, 지역 이익보다 중국의 이익에 기여하는 프로그램을 수행하기 때문이다 (French 2014).

민간기업이 그것이 가장 필요한 사람 혹은 장소에 기반하여 투자를 결정하는 것은 드물다. 결국, 가장 필요한 사람 혹은 지역은 또한 민간 투자자들을 긴장하게 만들 수 있는 정치적, 경제적, 혹은 사회적 도전을 마주하는 경향이 있다. 대신, 기업들은 종종 '더 안전한(safer)' 중위소득 국가에 자금을 투입한다. 따라서 비록 아프리카가 세계의 자본 최빈국이나, 민간자본 유입은 상대적으로 적으며, 그중 대부분은 남아프리카공화국, 가나, 모로코, 이집트, 나이지리아와 같은 소수 국가에 집중된다. 이러한 패턴은 세계 다른 지역에서도 유사하며, 민간 국제금융의 극히 일부만이 최빈국으로 유입된다.

비록 많은 정부가 민간 투자를 유치하기 위해 큰 노력을 기울이지만, 이러한 자본 유입은 변덕스럽다. 팬데믹, 자연재해, 정치적 혼란 및 기타 충격 이후, 기업들은 자본 유입을 줄이거나 심지어 철회하려는 강한 유혹을 받는다. 그 결과, 시간과 국가에 따라 큰 변동이 있다. 비록 민간자본 유입이 여러 개발 성공 사례에 기여하고 종종 ODA를 초과하나, 변동성은 그들을 장기 개발에 있어 까다로운 도구로 만든다.

점점 개발은 기업, 자선재단, 시민사회 단체, 국제기구, 정부 등을 포함하는 다수의 행위자에 의존하는 다면적 과제로 인식되고 있다. 결과적으로, 이러한 행위자들은 특정 개발문제를 해결하기 위해 다양한 형태의 협력 관계를 형성해 왔다. 제11장에서 논의된 바와 같이, 일례로는 빌 앤 멜린다 게이츠 재단, WHO, 각국 정부, 제약회사, 시민사회 단체 등이 참여한 공공-민간 파트너십인 세계백신면역연합(Global Alliance for Vaccines and Immunizations)이 있다. 이와 같이 다양한 행위자들의 집합이 SDGs 및 기타 개발 이니셔티브의 진전을 이루기 위해 필수적이라 할 수 있다 (Andonova 2017).

개발거버넌스의 주요 주제

개발거버넌스의 중심에는 글로벌 노스와 글로벌 사우스 간 격차를 해소하려는 목표가 있다. 그러나 이는 말처럼 쉽지 않은데, 왜냐하면 격차는 부와 권력뿐만 아니라 의료, 교육, 주택, 여성의 권한 부여 등을 포함하기 때문이다. 개발에서의 정책 중복과 다양한 행위자들 아래, 전문가들은 이러한 움직이는 요소들이 협력하는지 아니면 상충하는지에 대해 의견이 엇갈린다 (Sachs 2005; Collier 2007; Easterly 2008). 중국과 일부 다른 국가들은 최근 몇십 년 동안 엄청난 발전을 이루었지만, 특히 아프리카와 중남미 일부 지역과 같은 많은 다른 지역들은 여전히 불리한 입장에 있다. 예를 들어, SDGs와 이를 향한 진전을 극대화하기 위한 '유엔 전체(whole of UN)'의 접근방식에 많은 신뢰가 쏟아졌다. 그러나 유엔과 다른 개발거버넌스 행위자들은 여전히 노력의 분산과 중복, 자원의 부족, 그리고 기부국과 수원국 모두의 요구를 충족시키는 데 따르는 어려움에 직면해 있다.

다국적기업: 규제에서 파트너십으로

다국적기업(MNC)은 경제거버넌스의 세 가지 측면인 무역, 금융, 개발을 모두 포괄한다. MNC는 또한 다양한 산업과 국가를 포괄하는데, 2022년 포춘 매거진에 따르면 세계 최대 10대 기업인 월마트, 아마존, 중국전력망공사, 중국석유천연가스그룹, 시노펙, 사우디아람코, 애플, 폭스바겐, 중국건축공정, CVS 헬스 등을 예로 들 수 있다. 국제경제에서 중요한 부분이 되었음에도, MNC가 명백히 유익한 것만은 아니다. 그들은 세금을 회피하거나, 공무원에게 뇌물을 주거나, 환경을 훼손하거나, 노동자를 착취하거나 다른 부정적인 행동에 연루될 수 있다. 1970년대 이래, 정부와 국제기구는 MNC를 규제할 뿐만 아니라 협력하는 방법 모두를 시도해 왔다.

IGO를 통한 MNC 규제

1974년, 유엔 다국적기업위원회(UN Commission on Transnational Corporations)는 기업의 사회적 책임(CSR: corporate social responsibility) 개념을 바탕으로 MNC를 규제하기 위한 행동강령을 제정하는 노력을 시작했다. CSR은 '특정 시점에서 사회가 기업에 가지는 경제적, 법적, 유리적, 재량적 기대'를 의미한다 (Carroll 1979: 500). CSR 개념은 19세기 산업 혁명이 노동자들에게 미친 피해에 대한 우려에서 기인했다. 시간이 지나면서 우려는 세금 회피와 제품 안전 등과 같이 비산업적 회사들과 비노동자문제로 확장되었다. 1970년대까지, 많은 정부가 지역적 또는 국가적 차원에서 문제를 해결하기 위해 규제 기관을 설립했으나, 1994년에 종료된 유엔의 초기 노력 외에는 국제적으로 활동하는 기업들을 다루는 IGO는 거의 없었다.

그때나 지금이나 예외적인 존재는 OECD이다. 부유한 시장경제 민주주의 국가들로 구성된 소규모의 비교적 응집력 있는 회원국으로 구성된 OECD는 많은 MNC들이 본사나 중요한 사업 운영을 회원국에 두고 있기에 MNC를 다루는 데 적합하다. 1970년대 이래, OECD는 구속력이 없는 규제뿐만 아니라 구속력 있는 규제 모두를 개발하는 중심 역할을 해왔다. 예를 들어, OECD의 1976년 다국적기업 지침은 각국 해당 부서에 권고되는 광범위한 지침이며, OECD의 1997년 반부패 협약(Anti-Bribery Convention)은 외국 공무원 뇌물 수수를 범죄로 규정하는 법적 구속력 있는 협정이다. 비록 1990년대에는 투자에 관한 합의 초안이 승인되지 않았지만, OECD 회원국들은 이후 MNC에게 국내 기업과 동일한 대우를 부여하는 자발적인 지침에 동의함에 따라, 노동, 환경, 뇌물 관련 정책이 국내 기업뿐만 아니라 외국 기업 모두에 적용된다. OECD는 또한 그들의 회원국을 넘어 경제정책들을 형성해 왔다. 2021년에는 그들의 운영과 수익의 많은 부분은 세금이 더 높은 국가에 있지만, 명목상 본사를 세금이 낮거나 없는 '세금 회피(tax haven)' 국가에 두고 있는 기업을 대상으로, 15% 글로벌 최소 법인세율을 위한 OECD 계획에 136개 국가가 동의했다. 이러한 이니셔티브들과 다른 여러 활동을 통해 OECD는 MNC를 규제하는데 중심적 역할을 지속한다.

또 다른 중요한 규제기관은 EU 집행위원회로, 특히 반경쟁적 활동 방지에 주의한다. 2001년 제트엔진 독점 우려로, EU 집행위원회는 미국 기반의 제너럴 일렉트릭과 하니웰의 합병이 경쟁을 없애버릴 것이라는 이유에서 그들의 합병을 기본적으로 반대했다. 2004년부터 2012년까지 이어진 논란이 된 사례에서는, 다른 회사의 제품과 의도적으로 호환이 되지 않는 컴퓨터 소프트웨어를 만들었다는 이유로 마이크로소프트에게 벌금을 부과했다. EU 집행위원회는 또한 사람들의 인터넷 개인정보 보호에도 적극적이다. EU 시민에게 서비스를 제공하는 모든 기업은 개인정보의 해외 전송을 제한하는 EU 일반 개인정보 보호규정을 준수해야 한다. 2018년 이 규정이 발효된 직후, 집행위원회는 구글, 페이스북, 기타 인터넷 기업들에 대해 벌금을 부과하기 시작했다. 이처럼 EU는 유럽을 넘어 MNC의 행동을 규제한다.

기업의 자율 규제와 NGO 감시

IGO가 MNC를 규제하려는 유일한 행위자는 아니다. MNC 또한 공식적인 정부 규제를 피하거나 지연시키고, 소비자 혹은 투자자에게 어필하거나, 혹은 우려하는 NGO들을 진정시키기 위해 스스로 규제를 시도한다. 그러한 자율 규제는 주로 세 가지 형태로 나타난다. 첫 번째는 개별 기업에 초점을 맞춘다. 예를 들어, 트위터(Twitter)는 디지털 조작된 미디어, 선거와 투표에 관한 허위 주장, 건강 정보 왜곡 등을 다루기 위한 규칙을 개발했다. 그러나 이러한 기업 규칙 중 다수는 2022년 기업가 일론 머스크(Elon Musk)가 트위터를 인수한 후 철회되었다. 두 번째 형태는 특정 기업 집단에 초점을 맞춘다. 예를 들어, 은행

업계에서는 30개 이상 국가의 100개 이상 금융 기관들이 그들이 자금 지원하는 프로젝트가 초래하는 환경적·사회적 위험을 평가하고 관리하기 위해 적도 원칙(Equator Principles)을 채택해 왔다. 세 번째 형태는 다수의 이해관계자를 포함한다. 예를 들어, 깨끗한 옷 입기 운동(Clean Clothes Campaign)은 의류 산업에서 작업 환경 개선을 위한 행동강령 준수를 촉진하는 노동조합, 소비자, 연구자, NGO, 그리고 기업들이 참여하는 네트워크다.

개별 기업, 특정 기업집단, 또는 다수의 이해관계자를 포함하든지, 자율 규제는 국가 혹은 NGO에 의한 규제와 비교해서 장·단점을 모두 가진다(Papadopoulos 2013). 기업들이 자신의 이익에 부합하는 최소한의 기준을 선호할 수 있기 때문에 규제 자유를 그들에게 이양하는 것은 민주적이거나 야심찬 것으로 보이지 않는다. 반면, 기업은 국가나 IGO보다 다양한 상황에 반응하는 데 있어 더 빠르고 민첩하다. 또한 정부가 일반 시민과 단절되었거나 관심이 없는 지역에서는 기업의 대응이 더 우수할 수도 있다. 부분적으로는 자율 규제에 대한 증거가 여전히 대부분 일화적이기에, 장점이 단점을 능가하는지 판단하기는 어렵다.

제6장에서 논의한 바와 같이, NGO는 기업의 감시자와 내부 고발자로서 개입해왔다. 일례는 공공 및 민간 부문에서 사용되는 부패인식지수(Corruption Perceptions Index)를 매년 발행하는 국제투명성기구(Transparency International)다. 또 다른 예는 제11장에서 논의된 바와 같이, 1980년대 초 네슬레에 대항하는 분유 캠페인으로 유명해졌으며, 이후 WHO 담배 협약을 초래하는 데 도움을 준 반담배 캠페인을 주도했던, 이전에 INFACT로 알려진 국제기업책임(International Corporate Accountability)이 있다. 기업의 자율 규제가 성장함에 따라, NGO들의 감시 역시 성장해왔다.

파트너십과 협력: 유엔 글로벌콤팩트와 유엔 이행원칙

규제와 자율 규제의 한계가 더욱 명확해짐에 따라, 정부와 IGO는 MNC와의 협력으로 돌아섰다. 유엔 관계자들은 오랫동안 기업의 사회적 책임 기준을 마련할 필요성을 인식해왔다. 1994년 유엔 다국적기업위원회가 해체된 이후, 유엔 관계자들은 노력을 지속했으며, 결국 첫 번째는 유엔 글로벌콤팩트(UN Global Compact), 이후 유엔 기업과 인권에 대한 이행원칙(UN Guiding Principles on Business and Human Rights) 등 두 개의 협력 이니셔티브를 만들어냈다.

유엔 글로벌콤팩트는 1999년 세계경제포럼에서 코피 아난 유엔 사무총장이 제안했으며, 이듬해 운영을 시작했다. 이 이니셔티브의 목적은 연구 기관과 시민사회 단체로부터 정보를 받은 기업과 유엔 기구 간 협력을 촉진하는 것이다. 주요 설계자 중 한 명인 전 하버드대 교수 러기(John Ruggie)는 이를 중첩된 네트워크를 포함한 글로벌거버넌스의 '실험(experiment)'으로 묘사했다(Ruggie 2001, 2013). 글로벌콤팩트는 인권, 노동, 환경, 반부패라는 네 가지 분야에서 10개의 자발적이고 비구속적인 원칙을 포함한다. 2023년 기준으로, 글로벌콤팩트는 160개 이상의 국가에서 운영되며, 1만 2,000개 이상의 기업 참여자와 기타 이해관계자들로 성장했다.

그러나 글로벌콤팩트는 혼재된 결과를 보여왔다 (Podrecca et al. 2022). 비판론자들은 참여자의 상당수는 세계의 가장 중요한 기업이 일부를 포함하고 있지 않으며, 일부 지역에서는 참여 기업이 상대적으로 적다는 점을 언급해왔다. 더욱이 자발적이고 비구속적 합의로서 글로벌콤팩트는 구속을 위한 기제가 부족하다. 기업은 자발적 원칙을 그것의 비즈니스 전략과 운영에 어떻게 통합해왔는지에 대한 보고 기한을 지키지 못할 경우 박탈될 수 있다. 그러나 기업이 적용할 조항을 선택할 수 있기 때문에, 관행을 점검하거나 가장 심각한 문제에 대한 해결 없이도 성과를 주장할 수 있다. 글로벌콤팩트가 기업의 사회적 책임 규범을 근본적으로 변화시켰는지에 대해 경험적 증거는 결정적이지 않다.

MNC과 협력하려는 유엔의 두 번째 시도는 기업과 인권에 관한 이행원칙 수립으로 이어졌다. 이 원칙은 2011년 유엔 인권이사회에서 승인되었으며, 국가는 인권을 보호해야 할 의무가 있고, 기업은 인권을 존중할 책임이 있으며, 개인은 인권침해에 대한 구제 기제를 접할 수 있어야 한다는 '보호, 존중, 구제'라는 세 가지 축의 틀을 중심으로 구축되었다. 이 틀은 다섯 명의 독립적인 전문가로 구성된 실무그룹의 감독을 받는 31개의 원칙을 포함한다. 그 이행원칙은 기업 본국과 수용국가 간의 기존 균열을 메우며, 매우 다양한 기업들의 지지를 얻었다.

글로벌콤팩트와 마찬가지로, 이행원칙에 대한 의견도 혼재되어 있다. 한편으로, 이행원칙은 국내 법원에서 인권 소송 증가와 독일 및 EU의 실사법 입안과 관련되어 있다. 이행원칙 시행 10주년에는 복잡한 글로벌 공급망 내에서의 인권침해를 해결하고 예방하는 데 있어 주요한 첫걸음인 '비약적 진전(breakthrough)'으로 찬사를 받았다 (European Coalition on Corporate Justice 2021). 다른 한편으로, 기업과 정부가 글로벌원칙을 쉽게 수용한다는 것은 이행원칙이 충분히 엄격하지 않다는 것을 시사할 수 있다. 비평가들은 기업이 단지 인권 '존중(respect)'에 대한 '책임(responsibility)'을 가지는 것이 아닌, 인권을 발현할 의무가 있다고 지적한다. 휴먼라이츠워치(Human Rights Watch)와 같은 NGO들은 특히 구속 기제의 결여를 비판해왔으며, 유엔 인권이사회는 기업 내 인권 옹호자에 대한 위협과 공격에 대한 우려를 표명해왔다.

경제거버넌스의 도전과제

무역, 금융 그리고 개발은 경제거버넌스의 세 가지 핵심 측면으로, 몇몇 공통된 주제를 보인다. 첫째, 글로벌 노스와 글로벌 사우스 간 지속적인 긴장이 있으며, 부유한 국가와 빈곤한 국가 간 격차는 다음의 어려운 질문을 제기한다. 누구의 필요가 가장 중요한가? 누가 주도권을 가지는가? 현재의 거버넌스 구조는 불평등을 완화하는가? 아니면 강화하는가? 둘째, 경제문제는 식량, 건강, 환경 그리고 국가 및 인간안보 등을 포함한 많은 다른 정책분야와 서로 교차한다. SDGs가 보여주듯이, 개선을 이루는 일은 매우 복잡한 과제다. 셋째, 경제문제는 국가와 IGO만의 문제가 아니다. 기업, 노동조합, 시민사회 단체, 원주민, 그리고 많은 다른 비정부 행위자 또한 중요하다.

추가 읽을거리

Drezner, Daniel W. (2014) *The System Worked: How the World Stopped Another Great Depression*. New York: Oxford University Press.

Johnson, Tana, and Andrew Heiss. (2022) "Liberal Institutionalism." In *International Organization and Global Governance*, 3rd ed., edited by Thomas Weiss and Rorden Wilkinson. New York: Routledge, pp. 120–132.

Henning, Randall. (2017) *Tangled Governance: International Regime Complexity, the Troika, and the Euro Crisis*. New York: Oxford University Press.

Nelson, Stephen. (2017) *The Currency of Confidence: How Economic Beliefs Shape the IMF's Relationship with its Borrowers*. Ithaca, NY: Cornell University Press.

Park, Susan, and Jonathan R. Strand, eds. (2015) *Global Economic Governance and the Development Practices of the Multilateral Development Banks*. New York: Routledge.

Vreeland, James Raymond. (2015) *The International Monetary Fund (IMF): Politics of Conditional Lending*, 2nd ed. New York: Routledge.

9장 인권보호

사례연구: 우크라이나 전쟁범죄 기록	381
인권과 인도주의 규범의 근원	383
국가의 역할: 인권의 보호자와 남용자	387
국제 인권기관 및 메커니즘	388
인권 거버넌스의 과정	397
글로벌인권 및 인도적 거버넌스의 실행	418
인권의 세계화와 미국의 역할	429

사례연구: 우크라이나 전쟁범죄 기록

2022년 2월 24일, 러시아의 우크라이나 침공은 글로벌거버넌스와 유엔, 유럽연합(EU), 유럽안보협력기구(OSCE), 유럽평의회(Council of Europe)를 포함한 많은 국제기구에 중대한 도전을 제기했다. 그 침공은 분쟁해결을 위해 무력사용을 금지한 유엔헌장의 노골적인 위반이었으며, 제7장에서 논의된 바와 같이 명백한 침략 범죄였다. 며칠 만에 러시아 군대에 의해 자행된 광범위한 전쟁범죄와 반인도적 범죄에 대한 증거가 드러났다.

유엔 총회와 EU의 규탄과 더불어 유엔, 국제형사재판소(ICC), OSCE, NGO 그리고 우크라이나 자체의 인권전문가와 운동가들이 이러한 범죄의 증거를 수집하고 기록하기 위해 이례적으로 동원되었다. 전쟁이 진행 중인 동안 그러한 노력은 이전에 결코 없었으며, 현지 민간인이 증거를 비디오 기록하여 소셜미디어에 게시하고, 전문가들이 위성사진을 이용하여 증거를 포착하고 검증하고, 인권운동가들이 피해자들과 목격자들을 실시간으로 인터뷰할 수 있는 수단이 있었던 적도 없었다. 마찬가지로, 전쟁 중에 인권침해 가해자들에게 책임을 묻고, 어떤 유형의 국제재판소나 법정에 그들을 회부할 수 있을지를 고려하라

계속

는 신속한 요구가 있었던 적도 없었다.

러시아 군대가 저지른 전쟁범죄와 반인도적 범죄의 목록은 학교, 병원, 아파트 건물, 전력 인프라, 문화유산에 대한 폭격에서부터 강간, 고문, 민간인 무차별 살해와 약식 처형, 아동 납치 및 러시아로의 입양, 집속탄 사용, 그리고 원자력 발전 시설에 대한 위협까지 이른다. 부차, 이지움, 마리우폴과 같은 우크라이나의 도시와 마을 이름은 발생한 범죄의 증거가 널리 공개되면서 악명을 얻었다. 또한 러시아와 푸틴 대통령(Vladimir Putin)은 침략 범죄로 비난받고 있으며, 2023년 3월 ICC 검사는 푸틴과 러시아의 아동권리 위원 르보바-벨로바(Maria Lvova-Belova)에게 우크라이나에서 러시아로의 아동 불법 이송 등의 전쟁범죄에 대해 체포영장을 발부했다.

이러한 범죄를 실시간으로 기록하려는 노력은 1860년대 부상병과 전쟁포로의 처우를 다룬 최초의 제네바협약 체결 이래 집단학살, 전쟁범죄, 반인도적 범죄, 그리고 침략 범죄 개념이 150년 이상 어떻게 발전해 왔는지에 힘입은 바 크다. 그 노력은 또한 제2차 세계대전 종전과 뉘른베르크 및 도쿄 전범 재판 이후 어떤 방식으로든 유죄 판결을 규명하기 위한 절차들의 진화에 뿌리를 두고 있다. 특히 유고슬라비아와 르완다 국제형사재판소, ICC, 그리고 시에라리온과 캄보디아 혼합형 법정과 같은 이러한 절차들은 범죄 기록의 중요성을 입증해왔다. 그들은 또한 무엇이 이러한 범죄를 구성하는지에 대한 정의를 개선하는데 기여했다. 예를 들어, 셀 수 없는 유엔 논의에서 규정하기 어렵다고 증명된 침략 범죄의 정의는 ICC 회원국들이 2018년에 나 그에 대한 작업을 완료했다.

우크라이나에서 발생한 범죄에 대해, 2022년 말경 러시아와 러시아군 관계자에게 책임을 묻는 여러 제안이 있었다. 러시아가 우크라이나를 침공한 직후, ICC 검사가 수사를 시작했었지만, 러시아와 우크라이나 모두 ICC 회원국이 아니기에(비록 2014년에 우크라이나는 자국 영토에서 발생한 범죄에 대해 ICC 관할권을 수용했지만), 이것은 유력한 경로가 아니었다. 재판소를 설립하려는 유엔 안전보장이사회의 어떠한 노력도 러시아의 거부권에 의해 차단될 것이다. 보다 가능성이 큰 것은 시에라리온과 캄보디아 사례와 유사한 특별재판소나 법정으로, 유엔 총회가 승인하면 유엔 사무총장이 우크라이나와 협상을 통해 법원을 설립하는 방식이 될 것이다. 이전의 국제형사재판소를 설립하고 운영한 경험이 있는 많은 사람으로 인해, 과거의 사례보다 절차 및 증거 규칙을 설립하는 데 훨씬 더 적은 시간이 필요할 것이다. 예를 들어, ICC를 운영 가능케 하는 데에는 1998~2002년까지 4년이 걸렸다. 이전 재판소들은 집단학살, 전쟁범죄, 반인도적 범죄를 다루었다. 침략 범죄의 정의에 대한 합의는 2018년에나 달성되었기에, 아직 침략 범죄에 대한 기소는 이루어진 적이 없다. 이를 위해서는 해당 재판소가 국제법정으로 지정되어야 하며, 그래야만 예를 들어 푸틴이 국가원수로서 면책특권을 주장할 수 없게 된다 (Clancy 2022).

이 장의 후반부에서는 국제형사법과 정의의 진화, 그리고 국제인권 및 인도주의 규범을 정의하고, 촉진하고, 감시하고, 집행하는 더욱 광범위한 과정과 함께, 인권의 글로벌거버넌

계속

스에서 IGO와 NGO의 역할을 살펴본다.

우크라이나전쟁이 계속되는 동안 전쟁범죄와 반인도적 범죄를 기록하려는 이례적이고 전례 없는 노력은 제2차 세계대전 이후 인권문제에 관한 관심이 극적으로 증가했음을 보여준다. 1989년, 브레진스키(Zbigniew Brzezinski 1989: 256)는 이러한 경향을 '오늘날 단 하나의 가장 매력적인 정치적 이념'이라고 표현했다. 실제로, 주권 및 불간섭 규범과 인권규범 사이의 긴장에도 불구하고, 이러한 이념은 광범위한 국제인권규범과 글로벌 인권거버넌스 이니셔티브의 발전을 촉진해왔다.

인권과 인도주의 규범의 근원

누가 보호받아야 하는가, 즉, 누가 인간인가 그리고 어떻게 그들은 보호받아야 하는가의 문제는 수 세기에 걸쳐 확장됐다. 19세기 노예무역의 폐지에서 시작해, 이전에 노예였던 사람들은 명목상의 권리와 보호를 부여받았다. 전쟁 중 다치거나 포로로 잡힌 이들의 권리는 1863년 1차 제네바협약과 함께 구체화되었다. 20세기 중반, 식민지 민족들의 자기 결정권 규범이 강해짐에 따라 식민주의는 종식되었다.

유대인, 로마인 그리고 기타 '바람직하지 않은' 사람들에 대한 나치 독일의 집단학살 캠페인인 홀로코스트는 현대 인권운동의 발전에 대한 강력한 자극제였다. 1970년대, 소련과 동유럽에서의 인권침해는 점차 비난받았으며, 이는 칠레와 아르헨티나의 권위주의 정권 아래 개인 '실종(disappearance)'역시 마찬가지로 국제적인 비난을 받았다. 오직 인종만을 근거로 하여 국가 인구의 대다수에 대해 조직적 억압과 폭력을 행사한 남아프리카공화국의 극악한 정책인 아파르트헤이트(apartheid)도 이와 유사하게 사람들을 행동하게 만드는 효과를 가져왔다. 1990년대 초 소련의 해체, 여타 공산주의 정권들의 몰락, 그리고 민주화의 물결은 냉전의 이념적 갈등으로부터 인권 증진을 위한 국제적 노력을 해방시켰다. 구 유고슬라비아전쟁과 르완다 집단학살은 전쟁범죄, 반인도적 범죄, 집단학살 책임자를 기소해야 한다는 압력을 형성했다. 국내외 인권 NGO의 수적 증가와 활동은 이러한 문제와 인권유린의 기타 상황을 해결하려는 노력에 있어 중요한 역할을 했다.

또한 1990년대 초 이래, 통신 기술의 혁명은 집단학살, 민족 간 폭력, 아동 병사 이용, 기아 인구의 영상을 방송함에 따라 인권유린을 포함한 사건에 대한 인식을 확대했다. 24시간 뉴스 사이클에서, 언론은 정부의 인권침해를 보도한다. 한편, 비국가행위자, 인디넷, 소셜미디어는 정보를 공유하고 대응을 촉구하기 위해 사용된다.

1990년대, 민주주의의 확산은 인권존중에 대한 압력을 확대했다. 그러나 21세기 초반 이래, 프리덤 하우스는 권위주의정부의 증가와 함께, 자유 및 정부 권력과 인권유린에 대한 견제 수준이 꾸준히 감소하고 있다고 기록했다 (Repucci and Slipowitz 2022). 다른 인권 우선순위를 가진 중국이 주요 강대국으로 부상하면서 보편적 인권 기준 실현에 추가적인 도전과제를 제기하고 있다. 그럼에도 불구하고, 인권규범을 명확히 하고 어떻게 국가가 그들의 시민을 대하는지에 대한 국제적 책임의 메커니즘을 구축하는 데 있어 이루어진 진전은 여전히 유지되고 있다. 이제 주요 종교와 광범위하게 갈리는 철학적 전통에서 인권과 인도주의 규범의 근원을 간략히 살펴본다.

종교적 전통

힌두교, 유대교, 기독교, 불교, 이슬람교, 유교는 모두 개인의 존엄성과 그들의 동료에 대한 인간의 책임을 강조한다. 힌두교는 타인에게 신체적 또는 정신적 고통을 가하는 것을 금지한다. 유대교는 개인의 신성함과 도움이 필요한 사람을 돕는 개인의 책임을 지지한다. 불교의 팔정도(Noble Eightfold Path)는 모든 존재에 대한 올바른 생각과 행동을 포함한다. 이슬람교는 인종간의 평등과 인종적 관용을 가르친다. 비록 이러한 가치의 상대적 중요성은 다를 수 있지만, 로렌(Paul Gordon Lauren 1998: 11)은 "일반적인 인권에 대한 초기 사상은 … 서구와 같은 한 지역이나 심지어 자유민주주의와 같은 어떤 특정한 정부 형태에서 독점적으로 기원한 것이 아니라, 여러 세대에 걸쳐 스스로를 다른 방식으로 표현한 많은 지역의 많은 문화로부터의 사상가에 의해 공유되었다"고 언급한다.

철학자와 정치이론가

세계의 종교 사상가들과 마찬가지로, 철학자와 정치이론가들도 인권을 개념화해 왔지만, 구체적인 문제와 사상에 대해선 많은 차이가 있다. 전통적으로 자유주의적 신념을 가진 철학자들은 국가가 빼앗거나 침해하거나 훼손할 수 없는 개인의 권리를 강조해왔다. 그들 중, 존 로크(John Locke, 1632~1704년)는 개인이 평등하고 자율적인 존재이며 그들의 자연권은 국내법과 국제법에 우선한다고 주장했다. 공적 권위는 이러한 권리를 보장하기 위해 고안된 것이다.

어떠한 개인도 "적당한 법적 절차 없이, 생명, 자유 또는 재산을 박탈" 당해서는 안 된다고 선언한 1215년 영국의 마그나 카르타(Magna Carta)를 시작으로, 1789년 프랑스 인권선언(French Declaration of the Rights of Man), 그리고 1791년 미국 헌법의 권리장전(Bill of Rights in the US Constitution) 같은 중요한 역사적 문서들은 이러한 권리를 열거한다. 자유주의 이론가들은 언론의 자유, 집회의 자유, 출판의 자유, 종교의 자유 등을 포함하는 정치적·시민적 권리의 중요성을 강조하는데, 관습상 이러한 권리들은 1세대 인권으로 불려왔다. 일부 이론가들과 많은 미국의 전문가들에게, 이러한 권리들은 핵심적인 인권이자 유일하게 인정되는 인권이다.

마르크스와 다른 사회주의 사상가들의 영향을 받은 이론가들은 국가가 시민들의 복지 향상을 위해 제공할 책임이 있는 최소한의 물질적 권리에 더욱 초점을 맞춰왔다. 2세대 인권으로 언급되는, 이러한 권리는 교육, 의료, 사회보장, 주거의 권리를 포함하지만, 보장의 총량은 구체화하지 않았다. 사회주의 이론가들은 이러한 권리가 없다면 정치적·시민적 권리는 무의미하다고 믿는다.

이러한 종교적 전통, 철학자들, 그리고 정치적 이론가들은 핵심적인 인권규범에 대한 첫 번째 주요 선언문을 작성한 이들의 작업에 영향을 미쳤다. 여기에는 1948년 제9차 미주국제회의에서 채택된 인간의 권리와 의무에 관한 미주선언과 같은 해 유엔 총회에서 채택된 세계인권선언 등이 있다.

시간이 지나면서, 이러한 핵심 규범의 범위는 특정 집단의 인권에 초점을 맞춘 유엔과 지역기구들에 의해 확장되었다. 이러한 집단에는 원주민, 아동, 여성, 이주노동자, 장애인, 난민, 그리고 성소수자(LGBTI) 등이 포함된다. 여러 유엔 결의안은 또한 발전의 권리, 깨끗한 환경, 그리고 민주주의 등을 포함하는 집단적 권리를 확립하고 있다. 이러한 새로운 3세대 인권에 대해서는 더욱 많은 논란이 있는데, 그들이 진정으로 보편적 인권인지 아니면 서구적인 편향을 반영한 것인지에 대한 의문이 제기되고 있다.

이러한 세 가지 세대의 인권이 가지는 상대적인 우선순위에 관한 논쟁이 진행되고 있다. 서구 자유주의 사상에서는, 정치적·시민적 권리가 명확히 더 높은 지위를 부여받고 있는 반면, 중국을 포함한 많은 지역에서는 경제적·사회적 권리나 발전의 권리와 같은 집단적 권리가 우선시 된다. 경제 관계를 지배해 온 것처럼, 서구는 인권 기준 설정을 지배해 왔다. 국제 및 지역 인권거버넌스 메커니즘의 대부분은 시민적·정치적 권리를 보호한다. 다른 두 세대의 인권은 부분적으로 경제적·사회적·집단적 권리에 관한 규정 준수의 기준을 확립하는 것이 더 어렵기에 적은 관심을 받고 있다. 또한 인권규범의 보편성에 관해 논쟁이 진행 중이다.

보편주의와 문화상대주의에 대한 논쟁

인권은 진정 보편적인가? 즉, 모든 국가, 종교, 문화에 속해 있는 모든 사람에게 적용할 수 있는가? 인권은 양도할 수 없는가? 즉, 모든 사람에게 근본적인 권리인가? 그것들은 생명에 필수적인가? 그것들은 협상할 수 없는 것인가? 즉 너무도 필수적이기에 빼앗길 수 없는가? 아니면 권리는 문화에 의존적인가?

1970년대 이래, 일부 이슬람교도들은 보편적인 인권 개념에 의문을 제기해왔다. 이슬람 대 비이슬람의 권리 그리고 남성과 여성 간의 권리라는 두 가지 문제는 이슬람의 교리 및 실천과 상충하는 해석을 반영하며 가장 큰 문제를 제기해왔다. 한 가지 접근 방식은 평등의 개념을 받아들이되, 특정 집단을 다른 집단보다 더 보호하는 서로 다른 규칙들이 평등의 원칙을 훼손하지 않는 이유를 제시하는 것이다 (Mayer 2013). 또 다른 접근 방식은 인권의 보편성을 선언하고, 그러한 인권을 제한하는 수단으로 문화나 신앙을 사용하는 것을 거부하는 것이다.

1990년대 초, 여러 아시아 국가들은 세계인권선언과 다른 문서들에 담긴 원칙들이 서구의 가치를 그들에게 강요하며, 서구가 인권에 대한 자신들의 정의로 그들의 내부 문제에 개입하고 있다고 주장했다. 또한 공동체의 복지보다 개인의 권리를 옹호하는 것이 부적절하며 일부 문화적 전통에 반한다고 주장했다.

이 논쟁의 일부는 분명히 정치적이며, 자국 내부 문제에 대한 인권 개입을 우려하는 권위주의 국가와 정치적 변화를 촉진하려는 서구 민주주의 국가 간의 긴장을 반영한다. 보편성 대 문화적 상대주의에 대한 논쟁은 특히 민감한 문제로, 종교, 여성의 지위, 아동보호, 산아제한, 이혼, 성소수자의 권리, 여성 할례와 같은 관행에 관한 문제와 관련이 있다.

1993년 세계인권회의에서 채택된 비엔나선언 및 행동계획은 "모든 인권은 보편적이고 분리할 수 없으며 상호의존적이고 상호 연관되어 있다"고 명시했다. 지역협정은 "보편적인 인권 기준을 강화해야 한다"고 강조했다. 그러나 이 선언은 "국가 및 지역적 특수성, 그리고 다양한 역사적, 문화적, 종교적 배경을 명심해야 한다"는 단서를 포함했다. 그 결과, 호프굿(Stephen Hopgood 2013)은 보편주의는 과거의 약속이었지만, 오늘날 그것은 다극화된 세계의 다양성에 부적합하다고 주장했다. 이는 서구 편향에 대한 논란, 지역적 요인이 우선시되는 조건, 경제적·사회적 권리가 희생되면서까지 추진되는 시민적·정치적 권리, 그리고 민족주의적 선동의 증가, 미국의 쇠퇴, 잠재적 패권으로서 중국의 부상에 관한 논쟁과 관련하여 더욱 그러하다 (Braaten 2021).

이러한 논쟁은 일부 인권 학자들로 하여금 보편적인 인권의 미래에 대해 추측하게 만들었다 (Hopgood et al. 2018; Howard-Hassmann 2018). 예를 들어, 브라이스크(Brysk 2018)가 그러했듯이, 2017년 미국에서 열린 여성 행진과 같은 대규모 대중 시위나 인권조약의 긍정적 효과를 보여주는 연구들(Creamer and Simmons 2020)을 통해 희망을 얻을 수 있을 것인가? 아니면 보편주의를 덜 강조하고 사람들의 삶의 질 향상을 더욱 중시하는 보다 실용적인 관점이 채택될 것인가? (Hopgood et al. 2018)

인도주의 규범의 진화

인권규범이 등장하고 시간이 지나면서 변화한 것처럼, 인도주의 규범도 변화해 왔다. 새로운 무기의 기술적 능력으로 인해 전쟁이 점점 파괴적으로 되면서 19세기에 발생한 인도주의의 개념은 부상병과 민간인의 생명을 구하고 분쟁지역에서 공정한 방식으로 구호를 제공하기 위해 만들어졌다. 최초의 다자간 조약은 1864년 부상병의 처우 개선을 위한 제네바협약으로, 이는 부상병의 국적과 관계없이 치료를 제공할 수 있도록 가입국에 군 병원과 의료진의 중립성을 존중하도록 요구했다. 이것은 1863년 국제적십자위원회의 창설과 전 세계 어디서나 공동 인류애의 이름으로 활동할 수 있는 산하 국가 위원회의 기반을 마련했다. 로렌(Paul Lauren 2003: 61)은 "이 협약의 서명은 개인의 권리에 대한 활동적인 국제적 관심을 자극하고 정당화했던 것은 민간인이 아닌 군인, 즉 평화가 아닌 전쟁이었음을 또한 보여준다"고 언급했다. 이 원래의 제네바협약은 제3장에서 다뤘던 1899년 만국평화회의(Hague Peace Conference)와 같은 후속 노력으로 이어졌으며, 육상과 해상에서의 전쟁 피해자에 대한 법적 보호와 같은 인도주의적 법률로 알려진 것들로 확장되었다 (Lauren 2003: 62).

제2차 세계대전 이후, 현대 국제 인도주의법의 기초는 1949년 네 개의 제네바협약과 1977년 체결된 두 개의 의정서를 통해 마련되었다. 이것은 민간인, 전쟁포로, 부상병을 보호하고, 병원 폭격과 같은 특정한 전쟁 방식 및 독가스와 같은 불필요한 고통을 초래하는 특정 무기를 금지하기 위해 고안되었다. 제7장에서 논의한 지뢰, 집속탄, 화학무기에 관한 최근의 협약들도 국제 인도주의법의 일부로 간주된다. 동시에, 이런 다양한 협약들은 전쟁범죄의 법적 근거를 마련한다.

제7장에서 논의된 바와 같이, 1990년대의 인도적 위기는 미래 상황에서 보호할 책임(R2P: Responsibility to Protect)의 규범을 확립하려는 노력으로 이어졌다. 2005년 세계 정상회의에서 R2P가 승인되고, 유엔 안전보장이사회의 평화작전 임무에 민간인보호 조항이 포함되기 시작한 이래, 학자들과 실무자들은 R2P의 지위에 대해 광범위하게 논의해왔다. 그러나 헤어(Aiden Hehir 2019)는 R2P가 사실상 국가에 의해 이용되고 유엔 안전보장이사회에서 민간인보호에 대한 더욱 큰 지지를 형성하는 것을 제외하고는 비효과적이고 시행되지 않는 대체로 '공허한 규범(hollow norm)'이 되었다고 결론지었다.

후에 인도주의와 인권 간 관계를 더욱 자세히 탐구한다. 이 시점에서, 인권을 보호하는 동시에 침해하는 국가의 핵심적 역할과 인권규범을 세계화하고 촉진, 감시, 집행을 위한 매커니즘을 구축하는데 있어 IGO와 NGO의 역할을 살펴보는 것이 중요하다.

국가의 역할: 인권의 보호자와 남용자

현실주의자들이 단언하는 바와 같이, 국가는 자국 관할권 내에서 인권 기준을 보호하는 데 있어 일차적 책임 있다. 그러나 앞서 언급했듯이, 국제인권법의 발전은 주권과 불간섭이라는 베스트팔렌적 규범과 긴장 관계에 있는 의무와 기대를 만들어낸다. 자유민주주의 국가들은 인권 실천을 주로 정치적·시민적 자유에 기반을 두어 왔다. 사회주의 및 개발도상국들은 사회적·경제적 보호를 우선시해 왔다. 1970년대 후반 이래, 이러한 두 유형의 국가 모두 국내에서 인권을 증진하고 보호하기 위해 국가 및 지역 수준의 인권기구를 설립해 왔다. 여기에는 국가위원회, 전문위원회, 그리고 옴부즈맨 등이 포함된다. 이들의 목적은 지역 행위자들에게 권한을 부여하고 국내에서 인권규범을 정착시키는 데 있다 (Kim 2013). 국제인권협약을 비준함으로써, 국가는 정부 기관뿐만 아니라 기업과 같은 자국 관할 내의 민간 행위자들에 의해 자행된 인권침해로부터 자국민을 보호해야 할 책임 및 인권침해 피해자들에게 구제 조치를 제공할 책임을 받아들인다.

글로벌 노스의 서구국가들은 유엔헌장의 인권 조항 초안을 이끌었지만, 1945년 샌프란시스코회의의 50개 국가 중 20개국으로 구성된 중남미 국가들 또한 이 방안을 지지했다. 다른 민주주의 국가들과 함께, 그들은 유엔의 기본 목적 중 하나로 인권 증진을 열거하고 유엔 경제사회이사회(ECOSOC)가 인권위원회를 설립하도록 요구하는 것을 포함하여, 최종 헌장에 인권을 일곱 번 언급하는 데 성공했다.

일부 서구국가들은 인권에 대한 자국의 책무를 국제화하려 시도해왔다. 미국의 주장으로, 이라크와 아프가니스탄의 새로운 헌법에 인권보장이 작성되었다. 또한 EU는 가입 전 후보국들에 정치적·시민적 자유에 대한 그들의 기록을 개선하는 데 있어 상당한 진전을 이루었음을 입증할 것을 요구해왔다.

그러나 국가는 단지 인권의 보호자이자 옹호

자뿐만 아니라, 또한 침해자이기도 하다. 정권 유형이나 실제 또는 인식된 위협은 국가의 자국민 탄압을 설명하는 요인들이다. 일반적으로, 권위주의 국가들은 정치적·시민적 권리를 침해할 가능성이 더 크고, 글로벌 사우스의 여러 국가, 심지어 자유민주주의 국가들조차 부족한 자원으로 인해 사회적·경제적 권리나 집단적 권리의 기본적 의무를 충족하지 못할 수 있다. 내전이나 테러 활동 등의 위협을 받는, 민주국가를 포함한 모든 국가는 국내외 도전자에 대항하여 억압을 사용하는 경향이 있다. 그러한 상황에서, 국가안보는 개인의 권리에 우선한다.

실제로, 시민적·정치적 권리에 관한 국제규약은 국가안보가 위협받을 때 국가원수가 일부 정치적·시민적 자유를 제한할 수 있음을 인정한다. 예를 들어, 미국은 2001년 9·11테러와 관련된 인물들을 쿠바 관타나모 만(Guantánamo Bay)의 미군 기지에 계속해서 구금한 것과 관련하여 인권침해 혐의를 받아왔고, 중국은 집회와 표현의 자유 침해 그리고 위구르족과 티베트인에 대한 탄압에 대해 잦은 비판을 받아왔다. 가난하거나 경제적 조건의 악화를 겪는 국가들은 종종 엘리트들이 권력을 유지하고 경제적 문제로부터 대중의 관심을 돌리기 위한 노력의 일환으로 정치적 권리를 억압한다. 어떤 경우에는, 아프가니스탄의 탈레반 정권 아래 여성의 경우와 같이, 권리는 인종, 신념, 출신 국가 또는 성별에 따른 차별로 인해 의도적으로 침해되거나 부인될 수 있다. 마지막으로, 민족, 종교 또는 이념적 분열의 수준이 높은 국가들에서는 가장 심각한 인권침해가 발생하는 경우가 많다.

국제 인권기관 및 메커니즘

유엔, 여타 IGO, 그리고 NGO는 보편적 권리의 개념을 실현하기 위한 규범, 제도, 그리고 활동들을 수립함으로써 인권의 세계화 과정에서 중요한 역할을 해왔다. 국제인권운동은 인권 지향적인 NGO와 헌신적인 개인들로 이루어진 밀접한 네트워크로, 인권협약의 많은 내용을 작성하고, 인권규범 증진을 위한 초국가적 캠페인을 벌여왔다. 이러한 조직과 개인, 그리고 그들이 인권규범을 채택하도록 정부를 설득한 과정은 구성주의적 이론에 의해 가장 잘 설명되는 과정으로, 국익의 정의를 재구성하는 사고의 힘을 보여준다.

비정부기구와 인권운동

제6장에서 언급한 바와 같이, NGO는 가장 처음 그리고 가장 활동적인 반노예 단체들과 함께 오랫동안 인권 활동에 적극적이었다. 18세기 후반, 미국의 '불법적으로 구속된 자유 흑인을 구제하기 위한 협회', 영국의 '영국 내 노예무역 폐지를 위한 협회' 그리고 프랑스의 '흑인의 친구들 협회' 등의 노예 폐지론자들은 노예무역을 종식시키기 위해 조직되었다. 비록 그들은 즉각적인 국제적 변화에 영향을 미칠 만큼 강력하지는 않았지만, 영국 단체는 1807년 영국 의회가 자국민의 노예무역을 금지하도록 압력을 가했다. 1815년 비엔나회의 최종의정서에는 노예무역이 "인류와 보편적 도덕 원칙에 반한다"는 8개국 선언이 포함되었다 (Lauren 1996: 27). 그러나 원칙에 관한 성명에 서명하는 것은 국가가 관행을 폐지하기 위해 구체적인 조치를 취할 준비가 되었다는

것을 의미하지는 않았다.

시간이 지나면서, 전쟁 중이거나 직후에 많은 인권 및 인도주의적 NGO들이 특정 문제를 중심으로 형성되었다. 앞서 언급했듯이, 국제적십자사는 1860년대에 부상병, 전쟁포로, 그리고 전쟁에 휘말린 민간인을 보호하기 위해 설립되었다. 제1차 세계대전 중과 이후에는, 여성과 어린이를 전쟁의 참화로부터 보호하고, 독가스의 무기 사용을 금지하기 위해 많은 NGO가 생겨났다. 제2차 세계대전과 함께, 인도적 구호 단체들의 수는 증가했다. 전쟁 구호 서비스로 1943년 처음 설립된 가톨릭 구호 서비스와 같은 단체들은 유럽에서 전쟁을 피해 도망치는 난민들에게 긴급 원조를 제공했다. 이후 이 단체의 임무는 빈곤층, 난민, 그리고 자연재해로 고통받는 사람들에게 인도적 지원 제공 등을 포함하여 확장되었다. 이후 CARE, 옥스팜 등과 같은 단체들이 뒤를 이었다.

1970년대 후반, 일련의 사건들이 국제인권운동의 출현을 촉진했다. 1975년, 동유럽과 소련에서 인권을 증진하기 위한 헬싱키협정이 체결되었으며, 유엔은 멕시코시티에서 최초의 세계여성회의를 개최했다. 1976년 남아프리카공화국 소웨토의 폭동, 1977년 남아프리카의 흑인 지도자 비고(Steve Biko)의 살해, 그리고 중남미에서의 많은 '실종'과 여타 인권침해 사례가 널리 알려졌다. 미국의 카터(Jimmy Carter) 대통령은 처음으로 인권을 미국 외교정책의 우선순위에 두었으며 국제앰네스티는 1977년 노벨평화상을 수상했다. 이러한 사건들은 헬싱키 워치, 5월 광장의 어머니들 및 할머니들과 같은 새로운 세대의 인권 NGO와 수많은 여성단체의 설립에 활력을 불어넣었다. 1980년대와 1990년대 냉전의 종식과 민주주의 국가의 증가와 함께, 열린사회 연구소 등을 포함한 NGO의 또 다른 세대가 등장했다.

오늘날 국제적, 국내적, 그리고 지역적 수준에서 수천 개의 인권단체가 활동하고 있다. 국제앰네스티와 휴먼라이츠워치는 가장 크고, 잘 알려져 있으며, 가장 영향력 있다. 시간이 지나면서, 이러한 NGO들은 탐사 보도와 그것이 인권문제에 가져온 관심의 증가에 힘입어, 함께 국제인권운동을 구축해왔다 (Neier 2012: 5). 정보 혁명은 국경을 넘어 그러한 정보를 전파하는 인권운동의 능력을 향상시켰고, 유엔 주최 글로벌회의는 단체가 직접 만나 교류하고 네트워크를 형성할 수 있도록 만들었다.

그들의 다양성에도 불구하고, 인권 NGO들은 독립적으로 또는 IGO 및 국가 인권 거버넌스와 협력하여 다양한 기능과 역할을 수행한다. 여기에는 대중 교육, 인권협약 초안 작성에 대한 전문 지식 제공, 인권침해 감시, 가해자 비판, 그리고 국가정책 변화에 대한 대중적 지지 동원 등이 포함된다. 그들은 인권침해 피해자에 대한 지원 제공과 경찰 및 판사 교육 등과 같은 운영 업무를 수행하기도 한다. 또한 NGO들은 1993년 유엔이 주최한 비엔나에서 열린 세계인권회의와 1995년 베이징에서 열린 제4차 세계여성회의에 대한 추진력을 제공했다.

제6장에서 논의했듯이, NGO들이 일반적으로 사용하는 주요 전략 중 하나는 특정 문제에 대한 초국가적 캠페인을 조직하는 것이다. 인권 분야에서는 아파르트헤이트, 아동 노동, 열악한 노동 환경에 반대하는 캠페인뿐만 아니라, 원주민, 여성, 이주노동자의 권리를 증진하는 다양한 캠페인들이 있었다. 이러한 캠페인은 종종 지역 단체

들과 초국가적 연합을 수반한다. 인터넷과 소셜 미디어의 발달로 인해, 개인과 단체는 그들의 불만을 전 세계 청중에게 신속하게 알리고, 이에 공감하는 이들로부터 직접적인 행동을 촉구할 수도 있게 되었다. 구성주의자들이 보여주었듯이, 이러한 캠페인은 담론과 사고를 형성하여, 다양한 집단 간 학습과 규범 창출을 이끈다. 밥(Clifford Bob 2019)의 연구가 보여주듯이, NGO 캠페인은 또한 인권을 무기로, 갈등의 도구로, 그리고 권력의 수단으로 활용할 수 있으며, 이는 자유주의적 목적과 '비자유주의적 목적' 모두에 이용될 수 있다.

NGO들이 사용하는 또 다른 전략은 지지를 모으는 방법으로 문제를 구상하는 것이다. 예를 들어, 제7장에서 논의했듯이 분쟁이 끝난 후에도 땅속이나 지면에 오랫동안 남아 있는 치명적 지뢰로 인해 어린이와 가축 부상의 높은 발생률로, NGO들은 이러한 대인지뢰문제를 군비통제 문제가 아닌 인도주의적 문제로 성공적으로 구상했다. 이러한 구상의 결과는 1997년 대인지뢰금지협약이었다 (Thakur and Maley 1999). 반면, 구상 선택이 '실패(lost cause)'로 이어진 예시로, 카펜터(Charli Carpenter)는 남성 유아 할례를 신체적 권리 침해로 규정하려는 시도의 실패와 여성 성기 절제를 금지한 성공적 캠페인을 비교했다 (Carpenter 2014: 122–153).

인권 NGO들이 강력한 목소리를 내고 있음에도 불구하고, 항상 원하는 결과를 얻는 것은 아니다. 또한 인권 관련 문서가 작성되는 공식 회의에 항상 접근할 수 있는 것도 아니다. 예를 들어, 1993년 비엔나회의에서 NGO들은 문서 작성 참여에 제한을 받았다. 따라서 NGO들은 인권 거버넌스에서 국가와 동등한 파트너가 아니다. 그들의 성공의 많은 부분은 국제연맹과 유엔에 의해 제공된 기회 때문이었다.

국제연맹

국제연맹 규약은 인종 평등과 종교자유의 원칙을 포함하려는 일부 대표자들의 지속적인 노력에도 불구하고, 인권에 관한 언급을 거의 하지 않았다. 한 가지 흥미로운 이야기는 인권과 인종 평등에 관한 조항을 수용하기 위해 미국의 윌슨(Woodrow Wilson) 대통령을 포함한 협상 대표들을 설득하기 위한 일본정부 대표들의 노력에 관한 것이다. 승전국이자 경제적 선진국으로서, 일본은 이러한 기본적인 권리들이 거부되지 않을 정당한 주장을 할 수 있다고 느꼈다. 그러나 미국 대표단이 그러한 조항이 포함되면 평화조약의 상원 비준이 좌절될 것임을 인식하면서 이 제안은 거절되었다 (Lauren 1996: 82–93). 그럼에도 불구하고, 국제연맹 규약에는 제1차 세계대전에서 패전한 튀르키예와 독일이 보유했던 식민지의 소수민족과 피지배 민족을 보호하기 위한 구체적인 조항이 포함되었다. 이들은 위임통치제도 아래에 놓였는데, 이는 지정된 승전국이 위임통치위원회를 통해 독립 때까지 그 영토를 관리하고 감독하는 것이다.

비록 조사 권한이 없었음에도 불구하고, 위임통치위원회는 철저하고 중립적인 기관으로 명성을 얻었다. 영국은 팔레스타인, 트랜스요르단, 이라크, 탕가니카를 관리했으며, 프랑스는 시리아와 레바논에서 같은 역할을 맡았다. 영국과 프랑스는 카메룬과 토고에 대한 책임을 나눴고, 벨기에는 르완다-우룬디를 통치했으며, 남아프리카공화국은 남서 아프리카를, 그리고 일본은 여러 태평양 섬들을 관리했다. 1932년부터 1947년 사이, 위임통치위원회로부터의 압력은 아랍통치령이었던 레바논, 시리아, 이라크, 트랜스요르단의 독립을 이끌었으며, 팔레스타인은 눈에 띄는 예외가 되었다. 1946년에는 카메룬, 토고, 르완다-우룬디 등 아프리카의 위임통치령과 태평양지역의 위임통치령이 유엔 신탁통치체제로 이관되었다. 남아프리카공화국은 여러 법적문제에도 불구하고 1989년까지 남서아프리카를 계속 통치했으며, 아프리카국가들이 유엔을 통해 벌인 오랜 캠페인 끝에 해당 지역은 나미비아로서 독립을 이루게 되었다.

위임통치제도는 그 감독하에 있는 지역들에, 그렇지 않으면 그들이 당하게 되었을 학대로부터 더 높은 수준의 보호를 제공했다. 이는 전쟁 후에 영토를 병합해서는 안 된다는 점, 국제사회는 종속된 민족들에 책임을 진다는 점, 그리고 궁극적인 목표는 자결권이라는 점에 대한 점점 커진 인식을 반영한 것이었다.

또한 우드로 윌슨의 자결권에 대한 강력한 보장은 전 세계의 다양한 단체들을 1919년 파리평화회의로 이끌었다. 그 결과, 소수민족의 권리와 국가의 부수적 책임이 주요 의제가 되었다. 소수민족조약으로 알려진 다섯 개의 협정은 폴란드, 체코슬로바키아 등과 같은 평화조약의 수혜국들에 '출생, 국적, 언어, 인종, 종교와 관계없이' 모든 주민에게 '포괄적이고 완전한 보호를 보장할 것'을 요구했다. 이 협정들은 또한 시민적·정치적 권리를 제공했다. 이후 국제연맹은 소수민족 권리를 보호한다는 서약을 신규 회원국의 승인 조건으로 만들었다. 소수민족 권리는 국제연맹 기관들의 핵심 의제였고, '국제적인 인권보호 강화에 있어 중요한 선례'를 만들었다 (Lauren 2003: 114).

인권 활동의 일환으로, 국제연맹은 영국 반노예 및 원주민 보호 협회의 적극적인 로비로 노예제에 관한 연구를 수행했으며, 그 보고서가 1926년 노예제 및 노예무역 폐지에 관한 국제협약을 이끈 임시노예제위원회로 이어졌다. 비록 이 협약이 특정한 관행을 명시하거나 감시 조항을 포함하지는 않았지만, 그 조약은 노예제 관련 기준을 설정하는 데 있어 획기적이었다.

국제연맹은 또한 난민 지원을 위한 원칙을 수립하고, 최초의 난민구호 전담 조직인 난민 기구를 설립했다. NGO들의 압력으로, 국제연맹은 여성과 아동의 권리 및 최소한의 건강권에 주목했으며, 1924년에는 아동권리 선언을 승인했다. 1930년대에 국제연맹 총회는 국제인권 문서의 가능성을 논의했으나, 실행에 옮겨지지는 않았다.

제3장에서 논의한 바와 같이, 노동자의 권리는 국제노동기구(ILO: International Labour Organization) 의제의 핵심 부분이었으며, 1919년부터 1939년까지 ILO는 근로시간, 출산 보호, 최저연령, 노후 보험과 같은 문제를 다룬 67개의 협약을 승인했다. 노동자의 생활 여건, 건강, 안전 및 생계의 개선을 위한 ILO의 의무는 경제적·사회적 권리의 개념과 일치했다. ILO는 국제연맹과 함께 사라지지 않았기에, 그 활동은 기준을 감시하는 중요한 모델을 포함한 기타 유엔 인권활동의 기반을 제공했다.

유엔

유엔헌장이 작성될 당시의 환경은 매우 달랐다. 1941년 미국 대통령 루스벨트(Franklin Roosevelt)의 유명한 '4대 자유' 연설은 '네 가지 필수적인 자유에 기초한 세계'를 요구했으며, 그의 '도덕적 질서'에 대한 비전은 제2차 세계대전 동안 연합국에 대한 규범적 기반을 형성했다 (Roosevelt 1941). 나치 강제수용소에 대한 소름 끼치는 폭로는 인권을 국제적인 문제로 만들었다. 샌프란시스코에서 열린 유엔 창립회의에서, 중남미를 비롯한 민주국가의 대표들과 교회부터 여성단체 및 평화단체에 이르기까지 광범위한 단체들이 헌장에 인권 관련 문구를 포함할 것을 요구했다. 헌장 전문은 '기본적 인권, 인간의 존엄성과 가치, 남녀 및 크고 작은 국가의 평등한 권리에 대한 신념'을 재확인했다. 비록 헌장에서 인권 관련 7개의 언급이 옹호자들이 소원했던 것에 비해 훨씬 약한 표현이었지만, 그것들은 새로운 조직의 핵심 목적 중 하나로 인권 증진을 명시했다.

유엔헌장은 국제연맹의 시각을 훨씬 뛰어넘어, 인권에 대한 폭넓은 관점을 포함했다. 제1조에는 유엔이 '인도주의적 성격'을 가진 분야에서 협력을 촉진하고, '인종, 성별, 언어, 종교에 따른 차별 없이 모든 사람의 인권과 기본적 자유를 증진하고 장려'할 책임이 있다는 성명이 포함되었다. 제55조 (c)항과 제56조는 '모든 사람의 인권과 기본적 자유에 대한 보편적 존중과 준수'를 촉진하는 유엔의 책임과 '제55조에 명시된 목적을 달성하기 위해 유엔과 협력하여 공동 및 개별적으로 행동'해야 하는 회원국의 의무에 대해 더 자세히 진술한다.

비록 이러한 조항들이 '인권과 기본적 자유'가 무엇을 의미하는지 정의하지는 않았지만, 인권이 국제적인 관심사가 되었으며, 국가들이 이와 관련한 아직 확실하지 않은 국제적 의무를 수용했음을 확고히 했다. 국제적 기준을 설정하는 것과 제2조 7항의 내정불간섭의 원칙 사이의 본질적인 긴장에도 불구하고, 이러한 조항들은 유엔이 인권을 정의하고 성문화할 법적 권한을 제공했다. 아래에서 논의한 바와 같이, 이러한 흐름의 첫 번째 단계는 1948년 12월 10일 유엔 총회가 세계인권선언(UDHR)을 채택한 것이었다. 유엔헌장과 세계인권선언은 함께 중요한 전환점을 나타낸다.

유엔 인권체제의 진화. 1946년과 1947년, 유엔 경제사회이사회는 인권위원회, 여성지위위원회, 그리고 소수자 차별 방지 및 보호 소위원회를 설립했다. 1946년부터 2006년까지, 인권위원회는 유엔체제 인권 활동의 중심이었고, 세계인권선언, 국제규약, 고문 방지부터 아동 및 이주노동자의 권리에 이르는 문제에 관한 규약 등을 포함하는 인권규범을 상술하고 정의하는 주요 문서를 작성하고 협상하는 책임을 주로 맡았다. 인권위원회는 연구를 수행하고 보고서를 발행했다. 1970년, 인권위원회는 인권침해에 대한 고발을 심사할 권한을 부여받았으며, 이후의 연례 회의에서는 개별 청원과 고발에 대한 심리뿐만 아니라 인종차별이나 이스라엘 점령 아랍 영토에서의 인권침해와 같은 주요 인권문제들을 다루었다.

1970년대부터, 인권위원회는 다른 위반국들은 무시하면서, 남아프리카공화국, 이스라엘, 칠레와 같은 특정 국가들을 겨냥한다는 이유로 강한 비판의 대상이 되었다. 그럼에도 불구하고, 1979년부터 2001년까지의 인권위원회 활동에 관한 연구는 "대상 선정과 처벌은 상당 부분 잠재적 대상의 실제 인권 기록에 의해 결정되었다"라는 점을 발견했다 (Lebovic and Voeten 2006: 863). 그런데도, 점점 더 국가들에 대한 직접적인 비판을 회피하는 경향이 있었으며 (Forsythe 2009), 수단, 짐바브웨, 사우디아라비아와 같은 인권침해 국가들이 위원회 회원국으로 선출되고, 또 다른 침해국인 리비아가 위원장직을 맡기도 했다. 특히 2001년 미국이 처음으로 위원회 의석을 잃게 되면서, 인권위원회에 대한 비판이 거세졌다.

2006년, 유엔 총회는 인권위원회를 인권이사회(HRC: Human Rights Council)로 대체하고자 하는 투표를 진행했는데, 인권이사회는 총회에 보고하는 기구로, 47개의 이사국은 비밀투표로 총회 회원국들의 다수결로 선출되고, 3년 임기의 재선 가능 및 공인된 다섯 개 지역 단체에 배분된 의석을 차지하게 된다. 인권이사회는 매년 최소 10주 동안 회의를 열고, 특별 회기를 소집할 수 있는데 2006년 이후 30회 이상 특별 회기가 실시되었다. 2014년의 특별 회기는 이라크와 시리아 이슬람국가(ISIS)에 의해 자행된 인권침해를 고려한 이라크 인권상황 및 점령된 팔레스타인 상황을 다루었고, 2021년의 특별 회기는 쿠데타 이후 미얀마의 인권에 집중했다.

인권침해 국가들이 인권이사회 회원국이 되는 문제를 해결하기 위해, 모든 후보국의 인권기록은 보편적 정례 검토로 알려진 검토의 대상으로, 인권침해가 의심되는 경우 전체 이사회의 3분의 2 찬성으로 회원 자격을 정지할 수 있다. 그러나 이러한 조항들도 문제를 해결하지 못했다. 인권이사회 회원국이 '공정한 지역별 배분'에 기초한다는 사실은 글로벌 사우스가 의석의 다수를 차지하고 인권기록보다는 정치적 요인이 누가 선출될 것인가에 영향을 미치는 경향이 있다는 것을 의미한다 (Freedman 2013: 67-69). 그러나 2021년 여러 국가에서의 인권침해 조사를 지지한 것으로 알려진 피지가 압도적 지지와 함께 이사회 의장으로 당선되었을 때, 휴먼라이츠워치 대표는 "인권이사회가 인권을 보호하는 데 활용되어야 한다고 믿는 사람들의 승리"라 여겼다 (Cumming-Bruce 2021).

인권이사회는 특정 국가의 상황 혹은 아동 병사와 같은 주제별 이슈를 해결하도록 특별보고관 혹은 실무그룹을 임명할 수 있는 특별 절차 시스템을 포함하여 이전 인권위원회의 많은 메커니즘을 유지하고 있다. 이 내용은 아래 감시 부분에서 추가로 논의된다. 도표 9.1은 인권이사회와 유엔 체제의 다른 기관들과의 관계를 보여준다. 2008년 인권이사회는 이사회를 위한 연구를 수행하고 조사 기반 조언을 제공하는 싱크탱크로, 다양한 지역을 대표하는 18명의 인권전문가로 구성된 자문위원회를 설립했다. 자문위원회는 NGO, 유엔 전문기구, 기타 IGO, 회원국, 그리고 국가인권기구 등의 정보에 의지한다.

인권이사회의 일부 활동은 대중의 관심을 끌었다. 예를 들어, 2009년과 2014년 이사회는 이스라엘과 하마스 간 가자 지구에서 벌어진 분쟁 이후 진상조사 임무를 승인했다. 두 조사 모두 전쟁범죄 및 반인도적 범죄의 증거를 발견했다. 2013년, 인권이사회는 북한 인권 조사위원회를 설립했다. 증인들의 증언과 함께, 이 위원회의 2014년 보고서는 북한 정권의 자국민에 대한 조직적

도표 9.1 | 유엔 인권조직 구조

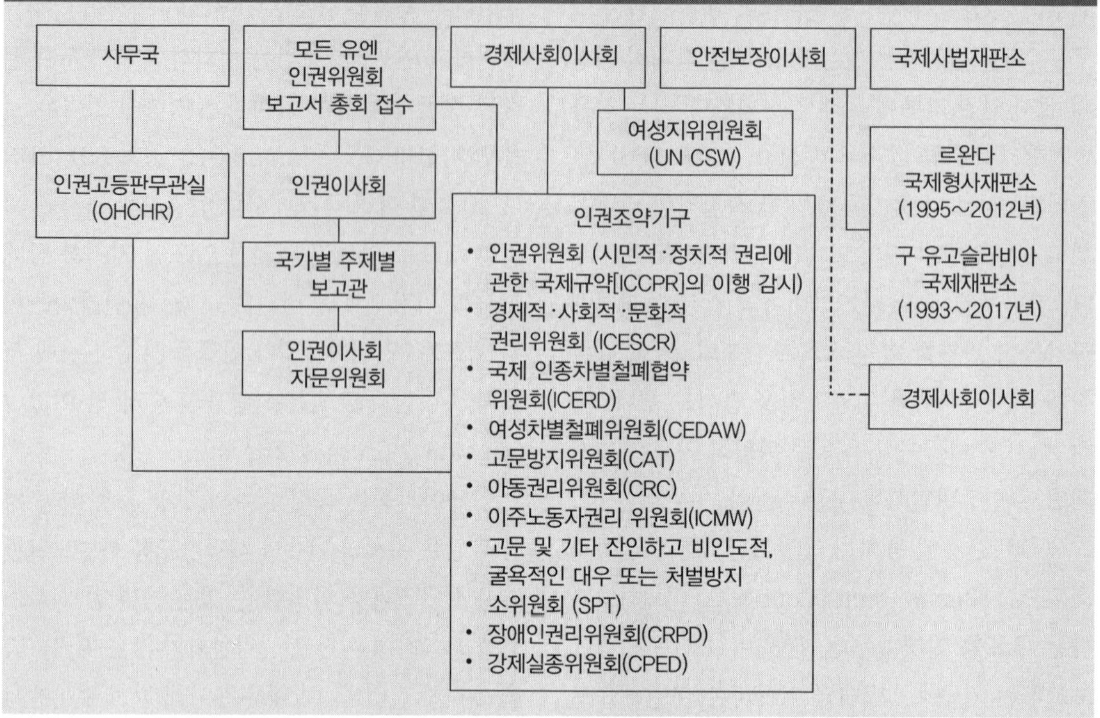

인 인권침해를 목록화했다. 북한은 이 같은 혐의를 강력히 부인했다. 2014년 말 해당 보고서를 계기로 유엔 안전보장이사회는 북한의 인권침해 문제와 이 문제를 국제형사재판소(ICC)에 회부해야 한다는 보고서의 권고 사항에 대해 논의했다. 이 문제는 2015년, 2016년, 2017년에도 안전보장이사회에서 다시 논의되었지만, 중국과 러시아가 거부권을 행사했다. 이 문제가 안전보장이사회의 의제로 다뤄졌다는 사실 그 자체가 인권침해가 국제평화와 안보에 위협이 될 경우 안전보장이사회가 어떻게 인권문제에 개입할 수 있는지를 보여준다.

이러한 널리 알려진 조치들에도 불구하고, 인권이사회가 그 전신인 인권위원회보다 덜 정치화되었는지에 관해 질문을 던져야 한다. 4년간의 이사회 결정에 관한 한 실증 연구는 가장 논란이 많고 양극화를 초래한 결의안들이 실제로 쿠바, 이집트, 파키스탄 등을 포함하여 결함 있는 인권기록을 가진 국가들에 의해 제안되었다는 점을 발견했다 (Hug and Lukacs 2014). 실제로, 일반적인 비판들은 정치화의 지속, 반복적인 선언, 사안별 선택적 대응, 그리고 블록 투표 등을 포함한다 (Freedman and Houghton 2017). 국제 인권법의 근본적인 문제들, 즉 인권의 보편성과 상대성, 제3세대 권리문제, 성소수자 권리, 인종주의 및 인종차별 문제 등과 관련하여 북반구 국가들과 남반구 국가들 사이에는 '깊은 균열'이 존재한다 (Chane and Sharm 2016). 그러나 조셉과 젠킨은 인권이사회가 오해를 받고 있으며, 인권이사회는 "정치적 기구로, 회원국들이 정치적으로 행동하는 것은 놀라운 일이 아니다 … [인권이사회는] 과거 식민지 시대의 서구 중심적 세계가 아닌, 오늘날 우리가 살아가는 세계를 반영한다"고 주장한다 (Joseph and Jenkin 2019: 77).

유엔 인권고등판무관실(OHCHR)은 1993년에 설립된 인권을 위한 유엔 중심기구이다. 유엔 인권고등판무관(UNHCHR)은 국제적으로 가장 가시적인 인권 옹호자지만, OHCHR은 인권을 증진하고, 유엔체제에서 인권을 주류화하며, 관련 유엔기구에 정보 제공 및 지원에 책임이 있다. 도표 9.1에서 확인할 수 있듯이, OHCHR은 인권이사회의 사무국 역할을 수행하며, 특별 절차 활동을 지원한다. OHCHR은 점점 운영적 역할을 수행하고 있는데, 판사와 교도관 교육 과정, 선거 지원, 헌법 및 법률 개혁 관련 자문 서비스 등과 같은 형태로 국가에 대한 기술적 지원을 제공한다 (Mertus 2009). 여러 국가의 현장사무소는 국내기관을 강화하고, 국제 인권 기준 준수를 촉진하며, 인권침해 사례를 직접 고등판무관에 보고한다. UNHCHR은 유엔 사무총장 산하 고위 경영진그룹에 참여한다. 그러나 예산 중 약 40%만이 유엔 정규예산에서 충당되기에, OHCHR은 회원국과 국제 기부에 크게 의존한다.

OHCHR의 효과성은 부분적으로 고등판무관의 정당성, 성격, 리더십 역량, 그리고 계획 등에 달려있다. 지금까지 8명의 최고대표 중 4명이 여성이었다. 두 번째 최고대표였던 아일랜드 전 대통령 로빈슨(Mary Robinson)과 네 번째 최고대표였던 캐나다 대법관 및 구 유고슬라비아 및 르완다 국제특별재판소 수석검사 아버(Louise Arbour)는 OHCHR의 효과성과 위상을 향상시켰다. 마찬가지로, 2008년부터 2014년까지 다섯 번째 최고대표를 역임한 남아프리카공화국의 판사 필레이(Navanethem [Navi] Pillay)는 강경하고 직설적인 최고대표로, 2014년 스리랑카정부에 내전 중 발생한 인권침해 조사 착수를 촉구하고, 나이지리아와 우간다에서 통과된 반(反) 성소수자 법안을 그녀의 직위를 활용하여 강하게 비판했다. 2018년에는 전 칠레 대통령이자 유엔 여성기구 초대 사무총장인 바첼레트(Michelle Bachelet)가 일곱 번째 UNHCHR이 되었다. 2022년에는 난민 보호 작업을 포함하여 유엔체제에서 오랜 경력을 쌓은 오스트리아 출신의 튀르크(Volker Türk)가 뒤를 이었다.

유엔 인권위원회와 현재의 유엔 인권이사회는 유엔에서 인권 활동의 주요 중추였지만, 유엔 총회는 모든 문제에 대한 중심적 역할을 통해 인권문제에서도 중요한 역할을 해왔다. 유엔 총회의 두 주요 위원회는 인권조약의 초안을 작성하는 데 기여했다. 또한 유엔 총회는 모든 유엔 인권협약을 승인해야 한다. 총회의 첫 회기인 1946년에는 인도와 다른 국가들이 남아프리카공화국의 인도인 처우문제를 제기하며, 이후 유엔에서 가장 오랜 인권문제인 남아프리카공화국의 아파르트헤이트에 대한 논의가 시작되었다. 식민주의도 유엔 첫 20년 동안 중요한 인권문제로 다뤄졌다. 총회와 거의 모든 다른 유엔 기구들은 이스라엘의 팔레스타인 점령지에서의 팔레스타인인 처우를 비난했으며, 총회는 북한, 이란, 시리아, 탈레반 하의 아프가니스탄, 미얀마에서의 인권침해를 반복적으로 비난했다. 이는 주어진 시점에서 다수의 회원국들의 입장을 반영한 것이다.

안전보장이사회와 국제사법재판소는 모두 전통적으로 인권문제에 크게 관여하지 않았다. 그러나 안전보장이사회의 역할은 1990년에 변화했다. 냉전 시기 동안, 안전보장이사회는 1965년 현재의 짐바브웨인 남로디지아(Southern Rhodesia)의 백인 소수 정권에 의한 일방적인 독립선언과 남아프리카공화국의 백인 소수 아파르트헤이트 정권, 오직 두 사례에서 인권침해를 안보 위협과 연계했다. 두 사례 모두 국제평화와 안보를 위협하는 상황으로 간주되어 유엔헌장 제7장에 따라 제재가 가해졌다.

1990년 이래, 안전보장이사회는 대규모 인도적 위기와 관련된 평화 위협과 유엔헌장 제7장에 따른 개입 요구에 반복적으로 직면해왔다. 제7장에서 논의했듯이, 인종청소, 집단학살, 기타 반인도적 범죄 등은 안전보장이사회가 개입과 평화유지를 승인할 뿐만 아니라, 아래에서 논의된 바와 같이 인권보호 활동을 평화유지활동 임무에 포함하고 두 개의 특별 전범재판소를 설립하도록 이끌었다. 마찬가지로, 평화구축 작전은 점점 더 인권보호 문제를 다룰 필요가 있었다. 따라서 안전보장이사회는 인권규범을 수용하게 되었으며, 2005년과 2017년의 미얀마 경우와 같이 인권침해가 평화와 안보에 위협이 되는 구체적인 상황뿐만 아니라, 아동 병사, 민간인보호, 그리고 국제평화와 안보 증진에서의 여성의 역할과 같은 보다 광범위한 문제들도 다루기 시작했다.

ICC를 설립한 로마규정은 또한 안전보장이사회에 전쟁범죄 및 반인도적 범죄와 관련된 상황을 재판소에 회부하는 역할을 부여했다. 이 역할은 2005년 다르푸르와 2011년 리비아 사태에서 두 차례 사용되었다. 그러나 안전보장이사회는 상임이사국이나 그들의 동맹국의 이익이 직접적으로 영향을 받을 경우, 인권문제를 다루는 데 여전히 제약을 받고 있다. 2007년 중국과 러시아는 미얀마의 인권침해와 관련한 결의안을 거부하며, 이러한 조치가 해당 국가의 내정에 대한 과도한 간섭이라고 주장했다. 그러나 2014년 안전보장이사회는 시리아정부의 인권 및 국제인도법 위반을 만장일치로 규탄했는데, 이는 시리아 분쟁과 관련된 모든 이전 결의안 초안을 반대했던 러시아와 중국의 입장을 고려했을 때 중요한 진전이었다. 그러나 중국과 러시아 모두 2014년 시리아의 상황을 ICC에 회부하려는 결의안 초안을 거부했으며, 북한의 인권침해 문제를 ICC에 회부하려는 노력도 계속해서 차단했다.

ICC의 역할이 인권침해와 명확히 연결되는 반면, 국제사법재판소(ICJ)는 국가 간 분쟁을 포함한 사례만 다루기에 인권 거버넌스에서 어떤 역할을 하는 것은 매우 이례적이다. 그러나 ICJ는 1975년 서부 사하라 관련 사례에서 자결 원칙을 확인했는데, "자결은 관련 민족의 자유롭고 진정한 의사 표현이 필요하다"고 언급했다 (ICJ Advisory Opinion 1975). 또한 ICJ는 남아프리카공화국이 세계인권선언에 따라 이전 국제연맹의 위임통치령인 서남아프리카에 대한 계속되는 의무를 위반했다고 결론지었다 (ICJ Advisory Opinion 1971). 1993년 ICJ는 집단학살협약에 따른 첫 번째 사건을 접수했다. 이는 보스니아-헤르체고비나에서 발생한 인종청소가 집단학살에 해당하는지에 대한 것이었다. ICJ의 느린 절차를 보여주듯이, 그 사건은 2007년에야 판결이 내려졌으며, 2009년 크로아티아와 세르비아 간 유사 사건은 2009년 시작되었으나 2015년에 판결되었다. 2019년 미얀마의 로힝야족 처우와 관련한 사건이 ICJ에 제소되었다.

법학자 헨킨(Louis Henkin 1998: 512)이 언급했듯이, "인권에 대한 국제적 관심의 목적은 국가의 법률과 제도를 통해 국내 인권을 효과적으로 보장하는 것이다." 만약 이것이 사실이라면, 유엔과 같은 IGO의 임무는 특히 문제가 있는데, 왜냐하면 이는 국가 주권의 주요 원칙 중 하나를 침해할 수 있는 국내문제에 간섭할 가능성을 내포하고 있기 때문이다. 그럼에도 불구하고 유엔과 지역기구들은 국가 및 비국가행위자들이 인권 거버넌스의 핵심 주체가 될 수 있는 절차 마련에 다양한 기능을 수행해왔으며, 이러한 활동의 정당성을 명확히 수립했다.

인권 거버넌스의 과정

거의 80년에 걸쳐, 국제인권레짐이 형성되었으며, 이는 인권규범을 명확히 설정하고 이러한 기준을 조약, 법적 결정, 그리고 관행 속에 명문화했다. IGO와 NGO는 국가들의 인권기록을 감시하고, 인권침해 및 준수 여부에 대한 보고서를 작성하며, 레짐 규범을 촉진하고, 국가가 이러한 규범을 심각하게 위반했을 때, 이에 대한 준수를 강제하는 데 노력해 왔다.

인권 기준과 규범의 설정

인권 기준을 설정하는 국내법 및 국제 조약을 위한 NGO, 초국가적 옹호네트워크, 그리고 사회운동의 중요한 역할에 대해서는 이미 논의된 바 있다. 이러한 역할은 반(反)노예제 운동의 사례에서도 잘 드러난다.

NGO. 19세기 반노예제 운동은 노예제를 금지하는 규범을 만들기 위한 NGO 활동의 첫 번째 사례 중 하나였다. 영국에서는 종교 단체, 방직공, 농촌의 주부들, 부유한 사업가들 등을 포함한 다양한 계층의 지지를 받은 이 운동은 프랑스와 아메리카 대륙에서 같은 생각을 하는 사람들의 관심을 끌었고, 최초의 초국가적 옹호네트워크를 형성했다. 그들은 편지 쓰기, 청원, 대중 연극, 공개 연설 등의 전술을 사용했다. 대서양을 가로질러 네트워크를 형성한 그들은 노예에서 풀려난 사람들을 공개 연설 투어에 보내고, 전략과 정보를 교환했다 (Hochchild 2005). 20세기에는, 반노예제 및 원주민 보호협회가 국제연맹에 로비를 펼쳤고, 1926년 노예제 폐지를 위한 국제협약과 1956년 노예제, 노예무역 및 유사한 제도와 관행의 폐지를 위한 추가 협약을 작성하도록 도왔다. 이후 이 단체는 아동 노동, 인신매매, 강제 노동과 같은 관행을 포함하여 그들의 의제를 확장했으며, 1990년에는 그 이름을 국제반노예연대(Anti-Slavery International)로 변경했다. 이 단체와 다른 NGO들은 인신매매를 포함하여 다양한 형태의 노예제가 중요한 문제로 남아 있는 많은 분야에서 인권 기준 설정에 중요한 역할을 지속하고 있다.

유엔의 핵심 역할과 조약체결. 국제인권레짐에 있어 유엔의 핵심 역할은 1948년 국제적으로 보호받아야 할 권리가 무엇인지 정의하고 구체화하는 것이며, 이는 1948년에 채택된 세계인권선언과 집단학살 범죄의 예방 및 처벌에 관한 협약에서 처음으로 이루어졌다. 인권위원회 의장을 역임한 루스벨트(Eleanor Roosevelt)의 지도 아래,

이러한 문서들은 광범위한 권리 의제를 제시했다. 특히, 세계인권선언은 오직 인간이기에 권리를 가지고 있고, 권리는 보편적으로 적용되며, 인권이 정치적·시민적·사회적·경제적 권리를 포함하고, 이러한 권리의 향상은 법률 제정, 공공 참여, 모니터링 등을 포함한다는 새로운 원칙을 명확히 했다. 세계인권선언 초안 작성 과정에서 루스벨트 외에도 많은 여성이 중요한 역할을 했다는 점이 주목할 만하다. 그중 한 명은 위원회의 인도 대표단 수장인 메타(Hansa Mehta)로, 제1조의 '모든 사람은(all men)'에서 '모든 사람은(all human beings)' 자유롭고 평등하게 태어난다고 언어를 변경하는 일을 담당했다 (Singh-Rathore 2022). 메타는 또한 이 언어가 여성이 인권에 대해 평등한 자격을 가지고 있음을 분명히 한다는 점을 보장했다.

세계인권선언은 중남미 국가들이 '인간의 권리와 의무에 관한 아메리카 선언'을 승인한 지 8개월 뒤에 제정되었으며, 이는 인권의 '주역'으로서 중남미 국가들의 역사적 역할을 반증하는 또 다른 지표다 (Sikkink 2014). 이 선언은 여전히 '더 공정한 세상을 추구하는 젊은이들, 가난한 이들, 억압받는 이들에게 구호의 깃발'로 여겨지고 있다 (Ramcharan 2008: 1). 이러한 권리들은 각국이 자국의 헌법 절차에 따라 비준할 수 있도록 조약, 또는 규약이나 협약의 형태로 명시될 것으로 예상되었다.

비록 다른 인권협약들은 1950년대에 승인되었지만, 경제적·사회적·문화적 권리 및 시민적·정치적 권리를 정의하는 국제협약은 총회에서 1966년에나 승인되었다. 이 두 협약은 모두 비준에 필요한 수가 충족된 후, 1976년에 발효되었다. 세계인권선언과 함께 이들은 '국제인권장전'으로 알려져 있다. 이러한 법적 기준을 정의하는 데 거의 30년이 걸렸다는 사실은 국가들이 자국의 주권을 경계하며 지키는 세계에서 그 과제가 얼마나 어려운지를 시사한다. 표 9.1에서 나타나듯이, 모든 국가가 이 협약을 비준한 것은 아니다. 예를 들어, 미국은 시민적·정치적 권리에 관한 협약을 1992년에 비준했으며, 경제적·사회적·문화적 권리에 관한 협약은 아직 비준하지 않았다. 다른 국가는 협약을 비준했지만, 경우에 따라 그 의도를 약화시키는 유보 조항, 선언, 또는 해석적 진술을 첨부했다. 이러한 패턴은 여성차별철폐협약(CEDAW)과 같은 다른 인권협약에서도 발견된다. 2023년 현재, 이 협약의 189개 당사국 중 55개국은 구체적인 단서조항과 함께 비준했으며, 그중 일부는 절차적 문제에 관한 것이고, 다른 일부는 이슬람법(sharia law)과 충돌하는 조항과 같이 더 광범위하고 실질적인 문제에 관한 것이다. 따라서 비준의 대가는 종종 매우 제한적이고 약한 협약을 초래한다.

이 협약들과 다른 인권조약들은 유엔의 인권과 관련한 기준 설정 역할을 예를 들어 보여준다. 표 9.1은 주제별로 선별된 협약들을 나열한다. 이러한 동일한 기준들은 많은 국가의 헌법, 법적 문서, 법원 판결뿐만 아니라 지역 인권문서에서도 발견된다.

지역적 인권 기준. 지역 인권기구들도 표준 설정 과정에 참여하고 있다. 대부분은 비슷한 기준을 채택해왔지만, 권리의 다른 종류에 부여된 상대적 중요성은 달라졌다. 유럽 시스템은 합의 도출과 수립된 절차의 강력함 측면에서 가장 성공

표 9.1 선별된 유엔 인권협약

협약	비준 개시연도	발효연도	비준국가 수 (2023년 기준)
일반적 인권			
시민적·정치적 권리에 관한 국제규약	1966	1976	173
경제적·사회적·문화적 권리에 관한 국제규약	1966	1976	171
인종차별			
모든 형태의 인종차별 폐지에 관한 국제협약	1966	1969	182
인종차별 범죄의 금지와 처벌에 관한 국제협약	1973	1976	109
여성권리			
모든 형태의 여성차별철폐협약	1979	1981	189
인신매매 및 기타 노예 유사 관행			
인신매매 및 타인 매춘 착취 억제를 위한 유엔협약	1950	1951	82
노예제도, 노예무역, 노예제와 유사한 제도와 관행에 관한 추가협약	1956	1957	124
가혹한 형태의 아동노동금지와 근절을 위한 즉각적인 조치에 관한 ILO협약	1999	2000	187
초국가적 조직범죄 방지에 관한 유엔협약: 특히 여성과 아동 등의 인신매매 방지, 억제 및 처벌을 위한 의정서	2000	2003	178
난민과 무국적자			
난민의 지위에 관한 협약	1951	1954	146
난민의 지위에 관한 의정서	1967	1967	147
아동			
아동권리협약	1989	1990	196
무력분쟁에 있어 아동의 개입에 관한 선택의정서	2000	2002	173
아동의 매매·성매매 및 아동 음란물에 관한 아동권리협약 선택의정서	2000	2002	178
기타			
집단학살 범죄의 방지 및 처벌에 관한 협약	1948	1951	153
고문 및 기타 잔인하고 비인 굴욕적인 대우나 처벌 방지에 관한 협약	1984	1987	173
독립국가 내 토착 원주민 관련 협약	1989	1991	24
이주노동자와 그 가족의 권리보호에 관한 국제협약	1990	2003	58
고문 및 기타 잔인하고 비인도적인 또는 굴욕적인 대우나 처벌 방지에 관한 협약 선택의정서	2002	2006	91
장애인권리협약	2006	2008	186
장애인권리협약 선택의정서	2006	2008	103
강제실종으로부터 모든 사람을 보호하기 위한 국제협약	2006	2010	70

출처: 국제노동기구(ILO); 미네소타 대학교 인권도서관; 유엔 인권고등판무관(UNHCHR).

적인 인권보호 시스템으로 간주된다. 1961년 유럽 사회 헌장은 가난과 성희롱에 대한 보호를 포함한 경제적·사회적 권리를 구체화하고 있다. 유럽인권 및 기본자유보호협약은 1953년에 발효되었으며, 권리를 추가하기 위해 여러 차례 개정되었다. 이 협약은 유럽 이사회 46개 회원국 모두에 의해 비준되었다. 이 협약은 그 외 다른 조항들 중에서도 아래에서 더 자세히 논의되는 유럽 인권위원회와 유럽 인권재판소를 설립하는 내용을 담고 있다.

미주지역에서는, 인권레짐이 미주기구(OAS)와 미국인권협약 또는 산호세협약에 내재되어 있다. 미국인권협약은 1969년에 채택되었고 1978년에 발효되었다. 유럽 시스템처럼, 이 협약에는 위원회와 재판소가 포함되어 있으며, 그 활동은 이 장의 후반부에 논의된다. 이 협약은 정치적·시민적 권리를 강조하지만, 1970년대와 1980년대에 국가가 승인한 실종 등을 포함한 광범위한 인권침해가 이 레짐을 약화시켰다. 1980년대에 많은 국가가 민주화되면서, 중남미 국가들은 지역 및 국제협약에서 인권규범의 정당성을 인정하는 급격한 전환을 의미하는 '규범 확산'을 경험했다 (Lutz and Sikkink 2000: 638). 이후 두 개의 의정서가 협약에 추가되었는데, 하나는 경제적·사회적·문화적 권리를 다루고, 다른 하나는 사형제의 폐지에 관한 것이었다. 제5장에서 논의된 바와 같이, 미주기구는 1990년대에 민주적 정부 보호를 그 임무에 포함하고, 이를 집행하기 위해 많은 조치를 취해왔다.

아프리카에서는, 1981년에 승인되고 1986년에 발효된 '아프리카 인권 및 인민 권리 장전,' 혹은 '반줄 장전'이 두 가지 이유에서 특별한 관심의 대상이다. 첫째, 이 장전은 제3세대 권리, 즉 개발권, 자결권, 천연자원에 대한 주권 등을 포함하는 아프리카 전통에 맞는 집단 및 집합적 권리에 특별한 주의를 기울이고 있다. 둘째, 이 장전은 개인과 민족에 대한 많은 의무를 포함하고 있는데, 국가안보의 준수, 국가의 독립성, 영토의 온전성, 그리고 '긍정적인 아프리카 문화 가치'의 보존 및 강화 등을 포함한다. 이러한 규정은 인권기준을 제한하거나 수정하는 '후퇴 조항'으로 간주될 수 있다. 사실상, 이 조항들은 국가들이 기본적인 권리를 거의 보호 없이 중단할 수 있게 허용하며, 아프리카 인권 장전에서 명시된 기준들을 약화시킬 수 있다 (Mutua 1999: 358).

지역적 상황에서 아시아와 중동의 규범, 기준, 그리고 제도들은 눈에 띄게 부재하지만, 동남아시아는 서서히 변화하고 있다. 2008년에 승인된 ASEAN헌장은 처음으로 인권을 포함했다. 2009년에는 ASEAN 인권위원회가 설립되었고, 2010년에는 ASEAN 여성 및 아동 권리 증진 보호 위원회가, 그리고 2012년에는 ASEAN 인권선언이 제정되었다. 비록 시민사회 단체들이 선언의 결함을 비판했지만, 이는 국제인권규범에 대한 논의가 비간섭의 규범과 상반되는 것으로 간주되었던 지역에서의 중요한 진전이다. 랑로아(Langlois 2021: 153)가 언급했듯이, ASEAN 인권레짐의 창설이 "그 지역에서 인권에 대한 새로운 유형의 논의를 위한 공간을 열었으며, 인권은 이제 ASEAN의 담론, 제도 및 지역외교의 공식적인 부분이다 … 그리고 다양한 이론가들이 주장해 왔듯이 … 인권 담론은 실천적이고 표현적인 특성을 가지고 있어 해방적 비전을 촉진할 수 있다." 그러나 이 지역의 권위주의, 군사적, 민주적 정부들의 혼합은 지역적인 기준 개발에 주요한 진전이 이루어질 가능성을 낮게 만든다.

국가의 인권조약에 대한 책임 및 준수. 왜 국가들은 국제인권 조약에 서명하고 비준하는가? 국가가 왜 인권협정을 비준하는지의 질문과 관련하여, 시몬스(Beth Simmons 2009: 28)는 정부를 '진정한 비준국(sincere ratifier),' '허위 부정국(false negatives, 비준은 하지 않았지만 실제로는 협정 기준을 준수하는 국가 – 역자 주),' 그리고 '전략적 비준국(strategic ratifier)'의 세 가지 범주로 나눈다. 첫 번째와 세 번째 범주는 비교적 명확한데 첫 번째 유형의 정부는 특정 조약에서 다루는 권리를 진심으로 지지하고 이를 준수할 것으로 기대되는 반면, 세 번째 정부는 비준함으로써 최소 단기적으로는 비판을 피하거나 자신의 평판을 개선할 수 있을 것으로 생각한다. 두 번째 유형인 '허위 부정국'은 권리에 대한 지지에도 불구하고 여성차별철폐협약과 아동권리협약과 같은 많은 협약에 대한 비준을 거부하거나 혹은 비준할 수 없는 오랜 양식을 가진 미국을 예로 들 수 있다. 미국의 연방제도는 중앙정부의 권한이 헌법상 제한되어 있어 국제인권 조약의 이행을 복잡하게 만든다.

일부 국가는 인권협약을 비준하면서도 이후 다양한 형태의 유보 조항으로 그 비준을 제한한다. 반면, 어떤 국가는 협약에 서명만 하고 절대 비준하지 않는다. 예를 들어, 1990년 채택된 이주노동자 권리협약은 69개국이 서명했지만, 2003년 발효된 이후 2022년까지 20년이 넘는 기간 동안 58개국만이 비준했다. 국가들이 비준에 유보 조항을 두는 것은 비판을 피하거나 국제적 평판을 개선하기를 원하는 것일 수 있다. 170개 이상의 정부가 고문방지협약을 비준했지만, 상당수가 유보 조항을 포함했고, 여성차별철폐협약도 마찬가지다. 아마도 놀랄 것도 없이, 비준 양상에는 상당한 지역적 차이가 있으며, 유럽의 민주적 가치와 서구 문화 규범에 대한 강한 헌신 아래, 유럽 국가들이 가장 적은 유보 조항을 가진다.

인권협약의 비준이 실제로 국가의 행동을 변화시키는가? 인권협약이 국가 행동 변화에 기여할 수 있는지의 여부는 주로 국내정치에 달려있다. 준수는 국내법원, 행정부, 입법부의 과정에서 일어나며, 이 과정에서 인권 NGO, 변호사, 활동가를 포함한 시민사회 단체들이 조약의 의무를 국내법과 관행으로 전환하고 변화를 위한 지지를 동원한다 (Simmons 2009: 129–149; Conrad and Ritter 2019). 최근의 한 연구는 사회적 규범과 협약 준수 사이에는 연관성이 있으며, 특히 여성차별철폐협약의 경우, 여성의 정치 참여에 대한 보수적 규범이 강할수록 여성의 참정권을 다루는 제7조 준수율이 낮아짐을 보여왔다 (Benneker et al. 2020). 한 연구는 6개의 핵심 국제인권 조약에 대한 국가의 비준은 정부를 압박하기 위해 조약 의무를 활용한 현지 NGO가 그 문제를 맡는 경우 국가 관행의 변화를 이끈다는 점을 발견했다 (Hafner-Burton and Tsutsui 2005). 요컨대, 한 국가에서 지역 또는 초국가적 단체 혹은 지방 인권위원회나 시(市) 옴부즈맨과 같은 하위국가 인권기구들의 NGO 활동이 증가할수록, 인권협약이 지역 인권 관행에 긍정적인 영향을 미칠 가능성이 높아진다. 국가 위임 기구지만 정부로부터 독립적이며, 국가 차원에서 인권을 보호하고 증진하기 위해 광범위한 헌법적, 법적 권한을 가진 국가 인권기구들은 국내 정부와 시민사회 행위자 모두와 연결되어 있기에 인권 관련 정치적·법적 변화를 달성하는 데 심지어 더욱 중요한 역할을 한다고 밝혀졌다 (Haglund and Welch 2021:

213-215).

바이스브로트(David Weissbrodt 2003: 89)가 적절히 표현했듯이, "국가들이 규칙을 따르도록 하는 것은 오직 규칙이 존재할 때 가능하다." 시간이 지나면서 유엔과 일부 지역기구들은 기준을 설정하는 것에서 나아가 국가들의 행동을 감시하는 방향으로 나아갔다.

인권 감시

인권 기준의 이행 감시는 국가 관행에 대한 보고서와 개인 혹은 이해관계 집단의 위반 신고를 접수하는 절차를 요구한다. 또한 보고서에 대한 의견을 제시하고, 실무그룹을 임명하며, 비난 결의안에 대해 투표하는 권한이 수반될 수도 있다. 홍보와 공개적 망신 주기는 핵심적인 도구들이다.

유엔의 감시 절차. 유엔은 인권 감시를 위해 네 가지 절차를 개발해왔다. ILO가 1926년을 시작으로 첫 번째 선례를 마련했다. 이 시스템에서는 각국이 가입한 ILO협약에 따라 법과 관행 측면에서 취한 조치에 대한 정기 보고서를 제출해야 한다. 이러한 보고서는 여러 차례 검토의 대상인데, 정부는 조치에 대한 권고를 받을 수도 있고, 노동자 단체로부터의 불만을 청취하는 절차도 포함된다. 집행 조항이 마련되어 있긴 하지만, 일반적인 방식은 해당 국가와 협력하여 기술적 지원을 제공함으로써 규정 준수를 촉진하는 것이다.

유엔과 그 산하기구에는 정부만 대표되기에, 노동자와 경영진이 포함된 ILO에 비해 인권 감시는 더욱 문제가 된다. 이에 시간이 지나면서, 새로운 감시 방법들이 개발되었다. 1970년, 유엔 경제사회이사회 결의안 1503호는 이전의 유엔 인권위원회에게 '중대한 인권침해가 신뢰할 만한 증거에 의해 일관되게 나타나는 경우'에 대한 개인의 제소를 비공개로 조사할 권한을 부여했다. 이 1503 절차와 함께, 위원회는 강제실종, 고문, 종교차별과 같은 특정한 시민적 권리문제를 연구하는 방향으로 감시 범위를 크게 확대했다. 1980년, 최초의 특별 절차로 '강제적 혹은 비자발적 실종에 대한 실무그룹'이 설립되었다. 이는 현재 유엔이 국가들의 인권 기준 준수를 감시하는 첫 번째 방식이다. 2006년, 새롭게 출범한 유엔 인권이사회는 특별보고관, 독립적인 전문가, 실무그룹 등의 모든 기존 임무를 포함하여 특별 절차에 대한 검토를 착수했다. 그들의 임무는 팔레스타인 지역, 강제 구금, 고문, 현대판 노예제와 같은 문제에서 실종문제까지 다양하다. 그 임무는 특정 국가 혹은 주요 주제별 문제에 대한 인권을 조사, 조언, 공개적 보고를 요구한다. 특별보고관은 개별적 인권침해 사례에 대응하고, 연구를 수행하며, 해당 국가를 방문하여 조사할 수 있다. 1503 특별 절차는 매년 접수되는 일부 불만만을 처리하지만, 문제가 되는 정부에 압력을 가하는 것뿐만 아니라 불만을 해결하기 위한 대화를 유도하는 수단을 제공한다.

보편적 정례 검토는 유엔 회원국의 인권기록을 감시하는 두 번째 방법이다. 목적은 국가의 인권기록을 평가하고 위반 사례를 다루면서 모든 국가의 인권 개선을 촉진하는 것이다. ILO의 감시 시스템과 마찬가지로, 보편적 정례 검토는 또한 국가들에 기술적 지원을 제공하고, 모범 사례를 공유하며, 인권문제 해결 능력을 강화하는 것을 목표로 한다. 이 검토는 인권이사회의 47개 회원국으로 구성된 보편적 정례 검토 실무그룹과 참여를 원하는 모든 유엔 회원국에 의해 수행된다. 그 그룹은 검토 대상 국가에 의해 제출된 국가보고서와 함께, OHCHR이 수집한 독립적 인권단체 및 유엔체제 내 전문가들의 정보, 그리고 국가인권기구 및 NGO와 같은 기타 이해관계자의 자료를 검토한다. 이후 국가와 이해관계자 간의 상호 대화가 존재한다. 국가 자체적으로 권고 사항을 이행할 책임이 있으며, 4년 6개월 후 다시 검토받을 때까지 진행 상황에 대한 책임을 진다.

2022년까지 보편적 정례 검토는 세 차례의 검토 주기를 완료했다. 비록 정부들은 외부 정보원을 활용하도록 권장 받아왔지만, 보고서는 주로 국가 주도로 작성된다. 시간제한은 토론을 위한 기회를 제공하지 않는 경향이 있으며, 시간이 지나면서 과정은 권고의 수를 증가시켜, 과도한 부담을 가진 검토 대상 국가들의 불만과 권고의 유용성과 적당함에 대한 의문을 양산하고 있다.

유엔 인권감시의 세 번째 방식은 도표 9.1에서 확인할 수 있는 특정 인권조약과 연계하여 설립된 10개의 조약기구를 통해 이루어진다. 해당 조약에 가입한 국가는 정기적으로 이행 상황을 이 기구에 보고해야 한다. 조약기구는 각 조약의 당사국들에 의해 선출된 독립적인 전문가들로 구성되며, 전문가들은 보고서를 검토하고 정부와의 대화에 참여하고, 최종 의견을 발표한다. 인권 NGO들은 종종 자체적인 '그림자 보고서'를 준비하는데, 이는 준수에 대한 독립적인 평가를 제공하여 정부에 추가적인 압력을 가할 수 있다. 국가인권기구와 장애인권리협약과 같이 일부 경우에는 지방정부 기관도 국가 대표단과 별도의 독립적인 보고서를 제출할 수 있다 (Wolman 2014). 아동권리위원회의 경우 유엔 아동기금과 같은 유엔기관도 중요한 정보원이 될 수 있으며, 인권고등판무관은 각 조약기구의 후속 조치 및 지역회의를 지원하여 복잡한 보고 절차를 지원한다.

유엔의 네 번째 인권감시 방식은 시민적·정치적 권리에 관한 국제규약, 여성차별철폐협약, 인종차별철폐협약, 고문방지협약, 장애인권리협약 등 다섯 개의 조약에서의 개인 청원 및 고발 절차에 기반한다. 권리의 침해는 반드시 조약기구의 청원 심사 권한을 인정한 국가에 의한 것이어야 한다. 예를 들어, 시민적·정치적 권리에 관한 국제규약과 고문방지협약에 가입한 국가 중 약 3분의 1만이 이 조항을 수락했다. 인종차별철폐협약의 경우, 12개국만이 청원을 허용했으며, 그중 아프리카국가는 소수이다. 아시아 국가들은 이 조항을 수락하지 않았다. 추가적 문제는 당해연도 다룰 수 있는 청원의 수가 제한적이라는 점이다. 매년 유엔 사무총장에게 접수되는 수천 건의 시민적·정치적 권리 관련 고발 중 오직 일부만이 위원회의 심사를 받을 수 있다.

가장 최근인 2014년과 2020년의 조약기구 시스템을 개혁하려는 노력에도 불구하고, 기구는 과부하로 인해 후속적인 조치가 불가능하다. 국가들, 특히 소규모 국가들은 다수의 보고서 요구로 교착상태에 빠져 있으며, 늦은 그리고 불완전한 보고서는 지속적인 문제로 남아 있다. 일부 개혁안은 새로운 제정을 요구하지만, 가능할 것 같지 않다. 많은 국가에서 인권 문화의 부재와 조약기구의 제한적 후속 조치는 효과성을 저해한다. 그러나 연구들은 조약기구 시스템이 인권보호에 긍정적인 영향을 미쳤으며, 특히 민주주의로 전환 중인 국가들이나, 여성, 인종차별, 고문 방지와 같은 특정 조약을 지지하는 강력한 국내 세력이 존재하는 국가들에서는 조약의 원칙이 국내법에 반영되었음을 보여준다 (Heyns & Viljoen 2020).

유엔의 인권감시가 변화를 가져오는가? 누군가는 남아프리카에서 일어난 것처럼, 시간이 지나면서 반복적인 비난은 국가들의 태도를 변화시킬 수 있다고 주장한다. 그러나 심지어 그 경우도 완전히 명확하지는 않은데 반복적인 이후 제재를 수반하기 때문이다. 또 다른 시각은 망신 주기(name and shame)를 포함한 공개적 감시가 국가들의 적대감을 키우고 그들의 입장을 더욱 확고하게 만들어 역효과를 가져올 수 있다고 주장한다. 한 연구는 1975년부터 2000년 사이 145개국의 인권 관행을 공개적으로 비판한 유엔, NGO, 언론의 노력에 대한 자료를 수집했다. 그 자료는 "침해로 국제적 주목을 받은 정부들은 이후 정치적 권리를 위한 더 나은 보호 조치를 종종 수용하지만, 그들은 테러행위를 멈추거나 줄이지 않았다. 더욱 심한 경우, 테러는 그러한 공개 후 때때로 증가했다" (Hafner-Burton 2008: 706).

따라서 비록 유엔의 인권 감시가 증가했음에도 불구하고, 그 효과는 제한적이며, 특히 감시 대상이 강대국일 경우 더욱 그렇다. 중국의 사례는 이러한 어려움을 잘 보여준다. 1993년을 시작으로, 중국은 자국의 인권 상황을 다루는 결의안에 대한 모든 조치를 성공적으로 차단했다 (Kent 1999). 10년의 노력 후 2005년이 되어서야, 고문문제 특별보고관이 공식적으로 방문했다. 그가 고문이 '여전히 만연해있음'을 발견했고 중국 당국이 자신의 작업을 방해했다고 비난했을 때(CBS News 2005), 중국은 특별보고관이 그 보고서 내용을 변경하도록 압력을 가했다. 중국은 조약기구에 정기적으로 보고서를 제출하지만, 보편적 정례 검토 외에는 자국의 인권기록을 조사하려는 노력을 계속해서 차단한다. NGO와 여타 국가들은 티베트 및 신장지역의 위구르 이슬람에 대한 탄압과 표현의 자유 제한에 대한 중국의 행동을 지적하기 위해 보편적 정례 검토 과정을 이용해왔다. 중국은 2015년 유엔 고문방지위원회 보고서에도 강하게 반발했는데, 그 보고서는 과거 2008년 검토 이후에도 고문 사용 감소 실패, 비밀 감옥 운영 지속, 2015년 200명이 넘는 변호사에 대한 '전례 없는 구금 및 심문,' 그리고 요청된 정보 제공 거부 등의 문제를 지적했다 (Cumming-Bruce 2015: A12). 그러나 인권운동가들의 우려에도 불구하고, 중국은 2020년 유엔 인권이사회 이사국으로 선출되었다. 예상대로, 중국은 2022년 유엔 인권고등판무관 바첼레트(Michelle Bachelet)의 방문 이후 또 다른 보고서의 공개에 강하게 반발했는데, 바첼레트 보고서는 중국이 신장지역에서 위구르족에 대한 처우와 관련하여 반인도적 범죄를 저질렀을 가능성이 있다고 발표했다. 바첼레트는 임기를 마치기 불과 몇 분 전에 해당 보고서를 공개했지만, 중국은 그 보고서에 대한 인권이사회의 논의를 차단하기 위한 표를 모으는 데 성공했다 (Cumming-Bruce & Ramzy 2022). 명백하게, 만약 국가가 그러한 보고서가 아무런 효과가 없다고 믿는다면 그 출판을 거부하지 않을 것이다. 사실, 중국은 자국을 비판하는 국가들에 대해 보복을 경고하는 경우가 자주 있다.

지역기구의 인권감시 경험. 유럽 인권협약에 따라, 유럽 인권위원회는 원래 회원국들의 전반적인 인권상황을 감시하고, 유럽 인권재판소에 회부하기 전, 개인의 제소를 검토하는 역할을 담당했었다. 그러나 유럽 인권재판소가 확대되면서 개인이 직접 재판소에 소를 제기할 수 있게 되면서 위원회는 1998년 해체되었다.

1978년 미주 인권협약은 위원회와 법원의 이중체제를 수립했다. 미주 인권위원회는 회원국 정부에 의해 그들의 권리가 침해되었다고 주장하는 개인의 청원을 분석하고 조사하는 감시 책임을 진다. 특히 1970~1980년대 군사 독재 시기에 발생한 인권침해 사례를 폭로하고 공론화하는 데 주목할 만한 역할을 했다 (Goldman 2009). 위원회는 오랫동안 인권침해를 개괄하는 보고서를 발표해 왔으며, 유엔과 마찬가지로 특별보고관, 국가별 보고관 및 주제별 보고관을 임명하여 다양한 집단이나 권리가 어떻게 보호되고 있는지에 대한 정보를 수집하고 전파해 왔다. 위원회는 국가 방문을 시행하고 권고안을 발표할 수 있다. 또한 개인, 단체 또는 NGO로부터 청원을 접수할 수도 있다. 게다가, 개별 사건을 미주 인권재판소에 회부할지 여부를 결정하기도 한다.

아프리카에서 인권위원회는 준사법적 기구로서, 아프리카 인권 및 인민 권리 헌장에 명시된 개인과 집단의 권리를 증진하고 보호하는 역할을 맡고 있다. 이 위원회는 국가, 개인, 그리고 NGO로부터 청원을 접수할 수 있으며, 2010년 케냐에서 엔도로이스 민족이 그들의 고향으로부터 쫓겨난 사건, 그리고 2016년 외국 광산 회사의 개발과 운영과 관련해 콩고 민주 공화국에서 발생한 여러 권리의 침해 사건 등에 대한 판결을 내릴 수도 있었다. 위원회는 다소 제한적인 감시기능을 가져왔지만, 소수의 특별보고관을 임명하였으며, 2021년에는 에티오피아 티그라이지역에서 발생한 중대한 범죄를 조사하기 위해 조사위원회를 설립하기도 했다 (Human Rights Watch 2022a). 그러나 시민사회는 비교적 덜 발달되어 있으며, 법원체제와의 연계도 미흡한 편이다.

지역적 상황은 혼재해있다. 인권기록이 가장 좋은 유럽은, 더 나은 인권보호 관행을 예측할 수 있게 하는 요인인, 경제적으로 가장 발전했으며, 가장 민주적이고, 가장 강한 시민사회를 모두 보유하고 있다. 반면, 인권침해가 심각할수록, 감시체계가 약하다. 지역 간 인권기록의 차이를 설명하는 것은 감시 시스템인가 아니면 정치적·경제적 조건인가? 아시아와 중동에서, 인권을 전담하는 지역기구의 부재는 인권 감시가 유엔과 같은 국제기구나 시민사회 및 NGO에 맡겨질 수밖에 없음을 의미한다.

NGO 감시: 국제엠네스티와 휴먼라이츠워치. 지역적 IGO 감시의 불균형 아래, 주요 국제 NGO와 지역단체들은 그 간극을 메우기 위해 노력한다. 1961년에 설립된 국제앰네스티는 1981년까지 지속적으로 인권침해를 감시한 유일한 NGO였으며, 1977년 노벨평화상을 수상한 아마도 가장 잘 알려진 존경받는 인권단체일 것이다. 초창기부터 정치범에 관한 중립적이고 독립적인 연구를 강조함으로써, 국제앰네스티의 런던 사무국은 시간이 지나면서 특정 사건을 추적하는 개별 연구자들을 보유했다. 그 정보는 각 지부들이 언론 보도나 편지쓰기 캠페인에 활용하여, 다양한 정치체제 하의 양심수를 위해 정부에 압력을 가하는 데 사용되었다. 세간의 주목을 받는 사건들은 국제엠네스티가 '불꽃의 수호자'로서의 역할을 지속해 나가는 데 동력을 제공했다 (Hopgood

2006; Clark 2001). 또한 모든 유형의 정부를 조사하고 비판하는 엄격한 중립성에 대한 명성을 얻어왔다.

1970년대를 시작으로, 국제앰네스티는 고문과 비인도적 처우, 사형제, 여성에 대한 폭력과 더욱 최근에는 기후변화, 아동권리, 원주민 권리, 성·생식 권리 등과 같은 국가 간 공통된 문제들에 대한 캠페인을 확대했다. 1986년부터 2000년까지 148개국을 대상으로 한 국제앰네스티의 배경 보고서와 보도자료에 관한 한 연구는 국제앰네스티가 중국, 러시아, 인도네시아, 미국과 같은 주요 국가에 집중하는 경향을 보인 반면 아프가니스탄, 소말리아, 미얀마, 부룬디와 같은 가장 억압적인 일부 국가들에 적은 관심을 보여왔다는 점을 발견했다 (Ron, Ramos, and Rodgers 2005). 오늘날 이러한 경향은 덜 뚜렷하다. 비록 국제앰네스티가 기부금 모금을 위해 일부 지역의 인권침해를 과장할 유인이 있을 수도 있겠지만, 이에 대한 증거는 없다 (Hill, Moore, and Mukherjee 2013).

휴먼라이츠워치는 이른바 헬싱키협정에 따라 동유럽의 자유화 진행 상황을 초기에 감시했던 1975년 유럽 안보협력회의의 최종의정서 이후 1978년 헬싱키워치라는 이름으로 설립되었다. 이후 휴먼라이츠워치로 변모하면서, 활동 범위가 전 세계로 확대되었으며, 초점이 모든 형태의 인권으로 확장되었다. 휴먼라이츠워치의 공동 창립자이자 사무총장이었던 네이어(Aryeh Neier)는 1992년 유고슬라비아 임시 전범재판소 창설을 제안한 인물이었다. 또한 휴먼라이츠워치의 르완다 대표였던 포지스(Alison Des Forges)의 보고와 연구 덕분에, 조직은 1994년 발생한 르완다 집단학살에 대해 국제사회의 주의를 환기시킬 수 있었다.

국제앰네스티와 휴먼라이츠워치는 차이점이 있는데, 국제앰네스티는 전 세계에 걸친 지역 사무소와 70개국 이상의 지부를 가진 대중 회원 조직이다. 옹호자, 네트워킹, 연구에 대한 집중, 그리고 회원들의 동원력은 그것의 성공에 매우 중요하다. 100개 이상의 국가에서 일하는 전문 직원에 의존하는 휴먼라이츠워치는 법, 정책, 그리고 관행의 변화를 촉진하며, 정부, 무장 단체, 기업, 활동가, 그리고 유엔과 함께 일한다.

일부 인권 NGO는 원주민 혹은 인도의 카스트 제도의 달리트와 같은 특정 문제에 전념한다. 다른 인권 NGO는 이 장의 후반에서 논의된 바와 같이 수백 개의 성소수자 단체를 포괄하는 단체인 국제 레즈비언, 게이, 양성애자, 트랜스젠더 및 인터섹스 협회(ILGA)와 같이 연합을 형성한다. 이러한 네트워크와 1990년대 이후 정보통신 기술의 확산에 힘입어, 인권 NGO들은 도덕적 의식을 형성하고, 국내 반대 세력을 강화하며, 정부가 특정 문제와 상황에 주목하도록 압력을 가할 수 있게 되었다 (Risse, Ropp, and Sikkink 1999).

유엔 인권조약기구를 구성하는 전문가들은 NGO가 수집한 정보에 크게 의존하는데, 이는 많은 국가보고서가 자국 위주이고, 위약 사항을 거의 공개하지 않기 때문이다. 따라서 국가 및 지방 인권기관들과 함께 독자적인 지역 정보망을 가진 NGO들은 그런 보고서를 평가하고, 추가 정보를 수집하며, 국가의 조약 준수를 촉구하고, 인권침해 사례를 알리는 역할을 수행해왔다. 그러나 NGO와 조약기구 간 관계는 다양하다. 아동권리위원회는 NGO와 가장 긴밀한 협력 관계를 유지하며, NGO가 정기적으로 국가보고서를 검토하고, 지역 NGO와의 대화를 지속하며, 정보를 공유하도록 돕는다. 고문방지위원회는 관련 NGO에 오직 임시로 정보를 요청하는 반면, 여성차별철폐위원회는 공식적으로 NGO의 정보를 요청하지 않는다. 비록 NGO가 감시에 관여하는 독자적 역량을 갖추고 있더라도, 그 기능을 수행하는 그들의 일부 능력은 각 개별 조약 기구에 의해 제공되는 정치적 공간에 달려있다.

많은 정부에 의해 설립된 국가 인권기구는 이제 공식 국가 대표단과는 별도로 유엔 인권이사회의 활동에 참여할 수 있는 권한을 갖게 된 반면, 지방 인권기구는 일반적으로 이러한 접근 권한이 없다. 그러나 장애인권리협약과 고문방지협약의 선택의정서는 국가가 지방 수준에서 이행 메커니즘을 구축, 지정 또는 유지하도록 요구하는 조항을 포함하고 있다. 이로 인해 지방 인권기구들은 감시 및 보고를 위한 독립적인 기구로서 핵심 역할을 수행하게 되었다 (Wolman 2014: 445-446).

이처럼 IGO와 NGO는 인권 감시 역량을 발전시켜 왔지만, 그 효과는 혼재된 것으로 나타난다. 망신 주기 전략은 작동하는가? 머디와 데이비스 (Amanda Murdie and David Davis 2012)는 국가행동에 대한 인권단체의 망신 주기 효과를 분석했다. 1992년부터 2004년까지 400개 이상의 인권단체가 정부를 비판한 사례를 분석한 결과, NGO의 목표가 된 국가들은 그들의 인권 관행을 개선함을 발견했다. 또 다른 연구에는 9·11 테러 이후 미국이 자행한 고문 및 잔혹하고 반인도적이며 굴욕적인 포로 처우라는 '어려운 사례'를 분석했다. 그 연구는 비록 미국이 고문방지협약의 당사국임에도 불구하고, 국내외 행위자에 의한 압박 캠페인이 "부시 행정부가 집권하는 동안 거의 효과가 없었는데 왜냐하면 고문 사용을 정당화하고 관행에 대한 법적 금지를 무력화하기 위해 반테러라는 설득력 있는 대안 규범을 사용했기 때문"이라는 점을 발견했다 (Sikkink 2013: 146). 즉, 더 강한 국가일수록 망신 주기의 효과에 덜 민감한데, 이는 분명히 중국에도 적용될 수 있는 결론이다.

NGO가 국가의 인권 행동을 감시하는 데 중요한 역할을 한다는 점이 발견된 것처럼, 이들은 또한 인권협약의 비준 및 법원 판결의 이행 촉구를 통해 인권 증진에서도 핵심적인 역할을 수행한다.

인권 증진

인권 증진의 도전과제는 인권침해를 막고 장기적인 태도와 행동의 변화를 넘어 규범과 수사(rhetoric)를 행동으로 보임에 있다. 이러한 노력은 인권 거버넌스의 다양한 행위자들에 의해 점점 더 공유되어 왔다.

유엔의 역할. 1990년대 초기 이래, 유엔은 인권 증진에 점점 적극적인 역할을 수행해왔다. 유엔은 코소보, 이라크, 동티모르, 이프가니스단 등에서 분쟁 후 평화구축 미션과 연계할 뿐만 아니라, 선거 및 사법제도 개혁이 필요한 국가들의 요청 아래 선거 지원 프로그램을 통해 민주화를 촉진해왔다. 1992년 설립된 유엔 선거지원국 (Electoral Assistance Division)은 정치적 권리 및 민주화와 관련하여 해당 국가에 기술적 지원을 제공하고 있다.

때때로 유엔은 2010년 경쟁이 심했던 코트디

부아르 선거에서 그러했던 것처럼 선거 과정을 인증하는 데 참여하며, 다른 경우에는 유엔 및 유럽안보협력기구와 미주기구와 같은 지역기구 혹은 카터 센터와 전미 민주주의기금(NED: National Endowment for Democracy)과 같은 NGO 소속 전문가들의 감시에 의존한다. 또한 때때로 유엔은 2004~2005년 그리고 2014년 아프가니스탄, 2005년 이라크, 그리고 2011년 남수단에서와 같이 국가와 함께 그 책임을 공유한다. 유엔은 신뢰할 수 있고 지속가능한 국가 선거시스템을 개발하는 데 있어 국가에 기술적 지원을 제공한다. 예를 들어, 아프가니스탄 2014년 대통령 선거에서, 유엔은 모든 투표의 재검토를 감독하는 책임을 맡았다. 비록 국제적 감시가 부정행위나 사기를 반드시 제거하는 것은 아니지만, 외부 감시단의 존재를 통해 국가들은 정당성을 얻으며, 만약 감시가 없다면, 선거는 정당성을 인정받지 못할 수 있다(Kelley 2008).

1990년대 초반 이래로, 제2세대 및 제3세대 인권은 유엔체제 전반에 거쳐 개발 활동 및 프로그램과 연계되어 왔다. 부트로스-갈리(Boutros Boutros-Ghali) 유엔 사무총장의 개발 권리를 강조한 1995년 개발의제는 MDGs와 SDGs에 통합되었다. 1990년대 중반 이래, 세계은행은 수혜국의 정치적·시민적 권리 기록과 여성 및 시민사회 행위자들의 역량 강화를 포함한 개발프로그램에서의 '올바른 통치'를 촉진해왔다. 유엔 인권고등판무관실은 다른 유엔 기관들에 의해 지원받는 유엔의 홍보 활동을 감독하는 데 일차적 책임이 있다.

NGO의 역할. NGO는 캄보디아, 중미, 코소보, 아프가니스탄 등지에서 인권교육을 제공하는 데 활발히 활동해 왔다. 예를 들어, 대표 없는 국가민족기구는 호주의 원주민, 북극의 순환민족, 아메리카 원주민과 같은 토착민들이 스스로를 대표할 수 있도록 특히 국제법 및 인권법 교육을 제공함으로써 그들을 지원하고 힘을 실어준다. 또 다른 NGO인 문화 생존(Cultural Survival)은 토착민, 소수민족, 인권에 대한 인식을 높이는 광범위한 교육 프로그램을 가지고, 토착민에게 영향을 미치는 제3세대 인권에 관한 논의를 형성한다. 미국 국제앰네스티, 전미 민주주의 기금, 열린 사회 연구소는 인권교육 커리큘럼 개발을 후원하고, 채택을 위해 국가 및 지역 교육위원회에 로비 활동을 벌여왔다.

지역기구. 유럽, 중남미, 아프리카의 지역 인권 IGO는 인권과 관련하여 상대적으로 유사한 교육 및 홍보 활동을 수행해왔다. 예를 들어, 여성을 위해 특정 권리를 상세히 알리는 교육 프로그램이 창설됐다. 판사, 경찰, 교사들을 위한 훈련 프로그램도 있다. 이러한 홍보 활동은 본래 인권문제를 해결하기 위한 장기적인 투자이다. 이러한 활동은 국제적 인권규범과 법의 준수를 강제하는 것이 아닌 인권침해 완화를 목표로 한다.

국제인권 규범 및 법의 집행

인권 관련 다양한 거버넌스 업무 중, 집행이 가장 문제가 되는 이유는 일반적으로 국가들이 다른 국가의 준수를 강제하는 데 있어 낮은 이해관계를 갖고, 국제기관들도 준수를 강제하는 데 있어 제한적 능력을 가지고 있기 때문이다. 국제사회는 특별 법원을 통해 전쟁범죄, 반인도적 범죄, 그리고 집단학살과 관련된 집행 활동을 점점 더 많이 수행하고 있다. 그러나 국가들은 다른 국가들에 대해 직접적인 제재와 같은 강압적인 조치를 통해 인권규범의 강제를 지속한다. 한편, 인권규범의 준수를 강제하기 위해 개인과 단체들은 국내법원, 그리고 때에 따라 국제형사재판소뿐만 아니라, 유럽 인권재판소, 미주 인권재판소와 같은 지역법원을 이용할 수 있다.

국내법원. 다음의 두 사례는 국내법원을 통한 사법적 조치가 국제 규범을 강제하는 데 어떻게 사용될 수 있는지를 보여준다. 미국의 1789년 외국인 불법행위 청구법(Alien Tort Claims Act)에 따라, 미국 연방법원은 국제법 혹은 미국 조약을 위반한 중대한 행위에 대해 미국 내에 있는 모든 국적의 개인이 제기한 민사 소송에 대해 관할권을 가진다. 'Doe v. UNOCAL(미국 제9순회 항소법원, 2002) 사례'에서, 미국에 본사를 둔 석유회사가 버마 군사정부가 제공한 강제 노동을 이용한 혐의와 미얀마 가스 파이프라인 건설 중 강간 및 살인을 저질렀다는 혐의를 받았다. 이 사건은 2005년에 회사가 버마 마을 주민들에게 보상하고 파이프라인지역 사람들의 생활 수준을 향상시키기로 합의하면서 해결되었다. 2013년 'Kiobel v. Royal Dutch Petroleum 사건'에서, 미국 대법원은 나이지리아 원고들이 미국 법원에서 소송을 제기할 수 없다고 만장일치 결정을 발표했는데 이유는 그들의 미국 내 활동이 미미했고, 인권침해가 해외에서 발생했기 때문이다. 이 사례는 외국에서 발생한 인권침해의 구제를 위해 외국인 불법행위청구법과 미국 법원을 이용하려는 노력에 '냉각 효과(chilling effect)'를 초래할 수 있다.

국제법을 활용하여 인권을 집행하는 국내법원의 또 다른 사례는 칠레의 전 독재자 피노체트(Augusto Pinochet)와 관련된 사건이다. 스페인 판사가 피노체트의 송환을 요청하며 발부한 영장에 따라, 그는 국가 원수로 재임 중 저지른 것으로 의심되는 범죄로 1998년 영국에서 체포되었다. 비록 이 혐의 중 일부는 칠레에 거주하는 스페인 국적자들에게 가해진 것이었으나, 스페인은 반인도적 범죄에 대해 보편적 관할권을 주장했는데 이는 어떠한 국가도 합법적으로 관할권을 행사할 수 있음을 의미했다. 영국 상원의 사법위원회는 고문 및 살인을 금지하는 국제적 금지를 기반으로 피노체트의 체포를 인정했으며, 통치 행위 면책에 대한 그의 주장도 기각했다. 그러나 건강상의 이유로 그는 결국 칠레 당국에 인도되었다. 이후 피노체트는 면책 특권을 박탈당하고 기소되었지만, 2006년 사망하면서 재판은 종결되었다. 비록 논란이 많았지만, 보편적 관할권 원칙에 따라 개별 지도자들이 자국민을 대상으로 한 중대한 인권침해에 대해 다른 국가에서 책임을 물을 수 있다는 선례를 남겼으며, 이는 국가 주권에 대한 베스트팔렌 원칙을 약화시키는 것이었다.

강제적 조치. 국내법원은 개별 원고, NGO 또는 활동적인 판사들에 의해 이용되는 반면, 정부와 국가집단은 강제적 행동을 취할 수 있다. 그들은 유엔 또는 지역 IGO를 통해 제재를 부과하거나, 다른 강제조치를 승인하거나, 안전보장이사회가 전쟁범죄, 집단학살 또는 반인도적 범죄를 포함한 사건을 ICC에 회부하도록 압박할 수 있다. 남아프리카공화국의 아파르트헤이트에 대한 캠페인은 정부들이 다른 국가들에 대해 일방적인 강제조치를 취할 수 있는 방법을 보여준다. 비록 유엔 총회는 남아프리카공화국의 아파르트헤이트 정책에 대해 국제 제재를 촉구했지만, 1980년대까지 큰 변화가 없었다. 그러나 시민 불복종 운동의 공개적인 캠페인에 대응하여, 미국 의회는 미국 정책의 재검토 및 제재를 요구했으며, 1986년 대통령의 거부권을 무효화하고 포괄적 반 아파르트헤이트 법을 승인했다. 영국을 비롯한 다른 강대국들도 이를 따랐다. 제재의 부과는 아파르트헤이트 반대자들의 사기를 높였으며, 남아프리카의 기업 사회에 고통을 주었고, 이를 통해 정부에도 압박을 가했다. 이 제재와 국제사회의 지속적인 캠페인은 1990년대 초 아파르트헤이트의 종식과 1994년 다수 민주정부의 취임에 부분적으로 기여했다.

두 번째 사례는 제재 지속의 어려움을 보여준다. 1989년 6월 중국의 반체제 인사에 대한 탄압과 천안문 사태 이후, 미국, 일본, 그리고 EU 회원국들은 중국에 대해 무기금수조치를 취하고, 수출 차관과 공식 방문을 중단하며, 세계은행과 아시아개발은행이 중국에 대한 신규 대출을 취소하도록 했다. 이러한 강제적 조치는 4년 동안 중국이 약 110억 달러의 양자 원조를 잃게 만들었을지 모른다. 그러나 경제적 압박에 대응하여, 1994년 미국은 중국에 대해 인권 조건 없이 최혜국 대우를 부여했다 (Donnelly 1998: 120-124).

억압적 국가를 처벌하기 위한 해외 원조 공여국들의 제재 사용에 관한 연구는 공여국들이 인권침해에 대해 소극적 제재를 선택적으로 사용하며, 원조 수혜국의 인권기록은 원조 배분에 별다른 영향을 미치지 못한다는 점을 시사한다. 예를 들어, 넬슨(Richard Nielson 2013)은 원조 제재가 공여국이 인권침해국과 밀접한 관계를 맺고 있지 않을 때, 침해가 공여국에 부정적인 영향을 미칠 때, 그리고 침해가 널리 공개되었을 때, 사용된다고 밝혔다. 넬슨(Nielson 2013: 800-801)은 강한 인권 전통을 가진 국가들은 "인권침해에 대해 제재를 가할 가능성이 적고," "소위 도덕적인 정책은 실제로는 국익 추구라는 비도덕적인 이유로 채택될 수 있다"고 시사한다.

유엔 집행. 제4장과 제7장에서 논의된 바와 같이, 유엔의 집행권한은 유엔헌장 제7장에 근거한다. 해당 조항에 따르면, 유엔 안전보장이사회는 인권침해가 국제평화를 위협하거나 침해한다고 결정한 경우, 강제조치를 취할 권한을 가진다. 1990년대 초반 이래, 안전보장이사회는 분쟁에서의 성폭력 및 아동 병사의 사용과 같은 일부 명백한 인권침해 사례를 포함한 여러 사례에 제재를 부과해 왔다. 그러나 그러한 인권침해와 국제평화 및 안보에 대한 위협 사이의 명확한 연관성이 있는지는 안전보장이사회 논의 및 해당 결의안의 문구에 대한 면밀한 검토를 통해서만 결정될 수 있다.

중대한 인권침해에 책임이 있는 정부에 대해 유엔제재를 부과하는 것은 여전히 매우 논란이 많다. 인권은 안전보장이사회의 적절한 주제가 아니라고 주장하는 러시아와 중국은 종종 인권침해자들을 겨냥한 결의안에 대해 거부권을 행사해 왔다. 그러나 2022년 12월, 두 국가 모두 2021년 쿠데타 이후 미얀마 군부의 광범위한 인권침해를 비난하는 안전보장이사회의 첫 번째 결의안에 대해서는 기권했다. 유엔헌장의 제7장이 아닌 제6장을 언급한 이 결의안은 군부의 민주주의 운동가 처형에 대해 깊은 우려를 표명하고 "전국적으로 모든 형태의 폭력에 대한 즉각적 중단"을 요구했다 (Resolution 2669). 휴먼라이츠워치의 유엔 이사는 "중국과 러시아의 기권은 군부의 몇 안 되는 친구들조차 그들의 잔혹 행위를 옹호하려고 나서지 않는다는 점을 시사한다. 이 결의안으로 구축된 기초는 안전보장이사회 회원국과 전 세계 정부들이 군부에 대한 압박을 재활성화할 수 있는 출발점을 제공한다"고 언급했다 (Human Rights Watch 2022b).

제재는 안전보장이사회가 집행할 수 있는 유일한 방법이 아니며, 안전보장이사회는 엄청난 인권침해를 범한 분쟁을 다루기 위해 제7장을 기반으로 군사력의 사용 또한 승인해 왔다. 보스니아와 코소보에서의 인종청소, 르완다와 다르푸르에서의 집단학살, 소말리아에서의 기근과 국가붕괴, 콩고민주공화국에서의 조직적 강간과 혼란, 2011년 리비아에서 카다피의 자국민에 대한 위협 등은 모두 인권침해로부터 사람들과 집단을 보호하기 위해 유엔이나 지역 평화유지군을 통한 인도적 개입을 이끌어냈다. 제7장에서 논의된 바와 같이, 보호할 책임(R2P)은 여전히 논란이 많은 규범이다. 그러나 이를 적용했을 때, 유엔을 통해 인권과 인도적 규범을 집행하려는 국제적 의지가 드러났다.

전반저으로, 월링(Walling 2020: 297)은 안전보장이사회의 관행을 통해 "책임이 국제평화 및 안보의 중요한 구성 요소로 간주된다" 또한 인권을 평화유지활동에 통합하는 것이 "예외가 아닌 규범"이 되었다고 결론짓는다. 그럼에도 불구하고 그녀는 "안전보장이사회가 언제 중대한 인권침해를 안보 위협으로 간주할지에 대한 일관된 정책은 없다"고 덧붙였다 (Walling 2020: 304).

인권 집행 및 전쟁범죄, 반인도적 범죄, 그리고 집단학살에 대한 책임을 물음에 있어 중요한 진전은 두 개의 특별법정과 두 개의 혼합법정, 그리고 ICC의 창설을 통해 이루어졌다.

임시 전범재판소. 전쟁범죄에 대한 개별 책임을 물으려는 열망은 제2차 세계대전 동안의 전쟁범죄를 다룬 첫 번째 전범재판소의 창설을 이끌었다. 그러나 뉘른베르크와 도쿄 재판은 승자의 처벌이었기에, 미래의 전시 범죄에 대한 선례로 간주되지 않았다. 1990년대에는 구 유고슬라비아와 르완다 분쟁에서 발생한 잔혹 행위에 직면하여 전쟁범죄, 집단학살, 반인도적 범죄에 대한 개인의 책임이라는 개념이 부활했다. 유엔 안전보장이사회는 제7장 권한을 사용하여 1993년 네덜란드 헤이그에 구 유고슬라비아 국제형사재판소(ICTY: International Criminal Tribunal for the Former Yugoslavia)를 설립했다. 그 후 1994년에 르완다 국제형사재판소(ICTR: International Criminal Tribunal for Rwanda)가 설립되었고, 나중에는 두 개의 다른 특별법정의 창설을 촉신했다. 각 법원은 전전히 시작하여 구조와 절차를 개발하고, 증거를 수집하며, 검사, 조사관, 판사를 모집하고, 수많은 개인을 체포하고 재판하며 유죄 판결을 내리는데 국가의 협조를 얻기 위해 점진적 노력을 기울였다. 이 과정에서 법원은 ICC와 인권 및 국제인도법에 대한 선례를 설정했다.

23년 동안, ICTY는 50명 이상의 판사, 세 개의 독립적인 재판부와 더불어 76개국에서 온 750명 이상의 직원들을 고용했다. 이 재판소는 권한, 관할권, 증거, 선고, 수감문제를 다뤘다. 2017년에 재판소가 종료될 때까지, 161명이 기소되었고 90명이 선고를 받았으며, 여러 사건은 구 유고슬라비아의 지방 법원으로 이관되었다. 37개의 사건은 2006년 재판 중 사망한 유고슬라비아의 전 대통령 밀로셰비치(Slobodan Milosevic)의 경우를 포함하여 종료되거나 기소가 철회되었다. 19명의 피고인은 무죄를 선고받았다. 보스니아 세르비아의 전시 지도자 카라지치(Radovan Karadžić)가 선고를 받은 사람 중 하나였으며, 1995년 스레브레니차에서 보스니아 이슬람 남성과 소년 약 8,000명을 학살한 세르비아군 장군 믈라디치(Ratko Mladić)는 집단학살로 유죄 판결을 받았다. 그는 2021년 항소에서 패배했다. ICTY는 2017년에 공식적으로 종료되었으며, 믈라디치의 남은 항소와 두 번의 재판은 국제형사재판소 잔여처리기구에서 처리됐다.

ICTY의 판결은 제네바협약을 명확히 했는데, 예를 들어 성폭력, 특히 강간을 전쟁범죄로 정의한 것이 처음이었다. 또한 집단학살과 고문 범죄의 요소와 국제 인도주의법의 국내 무력충돌에의 적용을 명확히 했다. 재판소는 공정성과 중립성을 무엇보다 중요한 가치로 삼았기에, 가장 많은 사건이 세르비아인과 보스니아 세르비아인이 관련된 것이었지만, 크로아티아인, 보스니아 무슬림, 코소보 알바니아인들 또한 세르비아인 및 기타 민족에 대한 범죄로 유죄 판결을 받았다. ICTY의 다른 성과는 관련 사실을 입증하는 절차를 개발하고, 피해자들이 목소리를 낼 수 있는 포럼을 제공한 것이다. 그러나 헤이그에 소재한 재판소였기 때문에 재판소의 절차는 구 유고슬라비아 사람들에게 그다지 큰 영향을 미치지 못했으며, 이는 후속 재판소들이 주의깊게 고려한 교훈이 되었다.

르완다 재판소는 2015년 말에 작업을 마쳤으며, 93건의 기소, 62건의 판결, 14건의 무죄 판결을 내렸다. 마지막 판결에서는 6명에게 유죄 판결이 확정되었다. 이후 2020년 중반, 프랑스 경찰은 20년 넘게 수배 중이었던 르완다의 재벌 카부가(Félicien Kabuga)를 체포했다. 그는 르완다 집단학살 당시 투치족에 대한 공격뿐만 아니라 공포, 증오를 일으켰던 라디오 텔레비전 리브르 드 밀 콜린(Libre de Mille Collines)의 창립자이자 책임자로 ICTR에 의해 기소되었다. ICTY와 마찬가지로 ICTR의 남은 기능은 국제 잔여처리기구가 맡았으며, 카부가의 재판은 2022년 말에 헤이그에서 시작되었다. 지금까지 국제형사법에 대한 ICTR의 가장 중요한 기여는 TV, 라디오 및 뉴스 미디어를 이용해 투치족에 대한 집단학살을 선동하고 조직한 혐의로 유죄 판결을 받은 세 명의 저명한 인물들에 대한 판결이었다. 또한 캄반다(Jean Kambanda) 전 르완다 총리가 집단학살 혐의로 유죄 판결을 받은 것은 정부 수반으로서 첫 번째 선고였다.

혼합법정. 2002년과 2008년, 유엔과 시에라리온 및 캄보디아정부 간의 협정에 따라, 국내법과 국제법, 그리고 국제·국내 판사 및 절차를 적용하는 두 개의 법원이 반인도적 범죄 및 전쟁범죄에 대한 개인의 형사 책임을 심판하기 위해 설립되었다. 이론적으로 이러한 법원은 근접성으로 인해 더욱 큰 문화적 감수성과 그로 인해 더 높은 정당성을 지닌다. 시에라리온 특별재판소는 1991~2002년의 시에라리온 내전 동안 민간인과 유엔 평화유지군에 대한 범죄를 저지른 개인들을 기소했다. 총 10명이 재판을 받았으며, 9명이 유죄 판결을 받고 형을 선고받았다. 그중 2명은 재판이 시작되기 전에 사망했으며, 또 다른 한 명은 탈출했다. 가장 잘 알려진 피고인은 라이베리아의 전 대통령 찰스 테일러(Charles Taylor)로, 시에라리온내전에서 두 개의 반군 조직을 지원하며 테러, 공동 범죄 계획, 도시 공격 기획, 전쟁범죄, 반인도적 범죄에 가담한 혐의로 2012년 유죄 판결을 받았다. 그는 국제형사재판소에서 유죄를 선고받은 최초의 전 국가원수가 되었다. 그의 재판은 헤이그에서 열렸으며, 현재 영국의 교도소에서 복역 중이다. 시에라리온 특별재판소는 2013년 말, 모든 업무를 종료했다.

캄보디아 특별재판소라고도 불리는 크메르루주 재판소는 1975년부터 1979년까지 크메르루주 정권 하에서 발생한 기아, 고문, 강제 노동, 처형 등으로 사망한 170만 명의 캄보디아인에 대한 책임을 묻기 위해 관련 인물들을 재판했지만, 많은 어려움에 직면했다. 범죄 이후 시간이 많이 지나면서 증거 수집이 어려워졌다. 또한 크메르루주의 살아남은 지도자 5명 중 2명은 재판이 열리기 전에 사망했으며, 나머지 3명만이 반인도적 범죄 혐의로 유죄 판결을 받았다. 캄보디아정부는 재판절차를 반복해서 방해하려 했다. 국제법과 캄보디아 법이 혼합된 복잡한 절차와 국제·국내 판사들의 관여 아래 진행된 재판에도 여러 문제가 있었다. ICTY 및 ICTR와의 핵심적인 그리고 긍정적인 차별점은 재판이 캄보디아 현지에서 열렸기에 캄보디아 국민은 재판 과정과 드러난 범죄에 대해 더 많이 인식할 수 있었다는 것이다.

위 네 개의 특별재판소는 세계 최초의 상설 국제형사재판소(ICC)의 기초를 마련했다. 이러한 법원의 개념은 제2차 세계대전 이후 뉘른베르크 및 도쿄 전범 재판 때부터 존재했지만, 1990년대 중반 들어 범죄에 대한 풍부한 증거와 책임 체계의 필요성으로 인해 새로운 지지를 받게 되었다. 이 장의 서두에서 언급했듯이, 러시아의 우크라이나 침공에서 발생한 전쟁범죄 사건이 ICC에 회부될 가능성은 매우 낮다. 대신, 시에라리온 법원이나 캄보디아 법원과 유사한 임시 특별재판소가 설립될 가능성이 훨씬 더 크다.

국제형사재판소. 1998년, 유고슬라비아와 르완다 재판소의 임시방편적인 성격에 의해 제시된 어려움과 상설 국제형사재판소를 설립하려는 오랜 움직임을 고려하여, 유엔 회원국들은 ICC의 설립을 위한 로마규정을 채택했다. 2,000개 이상 NGO의 연합 단체인 국제형사재판소연합은 ICC에 대한 국제적 지지를 동원했고, 로마규정의 비준을 촉진했으며, 현재도 홍보 활동을 지속하고 있다. ICC는 공식적으로 독립적인 상설 사법기관으로 인정받고 있지만, 활동을 유엔 사무총장에게 보고하고, 유엔 총회에서 옵서버 지위를 갖고 있으며, 유엔 안전보장이사회에 의견을 제출할 수도 있다. 로마규정 제13조에 따라, 유엔 안전보장이사회는 2023년 기준으로 수단과 리비아 모두 로마규정의 당사국이 아님에도 불구하고 다르푸르와 리비아 사건과 같이 특정 사건을 ICC에 회부할 수 있다.

ICC는 2002년부터 공식적으로 운영을 시작했으며, 첫 번째 판사 18명과 검사들이 2003년에 선출되었다. 2023년 기준으로, 154개국이 로마규정에 서명했고, 123개국이 이를 비준했다. 서명하지 않은 국가에는 미국, 중국, 인도가 포함되며, 러시아는 서명은 했지만 비준하지 않았다. 또한 필리핀은 2019년 그리고 부룬디는 2017년에 탈퇴했다.

ICC가 출범했을 때, 이는 "현대 국제법 역사상 가장 야심찬 이니셔티브"라고 불렸다 (Simons 2003: A9). ICC는 강제 관할권을 가지며, 역사적으로 국제법의 주체가 오직 국가에 한정되었던 것과 달리, 개인과 테러 및 범죄 단체와 같은 비국가 행위자들에 대해서도 관할권을 행사한다. ICC는 단순히 무작위적 전시 행위가 아닌 '정책 또는 계획(policy or plan)' 에 따라 이루어진 '심각한' 전쟁범죄에 대해 관할권을 갖는다. 또한 범죄행위는 '체계적이거나 광범위'해야 한다. 여기에는 인종, 민족, 종교 등의 이유로 특정 집단을 공격하고 살해하는 행위를 의미하는 집단학살, 살인, 노예화, 강제이주, 고문 등의 반인도적 범죄, 전쟁범죄, 그리고 초기에는 명확히 정의되지 않은 침략 범죄 등 네 가지 형태의 범죄가 포함된다. 국가 원수와 군사 지도자를 포함하여, 만 18세 미만을 제외한 누구도 관할권에서 면제되지 않는다. ICC는 국내 법원이 중대한 잔혹 행위를 처리할 의지나 능력이 없을 때만 사건을 심리할 수 있는 마지막 수단으로 기능한다. ICC는 2002년 7월 1일 공식 출범한 날 이전에 저지른 범죄에 대해서는 소급 적용하지 않고, 피고인은 재판 과정에 반드시 출석해야 한다. ICC에는 개인, 정부, 단체, 또는 유엔 안전보장이사회 등 누구나 사건을 제소할 수 있다.

2023년 초 기준으로, ICC 목록에는 9개국에서 발생한 전쟁범죄 또는 반인도적 범죄와 관련하여 31건의 사건이 있는데, 모두 아프리카인들의 사건으로 중앙아프리카공화국, 코트디부아르, 수단, 콩고민주공화국, 케냐, 리비아, 우간다, 르완다, 말리에서 기소된 개인들을 포함하고 있다. 4개국은 자국 사건을 ICC에 회부했으며, 코트디부아르와 케냐의 사건은 ICC 검찰에 의해 착수되었으며, 두 개의 다른 사건은 유엔 안전보장이사회에 의해 회부되었다. 한편, 17건에 대한 조사가 진행 중이었으며, 일부는 ICC 설립 초기부터 제소된 것이었고, 우크라이나와 같은 다른 사건은 최근에 회부되었다.

ICC는 7년간의 준비 과정을 거친 후, 2009년에 첫 재판을 시작했는데, 준비 과정에는 초대 판사 선출, 수석검사의 임명에서부터 조사 절차 및 사건 선정 기준 마련, 법원 규정 수립, 관할권 및 적법성 평가까지 포함된다 (Schiff 2008: 102-143). 2023년 초 기준으로, ICC는 6명을 유죄 판결하여 형을 선고했으며, 4명을 무죄로 석방했다. 또한 수단, 케냐, 리비아, 콩고민주공화국, 코트디부아르와 관련된 사건을 종결했다. 비록 이들 사건은 모두 아프리카에서 발생했지만, ICC는 다른 지역에서도 다양한 사건과 인물에 대한 조사를 진행해 왔다. 특히 두 건의 기소가 주목할 만하다. 2009년, ICC는 현직 국가원수를 대상으로 한 첫 번째 기소에서, 수단의 오마르 알바시르(Omar al-Bashir)와 그의 측근 3명을 다르푸르지역 분쟁과 관련된 전쟁범죄 및 반인도적 범죄 혐의로 기소했다. 알바시르는 ICC에 저항했지만, 2019년 쿠데타로 축출된 후 체포되었다. 그러나 수단 정부는 알바시르를 ICC에 인도하는 대신, 자국에서 재판하기로 결정했다. 2011년, ICC는 케냐타(Uhuru Kenyatta)와 케냐인 2명을 2007년 대선 이후 발생한 민족 간 폭력사태와 관련해 기소했다. 케냐타는 2013년 케냐 대통령으로 취임했으며, 2014년 말 증거 부족으로 사건이 기각될 때까지, 재판을 연기하거나 법원 절차를 변경하려는 시도를 계속했다. 그럼에도 불구하고, 케냐타는 법정에 직접 출석함으로써 중요한 선례를 남겼다.

ICC에서 아프리카 사건이 압도적으로 많았던 점과 알바시르 및 케냐타와 같은 고위급 인사들의 기소는 아프리카 내에서 ICC에 대한 강한 반발을 불러일으켰다. 아프리카연합(AU), 이슬람협력기구(OIC), 아랍연맹(AL) 등은 모두 ICC가 인종차별적이며 신식민주의적이라고 비난했다. 알바시르는 공개적으로 ICC를 거부했으며, 일부 아프리카 지도자들은 아프리카국가들이 ICC에서 탈퇴하도록 압박하는 캠페인을 전개했다. 2016년에는 남아프리카공화국, 부룬디, 감비아가 ICC 탈퇴를 선언했고, 최종적으로 부룬디만 탈퇴했다. 특히 우려되는 한 가지 문제는 고위 국가 관료에 대한 기소와 현직 국가 원수에게 ICC 관할권의 예외가 적용되어야 하는지의 여부이다. 바워(Bower 2019: 89)는 이러한 논쟁이 면책 불허 원칙을 약화시키지 않았으며, 오히려 이 원칙을 지지하는 세력을 강화시켰으며, "어떤 주체도 개인들이 심각한 국제 범죄에 대한 책임을 져야 한다는 점을 공개적으로 부정하지 않는다"고 주장했다.

ICC가 미국의 반대에도 불구하고 20년 이상 운영되어 왔다는 점은 의미가 크다. 역사적으로 미국은 전쟁범죄에 대한 국제적 책임을 지지했지만, 결국 ICC에는 반대했고, 조지 W. 부시 대통령은 2001년 로마규정에 서명을 철회했다. 미국의 주요 우려 사항은 ICC가 미국이 아프가니스탄에서 전개한 군사행동으로 미국 군인 혹은 심지어 미국 대통령까지 기소할 수 있는 가능성이었다.

실제로 미국은 일관되지 않은 접근 방식을 취했다. 2005년, 미국은 다르푸르/수단 사건을 ICC에 회부하는 유엔 안전보장이사회 결의안에 기권했지만, 2011년 리비아의 회부에는 찬성표를 던졌다. 또한 ICC에 의해 기소되었으나 중앙아프리카의 외딴 지역에 은신 중이던 우간다 반군 지도자 코니(Joseph Kony)의 체포를 지원하기 위해 미군을 파견하기도 했다. 그러나 이 6년간의 작전은 2017년에 실패로 종료되었다. 2014년, 미국은 러시아가 거부할 것을 알면서도 시리아를 ICC에 회부하는 안전보장이사회 결의안을 추진했다. 동시에 이 결의안에 이스라엘이 점령한 골란고원에 대한 조사, 미군 기소, 미국의 ICC 재정 지원 모두를 차단하는 조항을 포함시켰다. 트럼프 행정부 시기, 미국은 ICC와의 협력을 전면 거부했고, 특히 ICC 수석검사 벤수다(Fatou Bensouda)가 2020년 아프가니스탄분쟁 중 정부, 탈레반, 혹은 미군에 의한 전쟁범죄 및 반인도적 범죄 가능성에 대한 조사를 시작한 이후 더욱 그러했다. 실제로 미국은 벤수다의 미국 입국을 금지하고 은행 계좌 접근을 차단하는 등의 개인에 대한 제재를 가했다. 이러한 조치는 2021년 바이든 대통령에 의해 해제되었다.

이러한 국제 형사 재판은 여러 가지 의문을 제기한다. 우선, 국제 법원의 운영비용이 매우 크다. 예를 들어, 유고슬라비아 재판소의 운영 비용은 약 20억 달러 그리고 르완다 재판소의 비용은 10억~20억 달러로 추산된다. 또한 ICC이 소수 유죄 판결에 대한 20억의 추산 비용은 이러한 비용이 정당화될 수 있는지에 대한 의문을 제기한다.

2019년, ICC 당사국총회의 전직 의장 네 명은 ICC의 운영에 대한 독립적인 조사를 요구하는 매우 비판적 기사를 발표했다. 그들은 "오늘날 우리는 그 어느 때보다도 ICC를 필요로 한다 … ICC의 중심적 메시지가 미치는 강력한 영향은 종종 그 법적기관으로서의 실적과 일치하지 않으며… 일부 법적 절차의 질 … 결과 … [그리고] 관리상의 결함이 존재한다"고 지적했다 (Raad Al Hussein et al. 2019). 오랜 인권운동가 네이어(Aryeh Neier 2019)는 ICC가 여러 국가 정상들을 대상으로 재판을 시작했지만, 단 한 명도 유죄 판결을 받지 않았다는 점을 지적하며 보다 공세적인 비판을 이어갔다. 그는 또한 유고슬라비아, 르완다, 시에라리온 임시 재판소의 165건의 유죄 판결과 대조되는, 설립 후 17년 동안 단 6건의 유죄 판결만을 내린 ICC의 기록을 비판했다. 이에 대응하여, ICC 당사국총회는 남아프리카공화국의 법학자 골드스톤(Richard Goldstone)이 주도하는 독립 전문가 단체를 설립했다. 2020년에 발표된 보고서는 판사의 선출 과정, ICC의 업무 방식과 문화, 피해자 참여, 배상문제 등을 포함하여 개선이 필요한 여러 분야에 집중했다.

ICJ를 통한 강제조치: 로힝야족과 미얀마. 2019년 미얀마의 집단학살방지협약 위반을 선언하고, 미얀마가 이러한 행위를 중단하며 집단학살 방지 의무를 이행하도록 하기 위해 ICJ를 활용하는 노력들이 시작되었다. 이 소송은 미얀마의 집단학살적 행동을 즉각 중단하도록 잠정 조치를 명령할 것을 ICJ에 추가 요청했다. 1948년 독립 이후, 미얀마는 오랫동안 군사 독재 정권 아래 있었으며, 하나 이상의 소수민족이 관련된 반군 활동이 거의 끊이지 않았고, 지속적으로 인권침해를 경험해 왔다.

2016년 말부터, 인도양 연안의 미얀마 라카인주 북부에 집중된 이슬람 소수민족 로힝야족은 주요 군사 탄압의 대상이 되어, 수많은 마을이 불태워졌으며, 수백 명이 학살당했고, 여성들은 강간을 당했으며, 어린이들은 불타는 집으로 던져졌다. 그 결과, 2017년을 시작으로 약 3주 동안 대규모의 사람들이 이웃 국가 방글라데시로 피난했다. 현재 약 86만 명의 난민들이 콕스 바자르 반도 전역의 난민 캠프와 임시 정착지에 거주하고 있다.

비록 유엔 인권이사회가 대규모 인권침해의 증거가 있다고 경고해 왔지만, 이번 사태를 집단학살로 규정한 언급은 2017년 11월, 미국 홀로코스트 기념박물관과 인권 NGO 포티파이 라이츠가 발표한 보고서에서 처음으로 등장했다 (Fortify Rights 2017). 같은 달, 유엔 안전보장이사회는 광범위한 폭력과 대량 강제이주를 비판하고, 미얀마정부가 폭력선동을 방지하기 위한 모든 필요한 행동을 취하고, 인도적 접근을 확대할 것을 촉구하는 성명(S/PRST/2017/22)을 발표했다. 2019년 초, 유엔 인권이사회는 국제 형사 소송을 준비하기 위한 증거를 수집하는 기구를 설립했다.

2019년 11월, 아프리카에서 가장 작은 국가인 감비아가 이슬람협력기구를 대표하여 ICJ에 소송을 제기했다. ICJ는 국가를 상대로 소송을 제기할 수 있는 유일한 국제 법원이며, 집단학살방지협약과 관련된 분쟁을 해결하는 법원으로 지정되어 있다. 2000년대 초반 세르비아를 상대로 보스니아와 크로아티아가 집단학살 혐의 소송을 제기한 곳이다. 더욱이 미얀마는 로마규정 당사국이 아니기에 ICC는 관할권을 가지지 않는다. 감비아의 법무장관은 ICTR에서 10년 이상 변호사로 근무했기에 르완다 집단학살과 관련된 법적 절차에 매우 익숙했다.

소송이 제기된 이후 불과 두 달 만에, ICJ는 첫 번째 판결을 내렸다. 이 판결에서 ICJ는 미얀마가 실제로 집단학살을 저질렀는지에 대한 여부를 결정하지 않았다. 이는 몇 년간의 법정 절차가 소요될 것이다. 다만 ICJ는 로힝야족이 "보호받아야 할 집단으로 보인다"고 판시하면서, 무장단체 간의 내부 갈등으로 인해 집단학살방지협약 상의 의무가 면제된다는 미얀마정부의 주장을 기각했다. 또한 미얀마 군부에 대해 군대와 경찰이 집단학살 행위를 저지르지 않도록 보장할 것, 그러한 행위에 대한 모든 증거를 보존할 것, 준수 상황을 법원에 보고할 것을 명령하는 잠정 조치를 내렸다 (Rist 2020).

이러한 ICJ의 판결은 국가가 집단학살에 대한 책임을 진다는 방식에 있어 국제인권법의 중대한 돌파구로 평가된다. 미얀마정부는 법원이 요구한 보고서를 제출하고 있지만, 보고서에서 로힝야라는 명칭을 언급하는 것을 거부하면서 반군에 대한 그들의 정당한 행동임을 주장하고 있다. 법원의 판결이 나올 때까지, 안전보장이사회는 ICJ의 잠정 조치를 시행하기 위해 추가적인 조치를 취할 수 있지만, 이는 중국이 미얀마와 관련된 문제에 대해 이사회에서 논의하는 것을 차단했기 때문에 가능성이 낮다. ICC는 미얀마 집단학살에 연루된 특정 개인들에 대한 자체 예비조사를 진행하고 있지만, 미얀마가 로마규정 당사국이 아니기에 ICC는 여전히 제약을 받고 있다는 점을 상기할 필요가 있다.

이 사례는 국가와 개인의 책임을 묻기 위해 방법을 모색하는 인권운동가들의 창의성을 보여준다. 책임 규명에 대한 보다 일반적인 절차는 지역인권법원의 활용이다.

지역적 집행. 46개 회원국과 6억 7,500만 명의 인구에 대한 강제 관할권을 보유한, 유럽인권재판소(ECHR)는 특정한 집행 메커니즘을 가지고 있는 유일한 지역법원이다. 회원국들은 자신이 당사자인 사건에서 최종 법원 판결을 따를 것에 동의한다. 만약 따르지 않을 경우 2010년 개정에 따라, 법원은 위반구제절차를 개시할 수 있다. 해당 국가의 불이행이 확인되면, 그 국가는 유럽 인권협약 제46조에 따라 의무를 위반한 것으로 선언될 수 있다.

시간이 지나면서 유럽인권재판소의 사건 수는 기하급수적으로 증가했으며, 대부분의 판결은 1998년 이후에 이뤄졌다. 매년 5만 건 이상의 신청이 접수되지만, 그중 상당수가 최종적으로 부적격으로 판단되어 기각된다. 1958년부터 2011년 사이, 법원은 1만 4,940건의 구속력 있는 판결을 내렸으며 (Alter 2014: 73), 2011년부터 2020년까지는 1만 815건의 판결을 내렸다 (ECHR 2023: 9). 판결 내용에는 정치적·시민적 권리와 관련된 논쟁적인 사안들이 포함되어 있다. 예를 들어, 영국정부가 심지어 나중에 무죄 판결을 받은 사람까지 포함하여 모든 범죄 용의자의 지문과 DNA 샘플을 채취하여 보관하는 정책, 불가리아의 공정 재판 및 형량 결정 절차, 그리고 미국 주도의 지구적인 테러와의 전쟁 동안 수감자를 학대하고 고문한 미국 중앙정보국(CIA)의 '블랙 사이트(black sites)'에 대한 폴란드의 허용 등이 그것이다.

국가는 유럽평의회(Council of Europe)에 법원의 판결을 준수하기 위해 취한 조치를 보고할 의무가 있다. 때때로 이는 단순히 배상금을 지급하는 것을 의미하며, 이는 비교적 쉽게 집행할 수 있다. 그러나 국내법이나 관행을 변경해야 할 때는 집행이 더욱 어렵다. 예를 들어, 불가리아는 1998년 판결에서 경찰 및 기타 공무원의 범법 행위를 조사하는 법적 절차가 부적절하다고 판단된 후 법률을 강화해야 했다. 그러나 2022년 기준으로, 국가가 법원의 판결을 이행하지 않은 사례는 단 두 건뿐이다. 이러한 상황에서는 법원이 불이행을 검증하기 위해 위반구제절차를 수행한다. 첫 번째 사례는 2019년 아제르바이잔에 대한 사건으로, 잘못된 유죄 판결을 받은 정치 활동가의 유죄 판결이 번복되고 보상이 지급되었다. 두 번째 사례는 튀르키예와 관련된 사건으로, 2022년에 위반구제절차가 개시되었지만 2023년 초까지 해결되지 않았다.

미주 인권재판소(IACHR)는 회원국뿐만 아니라 개인의 항소도 심리하며, 매우 활발하게 활동한다. 유럽 인권재판소와 마찬가지로, 2006년부터 2021년 사이 3만 건 이상의 청원으로 그 수가 상당하다 (Inter-American Commission on Human Rights 2023). 이 법원은 매년 수백 건의 위험에 처한 개인들을 위한 '예방 조치' 요청을 각국에 발송한다. 35개 회원국 중 22개국이 법원의 강제 관할권을 수락했다. 1979년 설립 이후 2011년까지 239건의 구속력 있는 판결과 20건의 자문 의견을 발표했다 (Alter 2014: 73). 2021년에는 법원 역사상 가장 많은 40건의 신규 사건이 제기되었으며, 27건의 판결을 내렸다 (Inter-American Court of Human Rights 2021). 2020년의 획기적인 판결에서, 법원은 에콰도르가 학교 내 성폭력과 성희롱을 경험한 학생을 보호하지 못한 책임이 있다고 판결했다. 이는 국가가 학교 내 여아와 청소년을 대상으로 한 성적 학대 예방에 대한 책임을 진다는 최초의 판결이었다 (Center for Reproductive Rights 2020).

아프리카 인권재판소는 2004년 아프리카 인권헌장의정서가 발효된 후, 2006년에 운영을 시작했다. 탄자니아 아루샤에 본부를 두고 있으며, 6년 임기의 11명의 판사로 구성되어 있다. 2008년부터 2022년까지 총 330건의 사건을 다루었으며, 이 중 181건을 종결했다 (African Court of Human and Peoples' Rights 2022). 2013년 판결은 탄자니아가 결사의 자유를 포함하여 아프리카 헌장의 여러 조항을 위반했다고 판결했다. 법원은 탄자니아정부에 헌법적·입법적·기타 조치를 통해 이러한 위반을 시정할 것을 명령했다.

글로벌인권 및 인도적 거버넌스의 실행

수많은 인권 및 인도적 문제 중, 집단학살 및 인종청소, 여성에 대한 폭력, 그리고 성소수자 권리라는 세 가지 사례를 선정하여, 글로벌인권 및 인도적 거버넌스 실행의 강점, 성공, 한계, 그리고 실패를 보여주고자 한다.

집단학살과 인종청소

"다시는 반복되지 않도록(never again)"이라는 수사에도 불구하고, 집단학살은 수백만의 생명을 계속해서 빼앗고 있다. 600만 명의 유대인, 집시, 그리고 기타 민족의 죽음을 야기한 제2차 세계대전의 홀로코스트는 집단학살이라는 용어를 공론화했고 이를 국제범죄로 규정하려는 운동을 촉발했다. 집단학살은 그 이전인 19세기 후반 벨기에령 콩고와 1915년 아르메니아에서 발생했다. 1944년, '집단학살(genocide)'이라는 용어는 폴란드 출신 변호사 렘킨(Raphael Lemkin)에 의해 만들어졌으며, 그는 이 범죄의 인정과 집단학살 방지 및 처벌 협약에 대한 유엔 총회의 승인을 지지했다 (Frieze 2019). 이 협약은 유엔이 승인한 최초의 인권조약이었으며, 유엔 총회가 세계인권선언(UDHR)을 승인하기 하루 전에 채택되었다. 도표 9.2에서 주요 조항을 확인할 수 있듯이, 이 협약은 집단학살 범죄를 정의하고, 금지된 행위를 목록화했으며, 그리고 가해자 처벌 조항을 명시하고 있다.

집단학살방지협약은 미국을 제외하고 신속하게 서명 및 비준되었으며, 국제인권법의 주요한 진전으로 널리 인식되었다. 그러나 이 협약이 어떻게 해석되고 집행될 것인가? 협약은 집단학살의 요건을 충족하기 위해 얼마나 많은 사람이 희생되어야만 하는가를 구체화하지 않고 오직 가해자의 특정 집단에 대한 '전체 혹은 일부' 파괴 의도를 다룬다. 협약은 상황을 감시하거나 혹은 임박한 실제 집단학살의 조기 경고를 제공할 영구적인 조약기구를 창설하지 않았다. 그 결과, 수년간 효과가 거의 없어 보였다. 국제사회는 1970년대 중반 캄보디아 인구의 약 3분의 1이 사망한 '킬링 필드'와 같은 집단학살로 보이는 여러 상황을 외면했다.

보스니아, 르완다, 다르푸르, 미얀마의 로힝야족, 중국 신장지역의 위구르족, 그리고 우크라이나의 사례는 집단학살방지협약 적용과 관련된 딜레마를 보여준다. 이러한 사례들은 집단학살을 구성하는가? 한 집단이 조직적으로 다른 집단을 말살하려 했는가? 아니면 단순히 잔혹한 내전이었거나, 위구르족 사례처럼 대규모 강제 노동의 상

도표 9.2 | 집단학살방지협약의 주요 조항

제1조. 평시든 전시든 자행된 집단학살은 국제법상 범죄이며, 이를 방지하고 처벌할 의무를 진다.

제2조. 집단학살은 국가적, 민족적, 인종적 또는 종교적 집단을 전체 또는 일부 파괴할 의도로 저지른 다음 행위를 의미한다.
- a. 해당 집단 구성원을 살해하는 행위
- b. 해당 집단 구성원에게 심각한 신체적 또는 정신적 피해를 가하는 행위
- c. 해당 집단의 전체 또는 일부의 물리적 파괴를 초래할 목적으로 생활 조건을 의도적으로 악화시키는 행위
- d. 해당 집단 내 출산을 방지할 의도로 조치를 강제하는 행위.
- e. 해당 집단의 아동을 강제로 다른 집단으로 이전시키는 행위

제3조. 다음의 행위는 처벌 대상이 된다.
- a. 집단학살
- b. 집단학살을 모의하는 행위
- c. 집단학살을 직접적이고 공개적으로 선동하는 행위
- d. 집단학살을 시도하는 행위
- e. 집단학살에 공모하는 행위

제4조. 집단학살 또는 제3조에 열거된 기타 행위를 저지른 자는 처벌 대상이며, 이는 헌법상 책임을 지는 지도자, 공무원 또는 민간인 여부와 관계없이 적용된다.

제5조. 체약국은 본 협약의 조항을 이행하는 데 필요한 국내 법률을 제정하고, 집단학살 또는 제3조에 열거된 기타 행위를 저지른 자에게 효과적인 처벌을 제공할 의무를 진다.

황인가? 만약 집단학살이 자행되었다면, 협약 당사국들은 제1조에 따라 대응할 의무가 있지만, 집단학살을 입증하는 것은 어렵다. 그러나 보스니아와 르완다에서 ICTY와 ICTR이 보여주었듯이, 불가능한 것은 아니다. 분명히, 가해자들이 문제의 핵심인 자신의 의도를 입증할 결정적인 증거를 남기는 경우는 드물며, 이는 국제사회가 우크라이나에서의 러시아의 행위를 문서화하려는 노력을 설명한다. 아마도 가장 중요한 점은, 어느 경우에도 유엔 회원국들이 학살을 막기 위해 결정적이고 신속하게 행동한 사례가 없다는 것이다.

1990년대 유고슬라비아 내전 동안 인종청소라는 용어가 만들어졌는데, 이는 크로아티아, 보스니아 세르비아인, 그리고 세르비아가 다른 민족 집단을 그들의 영토에서 제거하려는, 그러나 집단학살방지협약에 명시된 대로 전체 또는 일부를 반드시 말살하려는 것은 아닌, 조직적 노력을 언급하기 위해 만들어졌다. 보스니아에서는 민간 무슬림들이 세르비아군에 의해 보스니아 내 이슬람 거주 지역 또는 인근 국가로 도망치도록 강요받았다. 일부는 강제수용소에 수용됐다. 또한 약 6만 명의 보스니아 여성들이 세르비아군에 의해 성폭행을 당한 것으로 추정된다. 크로아티아는 세르비아인을 그들의 영토에서 추방했으며, 세르비아 또한 코소보 알바니아인을 코소보에서 추방했다.

1992년부터 유엔 인권위원회의 조사관들은 보스니아 이슬람 인구에 대한 '대규모의 심각한 인권침해'를 보고했다. 같은 해, 유엔 총회는 세르비아의 보스니아 이슬람에 대한 인종청소를 집단학살의 한 형태로 규탄했으며, ICJ는 1993년에 세르비아에 집단학살방지협약을 준수하라는 만장일치 명령을 내렸다.

2007년, ICJ는 세르비아가 1995년 스레브레니차에서 발생한 집단학살을 예방하지는 못했지만, 집단학살을 저지르거나 모의하거나 공모하지 않았다고 판결했다 (ICJ 2007). 판사들은 보스니아인을 전부 또는 일부 파괴하려는 의도를 입증할 만한 증거가 충분하지 않다고 지적했다. 그러나 1999년, 크로아티아는 세르비아를 상대로 ICJ에 집단학살 소송을 제기했고, 세르비아는 2010년에 반소를 제기했다. ICJ는 2015년 크로아티아와 세르비아 모두 상대 인구에 대해 집단학살을 저지르지 않았다고 판결했다. 양국 모두 범죄를 저질렀으나, 집단학살 의도는 입증되지 않았다고 ICJ는 판결했다 (ICJ 2015). 앞서 언급했듯이, ICTY는 2017년 보스니아 세르비아군의 믈라디치 장군을 스레브레니차 대학살에서의 집단학살로 유죄 판결을 내렸다. 요약하면, 구 유고슬라비아와 특히 보스니아에서 발생한 상황이 집단학살의 요건을 충족하는지에 대한 법적 의견은 나뉘었다.

르완다에서의 집단학살 증거는 훨씬 더 명확했다. 1994년 4월, 르완다와 부룬디의 대통령이 의문의 비행기 추락사고로 사망한 후, 르완다군과 경찰 내 후투족 극단주의자들은 리브르 드 밀콜린 라디오에 의해 조직된 폭력 캠페인에 따라 소수민족인 투치족과 온건한 후투족을 체계적으로 학살하기 시작했다. 10주 동안, 르완다 인구 700만 명 중 80만 명 이상이 살해되었다. 심지어 비행기 추락 전에도, NGO와 유엔 평화유지군의 보고서들은 투치족을 표적으로 삼은 계획이 있음을 경고했다. 1994년 1월, 집단학살이 임박했다는 달레르(Roméo Dallaire) 장군의 경고는 유엔 본부에 의해 무시되었고, 2,500명의 소규모 평화유지군을 보강하기 위해 추가 파병을 요구한 그의 요청도 거부되었다. 결국, 달레르 장군은 외국인 대피 활동에만 집중할 수밖에 없었다.

국제사회는 상황의 심각성을 인식하는 데 느렸다. 파워(Samantha Power 2002)는 미국이 행동하지 않은 이유를 자기 이익에 기반한 신중함과 초창기 살해는 단순히 '무작위적인 부족 간 학살'에서 비롯된 것이라고 본 안이한 인식에서 찾았다. 심지어 그러한 인식과 반대되는 증거가 쏟아져도, 이는 무시되었고 공직자들은 '집단학살' 용어를 사용하기를 꺼렸는데, 만약 사용될 경우 집단학살방지협약에 따라 반드시 행동해야 함을 잘 알았기 때문이다. 구레비치(Philip Gourevitch 1998)와 바넷(Michael Barnett 2002)은 유엔에 가장 큰 책임을 묻고 있으며, 특히 군사적 행동을 꺼린 안전보장이사회의 회원국들과 문제를 오해하고 무시한 유엔 사무국을 비난했다. 다른 학자들은 집단학살이 너무 빠르게 일어나서 세계가 그 상황을 충분히 알지 못했거나 예방할 시간이 없었다고 주장하기도 했다 (Kuperman 2001). 그러나 인정된 이후에는 그것이 집단학살이었는지에 대한 논쟁은 거의 없었다. 앞서 언급한 대로, ICTR은 캄반다 전 총리와 네 명의 군 관계자, 그리고 최근에는 라디오 밀레 콜린스의 책임자를 포함하여 투치족에 대한 집단학살을 선동하고 조정한 주요 인물들에 유죄 판결을 내렸다.

구 유고슬라비아와 마찬가지로 수단 다르푸르에서의 상황은 그것이 집단학살을 구성하는지의 여부가 모호하다. 2003년을 시작으로, 정부 지원을 받는 아랍 민병대, 즉 잔자위드(Janjaweed)의 공격으로 수단 다르푸르 서부지역에서 수천 명의 사람들이 집을 떠났다. 정확한 수치는 파악하기 어렵지만, 2003년과 2008년 사이에 다르푸르에서 30만 명 이상이 사망하고, 230만 명이 집을 떠났으며, 25만 명은 대부분 이웃 국가인 차드로 피난했다고 추정된다. 수많은 마을이 파괴되었고, 300만 명 이상이 국제 인도적 지원에 의존하게 되었다. 이 상황은 조지 클루니(George Clooney)와 같은 유명인사들의 주목을 끌었고, 정부의 행동을 촉구하는 '세이브 다르푸르'라는 미디어 캠페인을 일으켰다. 2004년 다르푸르를 집단학살로 규정한 콜린 파월(Colin Powell) 미 국무장관은 공식적인 입장을 표명한 몇 안 되는 사람 중 하나였다. 제7장에서 논의한 바와 같이, 수단에 대한 강제조치를 반대한 중국과 러시아로 인해, 유엔 안전보장이사회는 2005년 이 사태를 ICC에 회부했으며, 2007년 유엔-AU 합동 평화유지군으로 확대된 AU의 소규모 감시군을 지원했다. 앞서 언급한 바와 같이, ICC는 알-바시르 전 수단 대통령을 포함하여 6명을 집단학살, 전쟁범죄, 반인도적 범죄로 기소했다.

로힝야와 위구르문제에 대해서는 아직 집단학살을 구성하는지에 대한 법적 판결이 내려지지 않았다. 미얀마에 대한 ICJ 사건에서, 법원은 미얀마를 잠재적인 집단학살 행위 가능성에 대해 국가로서 책임을 지우며, 미얀마군에게 군대가 집단학살 행위를 저지르지 않도록 보장하고, 그러한 행위의 모든 증거를 보존하며, 그 준수 상황에 대해 보고할 것을 명령하는 임시 조치를 내렸다. 또한 ICC는 2023년 로힝야 상황과 관련된 인물들에 대한 자체 조사를 진행 중이다.

중국 신장지방에서의 이슬람 위구르족문제는 훨씬 더 불확실하며, 현재 진행 중인 법적 조치는 없다. 2019년 11월, 『뉴욕타임스』는 100만 명 이상의 위구르족, 카자흐족, 그리고 기타 이슬람 소수민족들이 강제로 수용소에 끌려갔다는 증거를 보도했다 (Ramzy and Buckley 2019). 위성 이미지 또한 수용소를 보여주었다. 또한 2014년 한족을 대상으로 한 위구르족의 공격 이후, 시진핑 주석은 신장에서 극단주의 이슬람을 근절할 것을 촉구했다. 이후의 보고서들은 수용된 사람들이 그들의 종교, 문화, 언어를 없애려는 재교육을 받고 있으며, 고문, 독방 구금, 대규모 강간, 그리고 여성의 강제 불임 시술을 당하고 있다는 내용을 보여주었다. 그러나 중국정부 관계자들은 이러한 수용소를 직업 교육 훈련 센터라 항변하며, 이슬람 극단주의를 근절하여 테러리즘을 예방할 필요성에 대해 언급했다. 더 최근의 증거들은 이 수용소들이 강제 노동과도 연관이 있다는 것을 보여주고 있다. 또한 신장지역에 많은 수의 한족을 재정착시키려는 막대한 노력이 있었다.

2021년, 미국, 캐나다, 영국, 네덜란드 등을 포함한 여러 서방정부는 신장에서의 상황이 집단학살의 요건을 충족한다고 선언했다. 휴먼라이츠워치와 국제앰네스티도 같은 입장을 취했다. 2022년 유엔 인권고등판무관 바첼레트(Michelle Bachelet)가 중국을 방문한 후 발표한 보고서는 광범위하고 조직적인 인권침해뿐만 아니라 '자의적이고 차별적인 구금'을 언급하며, 이는 반인도적 범죄에 해당할 수 있다고 지적했다. 유엔 공직자로서의 그녀의 위치를 감안할 때, 이보다 더 강하게 말하기는 어려웠을 것이다. 대부분의 인권운동가는 현재 제공된 증거들이 이 상황을 집단학살로 부를 수 있는 명확한 사례를 만든다고 생각한다 (Chotiner 2022).

마지막으로, 러시아의 우크라이나 침공과 전쟁이 집단학살의 요건을 충족하는지에 대한 논쟁은 집단학살방지협약의 한계와 문제점을 드러낸다. 우크라이나는 침공 3일 후, 미얀마와 유사한 임시조치에 대한 요청과 함께 이 문제를 ICJ에 제기했다. 이 사건에서 ICJ는 자신들의 관할권을 인정하고, 2022년 3월 중순에 임시 조치를 승인했다.

전문가들은 법적문제를 집단학살방지협약에서 말하는 '치명적인 결함'과 연결 짓는다. 그 중 하나는 렘킨(Rafael Lemkin)이 홀로코스트를 집단학살의 전형이자 '범죄 중의 범죄'로 만든 방식인데, 마치 범죄에 위계가 존재하는 것처럼 여겨지게 만들었다 (Moses 2022). 두 번째 결함은 "국가적, 민족적, 인종적, 또는 종교적 집단을 그 자체로 전체 또는 일부 파괴하려는 의도"라는 문구다. 모세(Moses 2022)가 언급했듯이, "'그 자체로'라는 표현은 피해자들이 오직 그들의 정체성에 기반하여 목표가 됨을 의미하며, 이는 전쟁과 같은 물질적 이유가 아닌 상징적 이유"로 이는 국가들이 불법으로 간주하지 않았던 행위였다. 또한 모세는 "모든 사람은 무력충돌이 민간인에게 극적인 영향을 미친다는 것을 이해하고 있다 … 민간인을 대량으로 살해하는 것은 유감스럽지만 군사적 목표, 즉 파괴가 아닌 승리를 위한 것이라면 허용할 수 있다"고 덧붙였다. 만약 집단학살을 입증하기 위해 '그 자체로 … 파괴하려는 의도'의 입증이 요구된다면, 이는 극히 어렵다.

이러한 사례들은 집단학살이 발생했음을 입증하는 데 있어 직면하는 도전과 집단학살을 금지하는 국제 규범 집행의 어려움을 보여준다. 이러한 상황은 당분간 변화할 가능성이 낮다.

여성에 대한 폭력

여성에 대한 폭력을 입증하는 법적 기준은 집단 학살보다 상당히 덜 엄격하지만, 이는 훨씬 더 광범위하고 심각한 인권문제를 구성한다. 여성에 대한 폭력은 수 세기 동안 있었으며, 세계 어느 지역도 이 문제로부터 자유롭지 않다. 오랫동안 여성에 대한 폭력은 지역 당국과 국내정부가 개입하지 않았고 국제사회는 눈을 감아버린, 가족과 공동체 생활이라는 사적 영역에 숨겨져 있었다. 어린 나이에 강제결혼, 외모 손상 및 강간을 포함한 배우자로부터의 신체적 학대, 거액의 지참금, 여성 할례, 명예살인 모두 가정과 가족 내에서 발생한다. 오랜 기간 성별에 따른 노동 분업은 많은 여성을 노동 착취, 성매매, 그리고 인신매매로 몰아넣었고, 수천 년 동안의 내전과 국가 간 전쟁에서 여성들은 강간, 고문을 당하고 군대를 위한 성적 서비스 제공을 강요받아 왔다. 마찬가지로, 여성들은 인신매매 피해자의 대다수를 차지하고 있으며, 세계화에 따른 자본, 무역, 불법 산업의 흐름이 국경을 초월하면서 인신매매 문제는 폭발적으로 증가했다. 2022년 유엔 여성기구는 전 세계 인신매매 피해자의 65%가 여성과 여아였으며, 이들 중 90% 이상이 성적 착취를 목적으로 한 것이었다고 보고했다. 그러나 여성에 대한 이러한 학대가 인권문제로 인식된 것은 1990년대 이후다 (UN Women 2022).

유엔과 그 산하 전문기구들은 1946년 여성문제를 다루기 시작했지만, 여성의 권리에 대한 논의는 1980년대와 1990년대까지 인권문제로 구체화되지 않았다 (Ruane 2011). 유엔은 개념적으로나 행정적으로 여성의 권리와 인권을 분리했으며, 인권위원회는 제네바에, 여성지위위원회는 뉴욕에 각각 위치시켰다.

여성폭력 문제에 대한 NGO의 활동은 선진국의 여성단체가 국제 여성범죄재판소를 조직하여 40개국에서 온 2,000명의 여성 운동가들을 모았던 1976년으로 거슬러 올라간다. 이 재판소는 1975년 제1차 유엔 세계여성회의에서 여성에 대한 폭력문제가 다뤄지지 않은 것에 대한 대응으로 설립되었다. 재판소는 강간 및 성적 노예와 같은 가정 및 지역사회의 폭력으로 고통받는 여성들의 증언을 심리했다. 이는 이전까지 사적 문제로 여겨진 문제를 공적 영역으로 끌어내며, 성폭력을 공론화하고 네트워크를 구축하는 데 중요한 촉진제를 제공했다.

인권과 여성의 권리를 연결하는 전환점은 1985년과 1995년의 제3차 및 제4차 유엔 세계여성회의, 그리고 1993년 비엔나세계인권회의에서 이루어졌다. 운동가 번치(Charlotte Bunch)는 "여성의 권리는 인권이다(Women's Rights Are Human Rights)"라는 1990년의 논문에서 둘 간의 개념적 연관성을 확립하는 데 도움을 주었다. 이 시기에 휴먼라이츠워치와 국제앰네스티도 여성 권리 프로젝트를 설립했으며, 여성 인권 글로벌캠페인에 참여한 약 90개의 인권 및 여성 NGO들과 협력하여 여성 권리와 인권의 연계성을 인정한 1993년 세계인권회의를 인도했다.

이 캠페인의 핵심 요소는 성 기반 폭력에 맞춰졌다. 페미니스트 단체들은 로비 활동을 펼치고, 소송을 제기하며, 국제 및 지역기구들과 네트워크를 구축하고, 제도적 변화를 요구했다 (Htun and Weldon 2012). 또한 비엔나회의와 병행하여 열린 NGO 포럼에서 여성 인권침해에 관한 국제재판소를 조직하여 학대 피해 여성들의 증언을 듣고 관련 문제를 인간적인 시각에서 조명했다. 여성과 인권단체들의 연합된 노력은 비엔나선언 제18조를 탄생시켰으며, 해당 조항은 "여성과 여아의 인권은 양도할 수 없고, 필수적이며, 불가분한 보편적 인권의 일부다"라고 선언했다. 또한 전시, 평시, 가정생활 등에서의 여성에 대한 폭력과 기타 가해는 인권 및 인도적 규범의 위반으로 규정되었다.

여성폭력에 관한 관심을 증진시키는 데 특히 중요한 역할을 한 것은 가정 및 성폭력 반대 페미니스트 네트워크를 결성한 중남미 및 카리브해지역의 페미니스트 활동가들이었다. 툰과 웰던(Htun and Weldon 2020: 40)은 이 활동가들이 1986년 미주 여성위원회가 여성폭력을 특별한 관심사로 지정하도록 이끌었다고 평가했다. 1993년, 유엔총회는 여성에 대한 폭력 철폐 선언을 승인하며, 여성폭력에 대한 특별보고관 지정을 요청했다. 1994년, 중남미 국가들은 다시 여성에 대한 폭력 예방, 처벌 및 근절에 관한 미주 협약, 즉 벨렘두파라협약(Convention of Belém do Pará)을 채택하도록 이끌었다. 이 협약은 단순한 선언이 아닌 경성법으로, 협약 준수를 감시할 특별보고관을 임명하는 조항을 포함했다. 툰과 웰던(Htun and Weldon 2020: 41)의 연구에 따르면, 1990년대 중반까지 중남미정부들은 "유럽정부들보다 여성폭력에 대한 정책을 채택할 가능성이 약간 더 컸으며," 2000년대에는 폭력의 다양한 형태와 발생 장소를 인정하는 법률로 이를 확장해 나갔다.

EU는 EU의 법적권한을 사회정책 영역으로 확대하고, 인권과 법치주의를 강조한 1993년 마스트리흐트조약과 1997년 암스테르담조약에 포함된 조항에 따라 1995년 이후 여성폭력 문제에 대한 정책을 추진하기 시작했다. 2,700개의 단체가 소속된 유럽 여성로비는 여성폭력 대응정책 행동센터를 통해 이 문제를 공론화했다. 이는 유럽의회의 여성권리위원회로부터의 반응을 촉진했다. 동유럽으로의 확대와 EU의 국경을 개방한 쉥겐협정으로, 여성 인신매매와 폭력문제는 더욱 광범위한 유럽의 문제가 되었다. 유럽 집행위원회는 여성 인권운동가 출신의 여성 위원들에 의한 압박이 있기까지 문제를 상정하는 데 있어 미흡했지만, 1997년 EU는 성 기반 폭력문제를 해결하고, 피해자를 돕기 위한 각국 정부와 지역단체들의 능력을 확장하는 데 기여한 다프네 프로그램을 출범시켰다 (Montoya 2008).

툰과 웰던(Mala Htun and Laurel Weldon 2012)의 40년 이상 70개국에 대한 비교연구는 다른 목적으로 조직된 여성운동이 아닌, 여성의 지위를 높이고 전통적인 성 역할에 대해 도전하는 강력한 자율적 국내 페미니스트 단체의 옹호 및 동원이 국가별 정책 개발의 차이를 가장 잘 설명한다는 점을 발견했다. 유사하게, 그들의 연구는 여성차별철폐협약 비준, 좌파 정당의 집권, 여성 정치인 비율 증가, 국가의 경제적 부유함이 아닌 여성폭력 문제를 다루는 규범의 점진적인 지역적 전파의 중요성을 지적한다. 또한 행동이 중남미와 북미에서 유럽으로, 이후 아프리카와 중동, 그리고 아시아 일부로 퍼져나갔다는 점과 특히 아시아에서 1980년대 인도의 페미니스트 운동가들이 초기 성공을 거두었지만, 중국은 여전히 뒤처져 있다는 점은 주목할 만하다 (Htun & Weldon 2020: 38–51). 점진적으로, 각국은 정부 기관 창설, 가정폭력 보호소 지원, 강간 위기 센터 창설,

특별법 채택에서부터 피해자 대응 전문가 교육과 예방 및 공공교육 프로그램 지원에 이르기까지 다양한 행동을 취하기 시작했다.

가장 치명적이고 지속적인 문제 중 하나는 무력분쟁 중 발생하는 강간과 기타 여성에 대한 폭력이다. 이는 유엔헌장 제7장에 따라 유엔 안전보장이사회의 여성, 평화, 안보 및 민간인보호 의제에서 중요한 초점이 되어왔다. 강간, 성적 노예, 강요된 매춘은 모두 로마규정의 반인도적 범죄 목록에 포함되어 있다. 또한 강간은 전쟁범죄로도 간주되어 왔다. 1990년대 보스니아내전과 르완다 집단학살은 성폭력의 조직적 사용에 대한 널리 퍼진 인식을 가져왔으며, ICTR은 강간을 반인도적 범죄이자 집단학살을 자행하는 수단으로 인정하여 첫 번째 유죄 판결을 내렸다. ICTY에 의한 유죄 판결의 거의 절반은 또한 성폭력 관련 범죄이며, 이 법원은 성적 노예화를 반인도적 범죄로, 강간을 고문의 한 형태로 인정한 첫 번째 판결을 내렸다. 2008년, 유엔 안전보장이사회 결의안 1820호는 강간을 "지역사회의 민간 구성원 혹은 민족 집단에게 굴욕감을 주고, 그들을 지배하며, 공포를 조성하고, 또는 강제로 이주시키는 전쟁의 전술"이며 국제안보에 대한 위협으로 규정했다. 다음 해, 안전보장이사회는 '분쟁 하 성폭력 유엔 사무총장 특별 대표실'을 창설했다.

유엔체제 내에서 유엔 평화유지군을 포함하여 여성에 대한 폭력 관련 문제를 해결하기 위해 기타 많은 조치가 취해졌다. 유엔 여성기구는 인권과 성 기반 폭력문제를 포함하여 성평등과 여성의 권한 강화 작업의 조정기관이다. 이 기구의 가장 중요한 기여 중 하나는 여성에 대한 폭력 감소에 대한 진전이다 (UN Women, 2023).

유엔의 활동은 1,700명의 운동가 및 분쟁지역의 생존자들과 함께 123개국 정부 대표가 참석한 2014년 성폭력 종식 글로벌정상회담에 의해 확장되었다. 정상회담의 성과 중 하나는 정보 및 증거 수집과 증인 보호에 대한 기준을 설정한 성폭력 사건의 문서화 및 조사에 관한 국제 의정서의 채택이었다.

유엔체제는 여성과 여아를 포함한 인신매매 문제와 관련하여 두 가지 접근 방식을 취했다. 하나는 인권문제로 간주하여, 기준 설정과 피해자들이 법적 및 재활적 구제를 받을 권리를 확보하는 데 초점을 맞췄다. 유엔 인권이사회는 ILO가 인신매매를 포함한 강제 노동에 관한 주요 연구를 수행하고 있는 반인신매매 의제를 다루고 있다. 역사적으로는 인신매매가 초국가적 범죄문제로 다뤄져, 여러 국제 금지 협약들이 제정되었다. 1951년 인신매매방지협약, 1957년 ILO의 강제노동금지협약, 2002년 아동의 판매, 아동 매춘, 아동 음란물에 관한 아동 권리협약의 선택 의정서, 팔레르모의정서로 알려진 2000년 인신매매, 특히 여성과 아동의 인신매매 예방, 억제 및 처벌에 관한 의정서 등이 있다. 유엔 마약범죄사무소(UNODC: UN Office of Drugs and Crime)는 정책을 초안하고 법 집행 기관에 대한 훈련을 제공하는 등 이행 책임을 지고 있다. 두 접근 방식 아래, 유엔은 국제이주기구(IOM), 유럽안보협력기구, 관련 국가들과 함께 다양한 이해관계자들에게 파트너십과 역량 구축을 지원하고 있다.

여성의 권리와 여성 및 여아의 인신매매를 포함한 여성폭력 근절을 명확히 표현하고 촉진하는 데 있어서, 세계는 많은 발전을 이루어왔다. 특히 유엔은 협약과 선언을 통해 법적 기준을 설정하는 데 중요한 역할을 했으며, 네 번의 여성 회의, 그 후속 회의들, 그리고 1993년 세계 인권회의에서 옹호와 행동을 위한 포럼을 제공해왔다. 유엔은 여성권리의 증진, 원조, 그리고 준수 및 침해를 감시하는 유엔 인권이사회와 유엔 여성차별철폐협약 조약기구와 더불어 유엔체제 내 여러 기구를 창설했는데, 가장 주목할 만한 기구는 유엔 여성기구와 유엔 마약범죄사무소의 인신매매 전문기구다. 그러나 인간의 본성에 따른 인간 문화적 규범과 오랜 관행은 여성의 권리 실현과 다양한 형태의 성 기반 폭력의 근절을 극히 어렵게 만든다. 현실적으로 법적 보호의 발전이 항상 사회적 변화를 가져오지는 않는다.

마지막 사례연구는 성 정체성의 문제, 특히 이분법적이지 않은 성 정체성을 가진 사람들의 권리와 직접 관련한다. 이는 인정을 위한 투쟁이 여전히 진행 중이며, 주요 NGO가 유엔 인증을 받기까지 수년간의 노력이 필요했던 사례다.

성소수자 권리 인정 추구

성소수자(LGBTI)들의 성적 지향과 성 정체성에 기초한 권리는 전 세계 많은 지역에서 점차 받아들여지고 있지만, 여전히 70개 국가에서는 어떤 형태로든 금지되어 있다. 성소수자의 권리 인정의 추구는 그들이 보편적인 권리인지에 대한 논쟁을 보여준다.

아프리카, 중동, 그리고 아시아 일부 지역, 특히 19세기 식민지 법률 혹은 전통적인 종교적, 사회적 구조와 태도가 우세한 과거 영국 식민지 국가들에서 저항이 가장 강하다. 이들 국가에서는, 고용, 이동, 주거, 그리고 정부 서비스 등과 관련하여 성적 지향에 따른 차별을 허용하는 국내법이 일반적이고, 더욱 중요한 점은 법이 사적인 합의에 의한 성적 활동까지 범죄로 규정한다는 점이다. 11개 국가에서는 이 활동으로 사형에 처해질 수 있다. 또한 성소수자에 대한 희롱, 폭행, 그리고 심지어 살인까지 여전히 널리 퍼져 있다.

국제 레즈비언, 게이, 양성애자, 트랜스젠더 및 인터섹스 협회(ILGA)는 1978년에 결성된 1,800개 이상의 성소수자 옹호 단체들의 연합체로, 성소수자 권리 투쟁을 국제화하는 데 힘써왔다. 유엔 및 기타 국제기구에 접근하는 데는 시간이 걸렸다. 심지어 휴먼라이츠워치와 국제앰네스티조차 성소수자 권리를 승인하는 데 시간이 걸렸다. 예를 들어, 국제앰네스티는 1994년 성소수자 권리에 관한 보고서에서 이러한 권리를 명확하게 보호하는 국제조약이 없다고 조심스럽게 언급했다. 그러나 현재 이 두 단체는 성소수자 문제에 적극적으로 활동하고 있다. 유엔체제의 노력과 더불어, 유럽 인권위원회와 미주 인권위원회는 성소수자 권리를 해결하는 데 적극적인 역할을 해왔다.

성소수자 권리를 위한 최초의 유엔 내 옹호 활동은 ILGA가 유엔 경제사회이사회에 NGO 자문지위를 신청한 1979년에 일어났다. 그러나 성공을 거둔 것은 1993년이었으며, ILGA는 2002년부터 2006년까지 그 지위를 상실하기도 했다. 그러나 ILGA는 약간의 성과를 거두었다. 1990년, WHO가 성적 지향을 '국제질병분류'에서 제외한 것이 첫 번째 성공이었다. 1993년에는 ILGA 대표가 차별 예방 및 소수자 보호를 위한 하위위원회에서 연설하도록 초대되었고, 결국 ILGA는 자문 지위를 달성했다 (ILGA 2013). 1995년에는,

최초의 공개 여성 동성애자가 유엔기구에서 연설하며 국가들이 성적 다양성을 인정하는 결의안을 채택할 것을 촉구했다.

2000년대 들어 첫 10년 동안, 여러 국가와 운동 단체들이 인권과 성적 지향을 연결하는 언어를 포함하고, 다양한 유엔기구들이 성소수자에 대한 차별을 금지하도록 압박하며, 새로운 인권이사회가 이 문제를 다루도록 노력했다. 2008년, 아르헨티나는 "성적 지향이나 성 정체성과 관계없이 인권은 모든 인간에게 동등하게 적용된다"는 내용을 유엔 총회가 확인하도록 압박하는 데 있어 선두적 역할을 했다 (ARC International 2008). 이후, 많은 회원국이 유엔에서 성소수자 권리를 촉진하기 위해 유엔 성소수자 핵심그룹을 결성했다. 2022년 현재, 이 그룹은 38개 유엔 회원국, EU, 휴먼라이츠워치, 국제아웃라이트액션(OutRight Action International) 등을 포함하고 있다.

2007년, 법학자들은 국제법률위원회와 국제인권서비스의 지원을 받아 성소수자 문제에 대한 새로운 접근법을 채택하기로 결정했다. 새로운 규칙을 개발하거나 새로운 협약을 제정하는 대신, 그들은 기존의 인권법이 어떻게 동성애자에게 적용될 수 있는지, 예를 들어 성차별에 관한 법률 언어가 또한 성적 지향성에 적용됨을 보여주며, '성적 지향성과 성 정체성에 관한 인권법 적용을 위한 욕야카르타 원칙'을 작성했다. 마찬가지로, 원칙 제2와 제6에 따라 사생활 권리를 인정하는 조약은 성 결정권이 있는 성인 간의 관계 권리도 암묵적으로 인정하며, 여성차별철폐협약은 성적 지향을 기준으로 한 차별 금지를 인정하는 것으로 해석되었다 (Mittelstaedt 2008: 362). 욕야카르타 원칙은 일부에서는 쉽게 받아들여졌지만, 많은 국가가 이를 반대하면서 성소수자 권리에 관한 정치에 주목할 만한 영향을 미치지는 못했다. 이는 문제 해결을 위한 노력의 느린 속도를 바꾸지는 못했다.

이러한 인권문제를 포함하는 것에 대한 지속적인 반대에도 불구하고, 유엔 관계자들은 계속해서 목소리를 냈다. 2010년, 반기문 유엔 사무총장은 "문화적 태도와 보편적 인권 사이에 갈등이 있는 곳에서는 보편적 인권이 승리한다"고 단언했다 (United Nations UN News 2008). 2011년, 유엔 인권이사회는 최초의 성소수자 권리에 관한 결의안을 승인했는데, 이 결의안은 성적 지향과 성 정체성에 따른 차별적 법률 및 관행을 문서화하라고 유엔 인권고등판무관실에 요청했다. 그들은 직장, 학교, 의료시설 및 기타 환경 등에서의 차별적 관행에서부터 동의에 의한 동성 간 관계에 대한 형사처벌, 폭력적이고 증오에 의한 공격과 살해까지 성소수자들을 대상으로 한 심각한 인권침해의 양상들을 발견했다. 2013년, 유엔 인권고등판무관실은 성소수자들의 평등한 권리와 공정한 대우를 촉진하기 위한 글로벌 공익 캠페인인 유엔 프리앤이퀄을 시작했다. 2년 후, 유엔 산하 12개 기관이 동성애 혐오 및 트랜스젠더 혐오에 기반한 폭력과 차별을 종식할 것을 촉구하는 공동 성명을 발표하고, 각국에 이 문제에 대해 더 많은 행동을 요구하는 등 전례 없는 조치를 취했다.

몇 년에 걸친 이러한 일련의 과정을 자세히 살펴보면, 무엇이 2016년 인권이사회가 성적 지향과 성 정체성에 근거한 폭력 행위를 비난하는 첫 번째 결의안(A/HRC/RES/32/2)을 채택하게 했는지를 보여준다. 찬성 23표, 반대 18표, 기권 6표의 표결은 성소수자 권리문제가 여전히 논쟁적인 주제임을 시사한다. 인권이사회는 '성적 지향과 성 정체성에 관한 독립 전문가'를 임명하고, 다시 말해 특별절차 담당자를 마련하고, 폭력과 차별을 극복하는 방법을 평가하고, 인식을 제고하며, 성소수자에 대한 보호를 강화하기 위해 정부와 관련 이해당사자들과 협력하도록 했다. 이 전문가는 2020년의 '전환 치료,' 2019년의 데이터 수집, 그리고 2017년의 범죄화 폐지와 차별금지 법률 등과 같은 구체적 주제에 대해 매년 인권이사회에 보고한다.

반대에도 불구하고, 프리앤이퀄 캠페인과 독립 전문가의 활동은 계속되고 있다. 성소수자 핵심그룹은 성소수자 인권을 보호하고 폭력과 차별 종식에 집중한 행사들을 진행해 왔다. 2018년, 유엔 인권고등판무관인 바첼레트(Michelle Bachelet)는 70개 이상의 국가가 여전히 성소수자들에 대한 오랜 형벌과 심지어 신체적 처벌에 처하는 법을 가지고 있다는 점을 언급한 후, "우리가 성소수자 커뮤니티를 모든 형태의 폭력과 차별로부터 지키고 보호해야 한다는 것은 필수적이다. 단순히 그들이 누구인지 그리고 그들이 누구를 사랑하는지의 이유로 살해되거나 국가기관에 의해 처형되는 일을 멈추는 문제에는 '논란의' 여지가 없다. 극단적인 폭력과의 싸움은 새로운 규범이 필요하지 않다"고 주장했다. 2019년에는 인권이사회가 여성 운동선수들에게 영향을 미치는 차별적인 규정, 규칙 및 관행과 스포츠계의 여성과 소녀들이 직면하는 다양한 형태의 차별에 대한 첫 번째 조치를 취했다. 이는 2020년 스포츠에서의 인종과 성적 차별에 관한 보고서로 이어졌다 (UN OHCHR 2020).

성소수자 문제를 다룬 활동적인 인권기관들이 있는 지역을 살펴보면, 유럽 인권위원회는 수년에 걸쳐 성소수자 권리, 차별 및 지방정부의 책임에 관한 여러 결의안과 보고서를 승인해 왔다. 2020년에는 특히 폴란드를 비판하며, 일부 지방당국이 스스로를 성소수자적 '이데올로기 자유구역'으로 선언한 행동을 비난했다. 1950년대를 시작으로 여러 해에 걸쳐, 먼저 유럽 인권위원회와 그 후속 기구인 유럽 인권재판소는 성소수자와 관련된 여러 사건을 심리했다. 폴란드를 포함하여, 이 사건들은 러시아, 루마니아, 크로아티아, 조지아, 불가리아, 헝가리, 몰도바 등에 대한 불만들을 포함했다. EU는 성적 지향을 차별 금지 사유로 인정하여 EU 법률에서 이를 금지하고 있다. 그러나 조항의 범위는 사회적 보호, 의료, 교육, 결혼 및 가족 지위 인정 등의 분야는 포함하지 않는다. 이는 국내 규정의 대상이다.

미주지역에서는 2011년, 미주 인권위원회가 성소수자 권리의 감시, 보호 및 촉진을 강화하기 위해 특별보고관을 임명하기로 결정했다. 2008년 이후 미주기구 총회는 매년 인권, 성적 지향 그리고 성 정체성에 관한 결의안을 통과시켜 왔다. 또한 2016년에 아르헨티나, 브라질, 캐나다, 콜롬비아, 칠레, 멕시코, 미국, 우루과이 등 8개 회원국이 이 문제를 촉진하기 위해 미주기구 성소수자 핵심그룹을 결성했다.

이러한 세계 및 두 개의 지역적 수준에서의 노력에도 불구하고, ILGA의 2020년 보고서는 무엇보다 최소한 42개 유엔 회원국이 성적 및 성별 다양성에 관한 표현의 자유에 법적 장벽을 여전히 두고 있음을 보여주었다 (ILGA 2020: 5). 따라서 국제인권법을 통한 법적 보호를 확보하는 목표는 여전히 실현되지 않았으며, 유엔 회원국, 성소수자를 위한 운동가 및 NGO들은 그 대의를 추진하기 위해 지속적으로 노력하고 있다.

인권의 세계화와 미국의 역할

이 장의 마지막 부분에서는 제2차 세계대전 종전 이후 세계의 지배적 강대국이자 더욱 일반적으로 글로벌거버넌스와 협력을 촉진하는 노력에 있어 주요 행위자로서의 미국이 국제인권법과 거버넌스 발전에 어떤 역할을 수행해왔는지에 관한 문제에 대해 살펴본다. NGO, 전문가, 그리고 다양한 네트워크와 함께 유엔과 일부 지역 IGO는 규범 형성, 감시, 촉진, 그리고 일부 경우에는 집행에 있어 중요한 역할을 수행하지만, 국제적으로 인권이 세계화된 환경에서 국가는 여전히 핵심적인 행위자다. 어떤 국가도 미국만큼 중심적인 역할을 해온 국가는 없다.

역사적으로, 미국은 인권과 국제적 책임 메커니즘을 지지하는 선도적인 국가였다. 개인의 정치적·시민적 권리를 보장하는 자유주의 원칙에 기반하여 설립된, 미국은 오랫동안 다른 나라들에 지침이 되어왔다. 그러나 그 기록은 확실히 엇갈린다. 예를 들어, 미국은 경제적·사회적·문화적 권리를 절대 인정하지 않았다. 또한 일부 인권협약 서명에 실패했다. 또한 경제적·사회적·문화적 권리에 관한 국제규약, 여성차별철폐협약, 아동권리협약, ICC 로마규정 등을 포함한 조약에 서명은 했지만 비준하지 않았다. 2012년, 미 상원은 유엔 장애인권리협약 비준에 실패했다. 특히 2001년 9·11 테러 이후, 미국의 인권기록은 미국이 테러 용의자들을 구금하며 취한 조치로 특별 감시 대상이 되어왔다. 미국의 인권침해가 일부 다른 국가들만큼 광범위하거나 심각하지는 않지만, 이는 미국의 명성을 손상시켜 왔는데, "왜냐하면 그 침해가 다른 국가들에 큰 영향을 미치는 강력한 민주국가에 의해 자행되었기 때문"이며, 초국가적 캠페인과 법원 및 시민사회에 의한 국내적 압박이 미국의 정책을 변화시키는 데 효과적이지 않았음을 증명했기 때문이다 (Sikkink 2013: 145–146).

자유주의적 제도주의이론에 일치하여, 국내구조와 정치체제는 미국 정책에 대한 주요 설명을 제공한다. 미국은 미국 헌법과 상충하거나 예를 들어 주정부의 권한으로 남아 있는 사형제도와 같이 연방정부 시스템과 일관되지 않는다고 판단되는 조약에 반대하거나, 유보 조항을 첨부해 왔다. 모든 형태의 인종차별 철폐에 관한 협약의 경우, 미국은 해당 조항이 연방정부가 그러한 문제에 관할권을 가지는 범위 내에서만 이행된다는 이해 조항을 추가했다. 또한 미국은 거의 모든 경우에 특정 조약이 자동발효가 아니라는 선언을 덧붙이는데, 이는 다시 말해 조약이 직접 집행 가능한 권리를 창출하지 않음을 의미한다 (Buergenthal 1995: 290–298). 머터스(Julie Mertus 2008: 2)는 이러한 미국의 접근 방식을 '미끼 상술(bait and switch)'이라 칭하며, "인권은 미국이 다른 국가에 장려하는 권리인 반면 동일 기준이 미국에서는 같은 방식으로 적용되지 않는다"고 주장했다.

미국의 예외주의는 종종 국제인권규범에 완전히 헌신하지 않는 미국의 양면성을 설명한다. 미국의 보수 공화당원들은 그들이 선출하지 않았고 무책임하다고 여기는 글로벌 관료기관에 그들의 권리를 넘기는 것에 오랫동안 반대해왔다. 이러한 감정은 1919년 상원에서 국제연맹 가입이 부결된 사건에서부터 현재까지 이어져 오고 있다.

국제인권레짐에 대한 미국의 양면성이 영향을 미쳤을까? 어떤 측면에서, 답은 "물론 그렇다"이다. 국제기관이 핵심적인 재정 자원을 통제하는 초강대국과 충돌할 때, 이는 큰 차이를 만든다. 그러나 또 다른 측면에서, 인권규범 준수는 강력한 NGO 네트워크와 민주주의 국가들에 의해 확고히 자리잡았으며, 이는 여론의 지지를 받는다. 구성주의자들이 주장하듯, 이러한 규범은 확고히 뿌리내렸으며, 이러한 점이 왜 미국의 일탈적 행태가 국내외에서 격렬한 논쟁과 비판을 불러일으켜 왔는지를 설명한다. 그러나 이러한 행동의 장기적 효과에 관한 판단은 아직 이른데, 특히 글로벌권력의 이동이 미국보다 인권규범에 훨씬 덜 헌신적인 중국과 신흥 국가들에 더 많은 영향력을 부여하는 상황에서 더욱 그러하다.

* * *

제2차 세계대전 이후, 인권거버넌스는 주목할 만한 진전을 이루었다. 통신과 아이디어의 세계화는 헌신적인 인권 옹호자들의 운동과 함께 국제인권규범과 인도주의의 확산에 강력한 촉진제였다. 다음 장의 주제인 환경보호에 관한 문제와 규범도 많은 부분 유사한 방식으로 세계화되었으며, 일부 운동가들은 심지어 깨끗한 환경에 대한 인간의 권리를 촉구한다.

추가 읽을거리

Barnett, Michael, ed. (2020) *Humanitarianism and Human Rights: A World of Differences?* New York: Cambridge University Press.

Bob, Clifford. (2019) *Rights as Weapons: Instruments of Conflict, Tools of Power*. Princeton, NJ: Princeton University Press.

Htun, Mala, and S. Laurel Weldon. (2018) *The Logics of Gender Justice: State Action on Women's Rights Around the World*. New York: Cambridge University Press.

Monshipouri, Mahmood, ed. (2020) *Why Human Rights Still Matter in Contemporary Global Affairs*. New York: Routledge.

Neier, Aryeh. (2012) *The International Human Rights Movement: A History*. Princeton, NJ: Princeton University Press.

Risse, Thomas, Stephen C. Ropp, and Kathryn Sikkink, eds. (2013) *The Persistent Power of Human Rights: From Commitment to Compliance*. New York: Cambridge University Press.

Schabas, William A. (2017) An Introduction to the International Criminal Court, 5th ed. New York: Cambridge University Press.

Simmons, Beth A. (2009) Mobilizing for Human Rights: International Law in Domestic Politics. New York: Cambridge University Press.

10장 환경보존

사례연구: 기후변화와 기후정의를 위한 청년운동	431
환경과학의 진화	432
환경거버넌스가 직면한 도전들	438
글로벌 환경거버넌스의 구성 요소	443
지역 환경거버넌스	457
글로벌 환경거버넌스와 환경레짐 준수 및 효력	463

사례연구: 기후변화와 기후정의를 위한 청년운동

한 소녀가 환경파괴 문제를 논의하기 위해 모인 일단의 정부 관료, 기업인, 언론인, 시민사회 행동가들 앞에 섰다. 그녀는 긴장했을지 모르지만, 그보다는 분노하고 있었다. 여러 어른들이 지구의 미래와 그녀의 세대를 위험에 빠트렸기 때문이다. "당신들은 우리에게 청소해라, 다른 생명을 해치지 말라, 탐욕스럽지 말라고 가르친다. 그렇다면 당신들은 왜 우리에게 하지 말라고 하는 행동을 저지르는가?"라고 그녀는 지적했다. 12세의 캐나다 소녀 세번 스즈키(Severn Suzuki)는 1992년 브라질 리우에서 개최된 유엔 환경개발회의에 어린이환경단체(Environmental Children's Organization)의 대표로 참석했다 (Suzuki 1992).

거의 30년 후에 묘하게 유사한 상황에서 다른 소녀가 등장했다. 2018년 15세의 스웨덴 소녀 그레타 썬버그(Greta Thunberg)는 유엔 기후협약 24차 당사국 회의에 기후정의(Climate Justice Now!)를 대표하여 참석했다. 스즈키와 마찬가지로 그녀는 긴장했을지 모르지만 기후변화 대응에 여전히 미온적인 어른들에 분노하고 있었다. "당신들은 사실을 말할 만큼 성숙하지 못하다. 심지어 그것조차도 당신의 아이들에게 책임을 떠넘기고 있다"고 그녀는 비판했다 (Thunberg 2018).

썬버그는 혼자가 아니었고, 무력하지도 않았다. 2019년 3월의 어느 날 단 하루 동안 130여 개국에서 그녀를 지지하는 160만 명의 학생들이 수업을 거부하고 기후변화 시위에 참여했다. 수업 거부에 더해 젊은이들은 법정 투쟁을 벌였다. 수년 내에 40여 개국의 청년들과 여타 소외된 시민들은 정부와 기업을 상대로 1,500건 이상의 환경 관련 소송을 제기했다.

다수의 소송에서 환경파괴는 청년의 인권침해로 규정되었다. 몇몇 초기 사례에서 사법부는 예를 들어 콜롬비아정부에 아마존 지역의 삼림파괴를 줄이도록 명령, 네덜란드정부에 탄소 배출을 감축하도록 명령하는 등 환경주의자들에게 유리한 판결을 내렸다. 이러한 추세에 공감하는 유럽인권법원도 포르투갈 청년들이 모든 EU 국가, 그리고 노르웨이, 러시아, 스위스, 튀르키예, 우크라이나, 영국을 상대로 소송한 사건을 신속 처리했다.

기후정의를 위한 청년운동은 괄목할 만한 전개이다. 그것은 건강한 자연환경이 인권에 해당하는지, 정부가 행동하지 않기로 결정할 권한이 있는지, 기성세대가 이후 세대를 위해 희생하도록 강요될 수 있는지의 어려운 문제를 제기했다. 어떻게 이러한 지경에 이르렀는가?

환경과학의 진화

1800년대에 산업혁명이 확산되면서 제조업, 운송, 여타 활동에서 석탄의 사용이 급증했다. 그 비슷한 시기에 과학자들은 지구의 자연적인 온실효과, 즉 지구의 대기가 어떻게 태양열을 흡수하고 일부를 유지하여 동식물의 생존에 적절한 기후를 만들어내는지에 대한 이해를 높여가고 있었다. 아일랜드와 스웨덴의 연구자들은 이 섬세한 균형이 언젠가 인간의 석탄 연료 사용으로 인해 변화할 수 있다고 추측하였다. 그들은 석탄 연료 사용은 이산화탄소와 메탄을 포함한 온실가스를 배출하는데, 이는 대기 중에 축적되어 지구의 열발산을 차단할 수 있다고 본 것이다 (Fleming 1998: ch.6). 그러나 이 생각은 너무 먼 미래의, 너무 믿기 어려운 것으로 보였으며 대부분의 사람들은 이를 무시했다.

1900년대 전반에는 자동차와 항공기가 일상화되고 세계 인구가 기하급수적으로 증가했다. 석유와 천연가스가 석탄에 추가되면서 탄소 기반 화석연료가 산업화와 경제발전을 추동했다. 일부 연구자들은 인간의 활동으로 발생하는 온실가스가 지구의 기후를 변화시킬지 모른다고 계속 주장했으며, 1960년대에 이르자 인간이 초래한 기후변화가 일어나고 있는지 규명하려는 적극적인 노력이 있었다.

그러나 연구 작업은 유럽과 북미 일부 국가에만 집중되었으며 근본적인 불확실성이 지속되었다. 과학자들은 지구가 가열되는지 냉각되는지에 이견을 좁히지 못했다. 심지어 지구온난화를 예측한 과학자들 중에서도 일부는, 예를 들어 이전의 한랭지역에도 농업 생산이 가능해지는 등, 그 변화의 결과 혜택이 더 크리라고 추측했다.

비록 압도적 다수의 국가는 그 이상 조사를 진행할 자원이나 관심이 없었지만 일부 국제기구는 달랐다. 1967년부터 세계기상기구(WMO: World

Meteorological Organization, 유엔 전문기구)는 국제과학연맹위원회(ICSU: International Council of Scientific Unions, 현재는 국제과학위원회 [International Science Council]로 불리는 과학자들의 비정부 단체)와 협업하여 기후변화에 관해 연구했다. 1972년 스톡홀름 환경회의에서 유엔은 환경문제에 집중하는 새로운 기구인 유엔환경계획(UNEP: UN Environment Programme)을 설치했다. UNEP는 WMO 및 ICSU와 협력하여 1979, 1980, 1983년에 환경회의를 개최했다.

WMO와 UNEP가 협업한 문제는 기후변화뿐만이 아니었다. 두 기관 모두 오존층 파괴 문제에도 초점을 맞추었다. 1970년대에 과학자들은 에어컨, 에어로졸 캔(aerosol can) 등과 같은 일상의 물건들이 대기 중에서 해로운 태양광으로부터 지구를 보호하는 오존층을 파괴하는 화학물질을 방출한다는 가설을 제시하기 시작했다. 세월이 흐르면서 그 증거가 축적되었고, WMO와 UNEP는 1985년 국제사회가 오존층 파괴에 관한 광범위한 기본협정을 체결하는 데 기여했다 (이 장의 뒷부분에서 논의). 이어서 1985년 말 과학자들은 남극 상공의 오존층에 구멍이 있음을 확인했고, 1987년에 이르자 여론의 압력을 받은 각국 정부는 보다 구체적이고 구속력 있는 후속 의정서에 합의했다. 오존층 파괴 문제는 중요한 의미가 있었다. 그것은 두 가지 면에서 기후정책이 오존정책의 사례를 따라가야 한다는 떨쳐버리기 어려운 기대를 낳았기 때문이다. 오존층문제는 우선 과학적 발견을 통해 정부의 행동을 촉진했고, 이어서 기본협정과 후속 의정서를 통해서 정부의 행동을 추동했기 때문이다.

이러한 기대를 배경으로 UNEP 관리들은 다시 1985년 WMO 및 ICSU 관계자들과 협력하여 오스트리아 필라흐에서 기후회의를 개최했다. 그 주된 결과물인 500페이지에 달하는 보고서에서 저자들은 지구온난화가 현실이며 문제가 된다는 증거를 제시했다. 저자들은 기후변화에 관한 과학적 근거는 충분히 이해되었기에 과학자들과 정책결정자들은 그에 대응하는 정책을 수립하기 시작해야 한다고 결론 내렸다.

기후변화에 대한 대책과 무대책

1985년 회의는 기후변화에 대한 인식을 높였으나 적극적인 정부정책을 촉발하지는 못했다. 그 보고서는 과학자들이 작성한 것이지 기존의 경로를 변경해야만 하는 정부 관리나 기업인들이 작성한 것이 아니었다. 대부분의 국가들은 자국의 독자적인 기후 연구사업이 부재했기 때문에 보고서에 참여한 과학자들은 전 세계적인 협력에 필요한 글로벌 사우스나 다른 지역이 아니라 주로 부유한 북미 또는 서유럽 국가에서 작업을 했었다. 심지어 부유한 북미와 서유럽 국가에서도 행동의 필요성에 대해 논란이 있었다. 만일 탄소배출과 화석연료가 주된 원인이라면 그 해결책은 역사적으로 온실가스 배출에 주된 원인 제공자였던 산업화된 국가들뿐 아니라, 미래의 산업화와 소비 증가를 목표로 해왔던 개발도상국 정부의 많은 다른 목표들을 좌절시킬 수도 있는 광범위한 경제적, 사회적 변화를 필요로 할 것이다.

요컨대 국제적으로 장기적인 환경위협을 피할 수 있으리라는 희망으로 단기적인 경제적, 사회적 비용을 국가적으로 부담하는 데 어떤 정부도 열성적이지 않았다. 비록 오늘날 서유럽이 환경보호에 적극적이라고 인식이 되지만 그들의 '녹색' 정당들은 1980년대에 들어서야 시작되었으며, 유럽환경청(European Environmental Agency)은 1994년에서야 업무를 시작했다. 글로벌한 풀뿌리 환경운동은 초기 단계였으며, 기후변화보다는 멸종 위기종이나 공해에 더 초점이 맞추어져 있었다.

따라서 기후변화에 관한 논의는 과학에 근거한 정책결정이라는 단일 경로가 아니라, 과학에 초점을 맞추거나 아니면 정책에 초점을 맞춘 두 개의 서로 다른 경로를 통해 진행되었다. 과학의 경로에서 초점은 WMO와 UNEP가 1988년 설치한 기후변화에 관한 정부간패널(IPCC: Intergovernmental Panel on Climate Change)에 맞추어졌다 (Johnson 2014). IPCC는 기존에 출간된 연구 결과를 검토하고 주기적으로 방대한 보고서를 발표한 과학자나 여타 전문가들에 의존했다. 이들 보고서는 기후변화 과학(그룹1), 기후변화의 영향(그룹2), 기후변화 대응(그룹3)이라는 3개 작업그룹의 작업의 결과였다. '자연' 과학에 기반을 둔 작업그룹 1은 다양한 분야의 전문가들이 참여한 기후변화의 영향과 대응을 논의한 다른 그룹에 비해 덜 정치화되고 덜 논쟁적이었다.

미디어는 IPCC 보고서를 보도할 때 종종 대부분의 심도깊은 과학적 합의가 이루어진 작업그룹 1에 초점을 맞춘다. 1990, 1996, 2001, 2007, 2014, 2022년 보고서에 집대성된 평가를 통해 과학자들은 그들의 증거를 강화하고 기후변화의 원인과 결과에 관한 그들의 합의를 확대했다. 빙하와 극지방 얼음 용해, 해수면 상승, 기록적 혹서, 극단적 기상은 제조업, 수송, 농업, 기타 인간의 활동과 더 확실하게 연관되어 있으며, 보고서에서 그 위기 의식은 계속해서 증가되었다.

과학적 경로에 비해 정책 경로에서의 활동은 기후 관련 정책결정이 지리적 범위나 정책 초점에 있어서 훨씬 다양한 논의의 장에서 이루어졌기 때문에 상대적으로 집중화되지 못했다. 그들은 (지구환경기금[Global Enviromental Facility]처럼) 글로벌하거나, (유럽연합과 같이) 지역적이거나, (뉴질랜드 탄소거래소처럼) 국가 차원이거나, (미국 주정부 사이의 기후연합[Climate Alliance]처럼) 국가 하위 단위에서 이루어진다. 더욱이 기후변화는 다수의 정책영역에 영향을 미쳤기 때문에 관련 대응책들도 환경과 관련 없는 보건, 식량, 무역, 인권, 노동, 안보, 이주 등 여러 영역에서 일어났다. 예를 들어, 유엔체제 내에서 UNEP의 기후 관련 작업은 (기후변화 완화나 적응 관련 대규모 신탁 기금을 관리하는) 세계은행과 (기후변화에 대한 세계 최대의 여론조사를 실시한) 유엔 개발계획의 그늘에 가려진다.

또 민간 부문이나 비영리 부문에도 기후문제에 관한 다른 논의의 장이 있기 때문에 문제가 더욱 복잡해진다. 예를 들어, 종종 쉘과 같은 개별 기업, 업계 단체인 국제항공운송협회, 광범위한 기업이 회원인 세계 지속가능발전기업협의회가 자발적인 기후규제를 설정한다. 요컨대 기후 관련 정책결정은 명확한 리더가 부재하고, 다양한 지리적 수준, 정책 영역, 사회 부문에서 활동하는 행위자들이 참여하는 레짐의 복합체에서 전개된다 (Keohane and Victor 2011).

중앙집중성이 부족한 데 더해 정책경로는 과학적 경로에 비해 누적적이지 않다. 정책경로는 하나의 길로 진행되지 않았고 종종 지지자를 잃었다. 정책경로의 초석이 된 문서는 1992년 유엔 기후변화기본협약(UNFCCC: United Nations

Framework Convention on Climate Change)이다. 비록 UNEP 사무국이 1980년대 오존협상에서 핵심 역할을 했지만 참여국 정부들은 UNEP를 UNFCCC 협상에서 주변으로 밀어내고 UNEP 본부에서 멀리 떨어진 곳에 별개의 사무국을 설치했다. 또 심각한 이견에 직면한 정부들은 구체적 이행 조치를 피하고 그 대신 '공동의, 그러나 차등적인 책임'과 같은 일반적인 원칙을 제시하는 데 초점을 맞추었다. 모든 당사국은 기후변화 완화 조치를 취한다고 공약했으나, 그것은 제1 부속서에 열거된 매우 소수의 선진국에만 구속력이 있었다.

UNFCCC는 처음에 150개국 이상이 서명했고, 2023년까지 198개국이 비준했다. 연례 당사국회의(COP: Conference of Parties)는 이행 조치를 협상하는 장이 되었다. 첫 단계는 UNFCCC 제1 부속서 국가들이 온실가스 배출을 전반적으로 감축하기 시작하도록 의무화한 1997년의 교토의정서였다. 또 의정서는 배출권 거래 방식, 합동 이행, 청정개발체제라는 3개의 '유연 메커니즘'을 제시하여, 의무 사항을 이행하기 위해 제1 부속서 국가들이 상호간에 또는 개도국과 협력할 수 있도록 하였다.

미국은 공동의 그러나 차등적인 책임의 체제는 불공정하고 헛된 것이라고 주장하면서 교토의정서 비준을 거부했다. 제1 부속서 국가들은 탄소 배출 감축을 위해 상당한 경제적, 사회적 비용을 지불하게 되지만, 중국이나 여타 개도국들의 배출을 억제하는 데는 아무런 효과가 없기 때문에 글로벌한 탄소 배출은 감소하지 않으리라는 것이다. 그럼에도 교토의정서는 충분한 국가들의 비준을 얻어서 2005년에 발효되었다. EU 회원국들은 법적 구속력이 있는 목표와 일정을 가진 자체 규제 시스템을 만들었고, 산업 온실가스 배출을 감축하는 핵심 도구인 EU 탄소배출권거래제를 출범시켰다. 그럼에도 불구하고 2011년 캐나다는 교토의정서를 탈퇴했으며 여타 국가들도 의정서에 대해 불만을 표시했다.

교토의정서의 이행에 대한 공약의 첫 번째 시한은 2012년에 만료되었고, 각국은 대안을 고려하게 되었다. 2007년 발리에서의 당사국회의에서 참여국들은 중국과 인도가 후속 공약에 포함되는데 동의했다. 2009년 코펜하겐 당사국회의에서 세계 최대 탄소 배출국들인 중국과 미국은 양자간 행동 계획을 논의했다. 2014년 리마 당사국회의에서 빈국과 부국을 포함한 모든 국가가 석유, 가스, 석탄 사용을 줄이는 조치를 취하기로 합의하고, 2015년 중반까지의 감축 계획을 발표했다.

교토의정서를 연장하는 대신 당사국들은 2015년 파리 당사국회의에서 결정되고 2016년에 발효된 파리협정으로 교토의정서를 대체했다. 이 과정에는 몇 가지 중요한 요인들이 있었다. 첫째로 2014년 11월에 이르자 미국과 중국은 공동으로 각자의 배출 감축 목표를 발표하여 타국에 본보기를 보였고 기후논의에 탄력을 주었다. 두 번째 요인은 신속한 행동을 주장하는 몇몇 국가군의 존재였다. 여기에는 군소도서국가연합(AOSIS: Alliance of Small Island States, 해수면 상승에 매우 취약한 36개 도서 국가 및 저지대 연안 국가들의 연합)과 기후행동네트워크(130여 개국, 1,900개 이상의 시민사회 단체로 구성) 등이 있었으며, 이들은 화석연료 사용을 중지하고 가장 취약한 사람들을 위해 조치를 취하도록 각국 정부에 압력을 가했다. 셋째 요인은 기후문제의 시급성에 대한 인식, 즉 '지구온난화가 먼 미래에 대한 경고가 아니라 눈앞에 닥친 위협이라는 인식의 변화'가 기후변화의 지정학에 근본적인 변화를 만들어냈다는 점이다 (Davenport 2015: A1).

지구온난화를 섭씨 2도 미만으로 제한하려는 목표를 가진 파리협정은 2050년까지 화석연료 사용을 중지하고, 삼림파괴를 되돌리고, 각국의 탄소 감축 목표 이행을 감시-보고하고, 기후변화로 인한 손실과 피해에 대응하는 규정을 포함한다. 파리협정은 일부 국가의 구속력 없는 약속과 일부 국가의 구속력 있는 공약이라는 교토의정서의 이분화된 접근을 버리고, 모든 국가의 자발적인 '국가결정 기여'(NDCs: nationally determined contributions)를 요구했다. NDCs는 각국의 온실가스 배출 감축 약속이다. 각국 정부는 매 5년 주기로 그들의 공약의 수준을 단계적으로 높여야 한다. 파리협정은 또 삼림파괴 감축, 각국의 목표 도달 여부에 대한 감시와 보고, 기후변화로 인한 손실과 피해에 대한 대응 등에 관련된 규정을 포함했다.

그러나 글로벌한 기후행동에 대한 미국의 지지는 또다시 흔들렸다. 파리협정이 조약으로서 비준을 받기에는 미 상원의 지지가 충분치 않음을 알았던 오바마 대통령은 행정 협약을 통해 파리협정에 참여했으며, 이는 후임자가 미국의 참여를 번복할 수 있음을 의미했다. 2017년 트럼프 대통령은 미국의 탈퇴를 선언했다. 트럼프 행정부에 반대하여 캘리포니아 주지사 브라운(Jerry Brown)과 전 뉴욕 시장 블룸버그(Michael Bloomberg)는 미국의 주, 도시, 기관, 기업의 탄소배출 감축 활동을 조율하고 측정하기 위해서 미국의 공약(America's Pledge)이라는 방책을 세웠다. 2021년 바이든 대통령은 새로운 행정 명령을 사용해 파리협정에 다시 가입했다.

파리협정의 또 다른 복잡한 문제는 정부들이 모호한 감축 목표를 설정하는 것을 막을 방법이 없다는 점이다. 실제로 2015~2020년 처음 주기 동안 각국의 NDC는 지구 평균 온도 섭씨 2도 상승 저지에 충분하지 않았다. 2020년에 시작되어 각국의 NDC를 상향하기로 되어 있었던 두 번째 5년 주기는 코로나19로 인해 지연되었다. 따라서 파리협약이 교토의정서를 넘어서 기후행동을 진전시키려 의도했지만 많은 환경주의자들은 그것을 후퇴로 보았다.

UNFCCC의 2021년 당사국회의는 약 4만 명이 참석하여 기록을 세웠다. 스코틀랜드 글래스고에는 시위대가 몰려와 더 적극적인 기후행동을 요구했다. 시위대 중 특히 격정적인 사람들은 젊은 여성들이었으며, 가장 영향력 있는 의사결정자는 대부분 나이 든 남자들이었다. 바이든 미 대통령은 이 기회를 빌어 미국의 다자주의적 리더십을 강조했으나, (중국의 시진핑, 러시아의 푸틴, 브라질의 보우소나루 등) 몇몇 다른 주요 세계 지도자들은 참석조차 하지 않았다. 회의에 최다 인원인 500여 명이 참석한 대표단은 화석연료 산업과 관련되어 있었다. 이 회의의 중요한 성과 중의 하나는 '화석연료'와 화석연료에 대한 보조금, 석탄감축이 회의 결과 작성된 문서에 처음으로 언급되었다는 점이다. 참가국들은 또 삼림파괴, 메탄 배출, 탄소 상쇄에 관한 희망 섞인 공약을 하였다. 유엔 사무총장 쿠테레스(Antonio Guterres)는 "집단적 정치적 의지는 뿌리 깊은 모순을 극복하는 데 충분하지 않았다 … 그러나 우리는 진보를 위해 필요한 일부 요소를 가지게 되었다"고 언급했다 (UN Secretary-General 2021).

UNFCCC의 2022년 이집트 당사국회의는 더 구체적인 성과를 거두었다. 기후변화 완화를 위한 다자적 시도의 연장에서 참가국들은 기후변화에 기여하는 삼림파괴를 막기 위해 삼림 및 기후리더 파트너십(Forest and Climate Leaders' Partnership)을 출범시켰다. 또 완전한 기후변화 완화가 불가능할 수 있음을 인정한 참가국들은 기후 관련 자연재해의 예측과 조기경보체제를 통한 기후변화 적응 방법을 탐색했다. 더욱이 부유한 국가들은 기후정의 문제를 인정하면서 기후변화에 취약한 개도국을 지원하는 손실과 피해기금(Loss and Damange Fund)에 기여하기로 동의했다.

기후정의를 위한 청년운동의 미래

그러나 기후정의를 위한 청년 운동가들은 앞서 언급된 모든 것들은 너무 미미하고, 너무 늦었다고 본다. 각국의 의회, 유엔, 또는 세계경제포럼 어디서든 성난 젊은이들은 기후변화 진행 속도에 관한 과학적 증거(특히 IPCC의 증거)를 반복해서 지적한다. 예를 들어, 2021년 지구의 날에 미 상원에서의 증언에서 썬버그는 다음과 같이 경고했다. "현재의 소위 기후정책과 현재 최고 수준의 과학적 증거를 비교하면 명백히 큰 간극을 볼 수 있다 … 당신들은 기후위기를, 글로벌한 차원의 공정성을, 과거의 탄소배출에 대한 무책임을 얼마나 더 무시할 수 있다고 생각하는가?" (Wade 2021).

기후정의를 위한 청년운동은 숫자의 우위를 가지고 있다. 10세부터 24세까지의 200억 명의 젊은이들은 인류 역사상 최대 다수를 구성한 세대이다. 스웨덴에 있는 썬버그의 학교에서 벌어진 수업 거부는 인도의 칸구잠(Licypriya Kangujam), 미국의 빌라세뇨르(Alexandria Villaseñor), 케냐의 와투티(Elizabeth Wathuti)와 같은 다른 청년 지도자들에게 영향을 미쳤다. 전 세계에서 수백만 명의 학생들이 교실을 뛰쳐나와 기후변화에 대한 무대책에 항의했다. 코로나19가 그 추진력을 다소 방해했지만 청년운동은 투쟁의 다른 방법을 찾았다.

가장 흥미 있는 방법 중의 하나는 국내 또는 국제사법재판소를 통한 것이다. 청년들은 정부나 기업이 국제협약, 국내 법률, 건강한 자연환경에 관한 헌법 규정을 준수하지 않는다고 고발했다. 헌법 규정은 특히 강력한 보장을 제공하며, 100여 개국이 환경권을 그들의 헌법 규정에 명시했다. 향후 법정 소송이 쇄도할 것으로 예상된다.

이 모든 것은 중요한 이해관계가 걸린 질문들을 제기한다. 건강한 자연환경은 인권의 문제인가? 정부가 기후변화 대응에 더 적극적으로 행동하지 않으면 그들은 법적 책임이 있는가? 노인들이 젊은 세대, 또는 아직 태어나지 않은 세대를 위해 희생을 해야만 하는가? 그러한 질문을 던지면서 청년운동은 의사결정자들이 행동하기보다 말만 하는 동안 환경문제는 점점 더 심각해졌던 오랜 역사를 보면서 분노한다. 인권, 정부의 책임, 세대 간 책임을 강조하면서 많은 젊은이들은 대응을 촉구하고 있다.

환경거버넌스가 직면한 도전들

기후정책 결정은 현대의 중대한 문제로서 우리의 이해를 높일 필요가 있다. 또 기후정책 결정은 더 광범위한 통찰을 제공한다. 기후정의 운동과 기후문제 무대응에 대한 젊은이들의 분노는 환경거버넌스가 직면한 적어도 다섯 가지의 도전을 잘 보여준다.

첫째, 부분적으로 환경거버넌스는 방법론상 많은 사람들의 사고방식과 충돌하는 과학에 의존한다. 과학자들은 불확실성이나 무지가 제기하는 연구의 기회를 파고들도록 훈련되었으나, 일반인들은 권위를 가진 사람이 즉각적으로 명확한 해답을 제공하길 바란다. 그들은 환경 과학자들이 공유하는 결론에 도달하는 과정의 지연, 토론, 수정을 쉽게 받아들이지 못한다. 예를 들어, 오늘날 많은 젊은이들은 기후변화에 관한 대다수 과학자의 의견이 오랫동안 정해졌다고 지적하지만, 나이든 사람들은 일부 과학자들이 지구가 냉각되고 있다거나 지구온난화는 혜택을 가져올 것이라고 주장했던 이전의 시대를 쉽게 잊지 못한다. 과학자들이 합의에 도달하게 되는 시점에서는 정책대응이 가능한 기회의 창이 닫혀버릴 수도 있다. 그 창이 열려있다고 할지라도 환경에 대한 과학적 합의는 정책결정자들이 윤리적 딜레마나 고통스러운 선택에 어떻게 대처해 나갈지를 반드시 알려주는 것은 아니다.

둘째, 환경거버넌스는 개인의 합리적 결정이 '공유지의 비극'(즉 대기 온도 상승, 삼림파괴, 수질오염, 종의 멸종과 같은 사회적으로 바람직하지 않은 결과)을 초래할 수 있는 집단행동의 문제로 가득하다 (Hardin 1968). 그러한 상황에서 집단재(collective good)의 공급을 위해서는 조정장치가 필요하지만, 대규모의 이질적인 집단은 조정이 어려우며, 무임승차가 있게 마련이다. 더욱이 환경문제는 안보, 경제, 사회적 고려와 빈번히 중첩되기 때문에 의사결정자들은 높은 비용이 수반되는 변화를 추구했을 때 호응을 얻지 못하면 크게 낭패를 볼 것을 걱정한다. 사람들이 협력하는 것은 쉽지 않다. 인구의 증가는 많은 환경문제와 연관되어 있으며, 의미 있는 집단행동을 더 어렵게 만든다.

셋째, 환경거버넌스는 부자와 빈자 사이의 갈등을 드러낸다. 어떤 갈등은 국경을 넘어서 일어난다. 개도국 사람들은 선진국이 발전하는 과정에서 자연환경을 이용하고, 나머지 모든 사람들은 못하게 한다고 비판한다. 선진국 사람들은 심각한 파급효과가 지금 더 잘 이해되고 있으며, 행동을 바꾸는 데 개도국이 참여하지 않으면 공유하는 지구를 되돌릴 수 없이 파괴할 것이라고 반론한다. 한편 국가 내에서는 다른 갈등이 나타난다. 자연환경보호를 위한 더 적극적인 행동은 빈곤한 사람들에게 가장 큰 고통을 주는 실업, 고물가, 기타 어려움을 가져올 수 있다. 정책결정자들이 도움을 필요로 하는 모든 사람들을 파악할 수 있다고 해도 부자로부터 자원을 빼앗아 주기는 어려울 것이다. 사실 환경문제로 가장 큰 피해를 보는 것은 가장 소외된 사람들일 것이다. 예를 들어, 많은 개도국에서 여성은 자연재해로 인해 가장 크게 피해를 보며, 가정에서 식량과 연료 관리를 전담한다. 그러나 빈곤한 여성들은 국제적으로는 말할 것도 없고 국내적으로도 정치적 영향력이 별로 없다.

넷째, 환경거버넌스는 수많은 중첩되는 정책

영역과 기구가 포함된 레짐복합체에서 빈번히 일어난다. 기후변화는 보건, 무역, 인권, 노동, 안보, 이주 등 다른 영역에 영향을 미치는 여러 환경문제 중의 하나일 뿐이다 (Diamond 2005). 더욱이 환경정책은 예를 들어 글로벌 무역 규칙을 정하고 지역적 또는 양자 간 무역협정이 보고되는 최고 기관으로 WTO가 있는 무역 분야에 비해, 덜 위계적으로 제도화되어 있다. 2012년 개혁에도 불구하고 UNEP는 유엔체제 내에서 모든 환경 관련 활동을 관리하지 않으며, 아직 완전한 정부간기구도 아니다.

다섯째, 환경거버넌스는 다양한 이해 당사자가 개입된다. 글로벌한 수준의 거버넌스 구조가 반드시 광역적, 국가적, 또는 국가 하위 수준의 구조를 대체하는 것은 아니다. 공공 부문의 기구가 반드시 민간이나 비영리 부문의 기구를 대체하는 것도 아니다. 조직화된 집단이 반드시 기후정의 청년운동 같은 사회운동에 승리하는 것도 아니다. 전문가들이 반드시 일반인들을 대표하지도 않는다. 1992년 UNEP는 지방정부, 기업 및 산업, 비정부기구, 노동자와 노조, 여성, 농민, 아동과 청년, 과학자와 기술 영역, 원주민 등 9개 주요 그룹체제를 설정하여 이 다양성을 확실히 했다. 그 결과 모두가 환경문제에 자신들의 이익이 걸려 있는 대규모의 이질적인 거버넌스 행위자들의 집합이 형성되었다 (Hadden 2015).

갈팡질팡하는 과학적 과정, 집단행동의 문제 만연, 빈자와 부자의 갈등, 레짐의 복잡성, 이해당사자의 이질성 등 다섯 가지 이유로 인해 환경거버넌스는 심각한 도전에 직면해 있다.

유엔 환경회의, 위원회, 정상회의

국내, 국제 공공정책에 있어서 환경주의는 종종 20세기 중반에서야 부각된 상대적으로 최근의 문제로 간주된다. 거기에는 1960년대의 몇 가지 계기가 있었다. 카슨(Rachel Carson)의 『침묵의 봄(*Silent Spring*)』이나 쿠스토(Jacques Cousteau)의 『살아있는 바다(*The Living Sea*)』와 같은 잘 알려진 책들, 영국의 해안에 있는 토레이계곡의 기름 유출, 우주비행사가 최초로 우주에서 촬영한 지구 사진 등이 그것이다. 그러한 상황 전개는 생명체의 상호의존성, 산업화가 초래하는 위험성, 단일 생태계로서의 지구의 취약성에 대한 평범한 사람들의 인식을 높였다. 자연환경보호를 위해 적극적으로 노력하도록 더 많은 사람들이 정부에 요구하게 되었다.

또 정부의 행동에 대한 요구는 1960년대 훨씬 전에 시작된 두 가지 움직임에 의해 추동되었다 (Meyer et al. 1997). 하나는 환경 추이를 감시하는 데이터 수집을 가능하게 한 과학적 지식의 점진적인 확산이다. 또 다른 하나는 초기에 조류보호협회(1889년), 시에라클럽(1892년), 제국야생동물보호협회(1903년), 국제자연보존연합(1913년)의 진신 등 국내 NGO가 중심이 된 환경 관련 단체의 부상이다. 과학자들과 시민사회가 자연환경에 더 많은 관심을 가지면서 정부와 민간 분야도 뒤를 따랐다.

유엔헌장은 환경보호에 대한 규정을 포함하고 있지 않다. 그러나 유엔이 지원한 회의나 위원회는 글로벌 환경거버넌스의 진화에 상당한 기여를 했다. 여기서는 스톡홀름회의(1972년), 브룬트란트위원회(1983~1987년), 리우회의(1992년),

요하네스버그회의(2002년), 리우+20회의(2012년) 등 유엔의 가장 중요한 기여를 논의한다.

1972년 스톡홀름회의

1960년대 스웨덴과 여타 북유럽 국가들은 국제환경회의를 제안했고, 이는 1972년 스톡홀름 유엔 인간환경회의로 실현되었다. 캐나다의 사업가 스트롱(Maurice Strong)이 회의의 사무총장을 맡아 글로벌 사우스와 글로벌 노스 사이의 서로 다른 견해를 다루어야 했다.

빈곤 국가의 급격한 인구 증가를 환경문제의 원인으로 빈번히 지목했던 글로벌 노스들은 초국경 오염이나 생물다양성 손실 같은 문제를 강조했다. 환경문제의 원인이 부국의 과소비적 생활방식과 자원의 과도한 이용이라고 빈번히 지적했던 글로벌 사우스는 환경규제가 그들의 경제성장을 저해하고 경제발전으로부터 자원을 다른 데로 돌릴 것을 우려했다. 많은 개도국은 이 회의 참석을 주저했다. 그들을 안심시키기 위해서 스트롱은 환경문제는 모두의 걱정이며 그들을 저개발 상태로 두려는 음모가 아니라고 주장하면서 발전과 환경의 개념적 연결을 명확히 하였다.

1972년 회의는 중요한 전환점이 되었다. 앞서 언급했듯이 이 회의는 환경대책의 정부 간 협력과 조정을 촉진하기 위해 UNEP를 창출했다. 또 제6장에서 논의했듯이 스톡홀름회의는 NGO 포럼을 정부 간 회의와 동시에 진행하는 선례를 남겼다. 26개 원칙으로 구성된 연성법적 선언인 스톡홀름선언은 국가들은 환경을 보호하고 타국의 환경에 피해를 입히지 않을 의무가 있다는 견해를 포함했다. 또 이 선언은 환경정책은 개도국의 경제적 잠재력을 신장해야 하며 더 개선된 삶의 질 성취를 저해하면 안 된다고 규정했다. 참가국들은 환경에 대한 우려가 차별적 무역 관행이나 시장접근 제한을 정당화하는 데 이용하지 않는다고 동의했다.

UNEP를 창설하고, 정책수립에 NGO와 지식공동체의 적극적 참여를 허용함으로써 스톡홀름회의는 환경문제를 국내, 국제정책 의제로 확고히 자리 잡게 했다. 다수 국가들은 환경문제에 대응하는 그들의 의지를 알리고 국가적 능력을 제고하기 위해 환경 부처를 신설하기 시작했다 (Aklin and Urpelainen 2014). 또 지구라는 우주선(Spaceship Earth)과 같은 관념이나, "글로벌하게 생각하고, 지역에서 행동하자"라는 슬로건이 일반인들의 인식에 자리잡게 되었다.

1983~1987년 브룬트란트위원회

스톡홀름 선언이 발전과 환경보호를 연계하자 환경에 대한 우려는 국제체제의 구조적 불의를 무시하며 그들의 경제발전을 위태롭게 한다고 주장하던 개발도상국들은 이에 회의적으로 반응했다. 그러나 환경주의자들은 천연자원이 이미 과다히 사용되고 있는 상황에서 경제발전을 추구하는 것에 대해 계속 우려했다. 이러한 갈등에 반응하여 1983년 유엔 총회는 노르웨이 전 총리 브룬트란트(Gro Harlem Brundtland)를 의장으로 하는 세계환경개발위원회를 설치했다.

제8장에서 논의된 바와 같이 브룬트란트위원회는 생태적 고려와 빈곤감소에 필요한 경제성장의 균형을 추구했다. 위원회는 1987년 보고서 『우리 공동의 미래』에서 사우스는 산업화된 국

가들이 했던 것과 같은 방식으로 발전할 수 없음을 강조했다. 왜냐하면 환경이 지금보다 더 급격히 변화하면 인류는 생존할 수 없기 때문이다. 그 대신 보고서는 "미래 세대가 그들의 필요를 충족할 수 있는 능력을 침해하지 않으면서 현재의 필요를 충족하는 발전(World Commission on Environment and Development 1987: 8)"으로 요약되는 지속가능발전이라는 개념을 내세웠다.

이 보고서로부터 중요한 결과가 있었다. 하나는 UNEP, 후에 세계은행, UNDP, NGO들, 다수 국가의 경제개발 기관들이 채택한 지속가능발전 개념이다. 장기적 파급효과에 대한 관심을 촉구하고 빈곤이 환경파괴의 원천임을 지적한 데 더해, 이 개념은 농업, 무역, 운송, 에너지, 환경 사이의 중요한 연결성에 대해 사람들이 숙고하도록 촉구했다 (Esty 2001). 두 번째는 위원회가 1992년 또 하나의 글로벌환경회의를 개최하도록 요청한 것이다.

1992년 리우회의

스톡홀름회의 20년 후인 1992년 환경과 발전에 관한 유엔회의(UNCED)가 리우에서 개최되었다. 지구정상회의 또는 리우회의로도 알려진 이 회의는 국제환경정책의 분수령이 되었다. 이 회의는 냉전이 종식되고 있던 시점에 개최되었고, 각국 정부는 동서와 남북의 경계를 넘어 협력할 수 있음을 보여주기 위해 노력했다. 이 회의의 의제는 남극 상공에서 발견된 오존층의 구멍, 기후변화의 원인이 인간이라는 증거, 어류의 고갈과 생물다양성 손실 등에 관한 1980년대부터의 일련의 중요한 과학적 발견에 의해 형성되었다.

리우회의는 의제의 범위와 참여자의 수에 있어서 엄청난 규모였다. NGO들은 준비 과정과 회의에서 핵심 역할을 했다. 참석이 승인된 약 1,400개 환경단체 중에는 세계자연기금(WWF: World Wide Fund for Nature)이나 국제자연보전연맹(IUCN: International Union for Conservation of Nature)과 같은 크고 재정이 풍부한 NGO들 뿐 아니라, 규모가 작고 국제적 연계 경험이 없는 신생 풀뿌리 단체도 포함되었다. NGO는 정보수집에서 의사결정, 집행에 이르는 여러 단계에서 참여했다. 비공식 병행 참여 과정으로 시작된 것이 이해당사자의 참여 권리를 부여하는 선례를 남겼다.

준비 회의에서 정부 대표들은 그들의 입장을 표명하고, 기본적 문제를 해결하고, 회의 문서의 문구에 대해 협상했다. 본회의에서 참가국들은 생물다양성협약(CBD: Convention on Biological Diversity)과 UNFCCC라는 두 개의 법적 구속력 있는 조약에 서명했다. 두 조약은 모두 앞서 언급한 바와 같은 집단행동의 문제와 부국과 빈국 사이의 갈등을 포함한 여러 도전으로 어려움을 겪었다. 예를 들어, 선진국과 개도국을 달래기 위해 CBD의 문구는 참여국 정부의 생물다양성 보존 의무를 포함했으나, 또한 국내 자원에 관한 그들의 주권을 인정했다. CBD에 서명한 모든 국가는 보존 계획 수립을 공약했으며, 부유한 국가들은 빈곤 국가에 더 많은 재정 지원을 약속했다. 그러나 UNFCCC와 마찬가지로 CBD는 참여국의 후속 조치와 집행에 의존했으나 많은 국가는 행동을 서두르지 않았다.

여러 면에서 리우회의는 브룬트란트위원회의 지속가능발전 개념을 확장했다. 예를 들어, 발전과 환경의 연계성이 "의제 21"이라고 불리는 800페이지에 달하는 UNCED 문서에서 강조되었다. 이 문서는 천연자원에 대한 국가의 주권과 국제체제에서의 불평등 해소 필요성에 대한 발전주의자들의 견해를 반영했지만, 지구가 집단재이며 책임있는 관리가 필요하다는 환경주의자들의 견해도 포함했다. 또 그 문서는 환경문제 대응에 NGO에게도 직접 책임을 부여하는 새로운 접근을 채택했다.

발전과 환경의 연계는 1993년 뉴욕에 본부를 둔 지속가능발전위원회(CSD: Commission on Sustainable Development) 설치로 더욱 확고해졌다. 그후 20년간 CSD는 각국 정부, 유엔기구, NGO들의 보고서를 받아서 의제 21의 집행을 모니터했다. 보고서들의 내용, 형식, 발간 시기는 저자들에 의해 결정되었기 때문에 진전 상황을 평가하거나 국가별 비교를 할 수 있는 방법이 없었다. 비록 CSD가 삼림, 해양, 담수 등과 관련하여 일부 성공을 거두었으나, 전반적으로 '잡담 장소'에 그쳤다 (Kaasa 2007: 116-119).

시간이 흐르면서 지속가능발전 개념은 확산되었다. 예를 들어, 그것은 관세 및 무역에 관한 일반협정(GATT: General Agreement on Tariffs and Trade)과 세계은행 사업의 점진적인 '녹색화'에 적용되었다. 세계환경기금(GEF: Global Environment Facility)은 사막화와 개도국이 특히 관심 있는 여타 환경문제에 대응하도록 설계되었다. 유엔의 1995년 사회정상회의, 1995년 제4차 세계여성회의, 1996년 해비타트II 회의 등 다양한 후속 회의는 이 개념을 더 강화하고 전파했다. 모든 사람이 조화롭게 건강하고 생산적인 삶을 영위할 권리가 있다는 데 동의하면서 지속가능발전은 인권과도 연계되었다.

2002년 요하네스버그 정상회의

2002년 유엔 지속가능발전 정상회의(리우+10으로도 알려짐)가 남아프리카공화국의 요하네스버그에서 개최되었다. 그 목적은 야심적이었지만 집행이 미흡했던 리우회의의 의제를 더 진전시키는 것이었다. 참가자들은 1990년대에 가속화된 빈곤, 공해, 삼림파괴를 저지하고자 했다. 제4장에서 논의했듯이 회의 명칭을 '정상회의'로 바꾼 것은 참가국들이 유엔 환경회의의 이전 방식을 계속하는 데 주저했기 때문이다.

많은 갈등이 있었다. 유럽 국가들은 목표와 일정을 원했으나 미국은 그것이 불필요하다고 생각했다. 한편 개발도상국들은 경제성장을 위한 더 많은 지원을 원했다. 리우회의와 달리 이견을 완화하기 위한 사전 회의는 거의 없었으며, 많은 환경주의 행동가들은 소외감을 느꼈다. 정상회의가 개최되자 지속가능발전 개념에 대한 환멸이 증가했다. 그 용어는 공허한 유행어라고 비판 받았다. 일부, 특히 개도국, 관리들은 '지속가능'이 환경관리가 아니라 지속적인 경제성장을 의미한다고 주장하기도 했다 (Esty 2001: 74).

전반적으로 요하네스버그 정상회의는 이전 회의에 비해 실망스러웠다고 평가되었다. 회의의 주된 결과물은 청정수 접근과 적절한 위생, 생물다양성 손실 감축, 화학물질 사용의 개선, 재생에너지 확대 등에 대한 실행 목표를 포함한 계획이었다. 그러나 이 계획의 실행은 정부, 시민단체, 기업의 '행동 연합'에 맡겨졌으며, 삼림파괴나 여타 중요한 문제는 거의 언급하지 않았다. 요하네스버그 정상회의에 대한 실망은 10년 뒤 후속 회의에서 고려될 중요한 제도적 변화를 위한 로드맵을 개발한 사회과학 연구 사업인 지구 시스템 거버넌스사업(Earth System Governance Project)으로 이어졌다 (Biermann 2012).

2012년 리우+20회의

후속 회의는 2012년 리우에서 개최되었다. 정식으로 유엔 지속가능발전회의로 불렸지만 흔히 리우+20으로 알려진 이 회의는 '녹색경제' 촉진과 지속가능발전을 위한 제도적 틀 강화라는 두 개의 큰 주제를 다루었다. 또 다시 수개월에 거친 준비 회의가 열렸다. 희소한 자원에 대한 경쟁이 국가 간 전쟁, 사회 붕괴, 국가 붕괴를 초래할 수 있기에 이 회의들은 환경훼손이 안보에 영향을 미친다는 인식이 증가하면서 더 활기를 띠었다. 기술이전과 같은 제안에 관해 계속되는 남북 간의 이견에 더해 이번에는 많은 나라가 2008년 세계 금융 위기와 계속되는 유럽 국가 부채 재앙으로부터의 충격에 주의가 분산되어 있었다.

이전의 유엔 주최 대규모 회의와 마찬가지로 리우+20은 수천 명의 이해 당사자들을 불러들였고 수많은 병행 행사를 개최했다. 그러나 일부 세계 지도자들은 불참했다. 활동가들은 기업의 책무에 관한 국제적 장치나 화석연료 정부 보조금 폐지 일정 등 더 강력한 새로운 조치를 요구했으나, 참가국 정부는 '녹색경제'의 의미와 같은 기본적인 사항조차 동의하지 못했다. 회의의 최종 보고서 『우리가 원하는 미래(*The Future We Want*)』에는 별다른 새로운 공약이나 집행 장치 등이 포함되지 않았다. 그 대신 '인정'이나 '장려'와 같은 약한 어휘가 잔뜩 들어간 보고서는 각국에 실행하지 않은 기존의 공약을 상기시키는 데 초점을 맞추었다 (Ivanova 2013: 4).

회의는 몇몇 중요한 변화를 가져오기는 했다. 먼저 이 회의는 UNEP 개혁을 지지했다. 향후 UNEP는 보편적 회원제, 재정 확충, 다양한 국제 환경정책에 대한 더 큰 조정 역할을 추구할 것이다. 또 회의의 협상가들은 20년 된 CSD를 지속가능발전 고위급 정치포럼(HLPF: High-Level Political Forum on Sustainable Development)으로 대치하기로 합의했다. HLPF는 매 4년마다 총회 하에서 국가원수급으로, 매년 유엔 경제사회이사회 하에서 회합하기로 하였다. 개혁 세력은 이것이 경제문제에 대응하도록 설계되었음에도 국제환경정책에 상당한 영향을 미쳐온 세계은행이나 WTO에 대한 적절한 견제가 될 것으로 기대했다. HLPF는 2015-2030 지속가능발전목표(아래에서 논의)를 설정하고 관리하는 중심 역할을 할 것으로 기대되었다.

글로벌 환경거버넌스의 구성 요소

유엔의 대규모 회의 방식 접근은 이제 그 유용성이 다했는지 모르지만 그것은 참여국이 국가적 의제로 채택하고, 새로운 행동 규범을 받아들이고, 다양한 이해 당사자들을 상대하도록 압력을 가했다. 그 과정은 점진적으로 인식과 행동을 바꿔놓았다 (Haas 2002). 글로벌 환경거버넌스의 핵심 요소는 국가 중앙정부뿐 아니라 지식공동체, NGO, 시민사회, 민간 부문, 국가 하위 정부 등 다양한 행위자들에 의해 형성된 원칙, 협정,

국제기구 등을 포함한다.

핵심 원칙들

1972년 스톡홀름선언에서 두 개의 중요한 원칙이 등장한다. 첫째는 '무해 원칙'이다. 1941년 미국-캐나다 사이의 트레일 용광로 분쟁의 결과 형성된 무해 원칙은 국가가 자국 관할 영역 내의 활동으로 타국의 환경에 해를 입히지 않을 책임이 있다는 것이다. 둘째는 환경문제가 발생하면 국가들은 그 대응에 협력하는 데 동의한다는 '선린'협력 원칙이다. 두 원칙 모두 수십 년간 작동해왔으며, 대체로 국제관습법, 즉 공식 조약이 아니라 행동의 정형화로부터 만들어진 의무로 인정된다.

다른 원칙들도 계속 만들어지고 있다. 1992년 리우선언은 '오염자 비용 부담'(환경파괴에 책임 있는 국가가 그것을 개선해야 함), '예방적 행동'(국가는 자국 관할 영역 내의 환경파괴를 피하기 위해 조기에 대응해야 함), '선제적 대응 원칙'(과학적 확실성 부재가 심각한 위협에 대한 개입을 막아서는 안됨) 등의 원칙을 담고 있다. 또 지속가능발전 원칙이나 세대 간 공평성 원칙은 미래의 사람들을 위해 현재의 사람들이 자연환경 파괴를 최소화하고 보존해야 한다고 촉구한다. 몇몇 핵심 환경 관련 원칙은 구속력 없는 '연성법'으로 남아있다.

다자간 환경협정

허용 가능한 행동을 규정하고 관행을 설정함으로써 연성법은 다자간 환경협정(MEA: Multilateral Environmental Agreements)의 '경성법'을 수립하는 시작 지점이 될 수 있다. MEA는 2개 이상 국가가 환경 관련 목표를 실현한다고 공약하는 법적 구속력이 있는 도구이다. 그것은 빈번히 비준이나 가입 절차를 통해 당사국이 되는 조약의 형태를 띤다. 협정은 양자 간(2개국), 역내(특정 지리적 영역 내의 복수 국가), 또는 글로벌한 범위가 있을 수 있다. 2022년 현재 약 2,200개의 양자 간 협정, 1,300개의 지역 혹은 글로벌 협정이 있다 (Mitchell et al. 2020). 표 10.1은 2023년에 비준 절차가 시작된 유엔 공해보호조약(UN High Seas Treaty) 등의 사례를 소개한다.

일부 지역 또는 글로벌 협정은 특정 기구와 연계되어 있으나, 독립적인 협정도 있다. 국가들은 분쟁 해결 규정이 있거나 국가 역량 구축을 위한 지원이 포함된 환경조약에 참여할 가능성이 더 높다는 증거가 있으나(Bernauer et al. 2013), 그러한 장치를 포함하는 MEA는 상대적으로 많지 않다. 가장 일반적인 경우는 사무국, 임시로 소집되는 특화된 부속 기구, 당사국 회의 등 이다. 조약 비준 또는 가입 국가들은 정례적으로 조약을 관리하고 주요 의사결정을 내리기 위해 회합하며, 일상적인 활동은 조약 사무국에 근무하는 국제 공무원들이 담당한다. 이 두 대조적인 경우의 중간에는 연례로 또는 격년으로 개최되는 당사국 회의보다 더 자주 회합하지만, 조약 사무국 직원처럼 상근하지는 않는 과학적 또는 전문적 기구들이 있다. 과학적 기구에 근무하는 사람들은 통상 당사국들이 지명하지만, 그들은 직업의식에 입각해서 독립적이고 정치적으로 중립적인 평가를 제공할 것으로 기대된다.

MEA의 초점과 규모는 시대에 따라 다양하다. 1970년대 이전 MEA는 하나의 생물종 또는 하나

표 10.1 글로벌 및 지역 다자 간 환경협정

	비준 개시	발효
글로벌 환경협정		
포경 규제를 위한 국제협약	1946	1948
멸종위기에 처한 야생동식물종의 국제거래에 관한 협약	1973	1975
오존층 보호를 위한 비엔나협약	1985	1988
초국경 유해폐기물 이동 및 처리 통제에 관한 바젤협약	1989	1992
생물다양성에 관한 유엔협약	1992	1993
기후변화에 관한 유엔 기본협약	1992	1994
심각한 가뭄과 사막화를 경험하는, 특히 아프리카 국가의 사막화 방지 유엔협약	1994	1996
잔류성 유기 오염 물질에 관한 협약	2001	2004
수은에 관한 미나마타협약	2013	2017
유엔 공해보호조약	2023	–
지역 환경협정		
공해로부터의 지중해 보호를 위한 협약	1976	1987
다뉴브강 보호 및 지속가능 사용을 위한 협력에 관한 협약	1994	1998
초국경 연무 공해에 관한 아세안협정	2002	2003
고릴라와 그 서식지 보존에 관한 협정	2007	2008
북극에서의 해양 유류 오염 대비 및 대응 협력에 관한 협정	2013	2016

의 지역에 적용되는 매우 특정적인 경향이 있었다. 과학자들과 정책결정자들이 생태적 연결성에 대해 더 알게 되면서 MEA는 더 통합적인 접근을 채택하여 동시에 다양한 생물종이나 지역을 다루게 되었다. 예를 들어, 이동성 생물종 보존에 관한 협약(CMS: Convention on the Conservation of Migratory Species)은 육상, 해양, 공중에서 이동하는 다양한 야생동물을 포함한다. 1980년대에 이르자 어떤 환경문제는 지구 전체에 영향을 미칠 수 있다는 인식이 증가하였으며, 이는 전세계 승인된 국가 전체가 비준한 오존층 보호를 위한 비엔나협약(Vienna Convention for the Protection of the Ozone Layer)과 같은 협정으로 이어졌다.

MEA의 초점과 규모가 어떻게 변화했는지를 보여준 데 더해서 CMS협약과 비엔나협약은 MEA가 진화하는 데 있어서의 두 개의 다른 모델을 보여준다. CMS협약은 본문은 수정하지 않고 유지하면서 참여국이 다양한 위협의 수준에 따라 생물종을 부속서에 포함하거나 제외하는 '부속서' 모델을 보여준다. 비엔나협약의 경우는 광범위한 규범과 목표를 제시하지만, 이행과 집행에 관한 상세한 사항은 후에 개정 또는 대체될 수 있는 하나 이상의 별도 의정서에서 다루는 '기본협약'모델을 보여준다.

1990년대 초에 이르자 환경을 보호하거나 보

존하려는 목표는 지속가능한 사용과 지속가능한 발전이라는 더 광범위한 논의에 포함되었다. 앞서 언급한 바와 같이 1992년 리우회의는 분수령이 되었다. 그것은 지속가능성 개념을 부각시켰고, 기후변화와 생물다양성에 관한 글로벌한 조약을 만들었다. 이후의 MEA들은 지속가능성과 생태적 과정의 연결성 개념을 대체로 반영하게 되었다.

IGO 및 관련 기구들

정부 간 조약 이외에도 글로벌 환경거버넌스는 정부간기구에 의존한다. 이들은 표준 설정, MEA 협상 지원, 정부 행동 감시, 환경법 집행과 같은 핵심 역할을 한다. 그들은 가입국, NGO, 여태 행위자들을 논의, 자금 지원, 이행을 위해 모이도록 한다. 환경정책의 다양한 측면에 다수의 정부간기구가 관계하지만 여기서는 UNEP, 세계은행, GEF, WTO 4개의 핵심 기구에 초점을 맞춘다.

유엔환경계획(UNEP). 수십 년간 다수의 IGO들이 그들의 책임 영역에 환경 요소를 가지고 있었다. 예를 들어, WMO는 대기오염을 조사했으며, 식량농업기구는 어업을 감시했다. 그러나 유엔체제는 1972년 스톡홀름회의에서 스트롱(Maurice Strong)을 국장으로 하여 UNEP를 창설하기 전까지 환경문제 전문기구가 없었다. 케냐의 나이로비에 본부를 둔 UNEP는 처음으로 개도국에 본부를 둔 유엔기구였다. 이는 개발도상지역에는 도움이 되었으나, 뉴욕, 제네바, 기타 글로벌 노스 도시에 본부를 둔 다른 유엔기구들과의 조정을 어렵게 했다.

처음 40년간 UNEP는 국제협력 촉진, 환경위협에 대한 조기경보 역할, 유엔체제 내의 환경사업 선도, 사업 이행 평가 등의 역할을 맡았다. 이들 책임을 수행하는 데는 다른 IGO들과의 긴밀한 협조가 필요했다. 예를 들어, WMO와 국제해양학이사회(International Oceanographic Council)는 각각 대기와 해수 질을 감시하는 데 중요했다. 감시와 평가에 참여함으로써 UNEP는 해양오염, 오염 화학물질, 유해폐기물 문제에 주의를 환기할 수 있었다.

UNEP의 초기, 스트롱에 뒤를 이어 1975년부터 1992년까지 국장직을 수행한 역동적이지만 논란이 있었던 이집트 미생물학자 톨바(Mostafa Tolba)는 많은 성과를 올렸다. 대표적 성과인 광역해양사업은 UNEP 출범 초기 지중해 인접 국가들과 진행한 사업으로 점차 다른 지역의 해양에서도 실시되었다. 또 다른 주요 성과는 오존층 파괴 관련으로 톨바는 유관 당사자들을 소집하고, 제안을 제시하고, 1985년 비엔나협약 채택의 길로 압력을 가했다. 후에 UNEP는 7개의 글로벌 MEA(비엔나협약, CBD, CMS, 멸종위기에 처한 야생동식물종의 국제거래에 관한 협약[CITES: Convention on International Trade in Endangered Species of Wild Fauna and Flora], 미나마타 수은협약, 특정 위험 화학물질 및 살충제 국제거래의 사전통보승인 절차에 관한 로테르담협약, 잔류성유기오염물질 스톡홀름협약)와 7개의 지역 MEA에 사무국 서비스를 제공하게 되었다.

그럼에도 UNEP는 글로벌한 기후변화 대응을 이끌거나, 역량구축 자원 수요를 충족시키거나, MEA 보고 의무를 조정하는 업무를 수행하지 못했다 (Ivanova 2021). 완전한 형태를 갖춘 기구가 아니라 '프로그램'으로 설치되었기에 40년이 지나도록 UNEP는 소수의 직원밖에 갖지 못하고, 유엔 경제사회이사회를 거쳐 유엔 총회에 보고하는 2차적인 지위를 가졌으며, 상대적으로 예산도 적다 (처음에는 전액 자발적 기여를 통해서 조달). UNEP는 유엔의 중앙에서 멀리 떨어진 위치, 환경 부처 이외의 고위 정부관료들과의 제한적인 접촉, 회원국과 유엔 전문기구에 대한 영향력 부재로 인해 활동에 제약을 받았다. 그러나 UNEP는 광범위한 환경의제를 추구하고, 여타 IGO들의 활동을 조정하고, 유엔체제 내에서 '촉진적' 역할을 할 것으로 기대되었다 (DeSombre 2006: 14-20; Ivanova 2010: 33).

2012년 리우+20회의에서 승인된 개혁으로 UNEP는 보다 높은 재정적 안정을 제공하는 분담금(assessed contributions)뿐만 아니라, 국가들의 역량 강화 및 이행을 지원할 수 있도록 보다 공식적인 권한을 부여받았다 (Ivanova 2013). 평의회는 유엔 환경총회로 승격되었다. UNEP는 성과 기반 관리체제를 채택하고 그 업무를 생태계 관리, 유해 물질, 자원 효율성 및 지속가능한 소비/생산, 분쟁후 및 재난 관리, 기후변화, 환경거버넌스 등 6개 핵심 분야로 재편했다. 또 UNEP는 전문기구와 동등한 자격임을 강조하기 위해 명칭에서 프로그램을 뗀 대안을 실험해보기도 했다. 그러나 UNEP는 여전히 글로벌 환경거버넌스의 거대한 규모에 힌겨워하고 있으며, 핵심 이해 당사자들은 2012년 개혁의 결과가 불충분하다고 불만을 표시한다 (Ivanova 2021). 예를 들어, 미국, 영국 같은 부유한 국가들은 UNEP가 낭비적이라거나 빈국의 이익에 포획되었다고 주장하면서 여전히 대규모의 자발적 기여를 꺼리고 있다.

지구환경기금. 부국과 빈국 사이의 긴장은 계속해서 UNEP에 도전이 되고 있으며, 그것은 또 다른 기관인 지구환경기금(GEF)의 탄생과 진화를 설명해준다. GEF는 UNEP, UNDP, 세계은행이 지원하는 3년 시범 사업으로 1991년에 시작되었다. 그 중심에는 개도국이 개발 사업을 지구환경에 혜택을 주도록 전환하는 데 소요되는 추가 비용을 충당하도록 보조금과 양허성 자금 지원을 제공하는 신탁 기금이 있다. 부유한 국가들은 기금에 기여하도록 요청을 받으며, 그 기금은 세계은행 융자나 UNDP 기술원조 대상 자격이 되는 빈곤 국가에 배분이 된다.

GEF는 당초 유엔체제 내에 위치하는 대신 세계은행그룹에 속했었다. 세계은행은 사업 선정에 앞장 섰고, 자금 지원을 관리했으며, 은행의 환경부문 책임자를 기금의 수장에 임명했다. 이것은 기금의 재원을 충당했던 부유한 국가의 구미에 맞았다. 세계은행의 가중 투표제도로 인해 부유한 국가들은 GEF 기금이 어떻게 사용될지에 더 큰 발언권을 가졌으며 GEF가 기후변화나 생물다양성과 같은 글로벌 이슈에 초점을 맞추도록 압박할 수 있었다. 이는 1국 1표제인 유엔체제에서 그 수적 우위로 인해 더 많은 영향력을 행사할 수 있었고, 토양 훼손이나 도시 대기오염과 같은 국지적인 환경문제에 더 관심이 있었던 많은 빈곤 국가의 심기를 불편하게 만들었다.

1994년 시범 기간이 끝날 무렵 일부 갈등은 완화되었다. GEF는 상설 기구가 되었고, 개도국의 발언권이 강해졌으며, UNEP와 UNDP가 강화됨에 따라 세계은행의 지배력이 감소했다.

UNEP는 GEF의 독립적인 과학기술자문위원회와 협력하는 등 환경사업 관리 책임을 확고히 했다. 한편 UNDP는 기술 지원과 역량 구축에 관한 리더십을 공고히 했으며, GEF의 시민사회단체를 위한 소규모 보조금 사업을 관리했다. 그러나 명목상 세계은행그룹으로부터 분리되었으나, GEF는 워싱턴 D.C.에 있는 세계은행 본부에 머물렀으며, 세계은행이 여전히 기금의 수탁은행 및 관리자 역할을 하고 있다.

GEF의 회원, 기관 파트너, 관여 영역은 확대되었다. 2023년 GEF 총회는 180개국을 넘었으며 3~4년에 한번 개최되어 전반적인 정책을 평가하고 조정한다. 총회가 열리지 않는 동안은 32개(16개 개도국, 14개 선진국, 2개 구 동구권 국가) 회원국 정부의 위원회가 1년에 2회 회합하여 사업에 대해 검토한다. GEF의 초기 3개 지원 기관은 아직 깊이 관여하고 있으나, 파트너 기관은 더 증가하여, (식량농업기구, 유엔 산업개발기구, 아프리카개발은행 등) 더 많은 IGO와 (국제보존협회와 같은) 일부 NGO도 포함되었다. 1994년 GEF는 CBD와 UNFCCC만을 위한 금융 기관이었으나, 2001년 잔류성유기오염물 스톡홀름협약, 2003년 사막화방지 유엔협약, 2013년 수은에 관한 미나마타협약이 추가되었다. 오존층 파괴 관련 대부분의 재원은 몬트리올의정서 다자간 기금을 통해 제공되지만 GEF도 일부 보조적인 재정 지원을 한다.

GEF는 중요한 틈새를 메워준다. GEF의 재정 지원은 다른 재원으로부터 추가적인 재원을 확보하는 데 도움이 되며, 소규모 보조금 지원 사업은 시민사회 단체를 지원한다. 2019년에 이르자 GEF는 170개국의 거의 5,000개의 사업에 180억 달러의 보조금을 지급했으며, 940억 달러의 공동 융자를 제공했다. 이들 자원의 대다수는 기후변화와 생물다양성 활동을 지원했다.

그러나 여전히 비판이 이어지고 있다. GEF는 사회적 보호와 관련하여 자신의 이행 기구에 의존한 결과 원주민이나 취약 집단에 부정적인 영향을 끼친다. 또 GEF는 글로벌 환경문제 대응에 있어서 여전히 부유한 국가의 선호를 따르는 경향이 있기 때문에 지역 수준의 우선순위나 이해당사자에게 충분히 관심을 기울이지 않는다는 불만이 있다. 모든 개발 파트너십에서 알 수 있듯이 GEF의 활동도 지속적인 재조정이 필요하다.

세계은행. GEF와 UNEP는 명확히 환경 관련 기관이지만 다른 IGO들도 그들의 핵심 업무는 다른 영역이지만 환경정책에 매우 중요한 역할을 한다. 경제개발의 주요 자금 지원자인 세계은행은 그들의 사업이 환경의 지속가능성을 촉진하도록 강한 압력을 받아왔다. 이에 대응하여 세계은행은 경영 방식을 바꿔왔으나 일부 관찰자들은 그것이 충분하지 않다고 본다.

수십 년간 세계은행의 최대 개발 사업의 상당수는 고속도로, 교량, 댐, 여타 기간시설과 관련되었다. 세월이 흐르면서 초국가적 네트워크를 형성한 환경주의자들은 브라질의 아마존 유역 개발, 인도네시아 자바에서 주변 섬으로의 인구 재배치, 인도의 댐 건설과 같은 사업의 환경적, 사회적 폐해에 대한 관심을 유도했다. 국제하천네트워크는 댐 건설 반대를 이끌었으며 1980년대에 중국의 삼협댐, 말레이시아의 바쿤댐, 인도의 사다르사로바댐 등을 반대하는 캠페인을 벌였다(Khagram 2000). 환경 연합단체들은 이러한 사업이 하천의 흐름을 바꾸고, 삼림파괴를 가속화하며, 생태계를 변화시키며, 사람들이 생태적으로 취약한 지역으로 이동하도록 만들며, 원주민들에게 피해를 입힌다고 주장했다. 다른 기간 시설 사업에 대해서도 유사한 주장이 제기되었다. 환경운동 네트워크들은 융자 결정에 있어서 환경영향 평가를 적용하고, 지원하는 사업에 환경 안전장치를 포함시키도록 세계은행에 요구했다.

세계은행은 점진적으로 반응했다. 1970년대 이후 은행은 환경 자문을 임명했으나, 그들의 관심은 조직 전체에 주류화되지는 않았다. 1980년대 말이 되자 세계은행 관리들은 환경문제를 인정하고 환경단체들과 더 긴밀히 협력하기 시작했다. 1993년 시민사회와 정부의 압력을 받은 세계은행은 시민들의 환경 피해 주장에 대응하여 특정 사업을 조사하도록 독립조사위원회를 설치했다. 그러나 네팔의 아룬3 댐과 같은 일부 예외를 제외하고 그러한 조사가 사업의 취소로 이어진 것은 드물었다.

1993년 이후 세계은행의 환경에 대한 관심과 재정 지원은 증가했다. 환경문제를 다루는 직원도 증원되었다. 세계은행의 연례『세계개발보고서』, 그 외의 많은 다른 보고서와 회의는 지속가능발전을 논의하고 '녹색' 언어를 반영했다. 그럼에도 내외의 관찰자들은 환경의 지속가능성에 대한 세계은행의 공약에 의문을 가진다 (Buntaine and Parks 2013).

그러한 회의론에 대응하여 세계은행 이사회는 2016년 다면적인 환경-사회 기본틀(ESF: Environmental and Social Framework)을 승인했다. ESF는 지속가능발전에 관한 조직의 비전, 사회-경제정책 이행을 위한 직원 지침, 소외되고 취약한 사람들과 관련된 위험 및 파급효과에 관한 지시 등을 포함했다. 그러나 ESF의 주된 대상은 토지, 효율성 및 공해, 천연자원 관리, 위험 평가, 재정 중재, 투명성 및 공개, 노동 조건, 보건 및 안전, 문화 유산, 지역 공동체에 관련된 10개의 기준을 지킬 것이 요구되는 차입국들이었다. 2018년에 완전히 자리 잡게된 ESF는 정보 공개와 이해 당사자의 지속적인 참여를 통해 사업의 투명성을 높이려 한다.

환경문제와 관련하여 세계은행의 또 다른 축은 환경국(ENB: Environment, Natural Resources, and Blue Economy Global Practice)이다. ENB는 110억 달러 규모의 150여 개 사업을 관리한다. 다수의 사업은 기후변화 적응 및 완화를 빈곤 감축 노력과 연계했다. 그러나 ENB의 활동이나 ESF의 지침 어느 것도 세계은행이 지원하는 활동이 환경을 해친다는 불만을 불식하지 못했다.

세계은행 개혁의 일관성 없는 결과는 놀라운 일이 아니다. 비록 일부 관행이 변했다고 하지만 진짜 문제는 세계은행이 개발에 대한 태도를 근본적으로 바꿨는지, 새로운 규범이 내재화되었는지의 여부이다. 세계은행은 행정 또는 경제 부서보다 적은 인원을 환경 부서에 채용한다. 세계은행의 지배적인 문화는 여전히 경제 분석에 집중되며, 직원들은 경제적 근거에 기반한 환경 관리를 주장하는 데 곤란을 겪어 왔다 (Rich 2013). 그 결과 환경에 관련된 계획과 관심이 사업에 포함되는 것은 빈번히 개별 국가 이사진들의 관심에 달려있다.

지역 개발은행도 유사한 문제에 직면한다. 세계은행의 선도로 다수의 지역 개발은행은 점차 환경 의제, 보호 장치, 제도 등을 채택했다. (아프리카개발은행 등) 일부 지역 개발은행은 기후 변화와 같은 문제가 세계 최빈국들에 가하는 위협에 관심을 촉구했다. 그러나 회의론자들은 여전히 모든 개발은행이 진정으로 '녹색화'가 되었는지, 아니면 의미있는 행동으로 뒷받침되지 않는 환경친화적 수사만으로 단지 '친환경을 가장' 했는지 의문을 제기한다 (Weaver 2008: 21).

GATT와 WTO. 세계은행 및 지역 개발은행과 마찬가지로 관세와 무역에 관한 일반협정(GATT: General Agreement on Tariffs and Trade)은 환경문제를 다루기 시작하는 데 시간이 걸렸다. 환경에 대한 고려는 무역의 왜곡이나 저해를 가져오는 듯 하였으며, 이것이야말로 GATT가 제거하려는 것이었다 (Damian and Graz 2001: 600). GATT에는 무역 및 환경 작업그룹이 있었으나 그것은 공해 통제가 무역에 장애가 되는 상황을 피하는 데 초점을 두었다.

GATT나 그것을 계승한 WTO와 같은 무역기구는 많은 국가가 무역정책에 영향을 미치는 환경정책을 추구한다는 사실에 적응해야 했다. 지속가능발전 개념은 생산과 소비를 미래 세대에게도 가능하도록 현재에 억제해야 함을 인정하는 것이다. 더욱이 표 10.1에 열거된 다수의 다자간 환경협정은 자연환경의 보호를 위해 무역을 제한하는 명확한 규정을 포함한다.

무역, 개발, 환경 사이의 갈등은 법적 분쟁을 야기했다. 가장 잘 알려진 것 중의 하나로 '참치/돌고래' 사례가 있다. 1972년 미국 해양포유류보호법을 근거로 미국정부는 멕시코산 참치 수입을 금지했다. 왜냐하면 (멸종 위기는 아니지만) 위협을 받는 돌고래도 포획되는 어망을 사용했기 때문이다. 1991년 GATT 분쟁 위원회는 외국 산업이 조업하는 방식에 대한 환경적 우려가 수입금지의 이유가 될 수 없다고 선언하면서 멕시코의 손을 들어주었다. 이 판결은 GATT 이사회가 공식 채택하지는 않았으나 환경주의자들은 분노했으며, GATT에 부정적인 평판을 가져다 주었다. 미국과 멕시코는 양자간 해결을 협상했고 GATT 규칙은 계속해서 회원국이 이면의 생산 과정에 상관없이 유사 상품을 동등하게 취급하도록 하였다.

참치/돌고래 문제가 불거졌을 때 미국, 캐나다, 멕시코는 북미자유무역협정(NAFTA: North American Free Trade Agreement)을 협상 중이었다. 개발도상국인 멕시코와의 무역 자유화는 환경보호를 약화시킬 것이라고 우려한 캐나다와 미국의 환경주의자들은 NAFTA에 명확한 환경 규정을 포함시키도록 요구했다. 이들 3국은 부속협정을 체결하고 1994년 3국 간 환경협력위원회를 설치했다.

NAFTA가 무역과 환경에 대한 고려를 조합한 것은 GATT 무역체제를 흡수-확대한 WTO협상에 영향을 미쳤다 (Johnson 2015). WTO를 창출한 1994년 협정은 '환경을 보호하고 보존하는 지속가능발전의 목표'를 인정했다. 협정은 생산과정에 상관없이 유사한 상품을 동등하게 취급해야 한다는 GATT의 의무사항을 유지했다. 그러나 WTO는 동식물 보호와 천연자원 보존의 타당성도 인정했다. 그러한 목적을 위해 회원국은 불공정하게 차별하지 않고, 자국 산업에 대한 숨겨진 혜택이 아닌 한 무역제한이 허용되었다. 또 WTO는 GATT를 넘어서는 수많은 협정을 포함했으며 그중에는 환경보호에 관한 것도 있었다. 예를 들어, 무역에 대한 기술적 장벽 협정에서 환경라벨이나 여타 서류 혹은 포장 기준이 다루어졌으며, 동식물 건강에 위협이 되는 외래침입종이나 여타 위협은 위생 및 식물위생 조치 협정에서 다루어졌다.

공식 협정에 포함된 환경규정에 더해 WTO는 미국과 EU의 압력을 받아 무역과 환경에 관한 위원회를 설치했다 (Johnson and Urpelainen 2020). 위원회는 개발도상국의 시장접근 보장, 환경라벨의 허용 가능성 논의, 다자간 환경협정과 WTO 규칙 사이의 관계 명확화 등을 심의했다 (Johnson and Lerner 2023). 시장접근과 관련하여 개발도상국은 자국 수출품에 대한 선진국 시장에서 제안되는 기준에 대해 검토하고 논의할 기회가 더 많이 주어졌다. 환경라벨과 관련해서 WTO는 소비자에게 모든 정보를 제공하는 환경라벨을 의무화하지는 않았으나 그러한 행위가 무역 상대국 사이에 차별적이거나 (즉 최혜국 대우), 자국 상품에 혜택을 주어서는 안된다고 (즉 내국민 대우) 강조했다. MEA와 관련해서 특정 규정이 WTO 분쟁의 대상이 되지는 않았으며, 몇몇 MEA는 WTO보다 먼저 체결되었기에, 양자 간 관계를 모두 명확히 하기 전에 이미 환경법과 무역법이 공존하게 되었다.

1995년 발효된 이후 WTO의 분쟁 해결 장치는 몇몇 환경 관련 무역 분쟁을 다루었다. 특히 중요한 분쟁은 '새우/거북이' 사례였다. 국내 새우 잡이들에게 특수한 거북이 배제 장치를 사용하도록 의무화하고 그러한 장치를 사용하지 않고 잡은 새우의 수입을 금지한 미국을 상대로 인도, 말레이시아, 파키스탄, 태국은 소송을 제기했다. 원고들은 멸종위기 바다거북을 보호하려는 미국의 권리 (그리고 미국법에 따른 의무)를 부정하지 않았다. 그 대신 그들은 수입금지 조치가 상품이 어떻게 생산되었는지를 근거로 유사한 상품을 차별했으며, 미국이 거북이 배제 장치를 채택한 특정 국가에 불공정하게 혜택을 주었다고 주장했다. 1998년 WTO가 원고의 손을 들어주자 미국은 그 조치를 변경했다. 말레이시아는 미국이 판정을 따르지 않는다고 계속해서 주장했으나 2001년 WTO는 미국의 새로운 조치를 인정했다.

오랜 시간을 끈 새우/거북이 분쟁은 몇 가지 측면에서 환경주의자들을 강화했다. 이 분쟁은 한 나라가 환경을 이유로 정당화될 수 있는 무역 제한과 관련된 WTO 규칙을 충족할 수 있음을 보여주었다 (Weinstein and Charnovitz 2001: 151-152). 이 분쟁은 생산 과정을 이유로 수입을 제한할 수 있는지에 대해 재고했다. 또 그것은 WTO 심판관이 소송 당사자가 아닌 NGO나 여타 이해관계자로부터의 정보를 포함한 보고서를 받아들인 선례를 남겼다.

WTO는 글로벌 환경거버넌스와 매우 깊은 관련성이 있으나, 충분히 '녹색' 기관이라고 하기는 어렵다. WTO는 예방 원칙에 대해 여전히 우려한다. 만일 심각한 위협이 있다면 WTO 회원국이 일시적으로 무역을 제한할 수 있지만 제한을 유지하려면 더 엄격한 과학적 정당화가 필요하다. WTO는 외부 이해관계자의 정보 제공을 허용하지만, 심판관들이 그것을 실제로 이용할지는 보장하지 않는다. WTO가 더 광범위한 탄소세 도입, 환경상품 관세 인하, 과잉 어로를 초래하는 어업 보조금 폐지와 같은 환경 관련 구상에 대한 논의를 개최한 바 있으나 그 논의는 느리고, 구체적 정책을 거의 생산하지 않았다. 세계은행과 마찬가지로 WTO는 분명히 환경정책에 영향을 미치는 경제 관련 기구이지만 환경이 우선순위는 아니다.

기타 다양한 행위자들

국가는 IGO의 회원이며 MEA의 당사자이기 때문에 글로벌 환경거버넌스의 중심적인 행위자이다. 그러나 글로벌 환경거버넌스에는 또한 각국 정부 외에도 다양한 행위자들이 참여한다. 거기에는 지식 공동체, NGO와 시민사회, 민간 부문, 지방정부들이 포함된다.

지식 공동체. 환경거버넌스의 역사를 통해 특정 영역에서 전문성과 정책 관련 지식의 권위를 가진 전문가 네트워크(제6장에서 논의)인 지식 공동체는 매우 중요한 역할을 수행해 왔다 (Haas 1992: 3). 전문가들은 항상 단일 학문 영역에서 형성되는 것은 아니지만 그들은 일정한 가치, 인과관계의 믿음, 응용 능력, 지식을 입증하는 방법을 공유한다 (Johnson 2020: 10). 관련되는 지식 공동체의 속성은 바뀔 수 있다. 예를 들어, 자원 관리자들은 한때 환경정책에 있어서 크게 부각이 되었으나 최근에는 생태학자나 여타 과학자들이 중심에 있다.

그것이 환경정책이 과학적 과정에서 나타나는 변화에 영향을 받는 이유이다. 과학자들에 비해 정책결정자나 일반 대중은 불확실성이나 미시적인 통찰에 훨씬 덜 익숙하다. 그 결과 환경정책은 종종 과학적 합의의 범위나 속도에 좌우된다. 예를 들어, 1975년 지중해 행동계획은 지중해 연안 국가의 생태 전문가들의 협력을 통해 만들어졌다. 이 지식 공동체는 정부 관료들과 협력하면서 감시 프로그램을 위한 데이터를 제공했다 (Haas 1990). 대조적으로 IPCC는 어떻게, 왜 기후가 변하고 있는지에 관해 오랜 세월을 거쳐 대규모의 합의에 도달한 진정으로 글로벌한 지식 공동체이다. 그러나 다수 국가는 초기의 과학적 논쟁을 내세우며 '지켜보자'는 접근을 정당화한다.

지식 공동체는 문제를 이해하고 해결책을 강구하는 데 핵심적이지만, 도전에 직면하고 있다. 그들은 자원, 인력, 인맥, 새로운 연구 결과 등에 의해 지속적으로 육성되어야만 역할을 할 수 있다. 한편 그들은 세계의 광범위한 지역을 대표해야만 정통성을 인정받을 수 있다. 이것은 어려운 일이다. 왜냐하면 그들이 지닌 지식으로 인해 일반인들과 차별화되는 전문가들은 엘리트와 비엘리트, 부자와 빈자, 사우스와 노스 사이의 불균형을 심화시킬 수 있기 때문이다 (Borland, Morrell, and Watson 2018).

비정부기구와 시민사회. NGO는 19세기 말 이후 환경문제에 있어서 중요한 역할을 해왔다. 1960년대 환경운동의 부상, 그리고 1972년 스톡홀름회의 이후 환경 NGO는 그 수와 행동 범위를 확대해왔다. 이는 선진국의 대규모 국제 NGO나 개발도상국의 지역 NGO에 모두 해당한다. 오늘날 환경단체는 수만 개에 이르며 많은 일반 시민들이 목소리를 낼 수 있게 해준다. 어스워치(Earth Watch), 환경보호기금, 그린피스, 네이처컨서번시(Nature Conservancy), 시에라클럽, 열대우림행동네트워크, WWF 등의 NGO는 잘 알려져있다.

환경 NGO는 다양한 접근과 이념 성향을 가지며 일부는 현상 유지를 선호하고, 일부는 점진적 변화를, 일부는 급진적 전환을 추구한다. 일부 NGO는 대단한 자금과 정책결정에의 접근을 확보했다. 예를 들어, 유럽환경국(European Environmental Bureau)은 유럽연합과 유럽의 35개국 170개 이상의 환경단체 네트워크 사이의 연락사무소 역할을 한다. 이 단체는 브뤼셀에 사무실이 있으며, 유럽집행위원회로부터 자금을 받고, 주요 문제에 대한 작업그룹을 운영하며, EU 기구에 대해 협의자로서의 지위를 가지며, 유럽환경청과 정례적인 접촉을 가진다.

NGO가 다른 행위자와 상호작용하는 데는 여러 통로가 있다. 하나는 교육이다. 지식 공동체를 통해서 NGO의 전문가들은 IGO, 정부 기구 등과 접촉하여 사람들을 교육하고 그들의 행동을 변화시킨다. 예를 들어, WWF는 그들의 전문성을 활용해 아시아의 소비자와 의료 종사자들이 코뿔소나 여타 멸종 위기종을 의료 목적으로 사용하지 않도록 설득하려 했다. 유사하게 국제수자원협회와 몇몇 NGO는 정책결정자들이 물과 하천을 위해 보다 통합적인 자원 관리 접근을 채택하도록 압력을 가했다 (Conca 2006: 123-140).

또 다른 길은 표적 비판이다. 많은 NGO는 정부와 기업의 행동에 반대할 수 있는 능력을 유지하기 위해서 그들로부터의 독립성을 추구한다. 표적 비판은 온건할 수도 (예: 유해폐기물에 관한 바젤협약 준수 여부를 추적하는 그린피스의 '폐기물 거래 업데이트'), 강경할 수도 있다 (예: 홈디포의 노숙림 목재 판매에 반대하는 열대우림행동네트워크의 캠페인). 일부 단체는 정부나 민기업의 의도적으로 비윤리적, 불법적 행위를 저지하기 위해 (일부 사람들은 '에코 테러'로 간주하는) 직접적, 적대적 행동을 벌인다 (Eilstrup-Sangiovanni and Bondaroff 2014). 예를 들어, 시셰퍼드 보존협회는 포경에 사용되는 선박을 공격하고 무력화했다.

세 번째 길은 국제적인 정책결정 과정이다. NGO는 종종 환경 IGO, 특히 UNEP와 협력한다. 그들은 MEA 협상이나 이행 감시에 영향력을 행사한다. 예를 들어, CITES의 당사국과 협력하여 WWF와 IUCN은 동식물 무역거래 기록 분석(TRAFFIC: Trade Records Analysis of Flora and Fauna in Commerce)이라는 감시 네트워크를 만들었다. TRAFFIC은 정부관리와 법률가들을 훈련하고 현장 검사를 실시한다.

그러나 가장 중요한 NGO의 영향력 행사 경로는 국내의 중앙과 지방 수준의 정책결정이다. 다양한 방법으로 NGO는 정부의 환경정책에 직접 영향을 미치려 한다. 첫째, 연구, 전문 지식, 훈련을 통해서이다. 예를 들어, NGO는 미국 국제개발청과 협력하여 잠비아 국립 동물보호구역의 밀렵 대책을 위해 지역민을 훈련했다. 둘째, NGO는 정부와 협력하여 조약 의무나 여타 공약을 준수할 가능성을 높이는 방식으로 쟁점들을 묶을 수 있다. 부채-환경 스왑 (NGO가 부채를 진후 현지 통화로 부채를 상환하여 자연보존에 사용)은 하나의 사례이다. 1987년 초 컨서베이션 인터내셔널이나 네이처컨서번시와 같은 NGO들은 볼리비아, 코스타리카, 에콰도르, 마다가스카르, 필리핀, 잠비아와 그러한 스왑을 했으며, 지역 NGO가 보존된 토지의 소유권을 취득하게 되었다. 셋째, NGO는 각국의 의회나 관료제를 통해 의무 불이행 국가를 고소하거나 제재를 가하도록 압박할 수 있다. 이 접근을 이용하여 어스아일랜드(Earth Island Institute)는 미국 사법부에 1972년 해양포유류보호법을 집행하고 참치 어망으로부터 돌고래를 보호하도록 요구했다.

그러나 시민사회는 NGO보다 더 광범위한 개념임을 인식하는 것이 중요하다 (제6장). 실제로 기후정의를 요구하는 젊은이들의 사례연구는 시민사회가 고도로 조직화된 NGO뿐 아니라 덜 공식적인 네트워크나 사회운동을 포함하는 여러 다른 집단들을 통해 작동함을 보여주었다. 따라서 환경거버넌스에 대한 시민사회의 전반적인 영향을 측정하는 것은 쉽지 않다.

한편으로 시민사회 집단은 쟁점을 재규정하고, 협상가들의 입장을 변화시키며, 조약 문구를 제안하는 등 조약 협상에 영향을 미친다는 증거가 있다 (Betsill and Corell 2008). 일부 집단은 정부의 환경조약 이행을 추적하거나(Eilstrup-Sangiovanni and Sharman 2021) 세계은행과 같은 국제 경제기구를 '녹색화'하는 데(Buntaine 2015) 중요한 역할을 해오고 있다. 시민사회 집단은 인터넷과 소셜미디어를 활용해 환경에 관심있는 사람들을 교육하거나, 행동하는 단체를 동원하고, 규범을 새로 형성하는 데 능숙하다 (Blondell, Colgan, and Van de Graaf 2019).

다른 한편으로 거버넌스의 주된 책임은 여전히 정부에 있다. 정책결정은 협상과 타협에 임하는 유연성을 요구한다. 어떤 공식화된 NGO는 특정 이념이나 방식에 너무 몰입되어 거버넌스의 타협에 적절치 않으며, 또 다른 공식화된 NGO는 정부와의 친밀한 관계 유지에 과도히 신경을 쓰기에 현상에 대한 도전을 회피한다 (Stroup and Wong 2017). 덜 공식화된 시민사회는 종종 그러한 한계를 피할 수 있으나 그들만의 제약에 직면한다. 예를 들어, 그들은 정부나 IGO가 공식화된 NGO에 부여하는 특전의 일부를 받지 못하기 때문에 거버넌스 구조에의 접근이 일관되지 않고, 개인적 친분이나 정치적 의지에 좌우될 수 있다 (Belfer et al. 2019).

민간 부문. 시민사회에 더해 또 다른 거버넌스 행위자는 민간 부문이다. 민간 부문을 구성하는 기업과 시장이 경제정책에 중요하다는 것은 이미 잘 알려져있다 (제8장). 환경정책에서도 그들의 중요성이 점점 더 인식되고 있다.

특히 많은 관심을 끈 분야는 민간의 규칙, 즉 공식적인 정부규제와 달리 기업들이 자발적으로 만들고 따르는 표준과 지침의 설정이다. 비판자들은 민간이 설정하는 규칙은 불충분하고 집행수단을 결여한다고 주장한다. 옹호자들은 민간이 설정하는 규칙은 기업이 보유한 특수 정보로 득이 될 수 있고, 세월이 흐르면서 더 적극적인 규칙을 가능케 하는 신뢰를 구축할 수 있다고 반박한다.

삼림파괴는 민간의 환경거버넌스와 규칙 설정을 활성화한 환경문제의 중요한 사례이다. 위기에 처한 열대우림 보호는 1970년대부터 국제적 의제였으며, 유엔 무역개발회의와 국제열대목재기구는 국제적으로 거래되는 모든 열대목재가 지속가능하게 관리되고 있음을 인증받도록 추진해왔다. 그러나 1990년대 초에 이르자 열대우림 파괴는 증가했다. 아마존 유역에서 삼림파괴는 배가되었고, 인도네시아의 급속한 삼림파괴는 대규모 화재, 대기오염, 토양 생산성 감소, 멸종위기종 증가를 초래했다. 전 세계에서 경제 침체를 겪는 국가와 기업은 목재 수출 증가를 원하게 되었다. 그러나 목재가 시장에 과잉 공급되면서 가격이 하락하여 의도치 않게 수출국가와 기업을 어렵게 하고, (선진국) 소비자들은 더 많은 물량을 요구하게 되었다. 1992년 리우회의에 즈음하여 이러한 환경과 경제의 관계에 주목한 WWF와 여타 NGO들은 노조, 원주민 집단, 시민사회, 소매상, 컨설팅 회사, 목재 산업을 포함하는 다자적 이해 당사자 대화를 추진했다.

몇 개 나라에서 1년 이상 논의한 끝에 이해 당사자들은 1993년 삼림관리협의회(FSC: Forest Stewardship Council)를 창설했다. 독일 본에 소재한 FSC은 임산업 분야의 건전한 환경기준을 추구하고 소비자들에게 홍보하는 독립적, 자발적 기구이다. FSC의 독특한 점은 그 구조이다. FSC 회원은 (경제, 환경, 사회) 3개 중 하나의 분야에 참여 신청을 하며, 각 분야는 글로벌 사우스와 글로벌 노스 대표들을 포함하는 하위 분야가 있다. 선진국의 회원들은 더 많은 자원을 가지고 있으나 가중투표제를 통해 개발도상국 회원들이 동등한 의사결정 권한을 갖도록 한다 (Dingwerth 2008: 617-619). 결정 사항을 준수하도록 하기 위해 FSC는 지속가능하지 않은 생산자로부터의 목재를 회피하도록 소매상과 소비자를 설득하는 사회적 압력을 가하고, 지속가능한 방식으로 생산된 상품을 인증하는 2개의 전략을 사용한다 (Dingwerth and Pattberg 2009: 712). 인증 절차는 삼림 관리 관행뿐 아니라 삼림에서 소비자에 이르기까지의 목재의 '관리 연속성'에 관한 고도로 기술적인 정보를 요구한다. FSC 로고는 정당하게 인증된 목재에만 사용될 수 있다.

결과는 애매했다. FSC는 지속가능 임업의 논의를 확대하여 토지 보유권, 원주민, 공동체 권리를 포함하도록 했다. 몇몇 초기 연구는 그것이 삼림 파괴와 산불감소(Hughell and Butterfield 2008), 경제적 인센티브 변화(Conroy 2002: 215), 생물다양성 보존(Newsom and Hewitt 2005), 멸종위기종 보호(Mannan et al. 2008)에 도움이 되었다고 밝혔다. 그러나 비판자들은 FSC가 아프리카나 아시아보다 미주에서 더 영향이 있었으며, 소규모 기업보다 대기업에 유리하며, 원주민이나 사회문제를 지원하는 데 일관성이 없으며, 위조 인증을 근절하는 데 소극적이라고 주장한다. 불만을 표명하기 위해 국제그린피스는 2018년 FSC 회원 자격 갱신을 거부했다. 그러나 비판에도 불구하고 FSC는 민간 규칙 설정의 혁신이며 어업과 같은 다른 분야의 인증제의 모델이 되었다 (Abrams et al. 2018).

또 다른 민간 부문 기준은 1990년대에 국제표준기구하에 설정된 ISO 14001이다 (제3, 제8장 참조). 산업 생산공장의 내부 운영에 환경 관리체제를 제공하기 위해 고안된 ISO 14001은 고비용의 엄격한 인증 과정을 사용한다. 10만 달러 이상의 비용이 소요되는 이 과정은 특수한 훈련과 기록, 그리고 이행을 검증하는 독립적 감사를 요구한다. ISO 14001은 산업 생산공장이 국가의 환경 지침을 충족하는 데 도움을 주며, 회원들이 환경 관리를 위한 추가적인 조치를 취하도록 장려한다.

FSC와 마찬가지로 ISO 14001도 성과와 결점을 모두 보여주었다. 참여자의 수를 보면 그것은 대단히 성공적이었다. 그러나 참여자의 대부분은 유럽과 아시아였으며, 세계의 다른 지역에서는 훨씬 적었다. 이러한 지역적 차이는 부분적으로는 기업의 국내적 맥락에서의 전략적 대응에서 기인한다. 기업은 관리 기반 규칙의 경험이 많은 나라에서 운영하거나, 환경 의식이 강한 소비자들에게 주로 수출할 경우 ISO 14001에 참여할 가능성이 높았다. 기업이 그러한 조건을 결여할 경우, 또는 국내규제 환경이 경직적이거나 적대적일 경우는 참여 가능성이 낮았다 (Potoski and Elwakeil 2011: 298).

자발적인 규칙 설정에 더해 민간 부문은 공공-민간 파트너십(PPPs: public-private partnerships)에 참여한다. 제8장에서 언급했듯이 PPPs는 단순히 국가 권위를 대체하는 것이 아니다. 그보다 PPPs는 공적 권위의 전통적 기초를 일부 유지하면서, 전문성이나 도덕적 주장에 근거한 권위를 가진 민간 행위자를 포함하는 혼합형의 관계이다 (Conca 2006: 211). 다자적 거버넌스에 있어서 냉전 종식 이전에는 비교적 드물었으나 PPPs는 1990년대 이후, 특히 환경보호, 글로벌 보건, 재난 대응, 영양, 교육 등의 정책 분야에서 훨씬 더 흔해졌다 (Andonova 2017: 14).

세계은행과 IUCN이 1997년 설립한 세계댐위원회(World Commission on Dams)는 그 초기 모델이다. 그것은 연구기관, 수력발전 회사, 댐에 영향을 받는 주민단체, 다자간 개발은행, 하천 유역 지자체, 대규모 수력발전 댐을 건설하는 데 직접 관여하는 정부를 대표하는 12명의 위원으로 구성된 독립적 국제기구이다. 비록 2001년 해체되었지만 동 위원회는 2002년 요하네스버그 정상회의 이후 4,000개 이상의 PPPs가 유엔 지속가능발전 위원회에 등록된 것이 보여주듯이 더 많은 다자적 이해 당사자 거버넌스 실험의 길을 열었다.

PPPs는 환경거버넌스에서 계속 확산되고 있으며, 정부와 IGO로부터 관심을 받는다. 그것은 더 참여적인 의사결정을 요구하는 이해 당사자들에 대응하는 하나의 방식이다. 그것은 또 더 많은 재원과 전문 지식의 원천에 접근할 수 있게 한다. 또 PPPs는 정부나 IGO가 쉽게 탈퇴할 수 있는 '유연하고, 실험적인' 방식으로 계속 남을 수 있다 (Andonova 2010: 31).

지방정부. 국제환경정책에 있어서 지방정부는 또 다른 중요한 행위자이다. 상황에 따라서 지방정부들은 중앙정부를 거치지 않고 직접 서로 연계한다. 예를 들어, 미국이 파리협정에서 탈퇴했을 때 미국의 시장들과 주지사들은 기후변화 완화를 위해 연합했다.

또 다른 상황에서는 지방정부와 중앙정부가 같은 목표를 향해 노력한다. 예를 들어, 호주에서 지방정부는 이동성 조류 서식지를 포함해서 많은 환경문제에 관해서 입법 책임이 있다. 이동성 조류 보호를 위해 호주 중앙정부는 다자적 거버넌스에 참여한다. 호주정부는 다섯 개의 조약에 서명하고, 중국, 일본 등과 양자 간 협정을 체결한 데 더해 호주 내의 여러 지방정부와 긴밀히 협력한다.

지방정부는 개발도상국에서도 중요하다. 예를 들어, 인도는 건강문제와 경제적 곤란에 연결되는 대기오염에 어려움을 겪고 있다. 일부 지역은 특히 피해가 심각하다. 따라서 중앙정부가 전국적인 목표를 설정하고 대외적으로 인도를 대표하지만 지방정부가 대부분의 현장 업무를 수행하며, 일부 지역은 갈 길이 멀다. 수질오염으로 어려움을 겪고 있는 브라질도 마찬가지이다. 농업, 도시화, 광업이 화학폐기물로 브라질의 하천과 원주민의 건강을 위협하고 있다. 또 브라질은 2013~2014년 상파울루의 위기와 같은 물 부족으로 어려움을 겪고 있다. 지방정부는 중앙정부와 협력하여 환경규제 위반에 벌금을 부과하고, 하천 생태계 강화를 위해 그 수입을 묘목심기에 사용한다. 인도의 대기오염이나 브라질의 수질오염과 관련하여 중앙정부가 국제환경협정에서 약속할 수 있는 것은 지역 수준에서 지방정부가 무엇을 실행할 수 있는지와 밀접한 관계가 있다.

이러한 사례가 보여주듯이 다층적 정책결정은 해당 국가가 연방제정부일 경우 특히 적용이 된다. 연방제에서 지방정부와 중앙정부는 권한을 공유한다. (호주, 브라질, 캐나다, 독일, 인도, 나이지리아, 러시아, 미국 등) 환경문제에 있어서 중요한 많은 나라들은 연방제 국가이기 때문에 지방정부의 요구, 선호, 활동과 이들 국가에 권한이 어떻게 배분되고 공유되는지를 인식하는 것은 중요하다.

지속가능발전목표

국가, IGO, 지식 공동체, NGO, 시민사회, 민간부문, 지방정부, 이 모든 행위자들은 지속가능발전목표와 관련이 있다. 제8장에서 언급한 바와 같이 (2030년까지 달성을 목표로 했기 때문에 의제 2030으로도 알려진) 지속가능발전목표(SDGs: Sustainable Development Goals)는 2015년 유엔 회원국이 채택한 17개의 목표이다. 청정수와 위생, 저렴한 청정에너지, 지속가능한 도시와 공동체, 책임 있는 소비와 생산, 기후행동, 수중 생명체, 육상 생명체 등 목표 중 일부는 명확히 환경문제에 초점을 맞춘다. 유엔은 SDGs를 글로벌 행동, 지역의 행동 그리고 '사람들의 행동'의 혼합이라고 규정한다.

SDGs는 정부 간 고위 협상을 통해, 그리고 다자적 이해 당사자 대화에 보조를 받아 만들어졌다. 이 목표는 환경의 지속가능성을 강조하고 글로벌 노스와 글로벌 사우스 모두의 행동을 요구한다. 유엔의 연례 진행 보고서는 일부 긍정적인 부분을 보여준다. 예를 들어, 아·태 국가들은 이제 SDGs 7(저렴하고 청정한 에너지)에 대해 더 양질의 데이터를 가지고 있다.

그러나 우려할 점도 많이 있다. 일부 국가는 이들 목표가 '획일적' 접근이라고 우려한다. 일부 IGO는 참여국 간의 갈등을 우려한다. 일부 지식 공동체는 더 큰 구조적 변화 없이 진정한 진보는 없다고 경고한다. 일부 시민사회 집단은 그 과정이 비민주적이라고 비판한다. 일부 기업은 단지 정부가 자기들의 책임을 전가한다고 의심한다. 일부 지방정부는 국가 지도자들의 정치적 의지 결여를 개탄한다. SDGs 15년 주기의 중간 시점인 2022년, 특히 SDG 13(기후행동)과 관련하여, 추진력의 동원이나 진행 속도는 부진했다. 코로나19는 SDGs에 큰 타격을 입혔다. 많은 국가들이 장기적인 환경위협보다 국내문제에 초점을 맞추고 단기적인 경제나 보건문제를 우선시하도록 만들었기 때문이다.

지역 환경거버넌스

기후변하아 같은 일부 환경문제는 지구 전체에 영향을 미치기 때문에 글로벌한 수준의 협상이 필요하다. 그러나 기후변화나 여타 전 세계적인 환경문제에 있어서 한 지역이 다른 지역보다 더 적극적이고 일관될 수 있다. 더욱이 많은 환경문제는 세계의 특정 지역에 영향을 미치며 지역적 수준의 대응이 나타난다. 사실 일부 초기의 국제적 환경정책 결정 시도는 표 10.1에서 보았듯이 글로벌하기보다는 지역적 수준에서 시도되었다. 국지적인 문제해결의 필요에 의해서든, 글로벌한 문제해결에 기여하려는 의지이든 간에 지역 차원의 시도는 많은 경우에 최하위 수준에서 결정된 것이 가장 효과적이라는 믿음 위에 추진된다 (Betsill 2007: 12-13).

제5장에서 보았듯이 지역은 정의하기 어렵다. 이것은 정치적 경계나 지리적 근접성을 따르지 않는 환경문제에 있어서는 더욱 그러하다. 예를 들어, 한 지역은 (지중해나 아마존 열대림과 같이) 하나의 생태계에 근거할 수 있다. 그러나 지역은 또한 (대양의 어류 자원이나 산성비와 같이) 초국경 이동의 범위에 근거할 수도 있다. 따라서 환경거버넌스를 위한 지역의 제도적 장치가 만들어지는 경우 그것은 재래의 정치적 혹은 지리적 지역을 상정한 IGO들과는 잘 맞지 않을 수 있다. 그럼에도 서로 다른 접근과 제도화의 정도를 보여주는 EU, 미국-멕시코-캐나다협정(USMCA), 동남아시아국가연합(ASEAN) 3개의 지역기구의 환경거버넌스를 검토하는 것은 유익하다.

유럽연합과 환경

지역기구들 중에 EU는 광범위한 환경정책, 기후변화 대응에 대한 적극 지원, 글로벌 환경거버넌스의 리더십으로 돋보인다. 유럽공동체의 기원이 된 로마조약은 환경에 대해 전혀 언급이 없었다. 단일 시장으로의 통합을 가속화하는 1987년 단일유럽의정서이 되어서야 환경에 대해 최초로 언급했다. 10년 후 암스텔담조약에서 서명국들은 EU에서의 공정 경쟁을 보장하려면 환경 기준을 일치시켜야 한다는 데 동의했다. 2007년 리스본조약으로 EU는 '높은 수준의 환경보호와 환경의 질 개선'에 기반한 지속가능한 발전을 공약했다 (2조 3항). 그 공약은 환경규제를 찬성하는 강력한 여론, 다수 EU 회원국 내 녹색당의 부상, 각국과 지방의 효과적 환경 부처 설치를 반영했다.

환경에 대한 EU의 접근에는 앞서 언급한 2개의 핵심 원칙이 있다. 하나는 '오염 유발자 비용부담', 즉 환경파괴에 책임 있는 자가 그것을 복구해야 한다는 원칙이다. 다른 하나는 '선제적 대응 원칙', 즉 과학적 확실성 결여가 심각한 위협에 대한 개입을 막아서는 안된다는 것이다. EU는 선제적 대응 원칙을 적극 수용하는 점에서 다른 지역 IGO와 가장 큰 차별성이 있다.

환경정책은 회원국이 정책을 가장 많이 일치화시킨 분야이며, 정책결정 관할의 대부분을 각국 정부에서 EU 수준으로 이양했다 (Selin 2007: 64). 1985년부터 일정 규모 이상의 모든 공공이나 민간사업은 환경영향평가와 공개적 협의가 의무화되었다. 2011년에 이르자 EU 환경법은 대기, 물, 토양, 폐기물 처리, 생물안전, 연안지역 관리, 유해성 화학물질 등에 관한 300개 이상의 입법 조치와 80개 이상의 지침을 포함하게 되었다 (Vogler 2011: 19). 예를 들어, EU는 차량, 대규모 공장, 발전소, 항공기에 의한 대기오염, 수소불화탄소(CFC) 퇴출, 다양한 소음 공해 금지, 유전자 조작 제한 (미국과 무역 분쟁을 초래), 이산화탄소 배출에 대한 에너지세 등에 관한 점점 더 엄격한 지침을 채택했다. 또 EU는 투명성과 정보 공개를 중심으로 한 환경 정의라는 개념을 제시했으며, 생산, 유통, 소비에 대해 환경 기준을 설정했다. EU 최초의 환경 행동계획은 1972년에 채택되었으며, 여덟 번째 환경 행동계획은 2030년까지 계속된다. 환경정책은 이행자는 국가이지만 대부분의 환경정책 결정은 유럽집행위원회에서 발안된다.

환경정책 결정에 있어서 몇몇 특징들은 유럽의 리더십과 그들의 상대적인 성공을 설명해줄 수 있다. 하나는 시민들에게 주의를 기울인다는 점이다. 예를 들어, 소비자가 현명한 구매 판단을 할 수 있도록 1992년 유럽이사회는 환경친화적 상품에 EU 환경 라벨 부여를 위한 규칙을 발안했다. 그 이후 생산에서 소비에 이르기까지 각각의 생산단계마다 환경 라벨을 부여하는 것은 잘 알려진 EU의 방식이 되었다. 또 EU는 시민사회와 일반대중을 참여시키려고 노력해왔다. 여기서 주요한 기관은 시민사회 집단이 연대하고 EU 기관에 접근할 수 있도록 도와주는 유럽환경국이다. 또 다른 중요한 기관은 1994년부터 업무가 시작된 EU의 독립기관인 유럽환경청이다. 코펜하겐에 본부를 둔 유럽환경청은 EU 가입을 희망하는 국가에도 회원 가입을 허용한 최초의 EU 기구이다. 비록 기대보다 약한 것으로 드러났지만 환경청은 각국의 기후변화 활동에 대해 보고하고, 정부와 대중이 공유할 수 있도록 다른 국제적인 데이터를 수집한다.

유럽의 리더십과 성공의 두 번째 이유는 초국가적 유도와 각국의 재량을 혼합한 것이다. 예를 들어, 환경정책의 주요 책임은 유럽집행위원회의 환경국에 있다. 그러나 그 분야의 관료 조직은 위원회의 다른 조직에 비해 위신이나 영향력이 약하고, 일부 세세한 업무는 브뤼셀에 있는 각국 대표부의 대표 또는 부대표들로 구성된 상주대표위원회가 맡는다. 초국가적 유도와 각국의 재량은 또한 EU 관료제가 공식 규제 대신 지시를 빈번히 활용했던 규제 영역에도 존재한다. 지시를 통해서 EU는 포괄적인 장기 목표를 설정하지만 회원국은 구체적 방법을 선택하고 적절한 법률을 제정한다. 이는 국가적 또는 지역적 차이의 공간을 제공하면서 공정한 경쟁을 돕는 EU 전체의 표준을 설정한다.

셋째, EU는 재정과 감시를 통해 환경정책을 뒷받침하는 몇 가지 장치를 개발했다. 예를 들어, 2020년에 결정되고 2050년까지 EU의 기후중립과 오염제로 비전을 설정한 유럽 그린딜(European Green Deal)은 신설된 유럽 기후/인프라/환경행정처(European Climate/Infrastructure/Environment Executive Agency)가 관할하고 2027년 예산으로 550억 유로가 책정되었다. 이 부처의 주요 재원 중의 하나는 환경금융상품(Financial Instrument for the Environment)이다. 이것은 1992년 시작된 환경, 기후, 청정에너지 문제에 특화된 EU의 유일한 금융상품으로 2022년에 이르자 5,000개 이상의 사업에 관여한 기록을 가지게 되었다. 초기의 시책들과 마찬가지로 유럽집행위원회는 유럽 그린딜의 이행을 감시하고 위반 사항을 보고할 것이다. 재정적 '당근'과 감시의 '채찍'의 조합은 EU가 불이행을 줄이는 데 도움을 준 오래된 방식이다 (Tallberg 2002: 610).

환경에 있어서 유럽의 리더십과 성공의 마지막 이유는 유럽연합사법재판소(CJEU: Court of Justice of the EU)이다. 대부분의 경우 CJEU는 EU 환경법을 지지해 왔다. 예를 들어, 2007년 사례에서 CJEU는 EU의 환경국에서 보호하고 있었던 환경적으로 민감한 지역을 관통하는 고속도로 건설을 중단시키는 임시 조치를 취했다. 궁극적으로 대안 노선이 결정되었다.

다수 EU 회원국에서 근본적인 변화가 있었던 것은 명백하다. 환경보호는 정책결정과 대중의 인식 속에 주류화되었다. 하나의 지표는 환경주의를 핵심 정치이념으로 하는 녹색당의 성장이다. 1970년대부터 녹색당은 독일과 여타 EU 회원국에서 더 많은 의회 의석과 지도적 역할을 확보했다. 2004년부터 회원국의 녹색당들은 국가 간 협력을 촉진하고 유럽의회 선거에서 후보자를 내세우는 등 공식적으로 유럽녹색당을 통해 협력했다.

EU에서 환경주의는 여전히 정치적 어려움과 환경정책 이행의 문제를 안고 있으나 오스트리아, 덴마크, 독일, 핀란드, 네덜란드, 스웨덴은 환경보호를 매우 강력히 지지한다. 중앙정부 차원에서 매우 엄격한 환경 기준을 채택하면서 이들 국가는 EU 수준에서도 엄격한 규제를 요구한다. 반면 (그리스, 포르투갈, 스페인과 같은) 경제 수준이 상대적으로 낮은 서유럽 국가나 (체코공화국, 헝가리, 폴란드와 같은) 동유럽 국가들은 기준이 느슨하고 경제적 수단도 미흡하다. EU 확대는 지속가능발전에 힘을 실어주었다. 왜냐하면 EU에 가입하면 환경 기준을 충족해야 하고 종종 재정적, 기술적 지원을 받기 때문이다. 그러나 그렇다고 모든 EU 회원국이 환경보호에 같은 의지나 자금이 있는 것은 아니다. 더욱이 독일과 같은 EU 지도 국가들도 지속적으로 가스와 석탄에 의존하는 취약점이 있다. 따라서 일부 관찰자들은 과거에는 유럽이 환경문제에서 앞섰지만 먼 미래에는 그렇지 않을 수도 있다고 우려한다.

미국-멕시코-캐나다 협정과 환경

유럽의 초국가적 시도보다는 덜 포괄적이지만 북미 국가들 사이에도 환경에 관련된 상당한 움직임이 있다. 2020년 비준된 미국-멕시코-캐나다협정(USMCA: US-Mexico-Canada Agreement)은 환경에 관한 수 많은 조항이 포함된 지역 무역협정이다. USMCA 조약문이 완성되기 훨씬 전인 2018년 3국은 시민이 환경에 대한 감시와 집행에 참여할 수 있는 환경협력협정을 체결했다. 환경법을 집행하도록 미국정부를 고소할 수 있는 시민들의 국내적 권리와 유사하게 3개 서명국 시민들은 미국, 멕시코, 캐나다가 국내 환경법을 준수하는지 조사를 요청할 권리가 주어졌다.

USMCA 최종 조약문 제24장에는 추가적으로 환경 관련 조항이 수록되었다. 그 장에는 임업, 어업, 외래침입종, 해양 투기, 기타 몇몇 환경문제에 대한 지침을 포함한다. 그것은 모든 서명국이 CITES나 몬트리올의정서와 같은 다자 간 환경협정에 따른 그들의 책임을 달성하기 위해 국내적인 장치를 구축하도록 의무화했다. 제24장은 환경에 잠재적으로 중대한 영향을 줄 수 있는 사업은 환경영향평가를 실시 및 결과 공개를 의무화했다. 또 제24장은 130개 이상의 금융기관이 융자하는 사업의 환경과 사회적 리스크를 평가-관리하는 데 이용되는 틀인 적도원칙(Equator Principles)과 같은 자발적 관행을 채택하도록 기업에 촉구했다.

무역과 환경 사이의 이와 같은 명백한 연결성은 새로운 일이 아니다. USMCA의 전신인 NAFTA도 수많은 환경조항을 포함했었다. NAFTA는 1980년대 말부터 1990년대 초까지 협상이 진행되었는

데, 당시 GATT의 판정들로 자유무역이 환경보호를 저해할 수 있다는 우려가 커지고 있었고, 1992년 리우회의를 통해 자연환경에 대한 전 세계적인 관심이 높아졌다. 멕시코는 빈곤하고 낮은 환경 기준을 가졌었기 때문에 환경주의자들은 캐나다와 미국이 멕시코에 대해 경제적 경쟁력을 갖기 위해 환경 기준을 완화할까 우려했다.

그러한 '바닥을 향한 질주'에 대한 우려를 불식하기 위해 NAFTA의 최종 조약문에는 지속가능발전 촉진과 환경규제 집행 조항이 포함되었다. 각 당사국은 자국의 환경보호 기준을 유지할 수 있었으며 그러한 기준을 위반하면서 생산된 수입품을 금지할 수 있게 되었다. 그러한 금지의 세부조건은 신중하게 작성되었으며, 그것은 '자의적이거나 부당한 방식으로 적용'되거나 '국제무역이나 투자에 관한 숨겨진 제한'이 될 수 없었다.

조약의 주요 조항에 더해 몇 년 뒤에 이들 3개국은 북미환경협력위원회 설치에 합의했다. 위원회는 공동의 기준을 설정하기보다 국내법 준수를 독려하고 역량 강화를 지원했다. 예를 들어, 위원회는 세관 직원과 국경 검사관이 오존층 파괴 물질의 불법 거래를 단속하도록 온라인 교육 교과목을 개발했다. 또 위원회는 NAFTA 3개국의 환경 상황에 대한 주기적인 보고서를 발간했다.

USMCA가 NAFTA를 대체했을 때 환경 관련 규정은 보존-강화되었다. 다수 관찰자들은 NAFTA가 희망한 것처럼 잘 기능하지 않았을지라도 이미 '녹색화'를 위한 획기적인 시도였다고 보았다 (Perez-Rocha and Trew 2014). USMCA가 NAFTA의 환경 관련 성과를 더 개선하게 될지는 지켜봐야 하겠지만 환경에 대한 NAFTA의 관심은 북미의 새로운 무역협정 속에도 계속 유지되고 있음이 명백하다.

동남아시아국가연합과 환경

모든 지역이 다 환경거버넌스에 적극적인 것은 아니다. ASEAN은 환경문제를 그들의 의제로 다루는 지역 IGO의 한 사례이지만 환경보호는 결코 그들의 우선순위에 오른 적이 없다. 회원국은 1977년에 환경정책에 관한 협력을 시작하였으며, 1989년에 이르자 회원국은 정부 환경전문가 연례회의를 개최하게 되었다. 다른 지역과 마찬가지로, 리우회의를 계기로 환경 NGO가 더욱 적극적으로 지역 네트워크를 형성하고 IGO 정책결정 구조에의 접근을 요구하게 되었다. 아시아개발은행, UNEP, 유엔 아태경제사회이사회, 기타 외부 행위자들도 지역적 환경협력을 독려했다. 그럼에도 경제성장이 주된 관심이었고, 특히 1990년대 말 아시아 금융 위기로 인해 각국은 환경문제를 등한시하고 경제 회복에 초점을 맞추게 되었다.

시간이 흐르면서 이 지역의 긴급한 환경문제로 인해 각국은 더 긴밀한 정책-기술협력, 목표의 동기화, 더 높은 수준의 제도화가 필요해졌다. 수십 년간 문제가 된 동남아시아의 연무문제를 생각해보자. 이 지역의 여러 국가에 걸쳐 나타난 짙은 연무는 생계유지형 농민들과 대규모 농장이 종이, 펄프, 팜유 생산을 위해 땅을 개간해 온 인도네시아의 삼림파괴와 토지 이용 관행으로 악화되었다. 그 대부분의 활동이 불법이기 때문에 이 문제의 규모를 확인하기는 어려우나, 인도네시아 삼림의 60%는 불태워지거나 벌목되는 것으로 추산된다. 불타는 삼림에서 발생한 짙은 독성 연무가 인도네시아에서 이웃 말레이시아와 싱가포르로 번지면서 1997~1998년 이후 이 문제는 전 지역의 문제가 되었다. 이로 인해 ASEAN 최초의 지역 환경협정인 2003년 초국경연무오염협정이 체결되었다. 협정에는 감시 기금과 불이행에 대한 제재가 포함되었다. 그러나 인도네시아는 2014년까지 이 협정을 비준하지 않았으며, 여전히 세계에서 가장 빠른 속도로 삼림파괴를 자행하고 있다.

연무는 인구 증가, 도시화, 경제개발로 인한 식량, 물, 토지, 에너지 수요가 증가하고 있는 이 지역이 안고 있는 많은 환경문제의 하나에 불과하다. 이 지역은 많은 동식물이 멸종 위험에 처해 있는 생물다양성 위기 지역이다. 또 이 지역은 기온, 강수, 극단적 기상현상의 빈도 변화를 겪고 있다.

2015년 회원국은 향후 10년을 위한 몇 가지 '청사진'을 채택했다. 그 중에는 기후변화 완화 및 적응, 지속가능한 생산 및 소비, 천연자원 보존과 같은 환경 관련 목표들을 포함한 2025년 ASEAN 사회문화공동체 청사진도 있다. 그러나 제5장에서 논의한 바와 같이 ASEAN은 회원국 간의 역량 차이, 주권 보호, 비구속적인 협정 선호 등으로 인해 이러한 목표를 성취하기 위한 지역 차원의 협력은 어렵다 (Elliott 2011).

국제법정에서의 지역 환경분쟁

국가들이 무엇을 해야 할지 서로 동의하지 않거나 공약을 이행하지 않을 때 지역적인 환경분쟁은 국제법정에서 다툼을 벌이게 된다. 흔한 문제 중의 하나는 나일강(이집트, 에티오피아, 수단), 인더스강(아프가니스탄, 인도, 파키스탄), 리우그란데강(멕시코, 미국) 등 하천 유역 개발이다. 국가들은 빈번히 수자원 공급 배분이나 수질 보호를 위한 협정을 맺지만 종종 핵심 행위자들이 주변화되기도 한다. 예를 들어, 캄보디아, 라오스, 태국, 베트남 등 메콩강의 하류 국가들에 의해 1995년 설치된 메콩강위원회의 경우 상류 국가인 중국, 미얀마는 단지 '대화 파트너'로 격하되었다. 그 이후 중국은 상류에 수많은 댐을 건설하여 하류 국가로의 물의 흐름과 농민이나 어민들의 생계에 영향을 미쳤다.

모든 주요 행위자들이 포함된 기구에서도 국가들이 항상 공약을 지키는 것은 아니며, 따라서 지역 환경분쟁은 종종 국제법정에서 다루어진다. 상설중재재판소(PCA: Permanent Court of Arbitration)에 제소된 한 사례로 인도와 파키스탄 사이의 1960년 인더스강조약이 있었다. 인도 관할의 자무와 카슈미르 지역 내 지류에 인도가 제안한 댐 건설 사업에 대해 파키스탄은 그 댐이 자국의 물 공급을 저해할 것이라고 항의하면서 중재를 요청했다. 2013년 판결에서 PCA는 강을 이용할 인도의 권리를 인정하면서 동시에 최소한의 유수량에 대한 파키스탄의 권리도 인정했다 (PCA 2013). 환경법의 관점에서 가장 흥미로운 점은 한 국가가 그 행위로 인접국에 해를 끼칠 수 있다면 '환경보호'의 의무를 고려해야 한다고 PCA가 판결한 것이다.

1993년 국제사법재판소(ICJ: International Court of Justice)는 다뉴브강 댐 건설과 관련하여 재판소 최초의 환경문제 소송 사례에서 유사한 판결을 내렸다 (Kumar 2013). 체코슬로바키아와 헝가리는 1977년 댐을 건설하는 조약을 체결했다. 1990년대 초 체코슬로바키아가 슬로바키아와 체코공화국으로 분리되자 헝가리는 선제적 원칙을 내세워 슬로바키아를 고소했으며, 슬로바키아는 헝가리가 당초의 조약을 위배했다고 주장했다 (Deets 2009). 1997년 ICJ는 양국이 모두 조약의 의무를 위배했으며, 그들의 공동사업은 자연과 수질 보호를 위해 (1977년이 아니라) 현시점의 환경 기준을 적용해야 한다고 판결했다 (ICJ Contentious Case 1997).

그 최초의 환경문제 판결 이후 ICJ 등 국제 재판소들은 더 많은 환경문제 사건을 다루어 왔다. 예를 들어, 2008년 에콰도르는 콜롬비아가 국경에서 유독성 제초제를 공중 살포하여 환경 및 경제적 피해를 초래했다고 주장하며 소송을 제기하여 ICJ가 판결하였으며 (ICJ Contentious Case 2008), 2014년 호주는 일본이 1986년 결정된 상업 포경 유예를 준수하지 않았다고 소송하여 ICJ가 판결했다 (ICJ Contentious Case 2014). 2023년 태평양의 작은 섬 바누아투는 유엔 총회의 지원을 받아 기후변화에 대응해야 하는 국가들의 의무에 관한 ICJ의 권고 의견을 요청함으로써 파리협정 공약을 제대로 이행하지 않는 국가를 상대로 강제 집행을 가능하도록 하는 법적인 길을 열었다. 또 처음 소개한 사례 연구에서 언급한 바와 같이 EU 회원국이 기후변화에 강력히 대응하지 않음으로써 인권을 침해했다는 청년들의 주장에 대해 유럽인권재판소도 공감해왔다.

글로벌 환경거버넌스와 환경레짐 준수 및 효력

환경거버넌스의 진화, 구성 요소, 지역적 변형에 관한 논의에서 보았듯이 자연환경을 관리하는 것은 매우 어렵다. 이 장에서는 과학적 논의 과정의 갈지자 행보, 집단행동의 문제 만연, 빈자와 부자의 갈등, 레짐의 복잡성, 이해 당사자들의 이질성 등 다섯 가지의 중요한 도전을 살펴보았다. 이들을 극복하기 위해 학자들과 실무자들은 가능한 개혁을 토론하는 장으로서 *Global Environmental Politics and Global Governance*와 같은 학술지를 활용해왔다.

어떤 사람들은 세계환경기구와 같은 더 강력한 글로벌 환경기구 신설을 통한 중앙집중화를 주장한다 (Biermann and Bauer 2005). 다른 사람들은 그에 반대하면서 기존의 기구나 정책에 더 많은 관심과 자원을 투입해야 한다고 주장한다. UNEP가 더 강화될 수 있으며, 국제 개발 기구가 더 많은 역할을 할 수도 있다. 또 다른 사람들은 시민사회 단체가 풀뿌리 수준에서 선도하는 가치와 규칙의 형성을 제안한다 (Conca 2006: 67-69). 이를 주장하는 사람들은 다양한 지방정부 행위자, 지식공동체, NGO, 기업, 여타 비국가행위자들이 중앙정부나 IGO를 기다리지 않고 추진한 정책을 예로 든다. 그러한 상향적 대안은 중앙에서의 조정은 약할지 모르지만 '민주적' 환경거버넌스에 더 근접한다고 볼 수 있다.

제도 개혁에서 더 나아가 그보다 광범위한 문제가 있다. 과연 각국은 기존의 국제레짐을 어느 정도 이행하고 준수해왔는가? 특히 개도국에 있어서 이행과 준수의 실패는 인도네시아의 삼림파괴 사례에서처럼 빈번히 국가 역량의 실패이다. 민간 부문이나 지방정부의 행동을 요구하는 환경 문제에 있어서도 이행과 준수는 중앙정부의 집행 능력에 의존한다. 따라서 기술 지원과 여타 국가 역량 강화가 필요하다.

더 일반적인 관점에서, 다양한 환경레짐은 효과적인가? 수년 동안 효과성 측정의 주된 기준은 국가의 환경협정 이행과 준수 여부였다 (Weiss and Jacobson 2000). 그러나 세월이 흐르면서 효과성은 공정성, 효율성, 목표 달성과 같은 고려를 포함하는 더 복잡하고 다차원적인 개념으로 이해되었다 (Young 1999). 거버넌스 구조와 환경에 대한 효과 사이의 인과관계 확인은 어렵다. 왜냐하면 행위자들이 행태를 바꿨는지, 그러한 행태의 변화가 환경에 영향을 미쳤는지, 그러한 환경적 효과가 특정 협정, 제도, 과학적 발견 혹은 원칙들과 인과적으로 연결될 수 있는지에 대한 질적, 양적 분석이 필요하기 때문이다.

효과성에 대한 지금까지의 연구 결과는 일관되지 않다. 예를 들어, 한 연구는 몇몇 환경사례 연구를 요약하면서 환경레짐은 프로그램 활동, 데이터 개선, 불확실성 감소에 다소의 혹은 강한 인과관계가 있다고 결론 내렸다 (Breitmeier, Underdal, and Young 2011). 효과성은 권력의 분포, '적극적인 자와 소극적인 자'의 역할, 의사결정 규칙의 영향, 이용 가능한 지식의 정도 등 레짐의 성격에 따라 다양했다. 반면 다른 연구는 수많은 환경레짐을 분석한 결과 레짐은 환경개선에 거의 기여하지 않았다고 결론 내렸다 (Ohta and Ishii 2014: 582).

따라서 효과성에 대한 문제 제기는 중요하지만 복잡한 것이다. 다행히 적절히 다루어졌다고 다수 관찰자들이 동의하는 몇몇 환경문제들이 있다. 이하에서는 그중 두 개의 사례인 멸종 위기종 거래와 오존층 파괴를 논의한다.

성공 사례: 멸종 위기종 거래

식품, 소재, 가구, 도구, 약재, 화장품 등에 이용되는 멸종 위기 야생 생물의 국제거래는 2023년 현재 연간 190억 달러에 이를 것으로 추산된다. 캐비어, 악어가죽 장화, 상아 조각, 코뿔소 뿔 파우더, 장미목 가구 등은 일부 사례이다. 불법 채취된 10달러짜리 뱀 가죽이 만 달러 핸드백으로 변할 수 있는 세계 시장에서 천연자원을 약탈하려는 동기는 매우 크다.

멸종 위기종 거래에 대응하는 국제 조약의 아이디어는 1963년 IUCN 회의에서 처음 제기되었다. 그것은 멸종위기에 처한 야생동식물종의 국제거래에 관한 협약으로 1973년에 결실을 보았다. 2022년에 이르자 이 조약은 3만 5,000 이상의 동식물 종을 포함했으며 183개국과 EU가 비준했다. 가입국은 위기종 거래를 관리하는 국내적 노력을 강화하기로 공약하고 제네바에 설치된 CITES 사무국이 준수 사항을 감시하고 공표하는 권한을 부여했다. 조약을 준수하지 않는 국가는 무역 제재를 받을 수 있다.

CITES는 제재를 통한 '집행력'뿐 아니라 유연한 장치를 가진 것으로 높은 평가를 받았다. 앞서 언급한 '부속서' 모델을 이용해서 주 조약은 변경되지 않으면서 당사국은 멸종 위험의 수준에 따라 3개의 부속서에 특정 종을 추가하거나 제외할 수 있다. 제1 부속서는 멸종 위기에 처한 종을 포함하며, 이들 종의 모든 상업적 거래는 금지된다.

제2 부속서는 개체수 감소로 인해 취약하거나, 제1 부속서 종들과 유사한 외양이거나, 인공 번식되었거나 양식된 제1 부속서의 종을 포함하며, 이들의 거래는 허용되지만 엄격히 규제된다. 제3 부속서는 글로벌하게 멸종 위기종은 아니지만 특정 국가가 관리를 위해 국제적 협력을 요청한 경우에 해당하는 종을 포함하며 이들의 거래는 수출 허가나 원산지 증명이 의무화되었다. 제1 부속서와 제2 부속서는 더 엄격한 통제를 포함했기 때문에 당사국이 3년에 한 번 회합할 때 이에 대해 가장 논쟁적인 심의가 이루어졌다. (자국 영토가 어떤 종의 자연적 영역 내에 있는) '영역' 국가인가의 여부에 상관없이 어떤 당사국도 특정 종의 제외, 추가, 부속서 사이의 변경을 제안할 수 있다. 만일 당사국 3분의 2가 변경을 지지하면 영역 국가가 반대해도 변경이 결정된다.

이행에 있어서 CITES는 NGO나 여타 행위자들과 긴밀히 협력한다. 앞서 언급했듯이 동식물 무역거래 기록 분석(TRAFFIC)이라고 불리는 다자적 이해 당사자 감시 네트워크가 검사를 실시하고, CITES 결정 준수 여부를 조사하며, 집행 관리들을 직접 훈련한다. 파트너들과 함께 CITES는 수요 측면과 공급 측면에 모두 대응한다. 공급 측면에서 CITES는 케냐, 남아프리카 등의 국가가 밀렵 단속반을 확대하고 국내 처벌을 강화하도록 지원한다. 수요측면에서 CITES는 중국 농구선수 야오밍이나 여타 유명인을 섭외하여 상어 시느러미나 상아와 같은 야생동물 상품 거래에 반대하는 발언을 하도록 하였다.

CITES는 유엔체제 밖에서 형성되었으나 1992년의 협정을 통해 당사국 회의, 사무국, 신탁기금이 UNEP에 의해 운영된다. 또 야생생물 불법 거래와 초국적 범죄 사이의 연계를 감안하여 CITES 사무국은 야생생물 및 삼림 범죄방지를 위한 글로벌 프로그램을 통해 불법 거래를 추적하고 지역 경찰에 지원을 제공하는 유엔 마약범죄사무소(UNODC: UN Office on Drugs and Crime)과 긴밀히 협력한다. 세계은행, 세계세관기구, 국제형사경찰기구와 함께 CITES와 UNODC는 야생생물범죄에 관한 국제컨소시엄을 구성한다.

CITES는 효과적인 국제레짐으로 다년간 널리 찬사를 받았다. 그 집행능력을 제고하기 위해 무역제재를 사용할 수 있는 능력이 있음에도 CITES는 한 번도 WTO와 충돌한 적이 없다. CITES는 국가 및 비국가행위자들과 협력했으며, 변화하는 과학적, 정치환경에 적응해왔으며, 다수결을 통해 거부권을 행사하려는 행위자들을 극복했다. CITES는 남미 비쿠냐, 나일 악어와 같은 동물을 보호하는 데 구체적인 진전을 보았다.

그러나 미래는 더 어려울 수 있다. CITES는 동식물 보호에 초점을 맞추고 있으나 서식지 보호 능력은 제한적이다. 서식지가 점점 더 중첩되면서 얼마나 빨리 동물의 질병이 인간에 확산되는지를 보여준 최근의 전염병은 그 취약점을 드러냈다. 더욱이 CITES의 부속서에 동식물을 추가하는 과정은 많은 시간이 소요되며, 일부 환경주의자들은 위기종이 충분히 빨리 보호되고 있지 않다고 우려한다. CITES는 이전에는 성공적이었으나 앞으로는 어려움에 직면할 수도 있을 것이다.

성공 사례: 오존층 파괴

레짐의 효과성은 오존층 파괴와 관련해서는 더 명확하다. 지구 성층권의 오존층은 지구 표면의 생명체를 위협할 수 있는 태양의 자외선을 대부분 흡수한다. 오존층이 얇아지거나 파괴되면 인간의 피부암이나 농작물 파괴 등 다양한 문제를 일으킬 수 있다.

앞에서 간단히 논의했듯이 오존층 파괴 문제는 냉매, 에어로졸 압축가스, 발포제 생산, 기타 인간의 활동에 널리 이용된 수소불화탄소(CFC)를 오존층 파괴의 원인으로 지목한 두 명의 미국 과학자들의 보고서가 발표되면서 1970년대 중반 국제적 의제로 급부상했다. 과학자들과 산업계 인사들은 그 인과관계에 대해 논쟁을 벌였으나 10년 만에 새로운 데이터가 남극 상공에 놀라운 오존홀을 확인하였으며, 다수 전문가들은 그것이 CFC 사용에 의한 것임에 동의했다. 이것은 각국 정부에게는 민감한 발견이었다. 왜냐하면 CFC의 최대 생산-소비국은 미국과 유럽이었으며, 브라질, 중국, 인도, 멕시코 등 신흥 공업국에서 CFC 사용은 연간 10%씩 상승하고 있었기 때문이다.

놀랍도록 신속하게 국제협상은 1985년 오존층보호비엔나협약을, 1987년 오존층 파괴물질에 관한 몬트리올의정서를 체결했다. 협상은 쉽지 않았으나 참여국은 몇몇 CFC 배출 물질의 전세계적 퇴출에 동의했다. 이를 촉진하기 위해 선진국은 개도국에 (그리고 냉전 종식 후에는 공산주의에서 전환하는 국가들에) 재정적, 기술적 지원을 제공하는 데 동의했다. 몬트리올의정서는 수차례 수정되면서 수소염화불화탄소(HCFC)와 CFC를 포함하여 거의 100여 개 오존층 파괴 물질에 대한 영구적, 양적 배출 제한에 대해 점진적으로 참여국의 공약을 강화했다. 배출권 국제 거래에 대한 규정도 포함되었다. 2018년 UNEP는 2060년까지는 오존층이 1980년 이전 수준으로 회복되는 방향으로 진행 중이라고 보고했다.

오존층 파괴에 대한 국제적 접근의 효과성은 최소한 다섯 가지 요인에 영향을 받았다. 첫째, 미국, 캐나다, 노르웨이, 여타 선진국들이 리더십을 발휘했다. 불안해하는 대중들과 시민사회 단체들의 압력을 받아 이들 국가는 오존층 파괴물질 생산과 소비와 관련된 자국의 행태를 바꾸겠다고 공약했다. UNEP의 적극적인 사무국장 톨바(Mostafa Tolba)는 핵심 이해 당사자들과 협의하고, 압력을 가하고, 자신의 제안을 제시하는 등 리더십을 발휘했다.

둘째, 과학자들과 대기업들이 그 과정에 기여했다. 과학자들은 그 문제의 심각성에 관한 최신 정보를 제공하고, 그들의 발견을 정책결정자들과 대중이 이해하기 쉬운 언어와 도표로 전달했다. 한편 듀폰이나 다우화학과 같은 대규모 CFC 생산 기업은 적절하고 저렴한 대체 물질을 발견했다. 이들 기업은 다수의 상품을 생산했으며 단일 상품에 의존하지 않았기 때문에 기업의 생존을 위협받지 않으면서 CFC를 대체할 수 있었다. 기후변화와는 대조적으로 핵심 기업들은 이미 그들의 행동을 바꿀 의지와 능력이 있었으며 CFC가 오존층 파괴의 원인인지에 관한 완벽한 과학적 합의를 요구하면서 수십 년을 허비하지 않았다.

셋째, 협상과 절차가 신속히 진행되었다. 그 과정은 몇 개의 작은 문제들로 세분되었으며, 결과로 나온 합의는 유연했다. 앞서 설명한 '기본협약' 모델을 따라 비엔나협약은 일반적인 규범과 목표를 설정했지만 구체적인 이행과 집행에 관한 사항은 변화하는 과학적, 정치적 상황에 대응하여 적응할 수 있는 몬트리올의정서로 넘겼다. 당사국들은 어떤 공식 분쟁 해결 절차로부터도 독립적인 규정 준수 장치에 동의했고, 비사법적이고, 대립적이지 않고, 타협적인 방식의 규정 준수를 독려하기 위해 법적 전문가들의 임시 작업그룹을 설치했다.

넷째, 발전 수준에 관계없이 모든 참여국은 오존층 파괴물질의 퇴출이 의무화되었으나, 개도국은 재정적, 기술적 지원이 제공되었다. 1990년 런던당사국회의에서 참여국은 오존층을 파괴하지 않는 물질로의 전환 비용을 지원하기 위해 몬트리올의정서 이행을 위한 다자간기금 창설에 합의했다. 7개 선진국과 7개 개도국으로 구성된 기금의 운영위원회가 설치되고, 이행위원회는 기술적 지원과 규정 준수를 돕는 추가적인 자금을 제공했다. 냉전 종식 이후 GEF는 구 공산권 국가에 유사한 지원을 제공했다.

다섯째, 캐나다에 설치되어 UNEP가 운영하는 오존사무국은 다양한 이해 당사자를 참여시키고 조정하는 역할을 했다. 사무국은 개발도상국 환경부처를 지원하는 100개 이상의 부서를 가진 허브가 되었고, 참여국이 검토할 의정서 수정 및 조정 초안을 작성하는 기술-경제평가패널의 권고를 다루었다. 세월이 흐르면서 오존사무국은 기술적 전문성, 투명성, 외교적 능력으로 확고한 명성을 얻었다. 막후에서 활발히 움직이는 역할을 함에도 불구하고 사무국은 참여국을 위한 중립적 도구로 기능했다 (Bauer 2006: 43–44).

비록 개발도상국에서 그 생산이 다소 증가했음에도 불구하고 1980년대 말 몬트리올의정서 발효 이후 전 세계의 오전층 파괴물질 소비는 75% 이상 감소되었다. 이제 냉매 대체물질이 사용되어 효과를 보고 있다. 2060년까지는 오존층이 1980년대 이전 수준으로 회복될 것이라고 예측하면서 과학자들은 이 결과가 기후변화와 관련된 온실가스 감축에도 크게 기여했다고 보고했다 (Johnson and Urpelainen 2012; UNEP 2014). 인도, 중국, 여타 개도국의 중산층 증가로 인해 냉장고와 에어컨 수요가 증가하면 어떻게 될지에 의문이 제기되지만 오존레짐은 글로벌 환경거버넌스에서 성공 사례로 널리 인정되고 있다. 이것은 기후변화를 둘러싼 대응의 부진과 대비가 된다.

오존, 그리고 멸종 위기종 거래에 관한 이들 성공 사례는 글로벌 환경거버넌스가 어렵지만 불가능한 것은 아님을 보여준다 (Conca 2015). 환경정책이 수많은 도전에 직면한 것은 사실이지만 그것은 국제정치에서 비교적 새로운 문제이다. 더욱이 환경정책은 국가, IGO, 지식 공동체, 시민사회, 민간 부문, 지방정부 등 다수의 행위자가 역할을 수행한다. 미래의 열쇠는 이들이 모두 협력하도록 하는 것이다.

추가 읽을거리

Conca, Ken. (2015) *An Unfinished Foundation: The United Nations and Global Environmental Governance*. Oxford: Oxford University Press.

Elliott, Lorraine, and Shaun Breslin, eds. (2011). *Comparative Environmental Regionalism*. London: Routledge.

Hadden, Jennifer. (2015) *Networks in Contention: The Divisive Politics of Climate Change*. New York: Cambridge University Press.

Ivanova, Maria. (2021) *The Untold Story of the World's Leading Environmental Institution: UNEP at Fifty*. Cambridge, MA: MIT Press.

Johnson, Tana, and Johannes Urpelainen. (2020)

"The More Things Change, the More They Stay the Same? Developing Countries' Unity at the Nexus of Trade and Environmental Policy." *Review of International Organizations* 15:2: 445–473.

Park, Susan. (2010) *The World Bank Group and Environmentalists: Changing International Organization Identities*. London: Manchester University Press.

11장 인간안보 증진

인간안보 개념: 확장된 안보 관점	470
인간안보와 보건거버넌스	471
글로벌거버넌스, 국제기구 그리고 식량안보	484
국제기구와 글로벌난민 및 이주위기	491
인간안보를 보호하는 데 있어 직면한 도전	503

유엔은 국가들의 영토안보를 보호하기 위해 설립되었지만, 유엔헌장의 서문에 등장하는 "우리, 유엔의 사람들 … "이라는 표현은 설립자들이 영토안보를 넘어선 비전을 가지고 있었음을 분명히 보여준다. 따라서 국제평화와 안보에 대한 전통적인 우려가 여전히 유엔 안보리 활동의 중심을 차지하고 있지만, 안보리는 2000년 이후 건강(HIV/AIDS와 에볼라 등), 인권(다르푸르, 리비아, 시리아 등), 환경(기후변화 등), 분쟁지역의 민간인 및 아동 보호, 그리고 평화와 안보에서의 여성참여 문제를 점점 더 자주 다루고 있다. 간단히 말해, "인간을 안전하게 만드는 것은 단순히 무장폭력으로부터 그들을 보호하고 그들의 고통을 경감하는 것 이상을 의미한다" (Weiss, Coate, and Forsythe 2004: 278).

캐나다는 무력 분쟁 중 민간인보호(POC)와 인간안보를 연계하여 이를 안보리 의제에 포함시키는 데 중요한 역할을 했다. 이는 1990년대 안보리가 인도적 위기에 더 큰 초점을 맞춘 것과 맞물려, POC와 기타 인간안보 문제에 관한 일련의 결의안 및 유엔 사무총장의 보고서로 이어졌다 (Dedring 2008). 인간안보와 건강 간의 연계는 2000년 초 HIV/AIDS 문제를 다룬 특별 회의에서 처음으로 논의되었다. 유엔 안보리의 안보 개념 확대는 2022년 말에 더욱 분명해졌는데, 이는 74년 만에 처음으로 미얀마에 관한 결의안을 채택하면서 드러났다. 해당 결의안(결의안 2669)은 폭력의 종식을 요구하고, 정치범의 석방을 촉구했으며, 군부에 의해 선포된 비상사태, 인도적 지원 차단, 그리고 미얀마 국민에게 미치는 '심각한 영향'에 대해 '깊은 우려'를 표명했다. 요약하자면, 인간안보라는 개념과 이와 관련된 문제들은 20년 이상 유엔 시스템과 안보리의 주요 초점이 되었다. 그러나 이 확장된 안보 개념은 과연 무엇을 의미하는가?

인간안보 개념: 확장된 안보 관점

2020년 단 몇 주 만에 전 세계로 퍼진 코로나19 팬데믹은 인류 전체가 전염성 병원체에 얼마나 취약한지를 명확히 보여주었다. 동시에, 기후변화의 증거가 점점 더 뚜렷해지면서 해안지역, 작은 도서국가, 혹은 토지 황폐화나 강우량 변화가 농업과 식량안보를 위협하는 지역에 거주하는 사람들은 그 심각성을 절감하고 있다. 유엔은 오랜 기간 인간 중심적 개념의 인권규범을 명확히 하고 이를 촉진해 왔으며, 1980년대와 1990년대에는 지속가능한 인간개발이라는 개념을 발전시켰다 (제8장에서 논의됨). 여기에 2005년 세계정상회의에서 승인된 보호할 책임(R2P) 원칙(제7장에서 다룸)이 더해지면서 인간안보라는 광범위한 개념으로의 전환이 이루어졌다. 그 결과, 1990년대 이후 유엔과 글로벌거버넌스 전반에서 중요한 변화가 일어났으며, 인간안보 중심의 접근법은 평화와 안보, 경제 및 사회문제 간의 전통적 경계를 허물어 왔다. 이러한 변화는 인류와 지구의 안보가 점점 더 심각하게 위협받는 시점에 나타나고 있다.

'인간안보'라는 용어가 처음으로 정의된 것은 1994년 유엔개발계획(UNDP)의 "인간개발보고서(Human Development Report)"에서였다. 그러나 당시 일부 학자들은 이 개념이 지나치게 포괄적이며 명확성이 부족하다고 비판했다 (Paris 2001; Krause 2004; Newman 2004). 현재 '인간안보'는 유엔체제 내에서 국가, 취약 계층, 개인에게 영향을 미치는 다양한 위협 — 물리적 폭력을 넘어 국가의 영토와 제도 보호를 넘어서는 위협 — 을 개념화하는 데 유용한 접근법으로 널리 받아들여지고 있다. 2003년 인간안보위원회는 보고서에서 인간안보를 "영토나 정부의 안보에만 초점을 맞추는 것이 아니라, 사람을 기준으로 세계를 보는 대안적 관점"이라고 정의했다 (Commission on Human Security 2003). 그러나 인간안보 개념은 단순히 관점의 변화와 사람 보호를 넘어서 사람들의 역량 강화를 포함한다 (Ogata and Cels 2003). 이는 국가 주권의 개념을 절대적인 것에서 조건부로 변화시킨다 (Hama 2017: 15). 더 나아가 오랫동안 유지되어 온 내정불간섭 원칙을 약화시킨다. 그 이유는 "인간안보가 국내문제와 국제문제의 경계를 불분명하게 하고, 국내(인권) 불안정성이 외부에 미칠 수 있는 파장에 주목함으로써 내정과 외교의 구분을 모호하게 만들기 때문이다" (MacFarlane and Khong 2006: 229).

이러한 안보에 대한 사고의 진화는 "개인의 안보 필요와 그러한 필요를 충족시켜야 하는 국가와 기구의 책임을 인정"하는 것에서 비롯되었다 (Jolly, Emmerij, and Weiss 2005: 34). 이에 따라, R2P 원칙에 대한 해석이 인도주의적 위기 개입을 훨씬 넘어서는 방향으로 확대되었다 (제7장 참조). 이러한 변화는, 하비에르 비야캄파(Javier Villacampa 2008)가 지적한 대로 민간인과 가축에 압도적으로 많은 피해를 입히는 대인지뢰와 집속탄과 같은 군비통제 문제를 해결하려는 노력에서 분명히 나타난다. 또한 유엔 안전보장이사회가 여성, 평화, 안보 의제와 민간인보호 문제를 평화작전과 연계하여 주목하고, 전쟁범죄를 조사하고 기소하려는 노력이 증가한 것에서도 이러한 경향을 확인할 수 있다 (Hudson 2009).

유엔은 비정부기구, 시민사회, 민간기업, 과학자, 재단, 싱크탱크, 기타 정부간기구, 그리고 국가 및 지역정부와 함께 인간안보 개념의 발전에 중요한 역할을 해왔다. 인간안보 문제는 종종 개인과 지역사회가 스스로 행동하고 필요를 충족하기 위해 파트너십을 형성하도록 지원하는 다중 이해관계자 접근을 요구한다. 다양한 글로벌 거버넌스 행위자들이 새로운 접근법을 개발해 온 것처럼, 안보화(securitization)이론 관련 학술문헌에서 인간안보도 크게 발전하고 확장되었다 (Emmers 2017; Buzan and Hansen 2009; Murray 2022).

이 장은 유엔, 기타 IGO, 글로벌거버넌스 행위자들이 인간의 건강을 보호하고, 식량 불안정 문제와 강제 및 자발적 이주의 증가라는 위기에 대응하는 데 있어서 어떤 역할을 하는지에 초점을 맞춘다. 건강은 유엔이나 국제연맹 이전부터 존재했던 가장 오래된 기능적 협력 분야 중 하나이다 (제3장에서 논의됨). 식량문제를 해결하기 위해 설립된 유엔 식량농업기구(FAO: Food and Agriculture Organization)는 유엔 설립 이전인 1944년에 만들어졌다. 전쟁으로 강제이주된 난민을 다루기 위한 최초의 노력은 제1차 세계대전과 제2차 세계대전 종전 이후에 이루어졌다. 일반적으로 이주문제는, 즉 강제든 자발적이든, 기후변화나 억압으로 인해 촉발되었든, 혹은 단순히 더 나은 삶을 추구하려는 욕망에 의해 이루어진 것이든, 인류 역사상 항상 존재해 왔다. 그러나 이주에서 발생하는 문제를 해결하려는 노력은 훨씬 최근에 시작되었다. 주목할 만한 변화는 건강과 식량안보에 대한 주요 위협이나 증가하는 난민 및 이주 흐름을 해결하지 못하면, 이는 폭력, 갈등, 전쟁과 같은 전통적인 안보문제와 결부되어 인간안보에 근본적인 영향을 미친다는 점을 인식하게 된 것이다.

인간안보와 보건거버넌스

세계화는 이주, 항공 운송, 무역, 관광, 그리고 군대 이동(유엔 평화유지군 포함)을 통해 질병의 전파, 발생률, 그리고 사람과 공동체의 취약성에 극적인 영향을 미쳤다. 사람들이 역내에서 지역 간, 또는 대륙 간으로 이동할수록 콜레라, 인플루엔자, HIV/AIDS, 결핵, 중증급성호흡기증후군(SARS), 조류(새) 인플루엔자, H1N1 바이러스(신종플루), 에볼라, 코로나19, 그리고 미래의 바이러스와 같은 질병의 발생을 억제하는 데 더 많은 문제가 발생한다. 병원체는 증상이 나타나기 훨씬 전, 단 몇 시간 만에 세계의 한 지역에서 다른 지역으로 운반될 수 있다. 세계화는 감염병이 인간안보에 제기하는 위협의 긴급성과 범위를 더욱 악화시킨다.

이는 2020년 코로나19 바이러스의 출현과 전 세계적인 팬데믹으로 전 세계 사람들에게 극적으로 다가왔다. 문제는 단순히 대규모 인명 피해에 그치지 않고, 질병이 개발을 저해하고 사회를 약화시키는 데 있다. 2022년 기준으로, 세계은행은 팬데믹으로 인해 7,000만 명 이상의 사람들이 극심한 빈곤 상태로 다시 밀려났으며, 이는 20년 이상의 빈곤 감소를 위한 노력이 물거품이 된 결과라고 추정했다 (World Bank 2022). 전 유엔 사무총장 반기문이 한참 전에 언급했던 '집단적 글로벌 보건안보'를 강화할 필요가 나타난다. 국제보건에서 글로벌보건으로의 사고전환 ― 즉, 국가 중심 및 정부간기구의 거버넌스에서 벗어나, 민간주체와 파트너십이 핵심 역할을 하는 새로운 제도 속에서 보다 '글로벌한' 차원, 심지어는 초국가적 의사결정으로 나아가는 전환 ― 은 1990년대 이후 일어난 변화의 특징이다 (Harman 2018: 720).

국제보건 문제에 대한 대응 개발: 세계보건기구의 역할

질병확산을 방지하기 위한 검역 및 기타 기본적인 국제규칙은 수백 년 전으로 거슬러 올라가며, 제도화된 협력은 1851년으로까지 추적할 수 있다. 1851년부터 1903년 사이에 개최된 11차례의 국제회의에서는 전염성 및 감염성 질병의 확산을 막기 위한 절차를 개발했다. 1907년에는 콜레라, 페스트, 황열병과 같은 전염병에 관한 정보전파 임무를 가진 국제공중보건기구가 설립되었다. 이후 몇 년 뒤, 국제연맹 이사회 요청으로 열린 국제보건회의는 국제보건기구 설립을 준비하기 위한 논의를 진행했으나, 유엔 창설 후인 1948년에 가서야 세계보건기구(WHO)를 유엔 전문기구 중 하나로 설립했다. WHO의 사무국은 고도로 기술적인 성격을 띠며, 사무총장, 기타 사무국 관계자들, 그리고 많은 대표들이 의사, 공중보건 전문가, 역학자, 과학자로 구성되어 있다. 이들은 의료 및 관련 보건공동체와 함께 강력한 지식공동체를 형성한다.

WHO의 주요 의사결정 기구는 194개 회원국 대표로 구성된 세계보건총회(WHA)이며, 각 국가는 1개의 투표권을 가진다. WHA는 매년 열리며 WHO의 목표와 우선순위를 승인하고 사무총장을 임명하며 예산을 승인한다. 또한 협약과 합의를 채택할 권한도 갖는다. 집행이사회는 34명의 소규모 구성원으로 이루어져 있으며, 연간 최소 두 차례 회의를 열어 WHA의 의제를 설정하고 승인된 정책을 실행한다. '신사협정'에 따라 유엔 안전보장이사회 상임이사국 5개국 중 최소 3개국은 집행이사회에 대표를 두어야 한다. WHO 사무국은 WHA에서 승인한 프로그램을 실행하고, 과학 및 기술 전문지식의 글로벌 중심지로서 기술적 지침과 지원을 제공하며, 국제보건 비상사태에 대한 대응을 조정하는 역할을 수행한다.

WHO는 대부분의 유엔기관들이 여러 나라에 사무소를 두고 있는 것과 달리, 회원국들을 아프리카, 미주, 동남아시아, 유럽, 동지중해, 서태평양의 여섯 개 지역으로 나누고 각 지역별로 상당한 자율권을 가진 지역사무소를 운영한다. 이들 지역사무소는 자체적으로 국장을 선출하고 예산을 관리한다. 이로 인해 WHO 사무총장은 이들 사무소에 대해 완전한 통제권을 갖지 못한다. 지역사무소는 약 150개의 국가 사무소를 감독하며, 이러한 구조는 아래에서 논의될 일부 문제를 초래하기도 한다.

WHO는 제네바 본부, 150개의 국가 사무소, 그리고 지역사무소를 포함하여 전 세계적으로 7,000명 이상의 직원을 고용하고 있다. 기구의 예산은 주로 회원국들의 자발적인 기여(의무분담금 외에), 세계은행, 그리고 민간 기부자들로부터 나온다. 이러한 기금은 '예산 외 기금'이라고 불리며, 일반적으로 소아마비 퇴치나 HIV/AIDS 프로그램과 같은 특정 목적에 지정되어 있다. 따라서 WHA와 사무국은 이러한 기금의 사용에 대해 사실상 아무런 통제권이 없다. 1970년엔 WHO 연간 지출의 20%가 예산 외 기금에서 나왔다. 하지만 1990~1991년 이후로는 이러한 기금이 의무분담금을 꾸준히 초과하기 시작했고, 한때 전체 지출의 72%에 달하기도 했다. WHO의 전체 예산은 2020~2021년 동안 58억 4,000만 달러로 책정되었으며, 코로나19 팬데믹에 대응하기 위해 추가로 증액되었다.

WHO 외에도 세 개의 유엔 기금 및 프로그램 – 유엔아동기금(UNICEF, 아동 질병), 유엔인구기금(UNFPA, 여성의 생식 건강), 유엔개발계획(UNDP, 건강권 보장 및 결핵과 HIV/AIDS 종식) – 이 보건임무를 가지고 있다. WHO는 HIV/AIDS가 단순한 보건문제만이 아니라는 인식 아래 1996년에 설립된 유엔 HIV/AIDS 합동 프로그램(UNAIDS)에 참여하는 11개의 유엔기구 중 하나다. UNAIDS에는 국가정부, 기업, 종교단체, 지역 시민단체, NGO들도 함께 참여하고 있다. 이 기구는 감염병 발생을 추적하고, 대응 상황을 모니터링하며, 전략적 정보를 배포하고, 자원을 동원하며, 다양한 집단과 소통한다. UNAIDS는 글로벌펀드를 보완하는 역할도 한다.

이러한 프로그램들과 기금들은 WHO와 자주 협력하며, 모두 세계은행으로부터 보건 관련 활동을 위한 상당한 자금을 지원받는다. 이들은 점점 더 유엔체계 외부의 행위자들과 다양한 파트너십을 맺고 활동에 참여하고 있다.

WHO와 파트너십

국제보건 문제해결을 위한 민간기금과 파트너십은 20세기 초로 거슬러 올라간다. 미국의 석유재벌이자 자선가인 록펠러(John D. Rockefeller)가 1901년 록펠러 의학연구소를, 1910년 록펠러 대학교 병원을 설립한 것이 그 시작이었다. 그는 의료 연구와 치료를 지원하는 데 특별한 관심을 가졌다. 2000년 이후로는 마이크로소프트의 설립자인 빌 게이츠와 그의 재단인 빌 앤 멜린다 게이츠 재단이 글로벌 보건프로그램의 최대 기부자로 부상했다. 이들은 2020~2021년 WHO 예산의 8%에 해당하는 5억 9,200만 달러를 지원하며 미국에 이어 두 번째로 큰 기부자가 되었다 (WHO 2022). 재단 대표들은 WHA회의에 참석하며, 빌 앤 멜린다 게이츠는 다양한 보건 이니셔티브를 홍보하는 데 적극적인 모습을 보여주었다.

WHO의 가장 중요한 파트너십 중 하나는 세계백신면역연합(GAVI: Global Vaccine Alliance)이다. GAVI는 1999년 게이츠 재단의 7억 9,900만 달러의 기부금으로 설립되어, 2020년에 이르면 총 40억 달러에 달하는 기부금을 보유할 정도로 성장했다. GAVI는 가장 가난한 나라의 어린이들에게 백신을 제공하는 데 중점을 둔다. GAVI의 사명은 미래 세대의 어린이들에게 기본 예방 접종을 제공해 아동 사망률을 줄이고, 가족,

지역사회, 국가를 더욱 건강하고 안정적이며 번영하게 만드는 데 있다. GAVI 파트너십에는 제조업체와 협력하여 고품질의 저렴한 백신 공급을 보장하는 UNICEF, 경제 및 재정전략을 감독하며 GAVI의 재정지원에서 국가가 벗어나도록 돕는 세계은행, 그리고 여러 정부, 민간 재단, 기업, NGO들이 포함된다. 이것은 진정한 다중 이해관계자 구조의 전형이다. WHO는 백신의 기술적 기준을 설정하고 사전 인증을 수행하는 역할을 맡고 있다.

또 다른 중요한 WHO 파트너십은 국제유행경보대응네트워크(GOARN: Global Outbreak Alert and Response Network)이다. 이 네트워크에는 기술 및 공중보건 기관, 실험실, NGO를 포함한 600개 이상의 파트너가 참여하며, 잠재적인 전염병을 감지하고 대응하는 데 중점을 둔다. GOARN의 운영팀은 WHO에 기반을 두고 있으며, WHO는 자원을 조정하고 소규모 사무국에 인력을 배치하는 역할을 맡고 있다. 네 번째 파트너십은 글로벌펀드로, 2002년에 설립되어 AIDS, 결핵, 말라리아, 그리고 코로나19와 같은 특정 질병에 대해 각국의 파트너들과 함께 주로 활동한다. 2020년, 코로나19 백신 공동 구매·배분을 위한 글로벌 이니셔티브인 코로나19 백신 글로벌접근 프로그램(COVAX)이 가장 새로운 파트너십으로 출범했다. 이 파트너십은 GAVI, WHO, 그리고 전염병대비혁신연합(CEPI)이 공동으로 주도하고 있다. COVAX는 코로나19 백신의 공동 구매와 공정한 분배를 위한 글로벌 위험 분담 메커니즘을 구축하려는 WHO의 노력의 핵심에 자리하고 있다. 도표 11.1은 WHO의 다양한 파트너십을 보여준다.

WHO의 활동

WHO의 활동은 네 가지 주요 영역으로 나뉜다. 첫 번째는 이전 기구의 작업을 기반으로 전염병 확산을 억제하는 것이다. 1951년, WHO는 국제위생규정을 승인했으며, 이는 1969년 개정을 통해 국제보건규정(IHR)으로 명칭이 변경되었다. IHR은 "전염병 확산과 관련하여 국가가 국제사회에 대해 지는 의무를 명시적으로 규정하는 유일한 국제조약"으로, WHO를 "필수적인 질병 감시 정보를 보유하는 기관"으로 규정했다 (Youde

도표 11.1 | WHO 파트너십

파트너십	파트너
세계백신면역연합	WHO, 세계은행, 유니세프, 게이츠재단
국제유행경보대응네트워크	WHO와 600개 이상의 기관 및 NGO
에이즈, 결핵 및 말라리아와의 싸움을 위한 글로벌펀드	게이츠재단, 세계은행, WHO, 각국의 NGO 파트너
코로나19 백신의 공평한 접근 보장	WHO, GAVI, 전염병대비혁신연합
유엔 에이즈프로그램	WHO, 유엔 난민고등판무관, 유니세프, 세계식량계획, 유엔개발계획, 유엔인구기금, 유엔 마약범죄사무소, 유엔 여성기구, 국제노동기구, 유네스코, 세계은행

2010: 147). 초기 IHR은 국가가 황열병, 콜레라, 페스트, 천연두 등 네 가지 전염병 발생을 보고하고, 국제 여행과 무역의 중단을 최소화하면서 적절한 조치를 취할 것을 요구했다. 그러나 시간이 지나면서 일부 정부는 비난이나 관광 감소와 같은 부정적 경제적 영향을 우려해 발병을 제때 보고하지 않거나 사례 수를 축소 보고하는 경우가 발생했다. 일부 보고 실패는 제한된 자원의 결과이기도 했다.

IHR에서 다루는 질병 목록을 갱신하는 것은 도전과제가 되어 왔다. 천연두는 1981년에 제외되었지만, 추가되어야 할 다른 질병들이 있었다. 1980년대와 1990년대 이후 세계화의 부작용으로, 에볼라, 웨스트 나일 바이러스, HIV/AIDS, SARS, 조류독감, 신종플루와 같이 IHR에 포함되지 않았던 새로운 전염병들이 등장했다. 조류독감과 신종플루는 각각 2003년과 2009년에 짧은 기간 동안 팬데믹이 되어 여행과 질병 확산 간의 연관성에 대한 우려를 촉발했다. 결핵과 같이 통제되었다고 여겨졌던 오래된 질병들도 새로운 형태로 재등장했으며, 약물 내성도 주요 문제가 되고 있다. 1995년 도쿄 사린 신경가스 공격과 2001년 미국 탄저균 테러와 같은 생물테러 사건은 공중보건에 대한 새로운 잠재적 위협으로 떠올랐으며, 이에 더해 핵, 방사능, 화학무기의 사용에 대한 우려도 커졌다. 특히, 후자의 경우 우크라이나전쟁에서 러시아가 핵무기 사용을 위협하고 우크라이나 내 원자력 발전소를 무책임하게 다루면서 더욱 심각한 우려를 불러일으켰다. 긍정적인 측면으로는 인터넷, 휴대전화, 소셜미디어, 기타 기술이 국가가 과거에는 숨길 수 있었던 발병 정보를 더 빠르고 정확하게 전달할 수 있도록 도왔다. 이는 정부 외의 비국가행위자로부터 발병 보고를 수집하고, 특정 사건이 국제적 우려를 동반하는 공중보건 비상사태(PHEIC)인지 여부를 판단할 수 있는 권한을 WHO에 부여하는 것이 필수적임을 보여주었다.

2007년, 10년 이상의 협상 끝에 IHR의 조항이 개정되었다. 하나의 주요 변화는 더 넓은 범위의 공중보건 위험을 포함하도록 한 것이다. 이전에는 WHO에 보고해야 할 특정 질병 목록을 명시했으나, 이제 IHR은 '인간집단의 건강에 심각하고 직접적인 위협을 가하는 사건' (제1조 1항)을 모두 포괄하도록 변경되었다. 이는 IHR을 미래의 공중보건 위협에 훨씬 더 유연하고 적합하게 만든다. 특히 중요한 것은 WHO가 비정부 출처로부터 정보를 수집하고 이에 대응할 수 있는 능력이다. 또한 IHR은 회원국들에게 감시 및 대응 시스템을 평가하고 핵심 역량을 보장하기 위한 계획의 이행을 요구한다. WHO 헌장은 건강권에 대한 언급을 포함하고 있지만, 개정된 IHR은 공중보건 비상사태와 관련하여 이 권리를 보다 명확하게 인정하고 있다 (Youde 2012: 118-131).

신종 공중보건 위협에 대해 누가 보고할 수 있는지, 그리고 WHO가 국가의 반대에도 불구하고 잠재적인 문제를 공표할 수 있는 권한에 관한 개정 조항들은 2002~2003년 사스(SARS) 발생 당시 드러난 문제들을 해결하기 위해 마련된 것이었다. 당시 중국은 발병 정보를 초기에 은폐했고, WHO 관계자들이 전염 가능 지역을 방문하는 것을 늦게 허용했으며, 몇 달 동안 예방 조치를 취하지 않는 등의 대응 지연이 있었다. 이 전염병으로 1,000명 미만이 사망했지만, 세계적 팬데믹 가능성이 널리 인식되었고, 중국, 베트남, 싱가

포르, 캐나다와 같이 가장 영향을 받은 국가들의 경제적 손실은 상당했다. 2020년 중국에서 새로운 코로나바이러스 변종의 첫 사례가 발견되었을 때 중국정부가 처음에 정보를 억제했던 사례에서도 투명성은 다시 한 번 중요한 문제가 되었다.

WHO의 두 번째 주요 활동 영역은 특정 질병 퇴치 프로그램과 국가 보건 당국과 협력하여 보건 인프라를 개선하는 것이다. WHO의 가장 큰 업적 중 하나는 1980년 천연두 박멸에 성공한 것으로, 이는 인간 질병 중 완전히 박멸된 유일한 사례이다. 오늘날 천연두가 얼마나 치명적인 질병이었는지 아는 사람은 거의 없다. 천연두는 풍토병(즉, 항상 존재하는 질병)이었고, 모든 대륙에서 생존자들에게 특유의 얼굴 흉터를 남기면서 높은 사망률을 초래했다. 1920년에서 1978년 사이 보고된 사례 수는 1,160만 건이었으며(실제 수치보다 낮을 가능성이 높다), WHO가 1966년 캠페인을 시작했을 때 유럽과 북미에서 천연두는 거의 사라졌고, 대규모 예방 접종으로 인해 남미, 아프리카, 아시아에서도 급격히 감소했다. 인도와 방글라데시는 1975년에 천연두가 없는 지역으로 선언되었고, 1977년 소말리아에서 마지막 사례가 보고되었으며, 1980년 WHO는 질병의 완전한 박멸을 발표했다. 이는 놀라운 성과로 평가된다.

현재 말리리아와 소아마비 퇴치 캠페인은 이러한 성공을 기반으로 진행되고 있으며, 파트너십이 WHO 활동에서 중요한 역할을 한다는 점을 보여준다. 소아마비 퇴치 캠페인에서는 로터리 인터내셔널과 빌 앤 멜린다 게이츠 재단이 특히 중요한 역할을 해왔으며, UNICEF, GAVI, 미국 질병통제예방센터(CDC)도 이 캠페인에 참여하고 있다. 소아마비 퇴치 목표는 2006년에 거의 달성될 뻔했으나, 나이지리아에서 백신접종에 대한 지역 사회의 저항으로 인해 발생한 발병이 인근 국가들, 남아시아, 그리고 최근에는 시리아와 심지어 뉴욕시까지 확산되었다. 한편, 말라리아 퇴치 캠페인은 수년간의 진전을 이루었지만, 코로나19 팬데믹으로 인해 정체되었다. 그럼에도 불구하고 2002년부터 2020년 사이 말라리아로 인한 사망자 수는 26% 감소했다 (Global Fund 2022).

WHO 활동의 세 번째 주요 영역은 기준 설정과 규범 창출로, 이는 종종 제약 및 기타 산업에 영향을 미친다. WHO는 공중보건의 중요성을 고려해 대기오염과 음용수에 대한 기준을 설정했다. 개발도상국들은 오랫동안 수입 의약품의 품질에 대해 우려해 왔으며, 제약회사들이 저품질 의약품을 수출하지 않도록 품질 관리를 감독하는 데 필요한 기술적 지원을 요구해 왔다. 이러한 이유로 WHA는 1970년에 의약품 제조에 관한 지침을 승인했다. 이 지침은 라벨링, 효능, 순도, 안전성뿐만 아니라 약품 부작용 보고와 같은 문제를 다룬다. 1977년 WHA는 공중보건의 핵심 요구를 충족시키기 위해 안전하고 효과적이며 저렴하면서도 손쉽게 구할 수 있는 '필수 의약품' 개념을 승인했으며, 초기에는 8개의 약품이 목록에 포함되었다. 이 목록은 필요에 따라 2년마다 개정된다. WHO는 또한 저소득 국가에서의 항레트로바이러스 AIDS 치료제 가격문제, 2014년 에볼라 백신의 잠재력, 그리고 2020~2021년 코로나19 팬데믹 당시의 백신 배분문제도 다뤄왔다. 이러한 문제들은 WHO를 기업 규제라는 논쟁적인 문제의 중심에 놓이게 만들었다. 예를 들어, 1981년 WHA가 채택한 '모유 대체품 마케팅 규범'은 국가들이 모유 수유를 저해하는 분유의 마케팅 및 광고를 금지하는 규정을 채택하도록 요구했으며, 이는 WHO의 규제 역할을 둘러싼 논란의 대표적인 사례가 되었다. 개발도상국에서 약품의 접근성, 품질, 저렴한 비용문제는 여전히 WHO의 의제에 남아 있으며, 이러한 문제들은 WTO와 관련된 지식재산권과 복제 의약품문제와도 겹친다. 이는 특히 코로나19 팬데믹에서 주요 문제가 되었으며, 글로벌 노스 국가들이 자국민을 위한 백신을 우선시하며 전 세계적으로 공정한 배분을 저해한 도덕적 문제를 제기했다.

WHO의 또 다른 기준 설정 영역은 기본적인 일차 보건의료를 보편적으로 촉진하려는 노력이었다. 이는 1960년대 많은 이전 식민지 국가들이 독립국이 된 이후, 개발이 유엔의 중심 이슈가 되었고 건강권 증진이 그와 함께 중요한 주제가 된 배경에서 등장했다. 1978년, WHO와 UNICEF는 카자흐스탄 알마아타에서 회의를 공동 주최했다. 여기에서 대표단은 '2000년까지 모두를 위한 건강(Health for All by 2000)'이라는 프로그램에 대한 약속을 확인하는 알마아타 선언을 채택했다. 공공재로서의 건강 개념에 기반하여, 선언의 핵심 부분에는 필수 의약품에 대한 접근과 차별 없는 의료 제공이 포함되었다.

최근 몇 년 동안 WHO는 비전염성 질병, 또는 생활 방식과 관련된 건강문제라고도 불리는 여러 이슈를 다루기 시작했으며, 이는 WHO의 네 번째 활동 영역에 해당한다. 그중 가장 중요한 것은 흡연과 담배에 대한 캠페인이다. 이러한 문제들은(제6장에서 설명된 바와 같이) IGOs와 국가들을 막대한 자금을 보유한 다국적 기업들과 대립하게 만드는 점에서 특히 논쟁적이다. 비만과 주류 소비와 같은 다른 생활 방식문제에 대한 WHO의 개입도 마찬가지로 논란을 불러일으켰다. 이처럼 생활방식 문제에까지 관심을 확대하면서, WHO는 자신들의 역할을 지나치게 확장하고 전염병과 같은 핵심 사안에 투입되어야 할 자금을 다른 분야로 돌렸다는 비판을 받아왔다.

세계화 시대에도 여전히 인간안보에 중대한 도전과제로 남아 있는 전염병 대응에 있어 WHO의 핵심적인 역할을 보여주기 위해, 우리는 2014년 서아프리카에서 발생한 에볼라 사태와 코로나19 팬데믹에 대한 WHO의 대응을 살펴보고자 한다. 1980년대에 시작된 HIV/AIDS 유행의 경우, 유엔체계의 대응이 수년에 걸쳐 점차 발전한 반면, 2014년의 에볼라는 급속도로 확산되어, 공공보건체계가 비교적 취약한 지역에서 WHO의 위기 대응 능력이 시험대에 올랐다. 이로 인해 WHO는 중대한 개혁을 추진하게 되었으며, 그 개혁은 이후 코로나19 팬데믹이 왔을 때 다시 한 번 가혹한 시험대에 올랐다. 이 두 사례를 살펴보는 것은 WHO와 유엔체계 전체가 5년이라는 짧은 기간 내에 발생한 두 번의 주요 보건위기에 어떻게 대응했는지를 이해할 수 있는 훌륭한 기회를 제공한다.

WHO, 에볼라, 그리고 인간안보를 위한 위기관리. 2014년 서아프리카에서 발생한 에볼라 사태는 '국경 없는 문제들'에 대한 글로벌 관리가 직면한 여러 도전과제를 드러냈다. 한편으로는, 이 사태가 유엔의 중요성과 글로벌 차원의 대응 필요성을 부각시켰는데, 이는 전염병을 막기 위해서는 세계적인 자원과 공조가 필수적이었기 때문이다. 다른 한편으로는, WHO의 신속 대응 역량에 한계가 있음을 보여주었으며, 특히 WHO의 대응이 각국의 발병 보고 능력에 의존할 때 그 한계는 더욱 분명해졌다. 또한 이 사태는 WHO의 재원 조달 방식이 세계적인 보건 위기를 관리하는 데 있어 그 능력을 약화시킬 수 있음을 여실히 드러냈다.

2014년 3월, WHO는 기니에서 에볼라 바이러스 전염병 발생에 대한 통보를 받았다. 그달 말, 국경을 넘는 전파가 처음으로 보고되었다. 5개월 후인 8월, WHO는 마침내 이 상황을 전염병으로 선언하고 IHR에 따라 국제적 공중보건 비상사태로 지정했다. 이 전염병으로 가장 큰 영향을 받은 나라는 기니, 라이베리아, 시에라리온이었으며, 유럽과 미국으로 돌아온 국제 의료 종사자들 사이에서도 산발적인 감염 사례가 발생했다. 2014년 한 해 동안 질병은 기하급수적으로 확산되었고, 감염된 사람들 중 80~90%가 사망하는 높은 치사율을 보였다. 공포와 혼란이 확산되었고, 과부하 상태에 있는 국가들이 붕괴할 것이라는 우려와 함께 식량 공급이 감소했으며, 의료 종사자들에 대한 폭동과 공격이 발생했다. 세 나라 간 모든 상업 항공 서비스가 중단되었고, 대부분의 경제활동이 멈췄다. 2015년 말, 세 나라에서 전염병이 종식되었다고 선언되었을 때, 약 3만 건의 에볼라 사례가 보고되었고 사망자는 1만 1,300명 이상에 달했다.

공중보건시스템이 취약하고 실업률이 80%에 육박하며 문해율이 50% 미만인 데다, 의료 인력과 병원이 턱없이 부족한 상황에서 해당 국가들은 외부의 도움이 절실히 필요했다. 이 세 나라는 모두 1990년대의 내전에서 아직 온전히 회복되지 않은 상태였다. WHO 아프리카 지역사무소와 제네바 본부의 대응이 부재한 가운데, 국경없는 의사회(MSF)가 현장에서 지원을 조직하는 주요 국제의료단체로 활동하게 되었다. MSF는 잘 조직된 보호 장비 비축량과 즉시 투입 가능한 훈련된 인력을 보유하고 있었던 점에서 이점을 가졌다. 그럼에도 불구하고, MSF는 2014년 6월 이 전염병이 '완전히 통제불능 상태'에 있다고 선언했다. 당시 상황은 여전히 보건위기로 간주되었으며, 안보문제로는 인식되지 않았다.

WHO가 8월에 전염병을 공중보건 비상사태로 선언한 직후, 유엔 사무총장 반기문은 에볼라 대응을 위한 유엔 고위급 조정관을 임명하고 유엔 위기대응 메커니즘을 가동했다. 이는 그가 WHO의 위기대응능력을 신뢰하지 않았음을 보여주는 조치였다. 2014년 9월 중순, 이 전염병은 마침내 세계적인 관심을 끌었다. 유엔 안보리는 역사상 단 세 번째로 보건문제에 관한 결의안을 채택했는데, 에볼라의 '아프리카에서 전례 없는 확산'을 이유로 이를 국제평화와 안보에 대한 위협으로 선언한 결의안 2177이 그것이다. 이 결의안은 회원국들에게 지원을 촉진하고, 확립된 안전 및 보건 수칙을 전달하고 이행하며, 즉각 투입 가능한 의료 역량을 제공하고, 여행 및 국경 제한 조치를 해제할 것을 촉구했다. 이 안보리 회의는 각국의 대응을 촉진시키는 계기가 되었다. 몇 주 내에 미국, 영국, 중국, 쿠바 및 기타 국가들은 의료 인력과 병원 단위(군 의료 여단 포함)를 서아프리카에 배치했고, 유엔 총회는 최초의 유엔 비상 보건 임무인 에볼라 비상대응을 위한 유엔 임무(UNMEER)를 결의안 69/1을 통해 만장일치로 승인했다. 이 두 개의 유엔 결의안은 글로벌보건의 '안보화'를 의미했다.

UNMEER는 WHO와 유엔 사무국의 공동 관리 아래 유엔기관, 국가정부 및 기타 인도주의 단체들의 계획과 조정을 총괄하는 임무를 맡았다. 접촉 추적, 안전한 장례 절차, 지역사회 교육에 중점을 두었으며, 에볼라 조정관은 세계은행 총재 등과 협력하여 약 10억 달러에 달하는 예상 비용을 충당하기 위한 기금을 모았다. WHO는 에볼라에 영향을 받은 국가 대표들과 개발 파트너, 시민사회, 규제 기관, 제약 회사, 자금 조달 기관 등을 모아 에볼라 백신 테스트를 신속히 진행할 수 있도록 했다 (Branswell 2020). 또한 감염 환자가 있는 국가에 대해 여행금지 조치를 고려하고 있는 국가들에 주요 정보를 제공하기 위해 노력했다. 2015년 7월, 핵심 목표를 달성하고 전염률이 크게 감소한 가운데 UNMEER는 해체되었다.

WHO 내부와 외부에서는 위기에 대한 WHO의 대응 부족을 다룬 여러 검토가 진행되었다. 지적된 요인 중에는 특히 GOARN의 예산과 인력 삭감, 아프리카 지역사무소의 무능한 직원, WHO 내 긴급 상황에 신속히 대응하는 문화의 부재, 국가정부와 지역사무소에 지나치게 의존하는 집행이사, 본부에 에볼라가 '작은 문제'라고 조언한 자문위원들, 그리고 공중보건 비상사태를 선언하면 "WHO와 피해 국가 간의 협력이 저해될 수 있다"는 우려 등이 포함되었다 (Garrett 2015: 97).

2015년 초, WHO 집행이사회는 "WHO의 임무와 구조 사이에 명확한 괴리가 존재하며 … 명확한 의사결정 체계나 전용 예산이 없어 에볼라 발병에 대한 대응이 느리고 비체계적이었다"고 혹독하게 평가했다 (Garrett 2015: 97). 집행이사회는 그 외 여러 조치들과 함께, 1억 달러 규모의 비상 대응 기금으로 지원되는 글로벌보건 비상사태 대비 예비 비상인력을 구성할 것을 촉구했다. 일부 비평가들은 WHO가 위기 관리자로서의 역할을 수행할 수 없다고 주장했다. 다른 이들은 WHO가 기본적인 공중보건 프로그램에 집중해야 한다고 권고했으며, 또 다른 사람들은 미래의 전염병은 피할 수 없으므로 세계는 이에 효과적으로 대응할 준비를 해야 한다고 강조했다 (Garrett 2015: 102-107).

2016년, WHO는 대응능력을 개혁하기 위해 새로운 보건비상 프로그램을 설립했다. 또한 질병 발병 중 환자를 돌보는 데 필요한 지침을 제공하고, 이를 지원할 준비가 된 의사와 기타 전문가들의 부족문제를 해결하기 위한 노력을 시작했다. 현실적으로 이후에도 콩고민주공화국, 기니, 우간다에서 에볼라 발병이 계속되었지만, WHO와 유엔시스템이 비상 대응 역량을 실제로 강화했는지를 시험하는 가장 큰 계기는 2020년 코로나19 팬데믹이었다.

유엔, WHO, 그리고 코로나19 글로벌팬데믹. 서아프리카의 에볼라 위기가 대체로 통제된 지 불과 5년 만인 2020년 초 전염성이 매우 높은 코로나바이러스 사례가 전 대륙에서 발생하면서, 세계와 WHO는 글로벌팬데믹이라는 새로운 도전에 직면하게 되었다. 세계의 어느 지역도 이 영향을 피할 수 없었다. 여러 백신이 개발되고 배포되었지만, '백신 민족주의'로 인해 특히 개발도상국에서 상당한 불평등이 발생했다. 또한 바이러스의 전염성이 강한 변종까지 출현하면서 바이러스의 미래 경로를 예측하기 어려워졌다. 2023년 중반 기준 공식 기록에 따르면 전 세계적으로 7억

5,000만 명 이상이 감염되었고 650만 명 이상이 사망했지만, 실제 피해는 훨씬 더 클 것으로 추정된다 (WHO 2023). 이 팬데믹은 에볼라와 이전 발병(2002년 SARS 등) 이후로 글로벌 보건거버넌스에 거의 변화가 없었음을 보여주었다.

이 사례 연구는 2020년 초부터 2023년 초까지 발병과 그 진행 과정을 간략히 개관하고, WHO와 유엔을 포함한 다른 국제기구가 이 주요 보건거버넌스 문제에 대응한 방식을 다룬다.

코로나19 팬데믹의 가장 두드러진 특징은 그 확산 속도의 빠름과 세계 및 각국의 경제, 그리고 특히 여성들을 포함한 수백만 명의 삶에 미친 광범위한 영향이었다. 2020년 말까지 약 1억 5,000만 명이 극심한 빈곤 상태로 내몰리며 수년간의 빈곤 완화 노력이 물거품이 되었으며, 심지어 미국에서도 식량 불안정을 겪는 사람들의 수가 두 배로 늘었다. 발병이 확산되면서 국제무역이 둔화되고 각국의 경제는 축소되거나 봉쇄되었다. 세계은행(2021)에 따르면, 글로벌경제는 약 4.3% 위축되었으며 이는 2009년 글로벌금융위기의 영향보다 두 배 이상 큰 규모였다. 여행과 무역이 붕괴되었고, 많은 국가들이 자국 중심의 대응을 취하면서 공급망이 붕괴되고, 국경이 폐쇄되었으며, 세계화의 종말이라는 암울한 전망까지 나오게 되었다 (Farrell and Newman 2020). 2020년 10월, 빌 앤 멜린다 게이츠 재단은 "눈 깜짝할 사이에 보건위기가 경제위기, 식량위기, 주택위기, 정치위기로 변했다. 모든 것이 모든 것과 충돌했다. 약 25년간 이룬 진전이 단 25주 만에 뒤로 무너졌다"라고 말했다 (Harlan and Birnbaum 2020 인용). 그럼에도 불구하고 2014년 에볼라 사태와 달리, 글로벌 보건거버넌스 '시스템'은 훨씬 더 효과적으로 작동했다. 한 글로벌 보건거버넌스 학자는 이를 다음과 같이 평가했다.

> 코로나19는 유엔체제를 마비시키고 그 신뢰를 완전히 무너뜨릴 잠재력을 지니고 있었다. 그러나 실제로 그런 일은 일어나지 않았다. 글로벌 보건안보는 결코 WHO나 유엔 안보리의 주목받는 행동 촉구만으로 이루어진 것이 아니다. 그보다는, 보다 넓은 유엔체제 전체, 시민사회, 그리고 연구와 정책 옹호에 관여하는 '지식 공동체'에 기반한 분산적 거버넌스 체계에 의해 작동해 왔다. 코로나19는 바로 이러한 분산적이고 포용적인 보건안보 모델이 팬데믹이라는 상황 속에서도 국제정치의 영향을 견디고, 그 속에 적응할 수 있는 역량을 갖추고 있음을 드러냈다. (Harman 2020: 377)

그럼에도 불구하고 WHO의 대응이 충분했는지에 대한 의문이 제기되었다. WHO는 우한에서 첫 보고를 받았을 때 즉시 국제적 공중보건 비상사태를 선언했어야 했는가? WHO 사무총장 게브레예수스(Tedros Ghebreyesus) 박사와 WHO가 중국의 설명을 충분히 따져보지 않은 채 너무 순응적인 태도를 보인 것은 아니었는가? WHO 소속 과학자 팀이 발병 현장에 즉시 조사에 나설 수 있도록 중국에 충분한 압력을 가했는가? 분명히 중국정부가 발병에 대한 정보를 국제보건규정에 따라 투명하게 제공하지 않은 것은 중요한 문제였다. 2022년에도 WHO가 소집한 국제 과학자팀의 보고서는 코로나바이러스의 기원을 밝히기 위해 중국의 추가 데이터가 필요하다고 지적했다 (Mueller and Zimmer 2022: A9). 두 번째로, 초기에는 공중보건 비상사태 선언의 필요성에 대한 합의가 없었다. 관대함 문제와 관련하여, WHO 사무총장은 다른 유엔 전문기구의 수장들과 마찬가지로 회원국, 특히 가장 강력한 국가들을 다루는 데 신중해야 한다. 이 기구들은 회원국의 재정지원과 협력에 의존하여 운영된다.

2020년 몇 주에서 몇 달 동안, WHO와 유니세프, 세계은행 등 파트너들은 마스크 착용과 격리에서부터 중증 환자 치료에 효과적인 약물 연구에 이르기까지 경고, 브리핑, 지침, 매뉴얼, 온라인 세미나, 전문가 상담 등을 지속적으로 제공했다. WHO는 저소득 및 중간소득 국가들의 대응 역량을 강화하고 전 세계적인 대응을 지원하기 위해 코로나19 연대 대응 기금을 출범시켜 기부를 유도했고, 파트너들과 함께 치료법에 관한 데이터를 생산하기 위한 연대 실험도 구성했다. 또한 GAVI 및 다른 파트너들과 함께, 진단, 치료, 백신의 연구·개발·생산·배포를 조정하고 무엇보다도 이들에 대한 공평한 접근을 보장하기 위한 코로나19 대응 도구 접근 가속화기구를 설립했다. 2020년 4월 초에는 UNICEF, UNDP, UNFPA, 유엔 난민고등판무관(UNHCR) 등 다른 유엔 기구들과 함께 유엔 코로나19 공급망 태스크포스를 구성하여 긴급 필수품의 접근을 보장하고, 공공 및 민간 부문의 역량을 조정하며, 중요 물품과 화물의 흐름을 원활히 하기 위한 전 세계적 전략을 수립·시행했다 (UN Covid-19 Supply Chain Task Force 2020).

WHO는 필수적인 과학연구에 대한 글로벌협력을 촉진하기 위해 2020년 7월 초 온라인 정상회의를 열어 코로나19 관련 연구를 강화하고 바이러스에 대한 과학적 진전을 평가했다. 또한 팬데믹 대응과 교훈을 평가하고 책임성을 강화하기 위해 팬데믹 대비 및 대응 독립 패널을 설립한다고 발표했다. 아울러, 백신의 공정한 분배를 보장하기 위해 백신가격, 생산, 분배를 협상하는 COVAX 기구를 설립다. 그러나 일부 선진국들이 자국민을 위해 백신을 비축하면서 이 목표는 달성되지 못했다. WHO의 게브레예수스 사무총장은 이를 '백신 불평등'으로 규정하며, 코로나19 대응의 주요 실패 중 하나로 지적했다 (WHO 2021).

2014~2015년 에볼라 발병과 비교했을 때, 유엔 주요 기관들의 대응은 상대적으로 훨씬 약했다. 2020년 3월부터 12월까지 운영된 코로나19 통합 글로벌 인도주의 대응 계획은 유엔기구와 NGO가 협력하여 가장 취약한 국가에 실험실 장비와 의료 물품을 전달하고, 바이러스 예방 방법에 대한 공공 정보 캠페인을 실시하며, 인도주의 활동가와 물품을 가장 필요한 곳으로 운송할 것을 요구했다. 그러나 자금 부족은 심각한 문제로 남았다 (UN 2021).

2014~2015년 에볼라 발병 당시와는 극명한 대조를 이루며, 유엔 총회와 안전보장이사회는 이번 팬데믹 대응에서 중요한 역할을 하지 못했다. 국제 협력과 조정된 대응을 촉구하는 몇 가지 유엔 총회 결의안과 두 차례의 특별 회의는 의미 있는 기여를 하지 못했다. 안전보장이사회 역시 큰 역할을 하지 못했는데, 이는 팬데믹이 평화와 안보에 대한 위협이 아니며 WHO에서 다뤄야 한다고 주장한 남아프리카공화국과 중국의 반대로 인해 막혔기 때문이다. 또한 미국과 중국 간의 긴장으로 인해 이사회는 마비 상태에 빠졌다. 이는 2014~2015년 에볼라 전염병 당시 미국이 안전보장이사회의 강력한 대응을 주도했던 상황과 대조적이며, 유엔에서 강대국 정치가 점점 더 큰 문

제로 부상했음을 보여준다.

중국과 미국 모두 팬데믹 대응에서 높은 평가를 받지 못했다. 많은 평론가들은 중국이 초기 발병 규모와 사람 간 전염에 대한 사실을 숨겼다고 비판했다. 중국은 바이러스의 기원을 조사하려는 WHO의 초기 조사를 방해했다. 2021년 1월에야 WHO의 대규모 과학자팀이 우한을 방문할 수 있게 되었지만, 많은 사람들은 중국이 핵심 증거를 숨기고 있다고 믿었다. 중국은 엄격한 봉쇄, 철저한 시민 감시, 감염자 격리를 통해 발병을 성공적으로 통제했다고 선전하면서, 바이러스를 물리친 중국공산당과 시진핑 주석의 단호한 행동을 찬양하는 공식적인 서사를 만들어냈다. 중국은 팬데믹을 국제적 지위를 강화하는 데 활용했다. 가령, 영향을 받은 국가들에 의료 장비를 배포하는 '마스크 외교'와 백신을 배포하는 '백신 외교'를 펼쳤고 WHO에 대한 기여금을 5,000만 달러 증액했다.

반면, 트럼프 미국 대통령은 WHO를 비난하며 팬데믹의 원인을 WHO의 '매우 중국 중심적인 접근'에 있다고 주장했다 (Walker 2020). 이것은 그리 놀라운 일은 아니었다. 트럼프 행정부가 국제제도들에 대해 지속적으로 비판해왔고, 미국 내에서도 자국이 국제사회에서 주도적 역할을 해야 한다고 강하게 지지하는 세력과 고립주의나 반다자주의 성향을 띤 세력 간에 긴장이 존재해 왔기 때문이다. 코로나19 사례가 확산되면서 미국은 필수 보호 장비 및 의료 장비의 공급과 관련하여 '이웃을 희생시키는 정책(beggar thy neighbor)'을 취하고, 경제적 힘을 활용해 대규모 장비와 개발 중인 백신을 확보하려 했다. 특히 두드러진 점은 미국이 팬데믹 대응에서 국제협력을 동원하는 데 아무런 리더십을 발휘하지 못했다는 점과 트럼프 대통령이 WHO에 대한 미국의 기금 지원을 중단하고 완전히 탈퇴하겠다고 위협한 점이었다. 미국이 팬데믹 중에 WHO를 탈퇴하려는 시도는, WHO가 제공하는 전 세계 역학 데이터와 백신 개발, 다양한 질병 퇴치 캠페인, 계절성 독감 바이러스 식별 등 주요 기능에 미국이 의존하고 있다는 점을 고려할 때, 전혀 이치에 맞지 않았다.

2021년 초, WHO가 발병 대응을 평가하기 위해 설립한 독립 전문가 위원회는 WHO, 전 세계 공중보건 조직, 그리고 정부들이 코로나바이러스에 대해 지나치게 느리고 비효율적으로 대응했다고 비판했다. 이는 미래 팬데믹 가능성에 대한 수년간의 경고와 계획에도 불구하고 나타난 일이었다. 전문가 위원회는 "마스크 착용, 정기적인 검사, 접촉 추적을 포함한 기본적인 공중보건 조치를 적용할 기회를 놓쳤다"고 지적했다. 또한 여행금지가 득보다 실이 많다는 이유로 이를 오랫동안 지지하지 않았던 WHO의 태도를 지적하며, "여행금지는 전파 억제에 도움이 되었을 가능성이 크다"고 선언했다. 보고서는 백신 배포의 불평등도 비판하면서 "라이베리아, 뉴질랜드, 또는 다른 어디에서 태어났느냐가 백신 순서를 결정하는 요인이 되어서는 안 된다"고 강조했다. 이외에도 전문가 위원회는 WHO가 해야 할 일에 대한 기대치와 실제로 WHO가 받는 자금 사이에 존재하는 '심각한 격차'에 주목했다 (Gebrekidan and Apuzzo 2021: A4).

전문가 위원회가 제안한 개선책에는 IHR의 강화와 WHO가 보고된 발병에 대해 독립적으로 조사할 수 있는 권한부여, 그리고 정부가 협력하도록 강제하거나(혹은 재정적 인센티브를 제공하여) 협력을 이끌어낼 수 있는 권한 부여가 포함되었다. 예상대로 위원회는 WHO의 자금을 증액하고 특정 목적에 대한 자금 지정을 줄이며, 공중보건 비상사태 선언 과정의 의사결정을 더 투명하게 변경하고, 보건결정의 정치적·경제적 영향을 고려하기 위한 보다 다양한 전문성을 포함할 것을 제안했다. 핵심문제는 WHO 회원국들이 무엇을 바꿀 의향이 있고, 이를 위해 얼마를 지불할 의지가 있는가 하는 점이다.

제5장에서 논의된 주요 지역기구들 또한 코로나19 팬데믹에 다양한 방식으로 대응했다. 여기에서는 그 대응이 WHO의 활동을 어떻게 보완했는지 간략히 살펴본다.

지역기구들의 팬데믹 대응. 2020년부터 EU는 회원국들이 팬데믹 대응 조치를 공유할 수 있도록 조기경보 대응 시스템을 구축했다. EU는 연구 지원에 1억 3,200만 유로를 제공하고, 글로벌 원조와 회원국들의 실업 위험 완화를 위한 추가 자금을 지원했으며, COVAX에 대한 재정적 지원도 제공했다. 백신이 개발된 이후, EU는 전 세계적으로 10억 회분 이상의 백신을 수출했다.

범미주보건기구(PAHO)는 WHO의 미주지역 사무소 역할을 수행하며, 팬데믹 대응을 지원하기 위해 지역 및 국가 수준에서 사건 관리 시스템을 구축했다. 이 시스템은 실험실 역량 강화, 위험 정보 전달, 기타 기술 문서 제공 등을 통해 회원국들의 대응개발을 지원했다. 또한 이 기구는 일부 국가에 장비를 제공하고, 다른 국가에서는 지역 보건요원들에게 교육을 실시했으며, 원주민 및 아프리카계 후손 집단 간의 코로나19 전파를 줄이기 위한 지침도 마련했다.

동남아시아국가연합(ASEAN)은 여러 조치를 취했다. 여기에는 빅데이터 분석 및 시각화를 위한 ASEAN 바이오다이아스포라 가상 센터(ABVC) 설립, 위험평가 보고서 및 항공 여행 데이터, 여행 주의보를 생성하는 도구 개발, 공중보건 정보 공유를 촉진하는 ASEAN 비상운영센터 네트워크, 회원국 지원을 위한 ASEAN 대응 기금 설립 등이 포함되었다. 또한 공중보건 비상사태를 위한 의약품 비축소를 지역적으로 마련했다.

EU와 마찬가지로 아프리카연합(AU)은 팬데믹의 사회경제적 및 인도적 영향을 완화하기 위해 코로나19 대응 기금을 설립했다. 또한 백신 품질을 시험하고, 진단 시약을 생산하며, 새로운 백신에 대한 연구를 수행할 진단 실험실을 설립했다. 아프리카 질병통제예방센터(Africa CDC)는 여행 제한 정보를 제공하는 포털을 포함한 여러 조치를 취했으며, 마스터카드 재단과 협력하여 백신 접근성을 개선하기 위한 이니셔티브를 시작했다. 2022년에는 코로나19 발병에 대한 아프리카 대륙 공동전략을 개발했다 (Fagbayibo and Owie 2021).

대다수의 글로벌보건 전문가와 글로벌트렌드를 분석하는 사람들은 미래에 또 다른 팬데믹이 발생할 것이라고 예측하고 있다. 이는 WHO, 유엔시스템, 그리고 지역기구들이 다시 한번 역할을 해야 한다는 것을 의미한다. 하나의 작은 진전으로, 2021년 WHA 특별 회의에서 팬데믹 예방과 대응을 위한 '팬데믹 조약' 작업을 시작하기로 결정했다. 특별 정부 간 기구가 이를 작성하고 협상할 책임을 맡았으며, 이 조약은 2024년까지 WHO의 두 번째 국제협약(첫 번째는 담배 규제)이 될 예정이다.

글로벌거버넌스, 국제기구 그리고 식량안보

또 다른 주요 인간안보 위협인 기아와 식량 불안정은 코로나19 팬데믹 동안 악화되었고, 이는 인간안보에 대한 지속적인 위협으로 자리 잡았다. 이에 세계식량계획(WFP), FAO, 기아 관련 NGO, 주요 기부국들, 그리고 유엔 전체가 커다란 도전에 직면한 상태다. 우크라이나전쟁으로 세계는 세계 식량 곡물과 비료 생산에서 높은 비율을 차지하는 지역에서의 갈등이 글로벌 식량안보에 어떤 영향을 미칠 수 있는지, 그리고 창의적인 거버넌스 대응이 필요함을 깨닫게 되었다.

인간 생명을 유지하기 위해 적절한 영양이 필수적이라는 점에서 식량안보는 인간안보의 중요한 측면이다. 이러한 이유로, 식량은 1943년 열린 유엔의 첫 번째 회의(제3장에서 논의됨)의 주제였으며, 이는 1930년대 국제연맹 영양위원회의 단기적인 활동으로 예견되었다. 또한 식량안보는 1941년 미국 루스벨트 대통령의 국정 연설에서 제시된 네 가지 기본 자유 중 하나인 결핍으로부터의 자유라는 개념에서 영감을 받았다. 1943년 회의 최종 문서는 각 국가가 자국민에게 적절한 식량을 보장할 일차적인 책임을 진다고 선언하면서도, "그러나 모든 국가가 함께 협력해야만 이 목표를 완전히 달성할 수 있다"고 결론지었다.

FAO는 제2차 세계대전이 끝난 후 1945년 10월에 설립되었다. 따라서 1935년 국제연맹의 영양위원회의 활동부터 1945년 FAO 설립까지 10년간, 기아와 영양실조는 국제문제로 정의되었다. 유르코비치(Jurkovich 2020: 18)에 따르면, 이는 "과학이 농업혁신을 통해 기아를 완화할 수 있다는 믿음이 커지면서" 가능해졌으며, 미국의 리더십이 이를 뒷받침했다. 1948년 세계인권선언이 채택되었을 때, 기아는 건강권의 필수 요소로서의 인권 지위를 얻었고 (제25조), 이후 경제적·사회적·문화적 권리에 관한 국제규약, 모든 형태의 여성 차별 철폐에 관한 협약, 아동권리협약과 같은 다른 국제협약들에도 포함되었으며, 임산부와 수유 중인 여성, 아동과 관련하여 명시되었다. 2004년, FAO 회원국들은 국가 식량안보 맥락에서 적절한 식량권의 점진적 실현을 지원하기 위한 자발적 가이드라인을 채택했다. 유엔 인권위원회는 2000년에 식량권 특별보고관 직책을 설립했으며, 2006년 인권이사회로 전환되는 과정에서도 이 직책은 유지되었다. 따라서 유르코비치(Jurkovich 2020: 28)가 지적했듯이, "식량에 대한 인권은 이제 국제법에서 확고히 자리 잡았다."

식량안보 문제를 해결하려는 노력을 탐구하면서, 식량과 관련된 두 개의 주요 유엔기구인 FAO와 WFP에 대해 살펴보겠다.

유엔 식량농업기구

1940년대 유엔 식량농업기구(FAO)가 설립되었을 당시, 기아문제 해결의 핵심은 식량공급과 사람들이 충분한 식사를 할 수 있는 능력에 달려 있다고 여겨졌다. 따라서 FAO의 주요 초점은 오랜 기간 식량의 가용성, 즉 농업 생산성에 맞춰졌으며, 특히 생산량 증대에 중점을 두었다. 예를 들어, 1950년대, 1960년대, 1970년대의 녹색혁명은 고수확 품종의 곡물(특히 쌀과 밀)을 개발하고 이를 개발도상국에 보급하는 데 초점을 맞춰

멕시코와 인도를 중심으로 생산성이 크게 증가했다. 또한 주요 기부국들은 양자 간 식량 지원을 위한 주요 프로그램을 시작했으며, 1961년 이러한 지원의 다자간 기구로 WFP를 설립했다.

이러한 노력에도 불구하고, 1970년대 중반 심각한 식량 위기가 발생했다. 이는 1973년에서 1975년 사이 식량 가격의 급격한 상승과 1974년 식량 공급이 사상 최저치를 기록한 것이 복합적으로 작용한 결과였다. 사헬지역, 에티오피아, 방글라데시에서 대기근이 발생했다. 이에 대응해 유엔은 1974년 첫 번째 세계식량회의를 조직했고, 이 회의에서 개발도상국의 생산 증대와 농촌 생계 개선에 초점을 맞춘 국제농업개발기금(IFAD, 제3장에서 논의됨)을 설립했다. 또한 FAO 산하에 세계식량안보위원회를 설립하여 식량안보 정책을 검토할 수 있는 포럼을 마련했으며, 국가와 국제기구 간의 조정문제를 해결하기 위해 세계식량이사회를 설립했다.

1980년대에 이르러, 인도 경제학자 센(Amartya Sen)이 자신의 주요 저서 『가난과 기근: 권리와 박탈에 관한 에세이(*Poverty and Famine: An Essay on Entitlement and Deprivation*)』를 출간하면서 사고의 전환이 이루어졌다. 이는 부분적으로 녹색혁명에 대한 비판의 결과이기도 했다. 센은 “기아는 먹지 못해서 굶주리는 특정 사람들의 상태를 의미하지, 단순히 음식이 부족하다는 외형적인 상황을 뜻하는 것은 아니다”라고 주장했다(Sen 1981: 1). 간단히 말해, 그의 견해에서 접근성이 핵심이며 이는 잘 작동하는 시장과 효과적인 공공정책이 함께 이루어져야 한다.

1980년대와 1990년대, 기근이 간헐적으로 발생하면서 CARE, 월드비전, 옥스팜과 같은 여러 NGO들이 식량안보 문제와 관련해 운영과 옹호 활동에서 매우 적극적으로 활동했다. 2000년대 초반에 이르러 WFP는 이러한 단체들 및 민간 기부자, 농업 기업들과 협력하기 시작했다. 유엔이 1996년 세계식량정상회의를 소집했을 때 NGO들이 적극적으로 참여했다. 그 결과 식량안보 개념이 어떻게 발전했는지를 보여주는 중요한 성과 중 하나는, 바로 참가자들이 채택한 정의에 있다. “모든 사람들이 언제나 충분하고 안전하며 영양가 있는 음식을 물리적, 사회적, 경제적으로 접근할 수 있고, 이는 활동적이고 건강한 삶을 위한 식단 요구와 선호를 충족해야 한다”는 정의(FAO 1996)는 새롭게 떠오르는 인간안보 개념과도 일치했다. 세계 기아를 2015년까지 절반으로 줄이겠다는 목표가 발표되었고, 이는 이후 새천년개발목표(MDGs) 제1목표로 강화되었다. 2015년 MDGs가 마무리될 당시 전 세계 영양실조 인구 비율이 24%에서 15%로 감소했지만(주로 아시아에서), 여전히 해야 할 일이 많이 남아 있었다. 따라서 지속가능발전목표(SDGs) 2번 목표는 더욱 야심찬 목표를 설정하여, 기아 종식, 식량안보 달성, 영양 상태 개선, 지속가능한 농업 촉진을 목표로 삼았다.

목표를 설정하는 것만으로는 위기를 예방하지 못했다. 1990년대 이후 식량 불안정 인구수가 서서히 감소했음에도 불구하고, 2007~2008년 새로운 글로벌 식량위기가 발생했다. 이는 주요 곡물 가격 상승, 높은 에너지 가격, 같은 기간의 글로벌금융위기가 복합적으로 작용해 발생한 것이다. 클랩(Jennifer Clapp 2018: 712–713)에 따르면, 이 위기는 식량안보가 WTO의 농업 무역 규칙, 세계은행과 기부국, 개발도상국의 농업 투자 감소, 더욱 불안정해진 농산물 시장과 식량 가격 등 글로벌 경제적 요인들과 깊이 얽혀 있음을 보여주었다. 주목할 점은, 유엔 식량 관련 기구들이 이러한 문제를 다루거나 경제적 문제에서 정부를 책임지게 할 권한이 없다는 것이다.

다시 한번 유엔은 이번 위기에 대응하며 종종 하던 방식대로 세계은행, IMF, WTO를 포함한 20개 이상의 유엔기관 및 기금 대표들로 구성된 고위급 태스크포스를 창설했다. 이 태스크포스는 2009년 로마에서 또 다른 세계식량안보정상회의를 개최했다. 이러한 이니셔티브의 결과로, 시스템 전반에 걸쳐 대응을 조정하기 위한 새로운 규범이 확립되었으며, 1974년에 설립된 세계식량안보위원회는 시민사회 대표를 포함하도록 개혁되었다. 클랩(Clapp 2018: 715)에 따르면, 이 위원회는 "이제 이러한 문제를 논의하는 포럼으로 훨씬 더 효과적으로 기능하고 있지만, 여전히 정책 변화를 실행할 권한은 부족하다"고 평가된다.

따라서 식량안보라는 개념은 인간의 권리(기아로부터의 자유와 개인의 식량권)와 개발과 연결된다. 식량안보는 네 가지 차원을 포함한다. 식량의 가용성, 식량에 대한 접근성, 적절한 영양, 그리고 식량 공급의 안정성이다. 이는 국가의 식량 생산 데이터와 가정/개인 수준에서의 식량 접근성 데이터를 혼합하여 측정된다. 도표 11.2에서 설명된 바와 같이, FAO는 식량 불안정의 심각성과 필요의 지속 기간(계절적, 만성적, 급성적 필요)을 측정하기 위해 식량 불안정 경험 척도를 개발했다.

오늘날 현실적으로 기아와 식량 불안정의 지속성에 대한 대중의 관심은 주로 전쟁, 강제이주, 기근, 주요 자연재해, 코로나19 팬데믹, 그리고 기후변화의 영향과 관련된 주요 식량 비상사태에 초점이 맞춰져 있다. 이러한 이야기는 헤드라인을 장식하며, 사람들이 기부를 하도록 영감을 주고, WFP와 식량 지원에 관여하는 인도주의 NGO들의 활동에 대한 인식을 높이는 데 기여한다.

세계식량계획과 식량 비상사태 대응

FAO가 농업 개발과 관련한 식량 생산 증대에 계속 초점을 맞추고 있는 반면, WFP는 자연재해, 전쟁, 기근에 동반되는 식량 비상사태에 대한 주요 대응 기구로 자리 잡았다. 일부는 WFP를 세

도표 11.2 | FAO의 식량 불안정 수준 측정 방법

식량 불안정 수준 (강도별)	식량 불안정 (기간별)	식량 불안정 경험 척도
경미한	계절적: 개인의 식량접근이 부족한 주기가 반복될 때	식량 확보 능력에 대한 불확실성
중간 정도	만성적: 개인이 지속적인 기간 동안 최소 식량 요건을 충족하지 못할 때	식품의 품질과 다양성에 대한 기대치 낮추기
심각한	급성적: 충분한 식량 섭취가 불가능하여 개인의 생명이 즉각적인 위험에 처할 때	식량 섭취량 줄이기, 끼니 건너뛰기, 하루 이상 굶음

출처: 유엔 식량농업기구(FAO), http://www.fao.org/hunger/en/.

계 최대의 인도주의 기구라고 부르기도 한다. WFP의 임무는 단기적인 지원뿐만 아니라 장기적인 개발 지원까지 포함한다.

필요의 범위. 2023년 초 기준으로 약 2억 500만 명이 굶주린 상태로 잠자리에 드는 것으로 추정되었으며, 이 중 37개국(절반 이상이 아프리카)에서 4,500만 명이 기아에 직면해 있었다 (WFP and FAO 2022). 주요 10대 비상사태는 예멘, 남수단, 콩고민주공화국, 아프가니스탄, 베네수엘라, 에티오피아, 시리아, 나이지리아 북부, 아이티에서 발생했다. WFP와 기타 인도주의 기관들이 가장 우려하는 것은 만 5세 미만의 급성 영양실조 아동들이었다.

WFP의 자원은 전적으로 유엔 회원국, 다른 유엔 기금 및 기관, 민간 기부자들로부터의 자발적인 기부와 잉여 식량에서 나온다. 따라서 이러한 자원이 종종 수요를 감당하기에 턱없이 부족한 경우가 많다. WFP 예산의 80%는 미국과 EU를 포함한 10대 주요 기부국에서 나온다. 2015년, 기금 부족으로 인해 시리아 난민들에게 제공되는 일일 식량 배급량이 감소된 적도 있었다.

WFP는 80개 이상의 국가에서 현장 활동을 하고 있다. 여기에는 식량 공급 전달, 도로 또는 관개 시스템을 구축하는 대가로 음식을 제공하는 식량 대가 노동 프로그램 운영, 그리고 아이들이 학교에 머물 수 있도록 학교 기반 급식 프로그램을 제공하는 것이 포함된다. WFP 직원들은 종종 분쟁지역에서 임무를 수행하기 위해 목숨을 걸어야 한다. WFP는 식량 전달을 관리하기 위해 선박, 항공기, 트럭을 보유하고 있으며, 3,000개 이상의 지역 및 국제 NGO, 지역사회 기반 기구와 협력하여 식량을 배분한다. 2008년, WFP는 개발도상국의 소규모 농부들에게 혜택을 주는 방식으로 농업 및 시장 개발을 촉진하기 위한 '발전을 위한 구매(Purchase for Progress)' 프로그램을 시작했다. 그리고 이 프로그램을 통해 전체 식량 구매의 10%를 조달할 것을 약속했다. 이 프로그램은 지역경제를 강화하고 SDGs 제2목표(기아 종식)와 제15목표(책임 있는 생산과 소비)에 기여한다. WFP는 빌 앤 멜린다 게이츠 재단, 하워드 G. 버핏 재단 등 주요 재단들과 협력하여 이 프로그램을 운영하고 있으며, 여러 정부로부터도 자금을 지원받고 있다. WFP의 교육 프로그램을 통해 2020년 말까지 30만 명의 여성이 참여했으며, 21개국에서 100만 명 이상의 농부들이 혜택을 받았다. 이는 개발도상국에서 농업이 주로 여성에 의해 이루어진다는 현실을 반영한 것이다.

팬데믹의 영향. 코로나19 팬데믹은 전 세계의 식량 불안정 문제를 극적으로 증가시켰다. 한 논평자는 이를 두고 "명심하라: 코로나19는 배고픈 사람들을 더 배고프게 하고, 가난한 사람들을 더 가난하게 만들었다"고 언급했다 (Sova 2021).

2020년, FAO는 전 세계적으로 기록적인 곡물 생산량을 보고했으나, 코로나19로 인한 도전과제는 엄밀히 말하면 식량 공급 자체의 문제가 아니었다. 식량 공급망의 세계화로 인해 2000년과 비교했을 때 더 많은 국가가 식량 수입에 의존하게 되었지만, 동시에 더 많은 수출국도 생겨나 농업 무역은 공급과 수요의 변화에 더 강하게 대응할 수 있게 되었다. 팬데믹으로 인해 부유한 나라와 가난한 나라를 막론하고 수백만 명의 고용과 소득이 갑작스럽게 상실된 것이 식량 불안정 급증의 주요 요인이었다. 기아는 오랫동안 주로 농촌지역의 문제로 여겨졌으나, 이번 팬데믹은 개발도상국의 도시지역에도 영향을 미쳤다 (Sova 2021). 팬데믹 이전부터 어려움을 겪고 있던 짐바브웨, 수단, 예멘, 남수단과 같은 국가들, 그리고 고유가에 의존해 경제를 유지해온 이란과 베네수엘라와 같은 국가들은 팬데믹과 함께 저유가로 인해 상황이 특히 나빴다. 코로나19 확산을 억제하기 위해 통행금지나 이동 제한이 시행된 곳에서는 씨앗, 농기구, 식량 지원의 전달이 영향을 받았다. 이러한 혼란은 난민, 이주민, 분쟁지역 거주자들의 식량 공급에 불가피하게 영향을 미쳤다.

2020년 중반, FAO는 이탈리아정부의 요청에 따라 다중 이해관계자 메커니즘인 식량연합을 설립했다. 이 연합의 목적은 위기에 영향을 받은 국가들에 정치적, 재정적, 기술적 지원을 동원하고, 지식과 아이디어를 교환할 수 있는 플랫폼 역할을 하며, 팬데믹이 세계 식량 위기를 촉발하는 것을 방지하는 것이었다 (Food Ingredients First 2020).

요약하면, 팬데믹은 단지 WFP가 오랫동안 활동해 온 분쟁 및 재난지역뿐만 아니라 전 세계 여러 지역에서 식량안보에 심각한 영향을 미쳤다. 팬데믹으로 인한 글로벌기아 급증에 대응한 WFP의 노력은 높이 평가받아, 2020년 10월 WFP는 노벨평화상을 수상했다. 노벨위원회 의장은 "팬데믹 상황 속에서 WFP는 노력을 강화하는 놀라운 능력을 보여주었다. … 폭력적인 분쟁과 팬데믹의 결합은 기아 직전에 놓인 사람들의 수를 극적으로 증가시켰다"고 밝혔다. 위원회는 또한 기아가 전쟁의 무기 중 하나라는 점을 지적하며, "이는 세계에서 가장 오래된 분쟁 무기 중 하나로, 영토를 장악하기 위해 인구를 굶주리게 만드는 방식이다"라고 덧붙였다 (Nobel Prize 2020).

우크라이나전쟁과 2022~2023년 글로벌식량위기. 우크라이나 사례는 전통적 안보와 인간안보 간의 관계를 명확히 보여준다. 이 인식은 WFP 사무총장 비슬리(David Beasley)로 하여금 "앞으로 9개월 동안 기근, 국가 불안정, 대규모 이주를 목격하게 될 것"이라고 경고하게 만들었다 (*The Economist* 2022b: 20). 러시아와 우크라이나는 전 세계 밀 시장의 약 28%를 차지하며, 옥수수, 보리, 식용유용 해바라기 씨앗, 비료의 주요 공급원으로, 전쟁은 곧바로 가격에 영향을 미쳤고 이후에는 공급, 특히 WFP가 우크라이나에서 공급받는 밀에도 영향을 미쳤다. FAO는 거의 50개국이 우크라이나와 러시아 중 한 곳 또는 양국에 의존하고 있다고 계산했으며(*The Economist* 2022b), 특히 여러 중동과 북아프리카 국가들이 우크라이나와 러시아로부터의 밀 수입에 크게 의존하고 있었다.

러시아는 우크라이나의 흑해 항구를 봉쇄해 수출을 막았고, 미사일과 폭탄으로 곡물 저장 시설을 파괴했다. 농지는 전투로 인해 손실되었다. 러시아의 수출에 대한 제재는 곡물과 비료 수출을 중단시켰고, 대부분의 서방 공급업체들은 러시아에 씨앗과 화학 물질 공급을 중단했다. 곡물 가격뿐만 아니라 농사와 비료에 필요한 연료 가격도 상승했으며, 침공 시점은 이미 수확한 우크라이나 곡물의 운송에도 영향을 미쳤다. WFP와 인도주의적 지원 단체들은 이러한 상황이 특히 재앙적일 수 있다고 우려했다. 유엔 사무총장 구테흐스(António Guterres)는 전쟁의 파괴성을 비판하며 "이는 세계에서 가장 취약한 사람들과 국가들에 대한 공격이다 … 그들의 곡창 지대가 폭격당하고 있다"고 경고했다 (WFP 2022).

유엔 안전보장이사회는 우크라이나전쟁이 발발하기 1년 전인 2021년 3월, 무력분쟁과 식량안보에 대한 문제를 처음으로 논의하며, 기근을 포함한 분쟁으로 인한 식량 불안을 다루는 결의안 2417호를 승인했다. 이 결의안은 기아를 전쟁수단으로 사용하는 행위를 규탄했다. 러시아의 우크라이나 침공 이후 안전보장이사회와 고위급 회의들은 우크라이나전쟁이 글로벌식량안보에 미치는 영향에 대한 우려를 집중적으로 논의했다. 흑해를 통한 곡물 수송로에 대한 러시아의 봉쇄를 해결하기 위한 외교적 해결책이 필요했다.

2022년 7월 말, 유엔, 러시아, 튀르키예, 우크라이나의 외교관들과 군 관계자들은 우크라이나에서 흑해를 거쳐 지중해로 곡물을 수출할 항로를 마련하기 위한 세부 사항을 협의했다. 이로 인해 탄생한 흑해 곡물 구상이라고 불리우는 평행협정들은 120일 동안 유효했으며, 하나는 우크라이나, 튀르키예, 유엔 간의 협정이고, 다른 하나는 러시아, 튀르키예, 유엔 간의 협정이었다. 이 협정들은 우크라이나 3개 항구를 통한 수출, 기뢰가 제거된 특별 해상 통로, 그리고 튀르키예의 상선 검사를 승인했다. 새롭게 설립된 합동조정센터는 튀르키예 해군 제독의 지휘 아래 모든 상선의 이동을 감독했다. 또한 러시아와 유엔 사무국 간의 별도 협정은 러시아의 곡물 및 비료 수출이 방해받지 않도록 유엔이 이를 지원하는 내용을 담고 있었다. 러시아는 크림반도에 대한 우크라이나의 공격 이후 협정 참여를 중단했으나, 두 차례 협정 연장을 동의한 뒤 2023년 중반 다시 협정에서 탈퇴하며 우크라이나 항구 시설에 대한 공격을 재개하고 흑해의 민간 선박 공격을 위협했다. 이로 인해 광범위한 비판이 촉발되었고, 밀 선물 가격이 급등했으며, 러시아를 설득해 합의에 복귀시키려는 외교적 노력이 다시 시작되었다. 유엔 주재 미국 대사 그린필드(Linda Thomas Greenfield)는 "러시아는 세계 식량 공급을 대상으로 전쟁을 벌이고 있다 … 러시아가 이 합의참여를 중단할 합법적인 이유는 전혀, 전혀 없다"며 많은 이들의 심정을 대변했다 (Parks 2023).

이 특정 상황과 전반적인 글로벌식량안보 거버넌스에 있어 중요한 질문은, 이와 같은 임시 다자주의의 사례가 어떤 의미를 가지는가 하는 점이다. 우선, 구테흐스 유엔 사무총장은 이 협정을 자신의 임기 중 '아마도 가장 중요한' 성과이자 '희망의 등대'로 보았다. 또한 이 협정은 식량과 비료의 심각한 부족문제를 어느 정도 완화했다. 이는 튀르키예의 에르도안(Tayyip Erdoğan) 대통령이 구테흐스와 함께 러시아와 우크라이나가 협력하도록 설득할 수 있는 능력을 보여준 사례이기도 했다 (Crisis Group 2022).

그 합의는 러시아와 우크라이나에서 일부(그러나 결코 모든 것은 아닌) 선적이 가능하도록 도움을 준 것은 사실이지만, 전쟁을 단축시키거나 글로벌 식량위기를 종식시키지는 못했다. 이 협정은 아프리카의 뿔지역에서의 장기적인 가뭄이나 남수단, 예멘, 아프가니스탄, 나이지리아, 아이티의 식량부족 문제를 해결하지도 못했다. 더욱 우려스러운 점은, 기후변화, 가뭄, 팬데믹과 같은 지속적인 문제들 위에 우크라이나전쟁이 식량 공급에 미친 영향이 실제적인 식량 공급 부족으로 이어질 수 있다는 경고였다. 이는 과거 대부분의 문제들이 공급이 아니라 유통의 문제였다는 점에서, 실제 식량부족은 명백한 위기다 (Wallace-Wells 2022). 인간 생존을 위한 필수적인 식량의 필요성을 넘어, 글로벌거버넌스와 관련된 중요한 질문이 제기된다. 식량에 대한 인간의 권리가 존재하는가?

식량에 대한 인간의 권리가 존재하는가?

역사적으로, 기아와 식량문제는 개발의 일부로 개념화되었다. 동시에, 별도의 흐름에서 식량권은 두 가지 핵심 유엔 인권문서, 즉 세계인권선언과 경제적·사회적·문화적 권리에 관한 국제규약에 포함되었다. 보건의 경우도 마찬가지였다. 보건 역시 개발과 연계되었으며, 동일한 문서들에 포함되었다. 수십 년 동안 정치적·사회적 권리에 대한 광범위한 옹호와 활동이 이루어졌지만, 경제적·사회적·문화적 권리에 대해서는 유엔시스템이나 인권 옹호자들로부터 상대적으로 적은 관심을 받았다 (제9장에서 논의됨). 기아는 주로 "인도주의적 문제이자 개발문제로 개념화되어, 원조 단체들이 필요로 하는 사람들에게 직접적으로 지원을 제공하거나 지역사회를 지원해 자체적으로 식량안보를 구축할 역량을 개발하도록 돕는 것"으로 여겨졌다 (Jurkovich 2020: 94). 국가의 약점이나 역량 부족이 인도주의적 위기와 개발 부족의 주요 원인으로 간주되었다.

반면, 인권은 "국가의 이행조치를 요구한다" (Jurkovich 2020: 94). 유엔이 인권과 개발을 연계한 것은 1997년 이후이며, 이는 MDGs와 SDGs에서 확인된다. 하지만 이러한 연계는 기아와 관련된 광범위한 인권 옹호 활동으로 이어지지 않았다. 유르코비치(Michelle Jurkovich)는 이를 기아와 관련된 인권규범이 부재한 것 때문이라고 설명한다 (Jurkovich 2020: chaps. 3 and 4). 즉, 국제 인권법 아래에서 정부가 자국민이 스스로 먹고 살 수 없을 때 식량을 제공해야 할 법적 의무가 있다는 믿음이 아직 널리 퍼져 있지 않다는 것이다. 따라서 기아와 관련된 MDGs와 SDGs는 열망적인 목표로 남아 있으며, 식량 불안정을 해결하는 주된 책임은 유엔 식량 기관들이 국제 및 지역 NGO, 민간 기부자, 시민사회 단체, 국가 정부, 기업들과 협력하여 맡아왔다. 기아를 없애고 식량위기를 해결하는 일은 여전히 우선적으로 인도주의적 과제, 그다음이 개발문제로 간주되고 있다.

그럼에도 불구하고, 식량과 식량안보는 보건과 함께 유엔이 오랫동안 세계의 실향민들(분쟁과 박해를 피해 도망친 난민, 자연재해로 집을 잃은 사람들, 농업을 지속할 수 없는 땅에서 온 이주민, 더 나은 삶을 찾는 사람들)을 위해 핵심적인 역할을 해온 기본적인 인도주의적 요구이다. 이동하는 인구가 증가하는 상황에서 이들의 인간안보는 유엔시스템과 기타 IGOs에 있어 주요 거버넌스문제로 떠오르고 있다. 그러나 난민과 이주문제를 해결하려는 노력을 살펴보면, 그 상황은 약간 다르다. 난민으로 공식 인정된 사람들과 관련된 국제법이 명확히 존재하긴 하지만, 그들의 권리는 상당히 제한적이다. 반면, 다양한 이유로 전 세계에서 이동하는 수백만 명의 사람들은 국제법의 보호를 받지 못하는 경우가 많아, 이들은 인도적 지원과 다른 국가의 수용 의지에 의존할 수밖에 없다.

국제기구와 글로벌난민 및 이주위기

전쟁과 기타 폭력, 정치적 억압, 차별과 심각한 인권침해에서부터 경제적 빈곤, 식량 불안정, 자연재해, 기후변화의 영향, 더 나은 삶을 향한 열망에 이르기까지 많은 요인이 사람들을 이주하도록 만든다. 이 분야의 주요 학자 중 한 명은 "국제 이주는 세계화의 가장 분명한 현대적 현상 중 하나를 나타낸다. 국경을 넘나드는 상호 연결의 증가로 인해 국경을 넘나드는 인적 이동성이 급격히 증가했다"고 언급했다. 예상대로 이주는 "국가들에 의해 점점 더 정치화되고 있으며, 국제적 차원에서 매우 중요한 문제"가 되고 있다 (Betts 2011: 1). 1990년 이후 국제 이주자 수의 급격한 증가를 보여주는 도표 11.3에서 가장 많은 수는 유럽(8,700만 명), 그다음은 북미(5,900만 명), 그리고 북아프리카와 서아시아(5,000만 명)였다. 이주자의 절반은 단 10개국에 거주하고 있으며, 미국이 가장 많은 수인 5,100만 명을 수용하고 있다 (UN Department of Economic and Social Affairs 2020: 6-8).

이주문제가 더 주목받고 시급한 사안으로 떠오른 이유는 2014년에서 2015년에 난민문제(이주민의 특정 범주)와 일반적인 이주민문제가 결합된 방식 때문이다. 수천 명의 난민, 망명 신청자, 이주자들이 중미에서 미국 남부 국경에 도착했으며, 90만 명 이상의 난민, 망명 신청자, 이주자들이 유럽에 도착했다. 이러한 대규모 이동은 글로벌 노스의 위기의식이 강하게 확산된 계기가 되었다. 글로벌 사우스에서 온 이주민과 난민이 이젠 먼 남쪽 어딘가에 머무르지 않고 그들의 국경문턱까지 직접 다가오고 있다는 사실이, 기존의 안전한 거리감을 완전히 허물어 버렸다. 유럽의 상황은 일부 사람들에게 제2차 세계대전

도표 11.3 | 글로벌이주 동향, 1990~2020년

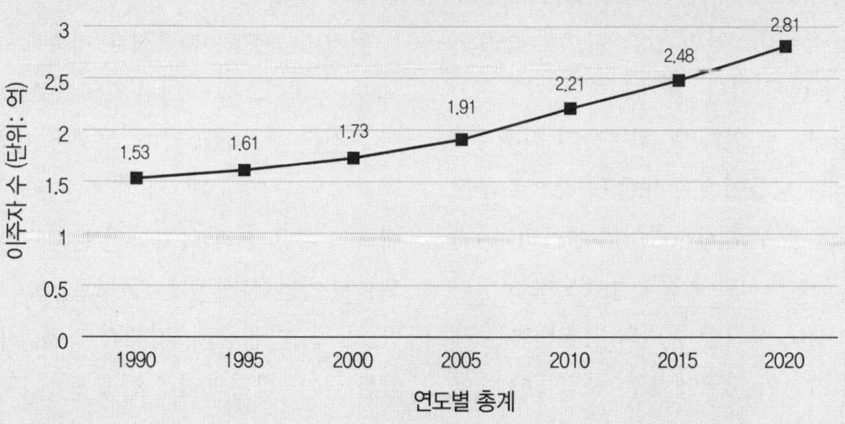

출처: 유엔 경제사회국(UN Department of Economic and Social Affairs)의 데이터를 기반으로 작성된 Migration Data Portal에서 제공되는 자료(https://migrationdataportal.org/data?i=stock_abs_&t =2000)에서 발췌.

이후 가장 큰 인도주의적 비극으로 인식되었다 (UNHCR 2015; Ferris and Donato 2020: 76).

앞으로의 가장 큰 도전 중 하나는 홍수, 파괴적인 폭풍, 계절적 기후패턴에 의해 지역 생태계가 장기적으로 변화하는 것, 해수면 상승, 가뭄, 극심한 더위, 사막화와 같은 여러 기후 사건으로 인해 본래 거주지에서 강제로 혹은 자발적으로 이주해야 하는 사람들일 것이다. 이러한 기후 관련 이주는 농촌과 도시지역의 경제적 안정, 식량안보, 사회적 안정뿐만 아니라 전 세계 저지대 섬 국가들의 생존 자체를 위협하고 있다 (제10장에서 논의됨). 이러한 기후변화와 폭력, 갈등 간의 연관성은 이미 난민과 국내 실향민을 포함한 모든 유형의 이주자 수의 급증에 기여해 왔다. 국내 실향민은 폭력, 인권침해, 개발 프로젝트 또는 자연재해로 인해 자국 내에서 강제로 이동하거나 재배치된 사람들을 의미하지만, 빈곤이나 실업은 포함되지 않는다. 2015년의 한 연구는 기후변화로 악화된 가뭄이 시리아 내전의 한 요인이라고 지적했으나, 주요 담론은 이 내전을 아랍의 봄과 연결하고 있다 (Fountain 2015).

결론적으로, 환경변화는 인간안보에 대한 주요 위협을 구성하며, 이미 인간 이주의 중요한 요인으로 작용하고 있다. 세계은행은 기후변화와 관련된 재난으로 인해 2050년까지 최대 1억 4,300만 명의 사람들이 이주하게 될 것으로 추정했으며, 이들은 대부분 사하라이남 아프리카, 라틴아메리카, 동남아시아에 집중될 것으로 보인다 (Podesta 2019). 하지만 현대의 기후변화는 세계에서 가장 가난한 지역에 있는 사람들에게 불균형적으로 영향을 미치고 있다. 2021년 자연재해로 인해 가장 많은 국내 실향민이 발생한 국가는 모두 글로벌 사우스에 위치하고 있었다.

'환경난민'이라는 용어는 1976년 브라운(Lester Brown)에 의해 처음 만들어졌으며, 그 이후로 느슨하게 사용되어 왔다. 그러나 이 용어는 법적 지위를 가지지 못하며, 이로 인해 영향을 받은 사람들의 상태와 그들에 대한 지원 책임을 누가 져야 하는지에 대한 혼란을 초래한다 (Brown, McGrath, and Stokes 1976). 1951년의 난민협약에 있는 난민의 정의를 참조하며, 맥레먼(Robert McLeman)은 "환경은 박해를 하지 않는다. 박해를 할 수 있는 것은 인간뿐이며, 따라서 해수면 상승(MSLR)이나 기타 기후변화의 영향을 받아 국적을 잃은 사람들은 국제법상 난민이 '아니다'"라고 지적했다 (McLeman 2014: 204). 그는 또한 아래에서 논의될 국내에서의 이주에 관한 지침 원칙이 '자연적 또는 인위적 재난'으로 인해 실향된 사람들이 보호와 지원을 받을 권리가 있음을 언급하고 있다고 덧붙였다 (McGrath 2014: 196). 현실적으로 기후변화는 무국적자가 되는 새로운 방식을 만들어내고 있지만, 이러한 상황에서 강제이주와 자발적 이주를 명확히 구분하는 것은 항상 쉬운 일이 아니다.

위기의 규모와 복잡성은 계속해서 커지고 있으며, 유엔시스템과 일부 지역기구들에게 지속적인 도전을 제기하고 있다. 문제는 매우 심각하다. 과거에는 난민이 제1차 세계대전과 제2차 세계대전이 끝난 후의 일시적인 문제로 여겨졌지만, 오늘날에는 전례 없는 규모로 폭력적 갈등, 내란, 박해, 인권침해, 경제적 격차, 자연재해, 취약한 국가, 환경파괴로 인해 난민, 국내 실향민, 기타 이유로 강제이주한 사람들의 수가 증가하고 있다. 이 숫자들은 문제의 전체를 설명하기에는 충분하지 않으며, 정확히 파악하기도 어렵다. 중동, 남아시아, 아프리카에서 문제가 가장 심각하지만, 전 세계적으로 영향을 받지 않은 지역은 거의 없다. 과거와 달리, 이 문제는 더 이상 단기적이거나 일시적인 문제가 아니다. 도표 11.4는 통계 추정치가 가능한 범위 내에서 강제 이주된 사람들의 세 가지 주요 범주를 보여준다.

코로나19 팬데믹이 전 세계적으로 확산되기 전까지, 난민과 이주 위기는 가까운 미래에 국제협력과 인간안보에 있어 가장 큰 도전 중 하나로 간주되었다. 문제를 더욱 복잡하게 만드는 것은 난민과 이주민 간의 오래된 구분이 모호해졌다는 점이다. 이는 난민의 엄격한 법적 정의를 충족하지 못하는 사람들을 대상으로 '보호 격차'를 초래했다. 인도적 지원을 필요로 하는 사람들의 압도적인 숫자가 난민 및 이주문제를 다루기 위해 설립된 두 개의 유엔 관련 기관과 이들과 협력하는 인도주의 NGO들의 역량을 초과하고 있다. 또 다른 문제는 오늘날 일부 이주민들이 인신매매범들의 도움을 받아 이동한다는 점이다. 제9장에서 논의된 바와 같이, 인신매매는 인권법과 국제 형법, 그리고 유엔 마약범죄사무소(UNODC)에 의해 규율된다. 그러나 인신매매문제는 단순히 이주를 원하는 사람들을 국경 너머로 밀수하는 것을 훨씬 넘어선다. 오늘날의 이주 위기는 종종 이러한 불법적인 거래를 은폐하는 역할을 한다.

여기에서는 난민과 이주문제를 다루는 두 개의 핵심 유엔 관련 기관, 즉 UNHCR과 국제이주기구(IOM)에 주목한다. 이 과정을 통해 이들 기관이 지원하는 다양한 인구 집단의 정의를 명확히 하고, 난민 및 이주 위기의 복잡한 측면을 살펴본다.

도표 11.4 | 강제이주된 전 세계 인구, 2000~2020년

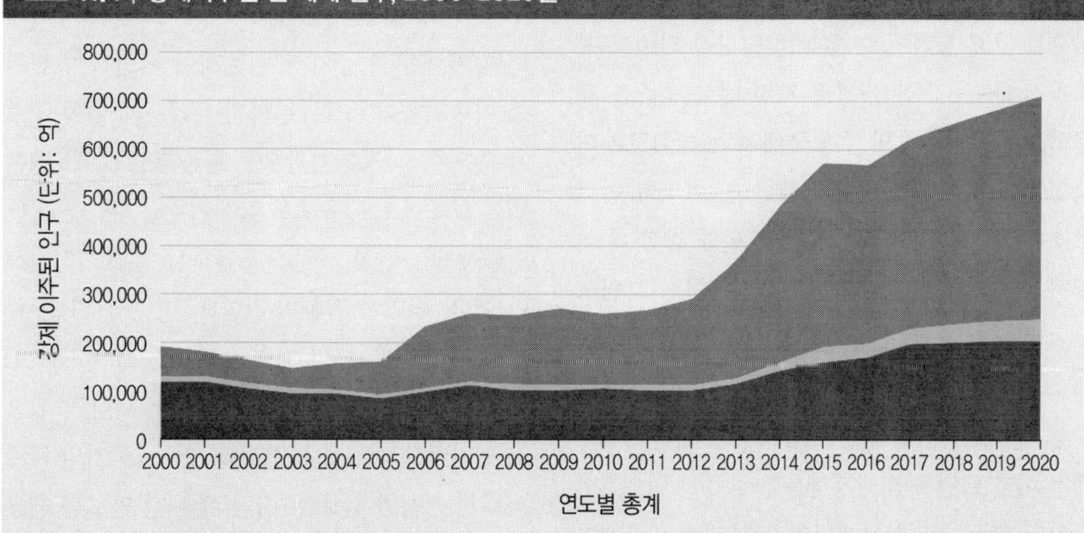

출처: UNHCR 난민 데이터 파인더(Refugee Data Finder), https://www.unhcr.org/refugee-statistics/download/?url=Pow2E1.

유엔 난민고등판무관

유엔 난민고등판무관(UNHCR: UN High Commissioner for Refugees)과 1951년 난민의 지위에 관한 협약(1967년 의정서로 보완됨)은 난민을 정의하고 국경을 넘어 강제이주된 사람들에게 조직적으로 도움을 제공하는 주요 기구이다. 협약에 따르면, 난민이란 "인종, 종교, 국적, 특정 사회집단의 구성원 자격, 또는 정치적 견해를 이유로 박해받을 충분히 근거 있는 두려움을 가지고 있으며, 자신의 국적이 속한 국가 밖에 있고, 그러한 두려움 때문에 해당 국가의 보호를 받을 수 없거나 이를 원하지 않는 사람"으로 정의된다. UNHCR의 임무는 난민으로 인증받은 사람들을 보호하는 것(주요 역할), 그들에게 임시적인 피난처를 제공하는 것(부차적인 역할), 그리고 다른 국가가 그들에게 망명을 허용하거나 귀국할 수 있도록 지원하는 것(세 번째 역할: 귀국 또는 재정착)이다. 난민의 가장 중요한 권리는 '강제송환 금지(non-refoulement)'로, 난민은 자신의 출신국으로 강제 송환될 수 없다는 원칙을 의미한다. 따라서 UNHCR은 행정적 지원 및 신분증을 제공하고, 강제송환 및 수용국에서의 착취로부터 난민을 보호하는 역할도 수행한다. 이러한 법적 보호 임무는 난민 수의 급증으로 인해 점점 더 이행하기 어려워지고 있으며, 원래는 임시 지원으로 예상되었던 것이 장기적 또는 반영구적인 형태로 변하고 있다.

본래 1951년 협약은 UNHCR이 제2차 세계대전 이후 난민들의 재정착을 완료하기 위해 3년 동안만 활동하도록 설계되었기 때문에 유럽에만 적용되었다. 하지만, 1967년 의정서에 의해 범위가 전 세계적으로 확대되었으며, 아프리카내전으로 인해 강제 이주된 사람들을 포함하는 1969년 아프리카통일기구(OAU)협약, 1984년 카르타헤나 선언, 국내 실향민(IDPs)을 포함한 1994년 산호세 선언, 그리고 1980년 난민 책임 이전에 관한 유럽협정과 같은 지역협약들을 통해 범위가 확장되었다. 이러한 지역문서는 특정 지역에서 실제 탈출 원인과 현실을 더 잘 반영한다. 특히, 1951년 협약이 요구하는 개인적 박해에 대한 문서화된 증거를 망명 신청자가 준비하기 어려운 상황이 자주 발생한다는 점을 고려하고 있다. 이는 최근에 일어난 대부분의 대규모 탈출이 개인에 대한 직접적인 위협이 아니라, 일반화된 정치적 폭력으로 인해 발생하기 때문이다 (Loescher and Milner 2011: 191–192).

UNHCR은 1970년대부터 이러한 현실에 대응하기 위해 자체 임무를 조정하기 시작했으며, 특히 냉전 이후 1990년대의 국내 분쟁과 이로 인해 발생한 대규모 인도주의적 위기, 국내에서의 이주 및 국경을 넘어선 인구 이동, 그리고 장기적인 강제이주의 증가라는 문제에 직면하여 변화를 가속화했다. 1991년까지 유엔체제 내에서 주요 인도주의 구호 기관으로 활동했던 UNHCR은 법적 보호에서 대규모로 강제이주된 사람들과 난민들에게 다양한 지원을 조율하는 임무로 전환해야 했다. 이러한 전환의 일환으로, UNHCR은 국가의 안보문제, 난민 보호 요구, 그리고 UNHCR 직원들의 안전 필요를 조화시키기 위한 방법으로 인간안보 개념을 도입했다. 이는 "국가와 국제사회의 진정한 안보는 '사람'에 대한 안보를 제공함으로써만 달성될 수 있다"는 점을 보여주었다 (Loescher, Betts, and Milner 2008: 57). 이 변화와 함께 UNHCR은 WFP, UNICEF, UNDP, 유엔 인도주의 업무조정국(OCHA), 평화활동국 등 여러 유엔 기관뿐만 아니라, 국제적십자위원회(ICRC), 세이브더칠드런, 국경없는 의사회, 루터교 세계연맹, 옥스팜, 국제구호위원회(IRC), 덴마크 및 노르웨이 난민위원회와 같은 NGO 및 지역 단체들과 협력을 크게 확대했다. 유엔시스템의 다른 많은 부분과 마찬가지로, 파트너십은 UNHCR이 수행할 수 있는 역량을 강화하는 핵심 요소가 되었다.

2022년 중반, UNHCR는 그 어느 때보다 바쁜 상황에 처해 있었다. '우려 대상자(persons of concern)'로 분류된 인구는 1억 300만 명을 넘어섰으며, 이는 제2차 세계대전 이후 가장 높은 수치였다. 이들 중 약 3분의 1은 난민이고, 절반은 국내 실향민이었다. 난민의 가장 큰 비율은 시리아, 베네수엘라, 아프가니스탄, 남수단, 미얀마 출신이었으며, 이들 중 86%는 개발도상국과 최빈국이 수용하고 있어 지원의 부담을 크게 짊어지고 있다. 난민과 국내 실향민의 대다수는 여성과 아동으로, 약 40%가 18세 미만이었다 (UNHCR 2023). 그러나 2022년 중반까지 본국으로 돌아가거나 다른 국가에 재정착한 난민은 단 16만 2,400명에 불과했으며, 이는 이주문제가 장기화되었음을 보여준다. 이러한 문제는 EU와 미국을 포함한 여러 국가들이 최근 몇 년간 제한적인 망명정책을 채택하면서 '망명 위기'로 더욱 악화되고 있다. 또한 560만 명의 팔레스타인 난민이 1949년에 이들의 필요를 충족하기 위해 특별히 설립된 유엔 팔레스타인 난민구호사업청(UNRWA)의 관할하에 있다.

국내 실향민은 1951년 협약에 따라 난민으로 간주되지 않는다. 이들은 명목상으로는 주권 국가의 경계 내에 머물고 있어 국내 관할권의 적용을 받기 때문에 특별한 도전을 제기한다. 국내 실향민은 시리아, 콩고민주공화국, 예멘, 아프가니스탄, 나이지리아, 콜롬비아에서 각각 200만 명 이상으로 가장 많이 발견된다. 이들의 수는 국내 분쟁, 민족 청소, 자연재해, 그리고 더 정확해진 데이터 가용성으로 인해 급격히 증가했다 (도표 11.3 참조).

1990년대 후반까지 국내 실향민에게 지원을 제공하기 위한 국제법적 근거는 없었다. 그러나 코헨(Roberta Cohen)과 뎅(Francis Deng)의 노력 덕분에 IDPs 보호 개념이 구체화되고 이 문제가 주목을 받고 있다. 2005년 유엔 세계정상회의에서는 내부 실향에 관한 지침 원칙을 승인했다. 이 원칙은 국가정부가 보호와 지원에 대한 1차적 책임을 진다는 점을 명확히 하는 한편, 국내 실향민에 대한 국제적 지원이 국가 내정 간섭으로 간주되어서는 안 된다는 점도 명시하고 있다 (Koser 2011).

2005년 이전에도 UNHCR은 점차적으로 많은 국내 실향민에 대한 지원책임을 떠맡아 왔다. 유엔은 WFP, UNICEF, 유네스코와 같은 다양한 유엔 기관들을 인도적 행동의 특정 분야(예: 식량 공급, 아동 교육, 주택, 위생, 의료 제공)의 주도 기관으로 임명하는 시스템을 구축했다. UNHCR은 모든 사람을 등록하고 지원을 제공하며 망명 신청에 대한 조언을 제공하는 역할 때문에 전체적인 책임을 유지하고 있다.

2022년 기준으로, UNHCR은 138개국에 직원들을 배치해 난민, 귀환자, 국내 실향민, 그리고 무국적자들에게 보호와 지원을 제공하고 있다. UNHCR은 다른 유엔기관, NGO, 정부를 포함한 많은 파트너들과 협력하지만, 일반적으로 모든 사람을 등록하는 책임 때문에 주도 기관 역할을 한다. 많은 상황에서 UNHCR은 다른 형태의 피난처와 보호를 제공할 수 없을 때 난민/국내 실향민 캠프를 건설하고 유지할 수밖에 없었다. 2021년 초 기준으로 캠프에 거주하는 난민 수는 660만 명에 달했다. 케냐와 방글라데시 같은 장기 난민 캠프는 소규모 도시로 변모해 주민들이 소규모 비즈니스를 창출하고, 기본적인 통치 구조를 만들며, 라디오 방송국이나 병원을 운영하기도 한다. 하지만 이들은 거의 전적으로 국제 인도주의 지원에 의존하며, 높은 수준의 신체적·경제적 불안정, 성적 및 성별 기반 폭력을 포함한 '열악한 조건' 속에서 살아가고 있다 (Betts 2013: 146-149). 난민 캠프에서 흔히 발생하는 문제로는 물 공급, 위생, 쓰레기 처리장, 전기 부족, 난민 아동의 교육 접근성 부족, 청년을 위한 기술 개발 기회 부족, 기본적인 건강 시설 접근성 부족 등이 있다.

자금문제는 UNHCR에 있어 매우 중요한 문제다. 예산의 약 2%만이 유엔의 보조금으로 지원되며, 대부분은 각국 정부(이 중 미국이 최대 기부국), 기업, 재단, 그리고 개인의 자발적인 기부에 의해 충당된다. 난민 수의 급격한 증가는 필요와 이용 가능한 자금 사이의 격차를 더욱 확대시키고 있다. 대부분의 NGO들이 동일한 기부자들에게 의존하기 때문에, 자금을 확보하기 위한 경쟁도 치열하다.

국제이주기구

전 세계 이주자의 총수는 난민과 국내 실향민(IDPs)으로 분류되는 인구보다 훨씬 많다. 그러나 2018년 이전까지는 1951년 난민협약과 1967년 의정서, 그리고 국제 인권법 외에 이주에 대한 국가들의 대응을 조정하기 위한 공식적인 다자간 제도적 틀이 없었다. 2018년에 안전하고 질서있는 정기적 이주를 위한 글로벌협약과 그 동반합의인 난민을 위한 글로벌협약이 공식 승인되면서 상황이 바뀌었지만, 유엔시스템 내에 이주를 담당하는 조직은 여전히 없었고, 국제이주체제는 일부 요소만 존재했다. IOM은 2015년 후반 대규모 난민 및 이주민의 이동문제를 해결하기 위해 개최된 정상회의를 계기로 2016년에야 유엔시스템의 '관련 조직'이 되었다. 당시 지중해를 건너거나 발칸반도를 걸어 유럽 국가로 망명을 시도하는 수천 명의 난민들이 매일 발생하고 있었다.

IOM은 1989년에 현재의 이름을 갖게 되었으나, 그 시작은 1951년 제2차 세계대전 이후 유럽 내 실향민과 공산주의를 피해 도망친 사람들의 정착을 촉진하기 위해 설립된 유럽 이주민 이동을 위한 임시 정부간위원회였다. 초기에는 난민을 수용할 국가에서의 정착을 포함한 운영 활동에 책임을 지는 기구로 활동했으며, 당시 UNHCR은 난민에 대한 제한적인 법적 보호 임무만 수행하는 비운영적 기구였다. 시간이 지나면서 IOM은 초점과 명칭을 변경하여 1989년 IGO가 되었다. 현재 IOM은 175개의 회원국과 8개의 옵서버 국가를 보유하고 있으며, 약 600개의 사무소를 통해 '질서 있고 인간적인 이주의 관리'를 촉진하는 임무와 관련된 다양한 서비스를 제공하고 있다. IOM은 이주문제에 대한 이해, 이주민의 인간 존엄성, 복지 보호의 중요성을 증진하기 위해 정부 및 시민사회와 협력하며, 이주 패턴, 재정착, 자발적 귀환, 그리고 인신매매 방지와 관련된 통계를 수집하고 있다. 또한 최선의 사례와 공통 표준에 대해 비공식적으로 국가 간 협의를 촉진하고 있으며 (Bradley 2017; Pécoud 2018), 점점 더 인도주의 구호 활동에 관여하고 있다.

IOM은 유엔시스템과 '관련'되어 있지만, 전문기구는 아니며, 이주와 관련된 활동은 국제노동기구(ILO)를 포함한 여러 다른 유엔기관에서 진행되고 있다. IOM에 명확한 규범적 임무를 부여하는 조약, 협약, 또는 법령은 존재하지 않는다. 유엔 총회에서 승인된 협정은 IOM을 "인간 이동성, 이주민 보호, 그리고 재정착 및 귀환과 같은 분야를 포함한 이주민, 실향민, 그리고 이주로 영향을 받은 지역사회와 관련된 운영 활동에서 필수적인 기여자"로 인정했다 (UN General Assembly 2016). IOM은 재정 구조와 보고체계에서 상당한 자율성을 가지고 운영되지만, 사무총장은 유엔 최고경영자위원회의 일원으로서 유엔시스템 내 다른 부서들과 전략 및 운영을 조율하는 과정에 참여한다 (Bradley 2017; Thouez 2019). 따라서 IOM과 UNHCR을 비롯한 유엔 안팎의 난민 및 이주 거버넌스 관련 행위자들과의 관계는 여전히 발전중에 있다.

글로벌 난민/이주 위기에 대한 다른 대응들

난민/이주 위기에 대한 대응은 글로벌 노스와 사우스 국가들의 서로 다른 관점을 반영하고 있다. 개발도상국들은 새로운 이주민의 유입뿐만 아니라, 장기화된 난민 상황과 난민 및 이주민과 관련된 전반적인 문제들에 주목할 것을 요구한다. 반면, 선진국들은 미래의 이주민 유입을 억제하고 이동 흐름을 관리하는 방법에 중점을 두는 경향이 있다. 많은 국가들, 특히 미국과 여러 EU 회원국들이 국경을 폐쇄하려는 시도를 하고 있으며, 이는 위기를 악화시키는 데 기여하고 있음에도 불구하고, 이 문제에 대한 관심은 상대적으로 적은 편이다 (Ferris and Donato 2020: 79–81).

유럽연합. 2015년은 유럽에 진정한 위기의 해였지만, 난민과 이주민의 유입은 여전히 계속되고 있다. 세계 다른 지역의 상황과 비교할 때, 이러한 숫자는 위기로 간주될 만한 규모는 아니지만, EU의 정치적 연대를 위태롭게 할 수준은 된다 (Crawley 2016). 이는 EU와 회원국의 이주정책 및 관행에서 나타나는 상당한 격차에 일부 원인이 있다.

EU의 대응을 이해하려면, 제5장에서 논의된 EU거버넌스에서 연방주의와 정부간주의 구분을 기억하는 것이 중요하다. 연방주의는 EU 기관에 의해 제정된 초국가적 정책을 의미하며, 정부간주의는 회원국정부가 주요 권한을 유지하고 관련 회원국정부 간의 협상이 필요한 이슈 및 정책 분야를 의미한다. 이주 및 망명정책을 감독하는 법무 및 내무이사회는 주로 정부간주의체제로 운영된다. 1985년 솅겐협정으로 EU 내에서의 내부 국경은 철폐되었으나, 외부 국경은 여전히 회원국의 관할 하에 남아 있었다. 다만, 2004년 더블린 규정과 프론텍스(Frontex, 유럽 국경 및 해안경비청)의 설립으로 망명 신청 처리, 국경

개입 조율, 이주민의 신원 확인 및 지문 채취, 강제송환 지원을 위한 일부 기반이 마련되었다. 그러나 2013년, 외부 국경이 완전히 통제되지 않는 상황에서는 회원국이 내부 국경통제를 재개할 수 있도록 허용하는 법안이 통과되었다. 이에 대해 "난민문제에 대한 대응은 실질적으로 회원국들의 권한을 복원하고, 회원국 간 연대의 원칙을 무효화하며, 이주문제에 있어 사실상 방임주의(laissez-faire) 접근법을 채택하는 방향으로 이루어졌다. 그 결과, 가장 높은 장벽을 세우거나 망명 신청을 가장 많이 거부한 국가가 단기적인 승자가 되는 상황이 만들어졌다" (Borg-Barthet and Lyons 2016: 232).

난민 재배치에 대한 부담 분담 합의를 추진하려는 노력은 영국, 덴마크, 폴란드, 헝가리를 포함한 여러 회원국이 참여를 거부하고, 다른 회원국들이 제한된 수용만을 제공하면서 실패다. 반면 독일은 대규모로 난민과 이주민을 수용했다.

2015년 위기 이후 몇 가지 문제가 나타났다. 첫째, 이주민과 망명 신청자는 모든 회원국에서 동등한 대우를 받지 못하고 있다. 둘째, EU는 1951년 유엔난민협약과 관련된 규칙을 적용해, 첫 도착국이 신청 접수와 처리를 책임지도록 하고 있다. 이는 주로 그리스, 스페인, 몰타, 이탈리아와 같은 주요 수용국에 어려움을 초래했고, EU의 개방된 내부 국경을 감안할 때 이 규칙의 시행에도 복잡성을 더했다. 가령, 난민들은 절차가 까다로운 국가를 피하고 자신이 원하는 국가에 도달하려는 시도를 더 많이 했는데 이는 EU 회원국 간 망명 신청 승인 비율이 상당히 다르기 때문이다 (Archibugi, Cellini, and Vitiello 2021: 492–493). 그 결과, "흐름을 막고 국경을 확보한다"는 구호에만 집중한 나머지 책임 분담은 고르지 못했고 인권이나 유럽의 가치 수호에는 소홀해졌다 (Borg-Barthet and Lyons 2016: 234).

EU가 취한 또 다른 조치는 유럽에 도착하는 인원을 제한하기 위해 경유국과의 협정을 통해 외부 국경통제를 외주화한 것이다. 이러한 협정은 튀르키예, 리비아, 모로코와 체결되었으며, 협력을 위해 상당한 금액이 지급되었다. 이러한 접근 방식은 최근 몇 년간 도착 인원을 줄이는 데 효과를 보였지만, 이들 국가는 특히 난민, 이주민, 망명 신청자의 인권을 존중하지 않는 것으로 알려져 있다. 이로 인해 EU는 대체로 비민주적인 국가들에 의존하는 상황에 놓이게 되었으며, 이는 EU의 존재 가치를 훼손했다 (Archibugi, Cellini, and Vitiello 2021: 494).

결국, 난민/이주문제는 앞으로 EU에 심각한 위험을 초래할 가능성이 있다. 모든 회원국에서 이 문제는 포퓰리스트, 민족주의자, 심지어 반-EU 성향의 정치인과 정당의 부상을 촉진했다. 이슬람 혐오와 인종차별이 증가했으며, 이주는 보안문제와 테러위협과 직접적으로 연결되고 있다 (Crawley 2016: 20; Archibugi, Cellini, and Vitiello 2021: 498; *The Economist* 2022c: 49). 반면, 유럽 국가들은 러시아 침공을 피해 탈출한 우크라이나 난민들을 환영하고 있다. 이는 이들이 백인이거나, 대다수가 여성과 어린이이며, 또는 이들의 체류가 일시적이라는 인식 때문일 가능성이 크다. 이코노미스트(*The Economist* 2022c: 49)의 표현처럼, "유럽의 이주문제 해결 접근은 국가 및 EU 정책이 뒤얽힌 혼란 그 자체다. 남유럽 국가들은 난민이 처음 도착한 국가에서 망명을 신청하도록 강요하는 규정을 불만스러워하며, 북유럽 국가들은 자발적인 계획에만 동의하지만, 이는 잘 작동하지 않았다. 이로 인해 신뢰가 약화되었다." 그 결과로, "한때 EU 내에서 철폐되었던 국경통제가 많은 국가에서 바람직하지 않은 방식으로 재도입되었고, 2015년 이후의 개선은 주로 이주민을 막는 데 초점이 맞춰졌다"고 덧붙였다.

만약 어떤 국가그룹이 난민 및 이주 흐름에 대한 효과적인 다자간 대응체계를 개발할 수 있다면, 그것은 EU일 것이다. 그러나 2015년의 위기에서 그런 기대는 충족되지 않았으며, 이 문제는 EU에 여전히 도전과제로 남아 있다 (Ceccorulli 2021). 다음으로, 유엔이 보다 글로벌한 대응방식을 통해 이루어낸 성과를 살펴보겠다.

유엔과 글로벌 대응방안 개발을 위한 노력

EU 회원국들이 협력적인 대응에 합의하지 못한 것은, IGO들이 수천 명의 생명이 위기에 처한 상황에서도 반드시 유연하고 신속하게 대응할 수 있는 것은 아님을 보여준다. 특히, 협력이 각국의 국경과 지역사회를 개방하여 다른 국가와 문화에서 온 난민, 망명 신청자, 이주민들을 수용하는 것을 요구할 때 이러한 문제는 더욱 두드러진다.

2014~2015년 이전부터 유엔 내에서는 이주를 관리하기 위한 국제적 틀이 필요하다는 인식이 점차 확대되고 있었다. 1994년 카이로에서 열린 국제인구개발회의는 이주가 개발에 유익할 수 있음을 처음으로 인정한 자리였다. 이를 계기로 2002년 국제이주에 관한 글로벌위원회와 이주 및 개발에 관한 글로벌포럼이 설립되었으며, 여기에는 17개의 유엔기구와 IOM이 참여하여 이 문제를 심층적으로 조사했다. 이주와 기후변화 간의 연관성은 1980년대 후반 기후변화에 관한 정부간패널(IPCC)의 초기 작업에서부터 인정되었다. 그 결과, 1990년대 초 유엔 기후변화기본협약(UNFCCC)이 체결된 이후 이주는 기후변화가 초래한 결과 중 하나로 간주되었다. 2010년 UNFCCC 당사국총회에서 채택된 칸쿤합의는 적응의 맥락에서 이주와 실향문제를 언급하며, '국가, 지역, 국제 수준에서 이해, 조정, 협력을 증진하기 위한 조치'를 요구했다 (UNFCCC 2010, Section II). 2015년 파리협정(제10장에서 논의됨) 역시 기후변화가 이주 패턴에 미치는 부정적인 영향을 인정하며, 이러한 실향을 '방지, 최소화 및 대응'하기 위한 방안을 권고하기 위해 국제자문그룹의 설립을 촉구했다 (Chan 2015: 18). 그러나 맥레만(Robert McLeman 2014: 59)이 지적하듯, "거시적, 중간적, 미시적 규모에서 작용하는 문화적, 경제적, 환경적, 정치적, 사회적 요인이 이주 선택, 결정, 행동에 영향을 미치듯, 적응 선택, 결정, 행동에도 영향을 미친다." 소규모 섬나라들, 도시 해안지역, 지역 당국, 그리고 개인이나 집단에 의해 일부 적응 조치가 시행되었지만, 유엔의 주요 대응은 지금까지 2018년 글로벌 이주협약을 통해 이루어졌다.

2015년, 소수의 유엔 기구 수장들과 유엔에 아직 속하지 않았던 IOM이 구체적인 해결책에 초점을 맞추기 위해 회의를 열었다. 가장 큰 과제는 정부들을 설득해 난민문제와 글로벌 이주정책 모두를 다룰 수 있는 국제적 틀을 마련하도록 유도하는 것이었다. 같은 해 12월, 유엔 총회 의장은 2016년 9월 대규모 난민과 이주민 이동문제를 다룰 정상회의를 개최하겠다고 선언했다. 이 정상회의 의제는 '글로벌 인도주의 및 난민위기'

였다. 본질적으로 이 위기는 유엔이 가장 잘하는 일을 하도록 강요했다. 즉, 회원국들을 소집해 이 문제를 논의하고 해결에 참여하도록 한 것이다. 그럼에도 불구하고 정부들을 설득해 정상회의를 개최하여 난민문제, 노동 이주민 및 '취약한 상황'에 처한 이주민과 관련된 글로벌 이주정책 문제를 다룰 국제적 틀을 마련하려는 의제를 수용하게 하는 데는 시간이 걸렸다. 이 통합된 의제는 유엔에서 두 가지 문제(난민문제와 글로벌 이주정책)가 처음으로 공동으로 다뤄진 사례였다.

2016년 글로벌정상회의와 글로벌협약. 2016년 9월 19일 열린 난민 및 이주민 정상회의는 이 두 가지 글로벌문제를 다룬 최초의 고위급 회의였다. 이 정상회의의 주요 결과는 유엔 총회에서 난민을 위한 글로벌협약(GCR: Global Compact on Refugees)과 안전하고 질서 있는 정기적 이주를 위한 글로벌협약(GCM: Global Compact for Safe, Orderly and Regular Migration)을 채택한 것이었다. 페리스와 도나토(Elizabeth Ferris and Katharine Donato 2020: 2)가 지적했듯, "정상 회의와 협약 개발 과정은 특정 시점과 특정 정치적 분위기 속에서 이루어졌다. 당시에는 이주와 난민 이동문제라는 복잡한 문제를 다루기 위한 조정된 다자간 행동에 대한 집단적인 열망이 있었다." 그러나 정상회의가 열린 지 6주 후, 도널드 트럼프가 반이민 공약을 내세우며 미국 대통령으로 당선되었다. 그 결과, 난민 및 인도주의 문제에서 오랫동안 선도적인 역할을 해왔던 미국은 "제한주의 정책의 옹호자로 넘어갔다"고 평가된다 (Ferris and Donato 2020: 2).

협약에 대한 협상과정은 처음부터 다차원적으로 진행되었다. UNHCR이 난민협약 협상을 주도했고, 이주협약 협상은 멕시코와 스위스 대사가 주도했다. 이 모든 과정은 지역 및 다자 이해관계자 협의와 회원국들과의 공식 협상을 통해 이루어졌다. 이 과정에는 유엔 사무총장의 특별대표인 아버(Louise Arbour)와 당시 유엔과 관계를 맺은 IOM도 참여했다. 이 협약들은 2018년 12월 유엔 총회에서 채택되었다. GCR은 찬성 181표, 반대 2표(헝가리와 미국), 기권 3표로 채택되었고, GCM은 더 논란이 되어 최종 투표에서 찬성 152표, 반대 5표(체코, 헝가리, 이스라엘, 폴란드, 미국), 기권 12표를 기록했다. 미국은 2017년 협상과정에서 완전히 철수했다 (Thouez 2019; Ferris and Donato 2020: chap. 5).

이 협약들은 법적 구속력이 있는 조약이나 협약이 아니다. 이는 당시 정부들이 동의할 수 있었던 기준과 실질적 협력에 대한 성명을 반영한 것이다. 일부 학자들은 이를 연성법(soft law)으로 간주하며, 향후 경성법(hard law)으로 발전할 가능성을 내다보고 있다.

GCR은 두 협약 중에서 덜 야심적인 것으로 간주되며, 기존 난민체제에 대한 '점진적 변화'로 묘사되고 있다 (Ferris and Donato 2020: 113, 118). 이 협약은 난민을 수용하고 지원하는 과정에서의 보다 공정한 부담 분담과 난민의 자립을 강화할 필요성을 강조한다. 주요 혁신 중 하나는 수용국이 재정지원을 포함하여 지원을 조율하고 촉진할 책임을 지도록 규정한 것이다. 이를 통해 수용국이 더 큰 역할을 맡게 된다. GCR은 2019년부터 4년마다 장관급 글로벌 난민포럼을 개최하여 자금 조달을 위한 약속을 받고 목표 달성을 위한 진전을 검토하도록 하고, 포럼 사이에는 2

년마다 고위급 회의를 열어 진행 상황을 검토하도록 규정하고 있다. UNHCR은 난민이 수용국에 미치는 영향을 측정하기 위한 지표와 방법 개발을 포함한 이행에서 핵심적인 역할을 맡고 있다.

GCM은 특히 다양한 형태의 이주를 관리하기 위한 전반적인 글로벌 틀이 이전에는 없었다는 점에서 더 야심적이다. 이 협약은 이주를 전체적으로 보면 유익한 것으로 간주한다. GCM은 23개의 목표와 이를 구현하기 위한 구체적인 행동 목록을 포함하고 있다. 이 중 일부는 국가를, 일부는 다른 행위자를 대상으로 한다. 주요 행동에는 이주민의 인권보호, 강제이주 감소, 이주 관리 개선, 이주민의 안전 증대, 지역 및 국제 협력과 부담 분담 강화, 근거 기반 정책을 위한 정확한 데이터 수집 등이 포함된다. 그러나 GCM에는 이주의 '유인 요인(pull factors)'이나 아동 구금문제에 대한 주의 부족, 강제 집행이나 책임 메커니즘의 부재와 같은 문제가 있다 (Ferris and Donato 2020: 116-117). GCM은 2022년부터 4년마다 검토가 이루어지도록 하고 있다. 2018년에 설립된 유엔 이주네트워크는 GCM의 조정기구 역할을 하며, 각국 정부는 이를 이행하기 위한 국가적 대응책을 개발할 것으로 기대된다. IOM은 다른 유엔기관들과 협력하여 작업을 수행하도록 지정되었으며, 유엔 사무총장은 매 2년마다 유엔 총회에 보고하도록 규정되어 있다. 성공을 측정하기 위한 지표는 명시되지 않았다.

두 협약이 새로운 메커니즘을 창출했음에도 불구하고, UNHCR과 IOM 간의 역할분담 문제는 여전히 해결되지 않았다. 또한 GCR이 "난민체제의 운영상의 부족을 해결하거나 부담 분담 격차를 메우는 데 전혀 영향을 미치지 못한다"는 우려도 제기되고 있다 (Arnold-Fernández 2019: 191). GCR은 난민이 거주지를 선택할 자유, 취업 가능 여부, 그리고 정부와 민간 서비스에 접근할 수 있는 범위를 국가정부가 결정하도록 남겨두고 있다.

GCM은 "이주 거버넌스에서의 반응적 접근 방식을 탈피하고, 이주민과 국가 모두에게 이익이 되는 구체적인 조치를 식별하려는 회원국들의 의지를 나타낸다"는 점에서 비교적 긍정적으로 평가된다 (Devakumar et al. 2019: 2). 이는 유엔 주관하에 이주문제에 대해 협상된 최초의 협약이라는 점에서 결코 작은 성과가 아니다. GCM이 제시한 원칙들은 향후 옹호 활동의 기반을 제공하며, 국가 간 협력을 강화하고 정규 이주 경로를 강화하는 동시에 비정규 이주와 이주민의 인권보호 문제를 해결하는 것을 목표로 한다. 페쿠드(Antoine Pécoud 2021: 17)는 GCM을 '비정치화된' 문서로 보며, 법적 구속력을 가진 약속을 창출하지는 않지만, 이주문제의 거버넌스에 대한 글로벌 토론을 촉진했다고 평가한다. 그러나 최종 투표 결과는 이주문제에 대해 국가들이 깊이 분열되어 있음을 보여주었고, 두 협약이 난민 및 이주 거버넌스에 실질적인 변화를 가져올지는 시간이 지나야 알 수 있을 것이다.

이주의 현실은 주요한 거버넌스 과제를 제기한다. 국경은 확실히 중요하다! 국경은 누가 어떤 보호를 받을 자격이 있는지를 결정한다. 난민은 개인이든 집단이든 간에 국제법에 명시된 명확한 시민적 및 정치적 권리를 누릴 자격이 있다. 그러나 식량 불안정, 분쟁 또는 폭력, 경제적 빈곤, 자연재해, 또는 기후변화로 인해 강제로 이동된 사람들(국경 내외를 포함하여)은 권리를 가지고 있지만, 이는 널리 수용되지 않은 경제적, 사회적, 문화적 권리 규약(제9장에서 논의됨)에 명시된 권리들이다. 따라서 베츠(Alexander Betts 2013: 189)가 지적하듯, "기본 권리 박탈로 인해 생존 이주민들이 국경을 넘어야 하는 경우, 국가의 보호 의지와 능력 부족에서 비롯된 이주민들에 대한 대응은 훨씬 더 모호하고 국가마다 차이가 크다." 또한 UNHCR, IOM 및 기타 국제기구들이 누구에게 어떤 보호를 제공해야 하는지에 대한 실천에서도 상당한 차이가 존재한다(Moretti 2021: 34-51).

IOM과 UNHCR은 여전히 누가 무엇을 담당할지, 그리고 특히 대규모 이주나 '혼합 이주'상황에서 최적의 협력 방안을 어떻게 조율할지에 대한 답을 모색하고 있다. 이러한 상황에서는 일부 사람들이 UNHCR의 보호를 받을 자격이 있는 반면, 그렇지 않은 경우도 있기 때문이다. 예를 들어, 미얀마를 탈출할 수밖에 없었던 수천 명의 로힝야를 포함한 상황에서는 방글라데시가 1951년 난민협약에 가입하지 않았기 때문에 IOM이 주도권을 잡고 방글라데시정부와 긴밀히 협력했다. 방글라데시정부는 로힝야를 '불법 이주민'으로 규정했다. IOM은 보호 의무가 없기 때문에 방글라데시정부의 보안 중심 대응에 이의를 제기하지 않았다. 이는 로힝야를 캠프에 가두고 이동의 자유나 기본적인 서비스 제공 없이 그들을 미얀마로 신속히 돌려보내려는 노력을 포함했다.

IOM과 UNHCR 간 협력은 대체로 특정 상황과 장소에 따라 즉석에서 이루어졌다. 그러나 2019년 초, 두 기구는 공식 문서가 아닌 공동 서한을 통해 자신들의 역할과 협력 방식을 명확히 했다. 이 서한에서 IOM은 난민법이 존중되도록 하고 이동 중인 개인들에 대한 적절한 분류가 이루어지도록 할 것을 약속했다. UNHCR은 이주민 지원에서 IOM의 주도적 역할을 인정했다. 혼합 이주 상황에서는 두 기구가 '효과적인 조정을 위해 손잡고 협력'할 것을 약속했으며, 대규모 난민 이동이 주로 발생하는 경우에는 UNHCR이 주도적 역할을 맡기로 했다 (Moretti 2021: 34-51). 두 조직이 난민 및 이주 위기를 효과적으로 다루는 데 얼마나 성공적으로 협력할 수 있을지는 시간이 지나야 알 수 있을 것이다.

난민 및 이주 위기뿐만 아니라 기아, 자연재해, 분쟁으로 인한 인도주의적 위기에 대응하기 위한 조정을 담당하는 핵심 행위자는 1991년에 설립된 유엔 인도주의 업무조정국(OCHA)이다. OCHA는 인도적 지원 담당 사무차장이 이끌며, 사무차장은 동시에 긴급 구호 조정관의 역할도 맡고 있다. 이 조정관은 국내 실향민에 대한 보호와 지원 조정을 위한 구체적인 책임을 가지며, 모든 인도적 지원을 감독하는 기구 간 상임위원회를 주재한다.

조정: OCHA의 역할

명백히 인간안보와 관련된 문제들은 유엔의 주요 업무 중 하나가 되었으며, 이러한 다양한 문제들은 서로 깊이 얽혀 있어 조정이 필요하다. 우크라이나전쟁, 에티오피아 북부와 소말리아의 기근, 2020년 동아프리카 메뚜기 떼 창궐과 같은 비상 상황에서는 OCHA가 현장에서 활동하는 다양한 기관과 지역사회의 작업을 감독하기 위해 인도주의 조정관을 임명하는 경우가 종종 있다. OCHA의 역할은 구호 물품 전달을 위한 안전한 접근을 협상하고, 식량, 물, 위생, 의료 지원, 주거지 제공 등 광범위한 지원을 조정하며, 자발적 구호 기금 조성을 위한 활동을 포함할 수 있다. OCHA의 예산 중 5%를 제외한 대부분은 10개국과 EU로부터의 자발적 기여에 의존하고 있으나, 인간안보와 인도주의적 요구를 위한 적절한 자금을 확보하는 것은 지속적인 과제로 남아 있다.

OCHA와 NGO를 포함한 대부분의 구호 단체들은 2022년 말 탈레반이 모든 NGO와 유엔기구에서 여성의 근로를 제한한 이후 심각한 도전에 직면해 있다. 여성들이 인도주의 지원 인력의 상당 부분을 차지하고 있기 때문에 이러한 제한 아래에서 아프가니스탄을 괴롭히는 장기적인 경제 및 인도주의 위기를 해결하는 것은 매우 어려울 것이다. 버드(William Byrd 2023)가 지적했듯이, "아프가니스탄은 기존의 인도주의적 방식에서 벗어난 변화가 필요하다." 이러한 상황에서, 유엔 안전보장이사회조차도 대응 방안, 재정 마련, 그리고 지원을 조율하고 전달하는 방법에 대해 논의에 참여하고 있다. 이것이야말로 정말로 쉽지 않은 과제다.

인간안보를 보호하는 데 있어 직면한 도전

20세기와 21세기는 점점 더 많은 인간안보 위기가 발생하는 것처럼 보이는 시대였다. 미디어는 이러한 상황에 대한 인식을 높이는 데 오랜 기간 중요한 역할을 해왔다. 1990년대 후반부터 인터넷과 소셜미디어가 확산되면서 정보(특히 이미지)가 빠르게 전 세계에 퍼지게 되었고, 이는 사람들이 세계 다른 지역에서 무슨 일이 일어나고 있는지 알게 하는 데 크게 기여했다. 달라진 점은 안보가 단순히 국가의 국경과 정부를 보호하는 것만이 아니라, 자연재해, 식량부족, 기후변화, 팬데믹, 전쟁 및 분쟁의 폭력 등 인도주의적 비상사태를 겪는 동료 인간을 보호하는 문제로 확장되었다는 인식이다.

이러한 위협으로 인해 국제기구들이 직면한 거버넌스 문제는 매우 중대하며, 국가와 국제기구의 책임에 대한 규범이 형성되기까지는 시간이 필요했다. 그러나 인간안보라는 개념은 학자들뿐만 아니라 정책 세계에서도 뿌리를 내리기 시작했으며, 이는 2000년대 초부터 유엔 안전보장이사회가 점점 더 인간안보 관련 문제에 초점을 맞추기 시작한 데서도 드러난다. 건강, 난민, 식량안보와 관련된 주요 제도들은 20세기 중반에 설립되었지만, 그들의 임무와 예산은 제한적이었으며, 자금문제는 여전히 이 세 가지 모든 분야에서 해결되지 않은 과제로 남아 있다. 특히 증가하는 이주 위기를 해결하기 위해 글로벌 및 지역 수준에서 새로운 제도가 만들어져야 했지만, 새로운 규범과 정책은 여전히 느리게 구축되고 있다. 그나마 다행스럽게도, 이 세 가지 영역 모두에서, 특히 NGO와 같은 비국가행위자들이 '국가'가 제 역할을 하지 못할 때 발생하는 보호와 지원의 공백을 메우는 데 매우 중요한 역할을 수행하고 있다.

마지막 장에서는 이러한 제한된 역량, 정당성, 책임성, 효과성과 관련된 거버넌스문제를 더 폭넓게 살펴보고, 국제기구가 잘할 수 있는 것과 잘할 수 없는 것에 대한 질문들을 다룬다.

추가 읽을거리

Anderson-Rodgers, David, and Kerry F. Crawford. (2023) *Human Security: Theory and Action*, 2nd ed. Lanham, MD: Rowman and Littlefield.

Betts, Alexander, ed. (2011) *Global Migration Governance*. Oxford: Oxford University Press.

Loescher, Gil, Alexander Betts, and James Milner. (2011) *The United Nations High Commissioner for Refugees (UNHCR): The Politics and Practice of Refugee Protection into the Twenty-First Century*, 2nd ed. New York: Routledge.

McKeon, Nora. (2015) *Food Security Governance: Empowering Communities, Regulating Corporations*. New York: Routledge.

Youde, Jeremy. (2012) *Global Health Governance*. Cambridge: Polity Press.

12장

글로벌거버넌스가 직면한 도전

왜 글로벌거버넌스는 실현되기 어려운가	505
글로벌거버넌스 행위자들의 기여	507
글로벌거버넌스 행위자들이 겪는 어려움	511
미래의 도전들: 효과성을 넘어서	515
글로벌거버넌스의 필요성	521

상호연결된 오늘날의 세계에서 많은 문제들은 국경을 초월해서 발생한다. 환경 파괴, 감염병, 테러, 난민, 식량난, 핵무기 확산, 재정 위기, 인신매매 등 많은 문제들은 한 국가가 단독으로 대응할 수 없다. 이것이 글로벌거버넌스가 필요한 이유이다. 그러나 글로벌거버넌스는 실현되기 어렵다.

왜 글로벌거버넌스는 실현되기 어려운가

이 책을 통해서 우리는 글로벌거버넌스가 직면한 많은 어려움을 살펴보았다. 그 어려움 중의 하나는 국가의 수와 다양성이다. 오늘날 200여 개의 국가는 정치체제, 국부, 지리, 인구 등 여러 면에서 다양하지만 그들은 집합적으로 전통적인 정부간기구(IGOs: intergovernmental organizations)를 구성한다. IGO는 몇 가지 방법으로 많은 수의 다양한 국가를 다룬다. 어떤 IGO는 (아프리카연합, OECD처럼) 특정한 속성을 가진 국가들로 회원 자격을 제한하며, 어떤 IGO는 (IMF나 유엔 안보리처럼) 매우 강력한 국가들에게 공식적인 통제력을 부여하며, 어떤 IGO는 (유엔 총회나 동남아국가연합과 같은) 모든 회원국을 동등하게 취급하려 한다. 이들 접근은 각자의 단점이 있다. 제한적 회원자격은 다른 국가들을 배제한다. 불평등한 공식적 통제력은 일부 국가의 권리를 제한한다. 평등한 취급은 어떤 국가가 다른 국가보다 더 많이 기여한다는 사실을 무시한다.

두 번째 어려움은 비국가행위자(NSAs: non-state actors)의 수와 다양성이다. 국가들은 IGO에서 핵심 역할을 수행하며 평화와 안전의 문제에 대해 특히 민감하다. 그러나 현재 글로벌거버넌스에 있어서 국가나 IGO에 필요한 많은 것들은 NSA가 가지고 있다. 예를 들어, 지식공동체는 전문성과 전문가로서의 기준을 가지고 있다. 시민사회, 비정부기구(NGOs: nongovernmental organizations), 초국가적 옹호네트워크, 사회운동들은 지식과 풀뿌리 연결망을 제공한다. 민간기업은 재정적, 기술적 자원을 가지고 있다. 그 결과 오늘날 NSA가 관여하지 않는 IGO나 정책문제는 거의 없다. NSA는 글로벌거버넌스를 향상시킬 수 있다. 그러나 NSA의 확산은 국가 주권을 위협하거나 새로운 기대를 너무 높일 수 있다. 그러한 이유로 인해 국가들은 종종 NSA를 밀어내려 하며, 글로벌거버넌스 연구자들은 국가행위자와 비국가행위자들 중에 어느 쪽을 얼마나 중요시해야 할지 계속 논쟁을 벌인다.

글로벌거버넌스가 직면한 세 번째 어려움은 정책문제의 혼재이다. 어떤 IGO들, 특히 세계보건기구(WHO: World Health Organization)나 세계무역기구(WTO: World Trade Organization)와 같은 전문기구들은 그들의 정책분야를 하나의 분리된 영역에 위치시킬 수 있는 것처럼 조직되어 있으나, 오늘날 정책문제들은 빈번히 복수의 정책영역에 동시에 관련된다. 인신매매는 경제적인 동기로 발생하는 문제이지만 또한 핵심적 인권을 침해한다. 감염병은 보건의 문제이지만 또한 개발과 인간안보를 위협한다. 기후변화는 환경문제이면서 이주와 경제성장에 영향을 미친다. (유엔이 최초로 선거감시와 평화구축 임무를 맡아 그것을 정치-평화유지활동부[Departments of Political Affairs and Peacekeeping Operations]에 맡겼을 때 그랬듯이) 여러 분야가 혼재된 정책문제를 다루기 위해서 기존의 기구에 책임을 추가할 수 있다. 대안적으로, HIV/AIDS가 보건, 발전, 교육 등 여러 분야에 관련된 문제임이 명확해지면서 WHO와 몇몇 다른 기구가 공동으로 설치한 유엔 HIV/AIDS공동계획(UN Joint Programme on HIV/AIDS)의 사례에서처럼 새로운 기구가 신설될 수 있다. 그러나 다면적인 문제를 다루는 데 있어서 이 두 접근 모두 약점이 있다. 기존의 기구에 업무 책임을 추가하면 역량을 초과할 수 있으며, 새로운 기구 신설은 지휘 계통에 장애를 초래할 수 있다.

혼재된 정책문제에 대한 단일 해결책이 없는 이유는 네 번째 어려움, 즉 서로 잘 어울리지 않는 다수의 접근들과 관련이 있다. 이러한 다양성이 생기는 이유는 2008년 금융위기 시 G7이 G20에 의해 가려진 사례나, NSA가 새천년개발목표(MDGs: Millennium Development Goals)보다 지속가능발전목표(SDGs: Sustainable Development Goals)와 관련해서 더 중요하게 된 사례에서 보여졌듯이 시간이 흐름에 따라 많은 행위자들이 다양한 방식으로 연합하기 때문이다. 다수의 접근들이 생기는 이유는 2020년 코로나19에 대한 분절적인 대응에서 보여졌듯이 글로벌거버넌스의 범위나 우선순위가 다른 지방이나 지역의 정책들과 함께 존재하기 때문이다. 항상 변화하는 상황과 관여하는 행위자의 확산으로 인해 이들 접근은 특정 목표에 집중하거나 혹은 광범위하기도 하고, 공공 부문이나 혹은 민간 부문에 집중하기도 하고, 국가 주권을 보존하거나 잠식하기도 한다. 종종 관련 행위자들은 매우 다른 이해관계를 가지기 때문에 단일 거버넌스 접근으로는 충분하지 않을 수 있다. 안보에 대한 국가의 관심, 개인 사생활에 대한 시민사회 단체의 우려, 수익성에 대한 기업의 관심 등이 혼재되어 있기에 국제통신연맹이 모든 측면을 다루는 것이 불가능한 인터넷거버넌스가 이러한 사례이다. 여러 정책분야에 있어서 '비공식 장치와 점진적 접근'을 통한 부분적인 협력을 가능하게 하는 '바람직해 보이지는 않지만 적응력이 있는 다자적 확산'이 일어나면서 복수의 접근에 의한 문제해결은 계속될 것이다 (Patrick 2014: 59).

글로벌거버넌스 행위자들의 기여

비록 글로벌거버넌스가 무계획적일지 모르지만 몇 가지 측면에서 그것은 상당히 잘 작동한다. 실제로 글로벌거버넌스 행위자들은 의제 형성, 아이디어 생성 및 확산, 목표 설정, 추신 및 감시평가, 적응과 개혁 추진, 새로운 형태의 거버넌스 개발 등 최소한 여섯 가지 방식으로 중요한 기여를 했다.

의제 형성

글로벌거버넌스 행위자들의 가장 큰 기여 중의 하나는 의제 형성이다. 여기서는 유엔이 돋보인다. 총회는 '세계 모든 사람들'의 포럼이기 때문이다. 제4장에서 지적했듯이 유엔은 국가와 NSA가 새로운 문제를 제기하여, 유엔이나 여타 IGO, NSA, 국가들을 위해 의제를 설정하는 장이다. 창설 이후 유엔은 민족자결과 탈식민을 주장해왔으며 남아프리카가 아파르트헤이트(인종차별정책 – 역자 주)를 포기하도록 압박했고, 해양법협약을 협상했으며, 글로벌한 기후변화 논란에서 군소 도서국가의 특별한 입장을 인정했으며, 이주 노동자와 LGBTI 집단의 권리에 주목했으며, 그 외의 많은 일들을 해왔다. 대부분의 경우 어떤 문제가 의제로 받아들여지기까지는 오랜 세월에 걸친 노력이 있었다.

일부 관찰자에 의하면 의제 설정의 장으로서 유엔의 역할은 1970년대부터 시작된 유엔 총회 결의에서 다수가 반복해서 시오니즘을 인종차별과 연결시킨 사례에서처럼 종종 악용되어 왔다. 그러나 유엔이 과감한 입장을 취한 논의의 장임이 널리 인정되고 있다. 2012년 총회는 팔레스타인을 비회원 옵서버 국가로 승인했다. 2016년에는 총회가 추진하여 핵무기금지조약이 체결되었다 (제7장). 2022년 러시아의 우크라이나 침공에 대한 유엔 안보리의 행동을 러시아와 중국이 거부했을 때 총회는 러시아의 행동을 비난하고 글로벌한 반대를 동원했다.

많은 IGO가 생겨나고 공공/민간의 구분이 모호해지면서 문제가 제기되고, 결의안이 제시되고, 합의가 이루어지는 포럼이 더 많이 제공되었다. 제1장에서 지적했듯이 더 다양한 포럼이 생겼다는 것은 국가들이나 NSA들이 자신에게 도움이 되는 논의의 장을 찾아다닐 기회가 많아졌음을 의미한다. 예를 들어, 아시아에서 개발문제는 세계은행, 아시아인프라투자은행, 지속가능발전 세계기업협의회 등에서 논의될 수 있다. 유럽에서 환경문제는 유럽연합, 유엔환경계획, 또는 과학 단체 등에 제기될 수 있다. 아프리카의 보건문제는 WHO, 자선 재단, NGO 등에 제기될 수 있다. 요컨대 글로벌거버넌스 행위자들은 문제제기를 위해 많은 논의의 장을 이용해왔다는 것이다.

아이디어 생성과 확산

의제 설정에 더해 글로벌거버넌스의 행위자들은 아이디어를 생성하고 확산시킨다. 유엔 지성사 사업(United Nations Intellectual History Project)은 회원국이나 사무국, NSA나 유엔 후원 아래 소집된 특설 기구 등 유엔으로부터 기원한 수많은 아이디어를 확인했다 (Jolly, Emmerij, and Weiss 2009). 유엔기구가 논의의 장을 제공하고, 거기서 생성된 아이디어는 사무국 직원이나 지식공동체에 의해 확산되고, 시민사회 단체나 기업이 시험하고, 국가나 자선 재단이 재정 지원을 하고, 언론이나 공공이 감시할 수 있다.

유엔이 제시한 아이디어 중에는 안보에 관련된 것들이 있다. 예를 들어, 평화유지는 군인, 경찰, 민간이 국제사회를 대신해서 분쟁 상황에 개입하여 전투를 중지시키고 휴전 상태를 유지하기 위해 행동할 수 있다는 아이디어이다. 이것은 유엔헌장에 명시되지 않은 혁신이었다. 또 다른 예로, 인간안보는 제7~11장에서 다루어진 바와 같이 사람들은 폭력, 경제적 박탈, 전염병, 인권침해, 환경 파괴로부터 보호될 필요가 있다는 아이디어이다. 유엔은 국가뿐 아니라 인간이라는 존재 전반이 포함되도록 안보의 개념을 확대하는 데 중요한 역할을 했다.

유엔이 주창한 다른 아이디어들은 안보를 초월한다. 예를 들어, 지속가능발전 개념은 총회가 의뢰한 1987년 브룬트란트 보고서에 제시되었다. 제8장과 제10장에서 논의되었듯이 지속가능성은 환경에 대한 영향, 의도하지 않은 결과, 미래 세대의 자원 수요를 고려하지 않는 경제발전은 있어서는 안 된다고 강조한다. 또 다른 예로는 인간개발이 있다. 안보가 인간안보를 포괄하도록 확대되었듯이 발전도 사람들의 광범위한 사회적 필요를 포괄하도록 확대되어 왔다. 제8장에서 지적되었듯이 이 아이디어는 발전을 오직 국가의 국내 총생산을 타국과 비교하는 관점에서 측정한 데서 탈피한 중요한 변화를 의미한다. 인간개발이나 지속가능성이라는 아이디어는 SDGs의 핵심이다.

유엔이나 여타 IGO들이 특정 아이디어의 원천이 아닌 경우에도 그들은 빈번히 그러한 아이디어들을 발전시키고 확산시켰다. 예를 들어, 1940년대에 NGO들은 '모든 사람들에게 인권을' 이라는 아이디어가 유엔헌장에 포함되도록 압력을 가했으며, NGO들은 취약한 사람들을 위한 권리의 핵심 감시자로 지속적으로 활동하고 있다. 유엔은 여성이나 LGBTI를 포함하는 특정 집단에 대한 처우를 개선하도록 국가와 비국가행위자들을 독려하면서 이 아이디어에 기여했다. 정규금융체제로부터 소외된 개인이나 집단에게 소액금융 지원을 제공하는 소액금융의 경우에도 유사한 일이 일어났다. 이 아이디어는 그라민은행의 경험으로부터 나왔으며, 유엔체제는 이 아이디어가 다른 비영리단체, 영리은행, 심지어 세계은행에도 확산되는 데 도움을 주었다.

부족한 지식을 채우고 데이터를 제공

글로벌거버넌스 행위자들이 아이디어를 생성-확산한 다음 그들은 아이디어를 행동으로 변환할 데이터가 필요하다. 데이터는 문제를 묘사하고, 부족한 지식을 적시하고, 잠재적 문제를 포착하고, 결과를 예측한다. 새로운 정책문제가 부상함에 따라 새로운 데이터의 수집이 필요하다. 예를 들어, 여성의 지위에 대한 관심이 증가하자 데이터는 여성의 가정폭력 경험, 직장 성차별 경험, 개발도상국의 경제에서의 핵심 역할 수행, 경제발전으로부터 남성만큼 혜택을 받지 못하는 등의 현황을 밝혀주었다.

수십 년간 유엔과 브레턴우즈 기구들은 국가들의 경제정보 수집을 도왔으나 오늘날에는 더 많은 데이터 생산자 및 소비자와 데이터 주제들이 있다. IGO들은 많은 나라를 장기간 추적하는 귀중한 데이터를 계속해서 생산한다. 그러나 데이터는 국가, NGO, 지식공동체, 업계 단체 등에서도 수집되고 사용된다. 기후변화는 하나의 사례이다. 인간의 활동과 환경 변화를 연결한 데는 기후변화 정부간패널을 포함하여 다양한 행위자들에 의한 장기간의 데이터 수집과 분석이 있었다. 정책개입의 영향 평가에 대한 기대가 높아짐에 따라, 오늘날 많은 행위자들은 광범위한 정책영역에 관한 데이터를 요구하고 공급한다.

데이터를 제공하는 일이 늘 쉬운 것은 아니다. '적절한 수준의 일거리' 혹은 '삶의 질'과 같은 주제는 정의하고 측정하기가 어렵다. 테러리스트 조직, 아동 학대, 여성에 대한 폭력에 관한 정보는 발견하기 어렵다. 서로 다른 문화적 규범이나 민감성으로 인해 정부는 수비적인 태도를 보이기도 한다. 그러나 국제투명성기구의 부패인식 지수나 유엔의 인간개발 지수와 같은 데이터가 보여주었듯이 글로벌거버넌스 행위자들은 유용하고 다면적인 데이터를 제공하기 위해 그러한 도전에 계속 대응해 나가고 있다.

목표의 설정, 추진, 감시평가

글로벌거버넌스 행위자들의 또 다른 기여는 목표 설정, 추진, 감시평가이다. 국가와 NSA는 문제를 인지하고 개선을 추구하기 때문에 글로벌거버넌스에 참여한다. 또 그들은 이들 목표를 향한 진전을 감시평가하는 데 철저하다.

유엔과 여타 IGO들은 종종 극빈 퇴치와 같은 실현 불가능한 목표를 성정한다고 비판을 받는다. 그러나 유엔 지성사 사업은 경제적, 사회적 발전 목표 설정은 '유엔의 괄목할 만한 성과'라고 결론 내렸다 (Jolly, Emmerij, and Weiss 2009: 43). 1960년 최초 '개발의 10년'에서부터 2000년부터 2015년까지의 MDGs를 포함하여 유엔은 50개 이상의 목표를 설정하고 추진했다. MDGs와 관련하여 유엔은 매년 세계적인 감시평가와 보고를 실시했다. 이 과정은 SDGs에서도 계속되었다 (제8장).

인권문제는 글로벌거버넌스 행위자들에 의한 목표 설정, 추진, 감시평가의 또 다른 잘 알려진 사례이다. 국가들은 모든 사람들을 위한 인권의 규범적 기초를 제공한 수많은 인권 조약을 협상했다. 인권고등판무관실(제9장)을 통해 유엔은 인권 목표를 추진할 뿐 아니라 준수 여부를 감시하는 장치를 만들었다. 다수의 다른 행위자들도 이 노력에 도움을 주었다. 시민사회 단체, 법학자들, 여타 이해 당사자들도 유엔 인권고등판무관실(OHCHR)에 정부의 인권침해 증거를 제출하도록 했다. 인권 및 기타 영역에서 목표는 다양한 이해 관계자를 동원하고 행동을 위한 압력을 생성하는 데 초점을 제공해주었다 (Jolly, Emmerij, and Weiss 2009: 44).

개혁 추진

글로벌거버넌스 행위자들의 또 다른 기여는 개혁의 추진이다. 새로운 상황에 직면하여 변화하지 않는 행위자들은 관련성이 없어지거나, 쇠퇴하거나, 도태된다. 어떤 행위자는 다른 행위자보다 더 빨리, 자연적으로 도태가 일어난다. 시장체제 내에서 수익을 올려야 하는 민간 부문의 기업이나 대중 매체들은 적절히 적응하지 못하면 특히 쇠퇴나 도태 가능성이 높다. 『이코노미스트(*The Economist*)』나 『뉴욕 타임스(*New York Times*)』와 같은 전통 매체는 인터넷과 소셜미디어의 등장에 대응하여 웹사이트, 팟캐스트, 여타 디지털 컨텐츠를 개시하면서 변신을 꾀했다.

NGO, 지식공동체, 자선재단, 여타 비영리 부문의 단체들은 시장 세력에 의한 말살로부터 좀 더 보호받는다. 그러나 시대에 따라 진화하지 않으면 그들에게도 쇠퇴나 도태의 위험이 여전하다. 예를 들어, 국제사면위원회는 초기의 정치범에 대한 초점에서 방향을 바꿔서 드론전쟁, 테러용의자 처우, 경제적-사회적 권리 등에 관심을 보이고 있다.

IGO들은 종종 경직되고 반응성이 낮다고 묘사되지만, 그들도 적응하고 개혁한다. 예를 들어, 세계은행이나 IMF에서 미국이 가장 많은 투표권을 가지고 있지만 이들은 공히 독일, 일본, 중국 등 후발 경제대국에게 더 많은 발언권을 주도록 투표 방식을 수정했다. 유사하게 유엔 안보리는 창설 이후 줄곧 동일한 5개 상임이사국이 있었으나, 비상임이사국을 6개국에서 10개국으로 확대했고, 지리적 대표성 제고를 위한 개혁을 지속적으로 고려하고 있다 (제4장). 유엔체제의 다른 부문에서는 더 적극적으로 상황 변화에 적응해왔다. 예를 들어, 국제이주기구(IOM: International Organization for Migration)는 2016년 유엔 관련 기구가 되었다.

글로벌 IGO에 비해 지역 IGO는 더 작고, 동질적인 회원국을 가지며 새로운 환경에 더 반응적일 수 있다. 예를 들어, 유럽연합은 경제연합에서 정치연합, 초기 안보공동체로 진화했으며, 아프리카통일기구(Organization of African Unity)는 반식민 의제를 기초로 하였으나 후에 지역안보, 개발, 민주화 등을 지원하는 더 광범위한 아프리카연합 의제로 전환했다. 따라서 글로벌거버넌스 행위자들은 변화에 저항한다고 종종 비판을 받지만 사실 많은 행위자들은 성공적으로 적응하고 개혁한다.

새로운 형태의 거버넌스 개발

적응과 개혁을 넘어 글로벌거버넌스 행위자들은 새로운 형태의 거버넌스를 개발했다. 전통적으로 국가에 의존한 IGO 중에는 자선재단, 지식공동체, 시민사회 단체, 기업과 같은 NSA와의 연계가 지닌 가치를 일찍이 인식하지 못한 경우가 있었다. 최근에는 IGO 관계자들이 재정 충당, 특수한 전문지식, 현장 접근에 있어서 NSA의 유용성을 깨닫게 되었다. 제6장에서 논의한 바와 같이 IGO가 NSA와 연계하는 것은 1990년대 이후 일반화되었다.

다양한 글로벌거버넌스 행위자들 사이의 상호작용이 증가함에 따라 글로벌거버넌스의 형태도 증가했다. 공공-민간 파트너십, 민간 거버넌스, 네트워크, 규칙 기반 거버넌스는 그 일부 사례이다. 그러나 이러한 새로운 형태의 거버넌스가 모두 같은 것은 아니다 (Abbott and Snidal 2021). 어떤 경우는 자신을 정의하는 데 어려움이 있고, 비교적 참여자가 적으며, 거의 권위를 갖지 못한다. 다른 사례는 명확한 목적을 보이고, 광범위한 참여가 있으며, 긍적적인 성과를 자랑한다. 그들은 국가와의 공식, 비공식 협정을 통해 상당한 권위를 부여받기도 한다. 새로운 형태의 거버넌스는 종종 실험을 하기도 하며, 어떤 실험은 다른 것보다 더 성공적이다.

비록 대부분의 증거가 아직 일화적이고 상황적이지만 이러한 새로운 형태의 거버넌스는 상당한 영향이 있다고 생각된다. 아마도 가장 중요한 것은 파트너십과 기타 협약을 통해 학습의 장을 제공한다는 것이다. 한 행위자가 학습한 사항은 종종 다른 행위자에게 전파되기 때문이다. 예를 들어, 보조성 원칙과 관련한 유럽연합의 경험은 의사결정이 가장 낮은 수준에서 이루어지는 것이 더 우월할 수 있음을 보여주었다. NGO의 연합이 대인 지뢰나 종의 절멸을 국제 의제로 올려놓은 것을 보면서 국가들은 어떻게 프레이밍이 쟁점을 더 수용 가능하게 만드는지, 어떻게 소셜미디어가 지지 동원에 이용되는지를 인식하게 되었다.

글로벌거버넌스 행위자들이 겪는 어려움

글로벌거버넌스 행위자들은 상당한 기여를 했으나, 그렇다고 해서 그들이 항상 성공적인 것은 아니다. 사실 그들은 늘 비판을 받는다. 글로벌거버넌스 행위자들은 개별적 혹은 전체적으로 국가의 내부 갈등 대응, 국제적 규칙과 결정의 집행, 다양한 행위자들 사이의 조정, 위기에 대한 신속 대응, 광범위한 목표를 위한 장기적 사업의 관리 등 최소한 다섯 가지에 있어서 어려움을 겪는다.

국가의 내부 갈등 대응

글로벌거버넌스 행위자들은 국경 밖으로 파급될 수 있는 국내 갈등에 대응하는 데 어려움을 겪는다. 제4장과 제7장에서 지적했듯이 유엔헌장은 불개입 규범을 지키려 하지만 많은 초국가적 위협은 국가 내부에서 기인한다. 국가들이 국내문제해결에 소극적이거나 능력이 없을 때 그 문제는 그에 대응할 준비가 미흡한 국제사회로 파급된다.

이러한 현상은 2011년 시작되고 이라크-시리아의 이슬람국가(ISIS: Islamic State of Iraq and Syria)의 존재로 인해 더 복잡해진 시리아 내전에서 잘 드러났다. ISIS는 사람들을 공포로 몰아넣었고, 유전과 은행 재산을 탈취했으며, 그들이 통제하는 영토 내에서 그들 버전의 이슬람법을 집행했으며, 스스로를 무슬림 세계 전역으로 확산을 추구하는 '칼리프'로 선언했다. 유엔안보리는 이 내전을 중단시키기 위해 제재와 외교적 노력 이외에는 다자간 행동에 별다른 합의를 이룰 수 없었다. 후에 ISIS는 대부분의 영토를 잃었으나 ISIS는 유지되었고, 그들이 이용한 내전도 계속되었다.

국경을 넘어서는 국내문제는 내전과 테러 집단만이 아니다. 인플레이션, 감염병, 사람들을 이민으로 내모는 '방출' 요인들, 불법 약물, 공해 등도 마찬가지이다. 한 국가가 자국의 문제를 해결할 의지나 능력이 없을 때는 빈번히 글로벌거버넌스 행위자들도 그러한 문제를 해결할 수 없다.

국제적 규칙과 결정의 집행

국가의 내부 문제를 다루는 어려움뿐 아니라 글로벌거버넌스 행위자들은 국가들이 국제적 규칙과 결정을 준수하도록 만드는 데도 어려움을 겪는다. 국가정부의 군사적, 경제적 능력을 갖지 못한 NSA의 경우는 명백히 이에 해당한다. 극심한 인권침해(예: 전쟁범죄나 반인도주의 범죄)의 경우 법 집행의 시도는 국제형사재판소(ICC: International Criminal Court)나 임시 재판소를 통해 개인을 법정에 세우는 것을 포함할 수 있다. 그러나 이 과정은 느리고 종종 자국 시민을 기소하는 데 소극적인 국가나 로마규정(Rome Statute)의 당사자가 아닌 국가에 의해 저지된다. 그 대신 NGO나 여타 행위자들은 특정 국가에 대한 '폭로와 망신'을 통해 인권을 준수하도록 압박한다. 이 방법은 표적이 되는 국가가 규칙을 준수한다는 자국의 명성에 관심이 있거나, 공약을 지키라는 강한 국내적 압력을 받는 경우 효과적일 수 있다. 그렇지 않다면 별다른 해결책이 없으며, 국가들은 계속해서 규칙을 지키지 않을 것이다.

또한 IGO들은 국가에 의해 제약을 받는다. IGO 직원들은 권유는 할 수 있지만 그들은 일반적으로 자기 출신 국가의 행위에 대해 공약을 할 수는 없다. 와이스나 타쿠르가 지적했듯이(Thomas Weiss and Ramesh Thakur 2010: 21) 국가들이 스스로 공약을 한 경우에도 "결정을 강제로 집행할 방법이 없으며, 국가가 그 결정을 지키도록 강제할 장치가 없다." 국가들이 자국에 할당된 기여금을 지불하지 않거나 다른 공약을 무시했을 때 경찰력을 가진 국제사회의 행정부가 없으며, 국내법을 제정할 수 있는 국제 입법부도 없으며, 강제 관할권을 가진 국제 사법부도 없다 (Johnson 2020). 공동정책 분야에서 국가들이 주권을 양도하였고, 유럽사법재판소의 결정이 회원국에 직접 집행될 수 있는 유럽연합은 중요한 예외이다. 그러나 유럽연합에서조차도 이민이나 외교정책 같은 정책분야는 정부 간의 문제로 남아 있으며, 회원국의 만장일치 승인을 요한다.

일부 IGO의 집행력은 대부분 국가들에 의존하는 경향이 있다. 예를 들어, 유엔 안보리는 5개 상임이사국(P-5)이 동의하거나 거부권을 행사하지 않아야 경제제재나 군사행동을 재가할 수 있다. 제7장에서 논의했듯이 제재는 냉전 종식 이후에 널리 사용되었으나, 군사행동에 의한 집행은 여전히 드물다. 왜냐하면 자국의 이익을 고려하는 국가들은 유엔이 개입하는 것을 꺼리기 때문이다. 군사개입을 실행할 때 유엔은 필요한 군사력을 동원하는 데 NATO, 참여 의사가 있는 국가들, 혹은 주요 강대국들에 의존해 왔다. 왜냐하면 국가들이 군사적 자원에 대한 직접 통제권을 유엔에 넘기기를 주저했기 때문이다. 경제제재는 군사개입보다는 더 흔하지만 국가들(혹은 여타 행위자들)이 제재를 지키지 않을 동기가 항상 있으며, 제재가 실시된 시간이 길어질수록 느슨해질 가능성이 높아진다. 따라서 경제 혹은 군사 제재와 같은 안보리의 집행 기제들과 관련해서는 국가들이 충분한 자원을 가지고 그들의 공약을 지키지 않을 가능성이 있으며 그들의 의지는 시간이 경과함에 따라 약해질 수 있다.

안보 이외의 분야에 있어서도 문제는 마찬가지로 심각하다. 예를 들어, 세계은행이나 IMF는 '당근'(특정 행동을 재정적으로 보상)과 '채찍'(조건 충족을 못하면 원조 철회)을 사용할 수 있다. 그러나 협정이 재협상되면서, 주요 공여국가가 동맹국을 위해서 개입하면서, 수원국이 국가 주권 침해를 불평하면서 그러한 엄격한 조건들은 유지하기 어려워졌다.

집행은 그것이 강대국의 국익에 반하는 경우 더욱 어려움에 직면한다. 예를 들어, WTO의 분쟁 해결 기제는 강력한 듯 보이지만 그 결정들은 단지 무역 규칙 위반으로 유죄 판결을 받은 국가에 대해 제소 국가가 무역 제재를 하도록 허가하는 데 불과하다. 따라서 잘못을 저지를 국가에 경제적 압박을 가하는 것은 국가들이지 WTO가 아니며, 이러한 압력은 종종 규모가 큰 시장보다 작고 다변화되지 않은 시장에 대해서 더 효과적이다. 최근에는 다른 방식으로 WTO 분생 해결 기제가 강대국에 대해 취약함이 드러났다. 오바마에서 트럼프, 바이든에 이르기까지 미국 대통령들은 WTO 항소 기구의 재판관 임명을 저지한 결과 인력 부족으로 인해 항소 사건을 다룰 수 없는 지경에 이르렀다. 요컨대 글로벌거버넌스 행위자들은 국가들, 특히 강대국이 규칙을 준수하도록 만드는 데 어려움을 겪고 있다.

다양한 행위자들 사이의 조정

글로벌거버넌스 행위자들 또한 그들 사이를 조정하는 데 어려움을 겪는다. 지난 수십 년간 많은 새로운 형태의 거버넌스가 개발되었으며, 이러한 주체의 수와 다양성이 크게 증가했다. 한 관찰자는 중세에 그랬듯이 명확한 위계질서 없이 작동하는 수많은 제도적 장치나 권위체를 묘사하기 위해 이를 '새로운 중세'라고 불렀다 (Mathews 1997: 61).

다양한 기구, 기금, 프로그램, 단체들 사이의 조정은 사업의 중첩이나 상충을 피하기 위해서 매우 중요하다. 특히 강력한 자금 공여국가들은 사업 자금을 확보하려는 다양한 주체들에 대해 연합을 하고 활동을 통합하도록 수시로 압박한다. 그러나 수많은 유엔 직원이나 NGO들은 "모두가 조정이 필요하다고 하지만 누구도 조정의 대상이 되고 싶어하지 않는다" (Weiss 2009: 81에서 인용)고 말한다.

따라서 조정의 부재는 만성적인 문제이다. 예를 들어, 이 문제는 다수의 중첩되는 유엔 경제, 사회 관련 기구들에 대한 유엔 경제사회이사회의 조정 능력 부재에서 드러난다 (제4장에서 논의). 일부 비판자들은 유엔 기구표의 '복잡한 교치 지점'을 지적하면서, 그것이 관할권 다툼, 자원경쟁, 마비를 가져온다고 한탄한다 (Weiss 2009: chap.3). 그러나 조정 기능의 부재는 IGO들을 훨씬 넘어서는 문제이다. 이것은 상충하는 규칙을 가진 지역 무역협정에 국가들이 중복 참여하는 데서도 볼 수 있으며(제8장), 중앙, 지역, 지방정부 관리들의 기후변화에 대한 서로 다른 반응(제10장), 인간안보 위기에 대한 NGO의 무계획적인 반응(제11장) 등에서도 볼 수 있다. 글로벌거버넌스에 관여하는 국가 또는 비국가행위자들의 수는 세월이 흐르면서 증가했으나, 그들 사이의 조정은 따르지 못하고 있다.

위기에 대한 신속 대응

부분적으로 조정의 문제로 인해 글로벌거버넌스 행위자들은 위기에 대한 신속 대응에 어려움을 겪는다. 가장 강력한 국가들만이 필요한 행정적, 군수적, 재정적 자원을 가지고 있으며, 그들조차도 종종 어려움을 겪는다. 2013년 동남아시아를 강타한 태풍 하이얀의 예를 보면, 필리핀에서만 6,000명이 사망했고, 가장 강력한 태풍 중의 하나로 기록되었다. 중국은 필리핀에 재정 지원을 하거나 병원선을 파견하지 않았다는 비판을 받았다. 유엔 인도적 지원체제와 NGO가 도움을 주었으나 대부분의 구원 활동은 미군에 의해 진행되었다.

가장 강력한 국가들조차도 코로나19 감염병으로 인해 어려움을 겪었다. 이 위기가 2020년 글로벌화하기 훨씬 전에 다수 의료공동체는 WHO가 비상사태 대응 능력이 부족함을 인지했었다. WHO는 정보와 재원을 각국 정부에 의존했었고, 예산삭감으로 전염병 대응 부서의 업무가 분리되었으며, 2014년 서아프리카의 에볼라 발생을 수습하는 데 어려움을 겪었다. 코로나19가 전염병으로 선언되었을 때 WHO는 가장 영향력이 큰 두 회원국인 중국이 정보를 공개하지 않고 미국이 재정지원을 중단함으로써 활동에 지장을 받고 있었다 (Johnson 2020). 코로나19는 이들 국가에도 큰 어려움을 주었다. 중국은 장기간 도시 전체를 봉쇄하는 극단적 조치로 바이러스를 막았으며, 미국은 덜 제한적인 접근을 했으나 그 결과 수십만 명이 사망했다. 국경없는 의사회와 같은 NGO들은 감염병이 발생한 국가에 신속히 배치되었으나 동시에 수십 개 국가에 위기가 발생하여 과부하가 걸렸다.

글로벌거버넌스 행위자들은 전염병이나 자연재해 뿐만 아니고 급격한 대규모 난민 발생이나 내전과 같은 인재에 대응하는 데도 어려움을 겪는다. 예를 들어, 중동과 아프리카에서 유럽으로의 지속적인 난민과 이주민 유입은 UNHCR, IOM, 유럽연합의 포론텍스에 큰 부담을 주었고, 파트너 NGO들에도 과중한 부담을 주었으며, 유럽연합 회원국들 사이에 상당한 갈등을 촉발했다. 내전도 유사한 어려움을 준다. 왜냐하면 (유엔, AU, NATO 어느 휘하이든) 다자적 군사개입은 회원국 사이의 합의 도출, 투입 부대의 조직화, 병력 및 장비 수송, 지휘통제 체계 구축에 시간이 걸리기 때문이다. 따라서 글로벌거버넌스 행위자들은 자연재해, 감염병, 난민발생, 내전에 대응하는 데 계속해서 어려움을 겪을 것이다.

광범위한 목표를 위한 장기적 사업의 관리

끝으로, 글로벌거버넌스 행위자들이 어려움을 겪는 분야는 광범위한 목표를 위한 장기적 사업의 관리이다. 글로벌거버넌스 행위자들의 수와 다양성을 고려하면 그들의 합의와 공약을 유지하기가 어려울 수 있다. 그러나 많은 문제들은 단기적 대응으로는 해결되지 않기 때문에 더더욱 합의와 공약을 필요로 한다.

안보 분야를 고려해보자. 제7장에서 논의했듯

이 핵무기 확산 방지는 국제원자력기구가 핵심 역할을 하는 장기적인 사업이다. IAEA 사찰은 핵무기 개발 운영이 의심되는 국가들(예: 이란, 북한)에 대해서는 특히 경계를 늦추지 않고 무기한 실시되어야 한다. 또 다른 장기적 사업의 사례는 복잡한 분쟁 상황에서 다양한 인력과 과업이 개입되는 평화유지활동이다. 이러한 과업에는 교전 세력의 무장해제, 인도주의적 문제대응, 지역 주민 협의, 새로운 사법체제 구축, 지역 경찰 재건, 선거실시, 성폭력 방지, 인권침해 대응, 그리고 일부 경우에서는 과도정부 수립 등이 포함된다. 사업의 성공은 안정적이고 안전한 국가라는 전반적인 목표에 대한 지속적인 노력에 달려있다.

광범위한 목표를 위한 장기적 사업의 관리는 비안보 영역에서도 어렵다. 경제적, 인간적 발전은 세계은행, 유엔, 그 외 다수 글로벌거버넌스 행위자들이 수십 년간 노력해왔다 (제8장). 경제적, 인간적 발전을 성취하려면 회원국은 그들의 공약을 끝까지 지켜야 하고, '적절한' 자원이 지속적으로 투입되어야 하며, 수혜국이 그 자원을 '적절한' 용처에 투입해야만 한다. 빈곤의 감소나 더 발전된 경제를 이루는 데는 긴 세월이 필요하다. MDGs의 일관되지 않은 결과에서 보았듯이 야심찬 SDGs가 얼마나 성취될지는 지켜봐야 할 일이다. 경제적, 인간적 발전에 관여된 행위자들의 수가 다양한 접근과 함께 급격히 늘어나면서 정확히 무엇이 성공적이었는지 적시하기가 어려워졌다. 어떤 요인과 조치의 조합이 각각의 독특한 상황에서 긍정적인 결과를 거두었는지는 누구도 정확히 알 수 없는 것이 현실이다.

미래의 도전들: 효과성을 넘어서

앞서 언급한 어려움들에 더해 글로벌거버넌스 행위자들은 더 광범위한 도전에 직면해있다. 근본적인 도전의 하나는 세계의 문제들에 대응하고 해결하는 데 있어서의 효과성이다. 효과성은 대단히 평가하기 어렵다. 왜냐하면 종종 목표는 희망 사항이며, 평가에는 한 가지 방법만 있는 것이 아니기 때문이다. 극심한 빈곤은 아직 퇴치되지 않고 있으며, 인권은 아직 모든 사람들에게 보장되지 않으며, 환경파괴는 아직 되돌려지지 않고 있다. 만약 성취하지 못한 높은 목표에 초점을 맞추면 글로벌거버넌스는 효과가 없어 보이지만, 점진적인 진전과 개선에 초점을 맞추면 효과가 있는 듯하다.

효과성을 넘어서 다른 도전들도 있다. 글로벌거버넌스는 어느 정도까지 책무성이 담보되며, 정통성이 있고, 정의로우며, 누가 리더십을 제공할 것인가? 이 네 가지 도전은 개인 행위자뿐 아니라 글로벌거버넌스 전반에 관련된다.

글로벌거버넌스의 책무성에 대한 도전

책무성은 누가, 무엇에 대해, 누구에 대해 어떤 기제에 의해 책임을 지는가 하는 문제이다 (Avant, Finnemore, and Sell 2010a: 363-364). 그것은 제6장에서 소개한 정책결정 과정의 의제 설정, 의사결정, 집행 등 각 단계마다 매우 중요하다 (Woods 1999: 45). 그 여러 단계를 통해서 누가 관리자를 관리하는가? 국가 내의 완벽히 작동하는 민주주의체제에서는 시민들이 선거과정을 통해서 책무성에 가까운 것을 담보한다. 그러나 제1장에서 논의한 바와 같이 국제적 수준에서는 그것이 불가능하다.

그 대신 글로벌거버넌스 속에 다양한 방식으로 책무성을 내장시켜야 한다 (Grant and Keohane 2005). 한 가지 방법은 더 다양한 국가와 NSA들을 포함시켜 글로벌거버넌스의 대표성을 높이는 것이다. 여기에 저항해 온 행위자들(예: 유엔 안보리 상임이사국)은 참여하고자 하는 많은 다른 행위자들을 배제한다고 지속적으로 비판을 받고 있다. 책무성을 제고하는 또 다른 방법은 행위자들의 내부 운영을 더 투명하게 만드는 것이다. 예를 들어, 많은 IGO들은 회의, 지출, 의사결정에 관해 공개적으로 보고한다. 세 번째 방법은 집행을 감시하는 것이다. NGO, 언론 매체, 여타 비국가행위자들은 국가나 IGO들이 인권보호에서 핵무기 억제, 환경보호에 이르기까지 많은 분야에서 진전을 보이고 있는지 검증하는 핵심 역할을 수행한다.

올바른 방향으로 일정 부분 진전도 있다. 예를 들어, G7은 일부 과업을 대표성이 더 높은 G20으로 이양했고, 유엔은 다양한 형태의 예산 통제를 도입했으며, 세계은행은 지원 사업으로 인해 피해가 발생했다는 개인이나 단체의 주장을 조사하는 독립적인 조사 패널을 운영한다. 한 연구는 다수의 책무성 기제가 특정 유형의 IGO에서 기원했으나(예. 대규모 예산 – 유엔, 영향력 있는 공여자 – 세계은행, 강력한 민주적 규범 – 유럽연합), 그러한 기제가 빠르게 상호작용을 하는 다른 IGO로 확산되었음을 발견했다. 이는 국내적으로 책무성이 결여된 국가들이 왜 IGO의 책무성 기제를 받아들였는지를 설명할 수 있다 (Grigorescu 2010: 884).

그럼에도 불구하고 책무성을 높이기는 어렵다. 국제연맹에서 만장일치 의사결정 절차는 실용적이지 못함이 드러났다. 오늘날 합의적 의사결정이나 폐쇄적 회의는 흔하지만 참여국들의 입장이나 논의에 대한 공개된 기록이 없기 때문에 이들은 책무성에 한계가 있다. 국가들은 빈번히 선택적 협의를 진행하며, 다른 관심있는 국가들을 배제한다. 의사결정자들이 과도한 정치적 압력 없이 합의에 이르기 위해서는 종종 투명성이나 개방성을 피하는 게 필요할 수도 있다. 따라서 더 많은 투명성과 개방성을 확보하려는 의욕은 효과성을 확보해야할 필요성과 균형을 이루어야 한다.

책무성은 국가와 IGO들만의 문제는 아니다. NGO와 여타 시민사회 단체들은 종종 보통 사람들과 더 긴밀히 연결되고 그들을 대표한다고 전제된다. 그러나 이들 거버넌스 행위자도 빈번히 내부적으로 리더 선출에 있어서 민주적 기제가 결여되어 있으며, 다수는 선택이 제한적이다. 특히 거버넌스 행위자들의 활동으로 가장 큰 영향을 받거나 그들이 대신하여 청구하는 사람들에게 투명성과 참여를 보장하는 내부 기제는 드물다. NGO나 시민사회 단체의 책무성 제고를 위해서는 더 많은 노력이 필요하다. 왜냐하면 그들은 많은 회원을 보유하고 광범위하게 활동하지만 조직구조는 불투명한 경우가 빈번하기 때문이다. 불행히도 가장 강력한 책무성 기제 중의 하나는 재원의 필요성이다. 이것은 NGO나 시민사회 단체를 수혜자보다 공여자에 대해 더 반응적으로 만들 수 있으며, IGO가 회원국 중 특정한 일부에게만 더 많은 주의를 기울이게 할 수 있다.

기업이나 업계 단체를 국제사회에 대해 책무

성을 다하도록 만드는 것도 어렵다. 유엔의 기업과 인권에 관한 원칙(Guiding Principles on Business and Human Rights)이나 유엔 글로벌콤팩트(UN Global Compact) 등은 자발적으로 운영되기 때문에 (제6장), 기업의 참여는 의무가 아니며 규정을 준수하지 않아도 처벌이 거의 없다. 자금세탁방지기구(Financial Action Task Force)나 뇌물에 관한 OECD 규정과 같은 일부 장치는 의무적이며 처벌 능력이 있다. 그러나 다수의 책무성 담보 노력은 여전히 데이터 수집, 공개적 망신 주기, 소비자 불매운동과 같은 비강제적 방법에 의존한다. 특정 행위자들에 대한 책무성 부족은 글로벌거버넌스 전반의 책무성 부족 인식을 퍼뜨린다.

글로벌거버넌스의 정통성에 대한 도전

제1장에서 지적했듯이 책무성의 도전은 또 다른 도전인 정통성과 밀접히 관련되어 있다. 2017년 함부르크 G20 정상회의 당시 거리 시위, 2020년 브렉시트, 코로나19 발원에 관한 중국의 데이터 확보에 WHO가 겪은 어려움 등 눈에 띄는 혼란들은 특정 국제기구나 '자유주의 세계질서' 전반이 정당하지 않다는 주장을 부채질했다. 국제적 수준에서 민주적 선거 과정 도입은 명백히 불가능하다. 그럼에도 글로벌거버넌스는 다른 접근을 통해 정통성을 확보할 수 있다.

그 하나의 접근은 민주적으로 작동하는 국가의 수를 늘려서 국제적 의사결정에 참여하는 더 많은 정부들이 시민들에 의해서 선출되도록 하는 것이다. 이 접근은 1991년 러시아와 여타 구공산권 국가들이 민주화가 되면서 상당한 성과가 있었다. EU와 OECD는 회원국이 민주주의 국가여야 한다. 그러나 폴란드나 헝가리의 민주주의 '후퇴'(제5장 참조)에서 볼 수 있듯이 포퓰리즘과 국수주의가 확산되고, 세계화가 자유민주주의의 일부 측면을 잠식하고, 한 국가에 대한 표적제재가 권위주의 통치로의 전환을 늦추기보다 더 가속화하는 상황에서 국가들의 민주화와 민주주의 유지는 쉽지 않다.

또 다른 접근은 다양한 구조와 과정이 지방 수준을 포함하는 NSA들에 개방되는 다층적 거버넌스이다. 이를 통해 다양한 목소리를 들을 수 있고, 널리 주인의식을 고취할 수 있으며, 정책과정에 더 많은 사람과 집단이 참여할 수 있다 (Dallmayr 2002: 154-155). 평화유지와 평화구축(제7장 참조)에 있어서 이 접근은 고용 구조나 젠더관계에 대한 2차적 영향을 포함하여 현장에 미치는 효과에 더 주의를 기울여야 한다. 인권문제에 있어서(제9장 참조) 이 접근은 현장 네트워크 활성화와 국가 인권기구 형성 지원이 뒤따라야 한다. 식량거버넌스에 있어서 이 접근은 현지 조달 가능 식량 공급과 기후변화에 대한 맞춤형 적응책 개발을 의미한다. 그러나 모든 국가나 IGO가 공통적으로 NSA를 환영하는 것은 아니다. 더욱이 제6장에서 논의한 바와 같이 글로벌거버넌스에 가장 적극적으로 참여하는 NSA들은 여전히 보통의 시민들을 충분히 대표하지도 않고 그들과 연결되어 있지도 않은 엘리트들일 수 있다.

정통성을 높이는 세 번째 접근은 글로벌거버넌스가 미국이나 유럽의 통제하에 있다고 보여지거나, 단지 선진국 사람들이나 조직의 권력과 선호에 일치하는 자유주의 경제 프로젝트로 보여지기를 피하는 것이다. 다양한 IGO의 개혁은 이 접근을 반영한다. IMF는 점진적으로 미국의 압도적 투표 비중을 축소하였고, 세계은행은 개발도상국 직원 채용을 우선하는 관행을 공식화했으며, 유엔은 원주민이나 여타 소외 집단의 참여를 촉진하기 위해 '주요 그룹'체제를 개발했으며, OECD는 아시아 및 남미 회원을 추가했다. 5개 상임이사국이 거부권과 영구적 지위를 가진 유엔 안보리와 같이 개혁에 저항해온 IGO들은 정통성 문제에 직면한다. "강력한 국가나 국가군이 쉽게 규칙을 무시할 수 있다면 그 기구는 오래 지속되지 않을 것이다" (Woods 1999: 43). 2003년 미국의 이라크 침공이나 2022년 러시아의 우크라이나 침공은 안보리 상임이사국이 유엔헌장을 위배하면서 무력을 행사한 사례이다. 글로벌거버넌스 행위자들이 인간개발, 빈곤퇴치, 지속가능발전, 인간안보와 같은 가치를 동일하게 받아들이는 것은 분명히 아니다.

네 번째 접근은 글로벌거버넌스의 부당성 주장에 반박하는 것이다. 예를 들어, 16개의 정부간기구, 비정부기구, 혼합기구들에 대한 한 연구는 직원들이 자기방어를 위해 용어, 성명, 주장들을 사용하는 것으로 나타났다 (Bexell, Jonssön, and Uhlin 2022). NGO들은 민주적 절차를 강조하는 반면 IGO들은 기술관료적 방식을 내세운다. 그러한 담론이 일반 대중이 어떤 기구를 긍정적으로 보도록 설득하지는 못하지만, 부정적으로 보는 것을 막을 수는 있다.

이 네 가지 접근(민주주의 국가의 수를 늘리기, 현장 NSA의 목소리에 더 귀를 기울이기, 글로벌 노스 국가와 사상의 지배적 영향력 줄이기, 비판에 대응하기)을 모두 사용해도 글로벌거버넌스가 직면한 정통성의 도전을 완전히 해결하지는 못한다 (Zweifel 2006: 14). 그럼에도 글로벌거버넌스의 부당성 주장들의 미묘한 차이를 고려하면 글로벌거버넌스 구조가 완전히 해체되지는 않을 것이다. 2017년부터 2019년 사이에 한 연구팀은 5개국(브라질, 독일, 필리핀, 러시아, 미국)의 수천 명을 대상으로 6개 주요 IGO(ICC, IMF, 세계은행, WHO, WTO, 유엔)에 대한 인식을 조사했다. 이 조사는 일반 시민들뿐 아니라 정부, 시민사회, 기업, 연구소, 언론매체의 엘리트를 대상으로 했다. 대부분의 조사 참여자들은 IGO들에 대해 중간 정도로 긍정적인 의견을 보였다. 사실 많은 응답자들은 IGO의 정통성이 자국정부의 정통성보다 높다고 보았다. 그러나 엘리트들은 IGO를 일반 시민들보다 더 긍정적으로 보았으며, 그 차이를 과소평가했다. 즉, 엘리트들은 더 많은 임무를 IGO에 위임할 의사가 있었으나, 일반 시민들은 현상유지를 더 편하게 생각한다. 이는 가까운 장래에 IGO를 통한 글로벌거버넌스가 사라지지는 않겠지만 급속히 확산되지도 않을 것임을 시사한다 (Dellmuth et al. 2022).

글로벌거버넌스의 정의와 관련된 도전

정통성은 정의라는 또 다른 도전과 연결이 된다. 국가 간, 국가 내에서 권력, 부, 지식의 엄청난 불평등이 존재하며(Sen 2001), 글로벌거버넌스는 이러한 불평등을 해소하지 않는 한 정통성을 가진다고 보여지기 어렵다. 따라서 사람은 각자 평등한 가치를 가지며 평등한 자원과 도덕적 배려를 받을 권리가 있음을 강조하는 글로벌 정의라는 관념에 대해 점점 더 관심이 증가하고 있다. '인간안보'나 '인간개발'이 국가보다 사람들에 초점을 맞추는 것과 마찬가지로 글로벌 정의는 인간을 지위나 국적에 관계 없이 취급하는 문제로 고심한다 (Dietzel 2019). 이것은 국가가 개인보다 더 중요하고, 강력한 국가가 가장 중요한 재래의 강대국 정치와 긴장관계에 있다.

수많은 NSA는 글로벌 정의 실현을 촉진한다. 전통 언론 매체는 전 세계의 사건을 보도하여 불평등과 불의에 대한 인식을 높인다 (Boykoff 2006). 소셜미디어는 직접 경험을 전달하는 사용자 생성 콘텐츠를 퍼뜨린다 (Christians 2019; Ba 2021). 활동가들은 국제형사재판소나 혼합재판소를 통해 전쟁범죄나 인도주의 범죄에 대한 책무성을 주장한다. 법학자나 여타 지식공동체는 국제관계가 정의를 희생시키면서 안정성과 예측가능성을 우선시한다고 지적한다 (Ray 1999). NGO는 글로벌 공동체의 정치적 목소리들 사이의 간극을 메우고 불의를 밝혀낸다 (Macdonald and Macdonald 2022: 305-306).

불의는 국가의 행위로부터 초래될 수 있다. 예를 들어, 미국은 중동에서 테러 용의자를 공격하는 데 무인 드론을 사용하면서 민간인 희생을 초래했다. 미국정부는 그러한 공격이 국제법상 국가 주권이 거의 또는 전혀 미치지 않는 위치로 간주되는 '최전선 지역'에서 일어나는 것이라고 옹호해왔다. 그러한 변명이 주권을 침해당한 국가에 대한 보상을 불필요하게 만들지 모르지만, 민간인의 부상과 사망이라는 사실을 지울 수는 없다 (Nylan 2020: 628, 649). 또 다른 예로 이주, 특히 아프라키와 중동으로부터의 이주를 지연시키려 시도하는 EU의 이민정책을 들 수 있다. EU는 종교적, 문화적으로 매우 상이한 외국인의 대규모 유입이 유럽 경제와 사회를 불안정화할 수 있다는 이유를 든다 (Ceccorulli 2021). 그러나 이주를 막으면 전쟁, 기아, 범죄를 피해 도망치는 사람들의 삶을 더 어렵게 만들고, 지중해를 건너 EU로 들어가려던 많은 난민들의 사망으로 이어졌다.

또한 불의는 IGO의 행동에서도 발생한다. 예를 들어, 난민, 여성, 여타 취약한 사람들을 상대로 한 유엔 평화유지군의 성적 비행은 최소한 1990년대부터 문제가 되어 왔다. 군대를 파견한 나라만이 자국군에 대한 처벌을 할 수 있기 때문에 이 문제에 대응하기 어렵다. 이는 그러한 위법 행위를 밝히고 피해자를 위해 정의를 실현하는 유엔의 능력을 제약한다. IGO가 사람들을 도와준다고 내세우는 동안에도 그 사람들이 IGO의 활동으로 인해 피해를 입을 수 있다 (Reinold 2022).

제9장에서 언급했듯이, 여성에 대한 폭력이 여성의 권리침해로 인정된 사례와 같이 정의라는 문제와 관련해서 어느 정도 진전이 있었다. 그러나 글로벌거버넌스 행위자들이 정의의 문제를 완전히 극복할 수 있을지, 어떻게 극복할 수 있을지는 분명치 않다. 결국 불의는 세계의 매우 다양한 역사와 문화에 연결되어 있으며, 글로벌한 정의는 세계를 통합하는 하나의 역사나 문화 없이는 이루기 어려울 수 있기 때문이다 (Dietzel 2019).

글로벌거버넌스의 리더십에 대한 도전

정의, 정통성, 책무성의 도전에 대응하기 위해서는 리더십이 필요하다. 그 리더십은 강대국으로부터 나올 것인가? 모든 국가의 집단적 노력에서 나올 것인가? 국가 이외의 다른 행위자로부터 나올 것인가?

수십 년 동안 미국은 글로벌거버넌스의 리더

였다. 제2차 세계대전 이후 미국은 전후 '자유주의 세계질서'의 제도, 법률, 규범을 위한 자원과 비전을 제공했다. 브레턴우즈체제, 유엔체제, 그 질서의 여타 부분은 여전히 자리 잡고 있으나, 미국의 리더십은 더 이상 당연시되지 않는다. 국내 정치적 분열과 정부의 마비로 상당히 약화된 미국은 더 이상 글로벌거버넌스의 열성적이고 믿을 만한 리더가 아니다. 리더십의 물질적, 비물질적 비용을 부담할 미국의 의지와 능력이 없으면 글로벌거버넌스의 효과성은 쇠퇴할 것이다. 미국이 계속해서 노력한다고 해도 글로벌거버넌스는 책무를 다하고 있으며, 정당하고, 정의롭다고 보이지 않을 수 있다. 왜냐하면 미국은 자국의 이익을 추구하면서 자유주의 세계질서의 요소를 침해한 역사가 있기 때문이다.

글로벌거버넌스에 있어서 유럽연합은 완전히 미국을 대체한 적이 없으며 앞으로도 그렇지 않을 것이다. 2022년 러시아의 우크라이나 침공 후 일부 EU 회원국은 우크라이나에 무기를 지원했으나 EU 자체는 군사력이 부족하다. 더욱이 EU 내에는 브렉시트, 일부 EU 국가의 포퓰리즘적 민족주의 부상, 이민이나 국가 분담금에 대한 계속되는 이견 등에서 볼 수 있듯이 EU의 초국가적 속성에 관한 갈등으로 인해 단결된 정치 단위로서 기능하는 역량이 감소했다. 대규모의 인도주의적 지원을 제공했다고 자랑했지만 EU는 코로나19 감염병, 난민 유입, 러시아의 우크라이나 침공에 대응하는 데 어려움을 겪었다. 리더십은 민주적 가치 주장, 외교적-경제적 수단 동원, 규범에의 영향 이상을 필요로 한다. 종종 리더십은 단호한 군사력이나 집행력을 가진 권위를 필요로 하며, EU는 그것을 갖고 있지 않다.

중국은 다소 다른 세계질서 속에서 리더십 역할을 갈망하고 있으나 아직 미국의 리더십을 완전히 대체할 역량을 보여주지는 못했다. 중국은 이제는 개발도상국에서 강대국으로 전환 중이던 1980년대나 1990년대의 저자세 역할을 더 이상 하고 있지는 않다. 최근 중국은 경제력을 이용해서 군사력을 구축하고 있으며, 유엔 평화유지활동에 기여하고, 다양한 IGO에서 고위직에 도전하고 있다. 또 중국은 아시아인프라투자은행, 신개발은행과 같은 새로운 기구를 창설했다 (제8장). 그러나 중국은 WTO의 보조금 금지 규칙, WHO의 질병 보고 의무, 세계은행의 융자 조건, 인권보호, 남중국해 영유권 주장에 대한 상설중재재판소 판결과 같은 글로벌거버넌스의 특정 요소들에 저항하고 있다. 중국은 일대일로와 같은 사업에서 볼 수 있듯이 '선택적 다자주의'를 추구하고 있다 (제5장과 제8장). 자국이 창설하지 않은 글로벌거버넌스체제의 리더십 역할에 주저하면서 중국은 점점 더 자국 중심의 새로운 세계질서를 그리는 듯하다.

적절한 글로벌 리더십은 자국의 이익, 국내정치, 다양한 선호로 인해 제약을 받는 국가에서만 나오는 것은 아니다. 이는 국가로 구성된 현대의 IGO들도 마찬가지로 제약을 받음을 의미한다 (Weiss 2014). 다자주의는 '국가를 변형시키거나 그들이 국가보다 정치적 덕목을 더 잘 갖춘 합성된 주체를 창조할 수 있는 마술'이 아니다 (Claude 1988: 108).

일부 관찰자들은 NGO, 지식공동체, 기업, 자선재단과 같은 비국가행위자들에게 희망을 건다. 그러한 행위자들은 '전문성, 도덕성, 능력, 기타 국가로부터 독립적인 다른 원천'에 기반한 권위를 가진다 (Avant, Finnemore, and Sell 2010a: 357). 그러나 어떤 NSA도 군사, 경제, 사회, 외교적 역량을 국가처럼 갖추지 못한다.

오늘날의 세계에서 글로벌거버넌스를 위한 리더십은 다양한 영역에서 여러 형태로 나타난다. 어떤 하나의 행위자도 제2차 세계대전 후 미국처럼 압도적이지 않다. 그보다는 다양한 국가, 정부간기구, 비국가행위자, 심지어 유력한 개인들이 여러 측면의 리더십을 제공할 것이다. 그러나 그로부터 형성된 글로벌거버넌스가 효과성, 책무성, 정통성, 혹은 정의가 확보된다는 보장은 없다.

글로벌거버넌스의 필요성

요컨대 다양한 행위자들이 현대 글로벌거버넌스에 많은 기여를 해왔다. 그들은 의제를 형성하고, 아이디어를 확산시켰으며, 데이터를 제공하고, 목표를 추진하고, 적응과 개혁을 행했으며, 새로운 형태의 거버넌스를 개발했다. 그러나 거버넌스의 많은 활동들이 여전히 어려움에 직면해있다. 글로벌거버넌스 행위자들은 국가의 내부 갈등 대응, 국제적 규칙이나 의사결정의 집행, 매우 다양한 행위자들 사이의 조정, 위기에 대한 신속 대응, 광범위한 목표를 위한 장기적 사업의 관리에 어려움을 겪는다. 글로벌거버넌스는 효과성, 책무성, 정통성, 정의, 리더십과 관련하여 광범위하게 도전에 직면해있다.

이러한 도전과 어려움은 반글로벌주의자, 포퓰리스트, 국수주의자들에 의해서 더 증폭되어 왔다 (Zürn 2018; Copelovitch and Pevehouse 2019). 반글로벌주의자는 세계화와 글로벌거버넌스에 의해 가해진 폐해를 우려한다. 포퓰리스트들은 글로벌거버넌스가 보통 사람들의 피해를 대가로 엘리트를 위해서 엘리트에 의해서 행해지는 것이라고 매도한다. 국수주의자들은 글로벌거버넌스가 세계정부를 강요하고, 국가 주권을 제한하며, 자신들에게 영향을 미치는 문제에 대한 시민들의 발언권을 제한한다고 비난한다. 글로벌 노스는 반글로벌주의자, 포퓰리스트, 국수주의자들의 불평이 글로벌 사우스에서 나올 경우 이들을 더 쉽게 무시하지만, 오늘날 그러한 불평은 선진국의 시민들 사이에서도 광범위하게 나타난다.

그럼에도 불구하고 모든 글로벌거버넌스 행위자들이 위기에 처해있는 것은 아님을 인식하는 것이 중요하다. 예를 들어, 1985년부터 2020년 사이의 32개 국제기구에 관한 연구는 그들 중 매우 소수만이 심각한 비판을 경험했으며, 이러한 예외적인 사례들이 가장 많이 뉴스에 보도되었음을 발견했다. 1995년부터 2005년 사이의 반세계화 저항의 시기에 약간의 증가가 있었으며, 2015년부터 2020년 사이에 이들 국제기구에 대한 잘 알려진 도전이 있었다. 그러나 비판은 시간이 흐름에 따라 증가하지는 않았으며, 다수의 이해당사자들이 동시에 불평을 한 경우에만 국제기구에 타격을 입혔으며, 그 타격은 오래 가지 않았다. 비판을 받고 수년이 지나면 많은 국제기구들은 그들의 물적 자원, 활동의 범위, 의사결정 역량이 증가했다 (Sommerer et al. 2022).

글로벌거버넌스의 다양한 요소들이 없다면 세계는 더 상황이 안 좋을 것이다. 국경을 넘어서는 문제들이 발생하면 국경을 넘어서는 해결책을 강구하는 것이 합당하다. 핵무기, 테러, 빈곤, 식량안보, 이주, 자연재해, 감염병, 인신매매, 기후변화 등 '국경을 무시하는 문제들'은 이 책을 통해서 명확히 보여졌다. 인공지능이나 해저 채굴과 같은 새로운 문제들도 있다. 2022년 ChatGPT의 등장은 인공지능의 이용과 오남용에 대해 사람들이 더 많이 인식하도록 해주었으며, 국제해저기구가 2023년 해저 채굴에 관한 규제 설정에 실패한 것은 환경적, 경제적, 안보적 고려 사이의 긴장을 보여주었다. 따라서 국가, 정부간기구, 비정부기구들이 세계의 오래된, 새로운 '국경을 무시하는 문제들'을 해결할 수 있을지 불확실하다.

글로벌거버넌스는 불완전하지만, 그러나 여전히 필요하다. 만일 유엔이나 다른 형태의 글로벌거버넌스가 존재하지 않았다면 사람들은 그들을 재창조했을 것이다 (Weiss 2018: 1). 글로벌거버넌스가 '가족에서 국제기구에 이르기까지 인간 활동의 모든 수준에서의 규칙의 체계'를 포함하기 때문에(Rosenau 1995: 13), 궁극적인 결과뿐 아니라 그 기저에 있는 과정도 중요하다. 다시 말해 효과성이 중요하고, 책무성, 정통성, 정의, 리더십 또한 중요하다. 글로벌한 문제의 다양성을 고려하면 글로벌거버넌스를 포기하지 않고, 그 핵심 기구들을 개선하고 재활성화하여 미래에 더 잘 작동하도록 할 절실한 필요가 있다 (Weiss 2018).

추가 읽을거리

Dellmuth, Lisa, Jan Aart Scholte, Jonas Tallberg, and Soetkin Verhaegen. (2022) *Citizens, Elites, and the Legitimacy of Global Governance*. Oxford: Oxford University Press.

Johnson, Tana. (2020) "Ordinary Patterns in an Extraordinary Crisis: How International Relations Makes Sense of the COVID-19 Pandemic." *International Organization* 74:1 (Spring): 1–21.

Weiss, Thomas G. (2018) *Would the World Be Better without the UN?* Cambridge: Polity Press.

Zürn, Michael. (2018) *A Theory of Global Governance: Authority, Legitimacy, and Contestation*. Oxford: Oxford University Press.

Zweifel, Thomas. (2006) *International Organizations and Democracy: Accountability, Politics, and Power*. Boulder, CO: Lynne Rienner.

약어

A5 Arctic Five 북극 5개국

AB Appellate Body (WTO) 상소기구 (WTO)

ADB Asian Development Bank 아시아개발은행

AfCTA African Continental Free Trade Area (AU) 아프리카대륙자유무역지대 (AU)

AfDB African Development Bank 아프리카개발은행

AFTA ASEAN Free Trade Area 아세안자유무역지대

AIIB Asian Infrastructure Investment Bank 아시아인프라투자은행

AMISOM AU Mission in Somalia 아프리카연합 소말리아임무단

AOSIS Alliance of Small Island States 군소도서국가연합

APEC Asia-Pacific Economic Cooperation 아시아·태평양경제협력체

AQIM al-Qaeda in the Islamic Maghreb 알카에다 이슬람 마그레브

ARF ASEAN Regional Forum 아세안지역안보포럼

ASEAN Association of Southeast Asian Nations 동남아시아국가연합

AU African Union 아프리카연합

BIS Bank for International Settlements 국제결제은행

BIT bilateral investment treaty 양자 간 투자협정

BRI Belt and Road Initiative 일대일로 구상

BRICS Brazil, Russia, India, China, and South Africa 브라질, 러시아, 인도, 중국

BWC Biological Weapons Convention 생물무기금지협약

CAP Common Agricultural Policy (EU) 공동농업정책 (EU)

CBD Convention on Biological Diversity 생물다양성협약

CEDAW Convention on the Elimination of All Forms of Discrimination Against Women 여성차별철폐협약

CFC chlorofluorocarbon 염화불화탄소

CFSP common foreign and security policy (EU) 공동외교안보정책 (EU)

CITES Convention on International Trade in Endangered Species of Wild Fauna and Flora 멸종위기에 처한 야생동식물종의 국제거래에 관한 협약

CJEU Court of Justice of the European Union 유럽연합사법재판소

CMS Convention on the Conservation of Migratory Species 이동성 생물종 보존에 관한 협약

COP conference of the parties 당사국회의

COVAX COVID-19 Vaccines Global Access 코로나19 백신 글로벌접근

CSD Commission on Sustainable Development 지속가능발전위원회

CSDP Common Security and Defense Policy (EU) 공동안보방위정책(EU)

CSW Commission on the Status of Women (UN) 여성지위위원회

CTBT Comprehensive Test Ban Treaty 포괄적핵실험금지조약

CTBTO Comprehensive Test Ban Treaty Organization 포괄적핵실험금지조약기구

CTC Counter-Terrorism Committee (UN) 테러방지위원회 (유엔)

CTED Counter-Terrorism Executive Directorate (UN) 대테러사무국 (유엔)

CWC Chemical Weapons Convention 화학무기금지협약

DAC Development Assistance Committee (OECD) 개발원조위원회 (OECD)

DRC Democratic Republic of Congo 콩고민주공화국

DSG Deputy Secretary-General (UN) 사무차장

DSB Dispute Settlement Body (WTO) 분쟁해결기구 (WTO)

EBRD European Bank for Reconstruction and Development 유럽부흥개발은행

ECB European Central Bank 유럽중앙은행

ECHR European Court of Human Rights 유럽인권재판소

ECJ European Court of Justice 유럽사법재판소

ECLA Economic Commission for Latin America (CEPAL in Spanish) 라틴아메리카 경제위원회 (스페인어로 CEPAL)

ECLAC Economic Commission for Latin America and the Caribbean (UN)

ECOSOC Economic and Social Council (UN) 유엔 경제사회이사회

ECOWAS Economic Community of West African States 서아프리카경제공동체

ECSC European Coal and Steel Community 유럽석탄철강공동체

EEAS European External Action Service 유럽대외관계청

EEC European Economic Community (now known as European Union) 유럽경제공동체

ENB Environment, Natural Resources, and Blue Economy Global Practice 환경국

EP European Parliament 유럽의회

ESF Environmental and Social Framework (World Bank) 환경-사회 기본틀 (세계은행)

EU European Union 유럽연합

Euratom European Atomic Energy Community 유럽원자력공동체

FAO Food and Agriculture Organization 유엔 식량농업기구

FATF Financial Action Task Force 자금세탁방지기구

FDI foreign direct investment 외국인직접투자

FSC Forest Stewardship Council 삼림관리협의회

FTAA Free Trade Agreement of the Americas 미주자유무역협정

G-7 Group of Seven G7

G-8 Group of Eight G8

G-20 Group of 20 G20

G-77 Group of 77 G77

GATT General Agreement on Tariffs and Trade 관세 및 무역에 관한 일반협정

GAVI Global Alliance for Vaccines and Immunizations 세계백신면역연합

GCC Gulf Cooperation Council 걸프협력회의

GCM Global Compact for Safe, Orderly and Regular Migration 안전하고 질서 있는 정기적 이주를 위한 글로벌협약

GCR Global Compact on Refugees 난민을 위한 글로벌협약

GDP gross domestic product 국내총생산

GEF Global Environment Facility 지구환경기금

GOARN Global Outbreak Alert and Response Network 국제유행경보대응네트워크

HIPC Heavily Indebted Poor Countries Initiative 악성채무빈국 계획

HIPPO High-level Independent Panel on Peace Operations 평화작전에 관한 고위급 위원회

HLPF High-Level Political Forum on Sustainable Development 지속가능발전 고위급 정치포럼

HRC Human Rights Council (UN) 인권이사회 (유엔)

HRW	Human Rights Watch 휴먼라이츠워치
IAEA	International Atomic Energy Agency 국제원자력기구
IATA	International Air Transport Association 국제항공운송협회
IACHR	Inter-American Commission on Human Rights 미주 인권재판소
IBRD	International Bank for Reconstruction and Development (also known as World Bank) 국제부흥개발은행 (세계은행으로도 알려짐)
ICAAN	Internet Corporation for Assigned Names and Numbers 국제인터넷주소관리기구
ICAO	International Civil Aviation Organization 국제민간항공기구
ICAN	International Coalition to Abolish Nuclear Weapons 핵무기폐기 국제캠페인
ICBL	International Campaign to Ban Landmines 국제지뢰금지운동
ICC	International Criminal Court 국제형사재판소
ICG	International Crisis Group 국제위기그룹
ICISS	International Commission on Intervention and State Sovereignty 개입과 국가주권에 관한 국제위원회
ICJ	International Court of Justice 국제사법재판소
ICRC	International Committee of the Red Cross 국제적십자위원회
ICSID	International Centre for the Settlement of Investment Disputes (World Bank) 국제투자분쟁해결센터 (세계은행)
ICSU	International Council of Scientific Unions 국제과학연맹위원회
ICTR	International Criminal Tribunal for Rwanda 르완다 국제형사재판소
ICTY	International Criminal Tribunal for the Former Yugoslavia 구유고슬라비아 국제형사재판소
IDA	International Development Association 국제개발협회
IDB	Inter-American Development Bank 미주개발은행
IDP	internally displaced person 국내 실향민
IFAD	International Fund for Agricultural Development 국제농업개발기금
IFC	International Finance Corporation 국제금융공사
IFOR	Implementation Force (NATO force in former Yugoslavia) 평화이행부대(구 유고슬라비아 NATO 주둔군)
IFRC	International Federation of the Red Cross and Red Crescent Societies 국제적십자사연맹
IGO	intergovernmental organization 정부간기구

IHRs	International Health Regulations 국제보건규정
ILGA	International Lesbian, Gay, Bisexual, Trans, and Intersex Association 국제 레즈비언, 게이, 양성애자, 트랜스젠더 및 인터섹스 협회
ILO	International Labour Organization 국제노동기구
IMF	International Monetary Fund 국제통화기금
IMO	International Maritime Organization 국제해사기구
INGO	international nongovernmental organization 국제비정부기구
INSTRAW	International Research and Training Institute for the Advancement of Women (UN) 국제여성연구훈련원 (유엔)
INTERPOL	International Criminal Police Organization 국제 경찰기구
IO	international organization 국제기구
IOM	International Organization for Migration 국제이주기구
IPCC	Intergovernmental Panel on Climate Change (UN) 유엔 기후변화에 관한 정부간패널
IPI	International Peace Institute 국제평화연구소
IR	international relations 국제관계학
ISAF	International Security Assistance Force 국제안보지원군
ISIL	Islamic State of Iraq and the Levant 이라크 레반트 이슬람국가
ISIS	Islamic State of Iraq and Syria 이라크 시리아 이슬람국가
ISO	International Organization for Standardization 국제표준화기구
ITO	International Trade Organization 국제무역기구
ITU	International Telecommunication Union 국제전기통신연합
IUCN	International Union for the Conservation of Nature and Natural Resources (now known as IUCN-World Conservation Union) 국제자연보전연맹 (현재는 IUCN-세계자연보호연맹[World Conservation Union]으로 알려져 있음)
JCPOA	Joint Comprehensive Plan of Action 포괄적 공동행동계획
LGBTI	lesbian, gay, bisexual, transgender, and intersex 성소수자(레즈비언, 게이, 양성애자, 트랜스젠더, 인터섹스)
MDGs	Millennium Development Goals 새천년개발목표
MEA	multilateral environmental agreement 다자간 환경협정
Mercosur	Common Market of the South (Mercado Común del Sur) 남미공동시장 (Mercado Común del Sur)
MINUSMA	Multidimensional Integrated Stabilization Mission in Mali 말리 다차

원 통합 안정화 임무단

MNC multinational corporation 다국적기업

MONUC UN Organization Mission in the Democratic Republic of Congo 콩고민주공화국 유엔 임무단

MONUSCO UN Organization Stabilization Mission in the Democratic Republic of Congo 콩고민주공화국 유엔 안정화 임무단

MSF Médecins Sans Frontières (Doctors Without Borders in English) 국경없는 의사회

NAFTA North American Free Trade Agreement 북미자유무역협정

NAM Non-Aligned Movement 비동맹운동

NATO North Atlantic Treaty Organization 북대서양조약기구

NEPAD New Partnership for Africa's Development 아프리카 개발을 위한 신파트너십

NDB New Development Bank 신개발은행

NDCs nationally determined commitments 국가결정 기여

NGO nongovernmental organization 비정부기구

NPT Nuclear Non-Proliferation Treaty 핵확산금지조약

NSA nonstate actor 비국가행위자

OAS Organization of American States 미주기구

OAU Organization of African Unity 아프리카통일기구

OCHA Office for Coordination of Humanitarian Affairs (UN) 유엔 인도주의 업무조정국

OCHCR Office of the High Commissioner for Human Rights (UN) 유엔 인권고등판무관실

ODA official development assistance 공적개발원조

OECD Organisation for Economic Co-operation and Development 경제협력개발기구

OEEC Organisation for European Economic Cooperation 유럽 경제협력기구

OIC Organisation of Islamic Cooperation 이슬람협력기구

OPCW Organisation for the Prohibition of Chemical Weapons 화학무기금지기구

OPEC Organization of the Petroleum Exporting Countries 석유수출국기구

OSCE Organization for Security and Co-operation in Europe 유럽안보협력기구

P-5	five permanent members of the UN Security Council 유엔 안전보장이사회 상임이사국
P-5+1	P-5 plus Germany 상임이사국+1(독일)
PA	principal-agent 주인-대리인
PBC	Peacebuilding Commission (UN) 유엔 평화구축위원회
PCA	Permanent Court of Arbitration 상설중재재판소
PCIJ	Permanent Court of International Justice 상설국제사법재판소
PHEIC	public health emergency of international concern 국제적 우려를 동반하는 공중보건 비상사태
POC	protection of civilians 민간인보호
PPP	public-private partnership 공공-민간 파트너십
PSC	Peace and Security Council (AU) 평화안보이사회 (AU)
PTA	preferential trade agreement 특혜무역협정
R2P	responsibility to protect 보호할 책임
SADC	Southern African Development Community 남아프리카개발공동체
SAP	structural adjustment program (IMF) 구조조정 프로그램 (IMF)
SARS	severe acute respiratory syndrome 중증급성호흡기증후군
SCO	Shanghai Cooperation Organization 상하이협력기구
SDGs	Sustainable Development Goals 지속가능발전목표
SEA	Single European Act (EU) 단일유럽의정서 (EU)
SIPRI	Stockholm International Peace Research Institute 스톡홀름 국제평화연구소
SRSG	Special Representative of the Secretary-General (UN) 유엔 사무총장 특별대표
START	Strategic Arms Reduction Treaty 전략무기감축협정
SWAPO	South West Africa People's Organisation (Namibia) 남서아프리카인민기구 (나미비아)
SWF	sovereign wealth fund 국부펀드
SWIFT	Society for Worldwide Interbank Financial Telecommunication 국제은행간통신협회
TAN	transnational advocacy network 초국가적 옹호네트워크
TPNW	Treaty on the Prohibition of Nuclear Weapons 핵무기금지조약
TRAFFIC	Trade Records Analysis of Flora and Fauna in Commerce 동식물 무역거래 기록 분석

UAE	United Arab Emirates 아랍에미리트
UCG	unconstitutional change of government 비헌법적 정부변화
UDHR	Universal Declaration of Human Rights 세계인권선언
UIA	Union of International Associations 국제협회연합
UN	United Nations 유엔(국제연합)
UNAIDS	UN Joint Programme on HIV/AIDS 유엔 HIV/AIDS 합동프로그램
UNASUR	Union of South American Nations 남미국가연합
UNCED	UN Conference on the Environment and Development (Rio Conference) 유엔 환경개발회의 (리우회의)
UNCLOS	UN Convention on the Law of the Sea 유엔해양법협약
UNCTAD	UN Conference on Trade and Development 유엔 무역개발회의
UNDP	UN Development Programme 유엔개발계획
UNEF	UN Emergency Force 유엔 긴급군
UNEP	UN Environment Programme 유엔환경계획
UNESCO	UN Educational, Scientific and Cultural Organization 유엔 교육과학문화기구
UNFCCC	UN Framework Convention on Climate Change 유엔 기후변화기본협약
UNFPA	UN Fund for Population Activities 유엔인구기금
UNHCHR	UN High Commissioner for Human Rights 유엔 인권고등판무관
UNHCR	UN High Commissioner for Refugees 유엔 난민고등판무관
UNICEF	UN Children's Fund 유엔아동기금
UNIFEM	UN Development Fund for Women 유엔여성개발기금
UNIFIL	UN Interim Force in Lebanon 유엔 레바논 임시주둔군
UNIIMOG	UN Iran-Iraq Military Observer Group 유엔 이란-이라크군사감시단
UNITA	National Union for the Total Independence of Angola 앙골라 완전독립민족연합
UNITAF	United Task Force on Somalia (also known as Operation Restore Hope) 소말리아 통합특별군(희망회복작전으로도 알려짐)
UNMEER	United Nations Mission for Ebola Emergency Response 에볼라 비상대응을 위한 유엔 임무
UNMISS	UN Mission in South Sudan 유엔 남수단 임무단
UNOCHA	UN Office for the Coordination of Humanitarian Affairs 유엔 인도주의 업무조정국

UNODC	UN Office on Drugs and Crime 유엔 마약범죄사무소
UNOSOM	UN Operation in Somalia 유엔 소말리아 활동
UNPROFOR	UN Protection Force for Yugoslavia 유고슬라비아 유엔 보호군
UNSCOM	UN Special Commission for the Disarmament of Iraq 유엔 이라크 군축 특별위원회
UNSG	UN Secretary-General 유엔 사무총장
UNTAC	UN Transitional Authority in Cambodia 유엔 캄보디아 과도통치기구
UNTAG	UN Transition Assistance Group in Namibia 유엔 나미비아 과도기지원단
UPR	Universal Periodic Review 보편적 정례 검토
UPU	Universal Postal Union 만국우편연합
USMCA	US-Mexico-Canada Agreement 미국-멕시코-캐나다협정
WEF	World Economic Forum 세계경제포럼
WFP	World Food Programme 세계식량계획
WHA	World Health Assembly 세계보건총회
WHO	World Health Organization 세계보건기구
WMD	weapon of mass destruction 대량살상무기
WMO	World Meteorological Organization 세계기상기구
WPS	Women, Peace and Security Agenda (UN)
WSIS	World Summit on the Information Society 정보사회 세계정상회의
WTO	World Trade Organization 세계무역기구
WWF	World Wide Fund for Nature 세계자연기금

참고문헌

Abbott, Kenneth W., Philipp Genschel, Duncan Snidal, and Bernhard Zangl, eds. (2015) *International Organizations as Orchestrators*. New York: Cambridge University Press.

Abbott, Kenneth W., Jessica F. Green, and Robert O. Keohane. (2016) "Organizational Ecology and Institutional Change in Global Governance." *International Organization* 70:2 (Spring): 247–277.

Abbott, Kenneth W., Robert O. Keohane, Andrew Moravcsik, Anne-Marie Slaughter, and Duncan Snidal. (2000) "The Concept of Legalization." *International Organization* 54:3 (Summer): 401–419.

Abbott, Kenneth W., and Duncan Snidal. (1998) "Why States Act Through Formal International Organizations." *Journal of Conflict Resolution* 42:1 (February): 3–32.

_____. (2021) *The Spectrum of International Institutions: An Interdisciplinary Collaboration on Global Governance*. New York: Routledge.

Abrams, Jesse, Erik Nielson, Diana Diaz, Theresa Selfa, Erika Adams, Jennifer Dunn, and Cassandra Mosely. (2018) "How Do States Benefit from Non-State Governance? Evidence from Forest Sustainability Certification." *Global Environmental Politics* 18:3 (August): 66–85.

Acemoglu, Daron, and James Robinson. (2012) *Why Nations Fail: The Origins of Power, Prosperity, and Poverty*. New York: Crown.

Acharya, Amitav. (1997) "Ideas, Identity, and Institution-Building: From the 'ASEAN Way' to the ' Asia-Pacific Way'?" *Pacific Review* 10:3: 319–346.

_____. (2001) *Constructing a Security Community in Southeast Asia: ASEAN and the Problem of Regional Order*. New York: Routledge.

_____. (2004) "How Ideas Spread: Whose Norms Matter? Norm Localization and Institutional Change in Asian Regionalism." *International Organization* 58:2 (Spring): 239–275.

_____. (2007a) "The Emerging Regional Architecture of World Politics." *World Politics* 59 (July): 629–652.

_____. (2007b) "Regional Institutions and Security in the Asia-Pacific: Evolution, Adaptation, and Prospects for Transformation." In *Reassessing Security Cooperation in the Asia-Pacific: Competition, Congruence, and Transformation*, edited by Amitav Acharya and Evelyn Goh. Cambridge: MIT Press, pp. 19–40.

_____. (2012) *The Making of Southeast Asia: International Relations of a Region*. Ithaca: Cornell University Press.

_____. (2014) *The End of American World Order*. Malden, MA: Polity Press.

_____. (2016a) "Rethinking Demand, Purpose and Progress in Global Governance: An Introduction." In *Why Govern? Rethinking Demand and Progress in Global Governance*, edited by Amitav Acharya. New York: Cambridge University Press, pp. 1–27.

_____. (2016b) "Regionalism Beyond EU-Centrism." In *The Oxford Handbook of Comparative Regionalism*, edited by Tanja A. Börzel and Thomas Risse. New York: Oxford University Press, pp. 109–130.

_____. (2017) "The Myth of ASEAN Centrality?" *Contemporary Southeast Asia* 39:2: 273–279.

Acharya, Amitav, and Barry Buzan. (2017) "Why is There No Non-Western International Relations Theory?" *International Relations of the Asia-Pacific* 17:3 (September): 341–370.

Acharya, Amitav, and Alastair Ian Johnston. (2007) "Conclusion: Institutional Features, Cooperation Effects, and the Agenda for Further Research on Comparative Regionalism." In *Crafting Cooperation: Regional International Institutions in Comparative Perspective*, edited by Amitav Acharya and Alastair Ian Johnston. Cambridge: Cambridge University Press, pp. 244–278.

Adebajo, Adekeye. (2014) "UN Peacekeeping and the Quest for a Pax Africana." *Current History*

113:763 (May): 178–184.

Adler-Nissen, Rebecca, and Kristin Anabel Eggeling. (2022) "Blended Diplomacy: The Enlargement and Contestation of Digital Technologies in Everyday Diplomatic Practice." *European Journal of International Relations* 28:3: 640–666.

African Court of Human and Peoples Rights. (2023) "Statistics." https://www..african-court.org/wpafc/.

African Union. (2015) *Agenda 2063: The Africa We Want*. https://au.int/en/agenda2063/overview.

Akbarzadeh, Shadram, and Kylie Connor. (2005) "The Organization of the Islamic Conference: Sharing an Illusion." *Middle East Policy* 12:2 (May): 79–92.

Aklin, Michael, and Johannes Urpelainen. (2014) "The Global Spread of Environmental Ministries: Domestic-International Interactions." *International Studies Quarterly* 58:4 (December): 764–780.

Alden, Chris, and Daniel Large. (2015) "On Becoming a Norms Maker: Chinese Foreign Policy, Norms Evolution and the Challenges of Security in Africa." *China Quarterly* 221 (March): 123–142.

Aldrich, George H., and Christine M. Chinkin. (2000) "A Century of Achievement and Unfinished Work." *American Journal of International Law* 94:1 (January): 90–98.

Alger, Chadwick F. (2002) "The Emerging Roles of NGOs in the UN System: From Article 71 to a People's Millennium Assembly." *Global Governance* 8:1 (January–March): 93–117.

_____. (2007) "Widening Participation." In *The Oxford Handbook on the United Nations*, edited by Thomas G. Weiss and Sam Daws. New York: Oxford University Press, pp. 701–715.

Al-Qassab, Abdulwahab, Khalil E. Jahshan, Tamara Kharroub, Imad K. Harb, Radwan Ziadeh, Nabeel A. Khoury, and Sheila Carapico. (2020) "The Arab Leagues Many Failures." Arab Center (October 8). https://arabcenterdc.org/resource/the-arab-leagues-many-failures/.

Alter, Karen J. (2013) "The Multiple Roles of International Courts and Tribunals in Enforcement, Dispute Settlement, Constitutional and Admin istrative Review." In *Interdisciplinary Perspectives on International Law and International Relations*, edited by Jeffrey L. Dunoff and Mark A. Pollack. New York: Cambridge University Press, pp. 345–370.

_____. (2014) *The New Terrain of International Law: Courts, Politics, Rights*. Princeton: Princeton University Press.

Alter, Karen J., and Liesbet Hooghe. (2016) "Regional Dispute Settlement." In *The Oxford Handbook of Comparative Regionalism*, edited by Tanja A. Börzel and Thomas Risse. New York: Oxford University Press, pp. 538–558.

Alter, Karen J., and Kal Raustiala. (2018) "The Rise of Regime Complexity." *PS: Annual Review of Law and Social Science* (14): 329–348.

Anderson-Rodgers, David, and Kerry F. Crawford. (2023) *Human Security: Theory and Action*, 2nd ed. Lanham, MD: Rowman and Littlefield.

Andonova, Liliana B. (2010) "Public-Private Partnerships for the Earth: Politics and Patterns of Hybrid Authority in the Multilateral System." *Global Environmental Politics* 10:2 (May): 25–53.

_____. (2017) *Governance Entrepreneurs: International Organizations and the Rise of Global Public-Private Partnerships*. New York: Cambridge University Press.

Ani, N. C. (2021) "Coup or Not Coup: The African Union and the Dilemma of 'Popular Uprisings' in Africa." *Democracy and Security* 17:3: 257–277.

Aniche, E.T. (2020) "From Pan-Africanism to African Regionalism: A Chronicle."

African Studies 79:1: 70–87.

Annan, Kofi. (1999) *Annual Report of the Secretary-General to the General Assembly*. SG/SM/7136 GA/9596 (September 20).

_____. (2000) "We the Peoples: The Role of the United Nations in the 21st Century." www.un.org/millennium/sg/report/full.htm.

_____. (2005) *In Larger Freedom: Towards Development, Security, and Human Rights for All*. Report of the UN Secretary-General. www.un.org/largerfreedom/contents.htm.

Arbour, Louise. (2014) "The Relationship Between the ICC and the UN Security Council." *Global Governance* 20:2 (April–June): 195–201.

ARC International. (2008) "Joint Statement on Human Rights, Sexual Orientation and Gender Identity." (December 18). https://arc-international.net/global-advocacy/sogi-statements/2008-joint-statement/.

Archibugi, Daniele, Marco Cellini, and Mattia Vitiello. (2021) "Refugees in the European Union: From Emergency Alarmism to Common Management." *Journal of Contemporary European Studies* 30:3: 487–505.

Aris, Stephen. (2013) *Shanghai Cooperation Organization: Mapping Multilateralism in Transition*. New York: International Peace Institute.

Arnold, Christian. (2016) "Empty Promises and Nonincorporation in Mercosur." *Empirical and Theoretical Research in International Relations* 43:4: 643–667.

Arnold-Fernandez, Emily E. (2019) "National Governance Frameworks in the Global Compact on Refugees: Dangers and Opportunities." *International Migration* 57:6 (December): 188–207.

Atwood, J. Brian. (2012) *Creating a Global Partnership for Effective Development Cooperation*. Washington, DC: Center for Global Development.

Autesserre, Séverine. (2010) *The Trouble with the Congo: Local Violence and the Failure of International Peacebuilding*. New York: Cambridge University Press.

______. (2014) *Peaceland: Conflict Resolution and the Everyday Politics of International Intervention*. New York: Cambridge University Press.

Avant, Deborah D., Martha Finnemore, and Susan K. Sell. (2010a) "Conclusion: Authority, Legitimacy, and Accountability in Global Politics." In *Who Governs the Globe?* edited by Deborah D. Avant, Martha Finnemore, and Susan K. Sell. New York: Cambridge University Press, pp. 356–370.

______, eds. (2010b) *Who Governs the Globe?* New York: Cambridge University Press.

______. (2010c) "Who Governs the Globe?" In *Who Governs the Globe?* edited by Deborah D. Avant, Martha Finnemore, and Susan K. Sell. New York: Cambridge University Press, pp. 1–34.

Ayangafac, Chrysantus, and Jakkie Cilliers. (2011) "African Solutions to African Problems." In *Rewiring Regional Security in a Fragmented World*, edited by Chester A. Crocker, Fen Osler Hampson, and Pamela Aall. Washington, DC: US Institute of Peace, pp. 115–148.

Ayoob, Mohammed. (2020) "The UN and North-South Relations in the Security Agenda. *Global Governance* 26:2: 251–261.

Ba, Alice D. (2006) "Who's Socializing Whom? Complex Engagement in Sino-ASEAN Relations." *Pacific Review* 19:2: 157–179.

______. (2014) "Institutional Divergence and Convergence in the Asia-Pacific? ASEAN in Practice and Theory." *Cambridge Review of International Affairs* 27:2 (June): 295–318.

Ba, Oumar. (2021) "Global Justice and Race." *International Politics Reviews* 9:2 (December): 375–389.

Baldwin, David A., ed. (1993) *Neorealism and Neoliberalism: The Contemporary Debate*. New York: Columbia University Press.

Banjo, Damilola. (2022) "Trending UN News: Week Ending Oct. 14." *PassBlue*. https://www.passblue.com/2022/10/14/trending-un-news-week-ending-oct-14/.

______. (2023) "From a Paid Internship to a Nobel Peace Prize: The Amazing Journey of Beatrice Fihn." *PassBlue* (January 22). https://www.passblue.com/2023/01/22/from-a-paid-internship-to-a-nobel-peace-prize-the-amazing-journey-of-beatrice-fihn/.

Barber, Rebecca. (2019) "Uniting for Peace Not Aggression: Responding to Chemical Weapons in Syria Without Breaking the Law." *Journal of Conflict and Security Law* 24:1 (Spring): 71–110.

Barnett, Michael. (2002) *Eyewitness to a Genocide: The United Nations and Rwanda*. Ithaca: Cornell University Press.

______. (2011) *Empire of Humanity: A History of Humanitarianism*. Ithaca: Cornell University Press.

Barnett, Michael, ed. (2020) *Humanitarianism and Human Rights: A World of Differences?* New York: Cambridge University Press.

Barnett, Michael, and Raymond Duvall. (2005) "Power in Global Governance." In *Power in Global Governance*, edited by Michael Barnett and Raymond Duvall. New York: Cambridge University Press, pp. 1–32.

Barnett, Michael, Songying Fang, and Christoph Zürcher. (2014) "Compromised Peacebuilding." *International Studies Quarterly* 58:3 (September): 608–620.

Barnett, Michael, and Martha Finnemore. (1999) "The Politics, Power, and Pathologies of International Organizations." *International Organization* 53:4 (Autumn): 699–732.

______. (2004) *Rules for the World: International Organizations in Global Politics*. Ithaca: Cornell University Press.

______. (2005) "The Power of Liberal International Organizations." In *Power in Global Governance*, edited by Michael Barnett and Raymond Duvall. New York: Cambridge University Press, pp. 161–184.

Barnett, Michael, Hunjoon Kim, Madalene O'Donnell,

and Laura Sitea. (2007) "Peacebuilding: What Is in a Name?" *Global Governance* 13:1 (January–March): 35–58.

Bauer, Steffen. (2006) "Does Bureaucracy Really Matter? The Authority of Intergovernmental Treaty Secretariats in Global Environmental Politics." *Global Environmental Politics* 6:1 (February): 23–49.

Baum, Matthew, and Philip Potter. (2008) "The Relationships between Mass Media, Public Opinion, and Foreign Policy: Toward a Theoretical Synthesis." *Annual Review of Political Science* 11:1: 39–65.

Beeson, Mark. (2019) "Asia's Competing Multilateral Initiatives: Quality versus Quantity." *Pacific Review* 32:2: 245–255.

_____. (2020) "The Great ASEAN Rorschach Test." *Pacific Review* 33:3–4: 574–581.

Beisheim, Marianne, and Nils Simon (2018) "Multistakeholder Partnerships for the SDGs: Actors' Views on UN Metagovernance." *Global Governance* 24:4 (October–December): 497–515.

Belfer, Ella, James Ford, Michelle Maillet, Malcolm Araos, and Melanie Flynn. (2019) "Pursuing an Indigenous Platform: Exploring Opportunities and Constraints for Indigenous Participation in the UNFCCC." *Global Environmental Politics* 19:1 (February): 12–33.

Benedick, Richard Elliot. (1998) *Ozone Diplomacy: New Directions in Safeguarding the Planet*. Enlarged ed. Cambridge: Harvard University Press.

Benneker, Violet, Klarita Gërxhani, and Stephanie Steinmetz. (2020) "Enforcing Your Own Human Rights? The Role of Social Norms in Compliance with Human Rights Treaties." *Social Inclusion* 8:1: 184–193.

Bennett, A. LeRoy. (1995) *International Organizations: Principles and Issues*. 6th ed. Englewood Cliffs, NJ: Prentice Hall.

Bernauer, Thomas, Anna Kalbhenn, Vally Koubi, and Gabriele Spilker. (2013) "Is There a 'Depth Versus Participation' Dilemma in International Cooperation?" *Review of International Organizations* 8: 477–497.

Best, Jacqueline. (2017) "The Rise of Measurement-Driven Governance: The Case of International Development." *Global Governance* 23:2 (April–June): 163–181.

Betsill, Michele M. (2007) "Regional Governance of Global Climate Change: The North American Commission for Environmental Cooperation." *Global Environmental Politics* 7:2 (May): 11–27.

Betsill, Michele M., and Elisabeth Corell, eds. (2008) *NGO Diplomacy: The Influence of Nongovernmental Organizations in International Environmental Negotiations*. Cambridge: MIT Press.

Betts, Alexander. (2011) "Introduction: Global Migration Governance. In *Global Migration Governance*, edited by Alexander Betts. Oxford, UK: Oxford University Press, pp. 1–33.

_____. (2013) "Regime Complexity and International Organizations: UNHCR as a Challenged Institution." *Global Governance* 19:1 (January–March): 69–81.

Bexell, Magdalena, Kristina Jonssön, Anders Uhlin, eds. (2022) *Legitimation and Delegitimation in Global Governance: Practices, Justifications, and Audiences*. New York: Oxford University Press.

Bhagwati, Jagdish.. (2008) *Termites in the Trading System: How Preferential Agreements Undermine Free Trade*. New York: Oxford University Press.

Bianculli, Andrea C. (2016) "Latin America." In *The Oxford Handbook of Comparative Regionalism*, edited by Tanja A. Börzel and Thomas Risse. New York: Oxford University Press, pp. 154–177.

Biermann, Frank. (2012) "Navigating the Antropocene: Improving Earth System Governance." *Science* 335 (March 16): 1306–1307.

Biermann, Frank, and Steffen Bauer, eds. (2005) *A World Environment Organization: Solution or Threat for Effective International Environmental Governance?* Aldershot: Ashgate.

Biermann, Frank, and Philipp Pattberg. (2012) "Global Environmental Governance Revisited." In *Global Environmental Governance Revisited*, edited by Frank Biermann and Philipp Pattberg. Cambridge: MIT Press, pp. 1–23.

Biermann, Frank, and Bernd Siebenhüner, eds. (2009) *Managers of Global Change: The Influence of International Environmental Bureaucracies*. Cambridge: MIT Press.

_____. (2013) "Problem Solving by International Bureaucracies: The Influence of International Secretariats on World Politics." In *Routledge Handbook of International Organization*, edited by Bob Reinalda. New York: Routledge, pp. 149–161.

Biersteker, Thomas, Sue E. Eckert, and Marcos Tourinho, eds. (2016) *Targeted Sanctions: The Impacts and Effectiveness of United Nations Action*. New York: Cambridge University Press.

Biersteker, Thomas J., Marcos Tourinho, and Sue E. Eckert. (2016) "Conclusion." In *Targeted Sanctions: The Impacts and Effectiveness of United Nations Action*, edited by Thomas J. Biersteker, Sue E. Eckert and Maria Tourinho. New York: Cambridge University Press, pp. 265–279.

Birnbaum, Michael. (2023) "How a Small Island Got World's Highest Court to Take on Climate Justice." *Washington Post* (March 29).

Blackmon, Pamela. (2021) "The Lagarde Effect: Assessing Policy Change under the First Female Managing Director of the International Monetary Fund (IMF)." *Global Society* 35:2: 171–190.

Blondell, Mathieu, Jeff Colgan, and Thies Van de Graaf. (2019) "What Drives Norm Success? Evidence from Anti-Fossil Fuel Campaigns." *Global Environmental Politics* 19:4 (November): 63–84.

Bob, Clifford. (2005) *The Marketing of Rebellion: Insurgents, Media, and International Activism*. New York: Cambridge University Press.

______. (2010) "Packing Heat: Pro-Gun Groups and the Governance of Small Arms." In *Who Governs the Globe?* edited by Deborah D. Avant, Martha Finnemore, and Susan K. Sell. New York: Cambridge University Press, pp. 183–201.

______. (2019) *Rights as Weapons: Instruments of Conflict, Tools of Power*. Princeton, NJ: Princeton University Press.

Bodin, Jean. (1967) *Six Books on the Commonwealth*. Oxford: Blackwell. Borg-Barthet, Justin and Carole Lyons. (2016) "The European Union Migration Crisis." *Edinburgh Law Review* 20:2 (May): 230–235.

Borland, Robert, Robert Morrell, and Vanessa Watson. (2018) "Southern Agency: Navigating Local and Global Imperatives in Climate Research." *Global Environmental Politics* 18:3 (August): 47–65.

Börzel, Tanja A., and Thomas Risse. (2016) "Introduction: Framework of the Handbook and Conceptual Clarification." In *The Oxford Handbook of Comparative Regionalism*, edited by Tanja A. Börzel and Thomas Risse. New York: Oxford University Press, pp. 3–15.

______. (2019) "Grand Theories of Integration and the Challenges of Comparative Regionalism." *Journal of European Public Policy* 26:8, 1231–1252.

Bosch, Olivia, and Peter van Ham. (2007) "UNSCR 1520: Its Future and Contribution to Global Non-Proliferation and Counter-Terrorism." In *Global Non-Proliferation and Counter-Terrorism: The Impact of UNSCR 1540*, edited by Olivia Bosch and Peter van Ham. London: Chatham, pp. 207–226.

Boserup, Ester. (1970) *Woman's Role in Economic Development*. New York: St. Martin's Press.

Boucher, Alix and Caty Clemont. (2016) "Coordination of United Nations Sanctions with Other Actors and Instruments." In *Targeted Sanctions: The Impacts and Effectiveness of United Nations Action*, edited by Thomas J. Biersteker, Sue E. Eckert and Maria Tourinho. New York: Cambridge University Press, pp. 119–149.

Boutros-Ghali, Boutros. (1992) *An Agenda for Peace: Preventive Diplomacy, Peacemaking, and Peacekeeping*. New York: United Nations.

______. (1995) *An Agenda for Development*. New York: United Nations. Bower, Adam. (2019) "Contesting the International Criminal Court: Bashir, Kenyatta and the Status of the Non-impunity Norm in World Politics." *Global Security Studies* 4:1 (January): 88–104.

Boykoff, Jules. (2006) "Framing Dissent: Mass-Media Coverage of the Global Justice Movement." *New Political Science* 28:2 (June): 201–228.

Braaten, Daniel. (2021) "Human Rights: What Does the Future Hold?" *International Studies Review* 23:3 (September): 1164–1178.

Bradford, Ann. (2020) *The Brussels Effect: How the European Union Rules the World*. New York: Oxford University Press.

Bradley, Megan. (2017) "The International Organization for Migration (IOM): Gaining Power in the Forced Migration Regime." *Refuge* 33:1: 97–106.

Bradsher, Keith. (2023) "After Doling Out Huge Loans, China Is Now Bailing Out Countries." *New York Times* (March 27).

Branswell, Helen. (2020) "'Against All Odds' The Inside Story of How Scientists Across Three Continents Produced an Ebola Vaccine." *STAT* (January 7). https://www.statnews.com/2020/01/07/inside-story-scientists-produced-world-first-ebola-vaccine/.

Breitmeier, Helmut, Arild Underdal, and Oran R. Young. (2011) "The Effectiveness of International Environmental Regimes: Comparing and Contrasting Findings from Quantitative Research." *International Studies Review* 134 (December): 579–605.

Brewster, Rachel. (2013) "Reputation in International Relations and International Law." In *Interdisciplinary Perspectives on International Law and*

International Relations: The State of the Art, edited by Jeffrey Dunoff and Mark A. Pollack. New York: Cambridge University Press, pp. 197–222.

Briceño-Ruiz, José. (2018) "Times of Change in Latin American Regionalism." *Contexto International* 40:3 (September/December): 573–592.

Brown, Lester, Patricia P. McGrath, and Bruce Stokes. (1976) "Twenty-Two Dimensions of the Population Problem." Worldwatch Paper 5. Washington, DC: Worldwatch Institute.

Brown, Mark Malloch. (2008) "The John W. Holmes Lecture: Can the UN Be Reformed?" *Global Governance* 14:1 (January–March): 1–12.

Browne, Stephen. (2022) "The UN in Crisis: Big Powers and Bad Influence." *Pass-Blue* (August 22). www.passblue.com/2022/08/22/the-un-in-crisis-big-powers-and-bad-influence/.

Brysk, Allison. (2018) *The Future of Human Rights*. New York: Polity.

Brzezinski, Zbigniew. (1989) *The Grand Failure: The Birth and Death of Communism in the Twentieth Century*. New York: Scribner's.

Buergenthal, Thomas. (1995) *International Human Rights in a Nutshell*. 2nd ed. St. Paul: West.

Bull, Hedley. (1977) *The Anarchical Society: A Study of Order in World Politics*. New York: Columbia University Press.

Bunch, Charlotte. (1990) "Women's Rights Are Human Rights: Toward a Re-Vision of Human Rights." *Human Rights Quarterly* 12:4: 486–500.

Buntaine, Mark. (2015) "Accountability in Global Governance: Civil Society Claims for Environmental Performance at the World Bank." *International Studies Quarterly* 59:1 (March): 99–111.

Buntaine, Mark T., and Bradley C. Parks. (2013) "When Do Environmentally Focused Assistance Projects Achieve Their Objectives? Evidence from World Bank Post-Project Evaluations." *Global Governmental Politics* 13:2 (May): 65–88.

Burci, Gian Luca, and Jakob Quirin. (2014) "Ebola, WHO and the United Nations: Convergence of Global Public Health and International Peace and Security." *ASIL Insights* 18:25 (November 14). www.asil.org/insights/volume/18/issue/25/ebola-who-and-united-nations-convergence-global-public-health-and.

Bures, Oldrich, and Stephanie Ahern. (2007) "The European Model of Building Regional Cooperation Against Terrorism." In *Uniting Against Terror: Cooperative Nonmilitary Responses to the Global Terrorist Threat*, edited by David Cortright and George A. Lopez. Cambridge: MIT Press, pp. 187–236.

Bush, Sarah. (2016) *The Taming of Democracy Assistance: Why Democracy Promotion Does Not Confront Dictators*. New York: Cambridge University Press.

Büthe, Tim, and Walter Mattli. (2011) *The New Global Rulers: The Privatization of Regulation in the World Economy*. Princeton: Princeton University Press.

Buzan, Barry and Lene Hansen. (2009) *The Evolution of Security Studies*. Cambridge: Cambridge University Press.

Buzan, Barry, Ole Waever, and Jaap de Wilde. (1998) *Security: A New Framework for Analysis*. Boulder: Lynne Rienner.

Byrd, William. (2023) "Afghanistan Requires a Change from Humanitarian Business as Usual." *Lawfare* (March 29). https://www.lawfaremedia.org/article/afghanistan-requires-change-humanitarian-business-usual.

Caballero-Anthony, Mely. (2014) "Understanding ASEAN's Centrality: Bases and Prospects in an Evolving Regional Architecture." *Pacific Review* 27:4 (September): 563–584.

_____. (2022) "The ASEAN Way and the Changing Security Environment: Navigating Challenges to Informality and Centrality." *International Politics*. https://doi.org/10.1057/s41311-022-00400-0.

Campbell, John. (2021) "Ngozi Okonjo-Iweala: A Well-Qualified New Leader for the WTO." *Council on Foreign Relations* (February 17). https://www.cfr.org/blog/ngozi-okonjo-iweala-well-qualified-new-leader-wto.

Campbell, Susanna P. (2018) *Global Governance and Local Peace: Accountability and Performance in International Peacebuilding*. New York: Cambridge University Press.

Campe, Sabine. (2009) "The Secretariat of the International Maritime Organization: A Tanker for Tankers." In *Managers of Global Change: The Influence of International Environmental Bureaucracies*, edited by Frank Biermann and Bernd Siebenhüner. Cambridge: MIT Press, pp. 143–168.

Caporaso, James A. (1993) "International Relations Theory and Multilateralism: The Search for Foundations." In *Multilateralism Matters: The Theory and Praxis of an International Form*, edited by John

Gerard Ruggie. New York: Columbia University Press, pp. 51–90.

Carpenter, Charli. (2014) *"Lost" Causes: Agenda Vetting in Global Issue Networks and the Shaping of Human Security*. Ithaca: Cornell University Press, 2014.

Carpenter, Charli, Sirin Duygulu, and Alexander H. Montgomery. (2014) "Explaining the Advocacy Agenda: Insights from the Human Security Network," *International Organization* 68:2 (May): 449–470.

Carr, Madeline. (2018) "Global Internet Governance." In *International Organizations and Global Governance*, edited by Thomas G. Weiss and Rorden Wilkinson. 2nd edition. New York: Routledge, pp. 744–755.

Carroll, Archie. (1979) "A Three-Dimensional Conceptual Model of Corporate Performance." *Academy of Management Review* 4:4 (October): 497–505.

Carson, Rachel. (1962) *Silent Spring*. Cambridge, MA: Houghton Mifflin.

CBS News. (2005) UN: China Torture Still Widespread." https://www.cbsnews.com/news/un-china-torture-still-widespread/.

Ceccorulli, Michela. (2021) "The EU's Normative Ambivalence and the Migrant Crisis: (In)Actions of (In)Justice." In *The EU Migration System of Governance: Justice on the Move*, edited by Michela Ceccorulli, Enrico Fassi, and Sonia Lucarelli. Cham, Switzerland: Palgrave Macmillan, pp. 33–56.

Center for Reproductive Rights. (2020) "Paola Guzmán Albarracín v. Ecuador." https://reproductiverights.org/case/paola-guzman-albarracin-v-ecuador-inter-american-commission-on-human-rights/.

Chan, Sewell. (2015) "Global Warming's Role in Mass Migration Is Addressed." *New York Times* (December 13).

Chane, Anna-Luisa and Arjun Sharma. (2016) "Universal Human Rights? Exploring Contestation and Consensus in the UN Human Rights Council." *Human Rights and International Legal Discourse* 10: 2: 219–247.

Charnovitz, Steve. (1997) "Two Centuries of Participation: NGOs and International Governance." *Michigan Journal of International Law* 18:183 (Winter): 184–286.

Charron, Andrea and Clara Portela. (2016) "The Relationship between United Nations Sanctions and Regional Sanctions Regimes." In *Targeted Sanctions: The Impacts and Effectiveness of United Nations Action*, edited by Thomas J. Biersteker, Sue E. Eckert and Maria Tourinho. New York: Cambridge University Press, pp. 101–118.

Chayes, Abram, and Antonia Handler Chayes. (1995) *The New Sovereignty: Compliance with International Regulatory Agreements*. Cambridge: Harvard University Press.

Checkel, Jeffrey T., ed. (2005) *International Institutions and Socialization in Europe*. Special Issue: *International Organization* 59:4 (Fall).

Chesterman, Simon. (2015) "The Secretary-General We Deserve?" *Global Governance* 21:4 (September–December): 505–513.

Chotiner, Isaac. (2022) "Why Hasn't the U.N. Accused China of Genocide in Xinjiang?" *New Yorker* (September 13). https://www.newyorker.com/news/q-and-a/why-hasnt-the-un-accused-china-of-genocide-in-xinjiang.

Christians, Clifford. (2019) *Media Ethics and Global Justice in the Digital Age*. New York: Cambridge University Press.

Christy, David S. J. (2008) "Round and Round We Go." *World Policy Journal* 25:2 (Summer): 19–27.

Cirbirski, Antoine. (2022) "Has Europe's Hour Come?" Fondation Robert Schuman Policy Paper no. 625 (March22). www.robert-schuman.eu/en/doc/questions-d-europe/qe-625-en.pdf.

Clancy, Dawn. (2022) "UN Diplomats Negotiate First Steps to Try Russia for Crimes of Aggression." *Pass Blue* (December 20). ww.passblue.com/2022/12/20/diplomats-at-the-un-negotiate-the-first-steps-to-prosecute-russia-for-crimes-of-aggression/.

Clapp, Jennifer. (2018) "Food and Hunger." In *International Organizations and Global Governance*, edited by Thomas G. Weiss and Rorden Wilkinson. 2nd ed. New York: Routledge, pp. 707–718.

Clark, Ann Marie. (2001) *Diplomacy of Conscience: Amnesty International and Changing Human Rights Norms*. Princeton: Princeton University Press.

Claude, Inis L., Jr. (1964) *Swords into Plowshares: The Problems and Progress of International Organization*. 3rd ed. New York: Random House.

_____. (1967) *The Changing United Nations*. New York: Random House.

_____. (1988) "The Vogue of Collectivism in International Relations." In *States and the Global System: Politics, Law, and Organization*, edited by Inis L. Claude Jr. New York: St. Martin's, pp.

133–144.

Collier, Paul. (2007) *The Bottom Billion: Why the Poorest Countries Are Failing and What Can Be Done About It*. New York: Oxford University Press.

Commission on Global Governance. (1995) *Our Global Neighbourhood: Report of the Commission on Global Governance*. Oxford: Oxford University Press.

Commission on Human Security. (2003) *Human Security Now: Protecting and Empowering People*. New York: The Commission.

Conca, Ken. (2006) *Governing Water: Contentious Transnational Politics and Global Institution Building*. Cambridge: MIT Press.

_____. (2015) *An Unfinished Foundation: The United Nations and Global Environmental Governance*. New York: Oxford University Press.

Conrad, Courtenay R. and Emily Hencken Ritter. (2019) *Contentious Compliance: Dissent and Repression under International Human Rights Law*. New York: Oxford University Press.

Conroy, Michael E. (2002) "Can Advocacy-Led Certification Systems Transform Global Corporate Practices?" In *Global Backlash: Citizen Initiatives for a Just World Economy*, edited by Robin Broad. Lanham, MD: Rowman and Littlefield, pp. 210–215.

Cooley, Alexander, and James Ron. (2002) "The NGO Scramble: Organizational Insecurity and the Political Economy of Transnational Action." *International Security* 27:1 (Summer): 5–39.

Cooley, Alexander, and Jack Snyder, eds. (2015) *Ranking the World: Grading States as a Tool of Global Governance*. New York: Cambridge University Press.

Cooper, Andrew F. (2004) "The Making of the Inter-American Democratic Charter: A Case of Complex Multilateralism." *International Studies Perspectives* 5:1 (February): 92–113.

Cooper, Andrew F., and Ramesh Thakur. (2013) *The Group of Twenty (G20)*. London: Routledge.

_____. (2014) "The BRICS in the New Global Economic Geography." In *International Organizations and Global Governance*, edited by Thomas G. Weiss and Rorden Wilkinson. New York: Routledge, pp. 265–278.

Copelovitch, Mark S. (2010) *The International Monetary Fund in the Global Economy: Banks, Bonds, and Bailouts*. New York: Cambridge University Press.

Copelovitch, Mark, and Jon Pevehouse. (2019) "International Organizations in a New Era of Populist Nationalism." *Review of International Organizations* 14:1 (April): 169–186.

Cortright, David, and George A. Lopez. (2000) *The Sanctions Decade: Assessing UN Strategies in the 1990s*. Boulder: Lynne Rienner.

_____. (2002) *Sanctions and the Search for Security*. Boulder: Lynne Rienner. Court of Justice of the European Union (CJEU).

_____. (2020) *European Commission v. Hungary*. C-286/12. ECLI: EU:C:2012 :687.

_____. (2022) *CJ v. Tesorería General de la Seguridad Social (TGSS)*. C-389/20. ECLI: EU:C:2022:120.

Cousens, Elizabeth, and David Harland. (2006) "Post-Dayton Bosnia and Herzegovina." In *Twenty-First-Century Peace Operations*, edited by William J. Durch. Washington, DC: US Institute of Peace, pp. 49–140.

Cousteau, Jacques-Yves, with James Dugan. (1963) *The Living Sea*. New York: Harper and Row.

Cox, Robert W. (1986) "Social Forces, States, and World Orders: Beyond International Relations Theory." In *Neorealism and Its Critics*, edited by Robert O. Keohane. New York: Columbia University Press, pp. 204–254.

_____. (1992a) "Globalization, Multilateralism and Democracy." John W. Holmes Memorial Lecture. Academic Council on the United Nations System (ACUNS), Reports and Papers no. 2.

_____. (1992b) "Toward a Post-Hegemonic Conceptualization of World Order: Reflections on the Relevancy of Ibn Khaldun." In *Governance Without Government: Order and Change in World Politics*, edited by James N. Rosenau and Ernst-Otto Czempiel. New York: Cambridge University Press, pp. 132–159.

Crawley, Heaven. (2016) "Managing the Unmanageable? Understanding Europe's Response to the Migration 'Crisis.'" *Human Geography* 9:2: 13–23.

Creamer, Cosette D. and Beth A. Simmons. (2020). "The Proof is in the Process: Self-Reporting Under International Human Rights Treaties." *American Journal of International Law* 114: 1: 1–50.

Crisis Group. (2023) "Who Are the Winners in the Black Sea Grain Deal?" (August 3). https://www.crisisgroup.org/europe-central-asia/eastern-europe/ukraine/who-are-winners-black-sea-grain-deal.

Crocker, Chester A., Fen Osler Hampson, and Pamela Aall. (1999) "Rising to the Challenge of Multiparty Mediation." In Crocker, Chester A., Fen Osler Hampson, and Pamela Aall, eds. (1999) *Herding Cats: Multiparty Mediation in a Complex World*. Washington, DC: US Institute of Peace, pp. 665–701.

_____. (2004) *Taming Intractable Conflicts: Mediation in the Hardest Cases*. Washington, DC: US Institute of Peace.

Cronin, Bruce, and Ian Hurd. (2008) "Conclusion: Assessing the Council's Authority." In Bruce Cronin and Ian Hurd, eds. (2008) *The UN Security Council and the Politics of International Authority*. New York: Routledge, pp. 199–214.

Crossette, Barbara. (1999) "Kofi Annan Unsettles People, As He Believes U.N. Should Do." *New York Times* (December 31).

Cumming-Bruce, Nick. (2015) "Chinese Justice System Relies on Torture, U.N. Panel Finds." *New York Times* (December 10).

_____. (2021) "Fiji Will Lead U.N. Rights Body, Over Russian and Chinese Opposition." *New York Times* (January 15).

Cumming-Bruce, Nick and Austin Ramzy. (2022) "U.N. Report on Rights Abuses in Xinjiang May Be Delayed Again." *New York Times* (August 25).

Cupitt, Richard, Rodney Whitlock, and Lynn Williams Whitlock. (1997) "The (Im)mortality of International Governmental Organizations." In *The Politics of Global Governance: International Organizations in an Interdependent World*, edited by Paul F. Diehl. Boulder: Lynne Rienner, pp. 7–23.

Daalder, Ivo H., and James G. Stavridis. (2012) "NATO's Victory in Libya: The Right Way to Run an Intervention." *Foreign Affairs* 91:2 (March–April): 2–7.

Dallmayr, Fred R. (2002) "Globalization and Inequality: A Plea for Global Justice." *International Studies Review* 4:2 (Summer): 137–156.

Damian, Michel, and Jean-Christophe Graz. (2001) "The World Trade Organization, the Environment, and the Ecological Critique." *International Social Science Journal* 170 (December): 597–610.

Dany, Charlotte. (2014) "Janus-Faced NGO Participation in Global Governance: Structural Constraints for NGO Influence." *Global Governance* 20:3 (July–September): 419–436.

Davenport, Coral. (2015) "Stung by Failure in Copenhagen in '09, 195 Nations Felt New Urgency." *New York Times* (December 14).

Davis, Kevin E., Benedict Kingsbury, and Sally Engle. "Indicators as a Technology of Global Governance." *Law and Society Review* 46:1 (March): 71–104.

Day, Adam. (2019) "Impact of UN Mission in South Sudan Complicated by Dilemmas of Protection." *IPI Global Observatory* (December 12). https://theglobalobservatory.org/2019/12/impact-un-mission-south-sudan-complicated-by-dilemmas-of-protection/.

de Beaufort Wijnholds, Onno. (2011) *Fighting Financial Fires: An IMF Insider Account*. Houndmills: Palgrave Macmillan.

de Coning, Cedric. (2019) "Are UN Peace Operations Effective?" *IPI Global Observatory*. (November 14). https://theglobalobservatory.org/2019/11/are-un-peace-operations-effective/.

Dedring, Jürgen. 2008. "Human Security and the UN Security Council." In *Globalization and Environmental Challenges. Reconceptualizing Security in the 21st Century*, edited by Hans Günter Brauch. New York: Springer, pp. 605–619.

Deets, Stephen. (2009) "Constituting Interests and Identities in a Two-Level Game: Understanding the Gabcikovo-Nagymaros Dam Conflict." *Foreign Policy Analysis* 5:1 (January): 37–56.

Dellmuth, Lisa, and Elizabeth Bloodgood. (2019) "Advocacy Group Effects in Global Governance: Populations, Strategies, and Political Opportunity Structures." *Interest Groups & Advocacy* 8:3 (September): 255–269.

Dellmuth, Lisa, Jan Aart Scholte, Jonas Tallberg, and Soetkin Verhaegen. (2022) *Citizens, Elites, and the Legitimacy of Global Governance*. New York: Oxford University Press.

DeSombre, Elizabeth R. (2006) *Global Environmental Institutions*. London: Routledge.

Devakumar, Delan et al. (2019) "Children and Adolescents on the Move: What Does the Global Compact for Migration Mean for their Health?" *The Lancet Child and Adolescent Health* 3:2 (February): 64–66.

DeVille, Ferdi, and Gabriel Siles-Brügge. (2019) "The Impact of Brexit on EU Policies." *Politics and Governance* 7:3: 1–6.

Diamond, Jarod. (2005) *Collapse: How Societies Choose to Fail or Collapse*. New York: Penguin.

Diaz-Maurin, François. (2022) "The 2022 Nuclear

Year in Review: A Global Nuclear Order in Shambles." (December 26). https://thebulletin.org/2022/12/the-2022-nuclear-year-in-review-a-global-nuclear-order-in-shambles/#post-heading.

Diehl, Paul F. (2000) "Forks in the Road: Theoretical and Policy Concerns for 21st Century Peacekeeping." *Global Society* 14:3: 337–360.

_____. (2008) *Peace Operations*. Malden, MA: Polity.

Diehl, Paul, and Alexandru Balas. (2014) *Peace Operations*. 2nd ed. Malden, MA: Polity.

Diehl, Paul, and Daniel Druckman. (2010) *Evaluating Peace Operations*. Boulder: Lynne Rienner.

Dietrich, Simone. (2021) *States, Markets, and Foreign Aid*. New York: Cambridge University Press.

Dietrichson, Elise and Fatima Sator. (2022) "The Latin American Women: How They Shaped the UN Charter and Why Southern Agency is Forotten." In *Women and the UN: A New History of Women's International Human Rights*, edited by Rebecca Adami and Dan Plesch. New York: Routledge, pp. 17–38.

Dietzel, Alix. (2019) *Global Justice and Climate Governance: Bridging Theory and Practice*. Edinburgh: Edinburgh University Press.

Dingwerth, Klaus. (2008) "Private Transnational Governance and the Developing World: A Comparative Perspective." *International Studies Quarterly* 52:3 (September): 607–634.

Dingwerth, Klaus, and Philipp Pattberg. (2006) "Global Governance as a Perspective on World Politics." *Global Governance* 12:2 (April–June): 185–203.

_____. (2009) "World Politics and Organizational Fields: The Case of Transnational Sustainability Governance." *European Journal of International Relations* 15 (November): 707–744.

Dobbins, James, Seth G. Jones, Keith Crane, Andrew Rathmell, Brett Steele, Richard Teltschik, and Anga Timilsina. (2005) *The UN's Role in Nation-Building: From the Congo to Iraq*. Santa Monica: RAND.

Dodds, Klaus, and Chih Yuan Woon. (2020) "Introduction: The Arctic Council, 'Asian States' and the 'Global Arctic.'" In *"Observing" the Arctic. Asia in the Arctic Council and Beyond*, edited by Chih Yuan Wood and Klaus Dobbs. Cheltenham: Edward Elgar, pp. 1–27.

Dominguez, Jorge I. (2007) "International Cooperation in Latin America: The Design of Regional Institutions by Slow Accretion." In *Crafting Cooperation: Regional International Institutions in Comparative Perspective*, edited by Amitav Acharya and Alastair Ian Johnston. New York: Cambridge University Press, pp. 83–128.

Donnelly, Jack. (1998) *International Human Rights*. 2nd ed. Boulder: Westview.

Dosch, Jörn. (2008) "ASEAN's Reluctant Liberal Turn and the Thorny Road to Democracy Promotion." *Pacific Review* 21:4: 527–545.

Doss, Alan. (2023) "Optimism from West Africa: Sierra Leone and Liberia Have Escaped the Conflict Trap." *PassBlue* (February 16). https://theglobalobservatory.org/2023/01/how-useful-are-the-uns-broad-protection-of-civilian-mandates/.

Doyle, Michael W. (1995) *UN Peacekeeping in Cambodia: UNTAC's Civil Mandate*. Boulder: Lynne Rienner.

Doyle, Michael W., and Nicholas Sambanis. (2006) *Making War and Building Peace*. Princeton: Princeton University Press.

Drezner, Daniel W. (2007) *All Politics Is Global: Explaining International Regulatory Regimes*. Princeton: Princeton University Press.

Duffield, John. (2003) "The Limits of 'Rational Design.'" *International Organization* 57:2 (Spring): 411–430.

_____. (2007) "What Are International Institutions?" *International Studies Review* 9:1 (Spring): 1–22.

Durfee, Mary, and Rachael Lorna Johnstone. (2019) *Arctic Governance in a Changing World*. Lanham, MD: Rowman & Littlefield.

Easterly, William. (2006) *The White Man's Burden: Why the West's Efforts to Aid the Rest Have Done So Much Ill and So Little Good*. New York: Penguin.

The Economist. (2015) "Unsustainable Goals." (March 28): 63.

_____. (2021) "The Palestinian Cause No Longer Binds the Arab World." (August 24).

_____. (2022a) "Africa's Regional Club Is Less Effective at 20 Than It Was at Two." (February 12).

_____. (2022b) "The Coming Food Catastrophe." (May 19).

_____. (2022c) "A New Migration Crisis is Brewing in Europe." (November 17).

_____. (2023) "China Is Paralyzing Global Debt-Forgiveness Efforts." (February 2).

Economy, Elizabeth. (2022) *The World According to China*. Medford, MA: Polity Press.

Effectiveness of Peace Operations Network (EPON).

(2019) "Assessing the Effectiveness of the UN Mission in the DRC—MONUC/MONUSCO." Report 3/2019. Norwegian Institute of International Affairs. https://effectivepeaceops.net/wp-content/uploads/2019/09/EPON-MONUSCO-Report-Exec-Summary.pdf.

Eilstrup-Sangiovanni, Mette, and Teale N. Phelps Bondaroff. (2014) "From Advocacy to Confrontation: Direct Enforcement by Environmental NGOs." *International Studies Quarterly* 58:2 (June): 348–361.

Eilstrup-Sangiovanni, Mette, and J. C. Sharman. (2021) "Enforcers Beyond Borders: Transnational NGOs and the Enforcement of International Law." *Perspectives on Politics* 19:1 (March): 131–147.

Einaudi, Luigi R. (2020) "Conflict Between Theory and Practice: The Organization of American States." *Annals of the Fondazione Luigi Einaudi* 54 (December): 35–44.

Elliott, Lorraine. (2011) "East Asia and Sub-Regional Diversity: Initiatives, Institutions, and Identity." In *Comparative Environmental Regionalism*, edited by Lorraine Elliott and Shaun Breslin. London: Routledge, pp. 56–75.

Emmerij, Louis, Richard Jolly, and Thomas G. Weiss. (2001) *Ahead of the Curve: UN Ideas and Global Challenges*. Bloomington: Indiana University Press.

Esty, Daniel C. (2001) "A Term's Limits." *Foreign Policy* 126 (September–October): 74–75.

European Coalition on Corporate Justice. (2021) "Justice Delayed: 10 Years of UN Guiding Principles." European Coalition on Corporate Justice (June 16). https://corporatejustice.org/news/justice-delayed-10-years-of-un-guiding-principles/.

European Council. (2022) "Versailles Declaration of the EU Heads of State or Government." (March 11). https://portal.ieu-monitoring.com/editorial/versailles-declaration-of-the-eu-heads-of-state-or-government.

European Court of Human Rights (ECHR). (2023) *Analysis of Statistics 2022*. https://www.echr.coe.int/documents/d/echr/Stats_analysis_2022_ENG.

European Court of Justice (ECJ). (1964) *Flaminio Costa v. Enel*. Case 6/64 in the Court of Justice of the European Communities, *Reports of Cases Before the Court*.

_____. (1979) *Cassis de Dijon*. Officially *Rewe-Zentral AG v. Bundesmonopolverwaltung für Branntwein*. Case 120/78 in the Court of Justice of the European Communities, *Reports of Cases Before the Court*.

_____. (1995) *Union Royale Belge des Sociétés de Football Association, ASBL v. Bosman*. Court of Justice of the European Union, *Reports of Cases Before the Court*.

Evans, Gareth. (2012) "The Responsibility to Protect After Libya and Syria." Address to annual Castan Centre Human Rights Law Conference, Melbourne (July 20). www.gevans.org/speeches/speech476.html.

Evans, Paul. (2005) "Between Regionalism and Regionalization: Policy Networks and the Nascent East Asian Institutional Identity." In *Remapping East Asia: The Construction of a Region*, edited by T. J. Pempel. Ithaca: Cornell University Press, pp. 195–215.

Fabbrini, Sergio. (2020) "Institutions and Decision-Making in the EU." In *Governance and Politics in the Post–Crisis European Union*, edited by Ramona Coman, Amandine Crespy, and Vivien A. Schmidt. New York: Cambridge University Press, pp. 54–73.

Fagbayibo, Babatunde, and Udoke Ndidiamaka Owie. (2021) "Crisis as Opportunity: Exploring the African Union's Response to COVID-19 and the Implications for Its Aspirational Supranational Powers." *Journal of African Law* 65:S2: 181–108.

Farrell, Henry, and Abraham Newman. (2020) "Will the Coronavirus End Globalization as We Know It?" *Foreign Affairs* (March 16). https://www.foreignaffairs.com/articles/2020-03-16/will-coronavirus-end-globalization-we-know-it.

Fawcett, Louise. (2013) "The History of Regionalism." UNU-CRIS Working Paper W-2013/5. Bruges: UNU Institute.

Fearon, James, and Alexander Wendt. (2002) "Rationalism vs. Constructivism: A Skeptical View." In *The Handbook of International Relations*, edited by Walter Carlsnaes, Thomas Risse, and Beth Simmons. London: Sage, pp. 52–72.

Ferris, Elizabeth G., and Katharine M. Donato. (2020) *Refugees, Migration, and Global Governance: Negotiating the Global Compacts*. New York: Routledge.

Findley, Michael, Daniel Nielson, and J. C. Sharman. (2014) *Global Shell Games: Experiments in Transnational Relations, Crime, and Terrorism*. New York: Cambridge University Press.

Finnemore, Martha. (1996a) "Constructing Norms

of Humanitarian Intervention." In *The Culture of National Security: Norms and Identity in World Politics*, edited by Peter J. Katzenstein. New York: Columbia University Press, pp. 153–185.

_____. (1996b) *National Interests in International Society*. Ithaca: Cornell University Press.

_____. (2003) *The Purpose of Intervention: Changing Beliefs About the Use of Force*. Ithaca: Cornell University Press.

Finnemore, Martha, and Michelle Jurkovich. (2014) "Getting a Seat at the Table: The Origins of Universal Participation and Modern Multilateral Conferences." *Global Governance* 20:3 (July–September): 361–373.

Finnemore, Martha, and Kathryn Sikkink. (1998) "Norms and International Relations Theory." *International Organizations* 52:4 (Fall): 887–917.

_____. (2001) "Taking Stock: The Constructivist Research Program in International Relations and Comparative Politics." *Annual Review of Political Science* 4: 391–416.

Fleming, James. (1998) *Historical Perspectives on Climate Change*. New York: Oxford University Press.

Floyd, Steve. (2022) "Power Trials Commence at Grand Ethiopian Renaissance Dam Despite Stalled Negotiations and Regional Tensions." *Lawfare* (May 8). www.lawfaremedia.org/article/power-trials-commence-grand-ethiopian-renaissance-dam-despite-stalled-negotiations-and-regional.

Food and Agriculture Organization (FAO). (1996) "World Food Summit, Rome Declaration on World Food Security and Plan of Action." https://www.fao.org/3/w3613e/w3613e00.htm.

Food Ingredients First. (2020) "New Food Coalition Aims to Avert a 'Catastrophic' post-COVID-19 Food Crisis." Food Ingredients First (November 6). www.foodingredientsfirst.com/news/new-food-coalition-aims-to-avert-a-catastrophic-post-covid-19-food-crisis.html.

Forsythe, David P. (2005) *The Humanitarians: The International Committee of the Red Cross*. Cambridge: Cambridge University Press, pp. 85–110.

Forsythe, David P., with Baekkwan Park. (2009) "Turbulent Transition: From the UN Human Rights Commission to the Council." In *The United Nations: Past, Present, and Future – Proceedings of the 2007 Frances Marion University UN Symposium*, edited by Scott Kaufman and Alissa Waters. New York: Nova Science, pp. 85–110.

Fortify Rights and the United States Holocaust Memorial Museum Simon-Skjodt Center for the Prevention of Genocide. (2017) "They Tried to Kill Us All:" Atrocity Crimes against Rohingya Muslims in Rakhine State, Myanmar." (November). https://www.fortifyrights.org.

Fortna, Virginia Page. (2004) *Peace Time: Cease-Fire Arrangements and the Durability of Peace*. Princeton: Princeton University Press.

_____. (2008) *Does Peacekeeping Work? Shaping Belligerents Choices After Civil War*. Princeton: Princeton University Press.

Foster, Timon, Alexander Kentikelenis, Bernhard Reinsberg, Thomas Stubbs, and Lawrence King. (2019) "How Structural Adjustment Programs Affect Inequality: A Disaggregated Analysis of IMF Conditionality, 1980–2014." *Social Science Research* 80 (May): 83–113.

Fountain, Henry. (2015) "Researchers Link Syrian Conflict to a Drought Made Worse by Climate Change." *New York Times* (March 2).

Franck, Thomas M. (1990) *The Power of Legitimacy Among Nations*. New York: Oxford University Press.

Freedman, Rosa. (2013) *The United Nations Human Rights Council: A Critique and Early Assessment*. New York: Routledge.

Freedman, Rosa and Ruth Houghton. (2017) "Two Steps Forward, One Step Back: Politicisation of the Human Rights Council." *Human Rights Law Review* 17:4 (December): 753–769.

French, Howard W. (2014) *China's Second Continent: How a Million Migrants Are Building a New Empire in Africa*. New York: Random House.

Friedman, Elisabeth Jay, Kathryn Hochstetler, and Ann Marie Clark. (2005) *Sovereignty, Democracy, and Global Civil Society: State-Society Relations at UN World Conferences*. Albany: SUNY Press.

Frieze, Donna-Lee. (2013) *Totally Unofficial: The Autobiography of Raphael Lemkin*. New Haven: Yale University Press.

Fröhlich, Manuel. (2013) "The Special Representatives of the UN Secretary-General." In *Routledge Handbook of International Organizations*, edited by Bob Reinalda. New York: Routledge, pp. 231–243.

_____. (2014) "The John Holmes Memorial Lecture:

Representing the United Nations–Individual Actors, International Agency, and Leadership." *Global Governance* 20:2 (April–June): 169–193.

Gadinis, Stavros. (2015) "Three Pathways to Global Standards: Private, Regulator, and Ministry." *American Journal of International Law* 109:1 (January): 1–57.

Gambill, Gary C. (2020) "The End of the Arab-Israeli Conflict." *Middle East Forum* (September 6). www.meforum.org/61485/the-end-of-the-arab-israeli-conflict.

Gardner, Kathryn L. (2007) "Task Force and International Efforts to Capture Terrorist Finances." In *Uniting Against Terror: Cooperative Nonmilitary Responses to the Global Terrorist Threat*, edited by David Cortright and George A. Lopez. Cambridge: MIT Press, pp. 157–186.

Garrett, Laurie. (2015) "Ebola's Lessons." *Foreign Affairs* 94:5 (September/October): 97.

Gebrekidan, Selam, and Matt Apuzzo. (2021) "W.H.O. Panel Cites a Chain of Global Failures." *New York Times* (January 20).

Ghébali, Victor-Yves. (2005) "The OSCE Between Crisis and Reform: Towards a New Lease on Life." Policy Paper no. 10. Geneva: Centre for the Democratic Control of Armed Forces.

Gilder, Alexander. (2023) "How Useful Are the UN's Broad Protection of Civilian Mandates?" *IPI Global Observatory* (January 18). https://theglobalobservatory.org/2023/01/how-useful-are-the-uns-broad-protection-of-civilian-mandates/.

Gill, Stephen. (1994) "Structural Change and Global Political Economy: Globalizing Elites and the Emerging World Order." In *Global Transformation: Challenges to the State System*, edited by Yoshikazu Sakamoto. Tokyo: UN University Press.

Gilpin, Robert. (1987) *The Political Economy of International Relations*. Princeton: Princeton University Press.

_____. (2001) *Global Political Economy: Understanding the International Economic Order*. Princeton: Princeton University Press.

Ginsberg, Roy H. (2007) *Demystifying the European Union: The Enduring Logic of Regional Integration*. Lanham: Rowman and Littlefield.

Giumelli, Francesco. (2016) "The Purposes of Targeted Sanctions." In *Targeted Sanctions: The Impacts and Effectiveness of United Nations Action*, edited by Thomas J. Biersteker, Sue E. Eckert and Maria Tourinho. New York: Cambridge University Press, pp. 38–59.

Glennon, Michael J. (2003) "Why the Security Council Failed." *Foreign Affairs* 82:3 (May–June): 16–35.

Global Fund. (2022) "Malaria." www.theglobalfund.org/en/malaria/.

GLOBSEC Policy Institute. (2019) "Policy Paper: The Bumpy Road Towards the EU's Common Foreign Policy." GLOBSEC Policy Institute. https://www.globsec.org/what-we-do/publications/bumpy-road-towards-eus-common-foreign-policy.

Goldman, Robert K. (2009) "The Inter-American Human Rights System and the Role of the Inter-American Commission on Human Rights." *Human Rights Quarterly* 31:4 (November): 856–887.

Gourevitch, Peter, and David Lake. (2012) "Beyond Virtue: Evaluating and Enhancing Credibility of Non-Governmental Organizations." In *The Credibility of Transnational NGOs: When Virtue Is Not Enough*, edited by Peter A. Gourevitch and David A. Lake. New York: Cambridge University Press, pp. 3–34.

Gourevitch, Philip. (1998) *We Wish to Inform You That Tomorrow We Will Be Killed with Our Families: Stories from Rwanda*. New York: Farrar, Straus, and Giroux.

Gowan, Richard. (2011) "Multilateral Political Missions and Preventive Diplomacy." Special Report no. 299. Washington, DC: US Institute of Peace.

Grant, Ruth W., and Robert O. Keohane. (2005) "Accountability and Abuses of Power in World Politics." *American Political Science Review* 99:1 (February): 29–43.

Gray, Julia. (2018) "Life, Death, or Zombie? The Vitality of International Organizations." *International Studies Quarterly* 62:1 (March): 1–13.

Gregoratti, Catia. (2014) "UN-Business Partnerships." In *International Organization and Global Governance*, edited by Thomas G. Weiss and Rorden Wilkinson. New York: Routledge, pp. 309–321.

Grigorescu, Alexandru. (2005) "Mapping the UN-League of Nations Analogy: Are There Still Lessons to Be Learned from the League?" *Global Governance* 11:1 (January–March): 25–42.

_____. (2007) "Transparency of Intergovernmental Organizations: The Roles of Member States, International Bureaucracies, and Nongovernmental Organizations." *International Studies Quarterly* 51:3 (September): 625–648.

_____. (2010) "The Spread of Bureaucratic Oversight Mechanisms Across Intergovernmental Organizations." *International Studies Quarterly* 54:3 (September): 871–886.

Gruber, Lloyd. (2000) *Ruling the World: Power Politics and the Rise of Supranational Institutions*. Princeton: Princeton University Press.

Gstöhl, Sieglinde. (2007) "Governance Through Government Networks: The G8 and International Organizations." *Review of International Organizations* 2:1 (January): 1–37.

Gutner, Tamar. (2010) "When 'Doing Good' Does Not: The IMF and the Millennium Development Goals." In *Who Governs the Globe?* edited by Deborah D. Avant, Martha Finnemore, and Susan K. Sell. New York: Cambridge University Press, pp. 266–291.

Gutta, Nikhil. (2012) "Accountability in the Generation of Governance Indicators." In *Governance by Indicators: Global Power through Classification and Rankings*, edited by Kevin David, Angelina Fisher, Benedict Kingsbury, and Sally Engle Merry. New York: Oxford University Press, pp. 437–464.

Haack, Kirsten. (2014) "Breaking Barriers? Women's Representation and Leadership at the United Nations." *Global Governance* 20:1 (January–March): 37–54.

Haack, Kirsten, Margaret P. Karns, and Jean-Pierre Murray. (2022) "From Aspiration to Commitment: The UN's 'Long March' Toward Gender Equality." *Global Governance* 28:3 (July–September): 155–179.

_____. (2023) "Where Are the Women Leaders in International Organizations and What Difference Do They Make?" In *Handbook on Governance in International Organizations*, edited by Alistair Edgar. Cheltenham. Edward Elgar.

Haack, Kirsten, and Kent J. Kille. (2012) "The UN Secretary-General and Self-Directed Leadership: Development of the Democracy Agenda." In *International Organizations as Self–Directed Actors: A Framework for Analysis*, edited by Joel B. Oestreich. New York: Routledge, pp. 29–59.

Haas, Ernst B. (1964) *Beyond the Nation-State: Functionalism and International Organization*. Stanford: Stanford University Press.

_____. (1990) *When Knowledge Is Power: Three Models of Change in International Organizations*. Berkeley: University of California Press.

Haas, Peter M. (1990) *Saving the Mediterranean: The Politics of International Environmental Cooperation*. New York: Columbia University Press.

_____. (1992) "Introduction: Epistemic Communities and International Policy Coordination." *International Organization* 46:1 (Winter): 1–35.

_____. (2002) "UN Conferences and Constructivist Governance of the Environment." *Global Governance* 8:1 (January–March): 73–91.

Hadden, Jennifer. (2015) *Networks in Contention: The Divisive Politics of Climate Change*. New York: Cambridge University Press.

Hafner-Burton, Emilie. (2008) "Sticks and Stones: Naming and Shaming the Human Rights Enforcement Problem." *International Organization* 62:4 (Fall): 689–716.

Hafner-Burton, Emilie, and Kiyoteru Tsutsui. (2005) "Human Rights in a Globalized World: The Paradox of Empty Promises." *American Journal of Sociology* 110:5 (March): 1373–1411.

Haglund, Jillianne and Ryan M. Welch. (2021) "From Litigation to Rights: The Case of the European Court of Human Rights." *International Studies Quarterly* 65:1 (March): 210–222.

Hall, Brian. (1994) "Blue Helmets." *New York Times Magazine* (January 2): 22.

Hama, Hawre Hasan. (2017). "State Security, Societal Security, and Human Security." *Jadavpur Journal of International Relations* 21:1: 1–19.

Hampson, Fen Osler, with Michael Hart. (1995) *Multilateral Negotiations: Lessons from Arms Control, Trade, and the Environment*. Baltimore: Johns Hopkins University Press.

Hanchey, Jenna N. (2018) "Reworking Resistance: A Postcolonial Perspective on International NGOs." In *Transformative Practice and Research in Organizational Communication*, edited by Philip J. Salem and Erik Timmerman. Hershey, PA: IGI Global, pp. 274–291.

Hansen, Hans Krause and Tony Porter. (2017) "What Do Big Data Do in Global Governance?" *Global Governance* 23:2 (January–March). 31–42.

Hansler, Jennifer and Richard Roth. (2020) "UN Security Council Rejects US Proposal to Extend Iran Arms Embargo." *CNN Politics* (August 14).

Harb, Imad K. (2020) "The Arab League and the Libya Crisis." Arab Center (October 8). https://arabcenterdc.org/resource/the-arab-leagues-many-failures/.

Hardin, Garrett. (1968) "The Tragedy of the Commons." *Science* 162 (December 13): 1243–1248.

Hardt, Heidi. (2013) "Keep Friends Close, but Colleagues Closer: Efficiency in the Establishment of Peace Operations." *Global Governance* 19:3 (July–September): 377–399.

Harlan, Chico, and Michael Birnbaum. (2020) "Nobel Peace Prize Goes to World Food Program for Efforts to Combat Hunger." *Washington Post* (October 9).

Harman, Sophie. (2020) "COVID-19, the UN, and Dispersed Global Health Security." *Ethics & International Affairs* 34:3 (Fall): 373–378.

Hasenclever, Andreas, Peter Mayer, and Volker Rittberger. (2000) "Integrating Theories of International Regimes." *Review of International Studies* 26: 3–33.

Hawkins, Darren G., David A. Lake, Daniel L. Nielson, and Michael J. Tierney, eds. (2006) *Delegation and Agency in International Organizations*. Cambridge: Cambridge University Press.

Hawkins, Peter. (1997) "Organizational Culture: Sailing Between Evangelism and Complexity." *Human Relations* 50:4: 417–440.

Hehir, Aidan. (2019) *Hollow Norms and the Responsibility to Protect*. London: Palgrave Macmillan.

Heine, Jorge. (2013) "From Club to Network Diplomacy." In *The Oxford Handbook of Modern Diplomacy*, edited by Andrew F. Cooper, Jorge Heine, and Ramesh Thakur. Oxford: Oxford University Press, pp. 54–69.

Heins, Volker. (2008) *Nongovernmental Organizations in International Society: Struggles over Recognition*. New York: Palgrave Macmillan.

Heiss, Andrew, and Tana Johnson. (2016) "Internal, Interactive, and Institutional Factors: A Unified Framework for Understanding International Nongovernmental Organizations." *International Studies Review* 18:3 (September): 528–541.

Heiss, Andrew, and Judith Kelley. (2017) "Between a Rock and a Hard Place: International NGOs and the Dual Pressures of Donors and Host Governments." *Journal of Politics* 79:2 (April): 732–741.

Held, David. (2004) *Global Covenant: The Social Democratic Alternative to the Washington Consensus*. Cambridge: Polity.

Helleiner, Eric. (2014) "Southern Pioneers of International Development." *Global Governance* 20:3 (July–September): 375–388.

Hellquist, E. (2021) "Regional Sanctions as Peer Review: The African Union Against Egypt (2013) and Sudan (2019)." *International Political Science Review* 42:4: 451–468.

Hemmer, Christopher, and Peter J. Katzenstein. (2002) "Why Is There No NATO in Asia? Collective Identity, Regionalism, and the Origins of Multilateralism." *International Organization* 56:3 (Summer): 575–607.

Henkin, Louis. (1979) *How Nations Behave: Law and Foreign Policy*. 2nd ed. New York: Columbia University Press.

_____. (1998) "The Universal Declaration and the US Constitution." *PS: Political Science and Politics* 31:3 (September): 512.

Henning, Randall. (2017) *Tangled Governance: International Regime Complexity, the Troika, and the Euro Crisis*. Oxford: Oxford University Press.

Hewitt, J. Joseph. (2008) "Trends in Global Conflict, 1946–2005." In *Peace and Conflict 2008*, edited by J. Joseph Hewitt, Jonathan Wilkenfeld, and Ted Robert Gurr. Boulder: Paradigm, pp. 21–26.

Heyns, Christof and Frans Viljoen. (2020) "What Difference Does the UN Human Rights Treaty System Make and Why?" (February). https://www.openglobalrights.org/what-difference-does-un-human-rights-treaty-system-make/.

Hill, Daniel W., Jr., Will H. Moore, and Bumba Mukherjee. (2013) "Information Politics Versus Organizational Incentives: When Are Amnesty International's 'Naming and Shaming' Reports Biased?" *International Studies Quarterly* 57:2 (June): 219–232.

Hinchberger, Bill. (2011) "Millennium Development Villages: A Lasting Impact?" *Africa Renewal* (December): 6–8.

Hirst, Monica. (1999) "Mercosur's Complex Political Agenda." In *Mercosur: Regional Integration, World Markets*, edited by Riordan Roett. Boulder: Lynne Rienner, pp. 35–48.

Hochchild, Adam. (2005) *Bury the Chains: Prophets and Rebels in the Fight to Free an Empire's Slaves*. Boston: Houghton Mifflin.

Holsti, Kalevi. (2004) *Taming the Sovereigns: Institutional Change in International Politics*. New York: Cambridge University Press.

Hopewell, Kristen. (2021) "When the Hegemon Goes Rogue: Leadership amid the US Assault on the Liberal Trading Order." *International Affairs* 97:4 (July):

1025–1043.

Hopgood, Stephen. (2006) *Keepers of the Flame: Understanding Amnesty International*. Ithaca: Cornell University Press.

______. (2013) *The Endtimes of Human Rights*. Ithaca: Cornell University Press.

Hopgood, Stephen, Jack Snyder, and Leslie Vinjamari, eds. (2017) *Human Rights Futures*. New York: Cambridge University Press.

Hossain, Ishtiaq. (2012) "The Organization of Islamic Conference (OIC): Nature, Role, and the Issues." *Journal of Third World Studies* 29:1: 287–314.

Howard, Lise Morjé. (2008) *UN Peacekeeping in Civil Wars*. New York: Cambridge University Press.

______. (2019) *Power in Peacekeeping*. New York: Cambridge University Press.

Howard-Hassmann, Rhoda E. (2018) *In Defense of Universal Human Rights*. New York: Wiley.

Howarth, Jolyon. (2020) "The CSDP in Transition: Towards 'Strategic Autonomy'?" In *Governance and Politics in the Post-Crisis European Union*, edited by Ramona Coman, Amandine Crespy, and Vivien A. Schmidt. New York: Cambridge University Press, pp. 312–330.

Htun, Mala, and S. Laurel Weldon. (2012) "The Civic Origins of Progressive Policy Change: Combating Violence Against Women in Global Perspective, 1975–2005." *American Political Science Review* 106:3 (August): 548–569.

______. (2020) *The Logics of Gender Justice: State Action on Women's Rights Around the World*. New York: Cambridge University Press.

Hudson, Natalie Florea. (2009) *Gender, Human Security, and the UN: Security Language as a Political Framework*. New York: Routledge.

Hufbauer, Gary Clyde, Jeffrey J. Schott, Kimberly Ann Elliott, and Barbara Oegg. (2007) *Economic Sanctions Reconsidered*. 3rd ed. Washington, DC: Peterson Institute for International Economics.

Hug, Simon. (2012) "What's in a Vote?" Paper prepared for presentation at the annual meeting of the American Political Science Association, New Orleans (August 30–September 2). www.un.org/Depts/dhl/resguide/gavote.htm.

Hug, Simon, and Richard Lukacs. (2014) "Preferences or Blocs? Voting in the United Nations Human Rights Council." *Review of International Organizations* 9:1 (March): 83–106.

Hughell, D., and R. Butterfield. (2008) "Impact of FSC Certification on Deforestation and the Incidence of Wildfires in the Maya Biosphere Reserve." Rainforest Alliance. www.rainforest-alliance.org/forestry/documents/peten_study.pdf.

Human Rights Watch. (2022a) "Ethiopia: Events of 2022." *World Report 2022*. https://www.hrw.org/world-report/2022/country-chapters/ethiopia.

______. (2022b) "UN Security Council: Historic Censure of Myanmar Junta." (December 21). https://www.hrw.org/news/2022/12/21/un-security-council-historic-censure-myanmar-junta.

Humphrey, Chris. (2023) *Multilateral Development Banks in a Fast-Changing World: From Bretton Woods to the BRICS*. New York, Oxford University Press.

Hurd, Ian. (2002) "Legitimacy, Power, and the Symbolic Life of the UN Security Council." *Global Governance* 8:1 (January–March): 35–51.

______. (2007) *After Anarchy: Legitimacy and Power in the United Nations Security Council*. Princeton: Princeton University Press.

______. (2008a) "Myths of Membership: The Politics of Legitimation in UN Security Council Reform." *Global Governance* 14:2 (April–June): 199–217.

______. (2008b) "Theories and Tests of International Authority." In *The UN Security Council and the Politics of International Authority*, edited by Bruce Cronin and Ian Hurd. New York: Routledge, pp. 23–39.

Hurrell, Andrew. (1995) "Regionalism in the Americas." In *Regionalism in World Politics: Regional Organization and International Order*, edited by Louise Fawcett and Andrew Hurrell. New York: Oxford University Press, pp. 250–282.

______. (2007) "One World? Many Worlds? The Place of Regions in the Study of International Society." *International Affairs* 83:1: 127–146.

Ikenberry, G. John. (2001) *After Victory: Institutions, Strategic Restraint, and the Rebuilding of Order after Major Wars*. Princeton: Princeton University Press.

Inboden, Rana Siu. (2021) "China at the UN: Choking Civil Society." *Journal of Democracy* 32:3 (July): 124–135.

Institute for Economics & Peace. (2023) *Global Terrorism Index 2023: Measuring the Impact of Terrorism*. Institute for Economics & Peace. https://www.economicsandpeace.org/wp-content/uploads/

2023/03/GTI-2023-web-170423.pdf.
Inter-American Commission on Human Rights. (2023) "Cases in the Court." https://www.oas.org/en/iachr/decisions/pc/cases.asp.
Inter-American Court of Human Rights. (2021) *2021 Annual Report*. https://www.oas.org/en/iachr/decisions/pc/cases.asp.
International Commission on Intervention and State Sovereignty (ICISS). (2001) *The Responsibility to Protect: Report of the International Commission on Intervention and State Sovereignty*. Ottawa: International Development Research Centre for ICISS.
International Court of Justice (ICJ), Advisory Opinions. (1949) "Reparation for Injuries Suffered in the Service of the United Nations." *ICJ Reports*, 174.
_____. (1951) "Reservations to the Convention on the Prevention and Punishment of the Crime of Genocide." *ICJ Reports*, 15.
_____. (1962) "Certain Expenses of the United Nations." *ICJ Reports*, 168.
_____. (1971) "Legal Consequences for States of the Continued Presence of South Africa in Namibia." *ICJ Reports*, 144.
_____. (1975) "Western Sahara (*Spain v. Morocco*)." *ICJ Reports*, 12.
_____. (1999) "Difference Relating to Immunity from Legal Process of a Special Rapporteur of the Commission on Human Rights." *ICJ Reports*, 62.
_____. (2004) "Legal Consequences Arising from the Construction of a Wall in the Occupied Palestinian Territories." *ICJ Reports*, 136.
_____. (2010) "Accordance with International Law of the Unilateral Declaration of Independence in Respect of Kosovo." *ICJ Reports*, 403.
International Court of Justice (ICJ), Contentious Cases. (1969) North Sea Continental Shelf cases (*Federal Republic of Germany v. Denmark; Federal Republic of Germany v. Netherlands*). *ICJ Reports*, 3.
_____. (1974) Nuclear-test cases (*New Zealand v. France*). *ICJ Reports*, 253.
_____. (1980) Case concerning US diplomatic and consular staff in Tehran (*United States of America v. Iran*). *ICJ Reports*, 3.
_____. (1984a) Case concerning Gulf of Maine area (*Canada v. United States of America*). *ICJ Reports*, 246.
_____. (1984b) Case concerning military and paramilitary activities in and against Nicaragua (*Nicaragua v. United States*). *ICJ Reports*, 292.
_____. (1986) Case concerning military and paramilitary activities in and against Nicaragua (*Nicaragua v. United States*). *ICJ Reports*, 14.
_____. (1992) Questions of interpretation and application of the 1971 Montreal Convention arising from the aerial incident at Lockerbie (*Libyan Arab Jamahiriya v. United Kingdom*). *ICJ Reports*, 3.
_____. (1997) Case concerning Gabcikovo-Nagymaros project (*Hungary v. Slovakia*). *ICJ Reports*, 1.
_____. (2002) Case concerning land and maritime boundary between Cameroon and Nigeria (*Cameroon v. Nigeria*). *ICJ Reports*, 303.
_____. (2007) Case concerning application of Convention on the Prevention and Punishment of the Crime of Genocide (*Bosnia and Herzegovina v. Serbia and Montenegro*). *ICJ Reports*, 43.
_____. (2008) Application of Republic of Ecuador: Case concerning aerial herbicide spraying (*Ecuador v. Colombia*). *ICJ Reports*, 174.
_____. (2014) Case concerning whaling in the Antarctic (*Australia v. Japan: New Zealand Intervening*). www.icj-cij.rg/docket/files/148/18136.pdf.
_____. (2015) Application of the Convention on the Prevention and Punishment of the Crime of Genocide (*Croatia v. Serbia*). www.icj-cij.org/docket/files/118/18422.pdf.
International Criminal Court (ICC) Assembly of States Parties to the Rome Statute. (2020) "Review of the International Criminal Court and the Rome Statute System. (September 30). https://asp.icc-cpi.int/Review-Court.
International Lesbian, Gay, Bisexual, Trans, and Intersex Association (ILGA). (2013) "ECOSOC: LGBT Voices at the United Nations/ECOSOC Council Vote Grants Consultative Status to ILGA." ILGA. http://ilga.org/ilga/en/article/n5Geb HB1PY.
_____. (2020) "State-Sponsored Homophobia Report 2020. https://ilga.org/state-sponsored-homophobia-report.
Ivanova, Maria. (2010) "UNEP in Global Environmental Governance: Design, Leadership, and Location." *Global Environmental Politics* 10:1 (February): 30–59.
_____. (2013) "The Contested Legacy of Rio + 20." *Global Environmental Politics* 13:4 (November):

1–11.

_____. (2021) *The Untold Story of the World's Leading Environmental Institution: UNEP at Fifty*. Cambridge: MIT Press.

Jackson, Nicole. (2006) "International Organizations, Security Dichotomies, and the Trafficking of Persons and Narcotics in Post-Soviet Central Asia: A Critique of the Securitization Framework." *Security Dialogue* 38 (September): 299–317.

Jacobson, Harold K. (1984) *Networks of Interdependence: International Organizations and the Global Political System*. 2nd ed. New York: Knopf.

Jacobson, Harold K., William M. Reisinger, and Todd Mathers. (1986) "National Entanglements in International Governmental Organizations." *American Political Science Review* 80:1 (March): 141–160.

Jahshan, Khalil E. (2020) "The Demise of the Arab League: A Sense of Déjà Vu." Arab Center (October 8). https://arabcenterdc.org/resource/the-arab-leagues-many-failures/.

Jain, Devaki. (2005) *Women, Development, and the UN: A Sixty-Year Quest for Equality and Justice*. Bloomington: Indiana University Press.

Jaknanihan, Arrizal. (2022) "Stiffening the ASEAN Spine in the South China Sea." *The Interpreter* (25 March). www.lowyinstitute.org/the-interpreter/stiffening-asean-spine-south-china-sea.

Jentleson, Bruce W.. (2012) "The John Holmes Memorial Lecture: Global Governance in a Copernican World." *Global Governance* 18:2 (April–June): 133–148.

Jerven, Morten. (2021) *The Wealth and Poverty of African States: Economic Growth, Living Standards, and Taxation since the Late Nineteenth Century*. New York: Cambridge University Press.

Jetschke, Anja and Patrick Theiner. (2020) "Time to Move On? Why the Discussion about ASEAN's Relevance Is Outdated." *Pacific Review* 33:3–4: 593–603.

Johnson, Tana.. (2014) *Organizational Progeny: Why Governments Are Losing Control over the Proliferating Structures of Global Governance*. New York: Oxford University Press.

_____. (2015) "Information Revelation and Structural Supremacy: The World Trade Organization's Incorporation of Environmental Policy." *Review of International Organizations* 10:2 (June): 207–229.

_____. (2016) "Cooperation, Co-optation, Competition, Conflict: International Bureaucracies and Non-governmental Organizations in an Interdependent World." *Review of International Political Economy* 23:5 (October): 737–767.

_____. (2020) "Ordinary Patterns in an Extraordinary Crisis: How International Relations Makes Sense of the COVID-19 Pandemic." *International Organization* 74:1 (Spring): 1–21.

_____. (forthcoming) "Formal International Institutions." In *The Oxford Handbook of International Institutions*, edited by Michael Barnett and Duncan Snidal. New York: Oxford University Press.

Johnson, Tana, and Andrew Heiss. (2022) "Liberal Institutionalism." In *International Organization and Global Governance*, edited by Thomas Weiss and Rorden Wilkinson. 3rd ed. New York: Routledge, pp. 120–132.

Johnson, Tana, and Joshua Lerner. (2023) "Environmentalism among Poor and Rich Countries: Using Natural Language Processing to Handle Perfunctory Support and Rising Powers." *Review of International Political Economy* 30:1 (February): 1–26.

Johnson, Tana, and Johannes Urpelainen. (2012) "A Strategic Theory of Regime Integration and Separation." *International Organization* 66:4 (October): 645–677.

_____. (2020) "The More Things Change, the More They Stay the Same? Developing Countries' Unity at the Nexus of Trade and Environmental Policy." *Review of International Organizations* 15:2 (April): 445–473.

Johnston, Alastair Ian. (2003) "Socialization in International Institutions: The ASEAN Way and International Relations Theory." In *International Relations Theory and the Asia-Pacific*, edited by G. John Ikenberry and Michael Mastunduno. New York: Columbia University Press, pp. 107–162.

Johnston, Douglas. (1997) *Consent and Commitment in the World Community*. Irvington-on-Hudson: Transnational.

Johnstone, Ian. (2007) "The Secretary-General as Norm Entrepreneur." In *Secretary or General? The UN Secretary-General in World Politics*, edited by Simon Chesterman. Cambridge: Cambridge University Press, pp. 123–138.

_____. (2008) "The Security Council as Legislature." In *The UN Security Council and the Politics of*

International Authority, edited by Bruce Cronin and Ian Hurd. New York: Routledge, pp. 80–104.

_____. (2011) "Managing Consent in Contemporary Peacekeeping Operations." *International Peacekeeping* 18:2: 168–182.

Jolly, Richard, Louis Emmerij, Dharam Ghai, and Frédéric Lapeyne. (2004) *UN Contributions to Developing Thinking and Practice*. Bloomington: Indiana University Press.

Jolly, Richard, Louis Emmerij, and Thomas G. Weiss. (2005) *The Power of UN Ideas: Lessons from the First 60 Years*. New York: United Nations Intellectual History Project, p. 34.

_____. (2009) *UN Ideas That Changed the World*. Bloomington: Indiana University Press.

Jonah, James O. C. (2007) "Secretariat Independence and Reform." In *The Oxford Handbook on the United Nations*, edited by Thomas G. Weiss and Sam Daws. Oxford: Oxford University Press, pp. 160–174.

Jones, David Martin, and Michael L. R. Smith. (2007) "Making Process, Not Progress: ASEAN and the Evolving East Asian Regional Order." *International Security* 32:1 (Summer): 148–184.

Jönsson, Christer. (1986) "Interorganization Theory and International Organization." *International Studies Quarterly* 30:1: 39–57.

_____. (2013) "International Organizations at the Moving Public-Private Borderline." *Global Governance* 19:1 (January–March): 1–18.

Joseph, Sarah and Eleanor Jenkin. (2019) "The United Nations Human Rights Council: Is the United States Right to Leave This Club?" *American University International Law Review* 35:1: 75–132.

Jurkovich, Michelle. (2020) *Feeding the Hungry: Advocacy and Blame in the Global Fight Against Hunger*. Ithaca: Cornell University Press.

Kaasa, Stine Madland. (2007) "The UN Commission on Sustainable Development: Which Mechanisms Explain Its Accomplishments?" *Global Environmental Politics* 7:3 (August): 107–129.

Kahler, Miles. (2009) "Networked Politics: Agency, Power, and Governance." In *Networked Politics: Agency, Power, and Governance*, edited by Miles Kahler. Ithaca: Cornell University Press, pp. 1–22.

Kaldor, Mary. (2003) "The Idea of Global Civil Society." *International Affairs* 79:3 (May): 583–593.

Kamau, Macharia, Pamela Chasek, and David O'Connor. (2018) *Transforming Multilateral Diplomacy: The Inside Story of the Sustainable Development Goals*. New York: Routledge.

Karlsrud, John. (2015) "The UN at War: Examining the Consequences of Peace-Enforcement Mandates for the UN Peace-Keeping Operations in the CAR, the DRC, and Mali." *Third World Quarterly* 36:1: 40–54.

Karns, Margaret P. (1987) "Ad Hoc Multilateral Diplomacy: The United States, the Contact Group, and Namibia." *International Organization* 41:1 (Winter): 93–123.

_____. (2009) "The Challenges of Maintaining Peace and Security in the 21st Century: The United Nations and Regional Organizations." In *The United Nations: Past, Present, and Future-Proceedings of the 2007 Francis Marion University UN Symposium*, edited by Scott Kaufman and Alissa Warters. New York: Nova Science, pp. 115–146.

_____. (2012) "The Roots of UN Post-Conflict Peacebuilding." In *International Organizations as Self-Directed Actors*, edited by Joel E. Oestreich. New York: Routledge, pp. 60–88.

Karns, Margaret P., and Karen A. Mingst. (2002) "The United States as 'Deadbeat'? US Policy and the UN Financial Crisis." In *Multilateralism and US Foreign Policy: Ambivalent Engagement*, edited by Stewart Patrick and Shepard Forman. Boulder: Lynne Rienner, pp. 267–294.

Katzenstein, Peter J. (2005) *A World of Regions: Asia and Europe in the American Imperium*. Ithaca: Cornell University Press.

Kaul, Inge. (2000) "Governing Global Public Goods in a Multi-Actor World: The Role of the United Nations." In *New Millennium, New Perspectives: The United Nations, Security, and Governance*, edited by Ramesh Thakur and Edward Newman. Tokyo: UN University Press, pp. 296–315.

Keck, Margaret E., and Kathryn Sikkink. (1998) *Activists Beyond Borders: Advocacy Networks in International Politics*. Ithaca: Cornell University Press.

Kelley, Judith. (2008) "Assessing the Complex Evolution of Norms: The Rise of International Election Monitoring." *International Organization* 62:2 (Spring): 221–255.

Kennedy, Scott. (2020) "The Biggest But Not the Strongest: China's Place in the Fortune 500 Global." https://www.csis.org.

Kent, Ann. (1999) *China, the United Nations, and Hu-*

man Rights: The Limits of Compliance. Philadelphia: University of Pennsylvania Press.

Keohane, Robert O. (1984) *After Hegemony: Cooperation and Discord in the World Political Economy*. Princeton: Princeton University Press.

_____. (1993) "Institutional Theory and the Realist Challenge After the Cold War." In *Neorealism and Neoliberalism: The Contemporary Debate*, edited by David A. Baldwin. New York: Columbia University Press, pp. 269–300.

Keohane, Robert O., and Lisa L. Martin. (1995) "The Promise of Institutionalist Theory." *International Security* 20:1 (Summer): 39–51.

Keohane, Robert O., and Joseph S. Nye Jr. (1971) *Transnational Relations and World Politics*. Cambridge: Harvard University Press.

_____. (1977) *Power and Interdependence: World Politics in Transition*. Boston: Little, Brown.

Keohane, Robert O., and David G. Victor. (2011) "The Regime Complex for Climate Change." *Perspectives on Politics* 9:1: 7–23.

Khagram, Sanjeev. (2000) "Toward Democratic Governance for Sustainable Development: Transnational Civil Society Organizing Around Big Dams." In *The Third Force: The Rise of Transnational Civil Society*, edited by Ann M. Florini. Tokyo: Japan Center for International Exchange, pp. 83–114.

Kille, Kent J. (2006) *From Manager to Visionary: The Secretary-General of the United Nations*. New York: Palgrave Macmillan.

Kim, Dongwook. (2013) "International Nongovernmental Organizations and the Global Diffusion of National Human Rights Institutions." *International Organization* 67:3 (Summer): 505–539.

Kim, Young Mie, Jordan Hsu, David Neiman, Colin Kou, Levi Bankston, Soo Yun Kim, Richard Heinrich, Robyn Baragwanath, and Garvesh Raskutti. (2018) "The Stealth Media? Groups and Targets behind Divisive Issue Campaigns on Facebook." *Political Communication* 35:4: 515–541.

Kindleberger, Charles P. (1973) *The World in Depression, 1929–39*. Berkeley: University of California Press.

_____. (1986) "International Public Goods Without International Government." *American Economic Review* 76:1 (March): 1–13.

Klotz, Audie. (1995) *Norms in International Relations: The Struggle Against Apartheid*. Ithaca: Cornell University Press.

Koops, Joachim A., Norrie MacQueen, Thierry Tardy, and Paul D. Williams, eds. (2015) *The Oxford Handbook of UN Peacekeeping Operations*. New York: Oxford University Press.

Koga, Kei. (2018) "ASEAN's Evolving Institutional Strategy: Managing Great Power Politics in the South China Sea Disputes." *Chinese Journal of International Politics* 11:1 (January): 1–32.

Koremenos, Barbara, Charles Lipson, and Duncan Snidal. (2001) "The Rational Design of International Institutions." *International Organization* 55 (Autumn): 761–799.

Koser, Khalid. "Internally Displaced Persons," in *Global Migration Governance*, edited by Alexander Betts. Oxford: Oxford University Press, pp. 210–22.

Krasner, Stephen D. (1982) "Structural Causes and Regime Consequences: Regimes as Intervening Variables." In *International Regimes*, edited by Stephen D. Krasner. Ithaca: Cornell University Press, pp. 1–21.

_____. (1993) "Westphalia and All That." In *Ideas and Foreign Policy*, edited by Judith Goldstein and Robert O. Keohane. Ithaca: Cornell University Press, pp. 235–264.

Krause, Keith, 2004. "The Key to a Powerful Agenda, If Properly Defined." Special Section: What Is "Human Security"? edited by J. Peter Burgess and Taylor Owen. *Security Dialogue* 35:3: 367–368.

Kreps, Sarah. (2020) *Social Media and International Relations*. New York: Cambridge University Press.

Kristoff, Madeline, and Liz Panarelli. (2010) "Haiti: A Republic of NGOs?" Peace Brief no. 23 (April 26). Washington, DC: US Institute of Peace. https://www.usip.org/sites/default/files/PB%2023%20Haiti%20a%20Republic%20of%20NGOs.pdf.

Ku, Charlotte, and Paul F. Diehl. (2006) "Filling in the Gaps: Extrasystemic Mechanisms for Addressing Imbalances Between the International Legal Operating System and the Normative System." *Global Governance* 12:2 (April–June): 161–183.

Kulish, Nicholas, and Somini Sengupta. (2013) "New U.N.'s Brigade's Aggressive Stance in Africa Brings Success, and Risks." *New York Times* (November 13).

Kumar, Shashank P. (2013) "The Indus Waters Kishenganga Arbitration (*Pakistan v. India*)." *American Society of International Law Insights* 17:13 (May 13).

Kuperman, Alan J. (2001) *The Limits of Humani-*

tarian Intervention: Genocide in Rwanda. Washington, DC: Brookings Institution.

Kurlantzick, Joshua. (2022) "ASEAN's Complete Failure on Myanmar: A Short Overview." Council on Foreign Relations (August 29). www.cfr.org/blog/aseans-complete-failure-myanmar-short-overview.

Laatikainen, Katie Verlin. (2006) "Pushing Soft Power: Middle Power Diplomacy at the UN." In *The European Union at the United Nations: Intersecting Multilateralisms*, edited by Katie Verlin Laatikainen and Karen E. Smith. New York: Palgrave Macmillan, pp. 70–91.

Lake, David A., and Matthew D. McCubbins. (2006) "The Logic of Delegation to International Organizations." In *Delegation and Agency in International Organizations*, edited by Darren Hawkins et al. Cambridge: Cambridge University Press, pp. 341–368.

Lall, Ranjit. (2023) *Making International Institutions Work: The Politics of Performance*. New York: Cambridge University Press.

Langlois, Anthony J. (2021) "Human Rights in Southeast Asia: ASEAN's Rights Regime After Its First Decade." *Journal of Human Rights* 20:2: 151–157.

Lasswell, Harold D. (1941) "The Garrison State." *American Journal of Sociology* 46 (January): 455–468.

Lauren, Paul Gordon. (1996) *Power and Prejudice: The Politics and Diplomacy of Racial Discrimination*. 2nd ed. Boulder: Westview.

_____. (2003) *The Evolution of International Human Rights: Visions Seen*, 2nd ed. Philadelphia: University of Pennsylvania Press.

Laurenti, Jeffrey. (2007) "Financing." In *The Oxford Handbook on the United Nations*, edited by Thomas G. Weiss and Sam Daws. New York: Oxford University Press, pp. 675–700.

Lawson, Fred. (2012) *Transformations of Regional Economic Governance in the Gulf Cooperation Council*. Qatar: Center for International and Regional Studies, Georgetown University School of Foreign Service in Qatar.

Lebovic, James H., and Eric Voeten. (2006) "The Politics of Shame: The Condemnation of Country Human Rights Practices in the UNHCHR." *International Studies Quarterly* 50:4 (December): 861–888.

Lederer, Edith M. (2022) "UN Chief Warns World is One Step from 'Nuclear Annihilation." *APNews* (August 1).

Legrenzi, Matteo, and Marina Calculli. (2013) "Regionalism and Regionalization in the Middle East: Options and Challenges." New York: International Peace Institute.

Lehne, Stefan. (2022) "Making EU Foreign Policy Fit for a Geopolitical World." Carnegie Europe (April 14). https://carnegieeurope.eu/2022/04/14/making-eu-foreign-policy-fit-for-geopolitical-world-pub-86886.

Levin, Dan. (2014) "Report Implicates Chinese Officials in Smuggled Tanzanian Ivory." *New York Times* (November 6).

Liese, Andrea, and Marianne Beisheim. (2011) "Transnational Public-Private Partnerships and the Provision of Collective Good in Developing Countries." In *Governance Without a State? Policies and Politics in Areas of Limited Statehood*, edited by Thomas Risse. New York: Columbia University Press, pp. 115–143.

Lipson, Charles. (1984) "International Cooperation in Economic and Security Affairs." *World Politics* 37 (October): 1–23.

Loescher, Gil, Alexander Betts, and James Milner. (2008) *The United Nations High Commissioner for Refugees (UNHCR): The Politics and Practice of Refugee Protection Into the Twenty-First Century*. New York: Routledge.

Loescher, Gil, and James Milner. (2011) "UNHCR and the Global Governance of Refugees." In *Global Migration Governance*, edited by Alexander Betts. New York: Oxford University Press, pp. 189–209.

Lowrey, Annie. (2013) "World Bank, Rooted in Bureaucracy, Proposes a Sweeping Reorganization." *New York Times* (October 7).

Luck, Edward C. (2005) "How Not to Reform the United Nations." *Global Governance* 11:4 (October–December): 407–414.

_____. (2007) "Principal Organs." In *The Oxford Handbook on the United Nations*, edited by Thomas G. Weiss and Sam Daws. Oxford: Oxford University Press, pp. 653–674.

_____. (2016) "The Security Council at Seventy." In *The UN Security Council in the 21st Century*, edited by Sebastian von Einsiedel, David M. Malone, Bruno Stagno Ugarte. Boulder, CO: Lynne Rienner, pp. 195–216.

Lutz, Ellen L., and Kathryn Sikkink. (2000) "International Human Rights Law and Practice in Latin America." *International Organization* 54:3 (Summer): 633–659.

Lynch, Colum. (2014a) "They Just Stood Watching." *Foreign Policy* (April 7).

_____. (2014b) "A Mission That Was Set Up to Fail." *Foreign Policy* (April 8).

Macdonald, Terry, and Kate Macdonald. (2022) "NGOs as Agents of Global Justice: Cosmopolitan Activism for Political Realists." *Ethics & International Affairs* 36:3 (October): 305–320.

Mace, Gordon. (1999) "The Origins, Nature, and Scope of the Hemispheric Project," in Gordon Mace, Louis Bélanger, and contributors, *The Americas in Transition: The Contours of Regionalism*. Boulder: Lynne Rienner, pp. 19–36.

Mace, Gordon, Jean-Philippe Thérien, Diana Tussie, and Olivier Dabène, eds. (2016) *Summits and Regional Governance: The Americas in Comparative Perspective*. New York: Routledge.

MacFarlane, S. Neil, and Yuen Foong Khong. (2006) *Human Security and the UN: A Critical History*. Bloomington: Indiana University Press.

MacLean, Ruth. (2022) "Explaining the 6 Coups Over the Past 18 Months in 5 African Countries." *New York Times* (February 1).

Maddy-Weitzman, Bruce. (2012) "The Arab League Comes Alive." *Middle East Quarterly* 19:3 (Summer): 71–78.

Madsen, Frank G. (2014) "Transnational Criminal Networks." In *International Organization and Global Governance*, edited by Thomas G. Weiss and Rorden Wilkinson. New York: Routledge, pp. 397–410.

Makinda, Samuel M., and F. Wafula Okumu. (2008) *The African Union: Challenges of Globalization, Security, and Governance*. New York: Routledge.

Malone, David M. (2006) *The International Struggle over Iraq: Politics in the UN Security Council, 1980–2005*. New York: Oxford University Press.

Mannan, S., K. Kitayama, et al. (2008) "Deramakot Forest Shows Positive Conservation Impacts of RIL." *ITTO Tropical Forest Update* 18.2. 7–9.

Mansfield, Edward D., and Helen V. Milner. (1999) "The New Wave of Regionalism." *International Organization* 53:3 (Summer): 589–627.

Mansfield, Edward D., and Jon C. W. Pevehouse. (2013) "The Expansion of Preferential Trading Arrangements." *International Studies Quarterly* 57:3 (September): 592–604.

Mariano, Karina Pasquariello, Regiane Nitsch Bressan, and Bruno Theodoro Luciano. (2021) "Liquid Regionalism: A Typology for Regionalism in the Americas." *Revista Brasileira de Política Internacional* 64:2: e004.

Mathews, Jessica T. (1997) "Power Shift." *Foreign Affairs* 76:1 (January–February): 50–66.

Mathiason, John. (2007) *Invisible Governance: International Secretariats in Global Politics*. Bloomfield, CT: Kumarian.

May, Christopher. (2018) "Global Corporations." In *International Organization and Global Governance*, edited by Thomas G. Weiss and Rorden Wilkinson. 2nd ed. New York: Routledge.

Mayer, Ann Elizabeth. (2013) *Islam and Human Rights: Tradition and Politics*. 5th ed. Boulder: Westview.

Mazower, Mark. (2012) *Governing the World: The History of an Idea, 1815 to the Present*. New York: Penguin Random House.

McArthur, John. (2014) "Seven Million Lives Saved: Under-5 Mortality Since the Launch of the Millennium Development Goals." Brookings Institution. www.brookings.edu/research/seven-million-lives-saved-under-5-mortality-since-the-launch-of-the-millennium-development-goals/.

McCandless, Erin. (2013) "Wicked Problems in Peacebuilding and Statebuilding: Making Progress in Measuring Progress Through the New Deal." *Global Governance* 19:2 (April–June): 227–248.

McCormick, John, and Jonathan Olsen. (2014) *The European Union: Politics and Policies*. Boulder: Westview.

McKeon, Nora. (2009) *The United Nations and Civil Society: Legitimating Global Governance–Whose Voice?* London: Zed.

_____. (2015) *Food Security Governance: Empowering Communities, Regulating Corporations*. New York: Routledge.

McLeman, Robert A. (2014) *Climate and Human Migration: Past Experiences, Future Challenges*. New York: Cambridge University Press.

McNair, Brian. (2005) "What Is Journalism?" In *Making Journalists: Diverse Models, Global Issues*, edited by Hugo de Burgh. New York: Routledge, pp. 25–43.

Meadows, Donella, Dennis L. Meadows, Jørgen Randers, and William W. Behrens III. (1972) *The Limits to Growth*. New York: Universe.

Mearsheimer, John J. (1994–1995) "The False Promise of International Institutions." *International Security* 19:3 (Winter): 5–49.

Merrills, J. G. (2011) *International Dispute Settlement*. 5th ed. Cambridge: Cambridge University Press.

Mertus, Julie A. (2008) *Bait and Switch: Human Rights and U.S. Foreign Policy*. 2nd ed. New York: Routledge.

______. (2009). *The United Nations and Human Rights. A Guide for a New Era*. 2nd ed. London: Routledge.

Meyer, John W., David John Frank, Ann Hironaka, Evan Schofer, and Nancy Brandon Tuma. (1997) "The Structuring of a World Environmental Regime, 1870–1990." *International Organization* 51:4 (Autumn): 623–651.

Meyer, Peter J. (2014) *Organization of American States: Background and Issues for Congress*. Washington, DC: Congressional Research Service.

Miller, Rory. (2022) "The Gulf Cooperation Council and Counter-terror Cooperation in the Post-9-11 Era: A Regional Organization in Comparative Perspective." *Middle Eastern Studies* 58:3: 435–451.

Mingst, Karen A. (1987) "Inter-Organizational Politics: The World Bank and the African Development Bank." *Review of International Studies* 13: 281–293.

______. (1990) *Politics and the African Development Bank*. Lexington: University of Kentucky Press.

______. (2015) "The African Development Bank: From Follower to Broker and Partner." In *Global Economic Governance and the Development Practices of the Multilateral Development Banks*, edited by Susan Park and Jonathan R. Strand. London: Routledge, pp. 80–98.

Mingst, Karen A., Margaret P. Karns, and Alynna J. Lyon. (2022) *The United Nations in the 21st Century*. 6th ed. New York: Routledge.

Mitchell, Ronald, Liliana Andonova, Mark Axelrod, Jörg Balsiger, Thomas Bernauer, Jessica Green, James Hollway, Rakhyun Kim, and Jean-Frédéric Morin. (2020) "What We Know (and Could Know) about International Environmental Agreements." *Global Environmental Politics* 20:1 (February): 103–121.

Mitrany, David. (1946) *A Working Peace System*. London: Royal Institute of International Affairs.

Mittelstaedt, Emma. (2008) "Safeguarding the Rights of Sexual Minorities: The Incremental and Legal Approaches to Enforcing International Human Rights Obligations." *Chicago Journal of International Law* 9:1 (Summer): 353–386.

Monshipouri, Mahmood, ed. (2020) *Why Human Rights Still Matter in Contemporary Global Affairs*. New York: Routledge.

Montoya, Celeste. (2008) "The European Union, Capacity Building, and Transnational Networks: Combating Violence Against Women Through the Daphne Program." *International Organization* 62:2 (Spring): 359–372.

Moon, Chung-In, and Jongryn Mo. (2000) *Economic Crisis and Structural Reforms in South Korea: Assessments and Implications*. Washington, DC: Economic Strategy Institution.

Moravcsik, Andrew. (1997) "Taking Preferences Seriously: A Liberal Theory of International Politics." *International Organization* 51:4 (Autumn): 513–553.

______. (1998) *The Choice for Europe: Social Purpose and State Power from Messina to Maastricht*. Ithaca: Cornell University Press.

Moretti, Sebastian. (2021) "Between Refugee Protection and Migration Management: The Quest for Coordination between UNHCR and IOM in the Asia-Pacific Region." *Third World Quarterly* 42:1: 34–51.

Morgenthau, Hans. (1967) *Politics Among Nations*. 4th ed. New York: Knopf.

Moses, A. Dirk. (2022) "The Ukraine Genocide Reveals the Limits of International Law." *Lawfare* (May 16). https://www.lawfaremedia.org/article/ukraine-genocide-debate-reveals-limits-international-law.

Mozur, Paul. (2018) "A Genocide Incited on Facebook, with Posts from Myanmar's Military." *New York Times* (October 15).

Mueller, Benjamin and Carl Zimmer. (2022) "Mysteries Linger about Covid's Origins, W.H.O. Report Says. *New York Times* (June 9).

Mueller, Lukas Maximilien. (2021) "Challenges to ASEAN Centrality and Hedging in Connectivity Governance–Regional and National Pressure Points." *Pacific Review* 34:5: 744–777.

Mulder, Nicholas. (2022) "The Sanctions Weapon: Economic Structures Deliver Bigger Global Shocks Than Ever Before and Are Easier to Evade." *Finance and Development* (June): 20–23. https://www.imf.org/en/Publications/fandd/issues/2022/06/the-sanctions-weapon-mulder.

Murdie, Amanda M., and David R. Davis. (2012) "Shaming and Blaming: Using Events Data to Assess the Impact of Human Rights INGOs." *International Studies Quarterly* 56:1 (March): 1–16.

Murphy, Craig. (1994) *International Organization and Industrial Change*. New York: Oxford University Press.

_____. (2000) "Global Governance: Poorly Done and Poorly Understood." *International Affairs* 75:4: 789–803.

_____. (2006) *The United Nations Development Programme: A Better Way?* New York: Cambridge University Press.

Murphy, Hannah. (2010) *The Making of International Trade Policy: NGOs, Agenda-Setting and the WTO*. Cheltenham: Elgar.

Murray, Jean-Pierre D. (2022) "The Migration-Security Nexus in South-South Population Flows: Securitization of Haitian Migration in the Dominican Republic." Ph.D. diss., University of Massachusetts Boston.

_____. (2023) "Caribbean International Relations." In *Understanding the Contemporary Caribbean*, edited by Henry F. Carey. Boulder: Lynne Rienner.

Mutua, Makau. (1999) "The African Human Rights Court: A Two-Legged Stool?" *Human Rights Quarterly* 21:2: 342–363.

Narine, Shaun. (2004) "State Sovereignty, Political Legitimacy, and Regional Institutionalism in the Asia-Pacific." *Pacific Review* 17:3: 423–450.

_____. (2008) "Forty Years of ASEAN: A Historical Review." *Pacific Review* 21:4: 411–429.

Ndubuisi, Christian Ani. (2021) "Coup or Not Coup: The African Union and the Dilemma of 'Popular Uprisings' in Africa." *Democracy and Security* 17:3: 257–277.

Neier, Aryeh. (2012) *The International Human Rights Movement: A History*. Princeton: Princeton University Press.

_____. (2019) "Indicting the International Criminal Court." *The Jordan Times* (May 19).

Nelson, Stephen. (2017) *The Currency of Confidence: How Economic Beliefs Shape the IMF's Relationship with its Borrowers*. Ithaca: Cornell University Press.

Newman, Edward. 2004. "A Normatively Attractive but Analytically Weak Concept." In Special Issue, "What Is Human Security?" edited by P. Burgess and T. Owen. *Security Dialogue* 35 (September): 358–359.

Newsom, D., and D. Hewitt. (2005) "The Global Impacts of SmartWood Certification: Final Report of the TREES Program for the Rainforest Alliance." Rainforest Alliance. www.rainforest-alliance.org/forestry/documents/sw_impacts.pdf.

Nichols, Michelle. (2020) "U.N. Warns 2021 Shaping Up to Be a Humanitarian Catastrophe." Reuters (December 4).

Nielson, Richard. (2013) "Rewarding Human Rights? Selective Aid Sanctions Against Repressive States." *International Studies Quarterly* 57:4 (December): 791–803.

Nobel Prize. (2020) "Press Release." https://www.nobelprize.org/prizes/peace/2020/press-release/.

Nolte, Detlev. (2021) "From the Summits to the Plains: The Crisis of Latin American Regionalism." *Latin American Policy* 12:1 (May): 181–192.

North Africa Post. (2022) "Arab League Expresses Solidarity with Morocco against Iranian Threats." (September 6). https://northafricapost.com/60524-arab-league-expresses-solidarity-with-morocco-against-iranian-threats.html.

Nyadera, Israel, Billy Agwanda, Murat Onder, and Ibrahim Mukhtar. (2022) "Multilateralism, Developmental Regionalism, and the African Development Bank." *Politics and Governance* 10: 2: 82–94.

Nylan, Alexandria. (2020) "Frontier Justice: International Law and 'Lawless' Spaces in the War on Terror." *European Journal of International Relations* 26:3 (September): 627–659.

Oatley, Thomas. (2001) "Multilateralizing Trade and Payments in Postwar Europe." *International Organization* 55:4 (Autumn): 949–969.

OAU. (2000) Declarations and Decisions Adopted By the Thirty-Sixth Ordinary Session of the Assembly of Heads of State and Government. AHG/Decl. 2 (XXXVI). https://au.int/sites/default/files/decisions/9545-2000_ahg_dec_143-159_xxxvi_e.pdf.

Obama, Barack. (2007) "Remarks of Senator Obama to the Chicago Council on Global Affairs." www.cfr.org/elections/remarks-senator-barack-obama-chicago-council-global-affairs/p13172.

O'Brien, Robert, Anne Marie Goetz, Jan Aart Scholte, and Marc Williams. (2000) *Contesting Global Governance: Multilateral Economic Institutions and Global Social Movements*. Cambridge: Cambridge University Press.

Oestreich, Joel E. (2012) "Introduction." In *Inter-*

national Organizations as Self-Directed Actors, edited by Joel E. Oestrich. New York: Routledge, pp. 1–25.

Ogata, Sadako, and Johan Cels. (2003) "Human Security-Protecting and Empowering the People." *Global Governance* 9:3 (July–September): 273–282.

Ohanyan, Anna. (2012) "Network Institutionalism and NGO Studies." *International Studies Perspectives* 13:4 (November): 366–389.

Ohta, Hiroshi, and Atsuchi Ishii. (2014) "The Forum: Disaggregating Effectiveness." *International Studies Review* 15:4 (December): 581–583.

Olson, Mancur. (1968) *The Logic of Collective Action*. New York: Schocken. O'Neil, Shannon K. (2022) "Why Latin American Lost at Global–ization and How It Can Win Now." Council on Foreign Relations (August 25). www.cfr.org/article/why-latin-america-lost-globalization-and-how-it-can-win-now.

Organisation for Economic Co-operation and Development (OECD). (2022) "COVID-19-Related Activities in Official Development Assistance (ODA)." OECD. https://www.oecd.org/dac/financing-sustainable-development/development-finance-standards/vaccines-costs-oda.htm.

Organski, A.F.K. (1968) *World Politics*, 2nd ed. New York: Alfred A. Knopf.

Orsini, Amandine, Jean-Fréderic Morin, and Oran Young. (2013) "Regime Complexes: A Buzz, a Boom, or a Boost for Global Governance?" *Global Governance* 19:1 (January–March): 27–40.

Ostrom, Elinor. (1990) *Governing the Commons: The Evolution of Institutions for Collective Action*. Cambridge: Cambridge University Press.

Paats, Liise Margit. (2021) "EU Foreign and Security Policy: Overview and Challenges." *United Europe* (17): 49–55.

Padelford, Norman J. (1945) Unpublished letter to family and friends (June 26).

Papadopoulos, Yannis. (2013) "The Challenge of Transnational Private Governance: Evaluating Authorization, Representation, and Account–abil-ity." Working Paper no. 8 (February). Paris: SciencesPo/LIEPP (Laboratoire Interdisciplinaire d'évaluation des politiques publiques).

Paris, Roland. (2001) "Human Security: Paradigm Shift or Hot Air?" *International Security* 26:2: 87–102.

_____. (2004) *At War's End: Building Peace After Civil Conflict*. New York: Cambridge University Press.

Park, Susan. (2010) *The World Bank Group and Environmentalists: Changing International Organization Identities*. London: Manchester University Press.

Park, Susan, and Jonathan R. Strand, eds. (2015) *Global Economic Governance and the Development Practices of the Multilateral Development Banks*. New York: Routledge.

Parker, Claire and Robyn Dixon. (2023) "Russia Comes Under Global Criticism for Grain Deal Pullout, Port Attacks." *Washington Post* (July 21).

Patrick, Stewart. (2014) "The Unruled World: The Case for Good Enough Global Governance." *Foreign Affairs* 93:1 (January–February): 58–73.

Pécoud. Antoine. (2018) "What Do We Know About the International Organization for Migration?" *Journal of Ethnic and Migration Studies* 44:10: 1621–1638.

_____. (2021) "Narrating an Ideal Migration World? An Analysis of the Global Compact for Safe, Orderly and Regular Migration." *Third World Quarterly* 42:1: 16–33.

Pempel, T. J., ed. (2005) *Remapping East Asia: The Construction of a Region*. Ithaca: Cornell University Press.

Perez-Rocha, Manuel, and Stuart Trew. (2014) "NAFTA at 20: A Model for Corporate Rule." *Foreign Policy in Focus* (January 14). fpif.org/nafta-20-model-corporate-rule/.

Permanent Court of Arbitration. (2023) PCA Press Release–PCA Case No. 23–01: Proceedings under the *Indus Waters Treaty*. https://pcacases.com/web/sendAttach/47335.

Petersen, Mark and Carsten-Andreas Schulz. (2018) "Setting the Regional Agenda: A Critique of Posthegemonic Regionalism." *Latin American Politics and Society* 60:1 (Spring): 102–127.

Peterson, M.J. (2004) "Using the General Assembly." In *Terrorism and the UN: Before and After September 11*, edited by Jane Boulden and Thomas G. Weiss. (Bloomington: Indiana University Press), pp. 173–197.

Peterson, V. Spike. (2003) *A Critical Rewriting of Global Political Economy: Integrating Reproductive, Productive, and Virtual Economies*. London: Routledge.

Phelan, William. (2012) "What Is *Sui Generis* About

the European Union? Costly International Cooperation in a Self-Contained Regime." *International Studies Review* 14:3 (September): 367–385.

Piiiparinen, T. T. K. (2016) "Secretariats." In *The Oxford Handbook of International Organizations* edited by J. K. Cogan, I. Hurd, and I. Johnstone. New York: Oxford University Press, pp. 839–857.

Podesta, John. (2019) "The Climate Crisis, Migration, and Refugees." Brookings Blum Roundtable on Global Poverty Report (July 25). www.brookings.edu/research/the-climate-crisis-migration-and-refugees/.

Podrecca, Matteo, Marco Sartor, and Guido Nassimbeni. (2022) "United Nations Global Compact: Where Are We Going?" *Social Responsibility Journal* 18:5 (June): 984–1003.

Popovski, Vesselin. (2011) "The Concepts of Responsibility to Protect and Protection of Civilians: 'Sisters, but Not Twins.'" *Security Challenges* 7:4 (Summer): 1–12.

Potoski, Matthew, and Elizabeth Elwakeil. (2011) "International Organization for Standardization 14001." In *Handbook of Transnational Governance: Institutions and Innovations*, edited by Thomas Hale and David Held. Cambridge: Polity, pp. 295–302.

Pouliot, Vincent. (2011) "Multilateralism as an End in Itself." *International Studies Perspectives* 12:1 (February): 18–26.

Power, Samantha. (2002) *"A Problem from Hell": America and the Age of Genocide*. New York: Basic.

Prakash, Aseem, and Matthew Potoski. (2014) "Global Private Regimes, Domestic Public Law: ISO 14001 and Pollution Reduction." *Comparative Political Studies* 47:3 (March): 369–394.

Prakathi, Mlungisi. (2018) "An Analysis of the Response of the African Union to the Coup in Burkina Faso (2015) and Zimbabwe (2017)." *Journal of Africa Union Studies* 7:3 (December): 129–143.

Prasad, Eswar. (2021) *The Future of Money: How the Digital Revolution Is Transforming Currency and Finance*. Cambridge: Harvard University Press.
Preston, Julia. (1994) "Boutros-Ghali Rushes in … in a Violent World: The U.N. Secretary-General Has an Activist's Agenda." *Washington Post* (January 10–16): 10–11.

Pretorius, Joelien. (2020) "A Legal Game-Changer: The Nuclear Ban Treaty and Legal Leverage for its Supporters." *Bulletin of the Atomic Scientists* (October 30). https://thebulletin.org/2020/10/the-nuclear-ban-treaty-and-legal-leverage-for-its-supporters/.

Price, Richard, and Nina Tannenwald. (1996) "Norms and Deterrence: The Nuclear and Chemical Weapons Taboo." In *The Culture of National Security: Norms and Identity in World Politics*, edited by Peter J. Katzenstein. New York: Columbia University Press, pp. 114–152.

Priebus, Sonja. (2022) "The Commission's Approach to Rule of Law Backsliding: Managing Instead of Enforcing Democratic Values?" *Journal of Common Market Studies* 60:6 (November): 1684–1700.

Princen, Thomas. (1995) "Ivory, Conservation, and Environmental Transnational Coalitions." In *Bringing Transnational Relations Back In: Non-State Actors, Domestic Structures, and International Institutions*, edited by Thomas Risse-Kappen. New York: Cambridge University Press, pp. 227–256.

Profitt, Tom. (2007) "Russia Plants Flag on North Pole Seabed." *The Guardian* (August 2). https://www.theguardian.com/world/2007/aug/02/russia.arctic.

Prügl, Elisabeth, and Jacqui True. (2014) "Equality Means Business? Governing Gender Through Transnational Public-Private Partnerships." *Review of International Political Economy* 21:6 (December): 1137–1169.

Puchala, Donald J., and Roger A. Coate. (1989) "The Challenge of Relevance: The United Nations in a Changing World Environment." Academic Council on the United Nations System (ACUNS), Reports and Papers no. 5.

Raad Al Hussein, Prince Zeid, Bruno Stagno Ugarte, Christian Wenaweser, and Tiina Intelmas. (2019) "The International Criminal Court Needs Fixing." *New Atlanticist* (April 24). https://www.atlanticcouncil.org/blogs/new-atlanticist/the-international-criminal-court-needs-fixing/.

Rachman, Gideon. (2011) "Think Again: American Decline. This Time It's for Real." *Foreign Policy* (January–February): 59–63.

Rade, Kees. (2022) "Diplomats Without Borders: A New Niche Service Aims to Mend Our Frayed World." *PassBlue* (August 10). https://www.passblue.com/2022/08/10/diplomats-without-borders-a-new-niche-service-aims-to-mend-our-frayed-world/.

Ramazini, Haroldo, Marcelo Passini Mariano and

Julie De Souza Borba Gonçalves. (2021) "The Quest for Syntony: Democracy and Regionalism in South America." *Bulletin of Latin American Research* 41:2 (April): 305–319.

Ramcharan, B. G. (2000) "The International Court of Justice." In *The United Nations at the Millennium: The Principal Organs*, edited by Paul Taylor and A. J. R. Groom. New York: Continuum, pp. 177–195.

_____. (2008) "The Universal Declaration of Human Rights at Sixty." Academic Council on the United Nations System (ACUNS). *In Memorandum* 76 (Fall): 1–3.

Ramani, Samuel. (2021) "The Qatar Blockade Is Over, but the Gulf Crisis Lives On." *Foreign Policy* (January 27).

Ramzi, Austin and Chris Buckley. (2019) "'Absolutely No Mercy': Leaked Files Expose How China Organized Mass Detentions of Muslims." *New York Times* (November 16).

Rathore, Khushi Singh. (2021) " Excavating Indian Women in the Early History of the UN." In *Women and the UN: A New History of Women's International Human Rights*, edited by Rebecca Adami and Dan Plesch. New York: Routledge, pp. 39–54.

Ratner, Steven R. (2013) "Persuading to Comply: On the Deployment and Avoidance of Legal Argumentation." In *Interdisciplinary Perspectives on International Law and International Relations: The State of the Art*, edited by Jeffrey Dunoff and Mark A. Pollack. New York: Cambridge University Press, pp. 568–590.

Raustiala, Kal, and David G. Victor. (2004) "The Regime Complex for Plant Genetic Resources." *International Organization* 58:2 (Spring): 277–309.

Ravndal, Ellen J. (2020) "A Guardian of the UN Charter: The UN Secretary-General at Seventy-Five." *Ethics & International Affairs* 34:3 (Fall): 297–304.

Ravenhill, John. (2001) *APEC and the Construction of Pacific Rim Regionalism*. Cambridge: Cambridge University Press.

_____. (2007a) "In Search of an East Asian Region: Beyond Network Power." *Journal of East Asian Studies* 7: 387–394.

_____. (2007b) "Mission Creep or Mission Impossible? APEC and Security." In *Reassessing Security Cooperation in the Asia-Pacific: Competition, Congruence, and Transformation*, edited by Amitav Acharya and Evelyn Goh. Cambridge: MIT Press, pp. 135–154.

_____. (2008) "Fighting Irrelevance: An Economic Community 'with ASEAN Characteristics.'" *Pacific Review* 21:4: 469–487.

Ray, Aswini. (1999) "The Concept of Justice in International Relations." *Economic & Political Weekly* 34:22 (May): 1368–1374.

Rehman, Huma and Afsah Qazi. (2019) "Significance of Resolution 1540 and Emerging Challenges to its Effectiveness." *Strategic Studies* 39:2: 48–66.

Reimann, Kim D. (2006) "A View from the Top: International Politics, Norms, and the Worldwide Growth of NGOs." *International Studies Quarterly* 50:1 (March): 45–67.

Reincke, Wolfgang H. (1999–2000) "The Other World Wide Web: Global Public Policy Networks." *Foreign Policy* 117 (Winter) 44–57.

Reinold, Theresa. (2022) "Holding International Organizations Accountable: Toward a Right to Justification in Global Governance?" *Ethics & International Affairs* 36:2 (August): 259–271.

Repucci, Sarah and Amy Slipowitz. (2022) "Freedom in the World 2022: The Global Expansion of Authoritarian Rule. *Freedom House Report*. https://freedomhouse.org/report/freedom-world/2022/global-expansion-authoritarian-rule.

Rich, Bruce. (2013) *Foreclosing the Future: The World Bank and the Politics of Environmental Destruction*. Washington, DC: Island Press.

Richmond, Oliver P. (2001) "A Genealogy of Peacemaking: The Creation and Re-Creation of Order." *Alternatives* 26:3 (July–September), pp. 317–348.

Riggs, Robert E., and Jack C. Plano. (1994) *The United Nations: International Organization of World Politics*. 2nd ed. Belmont, CA: Wadsworth.

Risse, Thomas. (2016) "The Diffusion of Regionalism." In *The Oxford Handbook of Comparative Regionalism*, edited by Tanja A. Börzel and Thomas Risse. New York: Oxford University Press, pp. 87–110.

Risse, Thomas, Stephen C. Ropp, and Kathryn Sikkink, eds. (1999) *The Power of Human Rights: International Norms and Domestic Change*. New York: Cambridge University Press.

_____. (2013) *The Persistent Power of Human Rights: From Commitment to Compliance*. New York: Cambridge University Press.

Risse-Kappen, Thomas, ed. (1995) *Bringing Trans-*

national Relations Back In: Non-State Actors, Domestic Structures, and International Institutions. New York: Cambridge University Press.

Rist, Wes. (2020) "What Does the ICJ Decision on the Gambia v. Myanmar Mean?" American Society of International Law *Insights* 24:2 (February 27).

Roberge, Ian. (2011) "Financial Action Task Force." In *Handbook of Transnational Governance: Institutions and Innovations*, edited by Thomas Hale and David Held. London: Polity, pp. 45–50.

Roberts, Adam. (1999) "NATO's 'Humanitarian War' over Kosovo." *Survival* 41:2 (Spring): 102–123.

Rodrik, Dani. (2007) "The Global Governance of Trade as if Development Really Mattered." In *One Economics, Many Recipes: Globalization, Institutions, and Economic Growth*, edited by Dani Rodrik. Princeton: Princeton University Press, pp. 213–236.

Roemer, Ruth, Allyn Taylor, and Jean Lariviere. (2005) "Origins of the WHO Framework Convention on Tobacco Control." *American Journal of Public Health* 95:6 (June): 936–938.

Romaniuk, Peter. (2018) "Counterterrorism Cooperation and Global Governance." In *International Organization and Global Governance*, 2nd ed., edited by Thomas G. Weiss and Rorden Wilkenson. London: Routledge, pp. 498–510.

Romano, Cesare P. R. (1999) "The Proliferation of International Judicial Bodies: The Pieces of the Puzzle." *International Law and Politics* 31: 709–751.

Ron, James, Howard Ramos, and Kathleen Rodgers. (2005) "Transnational Information Politics: NGO Human Rights Reporting, 1986–2000." *International Studies Quarterly* 49:3 (September): 557–587.

Roosevelt, Franklin. (1941) "Address by the President." 87th Congress. *Congressional Record* 44: 46–47.

Rosenau, James N. (1992) "Governance, Order, and Change in World Politics." In *Governance Without Government: Order and Change in World Politics*, edited by James N. Rosenau and E. O. Czempiel. Cambridge: Cambridge University Press, pp. 1–29.

______. (1995) "Governance in the Twenty-First Century." *Global Governance* 1:1 (Winter): 13–43.

______. (1997) *Along the Domestic-Foreign Frontier: Exploring Governance in a Turbulent World*. Cambridge: Cambridge University Press.

Ruane, Abigail. (2011) "Pursuing Inclusive Interests, Both Deep and Wide: Women's Human Rights and the United Nations." In *Feminism and International Relations: Conversations About the Past, Present, and Future*, edited by J. Ann Tickner and Laura Sjoberg. London: Routledge, pp. 48–67.

Rudolph, Christopher. (2003) "Security and the Political Economy of Migration." *American Political Science Review* 97:4, 603–620.

Ruggie, John Gerard. (1982) "International Regimes, Transactions, and Change: Embedded Liberalism in the Postwar Economic Order." *International Organization* 36:2 (Spring): 379–415.

______. (1993) "Multilateralism: The Anatomy of an Institution." In *Multilateralism Matters: The Theory and Praxis of an Institutional Form*, edited by John Gerard Ruggie. New York: Columbia University Press, pp. 3–47.

______. (2001) "Global_Governance.net: The Global Compact as Learning Network." *Global Governance* 7:4 (October–December): 371–378.

______. (2003) "The United Nations and Globalization: Patterns and Limits of Institutional Adaptation." *Global Governance* 9:3 (July–September): 301–321.

______. (2013) *Just Business: Multinational Corporations and Human Rights*. New York: Norton.

Rüland, Jürgen, and Karsten Bechle. (2014) "Defending State Centric Regionalism through Mimicry and Localisation: Regional Parliamentary Bodies in the Association of Southeast Asian Nations (ASEAN) and Mercosur." *Journal of International Relations and Development* 17 (March): 61–88.

Ryder, Hannah, Anna Baisch, and Ovigwe Eguegu. (2020) "Decolonizing the UN Means Abolishing the Permanent Five: The Inequalities of the Past Can't Set the Rules of the Present." *Foreign Policy* (September 17).

Sachs, Jeffrey D. (2005) *The End of Poverty: Economic Possibilities for Our Time*. New York: Penguin.

Sanderson, John. (2001) "Cambodia." In *United Nations Peacekeeping Operations: Ad Hoc Missions, Permanent Engagement*, edited by Albrecht Schnabel and Ramesh Thakur. Tokyo: UN University Press, pp. 155–166.

Sandholtz, Wayne, and Kendall Stiles. (2009) *International Norms and Cycles of Change*. New York: Oxford University Press.

Satariano, Adam. (2019) "Russia Sought to Use Social Media to Influence EU Vote, Report Finds." *New York Times* (June 14).

Schabas, William A. (2017) *An Introduction to the International Criminal Court*, 5th ed. New York: Cambridge University Press.

Schechter, Michael. (2005) *United Nations Global Conferences*. New York: Routledge.

Schiel, R., J. Powell, and C. Faulkner. (2021) "Mutiny in Africa, 1950–2018." *Conflict Management and Peace Science* 38:4: 481–499.

Schiff, Benjamin N. (2008) *Building the International Criminal Court*. New York: Cambridge University Press.

Schillemans, Thomas, and Mark Bovens. (2011) "The Challenge of Multiple Accountability: Does Redundancy Lead to Overload?" In *Accountable Governance: Problems and Promises*, edited by Melvin J. Dubnick and H. George Frederickson. Armonk, NY: Sharpe, pp. 3–21.

Schimmelfennig, Frank. (2007) "Functional Form, Identity-Driven Cooperation: Institutional Designs and Effects in Post–Cold War NATO." In *Crafting Cooperation: Regional International Institutions in Comparative Perspective*, edited by Amitav Acharya and Alastair Ian Johnston. Cambridge: Cambridge University Press, pp. 145–179.

Scholte, Jan Aart. (2012) "A More Inclusive Global Governance? The IMF and Civil Society in Africa." *Global Governance* 18:2 (April–June): 185–206.

Security Council Report. (2014) "Security Council Working Methods: A Tale of Two Councils?" *Special Research Report.* www.securitycouncilreport.org/special-research-report/security-council-working-methods-a-tale-of-two-councils.php.

Selin, Henrik. (2007) "Coalition Politics and Chemicals Management in a Regulatory Ambitious Europe." *Global Environmental Politics* 7:3 (August): 63–93.

Sen, Amartya. (1981) *Poverty and Famines: An Essay on Entitlement and Deprivation*. New York: Oxford University Press.

_____. (1999) *Development as Freedom*. New York: Knopf.

_____. (2001) "A World of Extremes: Ten Theses on Globalization." *Los Angeles Times* (July 17).

Sénit, Carole-Anne, and Frank Bierman. (2021) "In Whose Name Are You Speaking? The Marginal-ization of the Poor in Global Civil Society." *Global Policy* 12:5 (November): 581–591.

Seth, Sanjay. (2011) "Postcolonial Theory and the Critique of International Relations." *Millennium: Journal of International Studies* 40:1: 167–183.

Sheeran, Scott, and Stephanie Case. (2014) *The Intervention Brigade: Legal Issues for the UN in the Democratic Republic of the Congo*. New York: International Peace Institute. https://www.ipinst.org/wp-content/uploads/publications/ipi_e_pub_legal_issues_drc_brigade.pdf

Shifter, Michael. (2012) "The Shifting Landscape of Latin American Regionalism." *Current History* (February): 56–61.

Shimizu, Kazushi. (2021) "The ASEAN Economic Community and The RECP in the World Economy." *Journal of Contemporary East Asian Studies* 10:1: 1–23.

Sikkink, Kathryn. (2009) "The Power of Networks in International Politics." In *Networked Politics: Agency, Power, and Governance*, edited by Miles Kahler. Ithaca: Cornell University Press, pp. 228–247.

_____. (2013) "The United States and Torture: Does the Spiral Model Work?" In *The Persistent Power of Human Rights: From Commitment to Compliance*, edited by Thomas Risse, Stephen C. Ropp, and Kathryn Sikkink. New York: Cambridge University Press, pp. 145–163.

_____. (2014) "Latin American Countries as Norm Protagonists of the Idea of International Human Rights." *Global Governance* 20:3 (July–Sept.): 389–404.

_____. (2019 "Border Rules." *International Studies Review* 21:2 (June): 256–283.

Simmons, Beth A. (2002) "Capacity, Commitment, and Compliance: International Institutions and Territorial Disputes." *Journal of Conflict Resolution* 46:6 (December): 829–856.

_____. (2009) *Mobilizing for Human Rights: International Law in Domestic Politics*. New York: Cambridge University Press.

_____. (2019 "Border Rules." *International Studies Review* 21:2 (June): 256–283.

Simmons, P. J., and Chantal de Jonge Oudraat. (2001) "Managing Global Issues: An Introduction." In *Managing Global Issues: Lessons Learned*, edited by P. J. Simmons and Chantal de Jonge Oudraat. Washington, DC: Carnegie Endowment for International Peace, pp. 3–24.

Simons, Marlise. (2003) "World Court for Crimes of War Opens in The Hague." *New York Times* (March 12).

SIPRI. (2021) *Multilateral Peace Operations in 2021: Developments and Trends*. https://www.sipri.org/commentary/topical-backgrounder/2022/multilateral-peace-operations-2021-developments-and-trends.

Slaughter, Anne-Marie. (2004) *A New World Order*. Princeton: Princeton University Press.

Smith, Aaron, Laura Silver, Courtney Johnson, and Jingjing Jiang. (2019) "Publics in Emerging Economies Worry Social Media Sow Division, Even as They Offer New Chances for Political Engagement." Washington, DC: Pew Research Center.

Smith, Courtney B. (1999) "The Politics of Global Consensus Building: A Comparative Analysis." *Global Governance* 5:2 (April–June): 173–201.

______. (2006) *Politics and Process at the United Nations: The Global Dance*. Boulder: Lynne Rienner.

Smith, Jackie, Basak Gemici, Samantha Plummer, and Melanie Hughes. (2018) "Transnational Social Movement Organizations and Counter-Hegemonic Struggles Today." *Journal of World Systems Studies* 24:2: 372–403.

Smith, Jackie, and Dawn Wiest. (2012) *Social Movements in the World-System: The Politics of Crisis and Transformation*. New York: Russell Sage.

Snidal, Duncan. (1991) "Relative Gains and the Pattern of International Cooperation." *American Political Science Review* 83:3 (September): 701–726.

Solingen, Etel. (1998) *Regional Orders at Century's Dawn: Global and Domestic Influences on Grand Strategy*. Princeton: Princeton University Press.

______. (2008) "The Genesis, Design, and Effects of Regional Institutions: Lessons from East Asia and the Middle East." *International Studies Quarterly* 52:2 (June): 261–294.

Sommerer, Thomas, Hans Agné, Fariborz Zelli, and Bart Bes. (2022) *Global Legitimacy Crises: Decline and Revival in Multilateral Governance*. New York: Oxford University Press.

Souaré, I. K. (2014) "The African Union as a Norm Entrepreneur on Military Coups d'États in Africa (1952–2012). An Empirical Assessment." *Journal of Modern African Studies* 52:1: 69–94.

Sova, Chase. (2021) "COVID 19 and the Five Major Threats it Poses to Global Food Security." World Food Program USA (March 16). https://www.wfpusa.org/articles/covid-19-and-global-food-security/.

Spiro, Peter J. (1996) "New Global Potentates: Nongovernmental Organizations and the 'Unregulated' Marketplace." *Cardozo Law Review* 18 (December): 957–969.

Squire, Vicki, and Jef Huysman. (2017) "Migration and Security." In *Routledge Handbook of Security Studies*, 2nd ed., edited by Myriam Dunn Cavalty and Thierrh Balzacq. New York: Routledge, pp. 161–171.

Stapel, Sören. (2022) *Regional Organizations and Democracy, Human Rights, and the Rule of Law: The African Union, Organization of American States, and the Diffusion of Institutions*. Cham, Switzerland: Palgrave Macmillan.

Stedman, Stephen John, Donald Rothchild, and Elizabeth M. Cousens. (2002) *Ending Civil Wars: The Implementation of Peace Agreements*. Boulder: Lynne Rienner.

Steffek, Jens. (2013) "Explaining Cooperation between IGOs and NGOs: Push Factors, Pull Factors, and the Policy Cycle." *Review of International Studies* 39:4 (October): 993–1013.

Stevis-Gridneff, Matina. (2022) "As Europe Piles Sanctions on Russia, Some Sacred Cows Are Spared." *New York Times* (October 18).

Stiglitz, Joseph. (2002) *Globalization and Its Discontents*. New York: Norton.

Stone, Randall. (2011) *Controlling Institutions: International Organizations and the Global Economy*. New York: Cambridge University Press.

Strand, Håvard, and Håvard Hegre. (2021) "Trends in Armed Conflict, 1946–2022." *Conflict Trends* 3. Oslo: PRIO. https://cdn.cloud.prio.org/files/23f5796a-53e4-454d-b877-883257c6f0e9.

Stroup, Sarah, and Wendy Wong. (2017) *The Authority Trap: Strategic Choices of International NGOs*. Ithaca: Cornell University Press.

Stubbs, Richard. (2019) "ASEAN Skeptics vs ASEAN Proponents: Evaluating Regional Institutions." *Pacific Review* 32:6: 923–950.

Suzuki, Sanae. (2020) "Exploring the Roles of the AU and ECOWAS in West African Conflicts." *South African Journal of International Affairs* 27:2: 173–191.

Suzuki, Severn. (1992) "Severn Cullis Suzuki at Rio Summit 1992." *YouTube*.https://www.youtube.com/watch?v=oJJGuIZVfLM.

Tallberg, Jonas. (2002) "Paths to Compliance: Enforcement, Management, and the European Union." *International Organization* 56:3 (Summer): 609–643.

Tallberg, Jonas, Thomas Sommerer, Theresa Squatrito, and Christer Jönsson. (2013) *The Opening Up of International Organizations: Transnational Access in Global Governance*. Cambridge: Cambridge University Press.

Tannenwald, Nina, ed. (2007) *The Nuclear Taboo: The United States and the Non-Use of Nuclear Weapons Since 1945*. New York: Cambridge University Press.

_____. (2022) "Is Using Nuclear Weapons Still Taboo?" *Foreign Policy* (Summer): 36–38.

Tansey, Oisín. (2014) "Evaluating the Legacies of State-Building: Success, Failure, and the Role of Responsibility." *International Studies Quarterly* 58:1 (March): 174–186.

Taylor, Paul. (2000) "Managing the Economic and Social Activities of the United Nations System: Developing the Role of ECOSOC." In *The United Nations at the Millennium: The Principal Organs*, edited by Paul Taylor and A. J. R. Groom. New York: Continuum, pp. 100–141.

Tepperman, Jonathan. (2013) "Where Are You, Ban Ki-moon?" *New York Times* (September 24).

Terry, Fiona. (2002) *Condemned to Repeat? The Paradox of Humanitarian Action*. Ithaca: Cornell University Press.

Thakur, Ramesh. (2018) *The United Nations, Peace, and Security: From Collective Security to the Responsibility to Protect*. 2nd ed. New York: Cambridge University Press.

_____. (2021) "2021 In Review. Always Immoral, Now Illegal. The Nuclear Ban Treaty Becomes Law." *Australian Outlook* (December 24). https://www.internationalaffairs.org.au/australianoutlook/always-immoral-now-illegal-the-nuclear-ban-treaty-becomes-law/.

Thakur, Ramesh, and William Maley. (1999) "The Ottawa Convention on Landmines: A Landmark Humanitarian Treaty in Arms Control." *Global Governance* 5:3 (July–September): 273–302.

Tickner, J. Ann. (2001) *Gendering World Politics: Issues and Approaches in the Post-Cold War Era*. New York: Columbia University Press.

Thouez, Colleen (2019) "Strengthening Migration Governance: the UN as 'Wingman.'" *Journal of Ethnic and Migration Studies* 45:8: 1242–1257.

Tieku, Thomas Kwasi. (2019) "Ruling from the Shadows: The Nature and Functions of Informal International Rules in World Politics." *International Studies Review* 21:2 (June): 225–243.

Tilly, Charles. (2004) *Social Movements, 1768–2004*. Boulder: Paradigm.

Tirman, John, ed. (2004) *The Maze of Fear: Security and Migration After 9/11*. New York: The New Press.

Tossell, J. (2020). *Consolidating Sudan's Transition: A Question of Legitimacy*. Clingendael: Netherlands Institute of International Relations. www.clingendael.org/sites/default/files/2020-02/Policy_Brief_Consolidating_Sudan_transition_February_2020.pdf.

True, Jacqui. (2011) "Feminist Problems with International Norms: Gender Mainstreaming in Global Governance." In *Feminism and International Relations: Conversations About the Past, Present, and Future*, edited by J. Ann Tickner and Laura Sjoberg. London: Routledge, pp. 73–88.

Tussie, Diana, and Pia Riggirozzi. (2012) "The Rise of Post-Hegemonic Regionalism in Latin America." In *The Rise of Post-Hegemonic Regionalism: The Case of Latin America*, edited by Diana Tussie and Pia Riggirozzi. Dordrecht: Springer, pp. 1–16.

Union of International Associations. (UIA). (2023) "AboutUIA." https://uia.org/about.

United Nations (UN). (1992) "Letter Dated 29 November 1992 from the Secretary-General Addressed to the President of the Security Council." S/24868.

_____. (1993) "The 'Second Generation': Cambodia Elections 'Free and Fair,' but Challenges Remain." *UN Chronicle* 30:5 (November–December): 26.

_____. (1996) *The Blue Helmets: A Review of United Nations Peace-Keeping*. 3rd ed. New York: UN Department of Public Information.

_____. (1999a) "Address of the Secretary-General to the UN General Assembly, 20 September." GA/9596.

_____. (1999b) Press release. SG/SM/7263, AFR/196 (December 16). https://press.un.org/en/1999/19991216.sgsm7263.doc.html.

_____. (2000) *Report of the Panel on United Nations Peace Operations* (Brahimi Report). A/55/305-S/2000/809 (August 21).

_____. (2004) *A More Secure World: Our Shared Responsibility*. Report of the Secretary-General's High-Level Panel on Threats, Challenges, and Change.New York. https://www.un.org/peacebuilding/sites/www.un.org.peacebuilding/files/documents/hlp_more_secure_world.pdf.

_____. (2005) *World Summit Outcome*. A/60/L.1, sec. 81. https://www.un.org/en/development/desa/

population/migration/generalassembly/docs/global-compact/A_RES_60_1.pdf.

______. (2008) *Peacekeeping Operations: Principles and Guidelines*. New York: UN Department of Peacekeeping Operations, Department of Field Support. https://police.un.org/en/united-nations-peace-operations-principles-and-guidelines-capstone-doctrine.

______. (2014) "Secretary-General's Remarks to Security Council High-Level Summit on Foreign Terrorist Fighters." (24 September). www.un.org/sg/statements/index.asp?nid=8040.

______. (2018) *Annual Report of the Secretary-General on the Work of the Organization*. https://www.un.org/annualreport/2018/.

______. (2021) "Global Humanitarian Response Plan COVID-19-Final Progress Report." https://reliefweb.int/attachments/825adbd0-ab76-3c0d-9770-5e9f4334476b/GHRP_ProgressReport_22FEB.pdf.

______. (2023) "Sustainable Development Goals 'Will Fail' without Private Sector Support', Deputy Secretary-General Tells High-Level Dialogue on Partnerships." (March 14). https://press.un.org/en/2023/dsgsm1839.doc.htm.

United Nations Covid-19 Supply Chain Task Force. (2020) https://interagencystandingcommittee.org/system/files/2020-05/COVID-19%20Supply-ChainTaskForce_28.04.2020.pdf.

United Nations Department of Economic and Social Affairs. (2020) *International Migration 2020 Highlights*. https://www.un.org/development/desa/pd/sites/www.un.org.development.desa.pd/files/undesa_pd_2020_international_migration_highlights.pdf.

United Nations Development Programme (UNDP) and Arab Fund for Economic and Social Development. (2002) *Arab Human Development Report: Creating Opportunities for Future Generations*. New York: UNDP.

United Nations Environment Programme (UNEP). (2012) "United Nations Environment Programme Upgraded to Universal Membership Following Rio+20 Summit." UNEP. https://www.unep.org/news-and-stories/press-release/united-nations-environment-programme-upgraded-universal-membership.

______. (2014) "Ozone Layer on Track to Recovery: Success Story Should Encourage Action on Climate." UNEP. https://www.unep.org/news-and-stories/press-release/ozone-layer-track-recovery-success-story-should-encourage-action.

United Nations Framework Convention on Climate Change Conference of Parties, Cancun II (2010). Section II. https://unfccc.int/tools/cancun/index.html.

United Nations General Assembly. (2015) "Comprehensive Review of the Whole Question of Peacekeeping Operations in All Their Aspects." A/70/95-S/2015/446 (June 17): 12. https://peacekeeping.un.org/en/report-of-independent-high-level-panel-peace-operations.

______. (2016) "UN General Assembly Agreement Concerning the Relationship between the United Nations and the International Organization for Migration," Annex 1, Article 2, paragraph 2. A/70/976 (July 6). https://digitallibrary.un.org/record/837208?ln=en.

United Nations High Commissioner for Refugees (UNHCR). (2011) *Preventive Diplomacy: Delivering Results*. S/2011/552 (August 26). https://peacemaker.un.org/sites/peacemaker.un.org/files/SGReport_PreventiveDiplomacy_S2011552%28english%29_2.pdf.

United Nations Office of the High Commissioner for Human Rights. (2020) "A/HRC/44/26: Intersection of Race and Gender Discrimination in Sport—Report of the UN High Commissioner for Human Rights." (June 15). https://www.ohchr.org/en/documents/thematic-reports/ahrc4426-intersection-race-and-gender-discrimination-sport-report-united.

______. (2023) "Refugee Data Finder." UNHCR. https://www.unhcr.org/refugee-statistics/.

United Nations Secretary-General. (2010) "Remarks at Event on Ending Violence and Criminal Sanctions Based on Sexual Orientation and Gender Identity." https://www.un.org/sg/en/content/sg/statement/2010-12-10/secretary-generals-remarks-event-ending-violence-and-criminal.

______. (2021) "Secretary-General's Statement on the Conclusion of the UN Climate Change Conference COP26." (November 13). https://www.un.org/sg/en/content/sg/statement/2021-11-13/secretary-generals-statement-the-conclusion-of-the-un-climate-change-conference-cop26.

United Nations UN News. (2008) "Universal Decriminalization of Homosexuality a Human Rights Imperative-Ban." (December 10). https://news.un.org/en/story/2010/12/361672.

_____. (2022) "Catastrophic Hunger Levels Leave 500,000 Children at Risk of Dying in Somalia." (September 13). https://news.un.org/en/story/2022/09/1126491.

UN Women. (2022) *Trafficking in Women and Girls: Crises as a Risk Multiplier: Report of the Secretary-General*. https://www.unwomen.org/en/digital-library/publications/2022/08/trafficking-in-women-and-girls-report-of-the-secretary-general-2022.

_____. (2023) "Facts and Figures: Ending Violence against Women." https://www.unwomen.org/en/what-we-do/ending-violence-against-women/facts-and-figures.

US Ninth Circuit Court of Appeals. (2002) *Doe v. UNOCAL*. 395 F.3d 932.

US Supreme Court. (2013) *Kiobel v. Royal Dutch Petroleum*. 133 S. Ct. 1659.

US Trade Representative. (2013) *2013 Report to Congress on China's WTO Compliance*. www.ustr.gov/sites/default/files/2013-Report-to-Congress-China-WTO-Compliance.pdf.

Uvin, Peter. (1998) *Aiding Violence: The Development Enterprise in Rwanda*. West Hartford, CT: Kumarian.

Valbjörn, Morten. (2016) "North Africa and the Middle East." In *The Oxford Handbook of Comparative Regionalism*, edited by Tanja A. Borzel and Thomas Risse. New York: Oxford University Press, pp. 249–270.

Väyrynen, Raimo. (2003) "Regionalism: Old and New." *International Studies Review* 5:1 (March): 25–51.

Versailles Declaration. (2022) European Union. https://www.pubaffairsbruxelles.eu/eu-institution-news/the-versailles-declaration-10-and-11-march-2022/.

Villacampa, Javier Alcalde. (2008) "The Mine Ban Treaty, New Diplomacy and Human Security Ten Years Later." *European Political Science* 7:4 (December): 519–529.

Voeten, Erik. (2005) "The Political Origins of the UN Security Council's Ability to Legitimize the Use of Force." *International Organization* 59:3 (Summer): 527–557.

Vogler, John. (2011) "European Union Environmental Policy." In *Comparative Environmental Regionalism*, edited by Lorraine Elliott and Shaun Breslin. London: Routledge, pp. 19–36.

von der Schulenburg, Michael. (2014) "Rethinking Peacebuilding: Transforming the UN Approach." International Peace Academy Policy Papers. https://www.ipinst.org/wp-content/uploads/publications/ipi_e_pub_rethinking_peacebuilding.pdf.

von Einsiedel, Sebastian, with Louise Bosetti, James Cockayne, Cale Salih, and Wilfred Wan. (2017) "Civil War Trends and the Changing Nature of Armed Conflict." UN University Centre for Policy Research Occasional Paper 10 (March).

von Einsiedel, Sebastian, David M. Malone, and Bruno Stagno Ugarte, eds. (2016) *The UN Security Council in the 21st Century*. Boulder, CO: Lynne Rienner.

von Stein, Jana. (2013) "The Engines of Compliance." In *Interdisciplinary Perspectives on International Law and International Relations: The State of the Art*, edited by Jeffrey Dunoff and Mark A. Pollack. New York: Cambridge University Press, pp. 477–501.

Vreeland, James Raymond. (2015) *The International Monetary Fund (IMF): Politics of Conditional Lending*, 2nd ed. New York: Routledge.

Wade, Peter. (2021) "Greta Thunberg Warns Congress: You'll Have to Explain to Your Children Why You Didn't Act on Climate." *Rolling Stone* (April 22).

Walker, Molly. (2020) "Trump Mulls Halting Aid to WHO: 'They Called It Wrong' on COVID-19." *MedPageToday* (April 8).

Wallace-Wells, David. (2022) "How Bad Is the Global Food Crisis Going to Get? *New York Times* (June 7).

Walling, Carrie Booth. (2020) "The United Nations Security Council and Human Rights." *Global Governance: Special Issues: The United Nations at 75*. 26:2 (April–June): 291–306.

Walsh, Declan. (2023) "From Coast to Coast, Coups Bring Turmoil in Africa." *New York Times* (July 29).

Walter, Barbara F., Lise Morjé Howard, and V. Page Fortna. (2019) "The Extraordinary Relationship between Peacekeeping and Peace." *British Journal of Political Science* 51:4 (October): 1705–1722.

Waltz, Kenneth N. (1979) *Theory of International Politics*. Reading: Addison-Wesley. Wang, Dong, and Friso M. S. Stevens (2021) "Why Is There No Northeast Asian Security Architecture? Assessing the Strategic Impediments to a Stable East Asia." *Pacific Review* 34:4: 577–604.

Wapner, Paul. (1996) *Environmental Activism and World Civil Politics*. Albany: SUNY Press.

Ward, Michael. (2004) *Quantifying the World: UN Contributions to Statistics*. Bloomington: Indiana University Press.

Weaver, Catherine E. (2007) "The World's Bank and the Bank's World." *Global Governance* 13:4 (October–December): 493–512.

_____. (2008) *Hypocrisy Trap: The World Bank and the Poverty of Reform*. Princeton: Princeton University Press.

Weinberger, Naomi. (2002) "Civil-Military Coordination in Peacebuilding: The Challenge of Afghanistan." *Journal of International Affairs* 55:2 (Spring): 245–274.

Weinstein, Michael M., and Steve Charnovitz. (2001) "The Greening of the WTO." *Foreign Affairs* 80:6 (November–December): 147–156.

Weiss, Edith Brown, and Harold K. Jacobson, eds. (2000) *Engaging Countries: Strengthening Compliance with International Environmental Accords*. Cambridge: MIT Press.

Weiss, Thomas G. (2009) *What's Wrong with the United Nations and How to Fix It*. Cambridge: Polity.

_____. (2014) "Reinvigorating the 'Second' United Nations: People Matter." In *Routledge Handbook of International Organizations*, edited by Bob Reinalda. New York: Routledge, pp. 299–311.

_____. (2018) *Would the World Be Better Without the UN?* Cambridge: Polity Press.

Weiss, Thomas G., David P. Forsythe, and Roger A. Coate. (2004) *The United Nations and Changing World Politics*, 4th ed. (Boulder, CO: Westview Press), p. 278.

Weiss, Thomas G. and Pallavi Roy. (2016) "The UN and the Global South, 1945–2015: Past as Prelude?" *Third World Quarterly* 37:7, pp. 1147–1155.

Weiss, Thomas G., and Ramesh Thakur. (2010) *Global Governance and the UN: An Unfinished Journey*. Bloomington: Indiana University Press.

Weiss, Thomas G., and Rorden Wilkinson. (2014) "Rethinking Global Governance? Complexity, Authority, Power, Change." *International Studies Quarterly* 58:1 (March): 207–215.

Weissbrodt, David. (2003) "Do Human Rights Treaties Make Things Worse?" *Foreign Policy* 134 (January–February): 88–89.

Welsh, Jennifer. (2014) "Implementing the Responsibility to Protect: Catalyzing Debate and Building Capacity." In Alexander Betts and Philip Orchard eds. *Implementation and World Politics: How International Norms Change Practice*. Oxford: Oxford University Press, pp. 124–143.

Wendt, Alexander. (1995) "Constructing International Politics." *International Security* 20:1 (Summer): 71–81.

Whitfield, Teresa. (2007) *Friends Indeed? The United Nations, Groups of Friends, and Resolution of Conflict*. Washington, DC: US Institute of Peace.

Wickens, Corrine M. and Jennifer A. Sandline. (2007) "Literacy for What? Literacy for Whom? The Politics of Literacy Education and Neocolonialism in UNESCO and World Bank-sponsored Literacy Programs." *Adult Education Quarterly* 57: 4: 275–292.

Willetts, Peter. (2006) "The Cardoso Report on the UN and Civil Society: Functionalism, Global Corporatism, or Global Democracy?" *Global Governance* 12:3 (July–September): 305–324.

Williams, Paul D. (2007) "From Non-Intervention to Non-Indifference: The Origins and Development of the African Union's Security Culture." *African Affairs* 106 (April): 253–279.

_____. (2011) *War and Conflict in Africa*. Cambridge: Polity.

_____. (2018) *Fighting for Peace in Somalia: A History and Analysis of the African Union Mission (AMISOM), 2007–2017*. New York: Oxford University Press.

Williams, Paul D., M. D'Alessandro, L. Darkwa, A. Halal, and J. Machakaire. (2018) "Assessing the Effectiveness of the African Union Mission in Somalia (AMISOM)." EPON Report. Norwegian Institute of International Affairs. https://nupi.brage.unit.no/nupi-xmlui/bitstream/handle/11250/2597243/EPONAMISOM-Report%201-2018.pdf?sequence=6.

Wolman, Andrew. (2014) "Welcoming a New International Human Rights Actor? The Participation of Subnational Human Rights Institutions at the UN." *Global Governance* 20:3 (July–September): 437–457.

Wong, Wendy H. (2012) "Becoming a Household Name: How Human Rights NGOs Establish Credibility Through Organizational Structure." In *The Credibility of Transnational NGOs: When Virtue Is Not Enough*, edited by Peter A.

Gourevitch and David A. Lake. New York: Cambridge University Press, pp. 86–112.

Woods, Lawrence T. (1993) *Asia-Pacific Diplomacy:*

Nongovernmental Organizations and International Relations. Vancouver: University of British Columbia Press.

Woods, Ngaire. (1999) "Good Governance in International Organizations." *Global Governance* 5:1 (January–March): 39–61.

World Bank. (2021) "Global Economy to Expand by 4% in 2021; Vaccine Deployment and Investment Key to Sustaining the Recovery." Press release (January 5).

_____. (2022a) "FY 22 List of Fragile and Conflict-Affected Situations." https://thedocs.worldbank.org.

_____. (2022b) "Free Trade Deal Boosts Africa's Economic Development." World Bank (June 30).

_____. (2022c) "Global Progress in Reducing Extreme Poverty Grinds to a Halt." Press release. (October 5).

World Commission on Environment and Development. (1987) *Our Common Future*. Brundtland Commission Report. Oxford: Oxford University Press.

World Food Programme. (2022) "Countdown to Catastrophe Begins in Yemen as Funding for Food Assistance Dwindles." News release (February 24).

World Food Programme (WFP) and Food and Agriculture Organization (FAO). (2022) "Hunger Hotspots. FAO-WFP Early Warnings on Acute Food Insecurity: October 2022 to January 2023." *Outlook*. https://reliefweb.int/attachments/28f91fd2-2dbc-4e77-9e9e-70aff6c34a5c/WFP-0000142656.pdf.

World Health Organization. (2021) "Vaccine Inequity Undermining Global Economic Recovery." News release (July 22).

_____. (2023) "WHO Coronavirus (COVID-19) Dashboard." https://covid19.who.int/.Wroughton, Lesley. (2008) "Gates, Buffett Back WFP Plan to Help Poor Farmers." Reuters (September 25).

Yates, JoAnn, and Craig Murphy. (2019) *Engineering Rules: Global Standard-Setting Since 1880*. Baltimore: Johns Hopkins University Press.

Youde, Jeremy. (2010) *Biopolitical Surveillance and Public Health in International Politics*. New York: Palgrave Macmillan.

_____. (2012) *Global Health Governance*. Malden, MA: Polity.

_____. (2019) "The Role of Philanthropy in International Relations." *Review of International Studies* 45:1 (January): 39–56.

Young, Kevin. (2011) "The Basel Committee on Banking Supervision." In *Handbook of Transnational Governance: Institutions and Innovations*, edited by Thomas Hale and David Held. London: Polity, pp. 39–45.

Young, Oran R. (1967) *The Intermediaries: Third Parties in International Crises*. Princeton: Princeton University Press.

_____. (1999) *The Effectiveness of International Environmental Regimes: Causal Connections and Behavioral Mechanisms*. Cambridge: MIT Press.

Yuan, Jing-Dong. (2010) "China's Role in Establishing and Building the Shanghai Cooperation Organization (SCO)." *Journal of Contemporary China* 19:67 (November): 855–869.

Zamęcki, Łukasz, and Viktor Glied. (2020) "Article 7 Process and Democratic Backsliding of Hungary and Poland. Democracy and the Rule of Law." *Modelling the New Europe* 34: 57–85.

Zartman, I. William, and Saadia Touval. (1996) "International Mediation in the Post-Cold War Era." In *Managing Global Chaos: Sources of and Responses to International Conflict*, edited by Chester A. Crocker and Fen Osler Hampson, with Pamela Aall. Washington, DC: US Institute of Peace, pp. 445–462.

Zürn, Michael. (2018) *A Theory of Global Governance: Authority, Legitimacy, and Contestation*. Oxford: Oxford University Press.

Zweifel, Thomas D. (2006) *International Organizations and Democracy: Accountability, Politics, and Power*. Boulder: Lynne Rienner.

찾아보기

E

ECJ ☞ 유럽사법재판소 참조
ECSC ☞ 유럽석탄철강공동체 참조
ECOSOC ☞ 유엔 경제사회이사회 참조
EU 환경법 458–459

G

G7 25, 32, 58, 72, 167, 173, 271, 274, 330, 332–334, 352, 365, 506, 516
G20 32, 332–334, 347, 351–353, 506, 516–517
G77 11, 23, 32, 109–110, 328–329, 358

I

ILO ☞ 국제노동기구 참조
ICJ ☞ 국제사법재판소 참조
IBRD ☞ 국제부흥개발은행 참조
IAEA ☞ 국제원자력기구 참조
ICC ☞ 국제형사재판소 참조

N

NAFTA ☞ 북미자유무역협정 참조
NATO ☞ 북대서양조약기구 참조
NGO ☞ 비정부기구 참조

U

UNDP ☞ 유엔개발계획 참조
UNHCR ☞ 유엔 난민고등판무관 참조
UNCTAD ☞ 유엔 무역개발회의 참조
UNEP ☞ 유엔환경계획 참조

W

WTO ☞ 세계무역기구 참조
WHO ☞ 세계보건기구 참조
WFP ☞ 세계식량계획 참조
WWF ☞ 세계자연기금 참조

ㄱ

가중다수결제도 21, 165, 173
걸프협력회의(GCC) 152, 205, 207–211, 215, 258, 266, 295
경성법 30, 424, 444, 500
경제협력개발기구(OECD) 93, 299, 328–329, 334, 352, 357–358, 376, 505, 517–518
공공-민간 파트너십(PPP) 2, 4, 8, 18, 25, 324–325, 375, 456, 511
공공재이론(public goods theory) 46, 49–50
공동농업정책(CAP) 163, 327, 337, 340, 343
공동시장 46, 49, 89, 94, 96, 153–154, 156, 162–163, 179, 183–186, 198, 209, 342, 344
공동안보방위정책(CSDP) 172, 174
공동외교안보정책(CFSP) 47, 165, 171–174
공유지의 비극 49, 438
공적개발원조(ODA) 358, 373–374
관세동맹 163, 172, 198, 342,–344
관세 및 무역에 관한 일반협정(GATT) 22, 45, 91, 172, 234, 323–324, 327, 329, 336–339, 347, 442, 450, 461
교토의정서 35, 135, 435–436
구유고슬라비아 국제형사재판소(ICTY) 411– 413, 420, 425
구조적 현실주의 52
국경없는 외교관 259
국경없는 의사회 15, 217, 230, 233, 236, 478, 495, 514
국내 실향민 281, 294, 492, 494–496, 502
국제공정무역기구(Fairtrade International) 33
국제노동기구(ILO) 24, 27, 31, 47, 75–76, 86–89, 95, 97, 102, 117, 119, 131, 344, 369, 391, 402, 425, 497
국제농업개발기금(IFAD) 92–93, 485
국제 레즈비언, 게이, 양성애자, 트랜스젠더 및 인터섹스 협회(ILGA) 406, 426, 428
국제보건규정(IHR) 83–84, 474–475, 478, 480, 482
국제부흥개발은행(IBRD) 90, 326, 359–360
국제사법재판소(ICJ) 12, 15, 25, 28, 37, 75, 80, 95–97, 102–103, 106, 108, 114, 128–131, 143, 193, 259–261, 305, 318, 395–396, 416–417, 420–422, 437, 462–463
국제앰네스티 217, 228, 389, 405–406, 408, 422–423, 426
국제연맹 9, 21, 32, 43–44, 72, 75–80, 82, 87, 89, 95, 100, 102, 107, 121, 132, 226–227, 247, 249–250, 252, 256, 262, 266, 300,

373, 390–392, 396–397, 430, 471–472, 484, 516
국제원자력기구(IAEA) 22, 31, 80, 265, 272, 301–305, 310, 515
국제은행간통신협회(SWIFT) 274, 347
국제이주기구(IOM) 80, 228, 425, 493, 496–497, 499–502, 510, 514
국제인권협약 31, 387
국제인터넷주소관리기구(ICAAN) 86
국제자연보전연맹(IUCN) 212, 219, 441, 453, 456, 464
국제적십자위원회(ICRC) 27, 37, 74, 113, 217, 226, 228, 234, 252, 311–312, 386, 495
국제전기통신연합(ITU) 6, 72, 80, 82, 85–86, 95, 119, 368
국제지뢰금지운동(ICBL) 64, 221, 251, 311–312
국제통화기금(IMF) 13, 21, 32, 36, 38, 45, 58, 60, 65, 77–78, 90–91, 102, 110, 117–119, 127–128, 152, 234, 235, 293, 318–319, 324, 326–334, 337, 347–355, 357, 359–362, 373, 486, 505, 510, 513, 518
국제표준화기구(ISO) 17, 29, 74, 81, 85, 93–95, 345–346, 455–456
국제해사기구(IMO) 5, 119, 211–212, 317, 345
국제협회연합(UIA) 16, 226
국제형사재판소(ICC) 9, 14, 16, 35, 97, 102, 116, 131, 174, 207, 253–254, 266, 295, 381–382, 394, 396, 409, 411–417, 421, 429, 512, 518–519
군소도서국가연합(AOSIS: Alliance of Small Island States) 11, 109, 214, 435
글로벌공유재 30
글로벌공유지 9, 50
글로벌 이주협약 499
기능주의 42, 46–47, 49, 66, 73, 80, 82, 148, 154, 161–162, 178, 247
합리적 기능주의 49
기후변화에 관한 정부간패널(IPCC) 17, 127, 222, 434, 437, 452, 499
기후정의 431–432, 437– 439, 454
기후행동네트워크 435

ㄴ

난민의 지위에 관한 협약 494
남미공동시장 153, 179, 183–186, 344
남미국가연합(UNASUR) 179, 183, 185
남서아프리카인민기구(SWAPO) 257, 287
남아프리카개발공동체(SADC) 198, 250–251, 267, 283–284, 291
녹색혁명 92, 374, 484–485

ㄷ

다국적기업(MNCs: Multinational Corporations) 8, 18–19, 28, 30, 33, 35, 52, 58–60, 223, 225, 235–238, 328–329, 331, 357, 375–378
다자간 환경협정(MEA) 444–446, 450–453
다자주의 8–11, 18–20, 22–23, 32, 35, 42, 55–56, 73–74, 173, 179, 182, 188, 196, 291, 436, 482, 489, 520
당사국회의 435–437, 444, 467
대인지뢰금지협약 35, 390
대테러사무국(CTED) 316–320
데이턴협정 158, 281
동남아시아국가연합(ASEAN) 109, 150, 187, 190, 250, 342, 458, 461, 483 ☞ 아세안(ASEAN) 참조
동남아시아조약기구(SEATO) 152, 188
동아시아정상회의(EAS) 187–189, 195

ㄹ

레짐복합체(regime complexes) 25, 30–31, 48, 93, 344–347, 439
레짐이론 46–48
로마규정 102, 253, 396, 413, 415–417, 425, 429, 512
르완다 국제형사재판소(ICTR) 382, 411–413, 416, 420–421, 425
리우조약 152, 178, 180, 182–183, 250

ㅁ

마르크스주의 57–60
마셜플랜 327–328
마스트리히트조약 330, 344, 424
메르코수르 344
멸종위기에 처한 야생동식물종의 국제거래에 관한 협약(CITES) 219, 446, 453, 460, 464–465
모네(Jean Monnet) 46, 154, 162
몬트리올의정서 448, 460, 466–467
무기거래조약 301
미국-멕시코-캐나다협정(USMCA) 342, 344, 458, 460–461
미주개발은행(IDB) 152, 362–363, 365, 368
미주기구(OAS) 12, 13, 78, 144, 152–154, 178, 180–185, 187, 251, 256, 258, 266–267, 298, 314, 317, 320, 400, 408, 428
미주자유무역협정(FTAA) 179, 185

ㅂ

바르샤바조약기구 152, 155–156, 327
범아랍주의 152, 205
베스트팔렌조약(Peace of Westphalia) 42, 69
보호할 책임(R2P) 30, 106, 249, 254–267, 293–296, 321, 387, 411, 470
부트로스-갈리(Boutros Boutros-Ghali) 122–124, 243, 258, 286, 288, 408
북극이사회 211–213
북대서양조약기구(NATO) 55, 78, 116–117, 124, 144, 152–161, 174–175, 178, 187–188, 207, 247, 251, 254, 262, 264, 266, 274, 281, 294–295, 318, 327, 512, 514
북미자유무역협정(NAFTA) 12, 89,

154, 179, 184–185, 342, 344, 450, 460–461
브레턴우즈체제 22, 54, 91, 234, 325, 331, 348, 520
브렉시트 164, 175–176, 335, 517, 520
브릭스(BRICS) 334, 366
비동맹운동 23, 109, 214
비정부기구(NGO) 4, 8–9, 15–16, 19–23, 25, 27–28, 33, 35–38, 44, 48, 52, 61–65, 71, 82, 85, 88–89, 92, 94, 113, 124, 126, 134–136, 138, 140, 144, 174, 212, 217–218, 223, 226, 228, 232, 247, 251, 281, 294, 324, 372, 388, 439, 452, 471, 506, 518, 522
국제비정부기구(INGOs) 15–16, 78, 251
비판이론 42, 57–58, 60–61, 66
빌 앤 멜린다 게이츠 재단 2, 24, 82, 84, 93, 141, 222, 374, 375, 473, 476, 480, 487

ㅅ

사회적 구성주의(social constructivism) 42, 55–56, 65
상설중재재판소(PCA) 15, 74, 95, 97, 193, 226, 259–260, 462, 520
상임이사국(P-5) 7, 9–10, 21, 23, 72, 75, 78–79, 100, 103, 106, 108, 112–115, 118, 137–138, 250, 262, 265, 272–273, 290–291, 293, 396, 472, 510, 512, 516, 518
상하이협력기구(SCO) 152, 187, 189–190, 250, 314, 317–318, 320
새천년개발목표(MDGs) 38, 92, 118, 124, 225, 370–372, 408, 485, 490, 506, 509, 515
생물다양성협약(CBD) 441, 446, 448
서아프리카경제공동체(ECOWAS) 197–198, 200–201, 250–251, 258, 267, 275, 285–286, 291–292, 314, 318, 320
석유수출국기구(OPEC) 12, 329, 360
세계경제포럼(WEF) 32, 330, 377, 437
세계기상기구(WMO) 119, 212, 368, 432–434, 446
세계무역기구(WTO) 10, 13, 22–24, 26–27, 29, 58, 80, 84, 89, 91, 93–94, 97, 102, 119, 153, 161, 232, 234–235, 323–325, 331, 333, 337–342, 344, 347, 351, 439, 443, 446, 450–452, 465, 477, 485–486, 506, 513, 520
세계백신면역연합(GAVI) 83, 324–325, 375, 473–474, 476, 481
세계보건기구(WHO) 10, 13, 24, 29, 36, 47, 66, 81–86, 92–93, 95, 102, 117, 119–120, 140–141, 228, 232, 309–310, 344, 351, 368, 370, 373, 375, 377, 426, 472–483, 506, 508, 514, 517–518, 520
세계보건총회(WHA) 82–84, 472–473, 476, 483
세계식량계획(WFP) 13, 92–93, 118, 127, 140–141, 484–489, 495
세계여성회의 33, 120, 134, 229, 369, 389, 423, 442
세계은행 7, 10, 12–13, 21, 23–24, 32, 34, 38, 56, 58, 63, 65–66, 77–78, 83, 90–91, 97, 102, 110, 117–119, 127, 131, 145, 152, 202, 234–235, 248, 281, 293, 299, 324, 326–327, 331, 333–334, 351, 357, 359–363, 365, 367, 373, 408, 410, 434, 441–443, 446–451, 454, 456, 465, 472–474, 479–481, 485–486, 492, 508, 510, 513, 515–516, 518, 520
세계인권선언 254, 385, 392, 396–398, 419, 484, 490
세계자연기금(WWF) 212, 219, 441, 452–453, 455
세계환경기금(GEF) 442, 446–448, 467
세력전이이론 52
쉥겐협정 424
슈만(Robert Schuman) 154, 162
스무트-할리 관세법 89
식민주의 57, 59, 61, 109, 152, 214, 241, 291, 326, 337, 374, 383
신개발은행(NDB) 334, 366, 520
신기능주의 47, 161–162
신식민주의 59, 61, 241, 415
신자유주의 44–46, 48, 52, 58, 61, 178–179, 331
신자유주의적 제도주의 44–46, 58
신지역주의 150

ㅇ

아동권리선언 227
아동권리협약 401, 429, 484
아랍연맹 144, 151–152, 154, 205–211, 251, 266, 295, 317, 415
아랍의 봄 6, 207–209, 215, 223, 265, 346, 365, 492
아리아 공식 113, 138, 228
아세안(ASEAN) 151–154, 174, 187–189, 191–196, 214–215, 251, 258, 288, 320–321, 344, 400, 461–462
ASEAN+3 회의 195
아세안경제공동체 192, 195
아세안 방식(ASEAN Way) 151, 190–191
아세안안보공동체 192
아세안자유무역지대(AFTA) 191, 193, 195
아세안지역안보포럼(ARF) 151, 187, 189, 193, 195, 250
아시아개발은행(ADB) 186, 191, 334, 363, 365, 410, 461
아시아인프라투자은행(AIIB) 7, 334, 365–366, 508, 520
아시아·태평양경제협력체(APEC) 150, 154, 187, 189–190, 215, 314
아차리아(Amitav Acharya) 3, 8, 20, 30, 148, 151, 186
아파르트헤이드 197–198, 383, 389, 395–396, 409–410, 507
아프리카개발은행(AfDB) 63, 203, 363–365, 448, 450
아프리카 개발을 위한 신파트너십(NEPAD) 154, 199, 203
아프리카대륙자유무역지대(AfCTA)

202–203
아프리카연합(AU) 1, 12, 24, 32, 138, 152–153, 159, 174, 197–202–204, 244, 246–247, 250–251, 256, 258, 267, 275, 284–286, 289, 291–293, 295, 298, 314, 317–318, 320–321, 352, 415, 421, 483, 505, 510, 514
아프리카연합 소말리아임무단(AMISOM) 201–202, 245, 246, 291–293, 318
아프리카통일기구(OAU) 152–153, 197–200, 202, 204, 250–251, 256, 283, 317, 494, 510
알샤바브(al-Shabaab) 201, 225, 244, 246, 269, 272, 314, 318–319
암스테르담조약 165, 169, 172, 176, 424
여성지위위원회(CSW) 120, 128, 368, 423
여성차별철폐협약(CEDAW) 120, 398, 401, 403, 424, 426–427, 429
역내포괄적경제동반자협정(RCEP) 195, 342
연방주의 161, 175, 497
오슬로선언 211, 213
외국인직접투자(FDI) 153–154, 328, 332–333
원자력공급국그룹(Nuclear Suppliers Group) 31
유네스코 10, 128, 495
유니세프 83–84, 126, 140–141, 481
☞ 유엔아동기금(UNICEF) 참조
유럽경제공동체(EEC) 46, 156, 162, 327, 330, 337
유럽 경제협력기구(OEEC) 155–156, 327–328
유럽공동체 152, 156, 164–165, 172, 231, 458
유럽방위공동체 163
유럽사법재판소(ECJ) 155, 166, 169–173, 272, 512
유럽석탄철강공동체(ECSC) 46, 156, 162, 177, 327
유럽안보협력기구(OSCE) 156, 160–161, 258, 281, 298, 321, 381, 425
유럽안보협력회의(CSCE) 156, 160
유럽연합사법재판소(CJEU) 169–171, 173, 177, 459
유럽연합이사회 78, 166–169, 171, 175
유럽원자력공동체(Euratom) 46, 156, 162, 163
유럽의회 138, 165–169, 171, 173, 175–177, 424, 460
유럽이사회 163, 166–168, 171, 173, 176, 320, 344, 459
유럽정치공동체 163
유럽집행위원회 13, 165–166, 168, 170, 177, 453, 459
유럽통화동맹 175
유럽평의회 144, 155–156, 161, 317, 321, 381, 417
유럽협조체제 247
유럽환경청(European Environmental Agency) 434, 453, 459
유엔개발계획(UNDP) 34, 118, 120, 125–127, 140–141, 204, 212, 235, 278, 299, 367–369, 441, 447–448, 470, 473, 481, 495
유엔 경제사회이사회(ECOSOC) 63, 80–81, 102, 107–108, 117–121, 132, 136, 140, 145, 147, 227–228, 241, 367, 387, 392, 426, 443, 447, 513
유엔 글로벌콤팩트(UN Global Compact) 18, 23, 25, 34, 223, 377–378, 517
유엔 기후변화기본협약(UNFCCC: UN Framework Convention on Climate Change) 14, 135, 434–437, 441, 448, 499
유엔 난민고등판무관(UNHCR) 13, 25, 31, 92, 140, 258, 278, 281, 294, 481, 493–497, 500–502, 514
유엔 남수단 임무단(UNMISS) 289, 297–298
유엔 마약범죄사무소(UNODC) 318, 425–426, 465, 493
유엔 무역개발회의(UNCTAD) 32, 80, 109, 119, 328, 341, 367, 371, 454
유엔 식량농업기구(FAO) 29, 47, 77, 91–93, 95, 102, 117, 119–120, 222, 228, 235, 368–369, 446, 448, 471, 484–488
유엔아동기금(UNICEF) 34, 47, 80, 118, 278, 370, 473–474, 476–477, 481, 495
유엔 이라크 군축 특별위원회(UNSCOM) 302–303, 310
유엔인구기금(UNFPA) 118, 473, 481
유엔 인권고등판무관실(OHCHR) 31, 136, 395, 403, 408, 427, 510
유엔 인도주의 업무조정국(OCHA) 31, 63, 92, 228, 294, 495, 502–503
유엔 임무단(MONUC) 283
유엔 캄보디아 과도통치기구(UNTAC) 288, 298
유엔 평화유지군 11, 37, 83, 112, 125, 140, 264, 276–277, 279, 281, 283–285, 289–290, 292–293, 297–298, 314, 413, 420, 425, 471, 519
유엔해양법협약(UNCLOS) 9, 97, 131, 135, 193, 211, 260
유엔 환경개발회의(UNCED) 134, 230, 370, 431
유엔환경계획(UNEP) 22, 25, 34, 99, 127, 134, 219, 222, 238, 344, 433–435, 439, 440–441, 443, 446–448, 453, 461, 463, 465–467, 508
이동성 생물종 보존에 관한 협약(CMS) 445–446
이슬람국가(IS) 210, 247–248, 272, 284, 295, 310, 313, 317, 319, 321, 393, 511
이슬람협력기구(OIC) 109, 214–215, 266, 295, 317, 415–416
인간개발지수(HDI) 39, 368
인간안보 1, 25, 60–62, 101, 111, 113, 144, 147, 192, 194, 213, 249, 253, 262, 293, 321, 378, 469–471, 477, 484–485, 488, 490, 492–494, 502–503, 506, 508, 513, 518
인권이사회(HRC) 26, 106, 120, 135, 378, 393–395, 402, 404, 407, 416, 425–428, 484

인도적 개입 56, 254-255, 265, 293, 296, 411
일대일로 구상(BRI) 7, 10, 334-365, 520

ㅈ

자금세탁방지기구(FATF: Financial Action Task Force) 5, 271, 317, 319-320, 352, 517
자유주의 9, 22, 34-35, 42-50, 54-61, 66, 91, 127, 148, 152-153, 157, 169, 179, 190, 235, 240, 247, 255, 325-331, 333-337, 350, 352, 365, 368, 384-385, 390, 429, 517, 520
정부간개발기구(IGAD) 289
정부간기구(IGO) 3-5, 8-16, 18-29, 31-33, 35-38, 44, 46-50, 56, 61-66, 72, 75, 78, 80-81, 83, 85, 88, 91, 93, 95-99, 102-103, 121, 124, 127, 144, 161, 173, 191, 213, 218, 222, 225-226, 230-238, 246-247, 249, 251, 256, 259, 262, 267, 281, 292-293, 296, 300, 314, 320, 326, 375-378, 383, 387-389, 393, 397, 405, 407-409, 429, 439, 446-448, 452-454, 456-458, 461, 463, 467, 471-472, 477, 490, 496, 499, 505-513, 516-522
정부간기구의 역할 13
정부간주의 161, 166-167, 171-172, 497
제네바의정서 300, 306, 308-310
제네바협약 226, 234, 252-253, 382-383, 386, 412
종속이론 57, 59-60, 184
주인-내리인(PA: Principal Agent)이론 64
지뢰금지연합 15
지속가능발전 고위급 정치포럼(HLPF) 118, 443
지속가능발전목표(SDGs) 18, 92, 100, 118, 120, 127, 202-203, 213, 223, 225, 237, 371-372, 375, 378, 408, 443, 457, 485, 487, 490, 506, 508-509, 515
지속가능발전위원회(CSD) 136, 442-443
지식공동체 16-17, 189, 440, 443, 463, 472, 506, 509-510, 519-520
집단적 자위권 102, 250, 261
집단학살방지협약 254, 416-417, 419-422
집속탄금지연합 221, 251, 312

ㅊ

초국가적 옹호네트워크(TAN) 15, 17, 24, 64, 217, 220-221, 237, 397, 506
초국가주의 4, 6, 161, 166, 171, 175, 178
초정부적 네트워크 12, 17-18, 220

ㅋ

카다피(Muammar Qaddafi) 159, 207, 210, 265-266, 295, 411
케언즈그룹(Cairns Group) 24
코커스그룹 108, 109
코피 아난 5, 19, 34, 70, 122-125, 136, 138, 140, 207, 228, 254, 259, 264, 377

ㅌ

탈식민주의 57, 61, 291, 298
테러방지위원회(CTC) 272, 316
통화연합 341-344, 353-354
특혜무역협정(PTA) 153, 341-343, 347

ㅍ

파리협정 366, 435, 436, 456, 463, 499
팔레스타인해방기구(PLO) 206
패권안정이론 53, 54, 66
페닌슐라 쉴드 208, 210
페미니즘 42, 58, 60
평화구축위원회 135-136, 290, 293
평화를 위한 연합 103, 107, 115, 262
평화안보이사회 199-201
포괄적 공동행동계획(JCPOA) 304-305
포괄적·점진적 환태평양경제동반자협정(CPTPP) 342
포괄적핵실험금지조약(CTBT) 9, 31, 301-302, 305, 309-310
포괄적핵실험금지조약기구(CTBTO) 305-306
프랑코포니 214, 283

ㅎ

합리적 선택이론 53
합리적 설계(rational design) 46, 48-49
핵무기금지조약(TPNW) 106, 253, 301, 306-307, 311, 507
핵무기폐기 국제캠페인(ICAN) 307, 311
핵확산금지조약(NPT) 10, 31, 301-305, 307, 309
헬싱키협정 389, 406
현실주의 42-44, 48, 51-55, 58-59, 66, 148, 190, 240, 247, 387
구조적 현실주의 52
신현실주의 48, 52-53
홀로코스트 383, 416, 419, 422
화학무기금지기구(OPCW) 309-311
화학무기금지협약(CWC) 309-311
환경거버넌스 14, 438-439, 443, 446-447, 451-452, 454, 456-458, 461, 463, 467
휴먼라이츠워치 15-16, 218, 378, 389, 393, 405-406, 411, 422-423, 426-427

저자소개

마가렛 칸스(Margaret P. Karns)

미시간대 정치학 박사

데이튼대 정치학과 명예교수
매사추세츠대 보스턴캠퍼스 거버넌스 및 지속가능성 센터 펠로우

주요 연구분야: 국제정치, 외교정책분석, 국제기구, 다자간 제도

주요 저서

The United States and Multilateral Institutions: Patterns of Instrumentality and Influence (Routledge, 1990)
The United Nations in the 21st Century (Routledge, 1995)
The United Nations In The Post-cold War Era (Routledge, 2000) 외 다수

타나 존슨(Tana Johnson)

시카고대 박사

위스콘신-매디슨대 공공정책 및 정치학과 교수

주요 연구분야: 제도설계, 관료제 관리, 국제기구의 운영 분석, 공공관리

주요 논저

Organizational Progeny: Why Governments are Losing Control over the Proliferating Structures of Global Governance (Oxford University Press, 2017)
"Guilt by association: The link between states' influence and the legitimacy of intergovernmental organizations" (*The Review of International Organization*)
"Ordinary Patterns in an Extraordinary Crisis: How International Relations Makes Sense of the COVID-19 Pandemic" (*International Organization*) 외 다수

카렌 밍스트 (Karen A. Mingst)

위스콘신-매디슨대 정치학 박사

켄터키대 정치학과 명예교수

주요 연구분야: 국제기구, 국제법, 국제정치경제

주요 저서

Electing to Fight: Why Emerging Democracies Go to War (MIT Press)
From Voting to Violence: Democratization and Nationalist Conflict (WW Norton)
The United Nations in the 21st Century (Routledge)
Essentials of International Relations, 9th ed. (WW Norton) 외 다수

역자소개

김계동 _ kipoxon@hanmail.net (1, 2장 번역)

연세대 정치외교학과 졸업
옥스퍼드대 정치학 박사

현 건국대 안보·재난관리학과 초빙교수

연세대 교수
국가정보대학원 교수(교수실장)
한국국방연구원 연구위원
외교부 국립외교원 명예교수
한국전쟁학회 회장/한국정치학회 부회장/국가정보학회 부회장/국제정치학회 이사
국가안보회의(NSC)/민주평통 자문회의/국군기무사/군사편찬연구소 자문위원
연세대, 고려대, 경희대, 성신여대, 국민대, 숭실대, 숙명여대, 동국대, 통일교육원 강사 역임

주요 논저

Foreign Intervention in Korea (Dartmouth Publishing Company)
『남북한 체제통합론: 이론, 역사, 정책, 경험, 제2판』 (명인문화사)
『남북한 국가관계 구상』 (명인문화사)
『북한의 외교정책과 대외관계: 협상과 도전의 전략적 선택』 (명인문화사)
『한반도 분단, 누구의 책임인가?』 (명인문화사)
『한국전쟁, 불가피한 선택이였나』 (명인문화사)
『현대유럽정치론: 정치의 통합과 통합의 정치』 (서울대학교출판부)
"다자안보기구의 유형별 비교연구: 유럽통합과정에서의 논쟁을 중심으로" (한국정치학회보)
"한반도 분단·전쟁에 대한 주변국의 정책: 세력균형이론을 분석틀로" (한국정치학회보)
"한미동맹관계의 재조명: 동맹이론을 분석틀로" (국제정치논총)
"남북한 체제통합: 이론과 실제" (국제정치논총)
"북한의 대미정책: 적대에서 협력관계로의 전환모색" (국제정치논총)
"국제평화기구로서 유엔역할의 한계" (국제정치논총)
"강대국 군사개입의 국내정치적 영향: 한국전쟁시 미국의 이대통령 제거 계획" (국제정치논총) 외 다수

김지용 _ jykim.peacekorea@gmail.com (5, 7, 11장 번역)

연세대 경제학과 졸업
연세대 국제관계학 석사
뉴욕주립대 국제관계학/방법론 박사

현 해군사관학교 국제관계학과 교수
한국핵안보전략포럼 편집기획위원장 및 운영위원
한국정치학회 연구이사
사단법인 이어도연구회 연구위원

유엔 ICBL 아시아태평양 coordinator
국방부 군사명저 간행위원
방위사업청 "AI 기반 합동지휘통제 초지능화 기술개발" 자문위원
한국정치학회 국제정치연구분과 간사
한국국제정치학회 국제정치이론분과 간사
국립외교원 객원교수, 중앙대 강의전담교수 역임

주요 논저

『한국의 핵안보 프로젝트 1: 당위성과 추진 전략』(공저, 블루앤노트)
『동아시아 해양안보 정세와 전망』(공저, 박영사)
『행태적 분쟁: 사람의 동기를 이해하는 것이 미래 분쟁에서 왜 결정적인가?』(공역, 국방부)
『국제안보의 이해: 이론과 실제』(공역, 명인문화사)
『중국의 외교정책과 대외관계』(공역, 명인문화사)
『국제분쟁관리』(공역, 명인문화사)
"중국의 해군력 증강과 대만 침공 가능성 분석: 인정투쟁 이론과 네 가지 해전 사례를 중심으로" (국제지역연구)
"중국의 대만 침공과 미국의 서태평양 철수 가능성 분석: 청중비용과 해군력 회복탄력성을 중심으로" (국가전략)
"청중비용이론으로 분석한 제2차 북일 정상회담: 청중비용 논쟁과 민주국가 지도자를 위한 희소식" (한국과 국제사회)
"대만과 한반도 유사시 한국의 대응 전망과 과제" (세종연구소)
"양안전쟁과 피로스의 승리 이후" (서울대학교) 외 다수

이상현 _ shlee@sejong.org (3, 4, 6장 번역)

서울대 외교학과 졸업
서울대 외교학과 석사
일리노이주립대(어바나-샴페인) 정치학 박사

현 세종연구소 수석연구위원
한국핵물질관리학회(INMM-K) 이사
핵비확산 및 군축을 위한 아태리더십 네트워크(APLN) 이사, 한국 멤버

한국핵정책학회 회장
외교통상부 정책기획관
스웨덴 스톡홀름 안보개발정책연구소 (ISDP) 객원연구원, 워싱턴 DC, Stimson Center 방문연구원 역임

주요 논저

『바이든 행정부의 대외정책과 한반도』(공저, 세종연구소)
Two Presidents, One Agenda: A Blueprint for South Korea and the United States to Address the Challenges of the 2020s and Beyond (공저, Wilson Center)
『신국제질서와 한국외교전략』(공저, 명인문화사)
『신외교안보 방정식: 네트워크 경쟁과 전략문화』(공저, 전략문화연구센터)
『한반도 핵무기정치: 군사적 자산 또는 외교적 부담』(공저, 명인문화사)
『현대 한미관계의 이해』(공저, 명인문화사)
『국제관계이론』(역서, 명인문화사)
『사이버안보: 사이버공간에서의 정치, 거버넌스, 분쟁』(공역, 명인문화사) 외 다수

이유진 _ eglee@sm.ac.kr (10, 12장 번역)

연세대 정치외교학과 졸업
토론토대 정치학 석사
토론토대 정치학 박사

현 숙명여대 정치외교학과 교수, 한일미래포럼 이사

통일연구원 책임연구원, 한국캐나다학회 회장 역임

주요논저

Tho Integrity Gap: Canada's Environmental Policy and Institutions, UBC Press (편저).
『글로벌 환경정치와 정책』(역서, 명인문화사)
『글로벌 거버넌스: 도전과 과제』(역서, 명인문화사)
『거버넌스』(역서, 도서출판 오름)
『비정부기구의 이해, 2판』(역서, 명인문화사)
『환경정치학』(역서, 한울아카데미)
『비교정부와 정치, 12판』(공역, 명인문화사)
『정치학개론, 15판』(공역, 명인문화사)
"후쿠시마 사고 이후 일본의 원자력 관련 제도 변화에 대한 연구" (일본연구논총)
"일본의 세습정치인에 대한 연구" (비교일본학) 외 다수

최영미 _ ymchoi@jnu.ac.kr (8, 9장 번역)

인하대 정치외교학과 졸업
인하대 정치학 석사
위스콘신 밀워키대 정치학 박사

현 전남대 정치외교학과 조교수

한국조지메이슨대 국제학과 조교수
서울대 행정대학원 전임연구원 역임

주요 논저

"FTA Motives in South Korea: is an FTA a way to increase general welfare or to meet political interest?" (Contemporary Politics)

"Constituency, Ideology, and Economic Interests in U.S. Congressional Voting: The Case of the U.S.-Korea Free Trade Agreement" (Political Research Quarterly)

"한중일 삼국의 독자적 국제관계 이론화 성과에 대한 고찰" (국제정치논총)

『신자유주의』 (역서, 명인문화사)

『세계화와 글로벌 이슈, 6판』 (공역, 명인문화사) 외 다수